Schriften des Hannah-Arendt-Instituts für Totalitarismusforschung

Herausgegeben von Günther Heydemann

Band 55

Vandenhoeck & Ruprecht

Maria Fiebrandt

Auslese für die Siedlergesellschaft

Die Einbeziehung Volksdeutscher in die NS-Erbgesundheitspolitik im Kontext der Umsiedlungen 1939–1945

Vandenhoeck & Ruprecht

Bibliografische Information der Deutschen Nationalbibliothek

Die Deutsche Nationalbibliothek verzeichnet diese Publikation in der Deutschen Nationalbibliografie; detaillierte bibliografische Daten sind im Internet über http://dnb.d-nb.de abrufbar.

ISBN 978-3-525-36967-8
Weitere Ausgaben und Online-Angebote sind erhältlich unter www.v-r.de.

Mit 2 Tabellen, 4 Grafiken und 3 Karten.

Umschlagabbildung: Zweiter Weltkrieg: Umsiedlung Volksdeutscher aus Wolhynien/Ostpolen, Winter 1939–1940
Quelle: Süddeutsche Zeitung Photo, Bild 366272

Satz: Hannah-Arendt-Institut, Dresden
Druck und Bindung: CPI buchbücher.de, Birkach

Gedruckt auf alterungsbeständigem Papier.

Meinen Eltern

Inhalt

I. Einleitung

Mit der Reichstagsrede Adolf Hitlers vom 6. Oktober 1939, in der er „eine neue Ordnung der ethnographischen Verhältnisse“[1] innerhalb der deutschen Interessensphäre forderte, setzte ein gigantischer Bevölkerungstransfer ein, der mit einem rassenbiologisch fundierten Transformationsprozess einherging. Die besetzten polnischen Gebiete - die als „neue Ostgebiete“ die nationalsozialistische Lebensraumforderung Wirklichkeit werden lassen sollten - müssten eine „Neuordnung [...] des wirtschaftlichen Lebens, des Verkehrs und damit aber auch der kulturellen und zivilisatorischen Entwicklung“[2] erfahren. Hinter dieser Neuordnungsmetapher, die dem expansionistischen „Drang nach Osten“ eine neue Qualität und Verve verlieh, verbarg sich dabei nichts anderes als das nationalsozialistische Germanisierungsprogramm - die „Germanisation am Boden“, die Schaffung eines rassenbiologisch homogenen Raumes.[3]

Unmittelbar nach Hitlers Reichstagsrede wurde die Umsiedlungs- und Vertreibungsmaschinerie in Gang gesetzt und erste konkrete, gleichwohl improvisierte Germanisierungsmaßnahmen eingeleitet. Diese sollten nur wenige Monate später in den Planungsunterlagen des mit der Umsiedlung betrauten Reichskommissars für die Festigung deutschen Volkstums (RKF), die unter dem Titel „Generalplan Ost“ firmierten, auch in ihrer vollen Radikalität konzeptualisiert und artikuliert werden.[4]

Innerhalb dieser Siedlungsplanungen kam den sogenannten „Volksdeutschen“[5], die in deutschen Sprachinseln im Ausland lebten, eine entscheidende Bedeutung zu - die des Siedlerreservoirs. Unter dem Vorwand, die im Osten und Südosten lebenden Volksdeutschen seien zu „nichthaltbaren Splittern des deutschen Volkstums“ geworden,[6] wurde deren Umsiedlung in die „neuen Ostgebiete“ proklamiert und gleichzeitig die Vertreibung der ansässigen polnischen Bevölkerung in den nach rassistischen Ordnungsprinzipien zu kolonisierenden Gebieten, die de facto eben keinen menschenleeren Siedlungsraum darstellten, forciert.[7] Noch im Oktober 1939, nur wenige Wochen nach Hitlers Reichstags-

1 Reichstagsrede Adolf Hitlers vom 6. 10. 1939. In: Verhandlungen des Reichstages, Band 460 (1939), Berlin 1939, S. 51-63, hier 56.

2 Ebd.

3 Vgl. Ulrike Jureit, Eine Art Phantomschmerz. Entwürfe vom Lebensraum in der Zwischenkriegszeit. In: Mittelweg 36, 6 (2012), S. 37-50. Vgl. weiterführend auch Ulrike Jureit, Das Ordnen von Räumen. Territorium und Lebensraum im 19. und 20. Jahrhundert, Hamburg 2012.

4 Vgl. ebd.; sowie Isabel Heinemann, Wissenschaft und Homogenisierungsplanungen für Osteuropa. Konrad Meyer, der „Generalplan Ost“ und die Deutsche Forschungsgemeinschaft. In: Isabel Heinemann/Patrick Wagner (Hg.), Wissenschaft. Planung. Vertreibung. Neuordnungskonzepte und Umsiedlungspolitik im 20. Jahrhundert, Stuttgart 2006, S. 45-72.

5 Zum Begriff „Volksdeutsche“ s. Kap. I.1.

6 Reichstagsrede Adolf Hitlers vom 6. 10. 1939, S. 56.

7 Zum Zusammenhang zwischen Ansiedlung und Vertreibung vgl. Götz Aly, „Endlösung“. Völkerverschiebung und der Mord an den europäischen Juden, 3. Auflage Frankfurt a. M. 1998.

rede, trafen die ersten Umsiedlertransporte aus dem Baltikum in der zentralen Sammelstelle im besetzten Gdynia/Gdingen ein, das fortan in Anlehnung an die Völkerwanderung martialisch Gotenhafen heißen sollte. Im Dezember 1939 folgten weitere Transporte aus Wolhynien und Galizien, im Herbst 1940 aus Bessarabien, der Bukowina und der Dobrudscha, die zunächst nach Lodz und aufgrund fehlender Ansiedlungsmöglichkeiten weiter ins „Altreich" geleitet wurden.[8] Dort habe, so eine der zahlreichen Propagandaschriften, „die starke Milde der deutschen Volksgemeinschaft [...] sie mit helfender Tat [umgeben] und [...] sie behutsam in das Reich des Führers" geleitet.[9] Diese angebliche „Milde" wurde jedoch nicht jedem Volksdeutschen gleichermaßen zuteil, denn das „Reich des Führers" befand sich zu diesem Zeitpunkt bereits im Krieg, einem Krieg, der nicht nur nach außen, gegen fremde Staaten, gerichtet war, sondern auch nach innen, gegen psychisch Kranke.[10] Zunehmend radikalere erbgesundheitspolitische Maßnahmen, ausgehend von der erbbiologischen Erfassung über die Zwangssterilisation bis hin zu eugenisch indizierten Schwangerschaftsabbrüchen, waren Vorzeichen dieses Krieges, der, unter der Flagge der rassenhygienischen Utopie, 1939/40 offen zum Ausbruch kam. 1939 sollten die ersten Volksdeutschen diesen erbgesundheitspolitischen Kriegsschauplatz des Deutschen Reiches betreten, der sich ihnen in Form einer zunächst harmlos erscheinenden Kompletterfassung jedes Umsiedlers offenbarte. Hinter dieser Erfassung, die unter anderem auch eine erbbiologische Untersuchung umfasste, verbarg sich jedoch ein Grundelement rassenhygienischer Politik: das der Selektion. Ärzte und „Eignungsprüfer" des Rasse- und Siedlungshauptamtes (RuSHA) prüften die „Ostwürdigkeit" des jeweiligen Umsiedlers, denn „nach dem Willen des Führers soll[te] nur bestes, gesundes deutsches Blut in den neuen Ostgebieten" angesiedelt werden. Diejenigen, „die sich für die besonderen Lebensbedingungen und Anforderungen des Ostens nicht eignen [würden], müss[t]en ausgesondert werden".[11] „Ausgesondert" wurden ganze Familien, die als „erbbiologisch untragbar" stigmatisiert wurden, weil ihnen (Erb-)Krankheiten wie Epilepsie oder Schizophrenie attestiert wurden oder soziale „Diagnosen" wie „arbeitsscheu" oder „vorbestraft" ihre Ansiedlung im Osten als „untragbar" erscheinen ließen. Als „unerwünschter Bevölkerungszuwachs" betrachtet, gerieten diese Umsiedler in den Sog des erbgesundheitspolitischen Aktivismus des Nationalsozialismus. So auch Friedrich K. aus Ilischestie (Bukowina).

Friedrich K. lebte bis zur Umsiedlung mit seiner Frau und zwei Kindern in der Nähe von Ilischestie. Er besaß einen Hof, den er trotz seiner epileptischen

8 Eine Übersicht über die verschiedenen Umsiedlungsaktionen und eine Karte sind im Anhang zu finden.

9 Hellmut Sommer, 135 000 gewannen das Vaterland. Die Heimkehr der Deutschen aus Wolhynien, Galizien und dem Narewgebiet, Berlin 1940, S. 8.

10 Vgl. Klaus Dörner, Der Krieg gegen die psychisch Kranken. Nach ‚Holocaust': Erkennen, Trauern, Begegnen, Frankfurt a. M. 1989.

11 Wilhelm Gradmann, Die Erfassung der Umsiedler. Vorbereitungen zur Ansiedlung. In: Zeitschrift für Politik, 32 (1942), S. 346–351, hier 349.

Anfälle, an denen er seit seinem 34. Lebensjahr ein- bis zweimal monatlich litt, selbst bewirtschaftete.

Im Zuge der Umsiedlung wurde er im November 1940 einem Krankentransport zugeteilt und zur Krankensammelstelle nach Gura Humora gebracht. Von dort aus verließ er in einem Lazarettzug am 21. November die Bukowina Richtung „Altreich". Der Lazarettzug erreichte am 24. November 1940 das Reservelazarett Kamenz (Schlesien), von wo aus der Weitertransport im Krankenwagen erfolgte. Ziel war eine der drei großen Heilanstalten im sogenannten „Warthegau" - die Landesheilanstalt Warta, unweit von Lodz. Dort wurde Friedrich K. nicht zur vorübergehenden Beobachtung aufgenommen, um anschließend mit seiner Familie angesiedelt zu werden, nein, er wurde vielmehr dauerhaft psychiatrisiert. Der Aufnahmebefund war dabei keineswegs ungünstig: Friedrich K. sei zwar etwas „schwerfällig", gebe aber „auf Fragen willig Antwort". Er sei kontaktfreudig und „örtlich und zeitlich vollkommen orientiert".[12] Nach einigen Monaten verschlechterte sich sein Zustand jedoch. Friedrich K. erschien nun „wesensverändert, sehr reizbar und aggressiv".[13] Im Juli 1941 wurde er zusammen mit über 150 weiteren Wartaer Patienten in die Gauheilanstalt Tiegenhof (Warthegau) verlegt. Eine reguläre Aufnahme erfolgte jedoch dort nicht, denn es war schon nicht mehr beabsichtigt die Wartaer Patienten für längere Zeit aufzunehmen.[14] Zusammen mit Patienten aus Tiegenhof wurde Friedrich K. nur wenige Tage nach seinem Eintreffen in einem über 500 Patienten umfassenden Transport in die Landesheilanstalt Uchtspringe - eine Zwischenanstalt der „T4"-Tötungsanstalt Bernburg - gebracht. Etwa einen Monat nach seinem Eintreffen in Uchtspringe, am 24. August 1941, wurden die „Euthanasie"-Morde in den „T4"-Tötungsanstalten jedoch von Hitler gestoppt. Friedrich K. konnte zwar so dem Tod in der Gaskammer entgehen, nicht aber den späteren Krankenmorden. Im März 1944 wurde er in die Landesheilanstalt Meseritz-Obrawalde verlegt, in der seit etwa 1942 systematisch Krankentötungen durch überdosierte Medikamente vorgenommen wurden. Am 13. Juni 1944 wurde in seiner Krankenakte vermerkt: „gehäuft Krampfanfälle". Nur einen Tag später verstarb Friedrich K.[15]

Sein Schicksal war kein Einzelfall. Zahlreiche Volksdeutsche wurden, wie er, bereits in den Herkunftsgebieten von ihren Familien getrennt und in separaten Krankentransporten umgesiedelt. Daneben wurden aber auch hospitalisierte Kranke den Krankentransporten zugewiesen. Es handelte sich vor allem um

12 Krankengeschichte Friedrich K. (Archiwum Państwowe w Gorzowie Wlkp. [APG], Heilanstalt Meseritz-Obrawalde [Szpital dla Nerwowo Chorych w Miedzyrzeczu], 1825, Bl. 5).

13 Ebd.

14 Im Aufnahmebuch der Heilanstalt Tiegenhof fehlt dieser Transport. Vgl. Księga Główna (Aufnahmebuch) 1940-1942 (Aleksander-Piotrowski Wojewodschaftkrankenhaus für psychisch und Nervenkranke in Gnesen/ehem. Dziekanka/Tiegenhof [Wojewódzki Szpital dla Nerwowo i Psychicznie Chorych im. Aleksandra Piotrowskiego w Gnieznie]).

15 Vgl. Krankengeschichte Friedrich K. (APG, Heilanstalt Meseritz-Obrawalde, 1825, Bl. 5r).

Patienten psychiatrischer Einrichtungen, beispielsweise aus der Heilanstalt Czernowitz in der Nordbukowina. Andere Volksdeutsche, deren Erscheinungsbild unauffällig war und deren Krankheiten den Umsiedlungskommandos nicht gemeldet worden waren, wurden zusammen mit ihren Angehörigen auf regulären Umsiedlungstransporten ins Deutsche Reich gebracht. Nicht selten wurden sie noch während der Transporte von den begleitenden Umsiedlungsärzten erfasst und nach ihrer Ankunft im Deutschen Reich in Lazarette oder Krankenhäuser zur Beobachtung eingewiesen. Auch in den Lagern des „Altreichs", in denen die Umsiedler auf ihre Einbürgerung und Ansiedlung warteten, setzte sich die permanente gesundheitliche Überwachung und „Aussonderung" Kranker fort. Eine finale Selektionsfunktion hatte schließlich das, als „Durchschleusung" bezeichnete, Einbürgerungsprozedere. In einer für jeden „durchschleusten" Volksdeutschen angelegten Gesundheitskarteikarte wurden die wesentlichen gesundheitlichen, rassischen und erbbiologischen Informationen erfasst und daraufhin weiterführende „erbpflegerische" Maßnahmen in die Wege geleitet. Anträge auf Anstaltsunterbringung, zum Teil auch nur zur Beobachtung und Anfertigung eines psychiatrischen Gutachtens, und Sterilisationsanträge gehörten ebenso zu diesen weiterführenden Maßnahmen wie Anweisungen an die Gesundheitsämter der zukünftigen Wohnorte, die Betroffenen auch nach ihrer Ansiedlung zu beobachten.

Die Umsiedlung hatte eine Kompletterfassung jedes Volksdeutschen und eine damit einhergehende permanente rassenhygienisch intendierte Selektion von hunderttausenden „Siedlern" möglich gemacht. Mit einer bis dahin nicht dagewesenen Systematik und Totalität konnten Menschen hinsichtlich ihrer rassenhygienischen Parameter erfasst und selektiert werden. Damit waren zugleich die Leitlinien für die Ansiedlung in den „neuen Ostgebieten" vorgezeichnet.

Die rassenhygienische Fundierung der Umsiedlung resultierte nicht zuletzt daraus, dass es Rassenhygienikern ab 1933 zunehmend gelungen war ihre Expertise in Bevölkerungsfragen politisch wirksam einzubringen und ihre Prämissen schließlich zur Doktrin eines biologistischen Staates geworden waren.

1. Ziele und Aufbau der Arbeit

Im Mittelpunkt der vorliegenden Arbeit stehen die Interdependenzen und Wechselwirkungen zwischen NS-Umsiedlungs- und Erbgesundheitspolitik, die am Beispiel der Einbeziehung der sogenannten „volksdeutschen Umsiedler" in die NS-Erbgesundheitspolitik untersucht werden sollen. Es eröffnet sich somit ein doppelter Bezugsrahmen, der zum einen durch die NS-Umsiedlungspolitik und zum anderen durch die Erbgesundheitspolitik beschrieben wird. Beide Politikfelder generierten ein spezielles, ideologisiertes Vokabular, das nicht unkommentiert übernommen werden kann. Der für die vorliegende Arbeit essentielle Begriff der „Volksdeutschen" oder der „volksdeutschen Umsiedler" ist ein solches Beispiel der Lingua Tertii Imperii und bedarf vorab einer kurzen Einordnung in den historischen Begriffszusammenhang.

Unter volksdeutschen Umsiedlern[16] werden hier die aus verschiedenen ost- und südosteuropäischen Herkunftsländern stammenden, zumeist im 18. und 19. Jahrhundert aus dem Deutschen Reich ausgewanderten, deutschen Minderheiten sowie die in Südtirol lebende deutsche Minderheit verstanden, die ab 1939 unter der Parole „Heim ins Reich" mehr oder minder freiwillig „umgesiedelt" wurden. „Heim ins Reich" ist allerdings eine unfreiwillig entlarvende Propagandaparole und ebenso wenig zutreffend wie der Begriff „Rückführung". Die Volksdeutschen sollten keineswegs ins „Mutterland", ins „Altreich", „zurückgeführt", sondern in den soeben eroberten „neuen Ostgebieten" angesiedelt werden.[17] Viele dieser zeitgenössischen Begriffe, insbesondere auch der der „Volksdeutschen", waren politisch-ideologisch aufgeladen und rekurrierten in ihrem Duktus auf die nationalsozialistische Siedlungspolitik. Volksdeutsche waren schließlich wesentlicher Teil der nationalsozialistischen Blut- und Boden-Propaganda und wurden von dieser zur „Speerspitze der Germanisierungspolitik" stilisiert.[18] Hinter dem Euphemismus „Umsiedlung" verbarg sich schließlich ein gigantischer, rassenpolitisch motivierter Bevölkerungstransfer, der mit Vertreibung und Massenmord einherging.[19] Der Quellennähe und der besseren Nachvollziehbarkeit wegen kann auf diese Begriffe aber nicht verzich-

16 Zum Begriff „volksdeutsch/Volksdeutsche" vgl. Cornelia Schmitz-Berning, Vokabular des Nationalsozialismus, Berlin 1998, S. 650–652. Ab Mitte der 1930er Jahre setzte sich der Terminus „Volksdeutsche" im Rahmen der Volkstumspolitik des Nationalsozialismus zunehmend durch. „Volksdeutsch" meinte hier „dem Volkstum, nicht der Staatsangehörigkeit nach deutsch". Der Begriff sollte die Zugriffs- und Hoheitsrechte des Deutschen Reiches auf die einzelnen Volksgruppen im Ausland machtpolitisch verdeutlichen. Ihm stand der Begriff „reichsdeutsch" gegenüber. Darunter verstand man die Deutschen, die im Deutschen Reich lebten und die deutsche Staatsbürgerschaft besaßen. „Auslandsdeutsche" besaßen zwar die deutsche Staatsbürgerschaft, lebten aber im Ausland. Vgl. Ingo Haar, Vom „Volksgruppen-Paradigma" bis zum „Recht auf Heimat". Exklusion und Inklusion als Deutungsmuster in den Diskursen über Zwangsmigrationen vor und nach 1945. In: Jerzy Kochanowski/Maike Sach (Hg.), Die „Volksdeutschen" in Polen, Frankreich, Ungarn und der Tschechoslowakei. Mythos und Realität, Osnabrück 2006, S. 17–39.

17 Vgl. dazu auch Andreas Strippel, NS-Volkstumspolitik und die Neuordnung Europas. Rassenpolitische Selektion der Einwandererzentralstelle des Chefs der Sicherheitspolizei und des SD 1939–1945, Paderborn 2011, S. 32.

18 Vgl. zum Beispiel Isabel Heinemann, „Rasse, Siedlung, deutsches Blut". Das Rasse- und Siedlungshauptamt der SS und die rassenpolitische Neuordnung Europas, Göttingen 2003.

19 Ethnographische Homogenisierungsbestrebungen lassen sich zu Beginn des 20. Jahrhunderts in vielen Staaten, insbesondere den Vielvölkerstaaten Südosteuropas, erkennen. Ein Bevölkerungstransfer und -austausch wurde vielfach als probates Mittel zur Entschärfung ethnischer Konflikte begriffen und in kleinerem, territorialem Ausmaß als während der nationalsozialistischen Umsiedlungsaktionen auch bereits praktiziert. Vgl. dazu überblicksartig Michael Wildt, Biopolitik, ethnische Säuberungen und Volkssouveränität. In: Mittelweg 36, 15 (2006) 6, S. 87–106.

tet werden. Es gilt jedoch die ideologische Aufladung dieser Begriffe zu berücksichtigen.[20]

Der Terminus „Erbgesundheitspolitik“ findet sich hingegen nicht in den einschlägigen zeitgenössischen Quellen, sondern wird hier vielmehr aus analytischen Gründen gebraucht, kommt darin doch das Spezifische der NS-Gesundheitspolitik und die „neue Qualität eugenisch motivierten Herrschaftshandelns im Nationalsozialismus“ zum Ausdruck.[21] Die diesem gesundheitspolitischen Herrschaftshandeln zugrundeliegenden Ideen und Konzepte waren dabei keineswegs neu. Sie entstammten der auch international durchaus populären Rassenanthropologie[22] und Eugenik, die im Deutschen Reich in Form der Rassenhygiene jedoch eine spezifische Ausprägung erfuhren. Rassenhygiene - hier war der Name Programm - verfolgte klare gesellschaftssanitäre Zielsetzungen: die „Ausmerzung“ alles „Kranken“ und biologisch vermeintlich „Minderwertigen“ auf der einen und die „Förderung“ des „Gesunden“ auf der anderen Seite, kurzum: die „Gesundung“ des imaginären „Volkskörpers“, wohlgemerkt des deutschen Volkskörpers, der arischen, germanischen Rasse. In der Wahl ihrer Mittel war die Rassenhygiene, die ab 1933 in Form der Erbgesundheitspolitik ihre Umsetzung fand dabei durchaus radikal. Als die Umsiedlungsaktionen 1939 begannen waren im Deutschen Reich bereits tausende Zwangssterilisationen vorgenommen, eugenisch indizierte Schwangerschaftsabbrüche angeordnet und die Ermordung geistig behinderter und körperlich missgebildeter Kinder in die Wege geleitet worden. Die Vorbereitungen für die systematische Ermordung der erwachsenen Psychiatriepatienten liefen auf Hochtouren. Dass diese Entwicklungen und Radikalisierungen auch auf die Umsiedlung zurückwirkten, steht außer Frage, auch wenn die Forschung sich diesem Zusammenhang bisher nicht ausführlich gewidmet hat. Es ist daher Ziel dieser Studie, eben dieses Zusammenspiel von Umsiedlungs- und Erbgesundheitspolitik genauer in den

20 Vgl. weiterführend auch Wilhelm Fielitz, Das Stereotyp des wolhyniendeutschen Umsiedlers. Popularisierungen zwischen Sprachinselforschung und nationalsozialistischer Propaganda, Marburg 2000.

21 Vgl. Hans-Walter Schmuhl, Die biopolitische Entwicklungsdiktatur des Nationalsozialismus und der „Reichsgesundheitsführer“ Leonardo Conti. In: Klaus-Dietmar Henke (Hg.), Tödliche Medizin im Nationalsozialismus. Von der Rassenhygiene zum Massenmord, Köln/Weimar/Wien 2008, S. 101-117, hier 102.

22 Die Rassenanthropologie entwickelte sich Ende des 19. Jahrhunderts im Dunstkreis von Sozialdarwinismus und Rassentheorien. Wie auch die Rassenhygiene verstand sich die an die physische Anthropologie angelehnte Rassenanthropologie als angewandte Wissenschaft. Sie strebte eine „Verwissenschaftlichung der Rassendoktrin“ an, deren Ziel, vereinfacht formuliert, die „Aufnordung“ des deutschen Volkes war. Vgl. Wolfgang U. Eckart, „Ein Feld der rationalen Vernichtungspolitik“. Biopolitische Ideen und Praktiken vom Malthusianismus bis zum nationalsozialistischen Sterilisationsgesetz. In: Maike Rotzoll/Gerrit Hohendorf/Petra Fuchs/Paul Richter/Christoph Mundt/Wolfgang U. Eckart (Hg.), Die nationalsozialistische „Euthanasie“-Aktion „T4“ und ihre Opfer. Geschichte und ethische Konsequenzen für die Gegenwart, Paderborn 2010, S. 25-41; Hans-Walter Schmuhl, Eugenik und Rassenanthropologie. In: Robert Jütte (Hg.), Medizin und Nationalsozialismus. Bilanz und Perspektiven der Forschung, Göttingen 2011, S. 24-38.

Blick zu nehmen. Im Fokus stehen dabei drei konkrete Aktionsfelder der NS-Erbgesundheitspolitik, anhand derer untersucht wird, inwieweit das rassenhygienische Instrumentarium und die bereits ab 1933 etablierten Erfassungs- und Selektionsmuster der NS-Erbgesundheitspolitik zu einem festen Bestandteil der Umsiedlungspolitik wurden.

1. Die gesundheitliche und erbbiologische Erfassung aller Volksdeutschen, die ihre Wurzeln in der ab 1933 anvisierten Kompletterfassung des deutschen Volkes hatte,[23] und die die Grundlage für eine spätere Selektion und alle weiteren „erbpflegerischen" Maßnahmen darstellte,
2. die Sterilisation vermeintlich „erbkranker" oder als „asozial" stigmatisierter Volksdeutscher und
3. die Ermordung dieser im Rahmen der verschiedenen „Euthanasie"-Aktionen („Kinder- und Jugendlicheneuthanasie", „Aktion T4", dezentrale „Euthanasie").

Im Mittelpunkt stehen hier die „erbpflegerischen" Maßnahmen, die „ausmerzenden" und „aussondernden" Charakter hatten, offenbart sich in diesen doch sowohl der Kern der NS-Biopolitik als auch das primäre und leitende Ziel der Umsiedlerselektion. Durch die „Aussonderung" „unerwünschten Bevölkerungszuwachses" sollte schließlich die Grundlage für eine neue, dem erweiterten „Lebensraum" adäquate Siedlergesellschaft[24] geschaffen werden, die zu einem späteren Zeitpunkt eine gezielte Förderung erfahren sollte. Die Selektion und Exklusion der „Unerwünschten" war in diesem Zusammenhang quasi die Vorbedingung für jegliche weitere Siedlungs- und Bevölkerungspolitik, die hier nur gestreift werden kann.

Dabei stellt sich die Frage wie konsequent die Umsiedlungsakteure die sich ihnen bietenden Erfassungs- und Selektionssituationen nutzten und wie stringent rassenhygienische Forderungen im Kontext der verschiedenen Umsiedlungsaktionen umgesetzt wurden, d. h. wie systematisch erfasst, selektiert, zwangssterilisiert und auch gemordet wurde, und vor allem mit welchem Ziel. Verschmolzen hier vielleicht rassenhygienisch-rassenbiologische, volkstums- und siedlungspolitische Zukunftsvisionen miteinander, die alle auf die Schaffung einer neuen „homogenisierten", „rassereinen" und „erbgesunden" Siedlergesellschaft, ja, auf eine grundlegende gesellschaftliche Neuordnung des Ostens ziel-

23 Vgl. z. B. Götz Aly, Die restlose Erfassung. Volkszählen, Identifizieren, Aussondern im Nationalsozialismus, 2. Auflage Frankfurt a. M. 2005.

24 Der Begriff der „Siedlergesellschaft" soll hier die spezifische kolonisatorisch-germanisierende Aufgabe, die jedem „Ostraumsiedler" innerhalb der neuen Siedlungsgebiete zugewiesen wurde, unterstreichen. Er lässt sich in das „Volksgemeinschaftskonzept" des Nationalsozialismus integrieren, ging es doch auch in diesem um In- und Exklusion und um die Schaffung einer homogenisierten Gesellschaft. Die neue Siedlergesellschaft wurde durch eine spezifische rassenideologisch-rassenhygienische Selektion geschaffen. Definiert wurde sie in erster Linie durch rassistische und eugenische Elemente, in zweiter Linie durch kulturelle sowie siedlungs- und volkstumspolitische.

ten?[25] Kam der Umsetzung rassenhygienischer Forderungen im Kontext der Umsiedlungspolitik vielleicht sogar Modellcharakter zu, war die Umsiedlung der Volksdeutschen quasi ein Probelauf für eine spätere, totale, rassenhygienisch basierte Neuordnung der deutschen Gesellschaft und damit Auftakt und zugleich Wegweiser in die rassenhygienische Zukunft, der Versuch der Realisierung einer rassenhygienischen Utopie?

Diese Fragen sollen nicht nur aus strukturgeschichtlicher Perspektive beleuchtet werden, sondern es sollen neben den beteiligten Institutionen und dem Umsiedlungsprozedere gerade auch die beteiligten Akteure und deren individuelle Handlungsspielräume genauer in den Blick genommen werden. Darüber hinaus wird der separaten Umsiedlung psychisch kranker und geistig behinderter Volksdeutscher, einschließlich der Umstände der Erfassung in den Heimatgebieten, den Krankentransporten und den Einweisungen in psychiatrische Einrichtungen des Warthegaus, besondere Aufmerksamkeit geschenkt werden. Die Behandlung dieses „unerwünschten Bevölkerungszuwachses" kann letztlich als Gradmesser der Radikalität erbgesundheitspolitischer Maßnahmen im Kontext der Umsiedlung gelten.

Die vorliegende Arbeit verfolgt somit einen deduktiven Ansatz. Ausgehend von den generellen Rahmenbedingungen und umsiedlungsspezifischen Regelungen sollen anhand ausgewählter Einzelfälle die individuellen Folgen der Umsiedlungspolitik beleuchtet werden. Durch diese Individualisierung wird zugleich auch die Bandbreite und die umsiedlungsspezifische Ausprägung der erbgesundheitspolitischen Maßnahmen sichtbar. Die Beispiele sollen darüber hinaus Nuancen und Details aufzeigen und deutlich machen, dass von diesem so technokratisch wirkenden Umsiedlungsvorgang Menschen betroffen waren: Menschen, denen aufgrund vermeintlicher „erbbiologischer Bedenken" die Einbürgerung verweigert wurde; Menschen, die infolge dieser „erbbiologischen Bedenken" Gefahr liefen, zwangssterilisiert zu werden; Menschen, die aufgrund einer „Erbkrankheit" oder sozial auffälligem Verhalten stigmatisiert, psychiatri-

25 Die aktuelle Diskussion um das Konzept der Volksgemeinschaft bietet hier erste Anknüpfungspunkte. Auf der 2010 vom Forschungskolleg „Nationalsozialistische Volksgemeinschaft" veranstalteten Tagung in Berlin wurde erstmals auch explizit der Zusammenhang von „Nationalsozialistischem Migrationsregime und Volksgemeinschaft" beleuchtet. Die Ergebnisse liegen jetzt auch in Form eines Sammelbandes vor. Vgl. Armin Nolzen, Tagungsbericht „Volksgemeinschaft": Mythos der NS-Propaganda, wirkungsmächtige soziale Verheißung oder soziale Realität im „Dritten Reich"? Zwischenbilanz zu einer kontroversen Debatte. 2.10.2009–3.10.2009, Hannover. In: H-Soz-u-Kult vom 16.10.2009 (http://hsozkult.geschichte.hu-berlin.de/tagungsberichte/id=2805; 6.4.2012); sowie Jan Kaufhold, Tagungsbericht Nationalsozialistisches Migrationsregime und „Volksgemeinschaft". 19.11.2010–20.11.2010, Berlin. In: H-Soz-u-Kult vom 23.2.2011 (http://hsozkult.geschichte.hu-berlin.de/tagungsberichte/id=3554; 6.4.2012); Jochen Oltmer (Hg.), Nationalsozialistisches Migrationsregime und „Volksgemeinschaft", Paderborn 2012. Vgl. auch Lutz Raphael, Sozialexperten zwischen konservativem Ordnungsdenken und rassistischer Utopie (1918–1945). In: Wolfgang Hardtwig (Hg.), Utopie und politische Herrschaft im Europa der Zwischenkriegszeit, München 2003, S. 327–346.

siert und damit der Familie entrissen wurden, und dies zu einer Zeit, in der der Zugang zu medizinischen Ressourcen zunehmend stärker hierarchisiert wurde.[26]

Die Mehrzahl dieser Menschen stammte aus dem Osten und Südosten Europas. Diese Gebiete bilden daher den geographischen Schwerpunkt der Untersuchung. Auch im Hinblick auf die Ansiedlung sind es die „neuen Ostgebiete", die zum Brennglas der Umsiedlungspolitik wurden. Ganz konkret gelangten dorthin Deutsche aus dem Baltikum (Estland, Lettland, Litauen), aus Ostpolen (Galizien, Wolhynien, Narewgebiet, Cholmer und Lubliner Land), aus Rumänien (Bessarabien, Bukowina, Dobrudscha), Bulgarien (Süddobrudscha), Jugoslawien (Bosnien, Kroatien, Serbien, Krain/Gottschee, Laibach) und der Sowjetunion (Ukraine, Krim, Schwarzmeergebiet). Der Aktionsradius des Reichskommissars für die Festigung deutschen Volkstums reichte jedoch bekanntlich noch weiter. Er umfasste westeuropäische Staaten wie Frankreich oder Luxemburg ebenso wie südeuropäische wie Italien. Der Blick auf die Umsiedlungspolitik wäre demnach ein einseitiger, würde man sich ausschließlich auf die ost- und südosteuropäischen deutschen Volksgruppen konzentrieren. Deshalb soll in der vorliegenden Arbeit auch ein Seitenblick auf die Umsiedlungen im Süden und Westen Europas, vornehmlich auf die Umsiedlung der Südtiroler, geworfen werden.[27] Die Untersuchung gliedert sich in vier Hauptkapitel (Kapitel II bis V):

Das erste Hauptkapitel (Kapitel II) widmet sich den Entwicklungslinien innerhalb der Erbgesundheits- und Volkstumspolitik sowie den Vorbedingungen der erbgesundheitlichen Erfassung der Umsiedler. Hier wird insbesondere auf die Rolle der Rassenhygiene, die 1933 zum politischen Prinzip, zur Leitdisziplin und Legitimationswissenschaft erhoben wurde, eingegangen werden.[28] Anhand konkreter erbgesundheitspolitischer Maßnahmen wird dieser Vormarsch der Rassenhygiene und die biopolitische Radikalisierung im NS-Staat nachgezeichnet. Darüber hinaus werden Wechselwirkungen zwischen verschiedenen biopolitischen Aktionsfeldern, namentlich zwischen der Erbgesundheits-, Bevölkerungs- und Volkstumspolitik, aufgezeigt.

Im anschließenden Kapitel (Kapitel III) werden die politischen und institutionellen Rahmenbedingungen der einzelnen Umsiedlungsaktionen beleuchtet. Der Fokus liegt hier zum einen auf der Ingangsetzung der Umsiedlungsmaschinerie im Kontext der Südtirol-Frage und des Hitler-Stalin-Paktes und zum anderen auf den konkreten bilateralen Umsiedlungsverträgen sowie dem neu geschaf-

26 Vgl. weiterführend Winfried Süß, Der „Volkskörper" im Krieg. Gesundheitspolitik, Gesundheitsverhältnisse und Krankenmord im nationalsozialistischen Deutschland 1939–1945, München 2003.

27 Die vorliegende Studie verfolgt keinen komparatistischen Untersuchungsansatz. Das Beispiel Südtirol soll nur ergänzend und kontrastierend hinzugezogen werden.

28 Vgl. Sabine Schleiermacher, Rassenhygiene und Rassenanthropologie an der Universität Berlin. In: Christoph Jahr (Hg.), Die Berliner Universität in der NS-Zeit. Strukturen und Personen, Stuttgart 2005, S. 71–88.

fenen Umsiedlungsapparat. Beteiligte Institutionen wie die Volksdeutsche Mittelstelle (Vomi), die Einwandererzentralstelle (EWZ) oder die Dienststelle des Reichskommissars für die Festigung deutschen Volkstums (RKF) werden in ihrer Ausrichtung und ihren Tätigkeitsfeldern ebenso untersucht wie das Zusammenspiel der einzelnen Umsiedlungsdienststellen.

Im IV. Kapitel, dem Herzstück der vorliegenden Arbeit, wird schließlich ausführlich auf die während der Umsiedlungsaktionen wirkenden Selektionssituationen und -mechanismen eingegangen. Dabei soll ein Bogen von der ersten Erfassung in den Herkunftsländern hin zur Ansiedlung der Volksdeutschen im „verheißungsvollen Osten" geschlagen werden. Es werden dazu typische Umsiedlungsetappen, die sich in nahezu allen Umsiedlungsaktionen wiederfinden, herausgegriffen. Zu diesen gehörten: 1. die Erfassung in den volksdeutschen Siedlungsgebieten, 2. der Abtransport aus den Herkunftsgebieten und die Ankunft im Deutschen Reich, 3. die Unterbringung im Deutschen Reich, 4. die Durchschleusung durch die EWZ und 5. die Ansiedlung.

Alle diese Umsiedlungsetappen waren zugleich aufeinander aufbauende Selektionsetappen. Hier ging es um die „Aussonderung Unerwünschter", die zum Teil ganz offen, zum Teil aber auch nur latent erfolgte. Selektion muss in diesem Zusammenhang als bewusster Entscheidungsprozess verstanden werden, der, insbesondere im Rahmen der Durchschleusung, rassenhygienischen Prämissen folgte. Selektion basierte hier auf erbgesundheitlichen, rassenanthropologischen und natürlich auch ideologischen Überzeugungen, die zu einer umfassenden Entscheidungsmatrix verschmolzen und wenig mit der situativ-improvisierten Selektion in den Vernichtungslagern gemein hatte.[29]

Selektionsmechanismen wirkten allerdings nicht nur während dieser „klassischen" Umsiedlungsetappen, sondern auch darüber hinaus, wie das Beispiel der volksdeutschen Psychiatriepatienten deutlich macht. Anhand ihres Schicksals lässt sich zeigen, welche Folgen die ersten Erfassungen in den Herkunftsgebieten hatten - oftmals eine Psychiatrisierung der Betroffenen - und welche weiteren Konsequenzen sich vor dem Hintergrund der NS-Psychiatriepolitik daraus ergaben. Wie durch ein Brennglas lässt sich am Beispiel der vornehmlich in den Heilanstalten des Warthegaus untergebrachten volksdeutschen Patienten die

29 Der Begriff „Selektion" könnte ungewollt eine Analogie zur Sonderform der Selektion in den Vernichtungslagern suggerieren. Ihn vollständig durch den Quellenbegriff der „Auslese" zu ersetzen, der durchaus auch seine Berechtigung hat, erscheint hier jedoch nicht sinnvoll, suggeriert der Begriff „Auslese" doch, es habe sich vorrangig um eine „Auslese" der „Höherwertigen" gehandelt, ähnlich wie für die „Auslese-" bzw. „Eliteschulen". Die Umsiedlungsakteure verwendeten den Begriff der „Auslese" nicht zuletzt auch genau deshalb - sie wollten den Eindruck vermitteln, es handele sich hier um eine „Auslese" der „Besten". Dem war mitnichten so, es ging vielmehr zunächst um „Aussonderung Unerwünschter". Ein Eignungsprüfer des Rasse- und Siedlungshauptamtes formulierte in diesem Kontext treffend: „Nach heute geltenden Richtlinien wird unter den Umsiedlern keine Auslese, sondern eine Ausmerze vorgenommen." Vgl. Abschlussbericht der RuS-Dienststelle vom August 1942 (BArch Berlin, R 69/971, Bl. 129 f., hier 129). Für den Hinweis auf die mit dem Selektionsbegriff verbundenen Probleme danke ich Prof. Dr. Isabel Heinemann.

gesamte Palette der erbgesundheitspolitischen Maßnahmen, denen Volksdeutsche unterworfen wurden, betrachten.

Das Kapitel V widmet sich schließlich der Umsiedlung der Südtiroler, die organisatorisch und institutionell einige Sonderentwicklungen nahm. Es sollen hier Parallel- aber eben auch Sonderentwicklungen gegenüber den Umsiedlungsaktionen aus dem Osten und Südosten Europas herausgearbeitet werden, um letztlich die Frage beantworten zu können, ob es angesichts der auf den ersten Blick doch sehr disparaten Vorgehensweise nicht doch generelle Umsiedlungsgrundsätze innerhalb der RKF-Politik gegeben hat.

2. Forschungsstand

Die Bedeutung der rassenhygienischen Selektion im Rahmen der verschiedenen Umsiedlungsaktionen und deren Rückwirkungen auf die NS-Biopolitik stellen bisher ein Forschungsdesiderat dar. Die NS-Volkstumspolitik sowie die Erbgesundheitspolitik, die den unmittelbaren Referenzrahmen bilden, können hingegen als relativ gut erforscht gelten.

Seit Beginn der 1990er Jahre erlebte die Forschung sowohl zur NS-Volkstums- als auch zur Gesundheitspolitik einen Aufschwung, welcher sich in der Etablierung eigenständiger Forschungsfelder niederschlug. Im Falle der NS-Volkstumspolitik konzentrierte sich das Interesse zunächst auf den Konnex zwischen Vertreibungs- und Vernichtungspolitik, der allerdings nur eine Seite der Volkstumspolitik darstellte. Die andere Seite, die der Siedlungspolitik, rückte erst im Verlauf der 1990er Jahren verstärkt in den Fokus. Götz Aly und Susanne Heim stellten in „Vordenker der Vernichtung“[30] erstmals den Zusammenhang zwischen Vernichtungs- und Siedlungspolitik heraus und regten damit eine Vielzahl weiterer Studien zur NS-Germanisierungspolitik,[31] den Siedlungsplanungen,[32] insbesondere dem „Generalplan Ost“,[33] und den entsprechenden Expertennetzwerken[34] an. Nach Aly und Heim sollte im „Osten“ eine neue, dem

30 Götz Aly/Susanne Heim, Vordenker der Vernichtung. Auschwitz und die deutschen Pläne für eine neue europäische Ordnung, 5. Auflage Hamburg 2004 (zuerst 1991).

31 Vgl. zum Beispiel Sybille Steinbacher, „Musterstadt“ Auschwitz. Germanisierungspolitik und Judenmord in Oberschlesien, München 2000.

32 Vgl. etwa Götz Aly/Christoph Dieckmann/Michael G. Esch u. a. (Hg.), Modelle für ein deutsches Europa. Ökonomie und Herrschaft im Großwirtschaftsraum, Berlin 1992; Michael Hartenstein, Neue Dorflandschaften. Nationalsozialistische Siedlungsplanung in den „eingegliederten Ostgebieten“ 1939 bis 1944, Berlin 1998; Uwe Mai, „Rasse und Raum“. Agrarpolitik, Sozial- und Raumplanung im NS-Staat, Paderborn 2002.

33 Vgl. zum Beispiel Bruno Wasser, Himmlers Raumplanung im Osten. Der Generalplan Ost in Polen 1940–1944, Basel 1993; Mechthild Rössler/Sabine Schleiermacher (Hg.), Der „Generalplan Ost“. Hauptlinien der nationalsozialistischen Planungs- und Vernichtungspolitik, Berlin 1993; Czesław Madajczyk (Hg.), Vom Generalplan Ost zum Generalsiedlungsplan. Dokumente, München 1994.

34 Im Kontext der Wissenschaftsgeschichte entstanden vor allem seit dem Ende der 1990er Jahre zahlreiche Studien zum Verhältnis von wissenschaftlicher Expertise, Ostplanung

von den NS-Raumplanern ermittelten optimalen Bevölkerungsaufbau entsprechende, Siedlungsstruktur entstehen, die schließlich auch auf die Sozialstruktur des „Reichsgebietes" zurückwirken sollte. Die Siedlungsplaner und deren Expertenstäbe hätten ihre Arbeit nach Aly und Heim dabei in erster Linie als eine rational-wissenschaftliche und ökonomische und weniger als eine ideologische betrachtet. Dezidiert erbgesundheitspolitische und rassenpolitische Maßnahmen werden als Methoden zur Schaffung dieser neuen Sozialstruktur begriffen und nicht als eigenständige Aktionsfelder oder Motoren innerhalb der Volkstumspolitik.[35] Auch die Institution des Reichskommissars für die Festigung deutschen Volkstums (RKF) betrachten Aly und Heim nicht als Instrument zur Umsetzung rassenideologischer Ziele. Die Tätigkeit des RKF sei vielmehr ebenfalls von ökonomischen Interessen bestimmt gewesen.[36] Ähnliche ökonomische Motive hatte bereits Hans Buchheim in seinen Ausführungen über die Rechtsstellung und Organisation des RKF Ende der 1950er Jahre betont, allerdings hob er ebenso die ideologische Komponente hervor, indem er anhand der „Eindeutschung" und dem Ziel „Europa biologisch neu zu ordnen" auf die „ideologisch übersteigerte Interpretation und Ausdehnung" des Auftrages des RKF hinwies.[37] Anders als Buchheim betrachtete Robert L. Koehl in seiner grundlegenden Studie zum RKF,[38] den rassenpolitischen Impetus der RKF-Politik als eher unbedeutend. Diese Einschätzung wirkte bis in die 1990er Jahre fort, nicht zuletzt weil trotz vieler Detailstudien zur Volkstumspolitik weder eine Gesamtdarstellung der RKF-Politik noch eine Biographie über den Reichskommissar Heinrich Himmler oder Studien zu den zentralen Umsiedlungsdienststellen wie der EWZ, der Vomi[39] und dem Rasse- und Siedlungshauptamt (RuSHA) vorlagen.

Inwieweit die Umsiedlungspolitik rassenpolitisch durchdrungen war und rassenideologische Prämissen den Neuordnungsplänen immanent waren, machte

und Vertreibungspolitik. Vgl. zum Beispiel Michael Fahlbusch, Wissenschaft im Dienst der nationalsozialistischen Politik? Die „volksdeutschen Forschungsgemeinschaften" von 1931–1945, Baden-Baden 1999; Ingo Haar/Michael Fahlbusch (Hg.), Handbuch der völkischen Wissenschaft. Personen. Institutionen. Forschungsprogramme. Stiftungen, München 2008; Isabel Heinemann/Patrick Wagner (Hg.), Wissenschaft, Planung, Vertreibung. Neuordnungskonzepte und Umsiedlungspolitik im 20. Jahrhundert, Stuttgart 2006.

35 Vgl. zum Beispiel die Ausführungen zu den „Richtlinien für die Beurteilung der Erbgesundheit". In: Aly/Heim, Vordenker der Vernichtung, S. 166–168.

36 Vgl. ebd., S. 128.

37 Hans Buchheim, Rechtsstellung und Organisation des Reichskommissars für die Festigung deutschen Volkstums. In: Gutachten des Instituts für Zeitgeschichte, Band 1, München 1958, S. 239–279, hier 277.

38 Robert L. Koehl, RKfDV. German Resettlement and Population Policy 1939–1945. A history of the Reich Commission for the Strengthening of Germandom, Cambridge 1957.

39 Eine Ausnahme stellt die Arbeit von Valdis O. Lumans zur Vomi dar. Die Rolle der Vomi innerhalb des selektiven Systems der Umsiedlungspolitik wird hier jedoch nicht ausführlicher beleuchtet. Vgl. Valdis O. Lumans, Himmler's Auxiliaries. The Volksdeutsche Mittelstelle and the German national minorities of Europe, 1933–1945, Chapel Hill 1993.

erstmals die richtungweisende Studie Isabel Heinemanns zum RuSHA deutlich.[40] Sie zeigt, wie das ursprünglich auf die SS begrenzte rassische Musterungsverfahren im Rahmen der Siedlungspolitik sukzessive auf breite Bevölkerungsteile ausgeweitet wurde. Rassische Kriterien gehörten fortan zu den zentralen Einbürgerungsbedingungen für umgesiedelte Volksdeutsche. An sie war die Entscheidung über die Aufnahme in die Deutsche Volksliste (DVL) oder eine mögliche „Wiedereindeutschung" geknüpft. Umgekehrt dienten sie als Legitimation für die Deportation „rassisch Minderwertiger".[41] Bezogen auf die Volksdeutschen habe vor allem das Urteil der RuSHA-Rasseexperten, die unter anderem im Rahmen der „Durchschleusung" tätig wurden, maßgeblichen Einfluss auf die Einbürgerung und den künftigen Ansiedlungsort gehabt. Im Sinne einer „Binnendifferenzierung" der volksdeutschen Siedler sollten nur die „gutrassigen" für die Besiedlung der Ostgebiete in Frage kommen, um dort, nach Vertreibung der „rassisch minderwertigen" einheimischen Bevölkerung, eine „rassereine Siedlergesellschaft" etablieren zu können.[42] Ziel sei somit eine „rassenpolitische Neuordnung Europas" gewesen, deren Grundvoraussetzung die rassische Erfassung jedes potentiellen Siedlers durch Eignungsprüfer des RuSHA war. Das RuSHA befand sich, wie von Heinemann detailliert nachgewiesen, im „Zentrum dieser europaweiten Ausleseverfahren und Umsiedlungs-

40 Heinemann, Rasse.

41 Die hier aufgezeigten In- und Exklusionsmuster beeinflussten nicht unwesentlich die neueren Forschungen zum Konzept der „Volksgemeinschaft". Den im Rahmen der Germanisierungspolitik wirkenden Selektionsmechanismen widmet sich zum Beispiel die 2012 erschienene Monographie von Gerhard Wolf, die hier nur kurz Erwähnung finden soll und die in die vorliegende Arbeit nicht mehr eingearbeitet werden konnte. Wolf untersucht am Beispiel der DVL und der UWZ den „dialektischen Zusammenhang von Selektionspraxis und ihrer ideologischen Begründung". Er fragt insbesondere nach der „Wirkungsmächtigkeit" „völkischer und rassischer Ideologien" und überprüft, inwieweit sich diese in den Selektionskriterien der DVL widerspiegelten und welche Ideologien sich als „besonders herrschaftsfunktional durchsetzen konnten". Er beleuchtet die im besetzten Polen etablierten In- und Exklusionsmuster und hebt den Trend zur inklusiven Bevölkerungspolitik hervor, das heißt einer Assimilationspolitik. Diese habe, so Wolf, sowohl auf rassischen als auch arbeitsökonomischen Kriterien gefußt, die regional sehr unterschiedlich und flexibel Anwendung gefunden hätten. Seiner Ansicht nach habe das rassische Kriterium allerdings, anders als bei den Volksdeutschen, die Selektion nicht dominiert, Rasse sei nicht zur „Leitdifferenz bei der Gestaltung des ‚deutschen Lebensraumes'" geworden. Vgl. Gerhard Wolf, Ideologie und Herrschaftsrationalität. Nationalsozialistische Germanisierungspolitik in Polen, Hamburg 2012. Vgl. beispielsweise auch Birthe Kundrus, Regime der Differenz. Volkstumspolitische Inklusionen und Exklusionen im Warthegau und im Generalgouvernement 1939–1944. In: Frank Bajohr/Michael Wildt (Hg.), Volksgemeinschaft. Neue Forschungen zur Gesellschaft des Nationalsozialismus, Frankfurt a. M. 2009, S. 105–123. Zur Debatte um das Forschungskonzept „Volksgemeinschaft" vgl. Ian Kershaw, „Volksgemeinschaft". Potenzial und Grenzen eines neuen Forschungskonzepts. In: VfZ, 59 (2011) 1, S. 1–17; sowie Michael Wildt, „Volksgemeinschaft". Eine Antwort auf Ian Kershaw. In: Zeithistorische Forschungen/Studies in Contemporary History, Online-Ausgabe, 8 (2011) 1 (http://www.zeithistorische-forschungen.de/16126041-Wildt-1-2011; 28.3.2012).

42 Vgl. Heinemann, Rasse, bes. Kap. 3.

prozesse".[43] In diesem Zentrum befanden sich, wie weitere Studien gezeigt haben,[44] aber auch noch andere nicht weniger bedeutsame Akteure. Zu diesen zählten vor allem die EWZ und ihr Pendant, die mit der Vertreibung der polnischen und jüdischen Bevölkerung betraute Umwandererzentralstelle (UWZ). Insbesondere die EWZ sollte zu einer Kerninstitution innerhalb des zunehmend expandierenden Umsiedlungsapparates werden. Der Tätigkeit dieser nationalsozialistischen Sonderbehörde und ihrer Rolle innerhalb der Umsiedlungspolitik widmet sich Markus Leniger in seiner Studie zur Volkstumsarbeit und Umsiedlungspolitik aus dem Jahr 2006.[45] Er stellt dabei die Entstehung und die Tätigkeit der EWZ in den Kontext der Volkstums- und Umsiedlungspolitik, zeichnet deren Entwicklungslinien und Brüche nach, und beleuchtet darüber hinaus auch das Lagersystem der Vomi. Ein Hauptuntersuchungsfeld Lenigers sind die Kriterien und Methoden der „Siedlerauslese" der EWZ, innerhalb derer auch die von Heinemann in den Mittelpunkt gestellte rassische Begutachtung eine wesentliche Rolle spielte. Er beschreibt die von der EWZ im Rahmen des Einbürgerungsvorgangs installierten Selektionsinstanzen, wobei insbesondere der sogenannten „Gesundheitsstelle" der EWZ eine besondere Bedeutung zugekommen sei. Leniger verweist in diesem Zusammenhang auch auf die rassenhygienischen Wurzeln der erbbiologischen Erfassung sowie auf deren Konsequenzen und liefert damit erste wichtige Anhaltspunkte für die vorliegende Arbeit.[46] Er erwähnt auch die Erfassung „Erbkranker" in separaten Listen und vermutet, dass die „Sterilisation von ‚erbkranken' Umsiedlern an der Tagesordnung" gewesen sei. Außerdem sei eine Einbeziehung der Umsiedler in die NS-„Euthanasie" anzunehmen, wenn auch bislang nicht nachweisbar.[47]

Auch die 2009 von Andreas Strippel vorgelegte Dissertation zur Selektionstätigkeit der EWZ liefert viele neue Details hinsichtlich des Selektionsverfahrens, wenngleich auf die von Leniger aufgeworfenen Fragen nach der Einbeziehung Volksdeutscher in die Sterilisationspraxis und die NS-„Euthanasie" nicht ausführlicher eingegangen wird.[48] Strippel beschreibt die zunehmende Differenzierung der Selektionskriterien und die durchaus pragmatische Anpassung der Selektionstätigkeit an kriegsbedingte Bedürfnisse. Auch er hebt die besondere Bedeutung der erbbiologischen und rassischen Erfassung hervor. Dabei betont Strippel, angelehnt an Heinemann, das Primat der rassischen

43 Vgl. ebd., S. 608.
44 Zu nennen sind hier vor allem die Arbeiten von Markus Leniger, Nationalsozialistische „Volkstumsarbeit" und Umsiedlungspolitik 1933–1945. Von der Minderheitenbetreuung zur Siedlerauslese, Berlin 2006; sowie Strippel, NS-Volkstumspolitik.
45 Leniger, NS-Volkstumsarbeit.
46 Er erwähnt zum Beispiel die Erstellung von Gesundheitskarteikarten und das dahinter stehende Ziel einer umfassenden Sichtung der verschiedenen Bevölkerungsgruppen. Vgl. ebd., S. 183.
47 Vgl. ebd., S. 179.
48 Vgl. Andreas Strippel, NS-Volkstumspolitik und die Neuordnung Europas. Rassenpolitische Selektion der Einwandererzentralstelle des Chefs der Sicherheitspolizei und des SD 1939–1945, Paderborn 2011.

Kriterien bei der „Siedlerauswahl", wobei der von ihm verwendete Rassebegriff sowohl rassenanthropologische Kriterien als auch eugenische, kulturelle, politische und ökonomische umfasst. Strippel gelingt es, durch diesen erweiterten Rassebegriff die verschiedenen Kriterien des Selektionsprozesses aufzuzeigen. Er beleuchtet die Tätigkeit der in der Gesundheitsstelle der EWZ tätigen Ärzte und Eignungsprüfer und zeigt, wie eng die rassenanthropologische mit der erbbiologischen Untersuchung verbunden war. Letztlich, und da unterscheidet sich Strippels Interpretation von der Lenigers, hätten jedoch die rassenanthropologischen Erhebungen der Eignungsprüfer die Selektionsentscheidung dominiert - die RuSHA-Eignungsprüfer hätten demnach stärker als alle anderen beteiligten Instanzen Einfluss auf das Selektionsverfahren genommen.[49]

Peter Longerich legt in seiner Himmler-Biographie[50] den Schwerpunkt, bezogen auf die Rolle Heinrich Himmlers als Reichskommissar für die Festigung deutschen Volkstums, gleichfalls auf rassenpolitische Aktionsfelder. Himmlers Funktion als RKF und sein Einfluss auf die Siedlungspolitik werden vor allem im Kontext der „Rassenmusterungen" der Volksdeutschen und „Eindeutschungsfähigen" in den besetzten Ostgebieten untersucht. Folglich hebt auch Longerich die besondere Bedeutung des RuSHA bei der „völkischen Neuordnung" Europas auf „rassischer Grundlage" hervor.[51] An dessen Selektionstätigkeit habe Himmler großes Interesse gezeigt und sich in Einzelfällen die Entscheidung vorbehalten.[52] Inwieweit dies auch für andere Bereiche galt, lässt Longerich zwar offen, liefert der vorliegenden Arbeit auf diese Weise aber einen wichtigen Denkanstoß. Vor allem im Hinblick auf die Einbürgerung von „Personen, die auf Grund ihres geistigen oder körperlichen Gesundheitszustandes als Träger von Erbkrankheiten anzusehen sind", könnte sich Himmler in seiner Funktion als RKF ähnlich direkt eingeschaltet und die getroffene Grundsatzentscheidung möglicherweise selbst gefällt haben.[53] Auch für ein weiteres nationalsozialistisches Aktionsfeld, welches im Zusammenhang mit der Umsiedlungspolitik stand, könnte dieses Handlungsmuster von Bedeutung sein - das der frühen Krankenmorde im besetzten Polen, verband Himmler als Reichsführer-SS (RFSS) und RKF doch quasi in personam beide Politikfelder. In sein Ressort fielen sowohl die von der SS durchgeführten „Räumungen" der polnischen Anstalten, das heißt die Ermordung der Psychiatriepatienten, als auch die Unterbringung volksdeutscher Umsiedler in einigen dieser leergemordeten Anstalten.

49 Vgl. ebd., S. 334. Leniger vertritt die Position, dass sowohl den Ärzten wie auch den Eignungsprüfern des RuSHA der Rang von Experten zugekommen sei, ohne dass dabei das Urteil einer Expertengruppe das Selektionsergebnis dominiert hätte. Vgl. Leniger, NS-Volkstumsarbeit, S. 196 f.

50 Peter Longerich, Heinrich Himmler. Biographie, München 2008.

51 Vgl. ebd., bes. Kap. IV.

52 Vgl. ebd., S. 463.

53 Vgl. Korrespondenz zwischen der Dienststelle Umsiedlung Südtirol und der Dienststelle des RKF über Einbürgerungsfragen Südtirol (BArch Berlin, R 49/1173, unpag.).

Diesem Zusammenhang zwischen der Räumung der Anstalten und der späteren Nutzung durch den RKF und seine Dienststellen ist erstmals Götz Aly in seiner 1995 erschienen Publikation „Endlösung“ nachgegangen.[54] Aly postuliert darin eine grundlegende Bedeutung der Umsiedlung für die Ingangsetzung des Holocaust. Er zeigt, wie der Bedarf an Ansiedlungsräumen für Volksdeutsche und die ins Stocken geratene Deportation der einheimischen Bevölkerung zunehmend radikalere Lösungsansätze generierte. Der „erste systematische Massenmord“ zum Zwecke der „Platzschaffung für volksdeutsche Umsiedler“ sei, so Aly, die Ermordung der Patienten der psychiatrischen Einrichtungen Pommerns, des Warthegaus und Danzig-Westpreußens durch SS-Einheiten gewesen. Aly stellt demnach die Ermordung der Patienten in einen kausalen Zusammenhang zur späteren Unterbringung vor allem der Baltendeutschen in den „geräumten“ Anstalten. Dass dieses pragmatische Motiv der alleinige Grund für die Mordaktion gewesen sein soll, ist allerdings zu Recht, ebenso wie die Kausalität, in Frage gestellt worden.[55] Volker Rieß, der die bislang umfangreichste und detaillierteste Studie zu den frühen Krankenmorden in Pommern, Danzig-Westpreußen und dem Warthegau vorlegte, macht deutlich, dass der Raumbedarf des RKF und seiner Dienststellen in der Regel lediglich den Anlass zur „Räumung“ bot, nicht aber den Grund.[56] Den Krankenmorden lagen letztlich weitaus komplexere Motive zugrunde. Nichtsdestotrotz lässt sich anhand einiger von Aly erwähnter Fälle, zum Beispiel bei der zum Altersheim für Baltendeutsche umfunktionierten ehemals polnischen Anstalt Schwetz,[57] ein Zusammenwirken von SS- und RKF-Politik erkennen, so dass Himmler, ob als RFSS oder als RKF sei dahingestellt, im Einzelfall eine initiative Rolle bei der Räumung der Anstalten zugekommen sein könnte,[58] wenngleich die Motive nicht allein in der Unterbringung Volksdeutscher zu suchen sind.

Aly geht zudem davon aus, dass auch im Reichsgebiet der „selbstgeschaffene Zwang zur Unterbringung der deutschstämmigen Umsiedler in Lagern den Mord an den deutschen Psychiatriepatienten“ beschleunigt habe. Das mag im Einzelfall zutreffen.[59] Eine systematische Kooperation Himmlers mit der die Krankenmorde organisierenden „T4“, wie sie Aly zu erkennen glaubt, lässt sich aber bislang nicht belegen. Aly selbst weist, wenn auch nur in Fußnotenform,

54 Götz Aly, „Endlösung“. Völkerverschiebung und der Mord an den europäischen Juden, 3. Auflage Frankfurt a. M. 1998 (zuerst 1995).

55 Vgl. zum Beispiel Michael Alberti, Die Verfolgung und Vernichtung der Juden im Reichsgau Wartheland 1939–1945, Wiesbaden 2006, S. 324–337, hier 333 f.; Peter Longerich, Politik der Vernichtung. Eine Gesamtdarstellung der nationalsozialistischen Judenverfolgung, München 1998, S. 238.

56 Vgl. Volker Rieß, Die Anfänge der Vernichtung „lebensunwerten Lebens“ in den Reichsgauen Danzig-Westpreußen und Wartheland 1939/40, Frankfurt a. M. 1995.

57 Vgl. Aly, Endlösung, S. 123.

58 Vgl. Alberti, Wartheland, S. 334.

59 Vgl. den Fall Neuendettelsau, Aly, Endlösung, S. 191 f.; sowie weiterführend Christine-Ruth Müller/Hans-Ludwig Siemen, Warum sie sterben mußten. Leidensweg und Vernichtung von Behinderten aus den Neuendettelsauer Pflegeanstalten im „Dritten Reich“, Neustadt a. d. Aisch 1991.

schließlich darauf hin, dass „das Thema ‚Die Aktion T4 und die Umsiedlungspolitik der Jahre 1939 bis 1941' [noch] einer systematischen empirischen Untersuchung" bedürfe.[60]

Trotz dieser Kritikpunkte ist es Alys Verdienst, erstmals den Zusammenhang zwischen Umsiedlung und Gesundheitspolitik herausgearbeitet zu haben. Darüber hinaus liefert seine Studie auch erste Anhaltspunkte zum Schicksal der baltendeutschen Psychiatriepatienten, die aus Riga über die Heilanstalten Arnsdorf[61] und Meseritz[62] in die Anstalt Tiegenhof (Warthegau) verlegt wurden. Im Vorfeld sei dort „auf die schon übliche Weise ‚Platz geschaffen worden'".[63] Die Baltendeutschen selbst seien hingegen weitaus „vorsichtiger" behandelt worden, das heißt, sie seien nicht Opfer der Krankenmorde geworden. Dieser Vermutung Alys steht die Annahme von Volker Rieß, die baltendeutschen Psychiatriepatienten seien „höchstwahrscheinlich" Opfer der parallel zur Umsiedlung einsetzenden „Aktion T4" geworden, entgegen.[64] Bislang wurde weder das eine noch das andere bestätigt, da diese spezielle Frage nicht Gegenstand weiterer Untersuchungen war. Dabei stellen die in Frage kommenden Anstalten des Warthegaus nicht per se ein Forschungsdesiderat dar, nur der Schwerpunkt war bislang ein anderer, er lag vor allem auf den frühen Krankenmorden. Diesen widmete sich zum Beispiel die bereits 1993 erschienene deutsch-polnische Veröffentlichung zur „Ermordung der Geisteskranken in Polen" ebenso wie die 2008 erschienene Publikation von Tadeusz Nasierowski.[65]

Die Forschungen zu den einzelnen betroffenen Volksgruppen geben ebenfalls nur spärliche Hinweise zu den Verlegungen und dem Verbleib der psychisch Kranken, wobei auch dies nicht etwa einem generellen Desinteresse an der Umsiedlung geschuldet ist.[66] Vielmehr sind seit den 1970er Jahren eine Vielzahl von Veröffentlichungen zur Umsiedlung einzelner Volksgruppen erschienen, die sich sowohl den Transporten, der Einbürgerung durch die EWZ als auch der

60 Aly, Endlösung, S. 189, Anm. 61.

61 Die Aufnahme der Baltendeutschen und deren Weiterverlegung nach Tiegenhof erwähnt auch Steffen Oeser in seiner 2005 vorgelegten Dissertation zur Landesanstalt Arnsdorf. Vgl. Steffen Oeser, Die sächsische Landesanstalt Arnsdorf von 1912 bis 1945. Von der Irrenpflege zur nationalsozialistischen Musteranstalt, Diss. med., Dresden 2005, S. 147–150.

62 Über die Heilanstalt Meseritz-Obrawalde liegen bisher nur wenige Veröffentlichungen vor, die zudem keine Erkenntnisse zur Unterbringung der Baltendeutschen enthalten. Vgl. Thomas Beddies, Die Heil- und Pflegeanstalt Meseritz-Obrawalde im Dritten Reich. In: Kristina Hübener (Hg.), Brandenburgische Heil- und Pflegeanstalten in der NS-Zeit, Berlin 2002, S. 231–258; Hilde Steppe (Hg.), „Ich war von jeher mit Leib und Seele gerne Pflegerin". Über die Beteiligung von Krankenschwestern an den „Euthanasie"-Aktionen in Meseritz-Obrawalde, 2. Auflage Frankfurt a. M. 2001.

63 Vgl. Aly, Endlösung, S. 121 f.

64 Vgl. Rieß, Anfänge der Vernichtung, S. 36–38.

65 Polnische Gesellschaft für Psychiatrie (Hg.), Die Ermordung der Geisteskranken in Polen 1939–1945, Warschau 1993; Tadeusz Nasierowski, Zagłada osób z zaburzeniami psychicznymi w okupowanej Polsce, Warschau 2008.

66 Eine Ausnahme stellen hier die Forschungen zu Südtirol dar, auf die nachfolgend noch eingegangen werden soll.

Lagerunterbringung und der Ansiedlung widmen.[67] Im Mittelpunkt der Darstellungen stehen zumeist die „prototypischen“ Umsiedler, deren kollektives Schicksal das Schicksal der „Randgruppen“ überdeckt. Die Umsiedlung von Psychiatriepatienten wird zumeist nur am Rande erwähnt.[68] Lediglich im Falle der Bessarabiendeutschen liegen mehr als nur Zahlen und Anstaltsnamen vor. Ute Schmidt ging in ihrer Monographie zu Bessarabien beispielsweise kurz auf die über 200 umgesiedelten Insassen bessarabischer Altersheime und Pflegeanstalten ein und wies hier auf „Fälle von Euthanasie“ hin.[69] Diesen und weiteren Fällen gingen Susanne Schlechter und Dietmar Schulze ab 2008 in einem vom Bessarabiendeutschen Verein finanzierten Projekt nach. Entstanden ist eine bisher unveröffentlichte Sammlung von 45 Einzelschicksalen. In „Geschichten“ berichten Angehörige und Zeitzeugen über „verschwundene Umsiedler“, die während der Umsiedlung verloren gingen oder starben.[70] In 25 Fällen wird die erinnerungsgeschichtliche Zusammenstellung durch Anmerkungen, die Ergebnis von Einzelfallrecherchen sind, ergänzt. Die 45 sehr unterschiedlichen Einzelfälle ergeben nicht immer ein klares Bild. Der über allen diesen Schicksalen schwebende Verdacht der Tötung kann nur vereinzelt anhand von Akten bestä-

67 Es sei hier nur auf die wichtigsten (ohne Südtirol) verwiesen: Jürgen von Hehn, Die Umsiedlung der baltischen Deutschen. Das letzte Kapitel baltischdeutscher Geschichte, Marburg 1984; Harry Stossun, Die Umsiedlung der Deutschen aus Litauen während des Zweiten Weltkrieges. Untersuchungen zum Schicksal einer deutschen Volksgruppe im Osten, Marburg 1993; Stephan Döring, Die Umsiedlung der Wolhyniendeutschen in den Jahren 1939 bis 1940, Frankfurt a. M. 2001; Dirk Jachomowski, Die Umsiedlung der Bessarabien-, Bukowina- und Dobrudschadeutschen. Von der Volksgruppe in Rumänien zur „Siedlungsbrücke“ an der Reichsgrenze, München 1984; Ute Schmidt, Die Deutschen aus Bessarabien. Eine Minderheit aus Südosteuropa (1814 bis heute), Köln 2004; Hans Hermann Frensing, Die Umsiedlung der Gottscheer Deutschen. Das Ende einer südostdeutschen Volksgruppe, München 1970; Ingeborg Fleischhauer, Das Dritte Reich und die Deutschen in der Sowjetunion, München 1983; Ortfried Kotzian, Die Umsiedler. Die Deutschen aus West-Wolhynien, Galizien, der Bukowina, Bessarabien, der Dobrudscha und in der Karpatenukraine, München 2005; Jerzy Kochanowski/ Maike Sach (Hg.), Die „Volksdeutschen“ in Polen, Frankreich, Ungarn und der Tschechoslowakei. Mythos und Realität, Osnabrück 2006.

68 So verweist beispielsweise Harry Stossun in Bezug auf die Umsiedlung der Lettlanddeutschen darauf, dass auch Patienten der psychiatrischen Anstalten Kalvarija umgesiedelt werden sollten. Jürgen von Hehn erwähnt den Transport psychisch kranker Baltendeutscher aus Riga. Im Falle der Wolhyniendeutschen verweist Stephan Döring auf die Unterbringung von 80 „geistig verwirrten Umsiedlern“ in der oberschlesischen Anstalt Branitz. Vgl. Stossun, Umsiedlung Litauen, S. 102; Hehn, Umsiedlung der baltischen Deutschen, S. 128; sowie Döring, Umsiedlung der Wolhyniendeutschen, S. 195.

69 Vgl. Schmidt, Bessarabien, S. 146.

70 Unveröffentlichtes Manuskript „Verschwundene Umsiedler. 45 Geschichten erzählt von Angehörigen und den letzten Zeitzeugen der Umsiedlung der Bessarabiendeutschen 1940. Erfragt und aufgeschrieben von Susanne Schlechter, Oldenburg, mit Anmerkungen des Historikers Dr. Dietmar Schulze, Leipzig und einer Personen-Datenbank“, 2008. Vgl. auch Susanne Schlechter, Verschwundene Umsiedler. Spurensuche-Projekt zum Schicksal sogenannten „lebensunwerten Lebens“ bei der Umsiedlung der Bessarabiendeutschen im Herbst 1940. In: Arbeitskreis zur Erforschung der nationalsozialistischen „Euthanasie“ und Zwangssterilisation (Hg.), NS-Euthanasie in der „Ostmark“, Münster 2012, S. 193–218.

tigt werden.[71] Eine Einbettung in den Kontext der Umsiedlung im Sinne einer allgemeinen und über die Einzelfälle hinausgehenden Darstellung der Krankentransporte aus Bessarabien, der Unterbringung in den Anstalten des Warthegaus, der Situation in den aufnehmenden Anstalten und der Sterblichkeit unter den Bessarabiendeutschen erfolgt nicht.[72]

Wie die einzelnen Studien nahelegen, kam dem Warthegau und den dortigen Heilanstalten in gesundheitspolitischer Hinsicht eine besondere Bedeutung im Kontext der Umsiedlung zu. Bislang widmete sich die Forschung diesem Zusammenhang jedoch nicht. Die wenigen vorliegenden Studien konzentrieren sich entweder auf die Heilanstalten und dabei vorrangig auf die frühen Krankenmorde, auf die Vertreibungspolitik oder nehmen den Warthegau als Ansiedlungsgebiet in den Blick.[73] Lediglich Johannes Vossen hat das Zusammenwirken von Gesundheits- und Volkstumspolitik im Warthegau näher untersucht, wobei er zeigt, wie die Gesundheitspolitik an der „Germanisierung“ und der damit verbundenen Diskriminierung der polnischen und jüdischen Bevölkerung durch einen rassisch begründeten selektiven Zugang zu medizinischen Ressourcen mitwirkte.[74]

Auch Winfried Süß beschreibt in seiner vielbeachteten Studie „Der ‚Volkskörper‘ im Krieg“ selektive Mechanismen bei der Ressourcenverteilung im Gesundheitswesen.[75] Er sieht dies vor allem in der durch den Krieg noch verstärkten „sozialutilitaristischen Wertigkeitsideologie“ begründet, gemäß der, vorrangig den biologisch „hochwertigen“ Bevölkerungsteilen unbeschränkter Zugang zu medizinischen Ressourcen gewährt werden sollte. Diese rassenhygienisch begründete Hierarchisierung der Patientengruppen habe außerdem zu einem Verdrängungsprozess geführt, der sich unter anderem in der Räumung

71 Vgl. Schlechter, Umsiedler, Kap. D: Behinderte und psychisch Kranke.

72 Eine erste Einordnung erfolgt in Dietmar Schulze, Die Einbeziehung bessarabiendeutscher Umsiedler in die NS-„Euthanasie“. In: Poznanskie towarzystwo przyjaciół Nauk (Hg.), Medycyna na usługach systemu eksterminacji ludności w Trzeciej Rzeszy i na terenach okupowanej Polski, Poznan 2011, S. 93–103. Vgl. auch ders., Die Odyssee der Emilie B. Umsiedlung und „Euthanasie“ am Beispiel der Bessarabiendeutschen. In: Arbeitskreis zur Erforschung der nationalsozialistischen „Euthanasie“ und Zwangssterilisation (Hg.), NS-Euthanasie, S. 175–191.

73 Zur Ansiedlung im Warthegau vgl. zum Beispiel Lars Bosse, Volksdeutsche Umsiedler im „Reichsgau Wartheland“ am Beispiel der Deutschen aus dem Baltikum, Magisterarbeit, Kiel 1992. Zur Vertreibungspolitik, speziell im Warthegau vgl. Alberti, Wartheland; oder Catherine Epstein, Model Nazi. Arthur Greiser and the Occupation of Western Poland, Oxford 2010.

74 Johannes Vossen, Der öffentliche Gesundheitsdienst im „Reichsgau Wartheland“ und die Durchführung der nationalsozialistischen „Volkstumspolitik“ 1939–1945. In: Axel S. Hüntelmann/Johannes Vossen/Herwig Czech (Hg.), Gesundheit und Staat. Studien zur Geschichte der Gesundheitsämter in Deutschland 1870–1950, Husum 2006, S. 237–254. Zu biopolitisch motivierten Exklusionen im Kontext der Volkstums- und Umsiedlungspolitik vgl. auch Ingo Haar, Die Konstruktion des Grenz- und Auslandsdeutschtums und die nationalsozialistische Umsiedlungs- und Vernichtungspolitik. Raum- und Sozialstrukturplanung im besetzten Polen (1933–1944). In: Historische Sozialkunde, 35 (2005) 2, S. 14–19.

75 Süß, Volkskörper im Krieg.

der Anstalten zum Zwecke der Unterbringung von Ausweichkrankenhäusern und Lazaretten äußerte.[76] Inwieweit volksdeutsche Psychiatriepatienten Teil dieses Verdrängungsprozesses im Sinne des von Aly vermuteten Zusammenhangs zwischen der Ermordung der einheimischen Patienten und der späteren Unterbringung volksdeutscher waren, lässt die Arbeit von Süß offen. Sie zeigt aber Verbindungen zwischen Umsiedlungs- und Gesundheitspolitik auf, auch wenn diese auf institutioneller Ebene, zum Beispiel anhand des Beauftragten des Reichsgesundheitsführers für die gesundheitliche Betreuung der volksdeutschen Umsiedler (Beauftragter des RGF), nicht näher beleuchtet werden, was aber nicht zuletzt der schlechten Überlieferungssituation geschuldet sein dürfte.

Aus dem Bereich der „Euthanasie"-Forschung liegen zur Unterbringung Volksdeutscher, sei es als Lagerinsassen oder Patienten, sowie zur möglichen Einbeziehung dieser in die Krankenmorde ebenfalls nur wenige Erkenntnisse vor.[77] Weder die zunehmende Biographisierung der Opfer[78] noch die Bemühungen um eine Kollektivbiographie,[79] die im Zusammenhang mit der Auswertung der überlieferten „T4"-Patientenakten zu beobachten ist, ließen volksdeutsche Patienten in den Fokus des Interesses rücken. Auch der Forschungsliteratur zu den einzelnen „T4"-Tötungsanstalten lassen sich keine weiterführenden Hinweise entnehmen.[80]

76 Vgl. ebd., bes. Kap. V und VI.

77 Kaminsky erwähnt in seinem Forschungsüberblick lediglich die Requirierung der Anstalten für Zwecke der Vomi, die, und hier übernimmt er die Deutung Alys, die Ermordung der Patienten im Rahmen der „Aktion T4" forciert hätte. Uwe Kaminsky, Die NS-„Euthanasie". Ein Forschungsüberblick. In: Arbeitskreis zur Erforschung der nationalsozialistischen „Euthanasie" und Zwangssterilisation (Hg.), Tödliches Mitleid. NS-„Euthanasie" und Gegenwart, Münster 2007, S. 15–46. Ausnahmen sind Thomas Schmelter, Nationalsozialistische Psychiatrie in Bayern. Die Räumung der Heil- und Pflegeanstalten, Bergtheim 1999 und Schulze, Bessarabiendeutsche.

78 Petra Fuchs/Maike Rotzoll/Ulrich Müller u. a. (Hg.), „Das Vergessen der Vernichtung ist Teil der Vernichtung selbst." Lebensgeschichten von Opfern der nationalsozialistischen „Euthanasie", Göttingen 2007; Maike Rotzoll/Gerrit Hohendorf/Petra Fuchs u. a. (Hg.), Die nationalsozialistische „Euthanasie"-Aktion „T4" und ihre Opfer. Geschichte und ethische Konsequenzen für die Gegenwart, Paderborn 2010.

79 Vgl. Petra Fuchs/Maike Rotzoll/Paul Richter u. a., Die Opfer der „Aktion T4". Versuch einer kollektiven Biographie auf Grundlage von Krankengeschichten. In: Christfried Tögel/Volkmar Lischka (Hg.), „Euthanasie" und Psychiatrie, Uchtspringe 2005, S. 37–78.

80 Die Literatur zu den einzelnen Tötungsanstalten und Zwischenanstalten ist nahezu unüberschaubar. Deshalb sei hier lediglich auf die wichtigsten und neueren Veröffentlichungen hingewiesen: Astrid Ley/Annette Hinz-Wessels (Hg.), Die Euthanasie-Anstalt Brandenburg an der Havel. Morde an Kranken und Behinderten im Nationalsozialismus, Berlin 2012; Dietmar Schulze, „Euthanasie" in Bernburg. Die Landes-Heil- und Pflegeanstalt Bernburg/Anhaltische Nervenklinik in der Zeit des Nationalsozialismus, Essen 1999; Ute Hoffmann (Hg.), Psychiatrie des Todes. NS-Zwangssterilisation und „Euthanasie" im Freistaat Anhalt und der Provinz Sachsen, Teil 1 und 2, Magdeburg 2001 und 2006; Kristina Hübener (Hg.), Brandenburgische Heil- und Pflegeanstalten in der NS-Zeit, Berlin 2002; Beatrice Falk/Friedrich Hauer, Die Gasmordanstalt Brandenburg an der Havel. Stand und Aufgaben der Forschung. In: Günther Morsch/Sylvia de Pasquale (Hg.), Perspektiven für die Dokumentationsstelle Brandenburg, Münster 2004; Roland

Eine Ausnahme stellen die südtiroler Psychiatriepatienten dar, deren Schicksal bereits seit den 1980er Jahren Gegenstand verschiedener medizinhistorischer und zeitgeschichtlicher Darstellungen war. Dies ist der relativ guten Überlieferungssituation geschuldet, auf die noch näher einzugehen sein wird. So konnten bereits Anfang der 1980er Jahre Leopold Steurer in einem Sonderdruck der „Sturzflüge“ und Karl Stuhlpfarrer in seiner zweibändigen Studie zur Umsiedlung der Südtiroler den Transport von südtiroler Patienten aus der Heilanstalt Pergine in die württembergische Heilanstalt Zwiefalten relativ präzise nachzeichnen.[81] Auch die Verlegungen in eine weitere württembergische Einrichtung (Schussenried) und in nordtiroler Anstalten (Hall, Mils) waren bekannt. Unbekannt war hingegen längere Zeit das weitere Schicksal der Patienten. Steurer wie auch Stuhlpfarrer vermuteten, nicht zuletzt aufgrund des Status Zwiefaltens als Zwischenanstalt der „T4“-Tötungsanstalt Grafeneck, dass alle nach Zwiefalten verlegten Südtiroler in Grafeneck ermordet wurden. Darüber hinaus wären weitere Südtiroler, die zuvor in Anstalten Nordtirols verlegt worden waren, in der Tötungsanstalt Hartheim ermordet worden, so dass von etwa 350 südtiroler „Euthanasie“-Opfern auszugehen sei. Belege für diese Vermutungen konnten jedoch nicht angeführt werden. Auch Giuseppe Pantozzi geht in seiner 1989 erschienenen Darstellung zur Psychiatrie in Bozen und Trient davon aus, dass einige Südtiroler, wenn auch definitiv nicht alle, aus Zwiefalten nach Grafeneck verlegt und dort ermordet wurden.[82] Die nach Schussenried verbrachten Südtiroler seien hingegen nicht Opfer der „Aktion T4“ geworden. Erst die systematische Auswertung der Aufnahmebücher und Patientenakten der Anstalt Zwiefalten durch Johannes May Mitte der 1990er Jahre erbrachte neue Ergebnisse.[83] Keiner der nach Zwiefalten verlegten Süd-

Müller (Hg.), Krankenmord im Nationalsozialismus. Grafeneck und die „Euthanasie“ in Südwestdeutschland, Stuttgart 2001; Thomas Stöckle, Grafeneck 1940. Die Euthanasie-Verbrechen in Südwestdeutschland, 3. Auflage Tübingen 2012; Arbeitskreis zur Erforschung der nationalsozialistischen „Euthanasie“ und Zwangssterilisation (Hg.), Psychiatrie im Dritten Reich. Schwerpunkt Hessen, Ulm 2002; Uta George/Georg Lilienthal/Volker Roelcke/Peter Sandner (Hg.), Hadamar. Heilstätte. Tötungsanstalt. Therapiezentrum, Marburg 2006; Arbeitskreis zur Erforschung der nationalsozialistischen „Euthanasie“ und Zwangssterilisation (Hg.), Beiträge zur NS-„Euthanasie“-Forschung 2002, Ulm 2003; Brigitte Kepplinger/Gerhart Marckhgott/Hartmut Reese (Hg.), Tötungsanstalt Hartheim, 2. Auflage Linz 2008; Thomas Schilter, Unmenschliches Ermessen. Die nationalsozialistische „Euthanasie“-Tötungsanstalt Pirna-Sonnenstein 1940/41, Leipzig 1999; Stiftung Sächsische Gedenkstätten (Hg.), Nationalsozialistische Euthanasieverbrechen. Beiträge zur Aufarbeitung ihrer Geschichte in Sachsen, Dresden 2004.

81 Vgl. Leopold Steurer, Ein vergessenes Kapitel Südtiroler Geschichte. Die Umsiedlung und Vernichtung der südtiroler Geisteskranken im Rahmen des nationalsozialistischen Euthanasieprogramms (Sondernummer der „Sturzflüge“), Bozen 1982; sowie Karl Stuhlpfarrer, Umsiedlung Südtirol 1939–1940, Wien 1985, S. 518–524.

82 Vgl. Giuseppe Pantozzi, Die brennende Frage. Geschichte der Psychiatrie in den Gebieten von Bozen und Trient (1830–1942), Bozen 1989.

83 Johannes May, Südtiroler Kranke in Zwiefalten und Schussenried. In: Hermann J. Pretsch (Hg.), „Euthanasie“. Krankenmorde in Südwestdeutschland, Zwiefalten 1996, S. 69–74; sowie ders., Südtiroler psychisch Kranke in den Krankenanstalten Zwiefalten

tiroler wurde demnach in Grafeneck ermordet. Dennoch sei dort die Sterblichkeit unter den Südtirolern sehr hoch gewesen. Wie May ausführt, könnte diese, wie auch bei anderen Patienten, Resultat von Einzeltötungen im Rahmen der dezentralen „Euthanasie" gewesen sein, ohne dass sich dies konkret nachweisen ließe.

Hartmut Hinterhuber legte eine weitere Studie zu süd- und nordtiroler Opfern der NS-„Euthanasie" vor.[84] Er geht darin sowohl auf die Verlegungen nach Württemberg als auch auf die einzelnen Einrichtungen, die Südtiroler aufnahmen, ein. Dabei betrachtet er allerdings alle in den württembergischen Anstalten verstorbenen Südtiroler als „Opfer der NS-Tötungsmaschinerie", da sie an „systematischer Vernachlässigung und Unterernährung" gestorben seien. Eine solch gezielte Tötung fand aber nachweislich nicht statt. May machte deutlich, dass Einzeltötungen in Zwiefalten zwar denkbar, aber nicht zu belegen seien. Auch der von Hinterhuber verwendete Begriff der „Südtiroler" erweist sich für die vorliegende Arbeit als schwierig. So geht aus diesem Begriff nicht hervor, ob der Patient als südtiroler Umsiedler in die NS-Psychiatrie gelangte oder möglicherweise lediglich in Südtirol geboren wurde, sich aber bereits mehrere Jahre in nordtiroler Anstalten befand. Diese Unterscheidung ist hier jedoch von essentieller Bedeutung, ermöglicht sie doch Aussagen zur Rolle der Umsiedlung und zur Bedeutung des Status „Umsiedler" im Kontext der Krankenmorde.

Zusammenfassend lässt sich somit festhalten, dass der Zusammenhang zwischen Umsiedlungs- und Erbgesundheitspolitik von der Forschung bislang nur gestreift und in seiner gesamten Breite und Tragweite nicht untersucht wurde. Die verschiedenen Facetten der Einbeziehung der volksdeutschen Umsiedler in die Erbgesundheitspolitik wurden bislang nur bruchstückhaft beleuchtet und zu keinem Gesamtbild zusammengefügt.

3. Quellenlage

Aufgrund der Breite des Untersuchungsfeldes, welches sich auf die Umsiedlungs- und Erbgesundheitspolitik erstreckt, eröffnet sich ein umfangreiches Reservoir archivalischer Ressourcen. Dies bedeutet allerdings nicht, dass auf eine lückenlose Überlieferung zentraler, beteiligter Instanzen zurückgegriffen werden kann. Die Überlieferung ist vielmehr äußerst zersplittert und kann oft nur durch die Gegenüberlieferung mittlerer und regionaler Instanzen rekonstruiert werden. Hinzu kommen Kriegsverluste und eine, insbesondere im Falle der „Euthanasie"-Zentrale, systematisch betriebene Aktenvernichtung zum Zwecke der Spurenbeseitigung. Ein zentrales Schlüsseldokument, welches die Frage nach der Einbeziehung der volksdeutschen Umsiedler in die NS-Erbgesundheitspolitik

und Schussenried in Württemberg. In: Hartmut Hinterhuber, Ermordet und vergessen. Nationalsozialistische Verbrechen an psychisch Kranken und Behinderten in Nord- und Südtirol, Innsbruck 1995, S. 87–91.

84 Hinterhuber, Ermordet und vergessen.

beantworten würde, ist nicht überliefert. Dies ist sicher nicht nur der Überlieferungssituation geschuldet. Im Falle der Einbeziehung Volksdeutscher in die NS-„Euthanasie" dürfte dieses Fehlen zentraler Anordnungen vielmehr auch im halboffiziellen Charakter der Krankenmorde und vieler damit in Verbindung stehender Aktionen begründet liegen. Dieser führte zu einer Vielzahl mündlicher Absprachen, die in vielen Fällen schriftliche Anweisungen ersetzten und sich heute nur noch in Ansätzen rekonstruieren lassen.

In Bezug auf die Umsiedlungspolitik ist die Quellenlage dennoch als relativ gut zu bezeichnen. Insbesondere zu der für diese Untersuchung wichtigen Dienststelle der EWZ ist verhältnismäßig umfangreiches Aktenmaterial überliefert. Durch die nahezu vollständig erhaltenen Gesundheitskarteikarten der EWZ bietet sich zudem die Möglichkeit, die erbbiologische Erfassung durch die EWZ anhand von Einzelfällen vertiefend zu rekonstruieren.[85] Darüber hinaus geben die Akten der EWZ Aufschluss über Personal, Aufbau und Arbeitsweise dieser Sonderbehörde, so dass die erbbiologische Selektion der Umsiedler durch die EWZ vergleichsweise präzise dargestellt werden kann. Die Hauptüberlieferung befindet sich im Bundesarchiv Berlin, weitere Teilbestände im Archiwum Akt Nowych Warszawa, im Instytut Pamięci Narodowej und im Archiwum Panstwowe w Łodzi. Neben den Akten der EWZ liefern auch die der Vomi wichtige Informationen über die verschiedenen Umsiedlungsaktionen. Sie geben Aufschluss über einzelne Krankentransporte sowie über die spätere Lagerunterbringung und die dortige medizinische Versorgung der Volksdeutschen. Auch dieser Quellenbestand wird zum größten Teil im Bundesarchiv Berlin aufbewahrt, eine Teilüberlieferung im Archiwum Panstwowe w Poznaniu. Einige Vomi- und EWZ-Dokumente befinden sich zudem in der Sammlung „Volksdeutsche", deren Provenienz unbekannt ist, im Rossijskij Gosudarstvennyi Voennyi Archiv Moskau. Neben den Unterlagen der EWZ und der Vomi kann auch auf die Akten der für vermögensrechtliche und wirtschaftliche Fragen zuständigen Deutschen Umsiedlungs-Treuhand-GmbH (DUT) zurückgegriffen werden, die sich zu großen Teilen im Bundesarchiv Berlin befinden. Für die vorliegende Arbeit von Interesse sind dabei vor allem die Einzelfallakten, die die DUT im Rahmen der Klärung erbrechtlicher Fragen anlegte. Unter diesen befinden sich auch Akten von Umsiedlern, die in Heilanstalten verstorben sind.[86]

85 Die Gesundheitskarteikarten, die sich, alphabetisch geordnet, im Bestand EWZ (57) befinden, haben keine Einzelsignaturen. Ein Quellennachweis müsste demnach den vollständigen Namen und das Geburtsdatum, vergleichbar der Zitation der BDC-Unterlagen, enthalten. Da diese Karteikarten aber besonders schützenswerte personenbezogene Angaben (Krankheiten, Familienstammbäume) enthalten, wird in der vorliegenden Arbeit nach Rücksprache mit dem Bundesarchiv Berlin keine vollständige namentliche Nennung erfolgen.

86 Es konnten mehr als zehn solcher Fälle gefunden werden. Ich danke Matthias Meissner vom Bundesarchiv Berlin, der mich auf diese Fälle aufmerksam machte. Weitere Teilbestände der DUT befinden sich im Staatsarchiv Posen und im Archiv der Neuen Akten in Warschau.

Die Überlieferung der übergeordneten Behörde, des RKF, wird ebenfalls im Bundesarchiv Berlin verwahrt. Von besonderem Interesse sind hier die Akten der mit der Umsiedlung der Südtiroler betrauten Amtlichen Deutschen Ein- und Rückwandererstelle (ADERSt), die Einblicke in die Organisation, den Ablauf und auch die ärztliche Betreuung der Südtiroler geben. Die im Staatsarchiv Bozen deponierte Gegenüberlieferung der ADERSt ist bisher jedoch nicht erschlossen und damit der Forschung nicht zugänglich.[87] Dieses Erschließungsproblem kann jedoch zum Teil durch den äußerst umfangreichen Bestand der für die Einbürgerung der Südtiroler zuständigen Dienststelle Umsiedlung Südtirol (DUS) im Tiroler Landesarchiv in Innsbruck kompensiert werden. Dort hat sich unter anderem auch Verwaltungsschriftverkehr mit der ADERSt und dem RKF erhalten, der die Verlegung psychisch kranker Südtiroler zum Inhalt hat. Hinzu kommt ein nahezu unerschöpfliches Reservoir an Optionsakten.

Was die einzelnen Umsiedlergruppen, ihre volksgruppenspezifischen Organisationen und Institutionen betrifft, so ist, neben den Akten der Umsiedlungsdienststellen, insbesondere die Überlieferung des Deutschen Auslands-Instituts (DAI) Stuttgart aufschlussreich, die ebenfalls im Bundesarchiv Berlin lagert. Das DAI verfügte nicht nur über eine im Zuge der Umsiedlung entstandene Sammlung sippenkundlicher Fragebögen verschiedener Herkunftsgebiete, sondern auch über umfangreiches Material über die jeweiligen Siedlungsgebiete. Darüber hinaus erhielt das DAI zu Dokumentationszwecken Kopien der wichtigsten Anordnungen der verschiedenen Umsiedlungsdienststellen, so dass sich einige Überlieferungslücken schließen lassen. Dies trifft namentlich auf die außerordentlich schlecht überlieferten Dienststellen des Beauftragten des Reichsgesundheitsführers für die gesundheitliche Betreuung der volksdeutschen Umsiedler und die Auslandsabteilung der Reichsärztekammer (RÄK) zu.[88] Die Tätigkeit dieser von Hellmut Haubold in Personalunion geleiteten Dienststellen, die das Bindeglied zwischen Umsiedlungsapparat und Gesundheitswesen darstellen, lässt sich heute nur noch anhand der äußerst zersplitterten und lückenhaften Gegenüberlieferung in den bereits erwähnten Beständen rekonstruieren, muss doch die zentrale Überlieferung als verloren gelten.[89] Ergänzend können

87 Vgl. Beständeübersicht des Staatsarchivs Bozen auf der Internetseite des Archivs: http://www.archivi.beniculturali.it/ASBZ/dt/aderst.htm; 12.3.2012.

88 Im Bestand des DAI befinden sich eine Sammelakte mit zentralen Anordnungen des Beauftragten des Reichsgesundheitsführers sowie verschiedene Akten über die Tätigkeit der Auslandsabteilung der RÄK.

89 Im November 1943 brannte die Dienststelle des Reichsgesundheitsführers, die zugleich Sitz des Beauftragten des RGF und der Auslandsabteilung der RÄK war, restlos aus. Vgl. Mitteilung der Zentralstelle für Entwesung der Umsiedlerlager vom 26.11.1943 (BArch Berlin, R 59/119, Bl. 130). Die Akten der RÄK gelten bis auf eine Mitgliederkartei und einige Rundschreiben als vernichtet. Einige Splitter der Gegenüberlieferung des Reichsgesundheitsführers, darunter auch eine Akte zur Ernennung Haubolds, befinden sich im Bestand des Reichsinnenministeriums (BArch Berlin, R 1501). Eine separate Überlieferung des Reichsgesundheitsführers existiert nicht, lediglich ein bislang privat aufbewahrter Nachlass Leonardo Contis.

jedoch gedruckte Dienstanweisungen,[90] im Rahmen der Umsiedlung entstandene Dissertationen[91] und zeitgenössische Artikel in medizinischen Fachzeitschriften[92] herangezogen werden. Besondere Bedeutung kommt außerdem der im Universitätsarchiv Innsbruck verwahrten „Sammlung Scharfetter" zur „Kretinismusforschung" in Südtirol zu.[93] Diese umfangreiche, weder erschlossene noch gesichtete und daher bisher nicht wissenschaftlich ausgewertete Sammlung umfasst ungezählte Erfassungsbögen, Untersuchungsberichte, Bilddokumentationen und an Haubold adressierte Arbeitsberichte. Das Zusammenwirken von Erbgesundheits- und Umsiedlungspolitik kann hier, genauso wie die Rolle regionaler ärztlicher Akteure im Kontext der Umsiedlung, beispielhaft nachvollzogen werden. Darüber hinaus ermöglichen die in dieser Sammlung enthaltenen personenbezogenen Unterlagen (Familienblätter, Sippenbögen, etc.) Einzelfallrecherchen, die mit Hilfe der Optionsunterlagen der DUS und Patientenakten eine recht genaue Rekonstruktion von Einzelschicksalen zulassen.

Ergänzend können die Unterlagen der Gesundheitsabteilung beim Reichsstatthalter in Tirol und Vorarlberg herangezogen werden. Auch die nach 1945 entstandenen Ermittlungsunterlagen der Bundespolizeidirektion Innsbruck und die Prozessunterlagen des Verfahrens gegen Hans Czermak, der wegen seiner Beteiligung an der „Aktion T4" verurteilt wurde, können Aufschluss über die Psychiatrisierung im Kontext der Umsiedlung und die Einbeziehung der Südtiroler in die Krankenmorde geben. Zur Unterbringung der Südtiroler in Württemberg und Bayern sind einzelne Akten in den Hauptstaatsarchiven in Stuttgart und München überliefert.[94] Über das Schicksal der südtiroler Psychiatriepatienten in den württembergischen Anstalten Zwiefalten, Schussenried und Weissenau/Ravensburg geben Aufnahmebücher, Verwaltungs- und Patientenakten Auskunft.[95] Verschiedene Ermittlungsunterlagen der Staatsanwaltschaft Frankfurt

90 Vgl. zum Beispiel Beauftragter des Reichsgesundheitsführers für die gesundheitliche Betreuung der volksdeutschen Umsiedler (Hg.), Dienstanweisung für die gesundheitliche Betreuung volksdeutscher Umsiedler während ihres Aufenthaltes in Lagern, Berlin 1940.

91 Vgl. zum Beispiel Charlotte Zapf, Untersuchungen über die Epidemische Genickstarre bei der Umsiedlung 1939–1940 der Volksdeutschen aus Wolhynien, Galizien und dem Narew-Gebiet, sowie bei der Südostumsiedlung (Bessarabien, Nord- und Südbuchenland, Dobrudscha) und der Umsiedlungen 1940/1941 aus Litauen, Estland und Lettland, Diss. med., Berlin 1944.

92 Vgl. zum Beispiel Deutsches Ärzteblatt, Die Gesundheitsführung. Ziel und Weg oder Neues Volk.

93 Ich danke Oliver Seifert, M. A. vom Bezirkskrankenhaus Hall i. T., der mich auf diese Sammlung hinwies, und Dr. Peter Goller vom Universitätsarchiv Innsbruck, der mir die Einsicht in die Akten unkompliziert ermöglichte.

94 Bayerisches Hauptstaatsarchiv München, Bestand Innenministerium; sowie Hauptstaatsarchiv Stuttgart, Bestand Württembergisches Innenministerium.

95 Die Patientenakten der Heilanstalt Zwiefalten befinden sich ab dem Geburtsjahr 1900 im heutigen Zentrum für Psychiatrie (ZfP) Südwürttemberg, Standort Münsterklinik Zwiefalten, die Akten der Patienten mit dem Geburtsjahr vor 1900 im Staatsarchiv Sigmaringen. Eine Auswahl von Patientenakten der Heilanstalten Schussenried und Weissenau wird im Staatsarchiv Sigmaringen verwahrt.

am Main, die sich im Hessischen Hauptstaatsarchiv Wiesbaden befinden, und die Akten der ehemaligen Zentralen Stelle der Landesjustizverwaltungen zur Aufklärung nationalsozialistischer Verbrechen (heute Bundesarchiv Ludwigsburg) liefern Hintergrundinformationen zur Rolle dieser Anstalten im Kontext der NS-„Euthanasie". Die Ermittlungsunterlagen der Zentralen Stelle in Ludwigsburg sind auch in Bezug auf die in den psychiatrischen Einrichtungen des Warthegaus untergebrachten ost- und südosteuropäischen Volksdeutschen aussagekräftig.[96] Neben Kopien von Originaldokumenten enthalten diese Akten vor allem Aussagen der Beschuldigten und Zeugen. Dabei gilt es zu berücksichtigen, dass diese Erinnerungen gerade im Kontext der strafrechtlichen Verfolgung verzerrt sein können. Sie haben nolens volens exkulpierende Züge und können durch die subjektive Wahrnehmung der Akteure, die Überlagerung der individuellen von der kollektiven Erinnerung und durch später erworbenes Wissen beeinflusst sein. Dennoch sind diese Aussagen insbesondere bezüglich der Morde während der dezentralen Phase der „Euthanasie" oft die einzige Quelle. So lassen sich zum Beispiel die Vorgänge in der Anstalt Tiegenhof letztlich nur anhand der späteren Aussagen der dort tätigen Ärzte und des Pflegepersonals rekonstruieren, fehlen doch bis auf die Aufnahmebücher, Personalakten, ein „Evakuierungsbuch" und ein Gräberverzeichnis sämtliche Anstaltsunterlagen.[97] Einige Patientenakten haben sich jedoch aufgrund der Verlegung der Patienten aus Tiegenhof nach Uchtspringe, Pfafferode, Meseritz -Obrawalde und Hadamar erhalten, so dass sich die Umstände der Aufnahme der volksdeutschen Patienten in Tiegenhof zumindest bruchstückhaft anhand von ersten Eintragungen und Transportdokumenten nachvollziehen lassen.[98] Bezogen auf die Heilanstalt Warta und die dortige Unterbringung volksdeutscher Patienten kann von einer wesentlich besseren Überlieferungssituation

96 Der Bestand B 162 des Bundesarchivs Ludwigsburg (BArch Ludwigsburg) umfasst u. a. eine nach Namen geordnete Aussagensammlung zu „Euthanasie"-Verbrechen sowie Ermittlungsunterlagen zu konkreten Tatorten, darunter auch die Anstalten des Warthegaus.

97 Von der Staatsanwaltschaft Freiburg i. Br. wurde ein Ermittlungsverfahren gegen den ehemaligen Anstaltsleiter Dr. Viktor Ratka und weitere Tiegenhofer Ärzte wegen des Verdachts auf Tötung von Patienten eingeleitet. Mangels Beweisen wurden die Ermittlungen jedoch 1963 eingestellt. Im Rahmen späterer Ermittlungen der Staatsanwaltschaft Hildesheim, die maßgeblich von der Zentralen Stelle in Ludwigsburg und polnischen Ermittlungsbehörden unterstützt wurden, erhärtete sich jedoch der Verdacht der Tötung von Anstaltspatienten mittels überdosierten Beruhigungsmitteln. 1978 wurde aber auch dieses Verfahren eingestellt, da die angeklagten Ärzte verstorben waren. Die Ermittlungsunterlagen befinden sich im Niedersächsischen Hauptstaatsarchiv Hannover und im Bundesarchiv Ludwigsburg. Die Personalakten und die Aufnahmebücher der Anstalt Tiegenhof werden von der Nachfolgeeinrichtung, dem Wojewódzki Szpital dla Nerwowo i Psychicznie Chorych im. Aleksandra Piotrowskiego w Gnieznie (ehem. Dziekanka/ Tiegenhof), verwahrt.

98 Die Krankenakten der nach Meseritz verlegten Patienten befinden sich heute im Archiwum Państwowe w Gorzowie Wlkp./Staatsarchiv Gorzow Wlkp. (APG), die der nach Uchtspringe verlegten im Salus gGmbH Fachklinikum Uchtspringe, die der nach Pfafferode verlegten im Thüringischen Staatsarchiv Gotha (ThSt Gotha), die der nach Hadamar verlegten in Dziekanka/Tiegenhof bzw. in Kopie in der Gedenkstätte Hadamar.

gesprochen werden. Zum einen sind einige Anstaltsakten wie ein Verpflegungsbuch, ein Sterberegister und die Aufnahmebücher erhalten geblieben, und zum anderen sind nahezu alle Patientenakten der in Warta eingewiesenen und dort verbliebenen Kranken verfügbar.[99] Diese stellen in Bezug auf die „Umsiedlung" der psychisch kranken Volksdeutschen in Anstalten des Warthegaus und ihr dortiges Schicksal eine einzigartige Quelle dar. Sie ermöglichen nicht nur eine Rekonstruktion der Krankentransporte, der Aufnahme und Behandlung der Volksdeutschen in Warta, sondern geben auch Antworten auf die Frage nach der Einbeziehung dieser Patientengruppe in die NS-Erbgesundheitspolitik. So finden sich darin beispielsweise Sterilisationsanträge und -beschlüsse, die, ergänzt durch die Akten des Erbgesundheitsgerichtes in Posen, präzise Aussagen zur Einbeziehung Volksdeutscher in die Sterilisationspraxis zulassen.[100] Auch „T4"-Verlegungen können anhand der Aufnahmebücher rekonstruiert werden. Die Frage nach der systematischen Tötung volksdeutscher Patienten im Rahmen der dezentralen „Euthanasie" lässt sich anhand dieser Akten hingegen wesentlich schwerer beantworten. Die ohnehin im Laufe des Krieges immer sporadischer geführten Wartaer Akten enthalten nur spärliche und vage Hinweise zur systematischen Unterernährung, so dass im Einzelfall der konkrete Nachweis der Tötung kaum möglich ist.[101] Ergänzend müssen deshalb auch im Falle Wartas Ermittlungsunterlagen ebenso wie Quellen übergeordneter Instanzen herangezogen werden.[102] Dies sind zum einen die Akten der Gesundheitsverwaltung des Warthegaus und zum anderen die wenigen noch erhaltenen und heute im Bundesarchiv Berlin verwahrten Akten der „T4"-Dienststellen.[103] Die Aus-

99 Sowohl die Anstaltsakten als auch die Patientenakten befinden sich im Archiwum Państwowe w Łodzi (APŁ), Oddział w Sieradzu (Sieradz)/Staatsarchiv Łodz, Außenstelle Sieradz.

100 Die Akten des Erbgesundheitsgerichts in Posen befinden sich im Archiwum Państwowe w Poznaniu/Staatsarchiv Posen (APP).

101 Dies ist nicht zuletzt auch ein Grund für die zurückhaltende strafrechtliche Verfolgung der Morde der dezentralen „Euthanasie" bzw. die Einstellung angestrengter Ermittlungsverfahren. Vgl. Süß, Volkskörper im Krieg, S. 31.

102 Wesentliche Informationen über die Vorgänge in Warta liefern beispielsweise die Ermittlungsakten der Außenstelle der Hauptkommission zur Erforschung von Verbrechen gegen das Polnische Volk (jetzt IPN) in Poznan, die sich in Kopie im Archiv des United States Holocaust Memorial Museum (USHMM) befinden.

103 Die Überlieferung der Gesundheitsdienststellen des Warthegaus befindet sich im APP und im APŁ. Im Bundesarchiv Berlin befinden sich Aktensplitter der „T4"-Dienststelle „Reichsarbeitsgemeinschaft Heil- und Pflegeanstalten" sowie die verfilmten sog. „Nitsche-Papers". Die Akten des medizinischen Leiters der „T4" Nitsche wurden nach Kriegsende von der US-Armee konfisziert und vermutlich im Rahmen verschiedener Prozesse als Beweismaterial verwendet. Diese sog. Heidelberger Dokumente, benannt nach dem Aufbewahrungsort, gelangten in den 1960er Jahren in die USA und befinden sich heute im National Archive II College Park/Maryland (NARA II), RG 549 (Records of U.S. Army, Europe (USAEUR), bis 2003: RG 338). Daneben existieren unter der Publication Number T 1021 (German Documents Among the War Crimes Records of the Judge Advocate Division, Headquarters, United States Army, Europe) Filmkopien, die unter anderem auch die „Hartheim-Statistik" enthalten. Kopien der meisten Filme befinden sich heute unter der Bezeichnung „Nitsche-Papers" (Rollfilme 41149–41152,

wertung der über 30 000 Krankenakten der im Rahmen der „Aktion T4" ermordeten Psychiatriepatienten, die das Bundesarchiv Berlin in einer Datenbank erfasst hat, erwies sich hingegen als schwierig, da die Datenbank keine Kategorie enthält, die auf eine volksdeutsche Herkunft schließen ließe.[104] Eine systematische Auswertung der Patientenakten, mit dem Ziel, volksdeutsche „T4"-Opfer zu ermitteln, erwies sich als nicht zielführend, auch wenn so einzelne Opfer ermittelt hätten werden können.[105] Neben der zentralen Überlieferung im Bundesarchiv Berlin verfügen auch die „Euthanasie"-Gedenkstätten über spezielle Sammlungen und Opferdatenbanken zur „Aktion T4". Auch einzelne Archive psychiatrischer Einrichtungen, zum Beispiel das der ehemaligen „T4"-Zwischenanstalt Arnsdorf, ermöglichten Recherchen nach „T4"-Opfern. Zuverlässige quantitative Aussagen zu volksdeutschen „T4"-Opfern können auf der Basis dieser Quellen und angesichts der Überlieferungssituation allerdings nicht getroffen werden.

Die Quellenbasis der vorliegenden Arbeit ist, trotz der beschriebenen Überlieferungslücken, als gut zu bezeichnen, auch wenn sie außerordentlich breite Recherchen voraussetzte. Die zersplitterten und unvollständigen Überlieferungen werden zwar, wie im Falle der „Euthanasie"-Opfer, keine präzisen quantitativen Angaben zulassen, sie geben aber eine Tendenz wieder, die generelle Aussagen bezüglich der Einbeziehung volksdeutscher Umsiedler in die NS-Erbgesundheitspolitik zulässt.

41154) auch im Bundesarchiv Berlin. Teilkopien der Heidelberger Dokumente, die die Staatsanwaltschaft Frankfurt a. M. vor dem Abtransport der Akten nach Washington erstellen ließ, befinden sich heute außerdem im Bundesarchiv Ludwigsburg (Heidelberger Dokumente). Vgl. BArch Ludwigsburg, Verzeichnis von Dokumenten betr. Euthanasie, Menschenversuche und Konzentrationslager aus dem Archiv der US-Army Headquarters, War Crimes Branch Heidelberg; BArch Berlin, „Nitsche-Papers"; NARA II, T 1021, Filme 10–13, 17, 18. Vgl. Henry Friedlander, Der Weg zum NS-Genozid. Von der Euthanasie zur Endlösung, Berlin 1997, S. 518 f., Anm. 99.

104 Bei einer Zahl von etwa 70 000 im Rahmen der „Aktion T4" ermordeten Psychiatriepatienten ergibt sich somit eine Überlieferungsquote von etwa 43 %. Zu den „T4"-Patientenakten und deren Überlieferungsgeschichte vgl. Peter Sandner, Schlüsseldokumente zur Überlieferungsgeschichte der NS-„Euthanasie" - Akten gefunden. In: VfZ, 51 (2003), S. 285-290; Annette Hinz-Wessels/Petra Fuchs/Gerrit Hohendorf/Maike Rotzoll, Zur bürokratischen Abwicklung eines Massenmords. Die „Euthanasie"-Aktion im Spiegel neuer Dokumente. In: VfZ, 53 (2005), S. 79–107; Fuchs, Vergessen der Vernichtung; Rotzoll, „Aktion T4".

105 Im Zuge der Auswertung einer Stichprobe von 3 000 Patientenakten durch die Forschergruppe um Dr. Gerrit Hohendorf wurde zumindest ein Fall eines volksdeutschen „T4"-Opfers ermittelt, wobei eine zielgerichtete Recherche nach Volksdeutschen nicht Teil des Projektes war. Für den Hinweis danke ich Dr. Gerrit Hohendorf.

II. Erbgesundheits- und Volkstumspolitik im Vorfeld der Umsiedlungen

Die Umsetzung rassenhygienischer Prämissen im Kontext der Umsiedlungen erfolgte vor einem spezifischen Erfahrungshorizont und innerhalb zweier Bezugsrahmen. Den einen Bezugsrahmen bildete die Volkstumspolitik, die in den 1930er Jahren eine neue Ausrichtung und mit der Reichstagsrede Hitlers vom 6. Oktober 1939 ein neues Ziel erhielt. Der Begriff „Volkstumspolitik" soll hier jedoch weiter gefasst werden. Sie impliziert mehr als die kulturell-politische Einflussnahme reichsdeutscher Verbände und Vereine auf die deutschen Siedlungsgebiete. In Bezug auf die Umsiedlungen schließt sie wechselseitige Transferprozesse, insbesondere im Hinblick auf rassenhygienische Ideen, und volksgruppeninterne Entwicklungen ein, die den Erfahrungshorizont für die Umsiedlung schufen. Neben der Volkstumspolitik bildete die nationalsozialistische Erbgesundheitspolitik, die bis 1939 eine deutliche Radikalisierung erfahren hatte, den zweiten Bezugsrahmen für die Umsiedlungspolitik. Darüber hinaus gab es bereits vor Beginn der Umsiedlungen Schnittstellen zwischen Erbgesundheits- und Volkstumspolitik, die sowohl im Deutschen Reich als auch in den Siedlungsgebieten sichtbar wurden und die sich im Kontext der Umsiedlungen später als nützlich erweisen sollten.

1. Rassenhygienische Utopie und Praxis im nationalsozialistischen Staat - die NS-Erbgesundheitspolitik

Kein Begriff bringt die Verschmelzung rassenhygienischer Denkstrukturen mit politischen Praxisfeldern deutlicher zum Ausdruck wie der der „Erbgesundheitspolitik". Diese verstand sich nicht allein als Gesundheitspolitik im klassischen Sinne, sondern sie beanspruchte Gestaltungsräume sowohl innerhalb der Gesundheits-, Sozial- als auch Bevölkerungspolitik. Die Rassenhygiene, die sich selbst als „angewandte Sozialwissenschaft auf naturwissenschaftlicher Basis"[1] verstand und im Sinne eines social engineerings[2] auf eine grundlegende gesellschaftliche Umgestaltung zielte, offerierte der Politik das „wissenschaftliche" Equipment, das heißt konkrete, theoretisch fundierte Instrumentarien zur Lösung gesellschaftsbiologischer Probleme.[3] Die Rassenhygiene als solche gab

1 Hans-Walter Schmuhl, biopolitische Entwicklungsdiktatur, S. 102.

2 Vgl. weiterführend Thomas Etzemüller, Social engineering als Verhaltenslehre des kühlen Kopfes. Eine einleitende Skizze. In: ders. (Hg.), Die Ordnung der Moderne. Social Engineering im 20. Jahrhundert, Bielefeld 2009, S. 11–39.

3 Vgl. Volker Roelcke, Deutscher Sonderweg? Die eugenische Bewegung in europäischer Perspektive bis in die 1930er Jahre. In: Maike Rotzoll u. a. (Hg.), Die nationalsozialistische „Euthanasie"-Aktion „T4" und ihre Opfer. Geschichte und ethische Konsequenzen für die Gegenwart, Paderborn 2010, S. 47–55; Hans-Walter Schmuhl, Grenzüberschrei-

dabei vorerst keiner politischen Denkrichtung den Vorrang. Die Offerte richtete sich demnach nicht allein an den Nationalsozialismus. Die besondere symbiotische Beziehung zwischen Rassenhygiene und Nationalsozialismus entwickelte sich erst, als dieser die Rahmenbedingungen, der es zur Umsetzung der rassenhygienischen Prämissen bedurfte, schuf, ganz abgesehen von der finanziellen Förderung rassenhygienischer Forschungsvorhaben.[4] Auf dem Wege der Politikberatung konnten rassenhygienische Protagonisten nun direkten Einfluss auf die nationalsozialistische Politik ausüben. Der Nationalsozialismus bediente sich ihrer wiederum zur vermeintlich wissenschaftlichen Legitimation gesundheits- und bevölkerungspolitischer Maßnahmen. Diese Symbiose war allerdings keineswegs nur pragmatischer Natur. Vor allem hinsichtlich des übergeordneten biopolitischen Ziels der Schaffung einer „sozial tendenziell egalitären, biologisch homogenen ‚Volksgemeinschaft'" zeigen sich deutliche ideologische Interessenskongruenzen.[5] Diese ideologische Verbindung existierte bereits vor der Machtübernahme der Nationalsozialisten im Jahr 1933. Sie offenbarte sich schon in der Frühphase der nationalsozialistischen Bewegung. So hatten beispielsweise in Adolf Hitlers „Mein Kampf" rassenhygienische Denkstrukturen Eingang gefunden und waren somit zum ideologischen Grundgerüst der NS-Weltanschauung geworden.[6] Dies bedeutet jedoch nicht, dass die Rassenhygiene nicht auch auf andere politische Lager und Milieus eine immense Anziehungskraft ausgeübt hätte, war sie doch sui generis nicht an ein politisches System gebunden. Ihre biologischen Heilsversprechen fanden vielmehr auch im linken politischen Spektrum, aber auch in konfessionellen Milieus durchaus Anklang.[7]

Die Rassenhygiene war dabei Teil einer breiten internationalen Eugenikbewegung, innerhalb derer sich diese deutsche Sonderform aber vor allem durch die zunehmende Verschmelzung von eugenischen mit rassistischen Denkmodel-

tungen. Das Kaiser-Wilhelm-Institut für Anthropologie, menschliche Erblehre und Eugenik 1927–1945, Göttingen 2005; ders., biopolitische Entwicklungsdiktatur; sowie Süß, Volkskörper im Krieg.

4 Dies wird beispielsweise bei Ernst Rüdin und der Deutschen Forschungsanstalt für Psychiatrie (DFA) deutlich. Vgl. Volker Roelcke, Programm und Praxis der psychiatrischen Genetik an der Deutschen Forschungsanstalt für Psychiatrie unter Ernst Rüdin. Zum Verhältnis von Wissenschaft, Politik und Rasse-Begriff vor und nach 1933. In: Medizinhistorisches Journal, 37 (2002), S. 21–55; sowie ders., Wissenschaft im Dienst des Reiches. Ernst Rüdin und die Deutsche Forschungsanstalt für Psychiatrie. In: Stefanie Hajak/Jürgen Zarusky (Hg.), München und der Nationalsozialismus. Menschen, Orte, Strukturen, Berlin 2008, S. 313–331.

5 Vgl. Schmuhl, KWI; ders., biopolitische Entwicklungsdiktatur.

6 Zur Rezeption des rassenhygienischen Standardwerkes „Bauer-Fischer-Lenz" durch Hitler vgl. Peter Weingart/Jürgen Kroll/Kurt Bayertz, Rasse, Blut und Gene. Geschichte der Eugenik und Rassenhygiene in Deutschland, Frankfurt a. M. 1992, S. 367–381; sowie Heiner Fangerau, Das Standardwerk zur menschlichen Erblichkeitslehre und Rassenhygiene von Erwin Bauer, Eugen Fischer und Fritz Lenz im Spiegel der zeitgenössischen Rezensionsliteratur 1942–1941, Diss. med., Bochum 2000.

7 Einen Überblick bietet Schmuhl, Eugenik und Rassenanthropologie. Vgl. weiter zum Beispiel Michael Schwartz, Sozialistische Eugenik. Eugenische Sozialtechnologien in Debatten und Politik der deutschen Sozialdemokratie 1890–1933, Bonn 1995.

len abhob. Ihre Entstehung und die Entwicklung rassenhygienischer Denkstrukturen ist dabei eng mit dem Namen Alfred Ploetz' verbunden. Er forderte in seinem 1895 erschienenen Buch „Die Tüchtigkeit unserer Rasse und der Schutz der Schwachen" eine gezielte, von erbbiologischen Grundsätzen geleitete Fortpflanzungskontrolle, die der Gesunderhaltung und Stärkung der Rasse, später eines imaginären Volkskörpers, dienen sollte. Die „Individualhygiene" habe hinter einer die gesamte „Rasse" umfassenden Hygiene zurückzutreten, wobei Ploetz unter „Rasse" noch relativ vage eine Fortpflanzungsgemeinschaft verstand und der Rassebegriff erst von Rasseanthropologen seine spezifische Konnotation erhielt.[8] Dieser Rassenhygiene waren von Beginn an sowohl „negative" wie auch „positive" eugenische Momente inhärent. So sollte im Sinne einer „negativen" Eugenik „Erbkranken" die Fortpflanzung verweigert werden, zum Beispiel durch Eheverbote, Sterilisation bis hin zur Tötung missgebildeter Kinder, und die Fortpflanzung „Erbgesunder", zum Beispiel durch wirtschaftliche Vergünstigungen für kinderreiche Familien, gefördert werden.[9] Dahinter stand die Angst einer zunehmenden Degeneration, die, in Anlehnung an den Sozialdarwinismus, Folge der Aushebelung der natürlichen Selektion durch den Schutz der „Schwachen" und Kranken sei. Der (Erb-) Krankheitsbegriff erfuhr dabei eine deutliche Ausweitung und wurde in einen veränderten Kausalzusammenhang gestellt. Soziale Probleme wurden biologisiert, Armut und Elend als Zeichen einer vermeintlichen „Erbuntüchtigkeit" und „moralisch bedenklichen Lebensführung" der unteren Gesellschaftsschichten interpretiert und somit als quasi selbstverschuldet betrachtet.[10] Die Rassenhygiene suggerierte, diese drohende biologische und soziale „Entartung" durch entsprechende Maßnahmen der „positiven" und „negativen" Eugenik nicht nur abwenden, sondern zugleich auch die „Erbgesundheit" der Rasse beziehungsweise des Volkes heben zu können - eine „Höherzüchtung" zu ermöglichen. Demnach verstand sich die Rassenhygiene als Sozialtechnologie, die für sich beanspruchte, mit Hilfe sozial- und gesundheitspolitischer Instrumente, gesellschaftliche Probleme lösen zu können. Ziel war letztlich eine Umgestaltung der Gesellschaft nach erbbiologisch-euge-

8 Vgl. Weingart, Rasse, Blut und Gene; sowie Heike Petermann, „Diese Bezeichnung kann nicht als glücklich bezeichnet werden." Ein Beitrag zum Verständnis von „Eugenik" und „Rassenhygiene" bei Biologen und Medizinern Anfang des 20. Jahrhunderts. In: Rainer Mackensen/Jürgen Reulecke (Hg.), Das Konstrukt „Bevölkerung" vor, im und nach dem „Dritten Reich", Wiesbaden 2005, S. 433-475; Hans-Walter Schmuhl, Rassenhygiene, Nationalsozialismus, Euthanasie. Von der Verhütung zur Vernichtung „lebensunwerten Lebens" 1890-1945, 2. Auflage Göttingen 1992.

9 Weitere praktische Aufgaben der Rassenhygiene seien nach Ploetz u. a. die Bekämpfung sog. „Keimgifte" (Alkohol, Syphilis), Bekämpfung des Zweikindersystems, Stärkung des Familiensinns, Wiederaufrichtung des Mutterideals, Ermöglichung von Frühehen, Erhaltung der kriegerischen Wehrhaftigkeit der höchstentwickelten Völker. Nach Petermann, Eugenik und Rassenhygiene, S. 444.

10 Vgl. Weingart, Rasse, Blut und Gene S. 121-125; Doris Kaufmann, Eugenik, Rassenhygiene, Humangenetik. Zur lebenswissenschaftlichen Neuordnung der Wirklichkeit in der ersten Hälfte des 20. Jahrhunderts. In: Richard van Dülmen (Hg.), Erfindung des Menschen. Schöpfungsträume und Körperbilder 1500-2000, Wien 1998, S. 347-365.

nischen Kriterien.[11] In diesem Sinne wies die Rassenhygiene a priori eine zukunftsorientierte, dezidiert bevölkerungspolitische Ausrichtung auf, die sich auch in konkreten bevölkerungspolitischen Forderungen niederschlug. So forderte schon Ploetz die „Verhütung minderwertiger Einwanderung und Ansiedlung tüchtiger Bevölkerungselemente in den Gegenden, die durch mindertüchtige besetzt sind, evtl. durch Anwendung von Enteignungsgesetzen".[12] 1933 sollte die Rassenhygiene schließlich, wie einer ihrer führenden Vertreter, Otmar Freiherr von Verschuer, es formulierte, zum „Kernstück der Bevölkerungspolitik" werden.[13] In der Zwischenzeit, insbesondere während des Ersten Weltkrieges drohte die rassenhygienische Bewegung in Deutschland im Gegensatz zu der sich parallel rasant entwickelnden bevölkerungspolitischen Bewegung allerdings zunächst in die Bedeutungslosigkeit abzusinken. Allein die Folgen des Ersten Weltkrieges - die politischen Veränderungen, die zahlreichen Kriegstoten, der Geburtenrückgang, die schlechte gesundheitliche und wirtschaftliche Situation weiter Teile der deutschen Bevölkerung -, die ihn zur oft zitierten „Urkatastrophe des 20. Jahrhunderts" werden ließen, verhalfen den Ideen der Rassenhygiene wieder zu Geltung, boten sie doch nicht nur Erklärungsmuster für aktuelle Probleme, sondern zugleich auch Lösungsangebote. Insbesondere die weit verbreitete Ansicht, Millionen gesunder junger Männer wären an der Front gefallen, wohingegen Anstaltspatienten verschont und zudem wesentlich besser als die übrige Bevölkerung verpflegt worden wären, schürten erneut Degenerationsängste.[14] Auch wenn die Realität in den Heil- und Pflegeanstalten eine andere war - es war ein regelrechtes Hungersterben zu konstatieren[15] - wurden diese zunehmend Angriffsfeld rassenhygienischer Agitation. Als deren radikalste Spielform ist das von Alfred Hoche und Karl Binding 1920 publizierte Buch über die „Freigabe der Vernichtung lebensunwerten Lebens" zu betrachten.[16] Neben der stilisierten „Entartung" - hatte der Krieg doch diesbezüglich scheinbar ein reales Gefährdungspotential offenbart - wusste die Rassenhygiene auch die finanziellen Schwierigkeiten, mit denen das Sozialsystem der noch jungen Weimarer Republik zu kämpfen hatte, für sich zu instrumentalisieren: Eine eugenisch intendierte Fürsorgepolitik, die vor allem der Förderung „Erbtüchtiger" dienen sollte, sollte eine Entlastung und damit

11 Vgl. ebd., S. 142-144 und S. 161-176.
12 Vgl. Petermann, Eugenik und Rassenhygiene, S. 444.
13 Vgl. dies., Die Vorstellungen der Rassenhygieniker und das Bevölkerungsprogramm im „Dritten Reich". In: Rainer Mackensen (Hg.), Bevölkerungslehre und Bevölkerungspolitik im „Dritten Reich", Opladen 2004, S. 126-140; sowie Otmar Freiherr von Verschuer, Rassenhygiene als Wissenschaft und Staatsaufgabe, Frankfurt a. M. 1936, S. 5.
14 Vgl. Schmuhl, KWI; Weingart, Rasse, Blut und Gene.
15 Vgl. Heinz Faulstich, Hungersterben in der Psychiatrie1914-1949, Freiburg i. Brsg. 1998.
16 Karl Binding/Alfred Hoche, Die Freigabe der Vernichtung lebensunwerten Lebens. Ihr Maß und ihre Form, Leipzig 1920.

eine Stabilisierung des Staatshaushaltes herbeiführen.[17] Gleichzeitig versuchten sich die Rassenhygieniker im Bereich der aufstrebenden Bevölkerungspolitik zu profilieren, indem sie sich, anders als die Bevölkerungswissenschaftler, gegen eine allein an quantitativen Prämissen orientierte Bevölkerungspolitik wandten. Sie forderten stattdessen eine qualitative Ausrichtung der Bevölkerungspolitik, da Maßnahmen zur rein zahlenmäßigen Steigerung der Geburtenrate lediglich die „Fortpflanzung der minder Leistungsfähigen fördern" würden.[18] Voraussetzung für eine gezielte qualitative Bevölkerungspolitik, die sich der Maßnahmen der „negativen" und der „positiven" Eugenik bedienen sollte, war aus Sicht der Rassenhygieniker eine Erfassung der Bevölkerung nach gesundheitlichen Merkmalen - Ziel war ein „bevölkerungsbiologisches Gesamtkataster".[19] Erste Schritte in eine solche Richtung hatte die psychiatrische Forschung, an die sich die Rassenhygiene zunehmend annäherte, bereits in Form von genealogisch-statistischen Erhebungen unternommen. Eine Vorreiterrolle nahm unter anderem Ernst Rüdin ein, der Mitte der 1920er Jahre im Rahmen seiner Materialsammlung für eine „empirische Erbprognose" mit systematischen Erfassungen begonnen hatte.[20] Insbesondere die Deutsche Forschungsanstalt für Psychiatrie (DFA) und dort vor allem der schon genannte Ernst Rüdin, ein Rassenhygieniker der ersten Stunde, etablierten die Rassenhygiene innerhalb der psychiatrischen Wissenschaft, die schließlich zur wichtigsten „Referenzwissenschaft" der noch jungen Rassenhygiene wurde.[21] Die Rassenhygiene fasste in den 1920er Jahren jedoch nicht nur innerhalb der Psychiatrie Fuß, sondern ihr gelang es im Zuge einer zunehmenden Verwissenschaftlichung auch in weitere Wissenschaftszweige, vor allem die Anthropologie und die Vererbungswissenschaft, einzudringen.[22] Die Expansion der Rassenhygiene innerhalb des etablierten Wissenschaftssystems, und die Verzahnung mit anderen Wissenschaftszweigen fand publizistisch in Form des zum Standardwerk der Rassenhygiene avancierten Buches „Grundriss der menschlichen Erblichkeitslehre und Rassenhygiene" - kurz „Bauer-Fischer-Lenz" - und institutionell in Form der Gründung des Kaiser-Wilhelm-Instituts (KWI) für Anthropologie, menschliche Erblehre und

17 Vgl. z. B. Armin Trus, Der „Heilige Krieg" der Eugeniker. In: Gerhard Freiling (Hg.), Geschichte und Kritik. Beiträge zu Gesellschaft, Politik und Ideologie in Deutschland, Gießen 2002, S. 245-286; sowie Schmuhl, KWI.

18 Leitsätze der Deutschen Gesellschaft für Rassenhygiene 1922, zit. nach Weingart, Rasse, Blut und Gene, S. 230.

19 So forderte die Deutsche Gesellschaft für Rassenhygiene 1922 die Einführung sogenannter Gesundheitslisten. Vgl. Weingart, Rasse, Blut und Gene, S. 231; sowie Kaufmann, Eugenik.

20 Vgl. Schmuhl, KWI, S. 118. Zur Person Rüdins und der DFA vgl. Roelcke, Wissenschaft im Dienst des Reiches; sowie Roelcke, Psychiatrische Genetik.

21 Hans-Walter Schmuhl, Rassenhygiene in Deutschland - Eugenik in der Sowjetunion. Ein Vergleich. In: Dietrich Beyrau (Hg.), Im Dschungel der Macht, Göttingen 2000, S. 360-377.

22 Vgl. ebd.; sowie ders., KWI.

Eugenik 1927 ihren Ausdruck.[23] Darüber hinaus konnten die Rassenhygieniker auch einen zunehmenden politischen Einfluss für sich reklamieren, waren sie doch in verschiedenen Ausschüssen beratend tätig.[24]

Ende der 1920er Jahre war die Rassenhygiene demnach fester Bestandteil verschiedener Wissenschaftszweige - ihre politische Durchschlagskraft sollte sie jedoch erst mit dem Niedergang der Weimarer Republik erhalten, bevor sie 1933 mit der Machtübernahme der Nationalsozialisten zum politischen Prinzip und zur Leitdisziplin erhoben wurde.[25]

Wesentliche Bedeutung für die politische Durchsetzung rassenhygienischer Forderungen hatte unter anderem die sich im Zusammenhang mit der Weltwirtschaftskrise zuspitzende finanzielle Situation des deutschen Gesundheitswesens. Im Lichte eines zunehmenden Sparzwangs erschienen die von den Rassenhygienikern proklamierten präventiven Maßnahmen, die auf eine Verhinderung „erbkranker" Nachkommen, die die öffentliche Fürsorge belasten würden, zielten, als willkommene Einsparungsmöglichkeit. Parallel dazu vollzog sich ein Paradigmenwechsel innerhalb der gesundheitspolitischen Zielsetzungen, der eine Abkehr von individualhygienischen hin zu rassenhygienisch-bevölkerungspolitischen Konzepten einleitete.[26]

Mit der Machtübernahme der Nationalsozialisten sollte dieses rassenhygienisch-bevölkerungspolitische Konzept zum Kernbereich des politischen Handelns werden.

Anders als noch in den 1920er Jahren konnte die Rassenhygiene nun im Rahmen der Gesundheits- und Bevölkerungspolitik ihre Wirkungsmacht voll entfalten, war es doch nach Hitler an der Zeit, das nachzuholen, was zuvor „von allen Seiten versäumt" worden sei.[27] Aufgabe des „völkischen Staates" sei es: „dafür Sorge [zu] tragen, dass nur wer gesund ist, Kinder zeugt [...]. Der Staat muss dabei als Wahrer einer tausendjährigen Zukunft auftreten, der gegenüber der Wunsch und die Eigenschaft des einzelnen [sic] als nichts erscheinen und sich zu beugen haben. Er hat die modernsten ärztlichen Hilfsmittel in den Dienst dieser Erkenntnis zu stellen. Er hat, was irgendwie ersichtlich krank und erblich belastet und damit weiter belastend ist, zeugungsunfähig zu erklären und dies praktisch auch durchzusetzen."[28]

Darüber hinaus müsse man zur „unbarmherzigen Absonderung unheilbar Erkrankter schreiten", was zwar „eine barbarische Maßnahme für den unglücklich davon Betroffenen, aber ein Segen für die Mit- und Nachwelt" sei.[29] Das eugenische Staatsziel war demnach die Schaffung einer biologisch homogenen, von kranken Bevölkerungsteilen „gereinigten" Gesellschaft. Erreicht werden

23 Zum KWI für Anthropologie, menschliche Erblehre und Eugenik in Berlin-Dahlem vgl. Schmuhl, KWI.
24 Vgl. Schmuhl, Rassenhygiene, S. 95 f.
25 Vgl. zum Beispiel Schleiermacher, Berliner Universität in der NS-Zeit.
26 Vgl. Weingart, Rasse, Blut und Gene, S. 262-267.
27 Adolf Hitler, Mein Kampf. Bände I und II, 172.-173. Auflage München 1936, S. 446.
28 Ebd., S. 446 f. Vgl. auch Weingart, Rasse, Blut und Gene, S. 367.
29 Ebd., S. 280.

sollte dies mit Hilfe gesundheits- und bevölkerungspolitischer Instrumente, die unter dem Rubrum der „praktischen Rassenhygiene“ beziehungsweise „qualitativen Bevölkerungspolitik“ in den verschiedenen rassenhygienischen und bevölkerungswissenschaftlichen Konzepten aufschienen.[30] Die Rassenhygiene war somit zu einem essentiellen Bestandteil der Bevölkerungspolitik aufgestiegen und hatte zugleich bevölkerungswissenschaftliche Inhalte adaptiert.[31]

Die Leitlinien und Aufgabenfelder der Rassenhygiene definierte Verschuer wie folgt: (1) Das „Erbgut des Volkes, die Erbanlagen des einzelnen Menschen müssen vor direkten Schädigungen bewahrt werden“. (2) Die Weitergabe von „Erbanlagen, die zu schweren Veränderungen wie Geisteskrankheit, Schwachsinn, Krüppeltum führen“, sei zu verhindern. (3) Der „Volkskörper“ müsse vor „rassefremdem Erbgut“ geschützt werden und (4) „die erbgesunden, rassisch wertvollen Familien“ seien zu fördern. Grundvoraussetzung für eine „praktische Rassenhygiene“ sei eine umfassende Erbforschung, die schließlich eine „empirische Erbprognose“ zulassen würde.[32] Zu diesem Zweck hatten bereits in den 1920er Jahren Rassenhygieniker wie Ernst Rüdin oder Eugen Fischer damit begonnen, Teile der Bevölkerung unter anderem nach erbbiologischen Kriterien zu erfassen.[33]

1.1 Die erbbiologische Erfassung als Grundvoraussetzung einer rassenhygienisch indizierten Gesundheits- und Bevölkerungspolitik

Nicht nur in den großen Forschungseinrichtungen wie der DFA oder dem KWI wurden Erfassungsprogramme aufgenommen, sondern es existierten vor 1933 auch regionale Initiativen zur Aufstellung spezifischer Karteien, beispielsweise in Form der von Rainer Fetscher angelegten „kriminalbiologische[n] Kartei für den Freistaat Sachsen“.[34] 1933 wurde die Erfassung schließlich weiter forciert,

30 Vgl. Otmar Freiherr von Verschuer, Leitfaden der Rassenhygiene, 2. Auflage Leipzig 1944; Ernst Rüdin, Die Beziehungen zwischen Erbvorhersage und Bevölkerungspolitik. In: Hans Harmsen/Franz Lohse (Hg.), Bevölkerungsfragen. Bericht des Internationalen Kongresses für Bevölkerungswissenschaft, München 1936, S. 655–659; Hans Harmsen, Praktische Bevölkerungspolitik. Ein Abriss ihrer Grundlagen, Ziele und Aufgaben, Berlin 1931.

31 Die Verschränkung rassenhygienischer und bevölkerungswissenschaftlicher Konzepte zeigte sich auch bei der Besetzung des „Sachverständigenbeirats für Bevölkerungs- und Rassenpolitik“, in welchem neben dem Bevölkerungspolitiker Friedrich Burgdörfer u. a. auch Fritz Lenz, Ernst Rüdin und Arthur Gütt vertreten waren. Verschuer fehlte hingegen. Vgl. Weingart, Rasse, Blut und Gene, S. 460–464. Auch die Teilnehmerliste und Referate des Internationalen Kongresses für Bevölkerungswissenschaft 1935 in Berlin weisen auf personelle und inhaltliche Verschränkungen hin. Vgl. dazu Hans Harmsen/Franz Lohse (Hg.), Bevölkerungsfragen. Bericht des Internationalen Kongresses für Bevölkerungswissenschaft, München 1936.

32 Verschuer, Rassenhygiene, S. 5 f.

33 Vgl. Weingart, Rasse, Blut und Gene.

34 Vgl. hierzu und im Weiteren Karl Heinz Roth, „Erbbiologische Bestandsaufnahme“. Ein Aspekt „ausmerzender“ Erfassung vor der Entfesselung des Zweiten Weltkrieges. In:

systematisiert und regionale Erfassungsinitiativen gebündelt. Von zentraler Bedeutung sollten hier die auf der Basis des „Gesetzes über die Vereinheitlichung des Gesundheitswesens“ vom 3. Juli 1934 neu installierten Gesundheitsämter sein. Die dortigen „Beratungsstellen für Erb- und Rassenpflege“ waren mit einer einheitlichen erbbiologischen Erfassung betraut und legten umfangreiche Erbkarteien, zum Teil auf der Basis der bereits vor 1933 gesammelten Informationen regionaler Initiativen, an. Die Sammlung erbbiologisch relevanter Informationen sollte schließlich auf die gesamte deutsche Bevölkerung, im Sinne eines „erbbiologischen Gesamtkatasters“ ausgedehnt werden. Man erhoffte sich, mit „der Durchführung der Gesamtkartei der Bevölkerung [eine] volksbiologische Diagnose [zu erhalten], die als Theorie von heute die Praxis von morgen [ergebe] und vielseitigen Zwecken der Praxis und der Wissenschaft dienstbar gemacht werden“ könne.[35] Die „Gesamtkartei“ sollte Aufschluss über die reale „Erbbelastung“ des deutschen Volkes geben und eine gezielte rassenhygienisch indizierte Gesundheits- und Bevölkerungspolitik einleiten.[36]

In diesem Kontext ist auch der sogenannte „Rhön-“ beziehungsweise „Dr. Hellmuth-Plan“ zu verorten. Dieser sah eine von rassenhygienischen Prämissen geleitete, wirtschaftliche Neuordnung des „Notstandsgebietes“ Rhön vor und war realer Ausdruck der Verschmelzung erbgesundheits- und bevölkerungspolitischer Zielsetzungen.[37] Die Initiative zur systematischen erbbiologischen Erfassung aller Bewohner des neu zu strukturierenden Gebietes ging hier zum einen vom Gauleiter Mainfrankens, Otto Hellmuth, und zum anderen vom Würzburger Rassenhygieniker und Leiter des Rassenpolitischen Amtes der NSDAP in Mainfranken, Ludwig Schmidt-Kehl,[38] aus. Für Hellmuth stellte die

Karl Heinz Roth (Hg.), Erfassung zur Vernichtung. Von der Sozialhygiene zum „Gesetz über Sterbehilfe“, Berlin 1984, S. 57-100.

35 Friedrich Zahn, Präsident der Deutschen Statistischen Gesellschaft, zit. nach Aly, Restlose Erfassung, S. 117.

36 Vgl. ebd.

37 Vgl. zum Rhön-Plan u. a. Wolfram Pyta, „Menschenökonomie“. Das Ineinandergreifen von ländlicher Sozialraumgestaltung und rassenbiologischer Bevölkerungspolitik im NS-Staat. In: Historische Zeitschrift, 273 (2001), S. 31-94, hier 86-91; sowie Joachim S. Hohmann, Landvolk unterm Hakenkreuz. Agrar- und Rassenpolitik in der Rhön, Frankfurt a. M. 1992.

38 Ludwig Schmidt-Kehl (1891-1941) gehörte bereits 1911, noch während seines Medizinstudiums, der Freiburger rassenhygienischen Gesellschaft an. Nach der Promotion in Freiburg 1914 nahm er bis 1918 am Ersten Weltkrieg teil. Anschließend arbeitete er am Physiologischen Institut Halle a. d. S. und dem Hygiene-Institut Tübingen, bevor er 1925 an das Hygiene-Institut Würzburg wechselte, wo er 1927 habilitierte. 1930 wurde er zum außerordentlichen Professor ernannt. Zu diesem Zeitpunkt wandte er sich auch verstärkt der Rassenhygiene zu. Seit 1934 war er Beisitzer im EGG Würzburg und Leiter des Rassenpolitischen Amtes der NSDAP Mainfranken. 1934 versicherte sich der Gauleiter Hellmuth der Mitarbeit Schmidt-Kehls im Rahmen des „Rhön-Planes“, die sich für Schmidt-Kehl 1937 auszahlen sollte, denn auf Initiative Hellmuths wurde an der Universität Würzburg ein Institut für Vererbungswissenschaft und Rasseforschung gegründet, dem Schmidt-Kehl zunächst vertretungsweise, ab 1939 planmäßig vorstand. Vgl. Ute Felbor, Rassenbiologie und Vererbungswissenschaft in der Medizinischen Fakultät der Universität Würzburg 1937-1945, Würzburg 1995, S. 47-92.

erbbiologische Erfassung der Rhönbevölkerung die conditio sine qua non für den anvisierten Umbau der Sozialstruktur dar - „erbtüchtige“ Bauern sollten zusätzliches Land erhalten und zu „Erbhofbauern“ avancieren, wohingegen „erbuntüchtigen“ Bauern ihr Land entzogen und sie zu Industriearbeitern deklassiert werden sollten.[39] Für Schmidt-Kehl bot sich die Möglichkeit umfangreiches rassenanthropologisches und erbbiologisches Forschungsmaterial zusammenzutragen, wobei er davon ausging, dass die Daten, die durch die „in der Rhön wohl erstmalig durchgeführte Methode der erbbiologischen Erfassung aller Bewohner eines Siedlungsgebietes“ zur Verfügung standen, „über die praktisch-bevölkerungspolitische Verwertung hinaus ihre Bedeutung für die theoretische Erbforschung erhalten“ würden.[40] Diese Interessenkongruenz ermöglichte letztlich erst die ressourcen- und personalaufwendige Erfassung von etwa 30 000 Menschen in den Jahren 1934/35 bis 1937.[41] Ausgehend von genealogischen Ermittlungen trugen unter anderem Medizinstudenten, die Schmidt-Kehl aufgrund seiner universitären Einbindung für seine Forschungen in Anspruch nehmen konnte, umfangreiches erbbiologisch relevantes Material zusammen. Ausgewertet wurden zu diesem Zweck beispielsweise Sterberegister, militärische Untersuchungslisten, Schulgesundheitsbögen und -zeugnisse, Polizei- und Armenprotokolle, Unterlagen der Erbgesundheitsgerichte und Gesundheitsämter, Kranken- und Vormundschaftakten. Ein Mitarbeiter des rassenpolitischen Amtes führte zudem „Intelligenzprüfungen“ in den Schulen durch. Das Urteil der Forscher vor Ort wie auch die Einschätzung von örtlichen Persönlichkeiten über die jeweilige Person ergänzten das Bild. Für jede Familie wurde schließlich eine „Sippschaftstafel“ erstellt, die umfangreiche erbbiologische Erläuterungen enthielt.[42] Darüber hinaus wurden rassenanthropologische und allgemeinärztliche Untersuchungen durchgeführt.[43] Ergebnis dieser Erhebungen waren unter anderem 16 medizinische Dissertationen zu einzelnen Dörfern, die bevölkerungspolitische, rassenanthropologische und erbbiologische Aspekte abhandelten.[44] Diese boten zugleich Anknüpfungspunkte für ähnliche Erhebun-

39 Vgl. Ludwig Schmidt-Kehl, Praktische Bevölkerungspolitik in der Rhön. In: Archiv für Bevölkerungswissenschaft und Bevölkerungspolitik, 6 (1936) 6, S. 392-400, hier 396. Vgl. weiter Pyta, Menschenökonomie.

40 Schmidt-Kehl, Praktische Bevölkerungspolitik, S. 399.

41 Vgl. Pyta, Menschenökonomie.

42 Vgl. Rolf Kilian, Die Erfassung der Erbstruktur der Rhönbevölkerung. In: Hans Harmsen/Franz Lohse (Hg.), Bevölkerungsfragen. Bericht des Internationalen Kongresses für Bevölkerungswissenschaft, München 1936, S. 848-851; sowie Schmidt-Kehl, Praktische Bevölkerungspolitik, S. 398.

43 Vgl. Schmidt-Kehl, Praktische Bevölkerungspolitik, S. 399; sowie Kurt Brost, Anthropologische Untersuchung der Rhönbevölkerung. In: Hans Harmsen/Franz Lohse (Hg.), Bevölkerungsfragen. Bericht des Internationalen Kongresses für Bevölkerungswissenschaft, München 1936, S. 846-848.

44 Insbesondere die in den Dissertationen angewandten rassenanthropologischen Methoden wurden jedoch von Fritz Lenz, Leiter der Abteilung „Eugenik“ im KWI für Anthropologie, menschliche Erblehre und Eugenik in Berlin, kritisiert und die wissenschaftliche Relevanz der Arbeiten in Frage gestellt. Verschuer hingegen sah in den Erhebungen „wertvolle Unterlagen für die praktische Erb- und Rassenpflege“. Vgl. dazu und zu den

gen, wie sie zum Beispiel im Rahmen des Reichsberufswettkampfes der Medizinstudenten durchgeführt wurden. Auch in diesem Kontext spielte Schmidt-Kehl keine unbedeutende Rolle - er betreute unter anderem die Reichssiegerarbeit 1938/39 über das bessarabische Dorf Teplitz.[45]

Das Beispiel des „Rhön-Planes" versinnbildlicht den Mitte der 1930er Jahre einsetzenden Erfassungsaktivismus, der sich in universitären Einrichtungen genauso wie beim Rassenpolitischen Amt der NSDAP oder den Landesbauernschaften, also auch außerhalb der Gesundheitsbehörden, nachweisen lässt.[46] Die mit der erbbiologischen Erfassung verbundenen Zielsetzungen differierten allerdings je nach erfassender Institution. Stand im Falle des „Rhön-Planes" vor allem ein erbwissenschaftliches und siedlungsplanerisches Motiv im Vordergrund, so war die erbbiologische Erfassung durch die Gesundheitsämter, die sich nicht auf ausgewählte „Notstandsgebiete" beschränkten, sondern sich auf die gesamte deutsche Bevölkerung erstrecken sollte, sui generis von gesundheitspolitischen, sozialutilitaristischen Interessen geleitet. Dabei oblag den Gesundheitsämtern nicht allein die Erfassung weiter Teile der deutschen Bevölkerung, sondern auch die Verteilung medizinischer und fürsorgerischer Ressourcen und die Einleitung sogenannter „erbpflegerischer Maßnahmen". Die erbbiologische Leistungsfähigkeit - der „Erbwert" - jedes Einzelnen wurde auf diese Weise in Hinsicht auf finanzielle und medizinische Leistungen zum Inklusions- beziehungsweise Exklusionskriterium. So sollten nur die „erbtauglichen, geordneten und lebenstüchtigen kinderreichen Familien"[47] eine besondere wirtschaftliche Förderung in Form von Ehestandsdarlehn, Kinderbeihilfen oder steuerlichen Vergünstigungen sowie eine ideelle Aufwertung durch Auszeichnungen wie das Mutterkreuz erfahren. Ihre Fortpflanzung sollte gefördert werden, nicht die der vermeintlich „Erbkranken". Die Überwachung der Eheschließung rückte demnach in den Fokus der Gesundheitspolitiker, denen mit dem 1935 verabschiedeten Ehegesundheitsgesetz ein entsprechender modus operandi beigegeben wurde. Die Überprüfung der „Ehetauglichkeit" wurde zur Voraussetzung für die Eheschließung gemacht. Hier griff man auf die bereits existierenden Erbkarteien der Gesundheitsämter zurück, und erweiterte diese zugleich.[48] Wie komplex der Erfassungsvorgang innerhalb kurzer Zeit geworden war, zeigen sowohl

von Schmidt-Kehl betreuten Dissertationen Felbor, Rassenbiologie und Vererbungswissenschaft, S. 56 und 66-89.

45 Vgl. die entsprechende Danksagung in Hans-Günther Moek, Rassekundliche Erhebungen im Dorfe Teplitz (Bessarabien), Diss. med., Würzburg 1941, S. 36. Die im Nachgang entstandenen Dissertationen wurden von Schmidt-Kehls Nachfolger, Friedrich Keiter, betreut. Vgl. weiter Kap. II.2.2.

46 Verwiesen sei hier noch auf die erbbiologische Erfassung zweier Eifeldörfer unter der Leitung von Kurt Pohlisch und Friedrich Panse 1937/38 und die Erfassungsarbeit spezieller erbbiologischer Abteilungen einiger Landesbauernschaften. Vgl. Pyta, Menschenökonomie.

47 Verschuer, Leitfaden, S. 130.

48 Eine zusätzliche ärztliche Untersuchung war zwar in allen Fällen erwünscht, aber nicht umsetzbar. Vgl. ebd., S. 135.

der umfangreiche Katalog von Fragebögen, die von den Gesundheitsämtern an Standesämter, Schulen, Ortspolizeibehörden oder Arbeitgeber zur Ausfüllung weitergeleitet wurden, als auch die vom Gesundheitsamt selbst erhobenen medizinischen Befunde und angelegten Sippentafeln.[49]

Neben der bei den Gesundheitsämtern zu verzeichnenden Erfassungswelle setzte auf staatlicher Seite in den Heil- und Pflegeanstalten eine systematische Erfassung „erbkranker" Patienten ein. Als Koordinierungsinstanz fungierte die „Zentrale für die erbbiologische Bestandsaufnahme in den Heil- und Pflegeanstalten" beim Deutschen Gemeindetag.[50] Dieser entwarf detaillierte Richtlinien für die erbbiologische Bestandsaufnahme in den Heil- und Pflegeanstalten, die 1936 in Form eines Erlasses des Reichsministeriums des Innern (RMdI) offiziellen Charakter erhielten. 1939 wurde die Erfassung der Anstaltspatienten mit der Erfassung der übrigen Bevölkerung vernetzt. Die Anstalten waren nun verpflichtet, den Gesundheitsämtern Neuaufnahmen mitzuteilen, was letztlich keinem anderen Zweck als einer möglichst kompletten Erfassung der „belasteten" Familie diente.[51] Im Gegenzug sollten die Gesundheitsämter, sofern die Familie bereits in der Kartei aufschien, die genealogischen Nachforschungen unterstützen. Der mit der erbbiologischen Erfassung beauftragte Anstaltsarzt sollte schließlich die einzelnen Familienmitglieder einer fachpsychiatrischen Untersuchung unterziehen.[52]

Es ging demnach nicht mehr allein um die Erfassung des Einzelnen, bei dem eine vermeintliche „Erbkrankheit" diagnostiziert werden konnte, sondern vielmehr um eine Erfassung aller potentiellen Merkmalsträger, bei denen sich die „Erbkrankheit" zwar nicht manifest zeigte, die diese aber dennoch als Merkmal potentiell in sich trugen und diese demzufolge vererben konnten.[53] Diese Ausweitung des Erfassungsradius war dem Umstand geschuldet, dass eine Erblichkeit verschiedener psychischer Erkrankungen wie Schizophrenie oder Epilepsie von anerkannten Rassenhygienikern wie Rüdin zwar postuliert und statistisch berechnet wurde, aber wissenschaftlich aufgrund mangelnder valider genetischer Untersuchungsbefunde durchaus nicht zweifelsfrei nachweisbar

49 Eine Sammlung der vielfältigen Formblätter findet sich in den vom Bertelsmann Verlag herausgegebenen Anregungen für die Praxis der Gesundheitsämter (Mecklenburgisches Landeshauptarchiv Schwerin [MeckLHA Schwerin], 5.12-7/1, 11128, Bl. 47-74).

50 Vgl. Roth, Erfassung, S. 76-80.

51 Vgl. Runderlass des Reichsministeriums des Innern vom 27.3.1939 betr. Erbbestandsaufnahme; Meldungen der Anstalten, abgedruckt in einem Sonderheft des Deutschen Gemeindeverlages zur erbbiologischen Bestandsaufnahme (Hauptstaatsarchiv Stuttgart [HStA Stuttgart], E 151/54, Bü 10, Bl. 143).

52 Vgl. ebd.

53 Vgl. Karl Heinz Roth, Schöner neuer Mensch. Der Paradigmenwechsel der klassischen Genetik und seine Auswirkungen auf die Bevölkerungsbiologie des „Dritten Reiches". In: Heidrun Kaupen-Haas/Christian Saller (Hg.), Wissenschaftlicher Rassismus. Analysen einer Kontinuität in den Human- und Naturwissenschaften, Frankfurt a. M. 1999, S. 346-424.

war.[54] Erst durch die ab 1933 staatlich initiierten erbbiologischen Erfassungsprogramme sahen Rassenhygieniker wie Verschuer eine „vollständige und allgemeingültige Erforschung der Erblichkeit beim Menschen einschließlich komplizierter Erbfälle" in greifbare Nähe rücken.[55]

Dass die Erblichkeit verschiedener als „Erbkrankheiten" deklarierter Erkrankungen demnach wissenschaftlich nicht im Detail nachgewiesen werden konnte, hinderte die nationalsozialistischen Gesundheitspolitiker und Rassenhygieniker, allen voran Arthur Gütt und Ernst Rüdin, jedoch nicht daran, ein Sterilisationsgesetz voranzubringen, mit welchem die Zwangssterilisation vermeintlich „Erbkranker" kodifiziert wurde.[56]

1.2 Zwangssterilisation

Am 14. Juli 1933 wurde das „Gesetz zur Verhütung erbkranken Nachwuchses" (GzVeN) verabschiedet. Es basierte im Wesentlichen auf einem bereits 1932 vorgelegten preußischen Gesetzentwurf, der sich jedoch in einem Punkt - dem der Freiwilligkeit der Sterilisation - grundlegend von dem nationalsozialistischen Sterilisationsgesetz unterschied.[57] Bezeichnend und die Stoßrichtung dieses Gesetzes verdeutlichend ist außerdem, dass die inhaltlichen Vorarbeiten nach dem 30. Januar 1933 nicht etwa von psychiatrischen Fachkreisen, sondern vom Sachverständigenbeirat für Bevölkerungs- und Rassenpolitik und dort im Speziellen von Arthur Gütt und Ernst Rüdin aufgenommen und in Gesetzesform gebracht wurden.[58] Dass der Gesetzentwurf bereits wenige Monate nach der Machtübernahme das Kabinett passierte, verdeutlicht den hohen Stellenwert der rassenhygienisch intendierten Bevölkerungspolitik innerhalb des NS-Staates, war das Sterilisationspostulat doch eine der zentralen Forderungen der Rassenhygieniker und Bevölkerungspolitiker gleichermaßen.

Wesentlichen Anteil an der Formulierung des Gesetzes und den Ausführungsbestimmungen hatten, wie bereits erwähnt, Ernst Rüdin, Arthur Gütt und Falk

54 Rüdin war sich durchaus bewusst, dass seine Methode der empirischen Erbprognose „mit Hypothesen und Prämissen arbeitete, die erst noch in weiteren empirisch-statistischen und letztlich auch experimentellen Studien belegt werden mussten." Vgl. Roelcke, Wissenschaft im Dienst des Reiches, S. 322. Vgl. auch Weingart, Rasse, Blut und Gene, S. 486-491.

55 Verschuer, Erbbiologische Bestandsaufnahme, zit. nach Jens Seidel, Die Praxis der erbbiologischen Erfassung an den sächsischen Landesheil- und Pflegeanstalten in der Zeit des Nationalsozialismus von 1933 bis 1945, Diss. med., Leipzig 1998, S. 27.

56 Zur Diskrepanz zwischen Erblichkeits-Behauptungen und deren mangelnder wissenschaftlicher Fundierung vgl. Astrid Ley, Zwangssterilisation und Ärzteschaft. Hintergründe und Ziele ärztlichen Handelns 1934-1945, Frankfurt a. M. 2004, S. 64-66.

57 Einen Überblick über die Entstehungsgeschichte des Sterilisationsgesetzes bieten z. B. Eckart, Biopolitische Ideen; Weingart, Rasse, Blut und Gene; sowie ausführlicher Gisela Bock, Zwangssterilisation im Nationalsozialismus. Studien zur Rassenpolitik und Frauenpolitik, Opladen 1986.

58 Vgl. Weingart, Rasse, Blut und Gene, S. 462 f.

Ruttke.[59] Sie legten fest, wer als „erbkrank" zu betrachten und damit zu sterilisieren sei. Als „erbkrank" galten demnach Menschen, die an angeborenem Schwachsinn, Schizophrenie, zirkulärem (manisch-depressivem) Irresein, erblicher Fallsucht, erblichem Veitstanz (Huntingtonsche Chorea), erblicher Blind- oder Taubheit, schweren erblichen körperlichen Missbildungen oder Alkoholismus litten.[60] Für diese sollten von allen „mit der Heilbehandlung, Untersuchung oder Beratung" betrauten Personen - vom Anstaltsarzt bis hin zu Masseuren - oder dem Betroffenen selbst Sterilisationsanzeigen beim zuständigen Amtsarzt/ Gesundheitsamt erstattet werden. Der Amtsarzt leitete daraufhin Ermittlungen über den potentiellen Sterilisanten ein. Fürsorgerinnen erhoben vielfältige Daten, angefangen von den Schulleistungen über die momentane Lebenssituation bis hin zum Sozialverhaltenen des Betroffenen. Diese Daten und das persönliche Urteil der Fürsorgerin bildeten die Basis für die Untersuchung durch den Amtsarzt. Dieser stellte die Diagnose, beziehungsweise im Falle der Insassen von Heil- und Pflegeanstalten der Anstaltsarzt.[61] Dabei waren nicht allein medizinische Indikatoren ausschlaggebend, sondern auch soziale. So wurden von den Amtsärzten im Rahmen der Untersuchung beispielsweise sogenannte „Intelligenzprüfungsbogen" eingesetzt. Schematisch wurden darin Lerninhalte abgefragt, die mit der Lebenswirklichkeit des Untersuchten meist wenig gemein hatten.[62] Am Ende einer solchen Untersuchung stand nicht selten die Diagnose „Schwachsinn" - die häufigste und zugleich dehnbarste der zur Sterilisation führenden Diagnosen.[63] War die Diagnose nicht zweifelsfrei festzustellen, forderte der Amtsarzt in der Regel ein fachpsychiatrisches Gutachten an. Zu diesem Zweck konnte der Untersuchte, auch gegen seinen Willen, zur weiteren Beobachtung in eine Heil- und Pflegeanstalt eingewiesen werden.[64]

59 Insbesondere die Mitarbeit Rüdins suggerierte eine wissenschaftliche Fundierung des Gesetzes. Zur Rolle Rüdins vgl. Roelcke, Wissenschaft im Dienst des Reiches; sowie Roelcke, Psychiatrische Genetik.

60 Vgl. Arthur Gütt/Ernst Rüdin/Falk Ruttke, Gesetz zur Verhütung erbkranken Nachwuchses vom 14. Juli 1933 mit Auszug aus dem Gesetz gegen gefährliche Gewohnheitsverbrecher und über Maßregeln der Sicherung und Besserung vom 24. Nov. 1933, bearbeitet und erläutert von Arthur Gütt, Ernst Rüdin und Falk Ruttke, München 1934. Zu den Diagnosen vgl. ausführlich Ley, Zwangssterilisation, S. 45-63.

61 Einen Überblick über das Prozedere bietet Johannes Vossen, Erfassen, Ermitteln, Untersuchen, Beurteilen. Die Rolle der Gesundheitsämter und ihrer Amtsärzte bei der Durchführung von Zwangssterilisationen im Nationalsozialismus. In: Margret Hamm (Hg.), Lebensunwert zerstörte Leben. Zwangssterilisation und „Euthanasie", Frankfurt a. M. 2005, S. 86-97. Weiterführend vgl. Ley, Zwangssterilisation.

62 Vgl. Vossen, Gesundheitsämter.

63 Vgl. Bock, Zwangssterilisation im Nationalsozialismus, S. 302 f.

64 Eine solche „Erbkrankensichtungsstelle" befand sich beispielsweise in der Landesanstalt Arnsdorf/Sachsen. Vgl. Oeser, Arnsdorf, S. 108-119. Diese Einweisungen sowie ein Entlassungsstopp für fortpflanzungsfähige „erbkranke" Anstaltsinsassen führten schon bald zu einer Überbelegung der Anstalten. Vgl. zum Beispiel Susanne Steinbach, Die Betreuung Geisteskranker und Schwachsinniger im Lande Sachsen in den Jahren 1933-1945, Diss. med., Leipzig 1997.

Kam der Amtsarzt beziehungsweise Anstaltsleiter zu dem Ergebnis, dass eine „Erbkrankheit" im Sinne des GzVeN vorliege, reichte er einen Sterilisationsantrag beim zuständigen Erbgesundheitsgericht (EGG) ein. Diese neugeschaffene juristische Instanz, die dem Sterilisationsverfahren Legitimität verleihen sollte, entschied in einer Sitzung über die Durchführung der Sterilisation. Allein die Dauer einer solchen Sitzung, die etwa drei (!) bis 15 Minuten in Anspruch nahm, führte das gesamte Verfahren ad absurdum.[65] Das Urteil des Erbgesundheitsgerichtes, welches sich aus einem Juristen und zwei Ärzten zusammensetzte, wurde nach einem Monat rechtskräftig. Innerhalb dieses Monats bestand formal die Möglichkeit, beim zuständigen Erbgesundheitsobergericht (EOG) gegen das Urteil Beschwerde einzulegen. 1935 wurde diese Einspruchsfrist auf zwei Wochen verkürzt. Das EOG strengte bei eingegangener Beschwerde weitere Ermittlungen an und fällte schließlich das endgültige Urteil, welches nur selten von dem der ersten Instanz abwich.[66]

Die Sterilisation wurde anschließend, auch gegen den Willen des Betroffenen, innerhalb von zwei Wochen in einem dafür zugelassenen Krankenhaus oder einer Anstalt durchgeführt. Nach Schätzungen von Gisela Bock wurden zwischen 1934 und 1945 insgesamt 400 000 Menschen zwangssterilisiert, die Mehrzahl, etwa 300 000 Menschen, in den Vorkriegsjahren.[67] Besonders in den ersten Jahren nach Inkrafttreten des GzVeN waren verhältnismäßig viele Anstaltsinsassen betroffen, die als geheilt entlassen oder beurlaubt wurden und damit im Duktus des Gesetzes gesprochen eine „Fortpflanzungsgefahr" darstellten. Sie waren bereits im Sommer 1933, quasi parallel zur Verabschiedung des GzVeN, von den Anstaltsleitern systematisch erfasst worden und wurden später reihenweise in Form von Sammelanzeigen zur Sterilisation vorgeschlagen.[68] Der Zugriff auf die übrige Bevölkerung gestaltete sich zunächst schwieriger und beschränkte sich oftmals auf das familiäre Umfeld der bereits angezeigten Anstaltspatienten. Mit der Installierung der Gesundheitsämter wurde der Erfassungsradius deutlich ausgeweitet und die institutionelle Basis für die massenhafte Umsetzung des Sterilisationsgesetzes geschaffen.[69] Rassenhygieniker aller Couleur begrüßten die „beispiellose Tatkraft" mit der der nationalsozialistische Staat die „praktische Durchführung der Erb- und Rassenpflege" in Angriff nahm.[70] Einigen von ihnen gingen die Maßnahmen jedoch noch nicht weit

65 Vgl. Bock, Zwangssterilisation im Nationalsozialismus, S. 258.

66 Vgl. Vossen, Gesundheitsämter.

67 Bock, Zwangssterilisation im Nationalsozialismus, S. 233 und 238.

68 Vgl. ebd., S. 260.

69 Labisch und Tennstedt betrachten die Etablierung eines neuen staatlich-öffentlichen Gesundheitsdienstes in Form der Gesundheitsämter sogar als conditio sine qua non für die Umsetzung des GzVeN. Vgl. Alfons Labisch/Florian Tennstedt, Gesundheitsamt oder Amt für Volksgesundheit? Zur Entwicklung des öffentlichen Gesundheitsdienstes seit 1933. In: Norbert Frei (Hg.), Medizin und Gesundheitspolitik in der NS-Zeit, München 1991, S. 35–66.

70 Verschuer, Rassenhygiene, S. 6. Kritik an der Sterilisationspraxis wurde vor allem von katholischer Seite, aber auch dort nicht von allen Vertretern, vorgebracht. Vgl. Annette Hinz-Wessels, Die Haltung der Kirchen zur „Euthanasie" im NS-Staat. In: Margret

genug. So beklagte der Genetiker Nikolai W. Timoféeff-Ressovsky, dass ein Vorgehen gegen manifest „Erbkranke" nicht genüge, sondern auch die unerkannten Merkmalsträger einbezogen werden müssten, da „viele Erbkrankheiten, die auf den ersten Blick wegen ihrer seltenen und sporadischen Manifestation innerhalb der betreffenden Sippe für rezessiv gehalten werden könnten, [...] sich bei näherer Untersuchung als schwach dominante Mutationen mit schwacher und variabler Manifestationsintensität" erweisen würden.[71] Um die Weitergabe einer vermeintlichen „Erbkrankheit" sicher ausschließen zu können, sei demnach die Erfassung der gesamten „belasteten" Familie unumgänglich. Der Erfassung müsse, so der Erbstatistiker Siegfried Koller, ein Fortpflanzungsverbot für Eltern „erbkranker" Kinder und die „Ausmerzung" aller Merkmalsträger, das heißt aller Mitglieder der betreffenden Familie, folgen.[72] Das Resultat solcher neo-eugenischen Ansätze, die 1935/36 eine Konjunktur erlebten und eine Art „zweite Revolution in der sozialbiologischen Theorie und Praxis des ‚Dritten Reiches'" einleiteten, waren eine ausufernde Erfassungspraxis und Eheverbote.[73] Eine Ausweitung der Sterilisationspraxis auf potentielle Merkmalsträger innerhalb einer als „erbkrank" geltenden Familie erfolgte aber nicht. 1939 war vielmehr eine gegenläufige Entwicklung zu verzeichnen. Laut der Verordnung vom 31. August 1939 sollte die Sterilisation nur noch in Fällen von „besonders großer Fortpflanzungsgefahr" zur Anwendung kommen. Weniger „fortpflanzungsgefährdete" Kranke wurden zwar weiterhin erfasst, gegen sie sollte aber zunächst kein Verfahren im Rahmen des GzVeN angestrengt werden.[74] Die Gründe für diese temporäre partielle Aussetzung des Sterilisationsprogramms waren nicht etwa inhaltlicher Natur - an den Erblichkeitspostulaten änderte sich wenig -, sondern pragmatischen Erwägungen geschuldet. So spielte zum einen der wachsende Protest gegen die Sterilisationspraxis seit etwa 1937 eine nicht unerhebliche Rolle und zum anderen musste der veränderten politischen Situation Rechnung getragen werden. Der Kriegsbeginn am 1. September 1939 zwang die Verantwortlichen, stärker auf die Stimmung innerhalb der Bevölkerung Rücksicht zu nehmen, und führte darüber hinaus aufgrund zahlreicher Einberufungen auch zu einem personellen Engpass innerhalb der Ärzteschaft.[75]

Die „Krise" der Sterilisationspolitik, die sich ab etwa 1937 abzeichnete, darf jedoch nicht darüber hinwegtäuschen, dass zu diesem Zeitpunkt bereits neue und vor allem radikalere Wege einer rassenhygienisch intendierten Bevölkerungspolitik beschritten worden waren, die ihren Ausgangspunkt im GzVeN hat-

Hamm (Hg.), Lebensunwert zerstörte Leben. Zwangssterilisation und „Euthanasie", Frankfurt a. M. 2005, S. 168–182; sowie Bock, Zwangssterilisation im Nationalsozialismus, S. 289–298.

71 Timoféeff-Ressovsky zit. nach Roth, Schöner neuer Mensch, S. 383.

72 Vgl. Roth, Schöner neuer Mensch, S. 386 f.

73 Vgl. ebd.

74 Vgl. Verordnung zur Durchführung des GzVeN und des Ehegesundheitsgesetzes vom 31.8.1939, RGBl. I, Nr. 157 vom 1.9.1939, S. 1560 f.

75 Vgl. Bock, Zwangssterilisation im Nationalsozialismus.

ten. So legitimierte etwa das Änderungsgesetz zum GzVeN vom 26. Juni 1935 eugenisch indizierte Schwangerschaftsabbrüche. Abtreibungen konnten demnach bei allen Frauen vorgenommen werden, die an einer „Erbkrankheit" litten und bei denen ein Erbgesundheitsgericht eine Unfruchtbarmachung rechtskräftig beschlossen hatte.[76] In strittigen Fällen sollte eine Schlichtungsstelle, der spätere „Reichsausschuss zur wissenschaftlichen Erfassung erb- und anlagebedingter schwerer Leiden", eingeschaltet werden. Diesem Ausschuss sollte 1939 noch eine besondere Bedeutung zukommen, als es um die Vorbereitung und Ingangsetzung der NS-„Kinder- und Jugendlicheneuthanasie" ging.

1.3 „Kinder- und Jugendlicheneuthanasie"

Die zunehmende Radikalisierung gesundheitspolitischer Maßnahmen - angefangen bei einer scheinbar harmlosen Erfassung, die jedoch bei näherer Betrachtung erst den Grundstein für weitere repressive Maßnahmen legte, über das Sterilisationsgesetz bis hin zu eugenisch indizierten Schwangerschaftsabbrüchen - ließ eine Tötung „erbminderwertiger" Kinder 1939 als keineswegs mehr kategorisch auszuschließende, rassenhygienisch begründbare Maßnahme erscheinen. Letztlich handelte es sich dabei aus Sicht der politischen Akteure lediglich um die radikalste und zugleich finale Umsetzung rassenhygienischer Forderungen nationalsozialistischer Ausprägung. Diese gedanklich logische Konsequenz bedingte jedoch nicht zwangsläufig die praktische Umsetzung.[77] Erst ein Präzedenzfall ließ entsprechende ideologische Konstrukte konkrete Formen annehmen.

Initialzündung für die Planung der „Kindereuthanasie" war der sogenannte „Fall Leipzig" beziehungsweise der „Fall Kind K". Wie die neuere Forschung gezeigt hat, lassen sich die genauen Umstände dieses Falles nicht mehr rekonstruieren.[78] Belegt ist lediglich, dass 1938 oder 1939 die Familie eines schwer behinderten Kindes ein „Gnadentodgesuch" an die Kanzlei des Führers (KdF) richtete. Scheinbar relativ bald nach Eingang des Gesuches wurde Hitler über den Wunsch der Eltern informiert und entsandte seinen Begleitarzt Karl Brandt nach Leipzig in die dortige Universitätskinderklinik, wo das Kind bereits von

76 Vgl. Schmuhl, Rassenhygiene, S. 161-164. Der Gesetzestext ist abgedruckt in Arthur Gütt/Ernst Rüdin/Falk Ruttke, Gesetz zur Verhütung erbkranken Nachwuchses vom 14. Juli 1933 mit einem Auszug aus dem Gesetz gegen gefährliche Gewohnheitsverbrecher und über Maßregeln der Sicherung und Besserung vom 24. Nov. 1933, bearbeitet und erläutert von Arthur Gütt, Ernst Rüdin und Falk Ruttke, 2. Auflage München 1936.

77 Schmuhl betont, dass die „‚Euthanasie' in der nationalsozialistischen Ideologie zwar als logische Konsequenz, nicht aber als praktischer Plan angelegt war". Ein intentionalistischer Interpretationsansatz kann u. a. aufgrund des hohen Improvisationsgrades des nachfolgend noch geschilderten „Falles Leipzig" als „weitgehend widerlegt" gelten. Vgl. Hans-Walter Schmuhl, Die Genesis der „Euthanasie". Interpretationsansätze. In: Maike Rotzoll u. a. (Hg.), Die nationalsozialistische „Euthanasie"-Aktion „T4", S. 66-73.

78 Vgl. dazu und im Folgenden Udo Benzenhöfer, Der Fall Leipzig (alias Fall „Kind Knauer") und die Planung der NS-„Kindereuthanasie", Münster 2008.

Werner Catel[79] untersucht worden war. Brandt ermächtigte dort die beteiligten Ärzte das Kind „einzuschläfern".

Ausgehend von diesem Einzelfall begannen 1939 unter der Federführung der KdF und dem dort von Viktor Brack geleiteten Amt II die Vorbereitungen für die systematische Tötung „missgebildeter" und behinderter Kinder.[80] Ein Gremium, bestehend aus dem Leiter der KdF, Philipp Bouhler, Karl Brandt, Viktor Brack und Herbert Linden vom RMdI, nahm die Planungsarbeit auf.[81] Erweitert wurde diese Planungsgruppe, die spätestens ab August 1939 unter dem Namen „Reichsausschuss zur wissenschaftlichen Erfassung erb- und anlagebedingter schwerer Leiden" firmierte, um Mediziner aus dem Bereich der Kinderheilkunde (Ernst Wentzler[82] und Werner Catel) und der Kinder- und Jugendpsychiatrie (Hans Heinze[83]). Diese entwickelten konkrete Erfassungs- und Begutachtungsstrategien und planten die verwaltungstechnischen Einzelheiten der Tötungsaktion. Am 18. August 1939 erging ein „streng vertraulicher" Runderlass des RMdI an die Landesregierungen, der die Meldung aller „missgebildeten" Neugeborenen anordnete. Gemeldet werden sollten Neugeborene und Kinder bis zu drei Jahren, bei denen folgende „schwere angeborene Leiden" diagnostiziert worden waren: „1. Idiotie sowie Mongolismus [...], 2. Mikrocephalus, 3. Hydrocephalus schweren bzw. fortschreitenden Grades, 4. Missbildungen jeder Art [...], 5. Lähmungen einschl. Littlescher Erkrankung".[84] Hebammen, Ärzte in Entbindungsstationen, niedergelassene Ärzte und Anstaltsärzte wurden aufgefordert, einen Meldebogen für jedes unter diese Kriterien fallende Neugeborene auszufüllen und an die zuständigen Gesundheitsämter zur Überprüfung weiterzuleiten. Von dort gelangten die Meldebögen an die KdF beziehungsweise den „Reichsausschuss" zur Begutachtung. Die „Behandlungs-" und „Beobachtungsfälle" wurden anschließend in eine sogenannte

79 Zu Werner Catel vgl. Hans-Christian Petersen/Sönke Zankel, Werner Catel. Ein Protagonist der NS-„Kindereuthanasie" und seine Nachkriegskarriere. In: Medizinhistorisches Journal, 28 (2003), S. 139–173.

80 Vgl. dazu und im Weiteren ebd.; sowie Sascha Topp, Der „Reichsausschuss zur wissenschaftlichen Erfassung erb- und anlagebedingter schwerer Leiden". Zur Organisation der Ermordung minderjähriger Kranker im Nationalsozialismus 1939–1945. In: Thomas Beddies/Kristina Hübener (Hg.), Kinder in der NS-Psychiatrie, S. 17–54.

81 Zu den involvierten Personen und Institutionen vgl. Friedlander, NS-Genozid, S. 84–94.

82 Zu Ernst Wentzler vgl. Thomas Beddies/Heinz-Peter Schmiedebach, Der Pädiater Dr. Ernst Wentzler und die Kinderklinik Berlin-Frohnau (1923–1964). In: Jürgen Wetzel (Hg.), Berlin in Geschichte und Gegenwart, Berlin 2002, S. 137–158.

83 Zu Hans Heinze vgl. Udo Benzenhöfer, Hans Heinze. Kinder- und Jugendpsychiatrie und „Euthanasie". In: Beiträge zur NS-„Euthanasie"-Forschung 2002. Hg. vom Arbeitskreis zur Erforschung der nationalsozialistischen „Euthanasie" und Zwangssterilisation, Ulm 2003, S. 15–46; sowie Klaus-Dieter Müller, Justizielle Aufarbeitung von „Euthanasie"-Verbrechen nach dem Zweiten Weltkrieg und heute. Das Beispiel Hans Heinze (1895–1983). In: Boris Böhm/Norbert Haase (Hg.), Täterschaft. Strafverfolgung. Schuldentlastung. Ärztebiografien zwischen nationalsozialistischer Gewaltherrschaft und deutscher Nachkriegsgeschichte, Leipzig 2007, S. 63–92.

84 Runderlass vom 18.8.1939. In: Deadly Medicine. Creating the Master Race. Hg. vom United States Holocaust Memorial Museum, Washington 2004, S. 134.

„Kinderfachabteilung“ eingewiesen.[85] Mit dem sukzessiven Aufbau der insgesamt 31 „Kinderfachabteilungen“[86] waren Hans Hefelmann und Richard von Hegener vom Amt IIb der KdF betraut. Beide nahmen außerdem noch Koordinierungsaufgaben wahr. Die erste „Abteilung“ dieser Art wurde in der Landesanstalt Brandenburg-Görden eingerichtet. Sie fungierte als Modell für die nachfolgend eingerichteten „Kinderfachabteilungen“ und diente der Schulung zukünftiger Leiter noch einzurichtender „Kinderfachabteilungen“.[87] Einige dieser „Abteilungen“ waren tatsächlich in separaten Gebäuden der jeweiligen Heil- und Pflegeanstalten, Kinderkrankenhäusern oder Erziehungsanstalten untergebracht, andere existierten lediglich im übertragenen Sinne, da die Kinder auf verschiedene Abteilungen verteilt wurden.[88] Gemeinsam war allen diesen Einrichtungen, dass der Großteil der Kinder innerhalb weniger Wochen verstarb, meist durch die Gabe überdosierter Medikamente wie Luminal oder Morphium-Scopolamin. Nur wenige Kinder, zumeist die explizit als „Beobachtungsfall“ bezeichneten, wurden wieder entlassen.[89] Die Gesamtzahl der in den „Kinderfachabteilungen“ des „Reichsausschusses“ bis 1945 ermordeten Kinder beläuft sich auf etwa 5 000.[90]

Mit der Ermordung „missgebildeter“ und behinderter Kinder wurde eine weitere Krankenmordaktion - die „Aktion T4“ - eingeleitet.

1.4 „Aktion T4“

Im Sommer 1939, nachdem die Planungen für die „Kindereuthanasie“ bereits eine erste konkrete Umsetzung in Form des Runderlasses des RMdI gefunden hatten, begannen in der KdF die Vorbereitungen für eine weitere, jetzt gegen psychisch kranke und geistig behinderte Erwachsene gerichtete, Tötungsaktion. Auch hier übernahm die bereits im Rahmen der Vorbereitung der „Kindereuthanasie“ in Erscheinung getretene Planungsgruppe um Bouhler, Brack, Hefelmann, Linden und Brandt die Initiative.[91] Unterstützung von ärztlicher Seite

85 Vgl. Benzenhöfer, Der Fall Leipzig.

86 Es ist von mindestens 31 „Kinderfachabteilungen“ auszugehen. Die Existenz weiterer wird vermutet, ist jedoch nach bisherigem Kenntnisstand nicht verifizierbar. Vgl. Topp, Reichsausschuss; sowie Benzenhöfer, Der Fall Leipzig.

87 Vgl. Topp, Reichsausschuss, S. 38–42. Vgl. auch Kap. IV.3.1. Zu Brandenburg-Görden vgl. weiterführend Thomas Beddies, Kinder und Jugendliche in der Heil- und Pflegeanstalt Görden 1938–1945. In: Kristina Hübener (Hg.), Brandenburgische Heil- und Pflegeanstalten in der NS-Zeit, Berlin 2002, S. 129–154. Vgl. dazu auch Kap. IV.3.1.

88 Vgl. Topp, Reichsausschuss.

89 Vgl. u. a. Friedlander, NS-Genozid, Kap. 3.

90 Benzenhöfer gibt anhand der verschiedenen Nachkriegsaussagen eine Zahl von 3 000 bis 5 200 an, Friedlander schätzt die Zahl der ermordeten Kinder auf 5 000. Vgl. Benzenhöfer, Der Fall Leipzig, S. 95; sowie Friedlander, NS-Genozid, S. 116.

91 Zuvor hatte Hitler den Reichsgesundheitsführer Leonardo Conti und den Chef der Reichskanzlei, Heinrich Lammers, mit der Ausarbeitung eines entsprechenden Planes zur Ermordung psychisch und physisch Kranker betraut. Im Kontext interner Macht-

erhielten sie insbesondere vom Ordinarius für Psychiatrie der Universität Würzburg, Werner Heyde.[92] Ein Stab von weiteren zehn bis fünfzehn Ärzten, darunter anerkannte Anstaltspsychiater wie Hermann Paul Nitsche,[93] der Ordinarius der Psychiatrischen und Nervenklinik der Berliner Charité Maximinian de Crinis,[94] und Pädiater wie Wentzler und Heinze, die bereits in die „Kindereuthanasie" involviert waren, wurden beratend hinzugezogen. In kleineren Planungsgruppen wurde die anvisierte Tötungsaktion vorbereitet.[95] Das Ausmaß der geplanten Krankenmordaktion - die Beteiligten rechneten mit einer Zahl von etwa 70 000 bis 100 000 zu ermordenden Psychiatriepatienten[96] - machte die Rekrutierung weiteren Personals und eine Standortverlagerung notwendig. Die innerhalb des Amtes II der KdF neu geschaffenen Abteilungen wurden in einer beschlagnahmten Villa in der Tiergartenstraße 4 in Berlin untergebracht, weshalb die mit den Morden betraute Dienststelle auch als „T4" bezeichnet wird. Insgesamt entstanden sieben Abteilungen, die mit der Organisation und Abwicklung der Krankenmorde - der „Aktion T4" - befasst waren. Als übergeordnete Instanz und Sitz des Geschäftsführers fungierte die Zentraldienststelle. Sie übte die Oberaufsicht über die anderen beteiligten Dienststellen aus. Eine medizinische Abteilung koordinierte die Auswahl der zu tötenden Patienten und mobilisierte das medizinische Personal. Eine Büroabteilung war für die verwaltungstechnische Verschleierung der Morde gegenüber den Angehörigen und Behörden zuständig. Der Hauptwirtschaftsabteilung oblag die Verwaltung der Finanzen und der Grundstücke. Die mit den Krankenmorden in Verbindung stehenden logistischen Aufgaben übernahm die Transportabteilung. Eine Personalabteilung klärte Personalfragen. Schließlich existierte noch eine Inspektionsabteilung, die für die Einrichtung und den Betrieb der Tötungsanstalten Sorge zu tragen hatte. Diese Abteilungen traten im Kontext der Krankenmorde allerdings ebenso wenig wie die KdF öffentlich in Erscheinung. Stattdessen wurden Tarnorganisationen geschaffen, die äquivalent zu den einzelnen Abteilungen der „T4" in der Öffentlichkeit operierten. So verbarg sich hinter der Reichsarbeitsgemeinschaft Heil- und Pflegeanstalten (RAG) die medi-

kämpfe konnte Bouhler jedoch seine Zuständigkeit für die „Euthanasie" erfolgreich bei Hitler reklamieren, der daraufhin Conti den Auftrag wieder entzog. Vgl. Friedlander, NS-Genozid, S. 118-120.

92 Zu Heyde vgl. zum Beispiel Thomas Vormbaum (Hg.), „Euthanasie" vor Gericht. Die Anklageschrift des Generalstaatsanwalts beim OLG Frankfurt/M. gegen Dr. Werner Heyde u. a. vom 22. Mai 1962, Berlin 2005.

93 Zu Nitsche vgl. Boris Böhm/Hagen Markwardt, Hermann Paul Nitsche (1876-1948). Zur Biografie eines Reformpsychiaters und Hauptakteurs der NS-„Euthanasie". In: Nationalsozialistische Euthanasieverbrechen. Beiträge zur Aufarbeitung ihrer Geschichte in Sachsen. Hg. von der Stiftung Sächsische Gedenkstätten, Dresden 2004, S. 71-104.

94 Zu de Crinis vgl. zum Beispiel Thomas Beddies, Kinder in der Nervenklinik der Berliner Charité. In: Thomas Beddies/Kristina Hübener (Hg.), Kinder in der NS-Psychiatrie, Berlin 2004, S. 109-124.

95 Vgl. dazu und im Weiteren Friedlander, NS-Genozid.

96 Vgl. Süß, Volkskörper im Krieg, S. 127 f.

zinische Abteilung der „T4" unter Heyde beziehungsweise Nitsche. Die Gemeinnützige Stiftung für Anstaltspflege trat bei Fragen des Personals und der Finanzen in Erscheinung. Die Gemeinnützige Kranken-Transport GmbH (Gekrat) agierte als Krankentransportunternehmen und wurde von der Transportabteilung der „T4" koordiniert. Die Zentralverrechnungsstelle Heil- und Pflegeanstalten wurde in Fragen der Pflegekostenabrechnung eingeschaltet.[97]

Diese Geheimhaltungsbemühungen waren nicht unbegründet, existierte doch keine gesetzliche Grundlage, die eine Ermordung von Psychiatriepatienten zumindest formal legitimiert hätte.[98] Lediglich ein „Ermächtigungsschreiben" Hitlers, in welchem er Bouhler und Brandt beauftragte, „die Befugnisse namentlich zu bestimmender Ärzte dahingehend zu erweitern, dass nach menschlichem Ermessen unheilbar Kranken bei kritischster Beurteilung ihres Krankheitszustandes der Gnadentod gewährt werden kann", fungierte als Substitut.[99] Dieses im Oktober 1939 auf privatem Briefpapier Hitlers verfasste Schriftstück, welches auf den 1. September 1939 zurückdatiert wurde, ließ jeden offiziellen Charakter vermissen, war doch weder die staatsrechtliche Stellung Hitlers vermerkt, noch hatten entsprechende Ministerien gegengezeichnet, noch war es der Form nach mit einem Führererlass vergleichbar.[100] Nicht zuletzt infolge dieser Rechtsunsicherheit unterlagen die Krankenmorde als „Geheime Reichssache" bis zuletzt höchster Geheimhaltung.

Noch bevor Hitler dieses pseudolegitimatorische „Ermächtigungsschreiben" unterzeichnet hatte, gingen die Organisatoren der „T4" daran, die potentiellen Opfer zu erfassen. Auch in diesem Fall trat die „T4" selbst nicht in Erscheinung. Sie bediente sich vielmehr des RMdI, war sie doch gegenüber den psychiatrischen Einrichtungen nicht weisungsbefugt und benötigte deshalb das RMdI beziehungsweise die Innenministerien der Länder als Mittlerinstanz.[101] Das RMdI forderte mittels Runderlass vom 21. September 1939 alle Landesregierungen auf, bis zum 15. Oktober 1939 eine Liste aller in ihrem Hoheitsbereich befindlichen psychiatrischen Einrichtungen in öffentlicher, gemeinnütziger, caritativer oder privater Trägerschaft zu erstellen, und kündigte eine Erfassung der Patienten mittels Meldebögen an.[102] Die eingeforderten Listen, die über die Innenministerien der Länder und das RMdI an die „T4" weitergeleitet wurden, stellten die Planungsgrundlage für die weitere systematische Erfassung der

97 Vgl. Friedlander, NS-Genozid, Kap. 4.

98 1940 hatte Hitler eine gesetzliche Regelung der „Euthanasie" endgültig abgelehnt. Zu den Entwürfen eines „Euthanasie"-Gesetzes vgl. Schmuhl, Rassenhygiene, S. 291–297.

99 Abgedruckt zum Beispiel in: USHMM, Deadly Medicine, S. 133.

100 Vgl. dazu auch Schmuhl, Rassenhygiene, S. 291–297.

101 Vgl. zum Beispiel zur Rolle des Sächsischen Innenministeriums Boris Böhm, Funktion und Verantwortung des Sächsischen Innenministeriums während der „Aktion T4". In: Der sächsische Sonderweg bei der NS-„Euthanasie". Hg. vom Arbeitskreis zur Erforschung der nationalsozialistischen „Euthanasie" und Zwangssterilisation, Fachtagung vom 15. bis 17. Mai 2001 in Pirna-Sonnenstein, Ulm 2001, S. 63–90.

102 Erlass des RMdI vom 21. 9. 1939 betr. Erfassung der Heil- und Pflegeanstalten (Bayerisches Hauptstaatsarchiv München [BayHStA], Staatskanzlei [Stk], 6387, unpag.).

Anstalten und deren Patienten dar, die mit einem weiteren Erlass des RMdI vom 9. Oktober 1939 konkrete Formen annahm.[103] Ausgehend von diesem Erlass erhielten sukzessive alle Anstalten zwei verschiedene Meldebögen. Der sogenannte „Meldebogen 1" sollte gemäß dem beiliegenden Merkblatt für folgende Gruppe von Patienten ausgefüllt werden: (1) nicht arbeitsfähige Patienten, die an „Schizophrenie, Epilepsie [...], senile[n] Erkrankungen, therapie-refraktäre[r] Paralyse und anderen Lueserkrankungen, Schwachsinn jeder Ursache, Encephalitis, Huntington und andere[n] neurologische[n] Endzustände[n]" litten, (2) Patienten, die „sich seit mindestens 5 Jahren dauernd in Anstalten" befanden, (3) „kriminelle Geisteskranke" und (4) Patienten, die nicht die deutsche Staatsbürgerschaft besaßen oder nicht deutschen beziehungsweise „artverwandten Blutes" waren.[104] Der Meldebogen 2 diente der Erhebung von anstaltsspezifischen Informationen wie Bettenzahl, Belegung, personelle Ausstattung und verkehrstechnische Anbindung der Einrichtung, die unter anderem für die Logistik der Krankenmorde von Bedeutung waren.[105]

Die Anstalten waren angehalten, diese Meldebögen zeitnah auszufüllen und an das RMdI zurückzusenden, welches die Meldebögen an die „T4" weiterleitete. Im Falle von Verzögerungen oder mangelnder Kooperation einzelner Einrichtungen behielt sich die „T4" vor, spezielle Kommissionen in die jeweiligen Anstalten zu entsenden, die die Meldebögen vor Ort ausfüllten.[106] Die in der „T4" einlaufenden Meldebögen wurden zunächst registriert und kopiert, dann wurde eine „Zentralakte" angelegt, die den originalen Meldebogen enthielt.[107] Die Kopien des Meldebogens erhielten sogenannte Gutachter, die, ähnlich wie im Rahmen der „Kindereuthanasie", anhand der wenigen Informationen des Meldebogens und ohne ärztliche Untersuchung über das Leben des Patienten entschieden, indem sie auf die Bögen entweder ein rotes „+" (Tod)

103 Vgl. zum Beispiel Georg Lilienthal, Wie die T4-Aktion organisiert wurde. Zur Bürokratie eines Massenmordes. In: Margret Hamm (Hg.), Lebensunwert zerstörte Leben. Zwangssterilisation und Euthanasie, Frankfurt a. M. 2005, S. 143–157.

104 Merkblatt zur Ausfüllung der Meldebögen (Hessisches Hauptstaatsarchiv Wiesbaden [HessHStA], Abt. 631a/1281, Bl. 438). Der Meldebogen 1, der zunächst nur die Erhebung der wichtigsten Angaben zu Person, Diagnose, Verwandten und Kostenträger vorsah, erfuhr im Laufe der Zeit eine zunehmende Erweiterung. So sollten beispielsweise ergänzend zur Diagnose Hauptsymptome und angewandte Therapien und deren Erfolge vermerkt werden, ebenso wie eine genaue Bezeichnung der Arbeitsleistung. Vgl. Philipp Rauh, Medizinische Selektionskriterien versus ökonomische Verwaltungsinteressen. Ergebnisse der Meldebogenauswertung. In: Maike Rotzoll u. a. (Hg.), Die nationalsozialistische „Euthanasie"-Aktion „T4" und ihre Opfer. Geschichte und ethische Konsequenzen für die Gegenwart, Paderborn 2010, S. 297–309.

105 Vgl. Friedlander, NS-Genozid.

106 „T4"-Kommissionen wurden beispielsweise systematisch in den Anstalten der „Ostmark" eingesetzt. Vgl. Brigitte Kepplinger, NS-Euthanasie in Österreich. Die „Aktion T4" – Struktur und Ablauf. In: dies./Gerhart Marckhgott/Hartmut Reese (Hg.), Tötungsanstalt Hartheim, 2. Auflage Linz 2008, S. 35–62.

107 Zu den „Z-Akten" vgl. Annette Hinz-Wessels, Neue Dokumentenfunde zur Organisation und Geheimhaltung der „Aktion T4". In: Maike Rotzoll u. a. (Hg.), Die nationalsozialistische „Euthanasie"-Aktion „T4", S. 77–82; sowie Hinz-Wessels, bürokratische Abwicklung eines Massenmords.

oder ein blaues „-" (Leben) setzten.[108] Das abschließende Urteil fällten Heyde, Nitsche oder Linden in ihrer Funktion als Obergutachter. Anschließend wurden Listen der zu tötenden Patienten erstellt und mit der Order, die Verlegung der genannten Patienten in die Wege zu leiten, an die Transportabteilung/Gekrat weitergereicht. Das RMdI, welches auch hier wieder camouflierend für die RAG auftrat, informierte die entsprechenden Innenministerien der Länder über die bevorstehende Verlegung durch die Gekrat, die wiederum die betreffenden Anstalten vom Abtransport der Patienten in Kenntnis setzten. Die Anstalten waren angehalten, die notwendigen Transportvorbereitungen - Bereitstellung der Patientenakte, Registrierung der Wertsachen, namentliche Kennzeichnung der Patienten und gegebenenfalls eine Ruhigstellung derselben - zu treffen. Die Gekrat verlegte die Patienten schließlich entweder in eine sogenannte Zwischenanstalt, die die Patienten kurzzeitig aufnahm, um das tatsächliche Verlegungsziel zu verschleiern, oder direkt in eine der sechs Tötungsanstalten der „T4".[109] Die ersten Tötungsanstalten wurden Ende 1939 im ehemaligen Samariterstift Grafeneck und im ehemaligen Zuchthauskomplex in Brandenburg installiert. Im Januar 1940 fand in Anwesenheit der „T4"-Entourage in Brandenburg eine erste Probevergasung an Patienten statt, die den Beteiligten die Durchführbarkeit demonstrierte.[110] Die Tötungstechnologie erwies sich aus Sicht der „T4" als praktikabel und fand ab Januar 1940 in den Tötungsanstalten Brandenburg (bis Oktober 1940) und Grafeneck (bis Dezember 1940) praktische Anwendung. Noch im selben Jahr wurden drei weitere psychiatrische Einrichtungen zu Tötungsanstalten umfunktioniert: Hartheim (Mai 1940 bis August 1941), Pirna-Sonnenstein (Juni 1940 bis August 1941), und Bernburg

108 Insgesamt waren mindestens 40 Gutachter, darunter arrivierte Psychiater, für die „T4" tätig. Vgl. Aufstellung der bisher zugelassenen Gutachter; sowie Liste der „Gutachter" der „T4", o. D. (etwa Mitte 1943) (BArch Berlin, Rollfilm 41151 [Nitsche-Papers], Bl. 127891). Eine Kollektivbiographie stellt noch immer ein Forschungsdesiderat dar. Eine erste Auswertung sowie kurze Lebensläufe sind zu finden bei Ingo Harms, Die Meldebogen und ihre Gutachter. In: Maike Rotzoll u. a. (Hg.), Die nationalsozialistische „Euthanasie"-Aktion „T4", S. 259-271; sowie ders., Die Gutachter der Meldebogen. Kurzbiografien. In: ebd., S. 405-420.

109 Die „T4" schuf im Laufe des Jahres 1940 ein Netz von etwa 20 Zwischenanstalten, die zum einen die Angehörigen über das tatsächliche Verlegungsziel täuschen sollten und zum anderen eine an den Vernichtungskapazitäten der jeweiligen Tötungsanstalt orientierte Verlegung der Patienten ermöglichten. Vgl. zum Beispiel Dietmar Schulze, Die Landesanstalt Teupitz als Zwischenanstalt der „Euthanasie"-Anstalt Bernburg 1940-1941. In: Kristina Hübener (Hg.), Brandenburgische Heil- und Pflegeanstalten in der NS-Zeit, Berlin 2002, S. 195-206.

110 Bereits im Oktober/November 1939 hatten im Fort VII in Posen von der „T4" unabhängige Vergasungsversuche an Patienten psychiatrischer Einrichtungen des Reichsgaus Wartheland stattgefunden. Vgl. Rieß, Anfänge der Vernichtung, S. 290-311. Zur Probevergasung in Brandenburg vgl. Astrid Ley, Der Beginn der NS-Krankenmorde in Brandenburg an der Havel. Zur Bedeutung der „Brandenburger Probetötung" für die „Aktion T4". In: Zeitschrift für Geschichtswissenschaft, 58 (2010) 4, S. 321-331. Vgl. weiter Günter Morsch/Bertrand Perz (Hg.), Neue Studien zu nationalsozialistischen Massentötungen durch Giftgas. Historische Bedeutung, technische Entwicklung, revisionistische Leugnung, Berlin 2011.

(November 1940 bis August 1941). Bernburg fungierte dabei als eine Art Ersatz für die bereits 1940 wieder geschlossene „T4"-Anstalt Bernburg. Grafeneck wurde 1941 durch Hadamar (Januar bis August 1941) ersetzt.[111]

Das Erfassungs-, Verlegungs- und Tötungsprozedere war bei jeder dieser Anstalten ähnlich.[112] Die durch die Gekrat in die Tötungsanstalten verlegten Patienten wurden zunächst in einen Aufnahmebereich gebracht, der den Eindruck eines normalen Anstaltsbetriebes vermitteln sollte. Dort wurden sie aufgefordert sich zu entkleiden. Anschließend mussten sie sich einer oberflächlichen Visitation durch den Anstaltsarzt unterziehen, die letztlich nur der Prüfung der Identität und der Festlegung einer fingierten, möglichst plausiblen Todesursache diente. Nur in sehr wenigen Fällen erfolgte im Zuge dieser letzten „Untersuchung" eine Zurückstellung, die allerdings nicht, wie man vermuten könnte, eine medizinische Indikation zur Ursache hatte, sondern sich vor allem auf Teilnehmer des Ersten Weltkriegs beschränkte.[113] Patienten mit Goldzähnen wurden ebenso wie Patienten, bei denen eine Präparatentnahme beabsichtigt war, speziell markiert. Außerdem erhielten die Patienten eine Nummer, mit der sie im Anschluss an die Untersuchung zu „wissenschaftlichen Zwecken" fotografiert wurden. Pflegepersonal begleitete die Patienten anschließend in die als Duschräume getarnte Gaskammer. Der diensthabende Arzt, in einigen Fällen auch nichtmedizinisches Personal, öffnete das Ventil der Gasflasche und ließ Kohlenmonoxid einströmen. Nach Eintritt des Todes wurden die Leichen von sogenannten „Brennern" in eigens für die Tötung der Patienten installierten Krematoriumsöfen verbrannt. Bei ausgewählten Patienten, die im Vorfeld entsprechend markiert worden waren, waren zuvor Goldzähne entfernt oder Gehirnsektionen vorgenommen worden.[114] Die Asche der ermordeten Patienten wurde zum Teil wahllos in Urnen gefüllt und bei Anfrage den Angehörigen übersandt. Der Großteil wurde jedoch auf den an das Terrain der Tötungsanstalt angrenzenden Flächen abgelagert, in Pirna-Sonnenstein beispielsweise am Elbhang.[115]

111 Vgl. Friedlander, NS-Genozid. Zu den einzelnen Tötungsanstalten vgl. Schilter, Unmenschliches Ermessen; Kepplinger/Marckhgott/Reese, Tötungsanstalt Hartheim; George u. a., Hadamar; Stöckle, Grafeneck; Ley/Hinz-Wessels, Brandenburg.

112 Vgl. ebd.; Lilienthal, T4-Aktion; Brigitte Kepplinger/Hartmut Reese, Das Funktionieren einer Tötungsanstalt. Das Beispiel Hartheim/Linz. In: Maike Rotzoll u. a. (Hg.), Die nationalsozialistische „Euthanasie"-Aktion „T4", S. 91–99.

113 Bodo Rüdenburg hat dies für in Grafeneck zurückgestellte und nach Zwiefalten zurückverlegte Patienten nachgewiesen. Vgl. Bodo Rüdenburg, Die „Rückkehrer" aus Grafeneck in der Heil- und Pflegeanstalt Zwiefalten. In: Maike Rotzoll u. a. (Hg.), Die nationalsozialistische „Euthanasie"-Aktion „T4", S. 152–155.

114 Die Präparate gelangten an das Kaiser-Wilhelm-Institut für Hirnforschung in Berlin-Buch. Vgl. weiter Hans-Walter Schmuhl, Hirnforschung und Krankenmord, Das Kaiser-Wilhelm-Institut für Hirnforschung 1937–1945, Berlin 2000.

115 Vgl. Schilter, Unmenschliches Ermessen, S. 76; sowie Boris Böhm, Die Tötungsanstalt Pirna-Sonnenstein 1940/41. In: Klaus-Dietmar Henke (Hg.), Tödliche Medizin im Nationalsozialismus. Von der Rassenhygiene zum Massenmord, Köln 2008, S. 149–170.

An diesen hochtechnisierten und arbeitsteiligen Tötungsprozess schloss sich die bürokratische Abwicklung der Morde, die in erster Linie ihrer Verschleierung diente, an. Sonderstandesämter beurkundeten die Todesfälle und versandten „Trostbriefe", die die Angehörigen über den plötzlichen Tod des Patienten, und die aus seuchenpolizeilichen Gründen bereits erfolgte Einäscherung informierten.[116] Weder das angegebene Todesdatum noch die Unterschrift, geschweige denn die Todesursache, entsprachen der Realität. In einigen Fällen stimmte nicht einmal die als Todesort angegebene „Landespflegeanstalt", als die die Tötungsanstalten offiziell in Erscheinung traten. So konnte ein Patient in Pirna-Sonnenstein vergast worden sein, seine Angehörigen erhielten die Sterbeurkunde, nachdem die Akten zwischen den Tötungsanstalten ausgetauscht worden waren, jedoch beispielsweise aus Hartheim. Dieser systematische Aktenaustausch zwischen den Tötungsanstalten diente ebenfalls der Verschleierung der Morde und sollte Angehörige, die in unmittelbarer Umgebung der Tötungsanstalt lebten, davon abhalten, dort vorstellig zu werden. Auch sollte auf diese Weise eine auffällige zeitliche Häufung von Todesfällen in bestimmten Herkunftsorten vermieden werden, um Spekulationen über einen möglicherweise unnatürlichen Tod der Patienten entgegenzuwirken.

Wie einer „T4"-internen Aufstellung, der sogenannten „Hartheim-Statistik", zu entnehmen ist, wurden bis zum Abbruch der „Aktion T4" durch Hitler am 24. August 1941 mehr als 70 000 Patienten aus psychiatrischen Einrichtungen, Alters- und Pflegeheimen systematisch ermordet.[117] Darunter befanden sich, wie noch zu zeigen sein wird, auch einige Volksdeutsche. Sie waren durch die Umsiedlung in den Aktionsradius der NS-Gesundheitspolitik und deren Vernichtungsprogramm gelangt. In das Blickfeld von NS-Rassenhygienikern und Volkstumspolitikern waren sie jedoch schon weitaus früher geraten.

2. Rassenhygienische Elemente der NS-Volkstumspolitik bis 1939

Das Interesse der Volkstumspolitiker galt seit den Versailler Friedensverträgen, durch die im Zuge der Bildung neuer Nationalstaaten viele Deutsche in den ehemaligen Gebieten der Habsburgermonarchie und Teilen des Deutschen Reiches zu einer Minderheit geworden waren, zunächst der Erhaltung und Förderung der deutschen Siedlungen. Diese sahen sich, ebenso wie die bereits weit vor dem Ersten Weltkrieg als Minderheit im Baltikum oder im russischen Zarenreich lebenden ausgewanderten Deutschen, einem zunehmenden Assimilationsbestreben der neuen Nationalstaaten, die eine ethnische Homogenisierung anstreb-

116 Vgl. Friedlander, NS-Genozid; sowie Lilienthal, T4-Aktion.
117 Hartheim-Statistik (NARA II, T 1021, RG 549, reel 18 (Exhibit 39, Item No. 000-12-463), unpag.).

ten, gegenüber.[118] Die Volksgruppen setzten den mehr oder minder intensiven Assimilationsbemühungen jedoch ein zunehmend erstarkendes Volksbewusstsein entgegen, das in eine Art „nation building" innerhalb der Volksgruppen mündete.[119] Volksgruppenspezifische Strukturen, angefangen bei politischen Vertretungen über deutschsprachige Zeitschriften bis hin zu deutschen Schulen und medizinischen Einrichtungen, entstanden in den jeweiligen deutschen Siedlungsgebieten in Südost- und Osteuropa neu oder wurden im Rahmen der politischen Möglichkeiten versucht aufrechtzuerhalten.[120] Den Bezugsrahmen für die Volksdeutschen bildete das Deutsche Reich - das Mutterland -, das durch vielfältige kulturpolitische, wissenschaftliche, wirtschaftliche, aber auch politische Aktivitäten, die unter dem Rubrum „Volkstumsarbeit" zusammengefasst wurden, das Deutschtum im Ausland und seine Einrichtungen förderte und identitätssichernd wirkte.[121] Im Rahmen dieser Volkstumsarbeit wurde auch der wissenschaftliche Austausch zwischen dem Deutschen Reich und den jeweiligen Volksgruppen gefördert, so dass sich für verschiedene Bereiche ein Wissenstransfer konstatieren lässt - auch im Bereich der Rassenhygiene. Nachfolgend soll dieser Wissenstransfer, dessen Träger sowie die Etablierung volksgruppenspezifischer gesundheitspolitischer Strukturen und Medien anhand ausgewählter Beispiele näher beleuchtet werden, um die Vorbedingen für die spätere Erfassung im Zuge der Umsiedlung aufzeigen zu können. Der Schwerpunkt soll hier auf den südost- und osteuropäischen Volksgruppen liegen, da deren Umsiedlung im Mittelpunkt der vorliegenden Arbeit steht. Dabei bietet sich vor allem die deutsche Volksgruppe in Rumänien als Untersuchungsobjekt an, weil es sich bei dieser um eine zahlenmäßig bedeutsame Umsiedlergruppe handelt und die Überlieferungssituation das Aufzeigen zahlreicher Verbindungslinien möglich macht. Nichtsdestotrotz soll darüber hinaus auf einzelne Beispiele anderer Volksgruppen eingegangen werden, deren Interesse an rassenhygienischen Themen und deren Umsetzungsbemühungen keinesfalls geringer waren und die zum Teil auch nicht weniger intensive Kontakte zum Deutschen Reich unterhielten.

118 Zur Volkstumspolitik vor 1939 vgl. u. a. Leniger, NS-Volkstumsarbeit; sowie Tammo Luther, Volkstumspolitik des Deutschen Reiches 1933-1938. Die Auslandsdeutschen im Spannungsfeld zwischen Traditionalisten und Nationalsozialisten, Wiesbaden 2004.

119 Leniger, NS-Volkstumsarbeit, S. 24.

120 Vgl. dazu u. a. Schmidt, Bessarabien; Stossun, Umsiedlung Litauen; Hehn, Umsiedlung der baltischen Deutschen; Johann Böhm, Die Deutsche Volksgruppe in Jugoslawien 1918-1941, Frankfurt a. M. 2009; Alfred Eisfeld, Die Russland-Deutschen, 2. Auflage München 1999; Carl Bethke, Deutsche und ungarische Minderheiten in Kroatien und der Vojvodina 1918-1941. Identitätsentwürfe und ethnopolitische Mobilisierung, Wiesbaden 2009.

121 Vgl. Leniger, NS-Volkstumsarbeit.

2.1 Volksgruppenspezifische gesundheitspolitische Strukturen und rassenhygienische Konzepte in deutschsprachigen Gebieten Südost- und Osteuropas

Bereits seit Beginn des 20. Jahrhunderts lässt sich die Verbreitung und Etablierung rassenhygienischer Konzepte in einigen deutschen Siedlungsgebieten des Auslandes nachweisen. Dabei erfuhren diese Konzepte je nach Siedlungsgebiet eine besondere Ausprägung. Sie waren das Ergebnis eines Interaktionsprozesses der Volksgruppen beziehungsweise einzelner Vertreter mit den Heimatländern und dem Deutschen Reich. Sie entsprangen einem volksgruppeneigenen Interesse unterschiedlicher Professionen am rassenhygienischen Diskurs und waren demnach mehr als eine bloße Kopie rassenhygienischer Denkstrukturen deutscher Couleur.[122] Allerdings vollzog sich hier ein gewisser Angleichungsprozess, der sich in den 1920er Jahren durch einen regen, wechselseitigen Austausch zwischen den deutschen Volksgruppen im Ausland und dem Deutschen Reich anbahnte und sich in den 1930er Jahren vor dem Hintergrund der politischen Ausrichtung der Volksgruppen verfestigte. Verschiedene rassenhygienische pressure groups und Volkstumsverbände des Deutschen Reiches unterstützten den Auf- beziehungsweise Ausbau volksgruppeneigener gesundheitspolitischer Strukturen - nicht ohne die notwendigen finanziellen Mittel dafür bereitzustellen - und forcierten die Verbreitung rassenhygienischer Ideen besonders unter den volksdeutschen Ärzten. Diese fungierten neben Lehrern und Priestern als Multiplikatoren und sorgten für die Etablierung und Popularisierung rassenhygienischer Ideen innerhalb der volksdeutschen Gruppen. Sie können demnach als Träger des rassenhygienischen Wissenstransfers verstanden werden. Dieser erfolgte vor allem auf zwei Wegen: (1) über die universitäre Ausbildung volksdeutscher Ärzte im Deutschen Reich und (2) über die Schulung der bereits praktisch tätigen volksdeutschen Ärzte und Fürsorger.

Das Studium an den deutschen Universitäten, zum Beispiel in Leipzig, Berlin, Halle a. S., Jena oder München, hatte unter den deutschen Minderheiten von jeher eine gewisse Tradition. So ist es letztlich auch nicht überraschend, dass viele volksdeutsche Ärzte ihr Medizinstudium im Deutschen Reich absolvierten.[123] Im Rahmen dieses Studiums kamen sie mit rassenhygienischem Gedankengut, das seit Mitte der 1920er Jahre Eingang in die curriculare Ausbildung deutscher Mediziner gefunden hatte, in Kontakt. Mit der Rückkehr dieser volks-

122 Wie das Beispiel Siebenbürgen zeigt, gehörten neben Ärzten auch Priester und Lehrer zu den Verfechtern rassenhygienischer Ideen. Sie setzten sich für die Etablierung entsprechender Vereine und Einrichtungen ein und initiierten „volksbiologische" Erhebungen. Vgl. dazu Tudor Georgescu, Ethnic minorities and the eugenic promise: the Transylvanian Saxon experiment with national renewal in inter-war Romania. In: European Review of History, 17 (2010) 6, S. 861-880; sowie weiter unten im Text.

123 Vgl. biographische Angaben zu Ärzten des „Bundes deutscher Ärzte in Rumänien" (BArch Berlin, R 57 Neu/605, unpag.); Lebensläufe baltendeutscher Ärzte (APP, Vomi, 129). Zu Kroatien und der Vojvodina vgl. Arnold Suppan, Jugoslawien und Österreich 1918-1938. Bilaterale Außenpolitik im europäischen Umfeld, Wien 1996, S. 703.

deutschen Studenten in ihre Heimatgebiete gelangten somit nolens volens auch rassenhygienische Ideen in diese Gebiete und entfalteten ihre Wirkung in den jeweiligen Tätigkeitsbereichen dieser Ärzte. Rassenhygienische Theorien deutscher Couleur wurden aber auch über Vereinigungen volksdeutscher Studenten, beispielsweise dem Verband deutscher Hochschüler in Zagreb, in das akademische Milieu getragen. Der deutsche Verein/Volksbund für das Deutschtum im Ausland (VDA) unterstützte diese burschenschaftlich organisierten Vereine, indem er deutschsprachige Literatur zur Verfügung stellte und Exkursionen ins Deutsche Reich anbot, die dem direkten Austausch mit reichsdeutschen Studenten dienten. Im Rahmen dieser Vereine und deren oftmals politisch konnotierten Schulungen lassen sich entsprechende Vorträge zur Rassenkunde bereits Ende der 1920er Jahre nachweisen.[124]

Im Hinblick auf die Gruppe der praktischen Ärzte und Fürsorger bot sich vor allem im Kontext der ärztlichen Fortbildung die Möglichkeit zur Vermittlung rassenhygienischer Inhalte. Zu diesem Zweck wurden beispielsweise von der Auslandsabteilung der (deutschen) Reichsärztekammer (RÄK) über die entsprechenden ärztlichen Standesvertretungen der jeweiligen deutschen Volksgruppe Plätze an der Führerschule der deutschen Ärzteschaft in Alt-Rehse oder im Dresdner Rudolf-Hess-Krankenhaus angeboten.[125] Darüber hinaus existierten auch fachspezifische Weiterbildungsmöglichkeiten. Erwähnt sei hier nur ein im August 1939 von Prof. Karl Kleist in Frankfurt am Main durchgeführter „Internationaler Fortbildungskursus für Neurologie und Psychiatrie“.[126]

Durch diese Aus- beziehungsweise Weiterbildung volksdeutscher Ärzte im Deutschen Reich verfestigten sich rassenhygienische Ideen deutscher Couleur auch innerhalb der deutschen Volksgruppen im Ausland. Auch wenn dieser deutsche Einfluss prägend für den rassenhygienischen Diskurs innerhalb der deutschen Minderheiten war, so war er doch nicht der einzige. In nahezu allen Ländern Ost- und Südosteuropas trat die Eugenik im jeweiligen nationalen Kontext spätestens in den 1920er Jahren ihren Siegeszug an.[127] So setzte beispielsweise auch in Rumänien eine recht rege Beschäftigung mit eugenischen Fragen ein, wobei deutliche Bezüge zur deutschen Rassenhygiene und zur US-amerika-

124 Nachweisen lässt sich dies für den Verband deutscher Hochschüler in Zagreb, vgl. Bethke, Deutsche und ungarische Minderheiten, S. 301–304.

125 Vgl. Aktennotiz des Hauptausschusses des siebenbürgisch-deutschen Ärztevereins vom 9. 3. 1939 (BArch Berlin, R 57 Neu/605, unpag.). Im Falle eines baltendeutschen Arztes lässt sich die Teilnahme an einem Kurs sowohl in Alt-Rehse als auch in Dresden nachweisen. Vgl. Lebenslauf Herbert Bernsdorff vom 12. 1. 1940 (APP, Vomi, 129, Bl. 133). Inwieweit weitere volksdeutsche Ärzte aus anderen Gebieten noch im Vorfeld der Umsiedlungen in Alt-Rehse oder Dresden geschult wurden, muss offen bleiben. Lediglich für einen Hebammenkurs im Juli 1939 erwähnt Maibaum volksdeutsche Teilnehmerinnen, ohne jedoch deren genaue Herkunft anzugeben. 1940 wurden mehrere Kurse für umgesiedelte volksdeutsche Ärzte angeboten. Vgl. Thomas Maibaum, Die Führerschule der deutschen Ärzteschaft Alt-Rehse, Diss. med., Hamburg 2007.

126 Vgl. Lebenslauf Arnold Eugen Blumbach, o. D. (APP, Vomi, 129, Bl. 175).

127 Vgl. weiterführend Marius Turda/Paul Weindling (Hg.), Blood and Homeland. Eugenics and Racial Nationalism in Central and Southeast Europe 1900–1940, Budapest 2007.

nischen Sterilisationspolitik zu erkennen waren.[128] Nicht zuletzt hatten auch rumänische Eugeniker wie Ioan Manliu, der 1921 eine Massensterilisation „Degenerierter" forderte, oder Iordache Făcăoaru, der sozial- und kriminalanthropologische Untersuchungen an rumänischen Roma vornahm, an deutschen Universitäten studiert.[12] Insbesondere Klausenburg/Cluj in Siebenbürgen avancierte durch das dort etablierte Hygienische und Sozialhygienische Institut unter Leitung von Juliu Moldovan und der Abteilung für Biopolitik und Eugenik zu einem Zentrum der rumänischen Eugenik.[130] Diese hatte sich Ende der 1920er Jahre nicht nur in der Wissenschaft zu einem eigenständigen Forschungszweig entwickelt, sondern auch Eingang in die gesundheitspolitische Gesetzgebung gefunden. So legitimierte das Gesundheitsgesetz von 1930 unter anderem Abtreibungen aus eugenischer Indikation.[131]

Diese Entwicklung ging an der deutschen Minderheit in Rumänien nicht spurlos vorbei. Wie das Beispiel des Gesundheitsgesetzes zeigt, beeinflusste sie vielmehr den rassenhygienischen Diskurs innerhalb der deutschen Volksgruppe[132] und definierte in diesem Fall zugleich den gesetzlichen Rahmen eugenischer Maßnahmen. Dieser gesetzliche Rahmen war für die Umsetzung rassenhygienischer Prämissen von entscheidender Bedeutung, denn die rassenhygienischen Aktivitäten deutscher Minderheiten konnten sich stets nur in den gesundheitspolitischen Grenzen des jeweiligen Landes bewegen. Innerhalb dieser Grenzen schufen die meisten deutschen Volksgruppen eigene gesundheitspolitische Strukturen, die eine - in ihrer Reichweite in den Ländern unterschiedliche - volksgruppenspezifische Fürsorgepolitik ermöglichten, die unter anderem rassenhygienischen Prämissen folgte.[133]

128 Wedekind schätzt den Einfluss der US-amerikanischen Eugenik auf rumänische Eugeniker gering ein, Turda hingegen zeigt, dass im Falle der Sterilisationsdebatte dieser durchaus auch prägend war. Vgl. Michael Wedekind, Die Mathematisierung des Menschen: Humanwissenschaften und Volkstumspolitik im Rumänien der 1930/40er Jahre (1). In: Halbjahresschrift für südosteuropäische Geschichte, Literatur und Politik, 19 (2007) 1, S. 60-80; Marius Turda, „To End the Degeneration of a Nation". Debates on Eugenik Sterilisation in Inter-war Romania. In: Medical History, 53 (2009), S. 77-104. Zur Eugenik in Rumänien vgl. auch Lucian Butaru, Eugenik und Rassismus im Siebenbürgen der Zwischenkriegszeit. In: Zeitschrift für Siebenbürgische Landeskunde, 30 (2007), S. 54-64.

129 Turda, Degeneration, S. 73 f. und 79.

130 Das Institut führte ab Mitte der 1920er Jahre beispielsweise umfangreiche seroanthropologische Rassenuntersuchungen an der siebenbürgischen Bevölkerung durch, die einen Konnex zwischen Rasse und Blutgruppe herzustellen versuchten. Vgl. Wedekind, Mathematisierung des Menschen, S. 64-71.

131 Vgl. Turda, Degeneration, S. 89.

132 Vgl. E. Markus, Schwangerschaftsunterbrechung. 10. Abend der Diskussion. In: Medizinische Zeitschrift, 8 (1934) 9/10, S. 30-33.

133 Aufschlussreich, aber im Rahmen der vorliegenden Studie nicht zu leisten, wäre an dieser Stelle sicher auch ein Blick auf die staatliche Fürsorgepolitik und die praktische Fürsorgearbeit der jeweiligen Staaten, dürfte die Gründung volksgruppeneigener gesundheitspolitischer Strukturen doch nicht allein einem volkstumspolitischen Interesse entsprungen sein, sondern auch praktischen Bedürfnissen. Interessant wäre in diesem

Die Initiative zur Schaffung gesundheitspolitischer Strukturen ging dabei von folgenden gesellschaftlichen Akteursgruppen aus: (1) ärztlichen Standesvertretungen (Ärztevereinen), die unter anderem spezielle Ausschüsse gründeten, Zeitschriften herausgaben und zu Schaltstellen des Wissenstransfers wurden, (2) Volksgruppenorganisationen, die einen Gesundheitsdienst für die deutsche Bevölkerung schufen, Erhebungen durchführten und Krankenhäuser unterhielten und (3) dem kirchlichen Fürsorgewerk/Inneren Mission und konfessionellen Vereinen, die sich unter anderem der Pflege Alter, Kranker und Waisen widmeten und ebenfalls Krankeneinrichtungen, zum Beispiel Diakonissenhäuser, unterhielten.

Ärztliche Standesvertretungen

Dezidiert deutsche ärztliche Standesvertretungen existierten beispielsweise im Baltikum in Form der deutschen „Gesellschaft praktischer Ärzte in Riga"[134] oder der „Estländischen Deutschen Ärztlichen Gesellschaft in Dorpat"[135], in Jugoslawien in Form der Ärztesektion des Landesverbandes der Deutschen Akademiker[136] und der „Genossenschaft und Arbeitsgemeinschaft der deutschen Ärzte in Jugoslawien"[137] oder in Rumänien in Form des Siebenbürgisch-deutschen Ärztevereins.[138] Mit ihnen wurde - wie nachfolgend am Beispiel des Siebenbürgisch-deutschen Ärztevereins gezeigt werden wird - eine vielgliedrige gesundheitspolitische Struktur geschaffen, die nicht allein der Wahrung standesspezifischer Interessen diente, sondern - und das ist hier von besonderer Bedeutung - auch ein Podium für fachwissenschaftliche und biopolitische Diskurse boten, die in den jeweiligen Publikationsorganen Verbreitung fanden. So veranstaltete beispielsweise die „Estländische Deutsche Ärztliche Gesellschaft in Dorpat" regelmäßig Ärztetage, die sich speziellen Themen widmeten, aber auch Raum für die Diskussion verschiedener medizinischer Fragen ließen.

Zusammenhang schließlich auch, inwieweit die Umsiedlungskommandos während der Umsiedlung auf die jeweiligen staatlichen gesundheitspolitischen Strukturen zurückgriffen.

134 Fast alle deutschen Ärzte in Riga gehörten dieser bereits 1822 gegründeten „Gesellschaft praktischer Ärzte zu Riga", später „Deutsche medizinische Gesellschaft Riga", an. 1938 wurde der Verein dem Herderinstitut angeschlossen. Vgl. Herbert Bernsdorff, Gesundheitsdienst und Fürsorge während der deutschbaltischen Umsiedlung. In: Baltische Hefte, 16 (1970), S. 210-259, hier 215; Hehn, Umsiedlung der baltischen Deutschen, S. 43 f., Anm. 138. Vgl. auch Mitgliederverzeichnis vom Oktober 1934 (BArch Berlin, R 57 Neu/1082, Mappe 2, unpag.).

135 Vgl. Verhandlungen der XV. Tagung der Estländischen Deutschen Ärztlichen Gesellschaft vom 8.-10. 9. 1929 in Dorpat (BArch Berlin, R 57 Neu/1057, Mappe 16, unpag.).

136 Vgl. Bethke, Deutsche und ungarische Minderheiten, S. 381.

137 Vgl. Genossenschaft und Arbeitsgemeinschaft der deutschen Ärzte in Jugoslawien. In: Deutsches Ärzteblatt vom 7. 8. 1937 (BArch Berlin, R 57 Neu/1071, Mappe 54, unpag.).

138 Vgl. zum Beispiel Akte des DAI zur Tätigkeit des „Bundes der deutschen Ärzte in Rumänien" 1927-1940 (BArch Berlin, R 57 Neu/605).

Der Ärztetag 1929 stand beispielsweise unter dem Thema „Die Schule in hygienischer und ärztlicher Beleuchtung“.[139] Dass hier auch rassenhygienische und sozialdarwinistische Gedanken eine nicht unbedeutende Rolle spielten, wird deutlich, wenn ein Referent postuliert, dass der Konkurrenzkampf, in dem sich die deutsche Volksgruppe im Baltikum befinden würde, nur gewonnen werde könne, wenn sie über eine „national gesinnte, tüchtige und leistungsfähige Nachkommenschaft“ verfüge.[140] Es sei nun die Aufgabe der Eltern, Lehrer und Ärzte die „Spreu vom Weizen“ zu trennen, also die „bildungsunfähigen“ („Psychopathen“, „Kinder mit moralischen und ethischen Defekten“) von den „bildungsfähigen“ Kindern zu unterscheiden. Letztere sollten durch die Verbesserung der Lernumstände gezielt gefördert werden, die „bildungsunfähigen“ Kinder hingegen nicht.[141]

Die Rassenhygiene war aber nicht nur innerhalb des biopolitischen Diskurses in den baltischen Staaten präsent. Auch in anderen deutschen Siedlungsgebieten entwickelte sich ein ähnlicher biopolitischer Diskurs, unter anderem innerhalb des Landesverbandes der Deutschen Akademiker in Jugoslawien. Auf dessen Hauptversammlung in Neusatz/Novisad im August 1932 referierte der Vorsitzende der Ärztesektion zum Beispiel über „Erblichkeitslehre und Rassenhygiene“.[142]

Für ein zunehmendes Eindringen des rassenhygienischen Paradigmas in gesundheitspolitische Praxisfelder sorgten aber nicht nur die ärztlichen Standesorganisationen und Vereine, sondern auch die verstärkt zu Beginn der 1930er Jahre unter anderem von den Volksgruppenorganisationen gegründeten volksdeutschen Fürsorgevereine, Wohlfahrtsdienste und bevölkerungspolitischen Arbeitsausschüsse.

Volksgruppenorganisationen/Genossenschaftswesen

In Jugoslawien rief beispielsweise mit Unterstützung des „Schwäbisch-deutschen Kulturbundes“ Johann Wüscht in Neusatz/Novisad 1930 eine „Zentralgenossenschaft der ländlichen Wohlfahrtsgenossenschaften“ (Zewoge) ins Leben, die der „Bestandserhaltung des Volkes“ und der „Gesund- und Reinerhaltung des Blutes“ dienen sollte.[143] Sie ermöglichte eine „geregelte Krankenversorgung“ und einen gezielten Ärzteeinsatz, widmete sich der „vorbeugende[n] Gesundheitsfürsorge“, etwa der Säuglings- und Kleinkindfürsorge, der „Erziehung und

139 Vgl. Verhandlungen der XV. Tagung der Estländischen Deutschen Ärztlichen Gesellschaft in Dorpat vom 8.–10.9.1929 (BArch Berlin, R 57 Neu/1057, Mappe 16, unpag.).

140 O. Rothberg, Warum kommen Kinder in der Schule nicht vorwärts?. In: Verhandlungen der XV. Tagung der Estländischen Deutschen Ärztlichen Gesellschaft in Dorpat vom 8.–10.9.1929 (BArch Berlin, R 57 Neu/1057, Mappe 16, unpag.).

141 Vgl. ebd.

142 Vgl. Bethke, Deutsche und ungarische Minderheiten, S. 381.

143 „Das Wesen der deutschen Volksgemeinschaft in Südslawien“ (Druck), o. D. (etwa 1940), ohne Verfasserangaben (BArch Berlin, R 57 Neu/1070, Mappe 5).

Aufklärung" der deutschen Bevölkerung, ebenso wie der „Pflege der Rassenhygiene zum Schutze des Erbgutes" der deutschen Minderheit.[144] Die von Wüscht seit 1932 herausgegebene Zeitschrift „Wohlfahrt und Gesundheit" (Woge-Blatt)[145] trug wesentlich zur anvisierten Aufklärung und Popularisierung der rassenhygienischen Stereotype bei. Sie nahm dabei offen Bezug auf die aktuelle gesundheitspolitische Entwicklung im Deutschen Reich - begrüßte beispielsweise euphorisch dessen Sterilisationsgesetzgebung - und eröffnete reichsdeutschen Bevölkerungspolitikern wie Burgdörfer durch die Veröffentlichung von Beiträgen die Möglichkeit, Einfluss auf den biopolitischen Diskurs innerhalb der deutschen Volksgruppe zu nehmen.[146] Die Verbindungen zu Burgdörfer waren dabei nicht allein auf die Veröffentlichung von Beiträgen begrenzt, sondern Wüscht und Burgdörfer pflegten auch hinsichtlich der Frage, welche Maßnahmen zur Förderung der Geburten innerhalb der deutschen Volksgruppe zu ergreifen seien, einen direkten Kontakt.[147]

Ähnliche Interessen wie die Zewoge verfolgte die bereits erwähnte „Genossenschaft und Arbeitsgemeinschaft der deutschen Ärzte in Jugoslawien". Sie wurde Ende 1936 in Neusatz/Novisad von 24 volksdeutschen Ärzten gegründet und hatte sich nichts Geringeres als die Bewahrung der „Volksgruppe vor der Gefahr des völkischen Niederganges" zum Ziel gesetzt.[148] Erreicht werden sollte dies, ähnlich wie bei der Genossenschaft Wüschts, in erster Linie durch Aufklärung der Bevölkerung über „Fragen des Geburtenrückgangs, der Säuglingssterblichkeit, der Verwandtschaftsehen, der Erzeugung erbkranken Nachwuchses" und vielem mehr sowie durch die eigene Fortbildung. Politische Fragen sollten hingegen - so in der Satzung expressis verbis festgeschrieben - nicht behandelt werden, gleichwohl wies die Terminologie und die Organisation der ärztlichen Genossenschaft/Arbeitsgemeinschaft deutliche Anknüpfungspunkte an das nationalsozialistische Gesundheitswesen auf. Organisatorisch zeigten sich die Parallelen in der Unterteilung der von deutschen Minderheiten bewohnten Gebiete Jugoslawiens in die „Gaue" Batschka, Banat, Syrmien-

144 Vgl. Hans Harmsen, Volksbiologische Fragen im südlichen Ostmitteleuropa. Eine Übersicht. In: Auslandsdeutsche Volksforschung, 4 (1940), S. 70-77, hier 75; Günter Ihlenfeldt, Ärztlich-hygienische Beobachtungen in deutschen Siedlungen Slavoniens. In: Auslandsdeutsche Volksforschung, 2 (1938), S. 113-129; sowie „Das Wesen der deutschen Volksgemeinschaft in Südslawien" (Druck), o. D., ohne Verfasserangaben (BArch Berlin, R 57 Neu/1070, Mappe 5, S. 94-97, hier 95). Vgl. auch Bethke, Deutsche und ungarische Minderheiten, S. 392-396.

145 Woge-Blatt. Zeitschrift für ländliche Wohlfahrtspflege. Organ der Zentralgenossenschaft der Ländlichen Wohlfahrtsgenossenschaften in Novisad als Unterverband der Gesundheitsgenossenschaften in Beograd, 1932-1936(?).

146 Vgl. Bethke, Deutsche und ungarische Minderheiten, S. 394.

147 Vgl. Ingo Haar, Bevölkerungspolitische Szenarien und bevölkerungswissenschaftliche Expertise im Nationalsozialismus. Die rassische Konstruktion des Fremden und das „Grenz- und Auslandsdeutschtum". In: Rainer Mackensen/Jürgen Reulecke (Hg.), Das Konstrukt „Bevölkerung" vor, im und nach dem „Dritten Reich", Wiesbaden 2005, S. 340-370, hier 349.

148 Vgl. Genossenschaft und Arbeitsgemeinschaft der deutschen Ärzte in Jugoslawien. In: Deutsches Ärzteblatt vom 7.8.1937 (BArch Berlin, R 57 Neu/1071, Mappe 54, unpag.).

Slawonien-Branja und Slowenien, denen einzelne Ärzte als „Gauleiter" vorstanden. Bereits ein Vierteljahr nach der Gründung konnte die Genossenschaft/Arbeitsgemeinschaft 94 Mitglieder in diesen Gauen vorweisen.[149] Allerdings war das deutsche Genossenschaftswesen nicht in allen Regionen Jugoslawiens gleichermaßen aktiv. So stand es beispielsweise um die Wohlfahrtspflege für die deutsche Bevölkerung in Bosnien wesentlich schlechter.[150]

Besonders zahlreiche fürsorgerische Einrichtungen, Vereine und Ausschüsse unterhielt die vom Deutschen Reich finanziell unterstützte[151] „deutsch-baltische Volksgemeinschaft" in Lettland, die ab 1938 von der nationalsozialistisch ausgerichteten „Bewegung" unter Erhard Kroeger vereinnahmt wurde.[152] Sie verfügte beispielsweise über eigene deutsche Krankenhäuser, Altersheime und Waisenhäuser, vor allem in Riga.[153] Der ihr angegliederte „Deutsche Frauenbund" widmete sich ebenfalls der Fürsorge, und zwar vor allem Jugendlicher, und unterhielt eigene Beratungsstellen.[154] Die Etablierung eines feinmaschigen Netzes sogenannter „Nachbarschaften" ab 1933, die dem siebenbürgischen

149 Vgl. ebd.

150 Dennoch lassen sich auch hier Bemühungen um eine Verbesserung der medizinischen Versorgung nachweisen, beispielsweise durch die Gründung von Schwesternstationen. Jedoch existierte nur eine Station (in Schutzberg) mit angeschlossener Ambulanz und Apotheke über längere Zeit (1921-41). Vgl. Abschlussbericht der EWZ über die Erfassung der Deutschen aus Bosnien von 1943 (IfZ München, ED 72/16, Bl. 19 f., 71-87).

151 Seit 1933/34 stiegen die finanziellen Zuschüsse seitens des Deutschen Reiches (Auswärtiges Amt, VDA, Gustav-Adolf-Verein u. a.) deutlich an. Dabei wurde zum einen für die bereits geförderten Bereiche wie Kultur, Bildung oder Volkstumsarbeit mehr Geld zur Verfügung gestellt und zum anderen das Förderungsspektrum um bisher nicht bedachte Bereiche wie die Landwirtschaft ergänzt. Vgl. weiterführend Hehn, Umsiedlung der baltischen Deutschen, S. 22-36.

152 Zur „deutsch-baltischen Volksgemeinschaft" vgl. Anm. 157 in diesem Kapitel; sowie Michael Garleff, Die deutschbaltischen politischen und gesellschaftlichen Organisationen in Lettland 1918-1939. In: Boris Meissner/Dietrich A. Loeber/Detlef Henning (Hg.), Die deutsche Volksgruppe in Lettland während der Zwischenkriegszeit und aktuelle Fragen des deutsch-lettischen Verhältnisses, Hamburg 2000, S. 70-77; sowie Alfred Intelmann, Aufzeichnungen über das letzte Arbeitsjahr der deutschbaltischen Volksgruppe in Lettland und ihre Umsiedlung, Essen 1984. Zu Kroeger und dessen zunehmenden Einfluss auf die Volksgemeinschaft vgl. Matthias Schröder, Die deutschbaltische nationalsozialistische „Bewegung" in Lettland unter Erhard Kroeger. In: Michael Garleff (Hg.), Deutschbalten, Weimarer Republik und Drittes Reich, Köln 2008, S. 121-149.

153 Die Gründung deutscher Einrichtungen verfolgte nach Aussage des Leiters der „Fürsorgezentrale" das Ziel, den Kranken neben der ärztlichen Behandlung auch eine „Fülle von Gemütswerten" zu vermitteln, um das für die Heilung so notwendige „Wohlbefinden der Seele" zu fördern. Dies sei nur zu erreichen, wenn der Kranke von mehrsprachigem Personal und deutschen „Mitkranken" umgeben sei, denen er „sein Herz ausschütten" könne. Vgl. Fürsorgearbeit in Lettland, Sonderdruck aus dem „Jahrbuch des baltischen Deutschtums in Lettland und Estland" 1929 (BArch Berlin, R 57 Neu/1077, Mappe 1, unpag.). Eine Übersicht über die deutschen Heime in Riga und weitere Einrichtungen in Kurland und Livland ist zu finden bei Bernsdorff, Gesundheitsdienst und Fürsorge, S. 258 f.

154 Vgl. Paul Collmer, Fürsorge als völkische Selbstbehauptung. Dargestellt am Beispiel des Fürsorgewesens der Siebenbürger Sachsen, Berlin 1936, S. 55 f.

Modell entlehnt waren und der Unterstützung Hilfsbedürftiger dienen sollten, ermöglichte neben der Armenfürsorge zugleich eine systematische Erfassung der Hilfsbedürftigen.[155] Koordiniert wurde die gesamte Fürsorgearbeit und alle damit in Verbindung stehenden bevölkerungspolitischen Aufgaben seit den 1920er Jahren von der „Deutschen Fürsorgezentrale“, die durch den Zusammenschluss verschiedener Vereine entstanden war.[156] In den 1930er Jahren übernahm das „Fürsorgeamt/Volkspflegeamt“ der „Deutschbaltischen Volksgemeinschaft in Lettland“ diese koordinierende Funktion.[157] Zentrales Anliegen dieses Amtes war die „Volkspflege“, die sich nicht wie die klassische Fürsorgearbeit auf die individuelle Fürsorge beschränken, sondern vielmehr die „Erhaltung und Gesundung“ des „Ganzen“ - gemeint ist hier natürlich der „Volkskörper“ - im Blick haben sollte.[158] Alle diese die „Gesundung“ gefährdenden und „asozialen Elemente“ sollten von der „Volkspflege“ ausgeschlossen sein, alle „erbgesunden“ Teile der „Volksgemeinschaft“ sollten hingegen eine „stärkere Förderung“ erfahren.[159] Dieser Paradigmenwechsel vollzog sich spätestens Mitte der 1930er Jahre und war mit konkreten Exklusionsstrategien verknüpft, die den im Deutschen Reich verfolgten frappierend ähnelten. Er manifestierte sich unter anderem auch in der Umbenennung des „Fürsorgeamtes“ in das „Volkspflegeamt“ 1937/38. Auf der Agenda des „Volkspflegeamtes“ hatte der Ausbau der „Erbgesundheitspflege“ oberste Priorität, denn das „deutsche Volk in allen seinen Teilen“ wisse, dass die „Folgerungen, die es aus der Rassen- und Erbgesundheitslehre zieht, über Sein und Nichtsein“ entscheiden würden.[160] Organisatorisch schlug sich dies in der Umstrukturierung des Amtes nieder. So gliederte sich dieses in die Abteilung I „Volksgesundheit“ und die Abteilung II „Fürsorge“. Die Arbeitsgebiete der Abteilung „Volksgesundheit“,

155 Vgl. Intelmann, Aufzeichnungen über das letzte Arbeitsjahr, S. 49–54; sowie Hehn, Umsiedlung der baltischen Deutschen, S. 13.

156 Die „Fürsorgezentrale“ wurde 1920 in Riga gegründet und umfasste zunächst alle mit der Fürsorge der deutschen Volksgruppe befassten Vereine in Riga. Nach etwa fünf Jahren hatten sich in ihr alle Fürsorgevereine Lettlands zusammengeschlossen. Zur Arbeit der „Fürsorgezentrale“ vgl. Oskar Schabert, Zehn Jahre Deutsche Fürsorgezentrale (DFZ) (BArch Berlin, R 57 Neu/1077, Mappe 1, unpag.).

157 Die „deutsch-baltische Volksgemeinschaft“ in Lettland (ab 1939 „Deutsche Volksgemeinschaft in Lettland“) stand seit November 1938 unter der Leitung von Alfred Intelmann (1881–1949). Sie gliederte sich in folgende Ämter: Hauptgeschäftsstelle, Deutsche Nachbarschaften, Arbeitshilfe, Finanzamt, Kulturamt, Schulamt, Volkspflegeamt, Amt für die Landbevölkerung, Amt für Jugendberatung, Turn- und Sportamt, Jugendamt, Werkhilfe. Ihr Publikationsorgan war der „Deutsche Bote“. Vgl. Übersicht über die Ämterbesetzung der Deutschbaltischen Volksgemeinschaft, Stand vom 10.1.1939 (BArch Berlin, R 57 Neu/1075, Mappe 12, unpag.).

158 Bericht über die Fürsorgearbeit der Deutschbaltischen Volksgemeinschaft in Lettland im Geschäftsjahr 1936/37, S. 1 (BArch Berlin, R 57 Neu/1075, Mappe 12, unpag.).

159 Die Betreuung der „Alten und Kranken“, sofern sie nicht als „erbkrank“ oder „asozial“ stigmatisiert waren, galt als „Ehrenpflicht der Gemeinschaft“. Bericht über die Fürsorgearbeit der Deutschbaltischen Volksgemeinschaft in Lettland im Geschäftsjahr 1936/37, S. 2 (BArch Berlin, R 57 Neu/1075, Mappe 12, unpag.).

160 Bericht des Volkspflegeamtes der Deutschbaltischen Volksgemeinschaft in Lettland für das Geschäftsjahr 1937/38, S. 1 (BArch Berlin, R 57 Neu/1075, Mappe 12, unpag.).

welche unter der Leitung des „Vertrauens-und Erbarztes“ Dr. Hermann Schlau[161] stand, umfassten: 1) Gesundheitsführung, 2) Erbgesundheitspflege und 3) Krankenfürsorge. In die Zuständigkeit der unter der Leitung des reichsdeutschen „Pg.“ A. Gutschmidt[162] stehenden Abteilung „Fürsorge“ gehörte hingegen 1) die offene Fürsorge (Familienfürsorge), 2) die Altersfürsorge und 3) die Jugendpflege.[163] Befasste sich letztere Abteilung eigentlich mit den traditionellen Fürsorgeaufgaben, die allerdings zunehmend auch rassenhygienischen Kriterien unterworfen wurden, so widmete sich die Abteilung „Volksgesundheit“ explizit den neuen Aufgaben der „Erb- und Rassenpflege“. Dabei fungierte in diesem Bereich die spezifisch deutsche Ausprägung der Rassenhygiene inklusive ihrer Terminologie und bevölkerungs- und gesundheitspolitischen Maßnahmen als Folie für die Arbeit der Abteilung „Volksgesundheit“. Einige Beispiele aus dem Arbeitsbericht des Jahres 1937/38 sollen dies nachfolgend illustrieren.

Im Rahmen der „Erb- und Rassenpflege“ hatten sich nach Schlau zwei „Arbeitsrichtungen“ ergeben: eine „positive“, die Maßnahmen der Förderung

161 Der aus Riga stammende Hermann Schlau (1897-1945) hatte 1921 bis 1924 in Freiburg i. Brsg. sein Medizinstudium und 1926/27 seine Facharztausbildung (Lungenfacharzt) absolviert. Nach einem kurzen Aufenthalt in Düren (Rheinland) wurde er 1927 als Arzt in der Kinderheilstätte Heuberg bei Stetten am kalten Markt (Baden) tätig. 1929 kehrte er nach Lettland zurück. Er gehörte der „Baltischen Brüderschaft“, einer im Deutschen Reich 1929 gegründeten, elitär-völkischen baltendeutschen Interessensvertretung, an und schloss sich der nationalsozialistischen Bewegung unter Kroeger an, weshalb er 1935 und 1936 mehrere Monate im Gefängnis verbrachte. Spätestens 1937 wurde er für das Volkspflegeamt als „Vertrauens- und Erbarzt“ tätig und übernahm dort die Leitung der Abteilung „Volksgesundheit“. Im Oktober 1939 übernahm er die Organisation des Gesundheitsdienstes bei der Umsiedlung aus Lettland. Nach dem Abschluss der Umsiedlungsaktion wurde er auf Weisung des Reichsgesundheitsführers als Leiter der Abteilung „Ärzteeinsatz“ bei der Einwandererberatungsstelle der Vomi in Posen mit der Arbeitsvermittlung baltendeutscher Ärzte betraut. Im Mai 1940 wurde er zur Wehrmacht einberufen und wurde Tuberkulosefacharzt des Wehrkreises Posen. 1941 war er an der Nachumsiedlung aus dem Baltikum in leitender Position innerhalb der Abteilung „Gesundheitswesen“ beim Hauptbevollmächtigten beteiligt. Am 15. April 1945 ertrank Schlau beim Untergang der „Goya“. Vgl. Einbürgerungsantrag Hermann Schlau vom 17. 12. 1939 (BArch Berlin (ehem. BDC), EWZ-B, H 6, Einbürgerungsvorgang Hermann Schlau); Berichte Schlaus über die Tätigkeit der Gesundheitsabteilung beim Hauptbevollmächtigten für die Nachumsiedlung von 1941 (BArch Berlin, R 59/ 241). Vgl. auch Bernsdorff, Gesundheitsdienst und Fürsorge, S. 214-217. Zur „Baltischen Brüderschaft“ und den Verhaftungen vgl. weiterführend Bastian Filaretow, Die Baltische Brüderschaft. Wider den Zeitgeist?. In: Michael Garleff (Hg.), Deutschbalten, Weimarer Republik und Drittes Reich, 2. Auflage Köln 2008, S. 11-50.

162 Die Übersicht über die Ämterbesetzung bei der „Deutschbaltischen Volksgemeinschaft“ enthält hinter dem Namen von Gutschmidt, der zugleich Geschäftsführer des „Volkspflegeamtes“ war, die Hinweise „Reichsdeutscher“ und „Pg.“, wobei letzteres die Parteizugehörigkeit zur NSDAP betroffen haben dürfte. Durch diese Personalkonstellation eröffneten sich der NSDAP bzw. dem Deutschen Reich unmittelbare Einflussmöglichkeiten auf die Politik der Volksgruppe, allerdings ist unklar, inwieweit diese genutzt wurden.

163 Vgl. Bericht des Volkspflegeamtes der Deutschbaltischen Volksgemeinschaft in Lettland für das Geschäftsjahr 1937/38, S. 1 (BArch Berlin, R 57 Neu/1075, Mappe 12, unpag.).

der „erbgesunden“ Familien umfasste, und eine „negative“, die das Ziel verfolgte, „das Geborenwerden erbkranker Kinder zu verhüten“[164] - also Maßnahmen der „positiven“ und „negativen“ Eugenik, die als solche zunächst kein Spezifikum der deutschen Rassenhygiene darstellten. Die Umsetzung hingegen wies deutliche nationalsozialistische Anklänge auf. So wurde eine „Ehrengabe für kinderreiche erbgesunde Mütter“ ins Leben gerufen, die sowohl eine ideelle Wirkung - ähnlich dem „Ehrenkreuz der deutschen Mutter“ - haben sollte als auch mit einer konkreten finanziellen Unterstützung - vergleichbar mit den Kinderbeihilfen für kinderreiche Familien - einherging.[165] Sie sollte die Attraktivität des Kinderreichtums erhöhen. Voraussetzung für den Erhalt der „Ehrengabe“ war ein entsprechendes Erbgesundheitszeugnis, wie es auch im Deutschen Reich üblich war. Die „Erbgesundheit“ spielte darüber hinaus auch bei der Eheschließung eine entscheidende Rolle, denn es sollten lediglich zwischen „erbgesunden“ Partnern Ehen geschlossen werden. Im Rahmen von Eheberatungen wurden Sippenunterlagen geprüft und gegebenenfalls fachärztliche Gutachten eingeholt, um die „Erbgesundheit“ der Eheschließenden sicherzustellen. Letztlich ging es hierbei, wie auch im Deutschen Reich, um die Ausstellung einer Art „Ehetauglichkeitszeugnis“. Konnte dieses aufgrund „erbgesundheitlicher Mängel“ nicht erteilt werden, so wurde von der Eheschließung „abgeraten“ - weitere Interventionsmöglichkeiten bestanden nicht, so dass Schlau konstatieren musste, dass „die Verhinderung des Geborenwerdens erbkranker Kinder [...] nur ganz unvollkommen“ möglich sei.[166] Sterilisationen, wie sie vom Deutschen Reich praktiziert und dem Tenor des Berichtes nach auch von Schlau befürwortet wurden, waren nicht zulässig. Der „Erfolg“ rassenhygienischer Maßnahmen hing somit von der Einsicht der Bevölkerung in die „Notwendigkeit erbpflegerischen Handelns“ ab, weshalb Schlau neben der Eheberatung eine umfassende Aufklärung breiter Bevölkerungsschichten über Fragen der „Erb- und Rassenpflege“ forcierte. Jeder Deutsche war aufgefordert, sich mit seiner Abstammung zu befassen und eine entsprechende Sippentafel aufzustellen, die zugleich den „Grundstock“ für die anvisierte, ganz am deutschen Modell orientierte, „erbbiologische Bestandsaufnahme“ der deutschen Volksgruppe bilden sollte.[167]

164 Bericht des Volkspflegeamtes der Deutschbaltischen Volksgemeinschaft in Lettland für das Geschäftsjahr 1937/38, S. 7 f. (BArch Berlin, R 57 Neu/1075, Mappe 12, unpag.).

165 Seit 1936 wurden kinderreichen Familien im Deutschen Reich zunächst einmalige, später auch laufende Kinderbeihilfen gewährt. Darüber hinaus sollten „Ehestandsdarlehn“ Familiengründungen attraktiver erscheinen lassen, ebenso wie steuerliche Vergünstigungen. Einen detaillierten zeitgenössischen Überblick über diese und weitere bevölkerungspolitische Maßnahmen ist zu finden in: Heinz Woltereck (Hg.), Erbkunde, Rassenpflege, Bevölkerungspolitik. Schicksalsfragen des deutschen Volkes, 6. Auflage Leipzig 1943, S. 308-344.

166 Bericht des Volkspflegeamtes der Deutschbaltischen Volksgemeinschaft in Lettland für das Geschäftsjahr 1937/38, S. 8 (BArch Berlin, R 57 Neu/1075, Mappe 12, unpag.).

167 Ebd.

Diese Beispiele zeigen, wie stark sich die deutsche Volksgruppe in Lettland in rassenhygienischen Fragen am Deutschen Reich orientierte und dass rassenhygienische Maßnahmen im Rahmen der Möglichkeiten umgesetzt wurden. Diese Möglichkeiten boten sich im Kontext der Fürsorgearbeit der „Deutschbaltischen Volksgemeinschaft", innerhalb derer sich eine deutliche Akzentverschiebung von der traditionellen Fürsorge hin zur rassenhygienisch motivierten „Volkspflege" vollzog.

Eine ähnliche Entwicklung war auch bei der deutschen Volksgruppe in Estland zu verzeichnen. Eine zentrale Rolle spielte hier unter anderem die „Selbsthilfe".[168] Es handelte sich hierbei um eine verschiedene „Fachschaften" umfassende, nationalsozialistisch geprägte Volksgruppenorganisation, deren Einfluss in den 1930er Jahren stetig stieg und die schließlich 1939 Teil der Volksgruppenvertretung wurde.[169] Sie hatte es sich zum Ziel gesetzt, die Deutschen in Estland unter anderem zum „ethisch wertvollen Menschen und zum Dienst am Volkstum" zu erziehen. Die Aufgabe der „Fachschaft für Gesundheitswesen" war es, sich einen „Überblick über den Gesundheitszustand der Volksgruppe" zu verschaffen und die „erbmäßige Erforschung" derselben voranzubringen.[170] Auf der Basis dieser zu eruierenden bevölkerungs- und erbbiologischen Daten sollten schließlich konkrete gesundheitspolitische Maßnahmen eingeleitet werden, zum Beispiel Eheberatungen oder Aufklärungskampagnen.[171] Darüber hinaus sollte ein 1938 zunächst provisorisch gegründetes Institut zu einer „Zentralstelle für Gesundheitsführung" ausgebaut und damit eine zentrale gesundheitspolitische Institution der deutschen Volksgruppe in Estland geschaffen werden.[172] Parallel dazu war Estland, wie auch Lettland, von einem recht dichten Netz von „Nachbarschaften", die sich Wohlfahrtsaufgaben widmeten, überzogen. Auch der „Verband der deutschen Vereine in Estland", eine Dachorganisation aller deutschen Vereine in Estland, war in der Wohlfahrtspflege tätig.[173]

168 Auch in Rumänien existierte eine „Selbsthilfe", aus der die spätere „Volksgemeinschaft der Deutschen in Rumänien" hervorging.

169 Aus der „Selbsthilfe" stammten zahlreiche Mitglieder der nach 1933 unter der Führung von Oskar Lutz zunehmend erstarkenden nationalsozialistischen Bewegung. Vgl. dazu Hehn, Umsiedlung der baltischen Deutschen, S. 47 und 69.

170 Vgl. Die „Selbsthilfe" in Estland. Gemeinschaftsarbeit der Deutschen. In: Berliner Tageblatt vom 13.7.1938 (BArch Berlin, R 57 Neu/1060, Mappe 30, unpag.).

171 Anders als die deutsche Volksgruppe in Lettland verfügte die in Estland über weitreichende rechtliche Kompetenzen. So war die als öffentlich-rechtliche Körperschaft anerkannte „Kulturverwaltung" als zentrale Interessensvertretung der Deutschen in Estland berechtigt, auf kulturellem Gebiet rechtsverbindliche Anordnungen zu erlassen und Steuern zu erheben. Rassenhygienische Schulungen und Eheberatungen hätten demnach vermutlich ebenfalls angeordnet werden können, es fehlen jedoch konkrete Belege. Vgl. dazu Hehn, Umsiedlung der baltischen Deutschen, S. 12.

172 Vgl. Die „Selbsthilfe" in Estland. Gemeinschaftsarbeit der Deutschen. In: Berliner Tageblatt vom 13.7.1938 (BArch Berlin, R 57 Neu/1060, Mappe 30, unpag.).

173 Vgl. Hehn, Umsiedlung der baltischen Deutschen, S. 12.

In Litauen war die deutsche Volksgemeinschaft weitaus weniger gut organisiert, was nicht zuletzt in einer fehlenden „intellektuellen Führerschicht", wie sie vor allem in Estland zu finden war, begründet lag.[174] Nichtsdestotrotz konnte sich auch dort bereits in den 1920er Jahren eine deutsche Interessensvertretung herausbilden, der „Kulturverband der Deutschen Litauens". Spätestens 1937 erfuhr dieser eine deutliche organisatorische Straffung, die mit einer Intensivierung der Tätigkeit einherging.[175] Ziel war es, eine „Volksgemeinschaft" nach reichsdeutschem Vorbild zu schaffen, wozu nicht nur die Etablierung einer „Winterhilfe", die forcierte „Erziehungsarbeit im Geiste der Volksgemeinschaft", sondern beispielsweise auch Ehrenpatenschaften des Kulturverbandes für jedes „siebente und weitere Kind deutscher volksbewusster und erbgesunder Eltern" gehörte.[176] 1940 konnte der Kulturverband zufrieden feststellen, dass die deutsche Volksgruppe „in jeder Hinsicht von der deutschen Weltanschauung erfasst" worden sei.[177] Dazu hatte nicht zuletzt auch das System der „Nachbarschaften", das 1938 nach der „Fühlungnahme" mit den deutschen Volksgruppen in Estland und Lettland nach dem Siebenbürgischen Modell etabliert wurde, beigetragen.[178]

Das von den baltischen Deutschen kopierte „Nachbarschaftwesen" war jedoch keineswegs die einzige Organisationsform der deutschen Volksgruppe in Rumänien, auch wenn ihr eine besondere Außenwirkung zugeschrieben werden kann. Die Volksgruppenvertretung, der „Verband (Volksgemeinschaft) der Deutschen in Rumänien", und ihre in den einzelnen Siedlungsgebieten (Siebenbürgen, Banat, Bessarabien, Bukowina, Dobrudscha) tätigen Volksräte unterhielten nämlich noch viele weitere mit Fürsorgeaufgaben und bevölkerungspolitischen Fragen betraute Ausschüsse und Arbeitsstellen, die an späterer Stelle noch ausführlich beleuchtet werden sollen.

In Polen hingegen fehlte eine vergleichbare zentrale Volksgruppenorganisation. Die Fürsorge für Volksdeutsche war dort seitens der Volksgruppe nicht flächendeckend organisiert, sondern lag in den Händen örtlicher Vereine.[179] Überregionale Bedeutung hatte in Ansätzen wohl lediglich der 1935 gegründete „Deutsche Wohlfahrtsdienst" in Posen, der verschiedene Hilfswerke („Deutsche Nothilfe", „Mutter und Kind", „Deutsche Kinderhilfe") unterhielt.[180] Ein galizi-

174 Vgl. Stossun, Umsiedlung Litauen, S. 13.
175 Vgl. ebd., S. 18–25.
176 Vgl. Bericht des Hauptvorstandes des Kulturverbandes der Deutschen Litauens über das Geschäftsjahr 1936/37, o. D. (BArch Berlin, R 59/264, Bl. 25–33, hier Bl. 31 f.); sowie Bericht über die Tätigkeit des Kulturverbandes, o. D. (1940) (ebd., Bl. 46–51).
177 Ebd., Bl. 50.
178 Ebd., Bl. 48.
179 Vgl. Collmer, Fürsorge, S. 54 f.
180 Der Wirkungskreis des Posener Wohlfahrtsdienstes erstreckte sich nicht auf das gesamte polnische Territorium. Ausgenommen waren namentlich die Woiwodschaften Wolhynien, Lublin und Schlesien. Vgl. die in Teilen allerdings tendenziöse Darstellung Theodor Bierschenks, Die deutsche Volksgruppe in Polen 1934–1939, Kitzingen a. M. 1954, S. 65 f.

scher Versuch „Gesundheitsgenossenschaften“ zu gründen, um die ärztliche Betreuung vor allem der ländlichen Bevölkerung zu verbessern, scheiterte.[181]

Konfessionelle Vereine und Initiativen

Den besonders in Polen fehlenden Initiativen der Volksgruppenvertretungen im Fürsorgebereich standen die Bemühungen der kirchlichen Vereine gegenüber. Vor allem die Innere Mission verfügte zumeist über ein relativ dichtes Netz von Fürsorgeeinrichtungen. So unterhielt beispielsweise der „Evangelische Landesverband für Innere Mission in Polen“ als einziger überregional agierender volksdeutscher Verein mehrere Altersheime und Diakonissenhäuser.[182] Kleinere konfessionelle Wohltätigkeitsvereine, die in den jeweiligen Kirchgemeinden auch Heime oder Krankeneinrichtungen gründeten, existierten in den meisten Regionen Polens. Von einer flächendeckenden Fürsorgearbeit kann allerdings nicht gesprochen werden, bestand doch beispielsweise in Wolhynien lediglich ein einziges Altersheim.[183] Besonders hervorzuheben sind in diesem Zusammenhang aber die 1896 gegründeten sogenannten „Zöcklerschen Anstalten“ in Stanislau (Galizien), die nach dem Vorbild der „Bodelschwinghschen Anstalten“ in Bethel entstanden. Sie standen unter der Leitung des Pfarrers Theodor Zöckler[184], der für das Deutschtum in Galizien von besonderer Bedeutung war

181 Nach Müller sind die Bemühungen um die Gründung einer solchen Gesundheitsgenossenschaft jedoch nicht über „die Prüfung der Voraussetzungen“ hinausgekommen. Die deutschen Genossenschaften wurden in anderen Bereichen jedoch zu einem wesentlichen Faktor des deutschen Lebens in Polen. Durch die teilweise überregionale Organisation wurden sie zu einem verbindenden Element für die deutsche Volksgruppe in Polen. Vgl. Sepp Müller, Das deutsche Genossenschaftswesen in Galizien, Wolhynien und im Cholm-Lubliner Land, Karlsruhe 1954. Zur Gesundheitsgenossenschaft vgl. ebd., S. 84.

182 Vgl. Collmer, Fürsorge, S. 54 f.

183 Vgl. Bierschenk, deutsche Volksgruppe in Polen, S. 66.

184 Theodor Zöckler (1867–1949) stammte aus einer bürgerlichen Greifswalder Familie. Er studierte in Greifswald, Leipzig und Erlangen Theologie. In Leipzig, unter dem Einfluss von Franz Delitzsch und dem von ihm begründeten Institutum Judaicum, begann er sich für die Missionsarbeit unter den Juden zu interessieren. 1891 kam er, zunächst vertretungsweise, nach Stanislau, wo er sich schon bald intensiv der caritativen Arbeit zuwandte. 1896 kaufte er zusammen mit seiner Frau Lillie die ersten Gebäude in Stanislau, in denen das Waisenhaus eingerichtet wurde. Zahlreiche weitere Einrichtungen folgten, so dass die nach ihrem Gründer benannten „Zöcklerschen Anstalten“ bald einen größeren Gebäudekomplex umfassten. Während des Ersten Weltkrieges wurden die „Zöcklerschen Anstalten“ nach Gallneukirchen bei Linz ausgelagert. Von dort aus organisierte Zöckler verschiedene Hilfsexpeditionen und richtete in den Anstaltsgebäuden in Stanislau ein Soldatenheim und ein Kriegskinderheim ein. Nach dem Krieg kehrten die eigentlichen Anstaltsbewohner nach Stanislau, das nun zum polnischen Staatsgebiet gehörte, zurück. Die Kriegsauswirkungen waren jedoch auch in der Folgezeit noch zu spüren. Nichtsdestoweniger wurden die Anstalten stetig erweitert und entwickelten sich zu den größten ihrer Art in Osteuropa. Zöckler selbst wurde 1924 zum Superintendenten der Evangelischen Kirche A. und H. B. in Kleinpolen/Galizien ernannt. Er war außerdem Mitbegründer des „Landesverbandes für Polen“, des „Weltbundes für Freundschafts-

und von Otto Dibelius retrospektiv auch als „Bodelschwingh der Volksdeutschen in der galizischen Diaspora" bezeichnet wurde.[185] Mit Hilfe seiner Frau Lillie gründete er zunächst ein Waisenhaus und eine Volksschule für deutsche evangelische und katholische Kinder, welche 1903 bereits mehr als 100, zehn Jahre später schon mehr als 200 Kinder aufnahmen.[186] Neben der schulischen Ausbildung, die in den Folgejahren durch die Gründung eines Gymnasiums und dazugehörigen Alumnaten ausgebaut wurde, widmete sich Zöckler auch der Pflege kranker Kinder - ein Heim für „kränkliche Kinder" einschließlich einer Säuglingsabteilung entstand. 1913 wurde in diesem das neu gegründete Diakonissenhaus „Sarepta" untergebracht, in dem „Pflege- und Erziehungsschwestern" ausgebildet wurden.[187] Die dort tätigen Schwestern widmeten sich dabei nicht allein der Pflege der Kinder und Säuglinge, sondern wurden auch in den umliegenden Gemeinden als Gemeindeschwestern tätig. Weitere Heime für alte und gebrechliche Volksdeutsche entstanden. Dieser Ausbau und die Unterhaltung der Anstalten sowie die Versorgung der Bewohner, die nur in den wenigsten Fällen in der Lage waren ein Kostgeld zu entrichten, lag dabei allein in der Hand Zöcklers, existierte doch weder eine staatliche Sozialversicherung noch eine öffentliche Wohlfahrt. Zöckler konnte sich dabei jedoch auf die finanzielle Unterstützung durch deutsche kirchliche Vereine, allen voran der Gustav-Adolf-Verein und der Hilfsbund für Innere Mission, aber auch durch den deutschen Schulverein, stützen. Die anstaltseigene Landwirtschaft sowie eine Fabrik ermöglichten zudem eine weitgehende Selbstversorgung der Anstalten.[188] 1933/34 waren diese, die unterdes weit über die Grenzen Stanislaus und

arbeit der Kirchen" und des „Rates der evangelischen Kirchen in Polen" und setzte sich dort für eine Verständigung der verschiedenen Glaubensrichtungen ein. Darüber hinaus wurde er auch auf politisch-literarischem Terrain tätig. Er gilt als „Vater der galizischen Heimatliteratur" und war zudem Schriftführer des auch überregional bedeutsamen „Deutschen Volksblattes für Galizien" und des „Zeitweisers des Bundes der christlichen Deutschen in Galizien". Er war außerdem Vorsitzender des neu gegründeten „Deutschen Volksrates in Galizien". Mit der Umsiedlung 1939 endete seine Tätigkeit in Stanislau. Er ging zunächst nach Berlin, später Lissa, wo er sich der Abwicklung der Evangelischen Kirche Augsburgischen und Helvetischen Bekenntnisses in Galizien und der „Stanislauer Anstalten", deren Bewohner in verschiedenen Einrichtungen untergebracht worden waren, widmete. Zum Kriegsende hin floh Zöckler mit seiner Familie nach Stade. Nach dem Krieg leitete er das Hilfskomitee der Galiziendeutschen und richtete in Stade ein Altersheim für Flüchtlinge ein. Vgl. Lillie Zöckler, Gott hört Gebet. Das Leben Theodor Zöcklers, Stuttgart 1951; sowie Maria Klanska, Theodor Zöckler und die Galiziendeutschen. In: Studia Germanica Posnaniensia, 24 (1999), S. 103-120.

185 Zöckler, Gott hört Gebet, S. 5 f. (Geleitwort von Otto Dibelius).

186 Vgl. dazu und im Folgenden Broschüre von August Wiegand über das Lebenswerk Theodor Zöcklers in Stanislau in seiner Bedeutung für das deutsche Volkstum von 1940 (BArch Berlin, R 57 Neu/1100, Mappe 25, unpag.); sowie Bericht der Evangelischen Anstalten in Stanislau/Polen über das Jahr 1933/34 (ebd., unpag.).

187 Vgl. Bericht über die Umsiedlung der Zöcklerschen Anstalten (vermutlich von Theodor Zöckler), o. D. (BArch Berlin, R 69/161, Bl. 1-6).

188 Vgl. Zöckler, Gott hört Gebet, S. 45-47; sowie Bericht der Evangelischen Anstalten in Stanislau/Polen über das Jahr 1933/34 (BArch Berlin, R 57 Neu/1100, Mappe 25, unpag.).

Galiziens hinaus bekannt waren, mit etwa 380 Pfleglingen und Zöglingen, die unter anderem auch aus Wolhynien, dem Posener Gebiet oder Oberschlesien kamen, belegt.[189] Zöckler, der unter anderem auch dem „Deutschen Volksrat für Galizien" angehörte, wurde zur Integrationsfigur für das galizische Deutschtum, für dessen Erhaltung und Förderung er sich maßgeblich einsetzte.[190] Der nationalsozialistischen „Jungdeutschen Partei" - den „Erneuerern" - stand er allerdings ablehnend gegenüber, auch wenn er sich keineswegs von der „Volksgemeinschaft" pauschal „absondern" wollte. Vielmehr beabsichtigte er das „Gut des Glaubens" in diese hineinzutragen und zur Basis der „Erneuerung" und „Gesundung" des deutschen Volkstums in Galizien, für die mehr als die von der „Erneuerungsbewegung" propagierte „Begeisterung" notwendig sei, zu machen.[191] Inwieweit Zöckler diese glaubensbasierte „Gesundung" auch mit rassenhygienischen Aspekten verknüpfte, geht aus den vorhandenen Unterlagen nicht hervor.

Im Gegensatz dazu lassen sich rassenhygienische Einflüsse in den deutschen caritativen Einrichtungen Lettlands und Estlands recht deutlich nachweisen. Hier wurden durch die Innere Mission deutsche Altersheime, Krankenhäuser und Diakonissenanstalten unterhalten.[192] Die dort tätigen Diakonissen pflegten unter anderem durch Reisen ins Deutsche Reich einen intensiven Austausch mit (reichs-)deutschen Diakonissen.[193] Gleichzeitig besuchten (reichs-)deutsche Vertreter der Inneren Mission die Einrichtungen in Estland, die auch in engem Kontakt zum Kaiserswerther Verband standen.[194] Es waren vermutlich nicht zuletzt diese Kontakte, die ein sukzessives Eindringen rassenhygienischen

189 Ebd.

190 Der „Deutsche Volksrat" entstand 1907 vor dem Hintergrund einer erhöhten Auswanderung deutscher Siedler aus Galizien. Er sollte der Stärkung der deutschen Volksgruppe nach innen - durch Gründung „deutscher Häuser", Vereine, Genossenschaften, Warenhäuser, etc. - dienen und gleichzeitig als Interessensvertretung der Deutschen in Galizien fungieren. Zur politischen Organisation der Deutschen in Galizien vgl. weiterführend Sepp Müller, Von der Ansiedlung bis zur Umsiedlung. Das Deutschtum Galiziens, insbesondere Lembergs 1772-1940, Marburg 1961.

191 Vgl. Beobachtungen und Erfahrungen des stellvertretenden Gebietsbevollmächtigten Wo III bei der Umsiedlung der Volksdeutschen aus dem westukrainischen Gouvernement der UdSSR vom 11.3.1940 (BArch Berlin, R 59/302, Bl. 74-81, hier 76); sowie Bericht der Evangelischen Anstalten in Stanislau/Polen über das Jahr 1933/34, S. 20 f. (BArch Berlin, R 57 Neu/1100, Mappe 25, unpag.).

192 Die konfessionellen Heime bzw. Diakonissenanstalten Lettlands sind aufgeführt bei Bernsdorff, Gesundheitsdienst und Fürsorge. Die vom evangelischen Verein in Reval/Estland unterhaltenen Heime sowie einige Angaben über die Fürsorgearbeiten desselben sind zu finden im Jahresbericht des evangelischen Vereins zu Tallin/Reval für das Jahr 1934 (BArch Berlin, R 57 Neu/1058, Mappe 10, unpag.). Vgl. auch Jahresbericht der Inneren Mission der deutsch-evangelischen Gemeinden Estlands für 1929 (BArch Berlin, R 57 Neu/1058, Mappe 12, unpag.).

193 Vgl. Eine Werbefahrt durchs Siegerland. In: Bote für Innere Mission in Lettland und Estland, 1 (1933) 1, S. 18-23.

194 Vgl. die entsprechenden Angaben zur Diakonissenanstalt in Reval im Jahresbericht der Inneren Mission der deutsch-evangelischen Gemeinden Estlands für 1929, S. 5 (BArch Berlin, R 57 Neu/1058, Mappe 12, unpag.).

Gedankenguts in die konfessionellen Einrichtungen des Baltikums ermöglichten. Sichtbar wurden diese rassenhygienischen Einflüsse beispielsweise im Vokabular der vom Mitauer Diakonissenhaus herausgegebenen Zeitschrift „Bote für Innere Mission in Lettland und Estland".[195] Der Wirkungskreis der Diakonissen beschränkte sich dabei nicht nur auf die Diakonissenanstalten, sondern reichte weit darüber hinaus, da die Diakonissen auch in der Gemeindepflege eingesetzt wurden, um so die Betreuung der deutschen Bevölkerung in ländlicheren Gegenden zu verbessern.[196]

Auch in Jugoslawien existierten kirchliche deutsche Fürsorgeeinrichtungen, die hier vom „Protestantischen Diakonieverein des Königreiches Jugoslawien" unterhalten wurden. Dessen Hilfsangebote richteten sich ganz im Einklang mit den rassenhygienischen Vorstellungen der deutschen Ärzte in Jugoslawien ausdrücklich nur an „erbgesunde gefährdete Kinder, Waisen, seelisch gefährdete Jugend, alte und alleinstehende Männer und Frauen".[197] In Novi Vrbas in der Batschka unterhielt der Diakonieverein ein Diakonissenhaus, welches ähnlich wie das in Mitau in direktem Kontakt zu reichsdeutschen Diakonissen stand beziehungsweise seine Diakonissen im Deutschen Reich (Schwäbisch Hall) ausbilden ließ. Die Diakonissen kamen allerdings auch hier nicht nur im Diakonissenhaus, Waisenhäusern oder ähnlichen deutschen kirchlichen Fürsorgeeinrichtungen zum Einsatz, sondern arbeiteten ebenfalls als Gemeindeschwestern in den verschiedenen Kirchgemeinden.[198]

In Rumänien war es in erster Linie die Evangelische Landeskirche Augsburger Bekenntnisses, die vorwiegend in Siebenbürgen großen Einfluss auf die Fürsorgearbeit ausübte und zugleich eine rassenhygienische Ausrichtung dieser forcierte. Sie trug neben dem „Siebenbürgisch-sächsischen Ärzteverein" und dessen Medium - die „Medizinische Zeitschrift" - und neben verschiedenen volksgruppeneigenen medizinisch-„volksbiologischen" Arbeitsgemeinschaften wesentlich zur Popularisierung rassenhygienischer Inhalte bei. Dabei wiesen sowohl die Standesvertretungen, die Volksgruppenorganisationen als auch das kirchliche Fürsorgewerk der deutschen Volksgruppe in Rumänien (Siebenbürgen, Bessarabien, Banat, Bukowina, Dobrudscha) einen hohen Organisationsgrad auf, der eine Breitenwirkung der vielfältigen gesundheitspolitischen Maßnahmen ermöglichte. Diese Maßnahmen und weniger strukturelle Feinheiten sollen nachfolgend im Mittelpunkt stehen, lassen sie doch Aussagen zur Etablierung der Rassenhygiene innerhalb der deutschen Volksgruppe in Rumänien zu.

195 Vgl. „Bote für Innere Mission in Lettland und Estland", 1 (1933); sowie 2 (1934). Bis 1933 erschien derselbe unter dem Titel „Bote aus dem Mitauer Diakonissenhaus". 1934 wurde das Erscheinen anscheinend eingestellt.

196 Vgl. die entsprechenden Angaben zur Diakonissenanstalt in Reval im Jahresbericht der Inneren Mission der deutsch-evangelischen Gemeinden Estlands für 1929, S. 5 (BArch Berlin, R 57 Neu/1058, Mappe 12, unpag.).

197 Jahresbericht des Protestantischen Diakonievereins für das Königreich Jugoslawien über das Protestantische Diakonissenhaus in Novi Vrbas (Batschka) für das Jahr 1938, S. 3 (BArch Berlin, R 57 Neu/1071, Mappe 106, unpag.).

198 Vgl. ebd., (S. 6 f.).

Fallbeispiel Rumänien

Bedeutung erlangte vor allem der insgesamt 450 mitgliederstarke „Bund deutscher Ärzte" als zentrale Standesorganisation der deutschen Ärzte in Rumänien.[199] Dieser war aus dem bereits 1887 gegründeten „Siebenbürgisch-deutschen Ärzteverein", dem 1933 auch die Banater Semmelweis-Gruppe[200] beitrat, und dem verschiedene korrespondierende Mitglieder aus dem Banat, Bessarabien, der Bukowina, und Bukarest angehörten, hervorgegangen.[201] In nahezu allen größeren Städten Rumäniens befanden sich Vereinsmitglieder, die in Ortsgruppen organisiert waren.[202] Diese Organisationsdichte ermöglichte dem Verein innerhalb der volksdeutschen Siedlungsgebiete breitenwirksam tätig zu werden. Das Aufgabenfeld des Vereins gestaltete sich vielfältig. Es reichte von der Wahrung der Standesinteressen der deutschen Ärzteschaft über die fachliche und organisatorische Betreuung von deutschen Fürsorgeeinrichtungen, Krankenhäusern, Sanatorien, Waisen-, Kinder- und Altersheimen bis hin zur Verbreitung neuer medizinisch-biologischer Erkenntnisse im Rahmen von Fachvorträgen, Fortbildungskursen, Veranstaltungen und Publikationen.[203] Dabei wurde die Rassenhygiene und Bevölkerungswissenschaft spätestens ab 1934 zu einem zentralen Aktionsfeld.[204] Insbesondere die Banater „Arbeitsgemeinschaft für Rassenpflege" erhob zahlreiche statistische Daten, führte eine Bestandsaufnahme durch und veranstaltete zahlreiche Vorträge und Schulungskurse zu rassenhygienischen Themen.[205] Die ebenfalls im Banat ansässige „Gau-

199 Die Mitgliederzahl bezieht sich auf das Jahr 1936. Vgl. Der Siebenbürgisch-Deutsche Ärzteverein. In: Deutsches Ärzteblatt vom 10. 10. 1936 (BArch Berlin, R 57 Neu/1109, Mappe 16, unpag.).

200 Die Semmelweis-Gruppe wurde 1924 von Dr. Nikolaus Hoffmann, der lange Jahre als deren Schriftführer und Obmann fungierte, in Temeschburg/Temeswar gegründet. Wie einem biographischen Bericht, der allerdings Hoffmanns Haltung zur Eugenik völlig unkritisch darstellt, zu entnehmen ist, stand er in enger Verbindung zu deutschen Universitätskliniken und ermöglichte es volksdeutschen Studenten dort ihre Fachausbildung zu absolvieren. Vgl. Richard Weber, Herausragende Persönlichkeiten der Gemeinde Gertianosch im rumänischen Banat, Karlsruhe 2003.

201 Vgl. Hansgeorg von Killyen, Zur Geschichte des Siebenbürgisch-Deutschen Ärztewesens. In: Naturwissenschaftliche Forschungen über Siebenbürgen, 4 (1991), S. 27–65.

202 Eine Mitgliederliste ist abgedruckt in der Medizinischen Zeitschrift, 7 (1933) 8, S. 7–17.

203 Vgl. ebd., S. 54–56.

204 Die Semmelweis-Gruppe erklärte beispielsweise 1934 „Fragen der Rassenhygiene und Bevölkerungsbewegung" zum besonderen „Arbeitsprogramm" für das kommende Jahr. Vgl. Bericht über die ordentliche Hauptversammlung des Siebenbürgisch-Deutschen Ärztevereins vom 15. 9. 1935 in Schäßburg. In: Medizinische Zeitschrift, 9 (1935) 10, S. 320–232.

205 Die Gründung einer „Arbeitsgemeinschaft für Volksgesundheit und Rassenpflege" war bereits 1926 anvisiert worden, wie ein detailliertes Arbeitsprogramm aus diesem Jahr zeigt. Auf dieses nahm der „Siebenbürgisch-deutsche Ärzteverein" acht Jahre später nochmals Bezug – der in Vergessenheit geratene Entwurf hatte wieder an Aktualität gewonnen, hatten sich doch die „Zeiten geändert, mit ihnen die innere Einstellung der Menschen zu Volk und Gemeinschaft". Die Zeit sei nun „reif zu einer umfassenden Inangriffnahme [des] gesamten Volksgesundheitswesens". Das Arbeitsprogramm von 1926, welches zu großen Teilen in den 1930ern umgesetzt wurde, sah zunächst umfas-

arbeitsstelle für Volksgesundheit", die in verschiedenen Gemeinden „Ortsarbeitsstellen" unterhielt, widmete sich ebenfalls der Aufklärung der deutschen Bevölkerung über gesundheitliche und bevölkerungsbiologisch-rassenhygienische Fragen und forcierte darüber hinaus auch die Erfassung der Bevölkerung in Sippentafeln, in die auch erbbiologisch relevante Informationen integriert werden sollten.[206] In Kooperation mit der Gauarbeitsstelle nahm 1938 auch der „Arbeitsausschuss für Bevölkerungspolitik und Volksgesundheit" seine Arbeit auf, der sich die „Hebung" der „Kinderfreudigkeit" zum Ziel gesetzt hatte.[207] Aber nicht nur der Ärzteverein war Motor der „volksbiologischen" Offensive, sondern auch die Volksgruppenführung - die „Volksgemeinschaft der Deutschen in Rumänien"[208] - sah sich in der Pflicht, dem „drohenden Volkstod" ent-

sende Erhebungen über die „volksgesundheitlichen Verhältnisse" vor, um daraus entsprechende Fürsorgemaßnahmen ableiten und eine gezielte Aufklärung, beispielsweise über die Säuglings- und Kinderpflege, Geschlechtskrankheiten, Tbc, Hygiene oder Alkohol, durchführen zu können. Einen besonderen Stellenwert sollte bereits 1926 der „Pflege der Volkserbmasse" - also der Rassenhygiene - eingeräumt werden. Mit sozialdarwinistischem Vokabular untermauert wurden hier stereotypisch rassenhygienische Forderungen wie die Verhinderung der Fortpflanzung „Erbkranker", in erster Linie durch Eheberatung, oder die „Aufzucht des Volkes" propagiert. Vgl. Arbeitsprogramm der „Deutschen Arbeitsgemeinschaft für Volksgesundheit und Rassenpflege" von 1926, ausgearbeitet von Dr. Josef Riess (Semmelweis-Gruppe); sowie Begleitbrief, o. D. (1934) (BArch Berlin, R 57 Neu/1118, unpag.).

206 Vgl. Matz Hoffmann, Arbeitsrichtlinien der Banater Gauarbeitsstelle für Volksgesundheit. In: Medizinische Zeitschrift, 12 (1938) 1, S. 5-12.

207 Vgl. Umschau: Volksgesundheitliche Arbeit in der Semmelweisgruppe der B. D. Ä. R. In: Medizinische Zeitschrift, 12 (1938) 7, S. 189 f. Der Arbeitsausschuss stellte seine Tätigkeit jedoch aufgrund persönlicher Differenzen und „innerer Inkonsequenz in der Zielstellung" bald wieder ein. 1936 wurde erneut ein bevölkerungspolitischer Ausschuss gegründet, der seine Arbeit jedoch nie aufnahm. 1938 wurde der „Arbeitsausschuss für Bevölkerungspolitik und Volksgesundheit der Banater Semmelweis-Ärztegruppe" ins Leben gerufen. Erklärtes Ziel des Ausschusses war die Bekämpfung des Geburtenrückgangs und die Förderung der „erbgesunden" Familie. Darüber hinaus sollten bevölkerungspolitische und gesundheitliche Daten erhoben werden. Inwieweit diese Zielvorgaben auch konkrete Handlungen zeitigten ist allerdings bisher nicht bekannt. Vgl. Fritz Klingler, Erfreuliche Fortschritte. In: Medizinische Zeitschrift, 12 (1938) 9/10, S. 227-232, hier 230; sowie Leitsätze für den Arbeitsausschuß für Bevölkerungspolitik und Volksgesundheit der Banater Semmelweis-Ärztegruppe. In: ebd., S. 233-238.

208 Die „Volksgemeinschaft der Deutschen in Rumänien" war die zentrale politische Interessensvertretung der Deutschen in Rumänien. Sie trat 1935 an die Stelle des „Verbandes der Deutschen in Rumänien". Zentrales Gremium der Volksgemeinschaft war der „Volksrat der Deutschen in Rumänien", in welchem die einzelnen Siedlungsgebiete durch Abgeordnete („Gauräte"/ehem. „Volksräte") vertreten waren. Mit der Gründung des Volksrates wurden die Vertretungen der einzelnen Siedlungsgebiete gleichgeschaltet und größtenteils entmachtet. Nach deutschem Vorbild strebte die Volksgemeinschaft/der Volksrat unter Fritz Fabritius, einem frühen Verfechter der nationalsozialistischen Idee in Rumänien und Begründer der sog. „Selbsthilfe", die Errichtung einer deutschen Volksgemeinschaft in Rumänien u. a. durch Schaffung entsprechender politischer Strukturen (Volks-, Gau-, Kreis- und Ortsräte) und die Einführung entsprechender Organisationsstrukturen, zum Beispiel der „Nationalen Arbeitsfront" oder der „Deutschen Jungmannschaft" (DJ), an. Vgl. Johann Böhm, Nationalsozialistische Indoktrination der Deutschen in Rumänien 1932-1944, Frankfurt a. M. 2008; ders., Die Deutschen in Rumänien und das Dritte Reich 1933-1940, Frankfurt a. M. 1999; sowie Stephan Olaf

gegenzuwirken. Unter der Aufsicht der Volksgemeinschaft und ihrer regionalen Gliederungen, den Deutschen Volksräten, entstanden in den 1930er Jahren sogenannte Volksgesundheitsämter, beispielsweise in Bessarabien unter der Leitung eines Mitgliedes des „Bundes deutscher Ärzte", Albert Necker.[209] In Czernowitz bestand darüber hinaus seit 1936 beim dortigen Volksgesundheitsamt eine „Deutsche Gesundheits- und Eheberatungsstelle". Sie sah ihre Aufgabe in der Aufklärung und Beratung und wollte dadurch „Gesundheitsschädigungen, wie sie beispielsweise immer bei einer Nachkommenschaft auftreten, wenn die Eltern leicht vererbbare Krankheitskeime bedenkenlos auf ihre Nachkommenschaft übertragen", verhüten helfen.[210] Ähnliche Einrichtungen existierten unter der Bezeichnung „Volksgesundheits- und Eheberatungsämter" seit 1936 auch im Banat.[211]

Die Tätigkeit der Volksgruppenführung konzentrierte sich dabei vornehmlich auf Eheberatungen oder statistische Erhebungen in den einzelnen Siedlungsgebieten. Die Aktivitäten des Ärztevereins gingen hingegen auch über Rumänien hinaus. So gehörte unter anderem die Vermittlung von Stipendien und Aus- und Fortbildungsplätzen für volksdeutsche Studenten und Ärzte in Anstalten des Deutschen Reiches zum Tätigkeitsbereich des Vereins.[212] Ebenso informierte der Verein die volksdeutschen Ärzte über Fortbildungsangebote im Deutschen Reich, zum Beispiel in der „Berliner Akademie für Fortbildung", der „Akademie für ärztliche Fortbildung" in Dresden oder in der „Führerschule der deutschen Ärzteschaft" in Alt-Rehse.[213] Dem Verein kam somit eine Art Mittlerfunktion

Schüller, Für Glaube, Führer, Volk, Vater- oder Mutterland? Die Kämpfe um die deutsche Jugend im rumänischen Banat (1918–1944), Berlin 2009.

209 Volksgesundheitsämter existierten nachweislich in verschiedenen Gemeinden der Bukowina, Bessarabiens und dem Banat. Es ist anzunehmen, dass auch in Siebenbürgen ähnliche Einrichtungen des Deutschen Volksrates existierten. Vgl. Harmsen, Volksbiologische Fragen; Aus dem Vereinsleben: Deutsche Gesundheits- und Eheberatungsstelle. In: Medizinische Zeitschrift, 10 (1936) 3, S. 159 f.; Albert Necker, Bessarabische Sorgen. In: Medizinische Zeitschrift, 10 (1936) 10, S. 408–413; sowie Klingler, Erfreuliche Fortschritte, S. 230.

210 Aus dem Vereinsleben: Deutsche Gesundheits- und Eheberatungsstelle. In: Medizinische Zeitschrift, 10 (1936) 3, S. 159 f.; sowie Aus dem Vereinsleben: Erfreuliche Aktivität unserer Gruppe Buchenland. In: Medizinische Zeitschrift, 10 (1936) 5, S. 190–192.

211 Vgl. Klingler, erfreuliche Fortschritte, S. 230.

212 Vgl. Tätigkeitsbericht des Hauptausschusses an die Generalversammlung über das Vereinsjahr 1933/34. In: Medizinische Zeitschrift, 8 (1934) 9/10, S. 13–17; sowie Mitteilung betr. Ausbildung und Fortbildung. In: Medizinische Zeitschrift, 11 (1937) 11, S. 378. Ansprechpartner im Deutschen Reich war die Auslandsabteilung der Reichsärztekammer (RÄK). Beabsichtigte ein Student/Arzt seine Aus- bzw. Fortbildung im Deutschen Reich zu absolvieren, musste er ein vom „Bund deutscher Ärzte" abgezeichnetes Gesuch an die RÄK richten, die sich wiederum vorbehielt, nur Gesuche von Mitgliedern des Ärztevereins zu befürworten.

213 Die „Medizinische Zeitschrift", das Publikationsorgan des „Bundes deutscher Ärzte", veröffentlichte regelmäßig Fortbildungsangebote. Diese umfassten alle Teilbereiche der Medizin, so auch Erbbiologie, Rassenkunde, Psychiatrie und Neurologie. Durch Ermäßigungen sollte die Teilnahme volksdeutscher Ärzte an diesen Kursen gefördert werden. Vgl. z. B. Medizinische Zeitschrift, 9 (1935) 6, S. 187 und 223.

zwischen dem Deutschen Reich und den in Rumänien lebenden volksdeutschen Medizinstudenten und Ärzten zu. Er fungierte als zentraler Anlaufpunkt für reichsdeutsche Dienststellen, vor allem für die Auslandsabteilung der RÄK, die an der Verbreitung wissenschaftlicher Erkenntnisse, und der Partizipation volksdeutscher Ärzte an den gesundheitspolitischen Entwicklungen im Deutschen Reich interessiert waren. Dieses Interesse war symbiotischer Natur, wollten doch auch die volksdeutschen Ärzte Anteil an den wissenschaftlichen und gesundheitspolitischen „Errungenschaften" des Deutschen Reiches nehmen. Konkreter Ausdruck dieses wechselseitigen Interesses waren beispielsweise die kostenlose Zurverfügungstellung des „Deutschen Ärzteblattes", eines der wichtigsten Publikationsorgane der Ärzteschaft im Deutschen Reich, für alle Mitglieder des Vereins,[214] der direkte Austausch zwischen deutschen und volksdeutschen Ärzten im Rahmen von Studienreisen[215] oder die jährlich stattfindenden ärztlichen Fortbildungskurse. Diese wurden durch den Ärzteverein in Hermannstadt, Kronstadt und Temeswar veranstaltet und mit Unterstützung hochrangiger (reichs-)deutscher Wissenschaftler durchgeführt. Die Fortbildungskurse dienten damit ebenfalls dem wissenschaftlichen Austausch und sind ein konkretes Beispiel für den Wissenstransfer zwischen dem Deutschen Reich und volksdeutschen Siedlungsgebieten.[216]

Im Rahmen der Fortbildungskurse gaben namhafte deutsche Mediziner verschiedener Bereiche in Vorlesungen einen Überblick über die aktuellen Forschungen. Mehrfach referierte beispielsweise Ferdinand Sauerbruch. Auch prominente Vertreter der Psychiatrie und Neurologie, so der Direktor der psychiatrischen Klinik in Tübingen, Robert Gaupp oder der Direktor der psychiatrischen Klinik und Herausgeber des „Handbuchs der Geisteskrankheiten" Oswald Bumke, dozierten vor volksdeutschen Zuhörern.[217] 1936 stellte Otmar von Verschuer Ergebnisse seiner Zwillingsforschung unter dem Vortragstitel

214 Vgl. Notiz in der Medizinischen Zeitschrift, 7 (1933) 7, S. 2.

215 1936 wurden beispielsweise volksdeutsche Ärzte aus Rumänien in die „Führerschule der deutschen Ärzteschaft" nach Alt-Rehse eingeladen. Im selben Jahr fand auch eine von der „Deutschen Gesellschaft für ärztliche Studienreisen" organisierte Reise für deutsche Ärzte nach Rumänien statt, in deren Rahmen auch der Austausch zwischen deutschen Ärzten und den Mitgliedern des „Bundes deutscher Ärzte in Rumänien" gefördert wurde. Vgl. Bericht über Besichtigung Alt-Rehse am 27.6.1936. In: Medizinische Zeitschrift, 10 (1936) 8, S. 279–281; sowie Ärztliche Studienreise durch Südosteuropa. In: ebd., S. 290.

216 Die Kurse zum „Symbol intellektueller und auch emotionaler Bande mit der abendländischen Kultur" (Killyen) zu stilisieren, scheint etwas hochgegriffen und nicht der Erwartungshaltung der Organisatoren entsprochen zu haben, die zwar durchaus die Verbundenheit mit dem Deutschen Reich auch in Form der Kurse demonstrieren wollten, jedoch meines Erachtens vor allem Teil am wissenschaftlichen Erkenntnisfortschritt haben und Einblicke in die NS-Gesundheitspolitik, die quasi als Leitbild fungierte, erhalten wollten. Zu den Beziehungen zwischen dem Deutschen Reich und den deutschen Ärzten in Rumänien vgl. auch Der Siebenbürgisch-Deutsche Ärzteverein. In: Deutsches Ärzteblatt vom 10.10.1936 (BArch Berlin, R 57 Neu/1109, Mappe 16, unpag.).

217 Eine Übersicht über die Dozenten des 1.–9. Fortbildungskurses ist zu finden in: Medizinische Zeitschrift 10 (1936) 10, S. 457 f.

„Theoretische und praktische Erbprognose" vor.[218] Ergänzt wurden die Vorlesungen, zu denen volksdeutsche Ärzte und Studenten aus ganz Rumänien ebenso wie ranghohe Vertreter des rumänischen Gesundheitswesens anreisten, durch öffentliche Vorträge, die „Fragen von allgemeiner Bedeutung" behandelten. Dazu gehörte 1936 beispielsweise ein Referat Verschuers über „Wege der erbbiologischen Gesundung eines Volkes".[219] Rassenhygienische Gedanken blieben demzufolge nicht auf den studentisch-universitären Raum und den intradisziplinären Austausch begrenzt, sondern sollten auch einer breiten Öffentlichkeit vermittelt werden. Diese sollte für Fragen der Rassenhygiene sensibilisiert werden, waren doch auch die deutschen Ärzte in Rumänien zu der Erkenntnis gelangt, dass die Volksgesundheit wesentlich vom „verantwortungsvollen" Umgang des Einzelnen mit seiner Gesundheit abhängig sei und es deshalb einer intensiven Aufklärung bedürfe.[220] In diesem Sinne lobte 1934 der „Banater Deutsche Kulturverein" ein Preisausschreiben aus, dessen Ziel eine „Volksschrift" über die „Ergebnisse der Erblehre und Erbpflege" war. Der Preisträger legte einen in Briefform gehaltenen Text vor, der nach Einschätzung der Preisrichter, rassenhygienische Inhalte besonders gut in die „Denkweise" und Sprache der ländlichen Bevölkerung übertrage. Der preisgekrönte Text wurde schließlich im zentralen Publikationsorgan der deutschen Ärzte in Rumänien, der „Medizinischen Zeitschrift", abgedruckt. Er sollte so allen Lesern als „Grundlage zu volkstümlichen Vorträgen" zur Verfügung gestellt werden.[221] Aufklärung leisten sollte auch die 1937 von der Evangelischen Landeskirche A.B. Rumäniens initiierte Fürsorgeausstellung zum Thema „Volksgesundheit". Diese orientierte sich an der Ausstellung des Deutschen Hygiene-Museums in Dresden, das eine Delegation Volksdeutscher 1931 besucht hatte. Das Deutsche Hygiene-Museum hatte sich zu diesem Zeitpunkt bereits weit über die Grenzen Sachsens hinaus als eine zentrale Institution der volksgesundheitlichen Aufklärung etabliert und trug wesentlich zur Popularisierung rassenhygienischer Inhalte bei. So wurden bereits 1911 in der ersten Internationalen Hygiene-Ausstellung, die auch über die Grenzen des Deutschen Reiches hinaus große Beachtung fand, Tafeln zur Rassenhygiene gezeigt. Für deren Konzeption zeichneten anerkannte deutsche und ausländische Ärzte, unter ihnen Rüdin und Nitsche, verantwortlich.[222] 1930, nach Fertigstellung des Neubaus, wurde eine Zweite

218 Vgl. Bericht über den 10. Deutschen ärztlichen Fortbildungskurs vom 4.-10. Oktober 1936 in Hermannstadt. In: Medizinische Zeitschrift, 10 (1936) 11, S. 470-474.

219 Vgl. ebd.

220 Vgl. Erhard Markus, Der deutsche Arzt in der Volksgemeinschaft. In: Medizinische Zeitschrift, 8 (1934) 3, S. 20-24.

221 Vgl. Nikolaus Hoffmann, Erblehre und Erbpflege. Die Grundlagen der Erblehre dargestellt für das Banater schwäbische Volk. In: Medizinische Zeitschrift, 8 (1934) 4, S. 3-10.

222 Vgl. Mitglieder der Sondergruppe Rassenhygiene der Internationalen Hygiene-Ausstellung Dresden 1911. In: Max von Gruber/Ernst Rüdin (Hg.), Fortpflanzung. Vererbung. Rassenhygiene. Illustrierter Führer durch die Gruppe Rassenhygiene der Internationalen Hygiene-Ausstellung 1911 in Dresden, München 1911, S. 4-6.

Internationale Hygiene-Ausstellung, die auch die Delegation der deutschen Ärzte aus Rumänien besuchte, eröffnet. Nach 1933 sollte das Haus schließlich zum zentralen Ort der Vermittlung NS-spezifischer gesundheitspolitischer Inhalte werden und die Akzeptanz rassenhygienischer Maßnahmen in der breiten Bevölkerung erhöhen.[223] Diese Breitenwirkung, die vielfältigen Exponate und Moulagen, die museumseigenen Werkstätten, kurzum die umfangreichen Möglichkeiten der Vermittlung beeindruckten die aus Rumänien stammenden deutschen Ärzte „tief" und ließen unter ihnen den Gedanken reifen, „etwas ähnliches in kleinem Rahmen und unseren bescheidenen Verhältnissen angepasst auch hier [in Hermannstadt] zu schaffen".[224] Das Hygiene-Museum in Dresden unterstützte die nachfolgenden Bemühungen, indem es über 100 Schaubilder und Tafeln kostenlos zur Verfügung stellte.[225] Durch diese Schaubilder und Tafeln flossen auch inhaltliche Anregungen in die in Hermannstadt gezeigte Fürsorgeausstellung ein. So existierte auch in dieser ein Ausstellungsbereich zur „Vererbung, Rassenkunde und Rassenpflege" und auch hier wurde das Bild einer drohenden „Entartung" gezeichnet, der nur durch Eheberatung und „Behinderung der Fortpflanzung der Erbkranken" beizukommen sei.[226] Weitere Tafeln widmeten sich der schädigenden Wirkung von Alkohol und Tabak, Geschlechtskrankheiten, „Leibesübungen" und der allgemeinen gesundheitlichen Aufklärung, die durch die Dresdner Leihgaben illustriert wurden. Darüber hinaus erhielt der Besucher einen Einblick in die Fürsorgearbeit der Kirche und deren verschiedene Fürsorgeeinrichtungen.[227] Hauptanliegen der Ausstellung war es, die deutsche Bevölkerung über gesundheitliche und „volksbiologische" Gefahren aufzuklären und ihr gleichzeitig Fürsorgeangebote zu offerieren, die der Gesunderhaltung des „Volkskörpers" dienen sollten.

Wesentlichen Anteil an der dargestellten Fürsorgearbeit und Ausstellungskonzeption hatte Heinrich Siegmund.[228] Bereits 1902, also weit vor der Etablie-

223 Vgl. Peter E. Fässler, Eine symbiotische Beziehung? Zur Kooperation zwischen Deutschem Hygiene-Museum und NS-Regime. In: Axel C. Hüntelmann/Johannes Vossen/Herwig Czech (Hg.), Gesundheit und Staat. Studien zur Geschichte der Gesundheitsämter in Deutschland 1870–1950, Husum 2006, S. 63–75.

224 Bericht Richard Csakis über die Reise nach Dresden, o. D. (BArch Berlin, R 57 Neu/1116–22, unpag.). Die Idee zu einer Fürsorgeausstellung war dabei keineswegs neu, sondern bereits in den 1920er Jahren artikuliert worden. Sie fügt sich in ein Konzept der systematischen Aufklärung der deutschen Bevölkerung Rumäniens über gesundheitliche und rassenhygienische Fragen ein. Vgl. Heinrich Siegmund, Das Fürsorgewerk der Evangelischen Landeskirche A.B. in Rumänien. In: Medizinische Zeitschrift, 10 (1936) 10, S. 338–345.

225 Vgl. ebd.

226 Heinrich Siegmund, Landeskirchliche Fürsorgeausstellung „Volksgesundheit", Hermannstadt 1937, S. 21.

227 W. Klein, Die landeskirchliche Fürsorgeausstellung. In: Medizinische Zeitschrift, 11 (1937) 9, S. 281 f.; sowie Siegmund, Fürsorgeausstellung.

228 Heinrich Siegmund (1867–1937) hatte in Graz und Wien Medizin studiert. Sein besonderes Interesse galt dabei u. a. Darwin und Haeckel. 1902 bis 1911 gab er die Zeitschrift „Volksgesundheit" heraus. Er publizierte zahlreiche Aufsätze, u. a. in der „Medizinischen Zeitschrift", und Bücher. Seit 1920 war Siegmund mit der Führung der kirchlichen

rung der deutschen Rassenhygiene, hatte er einen programmatischen Aufsatz zur Rassenhygiene verfasst. Er pflegte einen intensiven Austausch mit Ploetz und gehörte 1911 zu den Gründungsmitgliedern der „Deutschen Gesellschaft für Rassenhygiene". Im selben Jahr besuchte er die Erste Internationale Hygiene-Ausstellung in Dresden, nach deren Vorbild schließlich unter seiner Leitung die Hermannstädter Fürsorgeausstellung entstand.[229]

Die Fürsorge-Ausstellung ist nur ein Beispiel für die gesundheitspolitischen Aktivitäten der Evangelischen Landeskirche A.B. in Rumänien. Seit 1920 hatte diese sich der Wohlfahrts- und Gesundheitspflege verschrieben, zu der sie explizit auch die Rassen- und Erbpflege zählte.[230] Im Kontext der Rassen- und Erbpflege setzte eine regelrechte Aufklärungsoffensive ein, wobei sich die Landeskirche, und zwar namentlich die Fürsorgestelle, sowohl ärztlicher Vertreter als auch Lehrer bediente und somit über einen erweiterten Aktionsradius und Wirkungskreis verfügte. Schon 1922 wurde der „Fürsorgeunterricht" etabliert und allen evangelischen Schulanstalten einschlägige Werke der Rassenhygiene zur Verfügung gestellt. Eine Wanderbücherei sollte unter anderem Günthers „Rassenkunde" und den „Bauer-Fischer-Lenz" einer breiten Öffentlichkeit zugänglich machen.[231] 1924 wurde erstmals der „Evangelische Fürsorger", der von Siegmund redigiert wurde, herausgegeben. Die „Fürsorgeblätter" - eine Art Merkblatt zu Themen wie Fürsorge und Vererbung - wurden Ärzten und Schulen zur gesundheitlichen Aufklärung der Bevölkerung überlassen.[232] Darüber hinaus führte die Fürsorgestelle bereits 1922 eine erste „Fürsorgezählung" durch, die Aussagen zum „Stand der evang[elischen] Bevölkerung, Kinderreichtum, Bevölkerungsbewegung, Erscheinungen rassischer Entartung [!], Gebrechen, Tatsachen der Unterwanderung" zuließ. 1934 wurden erneut Daten zum

Fürsorgearbeit betraut. 1937 wurde er mit der Ehrenurkunde des DAI ausgezeichnet. Eine vom Ärzteverein ihm zu Ehren gegründete „Dr. Heinrich-Siegmund-Stiftung" setzte sich für die Fortführung der von ihm forcierten „Rassen- und Volksforschung" ein. Vgl. Heinrich Siegmund, Zur sächsischen Rassenhygiene. In: Medizinische Zeitschrift, 11 (1937) 9, S. 273–281; Ernst Gyurgyevich, Vorarbeiten zu einem Schriftenverzeichnis des Landeskonsistorialrates Dr. med. Heinrich Siegmund. In: Medizinische Zeitschrift, 11 (1937) 10, S. 315–326; sowie I. Rehner, Heinrich Siegmund zum Gedächtnis. In: Auslandsdeutsche Volksforschung, 2 (1938), S. 419–422. Vgl. auch Georgescu, ethnic minorities, S. 865 f.

229 Vgl. Georgescu, ethnic minorities, S. 865 f. Eine ähnliche Ausstellung, die, als Wanderausstellung konzipiert, einen regelrechten „Aufklärungsfeldzug" einleiten sollte, entwarf 1937 der im Banat aktive deutsche Kulturverband in Rumänien. Auch hier war es erklärtes Ziel, weiten Teilen der deutschen Bevölkerung bevölkerungspolitische und erbbiologische Inhalte zu vermitteln. Dazu sollte diese aus 35 Tafeln bestehende Ausstellung in jeder deutschen Gemeinde des Banats für etwa eine Woche gezeigt werden, wobei im Rahmen von Führungen die rassenhygienischen Inhalte noch vertieft werden sollten. Vgl. Fritz Klingler, Eine bevölkerungspolitische und erbbiologische Wanderausstellung im Banat. In: Medizinische Zeitschrift, 11 (1937) 1, S. 13 f.

230 Vgl. Heinrich Siegmund, Das Fürsorgewerk der Evangelischen Landeskirche A. B. in Rumänien. In: Medizinische Zeitschrift, 10 (1936) 10, S. 338–345.

231 Vgl. ebd., S. 342 f.

232 Eine Liste der Themen der bis 1936 erschienen 18 Fürsorgeblätter ist zu finden ebd., S. 344.

„biologischen" Gesundheitszustand der einzelnen Gemeinden erhoben, um unter anderem die Ursachen der rückläufigen Geburtenzahl zu ermitteln. Im Rückgang der Geburten glaubten die Ärzte nämlich erste Anzeichen für eine drohende „rassische Entartung" zu entdecken, gegen die entsprechende Gegenmaßnahmen ergriffen werden müssten.[233]

Weniger der Aufklärung als vielmehr der wissenschaftlichen Erforschung der „volksbiologischen" Lage der Deutschen in Rumänien wegen sammelte auch die „Landesarbeitsstelle für Statistik, Bevölkerungspolitik und Sippenwesen" unter Leitung von Alfred Csallner[234] statistische Daten. Sie war eine Arbeitsstelle der „Deutschen Volksgemeinschaft" und konnte auf deren Strukturen und ein verhältnismäßig dichtes Netz von „Ortsarbeitsstellen für Volksgesundheit" zurückgreifen.[235] Durch Fragebögen wurden vornehmlich in Siebenbürgen umfangreiche Daten erhoben, ausgewertet und in der Schriftenreihe „Volk und Rasse. Volk und Raum" veröffentlicht.[236] Darüber hinaus sollte die „Verkartung aller

233 Vgl. ebd., S. 343 und 345.

234 Der Pfarrer Alfred Csallner (1895–1992) war ein früher Vertreter der volksbiologischen Forschung in Siebenbürgen. Neben der Erfassung der Bevölkerung hinsichtlich gesellschaftsbiologischer Kriterien galt sein Interesse auch der Förderung des Kinderreichtums. In diesem Zusammenhang gründete er 1927 einen „Verein der Kinderfrohen" und setzte sich für die Förderung von kinderreichen Familien ein. Ende der 1920er Jahre schloss er sich der nationalsozialistisch geprägten „Selbsthilfebewegung" unter Fritz Fabritius an. 1932 bis 1934 war er Leiter des Rasseamtes der „Selbsthilfe", ab 1934 Leiter des Amtes für Erbbiologie, welches ab 1935 unter der Bezeichnung „Landesarbeitsstelle für Statistik, Bevölkerungspolitik und Sippenwesen" firmierte und der deutschen Volksgemeinschaft in Rumänien angegliedert war. Vgl. u. a. Alfred Csallner, Die volksbiologische Forschung unter den Siebenbürger Sachsen und ihre Auswirkung auf das Leben dieser Volksgruppe, Leipzig 1940. Zu Csallner vgl. auch Georgescu, ethnic minorities, S. 867–869.

235 Die Leiter der Ortsarbeitsstellen waren in Personalunion Mitarbeiter der Landesarbeitsstelle, was die Erhebung relevanter Daten wesentlich erleichterte. Vgl. Matz Hoffmann, Arbeitsrichtlinien der Banater Gauarbeitsstelle für Volksgesundheit. In: Medizinische Zeitschrift, 12 (1938) 1, S. 5–12, hier 12.

236 Die Schriftenreihe wurde zunächst vom Amt für Erbbiologie beim Kulturamt der Deutschen in Rumänien herausgegeben, dem ebenfalls Alfred Csallner vorstand. Es handelt sich vermutlich um die Vorgängereinrichtung der thematisch breiter aufgestellten Landesarbeitsstelle. Das „Amt für Erbbiologie" erscheint bis 1935 als Verleger der Schriftenreihe „Volk und Rasse. Volk und Raum". Die nachfolgenden Ausgaben werden von Csallner, vermutlich in seiner Funktion als Leiter der Landesarbeitsstelle, verlegt. Insgesamt erschienen in der Reihe „Volk und Rasse. Volk und Raum" zehn Bände, wobei es sich allerdings nur um Sonderdrucke wenige Seiten umfassender, bereits publizierter Artikel handelte. Csallner fungierte dabei nicht nur als Verleger/Herausgeber, sondern in zwei der zehn Hefte auch als Autor. Der inhaltliche Schwerpunkt der Reihe lag auf bevölkerungsbiologischen Fragen wie dem Geburtenrückgang oder dem Einfluss der „erblichen Tüchtigkeit" auf die schulisch-intellektuellen Leistungen. Vgl. zum Beispiel Alfred Csallner, Zur Frage der Mischehen, Hermannstadt 1937; ders., Schul- und Lebensleistung der siebenbürgisch-deutschen Bauern, Hermannstadt 1939; Fritz Klingler, Die Bevölkerungsbewegung des deutschen Volkes im Banat von der Ansiedlung bis heute: Der Geburtenrückgang, dessen Ursachen und dessen Abhilfe, Hermannstadt 1934. Csallners Forschungsergebnisse wurden aber auch in reichsdeutschen Medien veröffentlicht, vgl. zum Beispiel Alfred Csallner, Die volksbiologische Forschung unter den Siebenbürger Sachsen und ihre Auswirkung auf das Leben dieser Volksgruppe, Leipzig 1940.

siebenbürgisch-sächsischen Kirchenmatrikeln" eine systematische Sippenforschung ermöglichen.[237] Auch die bereits vorhandenen statistischen Unterlagen über die Bevölkerungszusammensetzung im Banat, Bessarabien und der Bukowina/Buchenland wurden dort gesichtet und bearbeitet.[238] Finanziert wurde die Forschungsstelle und ihre „Volkskörperforschung" unter anderem durch die Deutsche Forschungsgemeinschaft (DFG), wobei kein Geringerer als der Leiter des KWI für Anthropologie, menschliche Erblehre und Eugenik, Eugen Fischer, als DFG-Gutachter die Forschungsvorhaben für förderungswürdig befand.[239] Auch die Südostdeutsche Forschungsgemeinschaft (SODFG) stand in engem Kontakt zur Forschungsstelle und bezog unter anderem Volkstumskarten von dort.[240]

Interessant ist in diesem Zusammenhang auch eine Untersuchung des Schularztes von Mediasch. Er ging, unabhängig von den großen Institutionen, der Frage nach, inwieweit „erbliche Ursachen für die körperliche oder die auffallende geistige Minderwertigkeit [von] Schulschwächlingen" ursächlich seien.[241] Seine 1935/36 angestellten „erbbiologischen Nachforschungen" bei 106 als „minderwertig" qualifizierten Schülern ergaben, ganz im Duktus der rezipierten rassenhygienischen Werke,[242] in einigen Fällen „ein geradezu erschütterndes Bild gehäuften erblichen Schwachsinnes".[243] Er selbst betrachtete seine Forschungen lediglich als Auftakt einer größer angelegten erbbiologischen Erfassung der gesamten Volksgruppe, von deren Notwendigkeit er angesichts der vielen zukünftigen Fälle, „wo man bei der Auswahl des richtigen Mannes für den richtigen Platz Bescheid wissen muss über allerhand erb- und rassenkundliche Dinge", überzeugt war.[244] Letztlich würde eine umfassende erbbiologische Erhebung, einen „Einblick in die erbbiologische Lage [der Volksgruppe] und [ihrer] Rassengesundheit" geben. Ausgehend davon müssten nach dem Vorbild des "Dritten Reiches" konkrete rassenhygienische Maßnahmen ergriffen werden. Ein „Gesetz zur Verhütung erbkranken Nachwuchses" sei „ohne weiters [sic!] nötig".[245]

Die geforderte systematische „volksbiologische" Kompletterfassung aller Mitglieder der deutschen Volksgruppe folgte quasi stante pede. Gerade den rassenhygienisch denkenden Ärzten innerhalb des Bundes der deutschen Ärzte war bewusst, dass sich ohne entsprechende Datengrundlage nur schwer Aussagen zur tatsächlichen „volksbiologischen Lage" treffen, geschweige denn entspre-

237 Vgl. Csallner, Volksbiologische Forschung, S. 110.
238 Vgl. Harmsen, Volksbiologische Fragen.
239 Vgl. Haar, Bevölkerungspolitische Szenarien, S. 349.
240 Vgl. Fahlbusch, Volksdeutsche Forschungsgemeinschaften, S. 277.
241 Richard E. Frank, Der Weg des auslanddeutschen Schularztes zur Erb-Rassen-Sippenpflege. In: Medizinische Zeitschrift, 10 (1936) 10, S. 389–398, hier 393.
242 Frank verweist u. a. auf das von Ernst Rüdin herausgegebene Standardwerk „Erblehre und Rassenhygiene im völkischen Staat".
243 Frank, Auslanddeutscher Schularzt, S. 393.
244 Ebd., S. 395.
245 Ebd., S. 398.

chende Maßnahmen einleiten ließen.[246] Die „Medizinischen Zeitschrift" veröffentlichte deshalb 1937 eine an alle Ärzte des Bundes gerichtete Aufforderung, sich an einem „umfassenden Erhebungswerk bedingungslos" zu beteiligen.[247] Entsprechende Fragebögen zu „Mischehen", „Inzucht", Bevölkerungsbewegung (Geburten, Ehen, Sterblichkeit), zur „sozialen und materiellen Lage" der Deutschen (Hof, Altersaufbau, „Kindersystem"), „Unterwanderung" und Kriegsopfern sollten für möglichst jede deutsche Gemeinde ausgefüllt werden. Auch die bereits erwähnte „Landesarbeitsstelle für Statistik, Bevölkerungspolitik und Sippenwesen" strebte eine „Bestandsaufnahme des gesamten Deutschtums" an. Erste Erhebungen mittels Fragebögen begannen 1937/38. Darüber hinaus war auch die Anlage einer „Erbtüchtigkeits- und Erbuntüchtigkeitskartei" unter anderem auf der Basis des von den Pfarrämtern geführten Familienbuches und von Schulunterlagen anvisiert.[248]

Diese direkten Bezüge zu reichsdeutschen gesundheitspolitischen Maßnahmen verdeutlichen, wie intensiv rassenhygienische Inhalte von volksdeutschen Ärzten rezipiert und adaptiert wurden. Umsetzungsfelder waren dabei, wie bereits beschrieben, vor allem statistische Erhebungen, die auf der einen Seite aufklärerischen und auf der anderen Seite wissenschaftlichen Zwecken dienten. Medium der Rezeption war vor allem eine Zeitschrift, in der die Forschungsergebnisse und Erfahrungsberichte publiziert wurden: die vom „Bund deutscher Ärzte" herausgegebene „Medizinische Zeitschrift".[249] Sie kann als Gradmesser der Etablierung des rassenhygienischen Diskurses und der Rezeption gesundheitspolitischer Entwicklungen des Deutschen Reiches in der ärztlichen rumäniendeutschen Öffentlichkeit verstanden werden.

Die seit 1927 monatlich vom „Bund deutscher Ärzte" in Rumänien herausgegebene „Medizinische Zeitschrift" spiegelt den zunehmenden Einfluss des Nationalsozialismus und seiner rassenhygienischen Prämissen auf die deutsche Ärzteschaft Rumäniens wider. Zugleich bietet sie durch eine Reihe programmatischer Artikel einen Einblick in das Selbstverständnis der deutschen Ärzte in Rumänien, das 1933/34 eine Wandlung erfuhr, die offenbar einer expliziten Artikulation bedurfte. So habe der Arzt in der (volksdeutschen) „Volksgemeinschaft" in erster Linie ein „völkischer Arzt" zu sein, der sich seiner Rassezugehörigkeit bewusst sein müsse. Auf der Basis neuer Grundlagen, darunter die der Erblichkeitslehre und Rassenhygiene, habe er die „Volksgesundheit" zu fördern.[250] Nur der „blut- und artgleiche" Arzt sei im Stande die „geistig-seeli-

246 Vgl. dazu und im Folgenden Fritz Klingler, Das deutsche Volkserhebungswerk. In: Medizinische Zeitschrift, 11 (1937) 11, S. 368 f.

247 Ebd.

248 Vgl. Csallner, volksbiologische Forschung, S. 113.

249 Auch in der deutschen Fachpresse erschienen Artikel über die „volksbiologische" Lage des Deutschtums in Rumänien. Vgl. zum Beispiel Alfred Csallner, Die Mischehen in den siebenbürgisch-deutschen Städten und Märkten. In: Auslandsdeutsche Volksforschung, 1 (1937), S. 225-265.

250 Vgl. dazu und im Weiteren Viktor Weindel, Ärztliche Erneuerung. In: Medizinische Zeitschrift, 8 (1934) 2, S. 1-6; sowie Markus, deutscher Arzt.

sche[n] Sorgen und Nöte der Krankheit seines Volkes mit innerster Hingebung zu erfassen, Verstand und Herz einzusetzen um die Grundmauern biologischen und völkischen Lebens zu sichern".[251] In diesem Sinne wurde der volksdeutsche Arzt, ganz nach deutschem Vorbild, zum politischen Soldaten stilisiert, der sich unter Bedienung eugenischer Instrumente der Gesunderhaltung des Volkskörpers zu widmen habe.

Etwa zeitgleich lässt sich auch eine neue inhaltliche Ausrichtung der Zeitschrift konstatieren, die „der Behandlung rassenhygienischer und bevölkerungspolitischer Fragen [...] größtes Gewicht" beimaß.[252] In diesem Sinne wurden spätestens ab 1934 Aufsätze veröffentlicht, die über Forschungsvorhaben und neue Erkenntnisse auf dem Gebiet der Rassenhygiene, Rassenanthropologie und Bevölkerungswissenschaft berichteten. Diesen war nicht selten auch ein programmatisches Moment inhärent. So wurden beispielsweise 1936 in einem Artikel die „Möglichkeiten und Aufgaben der Rassen-und Erbforschung" skizziert, verbunden mit der Forderung, entsprechende wissenschaftliche Arbeiten zu intensivieren.[253] „Volksbiologische" Erkenntnisse, die zumeist um die Frage des Geburtenrückgangs[254] und einer vermeintlichen Degeneration der Volksgruppe kreisten,[255] sollten die Ärzte für den drohenden „Volkstod" sensibilisieren und gleichzeitig die Notwendigkeit rassenhygienischer Maßnahmen, die nicht von staatlicher Seite zu erwarten, sondern von der Volksgruppe selbst zu initiieren seien, unterstreichen. Insbesondere das Deutsche Reich und dessen Gesundheitswesen galten als vorbildlich. Zahlreiche Artikel vermittelten einen detaillierten Einblick in das deutsche Gesundheitssystem, gesundheitspolitische Zielsetzungen und Instrumente.[256] Aber auch die gesundheitspolitische Entwicklung in Rumänien war Gegenstand ausführlicher Erörterungen. So wurde

251 Markus, deutscher Arzt, S. 20.

252 Vgl. Bericht über die ordentliche Hauptversammlung des Siebenbürgisch-Deutschen Ärztevereins vom 15.9.1935 in Schäßburg. In: Medizinische Zeitschrift, 9 (1935) 10, S. 320–232, hier 321.

253 Eckhardt Hügel, Möglichkeiten und Aufgaben der Rassen- und Erbforschung in Siebenbürgen. In: Medizinische Zeitschrift, 10 (1936) 10, S. 452 f.

254 Eine Ausnahme stellten die Bessarabiendeutschen dar, die einen Geburtenüberschuss aufwiesen. Vgl. Umschau: Das Deutschtum Bessarabiens, ein bevölkerungspolitisches Vorbild. In: Medizinische Zeitschrift, 14 (1940) 1, S. 24 f.

255 Vgl. zum Beispiel Albert Necker, Bessarabische Sorgen. In: Medizinische Zeitschrift, 10 (1936) 10, S. 408–413; Alfred Csallner, Die volksbiologische Lage der Siebenbürger Sachsen. In: Medizinische Zeitschrift, 10 (1936) 10, S. 345–388; Fritz Klingler, Volk in Not! Eine Untersuchung über die bevölkerungspolitische Lage bei den Banater Schwaben. In: Medizinische Zeitschrift, 10 (1936) 12, S. 507–519; Fritz Klingler, Grundsätzliches über die Ursachen der Geburtenbeschränkung und des Erbgutverfalls in unseren Volksgruppen. In: Medizinische Zeitschrift, 11 (1937) 4, S. 107–111.

256 In der Rubrik „Umschau" wurde beispielsweise detailliert auf die Beratungsstellen für Erb- und Rassenpflege bei den Gesundheitsämtern eingegangen, ebenso auf die Medizinalversorgung. Vgl. zum Beispiel Aufgaben der Beratungsstellen für Erb- und Rassenpflege. In: Medizinische Zeitschrift, 9 (1935) 10, S. 313 f.; Die Medizinalversorgung Deutschlands. In: Medizinische Zeitschrift, 9 (1935) 12, S. 314–316; sowie Gesundheitsführung im Dritten Reich. Die Tätigkeit der Gesundheitsämter. In: Medizinische Zeitschrift, 11 (1937) 12, S. 414–416.

beispielsweise intensiv über die Frage der Schwangerschaftsunterbrechung, die im Kontext eines neuen rumänischen Strafgesetzbuches an Aktualität gewann, diskutiert und der entsprechende Gesetzestext in toto abgedruckt.[257] Assoziierten Themenfeldern wie der „Erbprognose" wurde vermehrt Aufmerksamkeit gewidmet. Verschuer beschäftigte sich in einem Aufsatz, der sich vor allem auf die im deutschen GzVeN benannten „Erbleiden" bezog, mit dieser Thematik. Dabei war insbesondere die Erblichkeit psychiatrischer Erkrankungen hinsichtlich der legalen Durchführung von Abtreibungen von besonderer Bedeutung. In Rumänien war eine Abtreibung im Falle, dass der „Vater oder die Mutter geisteskrank ist und die Gewissheit besteht, dass das Kind schwere geistige Belastungen davontragen wird" - also unter eugenischen Vorzeichen - zulässig.[258] Diese Legalisierung „erbgesundheitlich" indizierter Abtreibungen wurde seitens der deutschen Ärzte sehr begrüßt. Allerdings ging sie den deutschen Ärzten nicht weit genug. Diese sahen nicht in der Abtreibung, sondern in der Sterilisation den wirksamsten Schutz gegen „erbkranken Nachwuchs".[259] Ein Sterilisationsgesetz, das den rechtlichen Rahmen für eugenisch indizierte Sterilisationen geboten hätte, existierte in Rumänien aber schlichtweg nicht. Es sei zu befürchten - so die nichts an Klarheit vermissen lassende Einschätzung eines volksdeutschen Arztes -, dass „die ganze Wirkung dieser Maßnahme [Abtreibung] darin bestehen wird, dass ab und zu ein unerwünschtes Kind beseitigt wird, dass aber der Gemeinschaft daraus kein wirklicher Nutzen erwächst und die Entstehung erbkranken Nachwuchses nicht irgendwie erheblich eingeschränkt wird".[260] Die Position der deutschen Ärzte in Rumänien ist, betrachtet man die „Medizinische Zeitschrift" als meinungs(ab)bildend, damit klar umrissen: Sie forderten eine radikale Umsetzung rassenhygienischer Maßnahmen, wobei das Spektrum sowohl „positive" eugenische Maßnahmen wie die Förderung von Geburten[261] als auch „negative" eugenische Maßnahmen wie die

257 Vgl. E. Markus, Schwangerschaftsunterbrechung, 10. Abend der Diskussion. In: Medizinische Zeitschrift, 8 (1934) 9/10, S. 30-33; sowie R. Weißkircher, Das neue rumänische Strafgesetzbuch. In: Medizinische Zeitschrift, 10 (1936) 12, S. 519-525.

258 Vgl. Weißkircher, Strafgesetzbuch, S. 520. Eine Präzisierung, in welchen konkreten Fällen eine Abtreibung erfolgen dürfe, erfolgte seitens des Staates wohl nicht. Die „Medizinische Zeitschrift" entschied sich jedoch den deutschen Ärzten die im Deutschen Reich geltenden „Richtlinien zur Schwangerschaftsunterbrechung und Unfruchtbarmachung aus gesundheitlichen Gründen" als Leitlinien beizugeben. Vgl. Richtlinien für Schwangerschaftsunterbrechung und Unfruchtbarmachung aus gesundheitlichen Gründen. In: Medizinische Zeitschrift, 11 (1937) 3, S. 190-199.

259 Siegfried Ernst, Zur Frage der Schwangerschaftsunterbrechung im neuen Strafgesetz. In: Medizinische Zeitschrift, 11 (1937) 3, S. 185-189.

260 Ebd., S. 188.

261 So setzte sich ein 1938 von der Semmelweis-Gruppe gegründeter Arbeitsausschuss für Volksgesundheit vornehmlich für die „Hebung" der „Kinderfreudigkeit" ein. Er lehnte Abtreibungen, ausgenommen medizinisch indizierter, rigoros ab und erklärte es zu seiner Aufgabe, die „Frauen eines Besseren zu belehren". Zur Erreichung dieser Ziele sollten Aufklärung, Förderung der „Kinderreichen", „Propagierung der Adoptionen und der Annahme von Patenschaften solcher Kinder, die aus kinderreichen, erbgesunden [!] Familien stammen" und die gesellschaftliche, ideelle Aufwertung der Mutterschaft

Zwangssterilisation vermeintlich „Erbkranker" zum Wohle des „Volkskörpers" umfasste.

Rassenhygienische Überzeugungen hatten sich demnach in ihrer ganzen Radikalität innerhalb der deutschen Volksgruppe in Rumänien fest etabliert. Eigeninitiativ und selbstständig hatte Siegmund diese Sonderform der deutschen Rassenhygiene entwickelt und zugleich frühzeitig den Austausch zu deutschen Rassenhygieniker gesucht. Dieser wurde insbesondere in den 1930er Jahren zunehmend ausgebaut, zum Beispiel durch Studienreisen und Gastvorträge. Gleichzeitig erstarkte das Interesse des Deutschen Reiches an der „volksbiologischen" Arbeit der deutschen Minderheit in Rumänien, die das Deutsche Reich nun auch stärker finanziell unterstützte.

Zunehmend mehr Stellen waren mit „volksbiologischen" Fragen befasst. Zahlreiche Ausschüsse und Arbeitsstellen wurden seitens der Volksgruppe und des Ärztevereins zum Teil mit reichsdeutscher Unterstützung neu gegründet und zunehmend vernetzt.[262] Volksgruppeneigene Einrichtungen wie Krankenhäuser, Altersheime und Waisenhäuser entstanden – vor allem auf Initiative kirchlicher Stellen hin. In Siebenbürgen war die Evangelische Landeskirche A. B. Gründer und Träger der meisten deutschen Wohlfahrts- und Krankeneinrichtungen, beispielsweise dem Martin-Luther-Krankenhaus in Hermannstadt.[263] In Bessarabien begründeten 1867 pietistisch geprägte Geistliche mit Unterstützung des Diakonissenhauses Neuendettelsau in Sarata ein Diakonissen-Mutterhaus – das sogenannte Alexander-Asyl[264] –, dessen Diakonissen vom Schwarzen Meer bis an die Wolga in zahlreichen Außenstationen, beispielsweise in der Taubstummenanstalt Worms/Südrussland,[265] tätig waren. Ausgehend vom Diakonissen-

beitragen. Vgl. Umschau: Volksgesundheitliche Arbeit in der Semmelweisgruppe der B. D. Ä. R. In: Medizinische Zeitschrift, 12 (1938) 7, S. 189 f.

262 Dies lässt sich besonders deutlich am Beispiel der „Landesarbeitsstelle für Statistik", den „Gau-/Ortsarbeitsstellen für Volksgesundheit" und dem „Arbeitsausschuss für Bevölkerungspolitik und Volksgesundheit" nachweisen. Die Mitarbeiter der „Gau-/Ortsarbeitsstellen" sollten zugleich Mitarbeiter der „Landesarbeitsstelle für Statistik" sein, was einen vereinfachten Zugriff auf die vor Ort erhobenen statistischen Daten gewährleistete. Der Leiter des „Arbeitsausschusses für Bevölkerungspolitik und Volksgesundheit" sollte wiederum in Personalunion der „Gauarbeitsstelle für Volksgesundheit" vorstehen und ebenfalls auf die „Ortsarbeitsstellen" zugreifen können. Vgl. Matz Hoffmann, Arbeitsrichtlinien der Banater Gauarbeitsstelle für Volksgesundheit. In: Medizinische Zeitschrift, 12 (1938) 1, S. 5–12. Vgl. Umschau: Volksgesundheitliche Arbeit in der Semmelweisgruppe der B. D. Ä. R. In: Medizinische Zeitschrift, 12 (1938) 7, S. 189 f.; sowie Leitsätze für den Arbeitsausschuß für Bevölkerungspolitik und Volksgesundheit der Banater Semmelweis-Gruppe. In: Medizinische Zeitschrift, 12 (1938) 9/10, S. 233–238.

263 Vgl. Unterlagen der Kirchgemeinde Hermannstadt (BArch Berlin, R 57 Neu/1116-9).

264 Vgl. dazu und im Folgenden Christian Fiess, Die Barmherzigenanstalt „Alexander-Asyl". In: ders. (Hg.), Heimatbuch Sarata 1822–1940, o. O. 1979, S. 127–137; sowie Broschüre von Gotthold Winger, Einiges über die Arbeit und das Leben in der Barmherzigenanstalt Alexander-Asyl zu Sarata, Tarutino o. D. (etwa 1936) (BArch Berlin, R 57 Neu/1120, Mappe 43, unpag.).

265 Die Saratаer Schwestern waren in verschiedenen deutschen Einrichtungen der Siedlungen des Wolgagebietes tätig, darunter die Taubstummenanstalten in Worms und Saratow, die bis zur Revolution von der Deutschen Gesellschaft zur Erziehung taubstummer

haus in Sarata, welches sich der Pflege psychisch kranker Menschen verschrieben hatte, entstand eine medizinische Infrastruktur, zu der nicht nur stationäre Einrichtungen wie ein Krankenhaus, ein Altersheim oder ein Waisenhaus gehörten, sondern auch ambulante Dienste wie die Gemeindepflege. In Arzis eröffnete 1882 mit dem Altersheim „Bethel" eine Außenabteilung des Alexander-Asyls. In Bad Burnas, einem von deutschen Siedlern gegründeten Badeort am Schwarzen Meer, entstand ein Schwestern- und Kindererholungsheim.[266] Alle diese Einrichtungen wurden von der deutschen Volksgruppe selbst, vor allem durch Spenden, unterhalten, und von bessarabiendeutschen Ärzten, die auch im „Bund deutscher Ärzte" in Rumänien organisiert waren, betreut.[267] Nicht zuletzt aufgrund dieser personellen Besetzung, die es dem Ärzteverein ermöglichte seine Wirkungsmacht auch in den bessarabiendeutschen Einrichtungen zu entfalten, ist zu vermuten, dass auch an diesen, ebenso wie an den psychiatrischen (staatlichen) Anstalten in Czernowitz oder Hermannstadt,[268] rassenhygienische Anschauungen nicht vorbeigegangen sind.[269]

Diese strukturellen Vorbedingungen und die rassenhygienische Durchdringung gesundheitspolitischer Vorstellungen innerhalb der deutschen Volksgruppe in Rumänien, aber auch in anderen Siedlungsgebieten, gingen mit konkreten Maßnahmen einher. Im Rahmen der gesetzlichen Möglichkeiten, die die jeweiligen Länder boten, versuchten die Volksgruppen der rassenhygienischen „Gefahrenlage", insbesondere den Geburtenrückgängen, durch forcierte Aufklä-

Kinder in den evangelischen Wolgagemeinden unterhalten wurden, oder auch in der Brüdergemeine in Sarepta. Vgl. Fiess, Alexander-Asyl, S. 132 f. Zu den wolgadeutschen Einrichtungen vgl. die vorliegenden Jahresberichte der Anstalten in Worms, Orlowski und Saratow (bis 1915) (BArch Berlin, R 57 Neu/1124, Mappen 1, 7, 18).

266 Vgl. Fiess, Alexander-Asyl.

267 Eine Ausnahme bildete das Krankenhaus in Sarata. Das Gebäude wurde dem rumänischen Staat gegen Zahlung einer Pacht überlassen, die Versorgung der Kranken blieb jedoch in der Hand des Alexander-Asyls. Dieses hatte auch maßgeblichen Einfluss auf die personelle Besetzung. Seit 1920 war dort der bessarabiendeutsche Arzt Leopold Dobler tätig, seit 1922 auch Jakob Waldenmaier, der u. a. in Tübingen Medizin studiert hatte. Beide gehörten dem Ärzteverein an. Anlässlich des 25-jährigen Berufsjubiläums Doblers erschien in der „Medizinischen Zeitschrift" ein kurzer Aufsatz, der von den Feierlichkeiten, bei denen auch der Gauobmann und weitere „völkische" Organisationen anwesend waren, berichtete. Vgl. 25-jähriges Berufsjubiläum Doblers in Bessarabien. In: Medizinische Zeitschrift, 13 (1939) 1, S. 2 f.; Mitgliederliste des siebenbürgisch-deutschen Ärztevereins. In: Medizinische Zeitschrift, 7 (1933) 8, S. 7-17; sowie zu den Biographien dieser und weiterer bessarabiendeutscher Ärzte Christian Fiess, Gesundheitswesen. In: ders. (Hg.), Heimatbuch Sarata 1822-1940, S. 138-158. Vgl. Winger, Alexander-Asyl. Zu Dobler vgl. auch Kapitel IV, Anm. 199.

268 In beiden „Irrenanstalten" waren volksdeutsche Ärzte, die im Bund deutscher Ärzte in Rumänien organisiert waren, tätig: in Czernowitz zum Beispiel Walter Kipper, in Hermannstadt Egon Gundhardt. Vgl. Mitgliederliste des siebenbürgisch-deutschen Ärztevereins. In: Medizinische Zeitschrift, 7 (1933) 8, S. 7-17; sowie Personalunterlagen ausgewählter Ärzte des Bundes der deutschen Ärzte in Rumänien (BArch Berlin, R 57 Neu/605, unpag.).

269 In welcher Form diese den Anstaltsalltag prägten, lässt sich allerdings schwer abschätzen. Ein Bericht des Rektors des Alexander-Asyls von 1935/36 liefert keine verwertbaren Anhaltspunkte. Vgl. Winger, Alexander-Asyl.

rung beizukommen, Eheberatungen durchzuführen und die ärztliche Betreuung zu verbessern.

Diese Maßnahmen basierten nicht allein auf der rassenhygienischen Überzeugung, die bei den Ärzten durch Weiter- und Fortbildung und durch die einschlägige Literatur zur Rassenhygiene und Bevölkerungspolitik ausgebildet und gefestigt werden sollte.[270] Entscheidend war vielmehr die Kenntnis der „volksbiologischen Lage" der Volksgruppe. Der Erforschung dieser, für die der Terminus technicus „Volkskörperforschung" geprägt wurde,[271] widmeten sich in den verschiedenen Siedlungsgebieten Pfarrer, Ärzte und Lehrer. Durchgeführt wurden diese zumeist statistischen Erhebungen „volksbiologischer" Daten durch die Volksgruppenvertretungen (so zum Beispiel in Rumänien und im Baltikum[272]), Fürsorgevereine (ebenfalls Rumänien, Jugoslawien[273]), kirchliche Stellen (Rumänien, eventuell Baltikum[274]), aber auch den jeweiligen Staaten (Baltikum[275], Rumänien[276]). Im Rahmen der von der Volksgruppe selbst durchgeführten Erhebungen, die allerdings nicht selten von deutschen Forschungsstellen wie der DFG oder SODFG finanziell unterstützt wurden, entstand ein beträchtliches Datenmaterial, auf welches schließlich die Umsiedlungsdienststellen zurückgreifen konnten. Ein Beispiel für diese „rekursive Kopplung"[277] von Volkstumsforschung und Umsiedlung, die sich nicht nur im Falle der DFG und SODFG nachweisen lässt und auf die noch eingegangen werden soll, ist die

270 Die Literatur sollte in einer Spezialbibliothek in Temeswar, die „Werke über Erblehre, Rassenkunde und Bevölkerungspolitik" führte, jedem Arzt zugänglich sein. Vgl. Leitsätze für den Arbeitsausschuss für Bevölkerungspolitik und Volksgesundheit der Banater Semmelweis-Gruppe. In: Medizinische Zeitschrift, 12 (1938) 9/10, S. 233–238.

271 Vgl. Haar, Bevölkerungspolitische Szenarien.

272 Bevölkerungsstatistiker arbeiteten nachweislich im Volkspflege-/Fürsorgeamt der Deutschen Volksgemeinschaft Lettlands. Die dort erhobenen und ausgewerteten Daten beschränkten sich nicht auf die Fürsorgeempfänger, sondern stammten zum Beispiel auch aus Reihenuntersuchungen. Vgl. Bescheinigung über die Tätigkeit von Frau Sigrid B. vom 4. 5. 1940 (APP, Vomi, 129, Bl. 160); sowie Bericht des Volkspflegeamtes der Deutschbaltischen Volksgemeinschaft in Lettland für das Geschäftsjahr 1937/38 (BArch Berlin, R 57 Neu/1075, Mappe 12).

273 Unter Wüscht trug die Zentralgenossenschaft der ländlichen Wohlfahrtgenossenschaften in Novisad umfangreiche Daten über die „Gesundheitslage" der deutschen Volksgruppe in Jugoslawien zusammen. Vgl. Harmsen, volksbiologische Fragen, S. 74.

274 In Lettland existierte der „Verein für Innere Mission der deutschen ev. luth. Gemeinden Lettlands". Es ist anzunehmen, dass dieser über umfangreiche Daten über die deutsche Volksgruppe verfügte, inwieweit diese aber zu Forschungszwecken erhoben und ausgewertet wurden, muss derzeit offen bleiben. Vgl. Abstammungsnachweis Paul B., ausgestellt vom „Verein für Innere Mission der deutschen ev. luth. Gemeinden Lettlands" in Riga, Nr. 4556, vom 25. 10. 1939 (APP, Vomi, 129, Bl. 58).

275 Die lettische Verwaltung veröffentlichte beispielsweise 1937 Ergebnisse der von ihr durchgeführten Erhebungen hinsichtlich der Bevölkerungsbewegung der einzelnen Nationalitäten und damit auch der deutschen in Lettland. Vgl. Umschau: Bevölkerungspolitische Fragen und Sorgen der deutschen Volksgruppe in Lettland. In: Medizinische Zeitschrift, 11 (1938) 1, S. 25 f.

276 Vgl. Haar, „Volksgruppen-Paradigma", S. 29.

277 Peter Weingart, Die Stunde der Wahrheit? Zum Verhältnis der Wissenschaften zu Politik, Wirtschaft und Medien in der Wissensgesellschaft, 2. Auflage Weilerswist 2005.

Bestandsaufnahme der Deutschen in der Bukowina. Seit 1937 förderte die SODFG die Erfassungsarbeiten des Czernowitzer Dozenten Herbert Mayer, der 1939 eine „Bestandsaufnahme der völkischen Zusammensetzung" der Bevölkerung des Banats vorlegen konnte, die die Grundlage für die Umsiedlung der Deutschen aus dem rumänischen Banat 1940 darstellte.[278] Interessant ist dabei, dass die Umsiedlungsakteure nicht allein auf das statistische Material zurückgriffen, sondern sich auch in personeller Hinsicht der bevölkerungsstatistischen und volkstumspolitischen Expertise der Volksdeutschen bedienten: Mayer war im Rahmen der Umsiedlung aus der Bukowina Angehöriger des Umsiedlungskommandos und unterstützte somit die Umsiedlungsarbeit auch direkt.[279]

Deutsche Forschungseinrichtungen und reichsdeutsche Volkstumsverbände behielten sich aber nicht nur eine unterstützende Rolle vor, sondern sie übten direkten Einfluss auf die Forschungen vor Ort aus beziehungsweise strengten diese selbst an.

2.2 Deutsches Forschungsinteresse auf rassenhygienisch-bevölkerungspolitischem Gebiet, bezogen auf die deutschen Siedlungen des Auslandes

Das Interesse an den deutschen Siedlungen im europäischen Ausland kanalisierte sich vor allem in den Volkstumsverbänden, wie dem VDA, und den mit der Volkstumsforschung befassten Instituten, wie dem Deutschen Auslands-Institut in Stuttgart (DAI). Kooperationspartner dieser waren unter anderem der Reichsausschuss für Volksgesundheitsdienst oder das Rassenpolitische Amt der NSDAP. Die Einflussmöglichkeiten des DAI und des VDA erstreckten sich dabei bis auf die Reichsberufswettkämpfe der Medizinstudenten. Auf Anregung des DAI führten verschiedene Studentengruppen zum Beispiel Feldforschungen in der Batschka und Bessarabien durch.[280] Aber auch seitens der medizinisch-rassenhygienischen Forschung wurde ein Interesse an volksdeutschen Siedlungsgebieten ventiliert. Kein Geringerer als Eugen Fischer vom KWI für Anthropologie, menschliche Erblehre und Eugenik, betonte das Potential der Volksdeutschen, die als mehr oder weniger isolierte Bevölkerungsgruppen ein Untersuchungsfeld für seltene Erbmerkmale par excellence darstellen würden.[281]

278 Vgl. Fahlbusch, Volksdeutsche Forschungsgemeinschaften, S. 228. Zu Mayer vgl. auch Jachomowski, Umsiedlung der Bessarabien-, Bukowina- und Dobrudschadeutschen, S. 49 und 70.

279 Zu Mayer vgl. auch Jachomowski, Umsiedlung der Bessarabien-, Bukowina- und Dobrudschadeutschen, S. 49 und 70.

280 Vgl. Werner Burchard u. a., Volkheitskundliche Untersuchungen im deutschen Siedlungsgebiet in der südslawischen Batschka, Berlin 1938; sowie Klaus Endruweit, Teplitz. Gesundheitliche Untersuchungen in einem deutschen Dorfe Bessarabiens im Rahmen einer Reichsberufswettkampfarbeit, Diss. med., Würzburg 1941.

281 Vgl. Schmuhl, KWI, S. 119.

Neben diesen dezidiert volkstumspolitisch beziehungsweise wissenschaftlich ausgerichteten Einrichtungen hatte die Auslandsabteilung der Reichsärztekammer ein gesteigertes Interesse an medizinischen Fragen der deutschen Siedlungen des Auslandes. Sie nahm quasi eine Zwischenstellung ein, indem sie gleichermaßen ein medizinisch-wissenschaftliches und ein volkstumspolitisches Anliegen verfolgte.

Allen diesen im Spannungsfeld zwischen Volkstumsforschung und rassenhygienisch-bevölkerungspolitischer Forschung stehenden Vereinen, Instituten und Forschungseinrichtungen war eines gemein - sie erfuhren nach 1933 eine deutliche Aufwertung, die sich in einer gesteigerten Forschungsaktivität und einem erhöhten Finanzvolumen niederschlug.[282]

Diese Rahmenbedingungen ermöglichten eine Intensivierung der Volkstumsforschung, innerhalb derer sich der Schwerpunkt ähnlich wie in den volksdeutschen Siedlungsgebieten auch im Deutschen Reich in den 1930er Jahren auf die „Volkskörperforschung“ verschob. Wesentlicher Motor dieser „Volkskörperforschung“ war das DAI, welches eine Vielzahl sippenkundlicher Erhebungen in den verschiedenen Siedlungsgebieten durchführte.

DAI

Im 1917 in Stuttgart gegründeten DAI, welches als „reichswichtige Anstalt“ unter Aufsicht des Reichsinnenministeriums stand,[283] konzentrierte sich die Volkstumsforschung des Deutschen Reiches. Es verfügte sowohl institutionell als auch personell über umfangreiche Ressourcen, die in den Dienst der Erforschung der „Auslanddeutschen“, der Pflege der Kontakte in den verschiedenen Siedlungsgebieten durch „Vertrauensmänner“, der Archivierung umfangreichen Materials und der Erstellung von Karteien gestellt wurden. Mit der Machtübernahme der Nationalsozialisten ging die „Gleichschaltung“ des Instituts einher. Innerhalb der Führungspositionen vollzog sich ein nicht ganz unbedeutender Wechsel: Die Leitung des DAI übernahm der ehemalige Leiter des deutschen Kulturamts für Rumänien, Richard Csaki.[284] Unter seiner Ägide wurde insbesondere die Sippenforschung intensiviert. Die „Hauptstelle für auslandsdeut-

282 Das DAI erhielt eine Vielzahl außerplanmäßiger Mittel für seine zunehmend umfangreichere Tätigkeit. Der VDA profitierte aufgrund der Erhebung von Mitgliedsbeiträgen von der ansteigenden Mitgliederzahl und zahlreichen Sondersammlungen. 1934 betrug der Gesamtetat etwa 7 Mio. RM. Die dem KWI zur Verfügung stehenden Mittel hatten sich in den Vorkriegsjahren nahezu verdoppelt. Vgl. Ernst Ritter, Das Deutsche Auslands-Institut in Stuttgart 1917–1945. Ein Beispiel deutscher Volkstumsarbeit zwischen den Weltkriegen, Wiesbaden 1976, S. 67; Martin Seckendorf, Deutsches Auslands-Institut. In: Ingo Haar/Michael Fahlbusch (Hg.), Handbuch der völkischen Wissenschaft. Personen. Institutionen. Forschungsprogramme. Stiftungen, München 2008, S. 140–149, hier 143; Leniger, NS-Volkstumsarbeit, S. 26; sowie Schmuhl, KWI, S. 189–196.

283 Vgl. Seckendorf, Deutsches Auslands-Institut, S. 142.

284 Zu Csaki vgl. Ritter, DAI, S. 58–61.

sche Sippenkunde", eine 1934 neu gegründete Abteilung des DAI, begann ab 1936 mit dem Aufbau einer Namenskartei aller Auslandsdeutschen. Spezielle Abteilungen wie die 1938 geschaffene „Forschungsstelle für das Russlanddeutschtum" begannen mit umfassenden Verkartungsarbeiten, wobei deren Aufgabe sich nicht allein auf die sippenkundlichen Erhebungen, sondern auch auf die „volksbiologische" Forschung erstrecken sollten.[285] Bis 1939/40 waren in den verschiedenen Karteien allein etwa 300 000 Russlanddeutsche und nahezu alle Bessarabiendeutschen erfasst,[286] letztere nicht zuletzt mit Unterstützung der Medizinstudenten, die im Rahmen des Reichsberufswettkampfes im Sommer 1938 in Bessarabien umfassende Untersuchungen durchgeführt hatten.[287] Das DAI verstand es, die NS-Studentenführung für seine Zwecke zu gewinnen, indem es den Untersuchungsgegenstand - das bessarabische Dorf Teplitz - als besonders geeignet offerierte.[288] Ähnliche Forschungen hatte das DAI schon in den 1920er Jahren in Wolhynien protegiert. Die Initiative zur sogenannten „Wolhynienfahrt" ging hier von der „Wandervogelbewegung"[289] aus. Ein Ziel dieser Fahrt, in deren Mittelpunkt vermeintlich volkskundliche, aber letztlich auch klare volkstumspolitische Interessen standen, war unter anderem die „Bestandsaufnahme des gesamten, vorhandenen Deutschtums in Westwolhynien". Auch wenn dies nicht im geplanten Umfang erreicht wurde, konnte doch immerhin ein Fünftel der deutschen Bevölkerung Westwolhyniens in Fragebögen erfasst werden.[290] Darüber hinaus erschienen in der Folgezeit zahl-

285 Vgl. weiter Benjamin Pinkus/Ingeborg Fleischhauer, Die Deutschen in der Sowjetunion, Baden-Baden 1987, S. 220-223.

286 Vgl. Ritter, DAI, S. 84 f.; sowie Pinkus/Fleischhauer, Die Deutschen in der Sowjetunion, S. 222.

287 Vgl. zum Beispiel Klaus Endruweit, Teplitz. Gesundheitliche Untersuchungen in einem deutschen Dorfe Bessarabiens im Rahmen einer Reichsberufswettkampfarbeit, Diss. med., Würzburg 1941.

288 Endruweit, Teplitz, S. 1.

289 Die „Wandervogelbewegung" war nur eine, allerdings sehr prominente und zahlenmäßig bedeutsame, von vielen Jugendbewegungen, die sich der Volkstumsarbeit widmeten. Die „Wandervogelbewegung" verband eine betont nationalistische Position mit lebensreformischen Ansätzen, einer romantischen Verklärung des Mittelalters und neuen Naturbezogenheit. Die „Wandervögel" versuchten durch politisch konnotierte „Grenzlandfahrten" „gefährdete Deutschtumsgebiete" materiell und kulturell zu unterstützen. Vgl. Fielitz, Stereotyp, S. 50-52; sowie Alexander Pinwinkler, Walter Kuhn (1903-1983) und der Bielitzer „Wandervogel e. V.". Historisch-volkskundliche „Sprachinselforschung" zwischen völkischem Pathos und politischer Indienstnahme. In: Zeitschrift für Volkskunde, 105 (2009) 1, S. 29-51.

290 Die Erhebungsbögen wurden von dem Galiziendeutschen Heinz Heckel (1890-?), einem Mitglied des Deutschen Volksrates für die Westukraine, Mitglied des „Wandervogels" und einer der Hauptorganisatoren der Wolhynienfahrt, ausgearbeitet. Heckel wurde aufgrund seiner Erhebungen der Spionage verdächtigt und noch 1926 aus Polen ausgewiesen. Vgl. zur Wolhynienfahrt 1926 Fielitz, Stereotyp, S. 48-54; sowie zu Heckel ebd., S. 374 f.

reiche Aufsätze von Kurt Lück,[291] Alfred Karasek[292] und Walter Kuhn[293] zur Lage des Deutschtums in Wolhynien, die siedlungsgeschichtliche ebenso wie bevölkerungsbiologische Aspekte des Deutschtums in Wolhynien beleuchteten.[294] Aufbauend auf die Forschungen der 1920er Jahre wurden weitere Ergebnisse der Volkstumsforschungen in den DAI-eigenen Publikationsorganen, „Der Auslandsdeutsche“ und „Jahrbuch der Hauptstelle für die Sippenkunde des Deutschtums im Ausland“, publiziert, die im Rahmen der Umsiedlung an Bedeutung gewinnen sollten, ebenso wie deren Autoren nun als Volkstumsexperten gefragt waren.[295]

Das Interesse des DAI an der Erfassung der verschiedenen volksdeutschen Siedlungsgebiete ergänzte sich auch in weiteren Fällen komplementär mit dem anderer Volkstumsvereine und NS-Dienststellen. So verfolgte beispielsweise der „Reichsausschuss für Volksgesundheitsdienst“ die bevölkerungswissenschaftliche und „volksbiologische“ Arbeit des DAI außerordentlich interessiert und regte die weitere Auswertung des Materials an, sah er doch durch die Erhebungen die Möglichkeit „einen klaren Überblick über die derzeitige bevölkerungsbiologische und altersmäßige Zusammensetzung der verschiedenen deutschen Volksgruppen im Ausland zu schaffen, die es den ärztlichen Stellen im Reich ermöglicht, den deutschen Volksgruppen Richtlinien für erb- und bevölkerungsbiologische Arbeit zu erteilen“.[296] Der Datenpool des DAI, der sowohl durch eigene Erhebungen als auch durch die Zuarbeiten zahlreicher „Vertrauensmänner“ in den volksdeutschen Siedlungsgebieten einen beträchtlichen

291 Kurt Lück (1900–1942) war ebenfalls Teilnehmer der Wolhynienfahrt 1926 und gehörte dem „Wandervogel“ in Posen an. 1937 begründete er die Schriftenreihe „Unsere Heimat“, deren Veröffentlichungen im Rahmen der Umsiedlungen Bedeutung erlangen sollten. Lück hatte bis März 1940 den Posten als Leiter der Geschäftsstelle der Volksdeutschen in Posen inne, anschließend wurde er mit der Umsiedlung der Deutschen aus dem Generalgouvernement betraut. Vgl. Fielitz, Stereotyp, S. 383.

292 Alfred Karasek (1902–1970) war Mitglied des Bielitzer „Wandervogels“ und ebenfalls Teilnehmer der Wolhynienfahrt 1926. 1932 wurde er Stipendiat der SODFG, 1938 Referent in der Publikationsstelle der SODFG in Wien. Während der Umsiedlung aus Wolhynien bekleidete Karasek die Funktion eines Gebietsbevollmächtigten im Umsiedlungsstab. Das gleiche Amt übte er auch während der Umsiedlung der Bessarabiendeutschen aus. Nachfolgend war er als Mitglied des Sonderkommandos Künsberg am Kulturraub in den osteuropäischen Gebieten beteiligt. Vgl. Fielitz, Stereotyp, S. 376; sowie Bericht über die Dienstreise nach Mannsburg u. a. am 28. 9. 1940 vom 30. 9. 1940 (BArch Berlin, R 59/377, Bl. 54–63).

293 Walter Kuhn (1903–1983) war Teilnehmer der Wolhynienfahrt 1926 und Mitglied des Bielitzer „Wandervogels“. Er war vor allem im Bereich der „Sprachinselforschung“ tätig, die bei ihm eine dezidiert ideologische, vornehmlich biologistisch-sozialdarwinistische Ausrichtung erfuhr. 1937 wurde er Professor am Lehrstuhl für Volkskunde der Universität Breslau. Im Rahmen der Umsiedlungen aus Wolhynien und Galizien war er beratend für die EWZ tätig. Vgl. Fielitz, Stereotyp, S. 100 und 380; sowie Pinwinkler, Walter Kuhn.

294 Vgl. Fielitz, Stereotyp, S. 54–67.

295 Vgl. ebd., S. 88–90 und 99 f.

296 Schreiben des Reichsausschusses für Volksgesundheit an DAI betr. Bevölkerungswissenschaftliche Arbeit von Herrn Dr. Isbert vom 22. 6. 1938 (BArch Berlin, R 57 Neu/622, unpag.).

Umfang aufwies, wurde demnach als brauchbare Ressource für eine direkte medizinisch-rassenhygienische Intervention in den deutschen Siedlungsgebieten begriffen. Eine solche, wenn auch versteckte Intervention seitens des Deutschen Reiches war allerdings bereits ein Factum - es sei hier nur an die Fortbildung volksdeutscher Ärzte erinnert. Und auch die „volksbiologische Lage" der verschiedenen Siedlungsgebiete war, wie gezeigt, bereits Gegenstand verschiedener Erörterungen in einschlägigen Fachzeitschriften gewesen. Scheinbar bedurfte es aber des DAI und seiner Publikationsorgane[297] als einer Art Mittlerstelle zwischen den Siedlungsgebieten und reichsdeutschen Dienststellen. Nicht zuletzt hatte das volkstumspolitische Engagement reichsdeutscher Dienststellen auch außenpolitische Grenzen. Die politische Einflussnahme auf die deutschen Volksgruppen musste, wollte man keine außenpolitischen Konflikte schüren, mehr oder weniger verdeckt erfolgen. Das DAI mit seinem volkstums- und kulturgeschichtlichen Forschungsprofil eröffnete hierfür Möglichkeiten und camouflierte politische Aktivitäten.

Mit dem DAI, insbesondere dessen sippenkundlichen Erhebungen, war auch die Arbeit einer weiteren Volkstumsorganisation, dem VDA, eng verknüpft.[298]

VDA

Der aus dem 1881 gegründeten „Allgemeinen deutschen Schulverein" hervorgegangene VDA kann als einflussreichster und quantitativ bedeutsamer Volkstumsverein des Deutschen Reiches gelten.[299] Seine Tätigkeit konzentrierte sich zunächst auf die Erhaltung des Deutschtums im Ausland durch die Förderung des deutschen Schulwesens und der deutschen Kultur. Der Erste Weltkrieg bewirkte eine Akzentverschiebung und beförderte durch die Gebietsverluste zugleich das Interesse der Volkstumsverbände an den deutschen Minderheiten des Auslandes, die zum Symbol für eine „überstaatliche Volksgemeinschaft" wurden. Die Volkstumsforschung und Volkstumsarbeit bekam damit auch eine politisch-revisionistische Komponente, die sich auch im Begriff der „Grenzlandpolitik" widerspiegelte.[300] Demzufolge verschoben sich die Tätigkeitsfelder von der Kulturarbeit hin zur Durchsetzung der Volkstumspolitik in den verschiede-

297 Das DAI fungierte als Herausgeber der Zeitschriften „Der Auslandsdeutsche", „Auslandsdeutsche Volksforschung" und des „Jahrbuches der Hauptstelle für die Sippenkunde des Deutschtums im Ausland".

298 Die zur Erfassung der Auslandsdeutschen geschaffenen „landsmannschaftlichen Forschungsstellen" des DAI gehörten zugleich dem VDA an, so dass sich hier direkte Überschneidungen innerhalb des Wirkungskreises beider Volkstumsforschungseinrichtungen nachweisen lassen. Vgl. Seckenberg, Deutsches Auslands-Institut, S. 145.

299 Zum VDA vgl. zum Beispiel Rudolf Luther, Blau oder Braun? Der Volksbund für das Deutschtum im Ausland (VDA) im NS-Staat 1933-1937, Neumünster 1999.

300 Vgl. Fielitz, Stereotyp, S. 43-45; sowie Luther, Volkstumspolitik, S. 30 f. und 43-45. Zur „Grenzlandpolitik" vgl. zum Beispiel Andreas Kossert, „Grenzlandpolitik" und Ostforschung an der Peripherie des Reiches. Das ostpreußische Masuren 1919-1945, in VfZ, 51 (2003) 2, S. 117-146.

nen Siedlungsgebieten.[301] Die Prämissen der NS-Volkstumspolitik lancierte der VDA mit Hilfe deutscher politischer oder kultureller Vereine, die er unter anderem finanziell unterstützte.[302]

Der VDA verfügte über eine Reihe von Sonderausschüssen,[303] darunter auch der 1934 gegründete „Bevölkerungswissenschaftliche Arbeitskreis", der sich „bevölkerungspolitischen Maßnahmen" und der Erforschung des „Gesundheitswesens der volksdeutschen Siedlungen" widmete.[304] Dieser interdisziplinäre Arbeitskreis arbeitete mit verschiedenen Reichsbehörden, dem „Reichsausschuss für Volksgesundheitsdienst" und dem „Rassenpolitischen Amt der NSDAP" zusammen und konnte auch auf „Vertrauensleute" in den volksdeutschen Siedlungen zurückgreifen. Hinsichtlich der verfolgten Forschungsinteressen zeigten sich deutliche Parallelen zu den vom „Reichsausschuss für Volksgesundheitsdienst" 1938 an das DAI herangetragenen Zielen. So plante auch der VDA die Sammlung „volksbiologischer" Daten der verschiedenen Volksgruppen, um, nach entsprechender Auswertung des Materials, die Volksgruppen in gesundheits- und bevölkerungspolitischen Fragen zu beraten und damit gezielt Einfluss auf deren gesundheitliche Versorgung nehmen zu können. Letztlich ging es damit auch hier um die „Arterhaltung", die Stärkung der „biologischen Substanz" der Volksgruppen. Diese Interessenskongruenz zwischen dem DAI und dem „Bevölkerungswissenschaftlichen Arbeitskreis" des VDA dürfte dabei kein Zufall gewesen sein. Es ist vielmehr zu vermuten, dass nach der Entmachtung des VDA durch die Volksdeutsche Mittelstelle 1937[305] der

301 Vgl. Fahlbusch, Volksdeutsche Forschungsgemeinschaften, S. 106–116. Zur Rolle des Leiters des VDA im Nationalsozialismus, Hans Steinacher, vgl. Hans-Werner Retterath, Hans Steinacher: Die Stilisierung zum ersten Soldaten des „Volkstumskampfes" und nach 1945 zum NS-Opfer. In: Michael Fahlbusch/Ingo Haar (Hg.), Völkische Wissenschaften und Politikberatung im 20. Jahrhundert. Expertise und „Neuordnung" Europas, Paderborn 2010, S. 153–176.

302 Der VDA hatte schon vor 1933 wesentlichen Anteil an der Netzwerkbildung innerhalb der deutschen Volksgruppen im Ausland, zum Beispiel wurde der deutsche Kulturbund, die Partei der Deutschen und das Deutsche Volksblatt in der Vojvodina vom VDA kofinanziert. Auch in Rumänien unterstützte der VDA beispielsweise die Arbeit des Kulturamtes in Hermannstadt. Vgl. Carl Bethke, Aspekte der Nazifizierung der „Volksdeutschen" in Slawonien. In: Mariana Hausleitner/Harald Roth (Hg.), Der Einfluss von Faschismus und Nationalsozialismus auf Minderheiten in Ostmittel- und Südosteuropa, München 2006, S. 183–217; sowie Johann Böhm, Die Deutschen in Rumänien und die Weimarer Republik 1919–1933, Ippesheim 1993, S. 152–156.

303 So existierte beispielsweise auch ein volkswissenschaftlicher Arbeitskreis, vgl. Fahlbusch, Volksdeutsche Forschungsgemeinschaften, S. 106–116.

304 Vgl. dazu und im Weiteren Sabine Schleiermacher, „Um die Sicherung des Lebensraums der Familie". Bevölkerungspolitische Konzepte Hans Harmsens in der Weimarer Republik und Nationalsozialismus. In: Rainer Mackensen (Hg.), Bevölkerungslehre und Bevölkerungspolitik im „Dritten Reich", Opladen 2004, S. 141–149; sowie dies., Der Hygieniker Heinz Zeiss und sein Konzept der „Geomedizin des Ostraums". In: Rüdiger vom Bruch (Hg.), Die Berliner Universität in der NS-Zeit. Fachbereiche und Fakultäten, Stuttgart 2005, S. 17–34.

305 1937 wurde der VDA der Vomi unterstellt und damit de facto entmachtet. Der Leiter des VDA, Hans Steinacher, wurde durch den stellvertretenden Stabsleiter der Vomi,

„Reichsausschuss für Volksgesundheitsdienst" sich eines anderen Kooperationspartners - des DAI - versicherte, der zum Teil auf dieselben Vertrauensleute wie der VDA zurückgreifen konnte, dessen Forschungsarbeit politisch erwünscht war und dementsprechend protegiert wurde.

Die Arbeitsprogramme des „Bevölkerungswissenschaftlichen Arbeitskreises" für die Jahre 1934 bis 1937,[306] die zum Teil überraschend konkrete Handlungsmaxime enthalten, lassen die Ausmaße der gesundheitspolitischen Aktivitäten des Arbeitskreises in den verschiedenen volksdeutschen Siedlungsgebieten erahnen. In der Ausrichtung der Arbeit fallen Schnittstellen zur volksgruppeneigenen „volksbiologischen Forschung" auf, was auf eine wechselseitige Beeinflussung reichs- und volksdeutscher Forschungsvorhaben hindeutet. So war eine systematische „volksbiologische" Erfassung der Volksdeutschen vor Ort anvisiert, die um Einzelstudien („Dorfforschung") erweitert werden sollte.[307] Insbesondere der Frage der Inzucht und deren Bekämpfung sollte der Arbeitskreis nachgehen. Darüber hinaus gehörte auch die Förderung der medizinischen Versorgung der deutschen Bevölkerung vor Ort zum Aufgabenspektrum des Arbeitskreises.[308] Er reklamierte aber auch in standes- und gesundheitspolitischen Fragen der Volksgruppen seinen Einfluss. Namentlich dem „Rasseamt"[309] in Siebenbürgen und dessen personeller Besetzung scheint der VDA hier besondere Bedeutung beigemessen zu haben, war doch in besagtem Arbeitsprogramm explizit vermerkt, dass auf die Besetzung Einfluss zu nehmen sei. Eine solche direkte Einmischung des VDA in die Belange der Volksgruppe kann nach bisherigem Kenntnisstand anhand des Rasseamtes nicht nachgewiesen werden, da

Wilhelm Luig, ersetzt, wodurch der totale Anspruch der SS auf die Volkstumspolitik manifestiert wurde. Vgl. Luther, Volkstumspolitik, S. 150–159.

306 Vgl. Schleiermacher, Harmsen, S. 147 f.; sowie Schleiermacher, Zeiss, S. 25 f.

307 Die sogenannte „Dorfforschung", das heißt die Erfassung der Bewohner eines Ortes hinsichtlich gesundheitlicher, hygienischer, ärztlicher, rassenhygienischer, politischer, soziologischer und weiterer Aspekte, wurde im Arbeitskreis maßgeblich von Gunther Ipsen betrieben, der wiederum nicht unwesentlich von Walter Kuhn und seiner Wolhynienfahrt beeinflusst worden war (vgl. Absatz DAI). Vgl. Schleiermacher, Harmsen, Anm. 50; sowie zu Ipsen: David Hamann, Gunther Ipsen und die völkische Realsoziologie. In: Michael Fahlbusch/Ingo Haar (Hg.), Völkische Wissenschaften und Politikberatung im 20. Jahrhundert. Expertise und „Neuordnung" Europas, Paderborn 2010, S. 177–198.

308 Vgl. Schleiermacher, Harmsen, S. 147.

309 Zit. nach Schleiermacher, Harmsen, S. 147. Das Rasseamt wurde 1932 im Rahmen der von Fritz Fabritius begründeten nationalsozialistisch ausgerichteten „Selbsthilfebewegung" („Nationale Erneuerungsbewegung der Deutschen in Rumänien") ins Leben gerufen. Die Leitung übernahm Alfred Csallner. 1934 wechselte Csallner an das „Amt für Erbbiologie" beim Kulturamt der Deutschen in Rumänien, der späteren Landesarbeitsstelle für Statistik, Bevölkerungspolitik und Sippenwesen. Über die weitere Tätigkeit des Rasseamtes ist ebenso wenig bekannt wie über eine Neubesetzung. Möglicherweise wurde das Rasseamt als Einrichtung der Selbsthilfe, nach deren Verbot 1933/34, aufgelöst und ging unter Leitung Csallners 1934 im Amt für „Erbbiologie" neu auf. Darauf deutet insbesondere die Kontinuität der Arbeiten Csallners hin. Zum Rasseamt vgl. Böhm, Nationalsozialistische Indoktrination, S. 66–71; zu Csallners Tätigkeit vgl. zum Beispiel Csallner, Volksbiologische Forschung, S. 76–113.

über das Jahr 1934 hinaus weder über die weitere Tätigkeit des Amtes als auch über dessen Besetzung etwas bekannt ist. Aufschlussreich ist allerdings die Tatsache, dass dem bis 1934 mit der Leitung des Rasseamtes betrauten Alfred Csallner, 1935 eine großzügige finanzielle Förderung seitens des VDA für seine „volksbiologischen Forschungen“ zuteil wurde.[310] Csallner, der bereits in den 1920er Jahren die „volksbiologische Forschung“ in Siebenbürgen etabliert hatte, war zu diesem Zeitpunkt Leiter des Amtes für Erbbiologie, der späteren Landesarbeitsstelle für Statistik, Bevölkerungspolitik und Sippenwesen. Diese Forschungsstelle dürfte hinsichtlich der Ziele des Bevölkerungswissenschaftlichen Arbeitskreises des VDA ähnlich interessant wie das Rasseamt gewesen sein.

Der Arbeitskreis verfügte demnach über direkte Kontakte in die deutschen Siedlungsgebiete und konnte erste Ergebnisse hinsichtlich der in diesen Gebieten bereits initialisierten „volksbiologischen Forschung“ bereits 1935 in Form des ersten und auch letzten Heftes der vom Arbeitskreis editierten Schriftenreihe vorlegen.[311] Darüber hinaus entwickelten Mitte der 1930er Jahre einzelne Experten im Umkreise des VDA erste „biopolitische Raumordnungspläne“, die ethnische Segregation mit bevölkerungspolitischen Maßnahmen verbanden.[312] Diese Expertise dürfte, ebenso wie die Forschungsergebnisse, später für den RKF und die Vomi, in deren Ressort der VDA und seine Ausschüsse 1937 gefallen waren, durchaus Relevanz gehabt haben.

Das Mitte der 1930er Jahre zunehmend erstarkende Interesse an bevölkerungsbiologischen Fragen der deutschen Minderheiten im Ausland beschränkte sich dabei nicht allein auf die Volkstumsorganisationen, sondern griff auch auf den medizinisch-akademischen Bereich über. Ausdruck dieses Forschungsinteresses waren zum Beispiel die im Rahmen der Reichsberufswettkämpfe durchgeführten Untersuchungen in der Batschka und Bessarabien, die zugleich für die Verschmelzung bevölkerungswissenschaftlicher und medizinisch-rassenhygienischer Untersuchungsfelder stehen können.

Reichsberufswettkämpfe der Medizinstudenten

Betrachtet man die thematische Ausrichtung der Arbeiten der ab 1935 auch für Studenten stattfindenden Reichsberufswettkämpfe, so lässt sich bei den Medizinstudenten ein ausgeprägtes Interesse an bevölkerungsbiologischen Fragen

310 Vgl. Alfred Csallner, Meine wissenschaftlichen Arbeiten, o. O. (Traunreut) 1975, S. 7.

311 Hans Harmsen, Bestandsfragen der deutschen Volksgruppen im osteuropäischen Raum, Berlin 1935. Wie detailliert der Arbeitskreis über die „volksbiologische Forschung“ in den einzelnen Gebieten informiert war, zeigt u. a. der Aufsatz von Harmsen, volksbiologische Fragen.

312 Zum Beispiel Karl Haushofer, der bis 1937 Leiter der Deutschen Akademie, danach Leiter des VDA war. Vgl. dazu Haar, Konstruktion des Grenz- und Auslandsdeutschtums.

konstatieren. Von den 43 im ersten Wettkampfjahr 1935/36 eingereichten medizinischen Arbeiten lag bei 26 der Fokus auf „erbbiologischen und hygienischen Dorfuntersuchungen".[313] 1936/37 und 1938/39 wurden Arbeiten über „volksbiologische" Erhebungen in der Batschka/Jugoslawien und Bessarabien prämiert, wobei auch in weiteren Arbeiten volksdeutsche Siedlungsgebiete und deren gesundheitliche Verhältnisse Gegenstand der Untersuchung waren.[314] Die Initiative zu diesen Untersuchungen, die mit einem längeren Aufenthalt der Studenten in den Siedlungsgebieten verbunden waren, ging dabei von der Studentenführung[315] in Halle beziehungsweise Würzburg aus. Im Falle der Hallenser Medizinstudenten bestanden bereits langjährige Kontakte zu den deutschen Siedlungsgebieten in Jugoslawien, in die jährlich Studienreisen organisiert wurden. 1934 hatten auf Einladung des Leiters der Wohlfahrtsgenossenschaften in Neusatz/Novisad, Johann Wüscht, einige Medizinstudenten unter Leitung von Johannes Grimm[316] in einem deutsch besiedelten Dorf der jugoslawischen Batschka bereits volkskundliche und anthropologische Untersuchungen durchgeführt, an die sich 1935 vergleichende Erhebungen in einem Dorf der Gottschee anschlossen. Bis 1937 folgten weitere Studienreisen unter der Leitung

313 Friedrich Seifert, Der Reichsberufswettkampf der Medizinstudenten. In: Deutsches Ärzteblatt, 68 (1938), S. 329–331.

314 Vgl. zum Beispiel die von J. Georg van der Briele im Rahmen des Reichsberufswettkampfes 1938/39 eingereichte Arbeit über „Die hygienischen und gesundheitlichen Verhältnisse der Deutschen im Sathmar-Gebiet".

315 Die nationalsozialistische Studentenführung, der Nationalsozialistische Deutsche Studentenbund (NSDStB), unterhielt sog. Fachschaften, die der ideologischen Ausrichtung der angehenden Ärzte dienen sollten. Innerhalb der medizinischen Fachschaften, die enge Kontakte zum NS-Ärztebund unterhielten, existierten verschiedene Arbeitsgemeinschaften, die sich unterschiedlichen Fragen widmeten. Dazu gehörten u. a. Fragen der Gesundheitsführung der HJ, der Ernährung, der Erbbiologie, aber auch der Bevölkerungspolitik. Diese wurden u. a. im Kontext der Reichsberufswettkämpfe, in deren Dienst die Fachschaften seit 1935/36 verstärkt gestellt wurden, bearbeitet. Vgl. Thomas Beddies, „Du hast die Pflicht gesund zu sein." Der Gesundheitsdienst der Hitler-Jugend 1933–1945, Berlin 2010, S. 96–107; sowie Michael Grüttner, Studenten im Dritten Reich, Paderborn 1995, S. 331–348.

316 Johannes (Hans) Grimm (1910–1995) schloss zum Zeitpunkt der Untersuchungen gerade seine Promotion im Fachbereich Biologie in Halle ab. Noch im gleichen Jahr nahm er das Medizinstudium auf, welches er 1943 mit einer Promotion über „Untersuchungen über die Pubertät bei Umsiedlerinnen aus der Nordbukowina" in Breslau abschloss. Er war dort seit 1938 als Assistent am Anthropologischen Institut der Universität Breslau mit rassenanthropologischen Erhebungen u. a. im Kontext des 1938 veranstalteten Turn- und Sportfestes befasst und führte im Rahmen der Umsiedlungsaktionen in den Lagern der Vomi umfangreiche Erhebungen durch, die die Grundlage für seine Promotion darstellten. Nach dem Krieg stieg er bis zum Direktor des Anthropologischen Instituts der Humboldt-Universität Berlin auf. Bekanntheit erlangte er außerdem als Sportmediziner. Vgl. Hans Grimm, Untersuchungen über die Pubertät bei Umsiedlerinnen aus der Nordbukowina. Beitrag zur Frage: Menarche und Umwelt. In: Zeitschrift für menschliche Vererbungs- und Konstitutionslehre, 27 (1943) 1, S. 39–68 (zugleich Diss. med. Breslau 1943). Zur Nachkriegskarriere vgl. „Prof. Dr. med. Dr. rer. nat. H. Grimm gestorben". In: Deutsche Zeitschrift für Sportmedizin, 46 (1995) 6, S. 333 f.

von Werner Burchard[317] in die Batschka, auf deren Datengrundlage die „Reichssiegerarbeit“ der Sparte „Rasse und Gesundheitswesen“ entstand. Veröffentlicht wurden die Ergebnisse, an denen auch volksdeutsche Medizinstudenten Anteil hatten, unter anderem auch im von Wüscht herausgegebenen „Woge-Blatt“,[318] nicht zuletzt mit der Intention, „die auslandsdeutschen Jungakademiker zu eigener wissenschaftlicher Arbeit in ihrer Volksgruppe anzuregen“.[319] Der Wissenstransfer wurde hier explizit artikuliert und propagiert. Darüber hinaus eruierten die Medizinstudenten umfangreiche Daten über die Siedlungs- und Wirtschaftsentwicklung der Batschka, das Brauchtum, demographische Faktoren wie Altersaufbau, Heiratsalter, Kinderzahl, Berufsgliederung und Bevölkerungsbewegung. Anthropologische Befunde, sippenkundliche Darstellungen und bevölkerungsbiologische Betrachtungen ergänzten das Bild. Gleichsam symptomatisch war auch hier die „volksbiologische“ Interpretation: Der deutschen Volksgruppe drohe durch die sinkende Geburtenzahl und die häufig zu findende Verwandtenehe die Degeneration, die sich beispielsweise in der hohen Säuglingssterblichkeit durch „angeborene Schwäche“ manifestiere und schlussendlich zur „Erlahmung der Lebenskraft der Bevölkerung“ führe.[320]

Im Falle der Würzburger Studenten, die unter der Führung von Aquilin Ullrich[321] aus dem Reichsberufswettkampf 1938/39 mit einer Arbeit über das bessarabische Dorf Teplitz als Sieger hervorgingen, gestaltete sich die Untersuchung vor Ort ähnlich, allerdings waren die Vorbedingungen und die mit der Erfassung verbunden Zielsetzungen anders gelagert. Der Untersuchungsgegenstand - das Dorf Teplitz - wurde den Medizinstudenten beispielsweise vom DAI anempfohlen, mit der Begründung, es würde sich hier um ein rein deutsches Dorf handeln, das „einen Querschnitt durch die deutschen Volkszugehörigen in

317 Werner Burchard promovierte 1939 in Halle zum Thema „Eine Körperbau- und familienkundliche Untersuchung, sowie eine Erhebung über die hygienischen Verhältnisse und über die Todesursachen aus zwei deutschen Dörfern im deutschen Siedlungsgebiet in der jugoslawischen Batschka“.

318 Sonderheft des Woge-Blattes „Ergebnisse einer Dorfarbeit in der südslawischen Bačka“. Hg. von Hans Grimm, Novisad 1935.

319 Werner Burchard u. a., Volkheitskundliche Untersuchungen im deutschen Siedlungsgebiet in der südslawischen Batschka. Reichssiegerarbeit der Sparte „Rasse und Gesundheitswesen“ im Reichsberufswettkampf der deutschen Studenten 1936/37, Berlin 1938, S. 8.

320 Ebd., S. 145.

321 Aquilin Ullrich (1914–2001) studierte zum Zeitpunkt der Bessarabienreise Medizin in Würzburg. 1939 erhielt er die Notapprobation. 1940 warb ihn Werner Heyde, dessen Student Ullrich in Würzburg gewesen war, als Arzt für die „Aktion T4“, wo er zum Stellvertreter des Leiters der Tötungsanstalt Brandenburg, Irmfried Eberl, aufstieg. August bis November 1940 war er nach eigenen Angaben im Rahmen der Bessarabienumsiedlung als Stationsarzt im Lager Semlin/Belgrad. Nach seiner Rückkehr arbeitete er bis 1942 in der „T4“-Zentrale in Berlin. Während dieser Zeit (1941) promovierte Ullrich über „Das Trachom bei der ehemaligen deutschen Volksgruppe in Bessarabien“. Neben Endruweit hatten auch zwei weitere spätere „T4“-Tötungsärzte - Klaus Endruweit und Ewald Wortmann - an der Bessarabienfahrt teilgenommen. Vgl. Aussagen Aquilin Ullrich vom 4.9.1961 und 10.10.1962 (HessHStA, Abt. 631a/1800, Band 57, unpag.).

Bessarabien" darstellen würde, und „medizinisch (Verbreitung der Tbc), biologisch (Inzucht) und volkswirtschaftlich, auch juristisch gefährdet" sei.[322] Eine Begründung, die zeigt, dass ein besonderes Interesse an einer „Bestandsaufnahme" der Bevölkerung dieses Dorfes bestand. Auch die deutsche Volksgruppe in Rumänien, insbesondere die Ärzte, scheinen in gewissem Umfang die thematische Ausrichtung der Untersuchung mitbestimmt zu haben, wiesen sie doch im Vorfeld besonders auf die Häufung von Tuberkulose hin.[323] Insgesamt betrachtet, war die Vorbereitung der Reise durch eine deutliche Professionalisierung gekennzeichnet. Zum einen wirkten an der Konzeption der Untersuchung verschiedene Professoren der Universität Würzburg beratend mit, darunter der im Rahmen des „Rhön-Planes" mit der erbbiologischen Erfassung der Rhön-Bevölkerung betraute Schmidt-Kehl.[324] Zum anderen wurde im Vorfeld der Bessarabienfahrt eine dreiwöchige Probeerhebung in einem Dorf der Schwäbischen Alb, aus dem im 19. Jahrhundert ein Teil der Teplitzer ausgewandert war, durchgeführt. Auch hinsichtlich der Teilnehmer zeigen sich bemerkenswerte Unterschiede. So fällt vor allem die große Zahl der Teilnehmer - 14 sind namentlich bekannt - als auch die interdisziplinäre Zusammensetzung der Gruppe auf.[325] Neben Medizinstudenten beteiligten sich Studenten der Zahnmedizin, der Volkskunde, ein Jurastudent sowie der Leiter des Tropeninstituts in Tübingen, Otto Fischer,[326] und sein Assistent an der Studienreise. Vor Ort wurden

322 Aussage Klaus Endruweit vom 18.6.1962, S. 2 (HessHStA, Abt. 631a/1800, Band 58, unpag.).

323 Endruweit, Teplitz, S. 21.

324 Vgl. Kap. II.1.1.

325 Zu den Teilnehmern vgl. Aussage Aquilin Ullrich vom 10.10.1962, S. 4 f. (HessHStA, Abt. 631a/1800, Band 57, unpag.); sowie Aussage Klaus Endruweit vom 18.6.1962, S. 2 f. (ebd., Band 58, unpag.).

326 Otto Fischer (1893-?) war zum Zeitpunkt der Bessarabienreise Professor für Tropenmedizin und Tropenhygiene an der Universität Tübingen. Sein Interesse an volksdeutschen Siedlungsgebieten hatte sich bereits 1922 offenbart, als er sich an einem Hilfseinsatz für die Wolga-Deutschen beteiligte, der unter der Leitung des DRK stand. Seine Beteiligung an der Bessarabienreise entsprang nach Aussage Ullrichs seinem Forschungsinteresse, welches auch der Grund für die Ausdehnung seiner Studien auf die Dobrudscha war. 1939 wurde Fischer zum Leiter des tropenmedizinischen Instituts der Universität Wien ernannt und mit der Erforschung „volksbiologischer" und hygienischer Fragen der deutschen Volksgruppen im Osten beauftragt. Seine Expertise dürfte auch der Grund für seine Rekrutierung im Rahmen der Umsiedlungsaktionen gewesen sein. An der Umsiedlung der Bessarabiendeutschen nahm er als Arzt im Stabe des Deutschen Hauptbevollmächtigten für die Umsiedlung teil, während der Umsiedlung aus der Dobrudscha als Gebietsarzt. 1943 visitierte Fischer im Auftrag des Hygiene-Instituts der Waffen-SS deutsche Siedlungen in der Ukraine. Vgl. Aquilin Ullrich, Das Trachom bei der ehemaligen deutschen Volksgruppe in Bessarabien, Diss. med., Würzburg 1941, S. 2; Abschlussbericht Fischers über Hygienische Beobachtungen bei der Umsiedlung der Deutschen aus Bessarabien und dem Nord-Buchenland vom 9.1.1941 (BArch Berlin, R 59/376, Bl. 41-51); Einteilung des Kommandos für die Aussiedlung der Volksdeutschen aus der Dobrudscha, o. D. (BArch Berlin, R 59/384, Bl. 23-25); handschriftlicher Lebenslauf Fischers zum RuS-Fragebogen, o. D. (1940) (BArch Berlin, RS B 384, unpag.); sowie Heinz Flamm, Die Geschichte der Tropenmedizin und Medizinischen Parasitologie in Österreich. In: Wiener Klinische Wochenschrift 119 (2007), Suppl. 3, S. 1-7.

außer einer allgemeinen „gesundheitlichen Bestandsaufnahme“ auch umfangreiche rassenanthropologische, zahnmedizinische, epidemiologische Detailstudien angestrengt, die durch landwirtschaftliche, juristische und volkskundliche Befunde ergänzt wurden.[327] In etwa zwei Monaten konnten so über 600 Personen systematisch erfasst werden. Die Ergebnisse wurden zusammen mit zahlreichen photographischen Aufnahmen, einem Schmalfilm und Kartenmaterial als Beitrag zum Reichsberufswettkampf der Medizinstudenten in der Sektion „Deutsche Volkstumsforschung“ eingereicht. Der Beitrag wurde 1939 als Reichssiegerarbeit prämiert. Als Auszeichnung wurde der Leiter der Studienfahrt, Aquilin Ullrich, am 1. Mai 1939 Adolf Hitler vorgestellt. In diesem Kontext soll auch Werner Heyde, Ordinarius für Psychiatrie in Würzburg und späterer ärztlicher Leiter der „Aktion T4“, auf Ullrich aufmerksam geworden sein,[328] den Heyde, ebenso wie zwei weitere Teilnehmer der Bessarabienfahrt - Ewald Wortmann[329] und Klaus Endruweit[330] -, später für die „T4“ verpflichten konnte.

327 Aus diesen Einzeluntersuchungen gingen in den folgenden Jahren verschiedene Dissertationen hervor, vgl. zum Beispiel Karl Otto Drechsler, Über die Bedeutung der Tuberkulose für das deutsche Siedlungsdorf Teplitz-Bessarabien, Diss. med., Würzburg 1943; Hans-Günther Moek, Rassekundliche Erhebungen im Dorfe Teplitz (Bessarabien), Diss. med., Würzburg 1941; Friedrich Steiner/August Töpfer, Zahnärztliche Untersuchungen in der Gemeinde Undingen auf der Schwäbischen Alb und in der Gemeinde Teplitz in Bessarabien (Rumänien), Diss. med. dent., Würzburg 1939.

328 Aussage Aquilin Ullrich vom 22.8.1961, S. 4 (HessHStA, Abt. 631a/1800, Band 88, unpag.). Laut Eigenaussage sieht Ullrich selbst jedenfalls diesen Kontext als Grund dafür an, dass der Ordinarius für Psychiatrie der Universität Würzburg und medizinischer Leiter der „T4“ Werner Heyde auf ihn aufmerksam wurde und ihn zur Mitarbeit an den Krankenmorden aufforderte.

329 Ewald Wortmann (1911-1991) war zum Zeitpunkt der Bessarabienreise bereits als Arzt in der Würzburger Frauenklinik beschäftigt. 1937 hatte er bei Ludwig Schmidt-Kehl am rassenbiologischen Institut der Universität Würzburg über die „Bevölkerungsbewegung eines schleswig-holsteinischen Dorfes Eddelak im Dithmarschen“ promoviert, wodurch vermutlich auch sein Kontakt zu Ullrich herrührte. Im Sommer 1939 nahm er an einer zweiten Bessarabienfahrt teil, die allerdings in veränderter personeller Zusammensetzung stattfand und über die nahezu nichts bekannt ist. Anschließend arbeitete er als Arzt in Hamburg und Neumünster, bevor er 1940 von der „T4“ angeworben und in der Tötungsanstalt Pirna-Sonnenstein als „Arzt“ eingesetzt wurde. Auf sein Bemühen hin schied er Ende 1940 aus der „T4“ aus und strebte anknüpfend an seine Bessarabienreisen eine Tätigkeit im Rahmen der Umsiedlung an. 1941/42 war er als Lagerarzt in einem Umsiedlerlager in der Nähe von Lodz eingesetzt. Anschließend wurde er zur Wehrmacht einberufen. Vgl. Aussage Ewald Wortmann vom 21.3.1963 (HessHStA, Abt. 631a/1528, Bl. 22-32). Vgl. weiterführend Schilter, Unmenschliches Ermessen, S. 195-197.

330 Klaus Endruweit (1913-1994) absolvierte 1937 sein Medizinstudium in Berlin. Auf Vorschlag seines Freundes Ullrich hin, den Endruweit aus seiner ersten Studienzeit in Würzburg kannte, nahm Endruweit an der Bessarabienreise teil und verlagerte in diesem Zusammenhang seinen Studienort 1938 wieder nach Würzburg. Im August 1939 wurde er zur Wehrmacht einberufen und erhielt noch 1939 eine Notapprobation. 1940 wurde er von der „T4“ angeworben und war vom November 1940 bis Oktober 1941 in der Tötungsanstalt Pirna-Sonnenstein an der Ermordung psychisch und physisch kranker Menschen maßgeblich beteiligt. 1941 war er kurzzeitig zur Anfertigung seiner Dissertation über „Teplitz. Gesundheitliche Untersuchungen in einem deutschen Dorfe

Die Ergebnisse der Bessarabienfahrt wurden nachfolgend auf der Jahrestagung des DAI präsentiert und sollten 1940 im Zuge der Umsiedlung der Bessarabiendeutschen „wertvolle Hinweise“ liefern.[331] Die Umsiedlungsbehörden griffen aber nicht nur auf das Datenmaterial zurück, sondern bedienten sich auch der wissenschaftlichen Expertise der Teilnehmer. Zum einen wurden Ullrich und der mit den rassenanthropologischen Erhebungen in Teplitz befasste Hans-Günther Moek vom VDA/Vomi mit der Aufbereitung des Datenmaterials hinsichtlich der gesundheitlichen und anthropologischen Verhältnisse in Bessarabien betraut. Die entsprechenden Exposés wurden der Vomi zur Vorbereitung der Umsiedlung vorgelegt.[332] Zum anderen rekrutierte die Vomi aus den Reihen der Teilnehmer auch ihr ärztliches Personal. So überwachte Otto Fischer im Rahmen der Umsiedlungen aus Bessarabien/Bukowina und der Dobrudscha 1940 als Gebietsarzt unter anderem die seuchenmedizinische Lage in den Abwanderungsgebieten,[333] Moek und Ullrich wirkten als Ärzte im Durchgangslager Semlin/Belgrad an der Umsiedlung der Bessarabiendeutschen mit.[334] Emil Hübner, der sich während der Bessarabienfahrt mit Fragen der Landwirtschaft beschäftigt hatte, koordinierte als Ortsbevollmächtigter die Umsiedlung aus Teplitz.[335]

Die Umsiedlungsbehörden und das DAI waren allerdings nicht die einzigen Instanzen, die an den Reichsberufswettkämpfen partizipierten. Gemäß der Konzeption der Reichsberufswettkämpfe der Medizinstudenten als fachbezogene „Leistungsschau“ erkannten vor allem die in den Universitäten und Forschungszentren an analogen Forschungsvorhaben arbeitenden Mediziner das Potential der Untersuchungen. Entsprechend ausgeprägt war das Interesse der medizinischen Fachwelt beispielsweise an der Tagung des „Reichsbewertungsausschusses der Sparte Volksgesundheit“ im März 1938 in München, die dem Publikum einen Überblick über die bearbeiteten Themen geben und gleichzeitig den Gutachtern ein Entscheidungsforum bieten sollte.[336] Neben Ernst Rüdin (DFA/KWI für Psychiatrie) nahmen unter anderem Hermann Boehm (Erbbiologisches Forschungsinstitut der Führerschule Alt-Rehse), Hans Luxen-

Bessarabiens im Rahmen einer Reichsberufswettkampfarbeit“ nach Würzburg (Rassenbiologisches Institut L. Schmidt-Kehl) beurlaubt. Ende 1941 wechselte er in die „Organisation Todt“ und wurde zunächst bei Breslau, später in Frankreich eingesetzt. Vgl. weiterführend Schilter, Unmenschliches Ermessen, S. 192–195.

331 Ullrich, Trachom, S. 2.

332 Vgl. Aussage Aquilin Ullrich vom 4.9.1961, S. 23 (HessHStA, Abt. 631a/1800, Band 57, unpag.).

333 Vgl. Abschlussbericht Otto Fischers über Hygienische Beobachtungen bei der Umsiedlung der Deutschen aus Bessarabien und dem Nord-Buchenland vom 9.1.1941 (BArch Berlin, R 59/376, Bl. 41–51); Einteilung des Kommandos für die Aussiedlung der Volksdeutschen aus der Dobrudscha, o. D. (ebd., R 59/384, Bl. 23–25).

334 Vgl. Aussage Aquilin Ullrich vom 4.9.1961, S. 14 f. (HessHStA, Abt. 631a/1800, Band 57, unpag.).

335 Aussage Klaus Endruweit vom 18.6.1962, S. 3 (ebd., Band 58, unpag.); sowie Endruweit, Teplitz, S. 7.

336 Vgl. Seifert, Reichsberufswettkampf.

burger (DFA/KWI für Psychiatrie) und Heinz Zeiss (Hygienisches Institut Universität Berlin) an der Eröffnungssitzung teil.[337] Insbesondere Zeiss, vormaliger Mitarbeiter im Bevölkerungswissenschaftlichen Arbeitskreis des VDA, hatte im Rahmen seines Konzeptes der Geomedizin immer wieder auf die Bedeutung der Forschung an Volksdeutschen rekurriert.[338] Auch die rassenhygienisch-anthropologisch ausgerichtete Volkstumsforschung, deren Take-off unter anderem durch das Großprojekt „Deutsche Rassekunde" des KWI für Anthropologie, menschliche Erblehre und Eugenik markiert wird, erkannte das wissenschaftliche Potential, welches das Studium isolierter Bevölkerungsgruppen hinsichtlich „volks"- und erbbiologischer Erkenntnisse bot.

KWI für Anthropologie, menschliche Erblehre und Eugenik, Universitäten

Unter der Leitung von Eugen Fischer vom KWI für Anthropologie, menschliche Erblehre und Eugenik in Berlin wurde unter dem Rubrum „Deutsche Rassenkunde" Ende der 1920er Jahre ein umfangreiches Forschungsprogramm zur anthropologischen, erbpathologischen und erbpsychiatrischen Untersuchung verschiedener Bevölkerungsgruppen initiiert.[339] In Kooperation mit ausgewählten Forschungsinstituten wurden Teilprojekte, unter anderem über russlanddeutsche Bauern[340] oder die Bevölkerung des schlesischen Friedersdorfs,[341] angestrengt. Fischer selbst präferierte die Forschung an Volksdeutschen, da sich an diesen aufgrund ihrer ethnischen und territorialen Isolation die Vererbung spezifischer Merkmale par excellence studieren lasse.[342] Mit dieser Position stand er innerhalb der rassenhygienischen Forschung keineswegs allein. So sahen beispielsweise auch Reinhard Lieske und Günter Doehner in den nahezu geschlossenen deutschen Siedlungsgebieten der Donauschwaben (Südungarn) ein interessantes Untersuchungsobjekt, das insbesondere Rückschlüsse auf den Zusammenhang zwischen Inzucht und dem Auftreten von „Erbkrankheiten" ermögliche. Sie vertraten dabei die Ansicht, dass es sich bei den Volksdeutschen in diesen Gebieten um besonders „erbtüchtige" Personen handele, da im Zuge der Auswanderung und der Neuansiedlung ein „rücksichtsloser Ausmerzungsprozess" stattgefunden habe, im Rahmen dessen alle „untüchtigen Elemente entfernt" worden seien.[343] In diesem Sinne habe sich hier eine „positive Auslese"

337 E. Schrickel, Unser Nachwuchs im dritten Reichsberufswettkampf. In: Deutsches Ärzteblatt, 68 (1938), S. 331 f.
338 Vgl. Schleiermacher, Zeiss.
339 Vgl. dazu und im Weiteren Schmuhl, KWI, S. 113–123.
340 Friedrich Keiter, Rußlanddeutsche Bauern und ihre Stammesgenossen in Deutschland. Untersuchungen zur speziellen und allgemeinen Rassenkunde, Jena 1934.
341 Herbert Göllner, Volks- und Rassenkunde der Bevölkerung von Friedersdorf, Kreis Lauban/Schlesien, Jena 1932.
342 Vgl. Schmuhl, KWI, S. 119.
343 Reinhard Lieske, Erbliche Psychosen und Inzucht, untersucht an einem donauschwäbischen Dorf. In: Südost-Forschungen, 4 (1939), S. 972–996, hier 974.

vollzogen, die sich durch die Inzucht noch fortgesetzt habe. Lieske und Doehner betrachteten dies als einen „automatischen eugenischen Selbstschutz", der eine günstige eugenische Prognose für die untersuchte deutsche Volksgruppe zulasse.[344] Zu einer gänzlich anderen Einschätzung der eugenischen/„volksbiologischen" Zukunft gelangten hingegen, wie bereits beschrieben, die Rassenhygieniker in Bezug auf die deutsche Volksgruppe in Rumänien. Auf diese konzentrierte sich schließlich auch das Forschungsinteresse Fischers.

Im Kontext einer Expedition Fischers und Verschuers 1928 nach Siebenbürgen nahmen die anthropologisch-eugenischen Forschungen an den dortigen Volksdeutschen konkrete Formen an.[345] Vor Ort wurden nach Angaben Verschuers „interessierte" und sich freiwillig meldende „Persönlichkeiten" (meist Lehrer) in den anthropologischen Methoden ausgebildet, um nach einem festgelegten Plan eine Untersuchung der deutschen Bevölkerung (Siebenbürger Sachsen) vorzunehmen. Die Arbeiten wurden anscheinend jedoch erst 1932 von Albert Hermann, Professor für Biologie an der Honterusschule in Kronstadt, mit finanzieller Unterstützung der Notgemeinschaft der Deutschen Wissenschaft/DFG aufgenommen. Zuvor hatte er von Verschuer eine Einführung in die anthropologischen Untersuchungsmethoden in Berlin erhalten.[346] Mit Hilfe von Anthropometer, Tast- und Greifzirkel sowie Haarfarbentafeln wurden in drei Gemeinden des Burzenlandes/Siebenbürgen mit Hilfe von Lehrern, Pfarren und Bauern über 5 000 Menschen anthropologisch vermessen.[347] Problematisch erwies sich dabei die Arbeit mit den vom KWI herausgegebenen Untersuchungsbögen, die beispielsweise bei der Augenfarbe nicht die erforderliche Differenziertheit aufwiesen, was wie bei der Bestimmung der Hautfarbe zu einer subjektiven und nicht immer fehlerfreien Zuordnung geführt habe. Hinzu kam, dass Hermann von der vorgegebenen und in der „Deutschen Rassenkunde" üblichen Altersgruppierung der Probanden abwich, was eine Vergleichbarkeit der Studien erschwerte.[348] Den Anspruch Fischers, mit der „Deutschen Rassenkunde" eine neue Art der anthropologischen Forschung zu begründen, die auch soziale Einflussfaktoren, Degenerationserscheinungen und Fragen des Geburtenrückgangs inkludieren und somit auch bevölkerungspolitisch relevant sein sollte, erfüllte die Studie letztlich nicht.[349] Sie verharrte, wie auch die übrigen in der Schriftenreihe erschienenen Untersuchungen,[350] in traditionellen Erhebungsmustern und ging auf eugenische Aspekte nicht ein. Zudem bemängelten zeitgenössische Rezensenten, dass es unterblieben sei, die

344 Vgl. ebd., S. 995.
345 Vgl. Schmuhl, KWI, S. 121; sowie Otmar Freiherr von Verschuer, Das ehemalige Kaiser-Wilhelm-Institut für Anthropologie, menschliche Erblehre und Eugenik. Bericht über die wissenschaftliche Forschung 1927–1945. In: Zeitschrift für Morphologie und Anthropologie, 55 (1964), S. 127–174, hier 133.
346 Albert Hermann, Die Deutschen Bauern des Burzenlandes, Jena 1937, Vorwort.
347 Vgl. ebd., S. 81 f.
348 Vgl. ebd.
349 Zu den Zielen der „Deutschen Rassekunde" vgl. Schmuhl, KWI, S. 117.
350 Vgl. ebd., S. 118–121.

Bedeutung der rassischen Zusammensetzung der Burzenländer in Bezug zu deren „geistiger Eigenart“ zu setzen.[351]

Das wissenschaftliche Interesse Fischers an den Volksdeutschen übertrug sich auch auf seine Schüler, zum Beispiel Johann Schaeuble. Schaeuble war bis 1936 am KWI für Anthropologie, menschliche Erblehre und Eugenik beschäftigt gewesen und 1937 auf Empfehlung Fischers zum Assistenten der Anthropologischen Abteilung der Medizinischen Fakultät Freiburg aufgestiegen.[352] 1938 strengte er mit finanzieller Unterstützung des VDA eine rassenbiologische Vergleichsuntersuchung an Schwarzwäldern und Volksdeutschen im Banat an.[353] Auch er hob die Bedeutung der Forschung an volksdeutschen Gruppen hervor, drängten sich doch bei dem Versuch, einer „Biologie großer Gruppen, etwa der Rassen, näher zu kommen“, unweigerlich die Volksdeutschen als Untersuchungsobjekt auf. Man könne sie quasi als „großzügiges Experiment zur Frage von Erbe und Umwelt auffassen“, denn im Vergleich der ausgewanderten Gruppe mit der im Mutterland verbliebenen würden sich Veränderungen eindeutig auf Umwelteinflüsse zurückführen lassen. Die volksdeutsche Untersuchungsgruppe gehöre schließlich dem „gleichen Volkskörper, also [einer] weitgehend erbähnliche[n] Bevölkerung“ wie die reichsdeutsche Vergleichsgruppe an.[354] Dieser Forschungsansatz wurde vom KWI offenbar aber nicht aufgegriffen, und auch Schaeuble wandte sich vorerst anderen Forschungsfeldern zu.

1939 begann sich das KWI, namentlich Fritz Lenz, erneut mit den deutschen Volksgruppen im Ausland zu beschäftigen, erlangten diese doch nun durch ihre Umsiedlung besondere Bedeutung für rassenhygienisch-bevölkerungspolitische Zukunftsprogramme. „Eingehend“ bearbeitete Lenz deshalb „die brennenden Fragen der Umsiedelung und der rassenhygienischen Bevölkerungspolitik“.[355] Diese Arbeiten dienten nicht primär wissenschaftlichen Zielen, sondern entstanden im Kontext der Politikberatung und sind Ausdruck der Bemühungen Lenz' Einfluss auf die bereits in Gang befindliche Um- und Ansiedlungspolitik zu nehmen.[356] Besonders deutlich wird dies in der Denkschrift „Bemerkungen zur

351 Csallner, volksbiologische Forschung, S. 74–77.

352 Zur Tätigkeit Schaeubles am KWI vgl. Schmuhl, KWI, S. 104, 215 und 223. Zur Tätigkeit in Freiburg vgl. Eduard Seidler, Die Medizinische Fakultät der Albert-Ludwigs-Universität Freiburg im Breisgau. Grundlagen und Entwicklungen, Berlin 1993, S. 331 f., 416 und 433.

353 Johann Schaeuble, Eine rassenbiologische Vergleichsuntersuchung an Schwarzwäldern aus Hotzenwald und rumänischem Banat, Freiburg 1941.

354 Vgl. Schaeuble, rassenbiologische Vergleichsuntersuchung, S. 1.

355 Jahresbericht des KWI für Anthropologie, menschliche Erblehre und Eugenik April 1939–März 1940 vom 28.3.1940 (Archiv der Max-Planck-Gesellschaft [MPG], Hauptabteilung I, Rep. 3, Nr. 17). Für die rasche und kostenfreie Zurverfügungstellung der Jahresberichte 1939/40 und 1940/41 danke ich den Archivmitarbeitern. Auf die Jahresberichte und die Forschung Lenz' verweist auch Schmuhl, KWI, S. 349.

356 Die Arbeiten Lenz' lassen sich nach derzeitigem Forschungsstand nicht genauer präzisieren. Im Entwurf des Jahresberichtes des KWI für 1940 heißt es lediglich knapp: „Besonders erwähnt seien nicht für die Veröffentlichung bestimmte Arbeiten des Herrn Lenz in Fragen der Umsiedlung und der Beurteilung bevölkerungskundlicher und bevölkerungspolitischer Arbeiten und Fragen.“ Im endgültigen Jahresbericht für 1940 wurde

Umsiedlung unter dem Gesichtspunkt der Rassenpflege", die sich der Besiedlung der „neuen Ostgebiete" widmete und an anderer Stelle noch ausführlicher beleuchtet werden soll.[357]

Neben dem KWI befassten sich noch weitere wissenschaftliche Institutionen mit anthropologisch-rassenhygienischen Fragen der Volksdeutschen. Auch das Anthropologische Institut der Universität Breslau führte 1938 anthropologische Untersuchungen, die auch die Erhebung „bevölkerungsbiologisch wichtige[r] Daten" einschloss, an Volksdeutschen durch. Das Untersuchungssample war hier jedoch ein anderes. Im Mittelpunkt stand keine territorial abgegrenzte Untersuchungsgruppe, wie dies bei den „Dorfforschungen" üblich war, sondern die Untersuchungsgruppe setzte sich aus etwa 1400 Männern und Frauen verschiedener Siedlungsgebiete (Baltikum, Polen, Rumänien) zusammen, die anlässlich des Deutschen Turn- und Sportfestes 1938 in Breslau von Mitarbeitern[358] des Anthropologischen Instituts untersucht wurden.[359] Die Erhebungen umfassten rassenanthropologische und gynäkologische Untersuchungen, deren Ergebnisse unter anderem von Hans Grimm 1941 in einem Vortrag der „Deutschen Gesellschaft für Kinderheilkunde" vorgestellt wurden.[360] Auch wenn diesen Erhebungen, gemessen an den anderen Projekten des Instituts, nur eine untergeordnete Bedeutung zukam,[361] blieben die Volksdeutschen auch weiter-

dieser Passus durch folgenden ersetzt: „Prof. Lenz verfasste verschiedene Denkschriften (nicht zur Veröffentlichung) zur Bevölkerungspolitik des Bauerntums, der Umsiedelung und Methodenlehre der Rassenforschung". Vgl. Tätigkeitsbericht des KWI für Anthropologie, menschlicher Erblehre und Eugenik (Entwurf mit Änderungsvermerken), o. D.; sowie Tätigkeitsbericht des KWI für Anthropologie, menschlicher Erblehre und Eugenik (Endfassung), o. D. (Archiv MPG, Hauptabteilung I, Rep. 3, Nr. 18, Bl. 6–8, 9–11). Vgl. Kap. IV.4.1.

357 Vgl. Fritz Lenz, Bemerkungen zur Umsiedlung unter dem Gesichtspunkt der Rassenpflege (BArch Berlin (ehem. BDC), Personalakte Fritz Lenz, 9.3.1887, VBS 307, unpag.). Vgl. weiter Kap. IV.4.1.

358 Das Anthropologische Institut in Breslau stand unter der Leitung von Egon von Eickstedt, der während seiner Indien-Expedition 1937–1939 von Ilse Schwidetzky vertreten wurde. Schwidetzky dürfte demzufolge die Untersuchungen an den Volksdeutschen durchgeführt haben. Sie war auch an den Rasseuntersuchungen in Schlesien beteiligt und leitete nach eigener Aussage die Abteilungen Erbkunde und Volkskörperforschung. Zu ihren Assistenten gehörte ab 1938 u. a. Hans Grimm, der die Untersuchungen in der Batschka im Rahmen des Reichsberufswettkampfes geleitet hatte. Vgl. Dirk Preuß, „Anthropologe und Forschungsreisender". Biographie und Anthropologie Egon Freiherr von Eickstedts (1892–1965), München 2009, S. 132–134 und 362.

359 Wissenschaftliche Kurznachrichten. In: Auslandsdeutsche Volksforschung, 2 (1938), S. 580.

360 Nach eigenen Angaben referierte Hans Grimm dort über Beckenmaße und Menarche bei volksdeutschen Mädchen und Frauen, wobei das Datenmaterial anscheinend sowohl aus den Batschka-Untersuchungen als auch den Sportfestuntersuchungen stammte. Vgl. Hans Grimm, Untersuchungen über die Pubertät bei Umsiedlerinnen aus der Nordbukowina, S. 40. Zu Grimm vgl. auch Anm. 316.

361 Verwiesen sei hier nur auf die Indien-Expedition Eickstedts, die Rasseuntersuchungen in Schlesien oder die Forschungen Schwidetzkys auf dem Balkan. Preuß erwähnt die Untersuchung in Breslau 1938 nicht, auch entsprechende zeitgenössische Veröffentlichungen existieren nach bisherigem Kenntnistand nicht. Vgl. Preuß, Eickstedt.

hin als Untersuchungsobjekt interessant. Im Rahmen der Umsiedlungen entstanden unter Betreuung des Leiters des Instituts, Egon Freiherr von Eickstedt, und des Breslauer Erbpathologen und Rassenhygienikers Wolfgang Lehmann, Dissertationen, deren Untersuchungsgegenstand volksdeutsche Umsiedler waren.[362] Die Breslauer Forschungen über Volksdeutsche waren dabei eng verbunden mit der Person Grimms. Grimm scheint sich vor allem durch seine rassenanthropologischen Untersuchungen in der Batschka im Rahmen des Reichsberufswettkampfes empfohlen zu haben. Sein Expertenwissen in diesem Bereich konnte er 1938 im Rahmen der Sportfestuntersuchungen in Breslau anwenden, woraus auch eine Veröffentlichung hervorging.[363] Insbesondere mit dem Beginn der Umsiedlungsaktionen intensivierte er seine Forschungen. 1943 schloss Grimm seine Dissertation zum Thema „Über die Pubertät bei Umsiedlerinnen aus der Nordbukowina" ab, nicht ohne zu betonen, dass gerade die volksdeutschen Volksgruppen außerordentlich „günstige Bedingungen für die Erforschung von Erb- und Umwelteinflüssen auf menschliche Merkmale und Eigenschaften" böten.[364]

Ein ausgewiesenes Interesse an den deutschen Volksgruppen im Ausland lässt sich auch für die Wiener anthropologische Forschung konstatieren. Eine dezidiert anthropologisch-rassenhygienische Ausrichtung wiesen zwei bereits zu Beginn der 1930er Jahre durchgeführte Forschungsreisen auf. Sie sollen an dieser Stelle ebenfalls kurz Erwähnung finden, denn auch wenn diese Forschungen sich auf Gebiete bezogen, die später nicht in die Umsiedlungsaktionen einbezogen waren, zeigen sie doch, welch umfangreiches Datenmaterial über volksdeutsche Siedlungsgebiete vorlag, auf das unmittelbar hätte zurückgegriffen werden können. Darüber hinaus wird auch deutlich, dass die rassenhygienisch-bevölkerungsbiologische Forschung sich nicht auf das Deutsche Reich beschränkte, sondern sich quasi ein zweites Zentrum - bezogen auf die Forschung an Volksdeutschen - in Wien etablierte. Die Verbindungslinien waren vielfältig. Sie reichten von kongruenten bevölkerungsbiologischen Forschungsansätzen und rassenhygienisch-anthropologischen Diskursen, bis hin zur direkten finanziellen Förderung. Diese Forschungen und Diskurse, innerhalb derer die Forschung an Volksdeutschen nota bene nur ein Teilgebiet ausmachte, hinterließen auch über die deutschsprachigen Gebiete hinaus ihre Spuren. Rassenanthropologische Erhebungen und rassenhygienische Bestrebungen lassen sich in vielen euro-

362 Sowohl Lehmann als Erbpathologe als auch Eickstedt als Anthropologe beanspruchten ihre Zuständigkeit auf dem Feld der Bevölkerungsbiologie, was zu Auseinandersetzungen führte. Vgl. ebd., S. 190.

363 Hans Grimm, Ein Ehe-Reife-Diagramm und seine Anwendung auf südostdeutsche Volksgruppen. In: Südost-Forschungen, 4 (1939), S. 810-818.

364 Hans Grimm, Untersuchungen über die Pubertät bei Umsiedlerinnen aus der Nordbukowina. Beitrag zur Frage: Menarche und Umwelt. In: Zeitschrift für menschliche Vererbungs- und Konstitutionslehre, 27 (1943) 1, S. 39-68 (zugleich Diss. med. Breslau 1943), S. 67.

päischen und außereuropäischen Ländern, die in einen internationalen bevölkerungsbiologischen Diskurs eingetreten waren, nachweisen.[365]

Insbesondere im deutschsprachigen Raum wurde die in den 1920er Jahren etablierte Methode der „Dorfforschung", die genealogische, anthropologische, rassische und erbbiologische Erkenntnisinteressen verband, zur bevorzugten Untersuchungsmethode - nicht nur in den Arbeiten, die im Rahmen der „Deutschen Rassenkunde" entstanden, sondern sie wurde auch im Rahmen der Wiener Forschungen angewandt.[366]

1933/34 untersuchten Mitarbeiter des anthropologischen Instituts der Universität Wien unter Leitung von Josef Weninger die Bewohner des Ortes Marienfeld (Banat) hinsichtlich rassenanthropologischer und erbbiologischer Kriterien.[367] Die Initiative war dabei von den Bewohnern des Ortes selbst ausgegangen, was schließlich auch zu einer regen Beteiligung an den freiwilligen, durchaus intimste Bereiche tangierenden Untersuchungen führte.[368]

Die Massenerhebungen, die auf Zuspruch Fischers unter anderem von der DFG finanziell unterstützt wurden, sollten hinsichtlich der Untersuchungsmethoden wegweisend für spätere Untersuchungen der sogenannten „Wiener Anthropologischen Schule" sein.[369] Das Novum bestand zum einen darin, dass Probanden aller Alterskohorten untersucht wurden, und zum anderen in der Untersuchungstechnik. Letztere wies, basierend auf den bereits im Ersten

365 Ein Abbild dieses Diskurses war beispielsweise der 1935 in Berlin veranstaltete Internationale Kongress für Bevölkerungswissenschaft. Die Referate der zum Teil eugenischen Einrichtungen angehörenden Vertreter verschiedenster Länder machen deutlich, dass insbesondere in Fragen der Bevölkerungsentwicklung und des Geburtenrückgangs zunehmend auch rassenhygienische Argumentationsmuster, die in den 1920er Jahren in vielen europäischen Ländern Einzug in medizinische und bevölkerungspolitische Bereiche hielten, bestimmend wurden. Vgl. Harmsen/Lohse, Bevölkerungsfragen. Zu rassenanthropologischen Untersuchungen und der Etablierung der Eugenik im südosteuropäischen Raum, deren Vertreter durch ein Studium im Deutschen Reich oder der Habsburger Monarchie/Österreich nicht selten von der deutschen Rassenhygiene und Anthropologie beeinflusst waren, vgl. weiterführend Christian Promitzer, Vermessene Körper. „Rassenkundliche" Grenzziehungen im südöstlichen Europa. In: Karl Kaser/Dagmar Gramshammer-Hohl/Robert Pichler (Hg.), Europa und die Grenzen im Kopf, Klagenfurt 2003, S. 365-393.

366 Vgl. zur wissenschaftlichen Kontextualisierung des Wiener „Marienfeld-Projektes" Maria Teschler-Nicola, Volksdeutsche and Racial Anthropology in Interwar Vienna: The „Marienfeld Project". In: Marius Turda/Paul Weindling (Ed.), Blood and Homeland. Eugenics and Racial Nationalism in Central and Southeast Europe 1900-1940, Budapest 2007, S. 55-82.

367 Fritz Klingler, Erfreuliche Fortschritte. In: Medizinische Zeitschrift, 12 (1938) 9/10, S. 227-232, hier 229; sowie Vorwort im Sonderheft des Woge-Blattes „Ergebnisse einer Dorfarbeit in der südslawischen Bačka". Hg. von Hans Grimm, Novisad 1935.

368 Vgl. Robert Routil, Familienanthropologische Untersuchungen in dem ostschwäbischen Dorfe Marienfeld im rumänischen Banat. Biometrische Studien, Wien 1942, S. 1; sowie Teschler-Nicola, Marienfeld-Project.

369 Vgl. Teschler-Nicola, Marienfeld-Project. Zur Wiener Anthropologischen Schule vgl. auch Brigitte Fuchs, „Rasse", „Volk", Geschlecht. Anthropologische Diskurse in Österreich 1850-1960, Frankfurt a. M., 2003, S. 278-294.

Weltkrieg durchgeführten Kriegsgefangenenuntersuchungen,[370] eine deutliche Professionalisierung und Effektivierung auf. In einem zentralen Untersuchungsraum hatte man acht Untersuchungsstationen eingerichtet, in denen täglich etwa 40 Probanden von verschiedenen Mitarbeitern parallel befragt, fotografiert, vermessen und unter anderem Fingerabdrücke genommen wurden.[371] Durch dieses Vorgehen konnten umfangreiche, untereinander vergleichbare, physiognomisch-morphologische Daten erhoben werden, die eine Zuordnung der einzelnen Personen zu den verschiedenen „Rassetypen" und die Beantwortung genetisch-biologischer Fragen ermöglichen sollten.[372] Dabei verstanden die beteiligten Wissenschaftler diese Untersuchungen an einer ausgewählten volksdeutschen Gruppe lediglich als ersten Schritt - wenn man so will als Experiment im Laboratoriumsmaßstab - auf dem Weg zu einer Gesamtanthropologie und Erbbiologie des deutschen Volkes. Neben diesen wissenschaftlichen Fernzielen galt das Erkenntnisinteresse jedoch durchaus auch praktischen Fragen der Erbbiologie - beispielsweise Abstammungsprüfungen. Auch dieser Aspekt interessierte die reichsdeutschen Finanziers, hatte doch die „Abstammung" spätestens mit den Nürnberger Gesetzen im Deutschen Reich besondere Bedeutung als volksgemeinschaftliches Inklusions- beziehungsweise Exklusionskriterium erlangt.[373]

Drei Jahre nach dem Beginn der Untersuchungen war das Material jedoch lediglich fragmentarisch ausgewertet, was Weninger veranlasste, bei der DFG erneut Mittel zu beantragen.[374] Das Gutachten fertigte Eugen Fischer an, der Weningers Projekt sicher nicht zuletzt aufgrund der zahlreichen Übereinstimmungen mit den Projekten „seiner" „Deutschen Rassenkunde" „wärmstens" befürwortete. Er hob aber auch die besondere Bedeutung der zu erwartenden praktischen Ergebnisse (Vaterschaftsuntersuchungen, sippenkundliche Überprüfungen im Rahmen des „arischen" Nachweises) hervor.[375] Weitere Gutachten von Karl Thums und Ernst Rüdin vom KWI für Psychiatrie München bescheinigten Weningers Projekt ebenfalls eine hohe Relevanz in wissenschaft-

370 Zu den Kriegsgefangenenuntersuchungen vgl. Margit Berner, Die „rassenkundlichen" Untersuchungen der Wiener Anthropologen in Kriegsgefangenenlagern 1915-1918. In: Zeitgeschichte, 30 (2003) 3, S. 124-136.

371 Vgl. Eberhard Geyer, Vorläufige Mitteilung über die familienanthropologische Untersuchung des ostschwäbischen Dorfes Marienfeld. In: Verhandlungen der Gesellschaft für Physische Anthropologie, 7 (1935), S. 5-11, hier 10. Vgl. auch Teschler-Nicola, Marienfeld-Project, S. 62 f.

372 Insgesamt wurden 10 800 anthropologische Untersuchungsbögen ausgefüllt, über 5 000 Photographien angefertigt, vielfältiges genealogisches und statistisches Material zusammengetragen, welches sich heute noch im Besitz des Anthropologischen Instituts der Universität Wien befindet. Vgl. Teschler-Nicola, Marienfeld-Project, S. 71 f.

373 Vgl. Antrag Weningers an die DFG vom 28. 3. 1936 (BArch Berlin, R 73/15621, unpag.).

374 Vgl. ebd.; sowie Teschler-Nicola, Marienfeld-Project, S. 70 f.

375 Gutachten Eugen Fischers über den Antrag Weningers vom 3. 6. 1936 (BArch Berlin, R 73/15621, unpag.).

lichen und praktischen Fragen der Erbbiologie und Anthropologie.[376] Entgegen dieser Expertenmeinung kam jedoch ein zusätzlich eingeholtes Gutachten des (fachfremden) Reichsministeriums des Innern, angefertigt von Herbert Linden, zu dem Ergebnis, dass „die von ihm [Weninger] vorgesehenen Arbeiten ohne weiteres auch an einem reichsdeutschen Material vorgenommen werden können".[377] Ausschlaggebend für ein solches Urteil, das schließlich zu Ablehnung des Antrags Weningers führte, dürfte vor allem der Hinweis Thums auf die jüdische Ehefrau Weningers[378] gewesen sein.[379] Das Großprojekt „Marienfeld" erfuhr somit keine weitere Förderung und wurde - nicht zuletzt auch aufgrund der vorzeitigen Pensionierung Weningers 1938 - nie komplett abgeschlossen. Allerdings galt dies nur für das Gesamtprojekt, Teilprojekte „politisch zuverlässiger" Mitarbeiter sollten auch weiterhin gefördert werden.[380] Teilergebnisse wurden noch bis 1942 publiziert.[381] Auch wenn das Gesamtprojekt somit zunehmend an Bedeutung verlor, so war es doch auch Anstoß für weitere Forschungen an den volksdeutschen Bewohnern Marienfelds. Insbesondere ist hier eine „charakterologische" Untersuchung des Kriminalbiologen Friedrich Stumpfl,[382]

376 Vgl. Gutachten Karl Thums über den Antrag Weningers vom 30.6.1936; sowie Gutachten Ernst Rüdins über den Antrag Weningers vom 12.3.1937 (BArch Berlin, R 73/15621, unpag.).

377 Gutachten Herbert Lindens über den Antrag Weningers vom 12.8.1936 (BArch Berlin, R 73/15621, unpag.).

378 Vgl. Fuchs, Rasse, Volk, Geschlecht, S. 278–294. Margarete Weninger war selbst auch am Anthropologischen Institut beschäftigt gewesen und hatte an der Marienfeld-Expedition teilgenommen. Ihre Veröffentlichung über die Dermatoglyphen (Hautleisten) der Finger - ein Ergebnis ihrer Untersuchungen in Marienfeld - wurde zu einem Standardwerk, das ihre internationale Reputation nach 1945 begründete. Vgl. Brigitta Keintzel/Ilse Erika Korotin (Hg.), Wissenschafterinnen in und aus Österreich. Leben. Werk. Wirken, Wien 2002, S. 809–811.

379 Vgl. Gutachten Karl Thums über den Antrag Weningers vom 3.6.1936; sowie Ablehnungsschreiben der DFG an Weninger vom 9.9.1937 und 8.2.1938 (BArch Berlin, R 73/15621, unpag.). Vgl. auch Teschler-Nicola, Marienfeld-Project, S. 70 f.

380 Vgl. Aktennotiz Heim, DFG, betr. Angelegenheit Weninger vom 4.12.1937; sowie Schreiben Dr. Rudolf Amons an Heim, DFG, vom 16.4.1938 (BArch Berlin, R 73/15621, unpag.). Eigene Anträge stellten beispielsweise Eberhard Geyer, der Nachfolger Weningers und Teilnehmer der Expedition 1933/34, und Dora Könner, ebenfalls Mitarbeiterin des Marienfeld-Projektes. Vgl. weiter Teschler, Nicola, Marienfeld-Project, S. 71.

381 Vgl. Teschler-Nicola, Marienfeld-Project, S. 76. 1942 veröffentlichte Robert Routil, der im Rahmen der Marienfeld-Untersuchungen biometrische Daten erhoben hatte, seine Ergebnisse, die die „Grundlage für spätere rassenkundliche und erbbiologische Arbeiten am Marienfelder Material bilden" sollten. Vgl. Routil, Familienanthropologische Untersuchungen, S. 1 f.

382 Friedrich (Fritz) Stumpfl (1902–1997) studierte 1920–1926 in Wien und Freiburg u. a. bei Fischer und Weninger Medizin. 1926 schloss er sein Studium in Wien mit einer Promotion ab. Seine psychiatrische Facharztausbildung absolvierte er an der Wiener Psychiatrischen und Neurologischen Klinik. Während dieser Zeit arbeitete er auch am anthropologischen Institut Weningers. 1930 bis 1939 war er Assistent Rüdins am KWI für Psychiatrie in München. Dort befasste er sich, finanziell unterstützt von der DFG, vornehmlich mit „biologischen Familienuntersuchungen an Verbrechern", worüber er 1936 auch habilitierte. Durch seine Familien- und Zwillingsforschung, u. a. auch an der Marienfelder Bevölkerung, wurde er zu einem der anerkanntesten Kriminalbiologen des

Mitarbeiter Rüdins am KWI für Psychiatrie in München, 1937/38 an 60 Marienfelder Familien hervorzuheben. Gefördert wurden diese Erhebungen von der DFG, was deren Interesse beziehungsweise das der einschlägigen Fachgutachter an der Forschung an Volksdeutschen unterstreicht.[383]

Ein zweites rassenanthropologisch motiviertes Projekt strengte 1932 der Direktor des Naturhistorischen Museums in Wien und Leiter der Anthropologischen Abteilung, Viktor Lebzelter, an. Untersuchungsgegenstand war hier ebenfalls eine in Rumänien lebende deutsche Minderheit: die Siebenbürger Sachsen. Die rassenanthropologischen Ehebungen konzentrierten sich schließlich auf etwa 1 000 Erwachsene und Jugendliche verschiedener siebenbürgischer Orte, unter anderem Hermannstadt, Mediasch und Schäßburg. Ziel war hier, „ein klares Bild der Rassengliederung [...] für das Kernland der altsächsischen Besiedlung" zu erhalten.[384] Anders als beim „Marienfeld-Projekt" ging es hier demnach mehr um einen Querschnitt durch die siebenbürgische deutsche Bevölkerung als um „Dorfforschung", auch wenn sich hinsichtlich der Methoden zahlreiche Schnittstellen ergaben.

Interessanterweise ging auch hier die Initiative zu einer solchen Erhebung von der deutschen Volksgruppe, hier den Siebenbürger Sachsen, selbst aus, wobei über deren Motive wie auch im Falle Marienfelds heute nur noch speku-

Nationalsozialismus. 1939 erhielt er eine Professur am neu gegründeten Innsbrucker Institut für Erb- und Rassenbiologie, wo er seine Forschungen mit Unterstützung des Vorstandes der psychiatrischen Universitätsklinik, Helmut Scharfetter, fortsetzte und auch auf die Jenischen ausweitete. Stumpfl blieb bis zur Auflösung des Institutes 1947 dessen Leiter, nicht zuletzt weil es ihm gelang, seine rassenhygienische Forschung im Nationalsozialismus zu verharmlosen und umzudeuten. Nach kurzzeitiger kinderpsychiatrischer Tätigkeit in Wien kehrte er 1953 nach Innsbruck zurück, wo er erneut eine Lehrbefugnis für Psychiatrie und Neurologie erhielt. 1956/59 wurde er außerordentlicher Professor. Vgl. Thomas Mayer, Eugenische Forschung als „eine politische nationalsozialistische Tätigkeit". Die akademische Verbindung von Eugenik, Anthropologie, Kriminalbiologie und Psychiatrie am Beispiel des Karriereverlaufs von Friedrich Stumpfl (1902–1997). In: Schriftenreihe der Deutschen Gesellschaft für Geschichte der Nervenheilkunde, 15 (2009), S. 239–265; sowie Dokumente aus der Personalakte Stumpfls des Universitätsarchivs Innsbruck in: Gerhard Oberkofler/Peter Goller (Hg.), Die Medizinische Fakultät Innsbruck. Faschistische Realität (1938) und Kontinuität unter postfaschistischen Bedingungen (1945). Eine Dokumentation, Innsbruck 1999, S. 165–193. Zur Forschung Stumpfls am KWI für Psychiatrie vgl. Richard F. Wetzell, Kriminalbiologische Forschung an der Deutschen Forschungsanstalt für Psychiatrie in der Weimarer Republik und im Nationalsozialismus. In: Hans-Walter Schmuhl (Hg.), Rassenforschung an Kaiser-Wilhelm-Instituten vor und nach 1933, Göttingen 2003, S. 68–98 und S. 82–90.

383 Vgl. dazu den im Dezember 1936 von Weninger in Reaktion auf die Ablehnung seines Erstantrages vom März 1936 nochmals eingereichten Antrag (BArch Berlin, R 73/15621, unpag.). Darin reklamiert Weninger auf die DFG-geförderten Forschungen Stumpfls, die er als Beleg für die Bedeutung seiner eigenen Untersuchungen und die weitere Förderungswürdigkeit seines Projektes anführt. Vgl. auch Ernst Klee, Auschwitz, die NS-Medizin und ihre Opfer, 4. Auflage Frankfurt a. M. 1997, S. 69; sowie Mayer, Friedrich Stumpfl, S. 244.

384 Viktor Lebzelter/Josef Wastl/Anna Sittenberger, Ein Beitrag zur Rassenkunde der Siebenbürger Sachsen. In: Verhandlungen und Mitteilungen des Siebenbürgischen Vereins für Naturwissenschaften zu Hermannstadt 83/84 (1936), S. 1–24, hier 2.

liert werden kann.[385] Unterstützt wurden die Forschungen sowohl von der rumänischen Regierung, die parallel zu diesen Erhebungen selbst eine „anthropologische Übersichtsaufnahme des rumänischen Volkes“ durchführte,[386] als auch von der Evangelischen Landeskirche A. B., die, wie bereits ausführlich dargelegt, der „volksbiologischen“ Forschung besonders aufgeschlossen gegenüberstand.[387] Ausgewertet wurde das Materials unter anderem durch Josef Wastl, einem Mitarbeiter der Anthropologischen Abteilung, der später die Leitung dieser Abteilung übernehmen und unter anderem durch die von ihm geleiteten rassischen Untersuchungen an Wiener Juden im Praterstadion 1939 traurige Berühmtheit erlangen sollte.[388] Die Ergebnisse wurden 1936 publiziert, scheinen aber eine eher marginale wissenschaftliche Resonanz gefunden zu haben und für das Forschungsprofil der Anthropologischen Abteilung nicht von besonderer Bedeutung gewesen zu sein. Das Forschungsprojekt blieb letztlich das einzige seiner Art, ein Sonderprojekt.[389]

So unterschiedlich die wissenschaftliche Rezeption und Resonanz auf die verschiedenen Forschungsprojekte auch war, so gleich war doch das die Untersuchungen leitende rassenhygienisch-anthropologische Interesse. Dieses richtete sich in den 1930er Jahren auch verstärkt auf die deutschen Siedlungen des Auslandes, die als besonderes Untersuchungsfeld begriffen wurden. Eine Kanonisierung dieses Forschungsinteresses im Sinne der Etablierung eines eigenständigen Forschungszweiges innerhalb der rassenhygienisch-anthropologischen Forschung erfolgte jedoch nicht. Vielmehr bildeten sich verschiedene universitäre und volkstumspolitische brainpools heraus, deren Expertise im Kontext der Umsiedlungen gefragt war. Dabei beanspruchten die traditionellen Volkstumsorganisationen wie das DAI und der VDA zunehmend die Forschungs- und Koordinierungskompetenzen in volksdeutschen Fragen, mit konkreten prakti-

385 Es ist zu vermuten, dass vor allem das rassenhygienische Selbstverständnis der Volksgruppen, welches von einzelnen (medizinischen) Vertretern artikuliert wurde, eine entscheidende Rolle gespielt hat. Die Volksdeutschen offerierten sich quasi selbst als Untersuchungsobjekt, wenn sie beispielsweise betonten, dass sie aufgrund der geschlossenen Ansiedlung und der nicht erfolgten Vermischung mit anderen Völkern ein „interessantes Gebiet für den Erbforscher“ darstellen würden. Zudem wären sie aufgrund der permanenten natürlichen Selektion (Ausreise, Urbarmachung des Landes, Fehlen medizinischer Einrichtungen) Träger „wertvoller“ Erbanlagen. Vgl. Karl Steinmetz, Die biologische Lage der Deutschen in Jugoslawien. In: Medizinische Zeitschrift, 10 (1936) 10, S. 413–424, hier 416 f.

386 Vgl. Lebzelter/Wastl/Sittenberger, Rassenkunde Siebenbürger Sachsen.

387 Vgl. ebd.; sowie Viktor Lebzelter, Die Rassengliederung der Siebenbürger Sachsen. In: Medizinische Zeitschrift, 10 (1936) 10, S. 447 f.

388 Vgl. zum Beispiel Claudia Spring, Vermessen, deklassiert und deportiert. Dokumentation zur anthropologischen Untersuchung an 440 Juden im Wiener Stadion im September 1939 unter der Leitung von Josef Wastl vom Naturhistorischen Museum Wien. In: Zeitgeschichte, 32 (2005) 2, S. 91–110.

389 In der Untersuchung von Fuchs fehlt jeglicher Hinweis auf die Erhebungen. Vgl. Fuchs, Rasse, Volk, Geschlecht. Weitere diesbezügliche Veröffentlichungen Wastls oder Sittenbergers über das Jahr 1936 hinaus konnten ebenfalls nicht gefunden werden. Lebzelter verstarb 1936.

schen Maßnahmen waren sie, bis auf einige Ausnahmen, jedoch weniger befasst. Dies fiel in erster Linie in das Ressort der Auslandsabteilung der RÄK, die schließlich im Rahmen der Umsiedlungsaktion eine besondere Bedeutung erlangen sollte.

2.3 Die Auslandsabteilung der Reichsärztekammer als Schnittstelle zwischen rassenhygienischem Forschungsinteresse und volkstumspolitischer Intervention

Die Auslandsabteilung der RÄK unter der Leitung von Karl Haedenkamp galt als zentrale Anlaufstelle für medizinische Fragen der deutschen Volksgruppen im Ausland. Sie war 1935 vom Reichsärzteführer Gerhard Wagner gegründet worden, mit dem Ziel „die Auslandsangelegenheiten der Ärzteschaft" organisatorisch zu bündeln.[390] Rein wissenschaftliche Zwecke wurden damit nicht verfolgt, es ging vielmehr um die Schaffung einer zentralen Institution, die alle mit dem Ausland in Verbindung stehenden ärztlichen Fragen bearbeiten sollte. Dazu gehörten unter anderem die Organisation von Studienfahrten, die Förderung des wissenschaftlichen Austausches, die Herstellung von Kontakten zu den ärztlichen Standesorganisationen des Auslandes und deren Unterstützung.[391] Die Entstehung der Auslandsabteilung der RÄK entsprang aber nicht nur dem Bedürfnis nach institutioneller Straffung der vormals recht lockeren Verbindungen zu ausländischen Ärzten. Sie war auch Zeichen eines gesteigerten medizinischen Interesses an den volksdeutschen Siedlungsgebieten. Dieses spiegelt sich vor allem in der Etablierung eines speziellen Referates wider, welches sich unter der Leitung von Hellmut Haubold[392] vordringlich „volksdeutschen Angelegenheiten" widmete.[393] Dabei ging es nicht allein um die praktische medizinische Arbeit in den deutschen Siedlungsgebieten, sondern mit dieser Arbeit wurde zugleich auch der Transfer politischer und rassenhygienischer Gedanken verbunden, die über die ärztlichen Standesvertretungen in die volksdeutschen Siedlungsgebiete diffundierten. Ein Beispiel dafür waren die von der Auslandsabteilung der RÄK vermittelten Weiterbildungsangebote für volksdeutsche Ärzte in der Führerschule der deutschen Ärzteschaft Alt-Rehse oder dem Rudolf-Hess-Krankenhaus Dresden. Ganz gezielt wurde damit auch Einfluss auf die Ausbildung und Ausrichtung zukünftiger Führungskräfte, die als (nationalsozialistische) Multiplikatoren in den volksdeutschen Siedlungsgebieten fungieren soll-

390 Zit. nach Gerd Pfletschinger, Krebsstatistik, Medizinhistorik, „Umsiedlung" und medizinische Auslandskontakte in der nationalsozialistischen Gesundheitspolitik am Beispiel von Hellmut Haubold (2. 10. 1905–19. 9. 1968), Diss. med., Berlin 2000, S. 97.

391 Vgl. Pfletschinger, Hellmut Haubold, S. 97 f.

392 Auf die Person Haubolds, insbesondere seine Funktion als Beauftragter des Reichsgesundheitsführers für die gesundheitliche Betreuung der volksdeutschen Umsiedler, wird noch gesondert eingegangen. Vgl. Kap. III.2.3.

393 Vgl. Gedächtnisprotokoll Haubolds, S. 3 vom 31. 10. 1939 (BArch Berlin, R 1501/3802, unpag.).

ten, genommen. Für diese Kurse sollten nämlich nur „besonders vertrauenswürdige und geeignete Berufskameraden in Betracht kommen, insbesondere solche, die vielleicht in Ihrer Berufsvereinigung später bestimmte Aufgaben erfüllen" sollten.[394] Etwas subtiler geschah dies auch über die kostenfreie Zurverfügungstellung des „Deutschen Ärzteblattes".[395] Aber auch in organisatorischen Fragen schaltete sich die Auslandsabteilung der RÄK direkt ein, beispielsweise bei der Vergabe von Stipendien und Ausbildungsplätzen an volksdeutsche Medizinstudenten. Beabsichtigte etwa ein bessarabiendeutscher Medizinstudent seine Ausbildung in einer reichsdeutschen Einrichtung zu absolvieren, so musste er ein entsprechendes, vom „Bund der deutschen Ärzte" in Rumänien befürwortetes, Gesuch bei der RÄK einreichen, die sich wiederum die Vermittlung eines Ausbildungsplatzes vorbehielt.[396] Dazugehörige Fragen, unter anderem die Anerkennung von Diplomen betreffend, wurden nicht selten in direktem Austausch mit den jeweiligen ärztlichen Standesvertretungen durch Besuche Haubolds in den volksdeutschen Siedlungsgebieten geklärt.[397] Nicht zuletzt durch diesen intensivierten Kontakt und die Etablierung einer speziell für volksdeutsche Belange zuständigen Stelle konnte Ende der 1930er Jahre tatsächlich von einer koordinierten Auslandsarbeit auf medizinischem Gebiet gesprochen werden. Dies weckte nicht zuletzt auch auf Seiten der Volkstumsorganisationen Begehrlichkeiten. Insbesondere mit dem Aufstieg der Vomi zur zentralen Instanz der Volkstumspolitik und der gleichzeitigen Ausschaltung der traditionellen Volkstumsorganisationen, die bis dato eigene Interessen auf dem gesundheitspolitischen Feld vertreten hatten, avancierte die Auslandsabteilung der RÄK auch volkstumspolitisch zu einer wichtigen Anlaufstelle. 1939 wurde sie schließlich mit der gesundheitlichen Betreuung der Umsiedlungsaktionen betraut.[398]

3. Die veränderten politischen Rahmenbedingungen – die NS-Volkstumspolitik am Vorabend der Umsiedlungen

Für das Deutsche Reich waren die Volksdeutschen im Ausland das Symbol für eine „überstaatliche Volksgemeinschaft", die quasi als Ersatz für die verlorene nationale Größe fungierte.[399] Das bedeutete jedoch keineswegs die Hinnahme der Gebietsverluste, vielmehr strebten auch die Volkstumspolitiker eine Revision der Grenzen von Versailles an. Diese Konstellation änderte sich auch nach 1933

394 Vgl. Aktennotiz des Hauptausschusses des siebenbürgisch-deutschen Ärztevereins vom 9.3.1939 (BArch Berlin, R 57 Neu/605, unpag.).
395 Vgl. Notiz in der Medizinischen Zeitschrift, 7 (1933) 7, S. 2.
396 Vgl. Mitteilung betr. Ausbildung und Fortbildung. In: Medizinische Zeitschrift, 11 (1937) 11, S. 378.
397 Vgl. Bericht über die Hauptausschusssitzung des Bundes deutscher Ärzte in Rumänien am 24.5.1939 in Hermannstadt (BArch Berlin, R 57 Neu/605, unpag.).
398 Vgl. Kap. III.2.3.
399 Vgl. Luther, Volkstumspolitik, S. 31.

nicht grundlegend, allerdings machte sich ein zunehmender Einfluss der nationalsozialistischen Rassenideologie auf die Volkstumspolitik bemerkbar. So ging es nicht mehr allein um die Revision des Versailler Friedensvertrages, sondern auch um die Eroberung „neuen Lebensraumes im Osten“. Auch die Begriffe „Volk“ und „Nation“/„Staat“ und deren Gewichtung im Rahmen der volkstumspolitischen Arbeit erfuhren eine Veränderung. Innerhalb der Volkstumspolitik entstanden zwei ideologische Lager. Die Traditionalisten, allen voran der VDA, stellten die „Volklichkeit“ über die „Staatlichkeit“.[400] Umsiedlungen Auslands- und Volksdeutscher ins Deutsche Reich, die einem Verzicht auf die besiedelten Gebiete gleichkamen, wurden als Verrat am deutschen Volk betrachtet, seien sie doch lediglich machtpolitisch-etatistischem Interesse geschuldet.[401] Die NSDAP und deren Auslandsorganisation (AO) betrachteten die im Ausland lebenden Deutschen hingegen als machtpolitische Verschiebemasse. Diese unterschiedliche Schwerpunktsetzung führte in der ersten Hälfte der 1930er Jahre zu einer unkoordinierten und von internen Machtkämpfen zwischen Traditionalisten und nationalsozialistischen Aktivisten geprägten Volkstumspolitik, deren Wirksamkeit durch das Fehlen einer zentralen Koordinierungsstelle begrenzt war.[402] Eine solche Stelle erwies sich als umso notwendiger, da der durch den Völkerbundaustritt des Deutschen Reiches 1933 von diesem garantierte Minderheitenschutz von den deutschen Minderheiten nicht mehr beansprucht werden konnte. Eine deutsche Zentralinstanz musste nun also die Wahrung der Interessen der (Volks-)Deutschen im Ausland übernehmen. In diesem Sinne wurden ab 1933 die verschiedenen Vereine und Verbände gleichgeschaltet. Lediglich der VDA genoss anfangs noch eine Sonderstellung und entfaltete bis 1935 eine rege Tätigkeit, die sich in Sammlungen, publizistischen Tätigkeiten und einer hohen Mitgliederzahl niederschlug.[403] Der erste Versuch, eine zentrale Koordinierungsinstanz zu schaffen, führte 1933 zur Gründung des „Volksdeutschen Rates“. Die Volkstumsarbeit wurde dadurch insofern zentralisiert, als dass die Tätigkeitsfelder der verschiedenen Vereine aufeinander abgestimmt wurden und ihre Arbeit nun der Aufsicht des Volksdeutschen Rates unterlag. Eine einheitliche Volkstumspolitik konnte auf diese Weise jedoch nicht eingeleitet werden, weil der „Volksdeutsche Rat“, obwohl er unmittelbar Rudolf Heß unterstellt war, nicht über die notwendige Autorität verfügte und sich zudem ständigen Angriffen der parteieigenen Auslandsorganisation ausgesetzt sah.[404] 1935 wurde er durch eine neue Zentralstelle abgelöst: dem Büro von Kursell. Diese hauptamtliche Parteidienststelle unter Leitung von Otto von Kursell offenbarte schon allein hinsichtlich der personellen Besetzung den

400 Vgl. Luther, VDA.
401 Vgl. ebd., S. 69–75.
402 Vgl. Luther , Volkstumspolitik, S. 145 f.
403 Die Zahl der Mitglieder bewegte sich 1935 um ca. 4 Millionen und überstieg damit die Zahl parteipolitischer Verbände, zum Beispiel der SA, bei weitem. Vgl. Luther, VDA, S. 63.
404 Zum Volksdeutschen Rat vgl. Luther, Volkstumspolitik, S. 84–118.

Machtgewinn der Partei innerhalb der Volkstumspolitik und die zunehmende Abkehr von traditionellen volkstumspolitischen Zielen.[405] Nichtsdestotrotz verfügte auch diese Dienststelle nicht über die notwendige Exekutivgewalt, um eine einheitliche Volkstumspolitik forcieren zu können. 1936 geriet sie zusehends unter den Einfluss Heinrich Himmlers. Dieser wandte sich der Volkstumspolitik zu, um zum einen seinen Wirkungskreis innerhalb des NS-Staates weiter auszudehnen und zum anderen seine „großgermanische Vision" Wirklichkeit werden zu lassen.[406] Im Februar 1937 nahm die Einflussnahme Himmlers und der SS, die, wie sich zeigen sollte, einer totalen Inanspruchnahme der Volkstumspolitik durch die SS gleichkam, konkrete Formen an. Es kann von einem regelrechten turning point innerhalb der Volkstumspolitik gesprochen werden, durch den die Weichen für die spätere Umsiedlung gestellt wurden. Von Kursell wurde kurzerhand seines Amtes enthoben und durch einen ranghohen SS-Angehörigen, Werner Lorenz,[407] ersetzt. Das Büro von Kursell wurde in „Volksdeutsche Mittelstelle" (Vomi) umbenannt. Im Juli 1938 wurde die Vomi, protegiert von Heß und Himmler, mittels Führererlass zu *der* Zentralinstanz für Volkstumsfragen.[408] Sämtliche Volkstumsverbände, darunter auch der VDA und das DAI, wurden ihr unterstellt, sie erhielt Weisungsbefugnis gegenüber Reichsministerien und ihr oblag die Verwaltung der für die Volkstumsarbeit zur Verfügung stehenden finanziellen Mittel.[409] Die seit 1933 geforderte Zentralinstanz war damit, allerdings unter völlig geänderten Vorzeichen, geschaffen.

Betrachtet man die Aufgaben der Vomi - die Deutschen im Ausland zu beobachten, „ruhig und geschlossen" zu halten und volksgruppeninterne Auseinandersetzungen zu verhindern[410] -, so entsprachen diese auf den ersten Blick denen des Büros von Kursell. Die Krux lag im modus operandi: Die Vomi betrachtete - im Gegensatz zu den traditionellen Volkstumspolitikern - eine direkte Einmischung reichsdeutscher Stellen in Angelegenheiten der jeweiligen Volksgruppen als durchaus probates Mittel der Volkstumspolitik. So wurden volksgruppeninterne Streitigkeiten in Rumänien, Jugoslawien, dem Baltikum und Ungarn auf Druck der Vomi beigelegt, letztlich mit dem Ziel, die Volksgruppen im Sinne des Nationalsozialismus auszurichten und sie im Bedarfsfall für die NS-Außenpolitik nutzbar zu machen.[411]

1939 trat dieser Bedarfsfall ein: Die Volksdeutschen wurden zur Verschiebemasse im Rahmen der NS-Umsiedlungspolitik.

405 Vgl. ebd., 128-136.
406 Vgl. ebd., S. 147; Longerich, Himmler, S. 405.
407 Zu Lorenz vgl. Valdis O. Lumans, Werner Lorenz. Chef der „Volksdeutschen Mittelstelle". In: Ronald Smelser/Enrico Syring (Hg.), Die SS. Elite. Elite unter dem Totenkopf. 30 Lebensläufe, Paderborn 2000, S. 332-345.
408 Der Erlass ist abgedruckt bei Luther, Volkstumspolitik, S. 164.
409 Zur Vomi vgl. Lumans, Himmler's auxiliaries. Vgl. auch Kap. III.2.2.
410 Vgl. Leniger, NS-Volkstumsarbeit, S. 29.
411 Vgl. Luther, Volkstumspolitik, S. 166.

III. Die Konkretion des Hypothetischen – die Umsiedlungsvereinbarungen und die Etablierung des Umsiedlungsapparates

Eine Umsiedlung der deutschen Volksgruppen im Ausland in das Deutsche Reich beziehungsweise andere Territorien, welche von den Traditionalisten kategorisch abgelehnt worden war, wurde erstmals 1937 im Kontext der Südtirol-Frage diskutiert. Vor dem Hintergrund der rigorosen Italianisierungspolitik im Alto Adige,[1] der insbesondere der VDA und namentlich dessen Leiter Hans Steinacher eine forcierte Unterstützung der deutschen Minderheiten entgegensetzen wollte, war erstmals von Hermann Göring eine Abwanderung der Südtiroler, die sich nicht italianisieren lassen wollten, ventiliert worden.[2] Der offen proklamierte Verzicht auf Südtirol, der in krassem Gegensatz zur bisherigen Volkstumspolitik, aber in Kongruenz zu Hitlers außenpolitischen Zielen stand, hatte dabei vor allem machtpolitische und ideologische Gründe. So hatte Hitler bereits in den 1920er Jahren den Verzicht auf Südtirol zugunsten eines Bündnisses mit Italien gefordert, welches er für einen „Wiederaufstieg" Deutschlands als unabdingbar betrachtete. Die Schaffung eines „Kernstaates" rangierte dabei deutlich vor der Förderung einzelner deutscher Minderheiten, denen erst im Zuge der Expansionspolitik eine besondere Bedeutung zukommen sollte.[3] Mit dem „Anschluss" Österreichs im März 1938 wurde ein erster Schritt in Richtung eines großdeutschen Reiches getan, der allerdings die Beziehungen zum präferierten Bündnispartner Italien zu belasten drohte. Der „Anschluss" erschien aus der Perspektive vieler Südtiroler nämlich als klares Zeichen einer nun unmittelbar bevorstehenden Einnahme Südtirols und lieferte der südtiroler Irredenta konkrete Anknüpfungspunkte. Zu dieser Selbstmobilisierung der Südtiroler kam das fortgesetzte Engagement des VDA in Südtirol, welches den ohnehin stagnierenden Italianisierungsbestrebungen Mussolinis zuwiderlief. Die Ausschaltung des VDA und Steinachers sowie der unmissverständliche Verzicht Hitlers auf Südtirol, und damit die Anerkennung der Brenner-Grenze, sollten die Situation entschärfen.[4] Darüber hinaus sollte die

1 Vgl. weiterführend Roberta Pergher, A tale of two borders. Settlement and national transformation in Lybia und South Tyrol under fascism, Diss. phil., Michigan 2007. Für den Hinweis auf diese Arbeit danke ich Jana Wolf.

2 Vgl. Luther, Volkstumspolitik, S. 158; sowie Jens Petersen, Deutschland, Italien und Südtirol 1938–1940. In: Rudolf Lill (Hg.), Die Option der Südtiroler 1939, Bozen 1991, S. 127–150.

3 Vgl. Petersen, Deutschland, Italien und Südtirol; sowie Leniger, NS-Volkstumsarbeit, S. 40–43.

4 Mussolini soll Hitler im Herbst 1937 signalisiert haben, dass er Hitler eine „freie Hand" in Österreich und der Tschechoslowakei lassen würde, sofern dieser jegliche Unterstützung der Südtiroler einstellen und er Mussolini nicht an der Italianisierung Südtirols hindern würde. Vgl. Petersen, Deutschland, Italien und Südtirol, S. 134–136; sowie weiterführend Stuhlpfarrer, Umsiedlung Südtirol, S. 30–49.

Auswanderung einzelner Südtiroler gefördert werden, die, ganz im Interesse Görings, dem deutschen Arbeitsmarkt zugeführt werden und so en passant den Arbeitskräftemangel partiell beheben sollten. Derartige wirtschaftspolitische Aspekte einer Umsiedlung Volksdeutscher wurden vor allem auch seitens des RFSS inauguriert. Insbesondere Ulrich Greifelt, Leiter des „Amtes Vierjahresplan im Persönlichen Stab des RFSS" und späterer Leiter der Dienststelle des RKF, betrachtete die im Ausland lebenden Volksdeutschen als Arbeitskräftereservoir einer zunehmend expandierenden Rüstungsindustrie.[5]

1939 rückte die anvisierte deutsch-italienische Allianz in greifbare Nähe, nachdem das Südtirol-Problem zu beiderseitiger Zufriedenheit gelöst schien. Der Einmarsch deutscher Truppen in die Tschechoslowakei im März 1939, der Ausdruck des nationalsozialistischen Expansionsstrebens war und der Mussolini vor Augen führte, dass dieses Expansionsstreben nicht an „ethnischen Grenzen" haltmachte, verschlechterte die Beziehungen zwischen dem Deutschen Reich und Italien allerdings gravierend.[6] Mussolinis primäres Interesse galt nun einer Abgrenzung der Interessenssphären und damit einer endgültigen Lösung des Südtirol-Problems, das aufgrund der endgültig gescheiterten Italianisierungspolitik noch zusätzlich an Aktualität gewonnen hatte. War zunächst nur an die „Absiedlung" besonders „renitenter" Südtiroler, die die Italianisierung behinderten, gedacht, so präferierte die italienische Seite schon bald die Umsiedlung aller Südtiroler, um den die deutsch-italienischen Beziehungen belastenden Streitfall Südtirol auf Dauer zu beseitigen.[7] Auch aus deutscher Perspektive erschien eine solche Lösung aufgrund bündnispolitischer Erwägungen und arbeitsmarktwirtschaftlichen Kalküls attraktiv. Im März/April 1939 beauftragte Hitler Himmler und den Gauleiter von Tirol-Vorarlberg, Franz Hofer, die Umsiedlung der Südtiroler in die Wege zu leiten. Ein von Himmler im Mai 1939, parallel zur Unterzeichnung des deutsch-italienischen „Stahlpaktes", vorgelegtes Memorandum sah die Umsiedlung von etwa 200 000 Südtirolern vor, was einer „endgültigen" Lösung der Südtirolfrage gleichkam.[8] Die Bedeutung des Memorandums ging jedoch noch weit über die Südtirolfrage hinaus, wurde doch erstmals die Umsiedlung deutscher Volksgruppen im Ausland als probate politische Maßnahme zur Erreichung bündnispolitischer Ziele begriffen. Auch dem darin skizzierten Umsiedlungsvorgang kann Modellcharakter zugeschrieben werden:[9] die Schaffung eines adäquaten Ansiedlungsgebietes durch Vertreibung der indigenen Bevölkerung und die möglichst geschlossene Ansiedlung der Volksgruppe, die im Vorfeld durch die von Himmler/SS dominierte Vomi erfasst werden sollte.[10] Himmler war es im Rahmen dieses Memorandums

5 Vgl. Leniger, NS-Volkstumsarbeit, S. 39 f.
6 Vgl. Stuhlpfarrer, Umsiedlung Südtirol, S. 49.
7 Vgl. ebd., S. 51 f.
8 Das Memorandum ist abgedruckt bei Conrad F. Latour, Südtirol und die Achse Berlin-Rom 1938–1945, Stuttgart 1962, S. 34 f.
9 Vgl. Leniger, NS-Volkstumsarbeit, S. 45.
10 Vgl. Memorandum Himmlers vom 30. 5. 1939. In: Latour, Südtirol, S. 34 f.

gelungen, sich als zentralen Umsiedlungsakteur zu präsentieren und seinen bisher nur indirekten und informellen Einfluss auf die Volkstumspolitik, den er durch die Besetzung von Schlüsselpositionen innerhalb der Vomi mit SS-Angehörigen geltend machen konnte, deutlich auszuweiten.[11] Der umsiedlungspolitische Aktionismus und die nachfolgende Etablierung einer SS-eigenen „Leitstelle für Ein- und Rückwanderung" unter Leitung von Greifelt unterstrichen den Führungsanspruch Himmlers auf volkstumspolitischem Gebiet. Eine formale Ermächtigung Himmlers als Umsiedlungsbeauftragten durch Hitler erfolgte, trotz entsprechendem Entwurf, vorerst nicht.[12] Erst nach dem Überfall auf Polen und den sich damit aus dem Hitler-Stalin-Pakt ergebenden territorialen Konsequenzen, die die Idee vom „Lebensraum im Osten" ihrer utopischen Bemäntelung entkleideten, wurde Himmler am 7. Oktober 1939 von Hitler mit der „Festigung deutschen Volkstums" betraut. Himmler, der fortan unter dem Titel „Reichskommissar für die Festigung deutschen Volkstums" (RKF) firmierte, war nun mit umfangreichen Kompetenzen in allen Umsiedlungsfragen ausgestattet.

Die Grundlage des Erlasses und die institutionelle Basis bildete dabei die Umsiedlung der Südtiroler, in deren Kontext Himmler bereits die Ermächtigung angestrebt und die erwähnte „Leitstelle" geschaffen hatte. Letztere war schließlich die Keimzelle für die Dienststelle des RKF, die als zentrale Koordinierungsinstanz alle weiteren Umsiedlungen leiten sollte.[13] In diesem Sinne bildete die Umsiedlung der Südtiroler im Allgemeinen und das Memorandum Himmlers im Speziellen den Auftakt für die NS-Umsiedlungspolitik. Sie können hinsichtlich der Grundzüge, die die Umsiedlungspolitik leiten sollten, als wegweisend betrachtet werden. Bezogen auf die im Rahmen der Umsiedlung der Südtiroler etablierten organisatorischen Strukturen und die Einbindung der Umsiedler in die NS-Erbgesundheitspolitik, zeichnete sich jedoch schon bald eine Sonderentwicklung Südtirols im Vergleich zu den Umsiedlungen aus Ost- und Südosteuropa ab. Deshalb soll nachfolgend lediglich auf die vertraglichen Regelungen der Umsiedlung der Südtiroler, sofern sie für das weitere Umsiedlungsgeschehen von Relevanz sind, eingegangen werden. Die südtiroler Umsiedlungsstrukturen und -bedingungen werden in Kapitel V ausführlicher beleuchtet.

11 Vgl. Longerich, Himmler, S. 405; sowie Leniger, NS-Volkstumsarbeit, S. 49.

12 Zur Genese des Entwurfs und den vorangegangenen Bemühungen Lorenz/Vomi um die Schaffung einer Dienststelle „Reichskommissar für Volkstumsfragen", die den Zugriff auf staatliche Mittel ermöglichen und zu einer zentralen Instanz mit Weisungsbefugnis gegenüber Reichsbehörden in Fragen der Volkstumspolitik werden sollte, vgl. Stuhlpfarrer, Umsiedlung Südtirol, S. 237–257.

13 Vgl. ebd., S. 250–252.

1. Südtirol

Basierend auf Himmlers Memorandum wurde am 23. Juni 1939 im Zuge einer deutsch-italienischen Konferenz in Berlin eine Vereinbarung zwischen dem Deutschen Reich und Italien hinsichtlich der Umsiedlung der Südtiroler getroffen. Konkrete Details enthielt die sogenannte „Berliner Vereinbarung“, die keinerlei schriftliche Fixierung erfuhr, nicht. Es handelte sich letztlich nur um ein Bekenntnis beider Seiten zur „radikale[n] ethnische[n] Lösung der Frage des Oberetsch“.[14] Erste konkrete Umsiedlungsrichtlinien, die den Kreis der Umzusiedelnden und die Abwanderungsgebiete festlegten, enthielt der am 21. Oktober 1939 unterzeichnete Umsiedlungsvertrag zwischen dem Deutschen Reich und Italien.[15]

Als umsiedlungsberechtigt galten demnach alle Reichs- und Volksdeutschen, die in den Provinzen Bolzano/Bozen, Trento/Trient, Belluno und Udine ihren ständigen Wohnsitz hatten. Für die in diesen Gebieten lebenden Reichsdeutschen, also die Deutschen, die auch die deutsche Staatsangehörigkeit besaßen, war die Umsiedlung ins Deutsche Reich verpflichtend. Den Volksdeutschen, also den Südtirolern, die sich zum deutschen Volkstum bekannten,[16] wurde ein Optionsrecht eingeräumt. Sie sollten „freiwillig und unbeeinflusst entscheiden, ob sie die italienische oder die deutsche Reichsangehörigkeit erwerben und in das Deutsche Reich abwandern“ wollten.[17] De facto war die individuelle Entscheidung, die vor allem durch die Propaganda deutscher Stellen und des Völkischen Kampfrings Südtirol (VKS) beeinflusst wurde, keine wirklich freie und wurde nicht selten zu einer Gewissensfrage „für oder gegen Deutschland“ stilisiert.[18] Nichtdestotrotz verstanden viele Südtiroler die Option durchaus auch

14 Handausgabe der Umsiedlungs-Bestimmungen für die deutschen Optanten. Hg. vom Leiter der Amtlichen Deutschen Ein- und Rückwandererstellen, Bozen 1940, S. 3.

15 Es handelte sich eigentlich um drei Abkommen, die die Umsiedlung der Südtiroler regelten: 1. Das Abkommen über die wirtschaftliche Durchführung der Umsiedlung von Volksdeutschen und deutschen Reichsangehörigen aus Italien in das Deutsche Reich, 2. Die Richtlinien für die Rückwanderung der Reichsdeutschen und Umsiedlung der Volksdeutschen aus dem Alto Adige in das Deutsche Reich und 3. Das Abkommen zur Regelung der Versicherungsbeziehungen der Personen, die unter das Abkommen über die wirtschaftliche Durchführung der Umsiedlung von Volksdeutschen und deutschen Reichsangehörigen aus Italien in das Deutsche Reich vom 21. Oktober 1939 fallen. Vgl. Stuhlpfarrer, Umsiedlung Südtirol, S. 148. Zu den Richtlinien vgl. Richtlinien für die Rückwanderung der Reichsdeutschen und Umsiedlung der Volksdeutschen aus dem Alto Adige. In: Handausgabe der Umsiedlungs-Bestimmungen für die deutschen Optanten. Hg. vom Leiter der Amtlichen Deutschen Ein- und Rückwandererstellen, Bozen 1940, S. 6–12.

16 Eine genaue definitorische Festlegung, wer als Volksdeutscher zu betrachten sei, erfolgte nicht. Ausschlaggebend sollte das Bekenntnis zu Deutschland sein. Vgl. Stuhlpfarrer, Umsiedlung Südtirol, S. 158–167.

17 ADERSt, Richtlinien für die Rückwanderung, S. 6.

18 Von besonderer Bedeutung war hier die sog. „Sizilianische Legende“. Dahinter verbarg sich das vermutlich von deutscher Seite lancierte Gerücht, dass die nicht für Deutschland optierenden Südtiroler zwangsweise in den Süden Italiens abgeschoben werden sollten. Vgl. Klaus Eisterer, „Hinaus oder hinunter“. Die sizilianische Legende. Eine taktische

als einen „Akt der individuellen Selbstbestimmung".[19] So trat der Zwangscharakter bei der Umsiedlung der Südtiroler insgesamt weniger stark in Erscheinung als bei den übrigen Umsiedlungsaktionen.

Die Optionsberechtigten, in der Regel die Familienvorstände, waren aufgefordert bis zum 31. Dezember 1939 einen Abwanderungsantrag bei der für sie zuständigen Amtlichen Deutschen Ein- und Rückwandererstelle (ADERSt), einer Dienststelle des RKF,[20] einzureichen. In Ausnahmefällen sollte die Frist bis zum 30. Juni 1940 verlängert werden.[21] Militärangehörige, die nach ihrer Option schnellstmöglich in die deutsche Wehrmacht überführt werden sollten - im Kontext der Kriegsvorbereitungen ein nicht ganz unbedeutender Aspekt -, waren in das Optionsverfahren genauso explizit wie Beamte oder Strafgefangene einbezogen, deren Strafverfolgung bei einer Option für Deutschland ausgesetzt werden sollte.[22] Im Falle der Ehefrauen und minderjähriger Kinder lag die Option in den Händen des Familienvorstandes. Eine Regelung, wer das Optionsrecht bei nicht geschäftsfähigen Familienmitgliedern, gedacht sei hier an die Insassen von Heil- und Pflegeanstalten, ausüben sollte, und eine Aussage, ob diese Personenkreise überhaupt zur Umsiedlung gelangen sollten, enthielten die Umsiedlungsrichtlinien indes nicht. Allerdings hatte Himmler bereits im Vorfeld der Umsiedlung signalisiert, dass das Deutsche Reich bereit sei, „die geistig und körperlich Minderwertigen" ebenso wie die Vorbestraften zu „übernehmen".[23] De jure hätte eine Umsiedlung der Insassen von Heil- und Pflegeanstalten nicht erfolgen dürfen, da sie laut italienischem Recht mit der Aufnahme in eine psychiatrische Anstalt ihre bürgerlichen Rechte, somit auch das Wahlrecht, verloren hatten und demzufolge auch nicht optionsberechtigt waren.[24] Das Optionsrecht übten schließlich, ohne dass dafür eine rechtsgültige Vereinbarung zwischen Deutschland und Italien getroffen worden wäre, Verwandte und örtliche Behörden aus.[25]

Dass die Umsiedlung psychisch kranker und geistig behinderter Südtiroler aus den Heilanstalten des Abwanderungsgebietes nicht Gegenstand der Umsied-

Meisterleistung der Deutschen. In: Klaus Eisterer/Rolf Steininger (Hg.), Die Option. Südtirol zwischen Faschismus und Nationalsozialismus, Innsbruck 1989, S. 179-207.

19 Vgl. Stuhlpfarrer, Umsiedlung Südtirol.

20 Zur ADERSt vgl. u. a. Elisabeth Postinghel-Rabensteiner, Die Amtliche Deutsche Ein- und Rückwandererstelle in Bozen (ADERSt), Dipl. phil., Innsbruck 2000; sowie Kap. V.1.1.

21 Vgl. Stuhlpfarrer, Umsiedlung Südtirol, S. 205.

22 Vgl. ADERSt, Richtlinien für die Rückwanderung, S. 7.

23 In einem späteren Schreiben nimmt die Dienststelle des RKF auf eine solche Zusage Himmlers im Oktober 1939 im Rahmen der Verhandlungen in Tremezzo Bezug, vgl. RKF an Dienststelle Umsiedlung Südtirol vom 7.8.1940 (BArch Berlin, R 49/1173, unpag.). Auch der deutsche Generalkonsul in Mailand, Otto Bene, bestätigte, dass in Tremezzo eine solche Vereinbarung getroffen worden war. Vgl. Deutsches Generalkonsulat an Präfekten von Bozen vom 27.10.1939 (ebd., unpag.). Zu den Verhandlungen in Tremezzo vgl. weiter Stuhlpfarrer, Umsiedlung Südtirol, S. 142-145.

24 Vgl. Hinterhuber, ermordet und vergessen, S. 58 f.

25 Vgl. weiterführend Kap. V.2.2.

lungsrichtlinien und Vereinbarungen war, sondern lediglich auf einer mündlichen und außerordentlich vagen Zusage Himmlers beruhte, war dabei kein Zufall. Denn nach Auffassung der Dienststelle des RKF hatte das Deutsche Reich zwar die „Übernahme" dieser Personenkreise nolens volens zugestanden, eine Einbürgerung galt jedoch aufgrund der „mit der Reichsangehörigkeit verbundenen innerstaatlichen Rechte des Reichsangehörigen [als nicht] erwünscht".[26] So überrascht es auch nicht, dass in den bereits im August 1939 vom RMdI herausgegebenen Einbürgerungsrichtlinien jeder Hinweis auf Anstaltsinsassen fehlte.[27]

Das Recht zur freien Entscheidung über die Staatsbürgerschaft im Rahmen der Option wurde schließlich vom RKF expressis verbis konterkariert, da er in dem oben bereits zitierten Schreiben weiter verlautbaren ließ, dass „von einem Optionsverfahren nicht gesprochen werden [könne]. Es [sei] vielmehr durchaus in das Ermessen des Reiches gestellt, wen es durch Einbürgerung in den Verband des Reiches staatsrechtlich aufnehmen [wolle] und wem es auf Grund seiner abgegebenen Erklärung lediglich eine tatsächliche Aufnahme gewähren [wolle]."[28]

Diese Präzisierung des Optionsbegriffes, die quasi einer Aushebelung des Optionsrechtes seitens des Deutschen Reiches gleichkam, erfolgte jedoch nicht im Kontext der Vorverhandlungen oder der Vertragsabschlüsse, sondern erst im Zuge der Umsiedlungsaktion im Sommer 1940. Zu diesem Zeitpunkt war bereits ein Präjudiz geschaffen: Im Mai 1940 waren 299 Psychiatriepatienten aus der südtiroler Heilanstalt Pergine in das Deutsche Reich „übernommen" worden, ohne dass diese das festgelegte Einbürgerungsprozedere absolviert hatten.[29] Dieser durch ein hohes Maß an Improvisation gekennzeichnete „Irrentransport", der mit dem Optionsverfahren wenig gemein hatte, war letztlich Ergebnis einzelner interner Absprachen zwischen dem RKF, hier vertreten durch Ulrich Greifelt, und dem italienischen Präfekten Agostino Podestá. Die Dienststelle des RKF hatte dabei im Vorfeld durchaus ambivalente Strategien vertreten, was darauf hindeutet, dass Himmler in dieser Frage bis dahin noch keine Grundsatzentscheidung getroffen hatte. Eine solche fällte der RKF erst im Oktober 1940 – nahezu genau ein Jahr nach der Verabschiedung der Umsiedlungsrichtlinien und nach der Abwanderung von bereits 56 000 Volks- und Reichsdeutschen.[30] Sie sah, ganz im Sinne der oben zitierten Aussage, eine Aussetzung des Einbürgerungsverfahrens bei „Personen, die auf Grund ihres geistigen oder körperlichen Gesundheitszustandes als Träger von Erbkrank-

26 RKF an Dienststelle Umsiedlung Südtirol vom 7. 8. 1940 (BArch Berlin, R 49/1173, unpag.).
27 Reichsminister des Innern (RMdI) an Landeshauptmann von Tirol vom 3. 8. 1939 (BArch Berlin, R 49/1173, unpag.).
28 Ebd.
29 Zum Transport aus Pergine vgl. Kap. V.2.2.
30 Vgl. Vorwort der Handausgabe der Umsiedlungsbestimmungen, S. 5.

heiten anzusehen sind", will heißen als „unerwünschter Bevölkerungszuwachs" deklassiert wurden, vor.[31]

Die Mehrheit der Südtiroler durchlief allerdings das reguläre Optionsverfahren, welches mit der Veröffentlichung der Umsiedlungsrichtlinien im Oktober 1939 in Gang gesetzt wurde. Eine gigantische Propagandamaschinerie buhlte um die Stimmen der Südtiroler, wobei ein Bekenntnis von mindestens 90 Prozent der Südtiroler zum Deutschen Reich erklärtes Ziel des VKS war.[32] Das tatsächliche Optionsergebnis verfehlte zwar diese magische 90-Prozent-Marke, lag allerdings dennoch mit etwa 70 bis 80 Prozent relativ hoch.[33] Insgesamt sollten demnach etwas mehr als 200 000 Südtiroler zur Umsiedlung gelangen. Tatsächlich umgesiedelt wurden bis 1943, als mit dem Bruch der Achse Rom-Berlin die Umsiedlung de facto abgebrochen wurde, etwa 75 000 Südtiroler, was in etwa 30 Prozent der Deutschlandoptanten entsprach.[34]

Die Vereinbarungen zwischen dem Deutschen Reich und Italien sahen dabei einen 3-Stufen-Plan für die Abwanderung vor: (1) die Abwanderung der Reichsdeutschen, die innerhalb von drei Monaten Südtirol verlassen sollten, (2) die Abwanderung der „nicht bodengebundenen", zum Beispiel in der Industrie oder im Staatsapparat tätigen Volksdeutschen und (3) die der „bodengebundenen", also in der Landwirtschaft tätigen Volksdeutschen. Diesem Stufenplan lag die Prämisse einer möglichst geschlossenen Ansiedlung der südtiroler Volksgruppe in einem noch nicht benannten Siedlungsgebiet zugrunde. Das Sozialgefüge sollte so erhalten und die Südtiroler zu einer Art „germanischem Bollwerk" gegenüber der ansässigen Bevölkerung instrumentalisiert werden. Als potentielle Ansiedlungsgebiete wurden abhängig vom Kriegsverlauf die Beskiden, das Burgund, die Krain, die Untersteiermark, das Budweiser Becken und sogar die Krim offeriert.[35] Im Zuge dieser Siedlungsplanungen stellte auch das DAI seine Expertise in volkstumspolitischen Fragen in den Dienst des RKF, der Vomi und assoziierter Siedlungsexperten.[36] Bis auf Einzelfälle kamen diese Ansiedlungskonzepte jedoch nicht über das Planungsstadium hinaus, standen in den anvisierten Ansiedlungsgebieten doch keine freien Bauernstellen zur Verfügung. Von den etwa 75 000 ausgesiedelten Südtirolern gelangten nahezu 80 Prozent in vormals österreichische Gebiete, der Großteil in den Gau Tirol-Vorarlberg. Nur

31 RKF an DUS, betr. Einbürgerung, hier: Behandlung unerwünschten Bevölkerungszuwachses vom 10. 10. 1940 (BArch Berlin, R 49/1173, unpag.).

32 Vgl. Stuhlpfarrer, Umsiedlung Südtirol, S. 177-205.

33 Die Zahlen variieren je nach angegebenen Optionsberechtigten, die je nach Quelle deutlich voneinander abwichen. Man kann jedoch annäherungsweise von einer Zahl von etwa 250 000 Optionsberechtigten zum 1. 1. 1940 ausgehen. Vgl. Stuhlpfarrer, Umsiedlung Südtirol, S. 205-217.

34 Vgl. Adolf Leidlmair, Die Durchführung der Option und ihr Ergebnis. In: Rudolf Lill (Hg.), Die Option der Südtiroler 1939, Bozen 1991, S. 177-197, hier 185.

35 Zu den Planungen vgl. Michael Wedekind, Planung und Gewalt: Raumordnung und Bevölkerungsplanung im Kontext der Umsiedlung Südtirol. In: Geschichte und Region/ Storia e regione, 18 (2009) 2, S. 71-108.

36 Die Siedlungsplanungen für das Burgund gingen beispielsweise auf einen Hinweis des DAI zurück. Vgl. Wedekind, Planung und Gewalt, S. 93.

14,5 Prozent wurden in das „Altreich“ umgesiedelt und nur 5 Prozent in andere Gebiete.[37]

Diese regionale Verteilung resultierte vor allem aus der Umsiedlungsorganisation, innerhalb derer neben dem RKF auch der Gauleiter in Tirol-Vorarlberg eine entscheidende Funktion ausübte. War der RKF und seine Dienststellen mit der Erfassung und Durchführung der Umsiedlung betraut, so kamen dem Gauleiter und seiner originär für die Umsiedlung der Südtiroler geschaffenen „Dienststelle Umsiedlung Südtirol“ (DUS) in Innsbruck die Durchführung der Einbürgerung und die Arbeitsvermittlung zu. Nahezu alle Umsiedler hatten demnach Innsbruck zu durchlaufen.

Das Gros der Optanten hatte jedoch Südtirol überhaupt nicht verlassen. Nach einer ersten Abwanderungswelle 1939/40 stagnierte die Umsiedlung, nicht zuletzt aufgrund der fehlenden Ansiedlungsräume, was eine Absiedlung der „bodengebundenen“ Bevölkerung behinderte. Um die der italienischen Seite zugesicherte Umsiedlungsquote von täglich 200, später sogar 300 Südtirolern erfüllen zu können, griffen der RKF und seine Dienststellen nun bevorzugt auf die noch verbliebenen „nicht bodengebundenen“ Südtiroler zurück.[38] Insbesondere die Altersheimbewohner, Anstaltsinsassen und Häftlinge wurden als willkommene disponible Masse begriffen, um die Abwanderungsquoten einhalten und die Absiedlung der „bodengebundenen“ Bevölkerung solange hinauszögern zu können, bis sich geeignete Ansiedlungsgebiete eröffnen würden.[39] In der Folgezeit gingen die Abwanderungszahlen drastisch zurück, so dass zum anvisierten Abschlusstermin, der in den Vereinbarungen für den 31. Dezember 1942 anberaumt worden war, die geforderte endgültige Lösung der Südtirolfrage in weite Ferne gerückt war. Auch eine Verlängerung der Frist konnte nur schwer über die gescheiterten Umsiedlungsbemühungen hinwegtäuschen, die neben dem Mangel an geeigneten Unterbringungsmöglichkeiten auch auf eine abnehmende Abwanderungsbereitschaft der Südtiroler zurückzuführen war.[40]

Die Umsiedlung der Südtiroler war demnach als eine ethnische Totallösung konzipiert worden, in der Realität blieb sie jedoch weit dahinter zurück. Anders verhielt sich dies bei den Umsiedlungen aus Ost- und Südosteuropa, bei denen die Volksgruppen nahezu geschlossen umgesiedelt wurden. Die Vorbereitungen für diesen gigantischen Bevölkerungstransfer liefen dabei wenig später an als die in Südtirol, entwickelten aber eine ganz eigene Dynamik, die sich auch in der Etablierung eines eigenständigen Umsiedlungsapparates niederschlug.

37 Vgl. Helmut Alexander, Die Umsiedlung der Südtiroler 1939–1945. In: Helmut Alexander/Stefan Lechner/Adolf Leidlmair, Heimatlos. Die Umsiedlung der Südtiroler, Wien 1993, S. 43–179, hier 99.

38 Vgl. Stuhlpfarrer, Umsiedlung Südtirol, S. 434.

39 Vgl. ebd., S. 518 f.

40 Vgl. Alexander, Umsiedlung der Südtiroler, S. 79–107.

2. Der Hitler-Stalin-Pakt als Katalysator der Umsiedlungspolitik und die Etablierung des Umsiedlungsapparates

Die Umsiedlung der Deutschen aus Südost- und Osteuropa hatte ähnlich der Umsiedlung aus Südtirol bündnispolitische Wurzeln. Versicherte sich im Falle Südtirols Hitler Mussolinis Unterstützung in Form der „Achse Rom-Berlin", so bildete im Falle des Baltikums, Polens und Teilen Rumäniens Hitlers Bündnis mit Stalin - der sogenannte „Hitler-Stalin-Pakt" - den Hintergrund der Umsiedlungen. Der deutsch-sowjetische Nichtangriffsvertrag vom 23. August 1939 und insbesondere das geheime Zusatzprotokoll, in dem eine Abgrenzung der Interessenssphären zwischen dem Deutschen Reich und der Sowjetunion vorgenommen wurde, öffnete Hitler die Tür für die Umsetzung seiner Expansionspläne. Ein Bevölkerungsaustausch oder Umsiedlungen waren darin jedoch noch nicht enthalten. Die deutschen Minderheiten in den zukünftig dem sowjetischen Einflussbereich zugehörigen Gebieten Polens, Estland, Lettlands oder Bessarabiens scheinen demnach zunächst nicht Gegenstand der Verhandlungen gewesen zu sein,[41] das heißt ein vermeintliches „Störpotential", wie im Falle der Südtiroler, wurde seitens der sowjetischen Seite vorerst offensichtlich nicht ausgemacht. Spätestens mit dem Einmarsch deutscher und sowjetischer Truppen in Polen im September 1939 wurde die Frage der deutschen Minderheiten jedoch akut. Die Baltendeutschen befürchteten ein ähnliches Vorgehen im Baltikum und drängten auf eine Klärung der Situation.[42] So reisten der Präsident der Deutschen Volksgemeinschaft in Lettland, Alfred Intelmann, und der Landesleiter der nationalsozialistisch ausgerichteten „Bewegung" in Lettland, Erhard Kroeger,[43] nach Berlin, um sich über die Konsequenzen des Nichtangriffsvertrages für die deutsche Volksgruppe in den baltischen Staaten zu informieren. Kroeger wurde jedoch während der Reise vom Sicherheitsdienst des RFSS (SD) kontaktiert und aufgefordert, sich direkt ins Führerhauptquartier nach Zoppot zu begeben, wo ihn Himmler persönlich über die Situation in Kenntnis setzen wolle. Im Rahmen dieses Gespräches am 25. September 1939, dessen Inhalt allerdings lediglich durch Kroeger selbst überliefert ist,[44] legte Himmler Kroeger dar, dass das Deutsche Reich den Anspruch der Sowjetunion auf Estland und Lettland anerkannt habe. Da die Sowjetunion diesen früher oder später auch geltend machen würde, wäre man bestrebt, entsprechende „Schutzvereinbarungen" für die deutsche Minderheit auszuhandeln und „besonders gefährdeten Personen" eine Übersiedlung ins Deutsche Reich zu ermöglichen. Kroeger inter-

41 Vgl. zum Einfluss des Hitler-Stalin-Paktes auf die deutschen Minderheiten Leniger, NS-Volkstumsarbeit, S. 52-60.

42 Vgl. dazu und im Folgenden Hehn, Umsiedlung der baltischen Deutschen, S. 75-87; sowie Matthias Schröder, Deutschbaltische SS-Führer und Andrej Vlasov 1942-1945, Paderborn 2001, S. 50-64.

43 Zu Kroeger vgl. Schröder, Deutschbaltische nationalsozialistische „Bewegung"; sowie Schröder, Deutschbaltische SS-Führer, S. 17-79.

44 Vgl. Erhard Kroeger, Der Auszug aus der alten Heimat. Die Umsiedlung der Baltendeutschen, Tübingen 1967, S. 46-54.

venierte allerdings dahingehend, dass mit einer sowjetischen Okkupation letztlich alle Baltendeutschen einer Bedrohung ausgesetzt seien und deshalb nur eine Umsiedlung aller Baltendeutschen in Frage käme.[45] Den Baltendeutschen solle, so Kroegers Vorschlag, eine „volkspolitische Aufgabe [...] und zwar nicht im Inneren des deutschen Volksraumes, sondern ‚an den Marken'" zugewiesen werden.[46] Das heißt, Kroeger offerierte die Baltendeutschen offen als Siedlerpotential für die Kolonisation der mit der Besetzung Polens „neu gewonnenen Ostgebiete". Welchen Stellenwert man diesem Vorschlag Kroegers in Bezug auf die Ingangsetzung der Umsiedlungsmaschinerie auch beimisst,[47] er scheint auf fruchtbaren Boden gefallen zu sein.[48] Bereits einen Tag später signalisierte Himmler Kroeger, dass Hitler sein Plazet zur Umsiedlung aller Baltendeutschen gegeben habe. Im Einvernehmen mit der Sowjetunion sei die Umsiedlung der Baltendeutschen auf vertraglichem Wege vorzubereiten.

Bereits im Vorfeld dieser Weisung war ein Bevölkerungsaustausch zwischen dem sowjetisch besetzten und dem deutsch besetzten Gebiet des polnischen Staates anvisiert worden, so dass die Umsiedlung der Volksdeutschen aus dem Baltikum quasi als Fortführung dieses eingeschlagenen Weges betrachtet werden kann.[49] Eine Umsiedlung deutscher Minderheiten war zudem aufgrund der kategorialen Abkehr von der traditionellen Volkstumspolitik längst dem Bereich der volkstumspolitischen Undenkbarkeit entrückt. Im Falle der Südtiroler wurde sie bereits politische Praxis. In diesem Sinne überrascht die Umsiedlungsentscheidung Hitlers, der vom Umsiedlungsakteur Himmler agitiert wurde, keineswegs. Die Argumente Kroegers, insbesondere das der „Rettung" der deutschen Volksgruppe vor dem „Bolschewismus", dürften demnach hinsichtlich des

45 Vgl. Hehn, Umsiedlung der baltischen Deutschen, S. 78; sowie Schröder, Deutschbaltische SS-Führer, S. 52.

46 Kroeger, Auszug aus der alten Heimat, S. 53. Vgl. auch Matthias Schröder, Die Umsiedlung der Deutschbalten in den „Warthegau" 1939/40 im Kontext nationalsozialistischer Bevölkerungspolitik. In: Sabine Mecking/Stefan Schröder (Hg.), Kontrapunt. Vergangenheitsdiskurse und Gegenwartsverständnis, Essen 2005, S. 57–70.

47 Die Bedeutung Kroegers und seines Umsiedlungsvorschlages wird in der Literatur sehr ambivalent beurteilt. Vgl. Schröder, Deutschbaltische SS-Führer, Anm. 160.

48 Himmler stellte zwar laut Kroeger eine Gesamtumsiedlung nicht in Aussicht, doch hatten im Vorfeld des Gespräches derartige Überlegungen durchaus eine Rolle gespielt. Beispielsweise hatte es seitens der baltischen Dependance der IG-Farben Bemühungen gegeben, auf Göring im Sinne einer Umsiedlung der Baltendeutschen einzuwirken. Auch Karl Rasche, SS-Angehöriger und Vorstandsmitglied der Dresdner Bank, soll dahingehend auf Himmler eingewirkt haben. Das Auswärtige Amt rechnete bei einem sowjetischen Einmarsch im Baltikum bereits zu diesem Zeitpunkt mit einer Umsiedlung der dortigen deutschen Minderheit. Vgl. Hehn, Umsiedlung der baltischen Deutschen, S. 80 f. Die „Germanisierung" des okkupierten polnischen Territoriums, die mit einer umfassenden ethnischen Säuberung einhergehen sollte, war zudem bereits wenige Tage zuvor, am 21.9.1939, zum erklärten Ziel geworden, sodass die offerierten „Siedler" als willkommen erschienen. Vgl. Michael Wildt, Generation des Unbedingten. Das Führungskorps des Reichssicherheitshauptamtes, Hamburg 2003, S. 457–463.

49 Vgl. Hehn, Umsiedlung der baltischen Deutschen, S. 79; sowie Lars Bosse, Vom Baltikum in den Reichsgau Wartheland. In: Michael Garleff (Hg.), Deutschbalten, Weimarer Republik und Drittes Reich, 2. Auflage Köln 2008, S. 297–386, hier 299–304.

Umsiedlungsentscheids eher marginale Bedeutung gehabt haben.[50] Nichtsdestotrotz wurde diese „Rettung“ propagandistisch inszeniert.[51] Hinter der Umsiedlung der Volksdeutschen verbarg sich jedoch weitaus mehr, nämlich der konkrete Versuch den „neuen Lebensraum im Osten“ bevölkerungspolitisch, rassenideologischen Prämissen folgend, komplett umzugestalten. Daneben spielten vermutlich auch die bereits im Rahmen der Südtiroler-Umsiedlung wirksamen wirtschafts- und wehrpolitischen Überlegungen eine Rolle.

Nur wenige Tage nach der Umsiedlungsentscheidung Hitlers wurde am 28. September 1939 der „Grenz- und Freundschaftsvertrag zwischen dem Deutschen Reich und der Sowjetunion“ besiegelt, der in einem vertraulichen Zusatzprotokoll den im sowjetischen Interessengebiet „ansässigen Reichsangehörigen und anderen Persönlichkeiten deutscher Abstammung [Volksdeutsche], sofern sie den Wunsch haben, nach Deutschland oder in die deutschen Interessengebiete überzusiedeln“, die Abwanderung ermöglichen sollte.[52] Das von Hitler zur Voraussetzung für die Umsiedlung aller Baltendeutschen gemachte Einvernehmen mit der Sowjetunion war damit erzielt, und dem Abschluss bilateraler Umsiedlungsverträge mit den baltischen Staaten und der Sowjetunion stand nichts mehr entgegen.

Der Weg für eine Umsiedlung der Volksdeutschen war damit bündnispolitisch geebnet worden. Die Weltöffentlichkeit erfuhr von den Umsiedlungsabsichten jedoch erst am 6. Oktober 1939 durch die programmatische Reichstagsrede Hitlers. Propagandistisch geschickt deklarierte Hitler seine Umsiedlungspläne, die sich nicht auf den ehemaligen polnischen Staat beschränken sollten, sondern alle „nichthaltbaren Splitter des deutschen Volkstums“ im „Osten und Südosten Europas“ einschlossen, als Mittel der Konfliktbeseitigung.[53] Um in Zukunft „zwischenstaatlichen Störungen“ vorzubeugen, so Hitler, sei es im „Zeitalter des Nationalitätenprinzips und des Rassegedankens“ unumgänglich nicht nur im ehemaligen Polen, sondern in ganz Europa Umsiedlungen vorzunehmen, mit dem Ziel, „eine neue Ordnung der ethnographischen Verhältnisse“ herbeizuführen.[54] Diese ethnographische, will heißen rassenideologische Neuordnung Europas, und Polens im Speziellen, umfasste nicht allein die Um- und Ansied-

50 Zu einer solchen Einschätzung gelangen auch Hehn, Umsiedlung der baltischen Deutschen; sowie Bosse, Vom Baltikum in den Reichsgau Wartheland. Vgl. auch Schröder, Deutschbaltische SS-Führer, Anm. 160.

51 Dies trifft auch auf andere Volksgruppen, wie die Bessarabiendeutschen zu. Vgl. Ute Schmidt, Der „Reichskommissar für die Festigung deutschen Volkstums“. Fallbeispiel Transfer der Bessarabiendeutschen. In: Gerhard Otto/Johannes Houwink ten Cate (Hg.), Das organisierte Chaos. „Ämterdarwinismus“ und „Gesinnungsethik“. Determinanten nationalsozialistischer Besatzungsherrschaft, Berlin 1999, S. 199–230.

52 Vertrauliches deutsch-sowjetisches Protokoll über die Übersiedlung von Personen aus den Interessengebieten der Vertragspartner vom 28. 9. 1939, zit. nach: Dietrich A. Loeber, Diktierte Option. Die Umsiedlung der Deutsch-Balten aus Estland und Lettland 1939–1941, Neumünster 1974, Dok. 41, S. 46.

53 Reichstagsrede Adolf Hitlers vom 6. 10. 1939. In: Verhandlungen des Reichstags, Band 460 (4. Wahlperiode 1939, 4. Sitzung), Berlin 1939, S. 51–63, hier 56.

54 Ebd.

lung der deutschen Minderheiten, sondern implizit natürlich auch die Aussiedlung anderer Nationalitäten und der jüdischen Bevölkerung aus dem ehemaligen polnischen Staat, was nichts anderes als Deportation und Vertreibung bedeuten konnte. Eine solche Umsiedlungspolitik, die in der Südtirol-Frage ihren Ursprung hatte, stellte eine deutliche Gratwanderung nicht nur innerhalb der Volkstumspolitik dar, sondern auch innerhalb der deutschen Außenpolitik, die bislang auf die Revision des Versailler Vertrages rekurriert hatte. Hier vollzog sich eine Abkehr von der „klassischen europäischen Machtpolitik", die sich vornehmlich diplomatischer und militärischer Mittel bedient hatte.[55] Die Umsiedlung, als neues außenpolitisches Instrument, bedurfte allerdings der traditionellen diplomatischen Mittel auch weiterhin. Die Mehrzahl der Umsiedlungen fand auf vertraglicher Basis statt.[56]

Mit der vertraglichen Festschreibung der Umsiedlungen wurde die Etablierung eines entsprechenden Umsiedlungsapparates, der diese durchführen sollte, notwendig. Dabei war es vor allem Himmler gelungen, Kernkompetenzen in Umsiedlungsfragen zu beanspruchen. Die traditionellen Volkstumsorganisationen wie das DAI oder der VDA waren sukzessive entmachtet worden. An ihre Stelle trat die SS-dominierte Vomi. Ihr sollte im Kontext der Umsiedlungen eine maßgebliche Rolle zukommen. Von Hitler mit der „Festigung deutschen Volkstums" in Europa betraut, wurde Himmlers zentrale Position schließlich durch die Befugnis, sich sowohl aller staatlichen als auch parteiamtlichen Dienststellen zu bedienen, endgültig gefestigt. Unter Führung der SS und deren Hauptämtern wurden vorhandene Dienststellen in den anfangs noch nicht fest gefügten Umsiedlungsapparat eingebunden und neue, umsiedlungsspezifische Dienststellen wie die Einwandererzentralstelle (EWZ) gegründet. Ihre Tätigkeit spiegelt in besonderem Maße die rassenbiologisch-rassenhygienische Determinierung der Umsiedlungsaktionen wider. Diese biologistische Prägung zeigt sich aber auch in anderen Dienststellen, insbesondere in der im Kontext der Umsiedlungen geschaffenen Dienststelle des Beauftragten des RGF. Diesen und weiteren Dienststellen eröffneten sich im Rahmen der ihnen zugewiesenen Umsiedlungsaufgaben, die nachfolgend kurz angerissen und später vertieft werden sollen, biopolitische Aktionsfelder, die sie im Sinne des rassenbiologisch-rassenhygienischen Paradigmas gestalteten.

55 Michael Wildt, „Eine neue Ordnung der ethnographischen Verhältnisse". Hitlers Reichstagsrede vom 6. Oktober 1939. In: Zeithistorische Forschungen/Studies in Contemporary History, Online-Ausgabe, 3 (2006) 1 (http://www.zeithistorische-forschungen.de/16126041-Wildt-1-2006; 9.4.2012).

56 Eine Übersicht über die Umsiedlungsaktionen und die jeweilige vertragliche Basis ist im Anhang zu finden.

2.1 Die Spitze des Umsiedlungsapparates - der Reichskommissar für die Festigung deutschen Volkstums (RKF)

Am 7. Oktober 1939, einen Tag, nachdem Hitler das Ziel einer ethnographischen Neuordnung Europas im Reichstag verkündet hatte, wurde Heinrich Himmler, zu diesem Zeitpunkt Reichsführer der SS (RFSS) und Chef der deutschen Polizei, per Führererlass mit der Umsetzung des proklamierten Ziels betraut.[57] Himmler, der sich daraufhin selbst zum „Reichskommissar für die Festigung deutschen Volkstums" ernannte, war es damit gelungen, ausgestattet mit weitreichenden Kompetenzen und Sondervollmachten, die zentrale Position innerhalb der Volkstumspolitik einzunehmen. Dies geschah keineswegs überraschend. Schon im Kontext der Südtirol-Frage hatte Himmler es verstanden, sich als zentralen Umsiedlungsakteur zu präsentieren, und eine entsprechende Dienststelle - die „Leitstelle für Ein- und Rückwanderung" - gegründet. Erste Bemühungen, auch formell und nominell zum Umsiedlungsbeauftragten ernannt zu werden, schlugen zunächst jedoch fehl. Realiter war er jedoch bereits zu diesem geworden und wurde in SS-Kreisen bereits im September 1939 auch als „Siedlungskommissar für den Osten" gehandelt. Eine formelle Ermächtigung durch Hitler schien demnach nur eine Frage der Zeit zu sein, lagen doch zudem schon entsprechende Erlassentwürfe vor.[58] Dass die SS und namentlich Himmler als RFSS mit den Umsiedlungsmaßnahmen betraut werden sollten, kann dabei nicht allein eine Folge der bereits exponierten Position Himmlers innerhalb der Volkstumspolitik und der Existenz SS-eigener umsiedlungsspezifischer Dienststellen gewesen sein. Es spielten hier vielmehr auch ideologische Gründe eine Rolle. Eine rassenbiologische Volkstumspolitik, wie sie Hitler in seiner Reichstagsrede skizzierte, konnte letztlich nur von einer genuin nationalsozialistischen Institution wie der SS, die den „organisatorischen wie konzeptionellen Kern einer nationalsozialistischen Biopolitik" ausmachte, umgesetzt werden. In diesem Sinne entsprach die Beauftragung Himmlers einer inneren Logik des NS-Systems, und es war nach Wildt nur konsequent, keine staatliche

57 Zum „Erlaß des Führers und Reichskanzlers zur Festigung deutschen Volkstums vom 7. Oktober 1939" vgl. Michael Wildt, Völkische Neuordnung Europas. In: Themenportal Europäische Geschichte (2007) (http://www.europa.clio-online.de/2007/Article=202; 6.4.2012); sowie Alexa Stiller, Erlaß des Führers und Reichkanzlers zur Festigung deutschen Volkstums, vom 7. Oktober 1939. In: 100(0) Schlüsseldokumente zur deutschen Geschichte im 20. Jahrhundert. Eine digitale Quellenedition (2010) (http://1000dok.digitale-sammlungen.de/dok_0075_vot.pdf; 10.8.2010). Zum RKF vgl. weiter Leniger, NS-Volkstumsarbeit, S. 60–66; Schmidt, RKF; Buchheim, Rechtsstellung RKF; Hans Buchheim, Anatomie des SS-Staates. Die SS, das Herrschaftsinstrument: Befehl und Gehorsam, Freiburg 1965, S. 182–212; Alexa Stiller, Reichskommissar für die Festigung deutschen Volkstums. In: Ingo Haar/Michael Fahlbusch (Hg.), Handbuch der völkischen Wissenschaften, München 2008, S. 531–540.

58 Zur Genese des Entwurfs und den vorangegangen Bemühungen Lorenz/Vomi um die Schaffung einer Dienststelle „Reichskommissar für Volkstumsfragen", die den Zugriff auf staatliche Mittel ermöglichen und zu einer zentralen Instanz mit Weisungsbefugnis gegenüber Reichsbehörden in Fragen der Volkstumspolitik werden sollte, vgl. Stuhlpfarrer, Umsiedlung Südtirol, S. 237–257. Vgl. auch Leniger, NS-Volkstumsarbeit, S. 60 f.

Behörde, sondern die SS mit der „Festigung deutschen Volkstums“ zu beauftragen, ging es doch um weit mehr als nur die organisatorisch-logistische Abwicklung eines Bevölkerungstransfers.[59]

Nach dem Willen Hitlers sollte dem RKF die „Zurückführung der für die endültige Heimkehr in das Reich in Betracht kommenden Reichs- und Volksdeutschen im Ausland“ obliegen. Außerdem wurde ihm die absichtlich vage gehaltene „Ausschaltung des schädigenden Einflusses von [...] volksfremden Bevölkerungsteilen“ übertragen, ebenso wie die „Gestaltung neuer deutscher Siedlungsgebiete durch Umsiedlung, im besonderen durch Seßhaftmachung der aus dem Ausland heimkehrenden Reichs- und Volksdeutschen“.[60] Zur Realisierung dieser Ziele sollte sich Himmler in seiner Funktion als RKF aller „im Gebiete des Deutschen Reichs [...] vorhandenen Behörden und Einrichtungen des Reichs, der Länder und der Gemeinden sowie der sonstigen öffentlichen Körperschaften und der bestehenden Siedlungsgesellschaften“ bedienen.[61] Konkret bedeutete dies, dass der RKF-Führungsstab die entsprechenden Aufgaben koordinieren und an bestehende Einrichtungen delegieren sollte. Neu gegründet werden sollte zunächst also nur ein Führungsstab, wobei auch dieser so neu nicht war, sondern aus der südtiroler „Leitstelle für Ein- und Rückwanderung“ unter Leitung von Greifelt hervorging. Diese firmierte nun als „Dienststelle“ des RKF, das spätere „Stabshauptamt“, und wurde den neuen Anforderungen entsprechend ausgebaut.[62] Der RKF beschränkte sich jedoch schon bald nicht mehr allein auf diese koordinierende Aufgabe, sondern nahm direkten Einfluss auf die Umsiedlungen, indem er neue, ausschließlich Umsiedlungsaufgaben erfüllende Dienststellen wie die EWZ und ihr Pendant, die Umwandererzentralstelle (UWZ), gründen ließ. Zusammen mit den bereits bestehenden und vom RKF mit Umsiedlungsaufgaben betrauten SS-Dienststellen (RuSHA, RSHA), der Vomi, und den Höheren SS-und Polizeiführern (HSSPF) als regionalen Ansiedlungsbeauftragten konstituierten diese mit dem Führungsstab/Stabshauptamt des RKF den eigentlichen RKF-Apparat. Dieser bediente sich wiederum staatlicher Behörden und Einrichtungen. Bereits während der Umsiedlungen aus Wolhynien und Galizien 1939/40 hatte sich der RKF-Apparat als zentrale Schaltstelle innerhalb der Umsiedlungspolitik profiliert.[63] Dies war vor allem durch eine gezielte Aufgabenakkumulation – wäh-

59 Wildt, Völkische Neuordnung Europas, S. 5.

60 Erlaß des Führers und Reichskanzlers zur Festigung deutschen Volkstums vom 7. Oktober 1939 (BArch Berlin, R 43II/604, Bl. 27 f., hier 27). Vgl. auch Buchheim, Anatomie des SS-Staates, S. 182–185.

61 Erlaß des Führers und Reichskanzlers zur Festigung deutschen Volkstums vom 7. Oktober 1939 (BArch Berlin, R 43II/604, Bl. 27v.).

62 Vgl. Buchheim, Anatomie des SS-Staates, S. 182–200; sowie Stiller, RKF, S. 533. Dem Stabshauptamt unterstanden u. a. direkt: die mit der Abwicklung finanzieller und wirtschaftlichen Fragen betraute Deutsche-Umsiedlungs-Treuhand GmbH (DUT), die Deutsche Ansiedlungsgesellschaft (DAG); sowie die mit der Abwicklung der Umsiedlung der Südtiroler befasste ADERSt und einige Schulen für Volksdeutsche.

63 Vgl. Lumans, Himmler' Auxiliaries, S. 163.

rend der ersten Umsiedlungen hatte Himmler zentrale Umsiedlungsaufgaben unter anderem noch an die Volksgruppe oder an örtliche Gauleiter delegiert[64] - und durch den Ausbau des SS-Einflusses auf beteiligte volkstumspolitische Dienststellen wie die Vomi möglich geworden.

1941 wurde schließlich der Versuch unternommen, die unmittelbar an den Umsiedlungsaktionen beteiligten SS-Dienststellen, zu denen nun auch die Vomi gehörte, in einem „Hauptamt für Volkstumsfragen" zu konzentrieren und die Volkstumspolitik nun auch institutionell bei der SS beziehungsweise Himmler zu zentralisieren. Damit in Verbindung standen auch die Bemühungen um eine klarere Aufgabenabgrenzung innerhalb des Umsiedlungsapparates und organisatorische Umstrukturierungen. So wurde der Führungsstab des RKF im Juni 1941 als „Stabshauptamt" des RKF zu einem eigenständigen SS-Hauptamt erhoben, ebenso die Vomi.[65] Der Umsiedlungsapparat wurde nun durch vier SS-Hauptämter - das Stabshauptamt des RKF, die Vomi, das RuSHA und das Reichssicherheitshauptamt (RSHA) - und die Beauftragten des RKF gebildet.[66] Deren Aufgaben sollen nachfolgend kurz skizziert werden.

2.2 Die SS-Hauptämter und die Beauftragten des RKF

Bis zur Umstrukturierung des Umsiedlungsapparates 1941 koordinierte in erster Linie der Führungsstab/Stabshauptamt des RKF die Tätigkeit der einzelnen involvierten SS- und Volkstumsdienststellen. Die Aufgabenabgrenzungen unterlagen dabei gewissen Veränderungen, waren nicht selten vage und wurden deshalb für nahezu jede neue Umsiedlungsaktion erneut vorgenommen und präzisiert.[67] Mit der Umstrukturierung des RKF-Apparates verlor das Stabshauptamt seine koordinierende Funktion, was eine konkrete Aufgabenabgrenzung not-

64 Vgl. ebd., S. 162 f. Verwiesen sei hier nur auf die zentrale Rolle des Gauleiters von Tirol bei der Einbürgerung oder die volksgruppengeleitete Aussiedlung aus dem Baltikum. Mit der Umsiedlung aus Wolhynien und Galizien beanspruchte der RKF diese Kompetenzen nun selbst. Die Volksgruppen spielten dennoch auch bei späteren Umsiedlungsaktionen noch eine Rolle, insbesondere bei der Vorbereitung der Umsiedlungen, wenn auch eine geringere.

65 Befehl des RKF über die Organisation der Dienststelle vom 11.6.1941 (NO-4057) (Bundesarchiv Koblenz [BArch Koblenz], All. Proz. 1, Rep. 501, XXXXIV (Anklagedokumente), B 6, Bl. 13-17, hier 14).

66 Vgl. Buchheim, Anatomie des SS-Staates; Stiller, RKF, S. 536; sowie Strippel, NS-Volkstumspolitik, S. 133-142. Vgl. auch Anhang.

67 Die verschiedenen Aufgabenverteilungen sind abgedruckt in: Der Menscheneinsatz. Grundsätze, Anordnungen, Richtlinien. Hg. vom Reichskommissar für die Festigung deutschen Volkstums, Berlin 1940. Eine erste grundsätzliche Aufgabenverteilung nahm der RKF bereits nach seiner Beauftragung durch Hitler vor. Vgl. Erste Anordnung des RKF betr. Organisation der Dienststelle des Reichskommissars, o. D. (NO-3078) (BArch Koblenz, All. Proz. 1, Rep. 501, XXXXIV (Anklagedokumente), B 6, Bl. 5-8).

wendig machte, die mehr oder weniger gelang.[68] Ausgehend von der bisherigen Praxis wurden die Kompetenzen wie folgt abgesteckt:[69]

Das unter der Leitung Ulrich Greifelts[70] stehende *Stabshauptamt des RKF*, welches sich bis 1941 in sechs, danach in drei Hauptabteilungen/Amtsgruppen und insgesamt acht Ämter aufgliederte, war in erster Linie als Planungs- und Lenkungsinstanz konzipiert worden. Seine Hauptaufgabe bestand in der gesamten „Siedlungs- und Aufbauplanung und deren Verwirklichung" in den okkupierten Gebieten und dem „Altreich". Zu diesem Zweck verfügte es über eine entsprechende Planungsabteilung unter Leitung von Konrad Meyer, in welcher auch der berüchtigte „Generalplan Ost" entstand. Die Ämter „Wirtschaft", „Finanzverwaltung" und die RKF-eigene „Deutsche Umsiedlungs-Treuhand GmbH" (DUT) beschäftigten sich mit Vermögens- und Finanzierungsfragen, weitere Ämter mit der Verteilung der Umsiedler auf die neuen Siedlungsgebiete und deren Arbeitseinsatz. Innerhalb des Amtes „Arbeitseinsatz" befasste sich wiederum ein Referat der Abteilung „Soziale Betreuung" mit der „Festlegung von Grundsätzen für die Sammelbetreuung" (Dr. Lammermann), worunter neben der Unterbringung der Umsiedler in den Lagern der Vomi auch die Unterbringung in Heimen und Anstalten sowie generelle Fragen der „gesundheitliche[n] Betreuung" fielen.[71] Diese Abteilung übernahm - zumindest im Falle der Südtiroler - offenbar eine Koordinierungs- und Synchronisierungsfunktion bei der Umsiedlung Alter und Kranker in entsprechende Heilstätten. Dabei bediente sie sich des Beauftragten des RGF, der freie Kapazitäten eruierte beziehungsweise diese mit Hilfe des RMdI durch Räumungen von Anstalten schuf.[72] Der Beauftragte des RGF war dazu mit entsprechenden Kompetenzen ausgestattet worden. Außerdem müssen grundsätzliche Absprachen über die Zurverfügungstellung freier Betten für Umsiedler zwischen dem RKF, dem

68 Das „Problem der doppelten Kompetenzen" blieb weiterhin bestehen, so dass das eigentliche Ziel, Dopplungen zu vermeiden, nicht erreicht wurde. Vgl. Strippel, NS-Volkstumspolitik, S. 140.

69 Alle nachfolgenden Angaben, sofern nicht gesondert nachgewiesen, beziehen sich auf: Abschrift der Anordnung des RFSS über den Aufbau der Volkstumsarbeit der NSDAP und eine Abgrenzung der Zuständigkeiten der Hauptämter der SS vom 28.11.1941 (NO-4237) (BArch Koblenz, All. Proz. 1, Rep. 501, XXXXIV (Anklagedokumente), B 6, Bl. 18-20); Organisationsrundschreiben des RKF Nr. 79/42 vom 23.9.1942 (BArch Berlin, R 1702/11011, Bl. 66-69); sowie allgemein Buchheim, Anatomie des SS-Staates; Stiller, RKF; sowie Buchheim, Rechtsstellung RKF.

70 Ulrich Greifelt (1896-1949) gehörte seit 1933 der NSDAP und der SS an. In Letzterer war er seit 1933 als Referent beim Stab des RFSS tätig. Später wurde er, von Beruf Ökonom, Leiter der „Dienststelle Vierjahresplan", 1939 Leiter der Dienststelle des RKF beziehungsweise dessen Stabshauptamtes. 1948 wurde er im RuSHA-Prozess zu lebenslanger Haft verurteilt. Vgl. Aly/Heim, Vordenker der Vernichtung, S. 127-129; sowie Klee, Personenlexikon, S. 198.

71 Vgl. Organisation und Geschäftsverteilungsplan des Stabshauptamtes RKF vom 1.8.1942 (NO-4060) (BArch Koblenz, All. Proz. 1, Rep. 501, XXXXIV (Anklagedokumente), B 5, Bl. 1-53, hier 19).

72 Vgl. dazu das Beispiel Neuendettelsau, Kap. V.2.1, Anm. 203. Zur Tätigkeit des Beauftragten des Reichsgesundheitsführers vgl. Kap. III.2.3.

Reichsgesundheitsführer und dem RMdI, dem die Anstalten unterstanden, getroffen worden sein - anders ist die unmittelbar auf die Aufforderung des Beauftragten des RGF erfolgte Räumung von Anstalten durch das RMdI nicht zu erklären.[73]

Die Abteilung „Soziale Betreuung" beim Stabshauptamt des RKF war demnach eine Art Leitstelle in Fragen der Umsiedlung alter und kranker Volksdeutscher, regelte die damit zusammenhängenden grundsätzlichen Angelegenheiten - auch die der Kosten -, stimmte das Vorgehen der beteiligten Dienststellen aufeinander ab und behielt sich somit eine Oberaufsicht vor, auch wenn Teilaufgaben delegiert wurden. Daneben widmete sich diese Abteilung auch weiteren, nicht weniger brisanten Fragen - unter anderem der des Wehrdienstes oder der des Lebensborns.

Die Umsiedlung und Unterbringung alter und kranker Volksdeutscher berührte auch den Tätigkeitsbereich eines anderen Amtes des Stabshauptamtes, waren mit dieser doch unweigerlich auch juristische Fragen, im Speziellen die der Einbürgerung, verbunden. Der RKF behielt sich und seinem Stabshauptamt zumindest im Falle der Südtiroler eine besondere Entscheidungshoheit vor. So war die Einbürgerung der Südtiroler zwar formal durch das Reichsinnenministerium in einem Erlass[74] geregelt worden und auch Gegenstand der deutsch-italienischen Umsiedlungsvereinbarungen gewesen, in Zweifelsfällen entschied jedoch der RKF. Einer dieser Fälle betraf diejenigen Südtiroler, die „wegen ihres geistigen oder körperlichen Gesundheitszustandes keinen erwünschten Bevölkerungszuwachs" darstellen würden.[75] Die Dienststelle des RKF vertrat die Ansicht, dass sich eine Verpflichtung zur Einbürgerung dieser nicht erwünschten Bevölkerungsgruppen de jure auch nicht aus den bilateralen Umsiedlungsvereinbarungen herleiten lasse. Die mit der Einbürgerung der Südtiroler betraute Dienststelle Umsiedlung Südtirol (DUS) beim Reichsstatthalter in Innsbruck war jedoch gegenteiliger Ansicht und mahnte im Sommer 1940 eine Grundsatzentscheidung des RKF an. Der RKF traf diese im Oktober 1940: Eine Einbürgerung insbesondere „Erbkranker" sei zurückzustellen.[76] Es ist durchaus vorstellbar, dass in diesem konkreten Fall tatsächlich Himmler persönlich diese

73 Entsprechende Aktenstücke, die eine solche Absprache dokumentieren, konnten nicht gefunden werden. Aus den Akten zur Räumung der Neuendettelsauer Anstalten geht jedoch hervor, dass der Beauftragte des RGF beim RMdI die Räumung der Anstalten zum Zwecke der Unterbringung von Südtirolern mit Hilfe des Reichsleistungsgesetzes erbat und diese prompt am nächsten Tag erfolgte, was vorangegangene grundsätzliche Absprachen nahelegt. Zudem deutet die diesbezügliche Korrespondenz des RKF mit dem RMdI auf ein einvernehmliches Handeln hin. Vgl. die entsprechende Korrespondenz zur Räumung Neuendettelsaus (BayHStA, Ministerium des Innern [MInn], 79998).

74 RMdI an Landeshauptmann von Tirol, betr. Einbürgerung von Volksdeutschen aus Italien vom 3.8.1939 (BArch Berlin, R 49/1173, unpag.).

75 RKF an Gauleiter und Reichsstatthalter in Tirol und Vorarlberg, Umsiedlung Südtirol, betr. Einbürgerung vom 18.6.1940 (BArch Berlin, R 49/1173, unpag.).

76 Vgl. Kap. V.1.2. Die entsprechende Korrespondenz zwischen RKF und DUS befindet sich in BArch Berlin, R 49/1173.

Entscheidung traf.[77] Konsultiert worden sein dürfte er in dieser rassenhygienisch brisanten Frage in jedem Fall, auch wenn er möglicherweise die juristische Prüfung seiner Dienststelle überließ,[78] die die Entscheidung schließlich der DUS übermittelte.[79]

Der RKF beziehungsweise seine Dienststelle behielt sich demnach nicht nur pro forma eine Entscheidungshoheit über jegliche Umsiedlungsfragen vor, sondern er beanspruchte diese auch in ausgewählten, den ideologischen Kern der (Um-)Siedlungspolitik betreffenden Fällen. Zu diesen gehörte, wie das Beispiel zeigt, nachweislich auch die Frage der Einbürgerung „Erbkranker", die nicht von den mit der Einbürgerung betrauten Dienststellen eigenmächtig entschieden werden konnte, sondern eine Entscheidung der höchsten Umsiedlungsinstanz erforderte.

Dass die RKF-Dienststelle eine solch herausgehobene Position innerhalb der Umsiedlungsaktionen innehaben sollte, stand dabei im Herbst 1939 noch keineswegs fest, auch wenn Himmlers Rolle bereits vorgezeichnet war. Zu Beginn der Umsiedlungen rangierte nämlich eine andere, in Volkstumsfragen durchaus kompetente Organisation, an erster Stelle: die Vomi.

Die *Vomi,* zunächst als Parteidienststelle gegründet, entwickelte sich unter zunehmendem Einfluss der SS bis 1939 zur Zentralinstanz der NS-Volkstumspolitik.[80] Insbesondere aufgrund des Umstandes, dass sie vielfältige Kontakte zu den deutschen Minderheiten im Ausland unterhielt und über umfangreiches Datenmaterial verfügte, welches nicht zuletzt von den vereinnahmten Volkstumsverbänden und Forschungseinrichtungen VDA und DAI stammte, dürfte die Vomi als geeignete Umsiedlungsdienststelle erschienen sein. Vor allem die Person Werner Lorenz', Leiter der Vomi und hochrangiger SS-Offizier, dürfte für eine Beauftragung der Vomi gesprochen haben, hatte dieser doch die Vomi im Sinne der SS ausgerichtet und wurde zudem in NS-Führungskreisen, bis hin zu Hitler, persönlich geschätzt.[81] So ist es möglicherweise zu erklären, dass zunächst Lorenz Anfang Oktober von Hitler persönlich mit der Umsiedlung der Baltendeutschen beauftragt wurde. Allerdings wurde diese direkte Unterstellung unter Hitler schon am 7. Oktober 1939 aufgehoben, als mit der Ernennung Himmlers zum RKF Lorenz und die Vomi dem RKF untergeordnet wurden.

77 Wie Longerich am Beispiel der vom RuS durchgeführten Rasseprüfungen im Kontext der „Durchschleusung", auf die Himmler anlässlich eines Besuches bei der EWZ in Lodz direkt Einfluss nahm, zeigt, war es durchaus Himmlers „Methode", „bestimmte Entscheidungen für sich zu reklamieren beziehungsweise in zahlreichen Einzelfällen korrigierend einzugreifen". Vgl. Longerich, Himmler, S. 462 f. Der Besuch Himmlers und seine direkte Einschaltung in die Rasseprüfungen ist auch erwähnt bei Heinemann, Rasse, S. 235.

78 Das Schreiben der RKF-Dienststelle trägt das Aktenzeichen I Z II und die Paraphe Rudolf Creutz', es ist demzufolge im Zentralamt der RKF-Dienststelle, die Creutz unterstand, angefertigt worden.

79 RKF/Amt I/Z II an den Reichsstatthalter in Tirol und Vorarlberg, DUS, betr. Einbürgerung vom 10. 10. 1939 (BArch Berlin, R 49/1173, unpag.).

80 Vgl. dazu Kap. II.3.

81 Zu Lorenz vgl. Lumans, Werner Lorenz.

1941 wurde die bis dahin formal weiterhin Hitler direkt unterstehende Vomi als SS-Hauptamt dem SS-Imperium eingegliedert.[82]

Nichtsdestoweniger war die Stellung der Vomi innerhalb des RKF-Apparates eine besondere, war dieser doch auf das umfangreiche Datenmaterial der Vomi und deren Erfahrungen mit Ein- und Auswanderern angewiesen.[83] Die genuinen Aufgaben der Vomi - die politisch-kulturelle Betreuung der deutschen Minderheiten im Ausland - traten dabei immer mehr hinter den technisch-logistischen Umsiedlungsaufgaben zurück.[84] Mit diesen waren vornehmlich drei der insgesamt elf Ämter der Vomi betraut. Insbesondere das Amt XI - „Umsiedlung" - kann als eigentliche Umsiedlungsdienststelle der Vomi gelten. Es war ausschließlich mit Umsiedlungsaufgaben des RKF befasst.[85] Das Aufgabengebiet reichte von der Planung, Vorbereitung und Durchführung der Umsiedlungen bis hin zur Organisation der interimistischen Unterbringung der Umsiedler in eigens zu diesem Zweck errichteten Umsiedlerlagern. Die Errichtung dieser Lager hatte sich angesichts der schwindenden Ansiedlungskapazitäten im Zuge der Umsiedlung aus Wolhynien und Galizien als notwendig erwiesen, und schon innerhalb weniger Monate war ein gigantisches Lagerimperium entstanden, welches sich über das gesamte Reichsgebiet erstreckte. Neben den monströsen „Auffanglagern" um Lodz, die nahezu alle Umsiedler als erste Erfassungsstation

82 Vgl. Buchheim, Rechtsstellung RKF, S. 259-264; Buchheim, Anatomie des SS-Staates, S. 192-195; Lumans, Werner Lorenz; sowie Markus Leniger, „Heim im Reich?". Das Amt XI und die Umsiedlerlager der Volksdeutschen Mittelstelle 1939-1945. In: Wolf Gruner (Hg.), „Bürokratien". Initiative und Effizienz, Berlin 2001, S. 81-109.

83 Die Vomi unterhielt 1939 bereits eine „Beratungsstelle für Einwanderer" und einige Flüchtlingslager, die indirekt zum Modell für das spätere Lagerimperium der Vomi wurden. Vgl. Leniger, Heim im Reich, S. 84.

84 Vgl. Buchheim, Anatomie des SS-Staates, S. 194. Die eigentlichen Aufgaben der Vomi reduzierten sich allein deshalb, weil zahlreiche von der Vomi betreute Volksgruppen in die Umsiedlungsaktionen einbezogen und damit weitere Aktivitäten der Vomi in den Herkunftsgebieten obsolet wurden. Den im Ausland verbliebenen deutschen Volksgruppen schenkte die Vomi jedoch auch weiterhin große Beachtung und widmete sich mit Unterstützung des Reichsgesundheitsführers und der RÄK u. a. auch medizinisch-gesundheitlichen Fragen dieser Volksgruppen wie der Schaffung volksdeutscher Krankenhäuser, der Zurverfügungstellung von Fachzeitschriften, Medikamenten und Instrumenten, und unterstützte den Aufbau von Volksgesundheitsämtern, wie sie beispielsweise bei der deutschen Volksgruppe in Belgrad existierten. Vgl. dazu Geschäftsverteilungsplan Hauptamt Vomi vom 15.6.1944 (NO-3981) (BArch Koblenz, All. Proz. 1, Rep. 501, XXXXIV (Anklagedokumente), B 6, Bl. 113-143, hier 121); sowie Karl Grumbach/Ladislaus Frank, Ein Jahr Kreis „Prinz Eugen". Ein Arbeitsbericht, Belgrad 1942.

85 Das Amt „Umsiedlung" bestand aus einer „Zentralabteilung" (Planung, Organisation, Personal der Umsiedlungsaktionen, etc.), Abteilung 1 „Umsiedlung, Lagerführung" (Umsiedlerbetreuung, Statistik, Gepäckfragen, Kartei, Lagerinspektion, etc.), Abteilung 2 „Umsiedlung, Verwaltung" (Beschaffung, Rechtsabteilung, Unterkunft und Bauwesen, Pachtverträge, Zentralmagazin, etc.), Abteilung 3 „Einsatzstab Litzmannstadt (Unterkunft, Transporte, Arbeitseinsatz, Auskunft, Beratung, Zentralkartei, etc.), Abteilung 3a Einsatzverwaltung Litzmannstadt. Vgl. Geschäftsverteilungsplan Hauptamt Vomi vom 15.6.1944 (NO-3981) (BArch Koblenz, All. Proz. 1, Rep. 501, XXXXIV (Anklagedokumente), B 6, Bl. 113-143, hier Bl. 141-143). Vgl. auch Anhang.

zu durchlaufen hatten, entstand vornehmlich im „Altreich“ ein dichtes Netz von „Beobachtungs-“ und „Sammellagern“. In den Ansiedlungsgebieten wurden „Bereitstellungslager“ eingerichtet, von denen aus die Hofzuweisung erfolgte.[86] Die Leitung aller dieser Lager lag in den Händen der Vomi. Sie installierte in den einzelnen Gauen, in denen sich Vomi-Lager befanden, regionale Einsatzführungen, die mit der kulturellen, politischen, versorgungstechnischen, schulischen, fürsorgerischen, kurzum: der Komplettbetreuung der Umsiedler in den Lagern betraut waren.[87] Den Einsatzführungen und Lagerleitern zur Seite gestellt wurden verschiedene Vertreter staatlicher und parteiamtlicher Dienststellen, denen Himmler im Rahmen der Umsiedlungsaktionen spezifische Teilaufgaben zugewiesen hatte. Darunter fielen beispielsweise die politisch-propagandistische Betreuung der Umsiedler durch die NSDAP und ihre Gliederungen, zum Beispiel der Hitler Jugend (HJ), und die dem Reichsgesundheitsführer übertragene medizinische Versorgung der Lager durch spezielle Lagerärzte. Deren primäre Aufgabe war es, die Seuchengefahr in den Lagern durch entsprechende hygienische Maßnahmen zu reduzieren, Krankheitsfälle zu behandeln und gegebenenfalls eine Einweisung in entsprechende Heilstätten zu veranlassen. Dementsprechend kam den Vomi-Lagern auch in gesundheitspolitischer Sicht eine besondere Funktion zu - die der Abschottung („Quarantäne“) und die der Aussonderung Kranker. In diesem Sinne stellten die Vomi-Lager eine Selektionsstation innerhalb des Umsiedlungsprozederes dar. Im Aufgabenbereich der Vomi waren die Lager dabei nicht die einzige Selektionsstation. Namentlich deren Umsiedlungskommandos eröffnete sich bereits im Kontext der Aussiedlung aus den Herkunftsgebieten ein beachtliches rassenhygienisches Interventionsfeld. Auf der Basis der Umsiedlungsverträge überprüften diese Kommandos die Umsiedler bereits vor Ort und organisierten den Abtransport ins Reichsgebiet beziehungsweise in die Lager der Vomi. Der Vomi boten sich somit zahlreiche Selektionsmöglichkeiten, angefangen bei den Erfassungen in den Herkunftsorten über den Transport bis hin zur Lagerunterbringung im „Altreich“. Der entscheidende Selektionsvorgang lag jedoch nicht in den Händen der Vomi, sondern in denen einer eigens für die Umsiedlungsaktionen geschaffenen Dienststelle des RSHA - der EWZ.

Das *RSHA* sollte im Rahmen der Umsiedlungsaktionen eine besondere Bedeutung erlangen, bildete insbesondere die Tätigkeit der RSHA-Sonderbehör-

86 Das Lagersystem erfuhr im Frühjahr 1940 eine Erweiterung. Neben den Beobachtungslagern wurden Sammellager errichtet beziehungsweise vorherige Lager zu diesen umfunktioniert, mit dem Zweck, die über verschiedene Lager verstreuten Familien zusammenzuführen, um nachfolgend deren geschlossene Ansiedlung vornehmen zu können. Vgl. Döring, Umsiedlung der Wolhyniendeutschen, S. 274-286. Zu den Lagertypen und Funktionen, dargestellt anhand eines Beispiels, vgl. auch Maria Fiebrandt, „Auf dem Weg zur eigenen Scholle.“ Der nationalsozialistische Bevölkerungstransfer der Volksdeutschen und die Rolle Pirna-Sonnensteins. In: Durchgangsstation Sonnenstein. Die ehemalige Landesanstalt als Militärobjekt, Auffanglager und Ausbildungsstätte in den Jahren 1939 bis 1954. Hg. vom Kuratorium Gedenkstätte Sonnenstein e. V., Pirna 2007, S. 33-62.

87 Vgl. weiterführend Leniger, Heim im Reich.

den EWZ sowie deren Pendant UWZ doch den biologistisch-rassistischen Kern der Umsiedlungspolitik. Lag die Aufgabe der EWZ in der als Einbürgerung getarnten, aber weitaus komplexeren Erfassungsstrategien folgenden „Durchschleusung“ der Volksdeutschen, die über das weitere Schicksal und die Ansiedlung derselben entschied, so bereitete die UWZ quasi den Weg für die Ansiedlung, indem sie die Vertreibung und Deportation der polnischen und jüdischen Bevölkerung organisierte und damit wesentlichen Anteil an der Genese des Holocaust hatte.[88]

Beide Sonderdienststellen entstanden auf persönliche Anweisung Himmlers und waren diesem in seiner Funktion als RKF unterstellt. Institutionell waren sie an das Amt III des RSHA und dort an die neugeschaffene Abteilung ES (Einwanderungs- und Siedlungsreferat) angebunden und rekrutierten von dort beziehungsweise vom SD vorerst ihr Personal.[89] Die der EWZ zugewiesene „Sonderaufgabe“ der „Erfassung aller volksdeutschen Umsiedler“[90] und deren Einbürgerung erforderten jedoch schon bald einen umfangreicheren Personalstab, der zudem den spezifischen fachlichen Anforderungen, die mit dem Einbürgerungsvorgang einhergingen, genügen musste. Dabei ging es nicht allein um die bürokratische Abwicklung der Einbürgerung - zu diesem Zweck hätte der RKF auch auf bereits existierende Behörden zurückgreifen können -, sondern in erster Linie um eine von rassenbiologisch-rassenhygienischen Prämissen geleitete Neuordnung der Ostgebiete. Neben Polizeiangehörigen, Verwaltungsbeamten des RMdI und des Reichsjustizministeriums (RMdJ) waren demzufolge hier vor allem „Rasseexperten“ und Rassenhygieniker gefragt, wie sie das RuSHA und der Reichsgesundheitsführer vorweisen konnten.[91] Diesen hatte Himmler bereits in seiner ersten Anordnung als RKF die „Überprüfung aller in den neuen Gebieten in Stadt und Land sesshaft werdenden Deutschen aus dem Reich und dem Ausland“[92] zugewiesen und damit den rassenbiologischen

88 Vgl. weiterführend Aly, Endlösung. Wildt weist allerdings zu Recht darauf hin, dass der Entschluss zur Germanisierung, und damit zur Vertreibung der polnischen und jüdischen Bevölkerung nicht erst mit dem Beginn der Umsiedlungen gefasst wurde, sondern bereits zuvor. Nichtsdestoweniger führte der enorme Bedarf an Siedlungskapazitäten zu einer Beschleunigung der Deportationen und einer Radikalisierung der Vertreibungspraxis, die schließlich in die Vernichtungspolitik mündete. Vgl. Wildt, Generation des Unbedingten, S. 462, Anm. 142. Zur Tätigkeit der UWZ vgl. Gerhard Wolf, Rassistische Utopien und ökonomische Zwänge: die rassischen Selektionen polnischer Arbeitskräfte durch die SS in den Lagern der Umwandererzentralstelle. In: Akim Jah (Hg.), Nationalsozialistische Lager. Neue Beiträge zur NS-Verfolgungs- und Vernichtungspolitik und zur Gedenkstättenpädagogik, Münster 2006, S. 125-148; sowie Heinemann, Rasse, S. 251-259.

89 Vgl. dazu Strippel, NS-Volkstumspolitik, S. 184 f.

90 Anordnung des RFSS über den Aufbau der Volkstumsarbeit der NSDAP und eine Abgrenzung der Zuständigkeiten der Hauptämter der SS vom 28.11.1941 (NO-4237) (BArch Koblenz, All. Proz. 1, Rep. 501, XXXXIV (Anklagedokumente), B 6, Bl. 18-20).

91 Vgl. zum Aufbau der EWZ Leniger, NS-Volkstumsarbeit, S. 148-161; sowie Strippel, NS-Volkstumspolitik, S. 83-85.

92 Erste Anordnung des RKF betr. Organisation der Dienststelle des Reichskommissars (NO-3078), o. D. (BArch Koblenz, All. Proz. 1, Rep. 501, XXXXIV (Anklagedokumente), B 6, Bl. 5-8).

Charakter der Erfassungsmaßnahmen hervorgehoben. Mit der Gründung der EWZ Mitte Oktober 1939 gingen diese Kompetenzen auf die neue Sonderdienststelle über, innerhalb derer beide vormals ernannten Dienststellen eine besondere Position einnehmen sollten. Institutionell schlug sich dies in der Etablierung von „Gesundheitsstellen“ bei der EWZ nieder, in denen sowohl Ärzte als auch Eignungsprüfer des RuSHA vertreten waren.[93] Diese sollten zum „Rückgrat der gesamten Schleusung“[94] werden, was angesichts des mit der Umsiedlung implementierten rassenbiologischen Fernziels auf der einen und der Erfahrung des Reichsgesundheitsführers und des RuSHA auf dem Gebiet der rassenhygienischen und -anthropologischen Selektion, sei es im Rahmen der erbbiologischen Erfassung oder der „Auslese“ für die SS, auf der anderen Seite nicht überrascht, sondern wie Isabel Heinemann es für das RuSHA formulierte, nur „konsequent“ war.[95]

Die EWZ nahm ihre Arbeit Mitte Oktober 1939 in Gdynia/Gotenhafen auf, wo die meisten der umgesiedelten Deutschen aus dem Baltikum einliefen. In rascher Folge entstanden weitere Nebenstellen in Schneidemühl und Stettin.[96] Zu diesem Zeitpunkt waren bereits alle Abteilungen (Melde- und Ausweisstelle, Lichtbild-, Vermögens-, Gesundheits-, Staatsbürgerschafts-, Berufseinsatzstelle)[97] installiert worden, die praktische Arbeit wies jedoch in hohem Maße improvisatorische Züge auf. Die EWZ konnte die ihr übertragene Aufgabe, einer möglichst kompletten Erfassung und Einbürgerung der aus dem Baltikum nach Gotenhafen strömenden Volksdeutschen, letztlich nur fragmentarisch erfüllen, was in der Folgezeit zu einer erneuten Überprüfung der Baltendeutschen führte.[98] In Erkenntnis der Mängel dieser ersten Überprüfungen setzte wenige Monate nach der Gründung der EWZ ein Professionalisierungs- und Optimierungsprozess ein, der durch eine breitere personelle Aufstellung, eine entsprechende Schulung des Fachpersonals[99] und eine zunehmende Aufgabenkonkretisierung und -differenzierung innerhalb der einzelnen Dienststellen markiert wurde. Gleichzeitig erfolgte mit der Umsiedlung der Deutschen aus Wolhynien und Galizien eine Umstrukturierung der EWZ-Tätigkeit, die aus umsiedlungsorganisatorischen Veränderungen resultierte. Konnten die Baltendeutschen

93 Vgl. weiterführend zu den Gesundheitsstellen und deren Tätigkeit Kap. IV.4.2. Siehe auch Leniger, NS-Volkstumsarbeit, S. 175–197.

94 Ebd., S. 188.

95 Heinemann, Rasse, S. 195. Vgl. auch Dies., „Deutsches Blut.“ Die Rasseexperten der SS und die Volksdeutschen. In: Jerzy Kochanowski/Maike Sach (Hg.), Die „Volksdeutschen“ in Polen, Frankreich, Ungarn und der Tschechoslowakei. Mythos und Realität, Osnabrück 2006, S. 163–182.

96 Vgl. Leniger, NS-Volkstumsarbeit, S. 230.

97 Einen guten Überblick über die Tätigkeiten der einzelnen Stellen bietet Strippel, NS-Volkstumspolitik, S. 94–128. Vgl. auch Leniger, NS-Volkstumsarbeit.

98 Vgl. Abschlussbericht der Einwanderernebenstelle Posen, o. D. (BArch Berlin, R 69/122, Bl. 3-45, hier 8). Vgl. auch Leniger, NS-Volkstumsarbeit, S. 153.

99 Dies zeigt Heinemann für die Eignungsprüfer des RuSHA, deren Zahl 1940 deutlich anstieg und deren Ausbildung in speziellen Lehrgängen erfolgte. Vgl. Heinemann, Rasse, S. 195-201.

nämlich noch ohne längere Wartezeit im Warthegau angesiedelt werden, so war dies im Falle der Wolhynien- und Galiziendeutschen nicht mehr möglich, da entsprechende Ansiedlungskapazitäten fehlten. Dies machte wiederum eine interimistische Unterbringung der Umsiedler in Vomi-Lagern bis zur endgültigen Ansiedlung notwendig. So entstanden, wie erwähnt, um Lodz, das mit der Bestimmung des Warthegaus zum zentralen Ansiedlungsgebiet auch zum Dienstsitz der EWZ avanciert war,[100] große Auffanglager. Da sich deren Kapazitäten jedoch schon bald als unzureichend erwiesen, begann die Vomi im Kontext der Umsiedlung aus Wolhynien und Galizien mit dem Aufbau von Beobachtungslagern im „Altreich", in die die Umsiedler nach einem kurzen Aufenhalt und einer ersten Erfassung weitergeleitet wurden. Dort warteten sie schließlich auf ihre Ansiedlung.[101] Die „Durchschleusung" der Wolhynien- und Galiziendeutschen hatte dabei angesichts der großen Zahl an Umsiedlern, die innerhalb kürzester Zeit Lodz erreichten, nicht vollständig in Lodz stattgefunden, so dass diese in den einzelnen Beobachtungslagern nachgeholt werden musste.[102] Dies setzte wiederum eine entsprechende Transformation des EWZ-Apparates voraus, erforderte die territoriale Streuung der Umsiedler doch eine wesentlich flexiblere Organisationsform. Die EWZ reagierte auf diese veränderten Anforderungen mit der Aufstellung mobiler Einbürgerungsstäbe - den „Fliegenden Kommissionen" -, die die verschiedenen Lager aufsuchten, um vor Ort die „Durchschleusung" vorzunehmen und nicht wie bisher in den stationären EWZ-Dienststellen in Gotenhafen, Stettin oder Schneidemühl.[103] Diesen „Fliegenden Kommissionen" übergeordnet konstituierte sich am 10. Februar 1940 der „Führungsstab" der EWZ in Berlin, der als Zentralstelle eine koordinierende Funktion übernahm. Der Bedeutung des Umsiedlungsdrehpunktes Lodz entsprechend erfolgte schon im Juli 1940 die Verlegung des Führungsstabes aus Berlin nach Lodz, die zugleich den endgültigen Abschluss der Konsolidierungsphase der EWZ markierte.[104]

Auf dem Erfahrungshorizont der Baltenumsiedlung basierend hatte sich somit im Laufe der Umsiedlung aus Galizien und Wolhynien eine den Charakter der Umsiedlung maßgeblich prägende Sonderbehörde herausgebildet, die über weitreichende Kompetenzen verfügte. Nach den anfänglichen organisatorischen Optimierungs- und Umstrukturierungsmaßnahmen und der Professionalisie-

100 Der Führungsstab befand sich zuvor kurze Zeit in der Gauhauptstadt Posen, wo die meisten Baltenumsiedler zum Zwecke ihrer Ansiedlung eintrafen. Vgl. Leniger, NS-Volkstumsarbeit, S. 156.

101 Zum Aufbau des Lagersystems vgl. Leniger, Heim im Reich; sowie Leniger, NS-Volkstumsarbeit, S. 94–111.

102 Vgl. Döring, Umsiedlung der Wolhyniendeutschen, S. 206–214.

103 Der Hauptsitz des „Führungsstabes" der EWZ befand sich im November 1939 zunächst in Gotenhafen, wo die meisten Baltenumsiedler eintrafen. In der Folgezeit entstanden Nebenstellen in Stettin und Schneidemühl, die mit der „Durchschleusung" der dort einlaufenden Umsiedler befasst waren. Mit der Entscheidung, die Umsiedler schnellstmöglich im Warthegau anzusiedeln, wechselte der Führungsstab nach Lodz.

104 Vgl. Leniger, NS-Volkstumsarbeit, S. 151–161; sowie Strippel, NS-Volkstumspolitik, S. 89–94.

rung der Selektionstätigkeit unterlag die Arbeit der EWZ in der Folgezeit keinen grundlegenden Veränderungen mehr.[105] Das Kernelement der „Schleusungstätigkeit" war a priori die rassenbiologisch-rassenhygienisch intendierte Selektion, die im Wesentlichen durch zwei Stellen - die Gesundheits- und die RuS-Stelle - vorgenommen wurde. Die RuS-Stelle war zwar offiziell Teil der Gesundheitsstelle, nahm aber eine Sonderstellung ein, da sie direkt dem RuSHA unterstand.

Dem *RuSHA* wurde nicht weniger als die gesamte „rassische Auslese" im Rahmen der Volkstumsarbeit des RKF übertragen. Dieses weite Aufgabenfeld umfasste sowohl die rassenbiologische Selektion Volksdeutscher und Reichsdeutscher, die in den „neuen Ostgebieten" angesiedelt werden sollten, als auch die „rassische Auslese der Fremdvolksgruppen hinsichtlich der Eindeutschungsfähigkeit".[106] Die entsprechende Expertise, die das RuSHA für eine solche Arbeit empfahl, besaß das RuSHA ohne Frage. Es hatte schließlich seit seiner Gründung 1932 bereits umfangreiche Rasseprüfungen im Rahmen der SS-Aufnahmeuntersuchungen und der Erteilung von Heiratsgenehmigungen vorgenommen.[107] Das RuSHA verfügte somit sowohl über entsprechend rassenanthropologisch versierte Mitarbeiter als auch über das praktische Equipment in Form von Erhebungsbögen, Karteikarten, Bewertungsskalen, die lediglich einer geringen Modifizierung bedurften.[108] Die RuSHA-Mitarbeiter waren folglich im Rahmen der „Durchschleusung" auch an prominenter Stelle an der rassenbiologischen Selektion der Volksdeutschen beteiligt, wobei, trotz formaler Aufgabendifferenzierung zwischen RuS- und Gesundheitsstelle, sich hier eine Verschmelzung rassenanthropologischer und rassenhygienischer Selektionsmechanismen erkennen lässt, auf die an anderer Stelle noch ausführlicher eingegangen werden wird.[109]

Die RKF-Tätigkeit des RuSHA beschränkte sich aber nicht allein auf die Selektionstätigkeit innerhalb des EWZ-Apparates und der UWZ, sondern das RuSHA agierte gemäß der Himmlerschen Order auf vielen weiteren umsied-

105 Vgl. Leniger, NS-Volkstumsarbeit, S. 158.

106 Abschrift der Anordnung des RFSS über den Aufbau der Volkstumsarbeit der NSDAP und die Abgrenzung der Zuständigkeiten der Hauptämter der SS vom 28.11.1941 (NO-4237) (BArch Koblenz, All. Proz. 1, Rep. 501, XXXXIV (Anklagedokumente), B 6, Bl. 18–20, hier 19 f.).

107 Das RuSHA wurde am 1.1.1932 als „Rassenamt der SS" gegründet und war vornehmlich mit der Bearbeitung der Heiratsgesuche von SS-Angehörigen befasst. 1935 avancierte es unter der Bezeichnung „Rasse- und Siedlungshauptamt-SS" zum SS-Hauptamt. Vgl. weiterführend Heinemann, Rasse.

108 Vgl. ebd., S. 195–201; sowie Heinemann, Rasseexperten.

109 Interessant ist in diesem Zusammenhang ein Vorstoß Richard Kaaserers, Leiter der RuS-Dienststelle der EWZ in Lodz, die Sterilisation „einwandfrei fremdblütiger" Umsiedler zu „erwägen". Das RuSHA versuchte damit auf ein zentrales, bis dahin ausschließlich den Ärzten vorbehaltenes, rassenhygienisches Aktionsfeld vorzudringen. Vgl. Bericht über die Tagung der RuS-Dienststellen im Rahmen der Tagung der Einwandererzentralstelle am 11. und 12. Januar 1941 in Dresden (BArch Berlin, R 69/598, Bl. 36–45, hier 39 f.). Vgl. weiter Kap. IV.4.2.

lungspolitischen Aktionsfeldern, die hier lediglich am Beispiel des Warthegaus holzschnittartig angerissen werden können.[110] So begannen spezielle RuS-Einsatzgruppen, die unmittelbar mit Kriegsbeginn in Polen eingesetzt wurden, mit Erhebungen über die Besitz-, Boden- und Bevölkerungsverhältnisse in den neu zu besiedelnden Gebieten.[111] Diese Daten sollten den Grundstock für die spätere Ansiedlungspolitik bilden, auf deren Durchführung die SS uneingeschränkten Anspruch erhob. Manifestiert wurde dieser Anspruch durch die Gründung von „Bodenämtern" im Dezember 1939, deren Leitung Angehörigen der RuS-Einsatzgruppen übertragen wurde. Ihre Aufgabe bestand vor allem in der Erfassung und Bewertung der landwirtschaftlichen Kapazitäten der besetzten Gebiete sowie der Enteignung, wobei sie sich weiterer SS-Dienststellen wie der Deutschen Ansiedlungsgesellschaft (DAG) bedienten.[112] Institutionell wurden die Bodenämter im Frühjahr 1940 dem RKF beziehungsweise seinen „Beauftragten" - den Höheren SS-und Polizeiführern - unterstellt. Gleiches galt auch für die ebenfalls zunächst vom RuSHA installierten „SS-Ansiedlungsstäbe", die mit der Vertreibung der ansässigen Bevölkerung und der Ansiedlung Volksdeutscher betraut waren. In diesem Kontext erweiterte sich das Aufgabenspektrum des RuSHA nun auch auf die ansässige Bevölkerung. Das RuSHA führte zum einen umfangreiche rassische Musterungen an Volksdeutschen durch, die in der Deutschen Volksliste (DVL) aufgenommen werden sollten. Zum anderen überprüften RuSHA-Angehörige die polnische Bevölkerung hinsichtlich ihrer „Wiedereindeutschungsfähigkeit".[113]

Im Kontext dieser vielfältigen Tätigkeiten des RuSHA, welches personell wie auch institutionell die Selektionsmaschinerie wesentlich prägte, sind für die vorliegende Arbeit dabei vor allem die Aktionsfelder von besonderem Interesse, die rassenhygienische Interventionsmöglichkeiten eröffneten. Dazu zählten bezogen auf die volksdeutschen Umsiedler vornehmlich die schon erwähnten RuS-Stellen innerhalb der EWZ und die SS-Ansiedlungsstäbe. Letztere waren, wie schon dargestellt, eine RuSHA-Gründung, wurden jedoch schon bald in den Dienst des RKF-Apparates, genauer gesagt seiner „Beauftragten", gestellt.

Die *Beauftragten des RKF*, als welche zunächst die HSSPF in Ostpreußen, Oberschlesien, Danzig-Westpreußen und dem Warthegau fungierten,[114] befassten sich in erster Linie mit der Umsetzung der Siedlungspolitik, das heißt der Vertreibung der ansässigen Bevölkerung und der späteren Ansiedlung der Volksdeutschen. Während der Umsiedlung der Volksdeutschen aus dem Generalgouvernement war der Beauftragte des RKF beim HSSPF zudem auch an der

110 Vgl. weiterführend die grundlegende Studie von Heinemann, Rasse.
111 Vgl. ebd., S. 212-232.
112 Vgl. ebd., S. 213 f. Zur DAG siehe auch Buchheim, Anatomie des SS-Staates, S. 191 f.
113 Vgl. Heinemann, Rasse, S. 217-301.
114 Da die Ansiedlung eine enge Zusammenarbeit mit den Reichsstatthaltern/Gauleitern erforderte, wurden diese im Frühjahr 1940 bis auf wenige Ausnahmen zu den „Beauftragten des RKF" und die HSSPF zu deren ständigen Vertretern. Später wurden in allen Gauen Beauftragte des RKF ernannt. Vgl. Buchheim, Anatomie des SS-Staates, S. 189 f.

Umsiedlung der Volksdeutschen beteiligt.[115] Der Schwerpunkt der Tätigkeit der Beauftragten des RKF lag aber in der Regel auf der Ansiedlung und allen damit korrespondierenden Aufgaben. Zur Erfüllung dieser bedienten sie sich sowohl staatlicher Behörden, insbesondere der Landratsämter, als auch der Bodenämter und Ansiedlungsstäbe. Die Ansiedlungsstäbe, die im Befehlsbereich der HSSPF agierten, unterhielten auf der Kreisebene wiederum spezielle Arbeitsstäbe („Kreisarbeitsstäbe"), die wie auch die Ansiedlungsstäbe ihr Personal unter anderem aus Mitarbeitern des RuSHA, des SD, des Reichsnährstandes, der Polizei, der NSV und auch des Reichsgesundheitsführers rekrutierten.[116] Im Warthegau, dem Hauptansiedlungsgebiet der Volksdeutschen, waren sogar zwei Ansiedlungsstäbe - in Posen und Lodz - installiert worden, die über nicht weniger als 30 Dependancen in den jeweiligen Kreisen verfügten.[117] Diese setzten gemeinsam mit den Landratsämtern die vom Planungsamt des RKF herausgegebenen Ansiedlungsanordnungen um. Darunter fielen vorbereitende Maßnahmen wie die Erfassung des zur Verfügung stehenden Bodens, die Erstellung sogenannter „Hofkarten", die Ermittlung der zu „evakuierenden" Polen, die Planung der Ansiedlung der Volksdeutschen genauso wie die Deportation der einheimischen Bevölkerung in spezielle „Auffanglager" der UWZ und die nahezu parallele „Ansetzung" der Volksdeutschen.[118] Im Rahmen dieses Ansiedlungsvorgangs, der mit dem Abtransport („Abberufung") der Umsiedler in die Bereitstellungslager der Vomi begann, eröffneten sich erneut Selektionsmöglichkeiten. Die in den Bereitstellungslagern auf ihre Ansiedlung wartenden Umsiedler wurden nämlich nochmals einer „letzten Musterung" - diesmal durch die Ansiedlungsstäbe - unterzogen, die vor allem der Überprüfung der auf den EWZ-Unterlagen vermerkten Angaben diente.[119] Spezielle „Gesundheitskommandos" - Schwestern, Hebammen und Sanitäter - sowie ein Ansiedlungsarzt überwachten zudem im Auftrag des Reichsgesundheitsführers die Ansiedlung aus gesundheitlicher Sicht. Dabei war eine enge Zusammenarbeit mit den örtlichen Gesundheitsämtern, soweit diese bereits eingerichtet

115 Im Generalgouvernement war SS-Hauptsturmführer Horst Bestvater, Angehöriger des Stabes des HSSPF, als Beauftragter des RKF bereits im Vorfeld der Umsiedlung mit „allen Fragen der Um-, Aus- und Einsiedlung" befasst. Während der Umsiedlung sollte seine Abteilung eng mit der Vomi, der schließlich die Durchführung der Umsiedlung im Sommer 1940 oblag, kooperieren. Vgl. Dopheide, Abteilung „Gesundheitswesen" beim Chef des Distrikts Krakau, an alle Kreishauptmänner des Distriktes vom 22.1.1940 (USHMM, RG-15.086 M, r. 1, I-13303, Bl. 13 (Original im Achiwum Państwowe w Krakowie, Mikrofilm Nr. I-13303)); sowie Dienstanweisung für die Umsiedlung der Volksdeutschen aus dem Generalgouvernement, o. D. (BArch Berlin, R 69/924, Bl. 1 f.).

116 Vgl. Döring, Umsiedlung der Wolhyniendeutschen, S. 270 und 273.

117 Eine Übersicht über die Ansiedlungsstäbe und deren Arbeitsstäbe ist zu finden bei Heinemann, Rasse, S. 219, 687. Vgl. auch Döring, Umsiedlung der Wolhyniendeutschen, S. 270–274.

118 Vgl. zur Arbeit der Ansiedlungsstäbe Döring, Umsiedlung der Wolhyniendeutschen, S. 272–274; sowie Heinemann, Rasse, S. 212–232.

119 Vgl. Döring, Umsiedlung der Wolhyniendeutschen, S. 286.

worden waren, anvisiert.[120] Dadurch sollte eine lückenlose gesundheitliche Betreuung und Überwachung der Umsiedler durch spezielle Abordnungen und Beauftragte des RGF vom Beginn der Umsiedlung an bis zum Zeitpunkt der Ansiedlung gewährleistet werden. Während des Ansiedlungsvorgangs sollte durch die Kooperation zwischen Ansiedlungsarzt und Gesundheitsamt schließlich eine Übergabe dieser Betreuungskompetenz an reguläre staatliche Behörden erfolgen, wobei insbesondere bei noch ausstehender Einbürgerung, bei der Unterbringung in Heimen, Heilstätten und Anstalten oder bei einer von der EWZ erstatteten Anzeige gemäß des GzVeN die Umsiedlungsdienststellen, vor allem die EWZ und der Beauftragte des RGF, auch weiterhin involviert blieben.

2.3 Der Beauftragte des Reichsgesundheitsführers für die gesundheitliche Betreuung der volksdeutschen Umsiedler

Am Beispiel des Beauftragten des RGF zeigt sich am auffälligsten der institutionelle und personelle Konnex zwischen der NS-Erbgesundheitspolitik und der NS-Umsiedlungspolitik. Dabei beschränkte sich das Zusammenspiel dieser beiden ideologisch hoch bedeutsamen Politikfelder nicht allein auf diese besondere Dienststelle, sondern es lässt sich in nahezu allen Umsiedlungsetappen nachweisen. So betreuten Transportärzte die Umsiedler während des Abtransportes aus ihren Heimatgebieten, Lagerärzte waren für die gesundheitliche Betreuung der verschiedenen Vomi-Lager zuständig, in den Gesundheitsstellen der EWZ waren Ärzte an der „Durchschleusung“ maßgeblich beteiligt und noch während der Ansiedlung überwachten spezielle Ansiedlungsärzte und Gesundheitskommandos den Gesundheitszustand der neuen Siedler. Das Einsatzfeld der Ärzte im Rahmen der Umsiedlungen war demnach ein breites und die sich daraus ergebenden Möglichkeiten einer rassenhygienisch motivierten Intervention vielfältig. Allerdings bedurfte dieser Ärzteeinsatz einer entsprechenden koordinierenden und organisierenden Institution: dem Beauftragten des Reichsgesundheitsführers für die gesundheitliche Betreuung der volksdeutschen Umsiedler.

Die Basis der Tätigkeit des Beauftragten des RGF stellte die Anordnung 6/II des RKF vom 6. November 1939 dar. Mit dieser wurde dem Reichsgesundheitsführer offiziell „die Unterbringung und gesundheitlichen Betreuung von Kranken, Schwangeren und Gebärenden sowie von behandlungsbedürftigen Gebrechlichen“ übertragen.[121] Diese Autorisierung kam keineswegs überraschend, denn eine Zusammenarbeit zwischen dem Reichsgesundheitsführer und dem RKF beziehungsweise der Vomi lässt sich bereits Anfang 1939 nachweisen. Diese gründete auf einer Anfrage Werner Lorenz' (Vomi) vom Januar 1939 an den damaligen Reichsgesundheitsführer Gerhard Wagner, ihm eine „Persön-

120 Vgl. Richtlinien für die gesundheitliche Betreuung der volksdeutschen Rückwanderer aus Wolhynien/Galizien und Westweissrussland während der Ansiedlung im Warthegau, o. D. (BArch Berlin, R 69/149, Bl. 88–90).

121 Die Anordnung ist abgedruckt in RKF, Mencheneinsatz (1940), S. 67.

lichkeit“ aus der Reichsärztekammer zu benennen, die er als „Beauftragten für alle ärztlichen Fragen der deutschen Volksgruppen in Europa und Übersee“ berufen könne.[122] Lorenz favorisierte im gleichen Schreiben offen den Leiter der Auslandsabteilung der Reichsärztekammer Karl Haedenkamp, den Wagner wenig später zu seinem „Vertrauensmann“ ernannte.[123] Allein der Umstand, dass die Vomi Haedenkamp in Vorschlag brachte, deutet darauf hin, dass bereits eine Zusammenarbeit der Vomi mit der Auslandsabteilung der RÄK bestand. Diese erscheint bei genauerer Betrachtung nur folgerichtig, führt man sich die Interessenskongruenz vor Augen. Zudem verfügte die RÄK bereits über eine speziell mit volksdeutschen Fragen befasste Abteilung.[124] Mit der Ernennung Haedenkamps zum „Beauftragten der Volksdeutschen Mittelstelle für alle ärztlichen Fragen der deutschen Volksgruppen“[125] war die Auslandsabteilung der RÄK nun offiziell zur Verbindungsstelle zwischen Vomi und Reichsgesundheitsführer avanciert. Als schließlich die Vomi mit der Umsiedlungsorganisation beauftragt wurde, lag demnach nichts näher, als die bereits bestehende Zusammenarbeit mit dem Reichsgesundheitsführer beziehungsweise der Auslandsabteilung der RÄK im Rahmen der Umsiedlungsaktionen zu vertiefen. Allerdings sollte die Vomi schon bald zugunsten des RKF aus dieser Führungsrolle gedrängt werden, so dass auch die Position der Auslandsabteilung der RÄK neu ausgelotet werden musste. Diese Aufgabe kam dem neuen Reichsgesundheitsführer Leonardo Conti zu. Grundsätzlich stellte dieser die Arbeit der Auslandsabteilung nicht in Frage, forcierte allerdings einen Führungswechsel. Dieser zeichnete sich bereits im Oktober 1939 ab, nachdem ein Kompetenzstreit zwischen Haedenkamp und seinem Stellvertreter Haubold, der vertretungsweise die Leitung der Auslandsabteilung der RÄK übernommen hatte, entbrannt war.[126] In diesem Streit, durch Haubold eingeschaltet, nutzte Conti die Chance, Haedenkamp - einen engen Mitarbeiter seines Vorgängers und Kontrahenten Wagner[127] - zu entmachten. Ende Oktober/Anfang November 1939 entzog Conti Haedenkamp die Zuständigkeit in Umsiedlungsfragen. Er ernannte Haubold zum „Beauftragten des Reichsgesundheitsführers für die gesundheitliche Betreuung der volksdeutschen Umsiedler“ und forcierte die Installierung einer entsprechenden neuen Dienststelle innerhalb der Auslandsabteilung der RÄK.[128] Haubold vereinte zu diesem Zeitpunkt schon diverse Umsiedlungs-

122 Leiter der Vomi (Lorenz) an den Reichsärzteführer Wagner vom 14.1.1939 (BArch Berlin, R 1501/3802, unpag.).
123 Wagner an Lorenz vom 4.2.1939 (ebd., unpag.).
124 Vgl. Kap. II.2.3.
125 Lorenz an Haedenkamp vom 8.2.1939 (BArch Berlin, R 1501/3802, unpag.).
126 Vgl. Gedächtnisprotokoll Haubolds vom 31.10.1939; sowie Haedenkamp an Conti vom 16.8.1940 (ebd., unpag.).
127 Vgl. Pfletschinger, Hellmut Haubold, S. 100.
128 Vgl. Leonardo Conti, Der Gesundheitsdienst bei der Umsiedlung der Volksdeutschen aus dem Baltikum und aus Wolhynien, Galizien und Westweißrußland. In: Die Gesundheitsführung. Ziel und Weg, (1940) 4, S. 123–131. Vgl. auch Pfletschinger, Hellmut Haubold. Die Ernennung Haubolds lässt sich nicht genau datieren, da entsprechende

kompetenzen in seiner Person. So hatte ihn Conti mit „allen Rücksiedlungsfragen der Heilberufe“ betraut und zum „Verbindungsmann zur Ein- und Rückwanderererstelle bei der Reichsführung SS“ (RKF) ernannt. Außerdem firmierte er auch als ärztlicher Beauftragter für das „Einwanderungswesen der Balten-Deutschen“.[129] Die Entscheidung, Haubold zur zentralen Person in ärztlichen Fragen der Umsiedlung zu machen und damit Haedenkamp zu übergehen, war damit schon vor der offiziellen Berufung gefallen. Auch die Bündelung der Kompetenzen war letztlich nur eine Frage der Zeit. Anfang Dezember 1939 wurde Haubold schließlich auch offiziell zum Verbindungsmann der Vomi erklärt - scheinbar ohne dass Haedenkamp zuvor von seiner Absetzung in Kenntnis gesetzt worden war.[130] Conti begründete diesen Schritt damit, dass die „Zuteilung unerwartet grosser und in der bisherigen Tätigkeit der Auslandsabteilung noch gar nicht vorgesehener Aufgaben, nämlich der Umsiedlung, das Vorhandensein eines mit Autorität ausgestatten verantwortlichen und zeitlich zur Verfügung stehenden Beauftragten bei der Volksdeutschen Mittelstelle zwingend notwendig“ mache.[131] Auf diesen Affront reagierte Haedenkamp, der seine weitere Entmachtung bereits vorhersah, offensiv mit der Stellung der Vertrauensfrage. Im Falle, dass Conti ihm dieses Vertrauen versage, erkläre er seinen Rücktritt vom Amt des Leiters der Auslandsabteilung der RÄK.[132] Conti respondierte daraufhin unumwunden, dass er „in der Tat“ zu Haedenkamp „kein Vertrauen hätte, und dass auch keine Aussicht bestünde“, dass Haedenkamp dieses Vertrauen in Zukunft gewinnen würde - ein Ausscheiden aus der Reichsärztekammer befürwortete er expressis verbis.[133] Am 6. März 1940 übernahm Haubold schließlich auch dieses Amt Haedenkamps.[134]

Es ist offensichtlich, das Conti Haubold protegierte und dies nicht nur in Form der Übertragung verschiedener Ämter, sondern auch hinsichtlich seines recht raschen Aufstieges innerhalb der SS-Hierarchie.[135] Diese Protektion

Dokumente fehlen. Conti gibt sie bereits Ende Oktober 1939 an, Haubold erwähnt in seinem Personalfragebogen vom 1. 11. 1939 dieses Amt jedoch noch nicht, so dass zu vermuten ist, dass die Ernennung Haubolds erst nach der offiziellen Beauftragung Contis durch den RKF am 6. 11. 1939 erfolgte. Vgl. Personalfragebogen vom 1. 11. 1939 (BArch Berlin (ehem. BDC), SSO 69 A, Hellmut Haubold, 2. 10. 1905, unpag.).

129 Vgl. handschriftlicher Lebenslauf Haubolds zum Personalfragebogen vom 1. 11. 1939 (ebd., unpag.); sowie Schreiben des Korpsarztes der bewaffneten SS und Polizei an das SS-Personalhauptamt betr. Aufnahme Haubolds in die SS vom 2. 11. 1939 (ebd., unpag.).

130 Haubold scheint bereits seit November indirekt diese Funktion innegehabt zu haben, denn er gibt in einem auf den 1. 11. 1939 datierten Personalfragebogen bereits an: „Beauftragter der Volksdeutschen Mittelstelle für alle ärztlichen Fragen (Zus. mit Dr. Haedenkamp)“, Personalfragebogen vom 1. 11. 1939 (ebd., unpag.).

131 Conti an Haedenkamp vom 22. 8. 1940 (BArch Berlin, R 1501/3802, unpag.).

132 Haedenkamp an Conti vom 15. 12. 1939 (ebd., unpag.).

133 Conti an Haedenkamp vom 2. 1. 1940 (ebd., unpag.).

134 Berufung Haubolds zum Leiter der Auslandsabteilung der RÄK durch Conti vom 6. 3. 1940 (ebd., unpag.).

135 So erfolgt parallel zum Eintritt Haubolds in die SS auf den Wunsch Contis hin auch seine Beförderung zum SS-Untersturmführer. Auch spätere Beförderungen wurden von Conti forciert. Vgl. Schreiben des Korpsarztes der bewaffneten SS und Polizei an das

dürfte, neben der fachlichen Eignung Haubolds, nicht zuletzt auch auf den persönlichen Differenzen mit Haedenkamp beruht haben, der ihm als Vertreter der Wagner'schen Gesundheitspolitik wenig sympathisch war.[136] Vor allem dürfte Conti, abgesehen von diesen Animositäten, an einer neuen, ihm verbundenen Führungsspitze, die ihm als geeignet für die Umsetzung der SS-dominierten Umsiedlungspolitik erschien, interessiert gewesen sein. Dazu zählten neben Haubold auch Wilhelm Zietz oder Walter Julius Loew, die innerhalb der neuen Dienststelle Schlüsselpositionen bekleideten.

Hellmut Haubold (1905-1968)

Hellmut Haubold, geboren 1905 in Chemnitz,[137] gehörte zu jener Generation, die verhältnismäßig jung, aber gut ausgebildet in die Führungspositionen des NS-Staates aufrückte.[138] Diese „Kriegsjugendgeneration“[139], die selbst den Ersten Weltkrieg nicht als Frontsoldaten miterlebt hatte, war dennoch wesentlich von dieser „Urkatastrophe des Jahrhunderts“ geprägt. So auch Haubold, der sich schon sehr früh nationalistisch und revanchistisch positionierte. Sein Interesse galt dabei ab ovo dem „Grenz- und Auslandsdeutschtum“, was seinen weiteren beruflichen Werdegang maßgeblich bestimmen sollte. Bereits seit seiner Schulzeit beteiligte sich Haubold als „Wandervogel“[140] an sogenannten

SS-Personalhauptamt betr. Aufnahme Haubolds in die SS vom 2.11.1939 (BArch Berlin (ehem. BDC), SSO 69 A, Hellmut Haubold, 2.10.1905, unpag.); sowie Conti an Reichsarzt-SS (Grawitz) vom 27.12.1943 (ebd., unpag.).

136 Conti bezeichnete Haedenkamp ganz unverhohlen als „kalt“ und „zynisch“, was auf eine tiefsitzende persönliche Abneigung Contis gegenüber Haedenkamp schließen lässt. Vgl. Conti an Haedenkamp vom 2.1.1940 (BArch Berlin, R 1501/3802, unpag.). Siehe auch Pfletschinger, Hellmut Haubold, S. 104. Die Entfernung Haedenkamps war keine Ausnahme, vielmehr hatte die Verdrängung ehemaliger Anhänger Wagners durch seinen Nachfolger Conti Methode. Vgl. Süß, Volkskörper im Krieg, S. 63.

137 Haubold entstammte einem bürgerlichen Elternhaus. Sein Vater, Prof. Dr. Oberstudienrat Rudolf Haubold, war Schuldirektor, seine Mutter stammte aus einer Arztfamilie. Zur Biographie Haubolds vgl. Pfletschinger, Hellmut Haubold. Vgl. auch Immatrikulationsantrag der TH Dresden vom 28.10.1925 (Universitätsarchiv der TU Dresden [UA TUD], Studentenakten vor 1945, Nr. 4603).

138 Zu dieser „Kriegsjugendgeneration“ gehörten auch die meisten der EWZ-Ärzte und der RuS-Eignungsprüfer. Aus dieser Generation speiste sich im Wesentlichen die Funktionselite innerhalb des Umsiedlungsapparates und der beteiligten Dienststellen. Zu den RuS-Eignungsprüfern vgl. Heinemann, Rasseexperten, zum EWZ-Führungspersonal vgl. Strippel, NS-Volkstumspolitik, S. 189-195; zum RSHA vgl. Wildt, Generation des Unbedingten. Eine ausführliche Analyse der Personalstruktur der EWZ-Ärzte ist zu finden in Kap. IV.4.3.

139 Zum Begriff der Kriegsjugendgeneration vgl. Heinemann, Rasseexperten, S. 87.

140 Die „Wandervogelbewegung“ verband eine betont nationalistische Position mit lebensreformischen Ansätzen, einer romantischen Verklärung des Mittelalters und neuen Naturbezogenheit. Viele der Volkstumsforscher, die später auch im Rahmen der Umsiedlung tätig werden sollten, gehörten dieser Bewegung an, zum Beispiel Walter Kuhn. Vgl. Pinwinkler, Walter Kuhn; sowie Kap. II, Anm. 293.

„Grenzlandfahrten", die er auch während seines Studiums, nun als „Amtsleiter der Studentenschaft" der Technischen Hochschule Dresden, fortsetzte. 1925 hatte er zunächst ein Studium in der Hochbau-Abteilung aufgenommen, welches er allerdings 1927 abbrach.[141] Während dieser Zeit gehörte er der „Deutschen Gildenschaft", einer akademischen Sonderform der „Wandervogelbewegung", an und widmete sich intensiv der „Erforschung der deutschen und fremden Volkstumsfragen im Osten und Südosten". Wie seine Verhaftung in Rumänien wegen „staatsfeindlicher Handlungen" zeigt, agierte er jedoch nicht immer im Sinne des jeweiligen Gastlandes.[142] Aus dieser Zeit stammen verschiedene Veröffentlichungen über die Gottschee, Bosnien und die Batschka.[143] 1927 nahm Haubold ein Medizinstudium in Heidelberg auf, welches er 1931 in Freiburg i. Brsg., nach Studienaufenthalten in Düsseldorf, Leipzig und Paris, abschloss. Er wechselte anschließend an das pathologische Institut der Universität Freiburg, wo er auch seine Dissertation anfertigte.[144] Nach einem kurzen Intermezzo an der Medizinischen Poliklinik in Freiburg kehrte er 1932 als Stipendiat der „Notgemeinschaft der Deutschen Forschungsgemeinschaft" in die universitäre Forschung zurück.[145] Am Radiologischen Institut der Universität Freiburg profilierte er sich nicht nur wissenschaftlich, sondern auch politisch, vor allem in standespolitischen Fragen. 1933 wurde er in die Reichsleitung des NS-Studentenbundes berufen und mit der Leitung des Amtes „Arbeitsdienst" und später der des „Hauptamtes für politische Erziehung" betraut. Im Rahmen dieser Tätigkeiten hielt er an den Universitäten Freiburg und Karlsruhe Vorlesungen. In Schulungslagern des Nationalsozialistischen Deutschen Studentenbundes (NSDStB) referierte er über den Arbeitsdienst.[146] Sein politisches Engagement reichte allerdings über diese Tätigkeit hinaus: 1933 wurde er Mit-

141 Vgl. Studentenakte Haubolds der TH Dresden (UA TUD, Studentenakten vor 1945, Nr. 4603).

142 Vgl. handschriftlicher Lebenslauf Haubolds zum Personalfragebogen vom 1. 11. 1939 (BArch Berlin (ehem. BDC), SSO 69 A, Hellmut Haubold, 2. 10. 1905, unpag.); sowie Haubold an den Vorstand der Hochbau-Abteilung der TH Dresden vom 12. 12. 1926 (UA TUD, Studentenakten vor 1945, Nr. 4603, unpag.).

143 Das Deutschtum in der Gottschee. In: Deutscher Wille 5 (1925), S. 301 f.; Besuch in einer deutschen Kolonie Bosniens. In: Deutscher Wille 5 (1925), S. 233; Die Donauschwaben in der Batschka. In: Deutscher Wille 6 (1926), S. 73–75; Die deutschen Kolonien in Bosnien. In: Deutsche Tageszeitung vom 11. 9. 1927. Eine vollständige Bibliographie der Veröffentlichungen Haubolds ist zu finden in Pfletschinger, Hellmut Haubold, S. 278–287.

144 Das Thema der Dissertation lautete: „Über den Einfluss von bestrahltem Ergosterin auf Struktur und Verkalkung des Tuberkels bei der experimentellen Meerschweinchentuberkulose". Vgl. dazu und weiterführend Pfletschinger, Hellmut Haubold, S. 18.

145 Einer Karteikarte der „Notgemeinschaft" ist zu entnehmen, dass Haubold zum Thema „Quantitative Untersuchungen der Radiosensibilität tierischer und pflanzlicher Einzeller [in Abhängigkeit] vom Wassergehalt der Zelle" forschte. Die Förderung durch die „Notgemeinschaft" endete Ende November 1935. Vgl. Karteikarte der Notgemeinschaft (BArch Ludwigsburg, B 162/27898, Bl. 17).

146 Vgl. kurzer Lebenslauf Haubolds (BArch Berlin (ehem. BDC), RK I 224, Hellmut Haubold, 2. 10. 1905, unpag.). Vgl. weiterführend Pfletschinger, Hellmut Haubold, S. 16–22 und 31–40.

glied der NSDAP, des Nationalsozialistischen Deutschen Ärztebundes (NSDÄB) und der SS. Aus letzterer trat er 1934 wieder aus, da nach eigenen Angaben seine Tätigkeit im Amt „Arbeitsdienst" eine „regelmäßige Dienstleistung" in der SS unmöglich gemacht habe.[147]

In wissenschaftlicher Hinsicht widmete er sich der Erforschung von Krebserkrankungen in Frankreich. Aufgrund dieser Expertise wurde er im März 1935 als wissenschaftlicher Mitarbeiter in das Reichsgesundheitsamt berufen, wo er zunächst für das Referat „Krebs", später außerdem für das Referat „Internationales Gesundheitswesen" zuständig war. Im Zusammenhang mit seiner Tätigkeit im Referat „Internationales Gesundheitswesen" war er „ständiger Begleiter des deutschen Delegierten bei den Tagungen des Internationalen Gesundheitsamtes in Paris".[148] Seit März 1936 war er zudem auch nebenamtlich in der Auslandsabteilung der RÄK vordringlich mit volksdeutschen Fragen beschäftigt - nach eigenen Angaben galt er bald als „Verbindungsmann" zur neu etablierten Vomi - und stieg dort schließlich zum stellvertretenden Leiter auf.[149] Nach seinem Aufstieg zum Beauftragten des Reichsgesundheitsführers für die gesundheitliche Betreuung der volksdeutschen Umsiedler und der Ernennung zum Verbindungsmann der Vomi im Jahr 1939, übernahm er 1940 schließlich die Leitung der Auslandsabteilung der RÄK. Haubold vereinte in seiner Person nun die wesentlichen gesundheitspolitischen Kompetenzen innerhalb der Umsiedlungsaktionen.[150] Die Auslandsabteilung der RÄK, Dienstsitz Haubolds in allen seinen Funktionen, wurde somit zur Zentralstelle in allen gesundheitlichen Belangen der umzusiedelnden Volksdeutschen. Unter diese Belange fielen nicht nur umsiedlungsorganisatorische Aufgaben. Haubold widmete sich vielmehr auch wissenschaftlichen Fragestellungen, die sich im Rahmen der Umsiedlung ergaben. Er strengte beispielsweise Forschungen zu „biologischen und naturwissenschaftlichen Gesetzmässigkeiten bei der Umsiedlung und Aussiedlung grösserer Bevölkerungsgruppen" an, die, wie auch seine früheren Forschungen, von der Notgemeinschaft/DFG gefördert wurden. Im Jahr 1943 erhielt er beispielsweise eine Sachbeihilfe von 10 000 RM.[151]

147 Vgl. Personalfragebogen Haubolds vom 1. 11. 1939; sowie handschriftlicher Lebenslauf Haubolds zum Personalfragebogen vom 1. 11. 1939 (BArch Berlin (ehem. BDC), SSO 69 A, Hellmut Haubold, 2. 10. 1905, unpag.).

148 Kurzer Lebenslauf Haubolds (BArch Berlin (ehem. BDC), RK I 224, Hellmut Haubold, 2. 10. 1905, unpag.). Vgl. weiterführend Pfletschinger, Hellmut Haubold, S. 82–95.

149 Vgl. kurzer Lebenslauf Haubolds (BArch Berlin (ehem. BDC), RK I 224, Hellmut Haubold, 2. 10. 1905, unpag.); sowie Gedächtnisprotokoll Haubolds vom 31. 10. 1939 (BArch Berlin, R 1501/3802, unpag.).

150 Laut Pfletschinger war Haubold zudem Leiter der Abteilung „Auslandsarbeit" im Hauptamt für Volksgesundheit der NSDAP. Außer einem Manuskript einer Rede, die Haubold auf der Kriegstagung des Hauptamtes für Volksgesundheit in München 1942 hielt und dort als „Leiter der Auslandsabteilung" erschien, geben die vorliegenden Quellen jedoch keinen weiteren Anhaltspunkt für diese Tätigkeit Haubolds. Vgl. Redemanuskript Haubolds (BArch Berlin, R 1501/3792, unpag.); Begleitschreiben an die Verbindungsstelle des Reichsgesundheitsführers vom 23. 5. 1942 (ebd., unpag.); sowie Pfletschinger, Hellmut Haubold, S. 181 - 187.

151 Karteikarte der Auslandsabteilung der RÄK (BArch Ludwigsburg, B 162/27898, Bl. 17).

Über seine Tätigkeiten in der Auslandsabteilung der RÄK hinaus war Haubold auch in der Sanitätsabteilung des SS-Hauptamtes aktiv. Mit seinem (Wieder-)Eintritt in die SS zum 1. November 1939 war er auf Contis Wunsch hin nämlich nicht nur direkt zum SS-Untersturmführer, sondern zugleich auch zum SS-Führer in der Sanitätsabteilung des SS-Hauptamtes ernannt worden.[152] Folge dieser Involvierung in den SS-Apparat war die Teilnahme Haubolds am Balkanfeldzug und am Krieg gegen die Sowjetunion als „Leitender Arzt" innerhalb der „Gruppe Künsberg". Während des Russlandfeldzuges stieg er innerhalb kürzester Zeit zum Leiter des Einsatzkommandos Nord der Gruppe Künsberg auf.[153] Nachfolgend wurde ihm die Leitung der Sanitätsstaffel übertragen.[154] 1943 endete mit der Auflösung der Gruppe Künsberg auch die Kommandierung Haubolds. Er wurde fortan der Sanitätsabteilung des SS-Führungshauptamtes, Amtsgruppe D, bei gleichzeitiger Kommandierung zur Auslandsabteilung der RÄK, unterstellt.[155] Der Auslandsabteilung der RÄK oblag zu diesem Zeitpunkt, neben der Organisation der Umsiedlungen/Evakuierungen aus der Sowjetunion, übrigens ein weiteres, für den nationalsozialistischen Staat prestigeträchtiges und propagandistisch extensiv instrumentalisiertes Projekt: die Untersuchung der Massenverbrechen von Katyn. Die Aufgabe der Auslandsabteilung der RÄK war es dabei, die Arbeit der internationalen Ärztekommission, die im April 1943 die Verbrechen aus gerichtsmedizinischer Perspektive untersuchte, vorzubereiten, zu begleiten und die ausländischen Gastwissenschaftler zu betreuen.[156]

Trotz dieser Ämterakkumulation und der vielfältigen Einsatzfelder erfüllte Haubold seine Aufgaben anscheinend zur vollsten Zufriedenheit. Bereits am 20. April 1940 wurde er zum SS-Hauptsturmführer befördert und zum Reserve-

152 Vgl. Ernennungsvermerk vom 1. 11. 1939 (BArch Berlin (ehem. BDC), RS C 92, Hellmut Haubold, 2. 10. 1905, unpag.); sowie Schreiben des Korpsarztes der bewaffneten SS und Polizei an das SS-Personalhauptamt betr. Aufnahme Haubolds in die SS vom 2. 11. 1939 (BArch Berlin (ehem. BDC), SSO 69 A, Hellmut Haubold, 2. 10. 1905, unpag.).

153 Beförderungsvorschlag vom 12. 8. 1942 (ebd., unpag.). Die „Gruppe Künsberg" war, zunächst unter Leitung des Auswärtigen Amtes, ab dem 1. 8. 1942 unter der der Waffen-SS, maßgeblich am Kunstraub in den besetzten Ländern beteiligt. Für seine Tätigkeit im Rahmen dieser Gruppe erhielt Haubold das „Eiserne Kreuz II. Klasse". Weiterführend Pfletschinger, Hellmut Haubold, S. 188–199.

154 Vgl. ebd., S. 198.

155 Vgl. SS-Karteikarte Haubolds (BArch Berlin (ehem. BDC), SSO 69 A, Hellmut Haubold, 2. 10. 1905, unpag.). Vgl. weiter Pfletschinger, Hellmut Haubold, S. 199.

156 Auf Einladung Contis nahm zwischen dem 28.-30. 4. 1943 eine Kommission von 12 namhaften internationalen Wissenschaftlern unter der Leitung des Breslauer Gerichtsmediziners Gerhard Buhtz gerichtsmedizinische Untersuchungen in Katyn vor. Am 4. 5. 1943 wurde der Untersuchungsbericht Conti vorgelegt. Vgl. Amtliches Material zum Massenmord von Katyn. Hg. von der Deutschen Informationsstelle, Berlin 1943. Vgl. auch Wilhelm Zietz, Ein erschütterndes Dokument. Das Protokoll führender europäischer Gerichtsmediziner über den Massenmord im Walde von Katyn. In: Deutsches Ärzteblatt, 73 (1943), S. 138–140; sowie Pfletschinger, Hellmut Haubold, S. 108, Anm. 630 und weiterführend zum Beispiel Czesław Madajczyk, Das Drama von Katyn, Berlin 1991.

führer der Waffen-SS ernannt.[157] 1942 erfolgte die Beförderung zum SS-Sturmbannführer mit der Begründung, Haubold habe „als Beauftragter des Reichsgesundheitsführers für die gesundheitliche Betreuung der volksdeutschen Rückwanderer [Umsiedler] hervorragende organisatorische Fähigkeiten gezeigt" und auch als leitender Arzt der Gruppe Künsberg habe er sich „besonders ausgezeichnet".[158] 1943 forcierte Conti die Beförderung Haubolds zum Obersturmbannführer mit der Begründung, dass der „Gesundheitsdienst bei der Umsiedlung [...] ein äußerst umfangreiches Gebiet" sei, auf dem Haubold, dem mittlerweile der Professortitel verliehen worden war,[159] „große Erfolge" erzielt habe.[160] Als die eingeforderte Ernennung zum Obersturmbannführer im April des Jahres 1944 noch immer nicht erfolgt war, sah sich Conti veranlasst, nochmals zu insistieren, um bei Ernst Grawitz[161] die „verdiente Beförderung" eines „besonders bewährten, tüchtigen und SS-Führer" zu erwirken, die schließlich am 20. April 1944 auch erfolgte.[162]

Unter ähnlicher Patronage Contis stand ein weiterer hochrangiger Mitarbeiter Haubolds in der Auslandsabteilung der RÄK - Wilhelm Zietz.

157 Ernennungsvermerk vom 20.4.1940 (BArch Berlin (ehem. BDC), SSO 69 A, Hellmut Haubold, 2.10.1905, unpag.). Die Beförderung wurde allerdings später auf den 20.12.1940 abgeändert, da erst zu diesem Zeitpunkt die endgültige Freigabe durch die Wehrmacht erfolgt war. Vgl. Chef des SS-Personalhauptamtes an SS-Führungshauptamt vom 16.6.1942 (ebd., unpag.). Vgl. auch Pfletschinger, Hellmut Haubold, S. 190.

158 Beförderungsvorschlag vom 12.8.1942 (BArch Berlin (ehem. BDC), SSO 69 A, Hellmut Haubold, 2.10.1905, unpag.).

159 Der Professorentitel wurde Haubold von Hitler 1943 verliehen. Das genaue Datum ist unbekannt. Vgl. Pfletschinger, Hellmut Haubold, S. 30.

160 Conti an Grawitz, Reichsarzt-SS, vom 27.12.1943 (BArch Berlin (ehem. BDC), SSO 69 A, Hellmut Haubold, 2.10.1905, unpag.).

161 Ernst Robert Grawitz (1899–1945) war Facharzt für Innere Medizin, Mitglied im Beirat der RÄK und ab 1937 stellvertretender Präsident des DRK. Zugleich war er ab 1935 als „Reichsarzt SS" ranghöchster Mediziner innerhalb der SS-Hierarchie und Himmler direkt unterstellt. Er übte damit die Aufsicht über alle SS-Ärzte und Einrichtungen aus, darunter auch die EWZ-Ärzte. 1940 wurde er zum Sanitätsinspekteur der Waffen-SS ernannt, 1942 zum „Reichsarzt SS und Polizei." Vgl. weiterführend Judith Hahn, Grawitz, Genzken, Gebhardt. Drei Karrieren im Sanitätsdienst der SS, Münster 2008.

162 Conti an Grawitz, Reichsarzt SS, betr. Beförderung Haubold vom 15.4.1944 (BArch Berlin (ehem. BDC), SSO 69 A, Hellmut Haubold, unpag.); sowie Ernennungsvermerk vom 28.6.1944 (ebd., unpag.). Gegen Haubold wurde nach 1945 ein Entnazifizierungsverfahren angestrengt, in dessen Rahmen er bis 1947 in einem Lager in Regensburg interniert war. Im Rahmen des Verfahrens kann Haubold jedoch nur als „minderbelastet" eingestuft worden sein, denn 1948 nahm er seine ärztliche Tätigkeit in einem Münchener Krankenhaus wieder auf. Fortan beschäftigte er sich vorwiegend mit dem Zusammenhang zwischen Vitamin A-Mangel und Kropfentstehung. 1950 wurde er Vizepräsident der Forschungsstelle für Mangelkrankheiten der Deutschen Gesellschaft für Ernährungsbiologie, 1956 Mitglied des Hauptausschusses der Deutschen Gesellschaft für Ästhetische Medizin und Grenzgebiete. Vgl. weiter Pfletschinger, Hellmut Haubold.

Wilhelm Zietz (1897-1969)

Wie auch Haubold stammte der in Holstein geborene Wilhelm Zietz aus bürgerlichen Verhältnissen und bewegte sich nach dem Ersten Weltkrieg, an dem er anders als Haubold als Sanitäter aktiv teilgenommen hatte, in nationalistisch-völkischen Kreisen. So engagierte er sich während seines Studiums der Germanistik, Geschichte und Volkswirtschaft in Berlin und Erlangen beispielsweise im Deutschen Hochschulring, dem er zeitweilig sogar vorstand, und betätigte sich in der „Grenzlandarbeit". 1924 bis 1930 gehörte er dem Freikorps „Bund Oberland" an. 1930 bis 1939 war er Schuldirektor der Dithmarschen Landesschule in Lunden/Holstein und setzte auch dort seine „grenzpolitische" Arbeit fort, unter anderem als Redner für den VDA. In die NSDAP trat er am 1. Mai 1933 ein, 1934 in die SA. Außerdem war er im Reichsbund deutscher Beamter organisiert.[163]

Mit der Ernennung Contis zum Reichsgesundheitsführer 1939 eröffneten sich für den Schuldirektor, den mit Conti, aber auch mit Werner Best, eine gemeinsame „völkische" Studentenarbeit verband, beruflich völlig neue Möglichkeiten.[164] Conti berief ihn 1939, nicht zuletzt aufgrund seines langjährigen „grenzpolitischen" Aktivismus in die Auslandsabteilung der RÄK, wo er schon bald zum Stellvertreter Haubolds avancierte. Er übernahm dort die Abteilung „Nordische Länder" und leitete in Personalunion das Referat 6 „Heime und Heilstätten" innerhalb der in der Auslandsabteilung der RÄK angesiedelten Dienststelle des Beauftragten des RGF.[165] Ihm oblag damit die Koordinierung der Unterbringung alter und kranker Umsiedler. Er trat beispielsweise als Verhandlungsführer des Beauftragten des RGF im Kontext der Räumung der Neuendettelsauer Anstalten und der späteren Unterbringung der Südtiroler auf und stand dabei in direkter Verbindung zur Abteilung „Soziale Betreuung" bei der Dienststelle des RKF und Conti.[166] Auch zu den einzelnen Heilanstalten und deren Aufsichtsbehörden - den Innenministerien der Länder - unterhielt er entsprechende Kontakte, war somit über Verlegungen informiert beziehungs-

163 Vgl. Personalfragebogen Wilhelm Zietz vom 30.1.1940 (BArch Berlin (ehem. BDC), SSO 22 C, Wilhelm Zietz, 20.6.1897, unpag.); SS-Karteikarte (ebd., unpag.); sowie undatierter Lebenslauf (ebd., unpag.). Vgl. auch Pfletschinger, Hellmut Haubold, S. 109-111.

164 Vgl. Antrag Zietz' auf Aufnahme in die SS vom 18.11.1939 (BArch Berlin (ehem. BDC), SSO 22 C, Wilhelm Zietz, 20.6.1897, unpag.).

165 Vgl. Beurteilung Wilhelm Zietz durch den Reichsgesundheitsführer Conti, o. D. (1944) (ebd., unpag.). Vgl. auch Übersicht über die Referate des Beauftragten in: Dienstanweisung für die gesundheitliche Betreuung volksdeutscher Umsiedler während ihres Aufenthaltes in Lagern. Hg. vom Beauftragten des Reichsgesundheitsführers für die gesundheitliche Betreuung der volksdeutschen Umsiedler, Berlin 1940.

166 Vgl. Zietz an Dr. Lammermann, Dienststelle RKF, betr. Bericht über die Anstalten in Neuendettelsau vom 12.5.1941 (BayHStA, MInn 79998, unpag.).

weise veranlasste diese und galt als zentrale Anlaufstelle für alle Fragen, volksdeutsche Patienten betreffend.[167]

Daneben war Zietz, wie auch Haubold, von Conti mit der Vorbereitung und Begleitung der Untersuchung der Verbrechen von Katyn durch eine internationale Ärztekommission betraut worden und war zu diesem Zweck anscheinend auch selbst vor Ort gewesen.[168]

Ähnlich wie Haubold genoss Zietz die Wertschätzung Contis, die beiden einen schnellen Aufstieg innerhalb der Auslandsabteilung der RÄK ermöglichte und die Übertragung durchaus brisanter Aufgabenfelder erklärt. Da es sich beim Hauptaufgabenfeld „Umsiedlung" um ein SS-dominiertes Projekt handelte, wurde ein entsprechendes Bekenntnis zur SS erwartet und von Conti unterstützt.[169] Wie auch Haubold trat Zietz erst im Kontext seiner Tätigkeit in der Dienststelle des Beauftragten des RGF in die SS ein, bei gleichzeitiger Ernennung zum Untersturmführer. 1944 wurde er, nach Fürsprache Contis, zum Sturmbannführer befördert.[170]

Dass vor allem persönliche Beziehungen und gewisse volkstumspolitische Referenzen als maßgebliche Rekrutierungsmechanismen innerhalb der Dienststelle Haubolds wirkten, lässt sich auch an einem weiteren Beispiel illustrieren, welches auch im Hinblick auf die deutsche Volksgruppe in Rumänien außerordentlich aufschlussreich ist: Walter Julius Loew.

167 So wandte sich beispielsweise die Landesanstalt Arnsdorf, die baltendeutsche Psychiatriepatienten aufgenommen hatte, bezüglich der Ausstattung dieser Patienten mit Kleidungsstücken an Zietz. Vgl. diesbezügliche Korrespondenz zwischen Zietz und der LA Arnsdorf (Sächsisches Hauptstaatsarchiv Dresden [SächsHStA Dresden], 10736, 16816).

168 Vgl. Pfletschinger, Hellmut Haubold, S. 108 f. Pfletschinger zitiert hier einen Bericht eines Reiner O. (Olzscha), der vermutlich im Zusammenhang mit der Entnazifizierung entstanden ist. Weitere Belege werden nicht erbracht, wobei es durchaus wahrscheinlich ist, das Zietz, der mit der Organisation der Reise befasst war, quasi als Betreuer der Ärztekommission mit nach Katyn reiste.

169 Vgl. Conti, RGF, an SS-Obergruppenführer Heißmeyer, betr. Zietz vom 24.11.1939 (BArch Berlin (ehem. BDC), SSO 22 C, Wilhelm Zietz, 20.6.1897, unpag.).

170 Nach dem Krieg wurde Zietz wie auch Haubold zunächst interniert. Ob ein Entnazifizierungsverfahren angestrengt wurde, ist unbekannt. 1951 übernahm er die Leitung der Volkshochschule in Wesselburen. Er war Mitglied im „Freideutschen Kreis Schleswig-Holstein" und bekleidete verschiedene Ehrenämter, von denen er 1965 aufgrund seiner wenig distanzierten Haltung zu rassistischen und antisemitischen Ideen auf Druck der Presse zurücktreten musste. Vgl. dazu Eintrag zu Wilhelm Zietz im Lexikon der Jugendbewegung (http://www.lexikon-jugendbewegung.de/index.php/Wilhelm_Zietz; 31.5.2011). Zur Beförderung innerhalb der SS vgl. SS-Karteikarte von Wilhelm Zietz (BArch Berlin (ehem. BDC), SSO 22 C, Wilhelm Zietz, 20.6.1897, unpag.); Conti, RGF, an Chef des SS-Hauptamtes, betr. Beförderung des SS-Hstuf. Wilhelm Zietz vom 18.1.1944 (ebd., unpag.); sowie Conti, RGF, an SS-Personalhauptamt vom 31.7.1944 (ebd., unpag.).

Walter Julius Loew (1910–1991?)

Walter Julius Loew gehörte zu jenen Umsiedlungsexperten und -funktionären, die selbst aus den Umsiedlungsgebieten stammten und vor allem aufgrund Ihrer speziellen Kenntnisse der Volksgruppenverhältnisse mit Umsiedlungsaufgaben betraut wurden.[171] Bei Loew spielte darüber hinaus aber auch seine rassenhygienische Expertise eine Rolle. Diese hatte der 1910 im siebenbürgischen Hermannstadt geborene Loew im Rahmen seines Medizinstudiums, welches er 1928 zunächst in Kiel aufnahm, dann in Klausenburg/Siebenbürgen fortsetzte, erworben.[172] Nach eigenen Angaben galt sein Interesse dabei bereits seit der Schulzeit in erster Linie der Rassenkunde und Vererbungslehre. Als Student in Klausenburg – einem Zentrum der rassenhygienischen Bewegung in Rumänien[173] – widmete er sich Fragen der Rassenhygiene, Rassenkunde, Vererbungslehre und Bevölkerungspolitik. Er trug diese Fragen in die medizinische Fachschaft der Ortsgruppe der deutschen Studenten in Klausenburg, deren Leitung er zeitweise auch übernahm. 1934 vertiefte er seine rassenhygienischen Kenntnisse im Rahmen einer „rassekundlichen Schulungswoche" in Kronstadt, die unter der Leitung von Albert Hermann stand, der auf „Anregung" des KWI für Anthropologie, menschliche Erblehre und Eugenik seit 1932 rassekundliche Erhebungen durchführte.[174] Neben diesem ausgewiesenen rassenhygienischen Interesse standen nicht weniger engagierte nationalsozialistisch-völkische Aktivitäten. So war Loew seit 1924 Mitglied des Hermannstädter „Wandervogels" und stieg innerhalb der „Wandervogelbewegung" bis zum „Jungenschaftsführer" und „Gauführer für Siebenbürgen" im „Südostdeutschen Wandervogel" auf.[175] Er

171 So waren bereits während des Abtransportes aus den Heimatländern zum Beispiel volksdeutsche Ärzte mit der Transportbegleitung betraut worden, andere wurden „Volkstumssachverständige" der EWZ, wieder andere beteiligten sich an der Ansiedlung, beispielweise Dr. Hermann Schlau, der in Posen für die Vermittlung baltendeutscher Ärzte in entsprechende Stellen zuständig war.

172 Vgl. handschriftlicher Lebenslauf Loews vom 18.9.1938 (ThHStA Weimar, Personalakte aus dem Bereich Inneres Nr. 1888, Bl. 5–7). Zur Biografie Loews vgl. auch Pfletschinger, Hellmut Haubold, S. 114–119.

173 Die rassenhygienische Bewegung war innerhalb der deutschen Volksgruppe in Rumänien in Siebenbürgen besonders stark. Klausenburg war zudem das Zentrum der rumänischen eugenischen Forschung und u. a. Sitz des Hygienischen und Sozialhygienischen Instituts unter Juliu Moldovan, welches eine separate Abteilung für „Biopolitik und Eugenik" unterhielt. Vgl. dazu Kap. II.2.1.

174 Gegenstand der Schulung, die unabhängig von den ärztlichen Fortbildungskursen des Bundes deutscher Ärzte in Rumänien stattfand, war u. a. die Durchführung „rassenkundlicher Messungen". Albert Hermann dürfte hier vor allem die im KWI üblichen Methoden, in die er während eines Aufenthaltes in Berlin eingeführt worden war und die er selbst seit 1932 anwendete, erläutert haben. Inwieweit die Medizinstudenten nachfolgend in seine Erhebungen eingebunden wurden, konnte nicht in Erfahrung gebracht werden. Vgl. handschriftlicher Lebenslauf Loews vom 18.9.1938 (ThHStA Weimar, Personalakte aus dem Bereich Inneres Nr. 1888, Bl. 5–7, hier 7). Zu Hermann vgl. Kap. II.2.2.

175 Die „Wandervogelbewegung" in Rumänien hatte ihre Wurzeln in der österreich-ungarischen „Wandervogelbewegung". Bereits vor dem ersten Weltkrieg existierte beispiels-

hatte sich nach eigenen Angaben maßgeblich am Aufbau der „Wandervogel"-Lager beteiligt und war darüber hinaus auch als „Lagerführer" tätig.[176] Auch in der „Jugendarbeit" der nationalsozialistischen Selbsthilfe-Bewegung, der er seit 1931 angehörte, nahm er eine Führungsrolle ein. Ausgehend von seinem Engagement innerhalb der „Wandervogelbewegung", die 1932 der „Selbsthilfe" „angeschlossen" wurde, war er als einer von 19 Beauftragten mit der Aufstellung der „Selbsthilfe-Arbeitsmannschaft", der „Kampftruppe [der] nationalsozialistischen Bewegung" in Rumänien, betraut.[177] 1937 stellte er sich schließlich hauptamtlich als Geschäftsführer im Landesjugendamt, später als Stellvertreter des Landesjugendführers, in den Dienst der „Bewegung".[178] Daneben war er innerhalb der deutschen Studentenschaft zum „Obmann der deutschen Hochschülerschaft in Rumänien" avanciert.[179] Sein besonderes Interesse galt dabei nach wie vor der Rassenhygiene. Noch 1938 gab er an, nach Abschluss seiner Ausbildung innerhalb der Volksgruppe auf dem „Gebiet der Rassenhygiene"

weise der in Hermannstadt ansässige „Siebenbürgische Wandervogel". Nach 1918, mit der Abtretung Siebenbürgens, der Bukowina und des Banats an Rumänien, bestanden die bereits existierenden Gruppen fort und neue wurden gegründet, so dass in den 1920er Jahren in den meisten größeren Städten Siebenbürgens, der Bukowina und des Banats „Wandervogelgruppen" nachweisbar sind. 1929 wurde der „Südostdeutsche Wandervogel" als ein die einzelnen Gruppen umfassender Verband von Alfred Bonfert gegründet, 1932 der „Nationalsozialistischen Selbsthilfebewegung der Deutschen in Rumänien" (NSDR) unter Fritz Fabritius angeschlossen und bildete nachfolgend die „Jungmannschaft" der NSDR. Aus dem „Wandervogel" rekrutierte sich die „Selbsthilfe-Arbeitsmannschaft", eine „Kampftruppe für die völkische Erneuerung" (Böhm). Der „Südostdeutsche Wandervogel" war wie auch die übrigen Untergruppen inhaltlich stark an den reichsdeutschen Gruppen angelehnt, mit denen durch verschiedene Fahrten und Lager ein intensiver Austausch gepflegt wurde. Vgl. Böhm, nationalsozialistische Indoktrination, S. 42 und 74; sowie die allerdings in Teilen unkritische Darstellung von Gerhard Albrich/Hans Christ/Hans Wolfram Hockl, Deutsche Jugendbewegung im Südosten, Bielefeld 1969. Zu Bonfert vgl. auch Stefan Breuer/Ina Schmidt, Die Kommenden. Eine Zeitschrift der Bündischen Jugend (1926–1933), Schwalbach 2010, S. 316.

176 Die Arbeitsdienstlager wurden in Rumänien von der „Wandervogelbewegung" initiiert. Zweck der Lager war nach Bonfert „Erziehung des jungen Menschen zur Einordnung in eine Lebensgemeinschaft", „Vermittlung der Erlebnisse der Volksgemeinschaft" und der „Dienst am Volksboden und Schaffung von Werten für die Allgemeinheit". Loew hatte 1932 am „ersten großen Arbeitslager Henndorf", innerhalb dessen er sogar zum Lagerarzt ernannt worden war, teilgenommen. In den Folgejahren wurde er mit der Führung verschiedener Lager betraut. Vgl. handschriftlicher Lebenslauf Loews vom 18.9.1938 (ThHStA Weimar, Personalakte aus dem Bereich Inneres Nr. 1888, Bl. 5–7); sowie Albrich/Christ/Hockl, Deutsche Jugendbewegung, S. 73–95, hier 74 und 83.

177 In allen größeren Orten Rumäniens sollten derartige „Kampftruppen" aufgestellt werden, die sich zum Teil aus den örtlichen „Wandervogelgruppen" rekrutierten. Zur Rolle Loews vgl. handschriftlicher Lebenslauf Loews vom 18.9.1938 (ThHStA Weimar, Personalakte aus dem Bereich Inneres Nr. 1888, Bl. 5–7); sowie Befürwortung Loews durch Fritz Fabritius vom 8.1.1939 (ebd., Bl. 12).

178 Vgl. handschriftlicher Lebenslauf Loews vom 18.9.1938 (ThHStA Weimar, Personalakte aus dem Bereich Inneres Nr. 1888, Bl. 5–7); Personalbogen des Thüringischen Landesamtes für Rassewesen (ebd., Bl. 2); sowie Dienstzeugnis des Jugendführers der Volksgemeinschaft der Deutschen in Rumänien vom 21.3.1939 (ebd., Bl. 28).

179 Vgl. handschriftlicher Lebenslauf Loews vom 18.9.1938 (ebd., Bl. 5–7, hier 6).

arbeiten zu wollen.[180] Tatsächlich wurde er noch im selben Jahr auf besagtem Gebiet tätig, allerdings nicht in Rumänien, sondern im Deutschen Reich: im thüringischen Landesamt für Rassewesen in Weimar.[181] Zu seinen Aufgaben als wissenschaftlicher Sachbearbeiter gehörten dort die „erbbiologische Durchsicht" der Sippschaftstafeln und der Akten der Erbgesundheits- und Erbgesundheitsobergerichte Thüringens, die Anfertigung entsprechender Exzerpte, die „Überprüfung" von Einbürgerungsanträgen und Fällen, die unter das „Ehegesundheits- und Blutschutzgesetz" fielen sowie die „erbbiologische Beratung".[182] Er beschäftigte sich demzufolge mit zentralen Aufgaben der NS-„Erbgesundheitspolitik", ohne damit jedoch die Verbindung zu seinem Herkunftsgebiet vollständig zu lösen. Vielmehr war diese Verbindung sowohl seitens des Landesamtes für Rassewesen, namentlich Karl Astel,[183] als auch vom Bund deutscher Ärzte in Rumänien erwünscht. Astel verband mit der Anstellung Loews dabei unter

180 Vgl. ebd., Bl. 7.

181 Das thüringische Landesamt für Rassewesen wurde bereits 1933 gegründet und diente zunächst Schulungszwecken. Schon bald wurde das Herzstück des Landesamtes für Rassewesen jedoch die erb-, kriminal- und rassenbiologische Erfassung, in deren Rahmen umfangreiche Karteien angelegt und vom Leiter des Amtes, Karl Astel, Gutachten verfasst wurden. Das Landesamt war durch derartige Gutachten direkt in die Umsetzung der Sterilisationspolitik und der Rassenpolitik („Ariernachweis") involviert. Darüber hinaus erstellte Astel auch Gutachten für Einbürgerungs- und Adoptionsverfahren. Loew wurde im Landesamt für Rassenwesen zunächst von Dezember 1938 bis Februar 1939 als Volontär, anschließend als wissenschaftlicher Sachbearbeiter beschäftigt. Vgl. Personalbogen des thüringischen Landesamtes für Rassewesen vom 24.2.1939 (ThHStA Weimar, Personalakte aus dem Bereich Inneres Nr. 1888, Bl. 2f.). Vgl. weiter Antonio Peter, Das Thüringische Landesamt für Rassewesen. In: Detlev Heiden (Hg.), Nationalsozialismus in Thüringen, Köln 1995, S. 313–332. Siehe auch Paul Weindling, „Mustergau" Thüringen. Rassenhygiene zwischen Ideologie und Machtpolitik. In: Norbert Frei (Hg.), Medizin und Gesundheitspolitik in der NS-Zeit, München 1991, S. 81–97.

182 Vgl. Personalbogen des thüringischen Landesamtes für Rassewesen vom 24.2.1939 (ThHStA Weimar, Personalakte aus dem Bereich Inneres Nr. 1888, Bl. 2 f., hier 2).

183 Karl Astel (1898–1945) hatte aktiv am Ersten Weltkrieg teilgenommen und 1919 dem berüchtigten „Freikorps Epp" angehört. Parallel dazu war er auch in der „Wandervogelbewegung" aktiv. Er studierte in Würzburg und München Medizin. Nach Abschluss seines Studiums 1925 war er bis 1933 Leiter der Münchener Sportärztlichen Untersuchungs- und Beratungsstelle der Universität und TH. Als Mitglied der Münchner Gesellschaft für Rassenhygiene pflegte er gute Kontakte zu Rüdin und Lenz. 1930 trat er in die NSDAP ein, später in den NS-Ärztebund. 1932 wurde er, nachdem er an der Reichsführerschule der SA erb- und rassenbiologische Schulungen durchgeführt hatte, Sachbearbeiter im RuSHA. Mit der Gründung des Landesamtes für Rassewesen in Weimar wurde Astel zu dessen Leiter ernannt. 1934 erfolgte seine Berufung zum Professor der Universität Jena, seine wissenschaftliche Tätigkeit war und blieb jedoch marginal, dennoch wurde er 1939 zum Rektor ernannt. Sein Einfluss auf die thüringische Gesundheitspolitik weitete sich stetig aus, nicht zuletzt aufgrund seiner guten parteipolitischen Verbindungen. Durch gezielte Ämterakkumulation stieg er zur zentralen Figur der Gesundheits- und Bevölkerungspolitik in Thüringen auf. Über Thüringen hinaus erlangte er vor allem durch seine „Sippschaftstafel", die vielfältige Anwendung fand, Bekanntheit. Vgl. Peter, Landesamt für Rassewesen; Weindling, Mustergau Thüringen; sowie Hans-Christian Harten/Uwe Neirich/Matthias Schwerendt (Hg.), Rassenhygiene als Erziehungsideologie. Bio-bibliographisches Handbuch, Berlin 2006, S. 305–313.

anderem die Möglichkeit, „die Ergebnisse seiner Arbeit auch dem deutschen Volkstum im Ausland zugänglich zu machen“[184] und somit den rassenhygienischen Wissenstransfer zu fördern. Daran war auch der „Bund deutscher Ärzte“ in Rumänien interessiert, der sich für die ärztliche Zulassung Loews im Deutschen Reich einsetzte.[185] Diese Konstellation, innerhalb derer Loew quasi als personifizierte rassenhygienische Transferkomponente betrachtet wurde, weckte auch andernorts Begehrlichkeiten, nämlich bei Hellmut Haubold. Dabei war es nicht allein Loews volkstumspolitisch-rassenhygienischer Aktivismus und seine diesbezügliche Expertise, die ihn aus der Perspektive Haubolds als besonders geeignet für die Arbeit in der Dienststelle des Beauftragten des RGF erscheinen ließ, sondern noch ein anderer Aspekt seiner Biographie: seine sanitätsärztliche Ausbildung im rumänischen Heer. Während seines Militärdienstes 1936/37 hatte er sich nämlich unter anderem mit der Bekämpfung von Flecktyphus/Fleckfieber in Bessarabien befasst - ein für die Umsiedlungsaktionen nicht unwesentlicher Aspekt[186] - und zeitweise die Vertretung eines bessarabischen Kreisarztes übernommen.[187] Vor diesem Hintergrund überrascht es nicht, wenn Haubold, der Loew zudem persönlich gut kannte und als „ausserordentlich zuverlässig, fähig und selbstständig“[188] charakterisierte, diesen zu seinem Mitarbeiterstab zählen wollte. Haubold setzte sich schließlich Anfang November 1939 bei Karl Astel für eine Beurlaubung Loews ein, mit der Begründung, dass für die anstehende Umsiedlung der Volksdeutschen aus Wolhynien und Galizien dringend „eine Anzahl jüngerer fähiger Ärzte notwendig [sei], die volksdeutsche Erfahrung haben und mit Russlanddeutschen umzugehen verstehen“ würden.[189] Loew, mit seiner Erfahrung als Militärarzt in Bessarabien, sei für die in Vorbereitung befindliche Umsiedlungsaktion als „Fachkenner“ „unentbehrlich wichtig“, habe er doch in Bessarabien das „ehemalige

184 Staatssekretär und Leiter des Thüringischen Ministeriums des Innern an RMdI, betr. Walter Loew vom 25.3.1939 (ThHStA Weimar, Personalakte aus dem Bereich Inneres Nr. 1888, Bl. 21).

185 Vgl. ebd.

186 Bei den Umsiedlungsgebieten Wolhynien, Galizien und Narewgebiet handelte es sich um „das klassische Fleckfiebergebiet Osteuropas“. Die Gefahr einer Fleckfieberepidemie unter den Umsiedlern und die „Einschleppung“ ins Reichsgebiet war, auch angesichts der Jahreszeit, bei dieser Umsiedlung nach Einschätzung des Leitenden Hygienikers Gerhard Rose deshalb besonders hoch und erforderte nicht nur umfangreiche hygienische Maßnahmen, wie beispielsweise die prophylaktische Entlausung aller Umsiedler, sondern auch einen umfangreichen Personalstamm. Loew dürfte deshalb aufgrund seiner Erfahrungen mit Fleckfieber als außerordentlich geeignet erschienen sein. Vgl. Gerhard Rose, Fleckfieberfragen bei der Umsiedlung der Volksdeutschen aus dem Ostraum 1939/40. In: Deutsche Medizinische Wochenschrift, 67 (1941), S. 1262-1265.

187 Loew war nach eigenen Angaben Leiter einer „militärischen Entlausungsgruppe“, bevor er die Vertretung des Kreisarztes übernahm. Vgl. handschriftlicher Lebenslauf Loews vom 18.9.1938 (ThHStA Weimar, Personalakte aus dem Bereich Inneres Nr. 1888, Bl. 5-7, hier 6).

188 Haubold, RÄK, an Astel vom 8.11.1939 (ThHStA Weimar, Personalakte aus dem Bereich Inneres Nr. 1888, Bl. 42).

189 Ebd.

Russlanddeutschtum", wie es auch in Wolhynien zu finden sei, kennen gelernt.[190] Loew wurde noch im November 1939 notdienstverpflichtet und wechselte in den Stab des Beauftragten des RGF.[191] Dort übernahm er während der Umsiedlungen aus Wolhynien und Galizien die ärztliche Leitung der Transporte.[192] Nach dem Abschluss der Umsiedlungsaktion wurde er nach einer kurzzeitigen Rückkehr ins Landesamt für Rassewesen im Juli 1940 Referent in der Auslandsabteilung der RÄK beziehungsweise beim Beauftragten des RGF sowie Verbindungsmann der RÄK und des Beauftragten des RGF bei der Vomi. Spätestens ab 1943 leitete Loew in seiner Funktion als Verbindungsmann bei der Vomi auch die Abteilung „Gesundheitswesen" im Amt II des Hauptamtes Vomi.[193] Zu seinen Aufgaben gehörte dort laut eines Geschäftsverteilungsplanes aus dem Jahr 1944[194] vor allem die Unterstützung der noch in ihren Heimatgebieten verbliebenen Volksdeutschen auf medizinischem Gebiet, beispielsweise durch die „Planung, Leitung der Ämter für Volksgesundheit, Bereitstellung von Fachkräften", die Unterstützung volksdeutscher Krankenhäuser, das Ergreifen von Vorbeugungsmaßnahmen gegen Seuchen oder die Versorgung der dortigen Ärzte mit Fachzeitschriften. Innerhalb der Dienststelle des Beauftragten des

190 Sowohl Bessarabien als auch Wolhynien hatten bis zum Ersten Weltkrieg zu Russland gehört. Die dortigen Volksdeutschen waren nach Haubold demnach „ehemalige Rußlanddeutsche". Vgl. Haubold, RÄK, an Astel vom 8.11.1939 (ThHStA Weimar, Personalakte aus dem Bereich Inneres Nr. 1888, Bl. 42).

191 Loew wurde mit Wirkung vom 14.11.1939 von der Auslandsabteilung der RÄK „zur Mitarbeit bei der Rücksiedlung von Volksdeutschen aus Wolhynien abberufen". Die Notdienstverpflichtung erfolgte formal durch die Vomi im Auftrag des RKF. Loew war während seiner Tätigkeit für die Dienststelle Haubolds/Vomi offiziell Angehöriger der Totenkopfverbände der SS, seine Bezüge erhielt er allerdings auch weiterhin vom Landesamt für Rassewesen. Vgl. Thüringisches Landesamt für Rassewesen an Thüringisches Rentenamt vom 13.11.1939 (ThHStA Weimar, Personalakte aus dem Bereich Inneres Nr. 1888, Bl. 40); Thüringisches Landesamt für Rassewesen an Personalabteilung des MdI, betr. Loew vom 21.11.1939 (ebd., Bl. 45); Nachweis über die Dienstverpflichtung Loews durch die Vomi vom 14.11.1939 (ebd., Bl. 54); sowie Dienststelle Haubolds an Thüringisches Landesamt für Rassewesen, betr. Loew vom 15.3.1940 (ebd., Bl. 56).

192 Vgl. Bericht über den Aufbau des Gesundheitswesens für die Rückführung der Deutschen Volksgruppen aus Wolhynien und Galizien vom 21.11.1939 (BArch Berlin, R 69/149, Bl. 17-20, hier 19). Thüringisches Landesamt für Rassewesen an Personalabteilung des MdI, betr. Loew vom 21.11.1939 (ThHStA Weimar, Personalakte aus dem Bereich Inneres Nr. 1888, Bl. 45).

193 Pfletschinger ordnet das Amt II und die Abteilung „Gesundheitswesen" fälschlicherweise direkt dem RKF zu, es gehörte aber zum Hauptamt Vomi. Vgl. Geschäftsverteilungsplan Hauptamt Vomi vom 15.6.1944 (NO-3981) (BArch Koblenz, All. Proz. 1, Rep. 501, XXXXIV (Anklagedokumente), B 6, Bl. 113-143, hier 121); sowie Pfletschinger, Hellmut Haubold, S. 118. Zum Ausscheiden Loews aus dem Landesamt für Rassewesen vgl. Landesamt für Rassewesen an Thüringisches MdI, betr. Loew vom 29.6.1940 (ThHStA Weimar, Personalakte aus dem Bereich Inneres Nr. 1888, Bl. 64).

194 Geschäftsverteilungsplan Hauptamt Vomi vom 15.6.1944 (NO-3981) (BArch Koblenz, All. Proz. 1, Rep. 501, XXXXIV (Anklagedokumente), B 6, Bl. 113-143, hier 121).

RGF hatte er spätestens ab dem Sommer 1941 die Position eines „Stabsleiters".[195]

In die SS trat Loew erst verhältnismäßig spät ein - im September 1942. Auf Empfehlung Haubolds, der insbesondere die Tätigkeiten Loews während der Umsiedlungsaktionen hervorhob, wurde er 1943 zum Obersturmführer befördert.[196]

Der Lebenslauf Loews ist somit in vielerlei Hinsicht beispielhaft. Erstens zeigt sich an seiner Person, wie der Wissenstransfer auf rassenhygienischem Gebiet zwischen dem Deutschen Reich und den volksdeutschen Siedlungsgebieten funktionierte und welche Initiativen auf diesem Gebiet auch von der Volksgruppe selbst ausgingen - erinnert sei nur an sein Studium in Kiel, die medizinische Fachschaft der Studenten, die zweifelsohne in Kontakt mit ihrem reichsdeutschen Pendant stand, und seine Tätigkeit im Landesamt für Rassewesen. Zweitens wird der hohe politische Organisationsgrad der deutschen Volksgruppen im Ausland anhand der zahlreichen Mitgliedschaften Loews in dezidiert nationalsozialistischen Organisationen deutlich, die quasi ein Abbild der deutschen Massenorganisationen waren. Drittens kristallisiert sich ein bestimmtes Rekrutierungsmuster, bezogen auf die Spitzenpositionen der Dienststelle des Beauftragten des RGF, heraus. So scheinen vor allem persönliche Netzwerke, Fachkenntnisse auf rassenhygienisch-medizinischem und/oder volkstumspolitischem Gebiet sowie generationelle Aspekte („junge, fähige Ärzte") eine entscheidende Rolle bei der Mitarbeiterrekrutierung gespielt zu haben. Die Zugehörigkeit zur SS war hier anscheinend weniger bedeutsam als beispielsweise bei den EWZ-Ärzten, auf die an anderer Stelle noch ausführlicher eingegangen werden wird. Viertens zeigt sich bei Loew wie auch bei Haubold eine Akkumulation umsiedlungsbezogener Ämter, die für eine zunehmende Machtakkumulation und eine Konzentrierung wichtiger gesundheitlicher Umsiedlungsaufgaben in den Händen einiger weniger Funktionäre spricht. Nichtsdestotrotz kann auch im medizinischen Bereich der Umsiedlungsaktionen das für den nationalsozialistischen Staat charakteristische Phänomen des „Ämterdarwinismus" beobachtet werden,[197] bestanden doch gerade zu Beginn der Umsiedlungsaktionen deut-

195 Als solcher firmierte er beispielsweise in einem Schreiben an die Lagerärzte, in welchem er diesen die Abberufung des Leiters des Referates 5 (Ärztliche Lagerbetreuung) mitteilte und ihnen zugleich den neuen, von ihm eingesetzten, Referatsleiter benannte. Vgl. Loew, Beauftragter des Reichsgesundheitsführers, an Lagerärzte vom 15.8.1941 (BArch Berlin, R 57 Neu/1, unpag.).

196 Vgl. Haubold, Beauftragter des RGF, an SS-Führungshauptamt, betr. Beförderung von SS-Ustuf. d. R. Dr. Walter Loew vom 2.3.1943 (BArch Berlin (ehem. BDC), SSO 273 A, Walter Loew, 1.10.1910, unpag.). Nach dem Krieg arbeitete Loew höchstwahrscheinlich weiterhin mit Haubold in der Forschungsstelle für Mangelkrankheiten der Deutschen Gesellschaft für Ernährungsbiologie zusammen und leitete diese nach dem Tod Haubolds. Vgl. Pfletschinger, Hellmut Haubold, S. 251 f.

197 Auch der Umsiedlungsapparat als solcher war in durchaus heftige Machtkämpfe mit staatlichen Behörden verwickelt. So gab es beispielsweise Konflikte zwischen Himmler als RKF und Richard Walter Darré als Reichsminister für Ernährung und Landwirtschaft bezüglich der Siedlungspolitik oder dem RMdI, das traditionell in Staatsangehörigkeits-

liche Unklarheiten bezüglich der Aufgabenabgrenzung - so beispielsweise zwischen dem Beauftragten des RGF und der Nationalsozialistischen Volkswohlfahrt (NSV) -, die zu Machtkämpfen führten und zum Teil auch in der Folgezeit nicht vollkommen ausgeräumt werden konnten.[198]

Konsolidierung, Aufgaben und Kompetenzkonflikte

Generell hatte Himmler die Kompetenzen auf dem medizinischen Sektor der Umsiedlungsorganisation mit seiner Anordnung vom 6. November 1939 verhältnismäßig klar verteilt. Das Aufgabenfeld des Beauftragten des RGF erstreckte sich demnach auf „die Unterbringung und gesundheitliche Betreuung von Kranken, Schwangeren und Gebärenden sowie von behandlungsbedürftigen Gebrechlichen".[199] Ausgehend von dieser Order begann Haubold unverzüglich mit der Organisation der gesundheitlichen Betreuung der Umsiedler, indem er beispielsweise eine „Transportgruppe" unter der Leitung Loews zur Betreuung der Umsiedlertransporte aufstellte und in den Auffanglagern um Lodz einen Gesundheitsdienst installierte.[200] Nachdem diese ersten Weichenstellungen vermutlich auf der Basis mündlicher Absprachen mit Conti erfolgt waren, präzisierte Conti am 24. November 1939 in der grundlegenden „Anordnung zur Organisation des Gesundheitsdienstes für rückwandernde Volksdeutsche" die sich aus der Generalbevollmächtigung Himmlers ergebenden einzelnen Aufgabenfelder seines Umsiedlungsbeauftragten.

Conti beauftragte namentlich „Pg. Haubold", und nicht die Auslandsabteilung der RÄK (!), mit der Organisation des Gesundheitsdienstes und ermächtigte ihn, die „notwendigen Anordnungen" in seinem Auftrag zu erlassen und „die für die Durchführung dieser Aufgabe notwendige Verwaltung", das heißt eine neue Sonderdienststelle, zu schaffen.[201] Diese wurde autorisiert, sich im Rahmen der Umsiedlungsaufgaben der Dienststellen des Amtes für Volksgesundheit, der Reichsärztekammer und Kassenärztlichen Vereinigung Deutsch-

fragen entschied und sich durch die Etablierung der EWZ und der durch diese durchgeführten Einbürgerungen in seinen Kompetenzen beschnitten sah. Letzterer Konfliktherd wurde nicht zuletzt durch die Ernennung Himmlers zum Reichsminister des Innern 1943 beseitigt. Vgl. Buchheim, Rechtsstellung RKF, S. 271-275; sowie Stiller, RKF, S. 535 f.

198 Vgl. dazu Korrespondenz zwischen Großmann, der EWZ und deren übergeordneter Dienststelle, dem RSHA, Amt III/Ehlich bezüglich der Betreuung kranker, alter und pflegebedürftiger Umsiedler vom Oktober/November 1939 (BArch Berlin, R 69/648, Bl. 3-5 und 77); sowie Aktenvermerk der EWZ Gotenhafen über die Dienststellenleiterbesprechung am 29. 10. 1939 betr. Versorgung der Kranken und gebrechlichen Baltendeutschen vom 29. 10. 1939 (ebd., R 69/426, Bl. 13). Siehe auch weiter unten im Text.

199 Die Anordnung ist abgedruckt in: RKF, Menscheneinsatz (1940), S. 67.

200 Vgl. Bericht über den Aufbau des Gesundheitswesens für die Rückführung der Deutschen Volksgruppen aus Wolhynien und Galizien vom 21. 11. 1939 (BArch Berlin, R 69/149, Bl. 17-20, hier 19).

201 Vgl. Anordnung Contis zur Organisation des Gesundheitsdienstes für rückwandernde Volksdeutsche vom 24. 11. 1939 (BArch Berlin, R 69/570, Bl. 81 f.).

lands (KVD) zu bedienen. Die Kernaufgaben des Beauftragten des RGF definierte die Anordnung wie folgt:

„a) Die Bereitstellung der ärztlichen Behandlung für den aus Ziffer 1 dieser Anordnung ersichtlichen Personenkreis [Kranke, Schwangere, Gebärende, behandlungsbedürftige Gebrechliche] einschliesslich der Bereitstellung der Ärzte, der sonstigen Personen des Heilwesens, sowie der erforderlichen Hilfskräfte;

b) die Unterbringung und Pflege, soweit erforderlich auch die Verpflegung für den nach diesem Auftrag zu betreuenden Personenkreis. Die Unterbringung erfolgt entweder in Hilfskrankenhäusern, Heimen und Lagern, soweit erforderlich auch in vorhandenen Krankenanstalten, sonstigen geeigneten öffentlichen Gebäuden, notfalls in privaten Unterkünften;
die Betreuung und Fürsorge bei Müttern und Säuglingen bei vorkommenden Entbindungsfällen u[nd] d[er]gl[eichen];
die Beschaffung der notwendigen Materialien und der erforderlichen Arzneien, Hilfsmittel, Kurmittel und der für die Unterbringung und Pflege der Kranken sonst erforderlichen Mittel;
die Bereitstellung der erforderlichen Transportmittel einschliesslich der gegebenenfalls notwendigen Begleitpersonen;
die Durchführung aller sonstigen hygienischen Maßnahmen, insbesondere von Desinfektionen, Obduktionen, Leichenbestattungen und d[er]gl[eichen].“[202]

Ausgehend von dieser grundlegenden Anordnung Contis über das Aufgabenfeld seines Umsiedlungsbeauftragten Haubold begann dieser Ende 1939 mit der Etablierung der erwähnten Sonderdienststelle, nachdem erste Arbeiten zuvor von der Auslandsabteilung der RÄK, vor allem von Zietz, übernommen worden waren. So hatte Zietz Ende November gegenüber der EWZ Gotenhafen die Kompetenzen in „sämtlichen baltendeutschen Angelegenheiten [...] soweit sie den Gesundheitsbereich angehen, im Rahmen [seiner Tätigkeit für die] Auslandsabteilung der Reichsärztekammer“ beansprucht.[203] Eine eigenständige Dienststelle Haubolds existierte demnach vermutlich noch nicht, vielmehr griff Haubold auf das Personal der Auslandsabteilung der RÄK zurück, welches auch den personellen Kern der späteren Sonderdienststelle innerhalb der Auslandsabteilung der RÄK bilden sollte. Diese Sonderdienststelle umfasste 1940 gemäß den an sie gestellten Anforderungen folgende Referate:[204]

1. Leitung, Personal, Finanzen
2. Hygiene und Statistik (Reiner Olzscha[205], später Martin Maneke[206])

202 Ebd.

203 Auslandsabteilung der RÄK an EWZ Gotenhafen vom 30.11.1939 (BArch Berlin, R 69/648, Bl. 21). Im gleichen Schreiben übersendet Zietz, quasi als Referenz für die von ihm beanspruchten Kompetenzen, auch Anordnungen Contis und Himmlers zu gesundheitlichen Fragen.

204 Vgl. Dienstanweisung für die gesundheitliche Betreuung volksdeutscher Umsiedler während ihres Aufenthaltes in Lagern. Hg. vom Beauftragten des Reichsgesundheitsführers für die gesundheitliche Betreuung der volksdeutschen Umsiedler, Berlin 1940.

205 Reiner Olzscha (1912–1947) wurde 1939 zum zweiten Hygieniker innerhalb der Umsiedlungsaktionen und Leiter des Referates „Hygiene und Statistik“ beim Beauftragten des Reichsgesundheitsführers. Auch diese Besetzung lässt sich auf persönliche Beziehungen zurückführen, stand Olzscha doch bereits seit 1938 mit Gerhard Rose vom

3. Transportbetreuung
4. Arzneimittel und Sanitätsmaterial
5. Ärztliche Lagerbetreuung (Wegner, ab August 1941 Martin Maneke[207], ab Januar 1945 Helmut Ritter[208])

Robert-Koch-Institut (RKI), der zum Leitenden Hygieniker bestellt wurde, in Kontakt und wurde angeblich von diesem „angefordert". Im September 1940 wechselte er an dessen Tropenmedizinische Abteilung, 1941 zum Hygiene-Institut der Waffen-SS und wurde Hygieniker im Reichsministerium für die besetzten Ostgebiete. 1943 wurde er zum RSHA abkommandiert bei gleichzeitiger Beibehaltung seiner Tätigkeit für die Auslandsabteilung der RÄK. Vgl. Annette Hinz-Wessels/Marion A. Hulverscheidt, Die Tropenmedizinische Abteilung des Robert-Koch-Instituts im „Dritten Reich". Forschungsfelder, Personen und Beiträge zur nationalsozialistischen Eroberungspolitik. In: Medizinhistorisches Journal, 44 (2009), S. 6-41. Zur Biographie vgl. auch Pfletschinger, Hellmut Haubold, S. 107, Anm. 626.

206 Martin Maneke (1909-1998) hatte sein Studium der Medizin 1935 in Berlin abgeschlossen und war anschließend als wissenschaftlicher Assistent an der Universitätskinderklinik der Charité tätig. Im Herbst 1940 nahm er als Lazarettarzt in Galatz an der Umsiedlung aus Bessarabien und anschließend auch an der aus der Südbukowina teil. Anschließend wurde er als Leitender Arzt im Vomi-Lager Oderberg, eines der großen Sammellager, eingesetzt. Während der Litauenumsiedlung war er als Gebietsarzt tätig. Im August 1941 übernahm er die Leitung des Referates 5 des Beauftragten des Reichsgesundheitsführers für die gesundheitliche Betreuung der volksdeutschen Umsiedler. In der Karteikarte des Reichsarztregisters (RAR) wird sein Dienstantritt allerdings erst auf den Februar 1942 datiert, möglicherweise wurde er bis zu diesem Zeitpunkt noch als Vomi-Mitarbeiter geführt. Spätestens 1943 wurde er Leiter des Referates 2. Er war außerdem Vertrauensarzt bei der Vomi. Im Januar 1945 erfolgte seine Einberufung zur Wehrmacht. Nach der Rückkehr aus der sowjetischen Kriegsgefangenschaft ging er an die Universitätskinderklinik Marburg, 1955 an das Städtische Gesundheitsamt Hannover, wo er sich der Sozialpädiatrie zuwandte. Er erhielt zahlreiche Auszeichnungen, darunter auch das Bundesverdienstkreuz. Vgl. Karteikarte Manekes im RAR (BArch Berlin); Krankenbegleitschein der Vomi, ausgestellt für Emma V. aus Sarata, auf dem Maneke die Aufnahme derselben im Lazarett Galatz quittierte (APŁ, Sieradz, Szpital Psychiatryczny w Warcie, 6678, Bl. 2); Erster Bericht der Abt. Gesundheitswesen bei der Umsiedlung Litauen vom 21.1.1941 (BArch Berlin, R 59/284, Bl. 1-5, hier 1); sowie Geschäftsverteilungsplan des Hauptamtes Vomi vom 15.6.1944 (NO-3981) (BArch Koblenz, All. Proz. 1, Rep. 501, XXXXIV (Anklagedokumente), B 6, Bl. 113-143, hier 120). Vgl. weiter Tätigkeits- und Erfahrungsbericht des Gebietsbevollmächtigten in Radautz vom 30.12.1940 (BArch Berlin, R 59/381, Bl. 57-60, hier 59). Zur Nachkriegskarriere vgl. die Würdigung Manekes von August Theis, Professor Dr. med. Martin Maneke. Ein Leben im Dienst der Sozialpädiatrie. In: Immenkorf. Jahresschrift für Heimatpflege und -forschung (1999), S. 19 f. Die Tätigkeit Manekes während der Umsiedlungsaktionen wird hier allerdings komplett ausgespart.

207 Vgl. Loew, Beauftragter des Reichsgesundheitsführers, an Lagerärzte der Umsiedlerlager vom 15.8.1941 (BArch Berlin, R 57 Neu/1, unpag.).

208 Die Leitung des Referates 5 wurde nach der Einberufung Manekes zum 12.1.1945 Dr. Helmut Ritter (1917-?) übertragen, der zuvor bereits an den Umsiedlungen aus Wolhynien/Galizien, Bessarabien, Dobrudscha und Litauen, innerhalb der letzten drei genannten als Gebietsarzt, teilgenommen hatte. Vgl. Rundschreiben 1/45 des Referates ärztliche Lagerbetreuung/Lager-Gesundheitsdienst vom 15.3.1945 (BArch Berlin, R 59/90, Bl. 12); Erster Bericht der Abt. Gesundheitswesen bei der Umsiedlung Litauen vom 21.1.1941 (ebd., R 59/284, Bl. 1-5, hier 1); sowie Helmut Ritter, Meine Arbeit als Gebietsarzt. In: Andreas Pampuch, Heimkehr der Bessarabiendeutschen, Breslau 1941, S. 128-135. Zu Ritter vgl. Kap. IV.1.2.

6. Heime und Heilstätten (Wilhelm Zietz)
7. Ansiedlung
8. Presse und Film

Später wurde diesen Referaten anscheinend noch ein sogenannter „Stabsleiter" übergeordnet, der die Leitung der Dienststelle übernahm. Als solcher firmierte ab August 1941 Walter Julius Loew.[209]

Über die konkrete Arbeit der einzelnen Referate liegen aufgrund der fehlenden Aktenüberlieferung sowohl der Dienststelle des Beauftragten des RGF als auch der Auslandsabteilung der RÄK nur bruchstückhafte Informationen vor.[210]

Das Referat 1 „Leitung, Personal, Finanzen" war unter anderem mit Personal- und Finanzierungsfragen befasst. Darunter fielen beispielsweise Personalangelegenheiten der Gesundheitskommandos und der Ansiedlungsärzte, die Haubold direkt unterstanden.[211] Finanzielle Fragen ergaben sich vor allem im Hinblick auf die Abrechnung von Krankenhausbehandlungen der Umsiedler, die Bereitstellung von Medikamenten oder auch die Entlohnung des medizinischen Personals in den Lagern. Für diese Kosten kam grundsätzlich der RKF auf, der dem Beauftragten des RGF die erforderlichen Mittel auf Antrag zur Verfügung stellte. Der Beauftragte des RGF leitete diese wiederum an die KVD, die die Gelder treuhänderisch verwaltete, weiter.[212] Die Apotheken, die die Medikamente an die Lagerärzte ausgaben, das DRK, das Schwestern zur Betreuung der Lager abstellte, die Krankenhäuser, die Umsiedler behandelten und viele weitere in die Umsiedlungsaktion involvierte Stellen, reichten ihre Rechnungen, zum Teil über die KVD, beim Beauftragten des RGF ein, der die Zahlungen anwies.[213]

209 Loew, der als „Stabsleiter" zeichnete, verwendete im Briefkopf lediglich die Dienststellenbezeichnung „Der Beauftragte des Reichsgesundheitsführers für die gesundheitliche Betreuung der volksdeutschen Umsiedler" ohne Angabe eines Referates. Auch der Umstand, dass er in Fragen der personellen Besetzung der einzelnen Referate entschied, deutet auf eine übergeordnete Position Loews innerhalb der Dienststelle hin. Ein Organigramm oder ein entsprechender Geschäftsverteilungsplan, welcher diese Vermutung bestätigen würde, konnte jedoch nicht gefunden werden. Vgl. Loew, Beauftragter des Reichsgesundheitsführers, an Lagerärzte der Umsiedlerlager vom 15. 8. 1941 (BArch Berlin, R 57 Neu/1, unpag.).

210 Die nachfolgenden Angaben stützen sich vor allem auf die Akte „Rundschreiben des Beauftragten des Reichsgesundheitsführers für die gesundheitliche Betreuung der Umsiedler 1939–1944" im Bestand des DAI, welches zu Dokumentationszwecken wichtige Anordnungen etc. erhielt (BArch Berlin, R 57 Neu/1).

211 Vgl. Richtlinien für die gesundheitliche Betreuung der volksdeutschen Rückwanderer aus Wolhynien/Galizien und Westweissrussland während der Ansiedlung im Warthegau, o. D. (BArch Berlin, R 69/149, Bl. 88–90).

212 Vgl. Anordnung zur Finanzierung der Sachausgaben bei den Rückwandereraktionen, o. D. (Januar 1940) (BArch Berlin, R 57 Neu/1, unpag.). Das Abkommen zwischen dem Beauftragten des Reichsgesundheitsführers und der KVD über die ärztliche Behandlung von erkrankten Rückwanderern innerhalb der Beobachtungslager im Altreich vom 18. 1. 1940 ist abgedruckt in: Deutsches Ärzteblatt, 70 (1941) 4.

213 Vgl. Wegner, Beauftragter des Reichsgesundheitsführers/Ref. 2, an DRK u. a., betr. Bezahlung der gesundheitlichen Betreuung in den Beobachtungslagern vom 28. 2. 1940

Das Referat 2 „Hygiene und Statistik“ übernahm die Sammlung und Auswertung der Fünf- beziehungsweise Zehn-Tagesberichte des Leitenden Hygienikers Gerhard Rose[214] und seines Nachfolgers Speth[215]. Rose, mit der Prävention und Bekämpfung von Seuchen während der Umsiedlungsaktionen betraut, hatte ab 1939 ein umfassendes Meldewesen aufgebaut. Nahezu alle an den Umsiedlungsaktionen beteiligten ärztlichen Dienststellen - angefangen bei den Ärzten des Umsiedlungskommandos über die Transportärzte bis hin zu den Lagerärzten - waren verpflichtet, turnusmäßig Meldungen über die Seuchenlage, Impfungen und besondere Vorkommnisse beim Referat „Hygiene und Statistik“ einzureichen.[216] Aufgabe des Referates war die Auswertung dieser Berichte und die Einleitung entsprechender Maßnahmen, die im Falle der Lager über das Referat „Ärztliche Lagerbetreuung“ kommuniziert wurden.[217]

Das Referat 3 „Transportbetreuung“ war allem Anschein nach vor allem für Fragen der personellen und sanitätstechnischen Ausstattung der Transporte zuständig. Dabei bediente sich die Dienststelle des Beauftragten des RGF sowohl des DRK, das Rot-Kreuz-Helfer und Schwestern als Transportbegleitung abstellte, als auch der NSV. Diese entsandte ebenfalls Begleitkommandos, welche die Verpflegung und sonstige Betreuung der Transporte übernahmen. Das

(BArch Berlin, R 57 Neu/1, unpag.); sowie Wegner, Beauftragter des Reichsgesundheitsführers/Ref. 2, an die Lagerärzte vom 28.3.1940 (ebd., unpag.).

214 Gerhard Rose (1896-1992) übernahm während der Umsiedlungsaktionen aus Wolhynien, Galizien, Bessarabien, der Bukowina und Dobrudscha sowie dem ehemaligen Jugoslawien die Position des Leitenden Hygienikers und baute in diesem Zusammenhang ein umfassendes medizinisches Meldewesen auf, das sowohl die Herkunftsgebiete der Volksdeutschen, die Transporte als auch die Lager der Vomi umfasste. Primäres Ziel seiner Tätigkeit war die Prävention und Behandlung von Seuchen und Infektionskrankheiten während der Umsiedlungen. Im Januar 1941 beendete Rose seine Arbeit als Leitender Hygieniker, blieb aber als Beratender Hygieniker im Stabe Haubolds. Im Zusammenhang mit seiner Tätigkeit als Hygieniker des Beauftragten des Reichsgesundheitsführers entstanden in der seit 1936 von ihm geleiteten Tropenmedizinischen Abteilung des RKI zudem eine Reihe von Dissertationen, die in Kap. IV.3.2 noch näher beleuchtet werden sollen. Rose blieb bis 1945 Leiter dieser Abteilung. Parallel dazu nahm er das Amt eines beratenden Hygienikers des Sanitätsinspekteurs der Luftwaffe wahr. Vgl. zu Rose und seinen Tätigkeiten weiterführend Hinz-Wessels/Hulverscheidt, RKI. Zur Tätigkeit Roses im Rahmen der Umsiedlungsaktionen vgl. auch Rose, Fleckfieberfragen bei der Umsiedlung.

215 Vgl. Richtlinien für die gesundheitliche Betreuung der volksdeutschen Rückwanderer aus Wolhynien/Galizien und Westweissrussland während der Ansiedlung im Warthegau, o. D. (BArch Berlin, R 69/149, Bl. 88-90).

216 Vgl. Joachim Pumptow, Scharlach und aktive Scharlach-Schutzimpfung in den volksdeutschen Umsiedlungslagern (für die Zeit von Dez. 1939 bis März 1943), Diss. med., Berlin 1944, S. 3.

217 So wurden vom Leitenden Hygieniker Schutzimpfungen gegen Scharlach, Diphterie und Meningitis angeordnet, deren Umsetzung das Referat „Ärztliche Lagerbetreuung“ forcierte. Vgl. Auszug aus den Ausführungsbestimmungen betr. Schutzimpfung gegen Diphterie und Scharlach zum Rundschreiben vom 22.2.1940 (BArch Berlin, R 57 Neu/1, unpag.). Derartige massenhafte Schutzimpfungen hatten bis dato noch nicht stattgefunden, so dass entsprechende Erfahrungen nicht vorhanden waren. Somit muss hier von einem Humanexperiment gesprochen werden, das sogar Todesopfer forderte. Vgl. dazu Hinz-Wessels/Hulverscheidt, RKI, S. 35; sowie Kap. IV.3.2.

DRK stellte darüber hinaus sein „motorisiertes Bereitschaftslazarett" zur Verfügung, das die medizinische Betreuung der in Lodz eintreffenden Umsiedler übernahm. Außerdem ordnete es Fachpersonal (Desinfektoren zur Entlausung, Drogisten und Ärzte) zur Betreuung der dortigen Lager ab.[218]

Das Referat 4 „Arzneimittel- und Sanitätsmaterial", welches auch als „chemisch-pharmazeutischer Dienst" bezeichnet wurde, organisierte die Versorgung der Lager und Transporte mit medizinischen Instrumenten, Arzneimitteln und Seife. Es schaltete sich beispielsweise dann ein, wenn einzelne Lager ihren Arzneimittelbedarf aufgrund von Lieferschwierigkeiten der Apotheken nicht decken konnten. In diesem Fall veranlasste es bei der Reichsapothekerkammer, mit der der Beauftragte des RGF eine entsprechende Vereinbarung über die Belieferung der Lager mit Medikamenten getroffen hatte,[219] dass die jeweilige Apotheke zusätzliche Kontingente erhielt.[220]

Das Referat 5 „Ärztliche Lagerbetreuung" bearbeitete alle gesundheitlichen Fragen, die sich im Zusammenhang mit der Unterbringung der Umsiedler in den Vomi-Lagern ergaben. Es legte in diversen Dienstanweisungen und Anordnungen, die im Vergleich zur Überlieferung der anderen Referate verhältnismäßig umfangreich überliefert sind,[221] fest, welche hygienischen Voraussetzungen die Lager zu erfüllen hatten, regelte Fragen der Lagerhygiene, der Krankenversorgung, der Seuchenprävention, der Impfungen, der Ernährung und des medizinischen Personals.[222] Das Referat fungierte dabei zugleich als Sprachrohr der anderen Referate, wickelte es doch die gesamte Korrespondenz mit den Lagern und den dortigen Lagerärzten ab. So forderte es beispielsweise Listen „heim- und heilstättenbedürftiger Umsiedler" an, die direkt an das Referat 6 „Heime und Heilstätten" weitergeleitet wurden.[223] Das Referat 5 hatte demnach

218 Vgl. Bericht über die Tätigkeit des DRK während der Umsiedlung aus Galizien, Wolhynien und dem Narewgebiet, o. D. (BArch Berlin, R 69/149, Bl. 86 f.); DRK an Kommandeur des Bereitschaftslazaretts betr. Bereitschaftslazarett vom 17.7.1940 (ebd., R 1501/5576, Bl. 168 f.); sowie Der Einsatz der Reichsgesundheitsführung bei den großen deutschen Umsiedlungen 1939–1941. In: Deutsches Ärzteblatt, 71 (1941) 22. Dort sind auch photographische Aufnahmen des Bereitschaftslazaretts abgedruckt. Vgl. auch Birgitt Morgenbrod/Stephanie Merkenich, Das Deutsche Rote Kreuz unter der NS-Diktatur 1933–1945, Paderborn 2008, S. 322–325. Das Kapitel zur Rolle des DRK innerhalb der Umsiedlungsaktionen ist leider sehr knapp ausgefallen und bleibt vage.

219 Vereinbarung zwischen dem Beauftragten des Reichsgesundheitsführers Hellmut Haubold und dem Reichsapothekenführer Albert Schmierer vom 29.1.1940 (BArch Berlin, R 57 Neu/1, unpag.).

220 Vgl. Rundschreiben 5/42 des Referates 5, Ärztliche Lagerbetreuung vom 20.10.1942 (ebd., unpag.).

221 So befinden sich derartige Anweisungen auch innerhalb der Vomi- und EWZ-Bestände.

222 Die wichtigsten Anordnungen sind abgedruckt in: Dienstanweisung für die gesundheitliche Betreuung volksdeutscher Umsiedler während ihres Aufenthaltes in Lagern. Hg. vom Beauftragten des Reichsgesundheitsführers für die gesundheitliche Betreuung der volksdeutschen Umsiedler, Berlin 1940.

223 Rundschreiben des Referates 5/ärztliche Lagerbetreuung 1/42 vom 14.1.1942 (BArch Berlin, R 57 Neu/1, unpag.); sowie Rundschreiben des Referates 5, Ärztliche Lagerbetreuung 4/42 betr. Tbc-Heilverfahren, o. D. (ebd.).

innerhalb der Dienststelle des Beauftragten des RGF eine koordinierende Funktion und stand in direktem Kontakt zur EWZ.[224] Darüber hinaus arbeitete es eng mit der NSV zusammen, die mit der Betreuung und Verpflegung der Umsiedler in den Lagern beauftragt worden war.[225]

Dem Referat 6 „Heime und Heilstätten" unter der Leitung Zietz' kam eine besondere Bedeutung im Hinblick auf die Umsetzung des rassenhygienischen Programms des Nationalsozialismus zu: es koordinierte und veranlasste Einweisungen in Heime und Heilanstalten. Dabei trat es lediglich bei den großen Krankentransporten direkt in Erscheinung, bei den in Lagern untergebrachten Umsiedlern wurden die Entscheidungen des Referates 6 hingegen über das Referat 5 kommuniziert. So sah die im Herbst 1940 herausgegebene entsprechende Dienstanweisung für die Lagerärzte folgendes Einweisungsprozedere vor: (1) die namentliche Meldung Kranker durch den Lagerarzt und die Übersendung der entsprechenden Krankengeschichte an das Referat 5 „ärztliche Lagerleitung", (2) die dienststelleninterne Weiterleitung der Unterlagen an das Referat „Heime und Heilstätten, (3) die Auswahl geeigneter Heilanstalten oder Heime und die Genehmigung der Einweisung durch das Referat „Heime und Heilstätten" und (4) die Einweisung durch den Lagerarzt in Absprache mit der aufnehmenden Einrichtung.[226] Dieser Verfahrensgang etablierte sich jedoch erst im Laufe der Zeit, so dass die Einweisungspraxis in der Realität sehr unterschiedlich gehandhabt wurde. Dies lag der Dienststelle des Beauftragten des RGF zufolge zum einen im „oft mehrfachen Wechsel des Lagerarzt[es] und Sanitätspersonals in der Mehrzahl der Lager" - also einer fehlenden personellen Kontinuität - und zum anderen in den „erst nach und nach seitens der hiesigen Dienststelle gegebenen diesbezüglichen Anordnungen" - also konsolidierungsbedingten Aspekten - begründet.[227] Dahinter standen aber auch Kompetenzkonflikte mit der NSV. Noch 1942 sah sich das Referat 5 veranlasst, die Lagerärzte nochmals darauf hinzuweisen, dass eine Einweisung in entsprechende Einrichtungen erst nach der Genehmigung durch das Referat 6 erfolgen dürfe, und nicht durch örtliche oder gaueigene Dienststellen, da sonst die Dienststelle des Beauftragten des RGF nicht über den Verbleib der Umsiedler informiert sei und demzufolge auch nicht die „Durchschleusung" durch die EWZ veranlassen könne.[228] Daraus geht hervor, dass die Dienststelle des Beauftragten des RGF die alleinige Kompetenz in gesundheitlichen Fragen der Umsiedlung beanspruchte und zudem der EWZ direkt zuarbeitete, und zwar

224 Vgl. Referat 5, Ärztliche Lagerbetreuung/Lagergesundheitsdienst, an Psychiatrische und Nervenklinik der Universität Jena, betr. Umsiedler Christian S. vom 24. 3. 1944 (ThHStA Weimar, NS-Archiv MfS (Altakten) Krankenhäuser, Nr. 57, Bl. 7).

225 Reichsminister für Ernährung und Landwirtschaft an RGF, betr. Ernährung der Wolhyniendeutschen vom 21. 2. 1940 (BArch Berlin, R 57 Neu/1, unpag.).

226 Vgl. Beauftragter des Reichsgesundheitsführers, Dienstanweisung, S. 31 f.

227 Vgl. Rundschreiben 1/42 des Referates 5, Ärztliche Lagerbetreuung, vom 14. 1. 1942 (BArch Berlin, R 57 Neu/1, unpag.).

228 Vgl. Sonderrundschreiben des Referates 5, Ärztliche Lagerbetreuung, vom 11. 2. 1942 (ebd., unpag.).

nicht nur, was die Informationen über die in Heimen und Heilanstalten befindlichen und noch nicht „durchgeschleusten“ Umsiedler betraf, sondern auch in Form der Zurverfügungstellung von medizinischen Unterlagen im Rahmen des Einbürgerungsverfahrens. Dabei handelte es sich in erster Linie um Personal- und Krankenakten der in Heimen und Heilanstalten untergebrachten Umsiedler sowie um fachärztliche Gutachten, die von den jeweiligen Einrichtungen angefordert und der EWZ für die Einbürgerung zur Verfügung gestellt wurden.[229] Die Zusammenarbeit mit der EWZ ging dabei so weit, dass einzelne Umsiedler zur Klärung der Diagnose in Universitätskliniken eingewiesen wurden, um der EWZ eine auf diese Weise fachlich geprüfte Diagnose übermitteln zu können.[230] Die Bedeutung dieser Fachgutachten für die „Durchschleusung“ und damit die Einbürgerung kommentierte die Dienststelle des Beauftragten des RGF kryptisch-nüchtern: „von dieser Entscheidung hängt für den Umsiedler viel ab“[231] – wie wahr.

Das Referat 6 arbeitete darüber hinaus spätestens ab 1944 auch mit dem Robert-Koch-Institut (RKI) zusammen, indem es Einweisungen in die tropenmedizinische Abteilung des RKI, die aus Berlin nach Marienbad evakuiert worden war, vornahm.[232]

Der Tätigkeitsbereich des Referates 6 erstreckte sich aber nicht nur auf kranke Lagerinsassen und Heilanstaltspatienten, sondern auch auf nicht mehr „berufseinsatzfähige“ und gebrechliche Umsiedler, die pflege- und behandlungsbedürftig waren und in entsprechenden Pflegeeinrichtungen und Altersheimen untergebracht werden mussten. In diesem Punkt entbrannte ein heftiger Kompetenzkonflikt mit der NSV, der an anderer Stelle noch ausführlicher beleuchtet werden soll.

229 Die Personal- und Krankenakten wurden durch einen Bombentreffer der Dienststelle des Beauftragten des Reichsgesundheitsführers im November 1943 komplett vernichtet. Vgl. Referat 5, Ärztliche Lagerbetreuung/Lagergesundheitsdienst, an Psychiatrische und Nervenklinik der Universität Jena, betr. Umsiedler Christian S. vom 24.3.1944 (ThHStA Weimar, NS-Archiv MfS (Altakten) Krankenhäuser, Nr. 57, Bl. 7); sowie Referat 5, Ärztliche Lagerbetreuung/Lagergesundheitsdienst, an Psychiatrische und Nervenklinik der Universität Jena, betr. Christian S. vom 6.4.1944 (ebd., Bl. 5).

230 In einem konkreten Fall der Universitätsklinik Jena lässt sich ein solches Vorgehen anhand der in der Krankenakte vorhandenen Korrespondenz nachweisen. Auch hier fungierte das Referat 5 als Kommunikationsinstanz des Referates 6. Vgl. Referat 5, Ärztliche Lagerbetreuung/Lagergesundheitsdienst an Psychiatrische und Nervenklinik der Universität Jena, betr. Christian S. vom 25.5.1944 (ebd., Bl. 13).

231 Referat 5, Ärztliche Lagerbetreuung/Lagergesundheitsdienst an Psychiatrische und Nervenklinik der Universität Jena, betr. Umsiedler Christian S. vom 24.3.1944 (ebd., Bl. 7).

232 Vgl. Rundschreiben des Amtes Umsiedlergesundheitsdienst, Hauptabt. 5, an die Lagerärzte betr. Einweisung tropenkranker volksdeutscher Umsiedler in die Tropenabteilung des RKI vom 17.8.1944 (BArch Berlin, R 59/90, Bl. 10 f.). Das RKI arbeitete bereits seit 1941 mit der Dienststelle des Beauftragten des Reichsgesundheitsführers zusammen. In der tropenmedizinischen Abteilung des RKI in Berlin bestand nämlich seit Februar 1941 eine „Malariauntersuchungsstelle“ für volksdeutsche Umsiedler, die von Ernst Thonnard-Neumann, der auch zum Personalstab Haubolds gehörte, geleitet wurde. Vgl. Hinz-Wessels/Hulverscheidt, RKI, S. 34 f.

Das Referat 7 „Ansiedlung“ befasste sich mit medizinisch-ärztlichen Fragen des Ansiedlungsvorgangs, insbesondere der gesundheitlichen Überwachung, worunter die Betreuung während der Transporte in die Ansiedlungsgebiete, in den „Bereitstellungslagern“ und unmittelbar nach der Ansiedlung fiel. Zu diesem Zweck wurden sogenannte Gesundheitskommandos und Ansiedlungsärzte, die dem Beauftragten des RGF in fachlicher Hinsicht unterstanden, in die Ansiedlungsgebiete entsandt.[233]

Das Referat 8 „Presse und Film“ übernahm die Öffentlichkeitsarbeit der Dienststelle des Beauftragten des RGF. Die innerhalb der Umsiedlungsaktionen tätigen Ärzte wurden von diesem Referat aufgefordert, entsprechende Berichte über ihre Tätigkeit einzureichen, die dann publizistisch-journalistisch verarbeitet wurden und sowohl der Ärzteschaft als auch der breiten Bevölkerung einen Überblick über die „Leistung“ der Haubold'schen Dienststelle geben sollten. Die Berichterstattung erfolgte sowohl in den medizinischen Fachorganen, wie dem „Deutschen Ärzteblatt“ oder der „Gesundheitsführung“, als auch in Propagandaschriften wie dem Sammelband „Heimkehr der Bessarabiendeutschen“.[234] Darüber hinaus entstanden Filme, die beispielsweise die Etablierung des Gesundheitsdienstes im Kontext der Baltenumsiedlung, unter anderem am Beispiel des „Alters- und Erholungsheimes“ für Baltendeutsche in Schwetz, dokumentierten.[235] Höchstwahrscheinlich stellte das Referat 8 auch Material für die von der EWZ und dem DAI vorbereite Ausstellung „Die große Heimkehr“ und für die Umsiedlungsdokumentation des DAI zur Verfügung.[236]

Wie sich in der Konsolidierungsphase zeigen sollte, überschnitt sich das Tätigkeitsfeld der einzelnen Referate nolens volens mit dem anderer Umsiedlungsdienststellen, die der Dienststelle Haubolds zuarbeiteten beziehungsweise von dieser Zuarbeiten einforderten. Die Zusammenarbeit mit der Vomi, der EWZ, den Ansiedlungsbevollmächtigten, der Wehrmacht, dem DRK, der NS-Schwesternschaft, der Reichshebammenschaft, der Reichsapothekerschaft und der NSV verlief dabei nicht immer reibungslos und bedurfte ausdrücklicher Kompetenzabgrenzungen. Insbesondere mussten 1939 zunächst die Zuständigkeiten zwischen der NSV und dem Reichsgesundheitsführer ausgehandelt werden, waren doch im Zuge der Umsiedlung der Baltendeutschen, innerhalb derer sich die späteren Strukturen der Hauboldschen Dienststelle erst herausbildeten, deutliche Konflikte aufgetreten. So war zunächst unklar, wer für die Betreuung alter und pflegebedürftiger Umsiedler zuständig sein sollte. Der für die gesundheitliche Betreuung der Baltendeutschen zuständige Gaugesundheitsführer Danzig-Westpreußens, Erich Großmann, lehnte die Betreuung schlichtweg ab, mit dem Hinweis, dies falle in den Zuständigkeitsbereich der NSV. Erst eine

233 Vgl. Bericht über die gesundheitliche Betreuung der Angesiedelten, o. D. (BArch Berlin, R 57 Neu/1, unpag.).
234 Vgl. Andreas Pampuch, Heimkehr der Bessarabiendeutschen, Breslau 1941.
235 Vgl. Bernsdorff, Gesundheitsdienst und Fürsorge, S. 256.
236 Zur Umsiedlungsdokumentation des DAI und der Ausstellung „Die große Heimkehr“ vgl. Fielitz, Stereotyp, S. 170–205.

Vereinbarung zwischen dem Reichsgesundheitsführer Conti und dem Leiter der NSV, Erich Hilgenfeld, vom 27. Oktober 1939 regelte unmissverständlich, dass die „NSV nicht mehr [!] für diese Frage zuständig [sei], sondern der Reichsärzteführer."[237] In den nachfolgenden grundlegenden Anordnungen des RKF und des Reichsgesundheitsführers vom November 1939 wurde diese Regelung manifestiert und die Dienststelle des Beauftragten des RGF mit der Betreuung der „behandlungsbedürftigen Gebrechlichen" betraut.[238] Wenig später, im Dezember 1940, wurde allerdings auch die NSV von Himmler mit der „Unterbringung der alten, nicht einsatzfähigen kranken und gebrechlichen" Umsiedler aus dem Baltikum in Altersheimen beauftragt.[239] Diese Doppelbeauftragung stand einer klaren Aufgabenabgrenzung kontraproduktiv entgegen und wurde in der Folgezeit zu einem wesentlichen Reibungspunkt zwischen dem Referat 6 und der NSV. Dabei ging es in erster Linie um die Einweisungspraxis. Formal war die NSV durch ihre Beauftragung durch Himmler zur Unterbringung alter und gebrechlicher Umsiedler in Altersheimen berechtigt, und zwar ohne vorher Rücksprache mit dem Referat 6 halten zu müssen. Letzteres fühlte sich hierdurch übergangen, betrachtete es doch die Einweisungen in Heime und Heilanstalten als sein originäres Aufgabenfeld. Das Referat 6 forcierte daraufhin die Akquise geeigneter Heime und nahm parallel zur NSV Heim- und Anstaltseinweisungen vor.[240] Bis zum August 1940 hatte Zietz etwa 200 bis 300 „kranke und daher nicht mehr einsatzfähige Baltendeutsche" in Heime eingewiesen - die NSV betreute hingegen etwa 1 500 „alte nicht mehr einsatzfähige Baltendeutsche".[241] Das Referat „Heime und Heilstätten" konnte sich, wie die Zahlen deut-

237 Eine Woche nach dieser grundlegenden Vereinbarung war der damit für diese Umsiedlergruppe zuständige Großmann allerdings noch immer nicht informiert, die EWZ hingegen schon, was auf Kommunikationsschwierigkeiten zwischen den einzelnen Dienststellen schließen lässt. Vgl. Korrespondenz zwischen Großmann, der EWZ und deren übergeordneter Dienststelle, dem RSHA, Amt III/Ehlich bezüglich der Betreuung kranker, alter und pflegebedürftiger Umsiedler vom Oktober/November 1939 (BArch Berlin, R 69/648, Bl. 3-5 und 77); sowie Aktenvermerk der EWZ Gotenhafen über die Dienststellenleiterbesprechung am 29. 10. 1939 betr. Versorgung der Kranken und gebrechlichen Baltendeutschen vom 29. 10. 1939 (ebd., R 69/426, Bl. 13).

238 Vgl. Anordnung Contis zur Organisation des Gesundheitsdienstes für rückwandernde Volksdeutsche vom 24. 11. 1939 (BArch Berlin, R 69/570, Bl. 81 f.).

239 Vgl. RFSS Himmler an Hilgenfeldt vom 12. 12. 1939 (APP, Vomi, 187, Bl. 38).

240 Ein Beispiel hierfür ist das auch propagandistisch geschickt in Szene gesetzte Balten-Altersheim in der vormaligen Heilanstalt Schwetz, dessen bauliche Umfunktionierung zum Altersheim wesentlich von Zietz forciert worden war. Das Altersheim befand sich, anders als andere Altersheime, sogar „im Eigentum und in Verwaltung des Reichsärzteführers." Vgl. Bernsdorff, Gesundheitsdienst und Fürsorge, S. 231; sowie Aktennotiz über die Besprechung zwischen Creutz, RKF, und Dr. Schmitt am 27. 3. 1940, o. D. (APP, Vomi, 161, Bl. 242 f.).

241 Vgl. RKF an HSSPF, Beauftragter des RKF in Posen, betr. Betreuung der alten, nicht mehr einsatzfähigen Baltendeutschen vom 31. 8. 1940 (APP, Gauselbstverwaltung, 289, Bl. 94). Noch 1939/40 hatte beispielsweise die Gauamtsleitung der NSV in Danzig ihre Dienststellen angewiesen, die karteimäßige Erfassung aller nicht „einsatzfähigen" Umsiedler vorzunehmen. Im März 1940 waren diese Arbeiten abgeschlossen und die Kartei wurde nachfolgend an die Reichsleitung der NSV gesandt, die wiederum die

lich machen, demzufolge nicht gegenüber der NSV durchsetzen, sondern musste vielmehr einen partiellen Kompetenzverlust hinnehmen. Die sich im Laufe des Jahres 1940 etablierende Einweisungspraxis wurde schließlich 1941 durch eine neuerliche Anordnung des RKF bestätigt. Die NSV sollte demnach die Betreuung aller alten, nicht mehr arbeitsfähigen Umsiedler übernehmen, sofern sie nicht „krank und gebrechlich" waren. Der Beauftragte des RGF wurde mit der Betreuung der „Kranken und Gebrechlichen" betraut, wobei auch diese Formulierungen die notwendige begriffliche Schärfe vermissen ließen und daher in der Folgezeit zu Missverständnissen geführt haben dürften.[242] Lediglich in der Frage der Einweisung in Tbc-Heilstätten scheint zwischen beiden Dienststellen eine Einigung erzielt worden zu sein, wies doch auch die Dienststelle des Beauftragten des RGF hier auf die Zuständigkeit der NSV, die über ein spezielles Tuberkulose-Hilfswerk verfügte, hin. Nichtsdestotrotz war auch hier eine entsprechende Meldung an das Referat 6 „Heime und Heilstätten" obligatorisch.[243]

Kompetenzkonflikte ergaben sich allerdings nicht nur mit der NSV, sondern auch mit örtlichen Behörden, beispielsweise der Abteilung „Öffentliche Fürsorge" beim Reichsstatthalter/Gauselbstverwaltung des Warthegaus in Posen. In den Warthegau sollten nämlich nicht nur die Volksdeutschen, die im Sinne der Siedlungsplanungen des RKF den „Osten" germanisieren sollten, gelangen, sondern auch die alten und gebrechlichen, die für siedlungspolitische Aufgaben eigentlich nicht mehr in Frage kamen. In Absprache mit der RKF-Dienststelle trat deshalb Zietz im August 1940 an die Gauselbstverwaltung des Warthegaus heran, mit der Bitte, ihn bei der Unterbringung der „Alten und Gebrechlichen" zu unterstützen.[244] Zietz' Vorstellungen gingen dahin, die „Alten und Gebrechlichen" in einem „Großheim für Baltendeutsche und auch andere Rückwanderer" im Warthegau unterzubringen, welches von der Gauselbstverwaltung „so schnell wie möglich" eingerichtet werden sollte. Wenig später schaltete sich auch die übergeordnete Dienststelle des RKF, namentlich Lammermann, ein. Dieser drängte, unter anderem bezugnehmend auf Zietz' Initiative, ebenfalls darauf, die etwa 1 500 von der NSV und weitere 200 bis 300 vom Referat „Heime und Heilstätten" vorerst im „Altreich" untergebrachten alten und kranken Umsiedler in den Warthegau zu überführen.[245] Diese Pläne stießen jedoch keineswegs auf die ungeteilte Zustimmung des Gauleiters Arthur Greiser und

Einweisungen veranlasste. Vgl. Vomi an HSSPF Danzig-Westpreußen, betr. nicht mehr einsatzfähige Baltendeutsche vom 23. 5. 1940 (APP, Vomi, 161, Bl. 314).

242 Vgl. Rundschreiben der Vomi-Einsatzführung München-Oberbayern, betr. Betreuung der Alten, nicht mehr arbeitseinsatzfähigen Umsiedler vom 31. 5. 1941 (BayHStA, NSDAP, 645, unpag.).

243 Vgl. Sonderrundschreiben des Referates 5, Ärztliche Lagerbetreuung, vom 11. 2. 1942 (BArch Berlin, R 57 Neu/1, unpag.); sowie das speziell für die Umsiedlungen verwendete Einweisungsformular (ebd., unpag.).

244 Vgl. dazu und im Folgenden Zietz an Schultz, Gauhauptmann der Gauselbstverwaltung Posen, vom 3. 8. 1940 (APP, GSV, 289, Bl. 89 f.).

245 RKF an den HSSPF, Beauftragter des RKF in Posen, betr. Betreuung der alten, nicht mehr einsatzfähigen Baltendeutschen vom 31. 8. 1940 (ebd., Bl. 94).

seines Verwaltungsapparates, sondern standen dessen Aufbauplänen für den Warthegau diametral gegenüber. Denn während der „Aufbauzeit“ würden dort vor allem „arbeitseinsatzfähige Menschen gebraucht“. Die Unterbringung einer großen Zahl alter Baltendeutscher würde diese „Aufbauarbeit“ empfindlich stören und könne deshalb erst „nach dem Eintritt ruhigerer Verhältnisse“ in Angriff genommen werden.[246] Der Leiter der Abteilung „Öffentliche Fürsorge“, Werner Ventzki, signalisierte Zietz deshalb außerordentlich deutlich, dass eine größere Überführung alter und kranker Volksdeutscher in Heime des Warthegaus nicht erfolgen würde, wobei die Unterbringung einzelner Baltendeutscher „selbstverständlich“ möglich sei und er in diesen Fällen Zietz seine volle Unterstützung zusichere.[247] Aber nicht allein Zietz und die Dienststelle des Beauftragten des RGF stießen hier an Kompetenzgrenzen, sondern auch die Dienststelle des RKF, gegenüber der der Reichsstatthalter seine ablehnende Haltung nicht weniger deutlich durch den Kommentar „nicht so schnell, immer langsam“ zum Ausdruck brachte.[248] Immerhin konnte im September 1940 von der zuständigen Sachbearbeiterin der Dienststelle des RKF in Posen mit der Gauselbstverwaltung eine Einigung in der Frage der Unterbringung der bereits im Warthegau befindlichen beziehungsweise zur Verlegung bereits vorgesehenen alten Umsiedler erzielt werden; die Bemühungen um eine Überstellung der insgesamt etwa 1 800 im „Altreich“ untergebrachten alten Umsiedler blieben jedoch vorerst erfolglos. Zwar erklärte die Gauselbstverwaltung, sie werde sich in den nächsten Monaten bemühen, „einzelne Heime zu schaffen, so dass dann gelegentlich auch einmal ein etwas grösserer Transport“[249] in den Warthegau gebracht werden könne, bis 1942 hatte sich an der Unterbringungssituation de facto aber nahezu nichts geändert.[250] Der süffisante Unterton und die immer noch deutliche Verweigerungshaltung dürften dabei nicht zuletzt in der Befehlshierarchie begründet liegen, denn der Gauleiter Greiser fungierte zu diesem Zeitpunkt noch nicht als Beauftragter des RKF und sah sich somit auch nicht an Weisungen des RKF gebunden.[251] Darüber hinaus dürfte er die offensive Akquise geeigneter Heime seitens des Beauftragten des RGF, der NSV und des RKF auch als

246 Ventzki, Abt. II des Reichsstatthalters/Gauselbstverwaltung Posen, an Zietz, RÄK, Auslandsabteilung, betr. Baltendeutsche vom 11.9.1940 (ebd., Bl. 91).

247 Ebd.

248 Bericht über die Unterbringung alter Baltendeutscher im Warthegau vom 21.9.1940 (ebd., Bl. 103).

249 Abt. II des Reichsstatthalters/Gauselbstverwaltung Posen an Frl. Dr. Grohmann, Beauftragter des RKF beim HSSPF vom 12.9.1940 (ebd., Bl. 99); sowie Frl. Dr. Grohmann an Lammermann, RKF, betr. Unterbringung der alten Baltendeutschen vom 7.9.1940 (ebd., Bl. 95).

250 Vgl. Stabshauptamt des RKF an Gauselbstverwaltung, betr. Unterbringung von alten, nicht mehr einsatzfähigen baltendeutschen Umsiedlern im Warthegau vom 24.6.1942 (ebd., Bl. 136–138).

251 Später wurden in vielen Fällen die Gauleiter zum Beauftragten des RKF ernannt und die HSSPF zu deren Stellvertretern, um sie dem RKF zu unterstellen und Kompetenzkonflikte zu vermeiden. So auch im Warthegau, wo spätestens 1942 Greiser zum Beauftragten des RKF ernannt wurde. Vgl. weiter Buchheim, Rechtsstellung RKF, S. 247–251.

Einmischung in gauinterne Angelegenheiten verstanden haben. Nicht zuletzt hatte Greiser, wie erwähnt, auch kein Interesse an alten und kranken Menschen. Vielmehr entsprach es seiner Herrschaftspraxis „Ballastexistenzen" aus dem Warthegau zu „entfernen", sei es durch Ermordung oder Deportation.

Diese Kompetenzkonflikte entzündeten sich in erster Linie an der Unterbringung der alten, nicht mehr arbeitsfähigen Umsiedler und betrafen, soweit sich dies anhand der Akten rekonstruieren lässt, weniger die in psychiatrischen Heilanstalten einzuweisenden Umsiedler. Diese wurden nämlich, wie noch zu zeigen sein wird, in quantitativ durchaus beträchtlicher Zahl in den Warthegau verlegt und dort quasi konzentriert. In diesem Punkt war die Arbeit der Dienststelle des Beauftragten des RGF gemessen an den an sie gestellten Anforderungen also durchaus erfolgreich.

Im Mai 1943 wurde die Dienststelle des Beauftragten des RGF auf Anordnung des Reichsgesundheitsführers in „Anbetracht der Bedeutung und des Umfanges, zu denen sich die gesundheitliche Betreuung der volksdeutschen Rückwanderer im Laufe der letzten drei Jahre entwickelt"[252] hatte, zu einem Amt im direkten Dienstbereich des Reichsgesundheitsführers erhoben.[253] Sie firmierte nun unter dem Titel „Der Reichsgesundheitsführer, Amt Umsiedlergesundheitsdienst".[254] Auch die einzelnen Referate - nun als Hauptabteilungen bezeichnet - erhielten im Zuge dieser Umbenennung eine neue Amtsbezeichnung. So wurde beispielsweise das Referat 5 „Ärztliche Lagerbetreuung" zur Hauptabteilung 5 „Lager-Gesundheitsdienst". Die Leitung des Amtes oblag nach wie vor Hellmut Haubold und auch der Dienstsitz, die Auslandsabteilung der RÄK in der Beethovenstr. 3 in Berlin, veränderte sich vorerst nicht.[255] Erst nach einem Luftangriff im November 1943, bei dem die Dienststelle und zahlreiche Unterlagen vernichtet worden waren, wurde das Amt „Umsiedlergesundheitsdienst" nach Berlin-Grunewald, Königsallee 62, verlegt. Gleichzeitig wurden einige Abteilungen nach „auswärts" verlagert.[256] An der Tätigkeit änderte

252 Rundschreiben des RKF/Hauptamt Vomi an alle Einsatzverwaltungen, Lagerverwaltungen, betr. Dienststellen-Umbenennung vom 22.7.1943 (BArch Berlin, R 59/81, Bl. 21).

253 Die Dienststelle wurde direkt dem Reichsgesundheitsführer Conti, der seit 1939 die „Generalkompetenz für das staatliche und parteiamtliche Gesundheitswesen" beanspruchte, unterstellt. Sie war institutionell damit weder in die staatliche Gesundheitsbürokratie noch in das parteiamtliche Gesundheitswesen eingegliedert und hatte somit eine Art Sonderstatus innerhalb des Befehlsbereichs Contis. Ob und inwieweit damit auch eine faktische Erweiterung der Befugnisse verknüpft war, lässt sich angesichts der in diesem Punkt außerordentlich schlechten Quellenlage nicht sagen. Zum Gesundheitswesen vgl. weiterführend Süß, Volkskörper im Krieg, S. 43-94.

254 Vgl. Rundschreiben des RKF, Hauptamt Vomi an alle Einsatzverwaltungen, Lagerverwaltungen, betr. Dienststellen-Umbenennung vom 22.7.1943 (BArch Berlin, R 59/81, Bl. 21); sowie Rundschreiben 3/43 des Amtes Umsiedler-Gesundheitsdienst an die Lagerärzte vom 1.10.1943 (ebd., R 57 Neu/1, unpag.).

255 Vgl. Rundschreiben des RKF, Hauptamt Vomi an alle Einsatzverwaltungen, Lagerverwaltungen, betr. Dienststellen-Umbenennung vom 22.7.1943 (BArch Berlin, R 59/81, Bl. 21).

256 Rundschreiben 3/43 des Amtes Umsiedler-Gesundheitsdienst an die Lagerärzte vom 1.10.1943 (BArch Berlin, R 57 Neu/1, unpag.).

sich trotz der massiven kriegsbedingten Einschnitte aber offensichtlich wenig. So forderte die Hauptabteilung 5 „Lager-Gesundheitsdienst" noch im März 1945 die Durchführung der Schutzimpfungen, das Anlegen der Gesundheitskarteikarten und die Erstellung der 5-Tages-Berichte ebenso wie die Lagerärzte nochmals ausführlich auf das Prozedere bei der Einweisung in Heime und Heilanstalten hingewiesen wurden.[257]

Die Dienststelle des Beauftragten des RGF hatte sich, trotz diverser Kompetenzkonflikte, zu einer zentralen Schaltstelle innerhalb der gesundheitlichen Betreuung der volksdeutschen Umsiedler entwickelt. Die Aktionsfelder erstreckten sich dabei auf den gesamten Umsiedlungsprozess - angefangen bei der Erfassung in den Herkunftsgebieten, der Transportbetreuung, der ärztlichen Überwachung der Lager der Vomi bis hin zur ärztlichen Ansiedlungsbetreuung. Über die originären Aufgaben der einzelnen Referate der Dienststelle Haubolds hinaus eröffneten sich Haubold über die Zusammenarbeit mit der EWZ, dem RKI oder regionalen Forschungseinrichtungen indirekt noch weitere Einflussmöglichkeiten, wobei erst durch das Zusammenspiel dieser verschiedenen Umsiedlungsdienststellen und Forschungseinrichtungen die Selektionsmechanismen in ihrer Totalität im Rahmen der Umsiedlungsaktionen wirken konnten. Der Wirkungskreis war dabei beachtlich, wurden in die Umsiedlungsaktionen doch etwa eine Million Volksdeutsche einbezogen. Der Umsiedlungsradius hatte sich ab 1939 sukzessive erweitert, immer neue deutsche Volksgruppen gerieten in den Blick der Umsiedlungsakteure. Umsiedlungsverträge und Vereinbarungen regelten diesen gigantischen Bevölkerungstransfer und definierten zugleich die groben Rahmenbedingungen, in denen die jeweiligen Umsiedlungsaktionen stattfanden. Den Hintergrund für die ersten großen Umsiedlungsaktionen aus dem Osten und Südosten Europas bildete dabei der Hitler-Stalin-Pakt.

3. Die Umsiedlungen im Kontext des Hitler-Stalin-Paktes

Infolge der Abgrenzung der Interessensphären zwischen dem Deutschen Reich und der Sowjetunion gerieten die deutschen Minderheiten in Teilen Polens und Rumäniens in den Einflussbereich der Sowjetunion oder sahen sich, wie im Falle des Baltikums, einer solchen Situation alsbald ausgesetzt. Die Sowjetunion erhob allerdings lediglich in territorialer Hinsicht Anspruch auf diese Gebiete und hatte kein gesteigertes Interesse an den volksdeutschen Bewohnern. Ganz anders das Deutsche Reich, das die Volksdeutschen als Siedler- und Arbeitskräftereservoir begriff und deren Umsiedlung forcierte.

257 Vgl. Rundschreiben des Amtes Umsiedler-Gesundheitsdienst, Hauptabt. 5, vom 15.3. 1945 (BArch Berlin, R 59/90, Bl. 12-14).

3.1 Baltikum

Bereits am 7. Oktober 1939, einen Tag nachdem Hitler in seiner Reichstagsrede die Neuordnung der „ethnographischen Verhältnisse“ durch Umsiedlungen proklamiert hatte, trafen am frühen Morgen in Riga und Reval erste Schiffe ein. Weder den deutschen Gesandten, noch den lettischen und estnischen Regierungen war jedoch bekannt, dass diese der Umsiedlung der Baltendeutschen dienen sollten. Lediglich der Leiter der NS-Bewegung in Lettland, Kroeger, war über die Einzelheiten informiert. Auch wenn nach umgehender Aufklärung der Situation sowohl die lettischen als auch die estnischen Vertreter noch am gleichen Tag ihre Zustimmung zur Umsiedlung erteilten, war damit ein fait accompli geschaffen. Weder die lettische/estnische Regierung noch die Baltendeutschen selbst hatten eine Umsiedlung erwartet. Zwar hatte im Kontext der deutsch-italienischen Vereinbarungen über Südtirol im Sommer 1939 eine lettische Zeitung einen Bezug zu den in Lettland lebenden Deutschen hergestellt, eine breite Umsiedlungsdiskussion setzte daraufhin jedoch nicht ein.[258]

Am 9. beziehungsweise 10. Oktober 1939 nahmen die Regierungsvertreter die Verhandlungen auf - ohne direkte Beteiligung baltendeutscher Vertreter, denen lediglich eine beratende Funktion zugebilligt wurde. Insbesondere die deutschen Vertreter forcierten einen zügigen Abschluss der Verhandlungen und einen sofortigen Umsiedlungsbeginn. Am 15. Oktober 1939 lag bereits ein Protokoll, das die Umsiedlung der Deutschen aus Estland regelte, vor.[259] Am 30. Oktober 1939 wurde auch die Umsiedlung der Deutschen aus Lettland in einem Umsiedlungsvertrag und einem Zusatzprotokoll auf eine staatsrechtliche Grundlage gestellt.[260] Umsiedlungskriterium sollte, ähnlich wie bei den Südtirolern, auch hier die „Zugehörigkeit zum deutschen Volke“ sein. Bestätigt werden sollte diese bei den Deutschen aus Estland durch die „Kulturselbstverwaltung der deutschen völkischen Minderheit“ oder das lettische Innenministerium. Bei den Deutschen aus Lettland wurde die Überprüfung in die Hände der Deutschen Gesandtschaft gelegt, sofern keine „anerkannte Urkunde“ vorgelegt werden könne. Jede Person über 16 (Lettland) beziehungsweise 18 Jahren (Estland) war aufgefordert, in einem Antrag seinen Willen zum Ausscheiden aus der lettischen respektive estnischen Staatsangehörigkeit zu bekunden. Eltern oder

258 Vgl. Hehn, Umsiedlung der baltischen Deutschen, S. 106 f.

259 Vgl. dazu und im Folgenden Protokoll über die Umsiedlung der deutschen Volksgruppe Estlands in das Deutsche Reich vom 15.10.1939. In: Hellmuth Hecker, Die Umsiedlungsverträge des Deutschen Reiches während des Zweiten Weltkrieges, Hamburg 1971, S. 15-22. Vgl. auch Protokoll über die Umsiedlung aus Estland, o. D. (BArch Berlin, R 59/232, Bl. 1-6).

260 Vgl. dazu und im Folgenden Vertrag über die Umsiedlung lettischer Bürger deutscher Volkszugehörigkeit in das Deutsche Reich vom 30.10.1939; sowie Zusatzprotokoll zum deutsch-lettischen Umsiedlungsvertrag vom 30.10.1939. In: Hellmuth Hecker, Die Umsiedlungsverträge des Deutschen Reiches während des Zweiten Weltkrieges, Hamburg 1971, S. 61-77. Vgl. auch Protokoll über die Umsiedlung aus Estland, o. D. (BArch Berlin, R 59/232, Bl. 9-18 und 19-31).

Vormünder sollten dies stellvertretend für ihre minderjährigen Kinder oder Schutzbefohlenen übernehmen. Wie auch im Falle Südtirols waren auch Militärangehörige und Gefängnisinsassen zur Umsiedlung berechtigt. Hervorzuheben ist hier aber vor allem eine Regelung bezüglich der „Schwach- und Irrsinnigen", die im deutsch-estnischen Umsiedlungsprotokoll verankert wurde. Das Protokoll regelte deren Antragstellung nämlich wie folgt: „Für Schwach- und Irrsinnige stellt der Vormund oder der Kurator den Antrag oder - falls solche nicht ernannt sind - der Leiter der betreffenden Heilanstalt oder die Person oder die Anstalt, deren Fürsorge sie obliegen."[261] An anderer Stelle hieß es: „Die Deutsche Regierung ist bereit, aus Estland in das Deutsche Reich zusammen mit anderen estnischen Staatsangehörigen deutscher Nationalität alle estnischen Staatsangehörigen deutscher Nationalität umzusiedeln, die der staatlichen, kommunalen oder privaten Fürsorge unterliegen, sowie alle estnischen Staatsangehörigen deutscher Nationalität, die sich als Kranke in Heilanstalten befinden oder in Strafanstalten ihre Strafe verbüßen. Eine Liste der betreffenden Personen wird zu gegebener Zeit der Deutschen Gesandtschaft übermittelt werden."[262]

In diesem durchaus beachtlichen Passus wurde also rechtsverbindlich festgeschrieben, dass sich die Umsiedlungsaktion auch auf psychisch kranke Baltendeutsche erstrecken sollte, unabhängig davon, ob sie in psychiatrischen Anstalten untergebracht waren oder in ihren Familien lebten. Auch das Prozedere für deren Antragstellung hatte man hier bereits festgelegt. Im deutsch-lettischen Umsiedlungsvertrag finden sich ähnliche Formulierungen, allerdings blieben diese in ihrer Klarheit weit hinter den zitierten zurück. Es wird lediglich vage von „bevormundeten Personen", deren Antragstellung der gesetzliche Vertreter übernehmen sollte,[263] und der Erteilung der Umsiedlungsgenehmigung auch für Personen, die „wegen unzureichender Handlungsfähigkeit weder selbst noch durch einen gesetzlichen Vertreter Willenserklärungen abgeben können", gesprochen.[264] „Unterstützungsbedürftigen und Gebrechlichen in- und außerhalb von Anstalten" sollte auf eigenen Antrag hin (!) und bei entsprechendem Nachweis über ihre deutsche Volkszugehörigkeit ebenfalls die Umsiedlung gestattet sein.[265] Zweifelsfälle sollten im deutsch-lettischen Einvernehmen geregelt werden.

Damit waren die Umsiedlungsvereinbarungen, die das Deutsche Reich mit den baltischen Staaten schloss, besonders das deutsch-estnische Umsiedlungsprotokoll, wesentlicher präziser formuliert als die nahezu parallel veröffentlich-

261 Art. I, Abs. 3 des Protokolls über die Umsiedlung der deutschen Volksgruppe Estlands in das Deutsche Reich, zit. nach Hecker, Umsiedlungsverträge, S. 16.
262 Ebd., S. 18.
263 Art. II des Vertrages über die Umsiedlung lettischer Bürger deutscher Volkszugehörigkeit in das Deutsche Reich vom 30. 10. 1939, zit. nach Hecker, Umsiedlungsverträge, S. 62.
264 § 3 des Zusatzprotokolls zum deutsch-lettischen Umsiedlungsvertrag vom 30. 10. 1939, zit. nach ebd., S. 70.
265 Ebd.

ten Richtlinien über die Umsiedlung der Südtiroler und bedurften im Wesentlichen keiner weiteren internen Regelungen. Es kann davon ausgegangen werden, dass die Verhandlungsposition der deutschen Seite sich allerdings nicht wesentlich unterschied und die deutsche Regierung auch bei den Verhandlungen über die Baltenumsiedlungen an einer vertraglichen Fixierung der Übernahme kranker und gebrechlicher Umsiedler nicht interessiert war.[266] Dass die baltendeutsche Volksgruppe selbst deren Mitnahme forcierte, erscheint angesichts des geringen Einflusses derselben auf die Verhandlungen und der späteren Bemerkung des stellvertretenden Landesleiters der „Bewegung" in Lettland, Andreas von Koskull, dass man leider den „minderwertigen Teil" der Volksgruppe nicht habe in Lettland lassen können, unwahrscheinlich.[267]

Mit ihrer Umsiedlung konnten die Kranken allerdings, ähnlich wie bei den Südtirolern, keinen Anspruch auf Einbürgerung geltend machen, enthielt das deutsch-estnische Protokoll doch nur die recht vage Formulierung, dass „die Deutsche Regierung gewillt ist, die im Antrag genannten Personen in die Staatsangehörigkeit des Deutschen Reiches aufzunehmen."[268] Auch im deutsch-lettischen Umsiedlungsvertrag wurde lediglich von der Aufnahme der Baltendeutschen in das Reich mit dem „Ziel der Einbürgerung" gesprochen.[269]

Mit der Annahme des Antrages durch das estnische/lettische Innenministerium und der Aushändigung eines „Zeugnisses" beziehungsweise einer „Entlassungsurkunde", die zur Ausreise auf einem der Umsiedlerschiffe berechtigten, verloren die Baltendeutschen jedoch zugleich durch die Abgabe ihrer Personalausweise und Pässe die estnische/lettische Staatsangehörigkeit.[270] Sie waren bei

266 In der von Loeber herausgegebenen Dokumentation findet sich beispielsweise kein Hinweis auf derartige Absprachen und ein Vertragsentwurf der deutschen Seite vom 9.10.1939 erwähnt Anstaltsinsassen oder nicht geschäftsfähige Personen mit keinem Wort. Möglicherweise ging die Initiative zur Umsiedlung der Anstaltspatienten demnach von der lettischen/estnischen Regierung aus. Vgl. Loeber, Diktierte Option, Dok. 95, S. 108–110.

267 Koskull zit. nach Aly, Endlösung, S. 122. Die Volksgruppenvertreter bemühten sich durchaus die Umsiedlungsverhandlungen zu beeinflussen. So erbat der Landesleiter der NS-Bewegung in Lettland, Kroeger, u. a. dass die Entscheidung, wer als Volksdeutscher einzustufen sei, durch die Volksgruppe getroffen werden und dass der Abtransport von Archivgut und Kulturgütern vertraglich festgeschrieben werden solle. Bemühungen um eine Umsiedlung von Insassen der Heil- und Pfleganstalten lassen sich nicht nachweisen. Vgl. zum Beispiel Landesleiter der NSDAP-Landesgruppe Lettland an den deutschen Gesandten in Riga vom 8.10.1939. In: Loeber, Diktierte Option, Dok. 91, S. 103–105; sowie Landesleiter Kroeger an den deutschen Gesandten in Riga vom 8.10.1939. In: Loeber, Diktierte Option, Dok. 92, S. 106.

268 Art. I, Abs. 9 des Protokolls über die Umsiedlung der deutschen Volksgruppe Estlands in das Deutsche Reich, zit. nach Hecker, Umsiedlungsverträge, S. 18.

269 Art. I des Vertrages über die Umsiedlung lettischer Bürger deutscher Volkszugehörigkeit in das Deutsche Reich vom 30.10.1939, zit. nach ebd., S. 62.

270 Vgl. Art. I, Abs. 6 des Protokolls über die Umsiedlung der deutschen Volksgruppe Estlands in das Deutsche Reich, zit. nach ebd., S. 17; sowie Art. III des Vertrages über die Umsiedlung lettischer Bürger deutscher Volkszugehörigkeit in das Deutsche Reich vom 30.10.1939, zit. nach ebd., S. 63.

nichterfolgter Einbürgerung durch das Deutsche Reich demzufolge ebenso staatenlos wie die von der Einbürgerung ausgenommen Südtiroler.

Nur wenige Tage nach der Veröffentlichung des deutsch-estnischen Umsiedlungsprotokolls legte am 18. Oktober 1939 das erste Umsiedlerschiff in Reval ab. Nur einen Monat später war die gesamte Umsiedlungsaktion, bis auf einen Transport, beendet. Über 13 000 Baltendeutsche, etwa 96 Prozent aller bei der deutschen Kulturverwaltung in Estland registrierten Baltendeutschen, hatte in diesem Zeitraum Estland verlassen.[271]

Der Abtransport der Baltendeutschen aus Lettland begann, bedingt durch den späteren Vertragsabschluss, etwa einen Monat später, am 7. November 1939. Die gesamte Umsiedlungsaktion sollte gemäß dem deutsch-lettischen Umsiedlungsvertrag am 15. Dezember 1939 abgeschlossen sein. Tatsächlich wurde die Frist nur um einen Tag überschritten, denn am 16. Dezember 1939 verließ der letzte Umsiedlerdampfer Riga. Über 47 000 Baltendeutsche, 88 Prozent aller in Lettland lebenden Baltendeutschen, hatten Lettland innerhalb eines Monats verlassen.[272] Zurück blieben vor allem alte und kranke Baltendeutsche, die es vorzogen in Lettland oder Estland ihren Lebensabend zu verbringen sowie jüdische Baltendeutsche, die nicht zur Umsiedlung zugelassen waren. In einigen Fällen dürften auch wirtschaftliche und berufliche Gründe für einen Verbleib im Baltikum ausschlaggebend gewesen sein. Insgesamt ging man von etwa 4 000 bis 7 000 zurückgebliebenen Baltendeutschen in Lettland und etwa 2 500 bis 3 000 in Estland aus.[273] Quantitativ fielen diese Gruppen also kaum ins Gewicht. Die Mehrzahl der Baltendeutschen hatte Estland und Lettland 1939 innerhalb kürzester Zeit verlassen. Das baltendeutsche Leben kam damit weitestgehend zum Erliegen, stellten mit der Abreise der Deutschen auch deren Schulen, Organisationen und Vereine, kulturelle Einrichtungen und Kirchen ihre Tätigkeit ein und gingen in den Besitz des jeweiligen Staates über.[274]

Die überaus zügige Abwicklung der Umsiedlungen aus dem Baltikum war in erster Linie Ergebnis der rasch angelaufenen Umsiedlungsvorbereitungen durch die deutschen Volksgruppen. Anders als bei den nachfolgenden Umsiedlungsaktionen oblag die Organisation der Ausreise hier nämlich den Volksgruppen selbst. Diese hatten unter dem Eindruck einer drohenden sowjetischen Besetzung begonnen ihre Evakuierung vorzubereiten. Nachdem der Umsiedlungsentschluss getroffen worden war, begannen nun die konkreten Vorbereitungen, die von der „Deutschen Volksgruppe/Volksgemeinschaft" koordiniert wurden. Entsprechende Umsiedlungsdienststellen wurden geschaffen beziehungsweise bereits bestehende Ämter der „Volksgemeinschaft" mit den entsprechenden

271 Vgl. Hehn, Umsiedlung der baltischen Deutschen, S. 121 f.

272 Vgl. ebd., S. 131. Neben den Baltendeutschen hatten auch Reichsdeutsche, Staatenlose und ehemals polnische Staatsangehörige Lettland verlassen. Die Gesamtzahl der Umgesiedelten betrug 52 583 Personen.

273 Die Zahlen, hier nach Hehn, sind nicht unumstritten und variieren in der Literatur sehr stark. Vgl. Bosse, Vom Baltikum in den Reichsgau Wartheland, Anm. 73.

274 Vgl. Hehn, Umsiedlung der baltischen Deutschen, S. 122 und 133.

Aufgaben betraut und mit propagandistischen Mitteln für die Umsiedlung geworben, die formal auch hier ein freier Willensakt sein sollte, auch wenn die subjektive Wahrnehmung oftmals eine andere war.[275]

Basierend auf den Unterlagen der Kulturverwaltung und der Nachbarschaften wurde Estland in Kreise und Blocks untergliedert und die Erfassung der Umsiedlungswilligen forciert. Auch der Abtransport zu den Hafenstädten, von wo aus die eigentliche Umsiedlung ins Deutsche Reich erfolgen sollte, lag in den Händen der Volksgruppe, namentlich in denen Eriks von Bremen, der in Personalunion als Umsiedlungsbeauftragter der Volksgruppe und der deutschen Gesandtschaft fungierte.[276] Auch in Lettland wurden ähnliche Organisationsstrukturen geschaffen, wobei die Volksgruppe, die viermal mehr Mitglieder umfasste, hier noch stärker auf bereits existierende Institutionen, vor allem die „Ämter" der „deutsch-baltischen Volksgemeinschaft" zurückgreifen konnte.[277] Eine zentrale Rolle spielte hier Kroeger, der von Himmler zum Vertreter aller Baltendeutschen erklärt wurde und die Umsiedlung leiten sollte.[278] Reichsdeutsche Stellen wie der RKF oder die Vomi waren während der Umsiedlungen aus dem Baltikum somit nicht direkt an der Umsiedlung beteiligt, wodurch der Umsiedlung der Baltendeutschen im Vergleich zu den nachfolgenden Umsiedlungsaktionen eine gewisse Sonderrolle zukam.[279] Nach ihrer Ankunft im Deutschen Reich beziehungsweise in den annektierten deutschen Gebieten nivellierte sich jedoch dieser Unterschied - die Baltendeutschen hatten das gleiche Einbürgerungsprozedere wie alle Umsiedler zu absolvieren. Allerdings verließen sie nach der Einbürgerung verhältnismäßig schnell die Auffanglager der Vomi, wurden im Warthegau angesiedelt und teilten somit weitaus seltener das Schicksal einer monatelangen Lagerexistenz mit den später umgesiedelten Volksgruppen.

Zu diesen später Umgesiedelten gehörten auch die 1939 zunächst in den baltischen Staaten verbliebenen Baltendeutschen. Diese befürchteten nach dem Einmarsch der Sowjetunion in Lettland und Estland im Juni 1940 Repressionen und reichten bei den deutschen Konsulaten zahlreiche Gesuche auf nachträgliche Umsiedlung ein. Staatsrechtlich betrachtet war die Umsiedlungsaktion jedoch beendet und so stellte sich das Auswärtige Amt und der RKF auf den Standpunkt, dass eine Umsiedlung nur in besonderen Einzelfällen und nicht pauschal für alle, despektierlich als „Konjunkturdeutsche" bezeichneten Balten-

275 Vgl. Bosse, Vom Baltikum in den Reichsgau Wartheland, S. 303 f.

276 Vgl. Hehn, Umsiedlung der baltischen Deutschen, S. 118 f.; sowie Eduard von Nottbeck, Organisation und Verlauf der Umsiedlung der Deutschen aus Estland. In: Baltische Hefte, 17 (1971), S. 177–205.

277 Vgl. Hehn, Umsiedlung der baltischen Deutschen, S. 123–127. Vgl. weiterführend zur Tätigkeit der Volksgruppe während der Umsiedlung Kap. IV.1.1

278 Quasi als Auszeichnung für die reibungslose und zügige Durchführung der Umsiedlung wurde er anschließend von Himmler zum Dienststellenleiter der neugegründeten Einwandererberatungsstelle in Posen ernannt. Vgl. Schröder, deutschbaltische nationalsozialistische „Bewegung", S. 139; sowie Schröder, deutschbaltische SS-Führer, S. 55.

279 Vgl. Hehn, Umsiedlung der baltischen Deutschen, S. 117 f.

deutschen in Frage käme.[280] Unter dem Eindruck einer rigorosen Sowjetisierung der baltischen Staaten wurde im August 1940 dann dennoch eine „Nachumsiedlung" aller noch dort verbliebenen Volksdeutschen ins Auge gefasst.[281] Allerdings, so die Forderung der in dieser Frage zuständigen Dienststelle des RKF, sollten nur den Baltendeutschen die vollen Umsiedlerrechte gewährt werden, die sich bereits während der ersten Umsiedlungsaktionen hatten registrieren lassen und aus triftigen Gründen oder mit einer Sondergenehmigung in den baltischen Staaten verblieben waren. Die anderen Baltendeutschen sollten diese Rechte nicht für sich reklamieren können. Sie sollten den Status von „Flüchtlingen" erhalten und zudem nicht im „Osten" angesiedelt werden. Generell sollten „strengste Maßstäbe" bei der Beurteilung der Zugehörigkeit zum deutschen Volk angelegt werden.[282] Die vertragliche Grundlage dieser Nachumsiedlung wurde durch einen Vertrag mit der Sowjetunion, der am 10. Januar 1941 unterzeichnet wurde, geschaffen.[283] Parallel dazu hatten die beiden Vertragspartner auch die Umsiedlung der Deutschen aus Litauen vereinbart und noch am gleichen Tag einen entsprechenden Vertrag unterzeichnet.[284]

Beiden Verträgen war gemein, dass sie verhältnismäßig umfangreich und präzise den Ablauf der Umsiedlungsaktionen festlegten. Die Definition, wer als Volksdeutscher zur Umsiedlung berechtigt war, blieb jedoch in diesen beiden Verträgen, trotz der vom RKF geforderten „strengsten Maßstäbe", wie auch in den übrigen Verträgen vage. Als umsiedlungsberechtigt galten demnach alle Volks- und Reichsdeutschen über 14 Jahren, die den Willen zur Umsiedlung persönlich in schriftlicher oder mündlicher Form bekundeten. „Schwerkranke und invalide Personen" aus Lettland und Estland waren gemäß des Zusatzprotokolls zum Umsiedlungsvertrag vom persönlichen Erscheinen bei den Umsiedlungsdienststellen befreit, hier sollte eine schriftliche Erklärung genügen.[285] Ent-

280 Vgl. ebd., S. 175 f.

281 Vgl. zum Beispiel Deutscher Gesandter in Reval an Auswärtiges Amt vom 10. 8. 1940. In: Loeber, Diktierte Option, Dok. 192, S. 281 f.

282 Vertrauliche Anordnung 20/II des RKF, betr. Nachumsiedlung aus Lettland und Estland vom 19. 8. 1940. In: Loeber, Diktierte Option, Dok. 202, S. 303 f.; sowie vertrauliches Begleitschreiben des RKF vom 20. 8. 1940, ebd., Dok. 203, S. 305 f.

283 Vgl. Hehn, Umsiedlung der baltischen Deutschen, S. 176–181. Zum Umsiedlungsvertrag siehe Hecker, Umsiedlungsverträge, S. 138–153.

284 Vgl. Hecker, Umsiedlungsverträge, S. 154–171. Dieser Vertrag regelte nicht nur die Umsiedlung der Deutschen aus Litauen in das Deutsche Reich, sondern auch die Umsiedlung litauischer Staatsangehöriger und „Personen litauischer, russischer und belorussischer Volkszugehörigkeit" aus dem Deutschen Reich in die Litauische sozialistische Sowjetrepublik. Einen solchen wechselseitigen Bevölkerungsaustausch sahen auch der Vertrag der SU mit dem Deutschen Reich über das besetzte Polen und der zwischen dem Deutschen Reich und Kroatien geschlossene Umsiedlungsvertrag vor. Die übrigen zwölf Umsiedlungsverträge sahen lediglich einen einseitigen Bevölkerungstransfer, nämlich den der Volksdeutschen in das Deutsche Reich vor. Vgl. ebd.

285 Vgl. Art. I der Vereinbarung zwischen der Deutschen Reichsregierung und der Regierung der UdSSR über die Umsiedlung von Reichs- und Volksdeutschen aus den Gebieten der lettischen und estnischen sozialistischen Sowjetrepubliken in das Deutsche Reich (Nachumsiedlungsvertrag); sowie Art. I der Vereinbarung zwischen der Deutschen

gegengenommen werden sollten diese Erklärungen von den deutschen und sowjetischen Umsiedlungsbevollmächtigten, die in den jeweiligen Orten (Ortsbevollmächtigte) eingesetzt wurden. Ihnen übergeordnet waren Gebiets- und Hauptbevollmächtigte, die die Umsiedlungsaktion koordinierten. Die Prüfung der deutschen Volkszugehörigkeit oblag dabei den deutschen Bevollmächtigten.[286] Ihr, nach Himmlers Vorstellungen strenges Urteil entschied über die Umsiedlung des Antragstellers. Wie hier mit psychisch Kranken und geistig behinderten Umsiedlungswilligen verfahren werden sollte, ließen beide im Wortlaut in vielen Passagen sehr ähnlichen Umsiedlungsverträge offen. Dass sie zumindest im Falle der Nachumsiedlung aus Lettland und Estland einer „Sonderbeurteilung" unterliegen sollten, ergab sich erst aus einer späteren Weisung des Hauptbevollmächtigten. Gemäß dieser Weisung sollten nur die psychisch kranken und geistig behinderten Baltendeutschen zur Umsiedlung zugelassen werden, die bei ihren Angehörigen leben und von ihnen versorgt werden würden, bei denen „Unruhezustände" nicht zu erwarten seien und die unter einer „heilbaren Geisteskrankheit" leiden würden. Explizit ausgeschlossen waren „Geisteskranke, die in Irrenanstalten untergebracht [seien] und deren Zustand eine Einweisung in eine Irrenanstalt" im Anschluss an die Umsiedlung notwendig machen würde.[287] Der Hauptbevollmächtigte behielt sich in jedem dieser Fälle die endgültige Entscheidung vor.

Tatsächlich handelte es sich bei den noch in Estland und Lettland befindlichen „Geisteskranken" nur in den wenigsten Fällen um hospitalisierte Kranke, waren die deutschen Patienten der großen psychiatrischen Einrichtungen doch bereits im Rahmen der ersten Umsiedlungsaktion aus dem Baltikum 1939 umgesiedelt worden. Die Weisung des Hauptbevollmächtigten, Anstaltsinsassen nicht zur Nachumsiedlung zuzulassen, bedeutete demzufolge nicht, dass in den psychiatrischen Einrichtungen hunderte Baltendeutsche zurückblieben, sondern es kann sich nur um einige Einzelfälle gehandelt haben. Dennoch zeigt die getroffene Regelung, dass das Deutsche Reich kein Interesse an der Übernahme anstaltsbedürftiger Baltendeutscher hatte, sei es aus monetär-fürsorgepolitischen oder rassenhygienisch-siedlungspolitischen Erwägungen heraus.

Im Falle der Litauendeutschen gestalteten sich die situativen Rahmenbedingungen jedoch anders. Hier stand die Umsiedlung der gesamten deutschen Bevölkerungsgruppe noch bevor und ein Ausschluss der hospitalisierten

Reichsregierung und der Regierung der UdSSR über die Umsiedlung der deutschen Reichsangehörigen und der Personen deutscher Volkszugehörigkeit aus der litauischen sozialistischen Sowjetrepublik in das Deutsche Reich etc. (Umsiedlungsvertrag Litauen), Hecker, Umsiedlungsverträge, S. 139 und 152. Vgl. weiter Zusatzprotokoll zum Nachumsiedlungsvertrag vom 10.1.1941 (BArch Berlin, R 59/232, Bl. 37–39). Im Umsiedlungsvertrag Litauen und dem zugehörigen Zusatzprotokoll fehlt eine solche Regelung.

286 Vgl. Art.VI des Nachumsiedlungsvertrages; sowie Art. VI des Umsiedlungsvertrages Litauen, Hecker, Umsiedlungsverträge, S. 141 und 158.

287 Bericht über die Tätigkeit der Abt. Gesundheitsführung bei der Nachumsiedlung aus Estland und Lettland vom 12.3.1941 (BArch Berlin, R 59/241, Bl. 20–26, hier 25). Vgl. auch Arbeitsbericht der Abt. Gesundheitsführung vom 6.2.1941 (ebd., Bl. 6–8).

Litauendeutschen von der Umsiedlungsaktion hätte sich hier quantitativ deutlicher bemerkbar gemacht.[288] Eine Grundsatzentscheidung bezüglich des Abtransportes psychisch Kranker wie im Falle der Nachumsiedlung konnte allerdings bisher nicht aufgefunden werden. Auch der litauische Umsiedlungsvertrag enthielt lediglich einen allgemeinen Passus zur Beförderung von „Kranken und körperlich Schwachen" in Lazarettwagen.[289] Vermutlich hatte die deutsche Seite aber ein ähnlich geringes Interesse an der Übernahme der Anstaltsinsassen wie im Falle der Deutschen aus Lettland und Estland und beabsichtigte unter anderem die Patienten der Anstalt Kalvarija von der Umsiedlung auszuschließen. Anscheinend erfolgte der spätere Abtransport lediglich auf Intervention des sowjetischen Hauptvertreters hin.[290] Außerdem lassen sich weitere Transporte „Geisteskranker" aus Litauen anhand der Aufnahmebücher der Heilanstalten des Warthegaus, die die Litauendeutschen aufnahmen, nachweisen, so dass davon ausgegangen werden muss, dass eine interne Regelung über den Abtransport der psychisch kranken und geistig behinderten Litauendeutschen getroffen worden ist, ohne dass deren genauer Inhalt derzeit rekonstruiert werden kann.[291]

Die Nachumsiedlung aus Lettland und Estland begann im Januar 1941. Vom 11. Februar bis zum 7. April 1941 verließen etwa 17 500 Baltendeutsche,[292] weitaus mehr als von den deutschen Umsiedlungsbevollmächtigten erwartet, nahezu fluchtartig Lettland und Estland.[293] Der Großteil von ihnen wurde als „Balten-

288 Der Kulturverband der Deutschen in Litauen ging von etwa 350 bis 450 Schwerkranken aus, wobei psychisch Kranke und geistig Behinderte hier nicht explizit Erwähnung finden. Vgl. Bericht der Sanitätsabteilung des Kulturverbandes vom 20.9.1940 (BArch Berlin, R 59/264, Bl. 60).

289 Vgl. Art. 16 des Umsiedlungsvertrages Litauen, Hecker, Umsiedlungsverträge, S. 165.

290 Vgl. Übersetzung eines Schreibens des sowjetischen Hauptvertreters an den deutschen Hauptbevollmächtigten in Kaunas vom 15.3.1941 (BArch Berlin, R 59/255, Bl. 119). Die Patienten wurden am 25.3.1941 in der Heilanstalt Gostynin/Gasten aufgenommen. In den Aufnahmebüchern der Heilanstalt findet sich bei einigen Patienten aus Litauen unter der Rubrik „letzter Wohnort" die Eintragung „Kalwarija". Vgl. Aufnahmebücher der Heilanstalt Gostynin/Gasten 1938–42 (getrennt nach Männern und Frauen) (Wojewódzki Samodzielny Zespół Publicznych Zakładów Opieki Zdrowotnej im. Profesora Eugeniusza Wilczkowskiego w Gostyninie [Krankenhausarchiv Gostynin]).

291 Vgl. Aufnahmebuch der Gauheilanstalt Warta 1937–42 (APŁ, Sieradz, Szpital Psychiatryczny w Warcie, 6865); sowie Aufnahmebücher der Heilanstalt Gostynin 1938–42 (Krankenhausarchiv Gostynin).

292 Vgl. Abschlussbericht über die Umsiedlung Estland, Lettland vom 20.4.1941 (BArch Berlin, R 59/234, Bl. 98–100). Im Abschlussbericht werden lediglich 13 000 Umsiedler angegeben, aus späteren Quellen geht jedoch hervor, dass diese Zahl nicht der endgültigen Umsiedlerzahl entsprach. Vgl. Hehn, Umsiedlung der baltischen Deutschen, S. 189.

293 Bosse charakterisiert die Nachumsiedlung deshalb auch als Fluchtbewegung, im Gegensatz zur ersten Umsiedlungsaktion aus dem Baltikum 1939. Dieser sei kein Fluchtcharakter immanent gewesen, ebenso wenig könne hier von einer „Massenvertreibung" oder „Evakuierung", wie sie 1943 in der Sowjetunion einsetzte, gesprochen werden. Zutreffender sei stattdessen der Begriff „Exodus". Vgl. Bosse, Vom Baltikum in den Reichsgau Wartheland, S. 304; sowie Bosse, Volksdeutsche Umsiedler im „Reichsgau Wartheland", S. 28 f.

flüchtlinge" eingestuft und in Vomi-Lagern des „Altreiches" untergebracht. Eine Ansiedlung im „verheißungsvollen Osten" war, wie von Himmler im Vorfeld bekundet, nicht anvisiert.

Parallel zur Nachumsiedlung der Deutschen aus Lettland und Estland fand die Umsiedlung der Deutschen aus Litauen statt, wobei die Volksgruppe in Reaktion auf die Reichstagsrede Hitlers vom 6. Oktober 1939 schon wesentlich früher begonnen hatte entsprechende Vorbereitungen zu treffen.[294] Ähnlich wie bei den Umsiedlungsaktionen aus Estland und Lettland kam auch hier der Volksgruppe, namentlich dem vom Deutschen Reich protegierten und finanzierten „Kulturverband der Deutschen in Litauen",[295] eine nicht unbedeutende Rolle bei der Vorbereitung der Umsiedlungsaktion zu. So hatte die im Herbst 1940 neu geschaffene und den Kulturverband substituierende „Organisation Umsiedlung" im Vorfeld der Umsiedlung bereits die entsprechenden Listen, Karten und Vermögensunterlagen erstellt.[296] Nur durch diese Vorarbeiten war der Abschluss der Umsiedlungsaktion nach nur etwas mehr als zwei Monaten im März 1941 möglich gewesen. Insgesamt verließen bis zu diesem Zeitpunkt circa 50 000 Umsiedler Litauen, die auf verschiedene Gaue des Deutschen Reiches verteilt wurden. Die wenigsten von ihnen erreichten schließlich die eigentlich vorgesehen Ansiedlungsgebiete im „Osten" - Danzig-Westpreußen und Ostpreußen. Der Großteil der Deutschen aus Litauen wurde in Ermangelung freier Siedlungsräume in den Ostgebieten vielmehr ab 1942 wieder nach Litauen „rückgesiedelt".[297] Eine solche „Rücksiedlung" strebten nach der deutschen Besetzung des Baltikums auch viele Deutsche aus Lettland und Estland an. Himmler schloss dies allerdings kategorisch aus, benötigte man die bereits im Warthegau ansässigen Baltendeutschen dort doch als Siedler zur „Germanisierung" des annektierten Gebietes.[298]

Ebenfalls im Warthegau angesiedelt wurden die Deutschen aus Wolhynien, Galizien und dem Narewgebiet, deren Umsiedlung, wie die der Baltendeutschen, eine direkte Folge des Hitler-Stalin-Paktes war.

294 Vgl. dazu und im Folgenden Stossun, Umsiedlung Litauen.

295 Vgl. zum Einfluss des Nationalsozialismus auf die Deutschen in Litauen ebd., S. 18–25.

296 Vgl. ebd., S. 35.

297 Vgl. ebd., S. 171–222. Die Zahl der „rückgesiedelten" Litauendeutschen lässt sich nicht genau beziffern, sie lag nach Stossun zwischen 19 000 und 25 000 Rücksiedlern.

298 Dennoch gelang es einigen Deutschbalten in ihre Herkunftsgebiete zurückzukehren. Da dies im Widerspruch zum ausdrücklichen Rückkehrverbot Himmlers, dessen Position von Hitler bestätigt wurde, stand, begannen die HSSPF Ostland 1942/43 mit der Erfassung aller in Lettland und Estland illegal „eingesickerten" Baltendeutschen. Einigen wenigen Baltendeutschen, vor allem noch nicht angesiedelten Nachumsiedlern, war aber auch für einen „vorübergehenden kriegsmäßigen Einsatz" die zeitweise Rückkehr gestattet worden, vor allem um innerhalb der Zivilverwaltung eingesetzt zu werden. Vgl. Kārlis Kangeris, Die Rückkehr und der Einsatz von Deutschbalten im Generalbezirk Lettland 1941–1945. In: Michael Garleff (Hg.), Deutschbalten, Weimarer Republik und Drittes Reich, Köln 2008, S. 385–428.

3.2 Ostpolen

Mit der im geheimen Zusatzprotokoll des Hitler-Stalin-Paktes vereinbarten Aufteilung Polens zwischen dem Deutschen Reich und der Sowjetunion gerieten nach dem Einmarsch deutscher und sowjetischer Truppen in Polen im September 1939 die ostpolnischen Gebiete, in denen sich osteuropäische Zentren des Deutschtums wie Czernowitz oder Lemberg befanden, unter sowjetischen Einfluss. Am 28. September 1939 wurde im Zusatzprotokoll des „Deutsch-Sowjetischen Grenz- und Freundschaftsvertrages" die Umsiedlung der in der sowjetischen Einflusssphäre lebenden Reichs- und Volksdeutschen festgeschrieben. Wenig später nahmen deutsche und sowjetische Vertreter konkrete Verhandlungen über die Umsiedlung der Deutschen aus dem sowjetisch besetzten Galizien, Wolhynien und dem sogenannten „Narewgebiet" auf. Am 16. November 1939 wurde das „Abkommen über die Umsiedlung der deutschstämmigen Bevölkerung aus dem zur Interessenzone der UdSSR und der ukrainischen und weißrussischen Bevölkerung aus dem zur Interessensphäre des Deutschen Reiches gehörenden Gebiete des früheren polnischen Staates" geschlossen.[299] Wie bereits dem Titel zu entnehmen ist, sah der Vertrag einen Bevölkerungsaustausch vor. Die „deutschstämmigen" Personen sollten aus den nunmehr sowjetischen Gebieten und die ukrainische, weißrussische, russische und ruthenische Bevölkerung aus den deutsch besetzten Gebieten Polens ausgesiedelt werden.[300] Eine definitorische Festlegung, wer als „deutschstämmig" zu betrachten sei, das heißt, welche Kriterien als Indikatoren für diese „Deutschstämmigkeit" fungieren sollten, wurde wie auch bei den Baltenumsiedlungen nicht getroffen. Festgeschrieben wurde lediglich der Verfahrensgang, der deutliche Parallelen zu den späteren deutsch-sowjetischen Umsiedlungsverträgen über die Nachumsiedlung aus Estland und Lettland und die Umsiedlung aus Litauen aufwies. So sollten deutsche und sowjetische Haupt-, Gebiets- und Ortsbevollmächtigte Listen der Umsiedlungswilligen, die aufgefordert waren ihren Willen zur Umsiedlung schriftlich oder mündlich gegenüber den Bevollmächtigten zu äußern, in entsprechende Umsiedlerlisten aufnehmen.[301] „Nach Möglichkeit" sollten Urkunden über die Volkszugehörigkeit vorgelegt werden. Zur Umsiedlung zugelassen waren schließlich alle in einer solchen, von den Gebietsbevollmächtigten und einem Regierungsvertreter der „anderen Seite" bestätigten Liste eingetragenen Personen. In der Regel wurden die Umsiedler familienweise erfasst, wobei alle Volksdeutschen über 14 Jahre das Recht haben sollten, frei über den Verbleib im Heimatgebiet oder die Umsiedlung zu ent-

299 Der Vertrag und das Ergänzungsprotokoll ist abgedruckt bei Hecker, Umsiedlungsverträge, S. 105–119.

300 Angesichts der geringen Zahl der freiwillig in die SU ausgesiedelten ukrainischen, weißrussischen, russischen und ruthenischen Personen von etwa 11 000 kann nur bedingt von einem wechselseitigen Bevölkerungsaustausch gesprochen werden. Vgl. Lumans, Himmler's Auxiliaries, S. 163.

301 Vgl. Art. 13 des Umsiedlungsabkommens vom 16. 11. 1939, Hecker, Umsiedlungsverträge, S. 113 f.

scheiden. Angesichts einer weit verbreiteten und plakativ unter dem Terminus „horror sovieticus" subsumierten Angst der ostpolnischen Bevölkerung vor sowjetischen Repressionen und einer idealisierten Vorstellung vom Deutschen Reich entschieden sich fast 130 000 Deutsche aus Galizien, Wolhynien und dem Narewgebiet für die Umsiedlung. Nahezu alle in Ostpolen registrierten Volksdeutschen verließen somit bis zum Ablauf der vereinbarten Frist zum 1. März 1940 die sowjetisch besetzten Gebiete.[302]

Der Abtransport war dabei im Umsiedlungsvertrag bereits relativ präzise festgelegt worden und sollte in Trecks und mit der Eisenbahn erfolgen. Kranke, Invaliden, Alte, alleinstehende Frauen und Kinder und „Personen, die unter staatlicher Fürsorge stehen", sollten bevorzugt berücksichtigt und in Lazarettzügen umgesiedelt werden.[303] Eine Umsiedlung hospitalisierter Kranker scheint demnach Commonsense zwischen den Vertragspartnern gewesen zu sein, auch wenn konkrete Ausführungen, wer in ihrem Falle die Umsiedlungserklärung abgeben sollte, fehlten. Auch in der „Zusatzvereinbarung für die Gesundheitssicherung der Rücksiedlung der deutschen Volksgruppe aus Wolhynien, Galizien" wurden lediglich transporttechnische Details, wie der Einsatz von Sanitätskraftwagen und Lazarettzügen, die Einrichtung von Krankensammelstellen und die Aufstellung eines „Gesundheitskommandos" beim Hauptbevollmächtigten für die Umsiedlung geregelt.[304] Nur ein Rundschreiben des Hauptbevollmächtigten vom 19. Januar 1940 an die bei den Gebietsbevollmächtigten eingesetzten Gebietsärzte enthält einen vagen Hinweis auf vertragliche Vereinbarungen über den Abtransport hospitalisierter Kranker. Demnach seien Listen der Kranken aufzustellen, die aus besonderen Gründen nicht ausgesiedelt werden könnten, damit deren Umsiedlung zu einem späteren Zeitpunkt erfolgen könne. Gegebenenfalls sollte vermerkt werden, „ob Bemühungen über spätere Aussiedlung unerwünscht sind (z. B. zurückgelassene, aber registrierte Geisteskranke)."[305] Das Deutsche Reich hatte also auch im Falle der Deutschen aus Galizien, Wolhynien und dem Narewgebiet kein nennenswertes Interesse an der Umsiedlung von Insassen psychiatrischer Einrichtungen, sondern versuchte vielmehr, deren Verbleib in den Herkunftsländern, sofern dies möglich erschien, zu erwirken.

Dieses Vorgehen, wie auch das gesamte etablierte Aussiedlungsprozedere, das personell von der Himmler unterstehenden Vomi getragen wurde, bildete die Folie für die nachfolgenden Umsiedlungsaktionen. Anders als bei der Umsiedlung der Deutschbalten 1939, bei der die Aussiedlung maßgeblich von

302 Von 132 700 registrierten Volksdeutschen verließen 129 880 das sowjetisch besetzte Polen. Vgl. Döring, Umsiedlung der Wolhyniendeutschen, S. 144–146.
303 Vgl. Art. 15 und Art. 19 des Umsiedlungsabkommens vom 16. 11. 1939, Hecker, Umsiedlungsverträge, S. 115 f.
304 Vgl. Zusatzvereinbarung für die Gesundheitssicherung der Rücksiedlung der deutschen Volksgruppe aus Wolhynien, Galizien (BArch Berlin, R 69/149, Bl. 25–27).
305 Rundschreiben Nr. 5 des Hauptbevollmächtigten für die Umsiedlung, Abt. III Gesundheitswesen, an die Gebietsärzte vom 19. 1. 1940 (BArch Berlin, R 69/149, Bl. 30–34, hier 30).

der Volksgruppe selbst geleitet worden war, zog Himmler sämtliche Kompetenzen in Umsiedlungsfragen an sich und installierte einen gigantischen Aus- und Umsiedlungsapparat unter der Führung des RKF.[306] Demnach verwundert die zum Teil frappierende Ähnlichkeit der nachfolgenden Umsiedlungsverträge sowohl im Wortlaut wie auch im Inhalt kaum, war den Verhandlungsführern doch bewusst, dass das Deutsche Reich sich bei der Erfüllung der Verträge des Umsiedlungsapparates des RKF bedienen würde und somit die vertraglich festgeschriebenen Umsiedlungsmodalitäten im Wesentlichen keiner Abänderung bedurften. Dies galt nicht nur für die Umsiedlungen, die auf der Basis bilateraler Verträge erfolgten, sondern im Prinzip auch für vertragslose Umsiedlungen, etwa für jene aus dem Generalgouvernement 1940/41. Trotz des Fehlens eines Umsiedlungsvertrages, der aufgrund des besonderen Status des Generalgouvernements obsolet wurde, war auch hier ein Umsiedlungskommando der Vomi eingesetzt, welches die Erfassung der Volksdeutschen im Cholmer und Lubliner Land vornahm.[307] Für die ab dem Sommer 1940 - also vor der Deklarierung des Generalgouvernements zum „Germanisierungsgebiet“[308] - etwa 30 000[309] erfassten und umgesiedelten Volksdeutschen galt allerdings nicht das Prinzip der Freiwilligkeit, sie hatten kein „Optionsrecht“. Ein Verbleib im Generalgouvernement wurde ausgeschlossen, die Umsiedlung aller dort lebenden Volksdeutschen in den Warthegau angeordnet.[310]

Letztlich blieb ein solches Vorgehen zu dem Zeitpunkt jedoch die Ausnahme. Die zahlenmäßig bedeutsamen Umsiedlungsaktionen, beispielsweise aus dem rumänischen Bessarabien, der Bukowina und der Dobrudscha, basierten wie auch die ersten aus dem Baltikum und Wolhynien/Galizien auf bilateralen Umsiedlungsverträgen und enthielten formal das Kriterium der Freiwilligkeit.

306 Vgl. dazu Kap. III.2. Vgl. auch Lumans, Himmler's Auxiliaries, S. 163.

307 Bericht des Hauptbevollmächtigten bei der Umsiedlung aus dem Generalgouvernement über die Tätigkeit des Umsiedlungskommandos, o. D. (BArch Berlin, R 69/288, Bl. 48-57). Gleichzeitig war hier jedoch auch ein EWZ-Kommando tätig, welches die Einbürgerung der Volksdeutschen vornahm, da diese im Sinne einer „Tauschsiedlung“ unmittelbar im Warthegau angesiedelt werden sollten. Das heißt, die Volksdeutschen aus dem Generalgouvernement sollten die Höfe polnischer Bauern im Warthegau erhalten, die im Gegenzug deren Höfe im Generalgouvernement zugewiesen bekamen. Vgl. Dienstanweisung für die Umsiedlung der Volksdeutschen aus dem Generalgouvernement, o. D. (BArch Berlin, R 69/924, Bl. 1 f.). Vgl. auch Kotzian, Umsiedler, S. 134 f.

308 Etwa im Sommer 1941, vor dem Hintergrund des Krieges gegen die Sowjetunion, wurde das Generalgouvernement zum „Germanisierungsgebiet“ erklärt. Die dort verbliebenen Volksdeutschen wurden vorwiegend im Distrikt Lublin „zusammengesiedelt“ und weitere Volksdeutsche aus anderen Herkunftsgebieten angesiedelt. Das wohl bekannteste und zugleich berüchtigtste Beispiel für diese Germanisierungspolitik ist das „Zamość-Projekt“. Vgl. weiterführend Heinemann, Rasse, S. 357-415.

309 Vgl. Bericht des Stabshauptamtes über den Stand der Um- und Ansiedlung am 1.5.1942 (BArch Berlin, NS 19/2743, Tabelle 1, Bl. 25); sowie Abschlussbericht der EWZ über die Erfassung der Deutschen im Generalgouvernement östlich der Weichsel 1940 (IfZ München, ED 72/6, Bl. 1-38).

310 Vgl. Dienstanweisung für die Umsiedlung der Volksdeutschen aus dem Generalgouvernement, o. D. (BArch Berlin, R 69/924, Bl. 1 f.). Vgl. auch Kotzian, Umsiedler, S. 134 f.

3.3 Rumänien

Die Umsiedlung der Deutschen aus Rumänien erfolgte im Herbst 1940 auf der Grundlage zweier verschiedener Verträge: (1) der „Deutsch-Sowjetrussischen Vereinbarung über die Umsiedlung der deutschstämmigen Bevölkerung aus den Gebieten von Bessarabien und der nördlichen Bukowina in das Deutsche Reich" vom 5. September 1940[311] und (2) der „Vereinbarung zwischen der Deutschen Regierung und der Königlich Rumänischen Regierung über die Umsiedlung der deutschstämmigen Bevölkerung in der Südbukowina und der Dobrudscha in das Deutsche Reich" vom 22. Oktober 1940.[312]

Den Hintergrund für die Umsiedlung der Deutschen aus Bessarabien und der Nordbukowina bildete wie auch im Falle der Umsiedlungen aus Ostpolen das Zusatzprotokoll des Hitler-Stalin-Paktes, in welchem die Sowjetunion ausdrücklich Anspruch auf das bis 1918 zum russischen Staatsgebiet gehörige Bessarabien erhob. Das Deutsche Reich hatte daraufhin sein Desinteresse an diesem Gebiet, jedoch nicht an den dort lebenden Volksdeutschen bekundet. Diese sollten gemäß dem am 28. September 1939 geschlossenen „Grenz- und Freundschaftsvertrag" wie auch die in Ostpolen lebenden Volksdeutschen umgesiedelt werden. Als Ende Juni 1940 die sowjetischen Truppen in Bessarabien und der Nordbukowina[313] einmarschierten, stand die Umsiedlung der Deutschen aus diesen Gebieten unmittelbar bevor.

Für die deutsche Volksgruppe war weder der Einmarsch der Roten Armee noch die Aufnahme von Umsiedlungsverhandlungen überraschend - anders als bei den Baltendeutschen und den Südtirolern. Sie hatten vielmehr nach der sowjetischen Besetzung Ostpolens ein ähnliches Vorgehen in Bessarabien erwartet, um nicht zu sagen, befürchtet, und ihr deutliches Interesse an einer Umsiedlung gegenüber dem deutschen Auswärtigen Amt bereits im Oktober 1939 zum Ausdruck gebracht. Das Auswärtige Amt wiederum hatte daraufhin signalisiert, dass die deutsche Volksgruppe in Bessarabien und der Nordbukowina bei einem sowjetischen Einmarsch mit ihrer Umsiedlung rechnen könne.[314] Ausgehend von dieser noch inoffiziellen Umsiedlungszusage traf die deutsche Volksgruppe, ähnlich wie in Litauen, erste Vorbereitungen. Diese zielten zunächst auf eine Erfassung aller Volksdeutschen. Mit dem Einmarsch der sowjetischen Truppen in Rumänien Ende Juni 1940 wurden diese Vorarbeiten intensiviert. Es ging nun vor allem um die Beschaffung von Urkunden, die die deutsche Herkunft belegten.[315] Parallel zu diesen volksgruppeneigenen Vorbereitungen wurde nun auch

311 Der Vertrag ist abgedruckt bei Hecker, Umsiedlungsverträge, S. 121–137.

312 Vertrag und Zusatzprotokoll, ebd., S. 78–101. Dort ist auch das Ergänzungsabkommen zum Umsiedlungsvertrag vom 27./30.5.1941 zu finden, ebd., S. 102–104.

313 Die Nordbukowina gehörte vor 1918 zur Habsburgermonarchie. Einen historischen Anspruch konnte die Sowjetunion demnach nicht geltend machen, was sie jedoch nicht von der Annexion des Gebietes abhielt. Vgl. Schmidt, Bessarabien, S. 129.

314 Vgl. Jachomowski, Umsiedlung Bessarabien, Bukowina, Dobrudscha, S. 46–57.

315 Vgl. ebd., S. 49; sowie Schmidt, Bessarabien, S. 136.

das Auswärtige Amt aktiv. Am 25. Juni 1940, wenige Tage vor der Besetzung Bessarabiens und der Nordbukowina, bekundete das Auswärtige Amt gegenüber der Sowjetunion sein Interesse sowohl an den Bessarabiendeutschen als auch an den Volksdeutschen der Nordbukowina. Man rekurrierte dabei auf die Vereinbarungen des Jahres 1939. Diese bezogen sich allerdings formal nur auf die Deutschen in Bessarabien, da damals ein sowjetischer Anspruch auf die Nordbukowina nicht erhoben und damit eine Umsiedlung der dortigen Volksdeutschen nicht thematisiert worden war. Im Juni 1940 hatte sich die Situation allerdings verändert. Der deutsche Außenminister Ribbentrop erklärte nun, das Deutsche Reich habe auch an der Umsiedlung dieser Volksdeutschen ein Interesse. Den Anspruch begründete er dabei mit der früheren Zugehörigkeit der Nordbukowina zum „österreichischen Kronland". Beide Seiten einigten sich schließlich darauf, dass eine Lösung ähnlich der für Ostpolen getroffenen gefunden werden müsse.[316]

Am 22. Juli 1940 wurden die Verhandlungen in Moskau aufgenommen und am 5. September 1940 unterzeichneten beide Vertragspartner die Umsiedlungsvereinbarung über Bessarabien und die Nordbukowina.

Umsiedlungsberechtigt waren auch hier alle „deutschstämmigen Personen" über 14 Jahren, die ihren Willen zur Umsiedlung schriftlich oder mündlich bei den Umsiedlungsbevollmächtigten bekundeten.[317] Eine Präzisierung, wer als „deutschstämmig" zu betrachten sei, wurde auch hier nicht für notwendig erachtet und auch die Beibringung entsprechender, nicht näher benannter „Urkunden über die Volkszugehörigkeit" sollte lediglich „nach Möglichkeit" erfolgen.[318] Auch hier war, wie im Falle Ostpolens und den baltischen Staaten (Nachumsiedlung und Litauen) der Verfahrensgang und die Umsiedlungsorganisation, die auch hier in den Händen von Haupt-, Gebiets- und Ortsbevollmächtigten ruhte, bis auf die Zahl der Angehörigen der Umsiedlungskommandos genau festgeschrieben worden – in zum Teil identischem Wortlaut. Hinsichtlich der Umsiedlung hospitalisierter Kranker findet sich auch hier der Passus, dass eine bevorzugte Abfertigung unter anderem der „unter staatlicher Fürsorge" stehenden Personen zu erfolgen habe, die in „Sanitätswagen" bis zu den Donauhäfen zu transportieren seien, von wo aus der Abtransport auf dem Schiffsweg erfolgen solle.[319] Diese recht allgemeinen Festlegungen über Krankentransporte in den Umsiedlungsvereinbarungen wurden durch Richtlinien über die „technische Durchführung der sanitären Maßnahmen bei der Umsiedlung" aus Bessarabien und dem Nordbuchenland ergänzt, die als Anlage 10 der Umsiedlungsvereinba-

316 Vgl. Jachomowski, Umsiedlung Bessarabien, Bukowina, Dobrudscha, S. 55.
317 Vgl. Art. I, XII und XIII der Umsiedlungsvereinbarung über Bessarabien und die Nordbukowina, Hecker, Umsiedlungsverträge, S. 122 und 133 f.
318 Vgl. Art. XII der Umsiedlungsvereinbarung über Bessarabien und die Nordbukowina, ebd., S. 133.
319 Vgl. Art. XIV und XVIII der Umsiedlungsvereinbarung über Bessarabien und die Nordbukowina, ebd., S. 134 und 136.

rung beigefügt wurden.[320] Die Richtlinien enthielten detaillierte Anweisungen zum Abtransport der Kranken und sollen deshalb hier näher beleuchtet werden, spiegeln sich darin doch auch die Erfahrungen der vorangegangenen Umsiedlungsaktionen, insbesondere der aus Wolhynien und Galizien, wider.

Punkt 1 der Richtlinien über die „technische Durchführung der sanitären Maßnahmen bei der Umsiedlung" aus Bessarabien und dem Nordbuchenland sah die Einrichtung von Krankensammelstellen vor, in denen die kranken und schwachen Umsiedler konzentriert werden sollten. Punkt 2 und 3 regelten den Einsatz von „Güterwagen, die für die Beförderung von Kranken hergerichtet" werden sollten, beziehungsweise den Abtransport Kranker in Sanitätskraftwagen. Hinsichtlich dieser transporttechnischen Details glichen die Richtlinien der „Zusatzvereinbarung für die Gesundheitssicherung der Rücksiedlung der deutschen Volksgruppe aus Wolhynien, Galizien".[321] Ähnlich war auch das unter Punkt 4 und 7 festgelegte Verfahren bezüglich ansteckender und nicht „umsiedlungsfähiger" Kranker, die in entsprechenden Listen zwar registriert, aber bis zu ihrer Genesung in den Gebieten verbleiben sollten.[322] Dem Hauptbevollmächtigten für die Umsiedlung und den Gebietsbevollmächtigten musste darüber hinaus über die Seuchenlage in den Umsiedlungsgebieten permanent Bericht erstattet werden (Punkt 5). Sanitätspersonal sollte die notwendige medizinische Versorgung in den Umsiedlungsgebieten und den Zügen gewährleisten (Punkte 8, 9). Zu diesem Zweck durften die Umsiedlungsärzte auch auf örtliche medizinische Einrichtungen zurückzugreifen (Punkt 10). Im Wesentlichen entsprachen diese Instruktionen denen der Umsiedlung aus Wolhynien und Galizien.[323] Ein Novum und deshalb besonders aufschlussreich waren jedoch die unter Punkt 6 aufgeführten Regelungen bezüglich der Umsiedlung Kranker. Expressis verbis wurde hier darauf verwiesen, dass das „in dieser Vereinbarung [über die Umsiedlung aus Bessarabien und dem Nordbuchenland] zugestandene Recht zur Umsiedlung für Personen, welche sich in Gewahrsam befinden, [...] sich auch auf Personen, welche in Krankenhäusern, Heilanstalten, in Kinderheimen usw. befinden" erstreckt.[324] „Die in diesen Anstalten befindlichen Personen, die ihren Willen zur Umsiedlung bekundet haben, werden unverzüglich dem deutschen Hauptbevollmächtigten gemeldet, der ihre zweckdienliche Umsiedlung unter Berücksichtigung des ärztlichen Gutachtens anord-

320 Anlage Nr. 10: „Die technische Durchführung der sanitären Maßnahmen bei der Umsiedlung" (BArch Berlin, R 59/377, Bl. 3 f.).

321 Vgl. Kap. III.3.2.

322 Vgl. zu Wolhynien/Galizien Rundschreiben Nr. 5 des Hauptbevollmächtigten für die Umsiedlung, Abt. III Gesundheitswesen an die Gebietsärzte vom 19.1.1940 (BArch Berlin, R 69/149, Bl. 30–34, hier 30).

323 Vgl. Zusatzvereinbarung für die Gesundheitssicherung der Rücksiedlung der deutschen Volksgruppe aus Wolhynien, Galizien (ebd., Bl. 25–27); sowie Rundschreiben Nr. 5 des Hauptbevollmächtigten für die Umsiedlung, Abt. III Gesundheitswesen an die Gebietsärzte vom 19.1.1940 (ebd., Bl. 30–34).

324 Punkt 6 der Richtlinien über „Die technische Durchführung der sanitären Maßnahmen bei der Umsiedlung" (BArch Berlin, R 59/377, Bl. 3).

net."[325] Ein Verzeichnis aller betreffenden Anstalten sei dem Gebietsbevollmächtigten auszuhändigen. Auch wenn hier eine Festlegung, wer für nicht geschäftsfähige Kranke den „Willen zur Umsiedlung" bekunden sollte, fehlte, so wurde durch diesen Punkt doch die Einbeziehung der Anstaltsinsassen in die Umsiedlungsaktion vertraglich zugesichert.[326] Dies bedeutete allerdings nicht, dass tatsächlich alle Deutschen aus den besagten Heilanstalten auch abtransportiert wurden. Das Beispiel der „Staatsirrenanstalt" Kischinew/Bessarabien, bei der es den deutschen Umsiedlungsbevollmächtigten gelang, die „Mitnahme" der dort untergebrachten „deutschen Geisteskranken" zu umgehen,[327] zeigt vielmehr, dass sich die deutsche Motivlage im Vergleich zur vorangegangenen Umsiedlung aus Galizien und Wolhynien kaum geändert hatte. Diese Motivlage blieb auch den sowjetischen Vertretern nicht verborgen, mit denen offensichtlich in diesem Punkt eine Übereinkunft erzielt worden war. Angeblich hätte ein sowjetischer Sanitätsinspektor in diesem Zusammenhang erklärt „es sei nicht notwendig, die Asyl-Insassen auszusiedeln. Die Sowjets seien ein Kulturstaat. Sie hätten hervorragende Anstalten für solche Zwecke, und würden die Asyl-Insassen gerne bis zu ihrem Tode pflegen."[328] Wie auch immer diese eigenartig anmutende Aussage zu bewerten ist - auch in quellenkritischer Hinsicht ist hier Vorsicht geboten, ist die Aussage doch lediglich durch einen Bericht eines ranghohen Angehörigen des deutschen Umsiedlungskommandos überliefert[329] -, so bestätigt sie doch die Vermutung, dass das Deutsche Reich ein außerordentlich geringes Interesse an der Übernahme psychisch kranker und geistig behinderter Umsiedler hatte. Dass die Umsiedlung von Anstaltsinsassen, abgesehen von denen der Anstalt Kischinew, in den meisten Fällen dennoch erfolgte, hatte vor allem den Grund, dass es sich anders als in Kischinew um „rein volksdeutsche Anstalten und Patienten" gehandelt habe und deshalb auf die „Gefühle der Volksgruppe [...] Rücksicht" genommen werden musste und man sich entschloss, „die Aussiedlung doch [!] geschlossen vorzunehmen".[330] Die Umsiedlungsakteure unterschätzten die „volkspsychologische" Wirkung, die ein Zurücklassen der Kranken haben konnte, demnach nicht - anders als dies beispielsweise bei den NS-Krankenmorden der Fall gewesen war. Proteste von

325 Ebd.

326 Im Kontext der Umsiedlung der Südtiroler hatte Himmler eine ähnliche Zusage gemacht, die allerdings nie vertraglich fixiert worden war. Vgl. dazu Kap. III.1.

327 Erfahrungsbericht der Abteilung Gesundheitswesen über den Abschnitt Bessarabien-Buchenland der Umsiedlungs-Aktion vom 7. 12. 1940 (BArch Berlin, R 59/376, Bl. 17-38, hier 25).

328 Bericht des leitenden Hygienikers Gerhard Rose über die Dienstreise nach Mannsburg, Sarata, Arzis, Friedenstal, Beresina vom 30. 9. 1940 (BArch Berlin, R 59/377, Bl. 54-63, hier 56 f.).

329 Die Aussage des sowjetischen Sanitätsinspektors wurde dem leitenden Hygieniker Gerhard Rose vom Mannsburger Gebietsarzt zugetragen. Der Gebietsarzt sei dem Bericht Roses nach nicht von der „Ernsthaftigkeit" dieser „theoretischen Erklärung" überzeugt gewesen und habe sich deshalb nicht auf den Vorschlag eingelassen. Vgl. ebd.

330 Ebd.

Angehörigen sollten vermieden werden, hätten diese die Umsiedlungsaktion doch empfindlich stören können.

Die Umsiedlung der Bessarabien- und Bukowinadeutschen sollte unmittelbar nach der Unterzeichnung des Umsiedlungsvertrages am 5. September 1940 beginnen und bereits am 15. November 1940 abgeschlossen sein.[331] Die Festlegung eines solch engen Zeitrahmens resultierte dabei vor allem aus den Erfahrungen, die man während der Umsiedlung der Deutschen aus Galizien und Wolhynien im Winter 1939/40 gesammelt hatte. Das Eintreten ähnlich katastrophaler Umsiedlungsumstände, die zu großen Teilen witterungsbedingt waren, wollte man bei der Umsiedlung aus Bessarabien und der Nordbukowina nun um jeden Preis vermeiden. Deshalb musste die Umsiedlungsaktion vor Eintritt des Winters abgeschlossen sein. Innerhalb der avisierten zwei Monate wurden schließlich aus dem Gebiet um Czernowitz/Nordbukowina etwa 43 500 und dem bessarabischen Umsiedlungsgebiet, das die deutschen Siedlungen um Albota, Beresina, Mannsburg und Kischinew umfasste, etwa 93 000 „Deutschstämmige" ausgesiedelt. Die in diesen Territorien lebende deutsche Volksgruppe hatte sich damit, nicht zuletzt aufgrund des auch hier grassierenden „horror sovieticus", in toto für eine Umsiedlung ins Deutsche Reich entschieden.[332] Nach einem für viele Umsiedler monatelangen zermürbenden Aufenthalt in verschiedenen Vomi-Lagern erfolgte für die Mehrheit von ihnen 1941/42 die Ansiedlung im Warthegau, Danzig-Westpreußen und Oberschlesien.[333]

Dort sollten auch die wenig später umgesiedelten Deutschen aus der Südbukowina und der Dobrudscha angesiedelt werden. Allerdings geriet deren Ansiedlung 1941/42 ins Stocken, fehlten doch für die überwiegend agrarisch geprägte Bevölkerung die entsprechenden freien Höfe.

Ähnlich wie im Falle der Bessarabiendeutschen hatten auch die Deutschen aus der Dobrudscha bereits 1939 eine Umsiedlung ins Deutsche Reich forciert und entsprechende inoffizielle Zusagen seitens der Vomi erwirkt. Die Motive für die Auswanderung aus der Dobrudscha waren jedoch andere als bei den Bessarabiendeutschen. Hier standen vor allem existenzielle Probleme der deutschen Volksgruppe im Vordergrund. Insbesondere die in kleineren deutschen Siedlungen lebenden landlosen oder lediglich über einen landwirtschaftlichen

331 Vgl. Art. 2 der Umsiedlungsvereinbarung über Bessarabien und die Nordbukowina, Hecker, Umsiedlungsverträge, S. 122.

332 Laut Jachomowski bekannten sich 1939 nur 92 758 Personen zum deutschen Volkstum. Die Zahl der registrierten Umsiedler betrug jedoch 93 318. Jachomowski führt diese Diskrepanz darauf zurück, dass viele der sich 1939 noch nicht zum deutschen Volkstum Bekennenden angesichts der Sowjetisierung Bessarabiens 1940 versuchten eine „deutsche Großmutter" und damit ihre deutschen Wurzeln nachzuweisen, um das Land verlassen zu können. Hinzu kamen sogenannte „Mischehen", die 1939 nicht der deutschen Volksgruppe zugeschlagen worden waren. Vgl. Jachomowski, Umsiedlung Bessarabien, Bukowina, Dobrudscha, S. 80. Zu den Umsiedlungsmotiven siehe ebd.; sowie Schmidt, Bessarabien, S. 134–141.

333 Vgl. Jachomowski, Umsiedlung Bessarabien, Bukowina, Dobrudscha, S. 166–197; sowie Schmidt, Bessarabien, S. 209–254.

Kleinstbesitz verfügenden, kinderreichen Bevölkerungsschichten verarmten Ende der 1930er Jahre zunehmend. Der einsetzenden Landflucht, die einer Aufgabe der deutschen Siedlungen gleichkam, versuchten die Volksgruppenvertreter eine gesteuerte Abwanderung ins Deutsche Reich entgegenzusetzen. Dahinter stand nicht zuletzt das Ziel, so doch wenigstens die „volksbiologische" Substanz zu erhalten. Bis zum Sommer 1939 hatten im Rahmen einer sogenannten „Vorumsiedlung" schon über 10 Prozent der Dobrudschadeutschen ihre Siedlungsgebiete in Richtung des Deutschen Reich verlassen.[334] Die in den Siedlungen der Dobrudscha verbliebenen Deutschen würden - so die Befürchtung des Gauobmanns - „langsam aber sicher im fremden Volkstum untergehen",[335] da sie doch quantitativ betrachtet kaum mehr eine Rolle spielten. Das deutsche gesellschaftliche und kulturelle Leben werde so früher oder später zum Erliegen kommen. Die geschlossene Auswanderung aller noch in der Dobrudscha lebenden Deutschen ins Deutsche Reich wurde quasi zur ultima ratio stilisiert. Im Herbst 1939 stellte die Vomi den Volksgruppenvertretern schließlich eine solche Regelung in Aussicht. Aus außenpolitischer Rücksichtnahme sollten entsprechende Vorbereitungen jedoch zunächst unterbleiben.

Ähnlich stellte sich die Situation für die Deutschen in der Südbukowina dar. Auch hier war seitens der Volksgruppenvertreter der Umsiedlungswunsch für alle Bukowinadeutschen bereits 1939 ventiliert worden, mit dem Verweis auf die auch dort einsetzende, unkontrollierte Abwanderungsbewegung und die Folgen für die Zurückbleibenden. Im Hinblick auf die sowjetische Okkupation der Nordbukowina und die Umsiedlung der dortigen deutschen Bevölkerung erschien eine Ausweitung der Umsiedlung auf die Südbukowina sowohl aus bukowinadeutscher wie auch aus reichsdeutscher Perspektive als folgerichtig, denn das Deutschtum in der Bukowina hatte mit der Abtretung Czernowitz' sein geistiges Zentrum verloren und war damit nahezu bedeutungslos geworden.[336]

Quasi im direkten Nachgang zum Abschluss der Umsiedlungsverhandlungen mit der Sowjetunion über Bessarabien und die Nordbukowina und dem Beginn der Umsiedlungsaktion nahm das Deutsche Reich am 8. Oktober 1940 die Verhandlungen mit der rumänischen Regierung über die Umsiedlung der Südbukowina- und Dobrudschadeutschen auf. Am 22. Oktober 1940 wurde die „Vereinbarung zwischen der Deutschen Regierung und der Königlich Rumänischen Regierung über die Umsiedlung der deutschstämmigen Bevölkerung in der Südbukowina und der Dobrudscha in das Deutsche Reich" unterzeichnet.[337] Ergänzt wurde die Vereinbarung um ein Zusatzprotokoll, das den Kreis der

334 Vgl. Jachomowski, Umsiedlung Bessarabien, Bukowina, Dobrudscha, S. 27 f.; sowie Kotzian, Umsiedler, S. 261-270.

335 Johannes Klukas zit. nach Jachomowski, Umsiedlung Bessarabien, Bukowina, Dobrudscha, S. 47.

336 Vgl. Jachomowski, Umsiedlung Bessarabien, Bukowina, Dobrudscha, S. 46-49 und 89 f.

337 Zu den Verhandlungen vgl. ebd., S. 91-92. Die Vereinbarung über die Umsiedlung Südbuchenland und Dobrudscha ist abgedruckt bei Hecker, Umsiedlungsverträge, S. 78-98.

Umsiedlungsberechtigten erweiterte. Am 27./30. Mai 1941 schlossen die beiden Vertragsparteien ein weiteres Ergänzungsabkommen.[338]

Als umsiedlungsberechtigt galten den Vereinbarungen nach alle über 18-jährigen „Angehörigen des deutschen Volkstums", die in der südlichen Bukowina und der Dobrudscha ihren Wohnsitz hatten.[339] Das Zusatzprotokoll erweiterte den Kreis der Umsiedlungsberechtigten noch auf deutschstämmige Volksdeutsche, die zwar ihren Wohnsitz außerhalb der Südbukowina und der Dobrudscha hatten, deren Familienangehörige aber im Umsiedlungsgebiet lebten und sich der Umsiedlung anschlossen. Gleiches sollte auch für Bessarabiendeutsche, die sich zum Zeitpunkt der Umsiedlung aus Bessarabien nicht dort befanden und damit nicht zusammen mit ihren Angehörigen umgesiedelt worden waren, gelten („Verwandten-Nachumsiedlung").[340] Das Ergänzungsabkommen legte schließlich fest, dass alle im rumänischen Hoheitsgebiet wohnenden Volksdeutschen, die ursprünglich aus Bessarabien, der Nord- und Südbukowina und der Dobrudscha stammten und mit Kriegsbeginn aus diesen Gebieten geflohen waren, ebenfalls zur Umsiedlung zugelassen werden sollten. Damit wurde im Prinzip allen noch auf rumänischem Staatsgebiet verbliebenen Deutschen aus den Umsiedlungsgebieten eine Nachumsiedlung ermöglicht.

Alle diese Umsiedlergruppen waren aufgefordert, ihren Willen zur Umsiedlung schriftlich oder mündlich gegenüber den Umsiedlungsbevollmächtigten zu erklären. Das Familienoberhaupt war berechtigt, den Umsiedlungsantrag für seine gesamte Familien einzureichen. Für „alle Personen, für die ein gesetzlicher Vertreter formell nicht anerkannt" sei, sollte die deutsche Volksgruppe dieses Recht wahrnehmen.[341] Diese, wenn auch vage Formulierung regelte eindeutig, wer den „Willen zur Umsiedlung" im Falle der nicht geschäftsfähigen „Volksdeutschen" bekunden sollte - ein deutlicher Unterschied zu den Verträgen des Deutschen Reiches mit Italien und der Sowjetunion.[342]

Bezogen auf die Organisation der Umsiedlung glichen die Vereinbarungen jedoch denen über die Umsiedlung aus Galizien/Wolhynien und Bessarabien/

338 Beide Vereinbarungen sind abgedruckt bei Hecker, Umsiedlungsverträge, S. 98-101 und 102-104.

339 Vgl. Art. I der Umsiedlungsvereinbarung Südbukowina, Dobrudscha, ebd., S. 79.

340 Vgl. Art. I des Zusatzprotokolls über die Umsiedlung Südbukowina, Dobrudscha, ebd., S. 98.

341 Vgl. ebd.

342 Ein weiterer Unterschied zu den mit der SU getroffenen Umsiedlungsvereinbarungen war auch die Regelung finanzieller Fragen. So konnten die Umsiedler aus der Dobrudscha und der Südbukowina ihre Habe unbeschränkt ausführen. Eine speziell zu schaffende deutsche Abwicklungsstelle sollte zudem die finanziellen Interessen der Umsiedler vertreten. Hinzu kam auch, dass Urkunden, Kirchenbücher, ja sogar Verwaltungsunterlagen und Strafakten aus „geschlossen oder überwiegend" umzusiedelnden Ortschaften ausgeführt werden durften. Krankenakten werden hier nicht explizit erwähnt, es ist jedoch zu vermuten, dass auch diese nicht in Rumänien zurückgelassen werden mussten. Vgl. Art. II der Umsiedlungsvereinbarung Südbukowina/Dobrudscha, § 1, 3, 5-18, ebd., S. 80-89. Siehe auch Jachomowski, Umsiedlung Bessarabien, Bukowina, Dobrudscha, S. 93-95.

Nordbuchenland. So sollten auch hier ein „Beauftragter des Führers für Umsiedlungsfragen“ und ein rumänischer Regierungsvertreter, was den Hauptbevollmächtigten entsprach, die Umsiedlung leiten. Gebiets- und Ortsbevollmächtigte sollten die Umsiedlungsarbeit vor Ort koordinieren. Die Umsiedlungswilligen waren aufgefordert gegenüber den Bevollmächtigten ihre Umsiedlungsabsicht zu erklären. Mit der Aufnahme in eine Umsiedlungsliste, die von den Umsiedlungsbevollmächtigten beider Seiten zu quittieren war, erfolgte die formale Zulassung zur Umsiedlung.[343] Der Abtransport sollte per Eisenbahn oder Treck erfolgen, wobei die medizinische Versorgung seitens der rumänischen Regierung zugesichert wurde. Zusätzlich waren Ärzte und Sanitäter der deutschen Umsiedlungskommandos zur Betreuung der Umsiedler „zugelassen“.[344] Für den Abtransport Kranker sollten Lazarettzüge eingesetzt werden. Umsiedler, die an ansteckenden Krankheiten litten, waren den Vereinbarungen nach von den regulären Transporten auszunehmen und separat oder nach ihrer Genesung ins Deutsche Reich zu transportieren.[345] Die in Anlage 15 beigefügten „Anweisungen für die Durchführung der sanitären Maßnahmen bei der Umsiedlung“[346] enthielten weitere umsiedlungstechnische Instruktionen, ähnlich den schon skizzierten sanitätstechnischen Anweisungen, die als Anlage 10 den Umsiedlungsvereinbarungen über Bessarabien und das Nordbuchenland beigegeben wurden.

Gemäß den Anweisungen sollte der Abtransport der „Kranken, gebrechlichen, Alten und Arbeitsunfähigen, schwangeren Frauen“ und der „unter staatlicher Fürsorge“ stehenden Personen bevorzugt in die Wege geleitet werden. Ihre Erfassung, Registrierung und die Aufstellung der entsprechenden Umsiedlerlisten sollte gesondert durchgeführt und vorrangig behandelt werden. Bis zu ihrem tatsächlichen Abtransport war, wie auch im Falle der Bessarabien- und Nordbukowinaumsiedlung, die Unterbringung der Kranken in Krankensammelstellen beziehungsweise umsiedlungslogistisch günstig gelegenen Krankenhäusern vorgesehen.[347] Auch im Punkt der Seuchenprävention und der Organisation der medizinischen Versorgung während der Umsiedlungsaktion finden sich deutliche Parallelen zur sanitätstechnischen Abwicklung der Umsiedlungsaktion Bessarabien/Nordbuchenland. So sollte auch hier ein Meldesystem installiert und ansteckende Kranke erst nach ihrer Genesung umgesiedelt werden. Sanitäter und Ärzte sollten die Umsiedlungsarbeit der Bevollmächtigten begleiten und Sanitätsposten die medizinische Versorgung während des Abtransportes gewährleisten.[348]

Hinsichtlich der in Heilanstalten untergebrachten Volksdeutschen war vereinbart worden, dass diese den deutschen Umsiedlungsbevollmächtigten zu mel-

343 Vgl. Art. XII f. der Umsiedlungsvereinbarung Südbukowina/Dobrudscha, Hecker, Umsiedlungsverträge, S. 92 f.
344 Vgl. Art. XVI der Umsiedlungsvereinbarung Südbukowina/Dobrudscha, ebd., S. 95.
345 Vgl. Art. XVII der Umsiedlungsvereinbarung Südbukowina/Dobrudscha, ebd.
346 Vgl. auch Monitorul Oficial vom 30. 10. 1940 (BArch Berlin, R 59/378, Bl. 49 f.).
347 Vgl. Punkt 1 der Anweisungen für die Durchführung der sanitären Maßnahmen bei der Umsiedlung (ebd., Bl. 49).
348 Vgl. Punkt 3, 4, 9 (ebd. Bl. 49 f.).

den seien. Die Umsiedlungsbevollmächtigten wiederum würden „unter Berücksichtigung des ärztlichen Gutachtens und nach einer Vereinbarung mit den rumänischen Vertretern“ über deren Abtransport entscheiden.[349] Voraussetzung war auch hier der „Wille“ der Kranken zur Umsiedlung. Geäußert werden konnte dieser explizit auch stellvertretend von einem Vormund oder, bei Fehlen desselben, von der Volksgruppenvertretung.[350] Damit war hinsichtlich der Erfassung und Registrierung Kranker eine gewisse Rechtssicherheit geschaffen, wobei diese nicht mit einem Anspruch auf Umsiedlung einherging - die Entscheidung, welche Patienten tatsächlich umgesiedelt werden sollten, oblag in letzter Instanz dem deutschen Umsiedlungsbevollmächtigten.

Insgesamt betrachtet, war die deutsch-rumänische Vereinbarung über die Umsiedlung aus der Südbukowina und der Dobrudscha einschließlich des Anhangs über die Durchführung der sanitären Maßnahmen somit etwas präziser als ihr deutsch-sowjetisches Pendant über Bessarabien und die Nordbukowina. Dies sollte jedoch kaum ins Gewicht fallen, befanden sich in den überwiegend ländlichen Siedlungen der Dobrudscha und der Südbukowina, bei denen es sich zudem in den wenigsten Fällen um rein deutsche Siedlungen handelte, doch kaum entsprechende Fürsorgeeinrichtungen.[351] Anstalten, die wie in Bessarabien von einem intakten Wohlfahrts- und Gesundheitswesen der deutschen Volksgruppe getragen und mit deutschen Ärzten besetzt waren, existierten in der Dobrudscha nicht.[352]

Die Umsiedlung aus der Dobrudscha und aus der Südbukowina begann am 5. November 1940, also direkt im Anschluss an die Umsiedlungsaktion Bessarabien/Nordbukowina - größtenteils mit dem gleichen Personal - und war bereits einen Monat später, am 3. Dezember 1940, abgeschlossen. Über 52 000 Deutsche aus der Südbukowina und über 13 000 aus der Dobrudscha hatten sich der Umsiedlung angeschlossen - nahezu alle in diesen Gebieten lebenden Deutschen.[353] Die leeren Dörfer der Dobrudscha wurden jedoch schon bald wieder

349 Vgl. Punkt 5 (ebd., Bl. 50).

350 Vgl. Art. I des Zusatzprotokolls über die Umsiedlung Südbukowina, Dobrudscha, Hecker, Umsiedlungsverträge, S. 98; sowie Punkt 5 der Anweisungen für die Durchführung der sanitären Maßnahmen bei der Umsiedlung (BArch Berlin, R 59/378, Bl. 50).

351 Psychisch kranke und geistig behinderte Volksdeutsche scheinen bei dieser Umsiedlungsaktion keine große Rolle gespielt zu haben. So werden sie in verschiedenen Berichten der Gebietsärzte nicht erwähnt und auch in den Aufnahmebüchern der Anstalten des Warthegaus lassen sich nur einige wenige Einweisungen von Dobrudschadeutschen nachweisen. Vgl. zum Beispiel Otto Fischer, Gebietsarzt in der Dobrudscha, Abschlussbericht über die Umsiedlung der Deutschen aus der Dobrudscha vom 10. 1. 1941 (BArch Berlin, R 59/395, Bl. 16-37). Vgl. weiter Aufnahmebuch der Gauheilanstalt Warta 1937-42 (APŁ, Sieradz, Szpital Psychiatryczny w Warcie, 6865); sowie Aufnahmebücher der Heilanstalt Gostynin (Krankenhausarchiv Gostynin).

352 Vgl. Manuskript Karl Stumpp (DAI) über „Das Deutschtum in der Dobrudscha, o. D. (1940) (BArch Berlin, R 57/1075, unpag.); sowie ders., „Bericht über das Deutschtum in Bessarabien“, o. D. (Januar 1940) (ebd., unpag.).

353 Der letzte Transport verließ den Verschiffungsstützpunkt Cernavoda am 26. 11. 1940. Vgl. Abschlussbericht über die Erfassung deutscher Volksgruppen aus Südosteuropa: Südbuchenland, Dobrudscha, Verwandtenumsiedlung aus dem rumänischen Altreich

bewohnt. Bei einer letzten Kontrollfahrt des Gebietsarztes des Dobrudschakommandos, Otto Fischer, nach Cogealac, besichtigte dieser einige umliegende Dörfer. Er stellte fest, dass die Höfe dort bereits alle wieder „besetzt“ waren, „und zwar von Rumänen (sogenannten Mazedoniern), die aus dem jetzt an Bulgarien abgetretenen Teil der Dobrudscha kamen und hier nur vorläufig untergebracht werden“ sollten, „um später links der Donau [...] angesiedelt zu werden“.[354] Über diese parallel ablaufende Umsiedlungsaktion führt Fischer in doch sehr bezeichnender Weise, die auch einen Eindruck vom Selbstverständnis der deutschen Umsiedlungsakteure und deren rassistischen Stereotypen vermittelt, weiter aus:

„Die Höfe machten schon jetzt einen recht traurigen Eindruck. Es fehlte fast völlig an Hausrat, die Leute lagen auf Stroh in den leeren Stuben, in denen nur hier und da ein Schrank oder ein Tisch stand. Die Sauberkeit liess [sic!] erheblich zu wünschen übrig. Auf den Höfen standen noch die Wagen, die durchweg mit wertlosen Sachen beladen waren. Den Dörfern wird diese vorläufige Einquartierung nicht zum Nutzen gereichen. Es wird viel zerstört und verschmutzt werden, sicher wird auch Ungeziefer eingeschleppt werden [!] und die endgültigen Besitzer, die aus dem westlichen, zu Ungarn abgetretenen Teil Rumäniens kommen, werden über den Zustand ihrer Höfe wenig erfreut sein. Bezeichnend für den Zustand des Landes ist die ungeheuere Völkerwanderung, die sich hier vollzieht. 60 000 Bulgaren wandern in die südliche Dobrudscha zum Teil in ungeheueren Trecks von mehr als 100 Wagen, die sich Tag und Nacht auf allen nach Süden führenden Strassen [sic!] bewegen und den Verkehr stark hindern. Gleichzeitig fahren zahlreiche Züge, vollgestopft mit Menschen, vorzugsweise den durch ihre bunte Tracht auffallenden Frauen und Mädchen. Sie sitzen in dichtgefüllten Viehwagen und haben meist sehr langen Aufenthalt auf den einzelnen Stationen. Ich habe sie immer wieder bei der Verladung der Deutschen gesehen, wo sie sich in grosser [sic!] Zahl als Zuschauer einfanden. [...] Hygienisch ist diese Umsiedlung anscheinend in keiner Weise betreut. Über das Vorkommen von Seuchen, mit denen wohl gerechnet werden muss [sic!], ich denke vor allem wieder an Scharlach, habe ich nichts erfahren. Aber auch die Fleckfiebergefahr dürfte in diesem Lande, wo einzelne Fälle jedes Jahr beobachtet werden, unter den herrschenden Verhältnissen im kommenden Winter nicht gering sein und man kann es aus diesem Grunde nur begrüssen [sic!], dass die Aussiedlung der Deutschen beendet ist, ehe diese Dinge Bedeutung gewonnen haben.“[355]

Fischer beschwört hier geradezu den Niedergang der achso schönen und sauberen deutschen Dörfer durch die Ankunft der, doch zumindest unterschwellig als „minderwertig“ betrachteten „sogenannten Mazedonier“.[356] Ihre Umsied-

von 1941 (IfZ München, ED 72/19); sowie Otto Fischer, Gebietsarzt in der Dobrudscha, Abschlussbericht über die Umsiedlung der Deutschen aus der Dobrudscha vom 10. 1. 1941 (BArch Berlin, R 59/395, Bl. 16–37).

354 Bericht Nr. 7 des Gebietsarztes Dobrudscha vom 27. 11. 1940 (BArch Berlin, R 59/395, Bl. 6–11, hier 10).

355 Ebd., Bl. 10 f.

356 Es erscheint schon fast ironisch, dass die deutsche Inbesitznahme der polnischen Höfe im Warthegau von den ehemaligen, vertriebenen Besitzern in gleicher Weise beurteilt wurde. Einem Bericht eines polnischen Zeitzeugen ist zu entnehmen: „Die neuen Siedler, die die Höfe übernahmen, führten zu einem deutlichen Niedergang der Landwirtschaftskultur und überhaupt der Höfe. [...] Außerdem bestellten sie den Boden auf andere Weise als die Polen, sie standen auf einer viel niedrigeren Kulturstufe als wir.“

lung[357] wird zugleich zum Kontrastbild der als perfekt betrachteten deutschen Umsiedlungsaktion aufgebaut. Und auch deren „Ansiedlung" erscheint dem kundigen Leser so ganz anders als die der Volksdeutschen im Warthegau: kein Hausrat, kaum Mobiliar, keine Betten - letztere waren auf den zwangsweise geräumten polnischen Höfen hingegen zum Teil noch warm.[358]

Nicht von der Umsiedlungspolitik erfasst wurden die Deutschen im rumänischen Siebenbürgen und Banat. Die dortigen deutschen Volksgruppenorganisationen existierten gleichgeschaltet unter Andreas Schmidt quasi als „Vorposten" des Deutschen Reiches weiter.[359]

Eine Sonderrolle kam jedoch den im August 1940 an Ungarn gefallenen Teilgebieten der Bukowina und Siebenbürgens sowie der Süddobrudscha, die im September 1940 an Bulgarien abgetreten wurde, zu.[360]

Im Falle der Bukowina handelte es sich lediglich um eine deutsche Gemeinde, deren Umsiedlung das Deutsche Reich mit Ungarn im Sinne einer Ergänzung zur Südbukowinaumsiedlung vereinbarte, in deren Kontext sie dann auch stattfand. Weitaus mehr Volksdeutsche betraf die Abtretung Nordsiebenbürgens und des Sathmargebietes an Ungarn. Anfang September 1940 schien alles auf eine Umsiedlung auch dieser deutschen Volksgruppe hinauszulaufen, die Aufnahme von Umsiedlungsverhandlungen mit Ungarn schien unmittelbar bevorzustehen. Allerdings wurde schon Mitte September 1940 von einer baldigen Umsiedlung abgesehen, nicht zuletzt mit dem Hinweis auf die noch nicht abgeschlossenen Umsiedlungen in Rumänien und den baltischen Staaten. Letztlich verblieben die dortigen Deutschen in ihren Heimatgebieten.[361]

Ebenfalls im Zusammenhang mit den Umsiedlungsaktionen in Rumänien stand die Aussiedlung der Deutschen aus der seit 1940 zum bulgarischen Staatsgebiet gehörenden Süddobrudscha. Sie bildete den Auftakt für weitere

Zit. nach Andrzej Sakson, Polnische Zeitzeugen berichten. In: Eckhart Neander/ Andrzej Sakson (Hg.), Umgesiedelt - Vertrieben. Deutschbalten und Polen 1939-1945 im Warthegau, Marburg 2010, S. 21-29, hier 27.

357 Auf der Basis des Vertrages von Craiova vom 5.9.1940, in dem die Abtretung der Süddobrudscha an Bulgarien festgeschrieben wurde, erfolgte zwischen September und Dezember 1940 ein „Zwangsaustausch der rumänischen und bulgarischen Bevölkerung". Etwa 100 000 Rumänen wurden in diesem Zeitraum aus der nunmehr bulgarischen Süddobrudscha in die rumänische Norddobrudscha und im Gegenzug etwa 61 000 Bulgaren aus der Norddobrudscha in die Süddobrudscha zwangsumgesiedelt. Vgl. Andrea Schmidt-Rösler, Dobrudscha. In: Michael W. Weithmann, Der ruhelose Balkan, München 1993, S. 94-106, hier 103-105.

358 Vgl. zum Beispiel Kotzian, Umsiedler, S. 58.

359 Vgl. Johann Böhm, Die Gleichschaltung der Deutschen Volksgruppe in Rumänien und das „Dritte Reich" 1941-1944, Frankfurt a. M. 2003.

360 Gemäß dem Wiener Schiedsspruch vom 30. August 1940 fielen die Gemeinde Ludwigsdorf/Bukowina und Gebiete Nordsiebenbürgens und Sathmars an Ungarn. Der Vertrag von Craiova vom 7.9.1940 regelte die Abtretung der südlichen Dobrudscha an Bulgarien. Vgl. Jachomowski, Umsiedlung Bessarabien, Bukowina, Dobrudscha, S. 114-127.

361 Vgl. ebd., S. 114-121.

zahlenmäßig jedoch relativ unbedeutende Umsiedlungen aus Bulgarien.[362] Anders als bei den bereits geschilderten Umsiedlungsaktionen war es hier nicht das Ziel, die gesamte deutsche Volksgruppe auf der Basis eines bilateralen Umsiedlungsvertrages auszusiedeln, sondern die Umsiedlungen, die in drei Einzelaktionen erfolgten, sollten vor allem mittellose Volksdeutsche betreffen.[363] Ein solches Vorgehen war bereits 1939 in der Dobrudscha im Rahmen der sogenannten „Vorumsiedlungen" praktiziert worden und sollte nun unter Zuhilfenahme des RKF-Umsiedlungsapparates erneut erfolgen. Auf der Grundlage eines deutsch-bulgarischen Notenwechsels vom 21. November 1941 registrierte die Vomi 423 mittellose Deutsche, der Großteil aus der Süddobrudscha, und leitete deren Umsiedlung in die Wege.[364] Weitere mittellose Volksdeutsche verließen Bulgarien im April 1943, nachdem am 23. Januar 1943 ein nur fünf Punkte umfassendes „Abkommen betreffend die Umsiedlung von überwiegend vermögens- und existenzlosen Familien von Volksdeutschen aus Bulgarien" getroffen worden war.[365]

Die Umsiedlungen aus Südosteuropa fanden damit jedoch keineswegs ihren Abschluss, vielmehr lässt sich ausgehend von den im Kontext des Hitler-Stalin-Paktes forcierten Totalumsiedlungen aus dem Baltikum, Polen und Rumänien eine zunehmende Ausweitung des Umsiedlungsradius konstatieren, die sich nicht auf den Südostraum beschränkte. Vielmehr geriet auch der Westen, beispielsweise Frankreich, ins Visier des RKF.

4. Die Erweiterung des Umsiedlungsradius

Mit der Ingangsetzung der Umsiedlungsmaschinerie und dem Beginn der Umsetzung der siedlungspolitischen Ziele in den „neuen Ostgebieten" rückten weitere deutsche Volksgruppen im Ausland in den Fokus des RKF - zum einen Volksdeutsche aus dem ehemaligen Jugoslawien, die in Anknüpfung an die bereits erfolgten Umsiedlungsaktionen als „Ostraumsiedler" vorgesehen waren, und zum anderen auch Volksdeutsche aus Frankreich, die zur Germanisierung des Westens eingesetzt werden sollten. Quasi als Pendant zu den „neuen Ostgebieten" sollte auch der Westen des Reiches, insbesondere Elsass-Lothringen, zum „siedlungsbiologischen Bollwerk" werden.[366] Diese siedlungsbiologische

362 Jachomowski geht von einer Zahl von etwa 2 000 Umsiedlern aus Bulgarien aus, Kotzian von 3 000 bis 3 500. Vgl. Jachomowski, Umsiedlung Bessarabien, Bukowina, Dobrudscha, S. 127; sowie Kotzian, Umsiedler, S. 298.

363 Vgl. Jachomowski, Umsiedlung Bessarabien, Bukowina, Dobrudscha, S. 121-127.

364 Vgl. Schlussbericht über die Umsiedlung der mittellosen Volksdeutschen aus Bulgarien vom 23.12.1941 (BArch Berlin, R 59/405, Bl. 22-26). Vgl. auch Jachomowski, Umsiedlung Bessarabien, Bukowina, Dobrudscha, S. 121-127; sowie Kotzian, Umsiedler, S. 297 f.

365 Das Abkommen ist abgedruckt bei Hecker, Umsiedlungsverträge, S. 9 f.

366 Vgl. zur Siedlungspolitik in Elsass-Lothringen Lothar Kettenacker, Nationalsozialistische Volkstumspolitik im Elsaß, Stuttgart 1973; Heinemann, Rasse, S. 305-356; sowie Uwe

Zielkongruenz generierte jedoch unterschiedliche Methoden, nicht zuletzt aufgrund unterschiedlicher Akteure.[367] Im Falle der Deutschen aus Jugoslawien wurden Umsiedlungen auf der Basis von Umsiedlungsverträgen vorgenommen, deren Motive ganz im Zeichen der Abgrenzung der Interessenssphären sowie der Ostexpansion und der mit dieser verbundenen hoch ideologisierten Siedlungsoffensive des RKF standen. Auch wenn die Motive im Falle der „Westumsiedler" sich von diesen nicht kategorial unterschieden - siedlungspolitische Motive richteten sich hier lediglich auf ein anderes geographisches Zielobjekt -, so fehlte in ihrem Falle jede vertragliche Regelung.[368]

Eine solche lag auch bei den ab 1943 durchgeführten „Umsiedlungen" aus der Sowjetunion nicht vor. Dies war nicht zuletzt der sich zunehmend verschlechternden militärischen Lage geschuldet, die die Umsiedlungsaktionen in Ost- und Südosteuropa in eine Evakuierungs- und Fluchtbewegung umschlagen ließen. Bereits die Umsiedlungen aus dem ehemaligen Jugoslawien 1942 standen unter dem Eindruck wachsender Partisanengefahr - die „Umsiedlung" der Russland- und Ukrainedeutschen 1943/44 stand schließlich in einem direkten Zusammenhang mit dem militärischen Rückzug der deutschen Wehrmacht und hatte auf den ersten Blick scheinbar nur noch wenig mit den ersten Umsiedlungsaktionen, die auf vertraglicher Basis stattfanden, gemein. Insbesondere das „Durchschleusungsverfahren" der EWZ bildete aber eine Konstante, in welcher sich zugleich die Hybris der Umsiedlungsakteure widerspiegelt, wurde die Erfassungstätigkeit doch, entgegen der realen Siedlungsmöglichkeiten und militärischen Situation unvermindert weitergeführt und noch weiter ausdifferenziert.[369] Gleiches gilt im Wesentlichen auch für die Umsiedlung der Volksdeutschen aus dem Westen Europas, namentlich aus Frankreich, die zahlenmäßig jedoch weit hinter den Umsiedlungen aus dem „Osten" zurückblieb. Sowohl auf diese vertragslosen Umsiedlungsaktionen als auch auf die Vertragsumsiedlungen aus Jugoslawien soll nachfolgend kurz eingegangen werden, zeigen sie doch, wie groß der Aktionsradius der RKF-Politik und damit der Wirkungskreis des rassenbiologischen Selektionsprinzips waren.

Mai, Rasse und Raum. Agrarpolitik, Sozial- und Raumplanung im NS-Staat, Paderborn 2002, S. 223-284.

367 Im Elsass und in Lothringen hatten die Gauleiter Robert Wagner und Josef Bürckel 1940 eine eigenständige Siedlungspolitik forciert. Insbesondere Bürckel vertrat eine den Selektionsvorstellungen des RKF diametral entgegenstehende Germanisierungspolitik, die rassenbiologische Überprüfungen der „Siedler" nicht vorsah. Dies führte 1940 zur Abschiebung von etwa 60 000 Lothringern nach Frankreich. Abschiebungskriterium war hier die Sprache gewesen, was, wie der RKF später monierte, auch zur Abschiebung rassisch wertvoller Personen geführt habe. Ab 1941/42 konnte der RKF, der seinen Alleinvertretungsanspruch in Umsiedlungsfragen durchzusetzen vermochte, schließlich seinen Einfluss zunehmend geltend machen und setzte sowohl eine rassische Musterung der 1943 nach Frankreich „abgesiedelten" Lothringer als auch eine von rassischen Kriterien geleitete Ansiedlung neuer „Siedler" durch. Vgl. Heinemann, Rasse, S. 306-318.

368 Gemeint sind hier die Volksdeutschen aus Frankreich.

369 Leniger spricht hier zutreffend von einer „Schleusung bis zum Untergang". Vgl. Leniger, NS-Volkstumsarbeit, S. 213-223.

4.1 Vertragsumsiedlungen aus dem ehemaligen Jugoslawien

In ganz Jugoslawien lebten bis zum Zerfall des Staates infolge des deutschen Balkanfeldzuges mehr als 500 000 Volksdeutsche. Territorial waren sie auf verschiedene deutsche Siedlungsschwerpunkte verteilt, wobei sich die bedeutendsten deutschen Siedlungsgebiete in der Gottschee (ehemaliges österreichisches Kronland Krain), im westlichen Banat, der Batschka, der Baranja, Bosnien, Kroatien, Slawonien und Syrmien befanden.[370] Ferner lebten auch in der Untersteiermark, der Krain, Dalmatien und Serbien Deutsche.

Nach dem Zusammenbruch des jugoslawischen Staates im April 1941 gerieten die Deutschen der Gottschee und der Krain (Slowenien/Provinz Laibach), die von Italien beansprucht wurden, unter italienische Hoheit. Die großen deutschen Siedlungen der Baranja und der Batschka wurden Ungarn zugesprochen. Teile Serbiens und des Banats standen unter Aufsicht der deutschen Militärverwaltung. Im neu proklamierten „Unabhängigen Staat Kroatien" fanden sich die Deutschen Syrmiens, Slawoniens, (Alt-)Kroatiens und Bosniens wieder.[371]

Insbesondere hinsichtlich der Deutschen in den italienisch okkupierten Gebieten der Gottschee und der Krain bestand seitens des Deutschen Reiches ein gesteigertes Interesse an einem Ausgleich mit dem Bündnispartner Italien – ähnlich wie in Südtirol. Dieser Ausgleich lief im Prinzip auf die Anerkennung der italienischen Ansprüche auf die Gottschee und Teile der Krain und damit auf einen Verzicht des Deutschen Reiches auf diese Gebiete hinaus. Dies entsprach keineswegs den Vorstellungen der dort lebenden deutschen Volksgruppe, die seit 1939 einen „Anschluss" der Gottschee an das Deutsche Reich forderte.[372] Bereits im Juni 1940 vertrat man aber in Vomi-Kreisen die Auffassung, dass im Kriegsfall zwar die Südsteiermark und die Oberkrain vom Deutschen Reich annektiert werden sollten, die Gottschee aber nicht – denn sie wurde als italienisches Interessensgebiet begriffen. Auf der Wiener Konferenz wurden am 20. April 1941 die Einflusssphären zwischen Italien und dem Deutschen Reich schließlich entsprechend abgesteckt. Im Nachgang signalisierte die deutsche Seite, dass eine Umsiedlung der Deutschen aus der Gottschee und dem Laibacher Gebiet anvisiert sei.[373] Nur vier Monate später, am 31. August 1941, unterzeichneten Italien und das Deutsche Reich ein Abkommen „betr. Umsiedlung der deutschen Staatsangehörigen und Volksdeutschen aus der Provinz Laibach in das Deutsche Reich".[374] Dabei konnte auf den vielfach erprobten Umsiedlungsapparat des RKF, der eine entsprechende RKF-Dienststelle noch vor Abschluss des Vertrages in Marburg/Maribor geschaffen hatte, zurückgegriffen werden. Die Besonderheit war hier jedoch, dass der RKF die

370 Vgl. Kotzian, Umsiedler, S. 29 f.
371 Vgl. ebd., S. 30 f.
372 Vgl. Frensing, Umsiedlung Gottscheer, S. 24–27.
373 Vgl. ebd., S. 26.
374 Das Abkommen ist abgedruckt ebd., S. 152–160; sowie bei Hecker, Umsiedlungsverträge, S. 23–40.

Umsiedlungsaufgaben nicht an die Vomi delegierte,[375] sondern ähnlich wie bei der Südtirol-Umsiedlung der Volksgruppe beziehungsweise einer RKF-eigenen Dienststelle übertrug.[376] Nach den Vorstellungen des RKF-Stabshauptamtes, welches im Anschluss an die Wiener Konferenz die Vorbereitungen für den Abschluss eines Umsiedlungsvertrages aufnahm, sollte auch das Vertragswerk eng an die Vereinbarungen über die Umsiedlung der Südtiroler angelehnt sein.[377] Die noch im Vorfeld des Vertragsabschlusses herausgegebenen internen Anordnungen des RKF über die organisatorische Durchführung der geplanten Umsiedlungsaktion „Gottschee" speisten sich jedoch sowohl aus Anweisungen der Südtirol-Umsiedlung als auch der Umsiedlungen aus Ost- und Südosteuropa.[378] Auf dieser ersten grundlegenden Anordnung basierten schließlich auch der am 31. August 1941 abgeschlossene Umsiedlungsvertrag und die beigegebenen Durchführungsbestimmungen.

Insbesondere die Installierung einer „Amtlichen Deutschen Umsiedlungsstelle" deutet auf Anleihen bei der ADERSt hin, die weitere Nomenklatur (Deutscher Umsiedlungsbevollmächtigter, Gebietsbevollmächtigter) ist hingegen den deutsch-sowjetischen/deutsch-baltischen Umsiedlungsverträgen entnommen. Inhaltlich wies der Umsiedlungsvertrag zahlreiche Parallelen zu den vorangegangenen Umsiedlungsaktionen auf. Als umsiedlungsberechtigt galten alle deutschen Staatsangehörigen und Volksdeutschen - wieder blieb der Begriff vage - über 18 Jahren, die im Umsiedlungsgebiet (Provinz Laibach) geboren und/oder ansässig beziehungsweise dorthin zuständig waren.[379] Sie waren aufgefordert, bis zum 30. September 1941 eine Umsiedlungserklärung abzugeben. Diese „Optionsfrist" wurde wenig später bis zum 20. November 1941 verlängert.[380] Für „Minderjährige, Entmündigte und beschränkt Handlungsfähige"

375 Warum die Vomi nicht wie bei den vorangegangen Umsiedlungen aus Ost- und Südosteuropa eingeschaltet wurde, die EWZ hingegen sehr wohl, lässt sich nur schwer erklären. Möglicherweise sollte, ähnlich wie bei der Südtirol-Umsiedlung, die neu geschaffene RKF-Dienststelle (Amtliche Deutsche Umsiedlungsstelle) die Arbeit der Vomi übernehmen. Auch mag die Konzeption der Umsiedlung, die als eine Hof-zu-Hof-Umsiedlung, das heißt eigentlich ohne Lageraufenthalt, geplant war, die Tätigkeit der Vomi entbehrlich erscheinen lassen haben.

376 Zu erwähnen sind diesem Kontext Bemühungen der im Rahmen der Südtiroler-Umsiedlung tätigen RKF-Dienststelle ADERSt, die vorschlug eine Zweigstelle „Gottschee" zu schaffen. Das Stabshauptamt des RKF in Berlin ging jedoch nicht auf diesen Vorschlag ein. Stattdessen wurde ein „Deutscher Umsiedlungsbevollmächtigter" ernannt, der u. a. die Organisation des Transportes übernehmen sollte. Vgl. Frensing, Umsiedlung Gottscheer, S. 35–41.

377 Vgl. ebd., S. 45.

378 Vgl. Anordnung 38/I des RKF über die Durchführung der Gottschee-Umsiedlung vom 14.7.1941 (BArch Berlin, R 69/208, Bl. 24–26). Vgl. auch Frensing, Umsiedlung Gottscheer, S. 37 f.

379 Die Altersgrenze entsprach der der Umsiedlungsverträge mit Estland, Italien (Südtirol) und Rumänien. Das Vorgehen, auch Volksdeutsche umzusiedeln, die außerhalb des Vertragsgebietes lebten, aber dorthin zuständig waren, findet sich auch bei der sog. „Verwandten-Nachumsiedlung" aus Rumänien.

380 Vgl. Frensing, Umsiedlung Gottscheer, S. 47, Anm. 19. Die Optionszeit betrug nur einen Monat, vom 20.10.1941 bis 20.11.1941.

sollte diese Erklärung vom „Vormund oder Pfleger“ abgegeben werden,[381] ähnlich wie dies bereits im Rahmen des Vertrages mit Rumänien über die Umsiedlung aus der Südbukowina und der Dobrudscha geregelt worden war. Aus den Durchführungsbestimmungen geht außerdem hervor, dass die „Gebrechliche[n] und Geisteskranke[n]“, über deren Zulassung zur Umsiedlung der Umsiedlungsbevollmächtigte zu entscheiden hatte, an einer Grenzstation den deutschen Behörden zu übergeben seien.[382] Ihre Betreuung und Unterbringung sollte ab diesem Zeitpunkt, wie auch bei den übrigen Umsiedlungsaktionen, dem Reichsgesundheitsführer obliegen.[383]

Hinsichtlich des Prozedere fällt jedoch eine Abweichung von der bisher üblichen Praxis auf: Es wurde auf bereits bestehende Einrichtungen, nämlich die Gemeindeverwaltungen, zurückgegriffen, bei denen die Umsiedlungsanträge eingereicht und von dort den Umsiedlungsbevollmächtigten zur Entscheidung übersandt werden sollten.[384] Dadurch wurde die Volksgruppe selbst, die im Vorfeld der Umsiedlung bereits mit einer Art „Selbstauslese“ begann,[385] in hohem Maße in die Umsiedlung involviert, ähnlich wie dies auch im Falle der südtiroler Umsiedler geschehen war. Allerdings agierten die Volkgruppenvertreter durch die von ihnen forcierte „Selbstauslese“ nicht immer im Sinne der RKF-Politik, die auf eine möglichst komplette Umsiedlung zielte.[386] Ihr Handlungsspielraum beschränkte sich zudem nicht allein auf die Umsiedlungspropaganda und die Annahme und Weiterleitung der Einbürgerungsanträge, sondern wurde durch ein weiteres Novum der Umsiedlungsaktion Gottschee zunächst deutlich erweitert: das vorgezogene Screening durch die EWZ im Aussiedlungsgebiet. Zu diesem Zweck war der sogenannte EWZ-Sonderzug und ein

381 Art. III des Abkommens über die Umsiedlung der deutschen Staatsangehörigen und Volksdeutschen aus der Provinz Laibach in das Deutsche Reich vom 31. 8. 1941, zit. nach Hecker, Umsiedlungsverträge, S. 24. In den Durchführungsbestimmungen wurde zudem festgeschrieben, dass im Falle eines nichtdeutschen gesetzlichen Vertreters oder Beistandes die Bestellung eines „besonderen Kurators deutscher Volkszugehörigkeit“ erfolgen sollte. Vgl. Abs. 1, § 4 der Durchführungsbestimmungen zum Abkommen über die Umsiedlung der deutschen Staatsangehörigen und Volksdeutschen aus der Provinz Laibach in das Deutsche Reich vom 31. 8. 1941, ebd., S. 29.

382 Abs. 4, § 24 der Durchführungsbestimmungen zum Abkommen über die Umsiedlung der deutschen Staatsangehörigen und Volksdeutschen aus der Provinz Laibach in das Deutsche Reich vom 31. 8. 1941, zit. nach Hecker, Umsiedlungsverträge, S. 39.

383 Vgl. Anordnung 38/I des RKF über die Durchführung der Gottschee-Umsiedlung vom 14. 7. 1941 (BArch Berlin, R 69/208, Bl. 24–26).

384 Vgl. Abs. 1, § 2 der Durchführungsbestimmungen zum Abkommen über die Umsiedlung der deutschen Staatsangehörigen und Volksdeutschen aus der Provinz Laibach in das Deutsche Reich vom 31. 8. 1941, Hecker, Umsiedlungsverträge, S. 28. Vgl. zum Prozedere Abschlussbericht der EWZ über die Erfassung der Deutschen in der Gottschee und im Gebiet der Stadt Laibach (IfZ München, ED 72/12, Bl. 10 f.). Vgl. auch Frensing, Umsiedlung Gottscheer, S. 114 f.

385 Die Volksgruppenführung begann zu diesem Zweck einen „Familienbogen“ für jeden potentiellen Umsiedler ausfüllen zu lassen, der Aufschluss über Leistung und Charakter des Einzelnen geben sollte. Vgl. Frensing, Umsiedlung Gottscheer, S. 65.

386 Zum Konflikt zwischen der Volksgruppenführung und dem Stabshauptamt des RKF vgl. ebd., S. 91–98.

separates für die „Durchschleusung" Kranker aufgestelltes EWZ Kommando[387] in der Gottschee stationiert worden. Noch vor der Aussiedlung aus der Gottschee begann die „Durchschleusung" - unter anderem mit tatkräftiger Unterstützung der Volksgruppenführung. Ihr gelang es im Rahmen der „Durchschleusung" durch die Abstellung von Volkstumssachverständigen oder durch Zuarbeiten ihre eigenen Selektionskriterien, die im Kern aber mit denen der EWZ deckungsgleich waren, umzusetzen.[388] Das Urteil der EWZ, welches dem Umsiedlungsbevollmächtigten übermittelt wurde, gab schließlich den Ausschlag für die Annahme beziehungsweise Ablehnung eines Einbürgerungsantrages und die Zuweisung des Ansiedlungsgebietes.[389]

Die von den Volksgruppenvertretern forcierte rigorose „Selbstauslese" wurde jedoch schon bald zum Problem, minimierte sie aus Sicht des RKF das zukünftige Siedlerreservoir doch über die Maße. Der RKF sah sich deshalb Mitte November 1941, also bereits unter dem Eindruck des Ablaufs der Optionsfrist, zu einem Strategiewechsel veranlasst. Dieser lief auf eine Entmachtung und Reglementierung der Volksgruppenführung hinaus, die schließlich nur noch als „Hilfsorgan" fungierte.[390] Bis Anfang Dezember 1941 waren schließlich von den über 12 000 in der Gottschee lebenden Deutschen doch nahezu alle in den Umsiedlungslisten registriert worden. Über 11 800 von ihnen waren von der EWZ bereits „durchschleust" worden. Hinzu kamen Anfang Dezember noch etwa 1 100 Deutsche aus Laibach.[391] Zu ihnen gehörten nachweislich auch die volksdeutschen Patienten der „Laibacher Irrenanstalt", die im Zuge der Erfassung der Laibacher Deutschen von der EWZ untersucht wurden.[392] Hinweise

387 Vgl. Abschlussbericht der EWZ über die Erfassung der Deutschen in der Gottschee und im Gebiet der Stadt Laibach (IfZ München, ED 72/12, Bl. 15); sowie verschiedene Tätigkeitsberichte der Kommission Sonderzug von 1941 (BArch Berlin, R 69/1213).

388 Die Volksgruppenvertreter nutzten die „Durchschleusung" vor allem zum Ausschluss politischer Gegner und „unerwünschter" Personen von der Umsiedlung. Sie stellten dazu u. a. auch diverse Listen über „politisch unzuverlässige Gottscheer", „Listen der Mischehen" oder „Listen über Erbkranke und Inzuchtgemeinden" zusammen. Vgl. Frensing, Umsiedlung Gottscheer, S. 87-91 und 110. Zum Prozedere vgl. Abs. 2, § 8 der Durchführungsbestimmungen zum Abkommen über die Umsiedlung der deutschen Staatsangehörigen und Volksdeutschen aus der Provinz Laibach in das Deutsche Reich vom 31. 8. 1941, Hecker, Umsiedlungsverträge, S. 30.

389 Vgl. Abschlussbericht der EWZ über die Erfassung der Deutschen in der Gottschee und im Gebiet der Stadt Laibach (IfZ München, ED 72/12, Bl. 10 f.). Vgl. auch Frensing, Umsiedlung Gottscheer, S. 114 f.

390 Vgl. Frensing, Umsiedlung Gottscheer, S. 91-98.

391 Vgl. Abschlussbericht der EWZ über die Erfassung der Deutschen in der Gottschee und im Gebiet der Stadt Laibach (IfZ München, ED 72/12, Bl. 17); sowie Frensing, Umsiedlung Gottscheer, S. 116 f.

392 Vgl. Bericht der Gesundheitsstelle der Kommission Sonderzug über die Durchschleusung der Volksdeutschen in Laibach vom 13. 12. 1941 (BArch Berlin, R 69/727, Bl. 5 f.) Es wird hier lediglich die Erfassung von „5 erbkranke[n] Personen" der Laibacher Anstalt vermerkt. Im sonst nahezu identischen EWZ-Abschlussbericht fehlt diese Angabe komplett. Es ist unklar, warum lediglich 5 „erbkranke" Volksdeutsche erfasst wurden. Es dürfte unwahrscheinlich sein, dass sich dort tatsächlich nur diese 5 befanden bzw. nur diese als „erbkrank" eingestuft wurden, bot das GzVeN doch einen außer-

auf deren Umsiedlung, mögliche Krankentransporte und Ziele konnten bisher allerdings ebenso wenig gefunden werden wie Anhaltspunkte für weitere Erfassungen von Krankeneinrichtungen durch die EWZ.

Bis zum Sommer 1942 registrierte und „durchschleuste" die EWZ in der Gottschee und der Provinz Laibach über 14 200 Umsiedler. Laut einer Übersicht des RKF über den Stand der Um- und Ansiedlung vom Juli 1942 waren zu diesem Zeitpunkt bereits über 13 000 - also nahezu alle erfassten - Umsiedler angesiedelt worden.[393] Anders als bei den lange Zeit in Vomi-Lagern auf ihre Ansiedlung harrenden Volksdeutschen aus Rumänien und Litauen erfolgte die Ansiedlung der Gottscheer und Laibacher quasi stante pede. Die Ansiedlungsgebiete waren dabei bereits im Sommer 1941, noch vor dem Abschluss der Verhandlungen, benannt worden: die Deutschen aus der Gottschee sollten in der Untersteiermark/Südsteiermark („Ranner Dreieck"), die Deutschen aus Laibach in Kärnten die Funktion von „Wehrbauern" ausüben.[394] Ähnlich wie der Warthegau war insbesondere die 1941 vom Deutschen Reich okkupierte Untersteiermark ebenfalls zum „Exerzierplatz" des Germanisierungswahns geworden. Auch dort ging der Ansiedlung der „Volksdeutschen" eine euphemistisch als „Absiedlung" bezeichnete Vertreibung und Deportation der autochthonen Bevölkerung voraus.[395] Nach einer besonders eingehenden rassischen Untersuchung und Segregation der dortigen slowenischen Bevölkerung wurde ein Großteil in spezielle Vomi-Lager des „Altreichs" verbracht und sollte später „eingedeutscht" werden.[396] Ihre Höfe erhielten die Gottscheer sowie einige

ordentlich breiten Spielraum hinsichtlich der „Diagnosen", so dass nahezu alle Psychiatriepatienten als „erbkrank" stigmatisiert werden konnten. Möglicherweise lagen aber nur für diese 5 Personen Umsiedlungsanträge vor, auf deren Basis die EWZ die Erfassung vornahm.

393 Vgl. Bericht des Stabshauptamtes über den Stand der Um- und Ansiedlung am 1.7.1942 (BArch Berlin, NS 19/2743, Tabelle 1a).

394 Vgl. Anweisung des RKF, betr. Verteilung der Volks- und Reichsdeutschen aus der Gottschee und den übrigen italienisch gewordenen Gebieten des ehemaligen Jugoslawien vom 4.7.1941. In: Der Menscheneinsatz. Grundsätze, Anordnungen, Richtlinien. Hg. vom Reichskommissar für die Festigung deutschen Volkstums, 1. Nachtrag, Berlin 1941, S. 45.

395 Zum Warthegau vgl. Werner Röhr, „Reichsgau Wartheland" 1939-1945. Vom „Exerzierplatz des praktischen Nationalsozialismus" zum „Mustergau". In: Bulletin für Faschismus- und Weltkriegsforschung, 18 (2002), S. 28-57. Zur Untersteiermark vgl. u. a. Michael Wedekind, NS-Raumpolitik und ethnisch-soziales Ordnungsdenken am Beispiel von Slowenien und Norditalien (1939-1945). In: Historische Sozialkunde, 35 (2005), S. 4-13; sowie Gerhard Jochem/Georg Seiderer (Hg.), Entrechtung, Vertreibung, Mord. NS-Unrecht in Slowenien und seine Spuren in Bayern 1941-1945, Berlin 2005.

396 Über 400 000 Menschen in der Untersteiermark und dem Save-Sotla-Streifen wurden bis September 1941 dieser rassischen Musterung unterzogen. Allein in bayerische Vomi-Lager gelangten etwa 45 000 Slowenen, darunter hunderte Kinder, die durch den Lebensborn zur Adoption vermittelt wurden. Dieses Vorgehen war nach 1945 Gegenstand des Nürnberger RuSHA-Prozesses. Vgl. entsprechende Anordnungen der Vomi, betr. Aussiedlung der Slowenen und Unterbringung im „Altreich" (BArch Berlin, R 59/100). Vgl. zur Rassenpolitik in Slowenien weiter Tone Ferenc, Quellen zur „rassi-

Umsiedler aus Bessarabien und der Dobrudscha. Den 1942 umgesiedelten Deutschen aus Kroatien wurde hingegen wieder ein Ansiedlungsgebiet im „Osten“ - das Generalgouvernement, und dort das Siedlungsprestigeobjekt Zamość - zugewiesen.[397]

Die Umsiedlung der sogenannten „Bosniendeutschen“, die staatsrechtlich dem 1941 neu entstandenen Kroatien angehörten, stand in einem indirekten Zusammenhang mit den Germanisierungsplanungen für die Untersteiermark. Der am 30. September 1942 zwischen dem Deutschen Reich und Kroatien abgeschlossene Umsiedlungsvertrag sah nämlich einen wechselseitigen Bevölkerungsaustausch vor. So sollten nicht allein die „Volksdeutschen“ aus dem kroatischen Staatsgebiet „herausgenommen“ werden, sondern auch die Kroaten aus dem deutschen Interessensbereich, namentlich der zu „germanisierenden“ Untersteiermark.[398] Dabei war hier keine Komplettumsiedlung der deutschen Volksgruppe aus Kroatien vorgesehen, sondern lediglich die Umsiedlung von Teilen dieser, vor allem aus partisanengefährdeten Gebieten. Das Umsiedlungsverfahren als solches unterschied sich kaum von dem der vorangegangenen Vertragsumsiedlungen und stand demnach anders als die Gottscheeumsiedlung wieder in der „Tradition“ der Ost- und Südostumsiedlungen. So sollten auch hier die „Angehörigen des deutschen Volkstums“ bei den Umsiedlungskommissionen und deren Bevollmächtigten eine Umsiedlungserklärung einreichen. Die Prüfung des Antrages oblag den Bevollmächtigten.[399] Eine „Durchschleusung“ durch die EWZ erfolgte hier noch nicht, allerdings war eine EWZ-Kommission mit der Vorerfassung der Umsiedler betraut.[400] Die eigentliche „Durchschleusung“ sollte erst in den Vomi-Lagern in und um Lodz durchgeführt werden. Von Lodz aus sollte schließlich auch die „Ansetzung“, will heißen

schen“ Untersuchung von Slowenen unter der deutschen Okkupation. In: Gerhard Jochem/Georg Seiderer (Hg.), Entrechtung, Vertreibung, Mord, S. 131-151; sowie weiterführend Heinemann, Rasse.

397 Vgl. Kotzian, Umsiedler, S. 32. Zur Germanisierung des Generalgouvernements und im Speziellen zum „Zamość-Projekt“ vgl. Heinemann, Rasse, S. 357-415.

398 Die Umsiedlung der kroatischen Staatsbürger aus der Untersteiermark und der Oberkrain wurde im Zusatzprotokoll zum Umsiedlungsvertrag vom 30. 9. 1942 festgeschrieben und in einer entsprechenden Vereinbarung am 11. 8. 1943 vertraglich geregelt. Vgl. Vereinbarung über die Umsiedlung von Angehörigen des deutschen Volkstums aus bestimmten Gebieten des Unabhängigen Staates Kroatien in das Deutsche Reich vom 30. 9. 1942 einschließlich Zusatzprotokoll sowie Vereinbarung zwischen der Deutschen Regierung und der Regierung des Unabhängigen Staates Kroatien über die Umsiedlung kroatischer Staatsangehöriger und kroatischer Volkszugehöriger aus der Untersteiermark und aus den besetzten Gebieten Kärntens und Krains in das Gebiet des Unabhängigen Staates Kroatien vom 11. 8. 1943, beide bei Hecker, Umsiedlungsverträge, S. 41-49 und 50-60.

399 Vgl. Art. I, III und V der Umsiedlungsvereinbarung Kroatien; sowie Abs. 1 des Zusatzprotokolls, ebd., S. 41-43 und 48a.

400 Vgl. Abschlussbericht der EWZ über die Erfassung der Deutschen aus Bosnien von 1943 (IfZ München, ED 72/16, Bl. 14); sowie zum Beispiel Arbeitsrichtlinien der EWZ für die Vorerfassung in Bosnien, o. D. (BArch Berlin, R 69/1003, Bl. 24-26).

die Zuweisung der neuen Höfe, erfolgen. Eine Hof-zu-Hof-Umsiedlung wie im Falle der Gottscheer war demnach nicht beabsichtigt.[401]

Wie auch bei den übrigen Umsiedlungsaktionen - ausgenommen die Gottschee-Umsiedlung - kam auch hier der Vomi wieder eine nicht unbedeutende Rolle im Rahmen der Umsiedlungsaktion zu, nicht nur bezogen auf die Lagerunterbringung im Warthegau, sondern insbesondere auch bei der Durchführung der Transporte. Dies erklärt auch die nahezu identische Organisation der Transporte in gesundheitlicher Hinsicht. Krankenlisten wurden erstellt, Kranke bevorzugt abtransportiert und in Krankensammelstellen konzentriert. Die getroffenen Regelungen über die ärztliche Betreuung der Transporte waren ebenfalls ähnlich und auch die bereits im Kontext der Umsiedlung aus Wolhynien erwähnten „Gesundheitspässe" kamen hier wieder zum Einsatz.[402] Die Stellung von separaten Lazarettzügen war hier, anders als beispielsweise bei der Balten-Umsiedlung, nicht vorgesehen. Die Kranken sollten stattdessen, sofern sie nicht unter ansteckenden Krankheiten litten, zusammen mit den übrigen Umsiedlern, allerdings nicht in 3.- sondern in 2.-Klasse-Wagen, abtransportiert werden.[403] Dieses Vorgehen resultierte nicht zuletzt aus der spezifischen gesundheitspolitischen Situation innerhalb der deutschen Volksgruppe in Bosnien, die anders als die meisten anderen Umsiedlergruppen über nahezu keine volksgruppeneigenen Krankeneinrichtungen verfügte, die wie beispielsweise im Falle der „Zöcklerschen Anstalten" hätten geschlossen umgesiedelt werden müssen.[404] Die erfassten Kranken befanden sich demnach verstreut in verschiedenen kroatischen Einrichtungen beziehungsweise lebten in ihren Familien und wurden mit diesen gemeinsam umgesiedelt.

Insgesamt verließen innerhalb eines Monats (Oktober/November 1942) etwa 18 000 Bosniendeutsche Kroatien.[405] Bei dieser partiellen Umsiedlung sollte es aber nicht bleiben. Vielmehr hatte Himmler bereits zu diesem Zeitpunkt die Umsiedlung aller in Kroatien lebenden Volksdeutschen geplant, waren doch die Zentren deutschen Lebens wie Zagreb/Agram oder Neusatz/Novi Sad nicht in die erste Umsiedlungsaktion einbezogen worden. Aufgrund der divergierenden

401 Vgl. Abschlussbericht der EWZ über die Erfassung der Deutschen aus Bosnien von 1943 (IfZ München, ED 72/16, Bl. 14 f.); sowie allgemein Valentin Oberkersch, Die Deutschen in Syrmien, Slawonien, Kroatien und Bosnien, Stuttgart 1989, S. 387-397; sowie Kotzian, Umsiedler, S. 32.

402 Dort firmierten sie allerdings unter der Bezeichnung „Sanitätspaß". Ein Vordruck ist zu finden in den Dienstanweisungen Gesundheitswesen Wolhynien (Vomi) (BArch Berlin, R 59/320, Bl. 48-58). Zu Bosnien vgl. Bericht über die Umsiedlung/Planung Bosnien, darin: Aufgaben des Ortsbevollmächtigten für den Abtransport, o. D. (BArch Berlin, R 59/403, Bl. 2-23, hier 10-12).

403 Vgl. Bericht über die Umsiedlung/Planung Bosnien (BArch Berlin, R 59/403, Bl. 2-23, zur Transportplanung hier 6).

404 Zur „gesundheitlichen Lage" der Bosniendeutschen vgl. Abschlussbericht der EWZ über die Erfassung der Deutschen aus Bosnien von 1943 (IfZ München, ED 72/16, Bl. 19-23).

405 Vgl. Bericht über die Umsiedlung/Planung Bosnien, darin: Transportübersichtsplan (BArch Berlin, R 59/403, Bl. 2-23, hier 23).

Interessenlage seitens des RKF und des Auswärtigen Amtes,[406] des kriegsbedingten Mangels an Transportmitteln und nicht zuletzt der fehlenden Ansiedlungskapazitäten wurde diese Umsiedlung jedoch vorerst bis zum Frühjahr 1943 zurückgestellt. Im Laufe des Jahres 1943 verschärfte sich die Situation insbesondere für die in Slawonien lebenden Volksdeutschen angesichts zunehmender Partisanenangriffe zusehends, was zu einer unkontrollierten Fluchtbewegung führte. Dies bewog die Vomi Ende 1943 spezielle Kommandos zu entsenden, die eine Evakuierung der gefährdeten Volksdeutschen in sicherere Gebiete Kroatiens durchführen sollten. Etwa 16 000 Menschen wurden bis zum Frühjahr 1944 innerhalb Kroatiens umgesiedelt. Doch schon ein halbes Jahr später erwiesen sich auch die vorerst als sicher eingestuften Gebiete als nicht mehr haltbar und eine Evakuierung ins Deutsche Reich als notwendig.[407]

Das kriegsbedingte Einmünden der Umsiedlungsmaßnahmen in Evakuierungs- und Fluchtaktionen stellte ein wesentliches Kennzeichen der RKF-Politik ab 1943 dar. Der Bevölkerungstransfer erfolgte nun nicht mehr auf der Grundlage bilateraler Verträge,[408] die einen logistisch weitgehend kontrollierbaren Umsiedlungsvorgang ermöglichten, sondern war eingebettet in militärische Aktionen. Trotz dieses deutlich anderen Charakters der Evakuierungen im Vergleich zu den Umsiedlungen der Jahre 1939 bis 1943, standen diese, ebenfalls unter dem Terminus „Rückführung" subsumierten Aktionen[409] dennoch in deren Tradition. Besonders deutlich zeigt sich dies am Beispiel der auch quantitativ bedeutsamen Gruppe der Ukraine-/ Russlanddeutschen.

406 Vertrat Himmler die Ansicht, dass ein „Abzug" der Volksdeutschen aus Kroatien volkspolitisch notwendig sei und sich zudem günstig auf die Beziehungen zum italienischen Bündnispartner durch den damit signalisierten Verzicht auf Kroatien auswirken würde, so sah das Auswärtige Amt in den Volksdeutschen Kroatiens einen Garanten für die „Sicherung des für uns lebenswichtigen Weges Agram - Belgrad" und sprach sich offen gegen ihre Umsiedlung aus. Vgl. Oberkersch, Die Deutschen in Syrmien, Slawonien, Kroatien und Bosnien, S. 388-390.

407 Vgl. ebd., S. 392-397.

408 Bereits 1941/42 war die Umsiedlung aus dem sog. „Restserbien" (Gebiet südlich/südöstlich von Belgrad) ohne eine vertragliche Regelung vorgenommen worden. Es handelte sich hierbei um etwa 2 000 „gefährdete" Volksdeutsche, die von der Vomi zwischen September und Dezember 1941 ins Reichsgebiet gebracht wurden. Eine Umsiedlung aller in diesen Gebieten, vornehmlich auch der in Belgrad lebenden Volksdeutschen, war jedoch nicht beabsichtigt. Vgl. EWZ, Kommission Sonderzug, an EWZ-Dienststellenleiter, betr. Durchschleusung Restserbien vom 16.2.1942 (BArch Berlin, R 69/958, Bl. 4); Abschlussbericht der EWZ über die Erfassung der Volksdeutschen aus Restserbien von 1943 (IfZ München, ED 72/13, Bl. 1-7); sowie weiterführend Akiko Shimizu, Die deutsche Okkupation des serbischen Banats 1941-1944 unter besonderer Berücksichtigung der deutschen Volksgruppe in Jugoslawien, Münster 2003, S. 299-301.

409 Vgl. Strippel, NS-Volkstumspolitik, S. 248.

4.2 Evakuierungen aus der Sowjetunion und dem „Südostraum"

Anders als im Falle der planmäßig umgesiedelten Volksdeutschen aus dem Baltikum, Polen, Rumänien, Südtirol und Jugoslawien entsprach die „Rückführung" der Deutschen aus den von der deutschen Wehrmacht besetzten Gebieten der Sowjetunion (Krim, Transnistrien, Ukraine, „Leningrader Gürtel") nicht den siedlungs- und volkstumspolitischen Zielen des RKF. Zwar waren diese mit dem Beginn des Krieges gegen die Sowjetunion zu einer Variable innerhalb der Siedlungsplanungen des RKF geworden, das ihnen zugewiesene siedlungspolitische Aufgabenfeld lag jedoch in den bisherigen Siedlungsgebieten - in der Ukraine namentlich dem Generalkommissariat Shitomir[410] - und nicht wie anfangs diskutiert in den „neuen Ostgebieten".[411] In diese sollten sie jedoch ab 1943 im Rahmen der „großen Russlandaktion", das heißt der fluchtartigen Evakuierung angesichts des sowjetischen Vormarsches, gelangen. Insbesondere der Warthegau wurde nun erneut zum zentralen Aufnahmegebiet bestimmt und nahm bis Ende 1944 etwa 250 000 Russlanddeutsche, die in verschiedenen Evakuierungsetappen vornehmlich aus der Ukraine und Transnistrien, aber auch aus Ostwolhynien eintrafen, auf.[412] Den Auftakt bildete die bereits 1941/42 erfolgte Evakuierung Russlanddeutscher aus dem Gebiet um Sankt Petersburg („Leningrader Gürtel").[413]

Die euphemistisch als „Rücksiedlung" deklarierte Evakuierung unterschied sich grundsätzlich von den Umsiedlungen der Vorjahre. Zwar wurde auch hier auf das logistische Know-how der Vomi zurückgegriffen und diese mit den Transportfragen betraut, spezielle Verfahrensfragen mussten angesichts der militärischen Lage, die keinen zeitlichen Aufschub der Evakuierungen zuließ, allerdings eine Vernachlässigung erfahren. So wurde die Zulassung zur Evakuierung, ergo der Nachweis über die Zugehörigkeit zum deutschen Volkstum im Falle der Leningrader Deutschen recht großzügig gehandhabt und von der Beibringung von Dokumenten abgesehen, was in der Folgezeit dazu führte, dass es zu „Überraschungen in volkstumsmässiger [sic!] Hinsicht" kam und sich unter den

410 Die Volksdeutschen sollten dort in „Siedlungsperlen" zusammengesiedelt werden und so eine „Germanisierung" der Ukraine einleiten. Konkrete Formen nahm diese Siedlungsplanung im Prestigeobjekt „Hegewald" an. Ähnliche Siedlungsprojekte existierten auch für die Krim, die als „Gotengau" auch als ein Ansiedlungsgebiet für die Südtiroler gehandelt wurde. Auch im unter rumänischer Verwaltung stehenden Transnistrien begann die Vomi die Volksdeutschen in bestimmten Siedlungsgebieten zu konzentrieren. Vgl. Heinemann, Rasse, S. 448-468; sowie Pinkus/Fleischhauer, Die Deutschen in der Sowjetunion, S. 236-283.

411 Vgl. Heinemann, Rasse, S. 417-421; Strippel, NS-Volkstumspolitik; Pinkus/Fleischhauer, Die Deutschen in der Sowjetunion; sowie Ingeborg Fleischhauer, Das Dritte Reich und die Deutschen in der Sowjetunion.

412 Vgl. zum Beispiel Pinkus/Fleischhauer, Die Deutschen in der Sowjetunion, S. 284-296.

413 Vgl. dazu u. a. die Vomi-Unterlagen zur Umsiedlung aus dem Leningrader Gürtel 1941/42 (BArch Berlin, R 59/409); sowie Pinkus/Fleischhauer, Die Deutschen in der Sowjetunion, S. 257 f.

Evakuierten auch „Fremdstämmige" befanden.[414] Zumeist hatte jedoch im Vorfeld der Evakuierung eine Erfassung durch die Wehrmacht und anschließend durch das eigens für die Erfassung der Russlanddeutschen gebildete SS-„Sonderkommando R(Russland)" nach dem Volkslistenverfahren stattgefunden.[415] Quasi in Konkurrenz zu den SS-Dienststellen hatte auch ein vom Reichsministerium für die besetzten Ostgebiete (RMO) aufgestelltes „Sonderkommando Dr. Stumpp" mit der Erfassung der Volksdeutschen begonnen.[416] Die Volksgruppe selbst scheint hier nicht in Erscheinung getreten zu sein, was nicht zuletzt auf fehlende volksgruppenspezifische Organisationsformen zurückzuführen sein dürfte.[417]

Nicht nur die Erfassung der Russlanddeutschen unterschied sich deutlich von der der übrigen Umsiedlergruppen, sondern auch der Abtransport. Durch die angespannte militärische Lage waren die Transportmöglichkeiten begrenzt, so dass der überwiegende Teil der Russlanddeutschen ab 1943 in Trecks, ähnlich denen der Wolhyniendeutschen, jedoch unter denkbar schlechteren Bedingungen und über bedeutend weitere Entfernungen, evakuiert werden musste. An separate Krankentransporte oder gar die Stellung von Lazarettzügen war nicht zu denken. Es muss daher davon ausgegangen werden, dass es zu keinem systematischen Abtransport kranker Volksdeutscher gekommen ist, sondern sich diese vielmehr unterschiedslos unter den übrigen Flüchtenden befanden, sofern sie dazu physisch in der Lage waren.[418] Anstaltsinsassen dürften sich kaum

414 Vgl. Bericht über die Aussiedlung der Volksdeutschen aus dem Leningrader Gürtel, o. D. (BArch Berlin, R 59/409, Bl. 25–40, hier 36). So berichtet das Sonderkommando R(ussland), welches mit der Erfassung der Russlanddeutschen befasst war: „Als krasser Fall ist der Russe Michael J. [...], Umsiedlungs-Nr. 703794 zu bezeichnen, der Lues-verdächtig und schwachsinnig ist. Ich [der Berichterstatter] habe diesem Geschöpf nur widerwillig eine Umsiedlungsnummer gegeben und ihn in der Umsiedlungsliste als Herdstelleinhaber bezeichnet, da er für unser Volkstum nur eine Belastung darstellt." Bericht des Sonderkommandos „R" über die Erfassung der Lagerinsassen in Neustadt vom 9. 5. 1942 (ebd., Bl. 60).

415 Das Sonderkommando R setzte sich aus umsiedlungserprobten Mitarbeitern des SD, des RuSHA, des RKF und der Vomi zusammen und stand unter der Leitung von Horst Hoffmeyer. Die Erfassung der Russlanddeutschen erfolgte in der „Deutschen Volksliste" - ähnlich der im besetzten Polen Verwendung findenden - allerdings war damit kein Erwerb der deutschen Staatsbürgerschaft verbunden. Die Einbürgerung blieb Sache der EWZ. Vgl. Strippel, NS-Volkstumspolitik, Kap. IV.2.

416 Zum Kommando Stumpps vgl. Fleischhauer, Das Dritte Reich und die Deutschen in der Sowjetunion, S. 97–101.

417 Die „Stalin'sche Nationalitätenpolitik" hatte zum endgültigen Niedergang eigenständigen deutschen Lebens in der SU geführt, ausgenommen das Wolga-Gebiet. Das Sonderkommando „R" und die Vomi begannen mit dem Einmarsch deutscher Truppen in der SU dieses deutsche Leben zu (re-)organisieren. Vgl. Pinkus/Fleischhauer, Die Deutschen in der Sowjetunion, S. 267–283; sowie Strippel, NS-Volkstumspolitik, S. 266.

418 In den Transportübersichten sind an einzelnen Stellen Kranke vermerkt. Ihre Zahl ist jedoch so gering, dass von speziellen Krankentransporten nicht gesprochen werden kann, zudem die Kranken immer zusammen mit anderen Evakuierten transportiert wurden. Vgl. Transportübersichten Rußlanddeutsche und Transnistrien (BArch Berlin, R 59/91).

darunter befunden haben, da Einsatzkommandos die psychiatrischen Einrichtungen der Sowjetunion im Zuge des Vormarschs deutscher Truppen systematisch leergemordet hatten.[419]

Neben den Trecks und Zugtransporten unter Vomi-Aufsicht drängten unabhängig von diesen weitere, vor der Roten Armee flüchtende Volksdeutsche gen Westen. Dieser unkontrollierte Zustrom an Flüchtlingen stellte den RKF-Apparat vor eine außerordentliche Herausforderung, wurden doch Unterbringungsmöglichkeiten, die weit über den Kapazitäten der zudem teilweise noch belegten Vomi-Lager lagen, benötigt.[420] Eine baldige Ansiedlung, die eine rasche „Durchschleusung" der „Rückgeführten" vorausgesetzt hätte, rückte angesichts der Zahl von etwa 250 000 Menschen[421] in weite Ferne, abgesehen von dem Umstand, dass adäquate Siedlungskapazitäten de facto kaum noch vorhanden waren. Dennoch konnte der Gauleiter des Warthegaus, Arthur Greiser, bereits 1944 die Ansiedlung erster Russlanddeutscher verkünden - allerdings unterschlug er dabei, dass diese nicht etwa als freie Bauern „angesetzt" worden waren, sondern vielmehr verstreut als Landarbeiter.[422] Auch in anderen Punkten wurde eine Degradierung der Russlanddeutschen gegenüber den übrigen Umsiedlergruppen sichtbar. Diese resultierte vor allem aus einer fehlenden vertraglichen Basis der „Rückführungen". So wurden die Russlanddeutschen zwar formal als Umsiedler eingestuft und ihre Einbürgerung durch die EWZ vorgenommen, de jure wurde ihnen jedoch lediglich der Status von Flüchtlingen zugestanden, was bedeutete, dass ihnen die vollen Umsiedlerrechte, worunter auch der Vermögensausgleich fiel, nicht gewährt wurden.[423] Diese Problematik verschärfte sich 1944, als die Evakuierungen sich nicht mehr allein auf das sow-

419 Traurige Berühmtheit erlangten vor allem die Morde an den Patienten der weißrussischen Anstalten in Minsk und Mogilew. Himmler hatte Arthur Nebe vom Reichskriminalpolizeiamt (RKPA), zu dem Zeitpunkt Leiter der Einsatzgruppe B, im Sommer 1941 mit der Erprobung einer neuen „humaneren" Tötungstechnologie, die die Massenerschießungen ablösen sollte, beauftragt. Zusammen mit Albert Widmann, einem Mitarbeiter des Kriminaltechnischen Instituts, der u. a. mit der Beschaffung des im Rahmen der „Aktion T4" verwendeten Kohlenmonoxids betraut war, wurden im September 1941 daraufhin Sprengungs- und Vergasungsexperimente an Psychiatriepatienten der Anstalten in Minsk und Mogilew durchgeführt. Im gesamten von der deutschen Wehrmacht besetzten und den Einsatzgruppen durchkämmten Gebieten der SU wurden Anstalten durch Erschießungen, den Einsatz von Gaswagen, aber auch durch Vergiftungen oder systematisches Aushungern leergemordet. Darunter befanden sich beispielsweise die ukrainischen Anstalten in Igrin und Wasilkowska bei Dnjepropetrowsk, Tschernogow, Poltawa, Winniza, Kiew, Charkow, u. a. Vgl. Angelika Ebbinghaus/Gerd Preissler, Die Ermordung psychisch kranker Menschen in der Sowjetunion. Dokumentation. In: Götz Aly (Red.), Aussonderung und Tod. Die klinische Hinrichtung der Unbrauchbaren, Berlin (West) 1985, S. 75-107.

420 Vgl. Strippel, NS-Volkstumspolitik, S. 282.

421 Vgl. Heinemann, Rasse, Siedlung deutsches Blut, S. 468. Pinkus/Fleischhauer gehen davon aus, dass in den Warthegau und das Generalgouvernement etwa 220 000 Rußlanddeutsche gelangten, weitere 130 000 in das „Altreich". Vgl. Pinkus/Fleischhauer, Die Deutschen in der Sowjetunion, S. 296.

422 Vgl. Pinkus/Fleischhauer, Die Deutschen in der Sowjetunion, S. 288.

423 Vgl. Fleischhauer, Das Dritte Reich und die Deutschen aus der Sowjetunion, S. 225.

jetische Gebiet erstreckten, sondern durch das Zurückweichen der Wehrmacht an verschiedenen Frontabschnitten nun auch eine größere Zahl von Volksdeutschen im Südostraum betrafen. Von „Volksdeutschen" oder „Umsiedlern" wurde hier - ganz ostentativ - jedoch nicht mehr gesprochen. Einer Order des RKF/Vomi zufolge sollten stattdessen zukünftig die Bezeichnungen „Deutsche aus dem Südostraum" oder „rückgeführte Deutsche" Verwendung finden.[424] Dabei handelte es sich nicht allein um eine terminologische Spitzfindigkeit, die den wahren Charakter der Evakuierungsaktionen euphemistisch verschleiern sollte, sondern durch diese Begriffe wurde zugleich die Andersartigkeit dieses Bevölkerungstransfers im Vergleich zu den Vertragsumsiedlungen zum Ausdruck gebracht. Diese evakuierten Volksdeutschen aus Rumänien (Siebenbürgen, Banat), Ungarn, Jugoslawien, Kroatien und der Slowakei sollten nämlich nicht dauerhaft ins Deutsche Reich geholt werden, sondern lediglich vorübergehend. „Zu gegebener Zeit" sollten sie in ihre Siedlungsgebiete zurückkehren.[425] Eine Einbürgerung der Flüchtlinge aus dem Südosten - allein aus Siebenbürgen, dem Banat, der Batschka und Baranja wurden 215 000, aus den übrigen zu räumenden Gebieten weitere 669 000 Menschen erwartet[426] - war nicht vorgesehen. Für „kriegswirtschaftliche Zwecke" sollten sie hingegen schon herangezogen werden.

Allein die unterschiedliche Statuszuschreibung und die daraus resultierende Ungleichbehandlung der verschiedenen volksdeutschen Gruppen macht deutlich, dass der Charakter des als Evakuierung zu bezeichnenden Bevölkerungstransfers aus der Sowjetunion und Südosteuropa ein gänzlich anderer war als der der Vertragsumsiedlungen aus dem Baltikum, Ostpolen oder Rumänien. Dabei unterschieden sich nicht allein die individuellen Konsequenzen, sondern auch die volkstumspolitischen Motive der Akteure. Wurden bei den ersten Vertragsumsiedlungen die Volksdeutschen noch als willkommenes Siedlerreservoir für die zu germanisierenden „neuen Ostgebiete" begriffen, so erschienen die Russlanddeutschen weniger willkommen, hatte man deren siedlungspolitische Aufgabe doch in der Germanisierung unter anderem ukrainischer Gebiete gesehen und nur nolens volens eine „Rückführung" ins Reichsgebiet ins Kalkül gezogen. Die Evakuierung aus dem Südostraum entsprach schließlich nur noch militärischer Notwendigkeit. Nichtsdestotrotz griff man auch hier auf die bewährten Umsiedlungsdienststellen des RKF, insbesondere die EWZ und die Vomi, zurück, denen es gelungen war, die Hoheit in Umsiedlungsfragen reklamieren zu können. Diese beanspruchte der RKF-Apparat nicht nur im Kontext der

424 Vomi an die VDA-Gauverbände, betr. Evakuierte Deutsche aus dem Südostraum vom 25. 11. 1944 (BArch Berlin, R 59/29, Bl. 68 f.).

425 Abschrift eines vertraulichen Schnellbriefes des RKF/Vomi, betr. Rückgeführte aus dem Südosten in einem streng vertraulichen Schreiben des Reichsministerium für Volksaufklärung und Propaganda an das Reichspropagandaamt vom 6. 11. 1944 (BArch Berlin, R 59/29, Bl. 124 f.).

426 Rundschreiben Nr. 244 des Reichsnährstandes, Landesbauernschaft Bayern, an die Kreisbauernschaften, betr. Arbeitseinsatz volksdeutscher Rückwanderer aus dem Südosten vom 8. 12. 1944 (ebd., Bl. 26 f.).

Umsiedlungen aus Ost- und Südosteuropa, sondern es gelang Himmler, seine Experten und Umsiedlungsdienststellen auch in Westeuropa zu installieren, beispielsweise in Paris.

4.3 Der Westen Europas im Visier des RKF - Exkurs

Die Germanisierungspolitik im Westen Europas, namentlich im Elsass, Lothringen und Luxemburg, lag, anders als im „Osten“, zunächst in den Händen der zuständigen Gauleiter. Vertrat der Gauleiter Luxemburgs, Gustav Simon, in dieser Frage a priori die Position Himmlers, so sah dies im Elsass unter Robert Wagner und in Lothringen unter Josef Bürckel ganz anders aus. Diese forcierten eine eigenständige Germanisierungspolitik, die auf eine Abschiebung unerwünschter Bevölkerungsgruppen aus ihren Hoheitsgebieten nach Frankreich zielte, ohne dabei eine systematische Selektion der Abzuschiebenden nach rassenbiologischen Kriterien, die der RKF als conditio sine qua non der Germanisierung begriff, durchzuführen. Stattdessen sollten Merkmale wie die deutsche Sprache oder die politische „Zuverlässigkeit“ über die Abschiebung entscheiden. Hin und wieder lassen sich aber auch rassische und rassenhygienische Exklusionskriterien nachweisen. So sollte sich die Deportation auch auf „Juden“, „Zigeuner“, „fremdrassige Personen“, „Berufsverbrecher“ und „asoziale Elemente“ erstrecken.[427] In einer ersten Deportationswelle 1940 wurden auf diese Weise aus dem Elsass und aus Lothringen nahezu 200 000 Menschen vertrieben, in den unbesetzten Teil Frankreichs „ausgesiedelt“ oder an einer Rückkehr gehindert.[428] Darunter befanden sich auch 1300 Patienten der elsässischen Heilanstalten Stephansfeld und Hördt und 700 Patienten der lothringischen Heilanstalt Lörchingen, die in psychiatrische Einrichtungen Vichy-Frankreichs verbracht wurden, wo sie in den meisten Fällen Opfer des Hungersterbens wurden.[429] In einer zweiten Welle wurden 1943 in einer konzertierten

427 Vgl. Kettenacker, NS Volkstumspolitik im Elsaß, S. 250. Vgl. auch Strippel, NS-Volkstumspolitik, S. 229.

428 Aus Lothringen wurden bis Ende 1940 etwa 20 000–25 000 Menschen ausgewiesen und 63 000 vertrieben. Etwa 7 000 wanderten bis Mitte 1941 aus. Die Zahl der bis Ende 1940 aus dem Elsass deportierten oder an der Einreise gehinderten Menschen betrug etwa 105 000. Vgl. Heinemann, Rasse, S. 307 und 319; sowie Kettenacker, NS Volkstumspolitik im Elsaß, S. 250, 252 und 254.

429 Vgl. Ernst Klee, „Euthanasie“ im Dritten Reich. Die „Vernichtung lebensunwerten Lebens“, Frankfurt a. M. 2010, S. 695, Anm. 132. Zu Lörchingen vgl. auch Gisela Tascher, Staat, Macht und ärztliche Berufsausübung 1920–1956. Gesundheitswesen und Politik. Das Beispiel Saarland, Paderborn 2010, S. 197–212. Von den beispielsweise aus Stephansfeld „evakuierten“ Patienten starben bis Kriegsende 64 Prozent. Das Hungersterben betraf dabei nicht allein diese Patientengruppe, sondern alle Patienten gleichermaßen. Besonders 1941 war die Sterblichkeit aufgrund der Nahrungsmittelknappheit und des strengen Winters 1940/41 exorbitant hoch. Vgl. Faulstich, Hungersterben in der Psychiatrie, S. 368–377. Zum Hungersterben in französischen Anstalten vgl. auch Sieglind Ellger-Rüttgardt, Außerhalb der Norm. Behinderte Menschen in Deutschland und Frankreich während des Faschismus. In: Christa Berg (Hg.), „Du bist nichts, dein Volk

Aktion des RKF, der sich nun auch innerhalb der Volkstumspolitik im Westen gegen die Gauleiter durchzusetzen vermocht hatte, aus dem Elsass, Lothringen und Luxemburg etwa 20 000 bis 30 000 Menschen deportiert. Diese wurden zum Großteil als „wiedereindeutschungsfähig" in Vomi-Lager des „Altreichs" verbracht, um schließlich in den deutschen Arbeitsmarkt integriert zu werden.[430] Die so gewaltsam freigewordenen Siedlungskapazitäten sollten im Sinne einer ethnischen Neustrukturierung der Gebiete wiederum Volksdeutschen, aber auch der „überschüssigen" saarpfälzischen Bevölkerung,[431] zugewiesen werden. Im Visier des RKF standen dabei weniger die Volksdeutschen aus dem Osten- und Südosten Europas oder Südtirols,[432] sondern vielmehr die Volksdeutschen, die aufgrund der militärischen Ereignisse nach Frankreich geflohen waren oder dort regulär ihren Wohnsitz hatten. Diese sollten das Siedlerreservoir für das zu germanisierende Elsass, Lothringen und Luxemburg stellen. Äquivalent zu den Erfassungen der Volksdeutschen im „Osten" begann der RKF 1941 nun auch in Frankreich mit der „Fahndung nach deutschem Blut". Zu diesem Zweck griff er auf seinen bereits während der Umsiedlungen aus Ost- und Südosteuropa etablierten und bewährten Apparat zurück. Im April 1941 wurde eine Nebenstelle der EWZ in Paris installiert, die mit der Erfassung der Volksdeutschen im besetzten Frankreich begann. Bis Mai 1941 erfasste die EWZ nahezu 74 000 Volksdeutsche, wobei entsprechende Vorarbeiten bereits von der „Beratungsstelle für Volksdeutsche" beim Militärbefehlshaber in Frankreich geleistet worden waren.[433] Anders als bei den Deutschen im Baltikum oder Rumänien fehlten in Frankreich volksgruppenspezifische Organisationen, kurzum eine geschlossene „Volksgruppe" existierte de facto nicht.[434] Eine vergleichbar geschlossene Umsiedlung stand demnach nicht zur Diskussion. Möglicherweise ist dies auch der Grund dafür, dass es nie zum Abschluss eines Umsiedlungsvertrages mit Frankreich kam. Das Fehlen eines solchen bewirkte allerdings, dass die freiwilligen Meldungen zur Umsiedlung außerordentlich gering waren, fehlte doch ein rechtlicher Rahmen, der den Status und die Rechte der Volksdeutschen definierte und vermögensrechtliche Fragen klärte. Bis 1942 hatte weniger als die Hälfte der zu diesem Zeitpunkt von der EWZ ermittelten etwa 78 000 Volksdeutschen die ihnen zugestellten Unterlagen ausgefüllt, und selbst die zur Registrierung erschienenen Volksdeutschen – bis zum Frühjahr

ist alles." Forschungen zum Verhältnis von Pädagogik und Nationalsozialismus, Weinheim 1991, S. 88–104, hier 91–101.

430 Vgl. Heinemann, Rasse, S. 322–331.

431 Bürckel beabsichtigte die vermeintliche Überbevölkerung der Saar durch eine gauinterne Absiedlung nach Lothringen zu beseitigen. Gleichzeitig bot sich ihm so die Möglichkeit, seinen von Hitler persönlich erhaltenen „Eindeutschungsauftrag" für Lothringen zu erfüllen. Vgl. Mai, Rasse und Raum, S. 245 f.; sowie Heinemann, Rasse, S. 308.

432 Eine Ausnahme stellte die Umsiedlung von 87 südtiroler Familien 1943 nach Luxemburg dar. Vgl. Alexander, Umsiedlung der Südtiroler, S. 97.

433 Vgl. Bericht der EWZ über die statistische Vorerfassung der in Frankreich lebenden Volksdeutschen aus dem Elsass und Lothringen vom 10. 5. 1941 (BArch Berlin, R 69/95, Bl. 6–13). Zur Beratungsstelle vgl. Kettenacker, NS Volkstumspolitik im Elsaß, S. 255.

434 So die Einschätzung der EWZ. Vgl. dazu Strippel, NS-Volkstumspolitik, S. 234.

1942 waren dies etwa 18 700 – lehnten in über 50 Prozent der Fälle die Umsiedlung geradeweg ab.[435] Um diesem der RKF-Politik zuwiderlaufenden Trend entgegenzuwirken, forcierte Himmler, dessen Position ab 1942 deutlich gestärkt war, die Volkstumspolitik in Frankreich. Er schuf eine zentrale Abteilung „Volkstum" beim Höheren SS- und Polizeiführer im Bereich des Militärbefehlshabers Frankreich in Paris, die sowohl die Vomi als auch die EWZ inkludierte und eine Synchronisierung der Umsiedlungspolitik herbeiführen sollte.[436] Gleichzeitig sollte über das Auswärtige Amt mit der französischen Regierung eine Übereinkunft über vermögensrechtliche Fragen der Umsiedler erzielt und eine Regelung bezüglich der Umsiedlung der Volksdeutschen aus dem unbesetzten Teil Frankreichs getroffen werden. Dabei sollte das Prinzip der Freiwilligkeit weitgehend aufgegeben werden, wurde doch das Fehlen von Zwangsmitteln als ein Grund für die geringe Zahl der von der EWZ bisher erfassten Umsiedler betrachtet. Das Auswärtige Amt war jedoch nicht bereit, diese Position gegenüber Frankreich zu vertreten, so dass eine solche Regelung in weite Ferne rückte. Im November 1942 erklärte Hitler zudem, dass ein deutsches Interesse an den in Frankreich lebenden Elsässern und Lothringern nicht bestehe, was weitere Umsiedlungsverhandlungen quasi obsolet machte.[437] Dementsprechend gering blieb auch weiterhin die Umsiedlungsbeteiligung – trotz erweitertem Erfassungsradius.[438] Bis zum März 1944 konnten lediglich etwas mehr als 13 000 Menschen ins „Altreich", etwa 9 500 ins Elsass, 2 200 nach Lothringen, sowie eine verschwindend geringe Zahl nach Luxemburg und in die Ostgebiete umgesiedelt werden.[439] Kranke und alte Menschen dürften sich darunter nicht befunden haben, sollten doch nur die Volksdeutschen, die als „erwünschter Zuwachs für das deutsche Volk und Reich"[440] begriffen wurden, umgesiedelt werden. Zudem dürften die Gauleiter sowohl des „Altreiches" als auch des Elsasses und Lothringens sich gegen eine Aufnahme gewehrt haben, hatten sie doch die „Evakuierung" „Geisteskranker" im Rahmen der Aussiedlungen 1940 und 1943 forciert.

Gemessen an den Umsiedlungsaktionen aus Ost- und Südosteuropa oder Südtirol kam der „Westumsiedlung" und den Germanisierungsplanungen für das Elsass, Lothringen und Luxemburg demzufolge nur eine geringe Bedeutung im Gesamtkontext der ethnographischen Neuordnung Europas zu. Dennoch

435 Vgl. Kettenacker, NS Volkstumspolitik im Elsaß, S. 258.
436 Vgl. Strippel, NS-Volkstumspolitik, S. 235.
437 Vgl. Kettenacker, NS Volkstumspolitik im Elsaß, S. 258–261.
438 Die EWZ wurde mit der Erfassung aller Volksdeutschen, auch der ursprünglich beispielsweise aus Belgien stammenden, im besetzten Frankreich und den Departments Nord und Pas de Calais (Nordfrankreich) betraut. Auch die ab 1940 nach Frankreich deportierten Elsässer und Lothringer sollten „geschleust" werden, was letztlich eine Korrektur der durch die Gauleiter forcierten Abschiebungen im Sinne des vom RKF vertretenen rassenbiologischen Paradigmas bedeutete. Vgl. Strippel, NS-Volkstumspolitik, S. 236 f.
439 Heinemann, Rasse, S. 332, Anm. 88.
440 Erlass des RKF, betr. Richtlinien für die Arbeit der EWZ, Nebenstelle Paris, o. D. (BArch Berlin, R 69/95, Bl. 1 f., hier 1).

zeigt sich an diesem Beispiel, wie umfassend diese Neuordnung in Angriff genommen wurde und wie es Himmler verstand seine Interessen als RKF auch gegenüber siedlungspolitischen Konkurrenten - beispielsweise dem elsässischen und lothringischen Gauleiter - durchzusetzen und sein rassenbiologisches System der „Siedlerauslese“ zu etablieren.

5. Die Umsiedlungsverträge als Einfallstor der ethnographisch-rassenbiologischen Neuordnung

Noch vor Kriegsbeginn und vor der Proklamation Hitlers, eine ethnographische Neuordnung Europas durch Umsiedlungen herbeizuführen, wurde mit dem Entschluss, eine „radikale ethnische Lösung der Frage des Oberetsch“[441] durch die Umsiedlung der Südtiroler herbeizuführen, der Beginn eines gigantischen Bevölkerungstransfers, der ganz Europa umspannen sollte, markiert. Unter der Fahne der ethnographischen Neuordnung Europas gerieten nahezu eine Million Volksdeutsche in den Sog der Himmlerschen Umsiedlungsmaschinerie.[442] Die konkreten Auslöser für die einzelnen Umsiedlungsentscheidungen variierten dabei. Bei den Südtirolern und der deutschen Bevölkerung der Gottschee spielten vor allem bündnispolitische Erwägungen - die Pflege der deutsch-italienischen Beziehungen - eine entscheidende Rolle. Die Umsiedlungen der Deutschen aus dem Baltikum, Wolhynien und Galizien, Bessarabien und der Nordbukowina waren hingegen direkte Folge des Hitler-Stalin-Paktes und sind vor dem Hintergrund der vorläufigen Abgrenzung der Interessensphären zwischen dem Deutschen Reich und der Sowjetunion zu sehen. Insbesondere die späten - etwa ab 1943 - durchgeführten Umsiedlungsaktionen standen hingegen schon deutlich unter dem Einfluss militärischer Aktionen, die schließlich die als „Rückführung“ deklarierte Evakuierung der Russlanddeutschen dominierten. Abgesehen von diesen, die Umsiedlungen/Evakuierungen auslösenden Faktoren, lässt sich ein ganzes Bündel von Motiven, die allen Aktionen mehr oder minder gemein waren, erkennen. So verbanden die Umsiedlungsakteure mit der „Heimholung“ der Volksdeutschen auch wirtschaftliche und militärische Interessen, bot sich doch durch den Zugriff auf diese die Möglichkeit zusätzliche, vornehmlich in der Rüstungsindustrie benötigte Arbeitskräfte zu requirie-

441 Handausgabe der Umsiedlungs-Bestimmungen für die deutschen Optanten. Hg. vom Leiter der Amtlichen Deutschen Ein- und Rückwandererstellen, Bozen 1940, S. 3.

442 Die Gesamtzahl lässt sich nur grob abschätzen und dürften einschließlich der aus der SU evakuierten Volksdeutschen zwischen mindestens 800 000 und maximal 1 Million liegen. Hierin berücksichtigt sind nicht die aus Südosteuropa im Zuge des militärischen Rückzugs evakuierten Volksdeutschen, da sie nicht als „Umsiedler“ im engeren Sinne verstanden werden können. Deren Zahl ist nicht präzise zu beziffern. Vgl. zu den Zahlen u. a. Kotzian, Umsiedler, S. 35; Gerhard Reichling, Die deutschen Vertriebenen in Zahlen, Teil 1: Umsiedler, Verschleppte, Vertriebene, Aussiedler 1940-1985, Bonn 1995, S. 23. Eine Übersichtskarte über die verschiedenen Umsiedlungsaktionen ist im Anhang zu finden.

ren und Wehrpflichtige zu rekrutieren. Ein alle diese Motive umspannendes und die einzelnen Umsiedlungsaktionen maßgeblich determinierendes - wenn nicht sogar *das* bestimmende Ziel der Umsiedlungsstrategen, namentlich des RKF, war jedoch das der Neuordnung der „ethnographischen Verhältnisse" Europas. Dieses von Hitler expressis verbis in seiner Reichstagsrede vom 6. Oktober 1939 proklamierte Ziel machte die Volksdeutschen zum Siedlerreservoir für den zu germanisierenden „Osten", war also direkt mit expansionistischen Motiven verknüpft. Diese wiesen eine neue, den rassenbiologischen Vorstellungen der Umsiedlungsakteure, vornehmlich des RKF, entsprechende Qualität auf und standen somit nicht in direkter Tradition der klassischen Volkstumspolitik. Die Ansiedlung der Volksdeutschen in den zu germanisierenden Gebieten sollte rassenbiologisch fundiert sein, was eine Selektion voraussetzte. Eine erste, grundlegende Selektionsebene waren dabei die Umsiedlungsverträge, die den Kreis der Umzusiedelnden festschrieben. Dabei war es nicht allein die deutsche Volkszugehörigkeit, die über die Zulassung zur Umsiedlung entschied. Es lässt sich vielmehr bereits hier partiell die Tendenz erkennen, rassenbiologisch und rassenhygienisch „unerwünschte" Bevölkerungsteile „auszusondern". Psychiatriepatienten wurden zum Teil in den Herkunftsgebieten zurückgelassen oder, falls dies aus Rücksicht auf die Volksgruppe nicht vertretbar erschien, gesondert erfasst, konzentriert und in speziellen Krankentransporten umgesiedelt. Letztere entsprachen nicht nur einer sanitätstechnischen Notwendigkeit, sie dienten vielmehr auch einer Separierung Kranker. Damit war eine entscheidende Weichenstellung für die Einbeziehung dieser Kranken in die NS-Erbgesundheitspolitik vorgenommen worden, ermöglichte der geschlossene Abtransport Kranker doch einen direkten Zugriff auf diese Menschen, die sich nun kaum noch dem NS-Gesundheitsapparat entziehen konnten. Gezielt konnte dieser, vertreten durch den Beauftragten des RGF und mit Hilfe der verschiedenen Umsiedlungsdienststellen die Kranken in entsprechende Einrichtungen lenken. Diese Krankentransporte standen jedoch noch nicht mit den NS-Krankenmorden in Verbindung, sondern folgten eher sanitätstechnischen Überlegungen. Das heißt, die Verlegung volksdeutscher Umsiedler in ausgewählte Einrichtungen zielte noch nicht auf deren Einbeziehung in die NS-„Euthanasie", auch wenn diese letztlich damit begünstigt und vielleicht auch in Kauf genommen wurde. Die Psychiatrisierung und Hospitalisierung Kranker war hingegen aller Wahrscheinlichkeit nach beabsichtigt.

IV. Von der Erfassung zur Ansiedlung – Selektionsetappen während der Umsiedlungen

Im Rahmen der verschiedenen Umsiedlungsaktionen eröffneten sich den Umsiedlungsakteuren umfangreiche rassenhygienische und rassenbiologische Interventionsfelder, anhand derer sich quasi symptomatisch die rassenhygienische Durchdringung der gesamten Umsiedlungspolitik ablesen lässt. Diese Interventionsfelder, die sich im Wesentlichen zwischen den einzelnen südost- und osteuropäischen Umsiedlungsaktionen kaum unterschieden, waren zugleich aufeinander aufbauende Selektionsetappen, die einer rassenhygienisch-rassenbiologisch intendierten Differenzierung der potentiellen „Ostraumsiedler" dienten. Die innerhalb dieser Selektionsetappen sowohl offen als auch latent wirkenden Selektionsmechanismen stellten schließlich die Basis für die Inklusion „erwünschten Bevölkerungszuwachses" bzw. Exklusion „unerwünschten Bevölkerungszuwachses" aus der imaginären Volksgemeinschaft respektive Siedlergesellschaft dar.

Als zentrale Selektionsetappen kristallisierten sich im Rahmen der Umsiedlungen aus dem südost- und osteuropäischen Raum, ausgehend von der organisatorischen Abwicklung der Umsiedlungsaktionen, vor allem folgende heraus: (1) die Erfassungen in den volksdeutschen Siedlungsgebieten in Vorbereitung der Umsiedlung, (2) der Abtransport aus diesen Gebieten, (3) die Unterbringung in den Lagern der Vomi, (4) die „Durchschleusung" durch die EWZ als „Herzstück" der Selektionstätigkeit und (5) die Ansiedlung in den neuen Siedlungsräumen, vornehmlich dem Warthegau.

Auch bei der Umsiedlung der Südtiroler lassen sich ähnliche Selektionsetappen erkennen. Die nicht unbeträchtlichen institutionellen Unterschiede lassen es aber sinnvoll erscheinen, die Umsiedlung der Südtiroler in einem separaten Kapitel abzuhandeln, sodass sich die nachfolgende Darstellung ausschließlich auf die Umsiedlungsaktionen aus dem Südosten und Osten Europas konzentriert.

1. Die Erfassungen in den volksdeutschen Siedlungsgebieten

Der ersten Selektionsetappe, die den Auftakt für die Umsiedlung in den jeweiligen volksdeutschen Siedlungsgebieten darstellte, kam im Kontext der Differenzierung der umzusiedelnden Bevölkerung in „erwünschten" bzw. „unerwünschten" Bevölkerungszuwachs eine Initialfunktion zu. Hier wurden die Weichen für alle weiteren rassenhygienisch motivierten Interventionen während der Umsiedlungsaktion gestellt. Was dies konkret bedeutete, kann am Beispiel einer Umsiedlerin aus der Südbukowina illustriert werden.

Marie E., geboren 1886 in Karlsberg/Südbukowina, wurde im Zuge der Vorbereitungen der Umsiedlung aus der Südbukowina und der Dobrudscha im

November 1940 vom Umsiedlungskommando in Karlsberg erfasst. Aufgrund der vermutlich vom Arzt des Umsiedlungskommandos gestellten Diagnose „Debilitas, Idiotie“ wurde sie am 22. November 1940 in einem Krankenwagen zur Krankensammelstelle in Radautz transportiert. Am 2. Dezember 1940 verließ sie diese in Richtung des Deutschen Reiches, allerdings nicht gemeinsam mit den übrigen Deutschen aus der Südbukowina, sondern in einem separaten Lazarettzug.[1] Sie sollte auch nicht gemeinsam mit ihren Angehörigen in ein Vomi-Lager gelangen und schließlich mit diesen eingebürgert[2] und angesiedelt werden. Am 8. Dezember 1940 wurde sie vielmehr zusammen mit weiteren 56 Kranken aus der Südbukowina in die Heilanstalt Gostynin/Warthegau eingewiesen[3] und etwa ein halbes Jahr später, am 16. Juli 1941 mit weiteren Patienten in die Heilanstalt Tiegenhof/Warthegau verlegt. Diese Verlegung stand in direktem Zusammenhang mit der „Aktion T4“, denn bereits nach wenigen Tagen, am 25. Juli 1941, wurde Marie E., ohne vorher regulär aufgenommen worden zu sein, zusammen mit über 500 weiteren Patienten aus Tiegenhof nach Uchtspringe weiterverlegt.[4] Die Landesheilanstalt Uchtspringe fungierte zu diesem Zeitpunkt als Zwischenanstalt der „T4“-Tötungsanstalt Bernburg. Dorthin wurde Marie E., ebenso wie die anderen Patienten des Tiegenhofer Transportes, allerdings nicht mehr „verlegt“, da am 24. August 1941 die „Euthanasie“-Morde auf Weisung Hitlers gestoppt wurden.[5] Marie E. verblieb zunächst in Uchtspringe, bis sie am 28. Juni 1944 nach Pfafferode in die dortige Heilanstalt gebracht wurde. Unter dem 8. November 1944 ist in ihrer Krankengeschichte vermerkt: „Heute bei weiter fortschreitendem Marasmus plötzlich Exitus“.[6] Es ist vor dem Hintergrund der Einbindung Pfafferodes in die dezentrale „Euthana-

1 Vgl. die entsprechenden Eintragungen auf dem Krankenbegleitschein von Marie E., der die einzelnen Transportstationen dokumentiert (ThSt Gotha, Landesheilanstalt Mühlhausen, Patientenakte Marie E., unpag.).

2 Im Bundesarchiv Berlin existiert keine EWZ-Akte von Marie E. Da der Bestand nahezu vollständig überliefert ist, kann somit davon ausgegangen werden, dass eine Einbürgerung Marie E.'s durch die EWZ nie erfolgt ist.

3 Es handelte sich bei diesem Transport um insgesamt 57 Deutsche aus der Südbukowina. Wie die Eintragungen in den Aufnahmebüchern der Heilanstalt Gostynin zeigen, stammte offensichtlich keiner dieser Kranken aus einer psychiatrischen Anstalt des Südbuchenlandes, sondern alle hatten bis zu ihrer Erfassung und Einweisung in die Krankensammelstelle Radautz durch die Umsiedlungskommandos bei ihren Angehörigen gelebt. Marie E. wurde unter der Nummer 515 (Frauenaufnahmebuch) aufgenommen. Vgl. Aufnahmebücher Gostynin 1938–1942 (Krankenhausarchiv Gostynin).

4 Vgl. Verlegungsvermerk im Aufnahmebuch (Frauen) Gostynin (Krankenhausarchiv Gostynin); Eintragung im Evakuierungsbuch Tiegenhof (Krankenhausarchiv Tiegenhof); sowie Krankengeschichte Marie E. (ThSt Gotha, Landesheilanstalt Mühlhausen, Patientenakte Marie E., unpag.).

5 Zu Uchtspringe vgl. Kriemhild Synder, Die Landesheilanstalt Uchtspringe und ihre Verstrickung in nationalsozialistische Verbrechen. In: Ute Hoffmann (Hg.), Psychiatrie des Todes. NS-Zwangssterilisation und „Euthanasie“ im Freistaat Anhalt und der Provinz Sachsen, Magdeburg 2001, S. 73–95. Zur Rolle Tiegenhofs und zum „T4“-Transport vgl. Kap. IV.3.1.

6 Krankengeschichte Marie E. (ThSt Gotha, Landesheilanstalt Mühlhausen, Patientenakte Marie E., unpag.).

sie" durchaus wahrscheinlich, dass Marie E. der systematischen Unterernährung und möglicherweise auch überdosierten Medikamenten zum Opfer fiel.[7]

Das Beispiel von Marie E. verdeutlicht die Tragweite, die die Erfassung und Kategorisierung der Umzusiedelnden nach ihrem Gesundheitszustand hatte, und zeigt in drastischer Weise, welche individuellen und existenziellen Konsequenzen diese erste Selektion haben konnte. Dabei war es nicht der Umsiedlungsapparat allein, der diese Selektion initiierte und praktizierte, sondern vielmehr leisteten auch die Volksgruppen selbst einen nicht unerheblichen Beitrag zur Erfassung Kranker und legten damit die Grundlage für die Einbeziehung der kranken Umsiedler in erbgesundheitspolitische Maßnahmen des Deutschen Reiches. Der Einfluss der Volksgruppen auf den Erfassungsvorgang differierte dabei allerdings. War er während der Umsiedlung der Baltendeutschen noch sehr groß, da die Organisation der Umsiedlung vor Ort in den Händen volksgruppeneigener Institutionen lag, so sah dies bereits während der Umsiedlung aus Wolhynien und Galizien anders aus - es war nun die Vomi, die im Auftrag des RKF die Erfassungen durchführte. Diese veränderten Einflussmöglichkeiten der Volksgruppen standen dabei in direktem Zusammenhang mit der Konsolidierung des RKF-Apparates, der während des Konsolidierungsprozesses Umsiedlungsaufgaben wie die Erfassungen zunächst delegiert hatte, im Zuge des Ausbaus seiner Machtposition und seines Apparates 1939/40 aber dazu überging, alle umsiedlungsbezogenen Aufgaben - und damit auch die Erfassung in den Herkunftsgebieten - zu akkumulieren.[8]

Die Volksgruppenorganisationen blieben dennoch in den Erfassungsprozess involviert, vor allem in Form von Zuarbeiten wie der Meldung Kranker und der Aufstellung entsprechender Listen.

1.1 Volksgruppeninterne Vorbereitungen und Erfassungen

Insbesondere den baltendeutschen Volksgruppen kam im Rahmen der Umsiedlungsvorbereitungen eine entscheidende Rolle zu. Sie wurden mit der praktischen Durchführung der in den Herkunftsgebieten abzuwickelnden Arbeiten betraut und das in einem Maße, wie es bei den späteren Umsiedlungsaktionen nicht mehr zu finden sein sollte. Dies hatte zum einen, wie bereits erläutert, organisatorische Gründe, befand sich doch die zentrale Umsiedlungsdienststelle - der RKF - noch im Aufbau. Zum anderen wird in der Literatur nicht selten auf den besonders hohen Organisationsgrad der baltischen Volksgruppen, ergo eine besondere organisatorische „Befähigung" hingewiesen.[9] In der Tat verfügten die baltischen Volksgruppen über umfangreiche volksgruppeneigene Strukturen, die 1938/39 in den jeweiligen nationalsozialistisch geprägten Volksgrup-

7 Zu Pfafferode vgl. Faulstich, Hungersterben in der Psychiatrie, S. 518–521.
8 Vgl. Lumans, Himmler's Auxiliaries, S. 162 f.
9 So zum Beispiel Hehn, Umsiedlung der baltischen Deutschen, S. 117 f.

penvertretungen gebündelt worden waren.[10] Dabei handelt es sich allerdings um keine genuin baltische Entwicklung, sondern lässt sich auch bei der deutschen Volksgruppe in Rumänien nachweisen, die zweifelsohne über ähnliche organisatorische „Fähigkeiten" verfügt haben dürfte.

Welche Gründe letztlich den Ausschlag für eine solch starke Involvierung der baltischen Volksgruppe in die Umsiedlungsaktion gaben, ist letztlich an dieser Stelle weniger von Bedeutung, viel wichtiger sind vielmehr die sich daraus ergebenden Konsequenzen hinsichtlich gesundheitspolitischer und rassenhygienischer Fragen der Umsiedlung. Die Regelung dieser Fragen oblag nämlich der deutschen Volksgruppe in Estland und Lettland selbst, die auf der Basis der bis dato etablierten rassenhygienischen Prinzipien entsprechende Erfassungsstrategien und -muster entwickelte. Dies dürfte durchaus im Sinne der NS-Erbgesundheitspolitik erfolgt sein, lassen sich doch, wie bereits dargelegt, deutliche Übereinstimmungen zwischen den (reichs-)deutschen und den baltendeutschen gesundheitspolitischen Vorstellungen nachweisen, die sich im Zuge der Gleichschaltung der Volksgruppenvertretungen auch innerhalb der zentralen Institutionen durchsetzen konnten. Es sei hier nur auf die Etablierung des „Volkspflegeamtes" innerhalb der deutsch-baltischen Volksgemeinschaft in Lettland im Jahr 1938 hingewiesen, das sich dezidiert der „Erbgesundheitspflege" widmete.[11] Es war aus Sicht der Umsiedlungsakteure demnach zu erwarten, dass die Durchführung der Umsiedlungsaktion im Sinne der nationalsozialistischen Vorstellungen erfolgen würde, da man die beauftragten Volksgruppenvertretungen unter maßgeblichem Einfluss der Vomi bereits „gleichgeschaltet" hatte und dies nicht nur durch entsprechende struktur- und personalpolitische Weichenstellungen, sondern auch durch eine ideologische Ausrichtung, deren Motor die Volksgruppe selbst gewesen war.

10 Die deutschen Volksgruppenorganisationen in Estland und Lettland, aber auch in Rumänien oder der Gottschee, waren bis 1938/39 von inneren Konflikten zwischen den nationalsozialistischen und den traditionellen Lagern geprägt. Die deutsch-baltische Volksgemeinschaft in Lettland wurde insbesondere nach der Machtübernahme Hitlers von der nationalsozialistisch geprägten „Bewegung" Kroegers unterminiert. 1938 konnte Kroeger sich, nicht zuletzt mit Unterstützung der Vomi, gegenüber den traditionellen Kräften durchsetzen. Auch in Estland hatte die Vomi maßgeblichen Anteil an der Durchsetzung der nationalsozialistischen „Bewegung" innerhalb der Volksgruppe. Hier konnte vor allem eine Gruppe um Oskar Lutz, die aus der „Selbsthilfe" hervorgegangen war, einen zunehmenden Einflussgewinn verbuchen. 1939 kam es zur Verschmelzung dieser mit der „Volksdeutschen Vereinigung" unter Victor von zur Mühlen, der bereits Anfang der 1930er Jahre die „Baltisch nationalsozialistische Bewegung in Estland" begründet hatte, zunächst zwar gescheitert war, aber weiterhin als Integrationsfigur galt. In der Gottschee drängte die Vomi die traditionelle Volkstumsvertretung, zugunsten der „Erneuerer" abzutreten. Vgl. Frensing, Umsiedlung Gottscheer, S. 18–24; Hehn, Umsiedlung der baltischen Deutschen, Kap. 5, 6; Niels von Redecker, Victor von zur Mühlen und die nationalsozialistische Bewegung im estländischen Deutschtum. Eine biographische Annäherung. In: Michael Garleff (Hg.), Deutschbalten, Weimarer Republik und Drittes Reich, 2. Auflage Köln 2008, S. 77–117; sowie Kaido Laurits, Die deutschbaltische Minderheit in der Republik Estland von 1918 bis 1940. In: Nordost-Archiv, 19 (2010), S. 71–115.

11 Vgl. weiterführend Kap. II.2.1.

Die Vorbereitungen der Volksgruppen für die Umsiedlung begannen noch vor Abschluss der Umsiedlungsverträge. Sowohl in Estland als auch in Lettland forcierte die Volksgemeinschaft die Erfassung der potentiellen Umsiedler. Zu diesem Zweck wurden Umsiedlungskreise abgesteckt, in denen spezielle Umsiedlungsbeauftragte mit Unterstützung verschiedener Volksgruppenorganisationen, wie den Pfadfindern, dem Arbeitsdienst, Mitgliedern der „Bewegung", und vor allem der zu Beginn der 1930er Jahre gegründeten Nachbarschaften,[12] die dort lebenden deutschen Bewohner erfassten. Die Nachbarschaften verfügten in Estland und Lettland über ein dichtes Netz von Stützpunkten, die durch einen vertikalen und hierarchisierten Aufbau gekennzeichnet waren. Die unterste Ebene bildeten die einzelnen Haushalte, die unter der Leitung eines „Nachbarnführers" in einer „Nachbarschaft" (etwa 10 Haushalte) zusammengefasst wurden. Die Nachbarschaften waren wiederum in den ihnen übergeordneten „Nachbarschaftskreisen" organisiert, denen ein Kreisleiter vorstand. Diese unterstanden wiederrum einer Abteilung, zum Beispiel der Abteilung „Riga" oder der Abteilung „Land". Die oberste Instanz bildete in Lettland das Amt „Nachbarschaften" innerhalb der „Volksgemeinschaft".[13] Durch diesen vertikalen Aufbau gelang es, nahezu alle Baltendeutschen innerhalb kürzester Zeit über die Umsiedlung und die Modalitäten dieser zu informieren. Gleichzeitig lag damit bereits ein zuverlässiges Erfassungsinstrument vor, das insbesondere in den ländlichen, abgelegenen Regionen eine wichtige Rolle spielte.[14] Dies sollte insbesondere bei der Umsiedlung aus Lettland von Bedeutung sein, lebte dort doch ein Fünftel der Volksdeutschen auf dem Land.[15] Außerdem konnten die Umsiedlungsbeauftragten bei der Erfassung in Estland unter anderem auf das von der Kulturselbstverwaltung geführte „Nationalregister"[16] zurückgreifen –, in Lettland in erster Linie auf die Register der „Volksgemeinschaft" und deren Ämter. Diese hatten zum großen Teil bereits weit vor der Umsiedlung systema-

12 Die Nachbarschaften waren nach dem siebenbürgischen Modell geschaffen worden. Sie sollten durch eine hierarchische Gliederung den Kontakt zu jedem einzelnen „Volksgenossen" herstellen und diesen in die deutschbaltische Volksgemeinschaft einbinden. Die Nachbarschaften organisierten darüber hinaus zum Beispiel Eintopfsammlungen, das Winterhilfswerk, die Ferienunterbringung von Kindern auf dem Land und unterstützten kinderreiche Familien. Vgl. Intelmann, Aufzeichnungen über das letzte Arbeitsjahr, S. 49–54.

13 Die Nachbarschaften in Lettland standen unter der Leitung von Werner Sticinsky. Vgl. dessen Aufzeichnung über die Rolle der „Deutsch-Baltischen Volksgemeinschaft in Lettland" und ihrer „Deutschen Nachbarschaften" bei der Durchführung der Umsiedlung der Deutsch-Balten aus Lettland in das Deutsche Reich im Herbst 1939. In: Loeber, Diktierte Option, Dok. 318, S. 666–669.

14 Vgl. Sticinsky, Nachbarschaften; Nottbeck, Organisation und Verlauf der Umsiedlung, S. 181 f.; sowie Hehn, Umsiedlung der baltischen Deutschen, S. 117–135.

15 Vgl. Hehn, Umsiedlung der baltischen Deutschen, S. 123.

16 Ausgehend von den Eintragungen im Nationalregister oder -kataster wurden im Zuge der Vorbereitung der Umsiedlung „örtliche Listen", die die Namen der Bewohner bestimmter Umsiedlungskreise enthielten, zusammengestellt. Anhand dieser begannen die Erfassungen und weitere Nachforschungen in den einzelnen Regionen. Vgl. Nottbeck, Organisation und Verlauf der Umsiedlung, S. 182 f.

tische Erhebungen unter den Deutschen in Estland und Lettland durchgeführt und entsprechende Verzeichnisse angelegt. So hatte die Deutsche Fürsorgezentrale, die später im Fürsorge-/Volkspflegeamt der deutsch-baltischen Volksgemeinschaft in Lettland aufging, bereits in den 1920er Jahren eine Kartothek aller deutschen Bewohner Lettlands angelegt. Eine Spezialkartothek gab zudem Aufschluss über die Unterstützungsempfänger.[17] Die mit der Umsiedlung beauftragten Volksgruppenvertreter konnten demnach bereits auf einen umfangreichen Datenpool zugreifen, der zudem eine gezielte Betreuung einzelner Umsiedlergruppen durch die verschiedenen Ämter und Organisationen der lettischen bzw. estnischen „Volksgemeinschaft" möglich machte.

Im Kontext der Umsiedlung aus Lettland kristallisierten sich schon bald drei Umsiedlungszentren, nämlich die Hafenstädte Windau, Libau und vor allem Riga, heraus. Riga entwickelte sich schon bald zur Koordinationszentrale, da dort sowohl die deutsch-baltische Volksgemeinschaft und ihre Ämter sowie die Deutsche Gesandtschaft und die lettischen Ministerien ihren Sitz hatten. Die mit der Umsiedlungsorganisation beauftragte deutsch-baltische „Volksgemeinschaft" begann nun ihre einzelnen Ämter mit den ihnen entsprechenden Umsiedlungsaufgaben zu betrauen und einen „Umsiedlungsstab" zu bilden, der wiederum eng mit der Deutschen Gesandtschaft zusammenarbeitete.[18]

Das schon erwähnte Amt „Deutsche Nachbarschaften" stand mit seinen regionalen Gliederungen in direktem Kontakt zu den Baltendeutschen und ermöglichte nicht nur deren schnelle Erfassung, sondern fungierte auch als Informationsvermittler zwischen Umsiedlern und Umsiedlungsorganisation. Das „Kulturamt" übernahm die Erfassung wichtiger Kulturgüter, Archivalien und Bücher, deren Ausführung im Umsiedlungsvertrag bis ins Detail geregelt worden war.[19]

Besondere Beachtung verdient hier auch das „Volkspflegeamt", namentlich Hermann Schlau,[20] der mit der Organisation des Gesundheitsdienstes während der Umsiedlung aus Lettland betraut worden war. Im Oktober 1939 begann Schlau, Leiter der Abteilung „Volksgesundheit" im Volkspflegeamt und „Erbarzt", mit den organisatorischen Vorbereitungen. Zum einen konnte er dabei auf die schon erwähnte Kartothek und zum anderen auf die Meldungen der Nach-

17 Oskar Schabert, Zehn Jahre Deutsche Fürsorgezentrale (BArch Berlin, R 57 Neu/1077, Mappe 1, unpag.).

18 Die deutsch-baltische Volksgemeinschaft verfügte über folgende Ämter (Stand Januar 1939): Hauptgeschäftsstelle, Deutsche Nachbarschaften, Arbeitshilfe, Finanzamt, Kulturamt, Schulamt, Volkspflegeamt, Amt für die Landbevölkerung, Amt für Jugendberatung, Turn- und Sportamt, Jugendamt/vormalige Jugendleitung, Werkhilfe. Vgl. Übersicht über die Ämterbesetzung innerhalb der deutsch-baltischen Volksgemeinschaft vom 10.1.1939 (BArch Berlin, R 57 Neu/1075, Mappe 12, unpag.). Zu deren Aufgaben vgl. Intelmann, Aufzeichnungen über das letzte Arbeitsjahr. Vgl. auch Sticinsky, Nachbarschaften; sowie Kap. II.2.1.

19 Vgl. Hehn, Umsiedlung der baltischen Deutschen, S. 123–127; sowie Art. VII des Zusatzprotokolls zum deutsch-lettischen Umsiedlungsvertrag vom 30.10.1939. In: Hecker, Umsiedlungsverträge, S. 73–75.

20 Zu Schlau vgl. Kap. II.2.1, Anm. 161.

barschaften zurückgreifen.[21] Er sicherte sich außerdem die Unterstützung der ortsansässigen Ärzte zu. Im Oktober 1939 versammelte er dazu die Ärzte der „Gesellschaft der praktischen Ärzte in Riga" im Rigaer Herrenklub „Musse", um die organisatorischen und personellen Fragen zu besprechen und die Aufgabenverteilung vorzunehmen.[22] In Anlehnung an die festgelegten Umsiedlungskreise wurden ärztliche Beauftragte für den Krankentransport ernannt, die mit Hilfe der ihnen beigegebenen Sanitätskräfte die Erfassung, Beurteilung und den Abtransport einzelner, in den Familien lebender Kranker in Zügen in die Verschiffungshäfen Riga, Libau und Windau abwickelten.[23] Diesen Beauftragten kam im Kontext einer Selektion Kranker eine besondere Bedeutung zu. Ihre Einschätzung und die möglicherweise darauf folgende Zuweisung zu Krankentransporten war für die Zukunft der Betroffenen von immenser Bedeutung, hatte sie doch sowohl Einfluss auf die spätere Unterbringung als auch auf die Einbürgerung. Eine Beurteilung wie die folgende des Beauftragten für den Krankentransport für West-Kurland macht dies deutlich. Darin heißt es: „Frau Julie K. [...], etwa 35 Jahre alt wohnhaft in Libau, Krischjahn Waldemar Straße 11, Mutter von 6 Kindern ist Psychopatin, hat kürzere Zeit in der Psychiatrischen Abteilung des Libauschen Stadtkrankenhauses gelegen. Polnischer bzw. litauischer Herkunft. Für ihre Kinder hat sie stehts [sic!] gut gesorgt. Ihr Mann hat zur Zeit stark getrunken und hat sich liederlich geführt. Auf ihre Geisteshaltung hat das Leben ihres Manns und die schweren familiären Verhältnis [sic!] niederdrückend gewirkt."[24]

Es ging hier nicht vorrangig um eine klare Diagnose und Krankheitsbeschreibung. Es wurde vielmehr in rassenhygienischer Manier auch auf sozial deviantes Verhalten, hier das ihres Ehemannes, abgehoben und damit eine Stigmatisierung der gesamten Familie vorgenommen, die in der Denkweise sowohl der Rassenhygieniker als auch der Umsiedlungsakteure keinen „erwünschten Bevölkerungszuwachs" darstellte. Angesichts der bis dahin innerhalb der deutschen Ärzteschaft Lettlands durchaus weit verbreiteten rassenhygienischen Denkstrukturen dürfte diese Beurteilung in ihrem Duktus und ihrer Form durchaus kein Einzelfall gewesen sein. Sie verdeutlicht zudem, wie umsiedlungsspezifische „Auslesekriterien" - die deutsche Volkszugehörigkeit - mit rassenhygienisch-sozialen verschmolzen. Im Fall von Julie K. wirkte also ein doppelter Exklusionsmechanismus, denn sie galt nicht nur als „Psychopatin", sondern an ihr haftete außerdem noch der „Makel" ihrer angeblichen polnischen oder litauischen Herkunft. Diese Herkunft, die formal eigentlich zum Ausschluss aus

21 Die Nachbarschaften und deren Führer waren angehalten, über die Kreisleiter dem Volkspflegeamt die Bedürftigen mitzuteilen. Vgl. Intelmann, Aufzeichnungen über das letzte Arbeitsjahr, S. 50.

22 Vgl. dazu und im Weiteren Bernsdorff, Gesundheitsdienst und Fürsorge.

23 Zur Tätigkeit der Sanitäter im Dienstbereich der Beauftragten für den Krankentransport, hier des Beauftragten für West-Kurland, vgl. Elmar E. an Schlau, Einwandererberatungsstelle/Ärzteeinsatz, vom 24.1.1940 (APP, Vomi, 124, Bl. 76).

24 Beurteilung des Beauftragten für den Krankentransport für West-Kurland über Julie K. vom 1.12.1939 (APP, Vomi, 125, Bl. 349).

der Umsiedlungsaktion hätte führen müssen, wirkte sich zweifelsohne negativ auf das bevorstehende Einbürgerungsverfahren aus, auch wenn Julie K. – aufgrund der Satzstellung drängt sich hier fast die Lesart „trotz" ihrer polnischen oder litauischen Abstammung auf – ihre Kinder stets gut versorgt hatte. Am 4. Dezember 1939, drei Tage nach der Ausstellung der Beurteilung, verließ Julie K. zusammen mit etwa 800 weiteren Umsiedlern, darunter auch andere Kranke, Libau in Richtung Gotenhafen. Von dort gelangten die Umsiedler am 6. Dezember 1939 in zwei Sonderzügen nach Kolberg,[25] wo Julie K. allerdings nicht lang verblieb. Bereits Ende 1939 oder Anfang 1940 wies man sie mit Verdacht auf „circuläre Psychose" in die Heilanstalt Meseritz-Obrawalde ein.[26] Am 17. Mai 1940 wurde sie in die Heilanstalt Tiegenhof weiterverlegt, die zur Sammelanstalt für Baltendeutsche bestimmt worden war. Hier sollte sie allerdings nur kurz verbleiben, denn nur wenige Monate später erfolgte ihre Entlassung nach Gnesen.[27] Damit war Julie K. den übrigen baltendeutschen Umsiedlern aber keineswegs automatisch gleichgestellt. Vielmehr machte die EWZ in ihrem Fall „erbbiologische Bedenken" geltend und lehnte deshalb eine Einbürgerung im Schnellverfahren ab. Man verwies sie auf das ordentliche Einbürgerungsverfahren. Möglicherweise wurde sie nie eingebürgert.[28]

Das Erfassungsprozedere erfuhr insbesondere im Umsiedlungszentrum Riga noch eine weitere Ausdifferenzierung, die über die Erfassung Kranker durch die Beauftragten für den Krankentransport noch hinausging. Schlau ernannte nämlich zwei, wenn man so will, „Sonderbeauftragte", die die Erfassung und Umsiedlung der hospitalisierten Baltendeutschen leiten sollten.

Mit der Vorbereitung der Umsiedlung der in Altersheimen und Siechenhäusern lebenden Baltendeutschen wurde Pastor Gert Poelchau beauftragt, also ein Vertreter der evangelischen Kirche, zu der die deutsch-baltische Volksge-

25 Auf der Beurteilung befindet sich ein standardisierter Transportvermerk, in welchen handschriftlich der Abtransport am 4.12.1939 mit dem Dampfer „Brake" nach Gotenhafen vermerkt wurde. Vgl. Beurteilung des Beauftragten für den Krankentransport für West-Kurland über Julie K. vom 1.12.1939 (APP, Vomi, 125, Bl. 349); sowie Transport-Voranmeldung für den 4.12.1939 mit Vermerk über Weitertransport nach Kolberg (BArch Berlin, R 69/1127, Bl. 20). Es handelte sich um den letzten Transport mit Kranken aus Libau. Vgl. dazu Elmar E. an Schlau, Einwandererberatungsstelle, vom 24.1.1940 (APP, Vomi, 124, Bl. 76).

26 Namensliste baltendeutscher Kranker, o. D. (BArch Berlin, R 69/1015, Bl. 3). Der Nachname erscheint hier allerdings in einer anderen Schreibweise. In dieser Liste wird die Aufnahmeanstalt nicht angegeben. Es handelte sich aber nachweislich um Meseritz, wie der Abgleich mit einer Meseritzer Aufnahmeliste, in welcher nahezu alle auch in der obigen Namensliste erwähnten Baltendeutschen, die mit einem großen Transport aus Estland im Januar 1940 in Meseritz eintrafen, verzeichnet sind. Ein Aufnahmebuch der Heilanstalt Meseritz existiert jedoch nicht mehr, sodass die Aufnahme von Julie K. nicht genau terminiert werden kann. Vgl. Liste über die mit dem Dampfer „Bremerhaven", 12. Januar 1940 ab Reval (Estland) beförderten Geistes- und Nervenkranken (APG, Heilanstalt Meseritz-Obrawalde, 10, unpag.).

27 Vgl. Aufnahmebuch der Heilanstalt Tiegenhof 1940–1942 (Krankenhausarchiv Tiegenhof). Patientenakten sind dort nicht überliefert.

28 Vgl. Einbürgerungsantrag von Julie K. vom 28.6.1940 (BArch Berlin [ehem. BDC], EWZ-B, D 6, Einbürgerungsvorgang Julie K., unpag.).

meinschaft enge Kontakte unterhielt und die in Form verschiedener Vereine auch im Fürsorgebereich tätig war. Unterstützung erhielt er dabei von zahlreichen Ärzten der „Gesellschaft der praktischen Ärzte“ und Krankenschwestern des „deutschbaltischen Schwesternverbandes“.[29] Die Ärzte begannen unmittelbar nach der Unterredung mit Schlau in der „Musse“ mit der Erfassung der einzelnen Kranken in den verschiedenen Krankenhäusern und Altersheimen auf der Basis der vorliegenden Verzeichnisse. Die Kranken waren aufgefordert, ihren Willen zur Umsiedlung zu bekunden. Dazu mussten sie jedoch nicht wie alle übrigen Baltendeutschen „Ausbürgerungsämter“ aufsuchen, sondern sie wurden von „Ausbürgerungskommissionen“ aufgesucht, die die Formalitäten vor Ort erledigten. Ihre Umsiedlung in das Reichsgebiet erfolgte schließlich unter Betreuung baltendeutscher Ärzte und Krankenschwestern in separaten Krankentransporten.[30]

Im Falle der psychisch und physisch kranken Baltendeutschen, die in staatlichen oder privaten Heilanstalten Lettlands lebten, hatte Schlau den Psychiater Ernst Hellmann,[31] ebenfalls Mitglied der „Gesellschaft der praktischen Ärzte“,

29 Vgl. Bernsdorff, Gesundheitsdienst und Fürsorge. Zum Verhältnis zwischen Kirche und „Volksgemeinschaft“; sowie Intelmann, Aufzeichnungen über das letzte Arbeitsjahr, S. 23-26.

30 Vgl. Bericht Poelchaus „Einiges über die Um- und Ansiedlung der alten, nicht mehr arbeitseinsatzfähigen Baltendeutschen“ vom 4.11.1940. In: Bernsdorff, Gesundheitsdienst und Fürsorge, S. 224-230.

31 Ernst Hellmann (1882-?), Anstaltspsychiater aus Riga, hatte im Deutschen Reich studiert und 1920 in Greifswald promoviert. Zurückgekehrt nach Riga schloss es sich der „Gesellschaft der praktischen Ärzte in Riga“ an. Im Kontext der Umsiedlung wurde er von der Volksgemeinschaft/Schlau für eine Sonderkommission der Deutschen Gesandtschaft in Riga, die sich mit der Erfassung der in lettischen Heilanstalten untergebrachten psychisch kranken Deutschen befasste, abgestellt. Nach der Erfassung derselben war er nach eigenen Angaben zusammen mit Ernst Hollander, einem Abteilungsarzt der Heil- und Pflegeanstalt Rothenberg/Riga, für die Regelung der Formalitäten und der Vorbereitung des Abtransportes der Anstaltsinsassen zuständig. Er begleitete zusammen mit Hollander im Dezember den Transport aus Riga nach Arnsdorf. Im Februar 1940 wurde er Leiter des Referates „Heil- und Pflegeanstalten“ in der Abteilung „Gesundheitswesen“ der Regierung des Generalgouvernements unter Jost Walbaum, gegen den 1964 Ermittlungen wegen des Verdachts der Beteiligung an der Tötung von Geisteskranken in den Anstalten des Generalgouvernements angestrengt, 1968 jedoch wieder eingestellt wurden. Später wechselte Hellmann in die deutsche Zivilverwaltung Lettlands (Reichskommissariat Ostland). Vgl. Ernst Hellmann, Über Enzephalitis epidemica mit besonderer Berücksichtigung der chronischen choreatischen Unterform, Diss. med., Greifswald 1920. Vgl. weiter Erinnerungsbericht Hellmanns von 1961. In: Bernsdorff, Gesundheitsdienst und Fürsorge, S. 221-224; Ernst Hellmann, Die Heil- und Pflegeanstalten im Generalgouvernement. In: Jost Walbaum (Hg.), Kampf den Seuchen! Deutscher Ärzte-Einsatz im Osten. Die Aufbauarbeit im Gesundheitswesen des Generalgouvernements, Krakau 1941, S. 107-167; Vorschlagsliste zur Verleihung von Kriegsverdienstkreuzen der Abteilung „Gesundheitswesen“ in der Regierung des Generalgouvernements 1941 (HessHStA Wiesbaden, Abt. 631a/1643); Abschrift der Verfügung der Staatsanwaltschaft beim Landgericht Hannover über die Einstellung der Ermittlungen gegen Walbaum vom 21.11.1968, S. 1-31 (IfZ München, Gh 05.19, unpag.); sowie Verzeichnis der Deutschbalten in der deutschen Zivilverwaltung Lettlands. In: Michael Garleff (Hg.), Deutschbalten, Weimarer Republik und Drittes Reich, Köln 2008, S. 409.

zu seinem Beauftragten ernannt, wobei „die ganze Frage der Geisteskrankenversorgung" von der deutsch-baltischen Volksgemeinschaft offiziell an die Deutsche Gesandtschaft übergeben worden war.[32] Diese bildete wiederum eine Sonderkommission. Innerhalb dieser fiel Hellmann nach eigenen Angaben die im Umsiedlungsvertrag festgeschriebene Prüfung der deutschen Volkszugehörigkeit der Patienten anhand der bereits vorliegenden Namenslisten und der dazugehörigen Personaldokumente zu.[33] In Abstimmung mit den lettischen Vertretern wurden schließlich über 300 Patienten aus zwei großen staatlichen Heilanstalten Rigas (Rothenberg und Alexanderhöhe) und den Heilanstalten Günthershof/Mitau, Stackeln und Dünaburg[34] sowie aus verschiedenen Altersheimen zur Umsiedlung zugelassen. Darüber hinaus hatte man weitere psychisch Kranke, die anscheinend zunächst bei ihren Angehörigen gelebt hatten,[35] in einer von ihm eingerichteten Sammelstelle im Haus des „Deutschen Frauenbundes" in Riga übergangsweise untergebracht, um sie später gemeinsam mit den Kranken aus den großen Heilanstalten umsiedeln zu können. Hellmann übernahm des Weiteren vorbereitende Arbeiten, wie die Beschaffung von Kleidungsstücken, Wäsche, Seife und Medikamenten für die Patienten, und widmete sich versorgungstechnischen Fragen, die sich im Kontext des Krankentransportes ergaben.[36] Schließlich erfolgte am 15. Dezember 1939 die von Hellmann und seiner Frau „in mustergültiger Weise" vorbereitete „Einschiffung" der Patienten in den im Rigaer Hafen bereitstehenden Krankentransportdampfer „Bremerhaven".[37] Eine spezielle Ausbürgerungskommission nahm an Bord schließlich noch den offiziellen Akt der Ausbürgerung vor.[38]

32 Vgl. Deutsche Volksgemeinschaft in Lettland/Gesundheitsführung an „Friedel" (?) vom 30.11.1939 (APP, Vomi, 123, Bl. 98r.).

33 Vgl. dazu den Bericht Hellmanns aus dem Jahr 1961. In: Bernsdorff, Gesundheitsdienst und Fürsorge, S. 221–224.

34 Vgl. Eintragungen in den Karteikarten der Baltendeutschen der Landesanstalt Arnsdorf (Archiv des Sächsischen Krankenhauses für Psychiatrie und Neurologie Arnsdorf).

35 Die Formulierung Hellmanns ist in diesem Punkt vage. Vgl. Erinnerungsbericht Hellmanns von 1961. In: Bernsdorff, Gesundheitsdienst und Fürsorge, S. 221–224, hier 222 f.

36 Vgl. ebd., S. 221–224; sowie Bericht des Oberarztes Wilhelm Schneider über den Rücktransport der Geisteskranken aus Lettland vom 18.12.1939 (APP, Vomi, 123, Bl. 113–118, hier 114). Eine vollständige Aufstellung der in 300 Paketen abgegebenen Wäsche, Schuhe, Decken, Seife, Nähgarn, Geschirr etc. ist in vorgenanntem Bericht und einem später von der LA Arnsdorf angefertigten Verzeichnis enthalten. In der Folgezeit sollte um diese Ausstattungsgegenstände ein Streit zwischen der LA Arnsdorf und Zietz bzw. der Dienststelle des Beauftragten des Reichsgesundheitsführers für die gesundheitliche Betreuung der volksdeutschen Umsiedler entbrennen, da letztere trotz des dringenden Bedarfs absurderweise die Verwendung der Kleidungsstücke und Medikamente nicht genehmigte, da zunächst eine „Verständigung" mit dem Reichsgesundheitsführer erzielt werden müsse. Mit der Verlegung der Patienten aus Arnsdorf nach Tiegenhof gelangten diese Ausstattungsstücke schließlich nach Tiegenhof. Vgl. diesbezügliche Korrespondenz zwischen der LA Arnsdorf, dem Sächsischen Ministerium des Innern und Zietz (SächsHStA Dresden, 10736, 16816, Bl. 35–41).

37 Bericht des Oberarztes Wilhelm Schneider über den Rücktransport der Geisteskranken aus Lettland vom 18.12.1939 (APP, Vomi, 123, Bl. 113–118, hier 114 bzw. SächsHStA Dresden, 10736, 16816, Bl. 6–11).

Die Tätigkeit der deutsch-baltischen Volksgemeinschaft respektive Schlaus erschöpfte sich jedoch nicht in der Erfassung und Vorbereitung der Umsiedlung kranker Baltendeutscher, die in Heimen und Heilanstalten lebten, sondern erstreckte sich auch auf sogenannte „Asoziale", die im Zuge der Umsiedlungsvorbereitungen ebenfalls systematisch in einem Verzeichnis erfasst wurden.[39] Die Anfang November 1939 von der Abteilung „Fürsorge" beim Volkspflegeamt angefertigte Liste umfasste insgesamt 155 Namen mit verwandtschaftlichen Querverweisen und Bemerkungen einer Fürsorgerin in einschlägigem Duktus wie „vollkommen defekte Familie", „arbeitsscheu" oder „macht einen unnormalen Eindruck, ist großsprecherisch und jähzornig".[40] Es ist angesichts des ab 1938 vom Volkspflegeamt verstärkten rassenhygienisch indizierten Erfassungsaktivismus' und der angegebenen Details zu vermuten, dass die Namen und die weiteren Angaben bereits im Vorfeld vom Volkspflegeamt respektive den Fürsorgerinnen erhoben worden waren - denkbar wäre auch hier eine spezielle Kartei, die sich möglicherweise aus anderen Karteien, beispielsweise der der Unterstützungsbedürftigen, speiste. Auch die „Durchforstung" der „totalen Institutionen" nach „Asozialen" scheint hier erfolgt zu sein, befinden sich doch auf der Liste nachweislich auch derzeit oder vormals in Anstalten untergebrachte Patienten.[41] Interessant ist nicht nur der Erfassungsradius sondern auch die Art der Erfassung, die sich nämlich auch auf Familienmitglieder - ganz im Sinne der erbbiologischen Erfassung im Deutschen Reich - erstreckte, glaubte man doch ganze „asoziale Sippen" ausmachen zu können. Besonders „aussagekräftig" ist hier die Einschätzung über die Familie von Karl S., die an Deutlichkeit nichts vermissen lässt, wenn es dort heißt: „Vollkommen defekte Familie, Vater taubstumm. Mutter Irrenanstalt. Der Sohn erst Hilfsschule, dann Irrenanstalt".[42]

Die besagte Liste wurde zusammen mit weiteren Verzeichnissen „politisch und völkisch unzuverlässiger Personen" der Dienststelle der RKF übersandt.[43]

38 Vgl. Erinnerungsbericht Hellmanns von 1961. In: Bernsdorff, Gesundheitsdienst und Fürsorge, S. 221-224, hier 223.

39 Vgl. Liste der „Asozialen" aus Riga, aufgestellt vom Volkspflegeamt, Abteilung Fürsorge, vom 3.11.1939 (BArch Berlin, R 49/2812, unpag.).

40 Ebd.

41 So zum Beispiel Johanna G., über die in der besagten Liste vermerkt war: „Psychopathin, stammt aus guter Familie, Emigrantin aus Petersburg, arbeitsscheu, allmählich ganz verkommen, einmal Gefängnis wegen Diebstahl. Zuletzt im Irrenhaus". Sie befand sich zum Zeitpunkt der Erstellung der Liste in der Heilanstalt Rothenberg/Riga. Zusammen mit den übrigen Patienten der Heilanstalt wurde sie im Dezember 1939 nach Arnsdorf verlegt und von dort am 17.5.1940 nach Tiegenhof. 1950 wurde sie in eine nicht angegebene deutsche Heilanstalt „repatriiert". Vgl. Liste der „Asozialen" aus Riga, aufgestellt vom Volkspflegeamt, Abteilung Fürsorge, vom 3.11.1939 (lfd. Nr. 57) (BArch Berlin, R 49/2812, unpag.); Patientenkarteikarte der Landesanstalt Arnsdorf für Johanna G. (Archiv des Sächsischen Krankenhauses für Psychiatrie und Neurologie Arnsdorf); sowie Aufnahmebuch der Heilanstalt Tiegenhof 1940-1942 (Krankenhausarchiv Tiegenhof).

42 Vgl. Liste der „Asozialen" aus Riga, aufgestellt vom Volkspflegeamt, Abteilung Fürsorge, vom 3.11.1939 (lfd. Nr. 124) (BArch Berlin, R 49/2812, unpag.).

43 Die Akte mit diversen Verzeichnissen „politisch und völkisch unzuverlässiger Personen" befindet sich zumindest im Bestand R 49 (RKF) des Berliner Bundesarchivs.

Direkte Folgen, wie etwa ein gesonderter Abtransport, ergaben sich für die in der Liste Aufgeführten vorerst nicht. Langfristig entfaltete die Erfassung der „Asozialen“ und die damit verbundene Stigmatisierung ganzer Familien allerdings sehr wohl eine Wirkung. So verweigerte die EWZ mit direktem Verweis auf diese Liste einigen Betroffenen die Einbürgerung. Damit waren sie nicht nur staatenlos, sondern konnten auch keinen Anspruch auf Entschädigung für ihren zurückgelassenen Besitz geltend machen.[44]

Neben diesen vielfältigen und nachhaltig wirkenden Erfassungsarbeiten oblag dem Volkspflegeamt bzw. Schlau die Einrichtung eines „Gesundheitsdienstes“ für alle Umsiedler. An Bahnhöfen, in den Aufnahmequartieren der Umsiedlungszentren und an den Häfen wurden provisorische Sanitätsstationen eingerichtet und bereits existierende baltendeutsche Krankenanstalten für die Umsiedler genutzt.[45]

Über die Organisation des Gesundheitsdienstes und die Erfassungsmaßnahmen in Estland ist weitaus weniger bekannt. Auch dort lagen sie in den Händen der deutschen Volksgruppe, die sich ähnlich wie in Lettland der zahlreichen baltendeutschen Vereine und konfessionellen Träger bediente. Die Kulturselbstverwaltung, die für die Anmeldung Kranker und Hilfsbedürftiger zuständig war,[46] beauftragte beispielsweise in Reval einen Pastor mit der Vorbereitung der Umsiedlung der alten und pflegebedürftigen Baltendeutschen. Der „Estländisch-deutsche Hilfsverein“ übernahm die Betreuung und Verpflegung der in Reval aus den verschiedenen Umsiedlungskreisen eintreffenden Umsiedler.[47] Der Umsiedlung der alten und kranken Baltendeutschen wurde seitens der baltendeutschen Umsiedlungskoordinatoren oberste Priorität eingeräumt. Bereits mit dem zweiten Transport aus Estland verließen am 20. Oktober 1939 über 900 Altersheimbewohner und Krankenhauspatienten mit dem KdF-Schiff „Der Deutsche“ unter den Augen der Presse Reval.[48] Diese berichtete, dass „ein großzügig angelegter Transportdienst, ausgestattet mit Krankenautos, Personen- und Lastkraftwagen, [...] in endloser Reihe diejenigen Volksgenossen [...], die nicht in der Lage [gewesen seien], aus eigener Kraft die Reise anzutreten“ zum Schiff gebracht habe. Die Patienten seien „bequem“ und in „ruhiger Atmosphäre“ auf dem gut ausgestatteten Dampfer untergebracht und in die Obhut zahlreicher Sanitäter und Ärzte gegeben worden.[49] Wenige Tage später verließen weitere Kranke aus Dorpat und Reval Estland. Insassen von Heil- und Pflegeanstalten

44 Vgl. zum Beispiel den Fall von August A. (BArch Berlin [ehem. BDC], EWZ-B, A 5, Einbürgerungsvorgang August A.). Sein Fall ist ausführlicher dargestellt in Kap. IV.5.2.

45 Zur Tätigkeit der Sanitäter im Dienstbereich der Beauftragten für den Krankentransport vgl. Elmar E. an Schlau, Einwandererberatungsstelle/Ärzteeinsatz, vom 24.1.1940 (APP, Vomi, 124, Bl. 76). Vgl. auch Bernsdorff, Gesundheitsdienst und Fürsorge.

46 Vgl. Nottbeck, Organisation und Verlauf der Umsiedlung, S. 193.

47 Vgl. Bernsdorff, Gesundheitsdienst und Fürsorge, S. 212.

48 Unter ihnen befanden sich auch 5 „Geisteskranke“. Vgl. Dampfermeldung vom 22.10.1939 (BArch Berlin, R 69/426, Bl. 170).

49 Der Pressebericht ist gekürzt wiedergegeben bei Nottbeck, Organisation und Verlauf der Umsiedlung, S. 200 f.

befanden sich nicht darunter. Deren Umsiedlung wurde erst wesentlich später, Ende 1939, in Angriff genommen. Zu diesem Zeitpunkt war die Umsiedlungsaktion im Großen und Ganzen bereits abgeschlossen und auch die Umsiedlungsbeauftragten hatten Estland größtenteils schon verlassen.[50] Die Gründe für diesen verzögerten Abtransport lassen sich heute nicht mehr rekonstruieren, organisatorische Fragen dürften jedoch hier keine Rolle gespielt haben, hatte man doch das Prozedere bereits im Umsiedlungsvertrag präzise festgelegt. Demnach sollte der Vormund, Kurator oder Direktor der jeweiligen Heilanstalt die in Frage kommenden Patienten melden und für diese den für alle Umsiedler gleichermaßen obligatorischen Antrag auf „Entlassung aus der estnischen Staatsangehörigkeit" bei den estnischen „Ausbürgerungskommissionen" stellen.[51] In der Praxis musste dafür die deutsche Volkszugehörigkeit nachgewiesen werden. Dies geschah in der Regel durch eine Bescheinigung der „deutschen Kulturselbstverwaltung", welche die Deutsche Gesandtschaft quittierte.[52] Außerdem waren entsprechende Urkunden und Pässe vorzulegen. Nach der Prüfung der Unterlagen wurde der Pass des Antragstellers eingezogen und eine Bescheinigung über die Entlassung aus der Staatsangehörigkeit Estlands, die während der Umsiedlung als Ausweisdokument fungierte, ausgereicht.[53]

50 Die im Oktober 1939 begonnene Umsiedlung aus Estland war bis Mitte November 1939 bereits „so gut wie abgeschlossen". Es folgten nach Hehn nur noch einige einzelne kleinere Transporte mit der Bahn und ein letzter Schiffstransport am 18. Mai 1940. Dies ist nicht ganz zutreffend, denn im Januar 1940 ging noch der besagte Schiffstransport, mit den Insassen der estnischen Heil- und Pflegeanstalten, Fürsorgepfleglingen und Häftlingen an Bord, aus Reval nach Swinemünde/Meseritz ab, den weder Hehn noch Nottbeck erwähnen. Vgl. Hehn, Umsiedlung der baltischen Deutschen, S. 121; sowie Nottbeck, Organisation und Verlauf der Umsiedlung. Zu den Transporten vgl. Aufstellung der Transportschiffe, o. D. (BArch Berlin, R 69/1126, Bl. 68–70); sowie Transport-Voranmeldungen, o. D. (BArch Berlin, R 69/1127, Bl. 26).

51 Vgl. Art. I des Protokolls über die Umsiedlung der deutschen Volksgruppe Estlands in das Deutsche Reich. In: Hecker, Umsiedlungsverträge, S. 16. Vgl. auch Kap. III.3.1. Dieses Verfahren wurde praktisch auch so umgesetzt, wie die entsprechenden Dokumente in der Krankenakte einer Patientin, die ursprünglich aus der Psychiatrischen Universitätsklinik in Dorpat stammte, belegt. Krankenakte Waltraud R. (APG, Heilanstalt Meseritz-Obrawalde, Nr. 3099).

52 Die Kulturselbstverwaltung bescheinigte darin, dass der Betroffene in das Nationalregister eingetragen und damit deutscher Volkszugehörigkeit sei. Eine derartige von der deutschen Kulturverwaltung in Estland ausgestellte und von der Deutschen Gesandtschaft quittierte Bescheinigung befindet sich in der Krankenakte von Waltraud R. (APG, Heilanstalt Meseritz-Obrawalde, Nr. 3099, Bl. 4). Alle nicht im Nationalregister verzeichneten Deutschen und deren Angehörige – die Eintragung war freiwillig – mussten sich eine adäquate Bescheinigung über ihre deutsche Volkszugehörigkeit vom lettischen Innenministerium ausstellen lassen. Vgl. Nottbeck, Organisation und Verlauf der Umsiedlung, S. 184 f. Zum Vorgehen vgl. auch Art. I, des Protokolls über die Umsiedlung der deutschen Volksgruppe Estlands in das Deutsche Reich. In: Hecker, Umsiedlungsverträge, S. 16 f.; sowie Mitteilung der deutschen Gesandtschaft in Reval vom 21. 2. 1940. In: Loeber, Diktierte Option, Dok. 163, S. 228.

53 Solche Bescheinigungen wurden auch im Rahmen der Umsiedlung aus Lettland ausgestellt, vgl. zum Beispiel eine solche von Otto G. vom 19. 11. 1939 (BArch Berlin [ehem. BDC], EWZ-B, B 61, Einbürgerungsvorgang Otto G., unpag.).

Die Vorbereitung des Abtransportes Kranker aus Heilanstalten und Altersheimen dürfte ähnlich wie in Lettland in den Händen baltendeutscher Ärzte sowie dem ärztlichen Personal der Heilanstalten gelegen haben, welches unter anderem Abschriften und Übersetzungen aus den Krankenakten anfertigte.[54] Im Januar 1940 wurden die Patienten der estnischen Heilanstalten zunächst in der Heilanstalt Seewald/Reval konzentriert.[55] Von dort aus erfolgte schließlich die Umsiedlung von insgesamt 66 Patienten zusammen mit 13 Fürsorgepfleglingen aus Altersheimen und 20 Gefangenen im Krankentransportdampfer „Bremerhaven", der etwa einen Monat zuvor auch die psychisch kranken Volksdeutschen aus Lettland ins Deutsche Reich gebracht hatte. Am 15. Januar 1940 traf dieser Dampfer in Swinemünde ein. Einen Tag später wurden die Patienten nach Meseritz-Obrawalde verlegt.[56]

Wie wenig später von höchster Stelle - dem RKF - verlautbart wurde, war es nicht beabsichtigt, „ihnen [den Patienten] die Reichsangehörigkeit zu verleihen".[57] Eine entsprechende Weichenstellung scheint jedoch schon viel früher erfolgt zu sein, denn Fragen der Einbürgerung wurden bereits in Estland verhandelt. Dabei war offenbar zunächst beabsichtigt, dass die Deutsche Gesandtschaft in Reval auf der Basis der volksgruppeneigenen Erhebungen die Einbürgerungsverfahren für die unmittelbar vor der Umsiedlung stehenden Baltendeutschen einleitet. Zu diesem Zweck hatte man dort, parallel zur EWZ, die sich zu Beginn der Baltenumsiedlung noch in der Konsolidierungsphase befand, einen Vordruck für einen Einbürgerungsantrag entworfen.[58] Auch wenn

54 Vgl. die entsprechenden Auszüge aus der Krankengeschichte in den Akten der Heilanstalt Meseritz-Obrawalde, zum Beispiel Krankenakte Waltraud R. (APG, Heilanstalt Meseritz-Obrawalde, Nr. 3099) oder Krankenakte Erika E. (ThSt Gotha, Landesheilanstalt Mühlhausen, Patientenakte Erika E.).

55 Dies lässt sich anhand einer Patientin nachweisen, die aus der Psychiatrischen Universitätsklinik in Dorpat am 10.1.1940 entlassen und nach Seewald/Reval verlegt wurde. Von dort aus gelangte sie mit dem Krankentransport nach Swinemünde und dann weiter nach Meseritz-Obrawalde. Vgl. Krankenakte von Waltraud R. (APG, Heilanstalt Meseritz-Obrawalde, Nr. 3099).

56 Vgl. Transportvoranmeldungen (BArch Berlin, R 69/1127, Bl. 26); sowie Herbert Bernsdorffs (Swinemünde) an Hermann Schlau vom 16.1.1940 (APP, Vomi, 123, Bl. 4). Bei den „Fürsorgepfleglingen" handelt es sich vermutlich um Altersheimbewohner. Vgl. dazu die Akte des Fürsorgepfleglings Johann H., der vor seiner Umsiedlung in einem Revaler Altersheim untergebracht gewesen war (APG, Heilanstalt Meseritz-Obrawalde, Nr. 1269). Die Gefangenen wurden der Stettiner Polizei übergeben.

57 Zietz an LA Arnsdorf und Meseritz-Obrawalde vom 27.2.1940 (APP, Vomi, 123, Bl. 75).

58 Dieses Formular ist abgedruckt bei Loeber, Diktierte Option, Dok. 163, S. 229–232. Der Vordruck stammt aus dem Jahr 1940, es ist jedoch zu vermuten, dass der Einbürgerungsantrag zu Beginn der Umsiedlung aus dem Baltikum entstand, war doch zu diesem Zeitpunkt die EWZ noch nicht die zentrale Einbürgerungsstelle, die sie 1940 war. Sie war vielmehr auf die Mitarbeit der Deutschen Gesandtschaft angewiesen. Da den eintreffenden Umsiedlern die EWZ anfangs noch völlig unbekannt war, bat diese die Deutsche Gesandtschaft, die Umsiedler noch vor ihrem Abtransport aufzuklären. Vgl. zum Beispiel Strippel, NS-Volkstumspolitik, S. 78–82.

dieser vermutlich nie zum Einsatz kam[59] - die Baltendeutschen verließen Estland alle staatenlos -, ist er doch hinsichtlich der wirkenden rassenhygienischen Exklusionsmuster und der grundsätzlichen Entscheidungen über die Einbürgerung „unerwünschten Bevölkerungszuwachses" als wegweisend zu betrachten.

Voraussetzung für eine Einbürgerung sollte neben den bereits im Umsiedlungsvertrag festgeschriebenen Kriterien der Zugehörigkeit zur deutschen Volksgruppe und der Entlassung aus dem estnischen Staatsverband auch die „arische" Abstammung und die „Erbgesundheit" des Antragstellers sein.[60] Um diese zu belegen, musste der Antragsteller neben umfangreichen Angaben über „Berufsstellung", „Nationalität", „Militärverhältnis", „Kinder" und „Ehepartner", „Religion" auch seine Abstammung durch entsprechende Urkunden bis zur Großelterngeneration nachweisen. Er hatte außerdem eine ärztliche Bescheinigung darüber, dass er „erbgesund, d. h. frei von gesundheitsschädlichen Erbanlagen - Geisteskrankheit, erbliche Blindheit, erbliche Taubheit, erbliche Fallsucht u. ä." sei, beizubringen.[61] Die Deutsche Gesandtschaft, namentlich die „Umsiedlungsstelle", sollte nun die Anträge und Unterlagen prüfen, um abschließend eine Stellungnahme zur Einbürgerung abzugeben. Der Beamte erklärte in dieser, ebenfalls als Vordruck vorliegenden, Stellungnahme, dass der Antragsteller „als erbgesund im Sinne des Gesetzes zur Verhütung erbkranken Nachwuchses vom 14. Juli 1933 angesehen werden" könne und nichts darauf hindeute, dass „der Antragsteller oder einer [seiner] Vorfahren an einer der im § 1 Abs. 2 dieses Gesetzes angeführten Erbkrankheiten" leide oder gelitten habe.[62] Damit wurde die „Erbgesundheit" offiziell zum Einbürgerungskriterium erhoben, eine Einbürgerung der Heilanstaltspatienten mit direktem Verweis auf das GzVeN somit per definitionem ausgeschlossen - ein Prinzip, dass im Rahmen des EWZ-Einbürgerungsverfahrens zahlreich Anwendung finden sollte. Auch hinsichtlich der Konsequenzen, die eine solche Einbürgerungspraxis

59 In den EWZ-Einbürgerungsunterlagen finden sich derartige Einbürgerungsanträge nicht, sondern nur die EWZ-eigenen Formulare.

60 Das Staatsangehörigkeitsrecht hatte bereits 1933 eine deutlich rassistische Konnotation erfahren. Mit dem „Gesetz über den Widerruf von Einbürgerungen und die Aberkennung der deutschen Staatsangehörigkeit" vom Juli 1933 konnten bereits erfolgte, aber nun als „unerwünscht" betrachtete Einbürgerungen, hier ging es vordringlich um die der sogenannten „Ostjuden", rückgängig gemacht werden. Das heißt, die Betroffenen konnten aus rassistischen Gründen ausgebürgert werden. Auch eine Strafexpatriation war nun möglich. Im August 1933 erging ein Einbürgerungsverbot für „Nichtarier". Das Staatsangehörigkeitsrecht, welches traditionell auf dem Abstammungsprinzip (ius sanguinis) basierte, wurde zunehmend rassischen Kriterien unterworfen, besonders deutlich in den Nürnberger Rassegesetzen. Vgl. Dieter Gosewinkel, Einbürgern und Ausschließen. Die Nationalisierung der Staatsangehörigkeit vom Deutschen Bund bis zur Bundesrepublik Deutschland, Göttingen 2001, S. 369-420. Zu den Einbürgerungskriterien vgl. auch Kap. IV.4.2.

61 Einbürgerungsantrag Estland. In: Loeber, Diktierte Option, Dok. 165, S. 229-232, hier 232.

62 Vordruck der deutschen Gesandtschaft in Reval vom Februar 1940 (Stellungnahme zum Einbürgerungsantrag). In: Loeber, Diktierte Option, Dok. 164, S. 229.

gehabt hätte, lassen sich deutliche Parallelen zum EWZ-Verfahren, welches noch ausführlich dargestellt werden soll, erkennen. Es ging hier wie dort um eine rassen- und erbbiologische Segregation der Volksdeutschen auf der Basis einer systematischen erbgesundheitlichen Überprüfung jedes Antragstellers, die auf der einen Seite durch die Verleihung der Staatsbürgerschaft an „erbgesunde“ Bewerber inkludierend und auf der anderen Seite durch die Verweigerung derselben bei „erbkranken“ Bewerbern auch exkludierend wirken konnte. Zudem hätte die Einbeziehung in die NS-Sterilisationspolitik gedroht, wurde doch auf das entsprechende Gesetz direkt Bezug genommen.

Die Vorarbeiten der Deutschen Gesandtschaft spiegeln somit den absoluten Willen des Deutschen Reiches zu einer radikalen und totalen rassenhygienischen Selektion der aufzunehmenden aber keineswegs zwangsläufig einzubürgernden Volksdeutschen wider. Es war demzufolge nicht allein die EWZ - der als RKF/SS-Dienststelle eine besondere ideologische Zielsetzung unterstellt werden kann - die eine solche Selektionsabsicht verfolgte, sondern auch die staatliche Bürokratie. Die Erhebung der Rassenhygiene zum politischen Prinzip zeitigte auch hier ganz konkrete Folgen und blieb keine propagandistisch inszenierte Worthülse.

Derartige Parallelentwicklungen und eine solch maßgebliche Beteiligung der Volksgruppe an der Umsiedlungsorganisation vor Ort, die durch ein hohes Maß an Eigenverantwortlichkeit geprägt war, lassen sich nach der Konsolidierung des Umsiedlungsapparates nicht mehr finden. Nichtsdestotrotz blieb dieser Apparat auch weiterhin auf Zuarbeiten der Volksgruppen angewiesen und bediente sich dieser auf unterschiedliche Weise. Zum einen rekrutierte er entsprechendes Personal aus den Reihen der Volksdeutschen, die sich innerhalb der Umsiedlungskommandos an der Erfassung und dem Abtransport kranker Umsiedler beteiligten.[63] So wurde im Zuge der Nachumsiedlung aus Estland und Lettland 1941 beispielsweise auf Hermann Schlau, der sich während der Umsiedlung aus dem Baltikum 1939/40 als Experte in gesundheitlichen Fragen hatte profilieren können, zurückgegriffen. Er leitete 1941 die Abteilung „Gesundheitsführung“

63 Volksdeutsche Ärzte wurden für Arbeiten in den Gebietsstäben und während des Transportes herangezogen. So war beispielsweise Gebhardt Kittl Schiffsarzt während der Umsiedlung aus Bessarabien, im Gebietsstab Constanza/Dobrudscha waren die Ärzte Wenzel, Mauch und Bitter/Bittau, letztere übrigens Mitglieder des „Bundes deutscher Ärzte“ in Rumänien, tätig. Andere Ärzte wie Leopold (?) Franke beteiligten sich gleich an mehreren Umsiedlungsaktionen. Letzterer war sowohl an den Umsiedlungen in Rumänien als auch in Litauen tätig, dort sogar als leitender Arzt beim Hauptstab des Umsiedlungskommandos. Vgl. handschriftlicher Lebenslauf im RuS-Fragebogen von Gebhard Kittl vom 20.1.1942 (BArch Berlin [ehem. BDC], RS C 5442, Gebhard Kittel, 7.4.1911, unpag.); Einteilung des Kommandos für die Aussiedlung der Volksdeutschen aus der Dobrudscha, o. D. (BArch Berlin, R 59/384, Bl. 23-25, hier 25); Bericht Nr. 1 des leitenden Arztes beim Hauptbevollmächtigten für die Umsiedlung aus Bessarabien vom 16.9.1940 (ebd., R 59/377, Bl. 11-16, hier 11); Aufstellung über volksdeutsche Mitarbeiter im Gebietsstab Constanza, o.D. (ebd., R 59/384, Bl. 43); sowie Erster Bericht der Abteilung Gesundheitswesen bei der Umsiedlung aus Litauen vom 21.1.1941 (ebd., R 59/284, Bl. 1-5, hier 1).

beim Umsiedlungskommando.[64] Zum anderen benötigten die Umsiedlungskommandos für ihre Erfassungen entsprechende Unterlagen, die sie von den deutschen Volksgruppen erhielten. Das Ausmaß dieser Zuarbeiten variierte hier jedoch beträchtlich. So waren bei der Umsiedlung aus Wolhynien und Galizien nicht zuletzt aufgrund fehlender zentraler Volksgruppenvertretungen kaum entsprechende Vorarbeiten geleistet worden. Erst mit dem Eintreffen der Umsiedlungskommandos begann die Aufstellung von Listen durch Lehrer oder Pastoren, allerdings nicht eigeninitiativ, sondern auf Anweisung des Umsiedlungskommandos.[65] Auch die deutsche Volksgruppe in der Dobrudscha ist offensichtlich kaum in Erscheinung getreten. Die von ihr geleisteten Vorarbeiten, die sich im Wesentlichen auf die Aufstellung von Listen Kranker, Alter und Schwangerer beschränkt hatten, wurden vom Umsiedlungskommando als „völlig unzureichend" eingeschätzt, was nicht zuletzt auf den „Mangel an geeigneten Mitarbeitern" zurückgeführt wurde.[66] Tatsächlich wies die quantitativ eher unbedeutsame deutsche Volksgruppe in der Dobrudscha einen weitaus geringeren Organisationsgrad auf als ihre Pendants im übrigen Rumänien, vor allem im Banat, der Bukowina, Bessarabien und besonders Siebenbürgen. Dies lässt sich nicht zuletzt auf die Zerstreuung der Dobrudschadeutschen zurückführen, die in verschiedenen kleineren, vor allem ländlichen und nicht rein deutschen Siedlungen lebten.[67] Diese kausale Korrelation zwischen Organisationsgrad und Vorarbeiten der Volksgruppen bestätigte sich auch in gegenteiliger Hinsicht. Die Volksgruppenvertretungen der Bukowina und Bessarabiens traten nämlich durch außerordentlich umfangreiche Erfassungsarbeiten hervor. Bereits Ende 1939/Anfang 1940 begann der Gaurat[68] von Bessarabien in Vorbereitung der erhofften Umsiedlung mit der Erstellung eines „Volkskatasters", welches im Falle einer Umsiedlung die Grundlage für die Erfassung der deutschen Minder-

64 Vgl. Bericht Schlaus über die Tätigkeit der Abt. Gesundheitswesen bis zum 12.3.1941 (BArch Berlin, R 59/241, Bl. 20-26).

65 Vgl. Döring, Umsiedlung der Wolhyniendeutschen, S. 104.

66 Vgl. Erfahrungsbericht von Friedrich Burchardt über den Einsatz in der Dobrudscha-Umsiedlung vom 22.1.1941 (BArch Berlin, R 59/384, Bl. 50-55); sowie Zusammenfassender Abschlussbericht des Gebietsarztes Dobrudscha/Otto Fischer über die Umsiedlung der Deutschen aus der Dobrudscha vom 10.1.1941 (BArch Berlin, R 59/395, Bl. 16-37, hier 22).

67 Die vier in der Dobrudscha tätigen deutschen Ärzte, die dem Bund deutscher Ärzte in Rumänien angehörten, praktizierten ausschließlich in den Städten und hatten demzufolge über die verstreut lebenden Volksdeutschen kaum einen Überblick. Drei von ihnen wurden schließlich im Zuge der Umsiedlung für den Gebietsstab in Constanza tätig. Vgl. „Unser Mitgliederverzeichnis unter der Lupe des Statistikers". In: Medizinische Zeitschrift, 12 (1938) 8, S. 204-208; sowie Aufstellung über volksdeutsche Mitarbeiter im Gebietsstab Constanza, o. D. (BArch Berlin, R 59/384, Bl. 43).

68 Die Gauräte waren die regionalen Vertretungen der „Deutschen Volksgemeinschaft in Rumänien". Es existierten Gauräte im rumänischen „Altreich", Banat, Siebenbürgen, Bessarabien, Bukowina, Dobrudscha und Sathmar. Vgl. Böhm, Die Deutschen in Rumänien, S. 99.

heit in Bessarabien bieten sollte.[69] Dabei konnten sich die dortigen Gauräte sowohl auf ein dichtes Netz von Kreis- und Ortsgruppen als auch auf verschiedene Volksgruppenorganisationen stützen. Zu letzteren gehörte unter anderem die „Nationale Arbeitsfront", die zum gleichen Zeitpunkt ihre Mitglieder aufforderte, sich Urkunden über ihre Abstammung zu beschaffen, um einen Ariernachweis erbringen zu können, der anscheinend als Voraussetzung für die Teilnahme an einer möglichen Umsiedlung betrachtet wurde.[70] Nach dem Einmarsch der sowjetischen Truppen in Bessarabien am 28. Juni 1940 nahm die deutsche Volksgruppe weitere konkrete Umsiedlungsvorbereitungen in Angriff, da man nun mit einer baldigen Umsiedlung rechnete.[71] Vor dem Erfahrungshorizont der Umsiedlungen aus Wolhynien und Galizien, über die die Bessarabiendeutschen durch Berichte offensichtlich recht genau informiert waren, wurden Urkunden, welche die deutsche Volkszugehörigkeit belegen sollten, zusammengetragen, Abschriften aus Kirchenbüchern angefertigt und Familienbücher, die zum Teil bis in die Zeit der Ansiedlung zurückreichten, ergänzt oder neu erstellt, mit dem Ziel, auf diese Weise „sämtliche Deutsche" zu erfassen.[72]

Diese Vorbereitungsmaßnahmen erfuhren mit der Aufnahme der Umsiedlungsverhandlungen in Moskau am 22. Juli 1940 nochmals eine Intensivierung. Noch im Juli ging die bessarabiendeutsche Volksgruppe daran, nun auch gezielt bestimmte Personenkreise namentlich zu erfassen, insbesondere die „Geisteskranken" und Alten, die in Sanitätszügen umgesiedelt werden sollten.[73] Der

69 Meldungen aus dem Reich (Nr. 73) vom 6.4.1940. In: Heinz Boberach (Hg.), Meldungen aus dem Reich. Die geheimen Lageberichte des Sicherheitsdienstes der SS 1938–1945, Band 4, Hersching 1984, S. 957–966, hier 959 f. Vgl. auch Jachomowski, Umsiedlung der Bessarabien-, Bukowina- und Dobrudschadeutschen, S. 49.

70 Abschrift des Erinnerungsberichtes des Pastors Gotthold Winger vom 26.10.1940 (BArch Berlin, R 57 Neu/51, unpag.).

71 Vgl. Jachomowski, Umsiedlung der Bessarabien-, Bukowina- und Dobrudschadeutschen, S. 49. Die Volksgruppe erstellte beispielsweise einen „Abmarschplan" und bereitete den Transport vor. Vgl. Bericht Nr. 1 des leitenden Arztes beim Hauptbevollmächtigten für die Umsiedlung Bessarabien/Nordbukowina vom 16.9.1940 (BArch Berlin, R 59/377, Bl. 11–16).

72 Vgl. Abschrift des Erinnerungsberichtes des Pastors Gotthold Winger vom 26.10.1940 (BArch Berlin, R 57 Neu/51, unpag.).

73 In der Außenstelle des Staatlichen Gebietsarchives Odessa in Ismail (Kilia) befinden sich verschiedene solcher Listen des Kreises Sarata. Aus den Listen geht hervor, dass diese Erhebungen bereits Ende Juli 1940 durchgeführt wurden, und zwar schon mit dem Ziel, die in den Listen aufgeführten Kranken im Falle der erwarteten Umsiedlung mit einem Sonder- oder Sanitätszug ins Deutsche Reich zu bringen. Vgl. dazu besonders die Aufstellung über die Pflegeeinrichtungen in Sarata (Alexander-Asyl, Haus Elim, Waisenhaus) und Arzis, o. D. (Filial Gosudarstvenovo Archiva Odesskoi Oblasti w g. Ismail [Staatliches Gebietsarchiv Odessa, Außenstelle Ismail], Fond 1184, Opis 1, Delo 251, Bl. 16); sowie Liste der Kranken: Kinder, Alte und Gebrechliche und Geisteskranke aus der Gemeinde Korntal I vom 27.7.1940 (ebd., Bl. 38). Für die Zurverfügungstellung der Kopien aus dieser und einer weiteren Akte gilt besonderer Dank Dr. Dietmar Schulze.

Gaurat und dort das Amt „Gesundheitswesen" unter Albert Necker[74] forderte zu diesem Zweck von den einzelnen Kreisen/Kreisleitern, die die Aufgabe wiederum an die einzelnen Orte/Ortsleiter delegierten, entsprechende Namenslisten an, die unter Zuhilfenahme der örtlichen Ärzte und Schwestern angefertigt wurden.[75] Am 2. September, unter dem Eindruck des Abschlusses des Umsiedlungsvertrages, erging eine nochmalige Aufforderung, alle bisher nicht gemeldeten Kranken in Ergänzungslisten zu erfassen.[76] Diese verschiedenen Listen, in denen über 3 500 „Alte", fast 2 000 „Kranke", über 900 Schwangere und über 16 000 Kinder bis zu neun Jahren erfasst worden waren, wurden in einer kompilierten Form den Umsiedlungskommandos bei ihrem Eintreffen Mitte September 1940 übergeben.[77] Sie wurden gebietsweise geordnet, den Gebietsärzten übergeben und offenbar auch „nach Berlin", also vermutlich an die mit der Betreuung der Krankentransporte beauftragte Dienststelle des Beauftragten des RGF weitergeleitet.[78] Allein die Liste der „Geisteskranken,

74 Albert Necker (1892–?) hatte in Dorpat und Tübingen Medizin studiert und 1923 seine Approbation als Arzt in Bukarest erhalten. Er war Leiter des Gesundheitsamtes beim Gaurat von Bessarabien und maßgeblich an der Vorbereitung des Abtransportes Kranker, u. a. durch die Erfassung dieser, beteiligt. Der leitende Arzt beim Hauptbevollmächtigten für die Umsiedlung Bessarabien/Nordbukowina, Bestvater, setzte sich deshalb für eine Anerkennung von Neckers Leistungen durch die RÄK ein. Necker gehörte dem Bund deutscher Ärzte Rumäniens an und veröffentlichte in der Medizinischen Zeitschrift. Wie ein Artikel aus dem Jahr 1936 zeigt, vertrat er dezidiert rassenhygienische Ansätze. In seiner Funktion als Leiter des Gesundheitsamtes widmete er sich unter anderem der gesundheitlichen Aufklärung. Nach seiner Umsiedlung wurde er im Ansiedlungsstab Gotenhafen/Danzig-Westpreußen als leitender Arzt tätig, bevor er sich im Oktober 1941 in Briesen als praktischer Arzt niederließ. Vgl. Albert Necker, Bessarabische Sorgen. In: Medizinische Zeitschrift, 10 (1936) 10, S. 408–413; sowie Mitgliederliste des siebenbürgisch-deutschen Ärztevereins (mit Angabe der korrespondierenden Mitglieder in Bessarabien). In: Medizinische Zeitschrift, 7 (1933) 8, S. 7–17, hier 16. Vgl. weiter Abschlussbericht Otto Fischers über Hygienische Beobachtungen bei der Umsiedlung der Deutschen aus Bessarabien und dem Nord-Buchenland (BArch Berlin, R 59/377, Bl. 41–51, hier 51); Bericht Nr. 1 des leitenden Arztes beim Hauptbevollmächtigten für die Umsiedlung Bessarabien/Nordbukowina vom 16.9.1940 (ebd., Bl. 11–16, hier 15); sowie Karteikarte Neckers im RAR (BArch Berlin, RAR, Albert Necker, 12.12.1892) und Einbürgerungsantrag Albert Neckers vom 17.12.1940 (BArch Berlin [ehem. BDC], EWZ-R, E 3, Einbürgerungsvorgang Albert Necker, unpag.).

75 Bericht Nr. 1 des leitenden Arztes beim Hauptbevollmächtigten für die Umsiedlung Bessarabien/Nordbukowina vom 16.9.1940 (BArch Berlin, R 59/377, Bl. 11–16, hier 15).

76 Vgl. Ortsleiter der Gemeinde Neu Annowka an die Kreisleitung Sarata, betr. Geisteskranke vom 8.9.1940 (Staatliches Gebietsarchiv Odessa, Außenstelle Ismail, Fond 1184, Opis 1, Delo 250, Bl. 15). Vgl. zum Beispiel auch Ergänzungsliste zu der früher zugeschickten Liste der Geisteskranken und Epileptiker, die nicht mit der Familie oder Gesellschaft reisen können, aus den Gemeinden Friedensfeld und Stanhopka, o. D. (ebd., Bl. 5). In dieser Akte sind weitere Listen, datiert auf Anfang September, enthalten.

77 Bericht Nr. 1 des leitenden Arztes beim Hauptbevollmächtigten für die Umsiedlung Bessarabien/Nordbukowina vom 16.9.1940 (BArch Berlin, R 59/377, Bl. 11–16, hier 15).

78 Vgl. Bericht Otto Fischers über die medizinischen und biologischen Grundlagen der deutschen Volksgruppe in Bessarabien und im Buchenland vom 24.10.1940 (BArch Berlin, R 59/377, Bl. 137–151, hier 144 f.); sowie Bericht Nr. 1 des leitenden Arztes

Schwachsinnigen, Alten, Gebrechlichen, hilfsbedürftigen Kranken" des Kreises Sarata enthielt die Namen von über 500 Personen, in den meisten Fällen mit Angaben zur Art der Erkrankung und Verwandtschaftsverhältnissen. Das Vokabular war dabei einschlägig. Es umfasste Formulierungen wie „schwachsinnig" oder „anormal" und wies damit Bezüge zur NS-Erbgesundheitspolitik auf, was angesichts des regen Austausches zwischen dem Deutschen Reich und den volksdeutschen Siedlungsgebieten auf medizinisch-rassenhygienischem Gebiet nicht verwundert.[79] Neben dieser umfangreichen Liste wurde auch eine separate Aufstellung über die „Geisteskranken" des Kreises Sarata angefertigt, in der auch die Wohnorte der Kranken aufgeführt waren. Daraus geht hervor, dass sich unter den erfassten Kranken nicht nur die Insassen der Asyle in Arzis und Sarata befanden, sondern auch die in verschiedenen Dörfern bei ihren Familien lebenden Kranken. Der Erfassungsradius reichte demnach deutlich über die Anstalten hinaus.[80]

Auf den ersten Blick ist es überraschend, wie bereitwillig und unkritisch Ärzte und Schwestern sensible Daten zusammentrugen und den Umsiedlungsdienststellen zur Verfügung stellten. Auf den zweiten Blick erscheint es angesichts der rassenhygienischen Prägung der Akteure allerdings nur konsequent und logisch, entsprach ein solches Vorgehen doch der rassenhygienischen Binnenlogik, die individuelle Interessen zum „Wohl" des „Volkskörpers" zurückstellte und so auch die ärztliche Schweigepflicht aushebelte. Vieles spricht also für eine indirekte rassenhygienische Implementierung der Erfassungen, vor allem durch deren Initiator Albert Necker. Er dürfte als Leiter des Amtes Gesundheitswesen für die zu erhebenden Kategorien verantwortlich gezeichnet und die Erfassungen veranlasst haben.[81] Necker, Mitglied im „Bund deutscher Ärzte" in Rumänien,[82] vertrat in der Medizinischen Zeitschrift bereits 1936 eine dezidiert rassenhygienische Position. So warnte er offen vor einer „Gefahr der Entartung" der bessarabiendeutschen Volksgruppe, nicht ohne dabei auch klassische rassenhygienische Stereotype wie die angeblich überproportionale Fortpflanzung „minderwertiger Familien" zu reproduzieren.[83] Um diesem drohenden „euge-

beim Hauptbevollmächtigten für die Umsiedlung Bessarabien/Nordbukowina vom 16.9.1940 (ebd., Bl. 11-16, hier 15).

79 Vgl. Liste der Geisteskranken, Schwachsinnigen, Alten, Gebrechlichen, Hilfsbedürftigen Krankender Gemeinde Sarata (Staatliches Gebietsarchiv Odessa, Außenstelle Ismail, Fond 1184, Opis 1, Delo 251, Bl. 8-15).

80 Namentliches Verzeichnis der Geisteskranken aus den Gemeinden des Kreises Sarata, aufgestellt von der Kreisleitung Sarata, o. D. (Staatliches Gebietsarchiv Odessa, Außenstelle Ismail, Fond 1184, Opis 1, Delo 250, Bl. 8).

81 Vgl. Bericht Nr. 1 des leitenden Arztes beim Hauptbevollmächtigten für die Umsiedlung Bessarabien/Nordbukowina vom 16.9.1940 (BArch Berlin, R 59/377, Bl. 11-16, hier 15).

82 Vgl. Mitgliederliste des siebenbürgisch-deutschen Ärztevereins (mit Angabe der korrespondierenden Mitglieder in Bessarabien). In: Medizinische Zeitschrift, 7 (1933) 8, S. 7-17, hier 16.

83 Albert Necker, Bessarabische Sorgen. In: Medizinische Zeitschrift, 10 (1936) 10, S. 408-413.

nischen Verfall" entgegenzuwirken, sei „alles in Bewegung zu setzen, [um] die bessergestellten Familien, die größtenteils auch die tüchtigeren, also die mit besseren Erbanlagen ausgestattet [seien] zur stärkeren Vermehrung anzuspornen", wobei er im gleichen Atemzug bedauerte, dass die Volksgruppe „keinerlei Machtmittel besitze, die Geburtlichkeit im negativen oder positiven Sinne zu beeinflussen".[84] Er stimmte rassenhygienischen Maßnahmen demnach grundsätzlich zu, und sah mit der Erfassung der Kranken nun vielleicht die Möglichkeit gekommen, diese langfristig auch einleiten zu können. Gerade die Erfassungskriterien deuten auf eine solche rassenhygienische Implementierung der Erfassung hin. Die erhobenen Daten beschränkten sich nämlich nicht auf Namen, Diagnosen und Transportfähigkeit der einzelnen Kranken, sondern die Listen ließen auch die Familien der Kranken erkennen, das heißt, sie verwiesen - gewollt oder ungewollt - direkt auf „erbmäßig minderwertige" Familien.[85] Diese Familien sollten nach den Vorstellungen der (reichs-)deutschen Umsiedlungsakteure nach ihrer Umsiedlung in den Lagern des „Altreiches" einer besonderen Beobachtung unterliegen und weitere „Aussagen von Dorfangehörigen, auch der Ortsleiter", herangezogen werden, auch wenn diese „nur als Anhalt" dienen und nicht „richtungsgebend" sein sollten. Ein abschließendes Urteil sollte den (reichs-)deutschen Ärzten zufallen.[86] De facto war natürlich allein der Hinweis auf eine „Minderwertigkeit" „richtungsgebend" genug, wurde doch so erst eine gezielte und zugleich breit wirksame Überprüfung im Rahmen des Lageraufenthaltes, aber besonders während der Einbürgerung durch die EWZ, möglich. Dessen waren sich natürlich auch die Umsiedlungsakteure bewusst, die mehrfach betonten, dass die Unterlagen der Volksgruppe die „Grundlage" für ihre Tätigkeit vor Ort darstelle und sich sogar ausdrücklich für eine entsprechende Anerkennung der Erfassungsarbeit Neckers durch die Reichsärztekammer aussprachen.[87] Necker unterstützte wie viele weitere bessarabiendeutsche

84 Ebd., S. 410.

85 Die der deutschen Umsiedlungskommission übergebenen Listen konnten nicht aufgefunden werden, sodass die einzelnen Angaben nicht genauer analysiert werden können. Aufschlussreich ist hier jedoch der Bericht Otto Fischers, der in der Abteilung Gesundheitswesen beim Hauptbevollmächtigten für die Umsiedlung Bessarabien/Nordbukowina tätig war und einen ausführlichen Bericht über medizinische und biologische Grundlagen der deutschen Volksgruppe in Bessarabien und im Buchenland/Bukowina verfasste. Darin heißt es „Über die Häufigkeit von Erbkrankheiten, vor allem von Schwachsinn und geistigen Störungen, unterrichtet zunächst eine Aufstellung, die die Volksgruppe für die Umsiedlung anfertigte, und die bereits nach Berlin gegeben worden ist, sie zeigt, dass außer den Insassen der Asyle in Sarata und Arzis, [...], in jedem Dorf einige solche Fälle vorkommen. Sie lassen auch die Familien erkennen, aus denen sie hervorgingen und die daher als erbmäßig minderwertig anzusehen sind." Bericht Fischers vom 24.10.1940 (BArch Berlin, R 59/377, Bl. 137-151, hier 144 f.).

86 Ebd.

87 Vgl. Bericht Nr. 1 des leitenden Arztes beim Hauptbevollmächtigten für die Umsiedlung Bessarabien/Nordbukowina vom 16.9.1940 (BArch Berlin, R 59/377, Bl. 11-16, hier 15); sowie Bericht Otto Fischers über die medizinischen und biologischen Grundlagen der deutschen Volksgruppe in Bessarabien und im Buchenland vom 24.10.1940 (ebd., Bl. 137-151). Ob eine solche Auszeichnung tatsächlich erfolgte, geht aus den Akten nicht hervor.

Ärzte das Umsiedlungskommando außerdem durch Auskünfte und „tätige Mitarbeit" bei der Registrierung Kranker; einen solchen Einfluss wie im Rahmen der Vorerfassungen hatte seine Tätigkeit nun allerdings nicht mehr.[88]

Die langfristige Wirkung der Vorerfassung durch die Volksgruppe in Bessarabien, die umfassender als gemeinhin angenommen war, ist demnach nicht zu unterschätzen, legte sie doch zum einen die Grundlage für die Zuweisung zu Krankentransporten und in vielen Fällen einer anschließenden Psychiatrisierung und beeinflusste zum anderen die Einbürgerung der stigmatisierten Kranken und deren Angehöriger.

Dies trifft auch auf die volksgruppeneigenen Erfassungen in der Bukowina zu. Die dortige deutsche Volksgruppe hatte „hinsichtlich der Erfassung der Alten und Kranken genauso gut vorgearbeitet, wie die Volksgruppe in Bessarabien".[89] Auch hier hatte man Namenslisten angefertigt, auf deren Basis eine „ärztliche Nachprüfung der Diagnose sowie die Beurteilung der Transport- und Lagerfähigkeit" erfolgen sollte.[90]

Über die Umsiedlungen in Rumänien hinaus lassen sich auch im Rahmen späterer Umsiedlungsaktionen konkrete Vorarbeiten der Volksgruppen nachweisen, die sich nicht auf die Erstellung von Namenslisten beschränkten. So hatte der deutsche Kulturverband in Litauen bereits 1939 unter dem Eindruck der Reichstagsrede Hitlers und der beginnenden Umsiedlung aus Lettland und Estland mit der Erfassung aller Deutschen in Litauen begonnen.[91] Gleichzeitig wurde der Ausbau der Volksgruppenorganisation im Zeichen der Umsiedlungsvorbereitungen, nicht zuletzt auf Aufforderung des Auswärtigen Amtes hin, forciert.[92] So wurde 1940 die Abteilung „Statistik" geschaffen, die alle Deutschen in einer Zentralkartei erfasste und umfangreiche sozioökonomische Daten erhob, die sie wiederum dem Deutschen Reich, vermutlich der Dienststelle des RKF, zur Verfügung stellte.[93] Im September 1940 wurde schließlich die gesamte Volksgruppenorganisation in den Dienst der Umsiedlungsvorbereitung gestellt und der neu geschaffenen „Umsiedlungsorganisation"/„Organisation Umsiedlung" einverleibt.[94] Diese fertigte umfangreiche „Organisations- und Umsied-

88 Abschlussbericht Otto Fischers über Hygienische Beobachtungen bei der Umsiedlung der Deutschen aus Bessarabien und dem Nord-Buchenland vom 9.1.1941 (BArch Berlin, R 59/376, Bl. 41–51, hier 51). Zur Tätigkeit bessarabiendeutscher Ärzte während der Umsiedlung vgl. zum Beispiel Bericht Gerhard Roses über die Dienstreise nach Mannsburg, Sarata, Arzis, Friedenstal, Beresina am 28.9.1940 vom 30.9.1940 (BArch Berlin, R 59/377, Bl. 54–63).

89 Bericht von Gerhard Rose über die Dienstreise nach Czernowitz und nach Kischineff vom 17.–20.9.1940 vom 21.9.1940 (BArch Berlin, R 59/376, Bl. 1–15, hier 1).

90 Ebd.

91 Vgl. Bericht über die Vorbereitungen zur Aussiedlung der Deutschen Litauens, o.D. (BArch Berlin, R 59/263, Bl. 19–21).

92 Vgl. Stossun, Umsiedlung Litauen, S. 33.

93 Vgl. ebd., S. 34 und 102.

94 Vgl. Bericht über die Vorbereitungen zur Aussiedlung der Deutschen Litauens, o.D. (BArch Berlin, R 59/263, Bl. 19–21); sowie Bericht über getroffene Vorbereitungen zur Umsiedlung der deutschen Volksgruppe in Litauen (ebd., Bl. 22–24).

lungskarten“ an, die einen Überblick über die deutschen Orte lieferten, erstellte mit Hilfe von „Umsiedlungsbevollmächtigten“ in den jeweiligen Kreisen und Orten, die in Nachbarschaften eingeteilt worden waren, Namenslisten, organisierte einen gut funktionierenden Meldeapparat, akquirierte geeignete Diensträume für die erwarteten reichsdeutschen Umsiedlungsfunktionäre, kurzum: Der „Umsiedlungsorganisation“ oblag die Klärung aller mit der Umsiedlung in Verbindung stehenden Fragen im Vorfeld der eigentlichen Umsiedlungsarbeiten der deutschen Umsiedlungskommandos.[95] Dabei konnte sie auf ein dichtes Netz von Mitarbeitern und sogenannte „Hilfsabteilungen“ zurückgreifen. Zu Letzteren gehörten der sogenannte „Bereitschaftsdienst“, der die Umsiedlungskommission bei ihrer praktischen Arbeit, zum Beispiel beim Abtransport, unterstützen sollte, und das Sozialamt, welches über einen speziellen „Gesundheitsdienst“ / „Sanitätsabteilung“[96] verfügte. Das Sozialamt sollte zusammen mit der „Mädelschaft“ und der „Frauenschaft“ die Betreuung der mittelosen Umsiedler übernehmen, der Gesundheitsdienst die „sanitäre Betreuung“.[97] Darüber hinaus erfasste der Gesundheitsdienst/ Sanitätsabteilung unter dem Eindruck der scheinbar unmittelbar bevorstehenden Umsiedlung im September 1940 systematisch auch alle Kranken und Hilfsbedürftigen. Spezielle Krankenlisten wurden erstellt und medizinische Untersuchungen durchgeführt. Die Sanitätsabteilung ging schließlich von etwa 1 200 Kranken aus, wobei sie 350 bis 450 von ihnen der „Gruppe der Schwerkranken und Geisteskranken“ zurechnete.[98] Es waren dabei nicht allein solche Angaben, die den deutschen Umsiedlungsdienststellen, die die Vorarbeiten ausdrücklich lobten,[99] zugeleitet wurden. Auch die gesamte „Umsiedlungsorganisation“ wurde als „Hilfseinrichtung“ in den Dienst des Umsiedlungskommandos gestellt. Damit verlor sie zwar ihre führende Rolle, die sie im Kontext der Umsiedlungsvorbereitungen innegehabt hatte, versuchte sich aber zugleich einen Resteinfluss auf die Umsiedlungsaktion, nun in einer assistierenden Position, zu sichern.

95 Vgl. ebd.

96 Die Sanitätsabteilung wurde von Rudolf Kinder, dem langjährigen Vorsitzenden der Kulturverwaltung und Gründungsmitglied der Partei der Deutschen Litauens geleitet. Möglicherweise prädestinierte ihn neben dieser aktiven politischen Laufbahn innerhalb der deutschen Volksgruppe auch seine vormalige Tätigkeit als Inspektor des städtischen Krankenhauses in Kaunas für die Leitung der Sanitätsabteilung. Vgl. Bericht über die Vorbereitungen zur Aussiedlung der Deutschen Litauens, o. D. (BArch Berlin, R 59/263, Bl. 19–21). Zu Kinder vgl. Fritz Wertheimer, Von deutschen Parteien und Parteiführern im Ausland, Berlin 1927, S. 69.

97 Vgl. Bericht über die Vorbereitungen zur Aussiedlung der Deutschen Litauens, o. D. (BArch Berlin, R 59/263, Bl. 19–21, hier 20).

98 Vgl. Bericht über die Vorarbeiten in Litauen, o. D. (ebd., Bl. 1–12, hier 9); sowie Bericht der Sanitätsabteilung vom 20. 9. 1940 (BArch Berlin, R 59/264, Bl. 60).

99 Vgl. Dritter Bericht der Abteilung Gesundheitswesen beim Hauptbevollmächtigten Umsiedlung Litauen vom 6. 2. 1941 (BArch Berlin, R 59/284, Bl. 34–40, hier 37).

Auch die straff organisierte deutsche Volksgruppe in der Gottschee,[100] die zunächst eine außerordentlich exponierte Position innerhalb der Umsiedlungsvorbereitungen eingenommen hatte, wurde schließlich zum „Hilfsorgan“ degradiert. Dies lag hier allerdings nicht in der Umsiedlungsorganisation begründet - Umsiedlungskommandos der Vomi sollten nicht zum Einsatz kommen. Der Kompetenzverlust war vielmehr eine Folge disparater Zielvorstellungen der Volksgruppe und des RKF-Apparates.[101] Die Volksgruppe hatte nämlich die ihr gewährten Handlungsspielräume im Rahmen der Umsiedlungsvorbereitung und der Erfassungen - die hier vollkommen in den Händen der Volksgruppe lagen - zu extensiv genutzt, indem sie eine rigorose „Selbstauslese“ praktiziert hatte, die einer geschlossenen Umsiedlung, wie sie der RKF anvisierte, entgegenstand.[102] Im Zuge dieser „Selbstauslese“ hatte die Volksgruppe im Vorfeld der Umsiedlung umfangreiche Erhebungen mittels sogenannter „Familienbögen“ durchgeführt, anhand derer die „Leistungsfähigkeit“ und das „Charakterbild“ der einzelnen Volksdeutschen eruiert wurden.[103] Dabei verschmolzen politische, rassistische und auch rassenhygienische Erfassungskategorien, die die Basis für die spätere Exklusion der mit den unterschiedlichen nationalsozialistischen Stigmata versehenen Bevölkerungskreise darstellten. Konkret bedeutete dies, dass die mit der Erfassung und Verteilung der Options-/Umsiedlungserklärungen betraute Volksgruppenvertretung „politisch unzuverlässigen“ Gottscheern ebenso wie Angehörigen sogenannter „Mischehen“ die Umsiedlung verweigerte.[104] Einem solchen eigenmächtigen Vorgehen musste der RKF durch eine entsprechende Anweisung, die explizit die Zulassung dieser Personenkreise zur Umsiedlung regelte, entschieden entgegentreten, wäre doch sonst „deutsches Blut in der Gottschee geblieben“[105] und die Entscheidungshoheit des RKF darüber, wer als zukünftiger „Ostsiedler“ fungieren sollte, angetastet worden. Letztlich wirkten die von der Volksgruppenführung etablierten Selektionsmechanismen jedoch indirekt weiter fort, sowohl durch die Abstellung von „Volkstumssachverständigen“ zur EWZ, die vor Ort die Einbürgerungen vor-

100 Im Herbst 1939 wurde die Bildung von Ortsgruppen des Schwäbisch-deutschen Kulturbundes in Slowenien wieder zugelassen. Bis Ende 1940 war die gesamte Gottschee von einem Netz von 25 Ortsgruppen überzogen, die zunehmend unter den Einfluss der ebenfalls im Herbst 1939 von den „Erneuerern“ illegal gegründeten dezidiert nationalsozialistisch ausgerichteten „Mannschaften“ gerieten. Im Mai 1941, nach dem „Zerfall“ Jugoslawiens, wurde die Volksgruppe unter dem Eindruck einer baldigen Umsiedlung neustrukturiert. Unter dem Volksgruppenführer Schober entstand eine straff-hierarchisch organisierte, verschiedene Ämter umfassende Volksgruppenvertretung, der seitens des RKF die Vorbereitung der Umsiedlung übertragen wurde. Vgl. Frensing, Umsiedlung Gottscheer, S. 22 f. und 62-77.

101 Vgl. weiterführend ebd., S. 87-98.

102 Vgl. ebd., S. 91.

103 Vgl. ebd., S. 64 f. Ein solcher Fragebogen konnte nicht gefunden werden.

104 Zum Umsiedlungsprozedere vgl. Abschlussbericht der EWZ über die Erfassung der Deutschen in der Gottschee und im Gebiet der Stadt Laibach (IfZ München, ED 72/12, Bl. 10 f.).

105 Vermerk Stier, RKF, vom 24.1.1942, zit. nach Frensing, Umsiedlung Gottscheer, S. 94.

nahm, als auch durch die Aufstellung spezifischer Listen über „Erbkranke und Inzuchtgemeinden", „politisch und sonst unzuverlässige Elemente" und „Mischehen" auf Aufforderung durch die EWZ.[106] Durch die Reglementierung durch den RKF hatte die Volksgruppe dennoch einen deutlichen Kompetenzverlust und eine ebenso deutliche Begrenzung ihres Handlungsspielraumes hinnehmen müssen, sodass sie im Rahmen der EWZ-Tätigkeit zwar noch eine Rolle spielte, aber letztlich bei der tatsächlichen „Selektion" nur noch assistierend mitwirkte.[107] Ihr Tätigkeitsfeld hatte sich von der „Selbstauslese" hin zu logistischen Umsiedlungsaufgaben verschoben.

Mit dem Eingreifen des RKF, sei es durch entsprechende Anordnungen wie in der Gottschee oder wie im Falle Litauens oder Bessarabiens durch die Entsendung der Umsiedlungskommandos der Vomi, erfuhren die Volksgruppenvertretungen einen Funktions- respektive Rollenwandel. Sie übernahmen nicht mehr die zentrale Rolle, die sie während der Vorbereitungen bzw. zu Beginn der Umsiedlung innegehabt hatten, sondern eine assistierende. Dies war nicht zuletzt Folge der in den Umsiedlungsverträgen getroffenen Regelungen, auf die die Volksgruppenvertretungen durch ihren Ausschluss von den Verhandlungen keinerlei Einfluss hatten nehmen können. Auch die Konsolidierung und die Machtakkumulation in Umsiedlungsfragen beim RKF und seinen Dienststellen verhinderten oder schränkten eine eigenverantwortliche Beteiligung der Volksgruppen an der Umsiedlungsaktion ein. Nichtsdestotrotz leisteten die Volksgruppenorganisationen die entscheidende Vorarbeit für die gezielte Erfassung durch die deutschen Dienststellen, auch wenn sie an dieser Erfassung nur noch assistierend mitwirkten. Lediglich die deutschen Volksgruppenvertretungen in Lettland und Estland, und mit Einschränkungen auch die in der Gottschee, konnten auch noch während der Erfassungen ihre führende Funktion behaupten.

Allen Volksgruppenvertretungen eröffneten sich demzufolge insbesondere durch die Vorarbeiten - die Maxime „dem Führer entgegenarbeiten" fand hier ein Exempel - Mitwirkungsmöglichkeiten, die vor allem die Volksgruppen, die einen hohen Organisationsgrad aufwiesen bzw. die spezifische Umsiedlungsorganisationen und Ämter eigenverantwortlich schufen, zu nutzen verstanden. Sie agierten dabei, wie unter anderem das Beispiel der rassenhygienischen Erfassungen zeigt, durchaus im Sinne des Nationalsozialismus. Je weniger ausgeprägt die volksgruppeneigenen Strukturen waren, desto stärker trat der RKF-Apparat bereits bei der Erfassung in Erscheinung, wie das Beispiel Wolhynien zeigt. An die Stelle exponierter Volksgruppenvertreter traten dann vor allem die Experten des DAI und anderer Forschungseinrichtungen, die auf ihre Expertise in „volksdeutschen Fragen" reklamierten. Sie taten dies grundsätzlich auch in den Siedlungsgebieten, die eine starke Volksgruppenorganisation vorweisen konnten, was unweigerlich Konfliktpotential generierte, beanspruchten diese

106 Vgl. ebd., S. 110.

107 Frensing spricht in diesem Zusammenhang von der Funktion eines „Hilfsorgans". Vgl. ebd., S. 98.

Expertise doch sui generis dort die jeweiligen Volksgruppen. Diese offerierten den Umsiedlungsdienststellen ihr volksgruppenspezifisches Wissen, letztlich mit dem Motiv, so Einfluss auf das weitere Schicksal der Volksgruppe nehmen zu können. Dies erwies sich jedoch, trotz der Installierung von „Volkstumssachverständigen" in den „Durchschleusungsapparat" der EWZ,[108] schon bald als Schimäre, zielte die Umsiedlungspolitik doch auf eine Homogenisierung der Bevölkerung und eine Nivellierung volksgruppenspezifischer Identitäten, was einem Ende der einzelnen Volksgruppen, deren Vertretungen bereits mit dem Verlassen der Herkunftsgebiete aufgelöst worden waren, gleichkam.[109]

1.2 Die Erfassungsarbeit der Umsiedlungskommandos und die Rolle der beteiligten Ärzte

Die praktische Durchführung der Umsiedlungen, die in den verschiedenen Umsiedlungsverträgen zum Teil sehr detailliert vorgezeichnet worden war, lag in den Händen der Vomi, ausgenommen die Umsiedlungen aus dem Baltikum 1939 und der Gottschee. Die Vomi entsandte gemäß den Umsiedlungsverträgen sogenannte „Umsiedlungskommandos" in die Umsiedlungsgebiete, die unter der Führung eines Hauptbevollmächtigten standen.[110] Diesem untergeordnet

108 Vgl. dazu Kap. IV.4.2.

109 Sie hatten damit ihr Mitbestimmungsrecht durch das Fehlen einer Interessensvertretung de facto verloren. Zur Auflösung der baltendeutschen Volksgruppenorganisationen vgl. Loeber, Diktierte Option, S. 35–37; und Stossun, Umsiedlung Litauen, S. 77. Die „deutsche Volksgemeinschaft in Rumänien" bestand in Rumänien fort, da nicht alle Deutschen umgesiedelt wurden, sie hatte jedoch keinen Einfluss auf das Schicksal der umgesiedelten Deutschen aus Bessarabien, der Bukowina, Dobrudscha und dem rumänischen „Altreich". Vgl. dazu Böhm, Gleichschaltung der Deutschen Volksgruppe in Rumänien. Zu Bessarabien vgl. Schmidt, Bessarabien, S. 245–249.

110 Hauptbevollmächtigte waren beispielsweise: Horst Hoffmeyer (Wolhynien/Galizien, Generalgouvernement, Bessarabien/Nordbukowina, SU), Heinrich Siekmeier (Dobrudscha/Südbukowina), Lackmann (Bulgarien, Bosnien, Serbien) und Heinz Brückner (Litauen). Letzterer war im Vorfeld der Umsiedlung als Schulungsleiter der Landesgruppe Sachsen des BdO tätig gewesen, bevor ihn nach eigenen Angaben im November 1939 die Vomi „notdienstverpflichtete". Er war bei der Umsiedlung aus Galizien/Wolhynien zunächst als Hilfskraft eingesetzt. 1940 beteiligte er sich an den Umsiedlungsverhandlungen über Bessarabien/Nordbukowina als Hilfskraft, bei den späteren Verhandlungen über die Umsiedlung aus Litauen als Sachverständiger. 1941 war er als Hauptbevollmächtigter mit der Durchführung der Umsiedlung aus Litauen befasst. Anschließend fungierte er bis Ende 1942 als Referent für „volksdeutsche Fragen innerhalb des Reichsgebietes" im Amt VI der Vomi, dessen Leitung er 1942/43 übernahm. 1948 wurde er wegen seiner Beteiligung an der Germanisierungspolitik des „Dritten Reiches" in Nürnberg im Rahmen des RuSHA-Prozesses zu 15 Jahren Haft verurteilt, allerdings bereits Anfang der 1950er Jahre wieder entlassen. Vgl. Eidesstattliche Erklärung Heinz Brückners von 1947 (NO-5041) (BArch Koblenz, All. Proz. 1, Rep. 501, XXXXIV (Anklagedokumente), B 4, Bl. 39–41); Geschäftsverteilungsplan Hauptamt Vomi vom 15.6.1944 (NO-3981) (BArch Koblenz, All. Proz. 1, Rep. 501, XXXXIV (Anklagedokumente), B 6, Bl. 113–143). Zu seiner Tätigkeit im BdO vgl. Frank Förster, Die „Wendenfrage" in der deutschen Ostforschung 1933–1945. Die Publikationsstelle

wurden Gebiets- und Ortsbevollmächtigte ernannt, die eine flächendeckende Erfassung der Volksdeutschen, unter Zuhilfenahme der jeweiligen Volksgruppenvertretungen, garantieren sollten. Organisatorisch gliederte sich der Kommandoapparat in einen Hauptstab, der dem Hauptbevollmächtigten unterstand, sowie in Gebiets- und Ortsstäbe, die den jeweiligen Gebiets- respektive Ortsbevollmächtigten zur Verfügung standen. Diese Stäbe gliederten sich nach dem Vorbild des Hauptstabes in verschiedene Abteilungen, die die unterschiedlichen Umsiedlungsaufgaben wahrnahmen: Abteilung I (Stabsführung), Abteilung II (Verwaltung), Abteilung III (Gesundheitswesen), Abteilung IV (Planung, Transport, Verpflegung, Unterkunft), Abteilung V (Innere Organisation, Nachrichtenwesen), Abteilung VI (Vermögenserfassung).[111] Die Abteilung III „Gesundheitswesen", die hier von besonderem Interesse ist, war für alle mit der Umsiedlung direkt in Verbindung stehenden medizinisch-gesundheitlichen Fragen zuständig - angefangen bei der Erfassung Kranker über die medizinische Betreuung dieser vor Ort bis hin zur Planung, Abwicklung und Betreuung von Krankentransporten. Neben diesen gesundheitlichen Aufgaben übernahm die Abteilung III teilweise aber auch rassenpolitisch und rassenhygienisch motivierte Selektionsaufgaben. So begutachteten die dort tätigen Ärzte - unter ihnen ausgewiesene Verfechter der Rassenhygiene wie Schlau[112] - zum Beispiel einzelne psychisch kranke Umsiedler und „Mischlings-Verdachtsfälle". Dazu wurden die Kranken bzw. die Familien, bei denen der „Verdacht nichtarischer Abstammung bestand" vorgeladen, untersucht und ein ärztliches Gutachten bzw. ein „Bericht über die Abstammung und über das Erscheinungsbild" angefertigt. In beiden Fällen entschied der Hauptbevollmächtigte auf der Grundlage dieser Gutachten über die Zulassung der Betroffenen zur Umsiedlung.[113] Hinsichtlich ihrer Tätigkeit waren die dortigen Ärzte dabei nicht allein dem Hauptbevollmächtigten und der Vomi gegenüber rechenschaftspflichtig, sondern auch gegenüber der Dienststelle des Beauftragten des RGF, an die sie unter anderem

Berlin-Dahlem und die Lausitzer Sorben, Bautzen 2007, S. 79. Zum RuSHA-Prozess vgl. Heinemann, Rasse, Siedlung, deutsches Blut, S. 565–580; sowie weiterführend Alexa Stiller, Die frühe Strafverfolgung der nationalsozialistischen Vertreibungs- und Germanisierungsverbrechen. Der „RuSHA-Prozess" in Nürnberg 1947–1948. In: Timm C. Richter (Hg.), Krieg und Verbrechen. Situation und Intention. Fallbeispiele, München 2006, S. 231–242.

111 Die Abteilungsbezeichnungen variierten zwischen den einzelnen Umsiedlungsaktionen leicht. Während der Umsiedlungen aus Wolhynien und Galizien bestand außerdem auch eine Abteilung „Verbindungen". Während der Umsiedlungen aus Bessarabien/Nordbukowina existierten auch separate Abteilungen für das Kraftfahrwesen, Dolmetscher und Presse/Propaganda, wobei letztere wie auch in den anderen Umsiedlungsaktionen der Stabsführung (Abteilung I) unterstellt waren. Vgl. Organigramm des Hauptstabes Bessarabien (BArch Berlin, R 59/332, Bl. 5); Organigramm Dobrudscha (ebd., R 59/384, Bl. 14); sowie Döring, Umsiedlung der Wolhyniendeutschen, S. 88.

112 Vgl. Arbeitsbericht der Abt. Gesundheitsführung bei der Nachumsiedlung aus Estland und Lettland vom 8.2.1941 (BArch Berlin, R 59/241, Bl. 9). Zu Schlau vgl. Kap. II.2.1, Anm. 161.

113 Bericht über die Tätigkeit der Abt. Gesundheitsführung bei der Nachumsiedlung aus Estland und Lettland vom 12.3.1941 (BArch Berlin, R 59/241, Bl. 20–26, hier 25).

über die Seuchenlage zu berichten und Krankenverzeichnisse einzusenden hatten.[114] Fachlich unterstand die Abteilung „Gesundheitswesen" und das dortige Personal demzufolge der RÄK, auch wenn die Dienstverpflichtung formal durch die Vomi in Vertretung des RKF erfolgte. Zum Personalstamm gehörte der „Leitende Arzt", der, wie der Titel bereits suggeriert, die Führung der Abteilung übernahm.[115] Dem „Leitenden Hygieniker" oblag die Beobachtung der Seuchenlage und die Ergreifung präventiver Maßnahmen.[116] In den einzelnen Umsiedlungsgebieten agierten schließlich „Gebietsärzte", die dem Gebietsbevollmächtigten unterstanden, die wiederum über einen eigenen Mitarbeiterstab (volksdeutsche Ärzte, Sanitäter, Hebammen) verfügten.[117] Der Bedarf an medizinischem Personal für die Umsiedlungsaktionen war demzufolge hoch. Dies galt natürlich gleichermaßen für das gesamte Umsiedlungskommando, dessen Stärke zumeist bereits in den Umsiedlungsverträgen fixiert worden war. Abhängig von der Größe des Umsiedlungsgebietes und der daraus resultierenden Anzahl der Gebiets- und Ortsstäbe sowie der Umsiedlerzahl konnte das Kommando bis zu 600 Mitglieder umfassen.[118] Diese stammten aus den Reihen

114 Vgl. Begleitschreiben des leitenden Arztes beim Hauptbevollmächtigten der Umsiedlung Bessarabien/Bestvater zum übersandten Erfahrungsbericht der Abteilung Gesundheitswesen an die Vomi vom 7.12.1940 (BArch Berlin, R 59/376, Bl. 16-37), Erster Bericht der Abteilung Gesundheitswesen bei der Umsiedlung Litauen vom 21.1.1941 (ebd., R 59/284, Bl. 1-5); sowie Arbeitsbericht vom 6.2.1941 der Abt. Gesundheitsführung bei der Nachumsiedlung aus Estland und Lettland (ebd., R 59/241, Bl. 6-8).

115 Als leitende Ärzte waren eingesetzt: Zielke (Wolhynien/Galizien), Bestvater/Fischer (Bessarabien/Nordbukowina), Franke (Litauen).

116 Als Leitender Hygieniker fungierte während der Umsiedlungen aus Wolhynien/Galizien, Bessarabien/Nordbukowina, Dobrudscha/Südbukowina der RKI-Mitarbeiter Gerhard Rose. Während der (Nach-)Umsiedlungen aus den baltischen Ländern 1941 übernahm dieses Amt Speth. Zu Rose vgl. Kap. III.2.2, Anm. 214. Zur Tätigkeit Speths vgl. seine ausführlichen Berichte an die Vomi und die RÄK (BArch Berlin, R 59/284).

117 Eine Ausnahme stellte das Dobrudschakommando dar, welches dem Bessarabienkommando „entnommen" worden war und quasi ein Teilkommando dessen darstellte. Zwar existierte auch hier eine Abteilung III „Gesundheitswesen", ein leitender Arzt lässt sich hier jedoch nicht nachweisen. Stattdessen übernahm hier der Gebietsarzt (Otto Fischer) eine leitende Funktion. Ihm waren 1. ein stellvertretender Gebietsarzt (Helmut Ritter) und 2. ein stellvertretender Gebietsarzt (Seefried) unterstellt. Vgl. Organigramm Umsiedlung Dobrudscha, o. D. (BArch Berlin, R 59/384, Bl. 14); Liste der Kommandomitglieder für die Aussiedlung der Volksdeutschen aus der Dobrudscha (ebd., Bl. 23); sowie Zusammenfassender Abschlussbericht des Gebietsarztes Dobrudscha/Otto Fischer über die Umsiedlung der Deutschen aus der Dobrudscha vom 10.1.1941 (ebd., R 59/395, Bl. 16-37, hier 16). Zur Ernennung der Gebietsärzte durch den Leitenden Arzt vgl. Erfahrungsbericht der Abteilung Gesundheitswesen über den Abschnitt Bessarabien/Buchenland der Umsiedlung vom 7.12.1940 (ebd., R 59/376, Bl. 17-37, hier 18).

118 Das Umsiedlungskommando Bessarabien/Nordbukowina umfasste insgesamt etwa 600 Personen: 299 gehörten dem eigentliche Kommandoapparat an, 300 waren der Transportstaffel zugehörig, die über nicht weniger als 250 Fahrzeuge verfügte. Während der Umsiedlung aus Wolhynien/Galizien war ein etwa 400 Mann starkes Kommando eingesetzt. Vgl. Emil Hoffmann/Alfred Thoß, Der vierte Treck. Leistung und Heimkehr der Deutschen aus Bessarabien, Berlin 1941, S. 72; sowie Bericht über den Aufbau des Gesundheitswesens für die Rückführung der Deutschen Volksgruppe aus Wolhynien und Galizien vom 21.11.1939 (BArch Berlin, R 69/149, Bl. 17-20, hier 17).

der SS, des SD, verschiedener Parteigliederungen und angeschlossener Verbände wie dem Nationalsozialistischen Kraftfahrerkorps (NSKK), aber auch aus Volkstumsverbänden wie dem Bund deutscher Osten (BdO) oder dem VDA.[119] Das medizinische Personal rekrutierte sich aus der Wehrmacht, den SS-Verfügungstruppen oder dem DRK und wurde durch die RÄK bzw. andere Standesvertretungen, wie die „Reichsfachschaft deutscher Hebammen", vermittelt.[120] Einige von ihnen hatten sich im Vorfeld der Umsiedlungen bereits eingehend mit den „volksdeutschen" Siedlungsgebieten befasst. So wurde zum Beispiel ein Teilnehmer der Wolhynienfahrt - Alfred Karasek - zum Gebietsbevollmächtigten für die Umsiedlung aus Wolhynien ernannt. Otto Fischer, der an der Bessarabienreise der Würzburger Studenten teilgenommen hatte, übernahm im Zuge der Umsiedlung aus Bessarabien eine leitende Funktion innerhalb der Gesundheitsabteilung des Hauptstabes.[121] Unter den Kommandomitgliedern befanden sich außerdem auch einige Volksdeutsche, die mit den örtlichen Gegebenheiten vertraut waren. So hatte Hermann Schlau, der bereits während der Umsiedlung aus dem Baltikum 1939 eine zentrale Rolle gespielt hatte, bei der Nachumsiedlung aus dem Baltikum 1941 eine leitende Position in der Abteilung III (Gesundheitswesen) im Stab des Hauptbevollmächtigten inne.[122] Er rekrutierte wiederum im Auftrag der Reichsärztekammer weitere baltendeutsche Ärzte, was durch seine derzeitige Tätigkeit - er war innerhalb der Einwandererberatungsstelle der Vomi in Posen für die Arbeitsvermittlung der Ärzte zuständig - zweifelsohne erleichtert wurde.[123] Auch im Falle der Umsiedlung aus der

119 Die Kommandos der Umsiedlungen aus Bessarabien/Nordbukowina und Litauen wurden in einem Lager der Vomi in Berlin-Stahnsdorf aufgestellt. Die Mitglieder des Umsiedlungskommandos Galizien/Wolhynien wurden ebenfalls in Berlin, allerdings hier auf dem Gelände des Reichssportfeldes zusammengezogen und auf ihre Abreise vorbereitet. Vgl. Döring, Umsiedlung der Wolhyniendeutschen, S. 89. Zu Bessarabien und Litauen vgl. Bericht Nr. 1 des leitenden Arztes beim Hauptbevollmächtigten Umsiedlung Bessarabien vom 16.9.1940 (BArch Berlin, R 59/377, Bl. 11-16, hier 11); Erster Bericht der Abteilung Gesundheitswesen bei der Umsiedlung Litauen vom 21.1.1941 (ebd., R 59/284, Bl. 1-5, hier 3); sowie Aussage Aquilin Ullrich vom 4.9.1961, S. 14 (HessHStA, Abt. 631a/1800, Band 57, unpag.).

120 Vgl. Bericht über den Aufbau des Gesundheitswesens für die Rückführung der Deutschen Volksgruppe aus Wolhynien und Galizien vom 21.11.1939 (BArch Berlin, R 69/149, Bl. 17-20, hier 19).

121 Von den Teilnehmern der Bessarabienfahrt waren außerdem an Umsiedlungsaktionen beteiligt: Hans-Günther Moek und Aquilin Ullrich im Lager Semlin, Emil Hübner als Ortsbevollmächtigter in Teplitz, Ewald Wortmann als Lagerarzt in Lodz. Vgl. Aussage Aquilin Ullrich vom 4.9.1961, S. 14 f. (HessHStA, Abt. 631a/1800, Band 57, unpag.); Aussage Klaus Endruweit vom 18.6.1962, S. 3 (ebd., Band 58, unpag.); sowie Endruweit, Teplitz, S. 7. Zu Fischer vgl. Kap. II.2.2, Anm. 326, zu Karasek vgl. ebd., Anm. 292.

122 Zu Schlau vgl. Kap. II.2.1, Anm. 161. Zu seiner Tätigkeit während der Nachumsiedlung vgl. die entsprechenden Tätigkeitsberichte (BArch Berlin, R 59/241).

123 Vgl. Bericht über die Tätigkeit der Abt. Gesundheitsführung bei der Nachumsiedlung aus Estland und Lettland vom 12.3.1941 (BArch Berlin, R 59/241, Bl. 20-26). Zu seiner Tätigkeit bei der Abteilung Ärzteeinsatz bei der Einwandererberatungsstelle Posen vgl. zum Beispiel die Akte „Ärzteeinsatz" (APP, Vomi, 121).

Dobrudscha hatte ein volksdeutscher Arzt eine Leitungsposition, die eines Gebietsarztes, inne. Expressis verbis wurde dies mit seiner Herkunft und den daraus resultierenden Sprach- und Ortskenntnissen, durch die er der Gesundheitsabteilung „wesentliche Dienste leisten" könne, begründet.[124] Auf diese Ortskennnisse blieben die Verantwortlichen letztlich im Rahmen jeder Umsiedlungsaktion angewiesen, sodass an nahezu allen Umsiedlungen, allerdings selten in so prominenten Positionen, Volksdeutsche beteiligt waren, unter anderem auch zur Schulung des Personals.[125] In den meisten Fällen gehörten sie nicht offiziell zum Umsiedlungskommando, sondern wurden unterstützend hinzugezogen, beispielsweise bei der Erfassung und Betreuung der kranken Umsiedler vor Ort.[126] In Litauen stellte der deutsche Kulturverband sogar für jeden Ortsbereich einen litauendeutschen Arzt zur Verfügung.[127] Die Tätigkeit der Volksdeutschen konzentrierte sich dabei in der Regel auf ein spezielles Umsiedlungsgebiet, nämlich das aus dem die Volksdeutschen selbst stammten. Anders verhielt sich dies bei den Angehörigen der Umsiedlungskommandos, die oftmals an mehreren Umsiedlungsaktionen teilnahmen. Eine Vielzahl der Mitarbeiter des Umsiedlungskommandos Bessarabien/Nordbukowina hatte beispielsweise bereits während der Umsiedlungen aus Wolhynien und Galizien im Dienst des Umsiedlungskommandos gestanden, galt demzufolge als „erprobt" und wurde auch innerhalb der nachfolgenden Umsiedlungsaktionen aus der Dobrudscha oder Litauen eingesetzt.[128] Zu ihnen gehörte beispielsweise der erst 23-jährige Gebietsarzt Helmut Ritter, der bereits an der Umsiedlung aus

124 Zusammenfassender Abschlussbericht des Gebietsarztes Dobrudscha/Otto Fischer über die Umsiedlung der Deutschen aus der Dobrudscha vom 10.1.1941 (BArch Berlin, R 59/395, Bl. 16–37, hier 16). Es handelte sich um den 2. stellvertretenden Gebietsarzt Seefried.

125 Während der Schulung des medizinischen Personals des Umsiedlungskommandos Bessarabien gaben beispielsweise „Berufskameraden aus Bessarabien" „sachkundige Berichte" über das Gesundheitswesen vor Ort. Vgl. Bericht Nr. 1 des Leitenden Arztes bei der Umsiedlung Bessarabien vom 16.9.1940 (BArch Berlin, R 59/377, Bl. 11–16, hier 12).

126 Vgl. zur Mitwirkung bessarabiendeutscher Ärzte Abschlussbericht über Hygienische Beobachtungen bei der Umsiedlung der Deutschen aus Bessarabien und dem Nordbuchenland vom 9.1.1941 (BArch Berlin, R 59/376, Bl. 41–51, hier 51). „Fallweise" zur Arbeit des Gebietsstabes Konstanza (Dobrudscha) hinzugezogen wurden beispielsweise die volksdeutschen Ärzte Wenzel, Bitter, Mauch. Vgl. Aufstellung über volksdeutsche Mitarbeiter im Gebietsstab Konstanza, o. D. (ebd., R 59/384, Bl. 43).

127 Vgl. Zweiter Bericht der Abteilung III beim Hauptbevollmächtigten Litauen vom 29.1.1941 (ebd., R 59/284, Bl. 26–32, hier 27).

128 Vgl. Erfahrungsbericht über den Einsatz in der Dobrudscha-Umsiedlung von Friedrich Burchardt vom 22.1.1941 (ebd., R 59/384, Bl. 50–55). Personelle Kontinuitätslinien lassen sich besonders deutlich bei den Umsiedlungen aus Bessarabien und der Dobrudscha erkennen, war doch das Dobrudschakommando dem Bessarabienkommando, dessen Tätigkeit bereits im Abschluss begriffen war, „entnommen" worden. Vgl. dazu ebd.; sowie Zusammenfassender Abschlussbericht des Gebietsarztes Dobrudscha/Otto Fischer über die Umsiedlung der Deutschen aus der Dobrudscha vom 10.1.1941 (ebd., R 59/395, Bl. 16–37, hier 16); sowie Bericht Nr. 5 des Leitenden Arztes beim Hauptbevollmächtigten Bessarabien vom 28.10.1940 (ebd., R 59/377, Bl. 152–155).

Wolhynien und Galizien teilgenommen hatte, im Rahmen der Umsiedlungen aus Bessarabien als Gebietsarzt tätig wurde und nachfolgend die gleiche Position innerhalb der Umsiedlungen aus der Dobrudscha und Litauen innehatte.[129] Helmut Ritter hatte erst 1935 sein Medizinstudium in Greifswald aufgenommen, welches er in Berlin und München fortsetzte. In diese Zeit fiel auch seine militärische Grundausbildung, die er zunächst in Greifswald, später an der Militärärztlichen Akademie in Berlin absolvierte. Nach eigenen Angaben strebte Ritter den Beruf eines Militärarztes an. 1938 musste er aus persönlichen Gründen jedoch aus der Wehrmacht ausscheiden.[130] Im gleichen Jahr forcierte er daraufhin eine sanitätsdienstliche Karriere in den Reihen der SS und wurde als SS-Bewerber in den Sanitätslehrsturm des SS-Hauptamtes, der der Ausbildung eines ärztlichen Führernachwuchses innerhalb der SS diente, aufgenommen.[131] Darüber hinaus wurde er, ebenfalls 1938, Mitglied im NSDStB an der Berliner Universität. Innerhalb der dortigen Fachgruppe „Medizin" übernahm er die stellvertretende Leitung der erbbiologischen Arbeitsgemeinschaft,[132] die sich zusammen mit anderen Arbeitsgemeinschaften der Berliner Fachgruppe „Medizin" im Sommer 1938 im Rahmen eines „Fachgruppenlagers" der Erforschung von vier Dörfern „an der polnischen Grenze" widmete.[133] Anschließend

129 Während der Umsiedlung aus Wolhnyien/Galizien war Ritter an der Grenzstation Hrubieszow mit der ärztlichen Kontrolle der Umsiedlerzüge betraut. Vgl. Helmut Ritter, Meine Arbeit als Gebietsarzt. In: Andreas Pampuch, Heimkehr der Bessarabiendeutschen, Breslau 1941, S. 128–135; Liste der Kommandomitglieder für die Aussiedlung der Volksdeutschen aus der Dobrudscha (BArch Berlin, R 59/384, Bl. 23–25, hier 23); Erster Bericht der Abteilung Gesundheitswesen bei der Umsiedlung Litauen vom 21.1.1941 (ebd., R 59/284, Bl. 1–5, hier 1). Zum Lebenslauf Ritters vgl. handschriftlichen Lebenslauf Ritters zum RuS-Fragebogen vom 18.8.1938 (BArch Berlin [ehem. BDC], RS E 5479, Helmut Ritter, 30.1.1917, unpag.).

130 Ritter gibt dazu an, dass auf seine „Meldung hin, [seine] Braut später heiraten zu wollen, [er] ‚auf eigenen Antrag' zum 31.3.38, nach 3-jähriger Dienstzeit aus der Wehrmacht ausscheiden" müsse. Er wurde zum Fähnrich der Reserve im Sanitätskorps ernannt. Vgl. ebd.

131 Vgl. den entsprechenden Vermerk auf dem RuS-Fragebogen vom 18.8.1938 (ebd.). Der Sanitätslehrsturm war Teil der Sanitätsabteilung des SS-Hauptamtes. Innerhalb dieses sollte der zukünftige medizinische Führernachwuchs der SS nach dem Vorbild der Wehrmacht und u. a. an deren Militärärztlichen Akademie, die Ritter ja bereits besucht hatte, ausgebildet werden. Über die militärärztlichen Kenntnisse hinaus sollten die SS-Ärzte jedoch auch eine besondere ideologische, der SS-Elitevorstellung adäquate, Qualifikation erhalten. Vgl. weiterführend Hahn, Grawitz, Genzken, Gebhardt, S. 106–120.

132 Wie auch an anderen Universitäten waren die Medizinstudenten in Berlin in einer Fachgruppe organisiert. Diese verfügte wiederum über verschiedene Arbeitsgemeinschaften, die sich unter anderem bevölkerungspolitischen und erbbiologischen Fragen widmeten. Vgl. Beddies, Gesundheitsdienst der HJ, S. 98.

133 Vgl. handschriftlichen Lebenslauf Ritters zum RuS-Fragebogen vom 18.8.1938 (BArch Berlin [ehem. BDC], RS E 5479, Helmut Ritter, 30.1.1917, unpag.). Insgesamt waren an diesen „Dorfforschungen", die von den Berliner Professoren Zeiß, Waldeyer, Schulze, König und Mrugowski betreut und im Kontext des Reichsberufswettkampfes veranstaltet wurden, sieben Arbeitsgemeinschaft der Berliner Medizinischen Fachgruppe beteiligt (Hygiene, Ernährungsphysiologie, Erbbiologie, Tuberkulose, Pädiatrie, Volksheilkunde und Aberglaube, HJ). Vgl. dazu Beddies, Gesundheitsdienst der HJ, S. 98.

wertete Ritter - nun als Leiter der erbbiologischen Arbeitsgemeinschaft - die Ergebnisse dieser „Dorfforschung“ für den Reichsberufswettkampf aus. Ritter war aber nicht nur innerhalb der medizinischen Sparte des Reichsberufswettkampfes aktiv, sondern auch innerhalb der juristischen, wo er sich mit einem nicht weniger politischen Thema, nämlich „biologischen Verbrechensursachen und -bekämpfung“, beschäftigte.[134] Im September 1939 erhielt Ritter wie viele seiner gleichaltrigen Studienkollegen kriegsbedingt seine Notapprobation und arbeitete zunächst als Arzt im Berliner „Krankenhaus am Urban“.[135] Ende 1939 wurde er durch die Vomi für die Umsiedlung aus Galizien und Wolhynien dienstverpflichtet, was letztlich nicht überrascht, schien er als politisch aktiver Arzt und Angehöriger des Sanitätslehrsturmes der SS gleich in zweifacher Weise prädestiniert für eine solche Aufgabe. Auf seine konkrete Tätigkeit während der Umsiedlung wurde Ritter vermutlich, wie auch fast alle übrigen Angehörigen dieses und auch späterer Umsiedlungskommandos, durch spezielle Schulungen vorbereitet.[136] Während der Umsiedlungsaktion sammelte er schließlich die entsprechende praktische Erfahrung, wobei auch für ihn die Aufgaben „neuartig und ungewohnt“ gewesen sein dürften.[137] Diese besondere umsiedlungsspezifische Qualifikation bewirkte, dass er sich schon bald zum Kreis der Umsiedlungsexperten - den „Umsiedlungsfachleuten“[138] - zählen konnte. Schon nach

134 Vgl. handschriftlichen Lebenslauf Ritters zum RuS-Fragebogen vom 18.8.1938 (BArch Berlin [ehem. BDC], RS E 5479, Helmut Ritter, 30.1.1917, unpag.).

135 Vgl. Karteikarte Ritters im RAR (BArch Berlin, RAR, Helmut Ritter, 30.1.1917); sowie Ritter an das RuSHA vom 12.11.1939 (BArch Berlin [ehem. BDC], RS E 5479, Helmut Ritter, 30.1.1917, unpag.).

136 Das Umsiedlungskommando Wolhynien/Galizien wurde „in aller Kürze“ ab dem 8.11.1939 auf dem Gelände des Reichssportfeldes in Berlin zusammengezogen und dort auf seine Tätigkeit im Rahmen der Umsiedlungsaktion vorbereitet. Neben den Erläuterungen zu den Umsiedlungsbestimmungen, generellen Informationen über die Umsiedlungsgebiete, die u. a. das DAI zur Verfügung gestellt haben dürfte, und allgemeinen Instruktionen wiesen dort auch der Leitende Arzt (Zielke) und der Leitende Hygieniker (Rose) die Ärzte und das Sanitätspersonal in ihre Aufgaben ein. Ähnliche Schulungen fanden auch im Vorfeld der Umsiedlungen aus Bessarabien und aus der Dobrudscha statt. Zu Wolhynien vgl. Döring, Umsiedlung der Wolhyniendeutschen, S. 89-93, Hellmut Sommer, 135 000 gewannen das Vaterland. Die Heimkehr der Deutschen aus Wolhynien, Galizien und dem Narewgebiet, Berlin 1940; sowie Dienstanweisungen für Ärzte bei der Umsiedlung der Volksdeutschen aus Galizien und Wolhynien (BArch Berlin, R 59/296, Bl. 8-11). Zu Bessarabien vgl. Andreas Pampuch, Donaufahrt. In: ders. (Hg.), Heimkehr der Bessarabiendeutschen, Breslau 1941, 77-96; sowie zur Dobrudscha zusammenfassender Abschlussbericht des Gebietsarztes Dobrudscha/Otto Fischer über die Umsiedlung der Deutschen aus der Dobrudscha vom 10.1.1941 (BArch Berlin, R 59/395, Bl. 16-37, hier 17).

137 In einem Bericht des Hauptbevollmächtigten für die Umsiedlung aus Wolhynien/Galizien über die Tätigkeit der Abteilung „Gesundheitswesen“ wird auf „örtliche Schwierigkeiten“ bei der „einheitlichen Durchführung der verwaltungsmäßigen [sic!] und Transportaufgaben, die für die meisten beteiligten Ärzte neuartig und ungewohnt“ seien, hingewiesen. Vgl. Auszug aus dem Bericht Nr. 9 des Deutschen Hauptbevollmächtigten für Aussiedlung Wolhynien-Galizien vom 22.1.1940 (BArch Berlin, R 69/149, Bl. 35-45, hier 37).

138 Erfahrungsbericht über den Einsatz in der Dobrudscha-Umsiedlung von Friedrich Burchardt vom 22.1.1941 (ebd., R 59/384, Bl. 50-55, hier 52).

dem Einsatz in Wolhynien und Galizien ließ sich eine solche Professionalisierung des Umsiedlungspersonals erkennen und es entstand offenbar eine Art Expertennetzwerk, dessen Mitglieder sich in ihrem Selbstverständnis als „Umsiedlungsfachleute" gegenüber „neuen", unbedarften Umsiedlungsfunktionären abgrenzten. So betrachteten die meisten Mitglieder des Dobrudscha-Umsiedlungskommandos, die nahezu alle an der Bessarabienumsiedlung und zum Teil auch an der aus Wolhynien/Galizien teilgenommen hatten, den nach internen Querelen zwischen dem Hauptbevollmächtigten Hoffmeyer und dem Vomi-Chef Lorenz mit der Umsiedlung aus der Dobrudscha betrauten Siekmeier despektierlich als „Anfänger", dem das notwendige Know-how fehle.[139] Neben diesen internen Konflikten bewirkten die personellen Kontinuitäten innerhalb des Personals aber vor allem eine Kontinuität der „Umsiedlungsarbeit" und offerierten den beteiligten Ärzten zudem Karrierechancen innerhalb des Umsiedlungsapparates.[140] Die Aufstiegsmöglichkeiten beschränkten sich dabei nicht auf Funktionen innerhalb der Umsiedlungskommandos, sondern es lässt sich anhand ausgewählter Karrieren, beispielsweise an der Ritters, vielmehr auch ein Personaltransfer von den praktisch agierenden hin zu den planend-koordinierenden Umsiedlungsdienststellen nachweisen. So wechselte Ritter, der nach dem Abschluss der Umsiedlungsaktionen zunächst als Lagerarzt der Vomi, ab dem Herbst 1941 als Assistenzarzt im „Siegfried-Staemmler-Krankenhaus" in Lodz tätig gewesen war, im Mai 1943 in die Gesundheitsabteilung der Vomi in Lodz.[141] Anfang 1945 wurde ihm schließlich die Leitung des Referates 5 (Ärztliche Lagerbetreuung) beim Beauftragten des RGF übertragen.[142] Bei seinem Amtsvorgänger - Martin Maneke - zeigt sich ein ganz ähnlicher Karriereverlauf. Maneke war während der Umsiedlung aus Bessarabien und der Südbukowina als Arzt und in Litauen als Gebietsarzt eingesetzt gewesen und wechselte direkt im Anschluss an seine Tätigkeit für die Umsiedlungskommandos in die übergeordnete Dienststelle, wo er ab spätestens 1943 auch das Referat 2 (Hygiene und Statistik) führte. Darüber hinaus fungierte Maneke als Vertrauensarzt bei der Vomi.[143] Im Dienst der Vomi stand auch ein weiteres ehemaliges Mitglied eines Umsiedlungskommandos: Walter Julius Loew.[144] Er gehörte - von Haubold aufgrund seiner Expertise in Fragen des „ehemaligen

139 Vgl. ebd., Bl. 51 f.

140 So wurde z. B. ein Dr. Franke während der Umsiedlung aus Bessarabien als Transportarzt der Lazarettzüge eingesetzt, während der Umsiedlung aus der Dobrudscha als Chefarzt des Lazarettschiffes und in Litauen schließlich als Leitender Arzt. Höchstwahrscheinlich war er auch bereits an der Umsiedlung aus Wolhynien/Galizien beteiligt. Vgl. Bericht Nr. 1 des Leitenden Arztes beim Hauptbevollmächtigten Bessarabien (BArch Berlin, R 59/377, Bl. 11-16); Liste der Kommandoangehörigen Dobrudscha, o. D. (ebd., R 59/384, Bl. 23-25, hier 25); sowie Erster Bericht der Abteilung Gesundheitswesen bei der Umsiedlung Litauen vom 21.1.1941 (ebd., R 59/284, Bl. 1-5, hier 1).

141 Vgl. Karteikarte Ritters im RAR (BArch Berlin, RAR, Helmut Ritter, 30.1.1917).

142 Vgl. Rundschreiben 1/45 des Referates ärztliche Lagerbetreuung/Lager-Gesundheitsdienst vom 15.3.1945 (BArch Berlin, R 59/90, Bl. 12); sowie Kap. III.2.3.

143 Zu Maneke vgl. Kap. III.2.3, Anm. 206.

144 Zu Loew vgl. Kap. III.2.3.

Russlanddeutschtums" persönlich für Umsiedlungsaufgaben angefordert - dem Umsiedlungskommando in Wolhynien an und wechselte später in die Hauboldsche Dienststelle. Gleichzeitig fungierte er als deren Verbindungsmann bei der Vomi, wo er ab spätestens 1943 auch der Abteilung „Gesundheitswesen" im Amt II des Hauptamtes Vomi vorstand.[145]

Diese personellen Verschränkungen zwischen den Umsiedlungsdienststellen und personellen Kontinuitäten innerhalb der Umsiedlungskommandos begünstigten zweifelsohne eine Professionalisierung, Effektivierung und Kontinuität der „Umsiedlungsarbeit". Wie sah diese „Umsiedlungsarbeit" aber nun konkret aus?

Generelle Richtlinien, wie die Erfassung und Umsiedlung der Volksdeutschen organisiert werden sollte, enthielten bereits die Umsiedlungsverträge, die die Erfassung, Überprüfung und den Abtransport der umsiedlungswilligen Volksdeutschen in die Hände der deutschen Umsiedlungsbevollmächtigten legten.[146] Mit dem Eintreffen des Umsiedlungskommandos am zukünftigen Sitz des Hauptstabes, in Wolhynien war dies beispielsweise Luck,[147] wurde zunächst die Dienststelle eingerichtet, die wie alle Arbeitsräume der deutschen Umsiedlungsbevollmächtigten „dem Ansehen eines Vertreters des Deutschen Reiches" entsprechen sollte.[148] Anschließend wurden die einzelnen Gebiets- und Ortsbevollmächtigten, einschließlich der angeschlossenen Ärzte und Sanitäter, in die einzelnen Gebiete entsandt. Die Ortsbevollmächtigten begannen nun, nach einer ersten „Fühlungnahme" mit den örtlichen Vertretern (der SU) und den Volksdeutschen, mit den Vorarbeiten für die Registrierung. Sie verteilten Plakate und Handzettel, durch die die Volksdeutschen über die anstehende Registrierung informiert wurden.[149] Gleichzeitig verschafften sich die Ortsbevollmächtigten mit Hilfe der ortsansässigen Lehrer oder Pfarrer einen Überblick über die deutsche Bevölkerung, sofern eine solche Liste nicht bereits von der Volkgrup-

145 Vgl. Geschäftsverteilungsplan Hauptamt Vomi vom 15.6.1944 (NO-3981) (BArch Koblenz, All. Proz. 1, Rep. 501, XXXXIV (Anklagedokumente), B 6, Bl. 113-143, hier 121).

146 Vgl. Kap. III. Dies galt auch für die vertragslose Umsiedlung aus dem Generalgouvernement, innerhalb derer die Vomi mit der Durchführung der Umsiedlung betraut worden war. Allerdings wurde die Arbeit des Umsiedlungskommandos hier in einer Zentralstelle beim SSPF Lublin, der als Beauftragter des RKF fungierte, zusammengefasst und stand unter der Aufsicht des HSSPF in Krakau/SSPF in Lublin. Vgl. Bericht des Umsiedlungsbevollmächtigten Hoffmeyer, o. D. (BArch Berlin, R 59/288, Bl. 48-57); sowie Dienstanweisung für die Umsiedlung der Volksdeutschen aus dem Generalgouvernement, o. D. (ebd., R 69/924, Bl. 1 f.).

147 Die Standorte der Hauptstäbe befanden sich in: Luck (Wolhynien/Galizien), Tarutino (Bessarabien/Nordbukowina), Gurahumora (Dobrudscha/Südbukowina), Kaunas (Litauen), Slavonski Brod (Kroatien/Bosnien).

148 Dienstanweisung für die Ortsbevollmächtigten der Umsiedlung der Volksdeutschen, o. D. (BArch Berlin, R 59/331, Bl. 9-12). Vgl. auch Zweiter Bericht der Abteilung Gesundheitswesen bei der Umsiedlung Litauen vom 29.1.1941 (ebd., R 59/284, Bl. 26-32).

149 Vgl. dazu und im Folgenden, sofern nicht anders angegeben, Dienstanweisung für die Ortsbevollmächtigten der Umsiedlung der Volksdeutschen, o. D. (BArch Berlin, R 59/331, Bl. 9-12).

penführung im Vorfeld erstellt und den Umsiedlungsbevollmächtigten übergeben worden war. Besonderes Augenmerk galt hier auch den in Krankenhäusern oder Gefängnissen untergebrachten Volksdeutschen und den im Heeresdienst befindlichen Soldaten, deren Registrierung gesondert vorgenommen werden musste. Zu den ersten Aufgaben der Ortsbevollmächtigten gehörten weiterhin auch Meldungen über auftretende Infektionskrankheiten, die den zuständigen Gebietsärzten zu erstatten waren.

Die eigentliche Registrierung erfolgte schließlich in bestimmten Registrierlokalen, die zumeist in Kultureinrichtungen oder Schulen der jeweiligen Volksgruppe untergebracht worden waren.[150] Sie umfasste die Eintragung in die Umsiedlungsliste, in die Vermögensliste und die Ausgabe der Kennmarken, die als Ausweis fungierten und neben dem Namen eine Kennnummer enthielten. Diese gab Aufschluss über die Herkunft des Umsiedlers und ermöglichte eine Zuordnung zur jeweiligen Umsiedlungsliste.[151] Die Umsiedlungslisten wurden für jeden Ort gesondert ausgefüllt. Sie enthielten die Namen der einzelnen umsiedlungsberechtigten Volksdeutschen und ließen in der Regel Familienzugehörigkeiten erkennen. Anders war dies bei den Anstaltspatienten, die die Umsiedlungskommandos in separaten Listen registrierten.[152] Die Umsiedlungslisten enthielten weiterhin Angaben zum Familienstand, Geburtsdatum, Geburtsort, Volkszugehörigkeit, Beruf, Adresse und ließen auch Raum für weitere Anmerkungen, die allerdings lediglich auf dem für den deutschen Bevollmächtigten vorgesehenen Exemplar vermerkt werden sollten.[153] Solche Anmer-

150 Zum Ablauf der Registrierung in Lemberg, die in der deutschen evangelischen Schule erfolgte, vgl. zum Beispiel Müller, Von der Ansiedlung bis zur Umsiedlung, S. 215–221. Zur Registrierung in Bessarabien vgl. zum Beispiel Andreas Pampuch, Aus der Arbeit des Umsiedlungskommandos in Bessarabien. In: ders. (Hg.), Heimkehr der Bessarabiendeutschen, Breslau 1941, S. 112–117.

151 Die Kennnummern bestanden aus einer Buchstaben-Ziffern-Kombination, zum Beispiel Al 9 14/40/04. Diese gab Aufschluss über das Herkunftsgebiet (Al – Gebiet Albota/Bessarabien) und den Ort (Al 9 – Alexanderfeld). Die übrigen Ziffern ermöglichten eine Zuordnung zu einer bestimmten Umsiedlungsliste (hier Liste Nr. 14) und Familie (hier Familie Nr. 40 innerhalb der Liste). Vgl. Anleitung zur Erklärung der Kennmarken (BArch Berlin, R 59/332, Bl. 6); sowie Döring, Umsiedlung der Wolhyniendeutschen, S. 105.

152 So sind in der Umsiedlungsliste Nr. 86 (Sarata) des Gebietes Mannsburg die Insassen und das Personal des Waisenhauses und Alexanderasyls Sarata alle unter einer Nummer (32), quasi als „Familie“, registriert worden. Innerhalb dieser Nummer erhielt jede Person eine weitere laufende Nummer zugewiesen, die eine Identifizierung der einzelnen Person ermöglichte. Die Kennnummer eines Alexanderasylinsassen lautete abgeleitet von den in der Liste vergebenen Nummern beispielsweise: Ma 7 32/133 (Gebiet Mannsburg, Ort Sarata, Alexanderasyl/Waisenhaus, Person Nr. 133/Emma V.). Vgl. Krankenbegleitschein Emma V. (APŁ, Sieradz, Szpital Psychiatryczny w Warcie, 6678); sowie Umsiedlungsliste Nr. 86, Ortsbereich Ma 7/Sarata (Kopie) (Archiv des Bessarabiendeutschen Vereins Stuttgart). Für eine Überlassung der Kopie der Liste danke ich Dr. Dietmar Schulze. Die Vomi-Umsiedlungslisten befinden sich im Original im Bestand R 59 des BArch Berlin.

153 Vgl. Anweisung zur Ausfüllung der Umsiedlungslisten, undatierter Druck (BArch Berlin, R 59/296, Bl. 21 f.).

kungen bezogen sich beispielsweise auf die Religionszugehörigkeit, Bargeldbestände und Krankheiten sowie auf sonstige Beeinträchtigungen, die einen gesonderten Abtransport erforderlich machten. Nachdem alle diese Angaben vermerkt worden waren, unterzeichneten der deutsche Ortsbevollmächtigte und der sowjetische Ortsregierungsvertreter die Listen. Der Ortsbevollmächtigte übersandte diese anschließend den Gebietsbevollmächtigten, die die Transporte zusammenstellten.[154] Die Transportlisten gingen schließlich wiederum dem Ortsbevollmächtigten zu, der diese dem örtlichen Sanitätsdienstgrad vorzulegen hatte. Dieser sollte die Namen der Personen, die aufgrund ihres Alters oder ihres Gesundheitszustandes einer besonderen Betreuung bedurften, markieren - während der Umsiedlung aus Bosnien etwa mit einem „farbigen Kreuz".[155] Zu den Aufgaben des Ortsbevollmächtigten gehörte es weiterhin anhand der Umsiedlungslisten und mit Unterstützung der örtlich eingesetzten Sanitätsdienstgrade täglich (!) - was wohl flächendeckend kaum erreicht worden sein dürfte - Kranke, Schwangere und Kinder unter zwei Jahren den Gebietsärzten zu melden, ebenso wie Infektionskrankheiten, Todesfälle und Geburten.[156] Der Gebietsarzt wiederum leitete die Meldungen über Infektionskranke wie auch die amtlichen „Seuchenmeldungen" der örtlichen (sowjetischen) Behörden an den Leitenden Arzt/Leitenden Hygieniker und dieser an das Referat 2 der Dienststelle des Beauftragten des RGF weiter.[157] Die Zusammenarbeit mit den sowjetischen Stellen gestaltete sich, trotz zahlreicher konkreter Regelungen in den Umsiedlungsverträgen, jedoch in der Regel schwierig. Während der Umsiedlung aus Wolhynien erhielt das Umsiedlungskommando nach eigenen Angaben nur „unter ultimativem Drängen wenigstens Teilergebnisse" offizieller Seuchenmeldungen.[158] Ähnlich verhielt sich dies auch in Litauen; in Bessarabien fehlten diese Meldungen vollständig.[159] Die laut den Verträgen und bilateralen Absprachen über die sanitäre Betreuung der Umsiedler von der sowjetischen Seite zu stellenden Ärzte und Sanitäter wurden zum Teil ebenfalls nicht eingesetzt oder erfüllten die festgeschriebenen Aufgaben aus deutscher Perspektive nur unzureichend, was dazu führte, dass der Gesundheitsdienst besonders während der

154 Vgl. ebd.

155 Vgl. Aufgaben des Ortsbevollmächtigten für den Abtransport, Umsiedlung Bosnien, o. D. (BArch Berlin, R 59/403, Bl. 10-12).

156 Vgl. Bericht Nr. 1 des leitenden Arztes beim Hauptbevollmächtigten für die Umsiedlung Bessarabien/Nordbukowina vom 16.9.1940 (BArch Berlin, R 59/403, Bl. 11-16, hier 13).

157 Vgl. zum Beispiel Dritter Bericht der Abteilung Gesundheitswesen bei der Umsiedlung Litauen vom 6.2.1941 (adressiert an die RÄK) (BArch Berlin, R 59/284, Bl. 34-40); sowie Dienstanweisung für Gebietsärzte, hg. von der Vomi, Abteilung Umsiedlung, III Gesundheitswesen, o.D. (IfZ München, Dc 14.04).

158 Vgl. Auszug aus dem Bericht Nr. 9 des Deutschen Hauptbevollmächtigten für Aussiedlung Wolhynien-Galizien vom 22.1.1940 (BArch Berlin, R 69/149, Bl. 35-45, hier 36).

159 Vgl. Erfahrungsbericht der Abteilung Gesundheitswesen über den Abschnitt Bessarabien-Buchenland der Umsiedlungsaktion vom 7.12.1940 (BArch Berlin, R 59/376, Bl. 17-38, hier 33). Zu Litauen vgl. zum Beispiel Dritter Bericht der Abteilung Gesundheitswesen bei der Umsiedlung Litauen vom 6.2.1941 (ebd., R 59/284, Bl. 34-40).

Umsiedlungen aus Wolhynien/Galizien und Bessarabien/Nordbukowina im Wesentlichen in den Händen der deutschen Bevollmächtigten lag. Diese wurden gerade während der unter ungünstigsten Witterungsbedingungen stattfindenden Umsiedlung aus Wolhynien und Galizien im Winter 1939/40 und der geringen Vorarbeiten der Volksgruppen vor enorme Herausforderungen gestellt.[160] Konkret äußerte sich dies beispielsweise bei der Erfassung von Kranken, die von der sowjetischen Seite vertragsgemäß in Krankenlisten verzeichnet und dem deutschen Umsiedlungskommando übergeben werden sollten, was jedoch nur in den wenigsten Fällen geschah. Dies hatte zur Folge, dass die Erfassung und der Abtransport der Kranken fast ausschließlich in den Händen der Ortsbevollmächtigten, der dortigen Sanitätsdienstgrade und der Gebietsärzte lag, die die einzelnen Siedlungen unter teils widrigsten Wetterbedingungen, die einen Einsatz von Krankenwagen teilweise unmöglich machten, aufsuchen und den Abtransport der Kranken vorbereiten mussten. Einzelne Kranke mussten schließlich als transportunfähig zurückgelassen werden.[161] Anders war dies bei den späteren Umsiedlungen, beispielsweise aus Bessarabien und der Nordbukowina,[162] die aus den Erfahrungen dieser ersten Umsiedlungsaktion heraus organisiert wurden und innerhalb derer die fehlenden sowjetischen Aktivitäten besser kompensiert werden konnten. So wurde das ärztliche und sanitätsdienstliche Personal unter anderem auch durch Volksdeutsche vor Ort aufgestockt und die Anzahl der Krankenwagen und des Sanitätsmaterials erhöht.[163] An den Aufgaben insbesondere der Gebietsärzte änderte sich im Allgemeinen aber wenig. So hatten sie nach wie vor innerhalb des Umsiedlungskommandos eine beratende und überwachende Funktion in allen hygienischen

160 Auszug aus dem Bericht Nr. 9 des Deutschen Hauptbevollmächtigten für Aussiedlung Wolhynien-Galizien vom 22.1.1940 (BArch Berlin, R 69/149, Bl. 35–45).

161 Vgl. ebd., Bl. 37 f.

162 Einem Bericht der Abteilung Gesundheitswesen nach sei kein Deutscher als transportunfähig zurückgelassen worden. Eine Ausnahme bildeten aber wohl einige „Geisteskranke“ der Anstalt in Kischinew, die man bewusst zurückgelassen hatte. Vgl. Hygienische Beobachtungen bei der Umsiedlung der Deutschen aus Bessarabien und dem Nordbuchenland vom 9.1.1941 (BArch Berlin, R 59/376, Bl. 41–51, hier 48). Zu den zurückgelassenen Insassen der Anstalt Kischinew vgl. Erfahrungsbericht der Abteilung Gesundheitswesen über den Abschnitt Bessarabien-Buchenland der Umsiedlungsaktion vom 7.12.1940 (ebd., Bl. 17–38, hier 24).

163 Die Umsiedlung aus Wolhynien und Galizien war auf medizinischem Sektor von zahlreichen Problemen gekennzeichnet. Zum einen war das ärztliche Personal, dem jegliche praktische Umsiedlungserfahren nolens volens fehlte, offensichtlich zunächst mit den an es gestellten Aufgaben überfordert, zum anderen stellte sich schon bald ein Mangel an geeignetem Sanitätsmaterial ein, nicht zuletzt aufgrund der Witterungsverhältnisse, die eine geregelte Versorgung der Umsiedlungsgebiete erschwerten. Vgl. dazu Bericht des Führers des Verbindungsstabes Lublin über die Vorbereitung und Durchführung der Wolhynien- und Galizien-Transporte vom 29.3.1940 (BArch Berlin, R 59/318, Bl. 1–92, hier 73 f.); sowie Auszug aus dem Bericht Nr. 9 des Deutschen Hauptbevollmächtigten für Aussiedlung Wolhynien-Galizien vom 22.1.1940 (ebd., R 69/149, Bl. 35–45). Zu Bessarabien vgl. Bericht über die Dienstreise nach Mannsburg, Sarata, Arzis etc. am 28.9.1940 vom 30.9.1940 (ebd., R 59/377, Bl. 54–63, hier 60).

und gesundheitlichen Fragen. Sie betreuten die Umsiedler vor Ort, sowohl durch Sprechstunden als auch durch „Mütterschulungen“,[164] und waren mit Seuchen- und Krankenmeldungen befasst. Ihre Hauptaufgabe bestand jedoch in der Erfassung der Kranken vor Ort und der Vorbereitung des Abtransportes. Zu diesem Zweck reisten sie, ausgehend von den Krankenlisten, die die Volksgruppenvertretungen im Vorfeld der Umsiedlung erstellt hatten, und den Meldungen der Ortsbevollmächtigten, in die einzelnen Siedlungsgebiete und „musterten“ die Kranken, um über die Zuweisung zu einem Krankentransport entscheiden zu können.[165] Darüber hinaus inspizierten sie die örtlichen Krankenhäuser, Heime und Sanatorien mit dem Ziel, dort untergebrachte Volksdeutsche zu ermitteln und dem Gebietsbevollmächtigten zu melden, der ihre Registrierung, die gesondert von den Familien erfolgte, zu veranlassen.[166] Einer Sonderregelung unterlagen hier allerdings die „Geisteskranken“.

Das deutsche Interesse an einer Umsiedlung dieser Bevölkerungskreise war, wie bereits im Zusammenhang mit den Umsiedlungsverträgen dargelegt wurde, außerordentlich gering. Demzufolge bemühten sich die Umsiedlungskommandos, insbesondere die Hauptbevollmächtigten, denen die Zulassung zur Umsiedlung in letzter Instanz im Einzelfall oblag, diese Personen weitgehend von der Umsiedlung auszuschließen. Besonders deutlich wurden diese Bemühungen während der Nachumsiedlung aus Estland und Lettland 1941. Hier wies der Hauptbevollmächtigte expressis verbis an, dass „Geisteskranke, die in Irrenanstalten untergebracht sind und deren Zustand eine Einweisung in eine Irrenanstalt als notwendig erscheinen“ lasse, von der Umsiedlung auszuschlie-

164 Sowohl der Leitende Arzt der Umsiedlung Bessarabien als auch der während dieser Umsiedlung tätige Gebietsarzt Ritter berichten über solche „Mütterschulungen“, die der Vorbereitung der Mütter auf die Umsiedlung dienen sollten. Die Mütter wurden während dieser Schulungen beispielsweise mit der Ernährung der Kinder während des Transportes vertraut gemacht, indem ihnen die Zubereitung von „Alete-Milch“ aus Milchpulver demonstriert wurde. Vgl. Ritter, Gebietsarzt; Erfahrungsbericht der Abteilung Gesundheitswesen über den Abschnitt Bessarabien-Buchenland der Umsiedlungsaktion vom 7.12.1940 (BArch Berlin, R 59/376, Bl. 17–38, hier 33); sowie Anweisungen für die Küchen der Einschiffungshäfen, Umschlaghäfen, Verladebahnhöfe und Bahnverpflegstellen hg. von der Vomi, Abteilung Umsiedlung, III Gesundheitswesen, o. D. (IfZ München, Dc 14.04); sowie Bereitungsvorschriften (ebd.).

165 Vgl. Punkt 41 der Dienstanweisung für Gebietsärzte. Hg. von der Vomi, Abteilung Umsiedlung, III Gesundheitswesen, o. D. (IfZ München, Dc 14.04, S. 5). Vgl. auch Ritter, Gebietsarzt; sowie Arbeitsbericht der Abteilung Gesundheitsführung bei der Nachumsiedlung aus Estland und Lettland vom 6.2.1941 (BArch Berlin, R 59/241, Bl. 6–8).

166 Vgl. Punkt 42 der Dienstanweisung für Gebietsärzte, hg. von der Vomi, Abteilung Umsiedlung, III Gesundheitswesen, o. D. (IfZ München, Dc 14.04, S. 5). Zur Tätigkeit der Gebietsärzte während der verschiedenen Umsiedlungsaktionen, insbesondere zur Erfassung der Kranken in den Krankenhäusern, vgl. zum Beispiel Rundschreiben Nr. 5 der Abteilung Gesundheitswesen beim Hauptbevollmächtigten Wolhynien/Galizien vom 19.1.1940 (BArch Berlin, R 69/149, Bl. 30–45, hier 44); Dritter Bericht der Abteilung Gesundheitswesen bei der Umsiedlung Litauen vom 6.2.1941 (BArch Berlin, R 59/284, Bl. 34–40); Bericht des Gebietsarztes in Kischineff über Krankentransporte vom 20.10.1940 (BArch Berlin, R 59/377, Bl. 104–136).

ßen seien.[167] Diese Anweisung betraf in erster Linie jedoch nicht, wie es auf den ersten Blick vielleicht erscheinen mag, die bereits in den Heilanstalten untergebrachten Patienten - diese waren nämlich de facto zum Großteil bereits 1939/40 in großen Krankentransporten „heim ins Reich" gebracht worden - sondern vielmehr die Gruppe der bis dato nicht psychiatrisierten Kranken, die in ihren Familien lebten. Diese gerieten ins Visier der Abteilung „Gesundheitsführung" unter Hermann Schlau, die vier Kriterien festlegte, die die Entscheidungsgrundlage für die Ablehnung oder Zulassung der Kranken zur Umsiedlung bilden sollten. „Geisteskranke" sollten demnach nur dann zur Umsiedlung zugelassen werden, wenn:

a) „die Geisteskrankheit Unruhezustände mit an Sicherheit grenzender Wahrscheinlichkeit ausschliesst [sic!]", die Gefährdung der Transportsicherheit also nicht zu erwarten war,
b) „der Kranke bei den Angehörigen lebt und von ihnen versorgt wird", also keine medizinischen Ressourcen aufgewandt werden mussten,
c) „eine Einweisung in eine Irrenanstalt nicht möglich ist", sich also fürsorgetechnische Probleme ergaben und
d) „falls die Geisteskrankheit als heilbar [!] betrachtet werden kann", der Kranke also wieder in den Arbeitsprozess integriert werden konnte und keine weiteren therapeutischen Ressourcen in Anspruch nehmen würde.[168]

Es bestand demnach keinerlei Interesse daran, für die „Geisteskranken" medizinische Ressourcen irgendeiner Art, sei es während des Transportes oder im Deutschen Reich, zu nutzen. Dementsprechend genau erfolgte auch die Prüfung des Einzelfalls. Alle diese Personen wurden einer psychiatrischen Begutachtung durch eine eigens dafür abgestellte Mitarbeiterin in der Abteilung „Gesundheitsführung" unterzogen. Auf der Basis dieses psychiatrischen Gutachtens fällte der Hauptbevollmächtigte sein Urteil über die Zulassung zur Umsiedlung, wobei anscheinend die Schwere der Erkrankung und die potentielle „Heilbarkeit" wesentliche Determinanten dieser Entscheidung darstellten.[169] Dieses restriktive Zulassungsverfahren konnte die Registrierung einzelner „unerwünschter" Personen jedoch nicht verhindern. So hatte der - man achte hier auch auf den Duktus - „mongoloide Idiot Eugen P."[170] noch vor einer Begutachtung seine Umsiedlungsunterlagen erhalten. Er konnte demzufolge nicht mehr ohne Weite-

167 Bericht über die Tätigkeit der Abt. Gesundheitsführung bei der Nachumsiedlung aus Estland und Lettland vom 12.3.1941 (BArch Berlin, R 59/241, Bl. 20-26, hier 25).

168 Arbeitsbericht der Abt. Gesundheitsführung bei der Umsiedlung Litauen vom 6.2.1941 (BArch Berlin, R 59/241, Bl. 6-8, hier 6).

169 So wurden drei „schizophrene" Kranke nicht zur Umsiedlung zugelassen, ein anderer „angesichts der leichten und evtl. heilbaren Form" hingegen schon. Vgl. Bericht über die Tätigkeit der Abt. Gesundheitsführung bei der Nachumsiedlung aus Estland und Lettland vom 12.3.1941 (BArch Berlin, R 59/241, Bl. 20-26, hier 26).

170 Vgl. Arbeitsbericht der Abt. Gesundheitsführung bei der Umsiedlung Litauen vom 8.2.1941 (BArch Berlin, R 59/241, Bl. 9).

res von der Umsiedlung ausgeschlossen werden. Die Abteilung Gesundheitswesen forcierte in diesem konkreten Fall nun subtilere Ausschlussmaßnahmen: Sie legte den Angehörigen „dringend" nahe, Eugen P. in eine „Irrenanstalt zu überweisen",[171] wodurch er laut den Anordnungen des Hauptbevollmächtigten automatisch von der Umsiedlung ausgeschlossen worden wäre. Ob es zu einer solchen Anstaltseinweisung kam, ließ sich anhand der verfügbaren Quellen nicht rekonstruieren. Das Beispiel zeigt aber auf eindringliche Art und Weise, wie konsequent seitens der deutschen Ärzte versucht wurde, die als „unerwünscht" stigmatisierten kranken Volksdeutschen von der Umsiedlung auszuschließen. Betrachtet man schließlich die Zahlen der während der Nachumsiedlung ins Deutsche Reich verbrachten „Nerven-" und „Geisteskranken" bestätigt sich diese Einschätzung auch in quantitativer Hinsicht, denn unter den bis zum März 1941 aus Estland und Lettland „umgesiedelten" 772 Kranken befanden sich lediglich 46 „Nervenkranke", „Geisteskranke" und Epileptiker.[172]

Ein ähnlich restriktives Vorgehen hatte die deutsche Seite wohl auch bei der parallel stattfindenden Umsiedlung aus Litauen anvisiert. So weigerte sich der Gebietsbevollmächtigte des Gebietes Mariampol, den Abtransport der in der „Irrenanstalt" Kalvarija befindlichen Volksdeutschen - es handelte sich wohl lediglich um 18 Kranke - in die Wege zu leiten, mit dem Hinweis, eine entsprechende Anweisung des deutschen Hauptbevollmächtigten läge nicht vor.[173] Tatsächlich war eine entsprechende Regelung über den Abtransport der in Anstalten und Fürsorgeeinrichtungen befindlichen psychisch Kranken im Vertragswerk nicht enthalten und offensichtlich auch im Nachhinein in diesem Punkt keine Übereinkunft zwischen dem sowjetischen und dem deutschen Umsiedlungsbevollmächtigten erzielt worden. Erst unmittelbar vor dem Abschluss der gesamten Umsiedlungsaktion in Litauen und nach mehrmaligem Insistieren des sowjetischen Umsiedlungsbevollmächtigten wurde schließlich die Umsiedlung dieser Patienten, vermutlich vom zuständigen Gebietsarzt Maneke, vorbereitet. Bis zu diesem Zeitpunkt findet sich in keinem der recht ausführlichen Tätigkeitsberichte über die Arbeit der Gebietsärzte, darunter auch der in Mariampol, ein Hinweis auf die Registrierung dieser Kranken, wohingegen die Registrierung einzelner anderer, nicht hospitalisierter „Geisteskranker" in diesem und anderen Gebieten nachweislich erfolgte.[174] Vermutlich mit dem letzten

171 Ebd.

172 Bericht über die Tätigkeit der Abt. Gesundheitsführung bei der Nachumsiedlung aus Estland und Lettland vom 12.3.1941 (ebd., Bl. 20-26).

173 Vgl. Übersetzung eines Schreibens des sowjetischen Hauptvertreters an den deutschen Hauptbevollmächtigten in Kaunas vom 15.3.1941 (BArch Berlin, R 59/255, Bl. 119).

174 Die überlieferten, an die Auslandsabteilung der RÄK adressierten Tätigkeitsberichte des Leitenden Arztes enden Ende Februar 1941. Bis zu diesem Zeitpunkt scheint eine Registrierung der Patienten der Anstalt Kalvarija nicht erfolgt zu sein. Einzelne „Geisteskranke" des Gebietes Mariampol wurden aber nachweislich erfasst, zum Beispiel von dem mit der Betreuung des Ortsbereiches Schakiai/Sakiai beauftragten litauendeutschen Arzt Emil Jeckel. Vgl. Tätigkeitsberichte des Leitenden Arztes Nr. 1-7 vom Januar/Februar 1941 (BArch Berlin, R 59/284); sowie Krankenbegleitschein Mathilde B., ausgestellt von E. Jeckel in Sakiai (APŁ, Sieradz, Szpital Psychiatryczny w Warcie, 4818, Bl. 3).

Transport überhaupt verließen die Patienten aus Kalvarija Litauen, wobei unklar ist, ob tastsächlich alle der 18 Patienten darunter waren.[175]

Die Bemühungen, die in staatlichen Einrichtungen untergebrachten „Geisteskranken“ von der Umsiedlung auszuschließen, lassen sich dabei nicht allein während der Umsiedlung aus dem Baltikum im Jahr 1941 erkennen, sondern auch während der Umsiedlungen aus Rumänien im Herbst 1940 und aus Wolhynien und Galizien Anfang 1940. Allerdings konnte hier der Ausschluss der hospitalisierten Kranken von der Umsiedlung bei weitem nicht so deutlich artikuliert werden wie beispielsweise im Falle der Nachumsiedlung aus Estland und Lettland, waren doch in den Umsiedlungsverträgen über Bessarabien, die Bukowina und Dobrudscha sowie den damit korrelierenden bilateralen Vereinbarungen auch die „Geisteskranken“ und Fürsorgepfleglinge offiziell zur Umsiedlung zugelassen worden.[176] Nichtsdestotrotz konnte der Leitende Arzt bei der Umsiedlung aus Bessarabien/Nordbukowina in seinem Abschlussbericht sichtbar zufrieden konstatieren, dass es ihm und seinen Ärzten gelungen sei, „die Mitnahme der in der Staatsirrenanstalt Kischineff untergebrachten deutschen Geisteskranken zu umgehen“.[177] In krassem sprachlichem Gegensatz dazu, aber die Taktik der deutschen Vertreter erhellend, steht der Passus zur „Umsiedlung von Geisteskranken“ in der Dienstanweisung für die Gebietsärzte, der nachfolgend zitiert sei:

> „Bei der Umsiedlung von Geisteskranken sollen nicht nur die rein formalen Gesichtspunkte eine Rolle spielen, sondern auch die humanitären. Es wäre eine unmenschliche Roheit [sic!], einen armen Irren, den starke Bindungen an seine gewohnte Umgebung knüpfen und dessen Zusammenhang mit seinen Familienangehörigen im Falle der Asylierung nur ein fiktiver ist, aus seiner Umgebung herauszureißen und den Unbilden einer Umsiedlung auszusetzen, besonders da er, nicht im Besitz seiner geistigen Kräfte, den Zweck des Unternehmens nie einsehen würde. Man würde sein Leiden nicht lindern, sondern im Gegenteil vergrößern, ja sogar oft verschlimmern. Es ist demnach in solchen Fällen sorgsamst abzuwägen, wo für ihn der größere Vorteil liegt.“[178]

Eine in ihrem Duktus und Inhalt nahezu identische Formulierung findet sich auch bereits während der Umsiedlung aus Wolhynien/Galizien. In einem

175 Der letzte Transport traf am 25.3.1941 auf „reichsdeutschem“ Gebiet ein. Am selben Tag ist auch die Aufnahme der Patienten aus Kalvarija im Aufnahmebuch der Heilanstalt Gostynin verzeichnet. Allerdings ist bei lediglich sechs der insgesamt 23 aufgenommenen Litauendeutschen der Vermerk „Kalvarija“ zu finden. Es wäre möglich, dass dennoch weitere Patienten aus Kalvarija stammten, bei denen allerdings nicht die Anstalt, sondern der letzte Wohnort vor der Anstaltsaufnahme eingetragen wurde. Vgl. Abschlussbericht über die Umsiedlung Litauen des Verbindungsreferenten beim Insp. der Ordnungspolizei Königsberg vom 20.4.1941 (BArch Berlin, R 59/252, Bl. 21 f.); sowie Aufnahmebücher der Heilanstalt Gostynin 1938–42 (Krankenhausarchiv Gostynin, lfd. Nr. 771–789 [Männer] und 625–633 [Frauen]).

176 Vgl. Kap. III.3.

177 Erfahrungsbericht der Abteilung Gesundheitswesen über den Abschnitt Bessarabien-Buchenland der Umsiedlungsaktion vom 7.12.1940 (BArch Berlin, R 59/376, Bl. 17–38, hier 24).

178 Punkt 109 der Dienstanweisung für Gebietsärzte, hg. von der Vomi, Abteilung Umsiedlung, III Gesundheitswesen, o. D. (IfZ München, Dc 14.04, S. 12).

Bericht des deutschen Hauptbevollmächtigten heißt es: „Anstaltskranken gegenüber wurde grundsätzlich die Auffassung vertreten, dass bei der Lösung der geistigen Beziehung zur Familie, abgesehen von anderen naheliegenden sachlichen Erwägungen, schon aus rein humanitären Gründen die Belassung in dem gewohnten Anstaltsmilieu für die Kranken selber die zweckmässigste [sic!] und menschlichste Lösung sei."[179]

Dass bei der Umsiedlung der „Geisteskranken" tatsächlich das individuelle Wohl des einzelnen Kranken im Vordergrund stehen sollte, erscheint vor dem Hintergrund der nationalsozialistischen Gesundheitspolitik und der eingangs zitierten, diese Argumentation konterkarierenden Äußerungen des Leitenden Arztes eher unwahrscheinlich. Vielmehr drängt sich der Eindruck auf, dass es sich bei der Anweisung lediglich um eine euphemistische Camouflage handelte, die - zwischen den Zeilen gelesen - den Adressaten, also den Gebietsärzten, eine Begründung für die Ablehnung Kranker offerierte, und in der Praxis die kryptisch umschriebenen „naheliegenden sachlichen Erwägungen" im Vordergrund standen.

Die Umsiedlungskommandos erfassten „Geisteskranke" also nur dann, wenn sich deren Umsiedlung nicht vermeiden ließ, wie beispielsweise im Falle der in der Anstalt Czernowitz/Nordbukowina untergebrachten etwa 50 Volksdeutschen.[180] Auch in diesem Fall wurde dienstbeflissen betont, dass nur diejenigen Kranken registriert und umgesiedelt worden seien, bei denen die Angehörigen auf eine Umsiedlung bestanden hätten, und eine „ganze Reihe [...] auf Vorschlag des Gebietsarztes in der Anstalt zurückgelassen" hätten werden können.[181] „Zurückgelassen" wurden höchstwahrscheinlich auch alle volksdeutschen Patienten der galizischen Heilanstalt Lemberg-Kulparkow.[182] Sie sollten nach

179 Auszug aus dem Bericht Nr. 9 des Deutschen Hauptbevollmächtigten für Aussiedlung Wolhynien-Galizien vom 22.1.1940 (BArch Berlin, R 69/149, Bl. 35-45, hier 38).

180 Die Heilanstalt in Czernowitz bot zum Zeitpunkt ihrer Eröffnung im Jahre 1902 zunächst 143 Patienten Platz. 1910 war die Patientenzahl aber bereits auf über 500 angestiegen, sodass eine Erweiterung der Anstalt notwendig wurde. 1918/19 fiel Czernowitz an Rumänien, die Anstalt wurde zu einer staatlichen rumänischen Heilanstalt, was an der Patientenzusammensetzung jedoch recht wenig geändert haben dürfte. Nach wie vor dürfte die Zahl der (volks-) deutschen Patienten aufgrund des großen deutschen Bevölkerungsanteils Czernowitz' hoch gewesen sein.

181 Medizinische und biologische Grundlagen der deutschen Volksgruppe in Bessarabien und im Buchenland vom 24.10.1940 (BArch Berlin, R 59/377, Bl. 137-151, hier 149). Zur Registrierung der Kranken vgl. auch Bericht von Gerhard Rose über die Dienstreise nach Czernowitz und nach Kischineff vom 17.-20.9.1940 vom 21.9.1940 (ebd., R 59/376, Bl. 1-15, hier 1 f.).

182 Weder in den Akten der Vomi und der Anstalt Lemberg-Kulparkow, soweit diese zugänglich waren, noch der entsprechenden Literatur über die Umsiedlung aus dem Gebiet Lembergs und über die nach der deutschen Besetzung 1941 einsetzenden Krankenmorde in der Anstalt enthalten Hinweise auf eine „Umsiedlung" volksdeutscher Patienten im Rahmen der Umsiedlungsaktion Wolhynien/Galizien. Im Tätigkeitsbericht des Hauptbevollmächtigten bei besagter Umsiedlungsaktion wird ausdrücklich erwähnt, dass hinsichtlich des Abtransportes „Geisteskranker" nur ein Einzelfall, die Umsiedlung der Anstalten in Stanislau, ins Gewicht gefallen sei. „Sonst handelte es sich ausnahmslos um

der deutschen Besetzung Ostgaliziens im Kontext des Krieges gegen die Sowjetunion im Sommer 1941 und der damit verbundenen Übernahme der Anstalt in die Verwaltung des Generalgouvernements, wie auch die übrigen Patienten, Opfer des Hungersterbens werden, welches durch die drastische Herabsetzung der Verpflegungssätze gezielt herbeigeführt wurde.[183]

Im Gegensatz zu den Patienten der staatlichen Heilanstalt Lemberg-Kulparkow hatte man die psychisch kranken Insassen einer anderen, allerdings volksgruppeneigenen galizischen Fürsorgeeinrichtung geschlossen erfasst und umgesiedelt. Es handelte sich hierbei um die evangelischen „Zöcklerschen Anstalten" in Stanislau. Sie befanden sich in der zumeist von Deutschen bewohnten Vorstadt Knihinin und verfügten über mehrere soziale Einrichtungen, wie das Diakonissenhaus „Sarepta" mit einer Krankenstation und einem Altersheim, eine Säuglingsabteilung, ein Kinderheim, mehrere Alumnate für die Schüler des anstaltseigenen Gymnasiums, eine Volksschule, Ausbildungsstätten und ein Heim für „Krüppel" und „Schwachsinnige".[184] Nachdem „klargestellt" worden war, dass auch die „Zöcklerschen Anstalten" an der Umsiedlung teilnehmen

Kranke, die bei ihren Familien lebten." Alexander Wacyk, seit 1922 Arzt in der Anstalt Kulparkow, 1939 stellvertretender Direktor und nach der deutschen Besetzung 1941 bis 1944 Direktor derselben, gab später an, dass die Anstalt Ende September 1939 den „Russen" übergeben wurde. Er sei als „Volksdeutscher" damals der einzige deutsche Arzt gewesen. An der Belegungszahl habe sich zunächst nichts geändert, sie bewegte sich nach wie vor bei etwa 2 000 Patienten, unter denen sich zweifelsohne auch volksdeutsche befanden. Vgl. Auszug aus dem Bericht Nr. 9 des Deutschen Hauptbevollmächtigten für Aussiedlung Wolhynien-Galizien vom 22.1.1940 (BArch Berlin, R 69/149, Bl. 35-45, hier 38); Kopie des Protokolls der Vernehmung von A. Wacyk am 22.6.1962 (BArch Ludwigsburg, B 162/521, Bl. 1-3); Kopie des Protokolls der Vernehmung von A. Wacyk am 19.3.1963 (ebd., B 162/25034, Bl. 19-26); sowie Beschreibung der Anstalt Lemberg Kulparkow vom 22.11.1941 (USHMM, 1995.A.1086, r. 33, Bl. 9-13 [Selected Records from the Lviv State Oblast Archive]).

183 Von den im Sommer 1941 etwa 2 000 Patienten lebten im Mai 1942 noch etwas mehr als 800. Im April/Mai 1943 wurden 250 Patienten aus dem Rheinland nach Lemberg verlegt, von denen etwa die Hälfte bis zum Kriegsende verstarb. 1960 wurden Ermittlungen gegen Wacyk wegen des Verdachts der Beteiligung an Krankenmorden aufgenommen, die 1964 jedoch wieder eingestellt wurden. Die Krankenmorde in Kulparkow waren auch Gegenstand eines 1968 aufgenommenen Ermittlungsverfahrens der Staatsanwaltschaft beim Landgericht Hannover gegen Angehörige der Medizinalverwaltung des Generalgouvernements, darunter der Verwaltungsdirektor der Heilanstalten Kobierzyn und Kulparkow Alexander Kroll. Vgl. Bericht der Staatlichen Heil- und Pflegeanstalt Lemberg-Kulparkow vom 30.5.1942 (USHMM, 1995.A.1086, r. 33, Bl. 1 [Selected Records from the Lviv State Oblast Archive]); sowie Beschreibung der Anstalt Lemberg Kulparkow vom 22.11.1941 (ebd., Bl. 9-13). Zu den Verlegungen aus dem Rheinland vgl. Faulstich, Hungersterben, S. 397. Vgl. weiter Ermittlungsunterlagen (BArch Ludwigsburg, B 162/25034; ebd., B 162/6787; und IfZ München, Gh 05.19).

184 Zu den „Zöcklerschen Anstalten" vgl. Kap. II.2.1; sowie Bericht über die Umsiedlung der „Zöcklerschen Anstalten" (vermutlich von Theodor Zöckler), o. D. (BArch Berlin, R 69/161, Bl. 1-6); Broschüre von A. Wiegand über das Lebenswerk Theodor Zöcklers in Stanislau in seiner Bedeutung für das deutsche Volkstum von 1940 (ebd., R 57 Neu/1100, Mappe 25, unpag.); sowie Bericht der Evangelischen Anstalten in Stanislau/Polen über das Jahr 1933/34 (ebd., unpag.).

dürften – was zunächst nicht sicher war –, begannen die Vorbereitungen.[185] Die Außenstation in Solotwina, wo sich ein Kindererholungsheim befand, wurde aufgelöst und alle Kinder nach Stanislau gebracht. Haushaltsgegenstände, Möbel und Ähnliches wurden verkauft und Koffer gepackt. Gleichzeitig nahmen die „Zöcklerschen Anstalten" vermehrt Alte und Kranke auf, die zusammen mit den Pfleglingen der Anstalten umgesiedelt werden wollten. Außerdem wurden zahlreiche „verlassene und gefährdete Kinder, besonders anormale, den Anstalten übergeben".[186] Parallel dazu begannen die sowjetischen Behörden Teile der Anstalten zu beschlagnahmen.[187] Am 10. Dezember 1939 traf schließlich die deutsch-sowjetische Umsiedlungskommission in Stanislau ein und begann mit der gesonderten Registrierung der Anstaltsbewohner.[188] Schon bald kristallisierten sich jedoch Spannungen zwischen den Kommissionsmitgliedern heraus, lehnte doch die sowjetische Seite zunächst die Registrierung und Umsiedlung von Waisenkindern ab, bei denen eine schriftliche „Genehmigung" der Vormünder, die sich kriegsbedingt oftmals nicht in Stanislau befanden, fehlte.[189] Im Falle der „Geisteskranken" scheint ein solches Problem nicht aufgetreten zu sein, vermutlich bekundete hier der Anstaltsleiter im Namen seiner Patienten den Willen zur Umsiedlung. Letztlich wurden auch die Waisenkinder zur Umsiedlung zugelassen und befanden sich unter den 378 Zöglingen, Pfleglingen und Angestellten der Anstalten, die am 25. Dezember 1939 Stanislau in einem Sonderzug in Richtung des Deutschen Reiches verließen, nachdem einen Tag zuvor ein „Spezialist für Seuchenpflege" – höchstwahrscheinlich Rose persönlich – die Anstalten inspiziert hatte.[190]

185 Vgl. Bericht über die Umsiedlung der Zöcklerschen Anstalten, o. D. (BArch Berlin, R 69/161, Bl. 1–6, hier 2 f.).

186 Bericht über die Umsiedlung der Zöcklerschen Anstalten, o. D. (BArch Berlin, R 69/161, Bl. 1–6, hier 2); sowie Bericht der Oberin Martha Zöckler über die Umsiedlung aus Stanislau nach Großdeutschland (ebd., Bl. 7–14).

187 Nach Angaben von Martha Zöckler waren sechs große Gebäude und drei Baracken, in denen ein Kinderspital eingerichtet wurde, beschlagnahmt worden. Einem anderen, vermutlich von Theodor Zöckler verfassten, einschlägigen Bericht ist zu entnehmen, dass die „Russen" bzw. die mit ihnen zusammenarbeitenden Juden, im Diakonissenmutterhaus eine „bolschewikische Kinozentrale" und in einem anderen Haus eine wie auch immer geartete „Zigeunerzentrale für Ostgalizien" eingerichtet hätten. Schließlich seien auch Flüchtlinge aufzunehmen gewesen. Vgl. Bericht über die Umsiedlung der Zöcklerschen Anstalten, o. D. (BArch Berlin, R 69/161, Bl. 1–6, hier 2); sowie Bericht der Oberin Martha Zöckler über die Umsiedlung aus Stanislau nach Großdeutschland (ebd., Bl. 7–14).

188 Bericht der Oberin Martha Zöckler über die Umsiedlung aus Stanislau nach Großdeutschland (BArch Berlin, R 69/161, Bl. 7–14, hier 9).

189 Vgl. dazu Tagebuch von Hans Koch (Gebietsstab Lemberg), Eintragung vom 12.12.1939 (BArch Berlin, R 59/305, Bl. 8 f.). Koch erwähnt in diesem Tagebuch lediglich die Stanislauer Anstalten, jegliche Hinweise zur Heilanstalt Lemberg-Kulparkow fehlen hier.

190 An anderer Stelle wird von einem „reichsdeutschen Arzt" gesprochen, der „die erste Kapazität für Seuchenbehandlung" sei. Demnach ist davon auszugehen, dass es sich um Gerhard Rose handelte. Bericht über die Umsiedlung der Zöcklerschen Anstalten, o. D. (BArch Berlin, R 69/161, Bl. 1–6); Schlussbericht über den Abtransport aus dem Ortsbereich Stanislau vom 28.1.1940 (ebd., R 59/317, Bl. 24); Bericht der Oberin

Dass sich unter diesen auch „Geisteskranke“ befanden, dürfte vor allem auf die heterogene Bewohnerstruktur zurückzuführen sein. Ein Ausschluss einzelner Kranker von der Umsiedlung wäre einem Ausschluss dieser aus dem festgefügten Anstaltsverband gleichgekommen, was angesichts der Zöckler zugestandenen geschlossenen Umsiedlung aller Anstaltsbewohner ungleich schwieriger durchzusetzen gewesen wäre als bei den Volksdeutschen, die in geschlossenen, staatlichen psychiatrischen Einrichtungen untergebracht und damit auch räumlich von ihren Familien getrennt waren. Letztlich dürfte das Zugeständnis der Umsiedlungsbeauftragten an Zöckler auch seiner Person - er galt gemeinhin als „Vorkämpfer des Deutschtums in Galizien“[191] - und der Bedeutung der Stanislauer Anstalten, die als mustergültige volksdeutsche Einrichtungen galten und über die Grenzen Galiziens hinaus bekannt waren, geschuldet gewesen sein. Gleiches galt im Prinzip auch für die volksgruppeneigenen Fürsorgeeinrichtungen in Bessarabien: die Asyle in Arzis und Sarata. Auch diese ebenfalls sehr heterogen zusammengesetzten caritativen Anstalten wurden geschlossen umgesiedelt, das heißt auch hier befanden sich unter den Umzusiedelnden „Geisteskranke“, deren „Mitnahme aus Gründen [...] des Taktes den Volksdeutschen gegenüber nicht zu verhindern war“.[192] Es sei „den Volksdeutschen gegenüber nicht vertretbar gewesen, sie allein vom Transport auszuschliessen [sic!]“.[193] Sie wurden also, nachdem der zuständige Gebietsarzt und der Umsiedlungsbevollmächtigte die Asyle inspiziert hatten, zusammen mit den ebenfalls in den Asylen untergebrachten Alten, Kranken und Waisenkindern registriert. Unter Mitwirkung der volksdeutschen Ärzte wurde eine separate Umsiedlungsliste für die Asyle angelegt, in welcher man alle Bewohner unter Angabe der Diagnose verzeichnete.[194] Ihre Umsiedlung sollte zusammen mit anderen Kranken, Alten und

Martha Zöckler über die Umsiedlung aus Stanislau nach Großdeutschland (ebd., R 69/161, Bl. 7-14).

191 Festschrift des DAI-Mitarbeiters und späteren Angehörigen des EWZ-Führungsstabes Wilhelm Gradmann über „Theodor Zöckler - ein Vorkämpfer des Deutschtums in Galizien. Zu seinem 70. Geburtstag am 5. März 1937“ vom 29.1.1937 (BArch Berlin, R 57 Neu/919, unpag.). Weitaus negativer ist hingegen die Einschätzung des stellvertretenden Gebietsbevollmächtigten des Gebiets Wo III. Er kommt in seinem Bericht zu dem Ergebnis, dass bei Zöckler „nicht das Deutschtum sondern das evangelische Christentum an erster Stelle“ gestanden habe und er sich nie klar zum Nationalsozialismus bekannt habe, sondern stattdessen sogar die „jungdeutsche“ Bewegung in Polen bekämpft habe. Vgl. Beobachtungen und Erfahrungen des stellvertretenden Gebietsbevollmächtigten Wo III bei der Umsiedlung der Volksdeutschen aus dem westukrainischen Gouvernement der UdSSR vom 11.3.1940 (BArch Berlin, R 59/302, Bl. 74-81).

192 Erfahrungsbericht der Abt. Gesundheitswesen über den Abschnitt Bessarabien-Buchenland der Umsiedlungsaktion vom 7.12.1940 (BArch Berlin, R 59/376, Bl. 17-38, hier 24).

193 Ebd.

194 Vgl. zum Beispiel Umsiedlungsliste Nr. 87 des Ortsbezirkes Ma 7 (Sarata), Gebiet Mannsburg (Bessarabien), in der alle Insassen des Alexanderasyls, des Hauses „Elim“ und des Waisenhauses, einschließlich des Personals verzeichnet sind, Archiv des Bessarabiendeutschen Vereins Stuttgart. Auch in Stanislau traf eine Umsiedlungsdelegation ein, die alle Kranken, das Personal, Waisen und Schüler, sowie alle sonstigen Bewohner der

Hochschwangeren und den in ihren Familien lebenden „Geisteskranken" in Krankentransporten erfolgen. Die Letztgenannten konnten nolens volens ebenso wenig von der Umsiedlung ausgeschlossen werden wie die in den Asylen lebenden „Geisteskranken". Sie wurden den Gebietsärzten, die zusammen mit den örtlichen Sanitätsdienstgraden deren Umsiedlung in Krankentransporten vorbereiteten, gemeldet und zusammen mit ihren Familienangehörigen registriert.[195] Sowohl die hospitalisierten als auch die in ihren Familien lebenden Kranken wurden dabei zunächst in sogenannten „Krankensammelstellen" konzentriert, bevor sie die Transportkommandos mit Lazarettzügen oder Lazarettschiffen außer Landes brachten. Diese Krankensammelstellen, deren Errichtung bereits in den Umsiedlungsverträgen festgeschrieben worden war, standen unter der Aufsicht der deutschen Gebietsärzte und befanden sich häufig in (volksdeutschen) Krankeneinrichtungen.[196] Über das Umsiedlungsgebiet verteilt entstand so ein Netz von unterschiedlich großen, zumeist von volksdeutschen Ärzten und Pflegepersonal betreuten, Krankensammelstellen. Darunter befanden sich beispielsweise auch das Alexanderasyl in Sarata und die „Zöcklerschen Anstalten" in Stanislau.[197] Diese Umfunktionierung der volksdeutschen Einrichtungen erwies sich gleich in zweierlei Hinsicht als günstig: Zum einen befand sich dort ohnehin die Mehrzahl der in Krankentransporten zu verlegenden Kranken und zum anderen konnte auf die Ärzte und das Krankenpersonal sowie die medizinische Einrichtung zurückgegriffen werden. Besonders hervorgehoben wurde vom Umsiedlungskommando die Krankensammelstelle im Alexanderasyl und Haus „Elim" in Sarata, deren „Möglichkeiten [...] zusammen mit ihrem tüchtigen Schwesternpersonal [...] ungewöhnlich gut" gewesen seien. Die Verhältnisse seien durch „bessere" und „ausgedehntere" Räume noch „günstiger" als in

dortigen Anstalten registrierte. Vgl. Bericht der Oberin Martha Zöckler „Von unserer Umsiedlung aus Stanislau nach Großdeutschland", o. D. (BArch Berlin, R 69/161, Bl. 7-14, hier 9).

195 Erfahrungsbericht der Abteilung Gesundheitswesen über den Abschnitt Bessarabien-Buchenland der Umsiedlungsaktion vom 7.12.1940 (BArch Berlin, R 59/376, Bl. 17-38, hier 24); sowie Bericht Nr. 2 des Leitenden Arztes beim Hauptbevollmächtigten für die Umsiedlung Bessarabien (adressiert an die RÄK) vom 24.9.1940 (ebd., R 59/377, Bl. 17-20, hier 19 f.).

196 Die ärztliche Betreuung vor dem Abtransport und die Zurverfügungstellung geeigneter Räume als Krankensammelstellen sollte eigentlich durch die sowjetische Seite erfolgen, ebenso wie die Transportbetreuung und die Stellung von Krankenwagen, was insbesondere während der Umsiedlung aus Wolhynien/Galizien anfangs gar nicht und später nur mangelhaft erfolgte und den deutschen Vertretern Anlass zur Kritik bot. Vgl. Bericht über den ersten Eisenbahntransport aus Wladimir-Wolhynsk vom 20.12.1939 (BArch Berlin, R 59/317, Bl. 20-22). Zur Einrichtung der Krankensammelstellen vgl. Punkte 30-38 der Dienstanweisung für Gebietsärzte, hg. von der Vomi, Abteilung Umsiedlung, III Gesundheitswesen, o. D. (IfZ München, Dc 14.04, S. 4).

197 Vgl. Bericht über die Dienstreise nach Mannsburg, Sarata, Arzis u. a. am 28.9.1940 vom 30.9.1940 (BArch Berlin, R 59/377, Bl. 54-63, hier 58 f.); Abschrift eines Berichtes von Pastor Gotthold Winger (letzter Direktor des Alexanderasyls) über die Umsiedlung der Volksdeutschen Bessarabiens vom 26.10.1940 (ebd., R 57 Neu/51, unpag.); sowie Bericht der Oberin Martha Zöckler „Von unserer Umsiedlung aus Stanislau nach Großdeutschland", o. D. (ebd., R 69/161, Bl. 7-14, hier 9).

Stanislau gewesen.[198] Auch das ärztliche Personal wurde lobend erwähnt. Zu ihnen gehörte unter anderem Leopold Dobler,[199] der Leiter des zum Alexanderasyl gehörigen Krankenhauses in Sarata. Ärzte wie er übernahmen in den Krankensammelstellen die medizinische Betreuung der zusätzlich aus verschiedenen Einrichtungen oder ihren Familien in die Krankensammelstellen verlegten Kranken und bereiteten den Abtransport durch die Ausstellung von „Krankenbegleitscheinen" vor.[200] In diese standardisierten Formulare waren das Herkunftsgebiet, die Umsiedlungsnummer, die Diagnose und die Angehörigen einzutragen und der Verlegungsweg des Kranken durch entsprechende Aufnahme- und Entlassungsvermerke zu dokumentieren. Jeder an der Umsiedlung beteiligte Arzt konnte sich so zügig einen ersten Überblick über den Gesundheitszustand, Besonderheiten des Kranken und die Behandlung desselben während des Transportes verschaffen - sei es in den Lazaretten in den Verschiffungshäfen, auf den Lazarettschiffen selbst oder in Lazarettzügen im Reichsgebiet. Gleichzeitig dienten die Krankenbegleitscheine aber indirekt auch als - natürlich außerordentlich rudimentärer - Ersatz für die allem Anschein nach nicht mitgeführten Krankenakten.[201] Angesichts des Fehlens einer Krankengeschichte war die Bedeutung der von den Ärzten in die Krankenbegleitscheine eingetragenen Diagnosen und Vermerke natürlich umso größer, bestimmten diese doch nicht nur die Art des Transportes, sondern auch die spätere Unterbringung der Kranken. Diagnosen wie „Schwachsinn" oder „Idiotie" hatten demnach weitreichende Folgen für die Betroffenen. Wie weitreichend diese sein konnten, illustriert der Fall von Flora L., einer Patientin des Alexanderasyls Sarata. Auf ihrem

198 Bericht über die Dienstreise nach Mannsburg, Sarata, Arzis u. a. am 28.9.1940 vom 30.9.1940 (BArch Berlin, R 59/377, Bl. 54-63, hier 58 f.).

199 Leopold Dobler (1888-1961) hatte in Odessa Medizin studiert und anschließend dort bis 1920 seine Assistenzarztzeit am Evangelischen Hospital absolviert. Am Ersten Weltkrieg nahm er als Lazarettarzt der russischen Armee teil. 1920 übernahm er nach einer kurzen (militär-)ärztlichen Tätigkeit in Teplitz und Ismail, die Leitung des Sarataer Krankenhauses, welche er bis 1940 innehatte. Er gehörte wie auch sein dortiger Kollege Jakob Waldenmaier dem „Bund deutscher Ärzte" in Rumänien an. Nach der Umsiedlung 1940 wurde er Chefarzt des Krankenhauses in Samter/Warthegau. Nach dem Krieg ließ er sich in Württemberg als Arzt nieder. Vgl. Christian Fiess, Gesundheitswesen. In: ders. (Hg.), Heimatbuch Sarata 1822-1940, o. O. 1979, S. 138-158, hier 143 f. und 147. Vgl. weiter Mitgliederliste des siebenbürgisch-deutschen Ärztevereins. In: Medizinische Zeitschrift, 7 (1933) 8, S. 7-17, hier 16.

200 Vgl. die von Dobler unterzeichneten Krankenbegleitscheine für die Alexanderasyl-Patientinnen Flora L. und Therese F. (APŁ, Sieradz, Szpital Psychiatryczny w Warcie, 5729 bzw. 4999, jeweils Bl. 2).

201 In keiner der ausgewerteten Krankenakten, die nach dem Eintreffen der Umsiedler im Reichsgebiet von den aufnehmenden Einrichtungen/Anstalten neu angelegt wurden, konnte eine aus der Herkunftsanstalt stammende Krankengeschichte oder Ähnliches gefunden werden. Lediglich während der Umsiedlung aus dem Baltikum 1939/40 wurden anscheinend teilweise Abschriften aus den Krankenakten der Herkunftsanstalten, zum Beispiel der Universitätsnervenklinik Dorpat, angefertigt und haben sich in den neu angelegten Akten erhalten. Vgl. zum Beispiel Auszug aus der Krankengeschichte von Waltraud R. der Universitätsnervenklinik Dorpat, o. D. (APG, Heilanstalt Meseritz-Obrawalde, 3099, Bl. 8).

Krankenbegleitschein hatte ein Arzt die Diagnose „Schwachsinn“ vermerkt. Der Leiter der Anstalt Warta, in die Flora L. nach ihrer Umsiedlung gelangte, ergänzte diese noch um den Adnex „angeboren“ - ohne allerdings über eine entsprechende Krankengeschichte zu verfügen - und erstattete eine Anzeige gemäß des GzVeN beim zuständigen Amtsarzt.[202] Dieser leitete ein Sterilisationsverfahren ein. 1943 verhandelte das Erbgesundheitsgericht in Hohensalza über den Fall von Flora L. Es lehnte, nach erstaunlich gründlicher Prüfung der Diagnose, die Sterilisation ab.[203]

Krankenbegleitscheine wurden aber nicht nur für Patienten der einschlägigen Anstalten ausgefertigt. Die Ärzte füllten vielmehr für jeden kranken Umsiedler, den sie einer Krankensammelstelle bzw. einem Krankentransport zuwiesen, einen solchen Begleitschein aus.[204]

Für alle Transporte, also nicht allein für die Krankentransporte, stellten Sanitätsdienstgrade im Vorfeld außerdem einen „Sanitätspaß zur gesundheitlichen Überwachung“ des Transportes aus. In diesem sollten die mit der gesundheitlichen Überwachung der Transporte betrauten Ärzte in den Verschiffungshäfen, den Grenzübergängen, in Zügen bzw. auf den Schiffen die vorkommenden Krankheiten dokumentieren, um eine systematische gesundheitliche Überwachung der Transporte bis zu ihrer Ankunft in den Vomi-Lagern zu gewährleisten.[205] Hinter dieser permanenten gesundheitlichen Überwachung der Transporte stand nicht zuletzt die Angst vor einer Ausbreitung und Einschleppung endemischer Krankheiten.

Idealtypisch sollten die Pässe von den Gebietsärzten überprüft und ergänzt, sowie eine Liste der Kranken, Gebrechlichen, Schwangeren und Mütter mit kleinen Kindern beigefügt werden.[206] Mit ihrer Unterschrift sollten die Gebietsärzte schließlich den Abtransport freigeben. In der Praxis war die geforderte Dokumentation der Krankheitsfälle trotz eindringlicher Aufforderungen und ausführlicher Anweisungen jedoch oft mangelhaft.[207] Dies betraf trotz der zunehmenden Professionalisierung der Umsiedlungsarbeit wohl auch die Dokumentation der ärztlichen Tätigkeit. So monierte der Leitende Arzt der Umsiedlung aus Bessarabien in seinem Abschlussbericht, dass die Berichterstattung namentlich der Gebietsärzte im „ganzen gesehen“ immer noch „ungenügend“ gewesen sei.

202 Vgl. Anzeige gemäß GzVeN für Flora L. vom 15.4.1943 (APŁ, Sieradz, Szpital Psychiatryczny w Warcie, 5729, Bl. 26).

203 Vgl. Beschluss des EGG Hohensalza vom 23.10.1943 (ebd., Bl. 57).

204 So wurde zum Beispiel Karl F. vom Gebietsarzt in Gura Humora in die Krankensammelstelle Gura Humora verlegt. Vgl. Krankenbegleitschein Karl F. (APŁ, Sieradz, Szpital Psychiatryczny w Warcie, 5043, Bl. 3).

205 Vgl. Sanitätspaß (BArch Berlin, R 59/320, Bl. 48-58). Zur Ausfüllung vgl. Punkte 44-50 der Dienstanweisung für Gebietsärzte, hg. von der Vomi, Abteilung Umsiedlung, III Gesundheitswesen, o. D. (IfZ München, Dc 14.04, S. 5 f.).

206 Vgl. Dienstanweisung für Gebietsärzte, hg. von der Vomi, Abteilung Umsiedlung, III Gesundheitswesen, o. D. (IfZ München, Dc 14.04); sowie Aufgaben des Ortsbevollmächtigten für den Abtransport bei der Umsiedlung Bosnien (BArch Berlin, R 59/403, Bl. 10-12).

207 Vgl. Ritter, Gebietsarzt, S. 132.

Dafür verantwortlich sei seiner Ansicht nach ein „mangelndes Verständnis für jede Art Buchführung“ und die zum Teil fehlende Erfahrung in der „systematischen Abfassung und Vorbereitung derartiger Berichte“.[208] Zum Beispiel seien bestimmte Angaben, wie die Zahl der Behandelten, nicht regelmäßig erfasst worden, sodass ein Gesamtüberblick unmöglich würde. Ausgehend von diesen Erfahrungen empfahl der Leitende Arzt für die bereits anvisierten (Nach-) Umsiedlungen aus dem Baltikum eine bessere Schulung in Fragen der Berichterstattung und entwarf ein entsprechendes Berichtsschema.[209] Inwieweit dies auf der Ebene der Gebietsärzte tatsächlich Anwendung fand, lässt sich schwer nachvollziehen. Die erhaltenen Berichte der Gesundheitsabteilungen der Umsiedlungskommandos Litauen und Estland/Lettland deuten allerdings auf eine umfangreichere Berichterstattung und Vorbereitung des Abtransportes durch die Gebietsärzte hin.[210] Dabei war die Berichterstattung nur einer von vielen Punkten, die der Leitende Arzt in seinem Erfahrungsbericht einer eingehenden Praktikabilitätsprüfung - vor allem im Hinblick auf das Optimierungspotential für noch folgende Umsiedlungen - unterzog. So wurde beispielsweise auch der Einfluss des Wetters und damit des Umsiedlungszeitpunktes, der sich während der Umsiedlung aus Bessarabien im Herbst als „geradezu ideal“ erwiesen hatte und demnach nachfolgend ähnlich gewählt werden sollte, untersucht - oftmals auch mit einem Verweis auf die Erfahrungen aus der Umsiedlungsaktion Wolhynien/Galizien.[211] Einmal mehr erwiesen sich hier die personellen Kontinuitäten zwischen den einzelnen Umsiedlungsaktionen als günstig, und zwar nicht nur in Bezug auf die Verbesserung der Umsiedlungsorganisation, sondern auch hinsichtlich der Professionalisierung der Erfassungstätigkeit. So wurden beispielsweise „sorgfältige Nachkontrollen vor Abgang der Transporte“ angemahnt, nachdem einige Fälle bekannt geworden waren, wo sich trotz der vielfältigen Erfassungsbemühungen Kranke in regulären Umsiedlungstransporten befunden hatten und - wie im Falle eines Epileptikers - eine „erhebliche Störung“ des Abtransportes verursacht hatten.[212] Dass diese Kranken sich in den regulären Umsiedlungstransporten befanden, war wohl in den wenigsten Fällen Zufall und auch nicht etwa einer oberflächlichen Erfassungstätigkeit

208 Erfahrungsbericht der Abteilung Gesundheitswesen über den Abschnitt Bessarabien-Buchenland der Umsiedlungsaktion vom 7.12.1940 (BArch Berlin, R 59/376, Bl. 17-38, hier 28-31).

209 Vgl. ebd.

210 Vgl. zum Beispiel Bericht über die Tätigkeit der Abt. Gesundheitsführung bei der Nachumsiedlung aus Estland und Lettland vom 12.3.1941 (BArch Berlin, R 59/241, Bl. 20-26) oder Dritter Bericht der Abt. Gesundheitswesen bei der Umsiedlung Litauen vom 6.2.1941 (ebd., R 59/284, Bl. 34-40).

211 Erfahrungsbericht der Abteilung Gesundheitswesen über den Abschnitt Bessarabien-Buchenland der Umsiedlungsaktion vom 7.12.1940 (BArch Berlin, R 59/376, Bl. 17-38, hier 19).

212 Vgl. Bericht über die Dienstreise nach Mannsburg u. a. am 28.9.1940 vom 30.9.1940 (BArch Berlin, R 59/377, Bl. 54-63, hier 58); sowie Erfahrungsbericht der Abteilung Gesundheitswesen über den Abschnitt Bessarabien-Buchenland der Umsiedlungsaktion vom 7.12.1940 (ebd., R 59/376, Bl. 17-38, hier 25 f.).

geschuldet. Es dürfte vielmehr Ausdruck der Bemühungen einiger Kranker und auch Hochschwangerer, gemeinsam mit ihren Familien umgesiedelt zu werden, sein.[213] Sie versuchten sich einer Zuweisung zu einem separaten Krankentransport durch die Verheimlichung von Krankheiten zu entziehen, fürchteten sie doch, den Kontakt zu ihren Angehörigen zu verlieren - eine, wie sich in der Folgezeit herausstellen sollte, durchaus begründete Angst.

Die Erfassungsmechanismen der Volksgruppen und der Umsiedlungskommandos stießen an diesem Punkt somit an ihre Grenzen. Hier waren beide auf die Selbstauskunft des Kranken angewiesen, ähnlich wie auch später bei den erbbiologischen „Ermittlungen" während der „Durchschleusung". Die Umsiedlungsakteure versuchten diesen „Unsicherheitsfaktor" durch die schon erwähnten „Nachkontrollen" und vor allem eine permanente Überwachung und Erfassung auch während des Transportes zu kompensieren.

Insgesamt betrachtet erfolgten die Erfassungen in den Herkunftsgebieten zielstrebig und systematisch. Sie zielten auf eine erste „Grobauslese" der Umsiedler. „Unerwünschte" Umsiedler wurden, sofern dies möglich war, zurückgelassen. Dies betraf in erster Linie die „Geisteskranken", an denen das Deutsche Reich keinerlei Interesse hatte. Insbesondere die in großen staatlichen Psychiatrien lebenden Volksdeutschen blieben zurück. Die „Geisteskranken", die in volksgruppeneigenen Einrichtungen mit überwiegend volksdeutscher Bewohnerschaft lebten, die bereits von der Volksgruppe vorerfasst worden waren und deren Zurücklassen aus umsiedlungspsychologischen Gründen ungünstig erschien, mussten mit „Rücksicht" auf die Volksgruppen hingegen zur Umsiedlung zugelassen werden. Die volksgruppeneigene, gesundheitspolitische Infrastruktur und der Organisationsgrad der jeweiligen Volksgruppe spielten hier eine nicht unerhebliche Rolle.

Die systematische Erfassung aller Kranken, nicht nur der in Krankenhäusern und psychiatrischen Anstalten untergebrachten, und deren Zuweisung zu Krankentransporten, führte im Ergebnis zu einer verstärkten Hospitalisierung und Psychiatrisierung.

213 So hätten sich Hochschwangere „mit allen Mitteln" vor einem separaten Abtransport zu „drücken" versucht. Die „gleiche Tendenz, den Sondertransport zu vermeiden" habe man „vielfach" auch bei Kranken erkennen können. Vgl. Erfahrungsbericht der Abteilung Gesundheitswesen über den Abschnitt Bessarabien-Buchenland der Umsiedlungsaktion vom 7.12.1940 (BArch Berlin, R 59/376, Bl. 17-38, hier 25).

2. Auf dem Weg ins „Reich“: der Abtransport aus den volksdeutschen Siedlungsgebieten und die Ankunft im Deutschen Reich

Die Organisation des Abtransportes der Umsiedler aus den verschiedenen Herkunftsgebieten lag, wie auch deren Erfassung, im Aufgabenbereich der Umsiedlungskommandos der Vomi. Lediglich während der Umsiedlungen aus Estland und Lettland traten diese nicht in Erscheinung. Hier lag die logistische Abwicklung der Transporte und die Betreuung der Züge und Schiffe, mit denen die Umsiedler das Land verließen, in den Händen der Volksgruppenorganisationen bzw. deren neu geschaffenen Umsiedlungsdienststellen. Allerdings waren natürlich auch hier sowohl reichsdeutsche Stellen, zum Beispiel die Deutsche Gesandtschaft, der RKF oder die RÄK, als auch lettische/estnische Behörden involviert, die die notwendigen Transportmittel und Begleitpersonal zur Verfügung stellten.[214] Während der nachfolgenden Umsiedlungsaktionen verschoben sich diese Aufgabenfelder und damit auch die Kompetenzen zugunsten der reichsdeutschen Stellen: Die Vomi übernahm die zunächst von der Volksgruppenvertretung eingenommene koordinierende und leitende Position. Unterstützend wurde aber auch weiterhin auf einzelne Volksdeutsche zurückgegriffen, insbesondere dann, wenn es um die Transportbegleitung und -betreuung ging. Der eigentliche Abtransport aus den einzelnen Herkunftsgebieten erfolgte dabei in mehreren Etappen. Nachdem die Ortsbevollmächtigten die registrierten und in den Transportlisten aufgeführten Umsiedler den jeweiligen Umsiedlungstransporten zugewiesen hatten, begann der Abtransport in Trecks, Sanitätskraftwagen oder Sonderzügen, die in der Regel von den jeweiligen Herkunftsstaaten gestellt wurden. Die Transporte liefen zunächst spezielle Sammelpunkte an, wo die Umsiedler konzentriert und Vorbereitungen für den weiteren Abtransport ins Reichsgebiet getroffen wurden.[215] Diese Umsiedlungsdrehpunkte befanden sich während der Umsiedlung aus dem Baltikum in den Hafenstädten Riga, Reval und Libau, während der Umsiedlung aus Bessarabien und der Dobrudscha in den Donauhäfen Galatz, Reni, Kilia und Cernavoda, von wo aus die Verschiffung der Umsiedler erfolgte.[216] Gelangten die Baltendeutschen von den Verschiffungshäfen direkt ins Deutsche Reich (Swinemünde, Stettin, Goten-

214 Vgl. Hehn, Umsiedlung der baltischen Deutschen, Kap. X.

215 Die (kostenpflichtige) Stellung von Transportmitteln durch die jeweiligen Regierungen war bereits in den meisten Umsiedlungsverträgen festgeschrieben worden. Vertragsgemäß stellte beispielsweise während der Umsiedlung aus Lettland die dortige Regierung Sonderzüge zur Verfügung. Während der Umsiedlung aus den sowjetisch besetzten Gebieten Wolhyniens/Galiziens und Bessarabiens/Nordbukowina übernahm die Sowjetunion die Zugtransporte bis an die festgelegten Grenzübergänge bzw. Verschiffungshäfen. Vgl. Hecker, Umsiedlungsverträge. Vgl. weiter Hehn, Umsiedlung der baltischen Deutschen, S. 128 und Döring, Umsiedlung der Wolhyniendeutschen, S. 124–128.

216 Vgl. Jachomowski, Umsiedlung der Bessarabien-, Bukowina- und Dobrudschadeutschen, S. 83 und 107; sowie Hehn, Umsiedlung der baltischen Deutschen, Kap. X.

hafen[217]), so unterbrach bei den Deutschen aus Bessarabien und der Dobrudscha ein Zwischenstopp in den jugoslawischen Donauhäfen Semlin/Belgrad und Prahovo die Ausreise. Ein Direkttransport ins Reichsgebiet, namentlich Wien, hätte aufgrund einer zu langen Umlaufzeit der zur Verfügung stehenden Donaudampfer, die für diese Strecke bis zu 14 Tagen betrug, einen zügigen Abtransport aus den Umsiedlungsdrehpunkten Kilia, Reni und Galatz behindert.[218] Von Semlin bzw. Prahovo wurden die in den dortigen riesigen Auffanglagern der Vomi eingehend erfassten Umsiedler schließlich mit gesonderten und mit dem Kürzel „VD" (Volksdeutsche) gekennzeichneten Zügen in sogenannte Schaltlager im Reichsgebiet (Graz, Villach) gebracht. Dort erfolgte die Aufteilung auf die einzelnen Vomi-Lager.[219] Ebenfalls mit Sonderzügen gelangten die Deutschen aus Wolhynien/Galizien, der Bukowina oder Bosnien in das Deutsche Reich.[220] Hier fungierten vor allem die Abgangs- und die Grenzbahnhöfe[221] als zentrale Sammelpunkte, bevor die Volksdeutschen in die Lager der Vomi im Reichsgebiet weitergeleitet wurden. Nur ein verhältnismäßig geringer Teil der Wolhyniendeutschen erreichte das Deutsche Reich mit Trecks.[222]

Es waren insbesondere diese zahlreichen Umsiedlungsknotenpunkte, die eine permanente „gesundheitliche Kontrolle" der Umsiedler während des Abtrans-

217 Vgl. Aufstellung der Transportstelle der EWN Stettin über die Transporte, o. D. (Januar 1940) (BArch Berlin, R 69/1126, Bl. 68–70).

218 Insgesamt waren während der Umsiedlung aus Bessarabien 26 Schiffe eingesetzt. Vgl. EWZ-Kommission Belgrad an EWZ Litzmannstadt vom 14.10.1940 (BArch Berlin, R 69/630, Bl. 76–78). Vgl. weiter Jachomowski, Umsiedlung der Bessarabien-, Bukowina- und Dobrudschadeutschen, S. 83.

219 Die Vomi-Schaltlager Graz-Kepplerschule und Villach-Völkendorf fungierten während der Bessarabienumsiedlung als eine Art Sammellager. Ihnen wurden beispielsweise auch alle während des Transportes in Krankenhäuser eingewiesenen und später wieder entlassenen Umsiedler zugewiesen, um sie von dort auf die Lager der Vomi im Reich zu verteilen. Vgl. Bericht über die Organisation der gesundheitlichen Betreuung der Umsiedler aus Bessarabien/Buchenland während der Transporte ins Reichsgebiet, o. D. (BArch Berlin, R 59/376, Bl. 52–83, hier 82 f.). Vgl. weiter Nummernverzeichnis der Sonderzüge 1940/41 (ebd., R 5/6712). Während der Umsiedlung aus Wolhynien/Galizien wurden die Sonderzüge, die die Umsiedler in die Vomi-Lager bringen sollten, mit der Abkürzung „RW" (Rückwanderer) gekennzeichnet. Diese, nun sofort als Umsiedlertransporte zu erkennenden Züge, sollten bevorzugt abgefertigt werden. Vgl. Transportlisten Wolhynien/Galizien Dezember 1939 bis Januar 1940, o. D. (ebd., R 59/97, Bl. 16–24); sowie Döring, Umsiedlung der Wolhyniendeutschen, S. 137.

220 Vgl. Döring, Umsiedlung der Wolhyniendeutschen, S. 118–134; sowie Jachomowski, Umsiedlung der Bessarabien-, Bukowina- und Dobrudschadeutschen, S. 84 und 107.

221 Die Deutschen der Südbukowina passierten beispielsweise den Grenzübergang Sanok, später Przemysl. Letzterer war auch einer von mehreren während der Umsiedlung der Wolhyniendeutschen genutzten Grenzübergängen. Weitere befanden sich in Prostken-Grajewo, Terespol, Brest-Litowsk, Dorohusk-Jagodzin, Hrubieszow-Uszilug und Novi Zagorc. Der zentrale Grenzübergang, den die Züge der Bosniendeutschen passierten, befand sich in Brueckel (Dubova). Vgl. Döring, Umsiedlung der Wolhyniendeutschen, S. 137 f.; Jachomowski, Umsiedlung der Bessarabien-, Bukowina- und Dobrudschadeutschen, S. 84; sowie Bericht über die Umsiedlung/Planung Bosnien, o. D. (BArch Berlin R 59/403, Bl. 2–23).

222 Vgl. Döring, Umsiedlung der Wolhyniendeutschen, S. 118–134.

portes ermöglichten.[223] Und auch während der Umsiedlung aus dem Baltikum, wo die Vomi ihr diffiziles Überwachungssystem noch nicht hatte installieren können, gelang es deutschen Stellen, kontrollierend einzugreifen. Vor allem der unter der Leitung Haubolds stehenden Auslandsabteilung der RÄK bzw. der in Entstehung befindlichen Dienststelle des Beauftragten des RGF, eröffneten sich durch die Abstellung medizinischen Personals nicht unbeträchtliche Mitwirkungsmöglichkeiten, wie das Beispiel der Krankentransporte aus dem Baltikum 1939/40 nachfolgend illustrieren soll.

2.1 Die ersten Transporte aus dem Baltikum und ihre Ankunft im Deutschen Reich

Wie bereits beschrieben, oblag die Vorbereitung der Umsiedlung und des Abtransportes der Deutschen aus Estland und Lettland im Wesentlichen den volksgruppeneigenen Organisationen. Diese agierten allerdings nicht losgelöst von reichsdeutschen Stellen, sondern vielmehr in Abstimmung und mit Unterstützung dieser. So waren an der Vorbereitung des Abtransportes der Patienten der lettischen Heilanstalten aus Riga unter anderem die Abteilung III des RSHA/EWZ, die Dienststelle des RKF, die Auslandsabteilung der RÄK, die Deutsche Gesandtschaft in Riga und das Reichsverkehrsministerium direkt beteiligt.[224] Diese legten am 5. Dezember 1939 im Rahmen einer Besprechung in Gotenhafen schließlich auch die Modalitäten des „Irrentransportes", für den der baltendeutsche Psychiater Ernst Hellmann in Riga bereits erste Vorbereitungen getroffen hatte, fest.[225] Das Reichsverkehrsministerium erklärte sich bereit, für den Abtransport der Kranken zwei Dampfer zur Verfügung zu stellen und vorab die notwendigen Umbauarbeiten wie den Einbau von Isolierzellen zu veranlassen. Die Deutsche Gesandtschaft in Riga sollte in Zusammenarbeit mit dem „dortigen zuständigen Facharzt" - gemeint ist höchstwahrscheinlich Hellmann - die notwendigen Medikamente, Zwangsjacken und medizinisches Equipment beschaffen. Der Reichsärzteführer respektive seine Auslandsabteilung[226] verpflichtete sich wiederum, das notwendige ärztliche und Pflegeperso-

223 Bericht über die Organisation der gesundheitlichen Betreuung der Umsiedler aus Bessarabien/Buchenland während der Transporte ins Reichsgebiet, o. D. (BArch Berlin, R 59/376, Bl. 52-83, hier 52).

224 Vgl. Sammelbrief des Reichsverkehrsministers betr. Umsiedlung Lettland, Irrentransporte vom 11.12.1939 (BArch Berlin, R 69/106, Bl. 26); sowie dazugehörige Vereinbarung zwischen den beteiligten Dienststellen (Abschrift) (ebd., Bl. 20-22).

225 Vgl. ebd.

226 Hier war es vor allem Zietz, der die Kompetenzen für „sämtliche baltendeutschen Angelegenheiten" im Gesundheitsbereich beanspruchte. Vgl. Zietz, Auslandsabteilung der RÄK, an EWZ Gotenhafen vom 30.11.1939 (BArch Berlin, R 69/648, Bl. 21); sowie Sammelbrief des Reichsverkehrsministers betr. Umsiedlung Lettland, Irrentransporte vom 11.12.1939 (ebd., R 69/106, Bl. 26); sowie dazugehörige Vereinbarung zwischen den beteiligten Dienststellen (Abschrift) (ebd., Bl. 20-22).

nal bereitzustellen. Die ärztliche Leitung der zwei geplanten Transporte sollte in der Hand von Psychiatern liegen. Die Reichsärztekammer benannte noch am 5. Dezember 1939 - was auf eine bereits längere Vorbereitung des Transportes seitens der RÄK schließen lässt - den Oberarzt der Wittenauer Heilstätten, Wilhelm Schneider,[227] zum ärztlichen Leiter der Transporte.[228] Ein weiterer Arzt der Wittenauer Heilstätten - Raether - und der baltendeutsche Schiffsarzt Eberhard von Boetticher[229] wurden zusammen mit zahlreichen Pflegern und Schwestern aus reichsdeutschen Heilanstalten von der RÄK speziell für diese Transporte abgestellt. Baltendeutsche Ärzte, Pfleger und Schwestern sollten das Personal komplettieren. Anvisiert war ein Betreuungsschlüssel von drei zu eins, das heißt für drei Kranke sollte jeweils ein Pfleger zuständig sein. Insgesamt rechneten die Verantwortlichen zunächst mit 200 bis 400 umzusiedelnden Kranken.[230] Im Anschluss an die Besprechung vom 5. Dezember 1939 trafen die involvierten Dienststellen detaillierte Transportvorbereitungen: ein Belegungsplan wurde erstellt und die notwendigen Umbauten auf dem für den Krankentransport ausgewählten Dampfer „Bremerhaven" vorgenommen.[231] Die RÄK berief 132 Schwestern und 32 Pfleger aus insgesamt 13 Heilanstalten, zum Beispiel aus Treptow,[232] nach Danzig, wo sie am 11. Dezember 1939 die entsprechenden Instruktionen erhielten.[233] Die hohe Zahl des fachlich versierten Personals erschien notwendig, da nach Angaben von Schneider „Erfahrungen über einen derart umfangreichen und weiten Transport nicht vorlagen und

227 Wilhelm Schneider (1889-?) war seit 1935 an den Wittenauer Heilstätten Berlin als Psychiater tätig. Er hatte ein Jura- und ein Medizinstudium absolviert und in beiden Bereichen promoviert. Vgl. Karteikarte Schneiders im RAR (BArch Berlin, RAR, Wilhelm Schneider, 12.7.1889).

228 Schneider wurde daraufhin vom Reichsverkehrsministerium als ärztlicher Supercargo für die Transporte eingesetzt. Schneider selbst wurde am 6.12.1939 von der RÄK mit der Transportbegleitung betraut. Vgl. Sammelbrief des Reichsverkehrsministers betr. Umsiedlung Lettland, Irrentransporte vom 11.12.1939 (BArch Berlin, R 69/106, Bl. 26); sowie dazugehörige Vereinbarung zwischen den beteiligten Dienststellen (Abschrift) (ebd., Bl. 20-22); sowie Bericht des Oberarztes Wilhelm Schneider über den Rücktransport der Geisteskranken aus Lettland vom 18.12.1939 (APP, Vomi, 123, Bl. 113-118).

229 Eberhard von Boetticher hatte sein Medizinstudium im Deutschen Reich absolviert und war 1933/34 als Volontär am Allgemeinen Krankenhaus in Hamburg-Barmbek in der neurologischen Abteilung tätig. 1934-36 war er an der Universitätsnervenklinik Hamburg-Eppendorf, 1936/37 an der Universitätsnervenklinik Riga beschäftigt. 1937 erfolgte seine Zulassung als Neurologe. Er übernahm anschließend die Leitung eines Sanatoriums. Später war er als Schiffsarzt eingesetzt. Nach der Umsiedlung wurde er 1940 zum kommissarischen Leiter der städtischen Psychiatrischen Klinik und Nervenklinik in Posen ernannt. Über seine weitere Tätigkeit ist nichts bekannt. Vgl. Lebenslauf Eberhard von Boetticher (APP, Vomi, 129, Bl. 195).

230 Vgl Sammelbrief des Reichsverkehrsministers, betr. Umsiedlung Lettland, Irrentransporte vom 11.12.1939 (BArch Berlin, R 69/106, Bl. 26); sowie dazugehörige Vereinbarung zwischen den beteiligten Dienststellen (Abschrift) (ebd., Bl. 20-22).

231 Vgl. ebd.

232 Vgl. Vernehmung von Marga T. (Oberpflegerin Treptow) am 6.9.1962 (BArch Ludwigsburg, B 162/519, Bl. 48-53, hier 50 f.).

233 Vgl. Bericht des Oberarztes Wilhelm Schneider über den Rücktransport der Geisteskranken aus Lettland vom 18.12.1939 (APP, Vomi, 123, Bl. 113-118).

die Zahl der Patienten nicht endgültig feststand“.[234] Die Zahl der zu betreuenden Patienten lag schließlich bei 320, die in zunächst nur vage benannten „Heil- und Pflegeanstalten in Dresden und Pommern“ untergebracht werden sollten.[235] Für diese „endgültige Unterkunft“ der Patienten im Reichsgebiet hatte ebenfalls die RÄK zu sorgen, die alsbald in Verhandlungen mit dem für die Anstalten im Reichsgebiet zuständigen RMdI trat. Dabei dürfte die Akquise geeigneter Einrichtungen angesichts der großen Zahl der unterzubringenden baltendeutschen Patienten auf der einen und der ohnehin bereits angespannten Belegungssituation[236] in vielen Heilanstalten auf der anderen Seite von Interessenskonflikten begleitet worden sein. Die genauen Umstände und Determinanten der Entscheidungsfindung lassen sich aufgrund fehlender Quellen heute nicht mehr rekonstruieren. Schlussendlich fiel vermutlich Anfang Dezember 1939 die Wahl auf die Heilanstalten in Arnsdorf und Meseritz-Obrawalde, die ihre Bereitschaft zur Aufnahme der Patienten signalisiert hatten, obwohl auch dort die Aufnahmekapazitäten begrenzt waren.[237] Um die angekündigten baltendeutschen Patienten - man ging zunächst von 200 aus - unterbringen zu können, ordnete das Sächsische Ministerium des Innern die Verlegung von Arnsdorfer Patienten in die Heilanstalt Zschadraß an. Die am 12. Dezember 1939 nach oben korrigierte Zahl der aufzunehmenden Baltendeutschen - es sollten nun noch 120 Patienten mehr, also insgesamt 320, eintreffen - machte jedoch schon bald weitere Verlegungen aus Arnsdorf notwendig.[238] Insgesamt wurden am 14. und 15. Dezember 1939 schließlich 207[239] Arnsdorfer Patienten in die anderen sächsischen Landesanstalten in Zschadraß, Großschweidnitz und Hochweitzschen verlegt, um für die „geisteskranken Baltendeutschen Platz zu schaffen“.[240] Die Unterbringung der Baltendeutschen hatte den ohnehin schon

234 Ebd., Bl. 113.

235 Vgl. Sammelbrief des Reichsverkehrsministers betr. Umsiedlung Lettland, Irrentransporte vom 11.12.1939 (BArch Berlin, R 69/106, Bl. 26).

236 Die kriegsbedingte Schließung und Umfunktionierung einiger Heilanstalten bzw. von Teilen dieser in Lazarette und die daraus resultierenden Verlegungen der Patienten in noch existierende Heilanstalten führten im Herbst 1939 zu einer erhöhten Belegung in den Heilanstalten. Vgl. u. a. Faulstich, Hungersterben in der Psychiatrie, S. 246-248.

237 Die Landesanstalt Arnsdorf hatte bereits im August und September 1939 weit über 300 Patienten aus den zu Kriegsbeginn bereits aufgelösten Landesanstalten in Pirna-Sonnenstein und Colditz aufgenommen. Vgl. Jahresbericht der Landesanstalt Arnsdorf für das Jahr 1939 (Stadtarchiv Leipzig, BKH Dösen, Nr. 60 [Kopie im Archiv der Gedenkstätte Pirna-Sonnenstein]). Vgl. auch Oeser, Arnsdorf, S. 146.

238 Vgl. Niederschrift über die fernmündlichen Vereinbarungen zwischen dem Sächsischen Ministerium des Innern (SMdI)/Pfotenhauer und der Landesanstalt Arnsdorf vom 12.12.1939 (SächsHStA, MdI, 16816, Bl. 3).

239 Vgl. Mitteilung der Landesanstalt Arnsdorf an das SMdI vom 20.12.1939 (SächsHStA, MdI, 16816, Bl. 4). Der Jahresbericht der Landesanstalt Arnsdorf für das Jahr 1939 gibt eine Zahl von 212 verlegten Arnsdorfer Patienten an. Vgl. Jahresbericht der Landesanstalt Arnsdorf für das Jahr 1939 (Stadtarchiv Leipzig, BKH Dösen, Nr. 60 [Kopie im Archiv der Gedenkstätte Pirna-Sonnenstein]).

240 Niederschrift über die fernmündlichen Vereinbarungen zwischen dem SMdI/Pfotenhauer, und der Landesanstalt Arnsdorf vom 12.12.1939 (SächsHStA, MdI, 16816, Bl. 3).

manifesten Verteilungsdruck, der auf den psychiatrischen Anstalten lastete, zusätzlich erhöht und setzte hier einen Verdrängungsprozess in Gang, der eindeutig zugunsten der Baltendeutschen ausfiel. Deren Unterbringung wurde anscheinend eine höhere Priorität als dem Verbleib der Arnsdorfer Patienten in ihrer bisherigen Anstalt eingeräumt. Dies dürfte vor allem auf die Machtposition des RKF und der in seinem Sinne agierenden RÄK zurückzuführen sein und weniger auf die, die späteren Verdrängungsprozesse innerhalb des deutschen Gesundheitswesens determinierende „sozialutilitaristische Wertigkeitsideologie".[241] Nichtsdestotrotz findet sich hier ein erstes Exempel für den für die späteren Kriegsjahre so charakteristischen Verdrängungsprozess zwischen den verschiedenen Patientengruppen medizinischer Einrichtungen.

Die Umsiedlung der baltendeutschen „Geisteskranken" sollte dabei in zwei Transporten, jeweils durchgeführt von der „Bremerhaven", vonstattengehen. Über den ersten Transport liegen dabei recht ausführliche Informationen vor.[242] Am 13. Dezember 1939 traf der für den Transport vorgesehene Dampfer einschließlich des ärztlichen und Pflegepersonals, welches bereits mit entsprechenden Instruktionen versehen worden war, in Riga ein. Dort fand zunächst eine Besprechung zwischen den reichsdeutschen Ärzten und dem baltendeutschen Psychiater Hellmann statt. Letzterer habe nach Angaben des leitenden Arztes, Schneider, zusammen mit seiner Ehefrau „die Einschiffung der Patienten in mustergültiger Weise vorbereitet".[243] Nachdem die entsprechenden Transportvorbereitungen, wie die Verladung des Proviants, der Medikamente und Zwangsjacken, vor Ort getroffen worden waren, erfolgte am 14. Dezember 1939 die „Einschiffung" der Patienten. Diese hatte man mit Hilfe von Autobussen aus den vier staatlichen und zwei privaten Heilanstalten Lettlands in den Rigaer Hafen gebracht. Dort vollzogen die lettischen Behörden zunächst die formale Ausbürgerung der Patienten, bevor die reichsdeutschen Ärzte sie übernahmen. Bereits im Vorfeld des Krankentransportes war dabei auf eine möglichst genaue Visitation der Patienten gedrungen worden. Zum einen sollte dadurch das Mitführen von Feuerzeugen, Messern oder Ähnlichem, was die Transportsicherheit gefährden konnte, verhindert, und zum anderen eine dem Gesundheitszustand adäquate Unterbringung an Bord gewährleistet werden.[244] Schneider und seine Kollegen wurden dabei von Hellmann und einem weiteren baltendeut-

241 Vgl. dazu weiterführend Süß, Volkskörper im Krieg, Kap. V und VI.

242 Vgl. dazu und im Weiteren den ausführlichen Bericht Schneiders über den „Rücktransport der Geisteskranken aus Lettland" vom 18.12.1939 (APP, Vomi, 123, Bl. 113–118; bzw. SächsHStA, MdI, 16816, Bl. 6–11).

243 Bericht Schneiders über den Rücktransport der Geisteskranken aus Lettland vom 18.12.1939 (APP, Vomi, 123, Bl. 113–118, hier 114).

244 Vgl. Sammelbrief des Reichsverkehrsministers betr. Umsiedlung Lettland, Irrentransporte vom 11.12.1939 (BArch Berlin, R 69/106, Bl. 26); sowie Bericht Schneiders über den „Rücktransport der Geisteskranken aus Lettland" vom 18.12.1939 (APP, Vomi, 123, Bl. 113–118, hier 114).

schen Arzt, Ernst Hollander,[245] unterstützt. Diese Zusammenarbeit war für die reichsdeutschen Ärzte gleich in zweierlei Hinsicht „begrüßenswert“: Erstens konnten mit Hilfe der baltendeutschen Ärzte die überwiegend in lettischer Sprache verfassten Dokumente zügig ausgewertet werden, und zweitens kannte insbesondere Hollander aufgrund seiner langjährigen Tätigkeit als Anstaltsarzt der Heilanstalt Rothenberg/Riga eine Vielzahl der Patienten. Beide Aspekte erleichterten die Zuweisung der Patienten zu den verschiedenen, anstaltsähnlichen „Abteilungen“ an Bord, die „auf Anregung“ der RÄK durch Holzgitter voneinander abgegrenzt worden waren.[246] An der Anstaltsorganisation orientierte sich nicht nur die Unterbringung der Patienten, sondern auch die Tätigkeit des Pflegepersonals, das in Riga noch um einige baltendeutsche Pfleger und Schwestern verstärkt wurde.[247] Nach Angaben von Schneider war der „Dienst auf den Abteilungen [...] vollständig dem einer Heilanstalt angepasst“ worden.[248] Bis zum Abend des 14. Dezembers 1939 konnten schließlich alle 306 Patienten in den verschiedenen Abteilungen untergebracht werden und die „Bremerhaven“ legte ab. Mit an Bord befanden sich auch die Psychiater Hellmann und Hollander. Abgesehen von diesen und dem baltendeutschen Pflegepersonal waren andere (gesunde) Baltendeutsche zu diesem Transport nicht zugelassen worden.[249]

245 Ernst von Hollander (1871-?), geboren in Riga, hatte 1890 bis 1896 in Dorpat, München und Tübingen Medizin studiert. Anschließend kehrte er nach Riga zurück, um bis 1935 als Arzt in der Heilanstalt Rothenberg tätig zu werden. 1930 bis 1939 war er zudem als Arzt in Fürsorgeeinrichtungen beschäftigt, 1936/37 fungierte er kurzzeitig als leitender Arzt der Anstalt Schönfeld. Seit 1918 gehörte er der Deutschen Volksgemeinschaft in Lettland an. Er bekleidete dort das Amt eines Kreisleiters der Nachbarschaften. Im Zuge der Umsiedlung begleitete er den Transport der psychisch kranken Baltendeutschen aus Riga nach Arnsdorf, wo er als Anstaltsarzt eingestellt wurde. 1940 verließ er zusammen mit den baltendeutschen Patienten Arnsdorf in Richtung Warthegau, in die Gauheilanstalt Tiegenhof, welche ihn als Anstaltsarzt übernahm. Im September 1941 schied er aus dem Anstaltsdienst aus. Vgl. Personalbogen der Heilanstalt Tiegenhof von Ernst Hollander vom 19.5.1941 (Krankenhausarchiv Tiegenhof, Personalakte 21, Ernst von Hollander, unpag.); Gauselbstverwaltung Posen an die Auslandsabteilung der RÄK, betr. Unterbringung baltendeutscher Geisteskranker vom 26.4.1940 (ebd., Bl. 1); sowie Zietz, Auslandsabteilung der RÄK, an den Reichsstatthalter in Posen vom 23.4.1940 (APP, Vomi, 123, Bl. 73 f.).

246 Vgl. Bericht Schneiders über den „Rücktransport der Geisteskranken aus Lettland“ vom 18.12.1939 (APP, Vomi, 123, Bl. 113-118, hier 113 f.).

247 Beispielsweise begleitete die Pflegerin Irmgard W., bis zur Umsiedlung Pflegerin und Hilfsschwester in der Universitätsklinik in Riga, den Transport nach Arnsdorf. Wie auch Hollander blieb sie zunächst in Arnsdorf, bevor sie zusammen mit den baltendeutschen Patienten nach Tiegenhof kam. Vgl. Irmgard W. an die Einwandererberatungsstelle Posen vom 9.1.1940 (APP, Vomi, 127, Bl. 208); Zietz, Auslandsabteilung der RÄK, an den Reichsstatthalter in Posen vom 23.4.1940 (ebd., Vomi, 123, Bl. 73 f.); sowie Gauselbstverwaltung Posen an die Auslandsabteilung der RÄK, betr. Unterbringung baltendeutscher Geisteskranker vom 26.4.1940 (Krankenhausarchiv Tiegenhof, Personalakte 21, Ernst von Hollander, Bl. 1).

248 Bericht Schneiders über den „Rücktransport der Geisteskranken aus Lettland“ vom 18.12.1939 (APP, Vomi, 123, Bl. 113-118, hier 114).

249 Vgl. Aufstellung der Transportstelle der EWN Stettin über die gemeldeten Transportschiffe, o. D. (BArch Berlin, R 69/1126, Bl. 68-70, hier 70).

Die Überfahrt verlief laut Schneiders Bericht, der sich aufgrund der Quellenlage weder falsifizieren noch verifizieren lässt,[250] relativ ruhig und ohne „besondere Vorkommnisse". Der Verbrauch an Beruhigungsmitteln sei gering gewesen und auf die Verwendung von Zwangsjacken sei komplett verzichtet worden. „Körperliche" Erkrankungen seien nur in nicht „nennenswertem" Ausmaß vorgekommen, Sterbefälle keine.[251] Verschwiegen wird hier allerdings der teilweise schlechte Allgemeinzustand der Patienten, der sich in den Aufnahmevermerken der Anstalt Arnsdorf widerspiegelt und zu dessen Verbesserung weder im Vorfeld noch während des Transportes anscheinend entsprechende Maßnahmen eingeleitet wurden. So war die Bekleidung der Kranken teilweise „so schlecht beschaffen [...], dass eine weitere Benutzung" nicht in Frage kam.[252] Das in einem Fall dokumentierte Auftreten von „Kopf und Kleiderläusen", die spätestens bei der angeblich so gründlichen Untersuchung im Rahmen der Einschiffung der Patienten hätten bemerkt werden müssen, deutet auf hygienische Mängel oder aber ein Desinteresse am Allgemeinzustand der Patienten hin.[253] Es entsteht so der Eindruck, dass es den verantwortlichen Ärzten primär um eine störungsfreie und zügige Abwicklung des gesamten Transportes ging und nur sekundär um die einzelnen Patienten und deren individualmedizinische Betreuung. Somit lässt sich auch hier ein Beispiel für den Paradigmenwechsel, welcher sich innerhalb der Gesundheitspolitik des Deutschen Reiches seit 1933 vollzogen hatte, finden.

Am 16. Dezember 1939 erreichte der Krankentransport den Hafen Swinemünde. Dort wurden sämtliche Patienten mit Unterstützung des „Gauärzte-

250 Die Aussagen der an dem Transport beteiligten Treptower Schwester Marga T., die im Zusammenhang mit den Ermittlungen gegen Georg Renno zu ihrer Tätigkeit in den Anstalten Treptow und Meseritz befragt wurde, bleiben in diesem Punkt vage. Auch die Auszüge aus einem Bericht Hellmanns über die Vorbereitung und Durchführung des Transportes enthalten keine konkreten Angaben zur Betreuung der Patienten an Bord. Das Original dieses Berichtes konnte nicht aufgefunden werden. Vgl. Vernehmung von Marga T. (Oberpflegerin Treptow) am 6.9.1962 (BArch Ludwigsburg, B 162/519, Bl. 48-53, hier 50 f.); sowie Bernsdorff, Gesundheitsdienst und Fürsorge, S. 221-224.

251 Bericht Schneiders über den „Rücktransport der Geisteskranken aus Lettland" vom 18.12.1939 (APP, Vomi, 123, Bl. 113-118, hier 114).

252 Arnsdorfer Anstaltsdirektor an Zietz, Auslandsabteilung der RÄK vom 8.1.1940 (SächsHStA, MdI, 16816, Bl. 39). Mit dem Krankentransport wurden der Anstalt Arnsdorf zwar umfangreiche Bekleidungsgegenstände übergeben, allerdings konnte die Anstalt nicht darüber verfügen, weil eine entsprechende Zustimmung der Auslandsabteilung der RÄK/Zietz nicht vorlag. Sämtliche Bekleidungsstücke wurden zusammen mit den Patienten im Mai 1940 nach Tiegenhof gebracht. Vgl. diesbezüglichen Schriftwechsel zwischen der Landesanstalt Arnsdorf, dem SMdI und Zietz (SächsHStA, MdI, 16816, Bl. 35-41).

253 Vgl. Aufnahmevermerk der Anstalt Arnsdorf in der Krankengeschichte von Emma K. vom 17.12.1939 (ThSt Gotha, Landesheilanstalt Mühlhausen, Patientenakte Emma K., unpag.). Es ist zu vermuten, dass dies nicht der einzige Fall von Verlausung war, allerdings lassen sich aufgrund der schlechten Überlieferungssituation der Krankenakten der baltendeutschen Patienten weitere nicht nachweisen.

führers“ von Pommern, Gottfried Ende,[254] und dem Leiter des Baltendeutschen Dienstes[255] in Swinemünde, Herbert Bernsdorff,[256] ausgeschifft. Dazu war der Hafen großräumig abgesperrt worden, um zum einen das „Entweichen“ von Patienten zu verhindern und zum anderen Zuschauer und Journalisten abzuhalten. Die Patienten wurden in einen Sonderzug, der über Lazarett- und Gefangenentransportwagen verfügte, überführt.[257] Am 17. Dezember 1939 traf dieser im sächsischen Arnsdorf ein. Mit Hilfe des dortigen Personals wurden die Patienten in die Anstalt aufgenommen, wobei „von der Erfüllung der sonst hierbei üblichen Formalitäten grundsätzlich abgesehen“ worden sei, was in der Folgezeit vor allem in Bezug auf die Kostenübernahme zu Unklarheiten führen

254 Gottfried Ende (1891–?) war seit 1936 Leiter der Ärztekammer Pommern, der KVD Landesstelle Pommern und ehrenamtlicher Leiter des dortigen Gauamtes für Volksgesundheit. Während der Umsiedlung der Baltendeutschen fungierte er als „Beauftragter für die Unterbringung der Kranken und Gebrechlichen in Pommern“. In dieser Funktion war er für die Unterbringung der kranken und gebrechlichen Baltendeutschen, die Pommern auf dem Schiffsweg oder per Zug erreichten, zuständig. 1942 schied er aus dem Gauamt für Volksgesundheit aus. Anschließend war er als Arzt an der Ostfront. Vgl. Antrag auf Besoldungsfestsetzung vom 1.9.1942 (BArch Berlin [ehem. BDC], PK C 63, Gottfried Ende, 3.7.1891, unpag.); sowie Gauschatzmeister Pommern an das Zentralpersonalamt beim Reichsschatzmeister vom 3.12.1942 (ebd.) Vgl. weiter Ende an den stellvertretenden Gauleiter Pommerns vom 2.12.1939 (BArch Berlin, R 69/1127, Bl. 232 f.).

255 Der von der deutschbaltischen Volksgruppenführung Ende November 1939 ins Leben gerufene Baltendeutsche Dienst/deutschbaltische Hilfsstelle in Swinemünde widmete sich der Fürsorge der dort eintreffenden baltendeutschen Umsiedler. Er wurde von dem Baltendeutschen Herbert Bernsdorff geleitet, und kann als Versuch der Volksgruppe, eine eigenständige Umsiedlungsorganisation zu etablieren und damit das weitere Schicksal der Baltendeutschen im Deutschen Reich mitbestimmen zu können, verstanden werden. Er verfügte u. a. über eine Umsiedlerkartei und stand in direktem Kontakt zur Auslandsabteilung der RÄK/Zietz und dem Beauftragten für die Unterbringung der Kranken und Gebrechlichen in Pommern/Ende, von welchem er nach Angabe Bernsdorffs zu Hilfeleistungen herangezogen wurde. Gleichzeitig fungierte er als eine Art Mittelstelle zwischen Baltendeutschen und reichsdeutschen Dienststellen. Vgl. Bernsdorff, Gesundheitsdienst und Fürsorge.

256 Herbert Bernsdorff (1892–1968) hatte in Dorpat Medizin studiert, bevor er 1918 in der Heilanstalt Rothenberg/Riga eine Assistenzarztstelle übernahm. 1921 legte er das medizinische Staatsexamen in Würzburg ab und arbeitete anschließend bis 1923 als Abteilungsarzt in der Kuranstalt Neumittelstadt/München. 1924 kehrte er nach Riga zurück, wo er sich als Facharzt für Innere Medizin niederließ. Dort schloss er sich der Gesellschaft praktischer Ärzte zu Riga an. 1936 absolvierte er einen Fortbildungskurs im Rudolf-Hess-Krankenhaus in Dresden, 1939 hielt er sich zu Fortbildungszwecken in der Führerschule der deutschen Ärzteschaft in Alt-Rehse auf. Vgl. Lebenslauf Herbert Bernsdorff vom 12.1.1940 (APP, Vomi, 129, Bl. 133); sowie Mitgliederverzeichnis der Gesellschaft praktischer Ärzte zu Riga vom Oktober 1934 (BArch Berlin, R 57 Neu/1082, Mappe 2, unpag.).

257 Vgl. Bericht Schneiders über den „Rücktransport der Geisteskranken aus Lettland“ vom 18.12.1939 (APP, Vomi, 123, Bl. 113–118, hier 115); Sammelbrief des Reichsverkehrsministers betr. Umsiedlung Lettland, Irrentransporte vom 11.12.1939 (BArch Berlin, R 69/106, Bl. 26); sowie Bernsdorff, Umsiedlung und Gesundheitsdienst, S. 250 f. Bernsdorff zitiert hier Hellmann, der das Eintreffen des Krankentransportes in Swinemünde allerdings fälschlicherweise auf den 17.12.1939 datiert.

sollte.[258] Die Zuordnung zu den einzelnen Abteilungen erfolgte auf der Basis einer während des Transportes aufgestellten Liste, in der die Diagnosen der Patienten verzeichnet worden waren.[259] Für einige wenige Patienten lagen zudem Gutachten der Herkunftsanstalten vor. Die Patientenakten oder Abschriften aus diesen fehlten, entgegen der üblichen Verlegungspraxis.[260] Die so „mustergültige" Vorbereitung des Abtransportes der Kranken durch Hellmann hatte sich demnach offensichtlich auf logistische und versorgungstechnische Vorarbeiten beschränkt. Über den unmittelbaren Transport hinausgehende therapeutische Fragen, zum Beispiel wie eine kontinuierliche und adäquate Behandlung der einzelnen Kranken auch in der zukünftigen Anstalt zu gewährleisten sei, hatten offensichtlich nur eine untergeordnete Bedeutung. Anders lässt sich das Fehlen der Patientenakten bzw. von entsprechenden Auszügen, die eine wesentliche Voraussetzung für eine erfolgreiche Weiterbehandlung darstellten, nur schwer erklären. Offensichtlich war eine klassische Anstaltsunterbringung, die zumindest einen minimalen therapeutischen Anspruch erhob, nicht vorgesehen.

Insgesamt trafen mit diesem ersten Transport aus dem Baltikum am 17. Dezember 1939 306 Patienten der Rigaer Heilanstalten Rothenberg und Alexanderhöhe, der Heilanstalten Günthershof/Mitau, Stackeln und Dünaburg sowie Altersheimbewohner in der Landesanstalt Arnsdorf ein.[261] Dort verblie-

258 Bericht Schneiders über den „Rücktransport der Geisteskranken aus Lettland" vom 18.12.1939 (APP, Vomi, 123, Bl. 113–118, hier 116); sowie Mitteilung der Kassenverwaltung der Landesanstalt Arnsdorf an die Anstaltsdirektion Arnsdorf vom 5.2.1940 (SächsHStA, MdI, 16816, Bl. 26).

259 Vgl. Bericht Schneiders über den „Rücktransport der Geisteskranken aus Lettland" vom 18.12.1939 (APP, Vomi, 123, Bl. 113–118, hier 116).

260 In der Anstalt Arnsdorf wurden für alle Baltendeutschen Patientenkarteikarten und für die meisten von ihnen wohl auch neue Krankenakten angelegt. Die wenigen überlieferten Arnsdorfer Akten, die durch die Verlegung der baltendeutschen Patienten nach Tiegenhof und von dort nach Uchtspringe, Pfafferode und Meseritz noch erhalten sind, enthalten zumeist nur wenige Eintragungen, in den seltensten Fällen eine Anamnese und nur in einer Akte konnte ein Gutachten der lettischen Heilanstalt Rothenberg/Riga gefunden werden. Für einige Patienten wurden trotz einer auf der Patientenkarteikarte vermerkten Aktennummer anscheinend in Arnsdorf keine Krankenakten angelegt, sondern erst in Tiegenhof. Diese beginnen mit der dortigen Aufnahme am 17.5.1940 und haben keinen Arnsdorfer Aktendeckel oder Aufnahmebogen. Vgl. zum Beispiel Patientenakten von Hilda F., Tamara B., Hulda B. und Emma K. (ThSt Gotha, Landesheilanstalt Mühlhausen); sowie Patientenakten von Andreas O., Martha M. und Amalie R. (APG, Heilanstalt Meseritz-Obrawalde, Nr. 2760, 2451 und 3205).

261 Die von der Anstalt unmittelbar nach dem Eintreffen des Transportes mitgeteilte Zahl von 307 baltendeutschen Patienten dürfte auf eine doppelte Aufnahme eines Patienten zurückzuführen sein. Verifizieren lässt sich diese Vermutung allerdings nicht, da die Aufnahmebücher der Landesanstalt Arnsdorf für den entsprechenden Aufnahmezeitraum nicht überliefert sind. Im Jahresbericht für das Jahr 1939 werden schließlich 306 Patienten angegeben. Vgl. Landesanstalt Arnsdorf an das SMdI vom 20.12.1939 (SächsHStA, MdI, 16816, Bl. 4); sowie Jahresbericht der Landesanstalt Arnsdorf für das Jahr 1939 (Stadtarchiv Leipzig, BKH Dösen, Nr. 60 [Kopie im Archiv der Gedenkstätte Pirna-Sonnenstein]).

ben sie zusammen mit den baltendeutschen Psychiatern und Transportbegleitern Hellmann und Hollander sowie mindestens einer baltendeutschen Schwester bis zu ihrer Weiterverlegung in die Anstalt Tiegenhof im Mai 1940.[262]

Etwa einen Monat, nachdem die ersten baltendeutschen Patienten der lettischen Heilanstalten und die Altersheimbewohner Riga verlassen hatten, stach die „Bremerhaven“ ein zweites Mal in See, nun allerdings in Reval. An Bord des Dampfers befanden sich 102 Passagiere: 66 „Irre“ aus den estnischen Heilanstalten,[263] die zuvor in der Anstalt Seewald konzentriert worden waren, 13 „Fürsorgebedürftige“ aus Altersheimen, 3 Ärzte/Pflegepersonal und 20 „Sträflinge“.[264] Hinzu kamen wie auch bei dem ersten großen Krankentransport weitere reichsdeutsche Pfleger und Ärzte, deren Zahl allerdings deutlich geringer gewesen sein dürfte.[265] Sie alle verließen Reval am 12. Januar 1940 und gingen am 16. Januar 1940, nachdem das Schiff aufgrund starken Nebels und Schnees einen Tag vor Swinemünde vor Anker liegen musste, bevor es in den Hafen einlaufen konnte, von Bord.[266] Die Gefangenen wurden der Stettiner Polizei übergeben[267], die Kranken und Fürsorgepfleglinge in einem Sonderzug in die Heilanstalt Meseritz-Obrawalde gebracht. In Swinemünde waren, wohl auf Veranlassung Bernsdorffs, noch 15 weitere Kranke dem Sondertransport in die Heilanstalt zugewiesen worden.[268] Die genaue Zahl der tatsächlich am 17. Januar 1940 in Meseritz-Obrawalde aufgenommenen baltendeutschen

262 Vgl. Hermann Schlau an Maria Kiessling, betr. Ärzteeinsatz vom 6.1.1940 (APP, Vomi, 125, Bl. 239); Zietz, Auslandsabteilung der RÄK, an den Reichsstatthalter in Posen vom 23.4.1940 (APP, Vomi,123, Bl. 73 f.); sowie Gauselbstverwaltung Posen an die Auslandsabteilung der RÄK, betr. Unterbringung baltendeutscher Geisteskranker vom 26.4.1940 (Krankenhausarchiv Tiegenhof, Personalakte 21, Ernst von Hollander, Bl. 1).

263 Da ein Aufnahmebuch der Heilanstalt Meseritz-Obrawalde nicht überliefert ist und nur noch wenige Patientenakten der nach Meseritz gebrachten Baltendeutschen existieren, lassen sich keine präzisen Aussagen über die Herkunft der „Irren“ treffen. Höchstwahrscheinlich handelte es sich aber wohl vorwiegend um Anstaltspatienten.

264 Vgl. Transportvoranmeldung der EWN Stettin für den 15.1.1940 (BArch Berlin, R 69/1127, Bl. 26); sowie Aufstellung der Transportstelle der EWN Stettin über die gemeldeten Transportschiffe, o. D. (ebd., R 69/1126, Bl. 68–70, hier 70).

265 Vgl. Bernsdorff, Gesundheitsdienst und Fürsorge, S. 251. Bernsdorff erwähnt hier den Transport aus Reval, der von reichsdeutschem Personal begleitet worden sein soll, ohne dass er dies jedoch belegt. Er geht außerdem davon aus, dass die Patienten ebenfalls nach Arnsdorf gebracht wurden, was nicht zutrifft. Bei Hehn und Nottbeck fehlen jegliche Hinweise auf diesen Transport, vgl. Hehn, Umsiedlung der baltischen Deutschen; sowie Nottbeck, Organisation und Verlauf der Umsiedlung.

266 Vgl. Herbert Bernsdorff an Hermann Schlau mit handschriftlichem Vermerk zum Transport der Geisteskranken vom 16.1.1940 (APP, Vomi, 123, Bl. 4).

267 Über die weitere Unterbringung der Gefangenen ist nichts bekannt. Ein früherer Transport mit Gefangenen aus Riga (15.12.1939) wurde über Swinemünde in die Strafanstalt Gollnow weitergeleitet. Möglicherweise gelangten auch die Gefangenen aus Reval dorthin. Vgl. Transportvoranmeldungen der EWN Stettin für den 16.12.1939 sowie für den 15.1.1940 (BArch Berlin, R 69/1127, Bl. 25, 26).

268 Vgl. Herbert Bernsdorff an Hermann Schlau mit handschriftlichem Vermerk zum Transport der Geisteskranken vom 16.1.1940 (APP, Vomi, 123, Bl. 4); sowie Übersicht des Baltendeutschen Dienstes über die Krankentransporte vom 23.2.1940 (ebd., Bl. 43). Vgl. auch Patientenakte von Marta R. (APG, Heilanstalt Meseritz-Obrawalde, Nr. 3207).

Patienten lässt sich aufgrund fehlender Aufnahmebücher nicht mehr ermitteln.[269] Sie dürfte aber bei etwa 80 bis 90 Patienten/Pfleglingen gelegen haben und kam damit bei weitem nicht an die Zahl der nach Arnsdorf verlegten Baltendeutschen heran. Allerdings wurden in der Folgezeit weitere Baltendeutsche, die nach ihrer Ankunft zunächst in Heimen oder Pflegeeinrichtungen im Kreis Usedom-Wollin untergebracht worden waren, in die Heilanstalt Meseritz-Obrawalde verlegt, sodass sich dort schon bald über 100 baltendeutsche Patienten aufhielten.[270] Für diese wurden offensichtlich relativ systematisch neue Krankenakten angelegt, denn auch hier waren die Patientenakten der estnischen Heilanstalten und Pflegeeinrichtungen nicht mitgegeben worden. Im Falle der zuvor in den estnischen Heilanstalten Seewald/Reval und der Universitätsnervenklinik Dorpat untergebrachten Kranken lagen jedoch vielfach Auszüge aus der Krankengeschichte vor.[271]

Wie auch die nach Arnsdorf verbrachten baltendeutschen Patienten wurden die in Meseritz-Obrawalde aufgenommenen Baltendeutschen im Mai 1940 in die Gauheilanstalt Tiegenhof verlegt.

Es stellt sich nun auch hier die Frage, ob der Aufnahme der Baltendeutschen in Meseritz-Obrawalde Verlegungen von Stammpatienten vorausgegangen waren. Angesichts der Einbeziehung der pommerschen Anstalten in die frühen Krankenmorde ist diese Frage nicht ohne Brisanz.[272]

Etwa im Oktober 1939 begannen auf Initiative des pommerschen Gauleiters Franz Schwede-Coburg und unter maßgeblicher Beteiligung der SS die Verlegungen von pommerschen Anstaltspatienten nach Danzig-Westpreußen, wo der berüchtigte SS-Wachsturmbann Eimann die Patienten in einem Waldstück bei Piasnica, unweit der westpreußischen Anstalt Neustadt, ermordete.[273] Im Zuge

269 In den noch erhaltenen Unterlagen der Heilanstalt Meseritz-Obrawalde ließ sich lediglich eine „Liste über die mit Dampfer Bremerhaven, 12. Januar 1940 ab Reval (Estland) beförderten Geistes- und Nervenkranken" auffinden, in der allerdings lediglich weibliche Patienten/Fürsorgepfleglinge verzeichnet waren und die offensichtlich später ergänzt wurde. Sie enthält insgesamt 81 Namen (APG, Heilanstalt Meseritz-Obrawalde, Nr. 10, Bl. 35 f.).

270 Vgl. Namensliste baltendeutscher Kranker, o. D. (BArch Berlin, R 69/1015, Bl. 2-8). Ein Abgleich mit den Arnsdorfer Patientenkarteikarten, der im Bestand der Heilanstalt Meseritz-Obrawalde befindlichen Namensliste und dem Aufnahmebuch der Heilanstalt Tiegenhof ergab, dass es sich hierbei um in Meseritz untergebrachte Baltendeutsche handeln muss. In der Liste, die vermutlich vom April 1940 stammt, sind 76 Frauen und 31 Männer verzeichnet.

271 Da auch von den aus Estland stammenden baltendeutschen Patienten nur wenige Akten erhalten geblieben sind, lassen sich generelle Aussagen jedoch nur unter Vorbehalt und mit Berücksichtigung der selektiven Überlieferung treffen. Die erhaltenen Akten deuten jedoch darauf hin, dass für die meisten Patienten Abschriften aus den Krankenakten oder ärztliche Begleitschreiben angefertigt wurden. Vgl. zum Beispiel Patientenakte von Waltraud R. (APG, Heilanstalt Meseritz-Obrawalde, Nr. 3099); sowie Patientenakten Erika E. und Olga G. (ThSt Gotha, Landesheilanstalt Mühlhausen).

272 Vgl. Rieß, Anfänge der Vernichtung, S. 53-107.

273 Vgl. weiterführend ebd.; sowie Heike Bernhardt, Anstaltspsychiatrie und „Euthanasie" in Pommern 1933 bis 1945. Die Krankenmorde an Kindern und Erwachsenen am Beispiel der Landesheilanstalt Ueckermünde, Frankfurt a. M. 1994, S. 35-48.

dieser „Verlegungen“ wurden ganze Anstalten geräumt, die nachfolgend als SS-Kasernen - nicht für die Unterbringung Baltendeutscher - genutzt wurden.[274] Aber auch die übrigen Anstalten Pommerns, darunter auch die in Meseritz-Obrawalde, waren von den frühen Krankenmorden betroffen. Hier stand weniger die Inanspruchnahme der Anstaltskomplexe für Zwecke der SS im Vordergrund als vielmehr eine Neustrukturierung der pommerschen „Geisteskrankenfürsorge“, die „kriegswirtschaftlichen Bedingungen“ angepasst werden sollte.[275] Konkret bedeutete dies, dass die pommerschen Patienten in den drei verbliebenen Anstalten in Meseritz-Obrawalde, Ueckermünde und zunächst auch Treptow konzentriert werden sollten, nachdem aus diesen die „unheilbaren“ Kranken ebenfalls „verlegt“, das heißt getötet, worden waren.[276] Ein solcher Transport verließ Meseritz-Obrawalde beispielsweise am 1. Dezember 1939.[277] Wenig später trafen bereits neue Patienten aus Berlin, aus Lauenburg und der besagte Krankentransport aus Reval ein.[278] Allein diese Verlegungspraxis macht deutlich, dass die Aufnahme der Baltendeutschen nicht ursächlich für die Ermordung eines Teils der Meseritzer Patienten in den Wäldern von Piasnica gewesen sein kann, sondern dass den Krankenmorden ein anderes Motiv zugrunde lag: das der radikalen Umstrukturierung der psychiatrischen Landschaft Pommerns. Nichtsdestotrotz lässt sich ein Zusammenhang zwischen den Morden an den Meseritzer Patienten und der späteren Aufnahme der Baltendeutschen vermuten, allerdings in umgekehrter Richtung. Es ist anzunehmen, dass die Ermordung eines Teils der Patienten die Entscheidung, die Baltendeutschen in Meseritz unterzubringen, wesentlich bestimmte, standen doch dadurch die notwendigen freien Betten zur Verfügung. Über diese dürfte die RÄK, die vermutlich auch hier für die Unterbringung der Baltendeutschen verantwortlich zeichnete, vom Gauleiter/Oberpräsidenten Schwede-Coburg bzw. dem Gauärzteführer Gottfried Ende informiert worden sein. Letzterer stand nachweislich in direktem Kontakt zum HSSPF Emil Mazuw,[279] der neben Schwede-

274 Es handelte sich um die Anstalten Lauenburg und Stralsund. Vgl. dazu auch Rieß, Anfänge der Vernichtung, S. 53-107.

275 Vgl. Beddies, Meseritz-Obrawalde, S. 243 f.

276 Vgl. Bernhardt, Anstaltspsychiatrie, S. 48; sowie Beddies, Meseritz-Obrawalde, S. 243 f. Im Rahmen der Räumungen der Anstalten gelangten u. a. Anfang Februar 1940 Lauenburger Patienten nach Meseritz-Obrawalde. Im November 1940 folgten Transporte aus der Anstalt Treptow, die zum Lazarett umfunktioniert wurde. Vgl. die entsprechenden Verlegungslisten (APG, Heilanstalt Meseritz-Obrawalde, Nr. 10).

277 Vgl. Nachweisung der bei der Überführung der Kranken von der Heilanstalt Obrawalde am 1.12.1939 an die Hinterlegungsstelle der Anstalt Neustadt abgelieferten Wertsachen, o. D. (APG, Heilanstalt Meseritz-Obrawalde, Nr. 10, unpag.). Vgl. auch Beddies, Meseritz-Obrawalde, S. 245.

278 Berliner Patienten (Wuhlgarten) trafen dort am 15.12.1939 ein. Frühere Verlegungen hatten bereits am 31.7.1939, und 17.10.1939 stattgefunden. Am 2.2.1940 erreichten Patienten der in Auflösung begriffenen Heilanstalt Lauenburg Meseritz. Am 17.1.1940 war der Transport der baltendeutschen Patienten aus Reval eingetroffen. Vgl. die entsprechenden Verlegungslisten (APG, Heilanstalt Meseritz-Obrawalde, Nr. 10).

279 Emil Mazuw (1900-1987), war seit 1934 Führer des SS-Abschnittes Stettin, ab 1936 Führer des SS-Oberabschnittes Nord/„Ostsee“. Seit 1938 fungierte er als HSSPF. Im

Coburg maßgeblich an der Ermordung der pommerschen Patienten beteiligt war.[280] Sowohl Schwede-Coburg und Mazuw als auch Ende waren demnach bestens über freie Kapazitäten informiert, was die Unterbringung der kranken und gebrechlichen Baltendeutschen, die mit nahezu jedem Transport in Stettin eintrafen, und für die sie zuständig waren, erleichtert haben dürfte.[281]

Die separaten Krankentransporte waren nicht die einzigen und auch nicht die ersten Transporte, mit denen kranke und alte Baltendeutsche das Deutsche Reich erreichten. Vielmehr erfolgten sie vor dem Hintergrund und aus den Erfahrungen bereits absolvierter Transporte heraus, was sich letztlich in einer insgesamt besseren Organisation niederschlug. Insbesondere bei den ersten sehr heterogen zusammengesetzten Transporten traten zahlreiche Probleme auf. So waren einige Dampfer für den Transport Kranker, die in einem Fall in stickigen „Ladeluken auf Liegestühlen eng zusammengepfercht" worden waren, zum Teil überhaupt nicht geeignet. Vollständige Transportlisten fehlten ebenso wie zuverlässige Meldungen über die an Bord befindlichen Kranken, obwohl die Patienten vor der Verschiffung eigentlich erfasst worden waren.[282] Bei den ersten Transporten war über die Zahl der Kranken gar „nichts bekannt", bei den folgenden differierten die gemeldeten und tatsächlichen Krankenzahlen zum Teil deutlich, was die Versorgung und zügige Unterbringung der kranken und pflegebedürftigen Baltendeutschen in entsprechenden Pflegeeinrichtungen erschwerte.[283] Zum Teil lagen aber auch sehr präzise Informationen über die an Bord befindlichen Umsiedler vor. So hatte der Schiffsarzt des am 5. November 1939 aus Reval in Stettin einlaufenden Dampfers „Der Deutsche" die Kranken namentlich erfasst und Angaben zum Alter, der Krankheit und Beschwerden, zum Teil auch zur Krankengeschichte und Medikation gemacht. Die 87-jährige Marie L. beispielsweise litt seinen Angaben nach seit 1917 an einer Psychose, sei bettlägerig, „schlaflos", „aufgeregt" und habe während der Reise unter anderem Morphium-Scopolamin verabreicht bekommen.[284] Sie sei bei der Ankunft in

September 1939 wurde er zudem zum Landeshauptmann und Stellvertreter des Oberpräsidenten Schwede-Coburg ernannt. Von diesem wurde er, nach Rücksprache mit Himmler, mit der Organisation der Ermordung der pommerschen Patienten in Westpreußen mit Hilfe des dortigen HSSPF, Richard Hildebrandt, betraut. Vgl. Bernhardt, Anstaltspsychiatrie, S. 37–39; sowie Rieß, Anfänge der Vernichtung, S. 54.

280 Vgl. zum Beispiel EWN Stettin an EWZ Nordost Posen vom 26.11.1939 (BArch Berlin, R 69/1127, Bl. 231a).

281 Vgl. dazu weiter unten im Text.

282 Vgl. Verbindungsführer der EWZ Stettin bei der Gauleitung Pommern an Mazuw, Führer des SS-Oberabschnittes Nord, betr. Abfertigung des Krankentransportschiffes „Orotava" vom 8.11.1939 (BArch Berlin, R 69/106, Bl. 13).

283 Vermerk der EWZ Gotenhafen über den Stand der Vorbereitungen für die Unterbringung der kranken und gebrechlichen Baltendeutschen vom 27.10.1939 (BArch Berlin, R 69/106, Bl. 4); sowie Verbindungsführer der EWZ Stettin bei der Gauleitung Pommern an Mazuw, Führer des SS-Oberabschnittes Nord, betr. Abfertigung des Krankentransportschiffes „Orotava" vom 8.11.1939 (ebd., Bl. 13).

284 Vgl. Aufstellung des Schiffsarztes Baumgarth über die Krankenerfassung am 3.11.1939 an Bord des Dampfers „Der Deutsche" vom 3.11.1939 (BArch Berlin, R 69/1121, Bl. 5 f.).

Stettin mit einer „Trage" abzuholen und sofort in ein „Hospital" einzuweisen. Gleiches empfahl der Schiffsarzt für die 58-jährige Alma B., die aus einer nicht näher bezeichneten „Nervenanstalt" komme und unter Schizophrenie leide. Sie könne jedoch selbst gehen und müsse nur gestützt werden.[285] Ihr Name findet sich später auf der Liste der in Meseritz-Obrawalde eingewiesenen Baltendeutschen.[286] Diese Beispiele sind in vielerlei Hinsicht aufschlussreich. Sie zeigen zum einen, dass während der Transporte, trotz der geschilderten Probleme, zumindest teilweise doch recht systematische Erfassungen stattfanden. Diese entsprangen der Initiative des Begleitpersonals, das auf die von der baltendeutschen Volksgruppe zur Verfügung gestellten Unterlagen zurückgreifen konnte, diese ergänzte und vervollständigte, um den reichsdeutschen Umsiedlungsstellen einen entsprechenden Überblick geben zu können. Auch hier wurde also dem Reich respektive dem „Führer" entgegengearbeitet. Dabei beschränkten sich diese Erhebungen offenbar nicht allein auf die Kranken, sondern betrafen alle Passagiere gleichermaßen. Diese wurden aufgefordert, eine Art Personalfragebogen auszufüllen, der bei der Ankunft den deutschen Behörden zur Verfügung gestellt werden sollte.[287] Zum anderen wird sichtbar, dass mit der Erfassung eine Selektion verbunden war, die sich in der Unterbringungsempfehlung - Krankeneinrichtung oder Ansiedlungsgebiet - niederschlug. Damit kann auch der Abtransport als Selektionsetappe begriffen werden, wurde hier doch noch vor der „Durchschleusung" eine Selektion der Umsiedler, eine Prüfung der gesundheitlichen „Siedlungstauglichkeit" vorgenommen.

Für all diejenigen, die aus gesundheitlichen Gründen vorerst nicht angesiedelt werden sollten, war zunächst die Unterbringung in Pflegeeinrichtungen, Heimen und Reservelazaretten in Pommern und in geringerem Umfang in Danzig-Westpreußen vorgesehen. Ein Weitertransport der Kranken und Alten in den für die Ansiedlung der Baltendeutschen vorgesehenen Warthegau wurde explizit untersagt. Bereits unmittelbar nach dem Eintreffen der Dampfer in Swinemünde bzw. in Danzig/Gotenhafen begann ein Arzt des Gesundheitsamtes mit der Erfassung und „Aussiebung" der Kranken und Gebrechlichen. Die Meldungen der Schiffsärzte dürften hierfür die Grundlage gebildet haben.[288] Die Visitation und Selektion der Kranken geschah aus Sicht der EWZ

285 Ebd.

286 Vgl. Namensliste baltendeutscher Kranker, o. D. (BArch Berlin, R 69/1015, Bl. 1-4, hier 2). Der Nachname erscheint hier in leicht veränderter Schreibweise, das Geburtsdatum lässt jedoch eine Identifikation zu. Alma B. wurde am 17.5.1940 wie auch die übrigen baltendeutschen Patienten aus Meseritz nach Tiegenhof verlegt. Von dort erfolgte am 25.7.1941 die Verlegung nach Uchtspringe. Dort verstarb Alma B. am 2.11.1943. Vgl. Aufnahmebuch der Heilanstalt Tiegenhof 1940-1942 (Krankenhausarchiv Tiegenhof); sowie alphabetische Aufnahmeliste der Heilanstalt Uchtspringe 1937-1947 (Salus gGmbH Fachklinikum Uchtspringe). Für den Hinweis und die Einsicht in eine Kopie letzterer danke ich Dr. Dietmar Schulze.

287 Vgl. Nottbeck, Organisation und Verlauf der Umsiedlung, S. 203. Ein solcher Personalfragebogen konnte nicht aufgefunden werden.

288 Vgl. Vermerk der EWZ Gotenhafen über den Stand der Vorbereitungen für die Unterbringung der kranken und gebrechlichen Baltendeutschen vom 27.10.1939 (BArch

offensichtlich aber nicht mit der notwendigen Gründlichkeit, sodass sie sich veranlasst sah, die beteiligten Dienststellen „ausdrücklich" darauf hinzuweisen, dass die „Aussiebung der Alten und Gebrechlichen aus den nach Posen gehenden Transporten nach wesentlich schärferen Maßstäben als bisher" vorzunehmen sei.[289] Adressat dieser Anordnung waren expressis verbis die von der Auslandsabteilung der RÄK mit der Erfassung und Unterbringung dieser Personenkreise betrauten Gauärzteführer von Danzig-Westpreußen, Erich Großmann,[290] und Pommern, Gottfried Ende.[291] Letzterer fungierte in diesem Zusammenhang als „Beauftragter für die Unterbringung der Kranken und Gebrechlichen in Pommern bei der Rückgliederung der Baltendeutschen". In dieser Funktion stellte Ende für die ankommenden Krankentransporte in Zusammenarbeit mit dem DRK das notwendige ärztliche und Pflegepersonal zur Verfügung. Er veranlasste die Erfassung der Kranken und Alten und koordinierte mit Hilfe der Amtsärzte deren Unterbringung, die vornehmlich im Kreis Usedom-Wollin erfolgen sollte.[292] Wie „reibungslos" und mit welchem „unermüdlichen" Engagement der deutschen Dienststellen dies erfolgte, sollte ein ausführlicher und reich bebilderter Bericht im Deutschen Ärzteblatt demonstrieren.[293] Auch wenn dieser nolens volens eine entsprechende propagandistische Einfärbung aufwies, illustrierte er dennoch anschaulich das grundsätzliche Prozedere bei der Ankunft der Umsiedler im „Reich".

Im Mittelpunkt des Berichtes stand die Ankunft des ehemaligen „Luxusdampfers der Hapag" und späteren KdF-Dampfers „Oceana", welcher über 700 Baltendeutsche an Bord hatte. Diese standen beim Einlaufen des Schiffes in Swinemünde „dicht gedrängt und blick[t]en zumeist mit ernsten und erwartungsvollen Augen auf das Land, das ihre neue Heimat werden soll[te]".[294] Ihnen drangen vom Festland „Märsche und aufmunternde Weisen" entgegen und zahlreiche Vertreter von Partei, Wehrmacht und Staat hatten es sich nicht

Berlin, R 69/106, Bl. 4); sowie Organisationsplan der Gesundheitsstelle der Zentraleinwanderungsstelle (EWZ) Gotenhafen, o. D. (ebd., R 69/426, Bl. 138).

289 Verbindungsführer der EWZ Stettin bei der Gauleitung Pommern an EWZ Gotenhafen, betr. Unterbringung der Alten und Gebrechlichen im Gau Pommern vom 2.11.1939 (BArch Berlin, R 69/106, Bl. 6).

290 Erich Großmann (1902–1948) hatte 1926 seine Approbation erhalten. 1937 wurde er zum Senator für Gesundheitswesen und Bevölkerungspolitik in Danzig ernannt. Nach der Einrichtung der Behörde des Reichsstatthalters wurde er zum Leiter der dortigen Abteilung „Gesundheitswesen und Volkspflege". Vgl. Süß, Volkskörper im Krieg, S. 465 f.

291 Vgl. Zietz, Auslandsabteilung der RÄK an die EWZ Gotenhafen vom 30.11.1939 (BArch Berlin, R 69/648, Bl. 21).

292 Vgl. Vermerk der EWZ Gotenhafen über den Stand der Vorbereitungen für die Unterbringung der kranken und gebrechlichen Baltendeutschen vom 27.10.1939 (BArch Berlin, R 69/106, Bl. 4), EWZ Nordost Posen an die EWN Stettin vom 26.11.1939 (ebd., R 69/1127, Bl. 224 f.); sowie Ende an Stellvertretenden Gauleiter Pommerns vom 2.12.1939 (ebd., Bl. 232 f.)

293 „Baltendeutsche kommen ins Reich. Ärztliche Betreuung der Kranken, Gebrechlichen und Alten". In: Deutsches Ärzteblatt, 69 (1939) 52/53, S. 729–731.

294 Ebd., hier 729.

nehmen lassen, die Umsiedler in Empfang zu nehmen. „Unzählige Helfer“ waren zur Stelle, „um den Abtransport“ zügig durchführen zu können. Dieser, so scheint es, ist gut vorbereitet: In geordneter Reihenfolge werden zuerst die Schwerkranken vom Schiff gebracht, später die „leichteren Kranken sowie die Gebrechlichen und Alten. [...] Der Leitende Schiffsarzt Dr. Staudinger hat alle Hände voll zu tun und trifft mit eiserner Ruhe seine Maßnahmen inmitten der aufgeregten Ankömmlinge. Ihm haben auf der Fahrt drei baltendeutsche Ärzte zur Seite gestanden, die ihre Landsleute für die Reise gemustert hatten und nun mitsamt ihren Familien herübergekommen sind.“[295] Der schnellen und reibungslosen Ausschiffung der Passagiere sei ein ebenso zügiger Abtransport der Kranken in Krankeneinrichtungen und Heime in der näheren Umgebung gefolgt. Zu diesem Zweck hätten - man möchte fast ergänzen „natürlich“ - bereits zwei Lazarettzüge „unmittelbar am Pier“ bereitgestanden, die „von der Reichsärztekammer zu diesem besonderen Zweck angefordert“ worden seien. Diese brachten die Kranken unter Begleitung von Ärzten und Pflegepersonal in die verschiedenen Hilfslazarette und Heime in Pommern.[296] Diese „sofortige“ Weiterleitung der Kranken erwies sich in vielen Fällen allerdings keineswegs als so vorteilhaft, wie suggeriert. Vielmehr sah sich die EWZ, aber auch der Baltendeutsche Dienst bald mit zahlreichen Suchanfragen von Angehörigen konfrontiert, die durch die so gelobte schnelle Abwicklung der Transporte den Kontakt zu ihren Familienmitgliedern verloren hatten.[297] Auch die Zusammenarbeit mit den verschiedenen Dienststellen der Partei, des Staates und der Wehrmacht war keineswegs so „vorbildlich“, wie der Bericht glauben machen wollte. Gerade bei der Unterbringung in den verschiedenen Kreisen ergaben sich immer wieder Reibungen. Zum Beispiel zogen die NSDAP-Kreisleiter die Amtsärzte in Unterbringungsfragen nicht immer hinzu, sodass die Amtsärzte und damit auch Ende gar nicht oder nur unzureichend über die Unterbringung alter und kranker Baltendeutscher informiert waren. Ende sah sich deshalb veranlasst, die Gauleitung einzuschalten und über diese zu erwirken, dass die Kreisleiter in Zukunft die Amtsärzte „in allen Fragen der Baltendeutschen“ hinzuzogen.[298]

Gottfried Ende war allerdings nicht nur auf die mehr oder minder gute Zusammenarbeit mit den örtlichen Verantwortlichen angewiesen, sondern auch auf die Unterstützung des HSSPF Mazuw.

Mazuw - offiziell zwar nie zum Beauftragten des RKF ernannt[299], da Pommern nur als Durchgangsstation und nicht als Ansiedlungsgebiet fungieren sollte -, war an allen wesentlichen Entscheidungen, die die Unterbringung der Balten-

295 Ebd.
296 Ebd.
297 Vgl. EWZ Nordost Posen an EWN Stettin, betr. Namens- und Unterkunftslisten kranker Baltendeutscher vom 8.12.1939 (BArch Berlin, R 69/1127, Bl. 245).
298 Vgl. Ende an Stellvertretenden Gauleiter Pommerns vom 2.12.1939 (BArch Berlin, R 69/1127, Bl. 232 f.).
299 Vgl. Bernhardt, Anstaltspsychiatrie, S. 37-39; Rieß, Anfänge der Vernichtung, S. 54; sowie Ruth Bettina Birn, Die Höheren SS- und Polizeiführer. Himmlers Vertreter im Reich und in den besetzten Gebieten, Düsseldorf 1986, S. 340.

deutschen betrafen, beteiligt. So traf er beispielsweise in Abstimmung mit der EWZ die schon erwähnte Vereinbarung, die kranken und gebrechlichen Baltendeutschen vorerst in den Kreisen Usedom-Wollin unterzubringen.[300] Traten bei der praktischen Umsetzung, die in den Händen Endes lag, „irgendwelche Schwierigkeiten" auf, so wurde Mazuw ebenfalls eingeschaltet.[301] Die EWZ respektive das RSHA wies hier jegliche Zuständigkeit von sich und erklärte:[302] „Wenn im Gau Pommern irgendwelche Schwierigkeiten im Hinblick auf die Unterbringung eintreten, müssen diese vom höheren SS- und Polizeiführer in Zusammenarbeit mit dem Reichskommissar (SS-Brigadeführer Greifelt) behoben werden."[303]

Vor dem Hintergrund der zeitgleich stattfindenden Ermordung der pommerschen Anstaltspatienten, an der Mazuw ebenfalls maßgeblich beteiligt war, erscheint das Wort „behoben" hier schon fast wie die Andeutung eines Verbrechens. Die Verbindung zwischen der Unterbringung der kranken Baltendeutschen und der Räumung von Anstalten scheint quasi auf der Hand zu liegen – sie lässt sich aber bislang für keine der pommerschen Anstalten nachweisen. Die bereits Mitte Dezember 1939 komplett „geräumte" Anstalt Stralsund nahm nicht, wie man hätte vermuten können, die über 300 Psychiatriepatienten aus Riga oder die im Januar 1940 eintreffenden Patienten aus Reval auf. Auch die Anstalt Lauenburg, deren Patienten die SS ebenfalls zu einem Großteil bereits ermordet hatte, war nicht Ziel dieser Transporte. Beide Anstalten übernahm stattdessen die SS. Die Transporte der baltendeutschen Patienten wurden schließlich, wie beschrieben, nach Meseritz und Arnsdorf dirigiert.

Pommern war jedoch nicht der einzige „Gau", in dem die Umsiedler aus dem Baltikum eintrafen. Auch Danzig-Westpreußen erreichten über die Häfen in Gotenhafen und Danzig zahlreiche Transporte Baltendeutscher. Für deren Unterbringung zeichnete hier der Gauärzteführer Erich Großmann verantwortlich. Sein Tätigkeitsfeld stimmte im Wesentlichen, mit dem Endes überein. Auch er war für die Erfassung und den Abtransport der ankommenden Kranken zuständig und hatte in Abstimmung mit dem HSSPF – hier Richard Hilde-

300 Vgl. EWZ Nordost Posen an EWN Stettin, betr. Tagesbericht vom 26.11.1939 (BArch Berlin, R 69/1127, Bl. 224 f.).

301 Ehlich, RSHA, Abt. III ES an EWZ Nordost in Posen, betr. Otto-Heim in Zinnowitz vom 4.12.1939 (BArch Berlin, R 69/1127, Bl. 230). „Schwierigkeiten" ergaben sich namentlich in Zinnowitz, wo Ende das sogenannte „Ottoheim" für die Unterbringung kranker Baltendeutscher anvisiert hatte. Dorthin sollten nämlich nach seinen Angaben „143 Schwachsinnige und Epileptiker aus Hamburg" verlegt werden, sodass „das Heim für die Unterbringung kranker Baltendeutscher Rückkehrer ausfallen" würde. Ende intervenierte deshalb bei Mazuw. Es ist allerdings nicht bekannt, ob die Verlegung dennoch erfolgte.

302 Dies war jedoch nicht immer so gewesen. Bis zum 1. November 1939 gehörte die Unterbringung der alten und kranken Baltendeutschen nämlich sehr wohl zum Aufgabenbereich der EWZ, die einen „Verbindungsführer" bei der Gauleitung Pommern installiert hatte. Vgl. ebd.

303 Ebd.

brandt[304] - für die „Bereitstellung der notwendigen Krankenbetten“ Sorge zu tragen.[305] Allerdings tat er dies nicht ausschließlich in seiner Funktion als Gauärzteführer, sondern auch als Leiter der Gesundheitsstelle der EWZ Gotenhafen.[306] Die institutionellen Interdependenzen zwischen Gesundheits- und Umsiedlungsdienststellen - die, wie das Beispiel Pommern zeigt, auch das Potential zu einem Kompetenzkonflikt haben konnten - erwiesen sich hier als effektiv im Sinne der Umsiedlung. Durch die Bündelung gesundheitsspezifischer Umsiedlungsaufgaben in der Person Großmanns konnten die Kommunikationswege deutlich verkürzt und der (Betten-)Bedarf schneller ventiliert und schließlich auch befriedigt werden. Die Gesundheitsstelle der EWZ in Gotenhafen wurde somit zu einer zentralen Schaltstelle in allen gesundheitlichen Fragen, die sich im Gau Danzig-Westpreußen im Zuge der Umsiedlung der Baltendeutschen ergaben. Die gesundheitliche Überprüfung der Umsiedler im Kontext der „Durchschleusung“, die bei den nachfolgenden Umsiedlungsaktionen zum Haupttätigkeitsfeld der Gesundheitsstelle der EWZ werden sollte, war damit nur eines von insgesamt drei Arbeitsfeldern. In einem Organisationsplan wurden diese wie folgt umrissen:[307]

(1) Der *„Gesundheitsdienst* vor und bei der Landung“, worunter die Erfassung der ankommenden Kranken und Gebrechlichen und deren Abtransport fielen. Zu diesem Zweck begab sich der zuständige Arzt zusammen mit dem Lotsen an Bord und begann mit der Sichtung Kranker. Für den Abtransport sollte der zuständige Luftschutzarzt, zugleich Amtsarzt, die notwendigen Krankenwagen zur Verfügung stellen.
(2) Die *„gesundheitliche Erfassung der Baltendeutschen“*, wohinter sich die eigentliche Selektionstätigkeit der Ärzte und RuS-Eignungsprüfer verbarg, die an anderer Stelle noch eingehend beleuchtet werden soll.
(3) Die *„Ärztliche Versorgung der Baltendeutschen“*, das heißt die „Bereitstellung der notwendigen Krankenbetten, Schaffung von Unterkünften für die Gebrechlichen“ sowie die „Besetzung der freigewordenen [!] polnischen

304 Richard Hildebrandt (1897-1951) hatte am Ersten Weltkrieg teilgenommen und wurde anschließend Mitglied des Freikorps Oberland. Er absolvierte verschiedene Studien, die er jedoch nicht abschloss, war unter anderem auch Berufssoldat. 1928-1930 lebte er in den USA. Nach seiner Rückkehr begann sein Aufstieg in der SS. Der NSDAP gehörte er seit 1922 an. 1933 wurde er Mitglied des Reichstages. 1937-1939 war er Führer des SS-Oberabschnitts Rhein, ab 1939 fungierte er als HSSPF in Danzig. 1943-1945 übernahm er die Leitung des RuSHA. 1949 wurde er für seine als HSSPF begangenen Verbrechen zum Tode verurteilt und 1951 hingerichtet. Vgl. Birn, HSSPF, S. 336; sowie Heinemann, Rasse, S. 619.

305 Vgl. Organisationsplan der Gesundheitsstelle der Zentraleinwanderungsstelle (EWZ) Gotenhafen, o. D. (BArch Berlin, R 69/426, Bl. 138).

306 Als sein ständiger Vertreter als Leiter der Gesundheitsstelle der EWZ in Gotenhafen fungierte Hanns Meixner. Vgl. ebd. Zu Meixner vgl. Kap. IV.4.3.

307 Vgl. Organisationsplan der Gesundheitsstelle der Zentraleinwanderungsstelle (EWZ) Gotenhafen, o. D. (BArch Berlin, R 69/426, Bl. 138); sowie Tätigkeitsbericht der Gesundheitsstelle der EWZ Gotenhafen, o. D. (ebd., Bl. 59 f.). Hervorhebung im Original.

Praxen durch baltische Ärzte". Hierfür zeichnete Großmann „persönlich" verantwortlich, was dafür spricht, dass er hier in seiner Funktion als Gauärzteführer tätig wurde.

Insbesondere die Frage der Unterbringung der kranken und alten Baltendeutschen erwies sich bereits nach dem Eintreffen der ersten Transporte aus Estland im Oktober 1939 als schwierig. Hatte man nämlich zunächst beabsichtigt, alle Baltendeutschen unmittelbar nach ihrem Eintreffen durch die EWZ einzubürgern und anschließend sofort in die Ansiedlungsgebiete weiterzuleiten, so traten schon bald Stockungen im Einbürgerungsprozess und Transportschwierigkeiten auf. Örtliche Krankenhäuser und Heime waren schon bald überfüllt. Hinzu kam, dass eine Weiterverlegung der Kranken, die in der Nähe ihrer Angehörigen untergebracht werden sollten, erst erfolgen konnte, wenn der endgültige Ansiedlungsort der Familie feststand. Die EWZ entschied deshalb, die Kranken und Gebrechlichen zunächst in Danzig, Gotenhafen und Umgebung „bis zur Abwicklung der Gesamtaktion" unterzubringen.[308] Um die notwendigen Unterkünfte in Gotenhafen bereitstellen zu können, bedurfte es jedoch der Mitwirkung der Gauleitung. Mit Hilfe der Polizei sollten „Häuserblöcke mit einem Fassungsvermögen für etwa 1 000 Personen frei gemacht werden"[309] – was nichts anderes als die bereits praktizierte Vertreibung der polnischen Bewohner aus ihren Wohnungen bedeutete.[310] Diese sollten in die Vororte Gotenhafens „herausgedrückt" werden. Die polnischen Facharbeiter sollten, „da sie wegen [möglicher] Sabotage besser behandelt werden müss[t]en, in besonderen Wohnblocks ghettoartig untergebracht" werden.[311] De facto wurde

308 Tätigkeitsbericht der Gesundheitsstelle der EWZ Gotenhafen, o. D. (BArch Berlin, R 69/426, Bl. 59 f.). Vgl. auch Aktenvermerk der EWZ Gotenhafen betr. Beschaffung von Unterkunftsmöglichkeiten für die Gebrechlichen und Greise vom 22.10.1939 (ebd., Bl. 29).

309 Aktenvermerk der EWZ Gotenhafen betr. Beschaffung von Unterkunftsmöglichkeiten für die Gebrechlichen und Greise vom 22.10.1939 (BArch Berlin, R 69/426, Bl. 29).

310 Die „Räumung" Gotenhafens und die damit in Verbindung stehende Abschiebung der polnischen Bevölkerung soll bereits Ende September 1939 von Hitler persönlich verfügt worden sein. Konkrete Planungen seitens des RSHA/Heydrichs lagen etwa Anfang Oktober 1939 vor. Durchgeführt wurden die Aussiedlungen vom Danziger HSSPF Richard Hildebrandt, der als Beauftragter des RKF fungierte. Die Leitung lag jedoch beim Gauleiter Forster. Bis Ende Oktober 1939 waren etwa 38 000 polnische Bewohner Gotenhafens vertrieben worden. Vgl. Ausarbeitung Heydrichs für Ribbentrop vom 9.10.1939. In: Loeber, Diktierte Option, Dok. 106, S. 122–130; Czesław Madajczyk, Die Okkupationspolitik Nazideutschlands in Polen 1939–1945, Berlin (Ost) 1987, S. 406 f.; sowie Dieter Schenk, Hitlers Mann in Danzig. Gauleiter Forster und die NS-Verbrechen in Danzig-Westpreußen, Bonn 2000, S. 174–185.

311 Aktenvermerk der EWZ Gotenhafen, betr. Unterbringungsfragen in Gotenhafen anlässlich der Rückführung der Baltendeutschen vom 29.10.1939 (BArch Berlin, R 69/1127, Bl. 62 f.). In diesem Dokument wird der „Arbeitsplan", der zwischen der EWZ, dem Stadtkommissar und Parteidienststellen vereinbart worden war, zusammengefasst. Der Plan sieht die Schaffung von 7 000 Quartieren in Gotenhafen durch den Stadtkommissar mit Hilfe des Polizeipräsidenten bis zum 12. November 1939 vor. Die Quartiere waren für die kurzzeitige Unterbringung der Baltendeutschen während der „Durchschleusung"

jedoch bereits eine viel weitreichendere Vertreibungspolitik praktiziert, die nicht an den Stadtgrenzen Gotenhafens Halt machte. Der selbstgeschaffene Zwang, immer mehr Baltendeutsche in Gotenhafen unterzubringen - sei es auch nur für eine kurze Zeit - beförderte die Radikalisierung der Aussiedlungs- und Vertreibungspolitik. Dabei war es nicht zuletzt ein (pseudo-)medizinisches Argument, welches eine katalysatorische Wirkung innerhalb dieses Radikalisierungsprozesses entfalten konnte. Bereits vor dem Eintreffen der ersten Baltentransporte Mitte Oktober 1939 hatte nämlich der Gotenhafener Amtsarzt darauf hingewiesen, dass die bereits angelaufenen Abschiebungen und die daraus resultierende „Unterbringung evakuierter Polen aus Gotenhaven [sic!] in anderen Stadtteilen Gotenhavens [sic!] [...] zu einer solchen Anhäufung von Polen auf engstem Raum [geführt habe], dass die primitivsten Forderungen der Hygiene nicht mehr erfüllt werden könn[t]en".[312] Die dadurch entstehenden „Gefahrenherde" würden nicht nur eine Bedrohung für die übrige Bevölkerung darstellen, sondern es sei seiner Ansicht nach auch mit einer erhöhten „Seuchengefahr [...] für die hier befindliche Wehrmacht und die neuanzusiedelnden Deutsch-Balten" zu rechnen. Deshalb forderte er unumwunden, „dass die evakuierten Polen nicht in andere Stadtteile gedrängt sondern schnellstens abtransportiert" würden.[313] Bekanntlich wurde diese Forderung, deren angebliche medizinische Notwendigkeit eine willkommene Legitimation für die Deportation der polnischen Bevölkerung bot und die damit der Begründung für die Errichtung der Ghettos so frappierend glich,[314] in die Tat umgesetzt. Schon bald wurde in verschiedenen „Nah- und Zwischenplänen" die Vertreibung und Deportation der polnischen und jüdischen Bevölkerung zum Zwecke der Ansiedlung der verschiedenen Volksdeutschen detailliert geplant und von den HSSPF bzw. der UWZ umgesetzt.[315] Betroffen waren schon bald nicht allein der Gau Danzig-Westpreußen, sondern alle anvisierten Ansiedlungsgebiete.[316]

vorgesehen. Die Kranken und Gebrechlichen sollten hier noch ins „Altreich" abtransportiert werden, obwohl bereits einige Tage zuvor deren Verbleib in der Umgebung von Danzig/Gotenhafen beschlossen worden war. Vgl. Tätigkeitsbericht der Gesundheitsstelle der EWZ Gotenhafen, o. D. (ebd., R 69/426, Bl. 59 f.). Vgl. dazu Aktenvermerk der EWZ Gotenhafen betr. Beschaffung von Unterkunftsmöglichkeiten für die Gebrechlichen und Greise vom 22.10.1939 (ebd., R 69/426, Bl. 29).

312 Möbius, Gesundheitsamt Gotenhafen an EWZ Gotenhafen vom 13.10.1939 (BArch Berlin, R 69/426, Bl. 51).

313 Ebd.

314 Die „Medikalisierung des Antisemitismus" ist dabei kein Kriegsphänomen, sondern lässt sich bereits früher beobachten. Bei der Errichtung der Ghettos spielte diese medizinische Komponente - die angebliche „Seuchengefahr", die von der jüdischen Bevölkerung ausginge - aber eine besondere Rolle. Vgl. Alberti, Wartheland, S. 151 f.

315 Vgl. zum Beispiel Abschlussbericht über die Aussiedlungen im Rahmen der Ansetzung der Bessarabiendeutschen (3. Nahplan) vom 21.1.1941-20.1.1942 im Reichsgau Wartheland (IfZ München, MA 708/2, Bl. 663-678). Vgl. weiterführend zu den verschiedenen Nah- und Zwischenplänen und zur Deportation der polnischen und jüdischen Bevölkerung vor dem Hintergrund der Ansiedlung der Volksdeutschen Aly, Endlösung.

316 Vgl. ebd.; sowie Madajczyk, Okkupationspolitik.

In der Frage der Unterbringung der alten und gebrechlichen Baltendeutschen gerieten jedoch nicht nur Wohnkomplexe in Gotenhafen ins Visier des Amtsarztes respektive der EWZ, sondern auch die in der Umgebung befindlichen psychiatrischen Anstalten. Zum einen lassen sich Einzeleinweisungen in psychiatrische Einrichtungen Danzig-Westpreußens, wie zum Beispiel die Anstalt Silberhammer, nachweisen.[317] Zum anderen bekundete die EWZ an ganzen Anstaltskomplexen ihr Interesse. Dies galt insbesondere für die Heilanstalten in Neustadt und Schwetz.

Die etwa 20 Kilometer von Gotenhafen entfernte Heilanstalt Neustadt hatte der Amtsarzt Gotenhafens, Möbius, am 26. Oktober 1939 als „Alters- und Siechenheim" für Baltendeutsche in Vorschlag gebracht. Nach seinen Angaben verfügte die zu diesem Zeitpunkt bereits „geräumte"[318] und anschließend von der Wehrmacht und dem Arbeitsdienst requirierte Anstalt über etwa 1 000 Betten.[319] 600 von diesen könnten seiner Ansicht nach binnen kürzester Zeit „freigemacht" werden, weshalb er der EWZ empfahl, diesbezügliche Schritte einzuleiten. Diesen Vorschlag griff die EWZ Ende Oktober 1939 auf und versuchte „die ehemalige Fürsorgeanstalt Neustadt freizubekommen",[320] was aber nicht - wie Aly suggeriert[321] - die Ursache für die Massenerschießungen der Patienten war. Diese erfolgten bereits im September 1939, also zu einem Zeitpunkt, als weder die Umsiedlungsverträge unterzeichnet noch die Unterbringung der Baltendeutschen in Gotenhafen defintiv beschlossen war.[322] Räumungspläne beschränkten sich zudem lediglich auf die Stadt Gotenhafen, die, wie auch

317 Vgl. Abteilung Soziales beim Reichsstatthalter an EWZ, betr. Aufnahme verschiedener Patienten in die Anstalt Silberhammer vom November 1939 (BArch Berlin, R 69/634, Bl. 37-44). Die Fürsorge- und Pflegeanstalt Silberhammer in Danzig-Langfuhr war nicht in die frühen Krankenmorde einbezogen worden und bestand bis 1943 fort. Vgl. Rieß, Anfänge der Vernichtung, S. 136 f.

318 Vgl. Rieß, Anfänge der Vernichtung, S. 167-173.

319 Vgl. Möbius, Amtsarzt Gotenhafen an EWZ Gotenhafen, betr. Unterbringung kranker Umsiedler in der Anstalt Neustadt vom 26.10.1939 (BArch Berlin, R 69/426, Bl. 7).

320 Aktenvermerk über die Dienststellenleiterbesprechung, betr. Versorgung der kranken und gebrechlichen Baltendeutschen am 29.10.1939 (ebd., Bl. 13).

321 Vgl. Aly, Endlösung, S. 118.

322 Zwar ist überliefert, dass Hitler bereits im September, also etwa zeitgleich zu den Morden, die Anordnung gab, Gotenhafen von der „gesamten Zivilbevölkerung" zu räumen, ob diese Räumung jedoch bereits in direktem Zusammenhang mit der Umsiedlung stand, ist unklar. Heydrich bringt Gotenhafen offiziell erst am 9. Oktober 1939 beim Auswärtigen Amt in Vorschlag. Hätte die Tötung der Patienten, die höchstwahrscheinlich vom Heydrich unterstehenden Einsatzkommando 16 der Sicherheitspolizei Danzig/Gotenhafen durchgeführt worden ist, in einem kausalen Zusammenhang mit der späteren Unterbringung der Baltendeutschen gestanden, hätte die Entscheidung für Gotenhafen bereits gefallen sein müssen. Man würde außerdem eine vage Bemerkung über die bereits für die Baltendeutschen geschaffenen, freien Betten im Schreiben Heydrichs an das Auswärtige Amt erwarten. Auch die Fremdnutzung durch die Wehrmacht und den Arbeitsdienst deuten auf andere Ursachen hin. Vgl. Ausarbeitung Heydrichs für Ribbentrop vom 9.10.1939. In: Loeber, Diktierte Option, Dok. 106, S. 122-130. Zu den Umständen der Räumung vgl. Rieß, Anfänge der Vernichtung, S. 167-173.

Danzig, Stettin und Swinemünde, als Durchgangsstation fungieren sollte.[323] Eine längerfristige Unterbringung der Umsiedler sollte anfangs weder in Gotenhafen noch im Umland erfolgen.[324] Es ist also unwahrscheinlich, dass ein erhöhter Bettenbedarf für Baltendeutsche die Ursache für die Ermordung der polnischen Patienten der Heilanstalt Neustadt gewesen ist.

Die Initiative ging hier, wie auch bei den etwa zeitgleich stattfindenden Erschießungen der Patienten einer weiteren westpreußischen Anstalt - Conradstein[325] - von lokalen Akteuren, allen voran dem Chef der Zivilverwaltung, Gauleiter Forster, aus. Vor allem dessen radikaler Vernichtungswille - der Wille zur rassenhygienischen „Flurbereinigung“ - dürfte diese Morde wesentlich befördert haben.[326] Der Raumbedarf der SS oder der Wehrmacht dürfte schließlich noch konkrete Anlässe geboten haben. Zur Durchführung der Morde versicherte sich Forster sowohl der Unterstützung seines Beauftragten für das Gesundheitswesen Großmann,[327] als auch des RFSS Himmler und des Chefs der Sicherheitspolizei und des SD (CSSD) Heydrich. Er bediente sich schließlich im Falle Neustadts des Einsatzkommandos 16 der Sicherheitspolizei.[328] Dieses Kommando ermordete unterschiedslos nahezu alle Patienten der Anstalt Neustadt, nur einige Fürsorgezöglinge und Kinder, die später ebenfalls abtransportiert und ermordet wurden, blieben vorerst zurück. Zu einer Selektion der Patienten, wie sie in Conradstein auf Veranlassung Großmanns stattgefunden hatte, kam es hier nicht. Nachdem die Anstalt also nahezu vollständig „geräumt“ worden war, wurde sie von der Wehrmacht und dem Arbeitsdienst requiriert. Erst am 29. Oktober 1939, also mindestens einen Monat nach den Kranken-

323 Vgl. Ausarbeitung Heydrichs für Ribbentrop vom 9.10.1939. In: Loeber, Diktierte Option, Dok. 106, S. 122-130; sowie EWZ Gotenhafen an EWZ Posen, betr. Tagesbericht vom 14.11.1939 (BArch Berlin, R 69/980, Bl. 4).

324 Gemäß einer Anweisung des „Stellvertreters des Führers“ sollte die „Unterbringung der Kranken auf alle Fälle in Gotenhafen“ erfolgen, um die Kranken „nicht von ihren Familien zu trennen“. Vgl. Gesundheitsstelle EWZ Gotenhafen an RSHA, Amt III, betr. Gesundheitsstelle vom 13.10.1939 (BArch Berlin, R 69/1221, Bl. 2 f.).

325 Zu den Morden von Conradstein vgl. Polnische Gesellschaft für Psychiatrie, Ermordung der Geisteskranken in Polen, S. 57-71; Rieß, Anfänge der Vernichtung, S. 23-53; sowie Krystyna Szwentnerowa, Zbrodnia na Via Mercatorum, Gdynia 1968 (Teilübersetzung im Archiv der Gedenkstätte Pirna-Sonnenstein).

326 Vgl. Rieß, Anfänge der Vernichtung, S. 29-51, 167-173 und 355-362. Vgl. auch Longerich, Politik der Vernichtung, S. 237 f.

327 Großmann war zu diesem Zeitpunkt Beauftragter für das Gesundheitswesen und Soziales beim Gauleiter und Chef der Zivilverwaltung. An den Krankenmorden in Conradstein war er direkt beteiligt, u. a. durch die von ihm veranlasste Selektion der Opfer. Eine ähnliche Beteiligung lässt sich in Neustadt nicht nachweisen. Es ist jedoch davon auszugehen, dass Großmann auch hier zumindest über die Morde informiert war. Vgl. Rieß, Anfänge der Vernichtung, S. 43-48 und 167-173.

328 Vgl. Rieß, Anfänge der Vernichtung, S. 167-173. Im Gegensatz dazu wurden die Patienten der Heilanstalt Konradstein vom SS-Wachsturmbann Eimann ermordet. Dieses SS-Kommando führte auch die Massenerschießungen der pommerschen Anstaltspatienten in einem Wald unweit der Anstalt Neustadt (Piasnica) durch. Vgl. Rieß, Anfänge der Vernichtung.

morden[329], wurden schließlich 220 baltendeutsche Kranke und Alte aus Danzig nach Neustadt gebracht. Ihnen sollten nach Ansicht der Gesundheitsstelle der EWZ Gotenhafen vermutlich noch weitere folgen, zumindest versuchte die Gesundheitsstelle der EWZ zu diesem Zeitpunkt noch die Anstalt komplett „freizubekommen“.[330] Nur wenige Tage später, am 2. November 1939, wurden diese Pläne aufgegeben und sogar die erst wenige Tage zuvor nach Neustadt gebrachten Baltendeutschen wieder verlegt. Eine andere Anstalt war in den Fokus der Gesundheitsstelle gerückt: Schwetz.[331]

In der Heilanstalt in Schwetz lebten Anfang September 1939 etwa 1800 Patienten. Wie auch in Conradstein traf bereits in der ersten Septemberhälfte eine Kommission unter der Leitung Großmanns in der Anstalt ein, was auch hier auf eine initiative Rolle des Gauleiters Forster und seines Gesundheitsreferenten Großmann schließen lässt.[332] Im Rahmen dieser Inspektion soll Großmann bereits konkrete Anweisungen für die bevorstehende Tötungsaktion erteilt haben. So sollten die leitenden Ärzte eine Selektion vornehmen und alle jüdischen, verurteilten und nicht arbeitsfähigen Patienten in speziellen Listen erfassen. Diese Patienten sollten schließlich „verlegt“ werden. „Verlegt“ war hier gleichbedeutend mit der Ermordung der Patienten durch den örtlichen volksdeutschen Selbstschutz und die SS, möglicherweise den Wachsturmbann Eimann.[333] Innerhalb von wenigen Tagen, vom 10. bis 17. September 1939,[334] wurden etwa 1000 Patienten unweit des nahegelegenen Landgutes Luszkowo

329 Vgl. Aktenvermerk der EWZ Gotenhafen betr. Unterbringungsfragen in Gotenhafen anlässlich der Rückführung der Baltendeutschen vom 29.10.1939 (BArch Berlin, R 69/1127, Bl. 62 f.). Da in der Gegend um Neustadt Ende Oktober 1939 die Massenerschießungen an pommerschen Anstaltspatienten durch den SS-Wachsturmbann Eimann begannen, liegt der Verdacht nahe, die Baltendeutschen könnten ebenfalls Opfer dieser frühen Krankenmorde geworden und nie in der Anstalt Neustadt untergebracht worden sein. Dieser Verdacht bestätigte sich allerdings nicht. Wie die spätere Weiterverlegung der Baltendeutschen nach Schwetz belegt, wurden diese tatsächlich kurzzeitig in Neustadt untergebracht. Vgl. Aktenvermerk der Transportstelle der EWZ, betr. Transport von 700 geisteskranken Polen am 3.11.1939 und 700 gebrechlichen Baltendeutschen am 4.11.1939 vom 4.11.1939 (BArch Berlin, R 69/426, Bl. 34 f.). Zur Ermordung der pommerschen Patienten vgl. weiterführend Rieß, Anfänge der Vernichtung.

330 Vgl. Aktenvermerk über die Dienststellenleiterbesprechung, betr. Versorgung der Kranken und gebrechlichen Baltendeutschen am 29.10.1939 (BArch Berlin, R 69/426, Bl. 13).

331 Aktenvermerk der Transportstelle der EWZ, betr. Transport von 700 geisteskranken Polen am 3.11.1939 und 700 gebrechlichen Baltendeutschen am 4.11.1939 vom 4.11.1939 (ebd., Bl. 34 f.).

332 Vgl. dazu und im Folgenden Szwentnerowa, Via Mercatorum, S. 38–42; sowie Nasierowski, Zagłada osób, S. 65–68. Das Vorgehen gleicht dem in Conradstein, vgl. dazu Rieß, Anfänge der Vernichtung, S. 23–53.

333 Ausgehend von verschiedenen Zeugenaussagen hält Rieß bereits bei dieser frühen Mordaktion eine Beteiligung des SS-Wachsturmbanns Eimann für möglich. Vgl. Rieß, Anfänge der Vernichtung, S. 119–131, bes. 126.

334 Die Ermordung der Conradsteiner Patienten erfolgte unwesentlich später, am 22.9.1939. Vgl. ebd., S. 24; sowie Nasierowski, Zagłada osób, S. 69.

erschossen.[335] Die anschließend teilweise als Gefängnis genutzte Anstalt, war damit jedoch nicht komplett „geräumt“ worden.[336] Vielmehr befanden sich noch etwa 700 Patienten in der Anstalt. Es handelte sich hierbei vermutlich um die Patienten, die im Rahmen der Selektion als „arbeitsfähig“ oder „heilbar“ eingestuft worden waren. Ihr weiteres Schicksal sollte schließlich maßgeblich von den Plänen der EWZ, in Schwetz ein Altersheim für Baltendeutsche einzurichten, bestimmt werden. Innerhalb dieser Planungen der EWZ war nämlich kein Platz mehr für die noch in Schwetz verbliebenen polnischen Patienten. Die gesamte Anstalt sollte zum „Alterserholungsheim für Baltendeutsche“ umfunktioniert werden. Die Baltendeutschen sollten dort also für „längere Zeit“ Aufnahme finden.[337] Auf Veranlassung der Gesundheitsstelle der EWZ, und vermutlich unter direkter Beteiligung Großmanns und Hildebrandts,[338] forcierte die Transportstelle der EWZ nun die „Verlegung“ der polnischen Patienten - hier, aber eben auch nur hier, wurde also tatsächlich „Platz für Volksdeutsche“ geschaffen.[339]

Wie dies geschehen sollte, geht aus folgendem Aktenvermerk der Transportstelle der EWZ Gotenhafen vom 4. November 1939 - der in seiner Art überraschend deutlich ist - hervor:

„Veranlasst durch SS-Hauptsturmführer Schöneck, Gesundheitsstelle, wurden am 2.11.1939 Verhandlungen mit dem Verbindungsmann der deutschen Reichsbahn, Reichsbahnassessor Hölzel, und später mit dem stellvertretenden Leiter der Gesundheitsstelle, SS-Untersturmführer Dr. Masu[h]r, wegen des Abtransportes der geisteskranken Polen und des damit verbundenen Transportes gebrechlicher Baltendeutscher, geführt.
Der Transport der polnischen Geisteskranken hat am Freitag, den 3.11.1939 zu erfolgen und zwar von Schwetz nach Pr. Stargard. Es handelt sich um 700 Geisteskranke,

335 Vgl. Nasierowski, Zagłada osób, S. 65–68.

336 Vgl. Szwentnerowa, Via Mercatorum, S. 41; sowie Aktenvermerk der Transportstelle der EWZ, betr. Transport von 700 geisteskranken Polen am 3.11.1939 und 700 gebrechlichen Baltendeutschen am 4.11.1939 vom 4.11.1939 (BArch Berlin, R 69/426, Bl. 34 f.). Nach Angaben von Bernsdorff sollen in einem Anstaltsgebäude auch englische Kriegsgefangene untergebracht gewesen sein. Vgl. Bernsdorff, Gesundheitsdienst und Fürsorge, S. 229.

337 Vgl. EWZ Gotenhafen an EWZ Posen, betr. Tagesbericht vom 4.11.1939 (BArch Berlin, R 69/980, Bl. 12); sowie Vomi Gotenhafen an RKF, betr. baltendeutsche Rückwanderer im Gau Danzig-Westpreußen vom 12.1.1940 (APP, Vomi, 161, Bl. 40 f.).

338 Beide werden in den wenigen dazu vorliegenden Dokumenten nicht explizit erwähnt. Da Großmann als Leiter der Abteilung „Gesundheitswesen“ beim Reichsstatthalten von Danzig-Westpreußen jedoch die Oberaufsicht über die Anstalten hatte - abgesehen von seiner direkten Beteiligung an den frühen Krankenmorden, dürften die Verlegungen nicht ohne seine Zustimmung erfolgt sein. Die Begleitung des Transportes durch SS-Angehörige lässt eine Beteiligung Hildebrandts als HSSPF an den Verlegungen vermuten. Zum Transport vgl. Szwentnerowa, Via Mercatorum, S. 41.

339 Die ersten Krankenmorde im September 1939 standen jedoch noch nicht in einem Zusammenhang mit der späteren Unterbringung der Baltendeutschen in Schwetz. Der von Aly aufgezeigte „Zusammenhang von Umsiedeln und Morden“ ist nur für diese spätere Verlegungsaktion im November 1939 nachweisbar und kann nicht, wie von Aly behauptet, als ein Beispiel von vielen angeführt werden. Vielmehr stellt Schwetz eine Ausnahme dar.

die von der Irrenanstalt Schwetz in die Irrenanstalt Konradstein bei Pr. Stargard umgeleitet werden sollen. Die dadurch frei werdenden Unterkünfte sollen am Sonnabend, dem 4. 11. 1939 durch 200 gebrechliche Baltendeutsche aus Neustadt und 500 gebrechliche Baltendeutsche aus Danzig neu belegt werden."[340]

Die weiteren Absprachen lagen in der Hand des SS-Hauptsturmführers Schöneck, der innerhalb der Gesundheitsstelle der EWZ Gotenhafen für den Abtransport der gebrechlichen und alten Baltendeutschen verantwortlich zeichnete.[341] Die grundlegenden Fragen dürften jedoch bereits vorab geklärt worden sein, lag doch zwischen der Besprechung und dem ersten Transport nur ein Tag, der letztlich nur der Klärung von einigen „mit den beiden Transporten zusammenhängenden Nebenfragen" dienen konnte.[342] Welcher Art diese ominösen „Nebenfragen" waren, die Schöneck unter anderem mit Hildebrandt besprach, geht aus den Akten nicht hervor. Es ist vor dem Hintergrund der späteren Geschehnisse jedoch zu vermuten, dass hier die Ermordung eines Teils der polnischen Patienten beschlossen wurde – ein zu diesem Zeitpunkt bereits hundertfach betretenes Terrain und nunmehr „Spezialgebiet" Hildebrandts.[343]

Am 3. November 1939 verließ wie geplant ein Zug mit etwa 700 Patienten polnischer, aber auch deutscher Abstammung, unter Begleitung von Pflegepersonal und SS Schwetz in Richtung Conradstein.[344] Keinem der Patienten waren seine Wertsachen mitgegeben worden. 1942 befanden sich diese immer noch in der ehemaligen Anstalt Schwetz, die nun Baltendeutschen als „Alterserholungsheim" diente. Der kommissarische Direktor sah sich nach über zwei Jahren nun allerdings veranlasst, „[z]ur Bereinigung des Kontos hinterlegter Wertgegenstände von Geisteskranken", in Conradstein nachzufragen, ob er annehmen könne, dass „nach dort überwiesene Kranken den Wirren des Krieges zum Opfer gefallen" seien.[345] Tatsächlich war die Mehrzahl der nach Conradstein verlegten Patienten – wie vom Schwetzer Direktor so plakativ formuliert – bis dahin den „Wirren des Krieges", des „Krieges gegen die psychisch

340 Aktenvermerk der Transportstelle der EWZ, betr. Transport von 700 geisteskranken Polen am 3.11.1939 und 700 gebrechlichen Baltendeutschen am 4.11.1939 vom 4.11.1939 (BArch Berlin, R 69/426, Bl. 34 f., hier 34).

341 Vgl. Organisationsplan der Gesundheitsstelle der Zentraleinwanderungsstelle (EWZ) Gotenhafen, o. D. (ebd., Bl. 138).

342 Aktenvermerk der Transportstelle der EWZ, betr. Transport von 700 geisteskranken Polen am 3.11.1939 und 700 gebrechlichen Baltendeutschen am 4.11.1939 vom 4.11.1939 (ebd., Bl. 34 f., hier 35).

343 Hildebrandt war in die ersten Tötungsaktionen im September 1939 wohl nicht direkt involviert gewesen. Anders verhielt sich dies bei den nachfolgenden Krankenmordaktionen, vor allem den Erschießungen pommerscher Patienten unweit Neustadts. Hildebrandt spielte als HSSPF, dem der SS-Wachsturmbann Eimann unterstellt war, nun eine entscheidende Rolle. Vgl. Rieß, Anfänge der Vernichtung; sowie Schenk, Hitlers Mann in Danzig, S. 179–185.

344 Vgl. Szwentnerowa, Via Mercatorum, S. 41. Vgl. auch eine bei Rieß zitierte Zeugenaussage, Rieß, Anfänge der Vernichtung, S. 128 f.

345 Kommissarischer Direktor des Alterserholungsheimes für Baltendeutsche Schwetz an Gauheil- und Pflegeanstalt Konradstein vom 26.6.1942. In: Polnische Gesellschaft für Psychiatrie, Ermordung der Geisteskranken in Polen, S. 67.

Kranken“ zum „Opfer gefallen“. Die mutmaßlichen Exekutoren dieses Krieges waren keine unbekannten: der SS-Wachsturmbann Eimann, später die „T4“. Allein vom Kommando Eimanns wurden nur wenige Tage nach ihrem Eintreffen in Conradstein etwa 300 der 700 verlegten Schwetzer Patienten ermordet, 400 wurden zunächst verschont. Im Jargon der Täter hieß es „verlegt in eine andere Anstalt“.[346] Die Morde endeten damit jedoch nicht. Vielmehr „verlegte“ die SS bis zum 21. Januar 1940 aus Conradstein weitere Patienten in die nahe gelegenen Wälder von Szpegawsk.[347] Unter ihnen befanden sich nachweislich auch einige der 400 Schwetzer Patienten, die der ersten Tötungsaktion im November 1939 entgangen waren.[348] Weitere befanden sich in den Zügen, die Conradstein im Juli 1941 in Richtung der Tötungsanstalt Pirna-Sonnenstein verließen.[349]

In einem Zug - um genau zu sein: in Personenwagen der 3. und 2. Klasse und nicht in Güterwagen wie die polnischen Patienten - wurden auch die alten und gebrechlichen Baltendeutschen aus Danzig und Neustadt abtransportiert. Dieser verkehrte jedoch in die andere Richtung: nach Schwetz. Am 4. 11. 1939 trafen die etwa 700 Baltendeutschen in Schwetz ein.[350] Die meisten von ihnen waren bis zu diesem Zeitpunkt in verschiedenen Heimen und privaten Unterkünften in Danzig untergebracht gewesen und hatten erst einen Tag zuvor von dem bevorstehenden Abtransport erfahren, ohne jedoch dessen Ziel zu kennen.[351] Als sie schließlich in Schwetz eintrafen, mussten sie feststellen, dass sie sich in einer erst einen Tag zuvor „geräumten“ polnischen „Irrenanstalt“ befan-

346 Vgl. Szwentnerowa, Via Mercatorum, S. 41.

347 Szwentnerowa gibt an, dass der Wachsturmbann Eimann allerdings bereits am 9.12.1939 abgezogen worden sein soll. Die Morde im Januar sollen von einem anderen SS-Kommando durchgeführt worden sein. Vgl. Szwentnerowa, Via Mercatorum, S. 46.

348 Vgl. Gestapo Bromberg an Heil- und Pflegeanstalt Conradstein, betr. Johann J. vom 13.2.1941. In: Polnische Gesellschaft für Psychiatrie, Ermordung der Geisteskranken in Polen, S. 68. Johann J. war am 3.11.1939 aus Schwetz nach Conradstein verlegt worden. Von dort wurde er am 11.1.1940 „verlegt“.

349 Am 22.7.1941 verließ ein „T4“-Transport Conradstein in Richtung Pirna-Sonnenstein. Unter den etwa 500 verlegten Patienten befanden sich auch einige der am 3.11.1939 nach Conradstein gebrachten Insassen der ehemaligen Heilanstalt in Schwetz. Ein Teil gelangte direkt in die Tötungsanstalt Pirna-Sonnenstein, ein anderer zunächst nach Arnsdorf, Zschadraß und Großschweidnitz, von wo aus später ebenfalls der Abtransport nach Pirna erfolgte. Von den ehemaligen Schwetzer Patienten, die nach Conradstein gekommen waren, sind lediglich noch 13 Patientenakten im „T4“-Bestand des Bundesarchiv Berlin (R 179) erhalten geblieben, darunter zwei mit einem Verlegungsdatum vom Oktober 1939. Bei letzteren handelt es sich vermutlich um die der „T4“ später zur Verfügung gestellten Akten der Mordaktion Eimanns. Vgl. Auszug aus der Opferdatenbank der Gedenkstätte Pirna-Sonnenstein. Für die Zurverfügungstellung danke ich Dr. Boris Böhm. Zum „T4“-Transport aus Conradstein nach Pirna-Sonnenstein vgl. Schilter, Unmenschliches Ermessen, S. 126–128; sowie Rieß, Anfänge der Vernichtung, S. 50 f.

350 Vgl. EWZ Gotenhafen an EWZ Posen, betr. Tagesbericht vom 4.11.1939 (BArch Berlin, R 69/980, Bl. 12); sowie Blitzfernschreiben der EWZ Gotenhafen an das RSHA, III ES vom 4.11.1939 (BArch Berlin, R 69/1221, Bl. 52).

351 Vgl. zur Unterbringung der Baltendeutschen in Schwetz Bernsdorff, Gesundheitsdienst und Fürsorge, S. 229–234.

den, die zugleich noch mit Kriegsgefangenen belegt war. Dies entsprach ganz und gar nicht den Erwartungen der eintreffenden Baltendeutschen, die zuvor in Altersheimen und Stiften Estlands, mit zum Teil gehobenem Standard, gelebt hatten. Die vergitterten Fenster, die nicht verschließbaren Toiletten und Zimmer, die Beobachtungsfenster in den Türen, das Fehlen jeglicher Privatsphäre - all dies kam den alten und gebrechlichen Umsiedlern höchst befremdlich vor und gab Anlass zu Beschwerden.[352] Die Einschaltung Contis, der de facto erst am 6. November 1939 offiziell mit der gesundheitlichen Betreuung der Umsiedler betraut worden war, erbrachte jedoch schon bald die erwünschten Verbesserungen. Die Fenstergitter wurden entfernt, kleinere Räume geschaffen, ebenso ein „Gemeinschaftssaal mit Bühne und Parkettfußboden für Theater, Konzerte, bunte Abende, Chorübungen".[353] Von dem „verschmutzte[n], heruntergekommene[n] riesenhafte[n] Irrenhaus"[354] zeugte, so die rassistisch-despektierliche Einschätzung eines Besuchers, schon bald nichts mehr. Das „Irrenhaus" hätte sich in eine „hübsche, kultivierte Siedlung [...], in der sich die Insassen wohlfühlten", verwandelt.[355] Adäquat zu dieser neu geschaffenen bürgerlichen „Idylle" firmierte die ehemalige Anstalt Schwetz, die nun „im Eigentum und in Verwaltung des Reichsärzteführers" stand,[356] fortan unter dem Titel „Alterserholungsheim für Baltendeutsche". Schwetz wurde zu einem „Schaustück der sozialen Leistung während des Krieges", das bereitwillig und propagandistisch geschickt zahlreichen Besuchern, darunter auch Conti, und Journalisten präsentiert wurde.[357] Schwetz erwies sich aus der Sicht Contis, seines Beauftragten für die gesundheitliche Betreuung der volksdeutschen Umsiedler und auch der Vomi schon bald in vielerlei Hinsicht als „Ideallösung".[358] Die Vomi, die ab 1940 ebenfalls in die Frage der Unterbringung der hilfsbedürftigen Umsiedler eingeschaltet war, resümierte beispielsweise: „Die alten Menschen sind in jeder

352 Als Fürsprecher der Baltendeutschen trat hier Otto von Kursell in Erscheinung. Die Beschwerden der baltendeutschen Umsiedler aus Schwetz sollen Hitler persönlich vorgetragen worden sein. Bernsdorffs glaubt, dass Hitler infolge dessen am 6.11.1939 die Beauftragung Contis mit der gesundheitlichen Betreuung der Umsiedler vorgenommen hat. Dies dürfte die Bedeutung der Beschwerde jedoch überbewerten. Vgl. Bernsdorff, Gesundheitsdienst und Fürsorge, S. 230 f.; sowie Otto von Kursell, Begegnungen mit Esten und Russen. In: Henning von Wistinghausen (Hg.), Zwischen Reval und St. Petersburg. Erinnerungen von Estländern aus zwei Jahrhunderten, Weissenhorn 1993, S. 302–342, hier 314 f.

353 Bernsdorff, Gesundheitsdienst und Fürsorge, S. 232.

354 Kursell, Begegnungen mit Esten und Russen, S. 315. Auch in Aly, Endlösung, S. 124.

355 Ebd.

356 Aktennotiz über die Besprechung zwischen Creutz, RKF, und Schmitt, NSV, am 27.3.1940 (APP, Vomi, 161, Bl. 242 f.).

357 Zum Besuch Contis vgl. „Volksgesundheit und Volkstumskampf. Der Reichsgesundheitsführer im Reichsgau Danzig-Westpreußen". In: Deutsches Ärzteblatt, 70 (1940) 24/25, S. 269 f.

358 Zietz, Auslandsabteilung der RÄK, an Vomi Gotenhafen, betr. gebrechliche Rückwanderer aus dem Baltikum vom 21.3.1940 (APP, Vomi, 161, Bl. 199). Vgl. auch Vomi Gotenhafen an Conti, Reichsärzteführer, betr. gebrechliche Rückwanderer aus dem Baltikum vom 7.3.1940 (ebd., Bl. 161 f.).

Beziehung gut betreut und untergebracht. Gleichzeitig kann festgestellt werden, dass die Unkosten, die dem Reich dadurch entstehen, relativ gering sind, da eine Einzelbetreuung bzw. Zusammenfassung in Heimen mit kleiner Belegschaft bedeutend mehr Kosten verursachen würden, ohne den alten Menschen all die Bequemlichkeit und Vorteile zu vermitteln, die eine Massenbetreuung ermöglicht."[359]

Allerdings handelte es sich bei Schwetz um einen Einzelfall. Die Lage der Mehrzahl der alten und gebrechlichen Umsiedler aus dem Baltikum wurde noch im März 1940 als „keineswegs sehr erfreulich" bezeichnet, befanden sich viele von ihnen aufgrund fehlender Unterbringungsmöglichkeiten in den Ansiedlungsgebieten doch noch immer in ungeeigneten Privatunterkünften und Wohnungen in Danzig-Westpreußen.[360] Dies veranlasste die Vomi in Gotenhafen, abermals bei Conti zu insistieren. Dabei waren es erneut ehemalige Heilanstalten, die Begehrlichkeiten weckten. In einem Schreiben der Vomi an Conti heißt es:

„Da nun in Westpreußen noch weitere ehemalige Irrenanstalten, z. B. in Riesenburg und Neustadt vorhanden sind, entsteht die Frage, ob diese nicht auch in Heime umgewandelt werden könnten. In den genannten Anstalten wäre die Unterbringung von rd. 1500 Menschen möglich, was zusammen mit Schwetz annähernd 50 v[on] H[undert] aller gebrechlichen Rückwanderer ausmachen würde. Da die übrigen 50 v[on] H[undert] in absehbarer Zeit zu ihren in Arbeit gebrachten Angehörigen ziehen werden, wäre damit das Problem der Gebrechlichen zum größten Teil gelöst.
Ich bitte nun abschließend, meinen Bericht und die sich daraus ergebenden Anregungen einer freundlichen Prüfung zu unterziehen."[361]

Tatsächlich wurden die genannten Anregungen von Contis Beauftragtem für die gesundheitliche Betreuung der volksdeutschen Umsiedler, hier namentlich Zietz, dieser erbetenen Prüfung unterzogen. Nicht zuletzt gab es in der Unterbringungsfrage eine deutliche Interessenskongruenz zwischen der Vomi und der Dienststelle des Beauftragten des RGF.

Hinsichtlich des Anstaltskomplexes in Riesenburg war Zietz nach eigenen Angaben guter Hoffnung und hatte bereits Verhandlungen aufgenommen.[362] Und in der Tat wurden im März/April 1940 die noch in Riesenburg verbliebenen Patienten und das Personal nach Conradstein verlegt und das ebenfalls dort befindliche „Übergangslager für eindeutschungsfähige Polen" aufgelöst.[363]

359 Ebd., Bl. 161.
360 Vgl. ebd.
361 Ebd., Bl. 162.
362 Vgl. Zietz, Auslandsabteilung der RÄK, an Vomi Gotenhafen, betr. gebrechliche Rückwanderer aus dem Baltikum vom 21.3.1940 (ebd., Bl. 199).
363 Die ersten Verlegungen von Patienten nach Conradstein hatten bereits im November 1939 stattgefunden, wo sie größtenteils ermordet worden sein sollen. Ein Teil der Patienten verblieb jedoch in Riesenburg und wurde erst mit der endgültigen Auflösung etwa April 1940 nach Conradstein gebracht. In einem Teilkomplex der Anstalt war seit etwa Mitte Dezember 1939 auch ein „Übergangslager für eindeutschungsfähige Polen" untergebracht. Nach einer rassischen Selektion wurden diese entweder zur Zwangsarbeit ins „Altreich" verschickt, in KZs eingewiesen oder ins Generalgouvernement deportiert. Vgl. weiterführend Rieß, Anfänge der Vernichtung, S. 138–150.

Riesenburg ging in den Besitz des Reichsgaues Danzig-Westpreußen über. Allerdings wurde der Anstaltskomplex nicht, wie man nun vermuten könnte, wie Schwetz der Reichsärztekammer oder der Vomi zur Nutzung übergeben, sondern der Wehrmacht, die dort ein Lazarett einrichtete.[364] Gleiches galt auch für die ehemalige Anstalt in Neustadt, wo sich Zietz von vornherein keine großen Hoffnungen machte, waren doch die ersten diesbezüglichen Bemühungen im November 1939 fehlgeschlagen.[365] Die Interessen der Wehrmacht, die nicht nur hier mit denen der Gesundheitsbehörden und der Vomi kollidierten,[366] wurden in diesen Fällen also ganz offensichtlich denen der Umsiedlungsdienststellen übergeordnet. Dennoch galt im Juni 1940 „die Unterbringung der alten und gebrechlichen Rückwanderer im Gau Danzig-Westpreußen als abgeschlossen".[367]

Bereits wenige Monate später bereitete man sich in Danzig-Westpreußen gleichwohl auf die Aufnahme der nächsten Umsiedler vor. Diese kamen Anfang

364 Vgl. ebd., hier 148–150.

365 Vgl. Zietz, Auslandsabteilung der RÄK, an die Vomi Gotenhafen, betr. gebrechliche Rückwanderer aus dem Baltikum vom 21.3.1940 (APP, Vomi, 161, Bl. 199). Zietz erwähnt in gleichem Schreiben, dass auch ein nicht näher benanntes Heim in Gotenhafen; sowie ein „Teil von Konradshammer bei Oliva" für die Umsiedler demnächst zur Verfügung stehen würde. Bei Konradshammer handelt es sich vermutlich um die 1887 im Danziger Stadtteil Oliva gegründete „Königliche Erziehungs-Anstalt Conradshammer bei Oliva". Über die Belegung der Anstalt und ihr Schicksal im Kontext der frühen Krankenmorde ist nichts bekannt. Es gibt allerdings den begründeten Verdacht, dass die Anstalt in die „Aktion T4" einbezogen wurde. Laut einer Zeugenaussage sollen sich in dem Zug aus Conradstein nach Pirna-Sonnenstein im Juli 1941 auch Patienten der Anstalten Silberhammer und Conradshammer befunden haben. Außerdem befinden sich im Bestand R 179 des Berliner Bundesarchivs („Euthanasie"-Patientenakten) auch Akten aus Conradshammer. In der „T4"-internen Aufstellung über die versandten und ausgefüllten Meldebögen vom 31.8.1941 erscheint Konradshammer hingegen nicht. Vgl. Aussage einer Conradsteiner Pflegerin. In: Rieß, Anfänge der Vernichtung, S. 137; sowie Liste der deutschen Anstalten für Geisteskranke und Schwachsinnige vom 31.8.1941 (NARA II, RG-338, T-1021, r. 11, Bl. 125291–125334 [auch in BArch Berlin, R 96 I]).

366 Nicht immer wurden die ins Visier der verschiedenen Dienststellen geratenen Anstalten aufgelöst. Oftmals bestanden die Anstalten fort und mussten nur einzelne Gebäude für andere Nutzungszwecke abtreten. Allerdings führte auch dies zu deutlichen Beeinträchtigungen im Anstaltsbetrieb, die sich vor allem in Form von Überbelegung zeigten. Anfang 1942 unterlagen einer „T4"-internen Aufstellung zufolge 93 521 Betten einer Fremdnutzung. Die meisten Betten (31 058) wurden für Reservelazarette bereitgestellt. Die Wehrmacht beanspruchte 9 860 Betten, die Vomi 8 577, die SS 7 170. Weitere Betten wurden für die Unterbringung von Kriegsgefangenen, Patienten von Hilfskrankenhäusern, Tbc-Kranken usw. beschlagnahmt. Diese verschiedenen Formen der Fremdnutzung von Anstalten werden zum Teil sogar in ein und derselben Einrichtung sichtbar, zum Beispiel in Leipzig-Dösen, wo sowohl ein Reservelazarett, ein Umsiedler-Krankenhaus, ein Hilfskrankenhaus als auch ein jüdisches Krankenhaus in Gebäuden der Anstalt untergebracht waren. Vgl. Übersicht über die Verteilung der in Heil- und Pflegeanstalten nicht mehr für Geisteskranke verwendeten Betten, o. D. (Anfang 1942) (BArch Berlin, Rollfilm 41149 (Nitsche-Papers), Bl. 126512); sowie Übersicht über die Nutzung der Anstalten vom Januar 1942, hier die Aufstellung über „Sachsen-Land" (ebd., Bl. 126524 f.).

367 Vomi an HSSPF Danzig, betr. nicht mehr arbeitseinsatzfähige Baltendeutsche vom 15.6.1940 (APP, Vomi, 161, Bl. 371 f.).

1941 aus Litauen. Anders als bei den 1939 aufgenommenen Baltendeutschen spielte nun jedoch die Vomi sowohl in Fragen des Abtransportes als auch in denen der Unterbringung im Gau Danzig-Westpreußen eine zentrale Rolle. Diese hatte sie bereits Ende 1939/Anfang 1940 im Zuge der Umsiedlung aus Wolhynien und Galizien zugewiesen bekommen und sukzessive ausgebaut.

2.2 Transporte unter der Leitung der Volksdeutschen Mittelstelle (Vomi)

Der Abtransport der Umsiedler und damit auch die gesundheitliche Betreuung der Umsiedlertransporte war in den Umsiedlungsverträgen genau geregelt worden. De jure oblag sowohl die Stellung von Transportmitteln als auch die medizinisch-sanitäre Betreuung der Transporte im jeweiligen Aussiedlungsgebiet den sowjetischen bzw. rumänischen Umsiedlungsbeauftragten. De facto hielt dies die Vomi und ihre Umsiedlungskommandos jedoch nicht davon ab, in vielerlei Art und Weise Einfluss auf die Abwicklung der Transporte und deren Überwachung zu nehmen. Dabei kamen der Vomi die anfänglichen Schwierigkeiten auf sowjetischer Seite bei der Umsiedlung aus Wolhynien und Galizien im Endeffekt gelegen, boten sie doch - öffentlich als Vertragsbruch angeprangert - eine Legitimation für den Ausbau der eigenen Aktivitäten und Kompetenzen. Anlass für Kritik war dabei unter anderem, dass Infektionskranke während des ersten Transportes aus Wladimir-Wolhynsk nicht separiert worden wären, keine adäquate medizinische Betreuung erhalten hätten und auch für die übrigen Umsiedler nach deutschen Aussagen keinerlei Sanitätspersonal zur Verfügung gestanden hätte. Auch die Krankenwagen hätten „keineswegs dem [entsprochen], was ärztlicherseits unter Krankenwagen zu verstehen“ sei.[368] Hinzu komme, dass die Züge trotz strengen Frostes oftmals unbeheizt gewesen und zudem zum Teil erst mit beträchtlicher Verspätung in den Grenzstationen eingetroffen wären, was eine geregelte medizinische Betreuung an den Grenzbahnhöfen erschwert hätte.[369] Die deutschen Umsiedlungsbeauftragten reagierten auf diese geringe Beteiligung der sowjetischen Stellen mit einem Ausbau des Sanitätsdienstes. So wurden an Grenzstationen und Knotenpunkten wie Zamocz, Lublin und Hrubieszow Reservelazarette eingerichtet und ausgebaut,[370] das Sanitätspersonal aufgestockt und ein permanenter Sanitätsdienst an diesen neuralgischen Punkten installiert. Gleichzeitig wurde die medizinische Betreuung der abgehenden Transporte in den Aussiedlungsgebieten intensiviert und einzelne Trans-

368 Bericht über den ersten Eisenbahntransport aus Wladimir-Wolhynsk vom 20.12.1939 (BArch Berlin, R 59/317, Bl. 20–22, hier 21).

369 Vgl. zum Beispiel Bericht des Führers des Verbindungsstabes Lublin über die Vorbereitung und Durchführung der Wolhynien- und Galizien-Transporte vom 29.3.1940 (BArch Berlin, R 59/318, Bl. 1–92, hier 70 f.); sowie Schlussbericht der Abteilung Transport für das Gebiet G II (Stanislau) vom 28.1.1940 (ebd., R 59/317, Bl. 24).

370 Insgesamt wurden elf Lazarette an der Grenze zum sowjetisch besetzten Ostpolen installiert. Vgl. Hellmut Haubold, „Geborgen in der Hut des Reiches“. Gesundheitliche Betreuung der Rückwanderer im Osten. In: Neues Volk, 8 (1940) 4, S. 16–19.

porte von den Gebietsärzten begleitet.[371] Die medizinische Betreuung der Umsiedlertransporte aus Wolhynien und Galizien blieb zwar dennoch in vielen Teilen improvisiert und unzulänglich. Dennoch bildeten diese Erfahrungen den Rahmen für die nachfolgenden Umsiedlungsaktionen, innerhalb derer die geringe Mitwirkung der sowjetischen Umsiedlungsbeauftragten nicht nur einkalkuliert, sondern sogar begrüßt wurde, ermöglichte diese doch den deutschen Stellen, die notwendigen „organisatorischen und praktischen Maßnahmen nach eigenem Gutdünken ungehindert durchführen" zu können.[372] Damit oblag die medizinische Betreuung der Transporte, die vertragsgemäß eigentlich in den Aufgabenbereich der sowjetischen Umsiedlungsstellen fiel, besonders während der Umsiedlung aus Bessarabien, der Bukowina und der Dobrudscha de facto den deutschen Umsiedlungskommandos. Dieser, wie es der Leitende Arzt der Umsiedlung Bessarabien formulierte, „angenehme Zustand, [...] dass man unbekümmert wie im eigenen Land schalten"[373] konnte, sollte jedoch eine Ausnahme bleiben. Wie bereits vom Leitenden Arzt in seinem Erfahrungsbericht antizipiert, rekurrierten die sowjetischen Stellen während der nachfolgenden Litauenumsiedlung auf die ihnen de jure zustehenden Überwachungskompetenzen. Sie behielten es sich nicht nur vor, die Krankensammelstellen zu inspizieren, die Kranken zu untersuchen oder die Art des Abtransportes mitzubestimmen, sondern auch das vertragsgemäß einzusetzende medizinische Begleitpersonal zu stellen.[374] Dies alles hatte während der Umsiedlungen aus den volksdeutschen Siedlungsgebieten Rumäniens nahezu vollständig in deutscher Hand gelegen. Doch in welchem Maße nutzen die deutschen Beauftragten und Ärzte dies für eine permanente Überwachung? Lässt sich im Falle Rumäniens tatsächlich eine hohe Selektionsaktivität erkennen?

Überwachungs- und Selektionssituationen boten sich in der Tat vielfach, zum Beispiel während der medizinischen Betreuung der Transporte, die zwar primär sanitätstechnischen Zielen verpflichtet war, bei der latent aber auch rassenhygienische Selektionsvorstellungen der beteiligten Ärzte wirkten. So wurden in der Regel vor dem Abtransport die Gesundheitspässe für die jeweiligen Transporte geprüft. Während des Abtransportes führten Ärzte und Sanitäter an den Unterwegsbahnhöfen und Treckstationen, die der Versorgung der Umsiedler dienten, Transportkontrollen durch und notierten etwaige Auffälligkeiten und Krankheitsfälle in den Gesundheitspässen.[375] Mit der Ankunft des Transportes

371 Zur Organisation des Sanitätsdienstes vgl. Bericht des Führers des Verbindungsstabes Lublin über die Vorbereitung und Durchführung der Wolhynien- und Galizien-Transporte vom 29.3.1940 (BArch Berlin, R 59/318, Bl. 1-92, hier 70-75).

372 Erfahrungsbericht der Abteilung Gesundheitswesen über den Abschnitt Bessarabien-Buchenland der Umsiedlungsaktion vom 7.12.1940 (BArch Berlin, R 59/376, Bl. 17-38, hier 34 f.).

373 Ebd., Bl. 33.

374 Vgl. ebd.; sowie Bericht Nr. 6 der Abteilung III/Gesundheitswesen beim Deutschen Hauptbevollmächtigten bei der Umsiedlung Litauen vom 28.2.1941 (BArch Berlin, R 59/284, Bl. 65).

375 Vgl. Helmut Ritter, Meine Arbeit als Gebietsarzt. In: Andreas Pampuch, Heimkehr der Bessarabiendeutschen, Breslau 1941, S. 128-135; sowie Andreas Pampuch, Mit dem

in den Verschiffungshäfen Kilia, Reni und Galatz wurden die in den Gesundheitspässen vermerkten Kranken und alle in separaten Krankentransporten eintreffenden Umsiedler den dortigen Lazaretten zugewiesen, behandelt und für den weiteren Abtransport auf Lazarettschiffen registriert. Insbesondere das Lazarett im „Auffanglager Galatz“ - zugleich Leitstelle der Vomi - sollte zum zentralen Aufnahmelager für alle kranken Umsiedler werden.[376] In den Lagern der jugoslawischen Hafenstädte Prahovo und Semlin wurde der Abtransport erneut unterbrochen und Kranke unter anderem in das DRK-Bereitschaftslazarett Semlin eingewiesen.[377] Von Semlin bzw. Prahovo aus sollten die Transporte schließlich weiter ins Deutsche Reich geleitet werden. Dabei ging man davon aus, dass „die Anzahl der Erkrankungen auf dem Transportabschnitt Reichsgrenze - Umsiedlerlager nicht besonders zahlreich“ sein würde, da „die Umsiedler im Auslandsabschnitt einer dauernden gesundheitlichen Kontrolle“ unterliegen würden.[378] Gemeint waren hier insbesondere die Lager der Vomi in Galatz und Semlin, auf die an dieser Stelle etwas ausführlicher eingegangen werden soll, handelte es sich bei diesen doch, wie bereits erwähnt, um wichtige Selektionsstationen.[379]

Die Vomi-Lager in Galatz und Semlin

Ziel der aus ganz Bessarabien mit Trecks und Zügen in Richtung Donau strömenden Umsiedler waren die zentralen Verschiffungshäfen Reni, Kilia und vor allem Galatz. In Galatz/Galați diente ein altes Flughafengelände als Auffanglager. Innerhalb kurzer Zeit hatte man dort eine regelrechte Lagerstadt errichtet, deren Häuser, die ehemaligen Hangars, so einschlägige Namen wie „Nürnberg“ oder „Dünkirchen“ trugen.[380] In dieser Lagerstadt warteten zeitweilig über 10 000 Umsiedler auf ihre Ausschiffung ins Deutsche Reich.[381] Während dieser Wartezeit wurden die Umsiedler von der NSV, die eine große Gemein-

Personentreck nach dem Hafen Reni. In: ders. (Hg.), Heimkehr der Bessarabiendeutschen, Breslau 1941, S. 158–169.

376 Vgl. Bericht Nr. 2 des Leitenden Arztes beim Hauptbevollmächtigten für die Umsiedlung Bessarabien an RÄK vom 24.9.1940 (BArch Berlin, R 59/377, Bl. 17–20).

377 Vgl. zum Beispiel Entlassungsbericht des DRK-Bereitschaftslazaretts Semlin für Karl K. vom 12.10.1940 (APŁ, Sieradz, Szpital Psychiatryczny w Warcie, 5535, Bl. 7).

378 Organisation der gesundheitlichen Betreuung der Umsiedler aus Bessarabien/Buchenland während des Transportes ins Reichsgebiet, o. D. (BArch Berlin, R 59/376, Bl. 52–83, hier 52).

379 Eine Karte ist im Anhang zu finden.

380 Vgl. B. Streit, Im Auffanglager Galatz. In: Andreas Pampuch, Heimkehr der Bessarabiendeutschen, Breslau 1941, S. 204–209; Hoffmann/Thoß, Der vierte Treck, S. 68–72; sowie Susanne Schlechter, Die Behandlung sogenannten „lebensunwerten Lebens“ bei der Umsiedlung der Bessarabiendeutschen im September bis November 1940. Spurensuche im Nachlass einer NS-Schwester, unveröffentlichtes Manuskript, zu Galatz s. S. 33–51.

381 Vgl. EWZ-Kommission Belgrad an EWZ Litzmannstadt vom 14.10.1940 (BArch Berlin, R 69/630, Bl. 76–78).

schaftsküche unterhielt, dem DRK und NS-Schwestern betreut. Das DRK hatte ein Lagerlazarett eingerichtet, das sämtliche Kranken aufnahm, die entweder mit Lazarettzügen direkt aus den Siedlungsgebieten dorthin gebracht wurden oder auf dem Wasserweg aus den anderen beiden Umsiedlungsdrehpunkten Reni und Kilia eintrafen.[382] Die beteiligten Umsiedlungsärzte bemühten sich, „aus ganz Bessarabien alle akut Erkrankten sowie Infektionskranken wenn möglich direkt nach Galatz [zu transportieren], um sie einmal einer vernünftigen Behandlung zuzuführen und zum zweiten zu vermeiden, dass [...] sie nach Abschluss der Umsiedlung" zurückbleiben würden.[383] So gehörten auch die Kranken, Alten und Gebrechlichen, aber vor allem die Insassen der bessarabischen Asyle in Sarata und Arzis zu den Ersten, die aus den deutschen Siedlungsgebieten nach Galatz gebracht wurden. Dabei hatte sich dieser bevorzugte Abtransport der Kranken, wie er auch im Rahmen der Umsiedlung aus Wolhynien und Galizien forciert worden war,[384] im Rückblick des Leitenden Arztes als durchaus günstig erwiesen. Er sei für „die Zukunft in jedem Falle [zu] empfehlen."[385] Einige der vielen Vorteile eines solchen bevorzugten Abtransportes der Kranken, der vielfach bereits in den Umsiedlungsverträgen festgeschrieben worden war, seien dem Leitenden Arzt der Umsiedlung aus Bessarabien, Bestvater, zufolge gewesen:

> „man kommt zu Beginn der Umsiedlung nicht in Kollision mit dem laufenden Transportplan und mit anderweitig gebrauchten Transportmitteln; als geschlossener Krankentransport geht die Abfertigung durch Grenz- und andere Behörden viel schneller und angenehmer vor sich, als man das für die Kranken innerhalb von Normaltransporten erreichen kann; wenige große Transporte machen weniger organisatorische Schwierigkeiten als viele kleine, weil der allgemeine Transport noch nicht begonnen hat, kommen die Kranken direkt aus der Familienpflege in die Obhut der Auffangorganisation, was für die selbst vorteilhafter ist, dem Gesundheitsdienst aber viel pflegerische Arbeit in Krankensammelstellen usw. spart. Nicht zuletzt werden durch den früheren Abtransport die Ärzte von ihren schweren Fällen, die Familien von ihren Pflegebedürftigen entlastet."[386]

In sogenannten „Sonderkrankentransporten" wurden am 25. und 30. September 1940 über 700 Kranke aus den bessarabischen Asylen und Krankensammelstellen in Sarata, Arzis und Beresina mit Lazarettzügen nach Reni und von dort auf dem Schiffsweg nach Galatz befördert.[387] Weitere etwa 600, vor allem in

382 Vgl. Bericht Nr. 2 des Leitenden Arztes beim Hauptbevollmächtigten für die Umsiedlung Bessarabien an RÄK vom 24.9.1940 (BArch Berlin, R 59/377, Bl. 17–20). Zu Reni vgl. Bericht von Prof. Rose über die Dienstreise vom 25.–27.9.1940 nach Albota und Reni vom 27.9.1940 (ebd., Bl. 21–40).

383 Bericht Nr. 2 des Leitenden Arztes beim Hauptbevollmächtigten für die Umsiedlung Bessarabien an RÄK vom 24.9.1940 (BArch Berlin, R 59/377, Bl. 17–20).

384 Mit einem der ersten Transporte aus Galizien verließen sämtliche Bewohner der „Zöcklerschen Anstalten" Stanislau. Vgl. Kap. IV.1.2.

385 Erfahrungsbericht der Abteilung Gesundheitswesen über den Abschnitt Bessarabien-Buchenland der Umsiedlungsaktion vom 7.12.1940 (BArch Berlin, R 59/376, Bl. 17–38).

386 Ebd., Bl. 27.

387 Ebd., Bl. 23.

Krankensammelstellen konzentrierte, Kranke wurden in „Sonderkrankentransporten den normalen Eisenbahntransporten [...] angehängt“[388] - ein Vorgehen, welches auch während der Umsiedlung aus der Dobrudscha praktiziert werden sollte.[389] Über 200 weitere Kranke erreichten das Lazarett Galatz per Krankenwagen. Aufgrund der „Wege-, oder besser Geländeverhältnisse war aber der Transport über *längere Strecken* für die Kranken eine Tortur“ und die Kranken kamen in „einem wenig erfreulichen Zustand in Galatz an und weder Baldrian noch Morphiumdosen konnten Übelkeit, Erbrechen und Abgeschlagenheit verhindern“.[390] Eine ähnliche „Tortur“ dürfte auch der Abtransport aus den Asylen in Sarata und Arzis im Rahmen der großen „Sonderkrankentransporte“ am 25. und 30. September 1940 gewesen sein, der sich ebenfalls unter „Zuhilfenahme reichlicher Narkotika“ vollzog.[391] Die 69 Insassen des Alexanderasyls, des Hauses „Elim“ in Sarata und die 34 des Asyls in Arzis wurden zusammen mit weiteren Kranken am 25. September 1940 zunächst in einem Lazarettzug nach Reni gebracht. Noch einen Tag zuvor hatte selbst der Bahnhofsvorsteher in Sarata keinerlei Kenntnis von einem „solchen Zug“. „Er habe zwar gehört, dass so etwas geplant sei, aber irgendwelche konkreten Anweisungen lägen nicht vor.“[392] Nach Rücksprache des zuständigen deutschen Transportarztes mit dem Hauptstab des Umsiedlungskommandos und dem zuständigen sowjetischen Vertreter wurde schließlich die Gestellung der angeforderten 20 Pritschenwagen für den 25. September 1940, 10:00 Uhr, zugesagt. An besagtem 25. September standen allerdings nur sieben Pritschenwagen und vier größere Güterwagen zur Verfügung, allesamt ohne die anfänglich angekündigten Matratzen oder Stroh. Unter Beteiligung der Sarataer Schwestern und „sämtliche[r] Volksdeutschen, die irgendwie freigemacht werden konnten, jede[m] Mann, jede[r] Frau, HJ und BDM“ wurden die Kranken schließlich in die vorhandenen Waggons „verladen“.[393] Jedem Waggon war eine Schwester zugeteilt. Den Schwestern zur Seite standen Sanitätsdienstgrade, welche vornehmlich in den Waggons eingesetzt wurden, in denen „unruhige und bekannt Tobsüchtige“ untergebracht worden waren. „Die Kranken wurden - soweit es möglich war - gleich nach Krankheitsgruppen zusammengefasst. Die Insassen der Heime wurden möglichst so zusammengelassen, wie sie in der Anstalt gelebt hatten.“[394] Bis 14.30 Uhr konnten

388 Ebd.

389 In der Dobrudscha kamen separate Krankentransporte in den Verschiffungshafen Cernavoda schon allein wegen der geringeren Anzahl Kranker, die zudem zum Teil weit verstreut lebten, nicht in Frage. Vgl. zum Beispiel Rundanweisung des Gebietsarztes Dobrudscha an die SDG bei den Ortsbevollmächtigten, betr. Krankentransport vom 7.11.1940 (BArch Berlin, R 59/395, Bl. 3 f.)

390 Erfahrungsbericht der Abteilung Gesundheitswesen über den Abschnitt Bessarabien-Buchenland der Umsiedlungsaktion vom 7.12.1940 (BArch Berlin, R 59/376, Bl. 17-38, hier 25). Hervorhebung im Original.

391 Ebd., Bl. 24.

392 Bericht Dr. Frankes über den Lazarettzug von Sarata nach Reni am 25./26.9.1940 vom 29.9.1940 (BArch Berlin, R 69/377, Bl. 45-49, hier 45).

393 Ebd., Bl. 46.

394 Ebd., Bl. 47.

schließlich alle 148 Sarataer Kranken in den Wagen untergebracht werden. Wie der Transportarzt berichtete war „das Zeichen zur Abfahrt [...] bereits gegeben, als sich herausstellte, dass noch mehrere Fuhren mit dem sog. ‚großen Gepäck', d. h. 50 kg Gepäckstücke der Anstaltsinsassen nicht verladen worden waren".[395] Das „Schicksal" sei Ihnen jedoch zur Hilfe gekommen, „denn beim Anfahren des Zuges riss die Kupplung zwischen Lokomotive und erstem Wagen". In „den wenigen Minuten der Behebung dieses Schadens" konnte schließlich „mit Hilfe aller Männer noch [...] das gesamte Gepäck in den dafür bestimmten Güterwagen" befördert werden.[396] Das in letzter Minute verstaute Gepäck der Anstaltsinsassen, darunter unter anderem Bettwäsche, kam jedoch vermutlich in den seltensten Fällen wieder in den Besitz der Patienten, die nach Ihrer Aufnahme in Warta kaum über „großes Gepäck" verfügten, sondern meist nur über wenige Kleidungsstücke und persönliche Gegenstände. Emma V. aus Sarata verfügte in Warta zum Beispiel über „1 Oberrock, 1 Unterrock, 1 Beinkleid, 1 Paar Strümpfe, 1 Hemd, 2 Taschentücher, 1 Mütze, 3 Kopftücher, 1 Leibchen mit Strumpfhalter, 1 Paar gestrickte Schuhe, 1 Mantel, 1 Bluse, 1 Handtasche, 1 Einholtasche und 1 Kamm."[397] Die Bettwäsche gelangte zwar tatsächlich nach Warta, konnte allerdings aufgrund fehlender Kennzeichnung nicht mehr zugeordnet werden.[398]

So chaotisch, wie der Abtransport in Sarata begonnen hatte, so chaotisch setzte er sich im Wesentlichen auch fort. Zwar befanden sich in Arzis, der nächsten Station des Transports, bereits alle 88 Kranken in den bereitgestellten Wagen, sodass die Wagen nur noch an den Zug aus Sarata angeschlossen werden mussten, aber bereits bei der nächsten Station, Beresina, traten erneut organisatorische Schwierigkeiten auf.[399] „Erstens konnten die Wagen nicht bis direkt an den Zug gefahren werden, sodass jeder einzelne Kranke über mehrere Gleise des Bahnhofs mit der Trage an den Zug herangetragen werden musste. Zweitens ist die Verladung der liegenden Kranken in die Personenwagen mit mehr Schwierigkeiten verbunden als in die Güterwagen mit den breiten Türen. Drittens hielt der Zug außerhalb des Bahnsteiges, sodass die Kranken sehr viel höher angehoben werden mussten."[400]

395 Ebd.
396 Ebd.
397 Heilanstalt Warta an Erna V. vom 21.11.1941 (APŁ, Sieradz, Szpital Psychiatryczny w Warcie, 6678, Bl. 18).
398 Vgl. Heilanstalt Warta an Gottlieb K. vom 13.3.1942 (APŁ, Sieradz, Szpital Psychiatryczny w Warcie, 5435, unpag.). Die Gepäckstücke waren bereits in Reni durch den Weitertransport der Kranken auf zwei verschiedenen Dampfern und die „willkürliche" Verladung des Gepäcks auf diese durcheinandergeraten. Vgl. dazu Bericht von Prof. Rose über die Dienstreise vom 25.–27.9.1940 nach Albota und Reni vom 27.9.1940 (BArch Berlin, R 69/377, Bl. 21–40, hier 31 f.).
399 Vgl. Erfahrungsbericht der Abteilung „Gesundheitswesen" über den Abschnitt Bessarabien-Buchenland der Umsiedlungsaktion vom 7.12.1940 (BArch Berlin, R 59/376, Bl. 17–38, hier 24); sowie Bericht Dr. Frankes über den Lazarettzug von Sarata nach Reni am 25./26.9.1940 vom 29.9.1940 (BArch Berlin, R 69/377, Bl. 45–49, hier 47 f.).
400 Bericht Dr. Frankes über den Lazarettzug von Sarata nach Reni am 25./26.9.1940 vom 29.9.1940 (BArch Berlin, R 69/377, Bl. 45–49, hier 48).

Angesichts dieser Zustände erscheint es nicht verwunderlich, wenn einige Kranke „sehr unruhig waren und den Zug durchaus wieder verlassen wollten“, weshalb „reichlich Morphiumeinspritzungen und Luminaltabletten verabfolgt“ wurden.[401] Eine 81-jährige Frau überlebte die Strapazen dieser Fahrt nicht. Ihre Leiche sollte, wie auch die übrigen Passagiere, nach Galatz gebracht werden, um dort beigesetzt zu werden. Wie es im Bericht des Leitenden Hygienikers Rose trocken und abgeklärt hieß, sollte damit der „Anfang mit dem Umsiedlerfriedhof in Galatz“ gemacht werden, „der bei der zu erwartenden Belegung des Lagers Galatz sicher noch Zuwachs erhalten“ würde.[402]

Während der Fahrt des Zuges begannen die Schwestern waggonweise Namenslisten der Kranken zu erstellen und diese mit den Transportlisten abzugleichen. Dabei trat ein weiteres Problem auf, denn 28 Kranke fehlten auf den Transportlisten, obwohl sie registriert und mit einer Kennkarte ausgestattet worden waren. In Reni eingetroffen, bemühte man sich, dieses Problem, das schon bald seinen terminus technicus erhalten hatte: die „Frage der Listenlosen“, zu klären. Nach vier Stunden der Verhandlung mit den sowjetischen Bevollmächtigten sei es schließlich gelungen, die fehlenden Listen neu aufzustellen.[403]

Bevor der Zug am 26. September 1940 „gegen 10 Uhr“ - also fast 24 Stunden, nachdem in Sarata mit der „Einwaggonierung“ der Kranken begonnen worden war - in Reni eintraf, musste er noch „in zwei Teile geteilt werden, da die Lokomotive einen ‚Berg‘ etwa 10 km vor Reni mit dem langen Zug, noch dazu in einer Kurve, nicht schaffte“.[404]

In Reni angekommen, sollten die Kranken sofort auf die bereits im Hafen liegenden Dampfer „Prinz Karl“/„Principale Carol“ und „Melk“ gebracht werden. Das Lazarettschiff „Prinz Karl“ sollte alle akuten und schwierigen Fälle aufnehmen, das „für den Krankentransport Reni-Galatz hergerichtete Schiff“ „Melk“ die übrigen „Siechen und Geisteskranken“. Die Zuordnung wurde dabei durch die bereits im Zug vorgenommene Trennung der Patienten nach „Krankengruppen“ erleichtert.[405] Allerdings kam es auch hier zu deutlichen Behinderungen des „Ausladegeschäfts“. Zum einen fehlten nach Angaben Roses die zugesagten sowjetischen „Krankenträger“ und auch jegliche „Einsteigemöglichkeiten“ für die Züge. Zum anderen wurde die „Verladetätigkeit“ durch ein Navigationsmanöver der Dampfer unterbrochen, welches dazu diente, dem Lazarettschiff die Abfahrt aus dem Hafen zu ermöglichen. Schließlich kamen noch Reibungen zwischen dem Verschiffungsbevollmächtigten und dem Leitenden Arzt des Lazarettschiffes, Zielke, hinzu. Ursache war auch hier wieder eine

401 Ebd.

402 Bericht von Prof. Rose über die Dienstreise vom 25.-27.9.1940 nach Albota und Reni vom 27.9.1940 (BArch Berlin, R 69/377, Bl. 21-40, hier 31 f.)

403 Vgl. ebd., Bl. 21-40; sowie Bericht Dr. Frankes über den Lazarettzug von Sarata nach Reni am 25./26.9.1940 vom 29.9.1940 (BArch Berlin, R 69/377, Bl. 45-49).

404 Bericht Dr. Frankes über den Lazarettzug von Sarata nach Reni am 25./26.9.1940 vom 29.9.1940 (BArch Berlin, R 69/377, Bl. 45-49, hier 49).

405 Vgl. Bericht von Prof. Rose über die Dienstreise vom 25.-27.9.1940 nach Albota und Reni vom 27.9.1940 (BArch Berlin, R 69/377, Bl. 21-40, hier 31 f.).

„Listenfrage“. Diese ergab sich durch die „Verladung“ der Kranken auf zwei verschiedene Schiffe, die zudem zwei verschiedene Ziele anlaufen sollten: Galatz und Semlin.[406] Der Verschiffungsbevollmächtigte forderte, für jeden Dampfer eine separate Liste anzufertigen, ging doch aus der ursprünglichen Transportliste der Verbleib der Kranken nicht mehr hervor. Allerdings war es, so der Leitende Hygieniker Rose, bei der „erheblichen Anzahl von Geisteskranken und Geistesschwachen, sowie senil nicht Ansprechbaren in dem Transport [...] praktisch unmöglich, in kurzer Zeit durch Nachsuche auf den Dampfern die Listen neu aufzustellen“.[407] Da die Schiffsärzte keine weitere Verzögerung des ohnehin bereits verspäteten Abtransportes hinnehmen wollten, einigte man sich schließlich darauf, die Listen während der Fahrt anzulegen. Letztlich war dieses Vorgehen jedoch ein Grund dafür, dass sich in den Aufnahmebüchern der aufnehmenden Einrichtungen schließlich nur Eintragungen wie „N. N.“ oder „unbekannter Mann“ finden. Der Verlust der Krankenbegleitscheine und Kennmarken, der sich trotz vielfältiger Kontrollen nicht vermeiden ließ, tat das Übrige. Weder die Anstalten, noch die Dienststelle des Beauftragten des RGF kannten in einigen Fällen die Namen der Patienten. Auch für die Familienangehörigen war nun der Umsiedlungsweg der Kranken nicht mehr zu rekonstruieren, eine Kontaktaufnahme damit nahezu unmöglich geworden.[408]

Das Lazarettschiff „Prinz Karl“ verließ am 26. September 1940 den Hafen von Reni in Richtung Semlin, wo es am 1. Oktober 1940 eintraf.[409] Die noch in Reni verbliebenen Kranken wurden an Bord des Dampfers „Melk“ gebracht. Dieser sei, nachdem mit Hilfe der bessarabiendeutschen Schwestern „die Umladung dieses Menschenmaterials [!] und seines Gepäcks“ in „sehr zügiger Form“ abgeschlossen werden konnte, „vollkommen überfüllt“ gewesen. Es habe eine „kaum erträgliche Atmosphäre“ an Bord geherrscht.[410]

Die hoch bürokratisierten und mit zahlreichen termini technici wie „Listenfrage“ oder „Ausladegeschäft“ versehenen Berichte offenbaren sehr deutlich,

406 Vgl. Funksprüche der Leitfunkstelle Galatz an EWZ Belgrad vom 27.9.1940 (BArch Berlin, R 69/734, Bl. 5 f.).

407 Bericht von Prof. Rose über die Dienstreise vom 25.-27.9.1940 nach Albota und Reni vom 27.9.1940 (BArch Berlin, R 69/377, Bl. 21-40, hier 35).

408 Vgl. Aufnahmebuch der Gauheilanstalt Warta 1937-42 (APŁ, Sieradz, Szpital Psychiatryczny w Warcie, 6865, zum Beispiel Nr. 7291, 7293-7296); sowie Krankenakte „Unbekannte Frau VIII“ (APŁ, Sieradz, Szpital Psychiatryczny w Warcie, 6656).

409 Vgl. Aktennotiz der EWZ Belgrad, betr. Erfassung der Krankentransporte vom 1.10.1940 (BArch Berlin, R 69/734, Bl. 1). Auch das DRK-Bereitschaftslazarett in Semlin vermerkte den 1.10.1940 als Aufnahmedatum. Vgl. zum Beispiel Entlassungsbericht des DRK-Bereitschaftslazaretts Semlin für Georg H. vom 12.10.1940 (APŁ, Sieradz, Szpital Psychiatryczny w Warcie, 5270, Bl. 4) oder Entlassungsbericht des DRK-Bereitschaftslazaretts Semlin für Karl K. (ebd., 5535, Bl. 7).

410 Bericht von Prof. Rose über die Dienstreise vom 25.-27.9.1940 nach Albota und Reni vom 27.9.1940 (BArch Berlin, R 69/377, Bl. 21-40, hier 36 f.). In einem allgemeinen Bericht, der vermutlich von den begleitenden Schwestern abgefasst wurde, werden 259 Passagiere angegeben, die Überfüllung wird hier jedoch nicht erwähnt. Vgl. Allgemeiner Bericht über die Fahrt des Dampfers „Melk“ am 26.9.1940 von Reni nach Galatz vom 27.9.1940 (ebd., R 69/734, Bl. 14).

dass leitende Mediziner wie Rose die Krankentransporte in erster Linie als einen möglichst reibungslos abzuwickelnden Logistik- und Verwaltungsakt begriffen. Es ging hier nicht um das Schicksal einzelner Kranker, sondern um zu verfrachtendes „Menschenmaterial“. Humanitäre Gesichtspunkte traten angesichts dieser Geringschätzung des individuellen Lebens, besonders des Lebens der als „Ballastexistenzen“ begriffenen „Geisteskranken“, hinter der zügigen Abwicklung der Transporte zurück. Dies galt vornehmlich für die in leitenden Positionen mit den Krankentransporten befassten Umsiedlungsfunktionäre wie Rose. Die begleitenden Ärzte, Schwestern und Pfleger dürften hingegen durchaus um das Wohl der ihnen anvertrauten Kranken bemüht gewesen sein, kannten einige diese doch aus den Asylen persönlich. Der vermutlich auch aus dieser persönlichen Verpflichtung gegenüber ihren Pfleglingen resultierende „Arbeitseifer“ veranlasste Rose schließlich sogar zu einer besonderen Erwähnung der bessarabiendeutschen Schwestern innerhalb seines Berichtes. Beinah verwundert hebt er hervor: „Der Einsatz erfolgte vollkommen freiwillig, ohne dass jemand die Schwestern dazu angehalten hätte.“[411]

Noch am 26. September 1940 erreichte der Dampfer „Melk“ das nahe gelegene Lager Galatz. Dort wurden die Kranken im Lazarett, welches unter der Leitung von Martin Maneke stand, im Haus „Nürnberg“ untergebracht.[412] Die Zustände dort scheinen, glaubt man einer dort tätigen bessarabischen Schwester, keineswegs so „vorbildlich“ wie vielfach betont gewesen zu sein. Insbesondere die ungünstige Lage, unweit eines Sumpfgeländes, hätte zur Folge gehabt, dass die Kranken „mit Millionen von Insekten bedeckt“ gewesen seien.[413]

Nur wenige Tage nach ihrer Ankunft in Galatz fand eine erste statistische Erfassung der Kranken durch die EWZ statt, die sowohl in Galatz als auch in Belgrad/Semlin Kommandos stationiert hatte.[414] Ziel dieser Vorerfassung war es, sich schon vor der eigentlichen „Durchschleusung“ in den Vomi-Lagern des

411 Bericht von Prof. Rose über die Dienstreise vom 25.–27.9.1940 nach Albota und Reni vom 27.9.1940 (BArch Berlin, R 69/377, Bl. 21–40, hier 36).

412 Vgl. Bericht über die statistische Erfassung der Kranken im Lager Galati vom Dampfer „Melk“ vom 29.9.1940 (BArch Berlin, R 69/734, Bl. 10). Zur Aufnahme vgl. zum Beispiel auch den Aufnahmevermerk Manekes im Krankenbegleitschein von Flora L. (APŁ, Sieradz, Szpital Psychiatryczny w Warcie, 5729, Bl. 2). Hier ist die Aufnahme allerdings fälschlicherweise auf den 25.9.1940 datiert worden.

413 Dies berichtete eine bessarabiendeutsche Schwester 1988. Das Gespräch ist allerdings nur mündlich durch eine weitere Zeitzeugin überliefert. Der von dieser Zeitzeugin 2007 erinnerte Inhalt des Gespräches ist abgedruckt bei Schlechter/Schulze, Verschwundene Umsiedler, Kap. D 1. In den Unterlagen der ehemaligen NS-Oberin Dorothee Rakow, die ebenfalls von Susanne Schlechter bearbeitet wurden, fehlt jedoch anscheinend ein solcher Hinweis. Die Zustände im Lager Galatz werden dort als verhältnismäßig gut beschrieben. Vgl. Schlechter, Nachlass NS-Schwester, zu Galatz vgl. S. 33–51.

414 Das EWZ-Kommando in Galatz unterstand dem SS-Sturmbannführer (Wilhelm?) Mulde. Er hatte bereits während der Umsiedlung aus dem Baltikum eine Führungsposition innerhalb der EWZ bekleidet, dort der EWN Pommern in Stettin. Vgl. zum Beispiel Fernschreiben der EWN Stettin/Mulde an die EWZ Nordost Posen, betr. Ankunft pflegebedürftiger Personen in Schoenlanke vom 28.11.1939 (BArch Berlin, R 69/1127, Bl. 228).

„Altreiches" einen ersten Überblick über „die allgemeine Struktur der Deutschen aus Bessarabien" zu verschaffen.[415] Zu diesem Zweck wurden in der Regel während der Schifffahrt Angaben über (1) das Geschlecht und Alter, (2) die „völkische und stammliche Herkunft" und (3) die berufliche Qualifikation der Umsiedler erhoben.[416] Dies geschah auch bei 65 der 259 Kranken, die Galatz mit dem Dampfer „Melk" erreicht hatten. Es handelte sich bei diesen um „Leichtkranke". Für die übrigen Kranken hatte der Leiter der EWZ-Kommission in Galatz, Mulde, ein verkürztes Erhebungsverfahren angeordnet, weil es bei Kranken, die nach Angaben der EWZ-Mitarbeiter „überhaupt nicht in der Lage waren, irgendwelche Auskünfte zu geben", „unmöglich" sei, das „Formblatt II" auszufüllen.[417] Insgesamt wurden schließlich 256 der ursprünglich 259 in Galatz eingetroffenen bessarabiendeutschen Kranken durch die EWZ vorerfasst. Drei Kranke waren unmittelbar nach ihrem Eintreffen im Lager verstorben, was angesichts der Strapazen des Transportes nicht überrascht und von Rose auch erwartet worden war.[418]

Den im Lagerlazarett Galatz am 26. September 1940 eingetroffenen alten und kranken Bessarabiendeutschen aus Sarata, Arzis und Beresina folgten nur wenige Tage später weitere nach. Sie hatten in einem zweiten Lazarettzug am 30. September 1940 ihre Heimatgemeinden verlassen. Auch dieser Zug wurde in Sarata, ebenfalls mit Verspätung, eingesetzt und passierte Arzis und Beresina. Auf der Fahrt wurde noch ein Zugteil angekoppelt, der Kranke aus dem Gebiet Kischineff mitführte – darunter allerdings nicht, wie man erwarten könnte, die Patienten der dortigen Heilanstalt.[419] Insgesamt befanden sich in dem Lazarettzug 464 Kranke, vorwiegend aus Krankensammelstellen. Diese Zahl überschritt bei weitem die erwartete, sodass der Zug deutlich überfüllt war, was aber „dank der Einstellung der Umsiedler als unabwendbares Übel hingenommen wurde".[420] Abgesehen von dieser Überfüllung scheinen bei diesem Transport keine größeren Probleme aufgetreten zu sein und auch die Übergabe der Kranken in Reni war vor dem Hintergrund des ersten Krankentransportes besser vorbereitet worden. So standen deutlich mehr Personal und Krankentragen zur

415 Vgl. Abschlussbericht über die Erfassung der Deutschen aus Bessarabien von 1940 (IfZ München, ED 72/15, Bl. 1–64, hier 4).

416 Vgl. ebd.

417 Bericht über die statistische Erfassung der Kranken im Lager Galati vom Dampfer „Melk" vom 29.9.1940 (BArch Berlin, R 69/734, Bl. 10). Mit Hilfe des Formblattes II sollte höchstwahrscheinlich die „völkische und stammliche Herkunft" ermittelt werden.

418 Bericht über die statistische Erfassung der Kranken im Lager Galati vom Dampfer „Melk" vom 29.9.1940 (BArch Berlin, R 69/734, Bl. 10).

419 Vgl. Bericht Dr. Frankes über den 2. Lazarettzug am 30.9./1.10.1940 vom 3.10.1940 (BArch Berlin, R 69/377, Bl. 64–66). Die volksdeutschen Patienten der Anstalt Kischineff wurden von der Umsiedlung ausgeschlossen. Vgl. Erfahrungsbericht der Abteilung Gesundheitswesen über den Abschnitt Bessarabien-Buchenland der Umsiedlungsaktion vom 7.12.1940 (BArch Berlin, R 59/376, Bl. 17–38, hier 24).

420 Bericht Dr. Frankes über den 2. Lazarettzug am 30.9./1.10.1940 vom 3.10.1940 (BArch Berlin, R 69/377, Bl. 64–66, hier 65).

Verfügung und Leitern erleichterten das „Ausladen“ der Kranken. Zudem hatte man den Zug „auf das dem Schiff am nächsten liegende Gleis“ geleitet und so die Entfernung zwischen Zug und Dampfer gegenüber dem ersten Transport deutlich verringert. Lediglich die „Listenfrage“ gab auch hier wieder Anlass für Verzögerung.[421]

Ebenso wie die zuvor eingetroffenen Kranken wurden auch diese auf dem Dampfer „Melk“ nach Galatz gebracht. Von den in Galatz am 1. Oktober 1940 eingetroffenen Kranken sollten etwa 140 in das dortige Lagerlazarett eingewiesen werden. Für die übrigen Kranken war die Fahrt hingegen noch nicht zu Ende. Sie wurden von einem in Galatz bereitstehenden Lazarettzug übernommen.[422] Der Einsatz eines Lazarettzuges erfolgte dabei nicht nur in diesem einen Fall. Mitte Oktober 1940 sollte ein weiterer Lazarettzug für die „zum Abtransport vorgesehenen Kranken“ bereitgestellt werden.[423] Am 17. Oktober 1940 verließ besagter Lazarettzug unter anderem mit ehemaligen Patienten der Anstalt „Bethel“ in Arzis die Lagerstadt Galatz.[424] Am 20. Oktober 1940 erreichte er Kamenz/Schlesien. Nur einen Tag später wurden die anstaltsbedürftigen Kranken in die Heilanstalt Tiegenhof weiterverlegt.[425]

Auch sie waren vermutlich wie alle im Lazarett Galatz aufgenommenen Kranken zuvor oder spätestens während des Zugtransportes von der EWZ vorerfasst worden.

Alle zunächst im Lagerlazarett Galatz verbliebenen Kranken wurden schließlich sukzessive nach Semlin in das dortige Bereitschaftslazarett abtransportiert. So verließen beispielsweise einige der am 25./26. September 1940 in Galatz mit dem ersten Lazarettzug eingetroffenen Insassen des Alexanderasyls am

421 Vgl. ebd.

422 Allgemeiner Bericht über die Fahrt des Dampfers „Melk“ am 1.10.1940 (BArch Berlin, R 69/734, Bl. 12 f.). Die Quellen geben keinen Aufschluss darüber, ob der Lazarettzug direkt ins Deutsche Reich fuhr oder ob die Umsiedler zunächst ebenfalls in Semlin oder Prahovo aufgenommen wurden. In einem erhaltenen Krankenbegleitschein dieses Transportes fehlen bis auf den Abtransport am 30.9.1940 jegliche Einträge. In der entsprechenden Krankenakte ist jedoch auch ein Krankenblatt des Reservelazaretts Striegau/Schlesien enthalten, welches die Aufnahme des Patienten aus dem Lazarettzug 610 auf den 5.10.1940 datiert. Möglicherweise erfolgte also der Abtransport aus Galatz direkt nach Striegau. Vgl. Krankenakte von Albert D. (APŁ, Sieradz, Szpital Psychiatryczny w Warcie, 4938).

423 Vgl. Aktennotiz der EWZ-Kommission Galatz vom 10.10.1940 (BArch Berlin, R 69/734, Bl. 2).

424 Vgl. Krankenbegleitschein von Victor G. (Salus gGmbH Fachklinikum Uchtspringe, Krankenakte Victor G.); Krankenbegleitschein Carl H. (ebd., Krankenakte Carl H.); Krankenbegleitschein Gustav H. (ebd., Krankenakte Gustav H.); Krankenbegleitschein Immanuel I. (ebd., Krankenakte Immanuel I.); Krankenbegleitschein Albert R. (ebd., Krankenakte Albert R.); sowie Krankenbegleitschein Sigismund P. (ThStA Gotha, Landesheilanstalt Mühlhausen, Patientenakte Sigismund P.) und Krankenbegleitschein August S. (ebd., Patientenakte August S.). Für die Hinweise zu den Akten aus Uchtspringe danke ich Dr. Dietmar Schulze.

425 Vgl. ebd.

5. Oktober 1940 Galatz mit dem Lazarettschiff in Richtung Semlin, das sie fünf Tage später, am 10. Oktober 1940, erreichten.[426]

Das Lager in Semlin/Zemun, unweit von Belgrad, wurde im August 1940 auf einem früheren Sumpfgelände an der Mündung der Save in die Donau errichtet. Mit Genehmigung und Unterstützung der jugoslawischen Behörden entstand mit Hilfe des „Arbeitsdienstes" der deutschen Volksgruppe in Jugoslawien ein riesiger Lagerkomplex auf über 220 000 Quadratmetern.[427] Dabei war das Lager wohl zunächst nur als sehr „einfache" Transitstation für die auf dem Donauweg ins Deutsche Reich abzutransportierenden Umsiedler konzipiert worden. Noch während der ersten Bauphase begannen sich aber „alle möglichen Stellen" für das Lager zu interessieren, sodass der Lagerkommandant erkannte, dass das Lager „auch propagandistisch gesehen für das Deutschtum wertvoll sein könnte" und dessen Ausbau forcierte.[428] Das Lager mit seinem „15 m hohen Wachturm", „Rundfunkanlagen mit Lautsprecher[n] und Mikrophon, sowie Telefonanschlüsse[n], [...] 300 Latrinen mit Wasserspülung, [...] Grünanlage am Eingang des Lagers, Friseurstube, Empfangszelt", eigener Wasserleitung, Kanalisation und Stromversorgung entwickelte sich somit auch zum Vorzeigeobjekt, welches zahlreiche hochrangige NS-Funktionäre, Presseberichterstatter, Botschafter, sogar der päpstliche Nuntius von Belgrad besuchten.[429] Sowohl die deutschen als auch die ausländischen Besucher zeigten sich von der innerhalb eines Monats aus dem Boden gestampften Lagerstadt mit ihren etwa 70 Zelten „für je 300 bis 500 Personen, Holzbaracken für die Verwaltung, 3 Großküchen" und diversen Lagerräumen - alle verbunden durch „Bohlenwege" und Straßen - tief beeindruckt.[430] Auch die Organisation des Lagers nötigte den Besuchern anscheinend Respekt ab. Die Vomi, unter deren Leitung das Lager stand, bediente sich hier verschiedener NS-Organisationen und volks-

426 Am 12.10.1940, zusammen mit den am 26.9.1940 aus Reni direkt nach Semlin transportierten Kranken, wurden die Alexanderasyl-Insassen aus Semlin mit einem Lazarettzug ins Deutsche Reich abtransportiert. Am 15.10.1940 erreichten sie die Heilanstalt Warta. Andere Patienten hatten bereits mit einem früheren, nicht mehr genau rekonstruierbaren Transport Galatz verlassen und trafen am 6.10.1940 in Warta ein. Vgl. zum Beispiel Krankenbegleitschein Karl K. (APŁ, Sieradz, Szpital Psychiatryczny w Warcie, 5535, Bl. 6); Krankenbegleitschein Emma V. (ebd., 6675, Bl. 2); Krankenakte Jakob B. (ebd., 4761); sowie Aufnahmebuch der Gauheilanstalt Warta 1937-42 (ebd., 6865).

427 Vgl. Schlussbericht über das Lager Semlin nach Beendigung der Bessarabien-Aktion, o. D. (BArch Berlin, R 69/71, Bl. 1-4); sowie Andreas Pampuch, Im Lager Semlin. In: ders., Heimkehr der Bessarabiendeutschen, Breslau 1941, S. 214-217.

428 Schlussbericht über das Lager Semlin nach Beendigung der Bessarabien-Aktion, o. D. (BArch Berlin, R 69/71, Bl. 1-4, hier 1).

429 Unter den deutschen Besuchern waren unter anderem: Leonardo Conti (RGF), Werner Lorenz (Vomi), August Heißmeyer (SS), Hermann Behrends (Vomi), Reichsfrauenführerin Gertrud Scholtz-Klink, Erich Hilgenfeld (NSV), „Frau Himmler mit Oberführer Dr. Gebhard, Frau [Ilse] Göring vom DRK, NSKK Oberführer Witthaus". Schlussbericht über das Lager Semlin nach Beendigung der Bessarabien-Aktion, o. D. (BArch Berlin, R 69/71, Bl. 1-4, hier 3).

430 Vgl. Schlussbericht über das Lager Semlin nach Beendigung der Bessarabien-Aktion, o. D. (BArch Berlin, R 69/71, Bl. 1-4); sowie Pampuch, Semlin.

deutscher Verbände. So stellte die deutsche Volksgruppe Jugoslawiens zahlreiche Hilfskräfte für die Betreuung der ankommenden Bessarabien- und Bukowinadeutschen zur Verfügung und auch der lagereigene „Sicherheitsdienst“, die „Wachkommandos“, und der „Absperrdienst“ rekrutierte sich aus dieser. Die NSV sorgte, ebenfalls mit Unterstützung der deutschen Volksgruppe Jugoslawiens, für die Verpflegung. Die „technische Durchführung der ärztlichen Betreuung“ und die Bereitstellung des entsprechenden ärztlichen Personals fielen in das Ressort des Reichsgesundheitsführers Leonardo Conti, der dem Lager Semlin zusammen mit seinem Beauftragten Hellmut Haubold auch persönlich einen Besuch abstattete.[431] Auch hier konnte auf das bereits während der Umsiedlung aus Wolhynien/Galizien zum Einsatz gekommene motorisierte Bereitschaftslazarett des DRK zurückgegriffen werden, das sich unter anderem wegen seines modernen Operationssaals auch hier als zweckmäßig erwies.[432] Weiterhin standen 400 Betten in verschiedenen Krankenrevieren zur Verfügung. DRK- und NS-Schwestern übernahmen dort zusammen mit Ärzten die Versorgung der mit den Lazarettschiffen und den regulären Transporten eintreffenden Kranken.[433] Unter den Ärzten, die offiziell dem Umsiedlungskommando der Vomi angehörten, befanden sich unter anderem auch solche, die bereits an vorangegangenen Umsiedlungsaktionen beteiligt gewesen waren. Zu diesen gehörte beispielsweise Wilhelm Schneider, der die „Geisteskrankentransporte“ aus Südtirol und dem Baltikum begleitet hatte.[434] Andere dürften ihre besonderen Kenntnisse des Deutschtums in Bessarabien empfohlen haben. Zu diesen zählten zwei Teilnehmer der Bessarabienfahrt von 1938: Aquilin Ullrich und Hans-Günther Moek. Beide waren während der Bessarabienumsiedlung im Lazarett Semlin als Ärzte eingesetzt, Ullrich als Stationsarzt im Revier „Männer I“,[435] Moek als Hilfsarzt.[436] Der erst 26 Jahre alte Ullrich, der im November 1939 lediglich eine Notapprobation erhalten hatte und über keine

431 Der Einsatz der Reichsgesundheitsführung bei den großen deutschen Umsiedlungen 1939–1941. In: Deutsches Ärzteblatt, 71 (1941) 22, unpag.

432 Vgl. Bericht über die Tätigkeit des DRK während der Umsiedlung aus Galizien, Wolhynien und dem Narewgebiet, o. D. (BArch Berlin, R 69/149, Bl. 86 f.); DRK an den Kommandeur des Bereitschaftslazaretts, betr. Bereitschaftslazarett vom 17.7.1940 (BArch Berlin, R 1501/5576, Bl. 168 f.); sowie Der Einsatz der Reichsgesundheitsführung bei den großen deutschen Umsiedlungen 1939–1941. In: Deutsches Ärzteblatt, 71 (1941) 22, unpag.

433 Vgl. Schlussbericht über das Lager Semlin nach Beendigung der Bessarabien-Aktion, o. D. (BArch Berlin, R 69/71, Bl. 1–4); Pampuch, Semlin; C. Baeskow/H. Schrader, Als NSV-Schwestern bei der Umsiedlung der Bessarabiendeutschen. In: Andreas Pampuch, Heimkehr der Bessarabiendeutschen, Breslau 1941, S. 210–213; sowie Schlechter, Nachlass NS-Schwester, zu Semlin S. 29–31.

434 Vgl. Vernehmung von Aquilin Ullrich am 4.9.1961, S. 14 (HessHStA, Abt. 631a/1800, Band 57, unpag.). Zu Schneider vgl. Kap. IV.2.1, Anm. 227.

435 Vgl. Vernehmung von Aquilin Ullrich am 4.9.1961, S. 14 und 27 (HessHStA, Abt. 631a/1800, Band 57, unpag.); sowie Ullrich, Trachom, S. 40.

436 Vgl. Moek, Rassekundliche Erhebungen, S. 1. Nach Angaben von Ullrich war Moek „Hygieniker beim Leitenden Arzt des Lagers Semlin“. Vgl. Ullrich, Trachom, S. 40.

nennenswerte praktische ärztliche Erfahrung verfügte,[437] stand zum Zeitpunkt der Aufstellung des Umsiedlungskommandos eigentlich im Dienst der „T4". Deren medizinischer Leiter, Werner Heyde, gab Ullrich auf dessen Wunsch hin allerdings für den Einsatz in Semlin frei. In einer Vernehmung im Jahr 1961 führte er zu seiner Verpflichtung durch die Vomi aus:

„Meinem Wunsche, die Tätigkeit in Brandenburg zu beenden, kam im Verlauf des Monats Juli 1940 eine politische Entwicklung entgegen. Die Russen waren am 20. Juni 1940 überraschenderweis in Bessarabien einmarschiert und Vorstellungen der deutschen Regierung hatten Anfang Juli erreicht, dass die Russen der Umsiedlung der rund 100 000 Bessarabien-Deutschen mit beschränktem Gepäck zustimmten, wenn wir die Umsiedlung durchführen würden. Ich wusste, dass aus der gesamten studentischen Arbeit, die bis dahin in Bessarabien geleistet worden war, lediglich durch meine Gruppe exakte Unterlagen vorlagen, die von der Tuberkulose und der Karies über die Bevölkerungsstatistik bis zur Haarfarbe und Schädelindex reichte. Hier sah ich eine Chance, mich zur Mitarbeit anzubieten. Ich wendete mich an den Vertreter des Reichsstudentenführers u. als Leitung des VDA, Dr. Rolf Wilkening, einem gebürtigen Kölner, mit dem ich befreundet war. Dieser sicherte mir seine Unterstützung zu und benannte mich dem in Aufstellung befindlichen Umsiedlungskommando. Mit der Zusage einer Aufnahme ging ich zu Dr. Heyde und bat ihn, mich für die Umsiedlungsaktion freizugeben. Dr. Heyde kannte meine zurückliegende Tätigkeit im Rahmen der Würzburger Studentenschaft in Bessarabien und wusste um den wissenschaftlichen Wert unserer Leistungen. Hinzu kam, dass ich bis zu diesem Zeitpunkt ihm bereits Mitteilung gemacht hatte von meinen Spannungen mit Direktor Dr. Eberl und ihm auch zu verstehen gegeben hatte, dass ich eine Änderung gerne sehen würde. [...] Er sagte zu, raschestens mit Brack darüber sprechen zu wollen, in wenigen Tagen hatte ich die Bestätigung, dass ich für die Umsiedlung freigegeben sei. Dies mag Ende Juli 1940 gewesen sein. [...] ich glaube in Erl bei Kufstein, erreichte mich um den 15. 8. 1940 die telegrafische Nachricht meiner sofortigen Einberufung zum Bessarabien-Umsiedlungskommando in das Lager Stahnsdorf bei Berlin. Nach Zusammenstellung des Kommandos fuhren wir von dort Ende August 1940 nach Semlin bei Belgrad, wo ich das Revier Männer I als Stationsarzt bis Ende November 1940 versorgte. [...] Als ich Anfang Dezember 1940 aus Belgrad zurückkam, hatte ich ein Vierteljahr fester ärztlicher Tätigkeit hinter mir und war fest entschlossen, in die bisherige Assistententätigkeit, gleichgültig in welcher Tötungsanstalt, nicht mehr zurückzukehren."[438]

Tatsächlich kehrte Ullrich im Dezember 1940 in keine der „T4"-Tötungsanstalten zurück. Er schied aber keineswegs vollständig aus der „T4" aus, sondern wechselte in die „T4"-Zentrale nach Berlin, wo er nach eigenen Angaben

437 Ullrich war am 25./26. 8. 1939 zur Wehrmacht, Feldlazarett Würzburg, einberufen worden und nahm am Krieg gegen Polen teil. Nach seiner Rückkehr erhielt er am 13. 11. 1939 die Notapprobation und wurde anschließend zum Unterarzt befördert. Er kehrte vorerst ins Feldlazarett Würzburg zurück, wechselte jedoch schon bald in die Sanitätsersatzabteilung XIII nach Bad Kissingen, wo er als Ausbilder tätig wurde. Am 13. 3. 1940 wurde er für eine „Sonderverwendung u[nab]k[ömmlich] gestellt, er war an diesem Tag von der „T4" verpflichtet worden. Vgl. Vernehmung von Aquilin Ullrich am 10. 10. 1962, S. 5 f. (HessHStA, Abt. 631a/1800, Band 57, unpag.); sowie Lebenslauf. In: Ullrich, Trachom, Anhang.

438 Vernehmung von Aquilin Ullrich am 4. 9. 1961, S. 14 f. (HessHStA, Abt. 631a/1800, Band 57, unpag.).

mit der Belegung der Heil- und Pflegeanstalten befasst war.[439] Die „T4“ hatte ihn für seinen Einsatz im Rahmen der Umsiedlung der Bessarabiendeutschen also tatsächlich lediglich interimsmäßig freigestellt und dies sicher nicht zuletzt deshalb, weil Heyde aus seiner Würzburger Zeit um Ullrichs „Leistungen“ im Reichsberufswettkampf und vermutlich auch um seine geplante Dissertation über das „Trachom“ bei der bessarabiendeutschen Volksgruppe wusste.[440] Mit dem Auftreten des Trachoms in Bessarabien hatte sich Ullrich bereits im Kontext des besagten Reichsberufswettkampfes befasst. Während der Umsiedlung fiel die Trachomuntersuchung der in Semlin ankommenden Umsiedler zunächst aber nicht in seinen Aufgabenbereich, sondern in den eines Augenarztes namens Voigt.[441] Ullrich arbeitete stattdessen zunächst als Stationsarzt in einem „Männerrevier“, wo er die medizinische Betreuung der „reichsdeutsche[n] Lagermannschaft“ und des „volksdeutschen Arbeitsdienst[es]“ übernahm.[442] Später wurde er aber auch für die Trachomuntersuchung herangezogen,[443] die in Semlin anfangs hinter den „vordringlichen Aufgaben“, wie der „Unterdrückung“ von Infektionskrankheiten und der Fürsorge für Schwangere und Säuglinge, für die eine „vorbildliche Säuglingsküche“ eingerichtet worden war,[444] zurückstehen musste. Er nutzte diese Tätigkeit unter anderem für Erhebungen, die auch in seine Dissertation einfließen sollten.[445] Das Hauptinteresse der Ärzte sei es dabei gewesen, „die Trachomkranken aus den ankommenden Schiffstransporten herauszufinden und sie ambulant oder stationär auf [den] Revieren zu versorgen. Floride Infektionen [seien] in die Augenabteilung [...] des DRK-Lazarettes eingewiesen“ worden. Nach Angaben Ullrichs sei die Ansteckungsgefahr im Lager selbst jedoch gering gewesen, was seiner Ansicht nach in erster Linie auf die umfangreichen sanitären Einrichtungen und

439 Vgl. ebd., S. 15. 1942 war Ullrich am sogenannten „Osteinsatz“ der „T4“ im „Verwundetendurchgangslazarett Wonljerowo bei Smolensk“ beteiligt. Vgl. ebd.; sowie weiterführend Thomas Beddies, Der „Ost-Einsatz“ von Mitarbeitern der „Aktion T4“ im Winter 1941/42. In: Psychiatrie im Dritten Reich. Schwerpunkt Hessen. Hg. vom Arbeitskreis zur Erforschung der nationalsozialistischen „Euthanasie“ und Zwangssterilisation, Ulm 2002, S. 25–35.

440 Ullrich reichte seine Dissertation unter dem Titel „Das Trachom bei der ehemaligen deutschen Volksgruppe in Bessarabien“ 1941 in Würzburg an der Medizinischen Fakultät ein, wie übrigens auch Endruweit und Moek. Im Falle Endruweits, der für die Anfertigung seiner Dissertation von Heyde ebenfalls kurzzeitig von der „T4“ freigestellt worden sein soll, vermittelte Heyde sogar den Doktorvater (Schmidt-Kehl), was bei Ullrich ebenfalls erfolgt sein könnte. Vgl. Vernehmung von Klaus Endruweit am 18.6.1962, S. 12 (HessHStA, Abt. 631a/1800, Band 58, unpag.).

441 Vgl. Bericht des in der Bessarabienaktion der EWZ eingesetzten Arztes, betr. Feststellung der trachomkranken Rückwanderer vom 28.9.1940 (BArch Berlin, R 69/734, Bl. 9).

442 Ullrich, Trachom, S. 40.

443 Ebd. Bis Ende September 1940 scheint der Augenarzt Dr. Voigt diese Untersuchung allein vorgenommen zu haben. Vgl. Bericht des in der Bessarabienaktion der EWZ eingesetzten Arztes, betr. Feststellung der trachomkranken Rückwanderer vom 28.9.1940 (BArch Berlin, R 69/734, Bl. 9).

444 Vgl. Baeskow/Schrader, NSV-Schwestern, S. 213.

445 Vgl. Ullrich, Trachom, S. 42–44.

Hygienevorschriften des Lagers zurückzuführen gewesen sei. So hob er das „umfangreiche Leitungsnetz", welches das Lager „großzügig mit freilaufendem Waschwasser" versorgt habe, hervor, ebenso wie die „in langen Reihen" zwischen den einzelnen Zelten stehenden „Duschhäuschen". „Wärter" hätten zudem „jeden Benutzer der Abortanlagen zu anschliessender [sic!] Händedesinfektion in vorbereiteter Kresolseifenlösung" angehalten.[446]

Die Behandlung der bereits erkrankten Umsiedler erfolgte, wie bereits erwähnt, im DRK-Lazarett bzw. den einzelnen Revieren. Diese dürfte sich in den meisten Fällen, ähnlich wie von Ullrich für die Trachomkranken beschrieben, allerdings auf eine kurze ambulante Therapie oder gar nur auf eine medizinische Grundversorgung beschränkt haben, sollte doch ein zügiger Weitertransport der Bessarabiendeutschen ins Reichsgebiet gewährleistet werden.[447] In den dortigen Vomi-Lagern „erwartete die Heimkehrer wenige Tage später" ohnehin eine „systematische ärztliche Versorgung".[448] Diese lag auf dem Gebiet der Augenheilkunde im Gau Mainfranken übrigens in den Händen des Direktors der Würzburger Universitätsaugenklinik, Arnold Passow, der Ullrich bereits bei der Vorbereitung der Bessarabienfahrt 1938 und auch während der Anfertigung der Doktorarbeit maßgeblich unterstützt hatte.[449]

Das Lager Semlin – für die Umsiedler die Pforte zum Deutschen Reich – durchliefen nahezu 43 000 Bessarabiendeutsche. 60 Kinder kamen in Semlin zur Welt, 43 Umsiedler verstarben. Sie wurden in einer „nationalsozialistischen Feierstunde" auf dem „Deutschen Ehrenfriedhof in Belgrad" beigesetzt.[450]

Die meisten Umsiedler verbrachten nur wenige Tage in der gigantischen Lagerstadt Semlin, bevor sie in die Busse der Deutschen Arbeitsfront (DAF) stiegen, die von NSKK-Männern zum Bahnhof gesteuert wurden. Von dort rollte „Zug um Zug [...] Tag für Tag unter den Abschiedsklängen des Bläserchors" in Richtung des Deutschen Reiches.[451] Den 62 Sonderzügen, die die Bessarabiendeutschen in die Vomi-Lager und Reservelazarette im Reichsgebiet brachten, folgten schon bald weitere mit Dobrudschadeutschen.[452] Sie passierten im November 1940 aus Cernavoda kommend ebenfalls das Lager Semlin. Cernavoda hatte sich ähnlich wie Galatz zum zentralen Verschiffungshafen und

446 Ebd., S. 40.

447 In zwei noch erhaltenen Entlassungsberichten des DRK-Bereitschaftslazaretts Semlin finden sich nur spärliche Hinweise auf eine Behandlung. In beiden Fällen erfolgte die Entlassung mit dem Befund „ungeheilt". Angaben zu Vorgeschichte und Krankheitsverlauf fehlen vollständig, obwohl einer der Patienten immerhin zwölf Tage in Behandlung war. Vgl. Entlassungsbericht des DRK-Bereitschaftslazaretts Semlin für Karl K. vom 12.10.1940 (APŁ, Sieradz, Szpital Psychiatryczny w Warcie, 5535, Bl. 7); sowie Entlassungsbericht des DRK-Bereitschaftslazaretts Semlin für Ludwig B. (ebd., 4802, Bl. 5).

448 Ullrich, Trachom, S. 41 f.

449 Ebd., S. 46.

450 Vgl. Schlussbericht über das Lager Semlin nach Beendigung der Bessarabien-Aktion, o. D. (BArch Berlin, R 69/71, Bl. 1–4, hier 2).

451 Pampuch, Semlin, S. 217.

452 Vgl. Schlussbericht über das Lager Semlin nach Beendigung der Bessarabien-Aktion, o. D. (BArch Berlin, R 69/71, Bl. 1–4, hier 3).

damit Sammelpunkt für die Umsiedler aus der Dobrudscha entwickelt. Über 14 000 Dobrudschadeutsche durchliefen Cernavoda, davon etwa 500 Kranke.[453] Sie gelangten mit Lazarettzügen, Fuhrwerken und Krankenwagen aus den verschiedenen Krankensammelstellen bzw. direkt aus ihren Heimatorten nach Cernavoda. Wie auch während der Bessarabienumsiedlung standen die Lazarettzüge unter der Aufsicht eines Transportarztes. Dieser überwachte, zusammen mit dem Gebietsarzt und dem Verschiffungsarzt, schließlich auch die Verschiffung der Patienten.[454] Auch hier kam das Lazarettschiff „Prinz Karl“ zum Einsatz, allerdings zum letzten Mal. Danach übernahm die Deutsche Militärmission das Schiff.[455] Es verließ Cernavoda zweimal mit insgesamt 194 Patienten an Bord in Richtung Semlin.[456] Von dort aus erfolgte der Weitertransport mit Zügen ins Deutsche Reich. Diese brachten die Dobrudschadeutschen wie auch bereits zuvor die Bessarabiendeutschen in Vomi-Lager und Reservelazarette im Sudetengau sowie die Gaue Sachsen, Thüringen, Bayerische Ostmark, Main-Franken, Franken, München-Oberbayern, Oberdonau, Niederdonau und Schlesien.[457] Auch auf dem Weg dorthin unterlagen die Umsiedler einer permanenten Überwachung durch Transportkontrollen.

Diese permanente Überwachung begünstigte die Erfassung und Selektion Kranker. Sie folgte dabei durchaus pragmatischen Zielsetzungen: Erfasst und „ausgesondert“ wurden alle Kranken, die den Abtransport behindern, stören und damit eine reibungslose Abwicklung desselben gefährden könnten. Es ging hier also um eine allgemeine Erfassung aller kranken und auffälligen Umsiedler, die fortan einer besonderen Beobachtung unterliegen sollten. Damit war zugleich der Weg für eine spätere gezielte und nun auch unter rassenhygienischen Vorzeichen stehende Selektion geebnet worden.

Während der nachfolgenden Umsiedlungsaktionen aus Litauen, der Gottschee/Laibach und Kroatien/Bosnien ist eine solche Vielzahl an Überwachungs- und Selektionsstationen wie bei der Umsiedlung aus Rumänien kaum mehr feststellbar - während der Evakuierungen aus der Sowjetunion und Südosteuropa

453 Zusammenfassender Abschlussbericht des Gebietsarztes Dobrudscha über die Umsiedlung der Deutschen aus der Dobrudscha vom 10.1.1941 (BArch Berlin, R 59/395, Bl. 16-37, hier 30).

454 Vgl. Bericht Nr. 7 des Gebietsarztes Dobrudscha vom 27.11.1940 (BArch Berlin, R 59/395, Bl. 6-11); sowie Zusammenfassender Abschlussbericht des Gebietsarztes Dobrudscha über die Umsiedlung der Deutschen aus der Dobrudscha vom 10.1.1941 (ebd., Bl. 16-37). Als Transportarzt fungierte ein Dr. Franke, dessen Vorname unbekannt ist. Gebietsarzt war Helmut Ritter, Verschiffungsarzt Johannes (?) Zuther.

455 Vgl. Bericht Nr. 7 des Gebietsarztes Dobrudscha vom 27.11.1940 (BArch Berlin, R 59/395, Bl. 6-11, hier 10).

456 Vgl. ebd., Bl. 9; Zusammenfassender Abschlussbericht des Gebietsarztes Dobrudscha über die Umsiedlung der Deutschen aus der Dobrudscha vom 10.1.1941 (BArch Berlin, R 59/395, Bl. 16-37, hier 30); Funkspruch der EWZ Cernavoda an Vomi Semlin/EWZ Semlin vom 27.11.1940 (ebd., R 69/734, Bl. 4); sowie Dampfermeldungen vom 15. und 30.11.1940 (ebd., R 69/630, Bl. 166 und 206).

457 Vgl. RKF, Menscheneinsatz (1940), S. 32.

nicht einmal mehr in Ansätzen.[458] Allerdings lässt sich auch in Bosnien und der Gottschee der Einsatz eines EWZ-Kommandos, welches wie in Galatz oder in der Bukowina (Vor-)Erfassungen vornahm, nachweisen.[459] Auch das generelle Prozedere glich sich im Wesentlichen. So wurden auch während der Nachumsiedlung aus dem Baltikum, der Litauen- und der Bosnienumsiedlung von den Gebietsärzten Krankensammelstellen eingerichtet, die Abfertigung der Kranken vorbereitet, Gesundheitspässe und Krankenbegleitscheine ausgestellt und der Abtransport überwacht.[460] Da die Zahl der Umsiedler bei weitem nicht der der Umsiedler aus Rumänien entsprach und insbesondere aus Estland und Lettland bereits 1939 große Krankentransporte mit den volksdeutschen Insassen der Heil- und Pflegeanstalten, Altersheime und Pflegeeinrichtungen abgegangen waren, erwiesen sich hier separate Krankentransporte als nicht notwendig. Stattdessen wurden den regulären Bahntransporten einzelne Krankenwagen angehangen, die die Kranken in die unweit der Grenze gelegenen „Auffangstellen" im Reichsgebiet brachten. Während der Nachumsiedlung aus Estland und Lettland befand sich eine solche in Bajohren/Memel. Jedem Transport dorthin wurden Krankenlisten sowie ein „ausführlicher Bericht über die Kranken durch den Gebietsarzt mitgegeben, auf Grund dessen die weitere Verteilung der Kranken im Reich geplant werden konnte. Schliesslich [sic!] ging noch jedesmal eine telegrafische Durchgabe des Krankenbestandes an die Reichsärztekammer" - offensichtlich hatte man aus der „Listenfrage", die während der ersten Baltenumsiedlung und auch während der Umsiedlungen aus Rumänien immer wieder zu Problemen geführt hatte, gelernt - glaubt man dem Berichterstatter Hermann Schlau.[461]

Während der Umsiedlung aus Litauen, die per Zug über Ostpreußen erfolgte, befanden sich „Auffangstellen" in verschiedenen Grenzstationen, eine davon Eydtkau. Dort bzw. im nahegelegenen Ebenrode wurde ein DRK-Lazarett eingerichtet, in welchem auf Veranlassung des Leiters des Gauamts für Volksgesundheit, Erwin Sett,[462] auch ein Facharzt für Psychiatrie eingesetzt werden

458 Zwar wurden während der Umsiedlung aus Bosnien durch die Vomi und die Volksgruppe auf den „Umladebahnhöfen" Slavonski Brod und Agram auch Notunterkünfte und Verpflegungsstationen eingerichtet, sie erreichten aber nie die Größe der Lager in Semlin und Galatz. Vgl. Bericht über die Umsiedlung/Planung Bosnien, o. D. (BArch Berlin, R 59/403, Bl. 2-23).

459 Vgl. EWZ Lodz an EWZ Verbindungsstelle Berlin, betr. Aufgaben der EWZ bei der Erfassung der Volksdeutschen aus Bosnien vom 31.7.1942 (BArch Berlin, R 69/1003, Bl. 28 f.).

460 Vgl. zum Beispiel Aufgaben des Ortsbevollmächtigten für den Abtransport bei der Umsiedlung Bosnien, o. D. (BArch Berlin, R 59/403, Bl. 10-12); sowie Anweisungen für den Bahntransportführer bei der Umsiedlung Bosnien, o. D. (ebd., Bl. 18-22). Vgl. weiter Bericht über die Tätigkeit der Abt. Gesundheitsführung bei der Nachumsiedlung aus Estland und Lettland vom 12.3.1941 (BArch Berlin, R 59/241, Bl. 20-26).

461 Bericht über die Tätigkeit der Abt. Gesundheitsführung bei der Nachumsiedlung aus Estland und Lettland vom 12.3.1941 (BArch Berlin, R 59/241, Bl. 20-26, hier 21).

462 Erwin Sett (1889-?) war seit 1936 Leiter der Ärztekammer Ostpreußens und seit 1939 Leiter des Gauamtes für Volksgesundheit Ostpreußen. Während der Umsiedlung aus

sollte. Alle „Geisteskranken [sollten daher] nach Möglichkeit nach Eydtkau dirigiert“ werden - was auch geschah.[463] In Eydtkau verbrachten die Kranken, unter denen sich höchstwahrscheinlich auch die erst unmittelbar vor Abschluss der Umsiedlungsaktion abtransportierten deutschen Patienten der Anstalt Kalvarija befanden, in der Regel nur wenige Tage, bevor sie mit Lazarettzügen in den Warthegau weiterverlegt wurden.[464]

2.3 Auf Reichsgebiet - Transporte in die Vomi-Lager, Reservelazarette und Heilanstalten des Warthegaus

Der Warthegau stellte neben Danzig-Westpreußen das bevorzugte Ansiedlungsgebiet für die Volksdeutschen aus Südost- und Osteuropa dar. Er sollte das Ziel unzähliger Umsiedlertransporte werden, die über verschiedene Zwischenstationen dorthin geleitet wurden. Diese Zwischenstationen, insbesondere die Vomi-Lager, sollten dabei zunehmend an Bedeutung gewinnen, nachdem von einer direkten Ansiedlung der Umsiedler im Warthegau, wie sie während der Baltenumsiedlung forciert worden war, abgesehen werden musste. So war das Ziel der meisten der über 330 Züge, die bis Mitte Dezember 1940 über 200 000 Umsiedler aus Bessarabien, der Bukowina und Dobrudscha ins Reichsgebiet beförderten,[465] vorerst nicht der Warthegau, sondern die Vomi-Lager der einzelnen Gaue. Eine Ausnahme stellten die psychisch kranken Umsiedler dar, die in Lazarettzügen tatsächlich mehr oder weniger direkt in die Heilanstalten des Warthegaus weitertransportiert wurden.

Litauen firmierte er als „Beauftragter des Gauleiters für die gesundheitliche Betreuung der volksdeutschen Umsiedler“ und nahm damit, vermutlich ebenfalls im Auftrag Contis/Haubolds, ähnliche Aufgaben wie Großmann und Ende wahr. Zu Sett vgl. Süß, Volkskörper im Krieg, S. 477. Einige wenige Informationen zu seiner Tätigkeit während der Umsiedlung sind zu finden in Erster Bericht der Abt. Gesundheitswesen bei der Umsiedlung Litauen vom 21.1.1941 (BArch Berlin, R 59/284, Bl. 1-5, hier 4); sowie Johanna L. an Heilanstalt Warta, o. D. (APŁ, Sieradz, Szpital Psychiatryczny w Warcie, 5930, unpag.).

463 Erster Bericht der Abt. Gesundheitswesen bei der Umsiedlung Litauen vom 21.1.1941 (BArch Berlin, R 59/284, Bl. 1-5, hier 5). Vgl. weiter zum Beispiel Krankenbegleitscheine von Bruno M., Wanda G. bzw. Rosalie K. (APŁ, Sieradz, Szpital Psychiatryczny w Warcie, 5773, 5166, 5477).

464 Die Lazarettzüge brachten die psychisch kranken Litauendeutschen in die Heilanstalten Warta und Gostynin. Da diese dort an vier verschiedenen Tagen aufgenommen wurden, ist zu vermuten, dass mindestens vier Lazarettzüge zum Abtransport der Kranken eingesetzt wurden. Vgl. Aufnahmebücher der Heilanstalt Gostynin 1938-42 (Krankenhausarchiv Gostynin); sowie Aufnahmebuch der Gauheilanstalt Warta 1937-42 (APŁ, Sieradz, Szpital Psychiatryczny w Warcie, 6865). Vgl. weiter Patientenakte Bruno M., Wanda G., Rosalie K., Anna M., Ida F., Mathilde B. (APŁ, Sieradz, Szpital Psychiatryczny w Warcie, 5773, 5166, 5477, 5895, 4996, 4818).

465 Die Züge wurden über die Grenzbahnhöfe Graz, Villach, Sanok/Przemysl, Fehring und Bruck a. L. geleitet. Vgl. Organisation der gesundheitlichen Betreuung der Umsiedler aus Bessarabien/Buchenland während des Transportes ins Reichsgebiet, o. D. (BArch Berlin, R 59/376, Bl. 52-83, hier 80).

Bevor die Umsiedler jedoch in die Vomi-Lager gelangten, durchlief die Mehrzahl von ihnen, die ohnehin bereits mehrere Zwischenstationen hatte absolvieren müssen, die Lager in Graz und Villach. Diese Lager fungierten während der Umsiedlung aus Bessarabien als sogenannte „Schaltlager", die eine geregelte Verteilung der Bessarabiendeutschen auf die einzelnen Gaue ermöglichen sollten, und zugleich der gesundheitlichen Überwachung der Transporte dienten.[466] Aber nicht nur diese Lager stellten erneute Überwachungsstationen dar, sondern im Prinzip auch jeder andere „Transportverpflegebahnhof", den die Umsiedlerzüge erreichten. An allen diesen Haltepunkten führten nämlich ortsansässige Ärzte Transportkontrollen durch – während der Umsiedlung aus Bessarabien und der Bukowina insgesamt über 800.[467] Diese nahmen ambulante Behandlungen vor und veranlassten gegebenenfalls Krankenhauseinweisungen. In den größeren Transportverpflegebahnhöfen wurden dafür spezielle Behandlungsräume eingerichtet und ein Schwesterndienst des DRK aufgestellt. Die zwei Transportverpflegebahnhöfe in Wien, die nahezu alle Züge aus Richtung Graz und Villach erreichten und die Wien damit zu einer Art Transitknotenpunkt im Reichsgebiet werden ließen, verfügten beispielsweise über ein eigenes Umsiedlerlazarett mit 300 Betten.[468] In Wien war darüber hinaus aber auch die Zahl der Einweisungen in reguläre Krankenhäuser verhältnismäßig hoch. Nahezu ein Drittel aller während des Abtransportes in die Vomi-Lager veranlassten Krankenhauseinweisungen erfolgte in Wien. Dies war nicht allein der hohen Zahl der Wien durchlaufenden Umsiedlerzüge geschuldet, sondern auch der medizinischen Infrastruktur, bot Wien doch „für die Behandlung und Diagnostizierung ganz andere Möglichkeiten als die in [der] Nähe der späteren Umsiedlerlager gelegenen Krankenhäuser".[469] Zudem „wurde so manche Krankheit", insbesondere Infektionskrankheit, die die Ärzte in Villach oder Graz noch nicht erkannt hatten, erst während der Fahrt nach Wien „manifest", sodass sich die Notwendigkeit einer Krankenhausunterbringung erst dort ergab.[470] Als vorteilhaft erwies sich, dass sich in Wien „die Möglichkeit der Herausnahme der ganzen Familie", die unter anderem in einem NSV-Heim auf die Genesung des kranken Familienmitglieds und ihren gemeinsamen Weitertransport warten sollte, ergab. Dadurch sollte die „Gefahr der Dauertrennung"

466 In den Lagern waren spezielle Lagerärzte eingesetzt (Dr. Knittel/Graz, Dr. Robert Fischer/Villach). Vgl. Organisation der gesundheitlichen Betreuung der Umsiedler aus Bessarabien/Buchenland während des Transportes ins Reichsgebiet, o. D. (BArch Berlin, R 59/376, Bl. 52–83, hier 83).

467 Vgl. dazu Organisation der gesundheitlichen Betreuung der Umsiedler aus Bessarabien/Buchenland während des Transportes ins Reichsgebiet, o. D. (BArch Berlin, R 59/376, Bl. 52–83).

468 Vgl. ebd., 55 f.

469 Ebd., Bl. 55.

470 Vgl. ebd. Einen solchen Fall erwähnt auch Susanne Schlechter, Verschwundene Umsiedler, Kap. A 5.

verringert werden.[471] In den Fällen, in denen eine solche geschlossene „Herausnahme“ einer Familie während einer Transportkontrolle nicht erfolgen konnte, hatte der begleitende Transportführer, den auf Reichsgebiet nun die Ordnungspolizei stellte, „genaueste Meldungen über unterwegs ausgeladene Kranke“ zu erstatten.[472] Die Kranken mussten „in der Kartei erfasst“ werden, damit sie „nach erfolgter Genesung reibungslos weitertransportiert werden“ konnten.[473] Sie sollten dazu erneut in die Schaltlager Graz und Villach gebracht werden und von dort in die Vomi-Lager, in denen sich ihre Angehörigen befanden.[474] Für die etwa 350 Umsiedler aus Bessarabien, der Bukowina und Dobrudscha, die erst während dieser letzten Transportetappe von ihren Familien getrennt und kurzzeitig in Krankenhäusern des Deutschen Reiches betreut wurden, mag dies durchaus so „reibungslos“ wie im zitierten Bericht angeführt, funktioniert haben.[475] Im Ganzen gesehen erwies sich das Meldesystem aber als wenig erfolgreich und die „Familienzusammenführung“ als schwerfälliger, bürokratischer Akt.[476] Insbesondere der Verbleib der in Lazarettzügen in das Deutsche Reich abtransportierten Kranken war vielfach unbekannt und Gegenstand zahlreicher Suchmeldungen.[477]

Die Lazarettzüge verkehrten größtenteils wie auch die regulären Umsiedlertransporte ab Semlin/Prahovo - in den geschilderten Einzelfällen auch ab Galatz. Ihr Ziel waren vornehmlich die Reservelazarette in Schlesien, zum Beispiel in Freystadt, Striegau, Bunzlau oder Kamenz,[478] wo die anstaltsbedürftigen Kranken „ausgeladen“ und in die Heilanstalten des Warthegaus weitertransportiert wurden.[479] Wie einige Einzelfälle belegen, erfolgten aus den Lazaretten

471 Organisation der gesundheitlichen Betreuung der Umsiedler aus Bessarabien/Buchenland während des Transportes ins Reichsgebiet, o. D. (BArch Berlin, R 59/376, Bl. 52-83, hier 55).

472 Ebd., Bl. 76.

473 Ebd.

474 Zum „Abtransport aus den Krankenhäusern entlassener Umsiedler“ vgl. Organisation der gesundheitlichen Betreuung der Umsiedler aus Bessarabien/Buchenland während des Transportes ins Reichsgebiet, o. D. (BArch Berlin, R 59/376, Bl. 52-83, hier 82).

475 Vgl. Organisation der gesundheitlichen Betreuung der Umsiedler aus Bessarabien/Buchenland während des Transportes ins Reichsgebiet, o. D. (BArch Berlin, R 59/376, Bl. 52-83).

476 Vgl. zum Beispiel Korrespondenz zwischen dem Reservelazarett Freiwaldau/Schlesien und dem Vomi-Beauftragten des Gaus Mainfranken betr. Familienerfassung vom Januar 1941 (BArch Berlin, R 59/120, Bl. 130-135).

477 Vgl. zum Beispiel Rundschreiben des Beauftragten des Reichsgesundheitsführers für die gesundheitliche Betreuung der volksdeutschen Umsiedler an die Lagerärzte/Lagerführer, Heilanstalten und Altersheime vom November 1941 (BArch Berlin, R 57 Neu/1, unpag.), dazugehörige Suchliste (ebd., unpag.); sowie weitere Suchmeldungen (BArch Berlin, R 59/120).

478 Vgl. Namenslisten der in den verschiedenen Reservelazaretten Schlesiens untergebrachten Umsiedler aus Bessarabien, der Bukowina und Dobrudscha (BArch Berlin, R 59/121).

479 So zum Beispiel Margarete M., die „aus dem Lazarettzug 656 von Semlin nach dem Altreich am 3.12.40 mit weiteren 5 Kranken in Kamenz ausgeladen und mittels Wehrmachtskrankenwagen nach Sieradz weitertransportiert“ worden war. Vgl. Beauftragter

auch später noch Einweisungen in Heilanstalten, nachdem die Kranken sich zunächst einige Wochen zur Beobachtung in den Lazaretten befunden hatten.[480]

In diesen Lazaretten trafen allerdings nicht nur Lazarettzüge aus den großen Lagern in Galatz und Semlin/Prahovo ein, sondern ebenso aus kleineren Umsiedlungsknotenpunkten im Landesinneren von Rumänien, namentlich der Bukowina. Auch diese kleineren Umsiedlungsknotenpunkte, die sich beispielsweise in Radautz/Radauti, Gura Humora/Gura Humorului oder Czernowitz/Cernauti befanden, verfügten über Krankensammelstellen, in denen die Kranken zunächst konzentriert wurden.[481] Der Abtransport erfolgte dann allerdings nicht auf dem Schiffsweg über die Donau und die dortigen Lager, sondern auf dem Landweg. Begründet lag dieser Transportweg in der geographischen Lage des Siedlungsgebietes, das sich nicht in unmittelbarerer Nähe der Donau befand, sondern im Landesinneren Rumäniens.

Die Volksdeutschen aus der Nordbukowina, die parallel zu den Bessarabiendeutschen ihre Siedlungsgebiete verließen, passierten dabei Galizien und den Grenzübergang Sanok, später Przemysl, das Generalgouvernement (Krakau) und erreichten schließlich die Vomi-Lager und Reservelazarette in Schlesien.[482] Die später umgesiedelten Volksdeutschen aus der Südbukowina erreichten das Reichsgebiet über Siebenbürgen und Ungarn auf der Bahnstrecke Karlsberg, Radautz, Gura Humora, Dorna Watra, Klausenburg, Budapest, Wien bzw. Graz.[483] Grenzstationen und zugleich zentrale Transportverpflegebahnhöfe waren hier in Bruck an der Leitha und Fehring eingerichtet worden.[484] Allerdings gestaltete sich in Bruck und Fehring die medizinische und allgemeine Versorgung der Umsiedler schwieriger als zum Beispiel in Wien. So mussten in Fehring die Umsiedler „wegen Raummangels“ direkt in den Zügen versorgt werden und Kranke vorerst in den Zügen verbleiben, da im Umfeld keine Kranken-

des Reichsgesundheitsführers an Kreiskrankenhaus Sieradz (Anstalt Warta) vom 27.7.1943 (APŁ, Sieradz, Szpital Psychiatryczny w Warcie, 5927, unpag.).

480 Vgl. zum Beispiel Krankenblatt des Reservelazaretts Striegau für Melitta B. (APŁ, Sieradz, Szpital Psychiatryczny w Warcie, 4723, unpag.); sowie Entlassungsschein des Reservelazaretts Striegau vom 26.11.1940 (ebd., unpag.); oder dasselbe für Albert D. (ebd., 4938, unpag.).

481 Vgl. Krankenbegleitscheine von Maria H. (Radautz) (APŁ, Sieradz, Szpital Psychiatryczny w Warcie, 5208, Bl. 2); und Karl F. (Gura Humora) (ebd., 5043, Bl. 3). Zu den Krankensammelstellen in Czernowitz vgl. Bericht über die Dienstreise nach Mannsburg, Sarata, Arzis u. a. am 28.9.1940 vom 30.9.1940 (BArch Berlin, R 59/377, Bl. 54–63).

482 Vgl. Organisation der gesundheitlichen Betreuung der Umsiedler aus Bessarabien/Buchenland während des Transportes ins Reichsgebiet, o. D. (BArch Berlin, R 59/376, Bl. 52–83). Vgl. weiter Namenslisten der in Reservelazaretten Schlesiens untergebrachten Deutschen aus Bessarabien, der Bukowina und der Dobrudscha (ebd., R 59/120 und 121). Zum Abtransport aus der Nordbukowina vgl. Jachomowski, Umsiedlung der Bessarabien-, Bukowina- und Dobrudschadeutschen, S. 84 f.

483 Vgl. Jachomowski, Umsiedlung der Bessarabien-, Bukowina- und Dobrudschadeutschen, S. 107.

484 Vgl. Organisation der gesundheitlichen Betreuung der Umsiedler aus Bessarabien/Buchenland während des Transportes ins Reichsgebiet, o. D. (BArch Berlin, R 59/376, Bl. 52–83, hier 64–66).

hausbetten zur Verfügung standen. Sie wurden schließlich nach Wien bzw. Graz weitertransportiert.[485]

Parallel zu den regulären Zügen verkehrten aus der Südbukowina auch Lazarettzüge, deren Ziel die Reservelazarette in Schlesien und die Heilanstalten des Warthegaus waren. Mit dem Lazarettzug 610 verließ beispielsweise Karl F., der nach Angaben des Gebietsarztes unter Epilepsie litt, am 21. November 1940 die Krankensammelstelle in Gura Humora.[486] Im selben Zug befand sich bereits Maria H., die eine Station zuvor - in Radautz - mit der Diagnose „manisch-depressives Irresein“ den Lazarettzug bestiegen hatte.[487] Der Zug traf nach dreitägiger Fahrt, am 24. November 1940, in Kamenz/Schlesien ein. Dort wurden beide Umsiedler zusammen mit weiteren anstaltsbedürftigen Kranken von einem bereitstehenden Krankenwagen übernommen, der sie in die Heilanstalt Warta brachte, die am 25.November 1940 insgesamt 22 Neuzugänge verzeichnete.[488] Anfang Dezember 1940 traf ein zweiter Lazarettzug aus der Südbukowina in einer Heilanstalt des Warthegaus, diesmal Gasten/Gostynin, ein. Unter den insgesamt 57 aufgenommenen Patienten befand sich unter anderem Marie E., die auf Veranlassung des Gebietsarztes „wegen Geistesschwäche (Debilitas, Idiotie) gesondert“ mit einem Krankenwagen zunächst in die Krankensammelstelle Radautz gebracht und von dort mit dem zweiten Lazarettzug umgesiedelt worden war.[489] Marie E., Karl F., Maria H. und die anderen in Warta und Gostynin aufgenommen Kranken verband dabei keine Zugehörigkeit zu einer gemeinsamen Anstaltsgemeinde. Gemeinsam war ihnen lediglich die Einweisung in eine der Krankensammelstellen der Südbukowina, die sich an der zentralen Bahnlinie als Haltestellen aufreihten. Diese Haltestellen des Lazarettzuges lassen sich noch im Aufnahmebuch der Heilanstalt Gostynin erkennen, finden sich dort unter dem Aufnahmedatum 8. Dezember 1940 doch Eintragungen wie „K[ranken] S[ammel] Stelle Radautz“ oder „K[ranken] S[ammel] St[elle] Gura-Humora“ und „Dorna Vatra“.[490] Eine größere psychiatrische Einrichtung erschien im Aufnahmebuch nicht. Eine solche existierte in der Südbukowina schlichtweg nicht. Sie war bis zur Abtrennung der Nordbukowina von der Südbukowina im Jahr 1940 auch nicht nötig gewesen, hatte doch die Heilanstalt Czernowitz als zentrale Aufnahmeeinrichtung für die gesamte Bukowina fungiert.[491] Zum Zeitpunkt der Umsiedlung aus der Südbukowina befanden sich

485 Vgl. ebd.

486 Vgl. Krankenbegleitschein von Karl F. (APŁ, Sieradz, Szpital Psychiatryczny w Warcie, 5043, Bl. 3).

487 Vgl. Krankenbegleitschein Maria H. (APŁ, Sieradz, Szpital Psychiatryczny w Warcie, 5208, Bl. 2).

488 Vgl. Krankenbegleitschein von Maria H. (APŁ, Sieradz, Szpital Psychiatryczny w Warcie, 5208, Bl. 2); und Karl F. (ebd., 5043, Bl. 3).

489 Vgl. Krankenbegleitschein von Marie E. (ThSt Gotha, Landesheilanstalt Mühlhausen, Patientenakte Marie E., unpag.).

490 Aufnahmebücher der Heilanstalt Gostynin 1938-42 (Krankenhausarchiv Gostynin).

491 Auch einige der aus der Südbukowina in Lazarettzügen umgesiedelten Kranken waren zeitweise in Czernowitz in Behandlung gewesen. Vgl. zum Beispiel Krankengeschichte

dort jedoch kaum noch volksdeutsche Patienten. Die meisten deutschen Patienten waren bereits im Rahmen der Umsiedlungsaktion Bessarabien/Nordbukowina in das Deutsche Reich gebracht worden.

Am 5./6. Oktober 1940 hatten insgesamt 237 Kranke Czernowitz in einem Lazarettzug, der zugleich der einzige der gesamten Nordbukowina-Umsiedlung sein sollte, verlassen.[492] Etwa 50 von ihnen stammten aus der Heilanstalt Czernowitz.[493] Diese waren zuvor von Walter Kipper, Primararzt des „Spitals für Geistes- und Nervenkrankheiten in Czernowitz", ausgewählt worden, denn es sollten bei weitem nicht alle volksdeutschen Patienten zur Umsiedlung zugelassen werden. Eine „ganze Reihe [wurde] auf Vorschlag des Gebietsarztes in der Anstalt zurückgelassen".[494] Kipper oblag nach eigenen Angaben dabei die „Zusammenstellung und Leitung [d]es Transportes [der] geisteskranken Umsiedler".[495] Dass die Wahl auf Kipper fiel, war dabei kein Zufall. Kipper, geboren 1897 in Radautz/Bukowina, arbeitete bereits seit vielen Jahren als Arzt in der Heilanstalt in Czernowitz. Er galt bei den Umsiedlungsdienststellen als erster Ansprechpartner in der Frage der in der Bukowina vorkommenden „Erbkrankheiten", hatte er doch „die grosse [sic!] Mehrzahl der schweren Fälle selbst behandelt".[496] Er hatte von 1916 bis 1922 an den Universitäten Wien und Klausenburg Medizin studiert. Anschließend ging er zunächst an das Zentralspital nach Czernowitz. Nur ein Jahr später, 1923, wechselte er in die Czernowitzer psychiatrische Anstalt, wo er bis zur Umsiedlung der deutschen Patienten 1940 auch verblieb. Parallel dazu betätigte er sich als Schularzt, Vertrauensarzt der Evangelischen Landeskirche A. B. und Sachverständiger für Nerven- und

von Karl F. (APŁ, Sieradz, Szpital Psychiatryczny w Warcie, 5043, unpag.); sowie Krankengeschichte von Elfriede K. (ebd., 5459, unpag.).

492 Vgl. Aufstellung der Vomi über die Transporte aus Bessarabien und der Nordbukowina, o. D. (BArch Berlin, R 59/331 Bl. 45 f., hier 45); sowie Bericht über die medizinischen und biologischen Grundlagen der deutschen Volksgruppe in Bessarabien und dem Buchenland vom 24.10.1940 (BArch Berlin, R 59/377, Bl. 137-151, hier 149).

493 Die genaue Zahl der Patienten lässt sich nicht mehr ermitteln, da im Aufnahmebuch der Heilanstalt Tiegenhof nur bei einigen der insgesamt 109 am 21.10.1940 in Tiegenhof aufgenommenen Patienten Czernowitz als Herkunftsort vermerkt wurde. In der Mehrzahl der Fälle lässt sich lediglich aufgrund des Herkunftsgebietes „Buchenland" auf die Herkunft der Patienten aus der Heilanstalt Czernowitz schließen. Die Zahl von etwa 50 Patienten aus Czernowitz, die auch Kipper angab, dürfte in etwa richtig sein. Vgl. Aufnahmebuch der Heilanstalt Tiegenhof 1940-1942 (Krankenhausarchiv Tiegenhof); sowie Zeugenaussage Walter Kippers vom 5.12.1978 (BArch Ludwigsburg, B 162/15601, Bl. 354-357).

494 Bericht über die medizinischen und biologischen Grundlagen der deutschen Volksgruppe in Bessarabien und dem Buchenland vom 24.10.1940 (BArch Berlin, R 59/377, Bl. 137-151, hier 149).

495 Personalbogen der Heilanstalt Tiegenhof von Walter Kipper von 1942 (Krankenhausarchiv Tiegenhof, Personalakte 43, Walter Kipper, Bl. 2 f.).

496 Bericht über die medizinischen und biologischen Grundlagen der deutschen Volksgruppe in Bessarabien und dem Buchenland vom 24.10.1940 (BArch Berlin, R 59/377, Bl. 137-151, hier 149).

Geisteskrankheiten.[497] Zudem gehörte Kipper dem „Bund deutscher Ärzte“ in Rumänien an.[498]

Zusammen mit den etwa 50 Czernowitzer Patienten gelangte Kipper im Oktober 1940 dann zunächst in das schlesische Ratibor.[499] Dort befand sich höchstwahrscheinlich eines der vielen Reservelazarette, die die kranken Umsiedler aus Bessarabien, der Bukowina und Dobrudscha aufnahmen. Von Ratibor wurden die Patienten unter Begleitung Kippers und einiger Schwestern nach Tiegenhof verlegt, wo sie am 21. Oktober 1941 zeitgleich mit weiteren Kranken aus Bessarabien, die zunächst ins Reservelazarett Kamenz/Schlesien eingewiesen worden waren, eintrafen.[500] Kipper wurde anschließend als Lagerarzt in verschiedenen Umsiedlerlagern in Schlesien eingesetzt, bevor er im März/April 1941 die Führerschule der deutschen Ärzteschaft in Alt-Rehse besuchte und anschließend, am 9. April 1941, als Anstaltsarzt von der Heilanstalt Tiegenhof übernommen wurde. Ein Jahr später, Kipper war bereits zum Gaumedizinalrat avanciert, schlug der Reichsstatthalter im Warthegau ihn für die Verleihung des Kriegsverdienstkreuzes II. Klasse vor. Zur Begründung hieß es: „Gau-Medizinalrat Dr. Kipper hat sich um den Auf- und Ausbau der Gau-Heilanstalt Tiegenhof auf ärztlichem Gebiet besonders verdient gemacht. Er hat vornehmlich bei der Durchführung von erbbiologisch wichtigen Sonderaufgaben an hervorragender Stelle mitgewirkt.“[501]

Die hier erwähnten „Sonderaufgaben“, an denen Kipper so engagiert in exponierter Position mitwirkte, waren unter anderem die des „Reichsausschusses zur wissenschaftlichen Erfassung von erb- und anlagebedingten schweren Leiden“. Dieser hatte in Tiegenhof eine seiner „Kinderfachabteilungen“ eingerichtet.[502]

Die Strategie, psychisch kranke Umsiedler in den Warthegau und dort vornehmlich in die Heilanstalten Gostynin, Warta und Tiegenhof zu verlegen, wurde bereits seit dem Frühjahr 1940 mit der Weiterverlegung der zunächst in Meseritz-Obrawalde und Arnsdorf untergebrachten Baltendeutschen nach Tiegenhof verfolgt. Zahlenmäßig bedeutsam sollten dann vor allem die verschie-

497 Personalbogen der Heilanstalt Tiegenhof von Walter Kipper von 1942 (Krankenhausarchiv Tiegenhof, Personalakte 43, Walter Kipper, Bl. 2 f.).

498 Vgl. Mitgliederliste des siebenbürgisch-deutschen Ärztevereins. In: Medizinische Zeitschrift, 7 (1933) 8, S. 7–17, hier 17.

499 Vgl. Vernehmung von Walter Kipper am 5.12.1978 (BArch Ludwigsburg, B 162/15601, Bl. 354–357, hier 354).

500 Vgl. Aufnahmebuch der Heilanstalt Tiegenhof 1940–1942 (Krankenhausarchiv Tiegenhof). Zur Aufnahme der Bessarabiendeutschen in Kamenz vgl. zum Beispiel Krankenbegleitschein von Lydia U. I (ThSt Gotha, Landesheilanstalt Mühlhausen, Patientenakte Lydia U. I, unpag.).

501 Vorschlagsliste und Begründungen der Gauselbstverwaltung Posen für die Verleihung des Kriegsverdienstkreuzes 2. Klasse, o. D. (1942) (Staatsarchiv Hamburg [StA Hamburg], 213-12, Nr. 13, Band 73, Bl. 66–68).

502 Vgl. Aktennotiz über fernmündlichen Auftrag Friemerts an Kipper vom 28.11.1942 (Krankenhausarchiv Tiegenhof, Personalakte 43, Walter Kipper, Bl. 19); sowie Walter Kipper an Reichsausschuss, betr. Sonderzuwendungen vom 6.12.1943 (BArch Berlin, NS 51/227, Bl. 83). Zu Tiegenhof vgl. weiter Kap. IV.3.1.

denen Transporte aus Bessarabien und der Bukowina sein, die im Herbst 1940 eintrafen. Anders als bei den baltendeutschen Patienten handelte es sich bei diesen nicht ausschließlich um langjährige Insassen großer Heilanstalten und Asyle, sondern es befanden sich auch zahlreiche Kranke unter den Neuaufgenommenen, die sich bislang nicht in dauerhafter Anstaltsbehandlung befunden hatten. Diese heterogene Patientenzusammensetzung der eintreffenden Krankentransporte aus Bessarabien, der Bukowina und Dobrudscha resultierte dabei aus den vielfältigen Überwachungs- und Selektionsstationen, die die Umsiedler während der Ausreise zu passieren hatten. So wurden beispielsweise den Krankentransporten aus den Asylen in Arzis und Sarata auch die Kranken der dort eingerichteten Krankensammelstellen zugewiesen. In den Donauhäfen Galatz/Reni/Kilia, wo die Kranken in die Lazarettschiffe umstiegen, kamen weitere Kranke, die zunächst in den dortigen Lazaretten aufgenommen und gesammelt worden waren, hinzu. In Semlin/Prahovo wurden alle Passagiere der Lazarettschiffe in das dortige DRK-Lazarett eingewiesen, wo sich bereits andere Patienten befanden, die im Rahmen der ärztlichen Überprüfung der ankommenden Umsiedlerschiffe aus den regulären Transporten herausgenommen worden waren. Sie alle befanden sich schließlich in den Lazarettzügen, deren Ziel die schlesischen Reservelazarette waren. Dort angekommen wurden sie entweder zur Beobachtung aufgenommen oder direkt von Krankenwagen übernommen und in die Heilanstalten des Warthegaus verlegt. Nicht selten gingen während dieses langwierigen und durch zahlreiche Zwischenhalte unterbrochenen Transportes Kennkarten, Krankenbegleitscheine oder ähnliche Identifikationspapiere verloren, sodass eine Identifizierung einzelner Kranker in den aufnehmenden Anstalten gar nicht oder erst nach intensiven Recherchen möglich war.[503] In einigen Fällen verstarben die Patienten auch vor der Klärung ihrer Identität, was es für die Angehörigen, die in den meisten Fällen durch den nicht nachvollziehbaren Transport jeglichen Kontakt verloren hatten, unmöglich machte, etwas über deren Verbleib zu erfahren. Hinzu kam, dass selbst die Bewohner der Asyle in Sarata und Arzis nicht geschlossen die Heilanstalten erreichten, sondern die Anstaltsverbände gewollt oder ungewollt in Galatz und Semlin zersplittert wurden. So wurden die Patienten verschiedenen Lazarettzügen zugewiesen, was eine Identifizierung aus dem Anstaltsverband heraus, beispielsweise durch Sarataer Schwestern, sichtlich erschwerte. Ein Schriftwechsel zwischen dem Direktor der Heilanstalt Warta und dem Beauftragten des RGF vom Dezember 1941 beschreibt geradezu symptomatisch die Transportumstände und deren Folgen. Am 10. Dezember 1941 wandte sich der Beauftragte des RGF an die Heilanstalt Warta mit folgendem Anliegen:

„Wir suchen eine Bessarabiendeutsche aus Sarata mit Namen Maria L. [...]. Dieselbe ist am [...] in Hoffnungstal (Bessarabien) geboren, geistesgestört und hat die Ums[iedler-] Nr. Be 3 72/25/9. Sie ist mit 14 Jahren infolge heftigen Schrecks an Krämpfen erkrankt,

503 Vgl. zum Beispiel Patientenakte Unbekannter Mann V (APŁ, Sieradz, Szpital Psychiatryczny w Warcie, 6670); sowie Aufnahmebuch der Gauheilanstalt Warta 1937–42 (ebd., 6865, zum Beispiel Nr. 7291, 7293–7296).

die sich monatlich wiederholten, verbunden mit geistiger Störung. In der Zwischenzeit war sie klar; doch hat die Krankheit in letzter Zeit starke Fortschritte gemacht. Maria L. wurde bei der Umsiedlung zusammen mit den anderen Kranken des Gebiets von Beresina ab mit dem Sarataer Krankenhaus weitertransportiert. In Galatz wurde sie zum letzten Male gesehen, seitdem fehlt jede Spur.
Kann evtl. anhand dieser Angaben festgestellt werden, ob Maria L. mit der bei Ihnen als ‚Unbekannte Frau VIII aus Bessarabien' Geführten identisch ist? Alle Versuche, irgendetwas über den Verbleib der genannten Umsiedlerin festzustellen, waren ergebnislos und die Eltern suchen nach wie vor verzweifelt ihre Tochter."[504]

Der Direktor der Anstalt Warta, Hans Hermann Renfranz,[505] antwortete am 22. Dezember 1941 Folgendes:

„Die von Ihnen gesuchte Maria L. [...] kann mit der hier untergebracht gewesenen u. am 13.12.40 verstorbenen ‚Unbekannten Frau VIII aus Bessarabien' nicht identisch sein. Diese Frau kam am 2.XI.40 zusammen mit 5 anderen Kranken, von denen aber niemand aus Sarata war. Sie hatte auch keine Krämpfe, sondern das Krankheitsbild war ein typisch schizophrenes mit Autismus, Negativismus und Selbstgesprächen. Körperlich hatte diese Kranke mehrere tuberkulöse Fisteln am linken Oberarm. Sie ist an Lungentuberkulose verstorben.
Kranke aus Sarata haben wir mit zwei Transporten am 6. und 15. Oktober 1940 bekommen. Bei dem ersten Transport befanden sich unter den Kranken 7 unbekannte Frauen. Eine von diesen, die Unbekannte VII (Marie) kam hier am 6.X. moribund an. [...] Sie starb am 8.X.40 an Septikopyaemie.
Von dieser Kranken behaupten zwei andere imbecille Schwestern aus Sarata, sie heiße Marie mit Vornamen. Der Vatersnamen war ihnen nicht bekannt. Aus diesem Grunde wurde zu der Kennzeichnung ‚Unbekannte VII' (Marie) hinzugesetzt.
Wegen des großen Transportes war es damals unmöglich, einen genauen Status zu erheben. Es ist deshalb im Krankenblatt nur der krankhafte körperliche Befund vermerkt. Die Abteilungsärztin erinnert sich jedoch, dass der Ernährungszustand dieser Kranken im Gegensatz zu der Unbekannten VIII relativ gut war. Ansprechbar war die Kranke nicht mehr.
Es ist aber wohl nicht ausgeschlossen, dass es sich bei dieser Kranken um die gesuchte Maria L. [...] handelt."[506]

Mit den zwei erwähnten Transporten am 6. und 15. Oktober 1940 trafen fast 100 Bessarabiendeutsche, darunter auch die ehemaligen Insassen des Alexanderasyls in Sarata, in Warta ein.[507] Ihnen folgten weitere Transporte aus Bessarabien, der Südbukowina und Dobrudscha mit insgesamt etwa 50 Patienten im November 1940. Parallel dazu wurden auch in Tiegenhof 120 Bessarabien- und Bukowinadeutsche, unter anderem die ehemaligen Patienten des Asyls in Arzis

504 Beauftragter des Reichsgesundheitsführers an Landesheilanstalt Warta, betr. Unbekannte Frau VIII aus Bessarabien vom 10.12.1941 (APŁ, Sieradz, Szpital Psychiatryczny w Warcie, 6656, Bl. 9).
505 Zur Biographie Hans Hermann Renfranz' s. Kap. IV.3.1, Anm. 817.
506 Hans Hermann Renfranz, Direktor der Heilanstalt Warta an Beauftragten des Reichsgesundheitsführers, betr. Unbekannte Frau VIII aus Bessarabien vom 22.12.1941 (abgesandt am 23.12.1941) (APŁ, Sieradz, Szpital Psychiatryczny w Warcie, 6656, Bl. 10 f.).
507 Vgl. Aufnahmebuch der Gauheilanstalt Warta 1937–42 (APŁ, Sieradz, Szpital Psychiatryczny w Warcie, 6865); sowie Abgleich mit der Umsiedlungsliste Sarata (Archiv des Bessarbiendeutschen Vereins Stuttgart).

und der Heilanstalt Czernowitz, eingewiesen.[508] In Gostynin trafen Anfang Dezember 1940 die schon erwähnten etwa 50 Kranken aus der Südbukowina ein.[509] Unter diesen über 300 Aufgenommen machten die Patienten der Asyle in Sarata und Arzis und der Heilanstalt Czernowitz nur etwa ein Drittel aus.[510] Anders als bei den großen „Geisteskrankentransporten" aus dem Baltikum 1939/40, die nahezu vollständig aus Patienten der dortigen Heilanstalten und Pflegeeinrichtungen bestanden hatten,[511] war der überwiegende Teil der im Rahmen der Umsiedlung aus Rumänien in den Anstalten des Warthegaus eingewiesenen Kranken demzufolge zuvor nicht dauerhaft psychiatrisiert gewesen. Sie waren erst durch die vielfältige und permanente Überwachung und Selektion während der Umsiedlung als anstaltsbedürftig klassifiziert und den entsprechenden Heilanstalten zugewiesen worden. Mit der Ankunft im Deutschen Reich und der nun auch räumlichen Segregation der Umsiedler - die „Gesunden" kamen vorerst in die Vomi-Lager, die „Kranken" in Reservelazarette und Heilanstalten - endete dieser Selektions- und Überwachungsprozess natürlich keineswegs. Er setzte sich in den Lagern, par excellence während der „Durchschleusung", unverändert, wenn nicht sogar noch gesteigert fort. So verwundert es auch nicht, dass Heilanstalten im ganzen Reichsgebiet Volksdeutsche unter ihren Neuzugängen zu verzeichnen hatten.[512] In der Regel handelte es sich dabei

508 Vgl. Aufnahmebuch der Heilanstalt Tiegenhof 1940–1942 (Krankenhausarchiv Tiegenhof).

509 Vgl. Aufnahmebücher der Heilanstalt Gostynin 1938–42 (Krankenhausarchiv Gostynin).

510 52 Insassen der Asyle in Arzis und Sarata, die nach Warta und Tiegenhof gebracht wurden, sind namentlich bekannt. 10 weitere bessarabiendeutsche Patienten sind namentlich nicht bekannt, sie erscheinen im Aufnahmebuch als „Unbekannte Frau" oder „N. N.". Möglicherweise waren unter ihnen weitere ehemalige Insassen der Asyle in Arzis und Sarata. In der Umsiedlungsliste für Sarata sind insgesamt 70 „Pfleglinge" des Alexanderasyls und des Hauses Elim, in der für Arzis 32 „Pfleglinge" der Anstalt Bethel verzeichnet. Insgesamt etwa 70 von ihnen wurden laut den Unterlagen des Leitenden Arztes der Umsiedlungskommission als „Geisteskranke" eingestuft. Es ist davon auszugehen, dass die übrigen „Pfleglinge" altersschwach und anderweitig pflegebedürftig waren und sich zwar in den Krankentransporten befanden, aber nicht in die Anstalten des Warthegaus verlegt wurden, sondern zunächst in die Reservelazarette und später in Altersheime und Pflegeeinrichtungen. Die Zahl der Czernowitzer Patienten betrug etwa 50. Vgl. dazu auch Anm. 493.

511 Die Auswertung der Patientenkarteikarten der 306 im Dezember 1939 nach Arnsdorf verlegten Baltendeutschen ergab, dass 251 von ihnen aus den großen Heilanstalten in Riga, Mitau, Dünaburg und Stackeln stammten. Von den übrigen 55 Kranken kam, sofern die Herkunftsangabe eine genaue Zuordnung möglich machte, die Mehrzahl (mindestens 35) aus Heimen der deutschbaltischen Volksgruppe bzw. städtischen Asylen und Heimen. Maximal 20 Kranke (6 %) hatten sich demzufolge vor ihrer Umsiedlung höchstwahrscheinlich nicht in einer Pflegeeinrichtung bzw. Anstalt befunden. Vgl. Eintragungen in den Karteikarten der Baltendeutschen der Landesanstalt Arnsdorf (Archiv des Sächsischen Krankenhauses für Psychiatrie und Neurologie Arnsdorf).

512 Einweisungen von einzelnen Volksdeutschen aus Umsiedlerlagern sind in vielen Heilanstalten nachweisbar, zum Beispiel in Kortau, Graz (Am Feldhof), Großschweidnitz oder Chemnitz. Vgl. Postkarte von Irma S. an die DUT, betr. Rudolf Hermann S. vom 3.12. 1941 (BArch Berlin, R 1702/2755, unpag.); Erbsache Emil S. (ebd., R 1702/10213a, Bl. 590–612); Mitteilung der Anstaltsdirektion Großschweidnitz über Helene S. vom

allerdings um Einzelfälle. Eine größere Zahl Volksdeutscher befand sich, abgesehen von den in württembergischen Anstalten untergebrachten Südtirolern, nur in den drei besagten Anstalten des Warthegaus. Diese erreichten auch nach Abschluss der Umsiedlungen aus Rumänien noch größere Transporte - nämlich aus Litauen. Es handelte sich aber auch hier nicht um große „Geisteskrankentransporte“ vergleichbar mit denen der Baltenumsiedlung 1939/40. Zum einen war die Zahl der Kranken mit insgesamt 105 deutlich geringer, und zum anderen handelte es sich bei ihnen, ähnlich wie bei den Transporten aus Bessarabien und der Bukowina, nicht ausschließlich um Anstaltspatienten. Von den insgesamt vier Lazaretttransporten, die die 105 litauendeutschen Patienten nach Warta und Gostynin brachten, setzte sich nur ein Transport mit 23 Kranken aus Anstaltspfleglingen - denen der Anstalt Kalvarija - zusammen.[513] Nur etwa ein Fünftel der Kranken hatte sich demzufolge bereits vor der Umsiedlung in Anstaltspflege befunden, vier Fünftel waren erst infolge der Umsiedlung ins Deutsche Reich psychiatrisiert worden. Dieses Verhältnis deutet auf eine hohe selektive Wirkung der Umsiedlung aus Litauen hin, trotz deutlich weniger Zwischenstationen als bei der Umsiedlung der Deutschen aus Rumänien. Entscheidend für die Selektivität, also das Ausmaß der rassenhygienisch-gesundheitlich motivierten Selektion, während der ersten Phase des Umsiedlungsprozesses scheint also nicht die Anzahl der Zwischenstationen gewesen zu sein. Vielmehr scheint die erste Erfassung durch die Volksgruppe selbst und durch die Gebietsärzte die entscheidende Selektionssituation während der ersten Umsiedlungsetappe gewesen zu sein, da hier die Entscheidung über eine Zuweisung zu einem Krankentransport fiel. Eine Zuweisung zu einem Krankentransport führte nicht automatisch zur Einweisung in eine Heilanstalt, sie begünstigte diese aber eindeutig. Spätere, sich während der Umsiedlung aus Bessarabien vielfach bietende Überwachungs- und Selektionsmöglichkeiten, wurden zwar genutzt, dürften zahlenmäßig aber von geringerer Bedeutung gewesen sein und nur in wenigen Fällen zu einer Psychiatrisierung geführt haben.[514] Einer dieser wenigen Fälle ist der von Alexander R.

22.3.1941 (ebd., R 69/641, Bl. 22); sowie Mitteilung der Landesanstalt Chemnitz an das Sächsische Ministerium des Innern vom 11.1.1940 (SächsHStA, MdI, 16816, Bl. 21).

513 Auch bei diesen am 25.3.1941 in Gostynin eingetroffenen Kranken lässt sich nicht in allen Fällen eine zweifelsfreie Zuordnung zur Anstalt Kalvarija vornehmen, da die Herkunftsangaben nicht immer eindeutig sind. Vgl. Aufnahmebuch der Gauheilanstalt Warta 1937-42 (APŁ, Sieradz, Szpital Psychiatryczny w Warcie, 6865); sowie Aufnahmebücher der Heilanstalt Gostynin 1938-42 (Krankenhausarchiv Gostynin).

514 Die Krankenbegleitscheine, sofern sie überhaupt in den noch vorhandenen Akten enthalten sind, geben nur spärliche Hinweise darauf, wann und wo die Kranken den Krankentransporten zugewiesen wurden. Aus einem geht beispielsweise hervor, dass die Kranke „aus dem Transport herausgenommen“ und in das Lager Prahovo abtransportiert wurde und von dort nach Semlin gelangte - sie scheint also im Zuge einer Transportkontrolle erfasst worden zu sein. Eine solche Angabe war jedoch in keiner anderen der insgesamt 45 ausgewerteten Akten der in Warta aufgenommenen Bessarabien- und Bukowinadeutschen zu finden. In einigen wenigen Fällen enthält die Krankengeschichte oder die in der Patientenakte enthaltene Korrespondenz mit Angehörigen Hinweise.

Alexander R. wurde nach Angaben seiner Mutter, die ein Jahr nach der Umsiedlung noch immer nach ihm suchte, „in Wien vom Transport heraus [...] in ein Krankenhaus geschafft".[515] Er muss also bis dahin mit seiner Mutter in einem regulären Transport umgesiedelt worden sein, wobei dies angesichts des späteren Befundes, dass Alexander R. weder laufen noch sprechen konnte, durchaus überrascht.[516] Dass er gerade in Wien in ein Krankenhaus eingewiesen wurde, überrascht hingegen nicht, war doch dort, wie bereits beschrieben, die Zahl der Krankenhauseinweisungen besonders hoch. Von Wien aus gelangte Alexander R. später mit einem Lazarettzug, der unter anderem auch einige Patienten des Alexanderasyls in Sarata und des Hauses Bethel in Arzis an Bord hatte, in die Heilanstalt Warta. Dort wurde er am 6. Oktober 1940 aufgenommen. Bis auf seinen zudem noch falsch geschriebenen Namen war nichts über ihn bekannt. Der aufnehmende Arzt beschrieb ihn als „ruhig, reagiert nicht auf Fragen, ist unbeholfen, kann nicht gehen, muss auf die Abteilung getragen werden".[517] Seine Diagnose lautete schließlich: Epilepsie bei angeborenem Schwachsinn. Ob es sich tatsächlich um „angeborenen" Schwachsinn - einer ohnehin offenen Diagnose - handelte, konnte der aufnehmende Arzt angesichts der Tatsache, dass eine ausführliche Anamnese fehlte und der Patient keinerlei Selbstauskunft geben konnte, de facto gar nicht einschätzen. Es zeigt sich aber unter anderem an diesem Beispiel wie inflationär diese „Diagnose", unter der zahlreiche als krankhaft eingestufte Verhaltensformen, sozial deviantes Verhalten ebenso wie Minderbegabung, subsumiert wurden, Verwendung fand.

Bereits am 20. Oktober 1940, nur 14 Tage nach seinem Eintreffen, verstarb Alexander R. in Warta. Als Todesursache wurde „Kreislaufschwäche im Verlaufe einer Epilepsie" angegeben.[518]

Bezogen auf die Aufnahmeumstände scheint Alexander R. durchaus kein Einzelfall gewesen zu sein. Von vielen der über 800 in Krankentransporten in die Heilanstalten Warta, Tiegenhof und Gostynin verbrachten Volksdeutschen dürfte meist nicht mehr als ihr Name, dessen Schreibweise darüber hinaus nicht

Eine präzise Aussage, wie viele der später in Warta eingewiesenen Kranken erst während des Transportes, in den Vomi-Lagern in Reni, Kilia, Galatz, Semlin, den Schaltlagern Villach und Graz oder auf den Unterwegsbahnhöfen im Deutschen Reich aus den regulären Transporten herausgenommen wurden, lässt sich somit nicht treffen. Möglicherweise würde aber die Auswertung aller noch erhaltenen Patientenakten der nach Warta gebrachten Bessarabien- und Bukowinadeutschen eine präzisere Tendenz erkennen lassen. Im Zeitrahmen der vorliegenden Arbeit war eine solche Auswertung jedoch nicht möglich.

515 Kreisbeauftragter für die Vomi-Lager Karlsbad an Heilanstalt Warta, betr. Alexander R. vom 20.10.1941 (APŁ, Sieradz, Szpital Psychiatryczny w Warcie, 6219, unpag.).

516 Vgl. Aufnahmebefund in der Krankengeschichte von Alexander R. (ebd., unpag.).

517 Ebd.

518 Vgl. Heilanstalt Warta an Kreisbeauftragten für die Vomi-Lager in Karlsberg, betr. Alexander R. vom 28.10.1941(ebd., unpag.); Aufnahmebefund in der Krankengeschichte von Alexander R. (ebd., unpag.). Vgl. auch seine Krankengeschichte (ebd., unpag.).

selten falsch war, bekannt gewesen sein.[519] Sofern Kennmarke und Krankenbegleitschein nicht auf dem Transport verloren gegangen waren, lagen auch die Kennnummer, Angaben über den Herkunftsort und, sofern eingetragen, Namen von Familienmitgliedern vor. In einigen Fällen waren auf der Rückseite, im „Behandlungstagebuch“, eine Diagnose und Hinweise zur Medikation während des Transportes vermerkt worden. Angaben zur Krankengeschichte sind in den neu angelegten Patientenakten kaum vorhanden, fehlten doch, von einigen Baltendeutschen abgesehen, in der Regel ärztliche Gutachten aus den Herkunftsanstalten. Angaben von Angehörigen lagen aufgrund der durch den Transport abgerissenen Kontakte nur selten vor und die Patienten waren zumeist nicht in der Lage, konkrete Angaben über ihre Erkrankung zu machen. Viele waren durch die Umsiedlung, durch die sie aus ihrem gewohnten Umfeld gerissen wurden, tief verunsichert und konnten wie Rudolf K. aus Bessarabien „den Sinn der Umsiedlung nicht begreifen“.[520] Die Transportumstände mussten ihnen beängstigend und verwirrend erscheinen. Die in der Krankengeschichte dokumentierte Wahrnehmung von Olga S. verdeutlicht dies: „Sie wisse nicht woher sie käme. Das wäre von oben, habe dort geschlafen, da wäre eine blaue Beleuchtung und 2 Stock, es bedienten sie Männer in blauen Jacken und Mädel. Als man sie vom Schiff nähme, lägen die Strohsäcke einer neben dem anderen. Ihre Sachen hätte sie bei sich. Kinder lägen auch dort, Männer gingen herum mit Laternen.“[521]

Martha M. aus Riga hingegen glaubte noch in Tiegenhof, nachdem sie zuvor bereits in Arnsdorf aufgenommen worden war, sie sei noch immer in Riga und „nur mit d. Dampfer aufs andere Ufer gefahren“.[522]

Die meisten Krankengeschichten geben allerdings keinen Aufschluss darüber, wie die Patienten die Umsiedlung wahrgenommen haben. Stattdessen gibt in den Akten meist nur ein standardisierter Vermerk Auskunft über die Umstände der Aufnahme: „Pat[ient] wurde im Rahmen der Rücksiedlung der Bessarabiendeutschen mit dem Krankentransport in die hiesige Anstalt eingeliefert“ oder „Pat[ient] wurde im Rahmen der Rücksiedlung der Litauendeutschen durch die Sanitätskolonne in die hiesige Anstalt eingeliefert.“[523]

519 Da die Akten der einzelnen Einrichtungen nicht geschlossen überliefert, sondern außerordentlich verstreut in verschiedenen deutschen und polnischen Anstalts- und Staatsarchiven gelandet sind oder nahezu vollständig vernichtet wurden (Tiegenhof), ist eine vollständige Auswertung der Patientenakten der Volksdeutschen unmöglich. Die allgemeinen Aussagen basieren auf der Auswertung von insgesamt 92 Akten volksdeutscher Patienten der Anstalten Warta, Meseritz-Obrawalde, Uchtspringe, Pfafferode und Hadamar.

520 Angaben der Ehefrau in der Krankengeschichte von Rudolf K. (APŁ, Sieradz, Szpital Psychiatryczny w Warcie, 5568, unpag.).

521 Krankengeschichte Olga S. (APŁ, Sieradz, Szpital Psychiatryczny w Warcie, 6335, unpag.).

522 „T4“-Meldebogen der Heilanstalt Tiegenhof vom 30.10.1940 (Duplikat) (APG, Heilanstalt Meseritz-Obrawalde, 2451, Bl. 2).

523 Vgl. zum Beispiel Aufnahmevermerk in der Krankengeschichte von Unbekannter Mann V (Daniel B.) (APŁ, Sieradz, Szpital Psychiatryczny w Warcie, 6670, unpag.) oder Aufnahmevermerk in der Krankengeschichte von Mathilde B. (ebd., 4818, unpag.).

„Im Rahmen der Rücksiedlung“ wurden innerhalb eines Jahres mehr als 800 Volksdeutsche in den Heilanstalten Tiegenhof, Warta und Gostynin aufgenommen. Allein in Tiegenhof wurden über 500 Anstaltsbetten mit Patienten aus dem Baltikum belegt - bei einer Kapazität von etwa 1 000 Betten entsprach dies immerhin der Hälfte aller dort verfügbaren Betten.[524] Es stellt sich nun unweigerlich die Frage, wie diese Anstaltsbetten „verfügbar“ gemacht wurden, wobei diese Frage vor dem Hintergrund der frühen Krankenmorde im Warthegau eine ähnliche Brisanz wie die nach der Zurverfügungstellung von Anstaltsbetten für Umsiedler aus dem Baltikum in Westpreußen aufweist.

Kurzum: Steht die Ermordung der polnischen Patienten in einem kausalen Zusammenhang mit der späteren Unterbringung der Volksdeutschen? Kann hier also von einem, wie es Aly so plakativ formulierte, „Platzschaffen für Volksdeutsche“ gesprochen werden?[525]

2.4 „Platzschaffen für Volksdeutsche“? - die Unterbringung psychisch kranker Umsiedler in den Anstalten des Warthegaus

Die definitive Entscheidung, volksdeutsche psychisch Kranke vornehmlich im Warthegau unterzubringen, wurde im April 1940 von der Gauselbstverwaltung in Posen und der Auslandsabteilung der RÄK bzw. der dortigen Dienststelle des Beauftragten des RGF getroffen. Auch wenn sich die vorangegangenen Entscheidungsprozesse aufgrund fehlender Quellen nicht mehr detailliert rekonstruieren lassen, so können doch Teile dieser aufgezeigt und die Akteure - die keine Unbekannten waren - benannt werden.

Im Auftrag der Auslandsabteilung trat, wie auch bei der Unterbringung der Baltendeutschen in Arnsdorf, vor allem Zietz in Erscheinung, der mit dem Anstaltsdezernenten bei der Gauselbstverwaltung in Posen, Hans Friemert,[526] die entsprechenden Verhandlungen führte. Höchstwahrscheinlich Anfang 1940

524 Vgl. Liste der deutschen Anstalten für Geisteskranke und Schwachsinnige per 31. 8. 1941 (NARA II, RG-338, T-1021, r. 11, Bl. 125291-125334, hier 125321).

525 Aly, Endlösung, Kap. 2.

526 Hans Friemert (1910-1975) war Dezernent und stellvertretender Leiter der Abteilung „Gesundheitswesen“ bei der Gauselbstverwaltung. In sein Aufgabengebiet fiel die Anstaltspflege und Fürsorge und ihm unterstand die mit der Abwicklung der frühen Krankenmorde befasste Zentralstelle für Krankenverlegung. Er war zugleich Gauobmann für die erbbiologische Bestandsaufnahme. Er hatte 1937 seine Approbation erhalten. 1938/39 war er zunächst beim Gesundheitsamt in Stettin tätig gewesen, bevor er im Sommer 1939 als Assistenzarzt und später Oberarzt in die Heil- und Pflegeanstalt Stralsund wechselte. Im Dezember 1939 wurde er auf Vermittlung von Robert Schulz Gauhauptmann in Posen und in die Gauselbstverwaltung in Posen übernommen, wo er bis 1945 verbleiben sollte. Nach dem Krieg wurde gegen Friemert im Kontext der Krankenmorde ermittelt. Das Ermittlungsverfahren wurde 1978, nachdem Friemert ein Jahr zuvor verstorben war, eingestellt. Vgl. Ermittlungsunterlagen (NdsHStA Hannover, Nds. 721, Hildesheim, Acc 48/88). Vgl. weiter Vernehmung von Hans Friemert am 28. 8. 1962 (ebd., Nr. 20/1, unpag.); sowie Geschäftsverteilungsplan der Abteilung II vom 29. 5. 1942 (ebd., Nr. 20/18, Bl. 324-328).

trat Zietz das erste Mal an Friemert in der Frage der Unterbringung volksdeutscher Patienten in den Heilanstalten des Warthegaus heran. Da der Fortbestand der einzelnen Anstalten des Warthegaus zu diesem Zeitpunkt ebenso wenig geklärt war wie die zukünftige Organisation der Anstaltspflege, rückten Verhandlungen jedoch zunächst in weite Ferne.[527] Konkrete Absprachen erfolgten vermutlich erst im April 1940. Diese zeitigten dann jedoch recht zügig handfeste Ergebnisse. Am 23. April 1940 wandte sich Zietz mit konkreten Zahlen und unter Angabe der ins Auge gefassten Heilanstalt - Tiegenhof - an die Gauselbstverwaltung. Offensichtlich unter Zeitdruck erbat er „schnellste Feststellung, ob und wann [...] Geisteskranke nach Tiegenhof bei Gnesen abtransportier[t] [werden] dürf[t]en, damit [er] disponieren könne.“[528] Es ging ihm zunächst vorrangig um die Unterbringung der etwa 400, vorerst in den Landesanstalten Arnsdorf und Meseritz-Obrawalde eingewiesenen, Kranken der beiden großen „Geisteskrankentransporte“ aus Riga und Reval, die offensichtlich nicht dauerhaft in Arnsdorf und Meseritz-Obrawalde untergebracht bleiben sollten. Zietz erklärte sich bereit, „für die Aufstellung und Durchführung des Transportes“ zu sorgen, was Friemert begrüßte.[529] Er kündigte außerdem an, dass die Auslandsabteilung der RÄK beabsichtige, noch „eine Reihe von Baltendeutschen[,] [...] die vorläufig noch im Alterserholungsheim Schwetz, aber anstaltsreif“ seien, ebenfalls nach Tiegenhof überführen zu wollen.[530] Um seiner „Bitte“ den notwendigen Nachdruck zu verleihen, rekurrierte er auf keinen Geringeren als den RKF, „der es außerordentlich begrüßen würde, wenn der Plan einer Verlegung nach Tiegenhof bei Gnesen durchgeführt werden könnte“.[531] Inwieweit Himmler von diesen Plänen tatsächlich Kenntnis hatte, muss offen bleiben - seine Wirkung verfehlte der Verweis auf das angebliche Interesse des „Reichsführers SS, Reichskommissars für die Festigung deutschen Volkstums“ jedenfalls nicht: Friemert respondierte per „Eilboten“ wenige Tage später, am 26. April 1940: „Die Unterbringung der bisher in den Landesheilanstalten Arnsdorf und Meseritz-Obrawalde befindlichen baltendeutschen Geisteskranken in die Gauheilanstalt Tiegenhof bei Gnesen lässt sich ermöglichen.“[532]

Die endgültige Entscheidung, die Baltendeutschen geschlossen nach Tiegenhof zu verlegen, scheint tatsächlich erst mit diesem Schreiben der Gauselbstverwaltung gefallen zu sein, denn nur drei Wochen zuvor war man in Arnsdorf

527 Vgl. dazu weiter unten im Text.

528 Zietz, Auslandsabteilung der RÄK, an Friemert, Gauselbstverwaltung Posen, vom 23.4.1940 (APP, Vomi, 123, Bl. 73 f., hier 73).

529 Ebd., hier 74; sowie Friemert, Gauselbstverwaltung Posen, an Zietz, Auslandsabteilung der RÄK, betr. Unterbringung baltendeutscher Geisteskranker vom 26.4.1940 (Krankenhausarchiv Tiegenhof, Personalakte 21, Ernst von Hollander, Bl. 1 f.).

530 Zietz, Auslandsabteilung der RÄK, an Friemert, Gauselbstverwaltung Posen, vom 23.4.1940 (APP, Vomi, 123, Bl. 73 f., hier 74).

531 Ebd.

532 Friemert, Gauselbstverwaltung Posen, an Zietz, Auslandsabteilung der RÄK, betr. Unterbringung baltendeutscher Geisteskranker vom 26.4.1940 (Krankenhausarchiv Tiegenhof, Personalakte 21, Ernst von Hollander, Bl. 1 f., hier 1).

noch bemüht, weitere Plätze für Baltendeutsche zu schaffen. Am 6. April 1940 wurden nämlich weitere 26 anstaltsbedürftige Baltendeutsche, die zunächst in Heimen Pommerns untergebracht worden waren, nach Arnsdorf verlegt, obwohl dort die „Abteilungen überfüllt und täglich Neuzugänge“ erwartet wurden.[533] Der dortige Direktor, Wilhelm Sagel, hatte sich trotz dieser Überbelegung für eine Aufnahme der Baltendeutschen ausgesprochen, da „die Baltendeutschen möglichst an einem Ort gesammelt werden“ sollten - dieser Ort war für ihn offensichtlich nach wie vor Arnsdorf.[534] Um die 26 Baltendeutschen aufnehmen zu können, erbat er beim Sächsischen Innenministerium, dass „26 Kranke für die aufzunehmenden Baltendeutschen der Anstalt Arnsdorf abgenommen“ würden, ebenso wie „60 Kranke aus den für das Reservelazarett geräumten Häusern“.[535] Letzterem Wunsch wurde seitens des Sächsischen Innenministeriums entsprochen. Die besagten 60 Patienten sollten je zur Hälfte nach Großschweidnitz und Leipzig-Dösen verlegt werden, wo, dem zuständigen Sachbearbeiter Fritz Pfotenhauer[536] nach, „infolge erhöhter Mortalität [...] gegenwärtig 100 Betten frei“ geworden seien.[537] Die Verlegung von 26 weiteren Arnsdorfer Patienten wurde jedoch vorerst abgelehnt.[538] Die Baltendeutschen trafen dennoch ein. Sie sollten allerdings nur wenige Wochen in Arnsdorf verbleiben. Am 17. Mai 1940, also auf den Tag genau fünf Monate nach dem Eintreffen des ersten „Geisteskrankentransportes“ aus Riga in Arnsdorf, wurden nahezu alle dort befindlichen baltendeutschen Patienten nach Tiegenhof

533 Sagel, Direktor der Landesanstalt Arnsdorf, an Sächsisches Ministerium des Innern vom 3.4.1940 (SächsHStA, MdI, 16816, Bl. 30).

534 Ebd. Es ist zu vermuten, dass Sagel zu dem Zeitpunkt noch nichts von einer Verlegung nach Tiegenhof wusste. Hätte er gewusst, dass die Unterbringung nur zeitweise erfolgen würde, hätte er vermutlich nicht die Verlegung von Arnsdorfer Patienten forciert.

535 Sagel, Direktor der Landesanstalt Arnsdorf an Sächsisches Ministerium des Innern vom 3.4.1940 (SächsHStA, MdI, 16816, Bl. 30).

536 Zu Pfotenhauer vgl. Böhm, Sächsisches Innenministerium, S. 66.

537 Handschriftlicher Vermerk Pfotenhauers auf der Rückseite des Schreibens des Direktors der Landesanstalt Arnsdorf an das Sächsische Ministerium des Innern vom 3.4.1940 (SächsHStA, MdI, 16816, Bl. 30); sowie Entwurf eines Schreibens Pfotenhauers, Sächsisches Ministeriums des Innern, an die Anstaltsdirektion Arnsdorf vom 11.4.1940 (ebd., Bl. 31). Die „erhöhte Mortalität“ in Leipzig-Dösen zu Beginn des Jahres 1940 war auf die Tötungsexperimente Hermann Paul Nitsches, damaliger Direktor Leipzig-Dösens, zurückzuführen. Nitsche, bereits frühzeitig in die Planungen für die „Aktion T4“ involviert, hatte auf der Suche nach einer geeigneten Tötungsmethode in Abstimmung mit Viktor Brack (KdF) Patienten der Heilanstalt Leipzig-Dösen überdosierte Beruhigungsmittel (Luminal) verabreicht. 60 Patienten verstarben infolge der Medikamentengabe. Dieses von Nitsche entwickelte „Luminalschema“ sollte letztlich in der Phase der dezentralen „Euthanasie“ ungezählte Male Anwendung finden. Vgl. Böhm/Markwardt, Hermann Paul Nitsche, S. 87; sowie Christiane Roick, Heilen, verwahren, vernichten. Die Geschichte der sächsischen Landesanstalt Leipzig-Dösen im Dritten Reich, Diss. med., Leipzig 1997, S. 153-156. Zur Rolle des Sächsischen Innenministeriums während der Krankenmorde vgl. Böhm, Sächsisches Innenministerium.

538 Vgl. Entwurf eines Schreibens Pfotenhauers, Sächsisches Ministerium des Innern, an die Anstaltsdirektion Arnsdorf vom 11.4.1940 (SächsHStA, MdI, 16816, Bl. 31).

verlegt, insgesamt 270 Patienten.[539] Bedenkt man, dass allein mit dem ersten Transport 306 Patienten aus dem Baltikum eingetroffen waren, denen die erwähnten 26 folgten, also insgesamt 332 Baltendeutsche in Arnsdorf aufgenommen worden waren, ist die Zahl der nach Tiegenhof verlegten Patienten deutlich geringer. Diese Differenz erklärt sich aus der relativ hohen Zahl der Todesfälle. Die ersten waren bereits kurze Zeit nach dem Eintreffen der Patienten zu verzeichnen. Allein bis Anfang Februar 1940 waren 22 Patienten verstorben, der erste bereits am 22. Dezember 1939.[540] Bis zum Mai 1940 waren über 50 Patienten, vorwiegend im Alter über 60 Jahren, gestorben. Als Todesursachen waren häufig Herz- und Kreislaufschwäche, Lungenentzündung, aber auch Marasmus angegeben.[541] Letztere Todesursache stand in direktem Zusammenhang mit der sogenannten „Sonderkost“. Es handelte sich hierbei um eine fleischlose, kalorienreduzierte Breikost, die aus Ersparnisgründen bereits seit 1938 in allen sächsischen Heilanstalten vor allem an bettlägerige und nicht mehr arbeitsfähige Patienten ausgegeben wurde. Ihr Einsatz stieg mit Kriegsbeginn nochmals deutlich an, ebenso wie der von Beruhigungsmitteln.[542] Diese an immer mehr Patienten verabreichte „Hungerkost“ hatte einen drastischen Anstieg der Sterblichkeit, die in Arnsdorf 1940 bei über acht Prozent und damit etwa doppelt so hoch wie 1937 lag, zur Folge.[543] Vor diesem Hintergrund ist anzunehmen, dass auch die hohe Sterblichkeit der Baltendeutschen, die immerhin bei 18 Prozent lag, auf die „Sonderkost“ zurückzuführen ist und die in Arnsdorf verstorbenen Baltendeutschen wie auch die übrigen Patienten Opfer dieses Hungersterbens geworden sind.

Die Zahl der nach Tiegenhof zu verlegenden Baltendeutschen hatte sich durch die Todesfälle also deutlich reduziert. Hinzu kam, dass einige Patienten

539 Vgl. Landesanstalt Arnsdorf an das Sächsische Ministerium des Innern vom 17.5.1940 (SächsHStA, MdI, 16816, Bl. 34).

540 Vgl. Kassenverwaltung der Landesanstalt Arnsdorf an Anstaltsdirektion Arnsdorf vom 5.2.1940 (SächsHStA, MdI, 16816, Bl. 26); sowie Patientenkarteikarte von Arvid Julius W. (Archiv des Sächsischen Krankenhauses für Psychiatrie und Neurologie Arnsdorf).

541 Dies ergab die Auswertung der Patientenkarteikarten der 59 in Arnsdorf verstorbenen baltendeutschen Patienten. Patientenakten sind nicht überliefert. Auf einigen Karteikarten findet sich zwar der Vermerk „Akte und Krg. ans Staatsarchiv abgegeben“, da das Staatsarchiv in Dresden die ihm in den 1960er Jahren angebotenen Akten jedoch ablehnte, wurden sie, trotz anderslautendem Stempelaufdruck auf den Karteikarten, vernichtet. Für diesen Hinweis danke ich Frau Schlieter, die das Krankenhausarchiv in Arnsdorf betreut. Für die unkomplizierte Gewährung des Zugangs zu den Karteikarten danke ich Dr. Hubert Heilemann.

542 Die verstärkte Ausgabe von Beruhigungsmitteln wurde den Anstaltsleitern vom beratenden Psychiater des Sächsischen Innenministeriums, dem späteren ärztlichen Leiter der „T4“ Hermann Paul Nitsche, empfohlen. Vgl. dazu Böhm/Markwardt, Hermann Paul Nitsche, S. 85. Zu Arnsdorf vgl. Oeser, Arnsdorf, S. 95-97; sowie Faulstich, Hungersterben, S. 191-202 und 480-485.

543 Vgl. Oeser, Arnsdorf, S. 97 sowie weiterführend Heinz Faulstich, Der sächsische Sonderweg bei der NS-„Euthanasie“. In: Der sächsische Sonderweg bei der NS-„Euthanasie“. Hg. vom Arbeitskreis zur Erforschung der nationalsozialistischen „Euthanasie“ und Zwangssterilisation, Fachtagung vom 15. bis 17. Mai 2001 in Pirna-Sonnenstein, Ulm 2001, S. 55-62.

in Arnsdorf verbleiben sollten, da ihre Angehörigen in der „Nähe von Dresden" wohnten.[544] Es handelte sich hierbei allerdings nur um vier Patienten, zwei Männer und zwei Frauen. Die zwei Frauen, Emma S. und Elisabeth K., wurden im Laufe des Jahres 1940 in anderen Pflegeeinrichtungen untergebracht,[545] die zwei Männer hingegen am 8. Juli 1940 „m[it] Akten u[nd] K[ranken]g[eschichte]" „auf Anord[nun]g d[es] Reichs-Verteidig[ungs] Kommissars" in eine nicht näher benannte Anstalt verlegt.[546] Hinter diesem kryptischen Verlegungsvermerk, der sich in gestempelter Form in mehr als 2 500 weiteren Patientenkarteikarten der Anstalt Arnsdorf befindet, verbarg sich nichts anderes als der Abtransport dieser Patienten in die „T4"-Tötungsanstalt Pirna-Sonnenstein.[547] Zusammen mit weiteren 118 Patienten, unter denen sich auch weitere Volksdeutsche befanden, verließen die beiden Baltendeutschen mit den berüchtigten „grauen Bussen" der Gekrat die Anstalt Arnsdorf in Richtung der Tötungsanstalt, die erst zehn Tage zuvor ihren „Betrieb" aufgenommen hatte.[548] Es war der erst zweite Transport aus Arnsdorf, mit dem vornehmlich die Arnsdorfer Stammpatienten, also die Patienten, die sich in der Regel bereits länger in Arnsdorf befanden, in die Tötungsanstalt verlegt und dort ermordet wurden.[549] Unter den ermordeten Patienten befanden sich nachweislich aber auch vier Volksdeutsche. Zwei von ihnen - Wolhyniendeutsche - waren im Januar 1940 aus dem Vomi-Lager Pirna-Sonnenstein, welches sich wie auch die Tötungsanstalt auf dem Gelände der 1939 aufgelösten Landesanstalt Pirna-Sonnenstein und damit in direkter Nachbarschaft zu dieser befand, nach Arnsdorf verlegt worden.[550] Die zwei anderen volksdeutschen Patienten, die schon erwähnten baltendeutschen Patienten Hermann K. und Rolf K., die beide ursprünglich aus

544 Vgl. Landesanstalt Arnsdorf an Sächsisches Ministerium des Innern vom 17.5.1940 (SächsHStA, MdI, 16816, Bl. 34).

545 Vgl. Patientenkarteikarten von Emma S. und Elisabeth K. (Archiv des Sächsischen Krankenhauses für Psychiatrie und Neurologie Arnsdorf).

546 Patientenkarteikarten von Rolf K. und Hermann K. (Archiv des Sächsischen Krankenhauses für Psychiatrie und Neurologie Arnsdorf).

547 Die Patientenkarteikarten der nach Pirna-Sonnenstein aus Arnsdorf verlegten Patienten befinden sich in Kopie im Archiv der Gedenkstätte Pirna-Sonnenstein.

548 Der erste Transport traf in der Tötungsanstalt Pirna-Sonnenstein am 28.6.1940 ein. Es handelte sich um zehn Patienten der Landesanstalt Waldheim. Der erste Transport aus Arnsdorf mit 93 Patienten erreichte Pirna am 5.7.1940. Die von Schilter angegebenen Zahlen wurden durch Recherchen der Gedenkstätte Pirna-Sonnenstein ergänzt und in einem Transportkalendarium zusammengestellt, welches sich im Archiv der Gedenkstätte Pirna-Sonnenstein befindet. Zu den Verlegungen aus Arnsdorf vgl. Schilter, Unmenschliches Ermessen, S. 130–135; sowie Boris Böhm, „Im Sammeltransport verlegt". Die Einbeziehung der sächsischen Kranken- und Behinderteneinrichtungen in die „Aktion T4". In: „Im Sammeltransport verlegt". Die Einbeziehung der sächsischen Kranken- und Behinderteneinrichtungen in die „Aktion T4". Hg. vom Kuratorium Gedenkstätte Sonnenstein e.V., Pirna 2002, S. 23–80.

549 Vgl. Böhm, Im Sammeltransport verlegt, S. 35–40.

550 Vgl. Patientenkarteikarten von Johann L. und Philipp M. (Archiv des Sächsischen Krankenhauses für Psychiatrie und Neurologie Arnsdorf). Zum Lager in Pirna-Sonnenstein vgl. Fiebrandt, Auf dem Weg zur eigenen Scholle. Zu den Einweisungen aus Vomi-Lagern vgl. weiterführend Kap. IV.3.2.

der Heilanstalt Rothenberg/Riga stammten, hatten Arnsdorf im Dezember 1939 im Rahmen des großen „Geisteskrankentransportes“ erreicht.[551] Anders als die Mehrzahl der Baltendeutschen verließen sie Arnsdorf im Mai 1940 nicht, obwohl einer von beiden zunächst wohl für den Transport nach Tiegenhof vorgesehen gewesen war.[552] Ausschlaggebend dafür war, wie gesagt, dass ihre Familienangehörige in der näheren Umgebung und nicht wie bei den meisten baltendeutschen Patienten im Warthegau lebten. Weder dieser Umstand noch ihr vermeintlicher Sonderstatus „Volksdeutscher“ sollte sie jedoch vor der Einbeziehung in die „Aktion T4“ schützen.

Ob für die wolhyniendeutschen und die baltendeutschen Patienten oder vielleicht sogar für unterschiedslos alle volksdeutschen Patienten und damit auch alle zum Zeitpunkt der „T4“-Verlegung bereits nach Tiegenhof verlegten Baltendeutschen im Vorfeld Meldebögen ausgefüllt worden waren, lässt sich nicht mehr mit Sicherheit feststellen. Es spricht aber vieles dafür, dass die „T4“-Meldebogenerfassung im Falle der baltendeutschen Patienten ebenso systematisch erfolgte wie bei den übrigen Arnsdorfer Patienten. Letztlich waren die Baltendeutschen im Dezember 1939 regulär aufgenommen und damit „Arnsdorfer Patienten“ geworden. Im März 1940 war schließlich auch die Frage der Kostenübernahme geklärt worden. Die „Pflegkosten“ für die „aus den baltischen Staaten übernommenen volksdeutschen Geisteskranken“ sollte demnach der „Landrat des Kreises Dresden“ übernehmen – die baltendeutschen Patienten stellten nun also hinsichtlich des Kostenträgers keinen Sonderfall mehr dar.[553] Zwischen den baltendeutschen „Geisteskranken“ und den übrigen, nicht in Anstaltsbehandlung befindlichen Volksdeutschen lässt sich hingegen durchaus eine Ungleichbehandlung in finanzieller Hinsicht konstatieren. Ersteren soll-

551 Vgl. Patientenkarteikarten von Rolf K. und Hermann K. (Archiv des Sächsischen Krankenhauses für Psychiatrie und Neurologie Arnsdorf).

552 Darauf deutet der noch schwach erkennbare Stempel „17. Mai 1940 Anst. Tiegenhof b. Gnesen“ hin, der in allen Karteikarten der nach Tiegenhof verlegten Baltendeutschen vorhanden ist. Dieser Stempel wurde im Falle von Hermann K. nachträglich wieder versucht zu entfernen und am 8. Juli 1940 durch den Stempelaufdruck mit dem Wortlaut „verlegt auf Anordg. d. Reichs-Verteidig. Kommissars“ zum Teil überdeckt. Vgl. Patientenkarteikarte von Hermann K. (Archiv des Sächsischen Krankenhauses für Psychiatrie und Neurologie Arnsdorf).

553 Sächsisches Ministerium des Innern an Anstaltsdirektion Arnsdorf vom 1.3.1940 (SächsHStA, MdI, 16816, Bl. 29). Diese Regelung beruhte auf einem Erlass des RMdI/Contis vom 9.1.1940, in welchem die Fürsorge für die Volksdeutschen, die in Heimen untergebracht werden mussten, von den zuständigen Stadt- und Landkreisen übernommen werden sollte, die dafür vom Reich die entsprechenden Mittel bereitgestellt bekommen sollten (Umsiedler-Kreisfürsorge). Vgl. Erlass des RMdI IV W I 5/40 vom 9.1.1940 (ebd., Bl. 18; auch in BArch Berlin, R 2/22451, Bl. 2). In der Regel erschienen die Bezirks- bzw. Gaufürsorgeverbände als Kostenträger, die die Mittel von den zuständigen Land- und Stadtkreisen erstattet bekamen, die diese wiederum aus den vom Reich im Rahmen der Umsiedler-Kreisfürsorge bereitgestellten Mitteln erhielten. Vgl. beispielsweise zum Prozedere im Warthegau: Gauselbstverwaltung an Kommunalreferent beim Reichsstatthalter in Posen, betr. Neuregelung des Abrechnungsverfahrens vom 21.3.1942 (APP, Reichsstatthalter Posen (RStH), 2243, Bl. 1 f.). Vgl. auch die Akte Umsiedlerkreisfürsorge (BayHStA, MInn, 79883).

ten nämlich, ganz in erbgesundheitspolitischer Manier, auf Anordnung des RKF keine Unterstützungszahlungen („Taschengelder“) ausgereicht werden. Dies war bezeichnend für die während der Umsiedlungsaktionen bereits deutlich zu Tage getretenen, rassenhygienisch fundierten Hierarchisierungsprozesse und die „Wertigkeitsideologie“ des Nationalsozialismus,[554] die innerhalb der Anstaltsmauern fortwirkten - beispielsweise bei der Zuteilung der „Sonderkost“. Die Verweigerung der Unterstützungszahlungen für die baltendeutschen Patienten führte im Ergebnis aber zu einer Gleichstellung der baltendeutschen mit den übrigen Patienten. Die baltendeutschen Patienten erfuhren insofern keine Besserstellung oder Vorzugsbehandlung, die für einen Ausschluss von der Meldebogenerfassung sprechen könnte. Auch die spätere Verlegung nach Tiegenhof dürfte kein Grund für eine Sonderstellung gewesen sein - im Sinne eines Aufschubs der Erfassung durch die „T4“ bis zur dortigen endgültigen Aufnahme - war doch von der Verlegung bis Mitte April 1940 in der Anstalt selbst höchstwahrscheinlich nichts bekannt. Bis zu diesem Zeitpunkt sind vermutlich bereits zahlreiche der im Herbst 1939 mit entsprechender Anordnung des RMdI in Arnsdorf eingetroffenen Meldebögen ausgefüllt worden und zwar höchstwahrscheinlich auch für die Baltendeutschen. Diese trafen zu einem Zeitpunkt in Arnsdorf ein, zu dem die Meldebogenerfassung gerade auf Hochtouren gelaufen sein dürfte.[555] Bis Ende August 1941 sandte die Anstalt Arnsdorf nicht weniger als 2125 ausgefüllte Meldebögen an die „T4“-Zentrale zurück.[556] Angesichts dieser Zahl scheint die Aussage von Dr. Ernst Leonhardt, dem in Arnsdorf die Ausfüllung der Meldebögen oblag, die Anstalt Arnsdorf habe „für alle Anstaltsinsassen und Zugänge Meldebögen einreichen müssen“, ergo dies auch getan, durchaus glaubwürdig.[557] Und selbst wenn es eine solche unterschiedslose Erfassung aller Patienten, die nicht der eigentlichen Erfassungsstrategie der „T4“ entsprach, nicht gegeben haben sollte, dürften die Baltendeutschen dennoch erfasst worden sein, da letztlich viele der Kriterien, die über eine Erfassung des Patienten in einem Meldebogen entscheiden sollten, auch auf sie zutrafen. Unter ihnen befanden sich Patienten wie Hilda F., die unter Schizophrenie litt und seit 1932 „dauernd in der Anstalt Rothenberg [Riga] bis zu ihrer Über-

554 Vgl. Süß, Volkskörper im Krieg.

555 Das Eintreffen der Meldebögen lässt sich nicht genau datieren. Böhm gibt an, dass seit dem Herbst 1939 in Arnsdorf die Meldebögen ausgefüllt wurden. Von einer anderen sächsischen Landesanstalt, Leipzig-Dösen, ist bekannt, dass die Meldebögen erst am 1.12.1939 eintrafen und bereits bis zum 1.1.1940 retourniert werden sollten. Vgl. Böhm, Im Sammeltransport verlegt, S. 36; sowie Roick, Heilen, verwahren, vernichten, S. 107.

556 Vgl. Liste der deutschen Anstalten für Geisteskranke und Schwachsinnige per 31.8.1941 (NARA II, RG-338, T-1021, r. 11, Bl. 125291-125334, hier 125299). Die Zahl war die höchste in ganz Sachsen und auch im Vergleich zu allen reichsweit eingereichten Meldebögen liegt sie im oberen Bereich. Dies dürfte nicht allein auf die Größe der Einrichtung und eine besonders hohe Belegung (Anfang 1940 etwa 2000 Patienten), sondern eben auch auf die von Leonhardt erwähnte Erfassung aller Patienten zurückzuführen sein. Zur Belegung vgl. Jahresbericht der Landesanstalt Arnsdorf für das Jahr 1940 (Kopie im Archiv der Gedenkstätte Pirna-Sonnenstein).

557 Aussage Ernst Leonhardts vom 15.4.1946 (SächsHStA, 11120, 2526, Bl. 81 f., hier 81).

führung nach Deutschland“ gelebt hatte.[558] Sie fiel damit unter Punkt 2 des Merkblattes zur Ausfüllung der Meldebögen, der die Erfassung der Patienten, die „sich seit mindestens 5 Jahren dauernd in Anstalten“ befanden, vorsah.[559] Der Punkt 4 dieses Merkblattes traf schließlich im Prinzip auf die baltendeutschen Patienten in toto zu, gehörten doch auch die Patienten, die nicht die deutsche Staatsbürgerschaft besaßen, zum Kreis der zu meldenden Anstaltsinsassen.[560] De jure bekamen die baltendeutschen Patienten die deutsche Staatsbürgerschaft nämlich nicht verliehen, hatten allerdings mit dem Verlassen Lettlands und Estland zugleich ihre bisherige abgegeben, sodass sie staatenlos waren.[561] Wie von höchster Umsiedlungsinstanz - dem RKF - am 22. Februar 1940 en passant mitgeteilt wurde, sei in diesem Punkt auch keine Änderung zu erwarten, mit den Worten des RKF: „Ebenso ist es nicht beabsichtigt, ihnen die Reichsangehörigkeit zu verleihen.“[562] Diese unmissverständliche, auf „Anfrage“ der Auslandsabteilung der RÄK, getroffene Entscheidung wurde den Anstalten in Arnsdorf und Meseritz am 27. Februar 1940 durch Zietz mitgeteilt. Die Anstalten konnten dies vor dem Hintergrund der Meldebogenerfassung geradezu als Aufforderung, die baltendeutschen Patienten in die Erfassung einzubeziehen, verstehen. Ein direkter Bezug auf die Meldebogenerfassung fehlt jedoch, wobei allerdings nicht auszuschließen ist, dass sich die Anstalten in dieser Frage an die zentrale Anlaufstelle für volksdeutsche Patienten - also an Zietz - gewandt hatten, handelte es sich bei dem Erlass des RMdI vom 9. Oktober 1939 formal doch um eine allgemeine Anweisung und keine „Geheime Reichssache“.

Zusammenfassend lässt sich feststellen, dass die baltendeutschen Patienten höchstwahrscheinlich ebenso wie die übrigen Arnsdorfer Patienten in Meldebögen der „T4“ erfasst wurden, durch ihre Verlegung nach Tiegenhof allerdings in der überwiegenden Zahl vorerst einem Abtransport in eine „T4“-Tötungsanstalt entkamen. Eben diese Verlegung spricht im Übrigen gegen die These, die Baltendeutschen könnten ganz gezielt in die Landesanstalt Arnsdorf gebracht worden sein, um sie in die „Aktion T4“ einzubeziehen. Zudem hätte eine solche Einbeziehung zum einen in jeder anderen von der Meldebogenerfassung betroffenen Anstalt des Reiches erfolgen können, denn der besondere Status „Zwischenanstalt“ wurde Arnsdorf frühestens Ende Mai 1940 zugewiesen.[563]

558 Eintrag in der Krankengeschichte von Hilda F. der Heilanstalt Arnsdorf (ThSt Gotha, Landesheilanstalt Mühlhausen, Patientenakte Hilda F., unpag.).

559 Merkblatt zur Ausfüllung der Meldebögen (HessHStA, Abt. 631a/1281, Bl. 438).

560 Vgl. ebd.

561 In den meisten Fällen findet sich auch kein EWZ-Vorgang, was darauf schließen lässt, dass kein Einbürgerungsantrag vorlag und somit auch keine Einbürgerung erfolgte. Auch in den wenigen erhaltenen Patientenakten finden sich keinerlei Hinweise auf etwaige Einbürgerungen.

562 Zietz, Auslandsabteilung der RÄK, an Landesanstalten Arnsdorf und Meseritz-Obrawalde vom 27.2.1940 (zur Kenntnis an Schlau/Posen) (APP, Vomi, 123, Bl. 75).

563 Das System der Zwischenanstalten wurde wahrscheinlich erst im Sommer 1940, also weit nach dem Eintreffen der Baltendeutschen in Arnsdorf, installiert. In Arnsdorf trafen erst ab Juli 1940 auffallend häufig Transporte aus anderen sächsischen Einrichtungen ein, die als „Durchgangstransporte“ klassifiziert werden können. Ein Transport

Zum anderen hätte ein derart gezieltes Vorgehen bedeutet, dass die RÄK bereits im November/Dezember 1939, während sie den Transport vorbereitete, von den Planungen für die „Aktion T4“ Kenntnis gehabt und aktiv mit der „T4“ zusammengearbeitet hätte, zu einem Zeitpunkt also, zu dem der Standort Sonnenstein für die „T4“ überhaupt noch keine Rolle spielte.[564] Hinweise auf eine solche Zusammenarbeit, die eher unwahrscheinlich ist, gibt es bisher keine.

Im Falle der nach Meseritz verlegten baltendeutschen Patienten, denen bald weitere Einzeleinweisungen folgten, lässt sich noch weniger ein direkter Zusammenhang zwischen der „Aktion T4“ und der dortigen Einweisung baltendeutscher Patienten erkennen. Die Erfassung der Patienten durch die Meldebögen erfolgte dort erst Anfang 1941.[565] „T4“-Transporte lassen sich erst im Juni 1941 nachweisen.[566]

Die Unterbringung der Baltendeutschen sowohl in Meseritz-Obrawalde als auch in Arnsdorf zielte also mit an Sicherheit grenzender Wahrscheinlichkeit nicht auf eine Einbeziehung der baltendeutschen Patienten in die „Aktion T4“. Sie dürfte vielmehr pragmatischen Ursachen geschuldet gewesen sein: der Zahl verfügbarer Betten oder dem „Entgegenkommen“ der Anstaltsdezernenten bzw. Anstaltsdirektoren. Diese Aspekte spielten in veränderter Form auch bei der Weiterverlegung der baltendeutschen Patienten in den Warthegau eine nicht unerhebliche Rolle.

Die Entscheidung, die baltendeutschen Patienten in den Warthegau zu verlegen, dürfte dabei vor allem von zwei Entwicklungen zu Beginn des Jahres 1940 beeinflusst worden sein. Erstens ergaben sich in den bisherigen Anstalten zunehmend Kapazitätsprobleme – in Meseritz-Obrawalde durch die Aufnahme pommerscher Patienten, die den Krankenmorden entgangen waren,[567] in Arnsdorf

aus Chemnitz-Altendorf, der bereits Ende Mai 1940 nach Arnsdorf gelangte, erfolgte vor dem Hintergrund der Auflösung der Anstalt in Chemnitz. Allerdings waren die Meldebögen schon zuvor in Chemnitz ausgefüllt und an die „T4“ gesandt worden, es wäre also möglich, dass es sich hier um den ersten „Durchgangstransport“ handelte und Arnsdorf bereits zu diesem Zeitpunkt als Zwischenanstalt fungierte. Die Baltendeutschen hatten zu diesem Zeitpunkt Arnsdorf aber bereits verlassen. Zu den Verlegungen vgl. Jahresbericht der Landesanstalt Arnsdorf für das Jahr 1940, S. 6 (Archiv der Gedenkstätte Pirna-Sonnenstein); sowie Schilter, Unmenschliches Ermessen, S. 255. Zu Chemnitz-Altendorf vgl. Böhm, Im Sammeltransport verlegt, S. 50 und Susanne Möckel, Die Geschichte der Landesanstalt Chemnitz-Altendorf und deren Beitrag zur Betreuung psychisch Kranker und geistig Behinderter, Diss. med., Leipzig 1996.

564 Der Standort Pirna-Sonnenstein wurde von der „T4“ erst Anfang 1940, nachdem zunächst Hubertusburg anvisiert worden war, ausgewählt. Noch 1939 waren lediglich zwei Standorte bestimmt worden: Grafeneck und Brandenburg. Vgl. Schilter, Unmenschliches Ermessen, S. 67 f.; Stöckle, Grafeneck und Ley, Beginn der NS-Krankenmorde.

565 Vgl. Beddies, Meseritz-Obrawalde, S. 246–248.

566 Vgl. ebd.; sowie Transportkalendarium Pirna-Sonnenstein (Archiv der Gedenkstätte Pirna-Sonnenstein).

567 Die Patienten der aufzulösenden Anstalten wurden nicht alle unterschiedslos ermordet. Vielmehr fand hier eine Selektion statt. Arbeitsfähige und als „heilbar“ eingestufte Patienten wurden in der Regel nicht getötet, sondern in die noch verbliebenen pommerschen Anstalten, darunter Meseritz-Obrawalde verlegt. Vgl. Beddies, Meseritz-Obrawalde, S. 246.

durch die Einrichtung und Erweiterung des Reservelazaretts - denen die Anstalten, namentlich Arnsdorf, mit Weiterverlegungen von Patienten entgegenzuwirken versuchten.[568] Zweitens schritt die Ansiedlung der („gesunden“) Baltendeutschen deutlich voran und mit den Bemühungen, die alten und gebrechlichen Baltendeutschen in Heimen und Pflegeeinrichtungen der Ansiedlungsgebiete unterzubringen, wurde quasi ein Präzedenzfall zur Unterbringung der Anstaltspatienten geschaffen. Zumindest auf baltendeutscher Seite ging man bereits Ende Januar 1940 fest davon aus, dass die baltendeutschen „Geisteskranken“ zukünftig in Anstalten des Warthegaus untergebracht und dort „voraussichtlich“ von baltendeutschen Psychiatern betreut werden würden.[569] Einer dieser Psychiater war Ernst Hollander, der den „Geisteskrankentransport“ nach Arnsdorf begleitet hatte und dort seiner Übersiedlung in den Warthegau harrte. Diese sollte sich jedoch noch hinauszögern, da nach Angaben Hermann Schlaus, der in Posen mit der Arbeitsvermittlung der baltendeutschen Ärzte befasst war, bislang „noch nicht bekannt [sei], welche von den bestehenden Irrenanstalten im Warthegau im Betriebe bleiben w[ü]rden, welche davon als Asyle für polnische Irre und welche schliesslich [sic!] zur Aufnahme unserer eigenen Geisteskranken vorgesehen“ seien.[570] Etwa einen Monat später, Ende Februar 1940, hatte sich Zietz in diese Frage eingeschaltet und mit Hollander persönlich gesprochen. Allerdings sah auch Zietz zu diesem Zeitpunkt für ihn „keine Möglichkeit eines Einsatzes im Warthegau, da es dort noch keine entsprechende Anstalt [gebe] und vorläufig auch nicht abzusehen [sei], wann eine solche eingerichtet“ werden würde.[571] Hollander sollte deshalb „für eine zunächst noch nicht feststehende Zeit in den Betrieb der Landesanstalt Arnsdorf“ eingebunden werden, das heißt vom Sächsischen Innenministerium formal als Abteilungsarzt in den Anstaltsdienst übernommen werden.[572] Eine Übersiedlung der baltendeutschen Patienten in den Warthegau war demnach zwar bereits Anfang des Jahres 1940 im Gespräch, an eine Realisierung des Vorhabens war angesichts der unklaren Zukunft des Anstaltswesens im Warthegau aber nicht zu denken.

Wie sah die Situation im Warthegau aber nun genau aus? Welche Anstalten kamen überhaupt für die Aufnahme der Baltendeutschen und weiterer Volksdeutscher in Frage?

568 Im Jahresbericht der Anstalt Arnsdorf für das Jahr 1940 ist der Transport der Baltendeutschen nach Tiegenhof zusammen mit anderen Transporten in sächsische Anstalten aufgeführt. Begründet wurden diese Verlegungen wie folgt: „Infolge Errichtung eines Reservelazaretts in der Landesanstalt Arnsdorf mussten eine Anzahl Häuser für diesen Zweck freigemacht werden. Die Kranken wurden nach anderen Anstalten verlegt.“ Es ist an dieser Stelle hervorzuheben, dass es sich bei diesen Transporten, die bis zum Mai 1940 aus Arnsdorf abgingen, definitiv nicht um „T4“-Transporte handelte. Diese setzten erst im Juli 1940 ein. Vgl. Jahresbericht der Landesanstalt Arnsdorf für das Jahr 1940, S. 7 (Archiv der Gedenkstätte Pirna-Sonnenstein).

569 Vgl. Schlau an Hollander vom 30.1.1940 (APP, Vomi 125, Bl. 146).

570 Ebd.

571 Zietz an Landesanstalt Arnsdorf vom 23.2.1940, zur Kenntnisnahme für Schlau (APP, Vomi, 125, Bl. 141).

572 Ebd.

Im sogenannten „Warthegau“, der im Oktober 1939 zunächst als „Reichsgau Posen“ dem Reichsgebiet einverleibt worden war,[573] existierten insgesamt sechs große psychiatrische Heilanstalten, und zwar in Kosten/Koscian, Gasten/Gostynin bei Kutno, Kochanowka bei Lodz, Treskau/Owinsk, Warta sowie Tiegenhof/Dziekanka. Psychisch kranke Patienten waren außerdem noch in einigen kleineren Heimen in Gostynin, Tonndorf, Lodz und der „Anstalt für Schwachsinnige und Geisteskranke“ in Pabianice, die sich in Trägerschaft örtlicher oder konfessioneller Wohlfahrtsvereine, der Städte oder Privatpersonen befanden, untergebracht.[574] Die (großen) Heilanstalten gingen, sofern sie nicht zweckentfremdet wurden, mit der Installierung der Behörde des Reichsstatthalters bzw. der Gauselbstverwaltung in Posen in den Aufgabenbereich dieser Sonderbehörden über. Die Behörde des Reichsstatthalters, die zur „eigentlichen Zentrale der Verwaltung“ wurde,[575] insbesondere die dort neu gebildete Abteilung II „Gesundheitswesen und Volkspflege“, übte die Dienstaufsicht über die Heilanstalten aus.[576] Die Gauselbstverwaltung, genau genommen eine Einrichtung der NSDAP, war mit allen praktischen Fragen der Anstaltspflege befasst.[577] Zur Umsetzung dieser ihr zugewiesenen Aufgabe wurde vermutlich bereits 1939 auch dort eine eigenständige Gesundheitsabteilung, die Abteilung II „Gesundheitswesen und Leibesübungen“,[578] installiert. Um die Arbeit dieser beiden

573 Vgl. dazu Alexander Kranz, Reichsstatthalter Arthur Greiser und die „Zivilverwaltung“ im Wartheland 1939/40. Die Bevölkerungspolitik in der ersten Phase der deutschen Besatzungsherrschaft in Polen, Potsdam 2010.

574 Vgl. zum Beispiel Liste der z. Zt. im Regierungsbezirk Litzmannstadt bestehenden Heil- und Pflegeanstalten (Juni 1940) (APŁ, Akt Rejencji Łodzkiej, 625, Bl. 24); Landrat von Lask, an Regierungspräsidenten in Kalisch, betr. Heil- und Pflegeanstalten vom 11.3. 1940 (ebd., Bl. 9); sowie Liste der deutschen Anstalten für Geisteskranke und Schwachsinnige per 31.8.1941 (NARA II, RG-338, T-1021, r. 11, Bl. 125291-125334, hier 12532, 125326).

575 Vgl. Vossen, Gesundheitsdienst im Reichsgau Wartheland, S. 240.

576 Vgl. Zuständigkeitsverteilung zwischen dem Reichsstatthalter und dem Regierungspräsidenten vom 29.2.1940 (APP, RStH Posen, 1859, Bl. 1). Der Reichsstatthalter hatte demnach die „Dienstaufsicht über die provinzial Kranken-, Heil- und Pflegeanstalten“, der Regierungspräsident über „die (übrigen) Kranken-, Heil- und Pflegeanstalten, deren Träger nicht der Gaukom.vbd. ist, und die nicht Universitätsinstitute sind.“

577 Die Gauselbstverwaltung unterstand dem Gauhauptmann Robert Schulz und sollte gaueigene Verwaltungsaufgaben übernehmen. Ihre Weisungen erhielt sie vom Reichsstatthalter und Gauleiter Greiser, zu dessen „willfährigem Instrument“ sie laut Alberti schon bald wurde. Eine eigenständige Behörde war sie erst seit dem 29.5.1940. Vgl. Alberti, Wartheland, S. 332 f.

578 In einem vorläufigen Organisationsplan der Gauselbstverwaltung des Reichsgaues Wartheland vom Oktober 1940 ist zunächst die Abteilung III die Abteilung, die sich mit Fragen des „Gesundheitswesens und Leibesübungen“ befassen sollte. Infolge der „3. Verordnung zur Durchführung des Erlasses des Führers und Reichskanzlers über die Gliederung und Verwaltung der Ostgebiete“ vom 26. August 1940 erfolgte eine „Umorganisierung“ (Gundermann) der Gauselbstverwaltung. Mit Wirkung vom 1. Februar 1941 wurde aus der vormaligen Abteilung III (Gesundheitswesen und Leibesübungen) nun die Abteilung II. Abteilung III war nun die ehemalige Abteilung II (Öffentliche Fürsorge, Jugendwohlfahrt und Jugendpflege). Auf personeller Ebene hatten keine Veränderungen stattgefunden: die Abteilung „Gesundheitswesen und Leibesübungen“

Abteilungen zu synchronisieren und damit letztlich auch parteieigene und staatliche Dienststellen zu verschmelzen und dem vielfach auftretenden Dualismus vorzubeugen, sollte ein „leitender Medizinalbeamter“ in Personalunion sowohl der Gesundheitsabteilung beim Reichsstatthalter als auch der Gesundheitsabteilung der Gauselbstverwaltung vorstehen.[579] Im Sommer 1940 übernahm Oskar Gundermann diese Funktion.[580] Sein Stellvertreter in der Gesundheitsabteilung der Gauselbstverwaltung wurde Hans Friemert,[581] der bereits seit Dezember 1939 im Dienst der Gauselbstverwaltung Posen stand.[582] Als Dezernent oblag ihm dort die Verwaltung der Heilanstalten, die „außerordentliche Fürsorge des Gaufürsorgeverbandes“, worunter auch die „Fürsorge für Geisteskranke“ oder die „Pflegekosteneinziehung für Geisteskranke und Krüppel“ fielen, das Hebammenwesen, die „Erbbiologische Bestandsaufnahme“ und nicht zuletzt unterstand ihm auch die „Zentrale für Krankenverlegungen“, die im Kontext der Krankenmorde im Warthegau eine besondere Rolle spielen sollte.[583] Allein die Aufreihung dieser Aufgabenfelder, die sich für Friemert innerhalb der Gauselbstverwaltung ergaben, macht deutlich, dass sich hier eine zentrale gesundheitspolitische Schaltstelle befand.

Als Friemert im Dezember 1939 in Posen eintraf und die Gesundheitsabteilung bei der Gauselbstverwaltung ihre Arbeit aufnahm, war im Falle einer

wurde von Oskar Gundermann geleitet, die Abteilung „Öffentliche Fürsorge“ von Werner Ventzki (1906–2004). Vgl. Abt. I der Gauselbstverwaltung in Posen an Abteilung II, betr. Änderung des Organisationsplans der Gauselbstverwaltung vom 10. 1. 1940 (recte: 1941) (StA Hamburg, 213–12, Staatsanwaltschaft Landgericht/Nationalsozialistische Gewaltverbrechen, Nr. 13, Band 73, Bl. 37 f.). Vgl. weiter vorläufiger Organisationsplan der Gauselbstverwaltung des Reichsgaues Wartheland, Stand Oktober 1940 (NdsHStA Hannover, Nds. 721, Hildesheim, Acc. 48/88, Nr. 20/2, Bl. 131–133); Organisationsplan der Gauselbstverwaltung des Reichsgaues Wartheland, Stand Februar 1941 (ebd., Bl. 134–136); Geschäftsverteilungsplan der Abteilung II vom 29. 5. 1942 (ebd., Nr. 20/18, Bl. 324–328); sowie Aussage Oskar Gundermanns vom 18. 3. 1963 (ebd., Nr. 20/1, unpag.). Siehe auch Anhang.

579 Vgl. „Die Aufgaben des leitenden Medizinalbeamten beim Reichsstatthalter im Warthegau“, o. D. (1940) (APP, RStH, 1859, Bl. 2–25, hier 2–4). Zur Einsetzung Gundermanns vgl. auch Johannes Vossen, Gesundheitspolitik als Teil der „Volkstumspolitik“. Der öffentliche Gesundheitsdienst im „Reichsgau Wartheland, 1939–1945, unveröffentlichter Bericht für die Fritz Thyssen-Stiftung vom November 2005, S. 7–9. Für die Zurverfügungstellung danke ich Dr. Johannes Vossen.

580 Oskar Gundermann (1894–1968) hatte zuvor als Amtsarzt in Naumburg a. d. Saale praktiziert und sich dort als Gauhauptstellenleiter der Hauptstelle „Volksgesundheit“ stark innerhalb der NSDAP und der NSV engagiert. Im Herbst 1939 wurde er zum Aufbau des Gesundheitswesens in die „neuen Ostgebiete“ abgeordnet. Er wurde kurzzeitig zunächst in Plock, später in Kalisch tätig, bevor er im Juni 1940 die Leitung der Abteilung „Gesundheitswesen“ beim Reichsstatthalter/Gauselbstverwaltung übertragen bekam. Vgl. Vossen, Gesundheitspolitik und Volkstumspolitik, S. 7–9.

581 Zu Friemert vgl. Anm. 526.

582 Vgl. Vernehmung Hans Friemert am 28. 8. 1962 (NdsHStA Hannover, Nds. 721, Hildesheim, Acc. 48/88, Nr. 20/1, unpag.).

583 Vgl. Geschäftsverteilungsplan der Abteilung II der Gauselbstverwaltung vom 15. 10. 1941 (NdsHStA Hannover, Nds. 721, Hildesheim, Acc. 48/88, Nr. 20/18, Bl. 329 f.); sowie Vorläufiger Organisationsplan der Gauselbstverwaltung des Reichsgaues Wartheland vom Oktober 1940 (ebd., Nr. 20/2, Bl. 131–133).

Heilanstalt - der in Owinsk - allerdings bereits ein fait accompli geschaffen. Nahezu alle der bis dato dort untergebrachten 900 Patienten waren im November 1939 von der Totenkopfstandarte 12 erschossen oder im Fort VII im Rahmen der ersten Massenvergasungen ermordet worden. Die deutschen Patienten, etwas mehr als 100, waren Anfang Dezember 1939 nach Tiegenhof verlegt, das Personal zum überwiegenden Teil bereits entlassen worden; die Übergabe der Anstalt an die SS stand unmittelbar bevor, kurzum: Die Heilanstalt war aufgelöst worden.[584] Ganz ohne das Wissen der Gesundheitsverwaltung bzw. deren institutionell noch nicht ausgeformter Vorgängereinrichtung innerhalb der Militärverwaltung geschah dies allerdings nicht. Zum einen war wahrscheinlich schon Ende September 1939 ein deutscher Direktor in Owinsk eingesetzt worden, und zum anderen hatte etwa Mitte Oktober 1939 der Provinzialobermedizinalrat Johannes Banse[585] die Anstalt inspiziert.[586] fungierte zu diesem Zeitpunkt zwar offiziell noch als Direktor der Anstalt Ueckermünde in Pommern, dürfte hier aber als Beauftragter der in Entstehung befindlichen Gauselbstverwaltung aufgetreten sein.[587] Der Rückgriff auf Personal aus Pommern war in dieser Aufbauphase sowohl in den Verwaltungsebenen als auch in den Anstalten durchaus keine Ausnahme, sondern vielmehr gängige Praxis. Sowohl der Gauhauptmann Robert Schulz[588] als auch Friemert waren zuvor in

584 Vgl. dazu Rieß, Anfänge der Vernichtung, S. 247-271; Polnische Gesellschaft für Psychiatrie, Ermordung der Geisteskranken in Polen, S. 76-84; sowie Nasierowski, Zagłada osób, S. 76-87. In Tiegenhof wurden am 7.12.1939 insgesamt 118 (volks-)deutsche Patienten aufgenommen. Vgl. Aufnahmebuch der Heilanstalt Tiegenhof 1934-1940 (Krankenhausarchiv Tiegenhof).

585 Johannes Banse (1881-1968) war 1938 Direktor der Heilanstalt Ueckermünde geworden. Dieses Amt bekleidete er bis zum April 1940. Anschließend war er bis Ende 1941 Direktor der Heilanstalt Meseritz-Obrawalde. Nach 1945 praktizierte er als Kurarzt in Bad Wilsnack. Vgl. Bernhardt, Anstaltspsychiatrie, S. 133 f.; Klee, „Euthanasie" im Dritten Reich, S. 545; sowie Beddies, Meseritz-Obrawalde, S. 521.

586 Vgl. Rieß, Anfänge der Vernichtung, S. 250.

587 Der Zeuge Pawel S. erinnerte sich in Bezug auf den Besuch Banses in Tiegenhof, der vom 18.-21.10.1939, also im Anschluss an den Aufenthalt Banses in Owinsk stattfand, dass Banse „im Auftrag des Gauhauptmanns das Krankenhaus visitierte". Der zwar erst im April 1940 offiziell zum Gauhauptmann ernannte Robert Schulz befand sich spätestens seit Oktober 1939 in Posen und war dort mit dem Aufbau der Gauselbstverwaltung befasst. Vgl. Übersetzung der Vernehmung des Zeugen Pawel S. am 28.6.1971 (NdsHStA Hannover, Nds. 721, Hildesheim, Acc. 48/88, Nr. 20/7, Bl. 129-134, hier 130).

588 Robert Schulz (1900-1974) war bereits 1922 in die NSDAP und die SA eingetreten. 1925 folgte der Eintritt in die SS. Seit 1925 beteiligte er sich maßgeblich am Aufbau der NSDAP in Mecklenburg, wurde dort Gaugeschäftsführer und stellvertretender Gauleiter. Ab 1927 baute er die NSDAP, später auch die SS im Gau Pommern auf. Ab 1934 war er Führer des SD-Abschnittes Pommern. 1936-1940 fungierte er als Landeshauptmann der Provinz Pommern, anschließend als Landeshauptmann des Warthegaus. Nach 1945 wurde gegen ihn im Zusammenhang mit den Krankenmorden im Warthegau ermittelt. Schulz verstarb jedoch noch vor der Eröffnung des Verfahrens. Vgl. Eckhard Hansen, Wohlfahrtspolitik im NS-Staat. Motivationen, Konflikte und Machtstrukturen im „Sozialismus der Tat" des Dritten Reiches, Augsburg 1991, S. 456 f.

Pommern tätig gewesen. Anders als diese wurde Banse aber nicht dauerhaft in den Dienst der Gauselbstverwaltung übernommen, sondern blieb offiziell Direktor der Heilanstalt Ueckermünde, bevor er im April 1940 den Direktorenposten in Meseritz-Obrawalde übernahm. In welcher Funktion er 1939 im Warthegau sein Anstaltsinspektionen, die sich nicht auf Owinsk beschränkten, durchführte, lässt sich aus den Quellen nicht ableiten. Seine Berichte lieferten aber eine wesentliche Planungsgrundlage für die zukünftige Gestaltung der psychiatrischen Landschaft im Warthegau. Zwei dieser Berichte sind erhalten geblieben. Sie dokumentieren die Besuche Banses in den Anstalten Kosten und Tiegenhof.

In Kosten hielt er sich zusammen mit dem „Bürodirektor Keste" bereits vom 3. bis zum 6. Oktober 1939 auf, in Tiegenhof vom 18. bis zum 21. Oktober 1939.[589] Ziel dieser Inspektionen war offensichtlich eine erste Bestandsaufnahme. Banse verschaffte sich einen recht genauen Überblick über die baulichen Gegebenheiten, die Ausstattung der Einrichtungen, therapeutische Möglichkeiten, die Personalsituation und über die Zahl der in den Anstalten selbst, in Außenstellen sowie in der Familienpflege untergebrachten Patienten. Seinen Erhebungen zufolge befanden sich zu diesem Zeitpunkt in Kosten 431 und in Tiegenhof 1136 Patienten. Banse beließ es jedoch nicht bei einer zahlenmäßigen Aufstellung der Patienten, sondern erfasste diese auch hinsichtlich ihrer Herkunft, Nationalität und Religion. Der Fokus lag hier eindeutig auf der Erfassung der jüdischen und der volksdeutschen Patienten - ein mitunter schwieriges Unterfangen, da beispielsweise in Kosten die Volksdeutschen in „den Hauptbüchern nicht gekennzeichnet" waren.[590] Banse stützte sich schließlich auf die Religionszugehörigkeit, und zwar die evangelische, die als Indikator für die deutsche Herkunft diente, ein Vorgehen, welches auch im Rahmen der „Durchschleusung" durch die EWZ Anwendung finden sollte. Die Zahl der so ermittelten volksdeutschen Patienten war jedoch gering, nicht zuletzt deshalb, weil nach Angaben des Personals volksdeutsche Patienten „früher" in der Regel nach Owinsk gebracht worden seien.[591] Auch „jüdische Patienten seien [...] angeblich stets nach Dziekanka [Tiegenhof] gebracht worden".[592] Dort befanden sich zum Zeitpunkt der Erfassung durch Banse insgesamt 160 jüdische Patienten und 93 Volksdeutsche.[593] Vermutlich wurden diese ebenso wie alle übrigen Patienten von Banse noch nicht namentlich erfasst, sondern erst durch die von der Gauselbstverwaltung im Oktober 1939 neu eingesetzten Direktoren,

589 Vgl. Bericht über die Besichtigung der Provinzial-Irrenanstalt Kosten vom 4.10.1939 (APP, GSV, 98, Bl. 14-19); sowie Bericht über die Besichtigung der Landes-Heilanstalt in Dziekanka vom 25.10.1939 (ebd., GSV, 97, Bl. 29-31).

590 Bericht über die Besichtigung der Provinzial-Irrenanstalt Kosten vom 4.10.1939 (APP, GSV, 98, Bl. 14-19, hier 18).

591 Ebd.

592 Ebd.

593 Bericht über die Besichtigung der Landes-Heilanstalt in Dziekanka vom 25.10.1939 (APP, GSV, 97, Bl. 29-31, hier 29).

Verwaltungsbeamten und Oberpfleger.[594] Diese leiteten nach Aussagen des Personals umgehend die Aufstellung spezieller Namenslisten in die Wege; in Tiegenhof erfolgte eine „Segregation der Kranken nach Nationalitäten".[595] Auf Grundlage dieser Listen begann im November 1939 zunächst die Ermordung der polnischen Patienten der Heilanstalt Owinsk durch eine Einsatzgruppe. Einige der Owinsker Patienten wurden Ende November aber auch im Rahmen der ersten Massenvergasungen im Fort VII in Posen, in einer speziell präparierten Kasematte der ehemaligen preußischen Befestigungsanlage, die gleichzeitig als Konzentrations- bzw. „Übergangslager" diente, ermordet.[596] Das gleiche Schicksal erlitten über 500 Patienten der Anstalt Dziekanka/Tiegenhof, die ab dem 7. Dezember 1939, wie es im Aufnahmebuch heißt, „evakuiert" wurden.[597] Noch während diese Morde in vollem Gange waren, traf am 20. Dezember 1939 in der Anstalt Dziekanka, die nun bereits unter dem Namen „Tiegenhof" firmierte, erneut eine Abordnung der Gauselbstverwaltung ein, diesmal unter Leitung Friemerts, dem seit Dezember 1939 die Aufsicht und Verwaltung der Heilanstalten des Warthegaus oblag. Ihn begleiteten drei Verwaltungsbeamte, die innerhalb der noch im Aufbau befindlichen Gauselbstverwaltung später wichtige Positionen übernehmen sollten, darunter der damals noch pommersche Landesrat Werner Neumann-Silkow.[598] Die Besichtigung sollte allerdings nur der „kurzen Orientierung über die Verhältnisse der Anstalt" dienen, über die aktuellen Vorgänge waren die Beteiligten bereits bestens informiert, spielte die Gauselbstverwaltung im Rahmen der frühen Krankenmorde im Warthegau, die bald auch die anderen Heilanstalten erfassten, doch eine maßgebliche, wenn auch vielleicht nicht initiative Rolle.[599]

594 Lediglich in Tiegenhof blieb der bisherige Direktor, der Volksdeutsche Viktor Ratka, in seiner Position.

595 Übersetzung der Vernehmung von Teofil S. am 22.5.1972 (BArch Ludwigsburg, B 162/18138, unpag.). Vgl. auch Übersetzung der Vernehmung von Kazimiera S. am 24.5.1972 (ebd., B 162/18114, unpag.). Vgl. weiter Übersetzung der Zeugenvernehmung von Szczepan B. (Kosten) am 17.10.1969 (BArch Ludwigsburg, AR-Z 19/99, Bl. 136–140); Übersetzung der Vernehmung von Wojciech C. (Tiegenhof) am 23.5.1972 (NdsHStA Hannover, Nds. 721, Hildesheim, Acc. 48/88, Nr. 20/7, Bl. 95–101, hier 96). Vgl. auch Rieß, Anfänge der Vernichtung.

596 Vgl. dazu ausführlich Rieß, Anfänge der Vernichtung, Kap. 6.

597 Vgl. Aufnahmebuch der Heilanstalt Tiegenhof 1934–1940 (Krankenhausarchiv Tiegenhof); sowie „Evakuierungsbuch" der Anstalt Tiegenhof (ebd.). In letzterem sind alle seit dem 7.12.1939 „evakuierten" Patienten, darunter auch die 1941 im Rahmen der „Aktion T4" nach Uchtspringe verlegten, namentlich mit Angabe des Transportdatums vermerkt.

598 Neumann-Silkow war später in der Abteilung I der Gauselbstverwaltung (finanzielle und wirtschaftliche Angelegenheiten) unter anderem für die Einstellung der Anstaltsärzte zuständig. Vgl. Organisationsplan der Gauselbstverwaltung des Reichsgaues Wartheland, Stand Februar 1941 (NdsHStA Hannover, Nds. 721, Hildesheim, Acc. 48/88, Nr. 20/2, Bl. 134–136); sowie Anklageschrift der Staatsanwaltschaft Hamburg gegen Lensch und Struve vom 24.4.1973 (IfZ München, Gh 02.58, S. 357).

599 Die Gauselbstverwaltung war insbesondere mit der Abwicklung der Morde befasst und hatte dazu innerhalb der Abteilung II die „Zentrale für Krankenverlegung" eingerichtet, die Friemert unterstand und von Otto Fischer geleitet wurde. Diese teilte den Angehö-

Diese Involvierung der Gauselbstverwaltung und des Gauhauptmanns Schulz in die Krankenmorde geht deutlich aus dem „Vermerk über die Besichtigung der Heilanstalt Tiegenhof bei Gnesen am 20. Dezember 1939“, der im Nachgang verfasst wurde, hervor.[600] Dort heißt es:

„In der Landesheilanstalt Tiegenhof befinden sich zur Zeit noch 346 männliche und 295 weibliche Kranke, insgesamt 641 Geisteskranke. Mehrere Abteilungen waren am Tage der Besichtigung bereits gänzlich geräumt und wurden gesäubert. Die leeren Abteilungen werden zum Zwecke der Instandhaltung ein- bis zweimal in der Woche durchgeheizt. [...]
Von den vorhandenen 53 Pflegern und 42 Pflegerinnen können nach Beendigung der Evakuierung, die wahrscheinlich Ende Januar 1940 abgeschlossen sein wird, die Hälfte entlassen werden, ohne dass dadurch der Betrieb leidet. Zur Aufrechterhaltung der wirtschaftlichen laufenden Arbeiten hat sich auch in erneuter Rücksprache mit dem Direktor Ratka als zweckmäßig erwiesen, etwa 10 polnische Geisteskranke (etwa 5 männliche und 5 weibliche), die als besonders gute und geeignete Arbeitskräfte geschildert werden, von der Evakuierung vorläufig auszunehmen. In diesem Sinne war durch den Herrn Landeshauptmann auch bereits, und zwar sogar wegen einer Zahl von insgesamt 20 Geisteskranken, auf den Bericht des Obermedizinalrates Dr. Banse vom 16. Dezember 1939 entschieden worden. Dem Landeshauptmann ist davon berichtet worden, dass sich nach der erneuten Rücksprache die Notwendigkeit auf insgesamt 10 Kranke verringert hat, was seine Billigung gefunden hat.“[601]

Ratka wird später behaupten, es sei ihm leider nur gelungen „25 [s]einer Patienten für den Arbeitseinsatz in der Anstalt zurückzubehalten“ - in Wirklichkeit hatte er die Zahl der von der Vernichtung „vorläufig auszunehmen[den]“ Patienten noch von 20 auf 10 herabgesetzt.[602] Allen Beteiligten war zu diesem

rigen auf Anfrage mit, dass der Patient verlegt worden und später verstorben sei. Eine fingierte Todesurkunde wurde übersandt und eine fiktive Grabstelle mitgeteilt. Ein solche war unter anderem auch der Friedhof der Heilanstalt Tiegenhof. Dem „Gräberverzeichnis“ der Anstalt ist zu entnehmen, dass über 1 500 Patienten dort eine fiktive Grabstelle zugewiesen bekamen. Dazu teilte die Posener Zentralstelle für Krankenverlegung der Anstalt Tiegenhof, und zwar dem Pflegevorsteher Heinrich Jobst, die Namen, das Todesdatum und die fiktiven Grabnummern mit, die dieser in das Gräberverzeichnis eintrug. Vgl. Gräberverzeichnis (Krankenhausarchiv Tiegenhof); streng vertrauliches Schreiben der Zentralstelle für Krankenverlegung an Jobst, Anstalt Tiegenhof, vom 2.2.1943 (ebd., Ausstellungsexponat); sowie Geschäftsverteilungsplan der Abteilung II der Gauselbstverwaltung vom 15.10.1941 (NdsHStA Hannover, Nds. 721, Hildesheim, Acc. 48/88, Nr. 20/18, Bl. 329 f.). Vgl. auch Jan Gallus, Dziekanka in den Jahren 1939-45. Ein Bild ihres Anteils und ihrer Rolle in der Vernichtung von geisteskranken Polen (Übersetzung aus dem Polnischen) (BArch Ludwigsburg, B 162/25598, Bl. 30-52).

600 Vgl. Vermerk über die Besichtigung der Heilanstalt Tiegenhof bei Gnesen am 20. Dezember 1939 vom 22.12.1939 (APP, GSV, 97, Bl. 61-64).

601 Ebd., hier auszugsweise zitiert Bl. 61, 62 und 63.

602 Vgl. Vernehmung von Viktor Ratka am 24./25.8.1961 (HessHStA, Abt. 631a/1475, Bl. 1-12, hier 4). Gegen Ratka wurde von der Staatsanwaltschaft Freiburg ein Ermittlungsverfahren eingeleitet, nachdem bereits zuvor von der Generalstaatsanwaltschaft beim Landgericht Berlin Voruntersuchungen angestrengt worden waren. Es wurde 1963 mangels Beweisen eingestellt. 1967 verstarb Ratka. 1974 nahm die Staatsanwaltschaft Hildesheim erneut Ermittlungen in Bezug auf die Krankenmorde im Warthegau und im Speziellen in Tiegenhof auf. Im Mittelpunkt standen nun Friemert und der Tiegenhofer Arzt Nikolajew. Beide verstarben 1975. 1978 wurden die Ermittlungen, nicht zuletzt auf-

Zeitpunkt klar, dass sich „nach Abschluss“ der euphemistisch als „Evakuierung“ bezeichneten Ermordung der Patienten, die bis „Ende Januar 1940 abgeschlossen sein“ sollte, tatsächlich zunächst nicht mehr als die zehn polnischen Patienten und einige der volksdeutschen Patienten aus Owinsk in der Anstalt befinden würden. Die Zahl letzterer hatte sich ebenfalls deutlich verringert, waren sie doch nicht - wie man angesichts der Verlegungen aus Owinsk hätte vermuten können - in Tiegenhof per se von den Morden ausgenommen gewesen. Vielmehr befanden sie sich zu einem nicht unbeträchtlichen Teil unter den im Januar 1940 vermutlich in einem Gaswagen von der SS ermordeten Patienten.[603] Es sind aber auch Fälle wie der von Marta V. bekannt. Sie lebte seit 1935 in der Heilanstalt Tiegenhof, fiel aber weder der ersten Mordaktion 1939/40 zum Opfer, noch wurde sie während der „Aktion T4“ verlegt. Sie kam auch nicht im Rahmen der später in Tiegenhof praktizierten „Medikamenteneuthanasie“ oder infolge des Hungersterbens ums Leben. Stattdessen wurde sie 1950 nach Deutschland in die Heilanstalt Wittstock „repatriiert“, wo sie 1985 fast

grund des Todes weiterer Beschuldigter, endgültig eingestellt. Im Jahr 2000 nahm die Staatsanwaltschaft Hildesheim erneut Ermittlungen auf, die sich nun auf das „Sonderkommando Lange“ konzentrierten. Auch in Polen wurden von der Niederlassung des IPN in Poznan erneut Ermittlungen aufgenommen. Parallel zum ersten Verfahren der Staatsanwaltschaft Hildesheim nahm auch die Staatsanwaltschaft Hamburg Ermittlungen auf und erhob 1973 Anklage. Im Mittelpunkt standen hier jedoch die Verlegungen von Hamburger Patienten in verschiedene Anstalten der „dezentralen Euthanasie“, eine von ihnen war Tiegenhof. Darüber hinaus wurde auch vom Kreisgericht Wels/Österreich gegen Walter Kipper wegen des Verdachts auf „Kindestötungen in der ehemaligen Gau-Heil-Anstalt Tiegenhof“ ermittelt (HessHStA, Abt. 631a/1469; BArch Ludwigsburg, AR-Z 19/99; NdsHStA Hannover, Nds. 721, Hildesheim, Acc. 48/88, Nr. 20; sowie StA Hamburg, 213-12, Staatsanwaltschaft Landgericht/Nationalsozialistische Gewaltverbrechen, Nr. 13). Zu den Ermittlungen in Poznan vgl. Nasierowski, Zagłada osób, S. 60. Die Ermittlungsunterlagen zu Kipper befinden sich beim Landesgericht Wels, Aktenzeichen 10 Vr 971/66. Für die Zurverfügungstellung einer Kopie der Akte danke ich dem Präsidenten des Landesgerichtes Wels, Dr. Reiner Katzlberger.

603 Zeugenaussagen belegen, dass sich unter den Opfern auch (volks-)deutsche Patienten befanden, die angeblich wegen „Überbelegung, Schwachsinn oder körperlicher Gebrechen“ in die Mordaktion einbezogen wurden. Aus dem Aufnahmebuch geht zudem hervor, dass von den 118 am 7.12.1939 aus Owinsk nach Tiegenhof verlegten (volks-)deutschen Patienten 41 dieser ersten Mordaktion zum Opfer fielen, einige bereits noch im Dezember 1939. Ein Teil der verbliebenen Patienten wurde im Juli 1941 nach Uchtspringe verlegt (14). Die Mehrzahl verstarb jedoch bis 1945 in Tiegenhof, nur wenige wurden nach Hause entlassen, zwei wurden 1950 „repatriiert“, das heißt nach Deutschland überführt. Das Schicksal der bereits in Tiegenhof untergebrachten Volksdeutschen dürfte ähnlich gewesen sein, auch wenn hier quantitative Aussagen schwer möglich sind, da eine zweifelsfreie Identifikation der Volksdeutschen im bis 1940 geführten Aufnahmebuch schwierig ist. Einige der im Evakuierungsbuch vermerkten Namen deuten auf Volksdeutsche hin. Vgl. Aufnahmebuch der Heilanstalt Tiegenhof 1934-1940 (Krankenhausarchiv Tiegenhof); Evakuierungsbuch der Heilanstalt Tiegenhof (ebd.); Übersetzung der Vernehmung von Jozef C. am 3.4.1946 (BArch Ludwigsburg, B 162/18138, unpag.). Vgl. weiter und speziell zum Einsatz von Gaswagen, Rieß, Anfänge der Vernichtung, S. 321-323; Mathias Beer, Die Entwicklung der Gaswagen beim Mord an den Juden. In: VfZ, 35 (1987) 3, S. 403-417; sowie Günter Morsch/Bertrand Perz (Hg.), Neue Studien zu nationalsozialistischen Massentötungen durch Giftgas. Historische Bedeutung, technische Entwicklung, revisionistische Leugnung, Berlin 2011.

90-jährig verstarb.[604] Ohne Frage handelt es sich bei Marta V. jedoch um eine Ausnahme. Von den im Oktober 1939 in Tiegenhof untergebrachten 1136 Patienten und den im Dezember aus Owinsk verlegten 118 Volksdeutschen dürften sich Mitte Januar 1940 wohl insgesamt nicht viel mehr als 100 bis 150 Patienten noch in der Anstalt befunden haben, was in etwa einem Zehntel der ursprünglichen Belegung entsprach. Da Friemert und die ihn begleitenden Beamten bei ihrer Inspektion im Dezember 1939 jedoch in unverblümter Offenheit davon ausgingen, dass „eine völlige Säuberung der Anstalt von polnischen Geisteskranken zunächst [!] nicht erreicht werden“ könne, da nach wie vor „polnische Geisteskranke nach Tiegenhof eingeliefert“ würden, sollte die Anstalt offensichtlich vorerst in kleinerem Umfang weiter betrieben werden.[605] Tatsächlich weist das Aufnahmebuch für den Beginn des Jahres 1940 einige neue Patienten auf.[606] Der dauerhafte Fortbestand der Anstalt war damit jedoch keineswegs gesichert, zudem Teile der „geräumten“ Anstalt nun auch einer Fremdnutzung durch die SS - ähnlich wie in Owinsk - unterlagen.[607] Anfang 1940 war demzufolge noch nicht klar, welche Rolle die Einrichtung innerhalb des zukünftigen Anstaltswesens des Warthegaus spielen sollte, abgesehen davon, dass dieses als Ganzes vor einer grundlegenden Umstrukturierung stand.

Die Psychiatrie des Warthegaus erfuhr zu Beginn des Jahres 1940 eine weitere radikale, mörderische Veränderung. Die Mordaktionen und die damit verbundenen nahezu kompletten Räumungen ganzer Anstalten, die in Owinsk begonnen und im Dezember 1939 Tiegenhof erfasst hatten, blieben nämlich nicht auf diese beiden Anstalten beschränkt. Im Januar 1940 wurde die dritte von Banse inspizierte und anschließend mit deutschem Leitungspersonal versehene Anstalt in Kosten leergemordet, nachdem auch sie bereits teilweise zweckentfremdet worden war.[608] Wie auch in Tiegenhof wurden die Patienten in dem

604 Vgl. Aufnahmebuch der Heilanstalt Tiegenhof 1934–1940 (Krankenhausarchiv Tiegenhof); Liste der Akten, der am 22.3.1950 aus Tiegenhof und Warta nach Wittstock verlegten (volks)deutschen Patienten (Archiv der AWO Betreuungsdienste GmbH Wittstock; sowie Patientenakte von Marta V. (ebd., Akte Nr. 50). Für die Übersendung der Liste und das große Entgegenkommen bei der Akteneinsicht danke ich Walter Trost und Sven Leist von den AWO-Betreuungsdiensten Wittstock.

605 Vermerk über die Besichtigung der Heilanstalt Tiegenhof bei Gnesen am 20. Dezember 1939 vom 22.12.1939 (APP, GSV, 97, Bl. 61–64, hier 63).

606 Vgl. Aufnahmebuch der Heilanstalt Tiegenhof 1934–1940 (Krankenhausarchiv Tiegenhof).

607 Ende März 1940 befanden sich in Tiegenhof 92 SS-Männer, die an nicht näher benannten „SS-Kursen“ teilnahmen. Außerdem waren in einem Teilkomplex der Anstalt auch baltendeutsche Umsiedler untergebracht worden. Vgl. Friemert, Gauselbstverwaltung, an Reichsstatthalter, betr. Provinzial Heil- und Pflegeanstalten vom 27.3.1940 (APP, RStH, 2141, Bl. 31).

608 Bereits Anfang Oktober 1939 waren im sogenannten „Sanatorium“, einem Teilkomplex der Anstalt, etwa 350 „volksdeutsche Flüchtlinge“ aus Galizien untergebracht, die vor der einrückenden Roten Armee geflohen waren. Vgl. Bericht über die Besichtigung der Provinzial-Irrenanstalt Kosten vom 4.10.1939 (APP, GSV, 98, Bl. 14–19). Zur „Räumung“ vgl. Rieß, Anfänge der Vernichtung, S. 325–340; sowie Polnische Gesellschaft für Psychiatrie, Ermordung der Geisteskranken in Polen, S. 102–108.

zum „Gaswagen" umfunktionierten Kastenwagen, auf dem der berüchtigte Schriftzug „Kaiser's Kaffee Geschäft" prangte, abtransportiert. Etwa 20 Patienten volksdeutscher Abstammung wurden nach Tiegenhof verlegt.[609] Im März 1940 wurde die Anstalt bis auf einen Teilkomplex, der als Durchgangsanstalt für pommersche Patienten, die nach Neustadt/Westpreußen weiterverlegt und dort vom Sonderkommando Lange ermordet wurden, der Wehrmacht übergeben.[610]

Parallel dazu breiteten sich die Krankenmorde im Warthegau wie ein Flächenbrand nun auch über die noch verbliebenen und bis dato von der Gauselbstverwaltung relativ unbehelligt gelassenen Anstalten Gostynin, Kochanowka und Warta sowie die einzelnen städtischen und konfessionellen Einrichtungen aus.[611] Das Muster blieb stets ähnlich: Kommissionen der Gauselbstverwaltung bzw. örtliche Gesundheitsbeamte[612] visitierten die Einrichtungen, deutsches Personal wurde eingesetzt, die Erfassung der Patienten forciert und schließlich die als „Evakuierung" deklarierte Mordaktion von der SS durchgeführt. Wie auch im Falle Tiegenhofs und Kostens fielen die „evakuierten" Patienten dem Gaswagen des Sonderkommandos Lange zum Opfer. Anfang Februar 1940 wurde auf diese Weise ein Teil der Patienten der Anstalt Gostynin ermordet,[613] Mitte bzw. Ende März über 350 Patienten der Anstalt Kochanowka bei Lodz[614] und Anfang

609 Die Akte eines dieser Patienten, der später nach Hadamar verlegt wurde, ist noch erhalten. In ihr ist unter dem 19.1.1940 vermerkt: „Da die hiesige Anstalt aufgelöst wird, wurde Patient in die Landesheilanstalt Tiegenhof überwiesen." Am 22.1.1940 wurde er in Tiegenhof zusammen mit weiteren 23 Patienten, höchstwahrscheinlich alle aus Kosten, aufgenommen. Vgl. Krankengeschichte Josef B. (Krankenhausarchiv Tiegenhof, Krankenakte Josef B., Bl. 14) und Aufnahmeanzeige der Heilanstalt Tiegenhof vom 22.1.1940 (ebd., Bl. 23). Vgl. weiter Aufnahmebuch der Heilanstalt Tiegenhof 1934–1940 (ebd.).

610 Vgl. Rieß, Anfänge der Vernichtung, S. 325–340; sowie Polnische Gesellschaft für Psychiatrie, Ermordung der Geisteskranken in Polen, S. 102–108.

611 Betroffen waren zum Beispiel zwei Altersheime in Lodz, das Altersheim in Schrimm/Srem, das St. Josef-Stift in Storchennest/Osieczna und die Anstalt in Pabianice. Vgl. Rieß, Anfänge der Vernichtung, S. 343, Anm. 242 und S. 333. Vgl. auch Aufstellung der im Regierungsbezirk Posen bestehenden Heil- und Pflegeanstalten vom 5.1.1942 (einschließlich der fremdgenutzten Einrichtungen) (APP, RStH, 2141, Bl. 50 f.).

612 Im Falle der Anstalt Kochanowka, die in Trägerschaft der Stadt Lodz stand, führte der Leiter der Abteilung „Erb- und Rassepflege" beim städtischen Gesundheitsamt Lodz, Herbert Grohmann, die Selektionen durch. Vgl. dazu Vossen, Gesundheitsdienst im Reichsgau Wartheland, S. 251–253.

613 Vgl. Anna Kulikowska, Okupacyjne wspomnienia ze Szpitala Psychiatrycznego w Gostyninie. In: Przeglad Lekarski, 34 (1977) 1, S. 211–215. Vgl. auch Nasierowski, Zagłada osob, S. 99–103; sowie Polnische Gesellschaft für Psychiatrie, Ermordung der Geisteskranken in Polen, S. 134–139.

614 Vgl. dazu Polnische Gesellschaft für Psychiatrie, Ermordung der Geisteskranken in Polen, S. 114–119; sowie Tadeusz Wierzbicki, Dzieje panstwowego Szpitala dla nerwowo i psychicznie chorych im. Dr. med. Jozefa Babinskiego w Łodzi („Kochanowka") (Geschichte des staatlichen Krankenhauses für Psychiatrie und Nervenkrankheiten namens Dr. med. Jozef Babinski in Łodz [„Kochanowka"]) (USHMM, RG-15.042M, reel 70, unpag.); sowie Liste der 364 aus der Anstalt Kochanowka „evakuierten" Patienten (ebd., Kopien der Ermittlungsunterlagen des IPN, Außenstelle Łodz).

April 1940 etwa 500 Patienten der Anstalt Warta.[615] Es hieß, die Patienten seien „ins sogenannte Generalgouvernement“ gebracht worden, wobei sich die Angehörigen des Sonderkommandos wohl „keine Mühe“ gaben, „diese Behauptung glaubwürdig zu machen“.[616] Hans Hermann Renfranz, seit Anfang März 1940 Direktor der Anstalt Warta und an der Erstellung der Namenslisten beteiligt, erklärte später: „Ich erfuhr dann aber durch einen Angehörigen des Kommandos, dass die Kranken vergast worden waren. Ein Mann des Kommandos hatte mich nämlich als Arzt aufgesucht, weil er durchgedreht war. Er sagte mir, er höre ständig das Gas rauschen. Er sei nämlich der Mann, der den Gashebel auf und zu mache. Wo die Tötungen selbst erfolgt sind, weiß ich nicht. Die Zeit zwischen den einzelnen Fahrten des Kommandos reichte jedenfalls nicht für eine Reise ins Generalgouvernement.“[617]

Nachdem die Patienten - wie es Renfranz formulierte - „weg waren“, wurde in Warta ein „regulärer Anstaltsbetrieb“ aufgenommen.[618] Dies galt im gewissen Umfang auch für die Anstalt in Gostynin. Die Anstalt Kochanowka bei Lodz hingegen, wurde zum Robert-Koch-Krankenhaus, später Nord-West-Krankenhaus, umfunktioniert und verfügte nur noch über eine „Abteilung für Geisteskranke“.[619] Dabei war deren Weiternutzung als „Irrenanstalt“ im Februar 1940, also vor der Ermordung der Patienten, „wegen des starken Anfalls von Geisteskranken aus Lodsch“ als durchaus notwendig erachtet worden - genauso notwendig wie die der Anstalten Warta und Gostynin.[620] Diese Einschätzung spiegelte jedoch nur den Zwischenstand der noch vagen Planungen für eine Neustrukturierung des Anstaltswesens wider, die im Februar 1940 konkrete Bemühungen seitens der Gesundheitsabteilung des Reichsstatthalters zeitigten. Zum einen wurde die „Handhabung der öffentlichen Fürsorge im Reichsgau

615 Vgl. Jan Milczarek, Hitlerowska likwidacja umysłowo chorych w Warcie [Die Liquidierung von Geisteskranken in Warta durch die Nazis]/Ermittlungsbericht vom 10.4.1974 (USHMM; RG-15.042M, reel 70, unpag.). Vgl. dazu auch die allerdings vor dem Hintergrund der Strafverfolgung gemachten Aussagen der beteiligten Wartaer Ärzte Friedrich Lemberger und Hans Hermann Renfranz: Vernehmung von Friedrich Lemberger am 27.8.1963 (BArch Ludwigsburg, B 162/18132, unpag.); sowie Vernehmungen von Hans Hermann Renfranz am 10.10.1962, 20.3.1963 (ebd., B 162/511, Bl. 140-142 und 149-159).

616 Vernehmungen von Hans Hermann Renfranz am 20.3.1963 (BArch Ludwigsburg, B 162/511, Bl. 149-159). Es fanden später, im Oktober 1940, aber auch tatsächlich Verlegungen ins Generalgouvernement, in die Anstalt Kobierzyn, statt. Siehe dazu weiter unten im Text.

617 Vernehmungen von Hans Hermann Renfranz am 10.10.1962 (BArch Ludwigsburg, B 162/511, Bl. 140-142).

618 Vernehmungen von Hans Hermann Renfranz am 20.3.1963 (BArch Ludwigsburg, B 162/511, Bl. 149-159).

619 Vgl. Regierungspräsident Litzmannstadt/Lodz, an Reichsstatthalter in Posen, betr. Planwirtschaftliche Maßnahmen in den Heil- und Pflegeanstalten vom 18.12.1941 (APP, RStH, 2141, Bl. 61-63). Vgl. auch Wierzbicki, Kochanowka; sowie Polnische Gesellschaft für Psychiatrie, Ermordung der Geisteskranken in Polen, S. 114-119.

620 Handschriftliche Aufstellung über die Belegung, Eigentumsverhältnisse und Nutzung der Anstalten Warta, Kochanowka und Gostynin, o. D. (APP, RStH, 2141, Bl. 33).

Wartheland" im Februar 1940 vorläufig neu geregelt und zum anderen rückten nun die einzelnen Anstalten in den Fokus der Gesundheitsbürokratie.[621] Dabei ging es zunächst darum, sich einen detaillierten Überblick über die im Warthegau vorhandenen Heil- und Pflegeanstalten zu verschaffen. Zu diesem Zweck forderte die Gesundheitsabteilung des Reichsstatthalters am 21. Februar 1940 die Regierungspräsidenten der Bezirke Hohensalza, Posen und Litzmannstadt/Lodz,[622] die Landräte und Oberbürgermeister sowie den Landeshauptmann/Gauselbstverwaltung auf, detaillierte Angaben zu bestehenden bzw. vormals bestehenden Anstalten zu machen. Mitzuteilen war:

„1. Welche Heil- und Pflegeanstalten (Irrenanstalten) im Reichsgau bestehen oder bei der Übernahme der deutschen Verwaltung (15.9.39) bestanden haben."
Vermerkt werden sollten hier der Träger der Anstalt, die „genaue Zweckbestimmung, unter Angabe, ob volkstumsmäßige Bindungen (nur für Deutsche, nur für Polen) bestehen", die Betten- und Patientenzahl, die Herkunft des Pflegepersonals („volkstumsmäßig" und „konfessionell") und „besondere Verhältnisse bei der Anstalt".
„2. Ob die Anstalt noch in Betrieb ist oder seit wann sie geschlossen wurde und welchem Zweck sie zur Zeit dient.
3. Falls der Anstaltsbetrieb geschlossen ist oder geschlossen werden soll: für welche Zwecke sich die Anstalt besonderes eignet, insbesondere, ob sie zur Einrichtung als Fürsorgeerziehungsanstalt in Frage kommt."[623]

Aus diesen Fragen geht hervor, dass seitens der Gesundheitsverwaltung des Reichsstatthalters, die ohnehin noch in Entstehung begriffen war, Anfang 1940 noch keine konkreten Pläne für die Neugestaltung des Anstaltswesen im Warthegau vorlagen, geschweige denn vor den ersten Mordaktionen 1939. Das bedeutet keineswegs, dass die Gesundheitsverwaltung die Morde nicht maßgeblich unterstützt hätte - für eine solche Kooperation existieren zahlreiche Belege. Es heißt aber, dass die spätere Umstrukturierung der Anstaltslandschaft, unter anderem auch im Hinblick auf die Unterbringung der volksdeutschen Patienten in ausgewählten Anstalten des Warthegaus, in keinem kausalen Zusammenhang zu den frühen Krankenmorden gestanden haben kann, die Neustrukturierungsplanungen also nicht ursächlich für die Morde gewesen sein können. Allerdings spielten die dieser späteren Neustrukturierung zugrundliegenden rassenideologischen und rassenhygienischen Prämissen auch im Kontext der Krankenmorde

621 Vgl. Richtlinien über die vorläufige Handhabung der öffentlichen Fürsorge im Reichsgau Wartheland (Entwurf) vom 26.2.1940 (APŁ, Akta miasta Łodzi, 31624, Bl. 19–31). Vgl. auch die nachfolgenden Änderungen und Ergänzungen der Richtlinien in selbiger Akte.

622 Der Regierungsbezirk Litzmannstadt/Lodz ging 1940, nach der Angliederung des Gebiets um Lodz an den Warthegau, aus dem Regierungsbezirk Kalisch hervor. Vgl. Kranz, Wartheland, S. 32 f.

623 Abt. II des Reichsstatthalters an Landeshauptmann, und die Regierungspräsidenten, betr. Heil- und Pflegeanstalten im Reichsgau vom 21.2.1940 (APŁ, Akt Rejencji Łodzkiej, 625, Bl. 1).

bereits eine entscheidende Rolle - neben den Interessen und Begehrlichkeiten der SS und der Wehrmacht. Rieß wie auch Longerich betonen zurecht, dass es in erster Linie der ideologisch fundierte Vernichtungswille, der Wille zu einer „völkischen Flurbereinigung", war, der vor dem Hintergrund der Kriegssituation und der sich zunehmend entgrenzenden Gewalt zum auslösenden Moment für die frühen Krankenmorde im Warthegau wurde.[624]

Die Räumungen ganzer Anstalten und die teilweise Fremdnutzung der Anstaltskomplexe machten nolens volens eine Neustrukturierung des Anstaltswesens notwendig. Die ersten schon erwähnten gauweiten Erhebungen, die von der Gesundheitsverwaltung im Februar 1940 durchgeführt wurden, erwiesen sich als nur wenig geeignete Planungsgrundlage. So waren die darin enthaltenen Patientenzahlen im Falle der Anstalten Warta, Kochanowka und Gostynin Anfang April 1940 schon wieder überholt, da die Krankenmorde in diesen Anstalten erst im Februar einsetzten. Das Gesundheitsamt der Stadt Lodz, seit Anfang März Träger der Anstalt Kochanowka,[625] hatte sich deshalb entschieden, entsprechende Meldungen erst im April 1940 zu erstatten, mit folgender aufschlussreicher Begründung: „Der vorgeschriebene Termin konnte nicht eingehalten werden, da erst nach Beendigung der von einem Sonderkommando der SS durchgeführten Verlegungsaktion die hiesigen Anstaltsverhältnisse überprüft und über die Neuorganisation des Anstaltswesens in Litzmannstadt berichtet werden konnte."[626]

Im Mai 1940 trugen schließlich auch die Regierungspräsidenten, in deren Bezirken die übrigen Anstalten lagen, den veränderten „Anstaltsverhältnissen" Rechnung und erstatteten dem Reichsstatthalter erneut Bericht.[627] Im Mai 1940 ergab sich schließlich, bezogen auf die eingangs aufgeführten Heilanstalten, folgendes Bild:

Drei der sechs (großen) Heilanstalten - Owinsk, Kosten und Kochanowka - standen für die psychiatrische Anstaltspflege nicht mehr oder nur partiell zur Verfügung. Sie waren, wie auch viele kleinere Einrichtungen, nach der Ermor-

624 Vgl. Rieß, Anfänge der Vernichtung, S. 359; sowie Longerich, Politik der Vernichtung, S. 328. Eine ähnliche Konstellation lässt sich auch bei den Krankenmorden im „Altreich" vermuten, und auch bei der Ermordung der jüdischen Bevölkerung lässt sich eine Entgrenzung, eine Dynamisierung der Gewalt konstatieren. Vgl. dazu weiterführend Jochen Böhler, Auftakt zum Vernichtungskrieg. Die Wehrmacht in Polen 1939, Frankfurt a. M. 2006.

625 Die Anstalt Kochanowka befand sich bis zum 28.2.1940 in Trägerschaft des Christlichen Wohltätigkeitsvereins Lodz, und ging am 1.3.1940 in die Verwaltung der Stadt Lodz über. Vgl. Regierungspräsident Litzmannstadt/Lodz an Reichsstatthalter, betr. planwirtschaftliche Maßnahmen in den Heil- und Pflegeanstalten vom 18.12.1941 (APP, RStH, 2141, Bl. 61-63).

626 Gesundheitsamt der Stadt Lodz an Regierungspräsident Litzmannstadt/Lodz, betr. Heil- und Pflegeanstalten im Stadtbereich Litzmannstadt vom 12.4.1940 (APŁ, Akt Rejencji Łodzkiej, 625, Bl. 4).

627 Vgl. Regierungspräsident Litzmannstadt/Lodz an Reichsstatthalter, betr. Heil- und Pflegeanstalten vom 25.5.1940 (APŁ, Akt Rejencji Łodzkiej, 625, Bl. 11). In dieser Akte befinden sich auch die Einzelmeldungen der verschiedenen Landkreise.

dung nahezu aller Patienten als psychiatrische Heilanstalten aufgelöst und anderen Nutzungsformen zugeführt worden und befanden sich nicht in der Trägerschaft der Gauselbstverwaltung.[628] Unter deren Verwaltung standen noch die Anstalten Tiegenhof, Warta und Gostynin, die jedoch ebenfalls teilweise einer Fremdnutzung unterlagen. So hatte die Anstalt Warta 120 Betten für ein Lagerkrankenhaus der Vomi zur Verfügung stellen müssen,[629] und auch in Tiegenhof hatte die Vomi Anspruch auf einen Teilkomplex der Anstalt für die Unterbringung von etwa 300 baltendeutschen Umsiedlern erhoben. Darüber hinaus nutzte auch die SS einen Teil der Einrichtung für nicht näher benannte „SS-Kurse".[630] Nichtsdestotrotz verfügten insbesondere die Anstalten Warta und Tiegenhof infolge der Krankenmorde über eine nicht unbeträchtliche Anzahl freier Betten, die spätestens im April 1940 im Zusammenhang mit der Anfrage Zietz' an Friemert bezüglich der Unterbringung der baltendeutschen Patienten zur Disposition gestellt worden sein dürften. Die Anstalt Warta war im Mai 1940 mit etwas mehr als 300 Patienten belegt, verfügte aber über etwa doppelt so viele Betten.[631] Die Anstalt Tiegenhof hatte eine Kapazität von 1 000 Betten, die im Frühjahr 1940 nicht einmal zu einem Drittel ausgeschöpft gewesen sein dürfte.[632] Der Fortbestand der Anstalten scheint spätestens seit März 1940 nicht mehr in Frage gestellt worden zu sein, nicht zuletzt aus pragmatischen Überlegungen heraus. Mit der Schließung dreier der ursprünglich sechs großen Heilanstalten des Warthegaus waren die institutionellen Ressourcen der psychiatrischen Versorgung bereits drastisch reduziert und der Aufnahmeradius der noch existierenden Anstalten parallel dazu deutlich erweitert worden. Weitere Schließungen hätten früher oder später Engpässe evoziert und sich

628 Zum Beispiel das St. Josef-Stift in Osieczna/Storchennest, dessen Bewohner höchstwahrscheinlich Ende Januar 1940 nach Kosten verlegt und ermordet wurden. Das Anstaltsgebäude wurde von der NSDAP-Ortsgruppe übernommen, die darin ein „Deutsches Haus" einrichtete. Anfang 1942 wurde es der „Kinderlandverschickung" zur Verfügung gestellt. Vgl. Aufstellung der im Regierungsbezirk Posen bestehenden Heil- und Pflegeanstalten vom 5.1.1942 (APP, RStH, 2141, Bl. 50 f.).

629 Vgl. Regierungspräsident Litzmannstadt/Lodz an Reichsstatthalter, betr. planwirtschaftliche Maßnahmen in den Heil- und Pflegeanstalten vom 18.12.1941 (APP, RStH, 2141, Bl. 61-63).

630 Vgl. Friemert, Gauselbstverwaltung, an Reichsstatthalter, betr. Provinzial Heil- und Pflegeanstalten vom 27.3.1940 (APP, RStH, 2141, Bl. 31). Auch Ratka berichtet von der zeitweiligen Unterbringung baltendeutscher Umsiedler in Tiegenhof, vgl. Vernehmung von Viktor Ratka am 24./25.8.1961 (HessHStA, Abt. 631a/1475, Bl. 1-12, hier 4).

631 Vgl. Landrat des Kreises Schieratz, an Regierungspräsidenten Litzmannstadt/Lodz, betr. Heil- und Pflegeanstalten im Reichsgau vom 16.5.1940 (APŁ, Akt Rejencji Łodzkiej, 625, Bl. 15). Die hier genannte Zahl von 800 Betten dürfte zu hoch angesetzt sein. Sie lag eher bei etwa 600 Betten. Vgl. zum Beispiel Regierungspräsidenten Litzmannstadt/Lodz an Reichsstatthalter, betr. planwirtschaftliche Maßnahmen in den Heil- und Pflegeanstalten vom 18.12.1941 (APP, RStH, 2141, Bl. 61-63, hier 61).

632 Vom Januar bis April 1940 waren etwa 140 neue Patienten in der Anstalt aufgenommen worden. In Tiegenhof verblieben von den ursprünglich über 1 000 Patienten wohl nicht mehr als 100/150, sodass man davon ausgehen kann, dass sich dort Ende April/Anfang Mai 1940 maximal 300 Patienten befunden haben. Vgl. Aufnahmebücher der Heilanstalt Tiegenhof 1934-1940 und 1940-1942 (Krankenhausarchiv Tiegenhof).

kontraproduktiv auf den (Neu-)Aufbau der psychiatrischen Infrastruktur ausgewirkt. Die Gauselbstverwaltung begann vor diesem Hintergrund in den ihr unterstehenden Anstalten 1940 mit der Reorganisation des Anstaltsbetriebes - zunächst in Tiegenhof. Dort wurde im März 1940 das Pflegepersonal wieder deutlich aufgestockt, und zwar mit deutschen Pflegern und Schwestern, die vornehmlich aus den aufgelösten pommerschen Heilanstalten, zum Beispiel Lauenburg, abgeordnet worden waren.[633] Ein deutscher Oberpfleger war bereits im Herbst 1939 in der Anstalt eingesetzt worden, die nach wie vor unter der Leitung von Viktor Ratka, einem Volksdeutschen, stand.[634] Neben dieser im März 1940 einsetzenden Reorganisation des Anstaltsbetriebes und der großen Zahl an verfügbaren Betten sprachen vermutlich aber auch noch weitere Aspekte für die Wahl Tiegenhofs als zukünftigen Unterbringungsort der Baltendeutschen, die man unter dem Rubrum „Standortvorteile“ zusammenfassen kann. Zum einen befand sich die Heilanstalt Tiegenhof in räumlicher Nähe Posens, das während der Umsiedlungsaktion aus dem Baltikum zum Ansiedlungsschwerpunkt für die Baltendeutschen werden sollte. Zum anderen verfügte die Anstalt über umfangreiche therapeutische Möglichkeiten und ein eigenes Labor und hatte nicht zuletzt deshalb in den 1930er Jahren als eine der fortschrittlichsten Heil- und Pflegeanstalten in Polen gegolten.[635] Diese Aspekte dürften zusammengenommen Tiegenhof im Frühjahr 1940 den Vorzug vor Warta oder Gostynin gegeben haben. Im Herbst 1940 wurden aber auch diese Anstalten Ziel von Krankentransporten aus volksdeutschen Siedlungsgebieten, nun aus Bessarabien und weiteren Gebieten Rumäniens. Dies lag vermutlich darin begründet, dass die Anstalt Tiegenhof bis Mitte Oktober 1940 insgesamt über 800 Neuaufnahmen zu verzeichnen hatte,[636] die Patientenzahl in Warta und Gostynin zum gleichen Zeitpunkt hingegen weiter im Sinken begriffen war. Der Grund dafür lag in Verlegungen eines Teils der Patienten in Anstalten des Generalgouvernements. Dieses Mal handelte es sich tatsächlich um reguläre

633 Vgl. Personalakten der Heilanstalt Tiegenhof (ebd.); sowie Vernehmung der Oberpflegerin Maria Lüdtke am 24.9.1962 (NdsHStA Hannover, Nds. 721, Hildesheim, Acc. 48/88, Nr. 20/1, unpag.) und Vernehmung von Anna S. am 26.9.1978 (BArch Ludwigsburg, B 162/15600, Bl. 315-319).

634 Bei dem Oberpfleger/Pflegevorsteher handelte es sich um Otto Reich (1890-1943). Die Personalakte von Otto Reich, die sich im Krankenhausarchiv Tiegenhof befinden soll, konnte nicht aufgefunden werden. Zu Ratka vgl. weiter Kap. IV.3.1.

635 Vgl. Bericht über die Besichtigung der Landes-Heilanstalt in Dziekanka vom 25.10.1939 (APP, GSV, Bl. 29-31); Vermerk über die Besichtigung der Heilanstalt Tiegenhof bei Gnesen am 20. Dezember 1939 vom 22.12.1939 (ebd., Bl. 61-64); sowie Übersetzung des Gutachtens des Sachverständigen Jozef Radzicki zum Strafverfahren gegen Lensch u. a. vom 31.8.1972 (StA Hamburg, 213-12, Nr. 13, Band 6, Bl. 3315-3419). Das Gutachten ist auch in den Hildesheimer Ermittlungsunterlagen enthalten (NdsHStA Hannover, Nds. 721, Hildesheim, Acc. 48/88, Nr. 20/7, Bl. 181-285).

636 Vom Januar 1940 bis zum 15. Oktober 1940 waren insgesamt 857 Patienten neu aufgenommen worden. Addiert man die vermutlich noch 100-150 bereits in der Anstalt untergebrachten Patienten hinzu, so war die Anstalt im Herbst 1940 wieder nahezu voll belegt. Vgl. Aufnahmebücher der Heilanstalt Tiegenhof 1934-1940 und 1940-1942 (Krankenhausarchiv Tiegenhof).

Verlegungen von Patienten und nicht etwa eine erneute Verschleierung weiterer Morde, um „Platz“ für die bessarabiendeutschen Kranken zu schaffen. Zwar erfolgte die Aufnahme dieser Kranken in Warta etwa zeitgleich zur Verlegung eines Teils der dortigen Patienten in das Generalgouvernement, ein direkter Zusammenhang kann dennoch nicht hergestellt werden. Den Hintergrund für die Verlegungen bildete eine bereits im März 1940 getroffene Vereinbarung zwischen der Regierung des Generalgouvernements in Krakau und dem Reichsstatthalter des Warthegaus in Posen. Darin war festgelegt worden, dass die Patienten, für die „in polnischer Zeit öffentlichrechtliche Fürsorgeträger oder sonstige Stellen des Generalgouvernements“ die Anstaltskosten getragen hatten, in einem gesonderten Transport in die Anstalten des Generalgouvernements gebracht werden sollten, weil sich das Generalgouvernement „aus devisenrechtlichen Gründen nicht in der Lage“ sah, die „früheren Kostenerstattungen an die Anstalten des Reichsgaues“ (Warthegau) wieder aufzunehmen.[637] Die betroffenen Patienten sollten deshalb in Anstalten des Generalgouvernements überführt werden. In Warta betraf dies laut einer Aufstellung vom Juni 1940 insgesamt 117 Patienten.[638] Anfang Oktober 1940 wurden konkrete Vorbereitungen für den Abtransport dieser Patienten getroffen.[639] Um den 22. Oktober 1940 herum wurden sie, vermutlich zusammen mit 166 Patienten aus Gostynin, schließlich unter Begleitung von Wartaer Pflegepersonal in die Anstalt Kobierzyn bei Krakau überführt.[640] In Warta befanden sich nunmehr kaum noch Patienten.

637 Vgl. Reichsstatthalter in Posen an die Regierungspräsidenten, betr. Anstaltsinsassen aus dem Gebiet des Generalgouvernements vom 28.3.1940 (APŁ, Akt Rejencji Łodzkiej, 623, unpag.).

638 Verzeichnis der Anstalten im Reichsgau Wartheland mit Insassen aus dem Generalgouvernement (hier ausgefüllt für Warta) vom 11.6.1940 (APŁ, Akt Rejencji Łodzkiej, 623, unpag.).

639 Vgl. Niederschrift über die Besprechung beim Amt des Generalgouverneurs Abt. Innere Verwaltung, Unterabt. Bevölkerungswesen und Fürsorge in Krakau am 1.10.1940 (APP, RStH, 2147, Bl. 5–13). Vorgesehen war die Überführung von circa 200 Patienten aus Gostynin und 100 aus Warta nach Kobierzyn und Tworki um den 15.10.1940. Ende Oktober 1940 sollte ein zweiter Transport aus dem Altersheim Filehne/Ostrau in ein nicht näher benanntes Kloster bei Warschau erfolgen.

640 Die Patienten aus Gostynin verließen die Anstalt am 22.10.1940 in Richtung Kobierzyn. Von den Wartaer Patienten ist bekannt, dass sie am 23.10.1940 in Kobierzyn eintrafen. Es ist also zu vermuten, dass die Patienten zusammen dorthin verlegt wurden, so wie dies auch bereits in den Vereinbarungen vom März und Anfang Oktober 1940 angeklungen war. Den Angaben der polnischen Gesellschaft für Psychiatrie nach sollen in Kobierzyn allein aus Warta 300 Patienten aufgenommen worden sein, was der doppelten Zahl der im Juni gemeldeten Patienten entsprechen würde. Es ist daher eher zu vermuten, dass sich unter den angeblich 300 Wartaer Patienten auch die aus Gostynin befunden haben, trafen diese doch höchstwahrscheinlich zusammen in Kobierzyn ein. Vgl. Aufnahmebücher der Heilanstalt Gostynin 1938–1942 (getrennt nach Männern und Frauen) (Krankenhausarchiv Gostynin); Erinnerungen des Pflegers Dalecki Mieczyslaw nach 44 Jahren Arbeit mit psychisch Kranken. Psychiatrische Anstalt in Warta (Archiv des Instituts für Geschichte der Medizin an der Charité Berlin, Ordner „Warta, Lublinitz“, unpag.). Für die unkomplizierte Einsichtnahme danke ich Dr. Thomas Beddies. Zur Zahl der Verlegten vgl. Polnische Gesellschaft für Psychiatrie, Ermordung der Geisteskranken in Polen, S. 164–171 und Nasierowski, Zagłada osob, S. 96–98.

Nach Angaben eines Pflegers waren nach diesem „letzten Transport [...] nur ein paar deutsche Patienten und leere Zimmer geblieben“.[641] Ähnlich stellte sich die Situation in Gostynin dar, einer ohnehin recht kleinen Einrichtung mit nur 350 Betten.[642] Nur wenig später sah dies jedoch wieder ganz anders aus, denn im November und Dezember füllten sich beide Einrichtungen mit Patienten aus Bessarabien, der Bukowina und Dobrudscha. Anfang 1941 kamen weitere aus Litauen hinzu, sodass der Regierungspräsident von Litzmannstadt/Lodz Ende 1941 meldete, dass die 600 Betten der Anstalt Warta wieder „vollbelegt“ seien.[643]

Seit Oktober 1940, mit dem Eintreffen der Krankentransporte aus Bessarabien, diente also nicht mehr ausschließlich die Anstalt Tiegenhof als zentrale Aufnahmeeinrichtung für volksdeutsche Patienten. Zwar trafen dort im Oktober 1940 noch zwei Transporte mit insgesamt 120 Patienten aus Bessarabien und der Bukowina ein, die nachfolgenden Transporte hatten jedoch die Anstalten in Warta und Gostynin zum Ziel. Alle drei Anstalten unterstanden der Gauselbstverwaltung und fungierten als eine Art „Sammelanstalten“ für Volksdeutsche. Von dem offensichtlich anfangs favorisierten Modell einer rein volksdeutschen Anstalt, die innerhalb des Anstaltswesens des Warthegaus installiert werden sollte - ähnlich dem als so vorbildlich betrachteten „Alterserholungsheim“ in Schwetz - hatte man im Laufe der Zeit Abstand genommen.[644]

Nichtsdestotrotz war mit der Entscheidung vom April 1940, die Baltendeutschen nach Tiegenhof zu verlegen, eine Grundsatzentscheidung für die Unterbringung volksdeutscher Anstaltspatienten in den Anstalten des Warthegaus gefallen. Infolge dieser wurden während der nachfolgenden Umsiedlungsaktionen aus Rumänien und Litauen Krankentransporte ganz gezielt in diese Einrichtungen gelenkt. Es mutet dabei schon fast ironisch an, dass die nach dem Verständnis der NS-Rassenideologie als „minderwertig“ stigmatisierten psychisch kranken Volksdeutschen das Ansiedlungsgebiet Warthegau weit eher als ihre als „siedlungstauglich“ befundenen, „gesunden“ Landsleute erreichten. Diese durchliefen nämlich zunächst das Lagersystem der Vomi und das diffizile,

641 Erinnerungen des Pflegers Dalecki Mieczyslaw nach 44 Jahren Arbeit mit psychisch Kranken. Psychiatrische Anstalt in Warta (Archiv des Instituts für Geschichte der Medizin an der Charité Berlin, Ordner „Warta, Lublinitz“, unpag.).

642 Am 1.11.1940 sollen sich in Gostynin noch 142 Patienten befunden haben, sodass nur etwa die Hälfte der verfügbaren Betten belegt war. Vgl. dazu Nasierowksi, Zagłada osob, S. 99-103, hier 101.

643 Vgl. Regierungspräsident von Litzmannstadt/Lodz an Reichsstatthalter in Posen, betr. Planwirtschaftliche Maßnahmen in den Heil- und Pflegeanstalten vom 18.12.1941 (APP, RStH, 2141, Bl. 61-63).

644 Zumindest Zietz ging wohl anfangs davon aus, dass die Unterbringung der Volksdeutschen getrennt von polnischen Patienten erfolgen und dazu eine noch nicht näher benannte Anstalt dienen würde. Tatsächlich deutete vieles bis zum Herbst 1940 auf eine solche Lösung hin, die in Tiegenhof umgesetzt werden sollte, auch wenn dort die Patientenzusammensetzung nicht rein volksdeutsch war. Die beschriebenen Kapazitätsprobleme bewirkten jedoch ein Umdenken. Vgl. zum Beispiel Zietz an Landesanstalt Arnsdorf vom 23.2.1940, zur Kenntnisnahme für Schlau (APP, Vomi, 125, Bl. 141).

hochselektive Einbürgerungsprozedere der EWZ, bevor sie oftmals erst nach Monaten oder gar Jahren, teilweise aber auch nie die ihnen offerierten Ansiedlungsgebiete im „verheißungsvollen Osten“ erreichten.

3. Angekommen im „Reich“: Anstalten und Lager

Die meisten der aus den verschiedenen volksdeutschen Siedlungsgebieten in das Deutsche Reich umgesiedelten Volksdeutschen wurden unmittelbar nach ihrer Ankunft im Deutschen Reich noch nicht als „Siedler“ in den „neuen Ostgebieten“ eingesetzt, sondern zunächst in Lager der Vomi gebracht, die wie ein Netz das gesamte Reichsgebiet überzogen. Diese, angeblich zu Quarantänezwecken errichteten Lager, die im Prinzip aber eher eine Sammelfunktion im Rahmen der Ansiedlungslogistik erfüllten, wurden zur Wartestation für Zehntausende. Die Lagererfahrung, insbesondere die in den Lagern forcierte nationalsozialistische Indoktrination und Nivellierung kultureller Eigenheiten der einzelnen Volksgruppen - wenn man so will der Versuch der „Gleichschaltung“ ganzer kultureller Identitäten - hinterließ bleibende Spuren im Gedächtnis der Umsiedler.[645] Wesentlich undeutlichere Spuren, die auf individuellen Erinnerungen und damit Einzelschicksalen fußen, hinterließen die dem Lageraufenthalt ebenfalls immanenten Selektions- und Überwachungsmechanismen. Dies gilt nicht nur für die in den Lagern wirkenden Selektionsmechanismen, sondern im Prinzip auch für alle weiteren hier aufgezeigten Selektionsstationen, die sich während der Umsiedlungen ergaben.[646] Eine Ausnahme stellt hier lediglich die durchaus als selektiver Prozess begriffene „Durchschleusung“ durch die EWZ dar. Hier traten die Selektionsmechanismen - nota bene - aber auch wesentlich augenscheinlicher zutage als während der übrigen Umsiedlungsetappen, wo sie auf weitaus subtilere Art und Weise wirkten.

645 Vgl. dazu ausführlicher Leniger, NS-Volkstumsarbeit, S. 137-146.

646 Anfragen bei den verschiedenen Landsmannschaften zeigten, dass über das Schicksal kranker, körperlich und/oder geistig behinderter Umsiedler innerhalb der jeweiligen Volksgruppen bzw. deren Nachfolgeeinrichtungen bis auf einige Einzelfälle wenig bekannt ist. Eine Ausnahme stellen die Kranken aus Estland und Lettland dar, deren Schicksal zumindest Gegenstand eines Artikels in den „Baltischen Heften“ gewesen ist. Dass das Schicksal dieser Patientengruppen anscheinend sonst aber kaum Eingang in das kollektive Gedächtnis gefunden hat, mag darin begründet liegen, wie Dr. Alfred Eisfeld es bezogen auf die Gruppe der Russlanddeutschen formulierte, dass deren Schicksal „hinter dem Leidensschicksal der Gesamtbevölkerung unsichtbar geblieben [ist], da die Kranken und Behinderten zahlenmäßig nicht so sehr ins Gewicht fielen.“ Wie das Projekt von Susanne Schlechter und Dietmar Schulze zu den „verschwundenen Umsiedlern“ aus Bessarabien zeigt, kursierten zwar innerhalb der Familien verschiedene Gerüchte über die Selektion Kranker, diese blieben aber zumeist auf eine konkrete Selektionsstation, zum Beispiel die Einweisung aus Lagern in umliegende Anstalten, begrenzt. Vgl. Bernsdorff, Gesundheitsdienst und Fürsorge; Dr. Alfred Eisfeld, Nordost-Institut Göttingen (i. A. der Landsmannschaft der Russlanddeutschen), an die Verfasserin vom 14.1.2009; Schlechter/Schulze, Verschwundene Umsiedler.

Die Ankunft im Deutschen Reich und die erste Unterbringung der eintreffenden Umsiedler auf deutschem Reichsgebiet bedeutete eine Art Wendepunkt. Die bis dato erfolgten Erfassungen, die Selektion und Segregation der Kranken und die permanente gesundheitliche Überwachung während des Abtransportes waren nämlich quasi nur die Vorboten der NS-Erbgesundheitspolitik gewesen. Sie legten die Grundlage für die spätere Einbeziehung der volksdeutschen Umsiedler in die NS-Erbgesundheitspolitik, die erst mit dem Eintreffen der Umsiedler auf deutschem Reichsgebiet ihre volle Wirkung entfalten konnte. Mit ihrer Ankunft in den Lagern der Vomi unterlagen sie, begünstigt durch die Lagerunterbringung, nun dem uneingeschränkten Zugriff der NS-Erbgesundheitspolitik und damit der gesamten Palette (erb-)gesundheitspolitischer Maßnahmen und deren zum Teil eliminatorischer Wirkung. In besonders drastischer Weise sahen sich dieser allerdings die Umsiedler ausgeliefert, die „totalen“ Einrichtungen, insbesondere den psychiatrischen Heilanstalten, zugewiesen worden waren. Sie sollten dort von allen bis dato etablierten (erb-)gesundheitspolitischen Maßnahmen in ihrer ganzen Radikalität erfasst werden. Es handelte sich dabei vor allem um die drei schon erwähnten Heilanstalten des Warthegaus - Tiegenhof, Gostynin und Warta -, die als Brennglas dieser Entwicklung betrachtet werden können, trafen doch dort ab dem Frühjahr 1940 hunderte psychisch kranke Volksdeutsche ein.

3.1 Die Anstalten des Warthegaus als „Sammelanstalten“ für Volksdeutsche

Die Anstalten in Tiegenhof, Gostynin und Warta wurden, wie bereits beschrieben, ab 1940 zu den zentralen Aufnahmeeinrichtungen für psychisch kranke Umsiedler. Durch die großen Krankentransporte, Weiterverlegungen volksdeutscher Patienten aus anderen psychiatrischen Einrichtungen wie zum Beispiel Conradstein und Einweisungen aus Vomi-Lagern und den Ansiedlungsgebieten entwickelten sich diese Anstalten schon bald zu „Sammelanstalten“ für Volksdeutsche. Allein mit den großen Krankentransporten und einigen kleineren Weiterverlegungen trafen in Tiegenhof, Warta und Gostynin bis zum März 1941 über 840 volksdeutsche Patienten ein.

Neben den volksdeutschen Patienten nahmen die Heilanstalten aber auch weiterhin polnische Patienten auf. Es handelte sich demnach also nicht um rein volksdeutsche Einrichtungen. Nichtsdestotrotz sollte insbesondere die Heilanstalt Tiegenhof, die schon bald zur Gauheilanstalt avancierte, zu einer „vorbildlichen Heilanstalt für Deutsche“ werden.[647]

647 Gundermann, Gauselbstverwaltung an Reichsstatthalter (Abt. II), betr. Einrichtung einer neurologischen Abteilung in der Gauheilanstalt Tiegenhof bei Gnesen vom 15.1.1942 (APP, RStH, 2141, Bl. 70-72, hier 70).

Transporte volksdeutscher Patienten in die Anstalten Tiegenhof, Warta und Gostynin in den Jahren 1940/41

Aufnahmedatum	Aufnahmeeinrichtung	Patientenzahl	Herkunft
17.05.1940	Tiegenhof	385	Heilanstalt Arnsdorf, Meseritz-Obrawalde (Balten)
19.07.1940	Tiegenhof	5	Heilanstalt Meseritz-Obrawalde (Balten)
9./10./12./ 13.9.1940	Tiegenhof	11	Alterserholungsheim Schwetz (Balten)
06.10.1940	Warta	53	Bessarabien
15.10.1940	Warta	41	Bessarabien
17.10.1940	Tiegenhof	11	Bessarabien
18.10.1940	Tiegenhof	11	Heilanstalt Conradstein
21.10.1940	Tiegenhof	109	Bessarabien, Nordbukowina
02.11.1940	Warta	16	Bessarabien
25.11.1940	Warta	22	Südbukowina
26.11.1940	Warta	10	Bessarabien
04.12.1940	Warta	6	Dobrudscha
08.12.1940	Gostynin	57	Südbukowina
16.02.1941	Warta	20	Litauen
04.03.1941	Gostynin	44	Litauen
15.03.1941	Warta	18	Litauen
25.03.1941	Gostynin	23	Litauen

Die Gauheilanstalt Tiegenhof

Die 1894 von der Provinzialverwaltung Posen unter dem Namen „Dziekanka" gegründete Heil- und Pflegeanstalt unweit von Gnesen, die mit dem Ende des Ersten Weltkrieges in den Besitz des neuentstandenen polnischen Staates überging, galt vor 1939 als eine der fortschrittlichsten und modernsten psychiatrischen Anstalten in Polen.[648] Es waren vor allem die therapeutischen Möglich-

648 Vgl. Übersetzung des Gutachtens des Sachverständigen Jozef Radzicki zum Strafverfahren gegen Lensch u. a. vom 31.8.1972 (StA Hamburg, 213-12, Nr. 13, Band 6, Bl. 3315-3419). Vgl. weiter Maria Fiebrandt, NS-Bevölkerungspolitik und Psychiatrie. Die Umfunktionierung der Heilanstalt Tiegenhof/Dziekanka zu einer „vorbildlichen Heilanstalt für Deutsche" während der deutschen Besatzungszeit 1939-1945. In: Medycyna na usługach systemu eksterminacji ludności w Trzeciej Rzeszy i na terenach okupowanej Polski. Hg. von Poznanskie towarzystwo przyjaciół Nauk, Poznan 2011, S. 205-216.

keiten - die Insulin- und Cardiazolbehandlungen und die Arbeitstherapie -, aber auch die moderne und großzügige Ausstattung der Anstalt, die 1939 über 1 000 Betten verfügte, die diesen Ruf begründeten.[649] Davon konnte sich im Oktober und Dezember 1939 auch die Gauselbstverwaltung überzeugen, die in ihren Berichten neben den „üblichen Werkstätten“, insbesondere auf die Arbeitstherapie, die „nach modernen Grundsätzen getrieben“ worden sei, die Insulin- und Cardiazolbehandlungen und das anstaltseigene Laboratorium verwies.[650] Die Insulintherapie sollte nach Ansicht Banses allerdings „aus Ersparnisgründen zunächst auf wirklich aussichtsreiche Fälle“ beschränkt werden, ebenso wie der Laborbetrieb „im Kosteninteresse einzuschränken“ sei.[651] Im „Interesse der Stellung dieser Anstalt“ sollte jedoch der Laborant, der „in allen Laboratoriumsarbeiten bewandert [sei] und mit geringsten, außerordentlich billigen Mitteln Arbeiten zu leisten versteh[e], wie sie sonst nur an großen Universitätskliniken möglich“ seien, nicht entlassen werden.[652] Die Reorganisation des Anstaltsbetriebes begann spätestens mit dem Eintreffen der Baltendeutschen in Tiegenhof, wobei die Therapiemethoden nun deutlich anderen Prämissen folgten. So diente die Arbeitstherapie nun nicht mehr überwiegend therapeutischen Zwecken, sondern verstärkt auch wirtschaftlichen. Die Arbeitsfähigkeit wurde für die Patienten zudem zu einem entscheidenden Kriterium für die Lebensmittelzuteilung. Nichtarbeitsfähige Patienten erhielten nach Aussagen des Pflegepersonals deutlich weniger Lebensmittel als arbeitsfähige, was zu einer Mangel- und Unterernährung und den mit dieser verbundenen Erkrankungen wie Marasmus und letztlich zum Tod der Patienten führte.[653] Diese Entwicklung lässt sich bereits 1940 beobachten. Das von therapeutischen Zielsetzungen weitgehend losgelöste Verteilungssystem, welches der Tiegenhofer Arzt und spätere stellvertretende Direktor Wladimir Nikolajew[654] später lapidar als „Ernährungsschwierigkeiten“ bezeichnen wird, dürfte auch für einige der bis zum Ende des Jahres 1940 registrierten 105 Todesfälle unter den im Mai 1940 eingetroffenen 386 Baltendeutschen verantwortlich gewesen sein.[655] Dass insbesondere unter

649 Vgl. „Dziekanka“. In: Johannes Bresler (Hg.), Deutsche Heil- und Pflegeanstalten für Psychischkranke in Wort und Bild (Band I), Halle a.S. 1910, S. 237-246. Vgl. auch „Das Krankenhaus-Museum Gniezno“ (Krankenhausarchiv Tiegenhof). Im heutigen Wojewódzki Szpital dla Nerwowo i Psychicznie Chorych im. Aleksandra Piotrowskiego w Gnieznie [Aleksander-Piotrowski-Wojewodschaft-Krankenhaus für psychisch und Nervenkranke in Gnesen] befindet sich eine kleine Ausstellung zur Geschichte des Hauses.

650 Bericht über die Besichtigung der Landes-Heilanstalt in Dziekanka vom 25.10.1939 (APP, GSV, 97, Bl. 29-31, hier 30).

651 Ebd.

652 Vermerk über die Besichtigung der Heilanstalt Tiegenhof bei Gnesen am 20. Dezember 1939 vom 22.12.1939 (ebd., Bl. 61-64, hier 62).

653 Vgl. Übersetzung der Vernehmung Wojciech Ches vom 23.5.1972 (NdsHStA Hannover, Nds. 721, Hildesheim, Acc. 48/88, Nr. 20/7, Bl. 95-101, hier 101).

654 Zur Biografie Nikolajews vgl. weiter unten im Text.

655 Unter den im Aufnahmebuch angegebenen Todesursachen ist in 11 Fällen Marasmus angegeben. In 51 Fällen verstarben die Patienten infolge von Herz-, Kreislauf- oder Altersschwäche. In 22 Fällen ist „Darmkatarrh“ vermerkt worden. Eine präzise Auswer-

diesen Patienten eine solch hohe Sterblichkeit zu verzeichnen war, die Nikolajew mit der Bemerkung „diese Patienten starben ja weg wie die Fliegen“ kommentierte, führte er unter anderem darauf zurück, dass besonders die Patienten aus Lettland „dort besonders fett ernährt worden“ seien und nun in Tiegenhof „nur noch ganz wenig Fett“ bekommen hätten.[656]

Neben den veränderten Rahmenbedingungen der Arbeitstherapie unterlagen therapeutische Maßnahmen nun aber auch per se einer Zugangsbeschränkung. Die Anwendung therapeutischer Mittel wurde von einem entscheidenden Kriterium abhängig gemacht: der potentiellen Heilbarkeit der Patienten. Nur die als heilbar klassifizierten sollten unter Anwendung modernster Therapiemethoden behandelt werden, also keineswegs unterschiedslos alle Patienten hatten Zugang zu medizinischen, im Speziellen therapeutischen Ressourcen. Diese Ressourcen begann vornehmlich Nikolajew mit seinem Eintreffen im Mai 1940 auszubauen. Er richtete in Anknüpfung an die Insulinbehandlung der Vorkriegszeit in Tiegenhof eine Insulinstation ein, forcierte die Anschaffung eines Elektroschockgerätes und baute das Labor noch 1940 zu einem „neurohistologischen Laboratorium“ aus.[657] Dabei war es kein Zufall, dass gerade Nikolajew hier eine entscheidende Rolle spielte. Wladimir Nikolajew hatte vor seiner Umsiedlung 1939 bereits über zehn Jahre in der lettischen Heilanstalt „Günthershof“ in Mitau als Anstalts- bzw. Oberarzt gearbeitet und auch dort ein neurohistologisches Laboratorium geleitet.[658] Bereits während dieser Zeit hatte er sich intensiv mit der Insulin- und Elektrokrampftherapie beschäftigt. Er strebte nach eigenen Angaben eine Lehrtätigkeit an der Rigaer Universität an.[659] 1936 hatte er in Günthershof die Insulinschocktherapie - eine zur damaligen Zeit sehr neue, aber auch nicht unumstrittene therapeutische Methode - zur Behandlung von Schizophrenie eingeführt, mit seiner Meinung nach bahnbrechenden Erfolgen. Euphorisch berichtete er 1937 der Fachöffentlichkeit: „Nun erscheint uns die Schizophrenie nicht länger als eine schwer zu ertragende und langwierige Erkrankung, die bestenfalls in 10-15 Prozent der Fälle spontan remittiert. Jetzt sind bestimmte

tung der Todesursachen, insbesondere die Prüfung, ob die Todesursachen in einem direkten Zusammenhang zur Mangelernährung standen, kann aufgrund der fehlenden Patientenakten nicht mehr erfolgen. Angesichts der Todesursachen ist jedoch zu vermuten, dass eine Mangelernährung, wie sie von Nikolajew bestätigt wurde, den körperlichen Verfall der ohnehin vielfach altersschwachen Patienten noch beschleunigt hat.

656 Vernehmung von Wladimir Nikolajew am 6.5.1963 (BArch Ludwigsburg, B 162/507, Bl. 145-151, hier 147).

657 Vgl. Nikolajew, Gauheilanstalt Tiegenhof, an Gauhauptmann in Posen vom 13.1.1941 (Krankenhausarchiv Tiegenhof, Personalakte 95, Wladimir Nikolajew, Bl. 22). Vgl. auch Vernehmung von Wladimir Nikolajew am 7.5.1962 (BArch Ludwigsburg, B 162/507, Bl. 138-141, hier 138).

658 Vgl. Personalbogen der Heilanstalt Tiegenhof von Wladimir Nikolajew vom 8.5.1941 (Krankenhausarchiv Tiegenhof, Personalakte 95, Wladimir Nikolajew, unpag.); sowie Lebenslauf mit Angaben zur Ausbildung und Tätigkeiten, o. D. (1939) (APP, Vomi, 126, Bl. 93).

659 Vgl. Vernehmung von Wladimir Nikolajew am 7.5.1962 (BArch Ludwigsburg, B 162/507, Bl. 138-141, hier 138).

Formen und Stadien der Schizophrenie einer Behandlung zugänglich und manchmal sogar vollständig heilbar geworden."[660]

Zwar sei die Behandlung nicht ungefährlich - in zwei von 40 Fällen seien „somatisch vollkommen gesunde und junge Individuen" infolge der Behandlung verstorben (!) -, dennoch plädierte Nikolajew für die Fortsetzung der Behandlungen, denn „einzelnen Unglücksfällen" könnten zahlreiche Erfolge gegenübergestellt werden.[661] Dieser therapeutische Optimismus Nikolajews ist dabei geradezu symptomatisch für die Psychiatrie der 1920er und 1930er Jahre, die das Risiko und die möglichen Langzeitwirkungen dieser sehr neuen Therapien hinter den schnellen Erfolgen zurückstellte.[662] Man kann davon ausgehen, dass Nikolajew diese Behandlungen, ebenso wie die Cardiazol- und Elektroschockbehandlungen, bis zum Zeitpunkt seiner Umsiedlung fortsetzte. Es überrascht vor diesem Hintergrund wenig, dass sich Nikolajew nach seiner Umsiedlung um eine adäquate Stellung bemühte und diese schließlich in Tiegenhof fand. Dabei war Tiegenhof keineswegs seine erste Wahl. Vielmehr hatte er sich zunächst um eine wissenschaftliche Tätigkeit an der zukünftigen Reichsuniversität Posen bemüht und stand deshalb unter anderem mit der Reichsärztekammer in Verbindung.[663] Parallel zu diesen seinen Bemühungen hatte offensichtlich aber auch die KdF, Hans Hefelmann vom Amt IIb, Interesse an Nikolajew. Dieser wandte sich nämlich Anfang Februar 1940 wegen einer Beurteilung Nikolajews an Hermann Schlau, der für den Berufseinsatz der baltendeutschen Ärzte im Warthegau zuständig und damit zentrale Anlauf- und Auskunftstelle in Fragen der baltendeutschen Ärzte war. Postwendend erstattete Schlau Hefelmann Bericht:

660 Vladimir Nikolajev, Mūsu pirmie rezultāti schizofreniķu ārstēšanā ar insulina šokiem [Unsere ersten Ergebnisse bei der Behandlung der Schizophrenie mit Insulin-Schocks]. In: Latvijas Ārstu žurnāls, 11/12 (1937), S. 324-329. Für den Hinweis und die Zurverfügungstellung dieses Aufsatzes danke ich Dr. Björn Felder.

661 Ebd. In diese Untersuchung wurden insgesamt 40 Patienten einbezogen. Ihnen wurde nach der Methode von Manfred Sakel Insulin injiziert und damit ein Zustand der Bewusstlosigkeit bzw. ein Schockzustand hergestellt. Wie Nikolajew ausführt, war die Wirkung selbst bei ein und demselben Patienten zum Teil sehr unterschiedlich. Dies machte diese Versuche letztlich zu einem unkontrollierbaren Risiko, wie nicht zuletzt die zwei Todesfälle unterstreichen.

662 In zahlreichen deutschen Universitätskliniken und Landesanstalten wurden ab 1936 Schocktherapien angewendet. Diese Therapien waren nicht zuletzt auch ein Erbe des Ersten Weltkrieges, wo aggressive Methoden erstmals „erfolgreich" bei den sogenannten „Zitterern" angewandt worden waren. Vgl. dazu Paul Frederick Lerner, Hysterical men. War, psychiatry, and the politics of trauma in Germany 1890-1930, Ithaka 2003. Zur Anwendung der Schocktherapien vgl. zum Beispiel Achim Thom, Kriegsopfer der Psychiatrie. Das Beispiel der Heil- und Pflegeanstalten Sachsens. In: Norbert Frei (Hg.), Medizin und Gesundheitspolitik in der NS-Zeit, München 1991, S. 201-216.

663 Vgl. Nikolajew an Schlau, Einwandererberatungsstelle Posen, vom 20.12.1939 (APP, Vomi, 126, Bl. 105); sowie Nikolajew an Schlau, Einwandererberatungsstelle Posen, vom 14.2.1940 (ebd., Bl. 94).

„Dr. Nicolajew ist am 22.12.1903 geboren, sein Vater Michael N. war Eisenbahnbeamter, seine Mutter hieß Lilli, geb. Witt. Die Familie ist volksdeutsch. Der Großvater ist meines Wissens noch Russe gewesen. Der Vater ist jedenfalls schon eingedeutscht. Den Ariernachweis hat Dr. Nicolajew mir trotz Anfrage nicht geschickt, sodass ich darüber genaue Auskunft geben zu können nicht in der Lage bin. Dass Dr. Nicolajews Vorfahren rein arisch sind, halte ich für nicht zweifelhaft. [...]
Dr. Nicolajew hat stets ein großes wissenschaftliches Interesse gehabt und ist in der wissenschaftlichen Arbeit ziemlich aufgegangen. Für die politische Fragestellung hat er besonders während unserer Kampfzeit kein Verständnis gezeigt, hat aber immer eine eindeutige deutsche Haltung bewiesen. Er kann aber als politisch durchaus in Ordnung bezeichnet werden.
Seine Eignung zu reinwissenschaftlicher Betätigung steht außerhalb jedes Zweifels, und ich befürworte seine Einstellung zu reiner Forschungsarbeit. Wie weit er als akademischer Lehrer in Frage kommt, ist bei seiner apolitischen Einstellung schwer zu entscheiden.“[664]

Eine Tätigkeit als „akademischer Lehrer“, wie sie Nikolajew vorgeschwebt hatte, rückte, abgesehen von dieser Beurteilung Schlaus, aber zunächst in weite Ferne, weil die Gründung der Reichsuniversität Posen zunächst ebenso ungewiss war wie das Schicksal der psychiatrischen Einrichtungen des Warthegaus. Stattdessen sollte in Berlin eine „Entscheidung über einen etwaigen Einsatz im Altreich fallen“.[665] Offenbar hatte man an einen Einsatz Nikolajews innerhalb der medizinischen Forschung gedacht. Nikolajew wurde schließlich in die Kanzlei des Führers bestellt - genauso wie auch die Ärzte der „T4“-Tötungsanstalten. In der Schaltstelle der NS-Euthanasieverbrechen traf er nach eigenen Angaben allerdings nicht auf Hefelmann, sondern sei „von einem untergeordneten Beamten abgefertigt worden“.[666] Wer dieser Beamte gewesen sei, konnte Nikolajew in der Nachkriegszeit aber „beim besten Willen“ nicht mehr sagen. Seiner Aussage nach habe er mit diesem „Beamten“ über seine beabsichtigte Lehrtätigkeit in Posen „verhandelt“, allerdings sei auch während dieses Gespräches keine Entscheidung herbeigeführt worden. Dies dürfte auch nicht das Ziel der von Hefelmann lancierten Unterredung gewesen sein. Angesichts der bereits im Vorfeld eingeholten Erkundigungen über Nikolajew, seine frühere Tätigkeit, seine Studienaufenthalte in der DFA in München als auch im KWI für Hirnforschung in Berlin-Buch im Jahr 1939[667] und vor allem vor dem Hintergrund der zum Zeitpunkt des Gespräches gerade beginnenden „Aktion T4“ und der Expansion des Systems der „Kinderfachabteilungen“ dürfte es hier um wesentlich brisantere Details gegangen sein - möglicherweise um eine Verpflichtung Nikolajews für (Forschungs-)Tätigkeiten im Rahmen des „Reichsausschusses“ oder der „T4“. Nikolajew selbst räumte später, vor dem Hintergrund einer Strafverfol-

664 Schlau, Einwandererberatungsstelle Posen, an Hefelmann, KdF, vom 10.2.1940 (APP, Vomi, 126, Bl. 98).
665 Nikolajew an Schlau, Einwandererberatungsstelle Posen, vom 1.3.1940 (APP, Vomi, 126, Bl. 92).
666 Vernehmung von Wladimir Nikolajew am 6.5.1963 (BArch Ludwigsburg, B 162/507, Bl. 145-151, hier 145).
667 Vgl. Lebenslauf Nikolajews mit Angaben zur Ausbildung und Tätigkeiten, o. D. (1939) (APP, Vomi, 126, Bl. 93).

gung, betont allgemein ein: Es sei „durchaus möglich, dass man mich damals ein wenig unter die Lupe nehmen wollte, ob ich vielleicht für die besonderen Aufgaben der Kanzlei des Führers infrage käme“.[668] Aus welchen Gründen auch immer: Er kam offenbar nicht für die „besonderen Aufgaben“ der KdF in Frage. Mit Wirkung zum 1. Mai 1940 trat er eine Stelle als Oberarzt in der Gauheilanstalt Tiegenhof an,[669] allerdings unter der Bedingung, dass er dort die Möglichkeit habe, „aktive Behandlungsmethoden anzuwenden“.[670] In der Folgezeit richtete er, offensichtlich nach dem Vorbild der Anstalt Günthershof und unter Rückgriff auf die bereits vorhandene Einrichtung, auch in Tiegenhof eine Insulinstation und ein neurohistologisches Labor ein und forcierte die Anwendung von Schockbehandlungen. Die Anwendung von „Insulinkuren“ war zu diesem Zeitpunkt im gesamten Reichsgebiet aufgrund der Insulinknappheit bereits stark reglementiert worden, sodass die Einrichtung einer neuen Insulinstation in Tiegenhof im gewissen Sinne eine Besonderheit darstellte.[671] Nachdem er dies Ende 1940 „in Gang“ gebracht hatte, widmete sich Nikolajew der Elektroschocktherapie und „neuen histologischen Methoden“. Mit diesen machte er sich im Rahmen einer Fortbildungsreise nach München, an die dortige DFA, und nach Breslau, an die Universitätsnervenklinik, im Februar 1941 vertraut.[672] Zur Universitätsnervenklinik in Breslau, namentlich zu dem dortigen Ordinarius für Psychiatrie Werner Villinger,[673] unterhielt Nikolajew intensive Kontakte. Er sammelte dort „Material“ für sein Habilitationsprojekt über Hirngefäßsklerose, strebte er doch nach eigenen Angaben auch weiterhin eine wissenschaftliche Betätigung im universitären Bereich an.[674] Nach Angaben des Tiegenhofer

668 Vernehmung von Wladimir Nikolajew am 6.5.1963 (BArch Ludwigsburg, B 162/507, Bl. 145-151, hier 145).

669 Einem Schreiben der RÄK nach, war Nikolajew zuvor für Conradstein vorgesehen gewesen. Nikolajew bevorzugte Tiegenhof, aber vermutlich allein aufgrund der räumlichen Nähe zu Posen. Vgl. Zietz, RÄK, an Schlau, Einwandererberatungsstelle Posen, vom 18.3.1940 (APP, Vomi, 126, Bl. 90). Zum Dienstantritt Nikolajews in Tiegenhof vgl. Abschrift der Berufung Nikolajews durch die Gauselbstverwaltung zum kommissarischen Oberarzt der Anstalt Tiegenhof vom 22.4.1940 (Krankenhausarchiv Tiegenhof, Personalakte 95, Wladimir Nikolajew, Bl. 7).

670 Vernehmung von Wladimir Nikolajew am 7.5.1962 (BArch Ludwigsburg, B 162/507, Bl. 138-141, hier 138).

671 Vgl. Süß, Volkskörper im Krieg, S. 296 f. Zur Einschränkung der Insulinschocktherapie in den Anstalten vgl. Anordnung des Reichsbeauftragten für die Heil und Pflegeanstalten betr. Insulinverwendung vom 24.1.1942 (BArch Berlin, Rollfilm 41150 (Nitsche-Papers), Bl. 125116).

672 Vgl. Nikolajew, Gauheilanstalt Tiegenhof, an Gauhauptmann vom 13.1.1941 (Krankenhausarchiv Tiegenhof, Personalakte 95, Wladimir Nikolajew, Bl. 22); Gauselbstverwaltung an Ratka, Direktor der Anstalt Tiegenhof, vom 4.2.1941 (ebd., Bl. 23); sowie Reisekostenrechnung Nikolajews, o. D. (ebd., Bl. 28).

673 Zu Villinger vgl. Hans-Walter Schmuhl, Zwischen vorauseilendem Gehorsam und halbherziger Verweigerung. Werner Villinger und die nationalsozialistischen Medizinverbrechen. In: Der Nervenarzt, 11 (2002), S. 1058-1063.

674 Vgl. Vernehmung von Wladimir Nikolajew am 7.5.1962 (BArch Ludwigsburg, B 162/507, Bl. 138-141); sowie Vernehmung von Wladimir Nikolajew vom 25.7.1962 (ebd. Bl. 142-144).

Arztes Hans Nolte beabsichtigte man auch in Tiegenhof „im angemessenen Rahmen Hirnforschung“ zu betreiben.[675] Vor diesem Hintergrund wurde 1942 von der Gauselbstverwaltung in Posen schließlich auch eine Neurologische Abteilung eingerichtet, an deren Aufbau sich Nikolajew maßgeblich beteiligte.[676] Diese sollte „neben der allgemeinen Belebung der klinischen Seite des Anstaltsbetriebes zu Forschungszwecken beitragen und dadurch den Ausbau der therapeutischen Methoden fördern. Gleichzeitig soll[te] sie der Aus- und Fortbildung junger Ärzte dienen“ und das „Ansehen“ der Anstalt in der Bevölkerung wieder heben, hatte dieses „Ansehen“ doch durch die zahlreichen ungeklärten Todesfälle und unklaren Verlegungen deutlich Schaden genommen.[677] Ganz ähnliche Forderungen wurden übrigens zeitgleich auch von namhaften Psychiatern - unter ihnen auch der ärztliche Leiter der „T4“ Nitsche - im Kontext der Planungen zu einer Reorganisation und Neuausrichtung des Anstaltswesens erhoben, die vor dem Hintergrund eines drohenden Bedeutungsverlusts der Anstaltspsychiatrie im Zuge der „Euthanasie“ zu sehen sind.[678] 1943 - die neurologische Abteilung in Tiegenhof hatte bereits erste Aufnahmen zu verzeichnen[679] und weitere Schritte unternommen, um „Tiegenhof zu einem Kranken-

675 Vernehmung von Hans Nolte am 12.10.1962 (ebd., Bl. 196-204, hier 199). Hans Nolte hatte 1930-1936 in Wien Medizin studiert. Anschließend war er als Medizinalpraktikant in Rostock und Leobschütz tätig, bevor er 1937 Arzt im Gesundheitsamt Burgdorf/Hannover, später im Gesundheitsamt Norden/Ostfriesland wurde. Im November 1940 trat er seinen Dienst in der Gauheilanstalt Tiegenhof an. Seine Versetzung hatte er, der Psychiater werden wollte, nach eigenen Angaben selbst forciert. Er blieb dort bis zu seiner Einberufung zur Wehrmacht zum März 1942. Nach dem Krieg ließ er sich als Nervenarzt in Speyer nieder. Vgl. Vernehmung von Hans Nolte am 14.8.1962 (ebd., Bl. 194 f.); sowie Personalbogen der Gauheilanstalt Tiegenhof vom 29.5.1941 (Krankenhausarchiv Tiegenhof, Personalakte Nr. 90, Hans Nolte, unpag.).

676 Vgl. Vernehmung von Wladimir Nikolajew am 25.7.1962 (BArch Ludwigsburg, B 162/507, Bl. 142-144). Vgl. auch Gauselbstverwaltung an Abt. II beim Reichsstatthalter, betr. Einrichtung einer neurologischen Abteilung vom 15.1.1942 (APP, RStH, 2141, Bl. 70-72).

677 Gauselbstverwaltung an Abt. II beim Reichsstatthalter, betr. Einrichtung einer neurologischen Abteilung vom 15.1.1942 (APP, RStH, 2141, Bl. 70-72, hier 70).

678 In Reaktion auf den Aufsatz „Gedanken zum Problem der Reorganisation des deutschen Irrenwesens, auch im Hinblick auf die Heil- und Pflegeanstalten“ von Gerhard Hanko, forderte Nitsche in einem Bericht für Brack alias Jennerwein vom 15.11.1941, eine Vernetzung von Anstalten und Forschungseinrichtungen, um den „wissenschaftlichen Verkehr“ zu fördern. Der Direktor der Anhaltinischen Nervenklinik in Bernburg, Willi Enke, von Nitsche um eine Stellungnahme gebeten, ging noch einen Schritt weiter. Er sprach sich dafür aus, dass „die Anstalten selbst wissenschaftliche Forschungsstätten sein“ müssten. Vgl. Bericht Nitsches über den Aufsatz „Gedanken zum Problem der Reorganisation des deutschen Irrenwesens, auch im Hinblick auf die Heil- und Pflegeanstalten“ vom 15.11.1941 (BArch Berlin, Rollfilm 41149 (Nitsche-Papers), Bl. 126461-126471, hier 126469); sowie Enke an Nitsche vom 6.7.1942 (ebd., Bl. 126458-126460, hier 126459). Vgl. auch Böhm/Markwardt, Hermann Paul Nitsche, S. 92.

679 1943 wurden insgesamt 30 Patienten aufgenommen. Bis zum Januar 1945 weitere 116. Vgl. Aufnahmebuch der Heilanstalt Tiegenhof 1942-1948 (Krankenhausarchiv Tiegenhof).

haus mit allen modernen therapeutischen Möglichkeiten zu entwickeln“[680] – postulierte Nitsche gemeinsam mit weiteren anerkannten Psychiatern, dass die psychiatrischen Anstalten in Zukunft für die Forschung „nutzbar gemacht“ werden sollten. Dazu sei eine „organisatorische Verbindung mit der Deutschen Forschungsanstalt für Psychiatrie, mit Universitätskliniken und anderen Forschungsinstituten“ herzustellen.[681] In Tiegenhof war dies bereits geschehen, namentlich durch Nikolajew. In diesem Sinne war die Anstalt Tiegenhof hinsichtlich ihrer therapeutischen und wissenschaftlichen Möglichkeiten tatsächlich modern und fortschrittlich. Diese Attribute sind vor dem Hintergrund der medizinischen Forschung im Nationalsozialismus – Aly prägte hier den Topos vom „schmutzigen Fortschritt“[682] – jedoch nicht unproblematisch, und es stellt sich unweigerlich die Frage, die auch Nikolajew im Kontext der Strafverfolgung nach 1945 zu beantworten hatte, welcher Art seine Forschungen in Tiegenhof waren. Nikolajew erklärte, es wären in Tiegenhof „keinerlei Experimente“ durchgeführt worden, es habe vielmehr „normaler Anstaltsbetrieb“ geherrscht, innerhalb dessen seine Behandlungsmethoden „durchaus akzeptiert“ worden seien.[683] Dass diese Behandlungsmethoden allerdings nicht ungefährlich waren und zum Teil durchaus experimentellen Charakter gehabt haben dürften, steht vor dem Hintergrund der Untersuchungen Nikolajews im Jahr 1936/37 in Lettland aber außer Frage. Was die von Nolte erwähnte „Hirnforschung“, die mit Hilfe des neurohistologischen Labors betrieben werden sollte, anbelangt, so enthalten die vorliegenden Quellen nur wenige und recht vage Indizien. Dazu zählt, dass Nikolajew im August 1942 zur Verleihung des Kriegsverdienstkreuzes II. Klasse vorgeschlagen wurde, und zwar mit folgender Begründung: „Dr. Nikolajew hat die Gauheilanstalt Tiegenhof während der Abwesenheit des Anstaltsleiters seit etwa 1 Jahr vertretungsweise in vorbildlicher Weise geleitet und sich durch den Ausbau des neurohistologischen Laboratoriums, sowie durch wissenschaftliche Forschungsarbeiten besonders verdient gemacht.“[684]

Welcher Art auch immer diese „Forschungsarbeiten“ gewesen sein mögen, sie dürften mit dem Weggang Nikolajews im Sommer 1942 stagniert, wenn nicht

680 Vgl. Vernehmung von Wladimir Nikolajew am 7.5.1962 (BArch Ludwigsburg, B 162/507, Bl. 138–141, hier 140).

681 „Gedanken und Anregungen betr. die künftige Entwicklung der Psychiatrie“, gemäß Vereinbarung zwischen Prof. Rüdin/München, Prof. de Crinis/Berlin, Prof. C. Schneider/Heidelberg, Prof. Heinze/Görden, Prof. Nitsche/Berlin, o. D. (Juni 1943) (BArch Berlin, Rollfilm 41149 (Nitsche-Papers), Bl. 126420–126427, hier 126425).

682 Götz Aly, Der saubere und schmutzige Fortschritt. In: ders. u. a. (Bearb.), Reform und Gewissen. „Euthanasie“ im Dienst des Fortschritts, Berlin (West) 1985, S. 9–78. Seit diesem Aufsatz sind zahlreiche Veröffentlichungen zum Thema der medizinischen Forschung im Kontext der „Euthanasie“-Verbrechen erschienen. Erwähnt sei hier nur Schmuhl, Hirnforschung. Vgl. weiter Jütte, Medizin und Nationalsozialismus.

683 Vernehmung von Wladimir Nikolajew am 25.7.1962 (BArch Ludwigsburg, B 162/507, Bl. 142–144, hier 142).

684 Vorschlagsliste und Begründungen der Gauselbstverwaltung Posen für die Verleihung von Kriegsverdienstkreuzen und Kriegsverdienstmedaillen vom 6.8.1942 (StA Hamburg, 213-12, Nr. 13, Band 73, Bl. 57–59, hier 59).

sogar eingestellt worden sein. Nachdem er sich nämlich so vehement und erfolgreich für einen Ausbau der therapeutischen und wissenschaftlichen Möglichkeiten in der Anstalt Tiegenhof eingesetzt hatte, trotz reichsweiter Einschränkungen,[685] und dafür auch die entsprechende Würdigung erhalten hatte, beendete er seine Tätigkeit als „Wissenschaftler und Facharzt" durch eine freiwillige Meldung zur Wehrmacht.[686] Er begründete diese damit, dass die Leitung der Anstalt, die ihm aufgrund der Abstellung Viktor Ratkas im September 1941 zur „T4" vertretungsweise übertragen worden war,[687] ihm „keine Zeit mehr für seine wissenschaftliche Tätigkeit" gelassen hätte.[688] Außerdem habe er wiederholt festgestellt, dass „außenstehende Personen ohne [s]eine Genehmigung innerhalb der Verwaltung tätig wurden und sich an den Karteien bzw. Akten zu schaffen machten. Es sollen dies SS-Leute in Zivil gewesen sein."[689] Hierbei handelte es sich höchstwahrscheinlich um die bürokratische Abwicklung und Verschleierung der frühen Krankenmorde, diente doch die Anstalt Tiegenhof als fiktive Begräbnisstätte für über 1500 ermordete Patienten der Anstalten des Warthegaus. Auch 1942 trafen noch zahlreiche Anfragen von Angehörigen bei der sogenannten „Zentralstelle für Krankenverlegungen", die in der Gauselbstverwaltung Posen ihren Sitz hatte, ein. Diese setzte sich wiederum mit der Anstalt Tiegenhof in Verbindung, die ein fingiertes Gräberverzeichnis führte, und teilte den Hinterbliebenen auf der Basis dieses Verzeichnisses eine imaginäre Grabstelle mit. In Tiegenhof beerdigt worden waren diese Patienten nie. Sie wurden stattdessen in unbekannten Massengräbern verscharrt.[690] Davon dürfte Nikolajew als stellvertretender Anstaltsdirektor genaue Kenntnis gehabt haben, sodass zu vermuten ist, dass sein Ausscheiden auch mit den Krankenmordaktionen zusammenhing, auch wenn er davon nie genaue Kenntnis erhal-

685 1942 untersagte der Reichsbeauftragte für die Heil- und Pflegeanstalten neue Insulinbehandlungen. Die Zuteilung von Insulin erfolgte nun nur noch auf spezielle Anfrage bei der „T4", so auch im Falle Tiegenhofs Vgl. Anordnung des Reichsbeauftragten für die Heil- und Pflegeanstalten betr. Insulinverwendung vom 24.1.1942 (BArch Berlin, Rollfilm 41150 (Nitsche-Papers), Bl. 125116); sowie Vernehmung von V. Ratka am 6.2.1963 (HessHStA, Abt. 631a/1475, unpag.).

686 Vgl. Vernehmung von Wladimir Nikolajew am 25.7.1962 (BArch Ludwigsburg, B 162/507, Bl. 142–144); sowie Mitteilung der Anstaltsdirektion Tiegenhof an die Gauselbstverwaltung über die Einberufung Nikolajews vom 5.6.1942 (Krankenhausarchiv Tiegenhof, Personalakte 95, Wladimir Nikolajew, Bl. 61).

687 Vgl. Abordnung V. Ratkas zur Gemeinnützigen Stiftung für Anstaltspflege/"T4" durch die Gauselbstverwaltung Posen am 21.8.1941 (Krankenhausarchiv Tiegenhof, Personalakte 103, Viktor Ratka, Bl. 116); sowie Beauftragung Nikolajews mit der vertretungsweisen Leitung der Anstalt durch die Gauselbstverwaltung vom 27.8.1941 (ebd., Bl. 117).

688 Vernehmung von Wladimir Nikolajew am 6.5.1963 (BArch Ludwigsburg, B 162/507, Bl. 145–151).

689 Vgl. Vernehmung von Wladimir Nikolajew am 25.7.1962 (ebd., Bl. 142–144, hier 143).

690 Vgl. Gräberverzeichnis (Krankenhausarchiv Tiegenhof); streng vertrauliches Schreiben der Zentralstelle für Krankenverlegung an Jobst, Anstalt Tiegenhof, vom 2.2.1943 (ebd., Ausstellungsexponat); sowie Jan Gallus, Dziekanka in den Jahren 1939–45. Ein Bild ihres Anteils und ihrer Rolle in der Vernichtung von geisteskranken Polen (Übersetzung aus dem Polnischen) (BArch Ludwigsburg, B 162/25598, Bl. 30–52).

ten haben will. Nikolajew blieb bis zum Kriegsende im Dienst der Wehrmacht. Nach dem Krieg praktizierte er als Facharzt für Neurologie und Psychiatrie in Uelzen. Im Rahmen der Ermittlungen gegen Ratka in den 1960er Jahren geriet auch Nikolajew unter Verdacht. Nach dessen Tod galt er im nachfolgenden Ermittlungsverfahren der Staatsanwaltschaft Hildesheim, das seit 1974 gegen Friemert und andere Beteiligte des Krankenmordes im Warthegau angestrengt wurde, als Hauptverdächtiger im Falle Tiegenhofs.[691] Friemert wie auch Nikolajew verstarben jedoch bereits ein Jahr später. 1978 musste das Verfahren eingestellt werden, obwohl es nach Einschätzung der Staatsanwaltschaft Hildesheim „weitestgehend gelungen [sei], die Tötung von Geisteskranken und Alten im Reichsgau Wartheland aufzuklären und die Verantwortlichen in der Gau-Selbstverwaltung, in den einzelnen Heilanstalten und bei dem Sonderkommando, das die Tötungsaktionen durchführte, - jedenfalls namentlich - zu ermitteln".[692] Die in Frage kommenden Täter waren entweder verstorben, nicht verhandlungsfähig oder nicht auffindbar.

Die Ermittlungen der Nachkriegszeit richteten sich im Falle Nikolajews jedoch nicht auf seine Tätigkeit als „Wissenschaftler", sondern auf die als Oberarzt und stellvertretender Anstaltsleiter, da er in dieser Funktion an den Krankenmorden beteiligt gewesen war. Dem Ausbau der Heilanstalt Tiegenhof zu einer Vorzeigeeinrichtung, einer „vorbildlichen Heilanstalt für Deutsche" mit besten therapeutischen Möglichkeiten, stand die zielgerichtete Ermordung von Anstaltsinsassen gegenüber. In Tiegenhof lässt sich somit die Dichotomie von „Heilen und Vernichten" an ein und demselben Ort aufzeigen, einem Ort, an dem sich gleichzeitig die Mehrzahl der volksdeutschen Psychiatriepatienten befand.

Dabei standen die frühen Krankenmorde nicht in direktem Zusammenhang mit der „Aktion T4". In das Visier der „T4" gerieten die Anstalten des Warthegaus nämlich erst im Mai 1940. Den Auftakt für die Einbeziehung des Warthegaus in die „Aktion T4" bildete dabei das Schreiben des RMdI vom 24. Mai 1940 an alle Regierungspräsidenten, in welchem diese aufgefordert wurden, „*bis zum 1. Juli 1940* ein Verzeichnis der im dortigen Bezirk vorhandenen Heil- und Pflegeanstalten aller Art herzureichen".[693] Unter dem Rubrum „Erfassung der Heil- und Pflegeanstalten" sollten alle die Anstalten, in denen „Geisteskranke, Epileptiker und Schwachsinnige *nicht nur vorübergehend* verwahrt werden" in besagter Liste aufgeführt werden.[694] Wie im „Altreich" bereits 1939 geschehen, verschaffte sich das RMdI, respektive die „T4" so zunächst einen Überblick über

691 Die Ermittlungsunterlagen befinden sich in NdsHStA Hannover, Nds. 721, Hildesheim, Acc. 48/88, Nr. 20.

692 Staatsanwaltschaft Hildesheim an Zentrale Ermittlungsstelle in Ludwigsburg, betr. Einstellung des Verfahrens gegen Unbekannt vom 11.12.2001 (BArch Ludwigsburg, AR-Z 19/99, Bl. 237 f., hier 238).

693 RMdI an Regierungspräsidenten in Litzmannstadt/Lodz, betr. Erfassung der Heil- und Pflegeanstalten vom 24.5.1940 (APŁ, Akt Rejencji Łodzkiej, 625, Bl. 25). Hervorhebung im Original.

694 Ebd. Hervorhebung im Original.

die in Frage kommenden Einrichtungen. Etwa einen Monat später übersandten die Regierungspräsidenten die gewünschte Aufstellung.[695] Auf der Basis dieser Meldungen verschickte das RMdI die Meldebögen der „T4“ an die Heilanstalten des Warthegaus, wo sie die nach Aussagen Ratkas im Herbst 1940 eintrafen.[696] In Tiegenhof wurden diese im Oktober 1940, im Januar und im Juli 1941[697] von den Anstaltsärzten, darunter auch Nikolajew, unterschiedslos für alle Patienten ausgefüllt und von Ratka „nach Prüfung und in Einzelfällen nach Besprechung“ unterschrieben.[698] Nikolajew will sich später noch genau daran erinnern können, dass „von Dr. Ratka die Direktive ausgegeben [worden sei], bei der Diagnose die Frage der Heilbarkeit großzügig zu beantworten“.[699] Dies sei „Ausdruck seiner inneren Einstellung zu den Patienten“ gewesen. Ratka habe „verhältnismäßig wenig die (unheilbare) Schizophrenie diagnostiziert, sondern viel öfter das (heilbare) manisch-depressive Irresein“.[700] Auch die „Frage der Arbeitsfähigkeit“ sei, so Nikolajew weiter, wohlwollend beurteilt worden. Ein ganz anderes Bild zeichnet hingegen einer der wenigen noch im Duplikat erhaltenen, ausgefüllten Meldebögen der Gauheilanstalt Tiegenhof, der die Paraphe Ratkas trägt. Es handelt sich um den Meldebogen Nr. 651, datiert auf den 22. Januar 1941, ausgefüllt für den Patienten Albert R.[701] Neben dem Fehlen persönlicher Angaben wie Geburtsdatum („unbekannt“), Familienstand („?“), Angaben zu Dauer und Ort der bisherigen Anstaltsbehandlung („?“) und Therapie („-“) fällt hier vor allem die Diagnose „Schizophrenie + angeborener Schwachsinn“ auf, die in bezeichnendem Duktus mit folgenden „Hauptsymptomen“ beschrieben wird: „völlig abgestumpft, interesselos, ohne jede Initiative,

695 Vgl. handschriftliche Vorlage des Schreibens des Regierungspräsidenten in Litzmannstadt/Lodz an das RMdI, betr. Erfassung der Heil- und Pflegeanstalten, einschließlich Liste der z. Zt. im Regierungsbezirk Litzmannstadt bestehenden Heil- und Pflegeanstalten vom 27.6.1940 (abgesandt am 2.7.1940) (APŁ, Akt Rejencji Łodzkiej, 625, Bl. 23 f.).

696 Auch in Westpreußen trafen die Meldebögen der „T4“ im Herbst 1940 ein, sodass die Einbeziehung der beiden neuen Gaue im Osten des Reiches offensichtlich zeitgleich erfolgte. Vgl. zur „Aktion T4“ in Westpreußen, Schilter, Unmenschliches Ermessen, S. 127 f.

697 Die noch erhaltenen Meldebögen, die nummeriert wurden, sind auf den 30.10.1940, 22.1.1941 und den 8.7.1941 datiert. Die Meldebogenerfassung am 8.7.1941 stand vermutlich direkt mit dem „T4“-Transport vom 25.7.1941 in Verbindung. Einer der noch erhaltenen Meldebögen dieses Datums trägt die laufende Nr. 780. Da bis zum 31.8.1941 insgesamt 792 Meldebögen ausgefüllt worden waren, muss es sich hier um die letzten Erfassungen gehandelt haben. Vgl. Liste der deutschen Anstalten für Geisteskranke und Schwachsinnige vom 31.8.1941 (NARA II, RG-338, T-1021, r. 11, Bl. 125291-125334, hier 125321); sowie Meldebogen der Gauheilanstalt Tiegenhof, ausgefüllt für Immanuel I., datiert auf den 8.7.1941 (Salus gGmbH Fachklinikum Uchtspringe, Patientenakte Immanuel I., Bl. 7).

698 Vgl. Vernehmung von Viktor Ratka am 24./25.8.1961 (HessHStA, Abt. 631a/1475, Bl. 1-12, hier 1 f.).

699 Vernehmung von Wladimir Nikolajew am 6.5.1963 (BArch Ludwigsburg, B 162/507, Bl. 145-151, hier 149).

700 Ebd.

701 Meldebogen der Gauheilanstalt Tiegenhof, ausgefüllt für Albert R., datiert auf den 22.1.1941 (Salus gGmbH Fachklinikum Uchtspringe, Patientenakte Albert R., Bl. 4).

eine geistige Ruine". Der Patient sei „zu keiner Beschäftigung zu bewegen".[702] Von einer wohlwollenden Beurteilung des Patienten kann hier nicht in Ansätzen gesprochen werden.

Der Meldebogen von Albert R. ist aber auch hinsichtlich eines weiteren Aspekts der Meldebogenerfassung in Tiegenhof aufschlussreich. Offensichtlich wurde beim Ausfüllen der Meldebögen auch der Staatsangehörigkeit besondere Beachtung geschenkt. Dies lag sicher nicht zuletzt auch in der besonderen Patientenzusammensetzung in Tiegenhof begründet. Im Falle von Albert R. ist unter der Rubrik „Staatsang[ehörigkeit]" vermerkt: „Bessarabiend[eutscher]".[703] Auch in den anderen noch erhaltenen Meldebögen der Anstalt Tiegenhof wurden unter dieser Rubrik recht differenzierte Angaben gemacht, zum Beispiel „Balten D[eutscher]".[704] Diese Beispiele machen deutlich, dass die volksdeutschen Patienten in die Meldebogenerfassung definitiv einbezogen wurden und nicht etwa durch eine Sonderregelung davon ausgenommen worden waren. Eine spezifische, explizite Anweisung, dass auch diese Patienten zu melden seien, erging jedoch nicht.[705] Die Erfassung der volksdeutschen Patienten ergab sich anscheinend vielmehr zwangsläufig aus der Aufforderung, für alle Patienten einen Meldebogen auszufüllen. Selbst wenn eine solche Anweisung nicht gegeben worden sein sollte - was angesichts der Zahl der ausgefüllten Meldebögen und der in diesem Punkt glaubwürdig erscheinenden Aussagen Ratkas unwahrscheinlich ist - so wären die volksdeutschen Patienten vermutlich dennoch erfasst worden. Denn auf sie traf, ebenso wie auf die Baltendeutschen in Arnsdorf in der Regel wenigstens ein Meldekriterium, von den Diagnosen einmal abgesehen, zu: die fehlende deutsche Staatsbürgerschaft. Bis auf die einzeln eingewiesenen, also zunächst angesiedelten Kranken und einige Einzelfälle hatten die volksdeutschen Patienten nämlich nicht das Einbürgerungsprozedere der EWZ durchlaufen und damit auch nicht rechtsgültig die deutsche

702 Ebd.
703 Ebd.
704 Vgl. zum Beispiel Meldebogen mit dem Stempel der Landesheilanstalt Tiegenhof, ausgefüllt für Andreas O., datiert auf den 30.10.1940 (APG, Heilanstalt Meseritz-Obrawalde, Nr. 2760, Bl. 4).
705 Anders war dies im Protektorat Böhmen und Mähren. Die in den dortigen Heilanstalten untergebrachten Patienten deutscher Volkszugehörigkeit, hier auch als Volksdeutsche bezeichnet, wurden im Juni/Juli 1941 unter dem Deckmantel „der statistischen Erfassung der Geisteskranken und Schwachsinnigen deutscher Volkszugehörigkeit" systematisch und explizit in die Meldebogenerfassung einbezogen, was darauf hindeutet, dass sie zuvor nicht oder nur zufällig erfasst worden waren. Zu einer Verlegung dieser Patienten kam es aufgrund des Stopps der „Aktion T4" jedoch nicht mehr. Vgl. weiterführend Michal Šimůnek, Die NS-„Euthanasie" in Böhmen und Mähren 1939–1942. Stand der Forschung. In: Maike Rotzoll u. a. (Hg.), Die nationalsozialistische „Euthanasie"-Aktion „T4" und ihre Opfer. Geschichte und ethische Konsequenzen für die Gegenwart, Paderborn 2010, S. 156–168; sowie ders., Planung der nationalsozialistischen „Euthanasie" im Protektorat Böhmen und Mähren im Kontext der Gesundheits- und Bevölkerungspolitik der deutschen Besatzungsbehörden (1939-1942). In: ders./Dietmar Schulze (Hg.), Die nationalsozialistische „Euthanasie" im Reichsgau Sudetenland und Protektorat Böhmen und Mähren 1939–1945, Prag 2008, S. 117–198.

Staatsbürgerschaft verliehen bekommen.[706] Da sie die Staatsbürgerschaft der Herkunftsländer beim Verlassen des Landes verloren hatten, galten sie als Staatenlose. Dies erklärt auch, warum die Tiegenhofer Ärzte in den Meldebögen der volksdeutschen Patienten unter der Rubrik Staatsangehörigkeit nicht „Deutsches Reich" angegeben hatten, sondern die bisherige Volksgruppenzugehörigkeit. Die Ärzte waren sich also der staatsrechtlichen Zwitterstellung der volksdeutschen Patienten durchaus bewusst und griffen daher auf völkische Kategorien zurück, um diese Sonderstellung zu markieren.

Diese besondere Eintragung dürfte den „Gutachtern" der „T4" trotz der bekanntlich akkordartigen „Begutachtung" der Meldebögen aufgefallen sein, umso mehr, da derartige Eintragungen insbesondere bei den Bögen aus dem Warthegau hundertfach zu finden gewesen sein müssen. Es ist deshalb anzunehmen, dass die „Gutachter" in dieser Frage Ende 1940 mit den „Obergutachtern" Rücksprache hielten und später eine generelle Entscheidung getroffen wurde, ob und wie die Volksgruppen- bzw. Staatsangehörigkeit zu berücksichtigen sei. Diese Entscheidung fiel vor dem Hintergrund einer generellen Überarbeitung der „Begutachtungsrichtlinien" durch die beiden „Euthanasie-Beauftragten" Bouhler und Brandt Anfang 1941. Nach Rücksprache mit Hitler in Berchtesgaden im März 1941 trafen sie grundlegende, den Einzugsradius der „Aktion T4" erweiternde Entscheidungen, die unter anderem mit Fragen der Staatsangehörigkeit korrespondierten.[707] So wurde unter anderem unter Punkt 4 und 5 der „Entscheidungen der beiden Euthanasie-Beauftragten hinsichtlich der Begutachtung" festgelegt:

„4. In die Aktion sollen nur Reichsdeutsche einbezogen werden, also auch keine Polen. Es ist eine Zusammenfassung aller Polen in rein polnische Anstalten in den östlichen Gauen vorgesehen.
Außerhalb des Protektorats untergebrachte Tschechen mit Deutscher Staatsangehörigkeit können einbezogen werden. Tschechen mit Tschechischer Staatsangehörigkeit sollen ins Protektorat abgeschoben werden. Wenn sich die Staatsangehörigkeit nicht feststellen ließe, soll dieselbe nach Möglichkeit durch unsere Beauftragten festgestellt werden. In Fällen, wo sich die Staatsangehörigkeit auch dann noch nicht klären lässt, soll Zurückstellung bis zu einer abschließenden Besprechung mit Staatssekretär Frank erfolgen.
Auch feindliche Ausländer dürfen in die Aktion nicht einbezogen werden.
Von Staatenlosen nur diejenigen, um die sich nachweisbar längere Zeit Niemand gekümmert hat.
5. In Elsass, Lothringen, Luxemburg, Eupen, Malmedy, Protektorat und Gouvernement zunächst nicht arbeiten."[708]

706 Dies galt insbesondere für die mit den großen Krankentransporten eingetroffenen volksdeutschen Patienten.

707 Vgl. Entscheidungen der beiden „Euthanasie"-Beauftragten hinsichtlich der Begutachtung, unter Einbeziehung der Ergebnisse der Besprechung in Berchtesgaden am 10.3. 1941 (BArch Berlin, Rollfilm 41151 (Nitsche-Papers), Bl. 127398 f.); sowie Entscheidungen der beiden „Euthanasie"-Beauftragten hinsichtlich der Begutachtung vom 30.1.1941 (ebd., Bl. 127400 f.).

708 Entscheidungen der beiden Euthanasie-Beauftragten hinsichtlich der Begutachtung, unter Einbeziehung der Ergebnisse der Besprechung in Berchtesgaden am 10.3.1941 (ebd., Bl. 127398 f.).

Volksdeutsche finden hier jedoch nicht explizit Erwähnung. Implizit fielen sie aber unter die Gruppe der „Staatenlosen“, die durchaus in die „Aktion T4“ einbezogen werden sollte, sofern kein Kontakt zu Angehörigen bestand, Proteste also nicht zu erwarten waren. Dies traf natürlich auf eine Vielzahl der volksdeutschen Patienten in den Anstalten des Warthegaus zu und ging zudem deutlich aus den Meldebögen hervor.[709] Erst in diesem Zusammenhang wird also wirklich deutlich, welche (indirekten) Folgen die Selektion der Kranken in den Herkunftsgebieten und die anschließende Separierung dieser während des Abtransportes hatte - sie begünstigte nicht nur die Psychiatrisierung, sondern auch die Einbeziehung der volksdeutschen Patienten in die „Aktion T4“. Ob dabei wirklich das Attribut „staatenlos“ für die Einbeziehung dieser Patienten in die „Aktion T4“ ausschlaggebend war, lässt sich aufgrund fehlender Quellen abschließend nicht beantworten. Dass das Kriterium der Staatsangehörigkeit prinzipiell eine nicht unbeträchtliche Rolle bei der Begutachtung spielen sollte, steht angesichts der Entscheidungen der „Euthanasie-Beauftragten“ jedoch außer Frage.[710] Im Falle der Volksdeutschen könnte es allerdings zu einer „Aufweichung“ des Kriteriums „Staatsangehörigkeit“ gekommen sein. Es wäre nämlich durchaus denkbar, dass die volksdeutschen Patienten, auch ohne offiziell die deutsche Staatsbürgerschaft erhalten zu haben, in praxi den „Reichsdeutschen“ einfach gleichgestellt wurden, waren sie doch der „Volkszugehörigkeit“ nach Deutsche. Sie gehörten also, ideologisch betrachtet, qua Abstammung sehr wohl zum imaginären deutschen „Volkskörper“, den es gesund zu erhalten galt. Staatsrechtliche Fragen dürften gegenüber diesen rassenideologischen Grundsätzen, nach denen eine Einbeziehung der Volksdeutschen in die „ausmerzenden“ aber auch die „fördernden“ Maßnahmen nur konsequent erschien, zurückgetreten sein. Hinzu kommt, dass keine außenpolitische Verwicklungen zu befürchteten waren, ebensowenig wie innenpolitische, rechnete man doch kaum mit Protesten der Angehörigen, da diese durch die Umsiedlung, die Lagerunterbringung, durch Lagerwechsel und Ansiedlung nur schwer Kontakt zu den Kranken hatten halten können. Etwas anders sah dies übrigens bei den südtiroler Psychiatriepatienten aus, die seit dem Frühjahr 1940 in württembergische Heilanstalten „umgesiedelt“ wurden. Bei diesen war der Kontakt zu den Angehörigen nicht immer abgerissen und außerdem außenpolitische Vorsicht geboten. Hier sollte deshalb eine Sonderregelung getroffen werden, auf die in Kapitel V noch ausführlich eingegangen wird.

Bezüglich der Gründe, die den Ausschlag für die Einbeziehung der volksdeutschen Patienten in die „Aktion T4“ gaben, bleibt man letztlich auf Vermutungen

709 Vgl. zum Beispiel Meldebogen der Heilanstalt Tiegenhof, ausgefüllt für Martha M., datiert auf den 30.10.1940 (APG, Heilanstalt Meseritz-Obrawalde, 2451, Bl. 2); sowie Meldebogen der Heilanstalt Tiegenhof, ausgefüllt für Albert R., datiert auf den 22.1.1941 (Salus gGmbH Fachklinikum Uchtspringe, Patientenakte Albert R., Bl. 4).

710 Dennoch wurden auch tschechische und polnische Patienten in die „Aktion T4“ einbezogen. Vgl. dazu und zur Bedeutung der Entscheidungen der „Euthanasie-Beauftragten“ für die Region Böhmen-Mähren Šimůnek, NS-„Euthanasie“ in Böhmen und Mähren, S. 162-168.

angewiesen. Ein harter Fakt hingegen ist die Zahl der am 25. Juli 1941 im Rahmen eines „T4“-Transportes aus Tiegenhof „verlegten“ volksdeutschen Patienten: 283 von insgesamt 283. Alle „verlegten“, und damit von der „T4“ zur Tötung bestimmten Patienten waren also volksdeutscher Herkunft.[711] In erster Linie befanden sich unter diesen „Verlegten“ die Patienten, die Tiegenhof in großen Krankentransporten erreicht hatten. Von den insgesamt 283 aus Tiegenhof verlegten Patienten stammten allein 130 aus dem im Mai 1940 eingetroffenen Baltentransport und über 50 aus dem im Oktober 1940 aus Bessarabien und der Bukowina eingetroffenen Krankentransport. Zwei kamen aus dem „Alterserholungsheim für Baltendeutsche“ in Schwetz nach Tiegenhof, vier aus Conradstein.[712] Diese Verlegungen aus Schwetz und Conradstein standen aber höchstwahrscheinlich noch nicht im Zusammenhang mit dem späteren „T4“-Transport. Ganz anders verhielt sich dies bei den Verlegungen von Patienten der Anstalten Warta und Gostynin im Juli 1941 nach Tiegenhof.

Auch in Warta und Gostynin waren im Herbst 1940 die Meldebögen der „T4“ eingetroffen und ausgefüllt worden. Laut einer „T4“-internen Übersicht retournierte die Anstalt Warta insgesamt 429, die Anstalt Gostynin 434 ausgefüllte Meldebögen nach Berlin.[713] Im Falle der Anstalt Gostynin entsprach diese Zahl in etwa der Gesamtbelegung, sodass davon auszugehen ist, dass auch hier für alle Patienten Meldebögen ausgefüllt worden sind.[714] Anders verhielt sich dies in Warta, wo die Zahl der Neuaufnahmen allein 1940 bei über 600 lag.[715] Welche Gruppe von Patienten von der Meldebogenerfassung ausgenommen war, lässt sich jedoch nicht mehr rekonstruieren, denkbar wären die polnischen Patienten. Die volksdeutschen Patienten waren es sicher nicht, denn unter den am 18./19. Juli 1941 aus Warta nach Tiegenhof verlegten 184 Patienten befanden sich bis auf eine Ausnahme ausschließlich Volksdeutsche,[716] darunter viele der in den großen Krankentransporten aus Bessarabien, der Bukowina,

711 Dies ergab die Auswertung des Tiegenhofer Aufnahmebuches, aus welchem die Herkunft der volksdeutschen Patienten durch Abkürzungen wie „B“/“Baltd.“-Baltendeutscher, „V“-Volksdeutscher (aus Polen), „W“-Wolhyniendeutscher, „G“-Galiziendeutscher, „Bessarabd.“-Bessarabiendeutscher oder „Buchenlandd.“-Buchenlanddeutscher ersichtlich ist. Vgl. Aufnahmebuch der Heilanstalt Tiegenhof 1940–1942 (Krankenhausarchiv Tiegenhof).

712 Vgl. ebd.

713 Vgl. Liste der deutschen Anstalten für Geisteskranke und Schwachsinnige per 31.8.1941 (NARA II, RG-338, T-1021, r. 11, Bl. 125291–125334, hier 125321 und 125326).

714 Am 1.11.1940 sollen sich in der Anstalt Gostynin noch 142 Patienten befunden haben. Bis zum Zeitpunkt der „T4“-Verlegung lassen sich etwa 400 Neuaufnahmen und etwa 100 Verlegungen aus Gostynin nachweisen, sodass die Zahl von 434 Meldebögen in etwa der Zahl der in Gostynin untergebrachten Patienten entsprochen haben dürfte. Vgl. Aufnahmebücher der Heilanstalt Gostynin 1938–42, getrennt nach Männern und Frauen (Krankenhausarchiv Gostynin); sowie Nasierowski, Zagłada osob, S. 99–103.

715 Vgl. Aufnahmebuch der Gauheilanstalt Warta 1937–1942 (APŁ, Sieradz, Szpital Psychiatryczny w Warcie, 6865).

716 Ähnlich wie im Aufnahmebuch der Heilanstalt Tiegenhof ist auch im Aufnahmebuch der Heilanstalt Warta ein entsprechender Vermerk zur Volkszugehörigkeit bzw. Herkunft gemacht worden.

Dobrudscha und Litauen nach Warta gebrachten Kranken. Ähnlich verhielt sich dies bei den 80 am 16. Juli 1941 aus Gostynin nach Tiegenhof verlegten Patienten.[717]

Dass nahezu alle von der „T4“ selektierten Patienten aus Warta, Gostynin und Tiegenhof Volksdeutsche waren, lag höchstwahrscheinlich in der Patientenstruktur der Anstalten des Warthegaus begründet. Die Volksdeutschen stellten in diesen die Mehrzahl der Patienten, sodass die Gruppe der selektierten Patienten letztlich ein Abbild aller Patienten, darstellte.

Die „Verlegung“ der Patienten erfolgte dabei schrittweise. Zunächst wurden die von den „Gutachtern“ der „T4“ zur Tötung bestimmten Patienten in der Heilanstalt Tiegenhof konzentriert. Die Transporte aus Gostynin und Warta standen also bereits in direktem Zusammenhang mit der „Aktion T4“, wie auch eine Aussage des Wartaer Registraturbeamten verdeutlicht. Er erinnerte sich, dass er „vorgedruckte Postkarten mit der Anschrift von Angehörigen von Patienten versehen musste, wobei [ihm] der Text etwas sonderbar erschien. Es wurde den Angehörigen etwa sinngemäß vom Reichsstatthalter - Gauselbstverwaltung - oder in dessen Auftrag mitgeteilt, dass der Patient der Familie in eine andere Anstalt verlegt wurde, deren Name und Anschrift (noch?) nicht bekannt sei. Die Aufnahmeanstalt werde sich mit den Angehörigen unmittelbar in Verbindung setzen.“[718] Diese standardisierten Formulierungen wurden im Deutschen Reich tausendfach verwendet, immer mit ein und demselben Ziel: der Verschleierung der durch die Verlegung des Patienten in Gang gesetzten Ermordung in einer der „T4“-Tötungsanstalten. Tiegenhof diente hierbei lediglich als eine erste Station vor der Verlegung der Patienten in eine Zwischenanstalt und schließlich in eine Tötungsanstalt der „T4“. Dies wird offenbar, führt man sich die Umstände der Aufnahme der Patienten aus Gostynin und Warta in Tiegenhof vor Augen. Die Patienten wurden dort nicht regulär im Aufnahmebuch verzeichnet, also auch nicht offiziell aufgenommen. Stattdessen wurden sie im „Evakuierungsbuch“ der Anstalt Tiegenhof, wo zuvor alle im Fort VII in Posen oder mit

717 Vgl. Aufnahmebücher der Heilanstalt Gostynin 1938–42, getrennt nach Männern und Frauen (Krankenhausarchiv Gostynin). Hier finden sich allerdings nur zum Teil und weniger genau Hinweise auf die Herkunft der Patienten. Sie beschränken sich auf die Vermerke „P“ wie Polen und „N“ wie Niemiec/Deutsche.

718 Vernehmung von Helmut Humbert am 26.4.1975 (BArch Ludwigsburg, B 162/15600, Bl. 147–149, hier 148). Der Vordruck hatte folgenden Wortlaut: „Aufgrund eines Erlasses des zuständigen Herrn Reichsverteidigungskommissars wurde heute [Name] durch die Gemeinnützige Kranken-Transport-G.m.b.H. Berlin W 9, Potsdamer Platz 1, in eine andere Anstalt verlegt, deren Name und Anschrift mir noch nicht bekannt sind. Die aufnehmende Anstalt wird Ihnen eine entsprechende Mitteilung zugehen lassen. Ich bitte Sie, bis zum Eingang dieser Mitteilung von weiteren Anfragen abzusehen. Sollten Sie jedoch innerhalb 14 Tagen von der aufnehmenden Anstalt keine Mitteilung erhalten haben, so stelle ich anheim, bei der Gemeinnützigen Kranken-Transport-G.m.b.H. Rückfrage zu halten. Den etwaigen sonstigen Angehörigen des Kranken bitte ich erforderlichenfalls hiervon Mitteilung zu geben.“ Der Vordruck ist einem Schreiben der Gemeinnützigen Stiftung für Anstaltspflege („T4“) an das MdI in Karlsruhe vom 4.4.1941 beigelegt (NARA II, T 1021, RG 549, roll 17, unpag.).

Hilfe von Gaswagen ermordeten Patienten verzeichnet worden waren – also quasi einem Totenbuch – unter der Angabe „verlegt nach Uchtspringe" erfasst. Auch die für die Verlegung vorgesehenen Tiegenhofer Patienten wurden in diesem „Evakuierungsbuch" registriert.[719] Dies macht deutlich, dass die Verlegung nach Uchtspringe keine reguläre Verlegung war und dies den Ärzten und Verwaltungsbeamten durchaus bewusst gewesen sein muss. Die spätere Aussage Ratkas, er habe lediglich eine „unbestimmte Vermutung [gehabt], dass die Verlegung der Kranken Zielen dienen würde, die zum Nachteil der Kranken führen würden",[720] erscheint vor diesem Hintergrund geradezu verharmlosend, vor dem Hintergrund der Strafverfolgung jedoch nicht überraschend.

Nur wenige Tage, nachdem die Patienten aus Warta und Gostynin in Tiegenhof eingetroffen waren, wurden sie am 25. Juli 1941 zusammen mit Tiegenhofer Patienten – insgesamt 547 – in einem Bahntransport unter Gekrat-Leitung nach Uchtspringe gebracht.[721] Das Ziel der Verlegung unterlag wie bei allen „T4"-Transporten der Geheimhaltung und wurde den Angehörigen nicht mitgeteilt.

Die Patienten trafen in Uchtspringe am 26. Juli 1941 ein.[722] Uchtspringe fungierte zu diesem Zeitpunkt als Zwischenanstalt der „T4"-Tötungsanstalt Bernburg, sodass der weitere Weg der eingetroffenen Patienten eigentlich vorgezeichnet war: Nach einem kurzen Aufenthalt in Uchtspringe würde die Weiterverlegung nach Bernburg und damit die Ermordung folgen. Dazu kam es allerdings nicht mehr, denn der letzte „T4"-Transport nach Bernburg verließ Uchtspringe am 28. Juli 1941 – ohne die Patienten des Transports aus Tiegenhof. Nur der Stopp der „Aktion T4" verhinderte eine spätere Verlegung und damit die Ermordung dieser volksdeutschen Psychiatriepatienten – und zwar nur dieser, denn sie waren zielgerichtet, allerdings nicht als gesonderte Gruppe, sondern wie alle übrigen (reichs-)deutschen Patienten auch, in Meldebögen erfasst, „begutachtet" und zur Vernichtung verlegt worden. Die volksdeutschen Patienten wurden demnach definitiv nicht – wie von Aly angenommen – „vorsichtiger" behandelt, weder im Rahmen der „Aktion T4" noch im Kontext der späteren „dezentralen Euthanasie".[723]

Die nach Uchtspringe verlegten Patienten fielen später zu einem Großteil überdosierten Medikamenten, Unterernährung und unzureichender Versorgung zum Opfer. Zum einen war die Anstalt Uchtspringe 1942 selbst zu einem Ort der Krankenmorde geworden, sodass davon ausgegangen werden muss, dass bei den bis 1945 in Uchtspringe verstorbenen Patienten – 380 von 547 – der Tod bewusst herbeigeführt oder doch zumindest billigend in Kauf genommen

719 Vgl. „Evakuierungsbuch" der Heilanstalt Tiegenhof (Krankenhausarchiv Tiegenhof).

720 Vernehmung von Viktor Ratka am 24./25.8.1961 (HessHStA, Abt. 631a/1475, Bl. 1–12, Bl. 7).

721 Vgl. ebd., hier Bl. 6; sowie „Evakuierungsbuch" der Heilanstalt Tiegenhof (Krankenhausarchiv Tiegenhof).

722 Aufnahmeliste der Heilanstalt Uchtspringe 1937–1947 (Salus gGmbH Fachklinikum Uchtspringe). Vgl. auch Synder, Uchtspringe, S. 85. Synder ordnet Tiegenhof allerdings fälschlicherweise Westpreußen zu.

723 Aly, Endlösung, S. 122.

wurde.[724] Zum anderen war auch der Verlegung der übrigen Patienten ab 1942 eine Tötungsabsicht immanent. Das Ziel dieser Verlegungen waren ausgewiesene Anstalten der „dezentralen Euthanasie“: Meseritz-Obrawalde, Hadamar und Pfafferode. Die erste dieser Weiterverlegungen erfolgte am 5. November 1942 nach Hadamar, wobei sich unter den Patienten auch andere, in Uchtspringe im Kontext der „Aktion T4“ aufgenommene, befanden.[725] Betroffen waren 43 Patienten des Tiegenhofer Transportes, von denen bis Ende des Jahres 1942 bereits 34 verstorben waren. Die verbliebenen neun Patienten verstarben alle 1943, keiner überlebte Hadamar.[726] Ein ähnliches Schicksal ereilte die am 15./16. März 1944 im Rahmen zweier großer Transporte mit insgesamt über 200 Patienten nach Meseritz-Obrawalde verlegten 49 Patienten aus Tiegenhof.[727] Auch von den 25 am 29. Juni 1944 nach Pfafferode verlegten Tiegenhofer Patienten erlebte nicht einmal die Hälfte das Kriegsende.[728] Die mit der Verlegung der Patienten aus Tiegenhof nach Uchtspringe verfolgte Tötungsabsicht wurde demzufolge auch nach dem „Stopp“ der „Aktion T4“ konsequent weiterverfolgt, nun auf regionaler Ebene, nach wie vor jedoch unter Einschaltung der „T4“, namentlich deren „Zentralverrechnungsstelle Heil- und Pflegeanstalten“.[729] Im Rahmen dieses regionalisierten Patientenmordes, inner-

724 Vgl. Synder, Uchtspringe, S. 85. Der Nachweis ist im Einzelfall schwierig, da die Tötung der Patienten aus den Akten nicht klar hervorgeht. Indizien können zum Beispiel deutlich erhöhte Medikamentengaben, sofern diese dokumentiert wurden, oder eine einschlägige Todesursache sein.

725 Vgl. Aufnahmeliste der Heilanstalt Uchtspringe 1937-1947 (Salus gGmbH Fachklinikum Uchtspringe). Vgl. auch Synder, Uchtspringe, S. 85.

726 Für die Angaben über diese 43 Patienten und einen Auszug aus der Opferdatenbank danke ich Dr. Georg Lilienthal von der Gedenkstätte Hadamar.

727 Im Jahr 1944 verzeichnete die Anstalt Meseritz-Obrawalde über 3 800 Todesfälle. Zeitweise verstarben allein an einem Tag bis zu 29 Patienten. Genaue Angaben zur Sterblichkeit unter den aus Tiegenhof über Uchtspringe nach Meseritz verlegten Patienten können aufgrund unvollständiger Sterbeverzeichnisse für 1944 und 1945 nicht gemacht werden. Ein alphabetisches Hilfsregister zu den Sterberegistern, das für diesen Zeitraum existieren soll, konnte nicht aufgefunden werden. Anhand einiger Einzelfälle, die anhand noch erhaltener Krankenakten rekonstruiert werden konnten, lässt sich jedoch feststellen, dass die Patienten zum Teil bereits wenige Tage nach ihrem Eintreffen verstarben. Vor dem Hintergrund der massenhaften Tötungen mittels überdosierter Medikamente in Meseritz-Obrawalde dürften die angegebenen Todesursachen wohl fingiert und ein natürlicher Tod eher unwahrscheinlich gewesen sein. Konkrete Hinweise auf eine Tötung der Patienten enthalten die Patientenakten nicht - ein Grundproblem bei der Erforschung der „dezentralen Euthanasie“. Vgl. zum Beispiel Krankenakte Wilhelm M. (APG, Heilanstalt Meseritz-Obrawalde, Nr. 2534); Krankenakte Amalie R. (ebd., Nr. 3205) oder Krankenakte Konstantin S. (ebd., Nr. 3795). Zu den Tötungen in Meseritz-Obrawalde vgl. Übersetzung des Gutachtens des Sachverständigen Jozef Radzicki zum Strafverfahren gegen Lensch u. a. vom 31.8.1972 (StA Hamburg, 213-12, Nr. 13, Band 6, Bl. 3315-3419, hier 3364-3375).

728 15 von 25 Patienten verstarben bis zum Mai 1945. Vgl. Aufnahmebuch der Heilanstalt Pfafferode 1937-1945 (Archiv des Ökumenischen Hainich Klinikums Mühlhausen/ Pfafferode).

729 Der „Zentralverrechnungsstelle Heil- und Pflegeanstalten“ (ZVSt) wurde beispielsweise die Verlegung oder der Tod der Patienten mitgeteilt. Vgl. zum Beispiel Verfügung der

halb dessen die Entscheidungskompetenzen in erster Linie bei den Anstalten lagen, dürfte die volksdeutsche Herkunft der Patienten keine Rolle gespielt haben. Stattdessen rückten nun andere Faktoren wie der Pflegeaufwand, störendes Verhalten oder die Sauberkeit in den Vordergrund.

Wie wenig der Status „volksdeutsch" vor einer Einbeziehung in die NS-„Euthanasie" schützte, zeigt nicht zuletzt auch das Beispiel der Anstalt Tiegenhof selbst. Im Laufe des Jahres 1942 stieg dort die Sterblichkeit rapide an. Lag sie 1941 bei etwa 13 Prozent - was gegenüber der Vorkriegssterblichkeit von etwa zwei Prozent[730] bereits eine deutliche Erhöhung bedeutete -, so hatte sie sich nur ein Jahr später, 1942, nahezu verdreifacht. Auch in den nachfolgenden zwei Jahren bewegte sie sich um die 30-Prozentmarke herum, blieb also konstant hoch.[731] Sie lag damit beispielsweise höher als die Sterblichkeit in den Anstalten Wehnen oder Altscherbitz, in den Jahren 1942/43 auch höher als in Pfafferode, und war nur wenig geringer als in Weilmünster oder Eichberg.[732] Allen diesen Anstalten war gemein, dass sie etwa 1942 die Krankenmorde in veränderter Art und Weise und in regionaler Verantwortung (wieder) aufnahmen.[733] Eine solche regionale Verantwortung ist auch im Falle Tiegenhofs zu vermuten. Hier dürfte die Gauselbstverwaltung, wie auch bereits bei den frühen Krankenmorden, eine nicht unwichtige Rolle gespielt haben. Ohne die Mitwirkung des Anstaltsdirektors wäre eine solche dezentrale Mordaktion, die eine direkte und aktive Beteiligung des ärztlichen und pflegerischen Personals voraussetzte, jedoch nicht möglich gewesen. Überraschenderweise bekleidete den Posten des Direktors zum Zeitpunkt der Initialisierung der Morde in Tiegenhof allerdings nicht Viktor Ratka. Seine Zustimmung und Mitwirkung an den Morden hätte man angesichts seiner Involvierung in die frühen Krankenmorde und seiner zumindest in einer Einrichtung nachweisbaren Selektionstätigkeit während der zweiten Phase der Gaswagenmorde im Sommer 1941

Landesheilanstalt Uchtspringe über die Verlegung von Theresie G. nach Meseritz-Obrawalde vom 16.3.1944 (Mitteilung u. a. an ZVSt) (APG, Heilanstalt Meseritz-Obrawalde, Nr. 1044, Bl. 24).

730 Vgl. Übersetzung des Gutachtens des Sachverständigen Jozef Radzicki zum Strafverfahren gegen Lensch u. a. vom 31.8.1972 (StA Hamburg, 213-12, Nr. 13, Band 6, Bl. 3315-3419 und 3379).

731 Dies ergab die Auswertung der Aufnahmebücher der Heilanstalt Tiegenhof 1934-1940, 1940-1942 und 1942-1948 (Krankenhausarchiv Tiegenhof). Vgl. auch Aufzeichnungen des Friedhofswärters Tiegenhof (1939-1945) (StA Hamburg, 213-12, Nr. 13, Band 75, unpag.). Die Sterblichkeit wurde nach der von Faulstich verwendeten Formel berechnet (Todesfälle x 100, geteilt durch Gesamtpatientenzahl). Die Gesamtpatientenzahl errechnet sich aus dem Anfangsbestand, das heißt dem Patientenbestand zu Beginn eines Jahres (1.1.1940: 128 Patienten) und den Zugängen innerhalb dieses Jahres (1940: 949), sie betrug 1940 also 1 077. Somit ergibt sich für 1940 eine Sterblichkeit von 21 %. Zur Berechnung des Anfangsbestandes der Folgejahre wurden von der Gesamtpatientenzahl die Todesfälle und sämtliche Abgänge subtrahiert. Vgl. Faulstich, Hungersterben in der Psychiatrie, S. 61.

732 Eine Übersicht über die Entwicklung der Sterberaten in 59 staatlichen und drei Privatanstalten im Deutschen Reich, allerdings ohne Angaben zu Tiegenhof, für den Zeitraum von 1939-1945 ist zu finden in Faulstich, Hungersterben in der Psychiatrie, S. 583 f.

733 Vgl. weiterführend Süß, Volkskörper im Krieg.

voraussetzen können.[734] Viktor Ratka war aber seit September 1941 zur „T4" abgeordnet worden, er befand sich demnach nicht in Tiegenhof.[735] Hintergrund dafür sei, so Ratka, die endgültige Überprüfung seiner „Volkszugehörigkeit" gewesen, bis zu deren Abschluss man ihn zur Dienstleistung nach Berlin abgestellt habe - quasi zur „Bewährung".[736] Tatsächlich hatte seine Volkszugehörigkeit - er war Volksdeutscher aus Oberschlesien - zwar zunächst bewirkt, dass er auch nach der Übernahme der Anstalt Tiegenhof in die Verwaltung der Gauselbstverwaltung den seit 1934 bekleideten Direktorenposten behielt, allerdings erfolgte dies scheinbar nur unter Vorbehalt. Im Sommer 1940 hatte er seine Eintragung in die „Deutsche Volksliste" erreicht und im Januar 1941 war er schließlich zum Gauobermedizinalrat und Direktor auf Lebenszeit ernannt worden.[737] Allerdings wurde seine Staatsangehörigkeit im Sommer 1941 einer erneuten Prüfung unterzogen, was laut Ratka seine Abordnung nach Berlin bewirkt habe. In der Berliner Tiergartenstraße 4 war er unter anderem mit der Anfertigung von Auszügen aus Krankenakten und der Begutachtung der Meldebögen betraut.[738] Den größten Teil seiner Tätigkeit machten jedoch die „Kommissionsreisen in Heil- und Pflegeanstalten", unter anderem gemeinsam mit Otto Hebold[739] nach Sachsen, aus.[740] Er war außerdem an der Selektion von KZ-Häftlingen, gemeinsam mit Nitsche und Friedrich Mennecke, beteiligt.[741]

734 Im Sommer 1941 setzte eine zweite, vornehmlich gegen polnische Patienten gerichtete Krankenmordaktion des Sonderkommandos Lange ein. Im Rahmen dieser, die auch Tiegenhof erneut erfasste, wurde Ratka auch außerhalb der Anstalt Tiegenhof tätig, indem er in der Anstalt Srem Patienten selektierte. Vgl. Übersetzung der Aussage des Sekretärs der Anstalt Srem Antoni H., o. D. (BArch Ludwigsburg, B 162/15607, Bl. 13-17). Zu den Krankenmorden durch das Sonderkommando Lange im Sommer 1941 vgl. Nasierowski, Zagłada osob, S. 87-92.

735 Abordnung Viktor Ratkas zur „Dienstleistung bei der Gemeinnützigen Stiftung für Anstaltspflege in Berlin, Tiergartenstr. 4" zum 1.9.1941 durch die Gauselbstverwaltung vom 21.8.1941 (Krankenhausarchiv Tiegenhof, Personalakte 103, Viktor Ratka, Bl. 116).

736 Vernehmung von Viktor Ratka am 24./25.8.1961 (HessHStA, Abt. 631a/1475, Bl. 1-12, hier 8).

737 Vgl. Mitteilung Ratkas an die Gauselbstverwaltung in Posen, betr. Aufnahme in die Deutsche Volksliste vom 15.7.1940 (Krankenhausarchiv Tiegenhof, Personalakte 103, Viktor Ratka, Bl. 90); sowie Schreiben der Gauselbstverwaltung in Posen an Ratka, betr. Ernennung vom 31.1.1941 (ebd., Bl. 101).

738 Vgl. Vernehmung von Viktor Ratka am 3.10.1961 (HessHStA, Abt. 631a/1475, Bl. 16-18, hier 17); sowie Liste der Gutachter der „T4", o.D. (Mitte 1943) (BArch Berlin, Rollfilm 41151(Nitsche-Papers), Bl. 127891). In dieser Liste wird der Beginn seiner Gutachtertätigkeit für die „T4" mit dem 10.9.1941 angegeben.

739 Zu Hebold, insbesondere dessen Strafverfolgung vgl. Joachim S. Hohmann/Günther Wieland, MfS-Operativvorgang „Teufel". „Euthanasie"-Arzt Otto Hebold vor Gericht, Berlin 1996.

740 Vgl. Bericht über die Ausstattung und personelle Lage der in Sachsen befindlichen Heil- und Pflegeanstalten vom 8.2.1943 (BArch Berlin, Rollfilm 41150 (Nitsche-Papers), Bl. 125224-125234).

741 Vgl. Vernehmung von Viktor Ratka am 24./25.8.1961 (HessHStA, Abt. 631a/1475, Bl. 1-12, hier 10). Vgl. auch Peter Chroust (Bearb.), Friedrich Mennecke. Innenansichten eines medizinischen Täters im Nationalsozialismus. Eine Edition seiner Briefe 1935-1947, 2. Auflage Hamburg 1988, zum Beispiel Dok. 72.

„Wegen besonderer Verdienste" schlug ihn die KdF im Herbst 1942 schließlich für die Verleihung des Kriegsverdienstkreuzes 2. Klasse vor.[742] Im März 1943 kehrte Ratka nach Tiegenhof zurück, blieb jedoch nach wie vor mit der „T4" vernetzt. Zum einen fungierte er auch weiterhin als „Gutachter" und zum anderen nahm er noch 1944 an Tagungen der „T4" teil.[743] Er galt gegenüber dem „Problem der Euthanasie" als „positiv" eingestellt und war über die bereits seit 1942 aufgenommenen dezentralen Krankenmorde durch seine Tätigkeit bei der „T4" bestens informiert und bereits frühzeitig in die Rezentralisierungsplanungen Nitsches involviert.[744] Zumindest „formell" hatte Ratka auch Kenntnis „über die Vorgänge in der Anstalt Tiegenhof".[745] 1943 kehrte er dorthin zurück und weitete die Morde noch aus. Bis dahin lag die Leitung der Anstalt in den Händen von Nikolajew bzw. ab dem Sommer 1942 in denen von Warhold Ortleb.[746] Diesen oblag zusammen mit den übrigen Abteilungsärzten die Auswahl der durch überdosierte Beruhigungsmittel zu ermordenden Patienten. Im Rahmen der Visite seien den Oberpflegern und Oberpflegerinnen durch die Ärzte die zu tötenden Patienten benannt worden, wobei dies insbesondere die Patienten betroffen habe, die „der Anstalt lästig waren, weil sie Schwierigkeiten machten, aggressiv oder auch nur arbeitsunfähig waren".[747] Ein Unterschied zwischen (volks-)deutschen und polnischen Patienten sei hier nach Angaben des Pflegepersonals nicht gemacht worden. Die Tötung der Patienten erfolgte mit

742 Vorschlagsliste des Gauhauptmanns in Posen zur Verleihung von Kriegsverdienstkreuzen vom 3.10.1942 (StA Hamburg, 213-12, Nr. 13, Band 73, Bl. 63-65).

743 Vgl. Dienststelle Hartheim an Nitsche, betr. Verzeichnis der zur Begutachtung in Anspruch genommenen Ärzte vom 8.2.1944 (BArch Berlin, Rollfilm 41151 (Nitsche-Papers), Bl. 127959); sowie Beantragung einer Dienstreise zu einer Tagung der Reichsarbeitsgemeinschaft Heil- und Pflegeanstalten in Wien bei der Gauselbstverwaltung in Posen vom 26.5.1944 (Krankenhausarchiv Tiegenhof, Personalakte 103, Viktor Ratka, Bl. 157). Vgl. auch Vernehmung von Viktor Ratka am 4.10.1961 (HessHStA, Abt. 631a/1475, Bl. 19-24).

744 Ratka nahm beispielsweise bereits seit 1942 an den Tagungen der „T4" teil. Dazu waren auch die Direktoren der Anstalten, wo die Krankenmorde bereits 1942 aufgenommen wurden (zum Beispiel Großschweidnitz), eingeladen. Vgl. Liste der Teilnehmer der Tagung in Heidelberg vom 11./12.5.1942 (BArch Berlin, Rollfilm 41151 (Nitsche-Papers), Bl. 128206).

745 Vernehmung von Viktor Ratka am 3.1.1963 (HessHStA, Abt. 631a/1475, unpag.).

746 Ortleb kam vertretungsweise aus einer ostpreußischen Anstalt, entweder Allenberg, wo er laut Laehr 1937 als Oberarzt beschäftigt gewesen war, oder Tapiau, wie in einem Bericht der „T4" vermerkt wurde. Vgl. Laehr (1937), Anstalten, S. 2; sowie Abschlussbericht Herbert Becker, „T4", über die Planung Warthegau 21.-24.9.1942 vom 12.10.1942, S. 4 (BArch Berlin, R 96 I/15, unpag.).

747 Anklageschrift der Staatsanwaltschaft beim Landgericht Hamburg gegen Lensch und Struve vom 24.4.1973 (IfZ München, Gh 02.58, S. 349). Vgl. auch Übersetzung der Vernehmung von Maria Tubacka am 24.5.1972 (BArch Ludwigsburg, B 162/18116, unpag.). Ähnliche Auswahlkriterien wurden auch vom Pflegepersonal anderer Anstalten der dezentralen „Euthanasie" angegeben, zum Beispiel Großschweidnitz. Vgl. Maria Fiebrandt/Hagen Markwardt, Die Angeklagten im Dresdner „Euthanasie"-Prozess. In: Fundamentale Gebote der Sittlichkeit. Der „Euthanasie"-Prozess vor dem Landgericht Dresden 1947. Hg. von der Stiftung Sächsische Gedenkstätten, Dresden 2008, S. 95-129.

Hilfe überdosierter Beruhigungsmittel durch Oberpfleger und -pflegerinnen, berüchtigt war hier vor allem der Pflegevorsteher Heinrich Jobst. Die dazu verwendeten Medikamente - Chloralhydrat, Luminal und Scopolamin - erhielt das Pflegepersonal aus der Anstaltsapotheke. Der Leiter der Anstaltsapotheke erinnerte sich später:

„Mir wurden von den Pflegern die Bücher überbracht, in den[en] die von den Ärzten unterschriebenen Bestellungen waren. Ich habe dann jeweils dem Pfleger die bestellten Medikamente ausgehändigt. Mir fiel auf, dass entgegen der früheren Praktik besonders große Mengen im Verhältnis zur Anzahl der Kranken angefordert wurden. Luminal wurde vor dem Kriege in Stücken zu etwa zehn Ampullen ausgehändigt. Einige Abteilungen nahmen vielleicht auch weniger. Seit etwa 1941 fiel mir auf, dass normalerweise Klinikpackungen mit 50 oder hundert Ampullen angefordert wurden. Dasselbe gilt für Scopolamin. Luminal wurde von mir auch in Tablettenform ausgegeben. Bei Tabletten fiel der Unterschied nicht mehr so auf, weil Luminaltabletten auch schon vor dem Krieg ein normales Dauermedikament für Kranke war.“[748]

Weiter erinnerte er sich: „Zu einem späteren Zeitpunkt der Okkupation habe ich unabhängig von der normalen Versorgung der Abteilung mit Arzneimitteln zusätzliche Mengen von Arzneien an den Oberkrankenpfleger Jobst (auf der Männerseite) und Lüdtke (auf der Frauenseite) herausgegeben.“[749]

Das Pflegepersonal verabreichte den Patienten die Medikamente schließlich in Form einer wässrigen Lösung, injizierte sie oder mischte sie unter die Nahrung.[750] Zuvor hatte man die zur Tötung bestimmten Patienten von den Abteilungen in ein „besonderes Zimmer“ verlegt, wie es beispielsweise auch aus Meseritz-Obrawalde bekannt ist.[751] Derartige Zimmer befanden sich auf verschiedenen Abteilungen, die Tötung der Patienten erfolgte also nicht ausschließlich auf einer bestimmten „Todesabteilung“. Als Todesursachen wurden auffallend häufig „Lungenentzündung“, „Nierenentzündung“ und „Herzschwäche“ angegeben.[752] Die Beerdigung der Patienten erfolgte in der Regel auf dem anstaltseigenen Friedhof, der bereits als Scheinfriedhof für die vom Sonder-

748 Übersetzung der Vernehmung von Bogdan Orlicki am 21.6.1971 (BArch Ludwigsburg, B 162/508, Bl. 134-140, hier 137).

749 Übersetzung der Vernehmung von Bogdan Orlicki am 23.5.1973 (NdsHStA Hannover, Nds. 721, Hildesheim, Acc. 48/88, Nr. 20/7, Bl. 355-358, hier 357).

750 Vgl. Übersetzung der Vernehmung von Wojciech C. am 23.5.1972 (ebd., Bl. 95-101); Übersetzung der Vernehmung von Antoni F., o. D. (BArch Ludwigsburg, B 162/18138, unpag.); Übersetzung der Vernehmung von Teofil S. am 22.5.1972 (ebd., unpag.); sowie Übersetzung der Vernehmung von Maria T. am 20.7.1972 (ebd., B 162/18116, unpag.). Vgl. auch Übersetzung des Gutachtens des Sachverständigen Jozef Radzicki zum Strafverfahren gegen Lensch u. a. vom 31.8.1972 (StA Hamburg, 213-12, Nr. 13, Band 6, Bl. 3315-3419, hier 3385-3387).

751 Vgl. zum Beispiel Übersetzung der Vernehmung von Pawel S. am 28.7.1972 (BArch Ludwigsburg, B 162/18138, unpag.) oder Übersetzung der Vernehmung von Teofil S. am 22.5.1972 (ebd., unpag.).

752 Vgl. Aufnahmebücher der Heilanstalt Tiegenhof 1940-1942 und 1942-1948 (Krankenhausarchiv Tiegenhof); sowie Übersetzung des Gutachtens des Sachverständigen Jozef Radzicki zum Strafverfahren gegen Lensch u. a. vom 31.8.1972 (StA Hamburg, 213-12, Nr. 13, Band 6, Bl. 3315-3419, hier 3391).

kommando Lange ermordeten Patienten fungierte. Dort wurden angesichts des dramatischen Anstieges der Todesfälle ab etwa 1942 auch Massengräber ausgehoben und ein „Klappsarg“ verwendet.[753]

Die hohe Sterblichkeit in Tiegenhof war jedoch nicht nur eine Folge überdosierter Medikamente, sondern auch der drastisch reduzierten Lebensmittelrationen. Auch die Unterbringungssituation hatte sich merklich verschlechtert, vor allem seitdem in Tiegenhof auch Transporte aus dem Reichsgebiet eintrafen und die Patienten teilweise sogar in Etagenbetten untergebracht werden mussten.[754] Der erste dieser Transporte mit insgesamt über 200 Patienten erreichte Tiegenhof im November 1941 aus Hamburg.[755] Weitere folgten 1943, nun vor allem aus Anstalten des Rheinlandes, Westfalens und des Großraums Berlin.[756] Alle diese Transporte standen im Zeichen der sogenannten „Aktion Brandt“, infolge derer die Räumung von Anstalten in luftkriegsgefährdeten Gebieten erfolgte.[757] Die Patienten dieser Einrichtungen, die zu Ausweichkrankenhäusern umfunktioniert werden sollten, begann man nun gezielt in Anstalten wie Meseritz-Obrawalde, Hadamar, Weilmünster, Eichberg, aber eben auch Tiegenhof zu verlegen. Hierbei griff man auf die logistischen Kapazitäten der „T4“ zurück, unter anderem die Gekrat. Auch die RAG trat gegenüber der Gauselbstverwaltung in Posen, die die Aufnahme der Patienten in Abstimmung mit der Anstaltsleitung in Tiegenhof koordinierte, in Erscheinung. Der zuständige Sachbearbeiter der Gauselbstverwaltung gab im Zuge der Nachkriegsermittlungen an, dass die Verlegung der Patienten „auf Veranlassung des R[eichs] u[nd] Pr[eußischen] Innenministeriums oder einer Reichsarbeitsgemeinschaft für Heil- und Pfl[ege] Anstalten“ erfolgt sei.[758] Die RAG, vertreten durch Dietrich Allers, dürfte sich mit einem ähnlichen Schreiben, wie dem nachfolgenden, an die Gauselbstverwaltung gewandt haben:

„Der Generalkommissar für das Sanitäts- und Gesundheitswesen, Herr Prof. Dr. med. Brandt, hat mich [Allers] beauftragt, die Heil- und Pflegeanstalten der besonders luftgefährdeten Gebiete zu räumen. Zunächst werden von der Räumungsaktion die Rhein-

753 Vgl. Übersetzung der Vernehmung von Teofil S. am 22.5.1972 (BArch Ludwigsburg, B 162/18138, unpag.).
754 Vgl. Übersetzung des Gutachtens des Sachverständigen Jozef Radzicki zum Strafverfahren gegen Lensch u. a. vom 31.8.1972 (StA Hamburg, 213-12, Nr. 13, Band 6, Bl. 3315-3419, hier 3389).
755 Vgl. Aufnahmebuch der Heilanstalt Tiegenhof 1940-1942 (Krankenhausarchiv Tiegenhof). Die Verlegung von Hamburger Patienten nach Tiegenhof war Gegenstand des umfangreichen Ermittlungsverfahrens der Staatsanwaltschaft Hamburg gegen Lensch und Struve.
756 Die Herkunftsanstalten sind nicht immer zweifelsfrei zu bestimmen, da im Tiegenhofer Aufnahmebuch zum Teil nur die letzten Wohnorte angegeben wurden. Nachweisen lassen sich Patienten aus den Anstalten Grafenberg bei Düsseldorf, Galkhausen, Franz-Sales-Haus Essen und Gütersloh. Vgl. Aufnahmebuch der Heilanstalt Tiegenhof 1942-1948 (Krankenhausarchiv Tiegenhof).
757 Vgl. weiterführend, Süß, Volkskörper im Krieg, Kap. VI.
758 Vernehmung von Kurt Lieder am 22.3.1963 (BArch Ludwigsburg, B 162/502, Bl. 29-36, hier 35).

provinz und die Provinz Westfalen betroffen. Aus diesen Gebieten sind insgesamt rd. 23 000 Geisteskranke zu verlegen. Es muss daher jedes freie Bett in Anspruch genommen werden. Ich beanspruche daher auch die Betten der Ihrer Verwaltung unterstehenden Anstalten.
Ich habe die Gemeinnützige Krankentransport GmbH mit der Durchführung der Transporte beauftragt. Ich werde ebenfalls der Gemeinnützigen Krankentransport GmbH die freien Betten bekannt geben. Die Gemeinnützige Krankentransport GmbH wird sich wegen der Ankunft der Patienten in Ihren Anstalten mit den Anstalten direkt in Verbindung setzen. Ich bitte Sie, Ihre Anstalten bereits entsprechend zu verständigen."[759]

Für die Pflegekostenabrechnung und alle damit in Verbindung stehenden Fragen, war eine „zentrale Stelle" in Linz zuständig[760] - gemeint ist zweifelsohne die Zentralverrechnungsstelle der „T4" (ZVSt), die ihren Sitz seit 1943 in Hartheim bei Linz hatte.

Das Schicksal dieser Patienten, die aus verschiedensten Gebieten des Deutschen Reiches nach Tiegenhof verlegt wurden, unterschied sich nicht von dem der bereits dort untergebrachten Kranken, zu denen auch die 1940/41 eingetroffenen Volksdeutschen gehörten. Beide Patientengruppen waren unterschiedslos von den medikamentösen Tötungen und der grassierenden Unterernährung betroffen. Insbesondere bei den Transporten ab 1943 war der Verlegung mit hoher Wahrscheinlichkeit bereits eine Tötungsabsicht immanent. Dass eine solche bereits mit dem Transport aus Hamburg im November 1941 verfolgt wurde, erscheint eher unwahrscheinlich, wenn es auch nicht restlos ausgeschlossen werden kann.[761] Gegen eine solch zielgerichtete Verlegung zu Tötungszwecken spricht vor allem, dass zu diesem Zeitpunkt in Tiegenhof die Tötungen eigentlich gerade erst eingesetzt haben können, sodass Tiegenhof als Ort der Krankenmorde noch nicht von überregionaler Bedeutung gewesen sein kann. Es ist vielmehr zu vermuten, dass das Eintreffen der über 200 Patienten aus Hamburg zu einer Verschärfung der Situation in Tiegenhof und damit zu einer Radikalisierung in der „Behandlung" der Patienten führte.[762] Es kam zur

759 Allers, RAG, an Mecklenburgisches Staatsministerium des Innern vom 19.6.1943 (MeckLHA, 5.12-7/1, 10063, Bl. 34).

760 Vernehmung von Kurt Lieder am 18.3.1963 (BArch Ludwigsburg, B 162/502, Bl. 24-28, hier 27).

761 Das Gutachten, welches im Kontext der Ermittlungen der Staatsanwaltschaft Hamburg erstellt wurde, kommt zu dem Ergebnis, dass „das Ziel der Verlegung der Kranken aus Heilanstalten in Hamburg [...] die Vernichtung dieser Menschen in einer dazu bestimmten Anstalt [war], und als solche galten sowohl die Anstalt für Geisteskranke in Obrawalde (Obrzyce), wie auch die Psychiatrische Anstalt in Tiegenhof (Dziekanka)". Für die Verlegungen nach Meseritz-Obrawalde 1943 trifft diese Feststellung durchaus zu. Für den Transport nach Tiegenhof im November 1941, also zu einem Zeitpunkt, als sich die „Medikamenteneuthanasie" quasi noch in der Inkubationsphase befand, erscheint eine solche Zielgerichtetheit eher unwahrscheinlich. Vgl. Übersetzung des Gutachtens des Sachverständigen Jozef Radzicki zum Strafverfahren gegen Lensch u.a. vom 31.8.1972 (StA Hamburg, 213-12, Nr. 13, Band 6, Bl. 3315-3419, hier 3390).

762 Ein ähnliches Phänomen beschreibt Süß in Bezug auf den Beginn der Morde in Meseritz-Obrawalde, wo sich 1942 ein „allmähliches Hineingleiten in den systematisch betriebenen Patientenmord" beobachten lasse. Vgl. Süß, Volkskörper im Krieg, S. 354.

Ausweitung der wahrscheinlich bereits 1941 in geringem Umfang verübten Tötungshandlungen, was sowohl die hohe Sterblichkeit unter den Hamburger Patienten als auch das rapide Ansteigen der Sterberate innerhalb eines Jahres von etwa 13 Prozent (1941) auf etwa 34 Prozent (1942) erklären würde.[763] Die gleichbleibend hohe Sterberate in den Jahren 1943 (etwa 27 Prozent) und 1944 (etwa 31 Prozent) spricht für eine gezielte Fortsetzung der Krankenmorde nach der Rückkehr Ratkas nach Tiegenhof. Die Verlegungen aus anderen Anstalten des Deutschen Reiches und vor allem die Umstände dieser Verlegungen sprechen für eine Involvierung des „T4"-Apparates, der mehr oder minder erfolgreich eine Rezentralisierung der Krankenmorde anstrebte.[764]

Die „T4" war auch maßgeblich an den ab Herbst 1944 einsetzenden Transporten „geisteskranker Ostarbeiter" nach Tiegenhof beteiligt. In Tiegenhof war nämlich eine der insgesamt elf „Sammelanstalten" für „unheilbare geisteskranke Ostarbeiter" eingerichtet worden, deren Aufnahmebezirk ganz Ostpreußen, Danzig-Westpreußen und den Warthegau umfasste.[765]

Auch in den Tötungsprozess hatte sich die „T4" partiell eingeschaltet: Über sie wurden die Medikamentenbestellungen abgewickelt. So forderte Friedrich Lorent beim KTI im Juni 1944 „5 kg Chlor-Alhydrat" an, die von der „Gauheilanstalt Tiegenhof bei Gnesen (Dr. Ratka) bestellt" worden waren.[766] Auf den Tötungsvorgang und die Auswahl der zu tötenden Patienten in Tiegenhof hatte die „T4" jedoch keinen direkten Einfluss.

Tiegenhof hatte sich ab dem Jahr 1942 aber nicht nur zu einem Tötungsort für polnische, volks- und reichsdeutsche erwachsene Patienten entwickelt, sondern auch zu einem Ort der „Kinder- und Jugendlicheneuthanasie". Im Laufe des Jahres 1942, also parallel zum Beginn der medikamentösen Tötungen, rückte Tiegenhof ins Visier des „Reichsausschusses zur wissenschaftlichen Erfassung erb- und anlagebedingter schwerer Leiden". Seit 1941 hatte dieser seine Bemühungen, ein möglichst flächendeckendes Netz von „Kinderfachabteilungen" über das gesamte Reichsgebiet zu ziehen, deutlich intensiviert, und neue „Kinderfachabteilungen" gegründet. 1942 richtete sich das Interesse des

763 Die Sterblichkeit/Sterberate wurde anhand der Aufnahmebücher der Heilanstalt Tiegenhof nach der von Faulstich verwendeten Methode errechnet. Da sich die Zahl der Anfang 1940 noch in Tiegenhof befindlichen Patienten nicht genau bestimmen lässt – es wurde von einem Anfangsbestand von 128 Patienten ausgegangen –, sind geringe Abweichungen möglich und die Angaben als Richtwerte zu verstehen. Vgl. auch Anm. 731.

764 Vgl. weiterführend Süß, Volkskörper im Krieg, S. 350–369.

765 Erlass des RMdI, betr. Geisteskranke Ostarbeiter und Polen vom 6.9.1944 (HessHStA, Abt. 631a/1643, unpag.). Weitere „Sammelanstalten" befanden sich in den Anstalten Lüben, Landsberg/Warthe, Schleswig, Lüneburg, Bonn, Schussenried, Kaufbeuren, Hadamar, Pfafferode und Mauer-Öhling. Die Zahl der Aufnahmen in Tiegenhof war gemessen am Einzugsradius vermutlich kriegsbedingt verhältnismäßig gering, es wurden lediglich 17 „Ostarbeiter" im Aufnahmebuch vermerkt, zwei verstarben bis zum Kriegsende, aber nicht unmittelbar nach ihrer Aufnahme. Vgl. Aufnahmebuch der Heilanstalt Tiegenhof 1942–1948 (Krankenhausarchiv Tiegenhof).

766 Lorent an KTI vom 8.6.1944 (NdsHStA Hannover, Nds. 721, Hildesheim, Acc. 48/88, Nr. 20/17, Bl. 123).

„Reichsausschusses“ nun auf die Ostgebiete, unter anderem auf Conradstein und Tiegenhof.[767] Spätestens im September 1942 stand schließlich fest, dass in Tiegenhof eine „Kinderfachabteilung“ eingerichtet werden sollte.[768] Konkrete Vorbereitungen veranlasste die Gauselbstverwaltung in Posen, namentlich Friemert, im November 1942. Am 23. November 1942 erteilte Friemert dem Tiegenhofer Gaumedizinalrat Walter Kipper „fernmündlich“ den Auftrag, sich in Berlin in der „Kanzlei des Führers [...] bei dem Herrn Hefelmann oder von Hegeler [recte: Hegener] zu melden, um Richtlinien in Bezug auf die Führung der Kinderfachabteilung entgegenzunehmen“.[769] Anschließend sollte Kipper sich „nach der Heilanstalt Goerden bei Brandenburg“ begeben, um sich „von Professor Heinze die dortige Fachabteilung“ zeigen zu lassen.[770] Die Gördener „Kinderfachabteilung“ - die erste ihrer Art überhaupt - diente als „Reichsschulstation“ des „Reichsausschusses“, das heißt, die vom „Reichsausschuss“ angeworbenen Ärzte erhielten dort erste Einblicke in ihre zukünftigen Aufgaben in den in Entstehung befindlichen „Kinderfachabteilungen“.[771] Die Ärzte wurden in der Regel in die „stationäre Arbeit“ auf den „Kinderfachabteilungen“ eingewiesen, es wurden diagnostische Fragen geklärt und die mit der Beobachtung und Tötung der Kinder einhergehende Forschung demonstriert.[772] Auch Kipper absolvierte im Anschluss an seinen Termin bei der KdF in Berlin, wo ihn höchstwahrscheinlich Hefelmann bzw. Hegener zur Mitarbeit im „Reichsausschuss“ und zur Verschwiegenheit verpflichtete, im Dezember 1942 eine solche Schulung.[773] Über diese, im Falle Kippers nur wenige Tage dauernde Unterweisung, erstattete er nach seiner Rückkehr der Gauselbstverwaltung Bericht, „aus besonderen Gründen“ jedoch nur mündlich.[774] Dies verwundert angesichts dessen, was Kipper in Berlin unter Verpflichtung zur Geheimhaltung eröffnet und in Brandenburg-Görden praktisch vorgeführt worden war, keineswegs: die systematische Tötung „missgebildeter“ und behinderter Kinder in eigens zu diesem Zweck eingerichteten „Kinderfachabteilungen“. Eine solche wurde 1943 unter der Leitung Kippers auch in Tiegenhof installiert, um den Warthegau für den „Reichsausschuss“ zu erschließen. Im Februar 1943 lassen sich die ersten Aufnahmen von Kindern in die „Kinderfachabteilung“ im Aufnahmebuch der Heilanstalt Tiegenhof nachweisen. Es handelte sich um zwölf Kinder deutscher

767 Vgl. Topp, Reichsausschuss, S. 23-38.
768 Vgl. Abschlussbericht Herbert Becker,„T4“, über die. Planung Warthegau 21.-24.9. 1942 vom 12.10.1942, S. 3 (BArch Berlin, R 96 I/15, unpag.).
769 Notiz Kippers über fernmündlichen Auftrag Friemerts vom 23.11.1942 (Krankenhausarchiv Tiegenhof, Personalakte 43, Walter Kipper, Bl. 49).
770 Ebd.
771 Vgl. Topp, Reichsausschuss, S. 38-42.
772 Vgl. ebd., S. 38.
773 Kipper führte die Dienstreise vom 7.-11.12.1942 durch. Vgl. Kipper an Gauselbstverwaltung Posen, betr. Dienstreise nach Berlin und Görden vom 17.12.1942 (Krankenhausarchiv Tiegenhof, Personalakte 43, Walter Kipper, Bl. 51).
774 Vgl. ebd.

bzw. volksdeutscher Herkunft aus der Heilanstalt Warta.[775] Die Mehrzahl der Kinder war zwischen drei und sechzehn Jahren alt. Sie stammten ursprünglich aus der ostpreußischen Anstalt Wormditt und waren erst im September 1942 nach Warta verlegt worden. Zehn der zwölf Kinder verstarben bis zum Ende des Jahres 1943, ein weiteres 1944. Nur eines der zwölf Kinder erlebte das Kriegsende.[776] Insgesamt nahm die Tiegenhofer „Kinderfachabteilung" bis 1945 138 Kinder im Alter von vier Monaten bis 14 Jahren auf. Sie kamen sowohl aus anderen Heilanstalten und Erziehungsheimen als auch direkt aus ihren Familien. Vorausgegangen war eine entsprechende Meldung der Gesundheitsämter, Fürsorgerinnen oder Leiter der Anstalten und Heime an die Gauselbstverwaltung in Posen. Gemeldet wurden, wie im gesamten Reichsgebiet, alle die Kinder, die im Sinne der Runderlasse des RMdI vom 18. August 1939 als „missgebildet" zu betrachten seien. Eine Unterscheidung zwischen reichs- und volksdeutschen Kindern gab es hier ganz offensichtlich nicht. Die Tiegenhofer „Kinderfachabteilung" nahm nachweislich sowohl Kinder reichsdeutscher als auch volksdeutscher Herkunft auf. Die Meldepflicht bestand demnach für beide Gruppen gleichermaßen, wobei offen bleiben muss, ob die Meldung volksdeutscher Kinder expressis verbis gefordert oder als selbstverständlich vorausgesetzt wurde.[777] Die Meldepflicht wurde im Warthegau im August 1943 durch ein Rundschreiben der Gauselbstverwaltung - auch hier zeichnete Friemert verantwortlich - noch erweitert, das heißt der Betroffenenkreis ausgeweitet. In besagtem Rundschreiben hieß es: „Unter Hinweis auf die vorgenannten Erlasse teile ich mit, dass auch Kinder deutscher Schutzangehöriger (Polen) in die von mir in der Gauheilanstalt Tiegenhof eingerichtete Kinderfach-Abteilung aufgenommen werden, wenn ärztlicherseits die Notwendigkeit zur Aufnahme festgestellt worden ist. Aufnahmeanträge sind unter Übersendung der gleichen Unterlagen wie sie für Geisteskranke erforderlich sind, an mich zu richten."[778]

Diese Ausweitung des Erfassungsradius auf Kinder mit ausländischer Staatsbürgerschaft lässt sich auch in anderen „Kinderfachabteilungen" nachweisen. Bekannt ist eine solche Ausweitung beispielsweise von der „Kinderfachabteilung" der Heilanstalt „Am Feldhof" in Graz, in die slowenische Kinder aus der

775 Im Aufnahmebuch wurde hinter den Namen der Kinder „Kinderfachabteilung!", später auch Abkürzungen wie „Kinderfachabtlg.", vermerkt, sodass eine Zuordnung zur „Kinderfachabteilung" zweifelsfrei möglich ist. Vgl. Aufnahmebuch der Heilanstalt Tiegenhof 1942-1948 (Krankenhausarchiv Tiegenhof).

776 Vgl. Aufnahmebuch der Heilanstalt Tiegenhof 1942-1948 (Krankenhausarchiv Tiegenhof); sowie Aufnahmebuch der Gauheilanstalt Warta 1943-1945 (APŁ, Sieradz, Szpital Psychiatryczny w Warcie, 6866).

777 Es kann davon ausgegangen werden, dass die Gauselbstverwaltung einen Runderlass bezüglich der Meldung „missgebildeter" Kinder erließ, mit welchem sie die Runderlasse des RMdI an die zuständigen Gesundheitsämter weiterleitete und möglicherweise kommentierte. Ein solcher konnte jedoch nicht gefunden werden.

778 Rundschreiben Friemerts, Gauselbstverwaltung in Posen, an die Gesundheitsämter im Reichsgau Wartheland, betr. Kinder, die unter die Runderlasse des RMdI vom 18.6.1940 und 1.7.1940 fallen vom 23.8.1943 (APŁ, Akt Rejencji Łodzkiej, 623, unpag.).

Untersteiermark eingewiesen wurden.[779] Ähnliche Überlegungen gab es 1942 auch im Protektorat Böhmen und Mähren, wo die KdF ebenfalls die Einrichtung von „Kinderfachabteilungen“ anstrebte und in diesem Zusammenhang auch die Erfassung von „Tschechenkindern, insbesondere solche[n] aus eindeutschungsfähigen Familien“ in Vorschlag brachte.[780] Auch wenn der zuständige Prager Staatssekretär eine solche Ausweitung zunächst abgelehnte, so ist doch interessant, dass die KdF spätestens seit 1942 eine Ausweitung der Meldebogenerfassung auf Kinder „eindeutschungsfähiger“ Ausländer forcierte.[781] Im Falle des Warthegaus setze man diese im August 1943 auch um, man ging sogar noch darüber hinaus, denn hier sollten auch Kinder „deutscher Schutzangehöriger (Polen)“ einbezogen werden, also der Polen, die weder als „volksdeutsch“, „eindeutschungsfähig“ noch als „rückdeutschungsfähig“ betrachtet wurden und in der rassistischen Hierarchie des Nationalsozialismus an unterster Stelle rangierten.[782] Dieses Vorgehen entsprach durchaus nicht der inneren Logik der nationalsozialistischen Rassenideologie und den daraus abgeleiteten rassenhygienischen Forderungen. Diese beschränkten sowohl „fördernde“ als auch „ausmerzende“ Maßnahmen eigentlich auf deutsche Volkszugehörige, da auch die „ausmerzenden“ Maßnahmen dem rassenhygienischen Verständnis nach nicht primär der Vernichtung, sondern der imaginären „Gesundung“ des deutschen „Volkskörpers“ dienen sollten. In diesem Sinne wollte man, wie bereits erwähnt, in die „Aktion T4“ auch nur „Reichsdeutsche einbezogen“ wissen und ausdrücklich „keine Polen“.[783] Ganz anders verhielt sich dies nun offensichtlich

779 Vgl. Thomas Oelschläger, Zur Geschichte der „Kinderfachabteilung“ des „Reichsgau Steiermark“. In: Wolfgang Freidl (Hg.), Medizin und Nationalsozialismus in der Steiermark, Innsbruck 2001.

780 KdF an Karl Hermann Frank, Staatssekretär in Prag, vom 17.8.1942, zit. nach Dietmar Schulze, „Euthanasie“ im Reichsgau Sudetenland und im Protektorat Böhmen und Mähren. Ein Forschungsbericht. In: Beiträge zur NS-„Euthanasie“-Forschung 2002. Hg. vom Arbeitskreis zur Erforschung der nationalsozialistischen „Euthanasie“ und Zwangssterilisation, Ulm 2003, S. 147–168, hier 166 f. In der Auflistung der KFA, die mit Weihnachtsgratifikationen bedacht wurden, ist für die Jahre 1942 und 1943 auch die im Sudetenland gelegene Anstalt Wiesengrund aufgeführt. Vgl. Aufstellung des „Reichsausschusses“ über gewährte Gratifikationen für die Jahre 1941–1943 (BArch Berlin, NS 51/227, Bl. 88–90). Vgl. weiter Udo Benzenhöfer/Thomas Oelschläger/Dietmar Schulze/Michal Šimůnek (Hg.), „Kindereuthanasie“ und „Jugendlicheneuthanasie“ im Reichsgau Sudetenland und im Protektorat Böhmen und Mähren, Wetzlar 2006.

781 Von diesen sind „eindeutschungsfähige Kinder“ zu unterscheiden, die allein aufgrund rassenanthropologischer und rassenpsychologischer Kriterien „eindeutschungsfähig“ erklärt wurden. Sie konnten schon per definitionem – sie mussten „rassisch“ hochwertig und „erbgesund“ sein – nicht unter die Meldepflicht fallen. Zu den Begrifflichkeiten und der „Eindeutschung“ polnischer Kinder vgl. weiterführend Ines Hopfer, Geraubte Identität. Die gewaltsame „Eindeutschung“ von polnischen Kindern in der NS-Zeit, Köln 2010.

782 Zu den Begrifflichkeiten vgl. ebd., S. 23–28. Vgl. weiterführend Heinemann, Rasse.

783 Entscheidungen der beiden „Euthanasie“-Beauftragten hinsichtlich der Begutachtung, unter Einbeziehung der Ergebnisse der Besprechung in Berchtesgaden am 10.3.1941 (BArch Berlin, Rollfilm 41151 (Nitsche-Papers), Bl. 127398 f.). Gleiches galt auch für tschechische Staatsbürger. Dennoch befanden sich unter den aus den böhmisch-mähri-

bei der „Kindereuthanasie“, in die im Warthegau ausdrücklich auch polnische Kinder einbezogen werden sollten - volksdeutsche Kinder wohl ohnehin. Diese Erweiterung des Betroffenenkreises könnte auf den ersten Blick als Beispiel für die Inkohärenz der nationalsozialistischen Rassenideologie angeführt werden. Andererseits kann man darin aber auch eine Adaption ursprünglich rassenhygienischer Methoden an volkstumspolitische Erfordernisse sehen, die Nutzung einer bereits erprobten, aber nun mit neuen (rassen-)ideologischen Inhalten verknüpften „Ausmerzungsmethode“ - ein Methodentransfer, wie er sich auch bei den „T4“-Tötungsanstalten und den Vernichtungslagern nachweisen lässt.[784] Die erweiterte Anwendung dieser „Ausmerzungsmethoden“ in Tiegenhof stand dabei in engem Zusammenhang mit den besonderen „rassen- und volkstumspolitischen Verhältnissen“ im Warthegau. Dieser sollte zu „deutschem Siedlungsgebiet“ werden, was aus Sicht der Gesundheits- und Bevölkerungspolitiker wiederum besondere Maßnahmen erforderte. Zu diesen zählten, wie Herbert Grohmann, Leiter der Abteilung Erb- und Rassenpflege beim Gesundheitsamt in Lodz, in einer Denkschrift ausführlich darlegte, neben der „Eindeutschung“ „erwünschten Bevölkerungszuwachses“ auch die Dezimierung der „biologischen Kraft des polnischen Volkes“, da eine „restlose Aussiedlung“ der „rassisch und erbbiologisch unerwünschten Fremdschichten“ in absehbarer Zeit nicht möglich sei.[785] Er forderte die „großzügige Sterilisation der polnischen Primitivschichten“, wobei es sich hier explizit nicht um eine „erbpflegerische Maßnahme“ handele - die aus ideologischer Perspektive für die polnische Bevölkerung nicht in Frage kam -, sondern um eine „Maßnahme völkischer Ausmerze“, die darauf ziele „unerwünschten Nachwuchs“ langfristig zu verhindern.[786] Im Sommer 1940 begannen die Gesundheitsämter des Warthegaus mit der systematischen Erfassung der polnischen „gesundheitsgefährdenden und erbkranken Bevölkerung“.[787] Das Ziel dieser Erhebung war zunächst, diese „unerwünschten“ Personenkreise ins Generalgouvernement abzuschieben, um

schen Anstalten in Tötungsanstalten verlegten Patienten, namentlich Troppau, auch zahlreiche tschechische und auch polnische Patienten. Vgl. Šimůnek, NS-„Euthanasie“ in Böhmen und Mähren; sowie ders., Planung der NS-„Euthanasie“. Unter den aus Tiegenhof verlegten Patienten befanden sich hingegen keine Polen.

784 Vgl. zum Beispiel Friedlander, NS-Genozid oder Beer, Gaswagen.

785 Denkschrift „Erb- und Rassenpflege als Grundlagen biologischer Volkstumspolitik“ vom 7.10.1941 (APP, RStH, 1137, Bl. 24-36, hier 32). Grohmanns Ausführungen können hier als repräsentativ verstanden werden und korrespondierten direkt mit späteren Erlassen der Gesundheitsabteilung des Reichsstatthalters. Vgl. dazu ausführlicher Vossen, Gesundheitsdienst im Reichsgau Wartheland, S. 242-246.

786 Denkschrift „Erb- und Rassenpflege als Grundlagen biologischer Volkstumspolitik“ vom 7.10.1941 (APP, RStH, 1137, Bl. 24-36, hier 35).

787 Vgl. Erlasse des Reichsstatthalters, betr. Erfassung der gesundheitsgefährdenden und erbkranken Bevölkerung des Reichsgaus Wartheland vom 19.8.1940 und 21.2.1941. In: Zusammenstellung der im Reichsgau Wartheland bis zum 30.4.1943 erschienenen noch gültigen Erlasse etc. auf dem Gebiet des öffentlichen Gesundheitswesens (APP, GSV, 1923, Bl. 386-400); sowie Leistungsbericht der Abt. II des Reichsstatthalter im Warthegau vom 6.9.1941 (APP, RStH, 1878, Bl. 1-11, hier 4).

„Platz für Volksdeutsche“ zu schaffen.[788] Gleichzeitig wurde damit aber auch die Grundlage für gauinterne „ausmerzende“ Maßnahmen geschaffen. Im September 1941 verfügten die Gesundheitsämter über fast 18 000 Karteikarten „gesundheitlich unerwünschter Elemente“, die Ärzte und Hebammen im Auftrag der Gesundheitsämter ausgefüllt hatten.[789] Darunter dürften auch Kinder gewesen sein, die dem „Krankheitsbild“, jedoch vorerst nicht der Volkszugehörigkeit nach unter die Meldepflicht für „missgebildete“ Kinder fielen. Die Einbeziehung dieser polnischen Kinder in die „Kindereuthanasie“ ab 1943 war also seitens der Gesundheitsverwaltung des Warthegaus bereits vorgedacht und ideologisch wie praktisch vorbereitet worden. Sie dürfte, ebenso wie die Sterilisation, von der die „Schutzangehörigen“ allerdings mit Einführung des GzVeN explizit ausgenommen wurden,[790] nicht als „erbpflegerische“ Maßnahme verstanden worden sein, sondern im Sinne der Argumentation Grohmanns ebenfalls als „völkische Ausmerze“. Sie kann als radikale Fortsetzung einer bereits 1940 anvisierten „volkstumsbiologischen Vernichtungspolitik“ verstanden werden, innerhalb derer sich bevölkerungs- und erbgesundheitspolitische Zielsetzungen und Maßnahmen kanalisierten und sich in ihrer biologistischen Totalität noch wechselseitig verstärkten. Die „Kinderfachabteilung“ in Tiegenhof war somit konkretes Exerzierfeld dieser „volkstumsbiologischen“ Vernichtungspolitik - einer, wenn man so will, Sonderform der Erbgesundheitspolitik im Warthegau, deren eliminatorische Methoden sich sowohl in einen rassistischen als auch rassenhygienischen Handlungskontext integrieren ließen.

Die erste Einweisung eines polnischen Kindes in die „Kinderfachabteilung“ in Tiegenhof - ein zwölfjähriges Mädchen aus der Nähe von Lodz - erfolgte am 23. November 1943.[791] Weniger als einen Monat später, am 18. Dezember 1943, verstarb das Kind. Das Aufnahmebuch nennt keine Todesursache, eine Patientenakte existiert nicht mehr. Es ist jedoch zu vermuten, wenn auch nicht zweifelsfrei zu belegen, dass das Mädchen keines natürlichen Todes gestorben ist, ebenso wie die meisten der 17 nach ihr eingewiesenen polnischen Kinder.[792] Gleiches gilt auch für alle reichs- und volksdeutschen Kinder.

788 Vgl. dazu Kap. IV.5.3.

789 Vgl. Leistungsbericht der Abt. II des Reichsstatthalter im Warthegau vom 6.9.1941 (APP, RStH, 1878, Bl. 1-11, hier 4); sowie Leistungsbericht des Rassenpolitischen Amtes Gau Wartheland, Hauptstelle Praktische Bevölkerungspolitik, für das Jahr 1940/41 (ebd., Bl. 24-26, hier 24).

790 Die von Grohmann geforderte Sterilisation der „polnischen Primitivschichten“ wurde nie durchgeführt, sondern de jure sogar explizit untersagt. Vgl. Verordnung über die Einführung des Gesetzes zur Verhütung erbkranken Nachwuchses und des Gesetzes zum Schutze der Erbgesundheit des deutschen Volkes in den eingegliederten Ostgebieten vom 24.12.1941 (Reichsgesetzblatt I, Nr. 2 vom 9.1.1942, S. 15 f.); sowie weiterführend Kap. IV.5.4.

791 Vgl. Aufnahmebuch der Heilanstalt Tiegenhof 1942-1948 (Krankenhausarchiv Tiegenhof, Nr. 15241).

792 Der individuelle Nachweis ist aufgrund des Fehlens von Patientenakten nicht möglich und ähnlich wie bei der Ermordung erwachsener Patienten durch überdosierte Medikamente generell schwierig, da ein eindeutiger Tötungsnachweis fehlt.

Insgesamt wurden bis 1945 138 Kinder in der „Kinderfachabteilung" aufgenommen.[793] Die meisten von ihnen verstarben innerhalb eines Jahres nach ihrer Aufnahme, in einigen Fällen aber auch bereits innerhalb eines Monats. Bis 1945 waren 88 der 138 aufgenommenen Kinder, 64 Prozent, verstorben. 18 Kinder, 13 Prozent, wurden bis 1945 wieder nach Hause entlassen, darunter auch polnische.[794] Diese Zahlen zeigen, dass es eine Art Beobachtung gab und Walter Kipper als leitender Arzt der „Kinderfachabteilung" offensichtlich über einen gewissen Entscheidungsspielraum verfügte. Nicht alle eingewiesenen Kinder, weder die polnischen noch die volks- und reichsdeutschen, wurden demnach sofort ermordet. Dennoch verfolgte man mit der Einweisung in die „Kinderfachabteilung" letztlich bereits eine Tötungsabsicht, wie die hohe Zahl der Todesfälle, die in der Mehrzahl bewusst herbeigeführt worden sein dürften, zeigt. Dieser Verdacht wird durch eine erstaunlich eindeutige Nachkriegsaussage Ratkas erhärtet, der angab, dass in der Tiegenhofer „Kinderabteilung des sogenannten Reichsausschusses" die „Kinder eingeschläfert" worden seien.[795] Kipper habe „die Medikamente für die Einschläferung aus der Apotheke der Anstalt" entnommen,[796] sodass davon ausgegangen werden kann, dass die Kinder durch die Verabreichung der auch zur Tötung der erwachsenen Patienten verwendeten Beruhigungsmittel Chloralhydrat, Luminal oder Scopolamin ermordet wurden. Kipper, in der Nachkriegszeit zu den Vorgängen in Tiegenhof befragt, gab an: „zusammenfassend muss ich sagen, dass mir kein einziger Fall einer Tötung von Geisteskranken der Anstalt Tiegenhof bekannt ist".[797] Diese Behauptung, die vor dem Hintergrund der Strafverfolgung zu sehen ist, entbehrt natürlich jeglichem Wahrheitsgehalt. Kipper sollte für seine „Verdienste" im Rahmen der „Kindereuthanasie" sogar für die Verleihung des Kriegsverdienstkreuzes 2. Klasse vorgeschlagen werden, da er, wie es in der Begründung euphemistisch hieß, bei der Durchführung dieser „erbbiologisch wichtigen Sonderaufgaben" an „hervorragender Stelle mitgewirkt" habe.[798] Auch seitens des „Reichsausschusses" erhielt Kipper in Form der berühmt-berüchtigten Weih-

793 Vgl. Aufnahmebuch der Heilanstalt Tiegenhof 1942–1948 (Krankenhausarchiv Tiegenhof).

794 Vgl. ebd. Zu den entlassenen polnischen Kindern vgl. Eintragungen unter den Nr. 15672, 16190.

795 Vernehmung von Viktor Ratka am 17. 2. 1966 (HessHStA, Abt. 631a/1478, unpag.).

796 Ebd.

797 Vernehmung von Walter Kipper am 5. 12. 1978 (BArch Ludwigsburg, B 162/15601, Bl. 354–357, hier 356). Dennoch blieben der Nachkriegsjustiz die Morde in der Tiegenhofer „Kinderfachabteilung" nicht verborgen, sie spielten aber weder im Hamburger noch im Hildesheimer Ermittlungsverfahren eine wichtige Rolle. In Österreich, wo sich Kipper nach dem Krieg niedergelassen hatte, genauer gesagt vom Kreisgericht Wels, wurde 1966 ein Strafverfahren gegen Walter Kipper wegen des Verdachts auf „Kindestötungen" eingeleitet und 1967 ohne dass es zu einer Hauptverhandlung gekommen war, mangels Beweisen wieder eingestellt (Landesgericht Wels, Ermittlungsakte der Strafsache gegen Walter Kipper, Aktenzeichen 10 Vr 971/66).

798 Vorschlagsliste und Begründungen der Gauselbstverwaltung Posen für die Verleihung des Kriegsverdienstkreuzes 2. Klasse, o. D. (StA Hamburg, 213–12, Nr. 13, Band 73, Bl. 66–68, hier 68).

nachtsgratifikationen eine Anerkennung für seine „geleistete Tätigkeit“ und die dabei „bewiesene Einsatzfreudigkeit und Unterstützung [der] Bestrebungen“ des „Reichsausschusses“.[799] „Besonders bewährt“ hatten sich auch die beiden in der „Kinderfachabteilung“ eingesetzten Pflegerinnen, Maria Lüdtke und Frieda Wilke. Auch sie erhielten seit 1943 eine Weihnachtsgratifikation und wurden im Mai 1944 zudem von Kipper für eine „monatliche Anerkennungszuwendung“ vorgeschlagen, und zwar mit folgender Begründung: „Der Pflegevorsteherin Maria Lüdtke und der Abteilungspflegerin Frieda Wilke bitte ich die monatliche Anerkennungszuwendung zu bewilligen. Die Genannten haben sich seit Bestehen der Kinderfachabteilung Tiegenhof in wirklich aufopfernder Weise für diese eingesetzt und freiwillig ein bedeutendes Mehr an Arbeitszeit und Verantwortung auf sich genommen.“[800]

Wie wahr - sie hatten den Tod zahlreicher Kinder mit zu verantworten.[801] Die monatliche Zuwendung wurde ihnen anscheinend jedoch nicht zuteil, dafür erhöhte der Reichsausschuss jedoch mit dem Hinweis, dass sich beide „besonders bewährt“ hätten, ihre weihnachtliche Sonderzuwendung für das Jahr 1944 von 30 RM auf 50 RM.[802] Eine solche Erhöhung stellte dabei durchaus eine Ausnahme dar. Nur einigen ausgewählten Oberpflegerinnen/Oberschwestern wurde eine solche gewährt, zum Beispiel der Oberpflegerin der „Kinderfachabteilung“ in Brandenburg-Görden.[803] Wodurch hatten sich die Tiegenhofer Schwestern also so „besonders bewährt“? Möglicherweise lag die besondere Wertschätzung ihres „Dienstes“ in der besonderen Situation im Warthegau begründet, der als einzudeutschendes „Siedlungsland“ gesundheits- und bevöl-

799 von Hegener, Reichsausschuss, an Kipper, betr. Zuwendung zum Jahresschluß 1944 vom 14.12.1944 (BArch Berlin, NS 51/227, Bl. 136). Vgl. auch Aufstellung des Reichsausschusses über gewährte Gratifikationen, unter Angabe der verschiedenen KFA für die Jahre 1941-1943 (ebd., Bl. 88-90).

800 Kipper an Reichsausschuss, betr. Anerkennungszuwendung vom 9.5.1944 (ebd., Bl. 95).

801 Die Pflegevorsteherin Maria Lüdtke (1891-1971) kam im März 1940 aus Lauenburg, wo sie seit 1916 als (Ober-)Pflegerin tätig gewesen war, nach Tiegenhof. Dort wurde sie Pflegevorsteherin und übernahm die Leitung der Frauenseite. Dort soll sie auch direkt an der Tötung erwachsener Patienten, insbesondere auf der Abteilung V, die besonders viele Todesfälle zu verzeichnen hatte, beteiligt gewesen sein. Die „Oberaufsicht“ über die KFA hatte sie zusätzlich zu ihrer bisherigen Tätigkeit übernommen. Nach dem Krieg wurde sie Oberpflegerin in Düren. Vgl. zum Beispiel Übersetzung der Vernehmung von Kazimiera S. am 24.5.1972 (BArch Ludwigsburg, B 162/18114, unpag.); Kipper an Reichsausschuss, betr. Sonderzuwendungen vom 6.12.1943 (BArch Berlin, NS 51/227, Bl. 83); Anklageschrift der Staatsanwaltschaft beim Landgericht Hamburg gegen Lensch und Struve vom 24.4.1973 (IfZ München, Gh 02.58, S. 354); sowie Personalakte Maria Lüdtke (Krankenhausarchiv Tiegenhof, Personalakte 47).

802 Vgl. Vorschläge (des Reichsausschusses), betr. Sonderzuwendung zum Jahresschluß 1944, o.D. (BArch Berlin, NS 51/227, Bl. 145-146, hier 145v); sowie von Hegener, Reichsausschuss, an Kipper, betr. Zuwendung zum Jahresschluß 1944 vom 14.12.1944 (ebd., Bl. 136).

803 Ein ähnliches Vorgehen wie in Tiegenhof lässt sich nur noch in der personell ähnlich wie Tiegenhof ausgestatteten KFA in Eichberg erkennen. Vgl. Vorschläge (des Reichsausschusses) betr. Sonderzuwendung zum Jahresschluß 1944, o.D. (BArch Berlin, NS 51/227, Bl. 145-146).

kerungspolitisch ideologisch hochbedeutsame Aufgaben zugewiesen bekam. In Tiegenhof verdichteten sich diese Aufgaben. Die „Kinderfachabteilung“ in Tiegenhof - letztlich die gesamte Gauheilanstalt Tiegenhof - wurde durch die dortige Ermordung polnischer, volks- und reichsdeutscher Kinder und Erwachsener zum konkreten Umsetzungsfeld der NS-Erbgesundheitspolitik *und* der „volkstumsbiologischen Vernichtungspolitik“.[804]

Auch die Heilanstalten in Gostynin und Warta waren in diese Politik involviert, wenn auch nicht in dem Ausmaß wie Tiegenhof.

Die Gauheilanstalt Gasten/Gostynin

Die erst 1933 eröffnete Heilanstalt Gostynin ging im April 1940 mit der Einsetzung eines deutschen Direktors in die Verwaltung des Reichsstatthalters/Gauselbstverwaltung über.[805] Die später unter dem Titel „Gauheilanstalt Gasten“ firmierende Einrichtung verfügte 1940 über etwa 380 Betten. Diese sollten den ersten Planungen der Gesundheitsverwaltung nach ausschließlich mit polnischen Patienten belegt werden, da die Anstalt für Polen „reserviert“ werden sollte. Etwa im Sommer 1940 wurde dieser Plan jedoch aufgegeben, nicht zuletzt durch den „Zuzug von wolhyniendeutschen Geisteskranken“.[806] Diese Einzeleinweisungen volksdeutscher Kranker nahmen in der Folgezeit noch zu und auch größere Krankentransporte aus der Bukowina und Litauen erhöhten die Zahl der volksdeutschen Patienten in Gostynin.[807] Unter ihnen befanden sich, wie sich die damalige Abteilungsärztin Anna Kulikowska später erinnerte, auch besonders tragische Fälle. Einen solchen beschrieb sie folgendermaßen:

> „Eines Tages brachte ein Sohn seinen schwer depressiven Vater und bei der Befragung gab er an, dass es ihm letzte Nacht gelungen war, den Strick, an dem sich sein Vater in der Scheune aufgehängt hatte, zu durchtrennen. Am Hals des Kranken war eine große bläuliche Strieme sichtbar. Vor seiner Umsiedlung war der Vater vollkommen gesund und normal, er arbeitete in seiner Landwirtschaft. Als sein Zustand sich besserte und er

804 Möglicherweise bestand auch in Posen, in der dortigen Kinderklinik, eine „Kinderfachabteilung“. Konkrete Belege fehlen bislang jedoch. Spätestens seit dem Sommer 1944 befand sich in Tiegenhof eine „Ausweichstelle der Gaukinderklinik“ Posen. Vgl. Vernehmung von Hans Nolte am 23.5.1966 (BArch Ludwigsburg, B 162/507, Bl. 206 f.); Vernehmung von Johannes T. am 3.7.1978 (ebd., B 162/15600, Bl. 291-295); sowie Übersicht über den Stand des Gesundheitswesens im Kreis Gnesen vom 6.7.1944 (APP, RStH, 1862, Bl. 469-486).

805 Vgl. Polnische Gesellschaft für Psychiatrie, Ermordung der Geisteskranken in Polen, S. 135-139; sowie Kulikowska, Gostynin und Nasierowski, Zagłada osób, S. 99-103.

806 Reisebericht der Gesundheitsabteilung beim RStH über die Dienstreise vom 5.9.-8.9.1940 nach Gnesen, Wongrowitz, Hohensalza, Aleksandrow, Leslau, Gostynin, Lentschütz, Litzmannstadt vom 10.9.1940 (APP, RStH, 1862, Bl. 65-70, hier 69). Bei den aufgenommenen Wolhyniendeutschen hat es sich um Einzelaufnahmen gehandelt, ein größerer Transport ist im Aufnahmebuch nicht verzeichnet. Vgl. Aufnahmebücher der Heilanstalt Gostynin 1938-1942 (Krankenhausarchiv Gostynin).

807 Vgl. ebd.

ansprechbar war, erklärte er seine Handlung folgendermaßen: ‚Ich hatte meine gute Landwirtschaft und ich benötigte nichts Fremdes. Ich legte einen langen Weg bei schwerem Frost zu Fuß zurück. Ich bekam eine große schöne Landwirtschaft von den umgesiedelten Polen. Aber ich konnte nicht wirtschaften. Ich ging durch das Anwesen und dachte stets, dass das alles nicht meins ist, ich hatte keine Freude, konnte mich nicht beruhigen und dachte, dass der ausgesiedelte Landwirt vielleicht irgendwo herumirrt, hungrig und durchgefroren. Ich hielt diesen ermüdenden Zustand nicht mehr aus, ich konnte damit nicht leben, ging in der Nacht in die Scheune, um mich aufzuhängen. Die Familie kannte meinem [sic!] Kummer, sie passten auf mich auf, und wenn ich nicht gleich zurückkam, suchte der Sohn nach mir. Nach einigen Monaten wurde der Kranke entlassen (in einem wesentlich verbesserten Zustand), ohne Krankheitssymptome. Er wiederholte nur immer: ‚Ich wäre gesund, wenn ich nach Hause zurückkehren könnte.' Nach ein paar Wochen wurde der Kranke abermals nach einem Suizidversuch durch Erhängen gebracht. In der Zeit seiner Behandlung im Krankenhaus wurde seine Familie in eine andere Landwirtschaft verlegt."[808]

Dies, so führte Kulikowska weiter aus, sei in Gostynin - und dies dürfte auch für die übrigen Anstalten gegolten haben - durchaus kein Einzelfall gewesen. Die Umsiedlung und die damit verbundene Veränderung der persönlichen Lebenssituation, in diesem Fall die Strapazen der Umsiedlung und die Umstände der Ansiedlung, in anderen Fällen der Lageraufenthalt, wirkten sich nachweislich negativ auf die Psyche der Umsiedler aus, bis hin zum Ausbruch psychischer Erkrankungen. Mit einer Anstaltseinweisung liefen diese Umsiedler nun automatisch Gefahr, in die Krankenmorde einbezogen zu werden, denn auch die Anstalt Gostynin war - wie bereits erwähnt - in die Meldebogenerfassung der „T4" einbezogen worden.[809] Diese Gefahr erwies sich im Juli 1941 als ganz real, als ein „T4"-Transport mit 80 Patienten Gostynin, zunächst in Richtung Tiegenhof und von dort in die Zwischenanstalt Uchtspringe, verließ. Die Mehrzahl der Patienten verblieb jedoch in Gostynin, wo die Patientenzahl seit 1940 kontinuierlich anstieg. Angesichts dessen und vor dem Hintergrund der „Gesamtplanung der Irrenanstalten" strebte die Gesundheitsabteilung des Reichsstatthalters nun einen Ausbau der Anstalt an und damit verbunden eine Erhöhung der Bettenzahl auf 1100 bis 1200 Betten.[810] Bis zum Frühjahr 1941 waren diese Erweiterungspläne jedoch nicht über das Planungsstadium hinausgekommen, sodass nicht nur die Anstalt Gostynin an ihre Kapazitätsgrenzen stieß, sondern auch die beiden anderen der Gauselbstverwaltung unterstehenden Anstalten Warta und Tiegenhof. Insbesondere Warta galt „infolge Zuweisung von geisteskranken Rücksiedlern und idiotischen Rücksiedlerkindern bereits [als] überbelegt".[811] Diese prekäre Belegungssituation sollte sich 1942 noch deutlich ver-

808 Kulikowksa, Gostynin, S. 214 (hier Übersetzung aus dem polnischen).

809 Vgl. Liste der deutschen Anstalten für Geisteskranke und Schwachsinnige per 31.8.1941 (NARA II, RG-338, T-1021, r. 11, Bl. 125291-125334, hier 125321).

810 Vgl. Reisebericht der Gesundheitsabteilung beim RStH über die Dienstreise vom 5.9.-8.9.1940 nach Gnesen, Wongrowitz, Hohensalza, Aleksandrow, Leslau, Gostynin, Lentschütz, Litzmannstadt vom 10.9.1940 (APP, RStH, 1862, Bl. 65-70, hier 69).

811 Reisebericht der Gesundheitsabteilung beim RStH über die Dienstreise vom 16.-18.4.1941 nach Turek, Pabianice, Zawadowa, Litzmannstadt vom 21.4.1941 (ebd., Bl. 130-132, hier 131).

schärfen. Der Grund lag in der Umfunktionierung der „Gauheilanstalt Gasten“ in eine „Gauarbeitsheilstätte für lungenkranke Polen“.[812] Die Psychiatriepatienten wurden infolge dieser Umfunktionierung in zwei Transporten im Januar und März 1942 in die ohnehin überbelegte Anstalt Warta verlegt und teilten fortan dasselbe Schicksal wie die übrigen dort untergebrachten Patienten.[813] Damit hatte die Behörde des Reichstatthalters eine weitere Anstalt der „Geisteskrankenfürsorge“ entzogen, was eine nochmalige Verschärfung der Unterbringungssituation in den noch verbliebenen beiden großen Gauheilanstalten Warta und Tiegenhof bewirkte. Diese mussten nicht nur die bereits in Gostynin untergebrachten Patienten aufzunehmen, sondern auch alle Neuaufnahmen aus dem vormaligen Einzugsgebiet der nun aufgelösten Anstalt Gostynin. Dies sollte besonders für die Gauheilanstalt Warta gravierende Folgen haben.

Die Gauheilanstalt Warta

Die 1908 eröffnete Heilanstalt Warta befand sich in einem ehemaligen Klosterkomplex, der auf örtliche Initiative hin den Anforderungen einer Heilanstalt entsprechend umgestaltet worden war. Sie war in ihrer Einrichtung und Ausstattung „sehr einfach“[814] und sowohl die therapeutischen Möglichkeiten als auch die Aufnahmekapazität anfangs deutlich begrenzt. Die Bettenzahl bewegte sich zu Beginn bei etwa 100 Betten - eine sehr geringe Zahl, bedenkt man, dass es sich bei Warta zu diesem Zeitpunkt um die einzige derartige Einrichtung im gesamten zaristischen Gouvernements Kalisz/Kalisch mit seinen etwa eineinhalb Millionen Einwohnern, handelte.[815]

Nach dem Ersten Weltkrieg ging die Anstalt in den Besitz des polnischen Staates über. Die Leitung lag aber nach wie vor in den Händen eines Kuratoriums, welches den Ausbau der Anstalt forcierte. Durch eine rege Bautätigkeit, insbesondere in den 1930er Jahren, konnte die Bettenzahl sukzessive erhöht werden.[816] Im Herbst 1939 ging die Anstalt in die Verwaltung der Gauselbstverwaltung in Posen über, die auch hier eine Inspektion durchführte. Im März

812 Vgl. Behörde des Reichsstatthalters an Gauheilanstalt Gasten, betr. Aufnahme der tuberkulösen Polen vom 15.1.1942 (StA Hamburg, 213-12, Nr. 13, Band 73, Bl. 37-39); sowie Reisebericht über die Dienstreise nach Gasten und Warta am 26./27.1.1942 vom 28.1.1942 (Verfasser unleserlich) (ebd., Bl. 40-42). Vgl. weiter Kulikowksa, Gostynin.

813 Vgl. Aufnahmebuch der Gauheilanstalt Warta 1937-42 (APŁ, Sieradz, Szpital Psychiatryczny w Warcie, 6865). Am 29./30.1.1942 wurden in Warta 103, vorwiegend volksdeutsche Patienten aufgenommen. Am 4.3.1942 weitere 27.

814 Luniewski, Irrenanstalt Warta, S. 287.

815 Vgl. dazu und im Folgenden Luniewski, Irrenanstalt Warta; sowie Jan Milczarek, Hitlerowska likwidacja umysłowo chorych w Warcie [Die Liquidierung von Geisteskranken in Warta durch die Nazis]/Ermittlungsbericht vom 10.4.1974 (USHMM; RG-15.042M, reel 70, unpag.).

816 Vgl. ebd.; sowie Erinnerungen des Pflegers Dalecki Mieczyslaw nach 44 Jahren Arbeit mit psychisch Kranken. Psychiatrische Anstalt in Warta (Archiv des Instituts für Geschichte der Medizin an der Charité Berlin, Ordner „Warta, Lublinitz“, unpag.).

1940, unterdes war ein (reichs-)deutschen Direktor - Hans Hermann Renfranz[817] - eingetroffen, erfassten die Krankenmorde die Anstalt Warta. Ihnen fielen fast 500 Patienten zum Opfer.[818] Die Patientenzahl stieg jedoch schon bald wieder merklich an, vor allem infolge der Einweisung volksdeutscher Patienten, die Warta zum Teil in größeren Krankentransporten erreichten. Im Laufe des Jahres 1940 hatte die Anstalt etwa 600 Neuzugänge - diese entsprach der gesamten Bettenzahl - zu verzeichnen, bei den meisten handelte es sich um Volksdeutsche.[819] Bereits im Frühjahr 1941 war die 1940 fast nahezu geräumte Anstalt Warta „überbelegt".[820] Dieser Trend setzte sich auch in den Folgejahren fort: 1941 wurden über 400 Neuaufnahmen registriert, 1942 über 600, 1943 sogar über 850 (!).[821] Die Kapazität der Anstalt wurde damit weit überschritten, und zwar nicht erst durch die großen Transporte aus dem Reichsgebiet, die Warta 1943 aus Gütersloh, der Rheinprovinz und dem Großraum Berlin erreichten.[822] Diese Transporte verschärften die Situation ab 1943 aber dramatisch. 1944 befanden sich laut den Planungsunterlagen der „T4" in Warta über 1100 Patienten - etwa doppelt so viele wie in „Normalzeiten"! Euphemistisch hieß es in dem Bericht: „Einfachste Unterbringung mit einfachster Versorgung erleichtern die restlose Ausnutzung des verfügbaren Raumes."[823] Den Vorstellungen der „T4" nach sollten sogar noch weitere 100 Patienten in zwei neu zu errichtenden Baracken in Warta untergebracht werden, und dies obwohl

817 Hans Hermann Renfranz (1912-1979) hatte 1931 sein Medizinstudium in Königsberg aufgenommen. Im selben Jahr trat er in die NSDAP ein. 1936 erhielt er seine Approbation. 1937-1940 war er als Assistenzarzt an der Heil- und Pflegeanstalt Lauenburg/Pommern beschäftigt. Nach der Auflösung dieser und der Ermordung der meisten Patienten wurde er kurzzeitig zum Militär einberufen. Im März 1940 übernahm er die Leitung der Heilanstalt Warta, die er bis zum Januar 1945 innehaben sollte. Nach dem Krieg war er als praktischer Arzt in Hamdorf, Kreis Rendsburg tätig. Im Rahmen der Ermittlungen zu den Krankenmorden im Warthegau wurde er als Zeuge vernommen, ein Verfahren gegen ihn wurde jedoch nicht angestrengt. Vgl. weiterführend: Weil der Vater das Sagen hatte als Herr über Leben und Tod. Die Auseinandersetzung von Hans Peter Renfranz mit seinem Vater. Hg. von der Landeszentrale für politische Bildung Rheinland-Pfalz, Mainz 1996.

818 Vgl. Liste der ermordeten Wartaer Patienten (USHMM, RG-15.042 M, reel 70, unpag.).

819 Vgl. Aufnahmebuch der Gauheilanstalt Warta 1937-42 (APŁ, Sieradz, Szpital Psychiatryczny w Warcie, 6865); sowie Jan Milczarek, Hitlerowska likwidacja umysłowo chorych w Warcie [Die Liquidierung von Geisteskranken in Warta durch die Nazis]/Ermittlungsbericht vom 10.4.1974 (USHMM; RG-15.042M, reel 70, unpag.).

820 Reisebericht der Gesundheitsabteilung beim RStH über die Dienstreise vom 16.-18.4.1941 nach Turek, Pabianice, Zawadowa, Litzmannstadt vom 21.4.1941 (APP, RStH, 1862, Bl. 130-132, hier 131).

821 Vgl. Aufnahmebuch der Gauheilanstalt Warta 1937-42 (APŁ, Sieradz, Szpital Psychiatryczny w Warcie, 6865); sowie Jan Milczarek, Hitlerowska likwidacja umysłowo chorych w Warcie [Die Liquidierung von Geisteskranken in Warta durch die Nazis]/Ermittlungsbericht vom 10.4.1974 (USHMM; RG-15.042M, reel 70, unpag.).

822 Zu den Transporten aus dem Reichsgebiet vgl. Aufnahmebuch der Gauheilanstalt Warta 1937-42 (APŁ, Sieradz, Szpital Psychiatryczny w Warcie, 6865).

823 Bericht über die Prüfung der Planungs-Unterlagen der HPA, die in den Bereich der Barackenaktion einbezogen werden müssen vom März 1944 (HessHStA, Abt. 631a, 1280, unpag.).

in gleichem Bericht konstatiert wurde, dass „die Kochküche in Warta [...] denkbar primitiv, fast minderwertig und ausschließlich für Eintopfverpflegung geeignet" sei.[824] Bereits zwei Jahre zuvor, 1942, hatte die „T4" festgestellt, dass die Küche und Wäscherei „so alt und minderwertig [seien], wie man sie wohl selten trifft", Fleisch könne in der Küche überhaupt nicht zubereitet werden, nur „Kesselverpflegung" sei möglich.[825] Die gesamte Anstalt, so das Resümee aus dem Jahr 1942, müsse „mit einem eisernen Besen ausgekehrt und völlig erneuert werden".[826] Es änderte sich in der Folgezeit jedoch kaum etwas, im Gegenteil. Wie die ehemalige Wartaer Ärztin Eugenia Kaleniewicz später berichtete, verschlechterte sich insbesondere die Versorgungsituation dramatisch. Die Verpflegung in Warta, die größtenteils aus Rüben bestanden habe, sei absolut „unzureichend, sowohl vom Kalorien- als auch vom Qualitätsbedarf her" gewesen.[827] Es sei vor allem der „Mangel an Fetten, Vitaminen, Eiweiß" gewesen, der bei den ohnehin stark geschwächten Patienten „eine ungeheuer hohe Sterblichkeit zur Folge" gehabt hätte.[828] Insbesondere die Patienten aus dem Reichsgebiet hätten sich oft im „Zustand äußerster Erschöpfung" befunden und keine Möglichkeit gehabt, zusätzliche Nahrung, beispielsweise von besuchenden Verwandten, zu bekommen.[829] Die Patienten, die körperlich noch dazu in der Lage gewesen wären, sollen die „städtischen Abfälle" und den Müll nach Nahrung durchsucht haben.[830] Neben der unzureichenden Ernährung ließen aber auch Tuberkulosewellen die Sterblichkeit zusätzlich in die Höhe schnellen. Die ärztliche Versorgung war aufgrund der außerordentlich schlechten Personalsituation absolut unzureichend. Therapeutische Behandlungen, für die auch schlichtweg die Ausstattung und die Medikamente fehlten, wurden kaum mehr durchgeführt.[831] Es mangelte spätestens ab 1943 quasi an allem: Nahrung,

824 Ebd. Auch in der Anstalt Tiegenhof sollten zwei Baracken errichtet werden. Die Fundamente wurden 1943 errichtet. Aufgrund von Transportschwierigkeiten waren die Baracken aber bis zum Frühjahr 1944 noch immer nicht errichtet, und es ist fraglich, ob sie aufgestellt wurden. Vgl. den Schriftwechsel zwischen dem RStH/Gauselbstverwaltung und dem Reichsbeauftragten für die Heil- und Pflegeanstalten 1943/44 (APP, RStH, 245).

825 Vgl. Abschlussbericht Herbert Becker, „T4" über die Planung Warthegau 21.–24.9.1942 vom 12.10.1942, S. 5 (BArch Berlin, R 96 I/15, unpag.).

826 Ebd.

827 Vernehmung von Eugenia Kaleniewicz am 20.8.1985, S. 5 (hier Übersetzung aus dem polnischen) (USHMM, RG-15.042 M, r. 70, unpag.).

828 Ebd.

829 Ebd.

830 Vgl. Jan Milczarek, Hitlerowska likwidacja umysłowo chorych w Warcie [Die Liquidierung von Geisteskranken in Warta durch die Nazis]/Ermittlungsbericht vom 10.4.1974 (USHMM; RG-15.042M, reel 70, unpag.).

831 Vgl. Abschlussbericht Herbert Becker, „T4" über die Planung Warthegau 21.–24.9.1942, S. 5 vom 12.10.1942 (BArch Berlin, R 96 I/15, unpag.); Vernehmung von Eugenia Kaleniewicz am 20.8.1985 (hier Übersetzung aus dem polnischen) (USHMM, RG-15.042 M, r. 70, unpag.); sowie Jan Milczarek, Hitlerowska likwidacja umysłowo chorych w Warcie [Die Liquidierung von Geisteskranken in Warta durch die Nazis]/Ermittlungsbericht vom 10.4.1974 (USHMM; RG-15.042M, reel 70, unpag.).

Medikamenten, Bekleidung, Schuhwerk, Heizmaterial und Platz. Wegen der gnadenlos überfüllten Krankensäle hatte man in den Korridoren sogar Etagenbetten aufgestellt.[832] Hinzu kamen schlechte sanitäre Bedingungen und Kälte, da teilweise die Heizungsrohre infolge strengen Frostes zerborsten waren. All dies führte zu einer enormen Sterblichkeit, die durchaus an die in Tiegenhof heranreichte, auch wenn hier die Ursachen andere waren.[833] Eine Überdosierung von Medikamenten lässt sich in Warta nicht nachweisen. Allerdings wurde auch hier der Tod der Patienten billigend in Kauf genommen, wenn nicht sogar durch die systematische Überbelegung der Anstalt, die Vernachlässigung der Patienten und die Unterernährung bewusst herbeigeführt. 1944 verstarben täglich zwischen drei und zehn Patienten, die auf dem Wartaer Friedhof zum Teil in anonymen Massengräbern beerdigt wurden.[834]

Das Hungersterben betraf alle Patienten, unabhängig von ihrer Herkunft. Lediglich die Patienten, die von ihren Angehörigen regelmäßig besucht wurden und von diesen zusätzliche Nahrungsmittel erhielten, waren dem Hunger etwas weniger ausgeliefert. Die in separaten Krankentransporten nach Warta umgesiedelten Volksdeutschen gehörten ganz sicher nur in Ausnahmefällen zu dieser Patientengruppe, hatten sie doch infolge der Umsiedlung den Kontakt zu ihren Familien in der Regel verloren. De facto lebten zu dem Zeitpunkt, als das Hungersterben dramatische Ausmaße annahm - 1943 -, aber nur noch wenige dieser Patienten in Warta. Das Hungersterben betraf in erster Linie die einzeln eingewiesenen volksdeutschen Kranken und die 1942 aus Gostynin verlegten sowie die reichsdeutschen Patienten. Von den 186 aus Bessarabien, der Bukowina, Dobrudscha und Litauen 1940/41 in Krankentransporten nach Warta verlegten Volksdeutschen befanden sich 1943 bereits 155 nicht mehr in Warta: 64 waren verstorben, einige bereits wenige Tage nach ihrem Eintreffen.[835] 66 waren im Rahmen des „T4“-Transportes nach Tiegenhof ver-

832 Vernehmung des Pflegers Tadeusz M. am 11.7.1985 (USHMM, RG-15.042M, reel 70, unpag.).

833 Konkrete Aussagen zur Sterblichkeit lassen sich hier nur schwer treffen, da zur Belegung der Anstalt keine zuverlässigen Zahlen vorliegen und sich lediglich die Neuaufnahmen präzise quantifizieren lassen. Nimmt man jedoch die von der „T4“ 1944 angegebene Belegung der Anstalt mit 1104 Patienten als realistisch an und setzt diese ins Verhältnis zu 354 vom Standesamt Warta beurkundeten Todesfällen für das Jahr 1944, so bewegte sich die Sterblichkeit bei etwa 32 %. Vgl. Bericht über die Prüfung der Planungs-Unterlagen der HPA, die in den Bereich der Barackenaktion einbezogen werden müssen vom März 1944 (HessHStA, Abt. 631a, 1280, unpag.). Zu den Todesfällen vgl. Jan Milczarek, Hitlerowska likwidacja umysłowo chorych w Warcie [Die Liquidierung von Geisteskranken in Warta durch die Nazis]/Ermittlungsbericht vom 10.4.1974 (USHMM; RG-15.042M, reel 70, unpag.).

834 Vgl. Jan Milczarek, Hitlerowska likwidacja umysłowo chorych w Warcie [Die Liquidierung von Geisteskranken in Warta durch die Nazis]/Ermittlungsbericht vom 10.4.1974 (USHMM; RG-15.042M, reel 70, unpag.). Auf dem Friedhof in Warta befinden sich heute noch einige unscheinbare, kleine Betongrabsteine, auf denen lediglich eine Nummer vermerkt ist. Möglicherweise handelt es sich hierbei um die Massengräber.

835 Die hohe Zahl der Todesfälle ist wahrscheinlich auf die Strapazen der Umsiedlung, die Unterbringung in einer fremden Umgebung, die auch 1940/41 nicht sehr reichhaltige

legt und 25 entlassen worden.[836] Dabei markierte das Jahr 1943 gleich in mehrfacher Weise einen Wendepunkt für alle noch in Warta verbliebenen und neuaufgenommenen Patienten. Es verschlechterte sich nämlich nicht nur die Ernährungs- und Unterbringungssituation gravierend, sondern auch die Entlassungen waren nun vielfach an eine Bedingung geknüpft: die Sterilisation. Zwar trat das GzVeN im Warthegau bereits Anfang 1942 offiziell in Kraft, dennoch lässt sich sowohl in Warta als auch in Tiegenhof bis 1943 keine systematische Anzeigenerstattung nachweisen.[837] 1943 kommt es hingegen zu einer regelrechten Anzeigenflut, sodass man den Eindruck gewinnt, dass die Gauselbstverwaltung/Reichsstatthalter nun eine systematische Überprüfung aller „entlassungsfähigen" Patienten forcierte - möglicherweise vor dem Hintergrund, freie Betten für Patienten aus dem Reichsgebiet zu schaffen. Im 1943 neu begonnenen Wartaer Aufnahmebuch existiert nun sogar eine eigene Spalte „Angaben über Erbkrankheiten". In dieser Spalte ist für jeden neu aufgenommenen Patienten folgender standardisierten Vordruck zu lesen:

> „Anzeige erstattet
> am ......, Karteikarten ausgestellt am ....,
> Antrag auf Unfr[uchtbarmachung] beim EGG ....
> am .... AZ ...... Unfr.
> beschlossen - abgelehnt - durchgeführt
> am ....".[838]

Es mussten lediglich noch die Daten ergänzt werden. Wie zahlreich Sterilisationsanzeigen erstattet wurden, sei anhand einiger Beispiele illustriert. Von den 103 im Januar 1942 aus Gostynin verlegten Patienten befanden sich 1943 noch 68 in Warta. Für 22 von diesen 68 wurden Anzeigen erstattet - eine durchaus beträchtliche Zahl, bedenkt man, dass es sich dabei um nahezu alle Patienten im „fortpflanzungsfähigen" Alter handelte.[839] Von den 186 Volksdeutschen, welche die Anstalt Warta in größeren Krankentransporten erreicht hatten, lebten 1943 noch 31 in Warta. Für 21 von ihnen erstattete Direktor Renfranz, Sterilisa-

Ernährung, die Überbelegung, aber auch auf den allgemeinen Gesundheitszustand und das Alter der Kranken zurückzuführen. Eine systematische Tötung der Patienten kann aller Wahrscheinlichkeit nach ausgeschlossen werden.

836 Vgl. Aufnahmebuch der Gauheilanstalt Warta 1937-42 (APŁ, Sieradz, Szpital Psychiatryczny w Warcie, 6865); sowie Sterberegister 1937-1941 (ebd., 6868).

837 Vgl. Aufnahmebücher der Gauheilanstalt Warta 1937-42 und 1943-45 (APŁ, Sieradz, Szpital Psychiatryczny w Warcie, 6865 und 6866); Registerband des EGG Posen (APP, EGG Posen, 31). Zur Einführung des GzVeN im Warthegau vgl. Verordnung über die Einführung des GzVeN und des Gesetzes zum Schutze der Erbgesundheit des deutschen Volkes in den eingegliederten Ostgebieten vom 24.12.1941 (APP, RStH, 2151, Bl. 15 f.). Vgl. weiter Kap. IV.5.4.

838 Aufnahmebuch der Gauheilanstalt Warta 1943-45 (APŁ, Sieradz, Szpital Psychiatryczny w Warcie, 6866).

839 Vgl. ebd.

tionsanzeigen beim Gesundheitsamt Schieratz/Sieradz.[840] In einigen Fällen reichte er auch direkt bei den zuständigen EGG in Posen, Kalisch oder Hohensalza Anträge auf Unfruchtbarmachung ein. So auch bei den Geschwistern Emma und Pauline S. aus Sarata/Bessarabien. Emma und Pauline S. waren gemeinsam mit weiteren Kranken aus Sarata am 6. Oktober 1940 in der Heilanstalt Warta aufgenommen worden. Emma S. war zuvor Pflegling im Haus „Elim“ gewesen, Pauline S. im „Alexanderasyl“.[841] Bei beiden wurde die fragwürdige Diagnose „angeborener Schwachsinn“ gestellt. Diese Diagnose allein führte jedoch nicht zur Sterilisationsanzeige, sondern erst die Entlassung beider Schwestern im Juli 1943 zu ihrem mittlerweile im Kreis Kosten/Warthegau angesiedelten Bruder und seiner Ehefrau.[842] Renfranz erstattete unmittelbar vor der Entlassung der Patientinnen beim Gesundheitsamt in Schieratz/Sieradz eine Sterilisationsanzeige. Der Amtsarzt prüfte diese und kam zu dem Ergebnis, dass „die Unfruchtbarmachung wegen besonders großer Fortpflanzungsgefahr nicht aufgeschoben werden“ dürfe.[843] Parallel zu dieser Prüfung der Anzeige durch den Amtsarzt stellte Renfranz direkt beim zuständigen EGG in Posen einen Antrag auf Unfruchtbarmachung, dem er ein ärztliches Gutachten und den berüchtigten „Intelligenzprüfbogen“ beilegte.[844] Das ärztliche Gutachten von Pauline S. offenbart, dass der begutachtende Arzt nahezu nichts über die Patientin wusste. Es fehlte sogar das Geburtsdatum.[845] Die weiteren Ermittlungen lagen in der Hand des Gesundheitsamtes in Kosten, in dessen Einzugsbereich die Schwestern sich durch die Entlassung nun befanden. Allerdings, so musste der Amtsarzt bald feststellen, fehlten jegliche „Papiere, aus denen Näheres über die Familie zu erfahren [gewesen] wäre“.[846] Die Eltern waren bereits 1920 verstorben. Die Untersuchung des Bruders, Jakob S., der sich im Dienst der Wehrmacht befand, ergab, dass auch bei diesem „ein Schwachsinn leichten Grades, der bei der weiteren Belastung der Familie als Erbkrankheit anzusehen“ sei, vorlag.[847] Diese „Familienbelastung“ rechtfertigte aus Sicht des Gerichtes

840 Im Aufnahmebuch der Anstalt Warta wurde dies durch einen entsprechender Stempel im Feld „Bemerkungen“ vermerkt. Vgl. Aufnahmebuch der Gauheilanstalt Warta 1937–42 (APŁ, Sieradz, Szpital Psychiatryczny w Warcie, 6865, zum Beispiel Nr. 7598).

841 Vgl. Umsiedlungsliste Sarata (Archiv des Bessarabiendeutschen Vereins Stuttgart).

842 Vgl. Amtsarzt beim Gesundheitsamt in Kosten an EGG Posen, betr. Erbgesundheitssache Pauline S. vom 11.10.1943 (APP, EGG Posen, 21, Bl. 15).

843 Amtsarzt beim Gesundheitsamt in Schieratz an EGG Kalisch, betr. Antrag auf Unfruchtbarmachung der Pauline S. vom 15.7.1943 (APP, EGG Posen, 21, Bl. 1). Das gleiche Schreiben findet sich in der Akte von Emma S. (ebd., 20, Bl. 1). Zuständigkeitshalber wurde das Verfahren später an das EGG Posen abgegeben.

844 Vgl. Antrag auf Unfruchtbarmachung für Emma bzw. Pauline S., gestellt am 7.7.1943 von Renfranz, einschließlich ärztlichem Gutachten und „Intelligenzprüfbogen“ (APP, EGG Posen, 20 (Emma S.) und 21 (Pauline S.), jeweils Bl. 2–10).

845 Ärztliches Gutachten über Pauline S., ausgestellt von Renfranz (APP, EGG Posen, 21, Bl. 3).

846 Amtsarzt beim Gesundheitsamt in Kosten an EGG Posen, betr. Erbgesundheitssache Pauline S. vom 11.10.1943 (APP, EGG Posen, 21, Bl. 15).

847 Truppenarzt, Dienststelle f. P. Nr. 38951, an EGG Posen vom 13.12.1943 (ebd., Bl. 22).

bei beiden Schwestern die Diagnose „angeborener Schwachsinn". In beiden Fällen ordneten die Posener Erbgesundheitsrichter am 7. Februar 1944 die Durchführung der Zwangssterilisation an. In der Begründung des Urteils für Pauline S. hieß es unter anderem:

„Nach dem fachärztlichen Gutachten der Heilanstalt Warta ist sie friedlich und gutmütig, im allgemeinen [sic!] geordnet, unter dem Einfluss der Umgebung zuweilen trotzig und frech. Sie hat kein Schul- und nur geringes Allgemeinwissen. Ihr Begriffskreis ist armselig, der Interessenkreis beschränkt; das Urteilsvermögen ist äußerst dürftig, sie äußert wenig Initiative. Einfache grobe Arbeit wie Waschen und Feldarbeiten führt sie aus, sonst ist sie schwerfällig. Ihre Vorstellung vor dem Erbgesundheitsgericht ergab das gleiche Bild. Sie war persönlich und zeitlich nur mangelhaft orientiert. Sie kannte nicht die Zeiteinteilung, Sie vermochte einfachste Additionsaufgaben nicht zu lösen. Sie weiß nicht, was in der Welt vor sich geht. Das Erfahrungswissen zeigte sich auf einfachste Dinge beschränkt. Auch das Interesse für Vorgänge in der Landwirtschaft des Bruders erwies sich als äußerst dürftig. Sie wusste nicht, weshalb sie vor dem EGG geladen war. Ihre Lebensentwicklung, ihre geistige Beschränktheit und ihre Initiativlosigkeit lassen keinen Zweifel darüber, dass bei ihr ein Schwachsinn ausgeprägten Grades vorliegt."

Eine Beschwerde gegen dieses diskriminierende und die stigmatisierende Urteil, das in Inhalt und Duktus so oder ähnlich tausendfach im Deutschen Reich erging, wurde nicht eingereicht. Im Falle von Emma S. erfolgte die Sterilisation am 4. Oktober 1944 in Posen.[848] Pauline S. wurde Ende Dezember 1944 aufgefordert, sich „in die Gaufrauenklinik Posen, Feldstraße 33, zwecks Unfruchtbarmachung zu begeben".[849] Bis Mitte Januar 1945 hatte sie dieser Aufforderung jedoch offensichtlich nicht folgegeleistet. Angesichts der Kriegsentwicklung ist es eher unwahrscheinlich, dass die Zwangssterilisation in der Folgezeit noch durchgeführt wurde.[850]

Auch wenn diese beiden eng verbundenen Schicksale zeigen, dass auch die Anstalten des Warthegaus von der Zwangssterilisationspraxis erfasst wurden, so dürfen sie dennoch nicht darüber hinwegtäuschen, dass die Zahl der durchgeführten Zwangssterilisationen gemessen an der Zahl der Sterilisationsanzeigen verhältnismäßig gering blieb. Von den 21 Sterilisationsanzeigen, die Renfranz für volksdeutsche Patienten der großen Krankentransporte erstattet hatte, führten drei zu einem Erbgesundheitsverfahren. Im Falle der volksdeutschen Patienten, die aus Gostynin nach Warta verlegt worden waren, zog eine der 22 Sterilisationsanzeigen ein Verfahren nach sich.[851] Die hohe Zahl der nicht weiter verfolgten Anzeigen dürfte zum einen in kriegsbedingten personellen Engpässen in den Gesundheitsämtern und zum anderen in der generellen Beschränkung der Sterilisationspraxis auf „fortpflanzungsgefährdete" und „ent-

848 Ärztlicher Bericht über die Durchführung der Unfruchtbarmachung in Posen vom 4.10.1944 (ebd., Bl. 30).
849 Amtsarzt beim Gesundheitsamt in Kosten an EGG Posen vom 17.1.1945 (ebd., Bl. 36).
850 Vgl. ebd.
851 Zwei Verfahren fanden vor dem EGG Posen statt, das dritte vor dem EGG Hohensalza, das vierte angeblich vor dem EGG Beuthen. Alle endeten mit der Anordnung der Unfruchtbarmachung. In drei Fällen wurde diese durchgeführt. Vgl. Aufnahmebuch der Gauheilanstalt Warta 1937–42 (APŁ, Sieradz, Szpital Psychiatryczny w Warcie, 6865).

lassungsfähige“ Patienten begründet liegen. Dabei bot die Sterilisation für die betroffenen Patienten keineswegs die Gewähr für eine Entlassung, wie mehrere Tiegenhofer Beispiele zeigen. Besonders tragisch ist der Fall von Johanna K. aus Galizien. Für sie hatte Ratka am 7. Oktober 1943 einen Antrag auf Unfruchtbarmachung beim EGG Posen eingereicht.[852] Die Diagnose lautete auch hier „angeborener Schwachsinn“, wobei aufgrund fehlender Unterlagen von Ratka weder eine vollständige Sippentafel ausgefüllt, noch die „Familienbelastung“ bestimmt werden konnte.[853] Am 24. März 1944 tagte das Erbgesundheitsgericht Posen in der Anstalt Tiegenhof und verhandelte über mindestens drei Sterilisationsfälle, einer davon war der von Johanna K.[854] Das Erbgesundheitsgericht folgte Ratkas Antrag und ordnete ihre Sterilisation an.[855] Am 19. September 1944 wurde sie in die Gaufrauenklinik in Posen überwiesen, wo der Eingriff vorgenommen wurde.[856] Ihre Rückkehr nach Tiegenhof ist im Aufnahmebuch mit der bürokratischen Bemerkung „vom Urlaub zurück“ mit dem 7. Oktober 1944 angegeben. Derselbe Verwaltungsbeamte notierte unter dem 26. Oktober 1944, also nur etwa zwei Wochen nach dem Eingriff, knapp: „+ 3.00 Uhr“.[857] Die Umstände ihres Todes, insbesondere die Frage, ob ihr Tod möglicherweise in einem Zusammenhang mit der erst kurze Zeit zuvor durchgeführten Zwangssterilisation stand, lassen sich aufgrund des Fehlens von Patientenakten nicht mehr rekonstruieren.

Für die Anstalten bedeutete die Anzeigenerstattung einen nicht unerheblichen Aufwand, denn die Anzeigenerstattung ging mit der Anfertigung ärztlicher Gutachten, „Intelligenzprüfbogen“ und einer „erbbiologischen Karteikarte“ einher. Dennoch war die Zahl der erstatteten Anzeigen, wie bereits erwähnt, beträchtlich, und überstieg allem Anschein nach das zu dieser Zeit im Deutschen Reich übliche Maß.[858] Die Anstalt Warta und deren Direktor bewies aber noch durch eine weitere Erfassungsmaßnahme ein besonderes „erbgesundheitspolitisches“ Engagement: die Meldebogenerfassung 1943.

852 Antrag auf Unfruchtbarmachung für Johanna K., gestellt am 7.10.1943 von Ratka (APP, EGG Posen, 8, Bl. 3).

853 Ratka an EGG Posen vom 28.10.1943 (ebd., Bl. 13).

854 Die beiden anderen Fälle sind ebenfalls aktenmäßig überliefert (APP, EGG Posen, 26 und 27).

855 Beschluss des EGG Posen vom 24.3.1944 (APP, EGG Posen, 8, Bl. 24 f.).

856 Vgl. Mitteilung der Gauheilanstalt Tiegenhof an EGG Posen vom 20.9.1944 (ebd., Bl. 35); sowie ärztlicher Bericht über die Durchführung der Unfruchtbarmachung, o. D. (ebd., Bl. 37).

857 Vgl. Aufnahmebuch der Heilanstalt Tiegenhof 1942–1948 (Krankenhausarchiv Tiegenhof, Nr. 14110).

858 Eine genaue Zahl, wie viele Anzeigen 1943/44 von der Gauheilanstalt Warta erstattet wurden, wäre nur durch eine komplette Auswertung des Aufnahmebuches möglich, die den zeitlichen Rahmen dieser Arbeit gesprengt hätte. Stichproben, wie die bereits erwähnten, weisen jedoch sehr deutlich auf eine außerordentlich hohe Zahl von erstatteten Anzeigen hin. Dass die Zahl der erstatteten Anzeigen deutlich höher als im Deutschen Reich lag, erklärt sich auch dadurch, dass das GzVeN erst 1942 in Kraft trat. Die Anstalten des Warthegaus hatten also „Nachholbedarf“.

Die Meldebogenerfassung war mit der Einstellung der „Aktion T4" nicht ausgesetzt worden. Die Erfassung und Begutachtung der Patienten durch die „T4" lief vielmehr unvermindert weiter.[859] Ende 1942 erfuhr diese Erfassung eine neue Ausrichtung. Denn alle Anstalten,[860] nicht nur die des Warthegaus, wurden durch ein Rundschreiben Herbert Lindens vom RMdI Mitte November 1942[861] an die bereits bestehende halbjährliche Meldepflicht erinnert und gleichzeitig aufgefordert, nun für *alle* Patienten, „ohne Rücksicht auf Krankheitsform und Krankheitsdauer", einen „Meldebogen neuer Fassung" auszufüllen. Zudem sollten dem Reichsbeauftragten für die Heil- und Pflegeanstalten „monatliche Bestandsmeldungen" übersandt werden.[862] Diese Meldepflicht bezog sich nicht nur auf die neuaufgenommenen Patienten. Sie galt auch für die Patienten, die sich bereits länger in der Anstalt befanden, für die aber aufgrund „früherer Anordnung" keine Meldebogen ausgefüllt worden waren. Für sie sollte „nachträglich" ein Meldebogen angelegt werden.[863] Für die Anstalt Tiegenhof dürfte diese nachträgliche Erfassung nicht relevant gewesen sein, hatte die „T4" dort doch bereits 1940/41 alle Patienten erfassen lassen. Anders in Warta. Direktor Renfranz sah sich veranlasst, der Order auf das Gründlichste nachzukommen, möglicherweise auch auf Druck des Regierungspräsidenten, dem von Linden anheimgestellt worden war, die „Anstalten notwendigenfalls anzuweisen, die ihnen erteilten Auflagen zu erfüllen".[864] Renfranz ließ zum Stichtag 1. Januar 1943 sogar für bereits verstorbene und entlassene Patienten Meldebogen ausfüllen und dies in einer Ausführlichkeit, wie sie angesichts der

859 Das RMdI forderte nach wie vor halbjährliche Meldungen von den Anstalten. Die „T4" setzte ihre Begutachtung unvermindert fort, rechnete man doch zunächst mit einer Wiederaufnahme der Krankenmorde. Vgl. dazu Friedlander, NS-Genozid, S. 250; sowie Süß, Volkskörper im Krieg, S. 314 f.

860 Vgl. zum Beispiel zur Meldebogenerfassung in Wehnen Harms, Meldebogen, S. 262–267.

861 Die Schreiben an die Anstalten in Warta und Tiegenhof sind nicht überliefert, sondern nur als undatierter Vordruck in den Akten des Regierungspräsidenten von Litzmannstadt erhalten. Das Begleitschreiben Lindens an den Regierungspräsidenten ist auf den 19.12.1942 datiert und enthält den Hinweis, dass den Anstalten „dieser Tage ein Schreiben nach dem beigefügten Muster I" (Vordruck) übersandt worden sei. Es ist jedoch zu vermuten, dass den Anstalten im Warthegau bereits Mitte November 1942 dieses Schreiben zuging. Vgl. Linden, RMdI, an Regierungspräsident in Litzmannstadt, betr. Erfassung der Heil- und Pflegeanstalten aller Art vom 19.12.1943 (APŁ, Akt Rejencji Łodzkiej, 625, Bl. 48); sowie die als Vordrucke beigelegten Schreiben Lindens, RMdI, an die einzelnen HPA sowie das beigefügte neue Meldebogenformular (ebd., Bl. 49–52). Zur Datierung vgl. Vernehmung von Viktor Ratka am 2.10.1961 (HessHStA, Abt. 631a/1475, Bl. 13–15); sowie Harms, Meldebogen, S. 264 f.

862 Vordruck des Schreiben Lindens, RMdI, an die Leiter einzelnen HPA, o. D. (APŁ, Akt Rejencji Łodzkiej, 625, Bl. 49 f.). Vgl. auch Vordruck des Begleitschreibens des Reichsbeauftragten für die HPA an die Leiter der HPA zu übersandten Meldepostkarten, o. D. (ebd., Bl. 52).

863 Vordruck des Schreiben Lindens, RMdI, an die Leiter einzelnen HPA, o. D. (APŁ, Akt Rejencji Łodzkiej, 625, Bl. 49 f., auch in BArch Berlin, Rollfilm 41141 (Nitsche-Papers), Bl. 127835 f.).

864 Linden, RMdI, an Regierungspräsident in Litzmannstadt, betr. Erfassung der Heil- und Pflegeanstalten aller Art vom 19.12.1943 (APŁ, Akt Rejencji Łodzkiej, 625, Bl. 48).

Personalsituation und der vielfältigen Schwierigkeiten im Wartaer Anstaltsbetrieb nicht zu erwarten gewesen wäre.[865] In einigen Patientenakten ist ein solcher ausgefüllter Meldebogen oder eine Durchschrift erhalten. Renfranz bestätigte in einer Nachkriegsvernehmung, die Meldebögen ausgefüllt zu haben, aber ergänzte im gleichen Atemzug, dass „aufgrund dieser Meldebögen in Warta kein Kranker abtransportiert worden" sei.[866] Später sei außerdem Ratka im Auftrag der RAG „mit einem Stoß Meldebögen" erschienen und habe „Kranke untersucht".[867] Aber auch hieraus hätten sich für die Patienten „keine Folgen ergeben".[868] Dies mag durchaus zutreffen. Langfristig, vor allem vor dem Hintergrund einer angestrebten Wiederaufnahme der zentral koordinierten Krankenmorde, hätten sich daraus aber sehr wohl Konsequenzen ergeben, verschaffte sich die RAG/„T4" durch die fortwährende Meldebogenerfassung doch einen genauen Überblick über die in eine spätere „Aktion" einzubeziehenden Patienten. Dabei bemühte sich die „T4", ihre Karteien stets auf neuestem Stand zu halten und ließ sich deshalb zusammen mit den Meldebögen auch Veränderungsmeldungen übersenden. Zu den Stichtagen sollte dazu eine Liste der Patienten, die bereits gemeldet, aber unterdes verstorben, entlassen oder verlegt worden waren, erstellt werden.[869] Überliefert sind derartige Listen für Warta zwar nicht, aber das Aufnahmebuch verweist auf derartige Meldungen. So findet sich in einer Vielzahl von Fällen hinter den regulären Eintragungen, in der Rubrik „Bemerkungen", der Vermerk „gem.", der aller Wahrscheinlichkeit nach für „gemeldet" steht.[870] Dabei scheint die Anstalt Warta sehr genau vorgegangen zu sein. Wie Stichproben ergaben, wurden beispielsweise nicht pauschal alle im „T4"-Transport verlegten Patienten „gemeldet" - offiziell galten sie ja als „verlegt" - sondern nur die zum Stichtag (1. Januar 1943) in der Zielanstalt (Uchtspringe) Verstorbenen, also die endgültig aus dem „Patientenpool" der „T4" Herausgefallenen.[871] Jeder Einzelfall scheint demnach genau überprüft worden zu sein - ein durchaus zeitintensives Verfahren.

865 Vgl. zum Beispiel Durchschrift des Meldebogens von Regina H., datiert auf den 1.1.1943 (APŁ, Sieradz, Szpital Psychiatryczny w Warcie, 5302, Bl. 32) oder Meldebogen von Magdalene B., datiert auf den 1.1.1943 (ebd., 4784, Bl. 7).

866 Vernehmung von Hans Hermann Renfranz am 20.3.1963 (BArch Ludwigsburg, B 162/511, Bl. 149-159, hier 156).

867 Ratka selbst bestritt als Gutachter im Warthegau tätig gewesen zu sein. Vgl. Vernehmung von Viktor Ratka am 4.10.1961 (HessHStA, Abt. 631a/1475, Bl. 19-24, hier 23 f.).

868 Vernehmung von Hans Hermann Renfranz am 20.3.1963 (BArch Ludwigsburg, B 162/511, Bl. 149-159, hier 156 f.).

869 Vordruck des Schreiben Lindens, RMdI, an die Leiter einzelnen HPA, o.D. (APŁ, Akt Rejencji Łodzkiej, 625, Bl. 49 f.).

870 Vgl. Aufnahmebücher der Gauheilanstalt Warta 1937-1942 und 1943-1945 (APŁ, Sieradz, Szpital Psychiatryczny w Warcie, 6865 und 6866)

871 Vgl. zum Beispiel Eintragungen zu Katharina K., Julianne B. oder Lidia Wilma R. im Aufnahmebuch der Gauheilanstalt Warta 1937-1942 (APŁ, Sieradz, Szpital Psychiatryczny w Warcie, 6865, Nr. 7344, 7338, 7322); sowie entsprechende Eintragungen in der Aufnahmeliste der Heilanstalt Uchtspringe 1937-1947 (Salus gGmbH Fachklinikum Uchtspringe).

Zu einer Wiederaufnahme der zentralen Krankenmorde sollte es bekanntlich nicht mehr kommen. Viele der Wartaer Patienten erlebten das Kriegsende aber dennoch nicht. Sie fielen den unmenschlichen Lebensbedingungen, dem Hunger, den Krankheiten und nicht zuletzt auch den kriegsbedingten Evakuierungen im Januar 1945 zum Opfer.

Am 18. Januar 1945 sollte die Mehrzahl der Patienten „hastig und chaotisch, bei klirrender Kälte" in Richtung eines etwa zehn Kilometer entfernt gelegenen Bahnhofes evakuiert werden.[872] Diesen erreichten sie allerdings nie. Viele Patienten gingen nach Aussage der begleitenden Ärztin während dieser Evakuierungsaktion verloren. Auch später konnte ihr Verbleib nicht geklärt werden, im Aufnahmebuch der Anstalt Warta findet sich in diesen Fällen lediglich der Eintrag „ewak[uiert]". Mit hoher Wahrscheinlichkeit überlebten diese Patienten die Strapazen der Evakuierung nicht. Die Mehrzahl dürfte ohnehin durch die schlechte Versorgungssituation in Warta entkräftet gewesen sein. Angesichts der denkbar ungünstigen Witterungsbedingungen und ohne adäquate Kleidung hatten sie kaum eine Chance den Evakuierungsmarsch zu überleben. Allein in der unmittelbaren Umgebung von Warta sollen die Leichen von 70 Patienten gefunden, und in einem Massengrab auf dem Wartaer Friedhof bestattet worden sein.[873] Damit fand die menschenverachtende, Todesfälle billigend in Kauf nehmende, psychiatrische Versorgung während der Besatzungszeit in Warta ein Ende - ein Ende, in dem sich die sechs Jahre, in denen die Anstalt unter deutscher Verwaltung stand, widerspiegelten.

Die genaue Betrachtung der Vorgänge in den Gauheilanstalten Warta und Tiegenhof - ab 1943 die einzigen Heilanstalten des Warthegaus - zeigt, dass die NS-Erbgesundheitspolitik mit allen ihren Facetten Einzug in die Anstaltspsychiatrie des Warthegaus gehalten hatte. Sie fand in den Gesundheitsabteilungen der Gauselbstverwaltung und des Reichsstatthalters engagierte Umsetzer, die oftmals eigeninitiativ agierten und in hohem Maße mit der „T4" oder dem „Reichsausschuss" kooperierten. Nicht weniger kooperativ und eigeninitiativ erwiesen sich die Anstaltsleiter, die beinah überengagiert erfassten, meldeten, begutachten und töten ließen. Dieses Überengagement, zum Beispiel sichtbar in der rigorosen Meldepraxis, wurde auch von personellen Engpässen nicht ausgebremst. Vielmehr widmete sich beispielsweise Renfranz intensivst der Meldebogenerfassung anstelle der Patientenbehandlung, für die bei etwa 1 000 Patienten nur zwei Ärzte zur Verfügung standen.[874]

Ein Grund für diese besonders radikale Umsetzung der NS-Erbgesundheitspolitik in den Anstalten des Warthegaus ist möglicherweise in der besonderen

872 Vernehmung von Eugenia Kaleniewicz am 20.8.1985, S. 6 (hier Übersetzung aus dem polnischen) (USHMM, RG-15.042 M, r. 70, unpag.).

873 Vgl. Jan Milczarek, Hitlerowska likwidacja umysłowo chorych w Warcie [Die Liquidierung von Geisteskranken in Warta durch die Nazis]/Ermittlungsbericht vom 10.4.1974 (USHMM; RG-15.042M, reel 70, unpag.).

874 Vernehmung von Eugenia Kaleniewicz am 20.8.1985 (hier Übersetzung aus dem polnischen) (USHMM, RG-15.042 M, r. 70, unpag.).

Rolle, die der Warthegau im Kontext der NS-Siedlungspolitik spielen sollte, zu suchen. Immer wieder betonten Gesundheitspolitiker, dass die „Erb- und Rassenpflege" im Warthegau aufgrund der besonderen „volkstums- und rassenpolitischen Verhältnisse" langfristig gesehen „weit über den üblichen Rahmen hinausgehen" müsse, damit der Warthegau auch in „volkstumsbiologischer" und rassenhygienischer Hinsicht zu einem „natürlichen Grenzwall" werden könne.[875] Möglicherweise wurden diese ideologischen Prämissen für die Akteure der Gesundheitspolitik handlungsleitend, denn letztlich spiegelten sich die „volkstums- und rassenpolitischen Verhältnisse" auch in den Anstalten - quasi en miniature - wider. So kann die systematische Ermordung der polnischen Patienten auch als Teil der „volkstumsbiologischen Vernichtungspolitik" verstanden werden, rangierten diese Patienten doch in den nationalsozialistischen Wertigkeitshierarchie mit an letzter Stelle. Die volksdeutschen Patienten, die als Teil des Siedlerreservoirs - wenn auch als „unerwünschter" - verstanden wurden, traf schließlich die gesamte Palette erbgesundheitspolitischer Maßnahmen, genauso wie sie die reichsdeutschen Patienten seit 1933 sukzessive getroffen hatte. Die besondere Situation in den Anstalten des Warthegaus brachte es dabei mit sich, dass die Anstaltsleiter hier außerordentlich „gründlich" vorgingen, zum Teil „gründlicher" als im Reichsgebiet. Dies zeigt sich sowohl bei der Meldebogenerfassung als auch bei den Sterilisationsanzeigen. Diese wurden allerdings nicht zuletzt auch deshalb so zahlreich erstattet, weil in den Anstalten des Warthegaus ein gewisser „Nachholbedarf" bestand. Anders als in den reichsdeutschen Anstalten wurden die Patienten 1943 hier nämlich erstmalig erfasst, da das GzVeN im Warthegau erst 1942 in Kraft trat. Aufgrund der Auslegungsbreite des GzVeN fielen nun zahlreiche Patienten unter die Anzeigepflicht, der die Ärzte auch nachkamen.

Bis etwa 1943 folgten die ergriffenen erbgesundheitspolitischen und „volkstumsbiologischen" Maßnahmen dabei vor allem einer rassenideologischen, gesellschaftssanitären Zielsetzung, die im Warthegau auf die zukünftige Siedlergesellschaft projiziert wurde. Dieses Fernziel blieb zwar auch nach 1943 präsent, es verlor im Kontext der medikamentösen Tötungen und des Hungersterbens jedoch an Bedeutung. Hier traten nun, ähnlich wie im Reichsgebiet,[876] Nützlichkeitserwägungen in den Vordergrund - das Selektionskriterium „unheilbar" wurde durch „schwierig", „störend" oder „nicht arbeitsfähig" ersetzt, wobei letzteres, wie man heute weiß, auch während der „Aktion T4" eine entscheidende Rolle spielte.[877] Ethnische Unterschiede nivellierten sich, polnische Patienten fielen der medikamentösen Tötung ebenso zum Opfer wie volks- oder reichsdeutsche.

875 Denkschrift Herbert Grohmanns „Erb- und Rassenpflege als Grundlagen biologischer Volkstumspolitik" vom 7.10.1941 (APP, RStH, 1137, Bl. 24–36).

876 Vgl. Süß, Volkskörper im Krieg, S. 366.

877 Vgl. dazu die Ergebnisse der im Rahmen des DFG-Projektes zur Auswertung der „T4"-Patientenakten erfolgten Meldebogenauswertung. In: Rauh, Selektionskriterien.

Diese Entgrenzung der Morde und des Hungersterbens innerhalb der Anstaltsmauern war nicht zuletzt Folge eines vielgestaltigen Verdrängungsprozesses. Die zunehmende Überbelegung der Anstalten - eine Folge der Verlegungen aus dem Reichsgebiet, der Dezimierung psychiatrischer Versorgungskapazitäten und der partiellen Fremdnutzung der noch vorhandenen Heilanstalten -, verschärfte die Konkurrenzsituation der Patienten untereinander und beförderten einen Selektionsprozess. Hier unterschieden sich die Heilanstalten des Warthegaus prinzipiell nicht von denen des „Altreiches".[878] Sowohl im Warthegau als auch im „Altreich" war es seit 1939 sukzessive zu einer deutlichen Verknappung psychiatrischer Ressourcen gekommen. Bis Anfang des Jahres 1942 waren laut einer Aufstellung der „T4"-Planungsabteilung von insgesamt 282 696 verfügbaren Anstaltsbetten 93 521, also etwa ein Drittel, einer „anderen Verwendung zugeführt" worden, wobei dies vor allem die konfessionellen und privaten Anstalten betraf.[879] Einige Anstalten waren komplett der psychiatrischen Nutzung entzogen und beispielsweise zu SS-Kasernen umfunktioniert worden, in anderen unterlagen nur Teilkomplexe einer Fremdnutzung. Die meisten Betten (3 058) mussten zu Lazarettzwecken an die Wehrmacht abgegeben werden. Ein nicht unerheblicher Teil (8 577) wurde aber auch der Volksdeutschen Mittelstelle für die Unterbringung der Umsiedler zur Verfügung gestellt, darunter auch 120 Betten der Anstalt Warta.[880] In den der Vomi zur Verfügung gestellten Anstaltskomplexen - die Betten verteilten sich auf etwa 550 Anstalten[881] - wurden durch „dichtere Belegung, teilweise durch Neuaufstellung von Betten in Gängen und Nebenräumen" über 19 000 Umsiedler untergebracht.[882] Dort harrten sie ihrer Ansiedlung.

878 Vgl. dazu u. a. Süß, Volkskörper im Krieg.

879 Übersicht der „T4"-Planungsabteilung über die Verteilung der in Heil- und Pflegeanstalten nicht mehr für Geisteskranke verwendeten Betten, einschließlich Erläuterungen, o. D. (Januar 1942) (BArch Berlin, Rollfilm 41149 (Nitsche-Papers), Bl. 126511-126516).

880 Übersicht über die Nutzung der Anstaltsbetten, geordnet nach Ländern vom Dezember 1941/Januar 1942 (BArch Berlin, Rollfilm 41150 (Nitsche-Papers), Bl. 126862-126865); sowie Übersicht der „T4"-Planungsabteilung über die Verteilung der in Heil- und Pflegeanstalten nicht mehr für Geisteskranke verwendeten Betten, o. D. (Januar 1942) (ebd., Rollfilm 41149 (Nitsche-Papers), Bl. 126511-126516).

881 Tätigkeitsbericht des Stabshauptamtes des RKF, Stand Ende 1942 (BArch Berlin, R 49/26, Bl. 32-39, hier 33).

882 Übersicht der „T4"-Planungsabteilung über die Verteilung der in Heil- und Pflegeanstalten nicht mehr für Geisteskranke verwendeten Betten, o. D. (Januar 1942) (BArch Berlin, Rollfilm 41149 (Nitsche-Papers), Bl. 126511-126516, hier 126513).

3.2 Das Lagersystem der Vomi: gesundheitliche Überwachung und medizinische Forschung

Die Einrichtung von speziellen „Beobachtungslagern“ erfolgte vor dem Hintergrund zunehmender Schwierigkeiten, die sich während der Umsiedlung der Wolhyniendeutschen ergaben. Die Wolhyniendeutschen sollten ursprünglich, ähnlich wie die Baltendeutschen, eigentlich unmittelbar nach ihrer Ankunft im Warthegau angesiedelt werden. Allerdings nahm man bereits im November 1939 von einem solchen Vorgehen Abstand. Der RKF ordnete vielmehr an, unter Verweis auf ein Gutachten der Reichsgesundheitsführung über die „Fleckfiebergefährdung“, dass „sämtliche Wolhyniendeutsche nach der Entlausung in Lodsch zur Beobachtung für 3 bis 4 Wochen in Lager kommen“ sollten.[883] Die Errichtung dieser „Beobachtungslager“ im „Altreich“, die in den Händen der NSDAP bzw. der neu ernannten Vomi-Gaueinsatzführer lag, wurde spätestens im Dezember 1939 forciert.[884] In und um Lodz herum entstand zur gleichen Zeit ein gigantischer Lagerarchipel, der der ersten Aufnahme der Umsiedler dienen sollte.[885] Alle dort eintreffenden Umsiedler durchliefen in der Regel zunächst die eigens dafür eingerichteten Entlausungsanlagen, um eine mögliche Einschleppung von Seuchen, wie man sie aus dem „früheren ostpolnischen, jetzt an Russland gefallenen Gebiet“ stereotypisch erwartete, zu verhindern.[886] Anschließend sollte ein Teil der Umsiedler sofort von der EWZ eingebürgert und nach der drei- bis vierwöchigen Quarantäne möglichst bald angesiedelt werden. Der weitaus größere Teil sollte jedoch unmittelbar nach der Entlausung in die Beobachtungslager des „Altreiches“ weitergeleitet werden.[887] Der Grund für diese Weiterleitung lag zum einen in der begrenzten räumlichen Kapazität der Lodzer Lager, die Platz für etwa 50 000 der insgesamt 120 000 Umsiedler aus Wolhynien und Galizien boten.[888] Zum anderen spielte auch die „Durchschleusungskapazität“ der EWZ eine Rolle. Die EWZ stieß nämlich

883 Bericht über den Aufbau des Gesundheitswesens für die Rückführung der Deutschen Volksgruppen aus Wolhynien und Galizien vom 21.11.1939 (BArch Berlin, R 69/149, Bl. 17–20, hier 18).

884 Vgl. Anweisungen des Gauorganisationsleiters in Sachsen, betr. Unterbringung Volksdeutscher aus Wolhynien usw. vom 7.12.1939 (BArch Berlin, R 69/467, Bl. 2–6); sowie Aufstellung der Beobachtungslager im Altreich vom 18.12.1939 (ebd., R 69/115, Bl. 9). Vgl. auch Fiebrandt, Auf dem Weg zur eigenen Scholle; sowie Döring, Umsiedlung der Wolhyniendeutschen, Kap. 10.6.

885 Vgl. Aufstellung über die Sammellager der Vomi in Lodz, Zgierz, Pabjanice und Umgebung vom 21.12.1939 (BArch Berlin, R 59/98, Bl. 1–4).

886 Bericht über den Aufbau des Gesundheitswesens für die Rückführung der Deutschen Volksgruppen aus Wolhynien und Galizien vom 21.11.1939 (BArch Berlin, R 69/149, Bl. 17–20, hier 18). Zu dieser medizinischen Stereotypisierung vgl. auch Böhler, Auftakt zum Vernichtungskrieg.

887 Vgl. EWZ Lodz an Ehlich, RSHA, betr. Besprechung mit Obergruppenführer Lorenz und Brigadeführer Conti vom 2.12.1939 (BArch Berlin, R 69/954, Bl. 6 f.). Vgl. weiterführend Döring, Umsiedlung der Wolhyniendeutschen, S. 179–181.

888 Vgl. Bericht der Gesundheitsabteilung der Vomi über Aufbau und Errichtung der Durchgangslager in Lodsch vom 21.2.1940 (BArch Berlin, R 59/322, Bl. 4).

schon bald an ihre Grenzen und man musste befürchten, dass das Überprüfungsverfahren wie bereits bei der Baltenumsiedlung nicht gründlich genug durchgeführt und damit spätere „Korrekturen“ notwendig würden. Man sah hier also von einem Schnellverfahren ab, vor allem auch deshalb, weil die Ansiedlung ins Stocken geraten war. Anders als bei den Baltendeutschen handelte es sich bei den Deutschen aus Wolhynien und Galizien nicht um eine überwiegend städtische Bevölkerung, sondern um eine eher ländlich geprägte. Die Ansiedlung dieser Landbevölkerung setzte die gewaltsame Vertreibung der jüdischen und polnischen Bevölkerung von ihren Höfen voraus, die allerdings ungleich mehr Zeit in Anspruch nahm als die Vertreibung der städtischen Bevölkerung, zum Beispiel in Posen, Kalisch oder Lodz, wo ganze Wohnviertel innerhalb kürzester Zeit „geräumt“ wurden.[889] Die „Abschiebung“ der polnischen und jüdischen Bevölkerung in das Generalgouvernement geriet zudem durch die zunehmende Verweigerungshaltung von Hans Frank schon bald ins Stocken, sodass eine zeitnahe Schaffung ausreichender Ansiedlungskapazitäten und damit eine zügige Ansiedlung der Volksdeutschen deutlich erschwert wurde.

Die vorübergehende Unterbringung der Volksdeutschen in den Lager des „Altreiches“, die sich schließlich über Monate, zum Teil sogar Jahre erstreckte, gewährte den Umsiedlungsakteuren also in erster Linie eines: Zeit - Zeit, um Ansiedlungskapazitäten zu schaffen, aber auch Zeit, um die Umsiedler einer sehr genauen Überprüfung zu unterziehen. Die Weiterverlegung ins „Altreich“ erschwerte zudem, allein durch die räumliche Distanz zum Warthegau, den als nicht „osttauglich“ befundenen Umsiedlern eine eigenmächtige, und vor allem unerwünschte Ansiedlung.

Die im Kontext der Umsiedlung der Wolhynien- und Galiziendeutschen zu Tage getretenen Probleme konnten letztlich auch während der nachfolgenden Umsiedlungsaktionen nicht gelöst werden, sie verschärften sich sogar noch. Dies wiederum bewirkte, dass immer mehr Umsiedler für eine immer längere Zeit in den Beobachtungslagern untergebracht werden mussten. Infolge dessen stieg der Bedarf an Lagerkomplexen rasant an. Im Laufe des Jahres 1940 sollte sich die Zahl der Lager um ein Vielfaches potenzieren. 1941 verteilten sich über das gesamte Reichsgebiet mehr als 1500 Vomi-Lager.[890] Etwa ein Drittel dieser Lager befand sich in (Teil-)komplexen von Heil- und Pflegeanstalten.[891] Die übri-

889 Auch hier kam es jedoch bereits zu Engpässen. Zudem entsprachen die „geräumten“ Wohnungen zum Teil nicht den Vorstellungen der Baltendeutschen. Vgl. u. a. Bosse, Vom Baltikum in den Reichsgau Wartheland und Alberti, Wartheland, S. 126–146. Vgl. weiterführend auch Madajczyk, Okkupationspolitik; Aly, Endlösung; Leniger, NS-Volkstumsarbeit; sowie Michael G. Esch, „Gesunde Verhältnisse“. Deutsche und polnische Bevölkerungspolitik in Ostmitteleuropa 1939–1950, Marburg 1998.

890 Vgl. Belegungsstärke der Lager in den Altreichs- und Ostmarkgauen, Stand 15.4.1941 (BArch Berlin, R 49/26, Bl. 30). Ende 1942 lag die Zahl in gleicher Höhe, vgl. Tätigkeitsbericht des Stabshauptamtes des RKF, Stand Ende 1942 (ebd., Bl. 32–39, hier 33).

891 Tätigkeitsbericht des Stabshauptamtes des RKF, Stand Ende 1942 (ebd., Bl. 32–39, hier 33).

gen Lager wurden in Gasthäusern, Hotels, Klöstern, Schulen, Landdienstlagern, Fabriken und Vereinshäusern eingerichtet.[892] Die meisten dieser Lager befanden sich in den Gauen Mecklenburg, Sachsen und Sudetenland, wobei die Lager in Sachsen und im Sudetenland über die größten Kapazitäten verfügten. In den im April 1941 in Sachsen zur Verfügung stehenden 185 Lagern konnten mehr als 30 000 Umsiedler untergebracht werden.[893] Die Aufnahmefähigkeit der einzelnen Lager reichte, abhängig von den räumlichen Gegebenheiten, von lediglich 20 bis zu etwa 3 000 Umsiedlern.[894] Die größten Lagerkomplexe befanden sich dabei nicht selten in Heil- und Pflegeanstalten, die allein aufgrund ihrer Räumlichkeiten und der Ausstattung in das Visier der Gaueinsatzführer der Vomi gerieten, die zum Teil unvermittelt mit der Unterbringung mehrerer tausend Umsiedler betraut worden waren. So fiel beispielswiese dem Gaueinsatzführer der Vomi in Mainfranken Karl Hellmuth[895] - nicht zu verwechseln mit dem Gauleiter Otto Hellmuth - nach eigenen Angaben „plötzlich die Aufgabe zu, ca. 10 000 Volksdeutsche aus Bessarabien, der Dobrutscha [sic!], aus Lettland und Estland und später aus Südosteuropa unterzubringen“.[896] Die Suche und Akquise geeigneter Unterbringungsmöglichkeiten beschrieb er wie folgt:

„Ich musste nun für diese Menschen passende Räume suchen und habe jede denkbare Möglichkeit geprüft. Hierbei kam ich auch auf die Heilanstalten. In Werneck habe ich die Dinge mit dem Direktor Dr. Papst besprochen, der sich aber, nachdem er mich durch die ganze Anstalt geführt hatte, energisch gegen die teilweise Freigabe einzelner Räumlichkeiten sträubte. Dann war ich auch in der Anstalt Lohr bei Direktor Dr. Stöckle. Dieser zeigte sich der Notwendigkeit, deutsche Menschen unterzubringen, entschieden aufgeschlossener. Auch hier sah ich die Anstalt an und erfuhr im Gespräch, dass etwa 100 Patienten, die im Zusammenhang mit dem Bau des Westwalls nach Lohr verlegt worden waren, demnächst wieder zurückgeschickt werden würden. Er sagte mir auch, dass die Verhältnisse und Werneck gleichlägen und auch von dort eine ähnliche Zahl zurückgehen würde. [...]
Nun war an sich die Verwendungsmöglichkeit beider Anstalten dadurch unterschiedlich, als es sich bei Werneck um einen Barockbau in geschlossener Form handelte, während es sich bei Lohr um ein Krankenhaus im Pavillonstil handelte. Es wurde nun der Gedanke besprochen, dass die in Werneck freiwerdenden Betten von Lohrer Patienten belegt werden sollten und ich dann schließlich in Lohr 3 oder 4 Pavillons hätte bekommen können.“[897]

892 Vgl. zum Beispiel nach Gauen geordnete Lagerlisten in BArch Berlin, R 59/97. Zur Inanspruchnahme der Klöster durch die Vomi vgl. Annette Mertens, Himmlers Klostersturm. Der Angriff auf katholische Einrichtungen im Zweiten Weltkrieg und die Wiedergutmachung nach 1945, Paderborn 2006.
893 Vgl. Belegungsstärke der Lager in den Altreichs- und Ostmarkgauen, Stand 15.4.1941 (BArch Berlin, R 49/26, Bl. 30).
894 Vgl. Aufstellung der Lager im Gau Sachsen, o. D. (BArch Berlin, R 59/97, Bl. 46–54).
895 Karl Hellmuth war in Personalunion Gaustabsamtsleiter der NSDAP im Gau Mainfranken. Vgl. Karl Hellmuth, Gaustabsamtsleiter der NSDAP Gau Mainfranken, an Vomi vom 26.9.1940 (BArch Berlin, R 59/132, Bl. 255).
896 Vernehmung von Karl Hellmuth am 29.5.1963, S. 2 (BArch Ludwigsburg, B 162/18105, unpag.).
897 Ebd.

Schließlich fiel die Wahl dennoch auf die Anstalt Werneck, wo Karl Hellmuth am 23. September 1940 „mehrere Häuserkomplexe“ für die Zwecke der Vomi beschlagnahmte.[898] Dabei hatte sich die Möglichkeit zur „Räumung“ der Anstalt in einem, wie Karl Hellmuth es formulierte, „ganz anderem Zusammenhang“ ergeben - sie erfolgte nämlich im Kontext der „Aktion T4“.[899] Deren Emissäre hatten die Anstalt Werneck, ebenso wie verschiedene andere bayerische Anstalten, Ende August 1940 aufgesucht und die Meldebogenerfassung der Patienten vorgenommen.[900] Die Einbeziehung der Anstalt in die „Aktion T4“ war also zum Zeitpunkt der Beschlagnahmung durch die Vomi bereits in Vorbereitung und nicht Folge der Beschlagnahmung. Allerdings vollzog sich die Beschlagnahmung durchaus vor dem Hintergrund und mit dem Wissen über die bevorstehenden „T4“-Verlegungen. Dafür spricht, dass Karl Hellmuth mehr als eine Woche vor dem Beginn der „T4“-Verlegungen, am 24. September 1940, die Vomi informierte, dass er „zur Unterbringung der für den Gau Mainfranken vorgesehenen Volksdeutschen aus Bessarabien [...] von der Nervenheilanstalt Werneck mehrere Häuserkomplexe beschlagnahmt und durch Umsiedlung der Geisteskranken die Freimachung durchgeführt“ habe.[901] Auch wenn dies de facto so nicht stimmte - der Abtransport fand erst ab dem 3. Oktober 1940 statt und wurde offiziell von der Gekrat abgewickelt - zeigt es doch, dass Hellmuth Kenntnis von dem bevorstehenden Transport hatte und offensichtlich jeden Moment damit rechnete. Außerdem scheint er die Verlegung von weiteren 400 Patienten, die wohl nicht unmittelbar ermordet werden sollten, aus Werneck in die bayerische Anstalt Lohr forciert zu haben.[902] Diese Verlegung sollte zeitgleich stattfinden, um die Anstalt Werneck komplett zum Umsiedlerlager umfunktionieren zu können. Allerdings schien das bayerische Innenministerium diese Pläne zunächst zu durchkreuzen, hatte es doch „ein generelles Verbot für die Belegung von Heilanstalten ausgesprochen“, das heißt die

898 Karl Hellmuth, Gaustabsamtsleiter der NSDAP Gau Mainfranken, an Vomi vom 24.9.1940 (BArch Berlin, R 59/132, Bl. 278). Vgl. auch Bericht des Direktors der Anstalt Werneck über die Tötung von Geisteskranken vom 15.2.1946 (BArch Ludwigsburg, B 162/509, Bl. 80-84).

899 Vernehmung von Karl Hellmuth am 29.5.1963, S. 3 (BArch Ludwigsburg, B 162/18105, unpag.).

900 Vgl. Hans-Ludwig Siemen, Die bayerische Heil- und Pflegeanstalten während des Nationalsozialismus. In: Michael von Cranach/Hans-Ludwig Siemen (Hg.), Psychiatrie im Nationalsozialismus. Die bayerischen Heil- und Pflegeanstalten zwischen 1933 und 1945, München 1999, S. 417-474, hier 433.

901 Karl Hellmuth, Gaustabsamtsleiter der NSDAP Gau Mainfranken, an Vomi vom 24.9.1940 (BArch Berlin, R 59/132, Bl. 278).

902 Er schreibt dazu am 24.9.1940: „400 Geisteskranke werden in einer weiteren im Gau Mainfranken liegenden Heilanstalt (Lohr a./Main) untergebracht.“ Am 1.10.1940 erstattet er der Vomi Bericht, dass er die Anstalt Werneck „vollständig räumen lassen und ein Lager [...] für 1750 Volksdeutsche aus Bessarabien“ errichtet habe. Vgl. Karl Hellmuth, Gaustabsamtsleiter der NSDAP Gau Mainfranken, an Vomi vom 24.9.1940 (BArch Berlin, R 59/132, Bl. 278); sowie Karl Hellmuth, Gaustabsamtsleiters der NSDAP Gau Mainfranken, an Vomi vom 1.10.1940 (ebd., Bl. 252).

Verlegung der Patienten nach Lohr untersagt.[903] Daraufhin wandte sich Karl Hellmuth am 24. September 1940 an die Vomi mit der Bitte, „sich direkt mit dem bayerischen Innenministerium in Verbindung zu setzen, um eine ausnahmsweise Genehmigung zu erreichen, Werneck für die Volksdeutschen freizubekommen“.[904] Dieser Bitte verlieh er mit dem Hinweis, es sei ihm nicht möglich, „irgendwo in Mainfranken noch für diese Leute anderweitige Unterbringungsmöglichkeiten zu schaffen“, den entsprechenden Nachdruck.[905] Allerdings bedurfte es dieser Intervention der Vomi nicht mehr, denn, wie Karl Hellmuth am 26. September 1940 der Vomi mitteilte, hatte das Bayerische Innenministerium nun doch der „Räumung“ der Anstalt und der dortigen Unterbringung Volksdeutscher zugestimmt.[906] Der Grund für diese Zustimmung dürfte in der nun unmittelbar bevorstehenden Einbeziehung der Anstalt Lohr in die „Aktion T4“ zu suchen sein. So verließ im Vorfeld der Aufnahme der Patienten aus Werneck ein „T4“-Transport Lohr, quasi um „Platz“ für die Patienten aus Werneck zu schaffen.[907] In diesem Sinne könnten die Bemühungen Karl Hellmuths um eine vollständige Räumung der Anstalt Werneck beschleunigend auf die Einbeziehung der Anstalten Lohr und Werneck in die „Aktion T4“ gewirkt haben, nicht aber initiierend. Die Rolle Karl Hellmuths als Gaueinsatzführer der Vomi ist dabei in vielerlei Hinsicht interessant, lässt sich doch am Beispiel seiner Person das von Aly postulierte, aber nicht belegte, Zusammenwirken von Umsiedlungsdienststellen und der „T4“ in Ansätzen nachvollziehen.[908] Die Auslotung seiner Rolle und Einflussmöglichkeiten wird allerdings durch die Namensgleichheit mit dem Gauleiter Otto Hellmuth erschwert, sodass viele Aussagen letztlich mit dem Attribut „höchstwahrscheinlich“ versehen werden müssen. Unbestritten ist, dass Karl Hellmuth von der „Aktion T4“ Kenntnis hatte und nachweislich auch während eines Abtransportes aus Lohr anwesend war.[909] Möglicherweise war er es auch, und nicht der Gauleiter Otto Hellmuth, der dem Abtransport aus Werneck beiwohnte.[910] Für eine direkte Involvierung in den Räumungsvorgang vor dem Hintergrund der „Aktion T4“ spricht, dass

903 Karl Hellmuth, Gaustabsamtsleiter der NSDAP Gau Mainfranken, an Vomi vom 24.9.1940 (ebd., Bl. 278).
904 Ebd.
905 Ebd.
906 Vgl. Karl Hellmuth, Gaustabsamtsleiter der NSDAP Gau Mainfranken, an Vomi vom 26.9.1940 (ebd., Bl. 255).
907 Vgl. Schmelter, Psychiatrie in Bayern, S. 85–87.
908 Vgl. Aly, Endlösung, S. 193.
909 Vgl. Vernehmung von Karl Hellmuth am 29.5.1963, S. 3 (BArch Ludwigsburg, B 162/18105, unpag.).
910 Aus einem Zeitzeugenbericht geht hervor, dass angeblich der Gauleiter Hellmuth während des Abtransportes der Patienten aus Werneck vor Ort war. Es heißt dazu weiter: „Beim Abtransport erklärte Gauleiter Dr. Hellmuth, dass die Kranken nach Abschluss der Umsiedlungsaktion wieder in ihre Anstalten zurückverlegt würden.“ S. dazu Schmelter, Psychiatrie in Bayern, S. 75. Es wäre denkbar, dass hier aufgrund der Namensgleichheit und der identischen Dienststelle – auch Karl Hellmuth war innerhalb der Gauleitung tätig – eine Verwechslung vorliegt.

es Karl Hellmuth war, der Anfragen Angehöriger nach dem Verbleib der Patienten beantwortete. Ende Oktober 1940 teilte er Wilhelm L., der eine entsprechende Anfrage an die Gauamtsleitung „Dr. Hellmuth 2" in Würzburg gerichtet hatte,[911] mit: „Über den jetzigen Aufenthaltsort der früher in der Heil- und Pflegeanstalt Werneck untergebrachten Kranken Anna L. [...] kann ich Ihnen leider keine genaue Auskunft geben. Sie werden zur gegebenen Zeit von der jetzt zuständigen Anstalt Nachricht erhalten."[912]

Diesem, in Inhalt und Duktus frappierend den standardisierten Mitteilungen der „Abgabeanstalten"[913] gleichendem Passus fügte er noch hinzu: „Es ist anzunehmen, das Frl. L. [...] in der Heil- und Pflegeanstalt Lohr untergebracht wurde."[914] Ebenfalls an „Dr. Hellmuth II", also höchstwahrscheinlich Karl Hellmuth, ist ein weiteres Schreiben adressiert, das mit aller Vorsicht, die aufgrund der Namensgleichheit mit dem Gauleiter Otto Hellmuth geboten ist, als ein Schlüsseldokument in Bezug auf das Zusammenwirken von Vomi-Einsatzführung und „T4" gelten kann. Es ist ein Schreiben der Gekrat. Reinhold Vorberg, dessen Paraphe das Schreiben trägt, informiert darin „Dr. Hellmuth II", den er offensichtlich bereits gut kannte, über einen weiteren „T4"-Transport. In dem Schreiben heißt es:

„Herr Professor Heide [recte: Heyde] beauftragte mich, mich mit Ihnen über die Verlegung von rund 100 bis 120 Geisteskranken aus der Anstalt Lohr in die Anstalt Weinsberg in Verbindung zu setzen.
Soweit ich meinen Termin überblicken kann, werde ich am Freitag-Nachmittag in Würzburg sein und mich mit Ihnen auf der Gauleitung in Verbindung setzen. Sollte ich Sie dort nicht erreichen, werde ich mir erlauben, abends im Café Charlott nach Ihnen zu fragen.
Die Verlegung könnte am 13.11.1940 - morgens - ab Lohr stattfinden. Ich hoffe, dass die Gauleitung mir wieder [!] ca. 5 Omnibusse für die Verlegung besorgen kann.
Alles Nähere hoffe ich mit Ihnen persönlich besprechen zu können. Falls Sie abwesend sein sollten, bitte ich entsprechende Mitteilungen für mich zu hinterlassen."[915]

Dieses Schreiben zeigt, dass Karl Hellmuth bereits vor dem geplanten Abtransport aus Lohr, also vermutlich bereits seit dem „T4"-Transport aus Werneck, Kontakte zur Gekrat pflegte und diese beim Abtransport der Kranken durch die Stellung von Omnibussen unterstützt hatte. Es dürfte kein Zufall sein, dass er in die Abwicklung des Transportes vom 13. November 1940 aus Lohr

911 Die Anstalt Werneck muss demzufolge Karl Hellmuth als Ansprechpartner benannt haben, und nicht wie üblich die Gekrat.

912 Dr. Hellmuth, Einsatzführer der Vomi im Einsatzgau Mainfranken, an Wilhelm L., betr. Heil- und Pflegeanstalt Werneck - Anna L. vom 26.10.1940 (BArch Berlin, R 59/118, Bl. 266); sowie Wilhelm L. an Dr. Hellmuth II, Gauamtsleitung, betr. Anna L. vom 24.10.1940 (ebd., Bl. 267).

913 Unter „Abgabeanstalten" werden alle die Anstalten, aus denen Patienten im Rahmen der „Aktion T4" verlegt wurden, verstanden.

914 Dr. Hellmuth, Einsatzführer der Vomi im Einsatzgau Mainfranken, an Wilhelm L., betr. Heil- und Pflegeanstalt Werneck - Anna L. vom 26.10.1940 (BArch Berlin, R 59/118, Bl. 266).

915 Gekrat an Dr. Hellmuth II vom 30.10.1940 (BArch Berlin, R 59/118, Bl. 230).

einbezogen wurde, befanden sich in diesem Transport doch 92 der 400 nicht zuletzt auf sein Bemühen hin aus Werneck nach Lohr verlegten Patienten.[916] Insgesamt umfasste der Transport 100 Patienten, er bestand demzufolge fast ausschließlich aus ehemaligen Wernecker Patienten.[917] Das Ziel des Transportes war die Anstalt Weinsberg in Württemberg. Von dort gingen seit Anfang 1940 Transporte in die „T4“-Tötungsanstalt Grafeneck ab.[918] Nach der Schließung Grafenecks fungierte Weinsberg als Zwischenanstalt der Tötungsanstalt Hadamar.[919]

In Werneck wurde unmittelbar nach der Räumung das geplante Umsiedlerlager für nicht weniger als 1 750 Volksdeutsche aus Bessarabien eingerichtet - bei einer ursprünglichen Bettenzahl von 850.[920] Auch hier verfuhr die Vomi damit nach dem Prinzip, durch zusätzliche Aufstellung von Betten den verfügbaren Raum restlos auszunutzen. Ein Vorgehen, welches sich bei vielen als Umsiedlerlager genutzten Heilanstalten nachweisen lässt. So bot das sächsische Umsiedlerlager Hubertusburg 3 000 Volksdeutschen eine Unterkunft - die vormalige Landesanstalt Hubertusburg hatte bis dahin jedoch nur über 1 560 Betten verfügt.[921] Weitere Beispiele ließen sich ergänzen, wobei sich bei jedem dieser Beispiele die Frage aufdrängt, ob auch hier die Vomi, vertreten durch ihre Einsatzführer, bereits im Vorfeld der Räumung tätig wurde, wie dies in Werneck der Fall war.

Tatsächlich scheint die Vomi auch bei anderen Anstaltsauflösungen bereits frühzeitig Ansprüche erhoben zu haben, ob sie aber, wie in Werneck, direkt mit der „T4“ kooperierte geht aus den Akten nicht zweifelsfrei hervor. So lässt sich zwar nachweisen, dass die Räumung der bayerischen Pflegeanstalten Attel und Ecksberg auf „Veranlassung“ der Vomi-Einsatzführung im Gau München-Oberbayern erfolgte, deren konkrete Rolle bei der Räumung lässt sich jedoch nur schwer bestimmen.

Auch bei der Räumung der Anstalten Attel und Ecksberg war das bayerische Ministerium des Innern eingeschaltet, welches zwischen den Anstalten und der Vomi vermittelte, und zwar eindeutig zugunsten der Vomi. Anders als in

916 Vgl. zu dem Transport aus Lohr Schmelter, Psychiatrie in Bayern, S. 85. Schmelter geht hier jedoch nicht auf die Rolle Karl Hellmuths ein. Zwar widmet er sich in einem Kapitel (S. 72–79) der Räumung der Anstalt Werneck und zitiert aus der Korrespondenz mit der Vomi, allerdings nimmt er an, dass es sich um den Gauleiter (Otto) Hellmuth handelt.

917 Vgl. Schmelter, Psychiatrie in Bayern, S. 85.

918 Vgl. ebd.; sowie Stöckle, Grafeneck.

919 Vgl. Georg Lilienthal, Gaskammer und Überdosis. Die Landesheilanstalt Hadamar als Mordzentrum (1941–1945). In: Uta George/Georg Lilienthal/Volker Roelcke/Peter Sandner (Hg.), Hadamar. Heilstätte - Tötungsanstalt - Therapiezentrum, Marburg 2006, S. 156–175.

920 Karl Hellmuth an die Vomi vom 1.10.1940 (BArch Berlin, R 59/132, Bl. 252); sowie Liste der deutschen Anstalten für Geisteskranke und Schwachsinnige per 31.8.1941 (NARA II, RG-338, T-1021, r. 11, Bl. 125291–125334, hier 125292).

921 Vgl. Aufstellung der Lager im Gau Sachsen, o. D. (BArch Berlin, R 59/97, Bl. 46–54, hier 52); sowie Liste der deutschen Anstalten für Geisteskranke und Schwachsinnige per 31.8.1941 (NARA II, RG-338, T-1021, r. 11, Bl. 125291–125334, hier 125300).

Werneck signalisierte hier das bayerische Innenministerium am 13. September 1940 unmittelbar und außerordentlich entgegenkommend, dass man zu einer kompletten Räumung bereit sei und „alles daran setzen [werde], um eine möglichst rasche Räumung sicherzustellen".[922] Es stellte außerdem in Aussicht, dass „auch die Filialen der Anstalt Ecksberg (Bacham und Berg) geräumt werden" könnten.[923] Die entsprechenden Vorbereitungen für die Verlegung der Patienten in die Heil- und Pflegeanstalten Eglfing-Haar und Gabersee waren seitens des Innenministeriums bereits getroffen worden. Die Anstalten Attel und Ecksberg wurden vor vollendete Tatsachen gestellt. Ihnen teilte das bayerische Innenministerium ebenfalls am 13. September 1940, mit, dass sie „vorübergehend zur Unterbringung von Bessarabiendeutschen zur Verfügung gestellt werden" müssten.[924] Die Aufnahme der Patienten in Eglfing-Haar und Gabersee sei bereits geregelt worden. Zur Klärung der „einzelnen Fragen der Räumung" würde ein Sachbearbeiter in wenigen Tagen vor Ort eintreffen. „Alle übrigen Verhandlungen, wie Abschluss von Mietverträgen usw., [werde] ein Beauftragter der Gauleitung der NSDAP",[925] gemeint ist hier der institutionell bei der Gauleitung angebundene Vomi-Einsatzführer, mit den Anstalten führen.

Bei dem angekündigten Sachbearbeiter des bayerischen Innenministeriums, der am 16. September 1940 zusammen mit dem Direktor der Anstalt Eglfing-Haar, aber offensichtlich ohne einen Vertreter der Vomi, in Attel und Ecksberg eintraf, handelte es sich um keinen geringeren als Max Gaum,[926] der bei der Organisation der „Aktion T4" in Bayern eine maßgebliche Rolle spielte.[927] Dies war sicher kein Zufall, denn die Einbeziehung dieser Pflegeanstalten in die „Aktion T4" war bereits beschlossen.[928] Der Vororttermin diente letztlich der Organisation und Koordination der („T4"-) Transporte. Dass den wenig später

922 Bayerisches Ministerium des Innern an Vomi-Einsatzführung bei der Gauleitung München-Oberbayern, betr. Umsiedlung der Bessarabiendeutschen vom 13.9.1940 (BayHStA, MInn, 79924, unpag.). Die Anstalt Attel wurde vom Orden der Barmherzigen Brüder betreut, war also eine konfessionelle Anstalt. Bei Werneck hingegen handelte es sich um eine Einrichtung des Bezirksverbandes. Möglicherweise resultierte das große Entgegenkommen des Innenministeriums aus dieser unterschiedlichen Trägerschaft, sollten konfessionellen Trägern doch sukzessive Anstalten entzogen werden.

923 Ebd.

924 Bayerisches Ministerium des Innern an die Leiter der Anstalten Attel und Ecksberg, betr. Umsiedlung der Bessarabiendeutschen vom 13.9.1940 (BayHStA, MInn, 79924, unpag.).

925 Ebd.

926 Zu Rolle von Gaum vgl. zum Beispiel Süß, Volkskörper im Krieg, S. 106 f.

927 Vgl. Abdruck über die Verhandlungen, betr. Unterbringung der Bessarabien-Deutschen in den Pflegeanstalten Attel und Ecksberg am 16.9.1940 vom 25.9.1940 (BayHStA, MInn, 79924, unpag.).

928 Ähnlich wie in den übrigen bayerischen Heil- und Pflegeanstalten dürften die Meldebogen der „T4" etwa im Juni 1940 eingetroffen und ausgefüllt worden sein. Für die Anstalt Attel sind in der „T4"-internen Aufstellung vom August 1941 259 ausgefüllte Meldebögen vermerkt, für die Filialen der Anstalt Ecksberg insgesamt 100. Ecksberg selbst erscheint in der Aufstellung nicht. Vgl. Liste der deutschen Anstalten für Geisteskranke und Schwachsinnige per 31.8.1941 (NARA II, RG-338, T-1021, r. 11, Bl. 125291-125334, hier 125293).

einsetzenden Abtransporten eine Tötungsabsicht innewohnte - es sich also um ausgewiesene „T4“-Transporte handelte, - wird deutlich, wenn man das Ziel der Verlegungen und das weitere Schicksal der verlegten Patienten betrachtet. Aus Ecksberg verlegte die „T4“ am 27. September 1940 60 Patienten nach Gabersee und am 30. September 1940 weitere 228 nach Eglfing-Haar, von wo aus sie zum Teil schon kurze Zeit später in die Tötungsanstalt Hartheim verbracht wurden.[929] Gleiches gilt für die am 22. September 1940 aus Attel nach Eglfing-Haar verlegten Patienten.[930]

Die Kosten für die Verlegung der Patienten sollte schließlich die Vomi tragen, war doch aus Sicht des Innenministeriums „auf deren Veranlassung die Räumung“ erfolgt.[931] Tatsächlich dürfte der von der Vomi ventilierte Raumbedarf lediglich einen Anlass für eine schnellere Einbeziehung der beiden Pflegeanstalten in die ohnehin bereits angelaufene „Aktion T4“ geliefert haben. Eine direkte Beteiligung an der Räumung und eine Kooperation mit der Gekrat sind hier nicht nachweisbar - wenn auch nicht vollständig auszuschließen. Die Vomi trat hier höchstwahrscheinlich erst nach der Räumung, als es unter anderem um die abzuschließenden Mietverträge ging, in direkten Kontakt mit den Anstalten. In Werneck lag der Fall anders. Hier war die Vomi nicht nur während der demonstrativen Beschlagnahmung der Anstalt in Erscheinung getreten, sondern auch während der Organisation und Durchführung des Transportes, der in Kooperation mit der Gekrat erfolgte. Vor diesem Hintergrund ist auch die Vollzugsmeldung Hellmuths an seine übergeordnete Dienststelle in Berlin - *er* habe die Anstalt „vollständig räumen lassen“ - zu sehen.[932]

Wie diese ausgewählten und nicht repräsentativen Beispiele zeigen, gestaltete sich der Handlungsspielraum der Vomi im Kontext der Anstaltsräumungen sehr unterschiedlich und hing nicht zuletzt von regionalen Machtkonstellationen und Akteuren ab. Er reichte von der bloßen Anmeldung des Raumbedarfs beim zuständigen Innenministerium bis hin zur direkten Beteiligung an den Verlegungen und damit einer Kooperation mit der „T4“. Der von der Vomi ventilierte

929 Von den insgesamt 288 aus Ecksberg verlegten Patienten wurden 245 in Hartheim ermordet. Vgl. dazu Günther und Elke Egger, Der Landkreis Mühldorf a. Inn im Nationalsozialismus, Berlin 2001, S. 137-148, hier 139. Zu Eglfing-Haar und Gabersee: Petra Stockdreher, Heil- und Pflegeanstalt Eglfing-Haar. In: Michael von Cranach/Hans-Ludwig Siemen (Hg.), Psychiatrie im Nationalsozialismus. Die bayerischen Heil- und Pflegeanstalten zwischen 1933 und 1945, München 1999, S. 327-362; sowie Hans Ludwig Bischof, Heil- und Pflegeanstalt Gabersee. In: Michael von Cranach/Hans-Ludwig Siemen (Hg.), Psychiatrie im Nationalsozialismus. Die bayerischen Heil- und Pflegeanstalten zwischen 1933 und 1945, München 1999, S. 363-378.

930 Von den 118 am 22.9.1940 und den vier am 22.8.1941 aus Attel nach Eglfing-Haar verlegten Patienten, wurden 78 im Rahmen der „Aktion T4“ ermordet. Vgl. Siemen, bayerische Heil- und Pflegeanstalten, S. 467 f.

931 Aktenvermerk des bayerischen Innenministeriums, betr. Räumung der Pflegeanstalt Attel vom 28.10.1940 (BayHStA, MInn, 79924, unpag.). Ob die Rechnung tatsächlich von der Vomi beglichen wurde oder wie sonst üblich von dem jeweiligen „Kostenträger der Anstaltspflege“, geht aus den Quellen nicht hervor.

932 Karl Hellmuth an Vomi vom 1.10.1940 (BArch Berlin, R 59/132, Bl. 252).

Raumbedarf wirkte somit allem Anschein nach beschleunigend auf die Einbeziehung der ins Auge gefassten Anstalten in die „Aktion T4“, war aber keinesfalls ursächlich dafür. Dieses Zusammenwirken zwischen Umsiedlungsdienststellen und „T4“ bedurfte dabei einer besonderen Konstellation, wie sie insbesondere im Spätsommer 1940 zu finden war: Die Vomi sah sich dem selbstgeschaffenen Zwang zur Unterbringung zehntausender Volksdeutscher aus Rumänien in Lagern des „Altreiches“ gegenüber - parallel dazu forcierte die „T4“ die Einbeziehung der einzelnen Anstalten in die Krankenmordaktion. Die sich aus dieser Konstellation heraus entwickelnde Dynamik hatte vermutlich auch Rückwirkungen auf die gesamte „Aktion T4“. Um hierzu genaue Aussagen treffen zu können, bedarf es allerdings weiterer Einzelfalluntersuchungen, zum Beispiel zu den ebenfalls im Herbst 1940 geräumten Anstalten Blankenhain,[933] Großhennersdorf,[934] oder den zumindest partiell zu Vomi-Lagern umfunktionierten Anstalten wie Leubus.[935]

Die Räumung ganzer Anstalten wurde natürlich nicht allein von der Vomi forciert, sondern auch, und zum Teil in noch viel stärkerem Maße, von anderen Bedarfsträgern. Mit diesen kooperierte die Vomi ebenfalls. So hatte beispielsweise das Sächsische Innenministerium bereits 1939 die Auflösung der großen Landesanstalten in Pirna-Sonnenstein und Colditz verfügt und für die Nutzung als Reservelazarett bzw. Kriegsgefangenenlager bereitgestellt.[936] Da beispielsweise in Pirna-Sonnenstein das Reservelazarett allerdings nicht die erwartete Auslastung erfuhr, verfügte man hier über freie Kapazitäten, die schon bald die Begehrlichkeiten verschiedener Interessenten weckten. Unter diesen war bekanntlich die „T4“, die in Pirna-Sonnenstein eine Tötungsanstalt installierte.[937] Interesse am verfügbaren Anstaltsraum bekundete aber auch der Vomi-Einsatzführer im Gau Sachsen, in Personalunion Gauorganisationsleiter, Erhard Kadatz. In Übereinkunft mit dem Sächsischen Innenministerium wurde ein Teilkomplex der ehemaligen Landesanstalt spätestens ab Dezember 1939 zu einem

933 Die Anstalt Blankenhain wurde Mitte Oktober 1940 aufgelöst und anschließend zu einem Umsiedlerlager für Bessarabiendeutsche umfunktioniert. Die verlegten Patienten kamen zum Teil in die Zwischenanstalt Zschadraß, auch soll ein Direkttransport nach Pirna-Sonnenstein stattgefunden haben. Etwa 80 gelangten nach Stadtroda. Vgl. Schilter, Unmenschliches Ermessen, S. 106 f.

934 Der Großhennersdorfer „Katharinenhof“, eine Pflegeanstalt für „bildungsunfähige Schwachsinnige“, war eine Einrichtung der Inneren Mission. Im September 1940 wurde er zur Unterbringung von Bessarabiendeutschen von der Vomi beschlagnahmt und geräumt, später wurden dort auch Deutsche aus dem Elsaß einquartiert. 156 Kinder wurden nach Großschweidnitz verlegt, 134 von ihnen wurden in Pirna-Sonnenstein ermordet. Vgl. Schilter, Unmenschliches Ermessen, S. 99 f.; sowie Reiche, Elsässer in Großhennersdorf.

935 Vgl. Gesundheitsamt Wohlau an Regierungspräsidenten in Breslau, betr. planwirtschaftliche Maßnahmen in HPA vom 3.12.1941 (Archiwum Państwowe w Wrocławiu [APW], Rejencja Wroclawska [Regierung Breslau]/8371, Bl. 18).

936 Vgl. Schilter, Unmenschliches Ermessen, S. 65; sowie Thom, Kriegsopfer der Psychiatrie.

937 Zur Einrichtung der Tötungsanstalt vgl. Schilter, Unmenschliches Ermessen, S. 67–71; sowie Böhm, Tötungsanstalt Pirna-Sonnenstein.

der ersten 14 Vomi-Lager im „Altreich“ umfunktioniert und sollte während der Umsiedlung der Bessarabiendeutschen Platz für über 2 500 Menschen bieten.[938]

Der den Vomi-Einsatzführern übertragene Aufbau der Lager war zunächst in hohem Maße improvisiert und nicht zentral koordiniert.[939] Dies erschwerte beispielsweise auch den Aufbau eines einheitlichen Gesundheitsdienstes in den Lagern, und es stand zu befürchten, dass auch in den Lagern des „Altreiches“ ähnlich unhaltbare Zustände wie in einigen Lagern in und um Lodz eintreten würden. Dort hatten sich die Befürchtungen der ärztlichen Sonderbeauftragten, dass eine „einwandfreie Entlausung dieser Menschenmengen [...] in Losch völlig unmöglich“ sei und sich durch die „Konzentrierung der Menschenmengen auf engstem Raum“ die Seuchengefahr noch erhöhen würde, zum Teil erfüllt.[940] So machte der Kreisleiter des Kreises Lodz-Land die EWZ auf alarmierende Zustände aufmerksam. In einem internen Vermerk der EWZ hieß es:

> „Er [der Kreisleiter] habe sich insbesondere davon überzeugt, dass die Rückwanderer 4 Wochen unentlaust in einem Saal des Lagers ‚Kloster‘ bei Zgierz untergebracht gewesen seien. Die hygienischen und sanitären Verhältnisse seien völlig unmöglich gewesen. Die Rückgeführten hätten sich der Läuse kaum erwehren können. Unter den Kindern sei eine Masern-Epidemie ausgebrochen, die z. T. in Lungenentzündung umgeschlagen wäre. Infolgedessen seien dann 30 Kinder allein in dem Lager ‚Kloster‘ gestorben. Eine einzige Familie habe z. B. drei Kinder verloren. Naturgemäß sei die Stimmung der Rückwanderer, die nach einem vierwöchentlichen Aufenthalt erst vor wenigen Tagen entlaust und abtransportiert [worden] seien, völlig niedergeschlagen gewesen. Immer wieder hätten die Frauen und Männer darauf hingewiesen, dass sie ihren größten Schatz, ihre Kinder, dem Führer hätten bringen wollen.“[941]

938 Vgl. weiterführend Fiebrandt, Auf dem Weg zur eigenen Scholle. Zur weiteren Nutzung des Geländes vgl. Durchgangsstation Sonnenstein. Die ehemalige Landesanstalt als Militärobjekt, Auffanglager und Ausbildungsstätte in den Jahren 1939 bis 1954. Hg. vom Kuratorium Gedenkstätte Sonnenstein e. V. , Pirna 2007. Zur Einrichtung der Lager vgl. auch Döring, Wolhynien, 186–192.

939 Vgl. Leniger, Heim im Reich. Zwar lag bereits im Dezember 1939 eine erste zentrale Dienstanweisung der Vomi für die Einrichtung der Lager vor, das Vorgehen war in den Gauen, wie Leniger zeigt, jedoch recht unterschiedlich. Nicht zuletzt gaben die Gaue/ Einsatzführungen auch eigene Dienstanweisungen heraus. Vgl. Dienstanweisung für die Einrichtung und Lagerführung für die Sammel- und Beobachtungslager der Volksdeutschen Mittelstelle vom 11.12.1939 (BArch Berlin, R 59/99, Bl. 37–41); Dienstanweisung des Einsatzstabes Litzmannstadt über Aufnahme in den Lagern und Organisation der Lager (einschließlich Formblätter) (ebd., Bl. 2–33); sowie Dienstanweisung für die Umsiedlungslager Bessarabien im Gau Sachsen vom Oktober 1940 (ebd., R 59/193, Bl. 1–35).

940 Aktenvermerk Bernauers über die Reise nach Lodz am 22./23.11.1939 vom 25.11.1939 (BArch Berlin, R 57 Neu/1, unpag.). Vgl. auch Aktenvermerk der Gesundheitsstelle der EWZ vom 27.11.1939 (ebd., R 69/1042, Bl. 259); sowie Aktenvermerk der Gesundheitsstelle der EWZ vom 28.11.1939 (ebd., R 69/1042, Bl. 260 f.)

941 Aktenvermerk der EWZ Nordost, betr. Kindersterblichkeit in den Vomi-Lagern vom 15.2.1940 (BArch Berlin, R 69/71, Bl. 12). Auch im Bericht der Gesundheitsabteilung der Vomi über den Aufbau und die Errichtung der Durchgangslager in Lodz vom 21.2.1941 wird die erhöhte Säuglings- und Kindersterblichkeit erwähnt (ebd., R 59/322, Bl. 4–7).

Eine solche seuchenhygienisch unhaltbare Situation, aber vor allem auch die dahinter stehende menschliche Tragödie, deren demoralisierende Wirkung auf die Umsiedler man sehr wohl erkannte, galt es um jeden Preis zu verhindern. In diesem Sinne begann das Referat 5 „Ärztliche Lagerbetreuung" beim Beauftragten des RGF unmittelbar mit der Installierung eines Meldesystems, das die Überwachung der Lager durch die Amtsärzte in den Gesundheitsämtern und die jeweiligen Gauämter für Volksgesundheit bzw. den Innenministerien der Länder vorsah.[942] In den einzelnen Lagern wurden durch die RÄK Lagerärzte und Sanitätspersonal, vor allem aus den Reihen des DRK und der NS-Schwesternschaft, eingesetzt.[943] Die Lagerärzte, zumeist ortsansässige oder direkt in den Gesundheitsämtern beschäftigte Ärzte, waren dem Referat „Ärztliche Lagerbetreuung" direkt unterstellt und berichtspflichtig.

Das noch im Aufbau befindliche Referat „Ärztliche Lagerbetreuung" unter Wegner erließ Anfang 1940 eine Flut von Dienstanweisungen, die das Ziel hatten, ein einheitliches Gesundheitssystem in den Lagern unter der Leitung der neu geschaffenen Berliner Sonderdienststelle zu etablieren. Eine erste grundlegende Dienstanweisung erging am 1. Januar 1940. Diese regelte sowohl die Meldepflicht als auch grundsätzliche Anforderungen an die gesundheitliche Betreuung in den Lagern. So sollte, wenn möglich, in jedem Lager ein Krankenrevier eingerichtet und regelmäßig Sprechstunden abgehalten werden. „Wöchentlich einmal soll[te] der Lagerarzt, unterstützt durch die Schwesternhelferinnen und Helfer des Deutschen Roten Kreuzes, eine Gesundheitsbesichtigung aller Lagerinsassen vornehmen. Das Hauptaugenmerk [sei] auf ansteckende Krankheiten (Masern, Scharlach, Diphtherie) der Kinder und das Vorhandensein von Kleiderläusen zu legen."[944] Ein beigelegtes Rundschreiben des leitenden Hygienikers Rose informierte die Lagerärzte zudem über „allgemeine Gesichtspunkte zur hygienischen Betreuung der aus Wolhynien und Galizien heimgekehrten Volksdeutschen".[945] Alle Erkrankungen mussten in

942 Vgl. Conti, RMdI, an die Regierungspräsidenten und Innenministerien Sachsens und Thüringens, betr. gesundheitliche Überwachung der Rückwanderer aus Wolhynien-Galizien und Weißrußland vom 3.1.1940 (ThHStA Weimar, ThMdI, E 668, Bl. 47); sowie Amt für Volksgesundheit bei der Gauleitung Thüringen an Thüringisches Ministerium des Innern vom 9.1.1940 (ebd., Bl. 57 f.). Vgl. auch die entsprechenden Berichte der einzelnen thüringischen Gesundheitsämter in dieser Akte.

943 Vgl. Dienstanweisung Nr. 9 des Vomi-Beauftragten für die Lager im Gau Sachsen, betr. sanitäre Betreuung, o. D. (BArch Berlin, R 59/191, Bl. 10); sowie Dienstanweisung Nr. 48 der Vomi-Einsatzverwaltung Sachsen, betr. Vereinbarung zwischen der Einsatzverwaltung Sachsen und der DRK-Landesstelle vom 5.12.1941 (ebd., R 59/191, Bl. 49). Vgl. auch Referat Ärztliche Lagerbetreuung an DRK, NS-Schwesternschaft, Lagerärzte, betr. Bezahlung der Betreuung in den Beobachtungslagern vom 28.2.1940 (BArch Berlin, R 57 Neu/1, unpag.).

944 Dienstanweisung des Referates Ärztliche Lagerbetreuung für die Lagerärzte vom 1.1.1940 (BArch Berlin, R 57 Neu/1, unpag.).

945 Vgl. Rundschreiben des leitenden Hygienikers Rose über „allgemeine Gesichtspunkte zur hygienischen Betreuung der aus Wolhynien und Galizien heimgekehrten Volksdeutschen in den Beobachtungslagern vom 25.11.1939 (BArch Berlin, R 57 Neu/1, unpag.; auch in ThHStA Weimar, ThMdI, E 668, Bl. 49 f.).

einem Lagerjournal verzeichnet und der Berliner Dienststelle gemeldet werden. Darüber hinaus war alle zehn Tage ein gesonderter Bericht zu erstatten, in dem „peinlichst genau" das Alter der Lagerinsassen, die Geburten und Erkrankungs- sowie Sterbefälle aufzuführen waren.[946] Dazu wurde den Lagerärzten ein entsprechendes Formulararsenal zur Verfügung gestellt.[947] Ausgehend von diesen Meldungen legte das Referat „Ärztliche Lagerbetreuung" in Zusammenarbeit mit dem Referat „Hygiene" eine umfangreiche Lagerkartei an, die einen Überblick über die vorkommenden Erkrankungen und eine Sperrung der Lager - die dann tatsächlich die ursprünglich anvisierte Funktion von Quarantänelagern erhielten - ermöglichen sollte.[948] Des Weiteren erhielten die Lagerärzte detaillierte „Richtlinien zur Bekämpfung von Masern, Keuchhusten, Varicellen, Diphtherie, Scharlach und endemischer Genickstarre" (verfasst von Georg Bessau) und „Regeln für Trachomkranke" (verfasst von Wilhelm Rohrschneider).

Der Erfolg aller dieser Maßnahmen war jedoch begrenzt. Im Februar 1940 mussten mehrere Lager wegen Masernepidemien gesperrt werden.[949] Im März 1940 konstatierten Wegner vom Referat „Ärztliche Lagerbetreuung" und Olzscha vom Referat „Hygiene" unverblümt: „Der Gesundheitszustand (vor allem der Kinder) lässt zu wünschen übrig. Am schlechtesten ist die Lage im Sudetengau und in Sachsen. Die herrschenden Krankheiten sind insbesondere Masern, Keuchhusten, Scharlach, Diphtherie, Genickstarre und Typhus."[950] Bis Mitte April 1940 verzeichnete der Leitende Hygieniker Rose insgesamt etwa „15 000 Fälle von Infektionen und, zuzüglich anderer Todesursachen, 2 000 Todesfälle" unter den Wolhynien- und Galiziendeutschen.[951] In Reaktion auf diese wenig erfreuliche Entwicklung, die zudem die „Durchschleusung" der Umsiedler behinderte und den Verbleib der Umsiedler in den Lagern noch zusätzlich verlängerte, ordnete der Reichsgesundheitsführer „Schutzimpfungen" an.[952]

946 Dienstanweisung des Referates Ärztliche Lagerbetreuung für die Lagerärzte vom 16.2.1940 (BArch Berlin, R 57 Neu/1, unpag.).
947 Vgl. die verschiedenen Formularvordrucke in BArch Berlin, R 59/189.
948 Aktenvermerk der Informationsstelle der EWZ, betr. Bericht über eine Besprechung beim Beauftragten des Reichsgesundheitsführers Dr. Wegner vom 23.3.1940 (BArch Berlin, R 69/1042, Bl. 263 f.).
949 Vgl. Dienstanweisung des Referates Ärztliche Lagerbetreuung für die Lagerärzte, betr. Masernepidemie vom Februar 1940 (BArch Berlin, R 57 Neu/1, unpag.).
950 Aktenvermerk der Informationsstelle der EWZ, betr. Bericht über eine Besprechung beim Beauftragten des Reichsgesundheitsführers Dr. Wegner vom 23.3.1940 (BArch Berlin, R 69/1042, Bl. 263 f.).
951 Referat Ärztliche Lagerbetreuung an EWZ vom 19.4.1940 (BArch Berlin, R 69/1042, Bl. 203).
952 Vgl. Dienstanweisung des Referates Ärztliche Lagerbetreuung für die Lagerärzte, betr. Masernepidemie vom Februar 1940 (BArch Berlin, R 57 Neu/1, unpag.); Auszug aus den Ausführungsbestimmungen betr. Schutzimpfung gegen Diphtherie und Scharlach zum Rundschreiben des Referates Ärztliche Lagerbetreuung vom 22.2.1940 (ebd., unpag.); sowie Dienstanweisung für die gesundheitliche Betreuung volksdeutscher Umsiedler während ihres Aufenthaltes in Lagern, hg. vom Beauftragten des Reichsgesundheitsführers für die gesundheitliche Betreuung der volksdeutschen Umsiedler, Berlin 11.9.1940 (Druck) (IfZ München, Db 18.02, im Folgenden: Dienstanweisung für die gesundheitliche Betreuung der Lager).

Das Beispiel der Impfungen zeigt, wie eng in den Lagern seuchenpräventive Ziele mit wissenschaftlichem Forschungsinteresse verbunden waren und welche Möglichkeiten sich mit der Etablierung der medizinischen Infrastruktur in den Lagern - dem Lagergesundheitsdienst - eröffneten. Sie reichten von der gesundheitlichen Überwachung, Selektion und „Aussonderung" über die „Behebung" körperlicher Schäden bis hin zu medizinischen Experimenten, zu denen die Lagerunterbringung nahezu optimale Bedingungen bot.

Aus seuchenpräventiven Gründen sollten ausnahmslos alle Kinder bis zu 14 Jahren in den Lagern eine Diphtherie- und Scharlachschutzimpfung erhalten und zwar „sofort nach Lagereröffnung".[953] Offensichtlich wurde diese Anweisung jedoch nur mangelhaft befolgt und zum Teil „missverstanden", sodass sich Wegner schon bald veranlasst sah, darauf hinzuweisen, dass die Schutzimpfung „nicht nur in solchen Lagern vorzunehmen ist, in denen es bereits zu Erkrankungen an Diphtherie und Scharlach gekommen ist", sondern in allen Lagern gleichermaßen.[954] Er führte dazu weiter aus:

„Die Schutzimpfung ist vielmehr als allgemeine Maßnahme durchzuführen. Zur Begründung weise ich darauf hin, dass es bisher in einer recht erheblichen Anzahl von Lagern bereits zu Erkrankungen an den genannten Infektionskrankheiten gekommen ist, und dass naturgemäß die Gefahr einer Einschleppung in das Lager überall besteht. Je länger der Aufenthalt in den Lagern aus umsiedlungstechnischen Gründen dauern muss, um so größer ist naturgemäß die Gefahr, dass eine solche Einschleppung vorkommt, auch wenn während des Transportes derartige Infektionen unterblieben sind. Die Insassen unserer Lager aber sind besonders gefährdet, weil sie zu einem erheblichen Teil aus dörflichen Gemeinschaften stammen, die nur wenig durchseucht sind und daher eine viel höhere Zahl von empfänglichen Individuen stellen als eine großstädtische Bevölkerung. Weiter wird es sich bei der Überführung der Rückwanderer an ihre endgültigen Ansiedlungsstellen nicht vermeiden lassen, dass erneut eine Durchmischung der Rückwanderer eintritt. Es besteht also die Gefahr, dass sich an diesen neuen Transporten Infektionskrankheiten anschließen, wenn nicht durch Impfung rechtzeitig vorgebeugt wird. Diese Infektionen würden aber einen ernsteren Verlauf nehmen, weil am Ansiedlungsort naturgemäß ärztliche Fürsorge und Krankenhauspflege nicht in demselben Umfang bereitstehen können, wie das in den Lagern der Fall ist."[955]

Trotz dieses eindringlichen Appells wurden die Impfungen aber wohl zum Teil auch weiterhin nur nachlässig durchgeführt, und Wegner sah sich in der Folgezeit mehrfach dazu veranlasst auf die Notwendigkeit der Impfungen hinzuweisen. Auch die Herausgabe und damit die Zusammenfassung der wichtigsten Anordnungen in einer gedruckten „Dienstanweisung für die gesundheitliche Betreuung volksdeutscher Umsiedler während ihres Aufenthaltes in Lagern" im September 1940 brachte in diesem Punkt nur wenig Erfolg. Vielmehr musste Wegner im Dezember 1940 die Lagerärzte nochmals ausdrücklich auf diese Dienstanweisung verweisen, „nach der bei der Scharlach-Schutzimpfung Kinder

953 Vgl. Dienstanweisung für die gesundheitliche Betreuung der Lager, S. 41.

954 Auszug aus den Ausführungsbestimmungen, betr. Schutzimpfung gegen Diphtherie und Scharlach zum Rundschreiben des Referates Ärztliche Lagerbetreuung vom 22.2.1940 (BArch Berlin, R 57 Neu/1, unpag.).

955 Ebd.

unter 2 Jahren nicht geimpft werden dürfen“. Er „bedau[e]re feststellen zu müssen, dass dieser grundsätzliche Fehler wiederholt gemacht worden“ sei[956] und bat deshalb die Lagerärzte eindringlich, „vor Beginn der Impfungen [...], das Kapitel O Impfungen der Dienstanweisung, Seite 39–44, noch einmal genau durchzulesen“.[957] Ob dieser Fehler, der offensichtlich häufiger passierte, konkrete Folgen hatte, geht aus den Akten nicht hervor. Allerdings sind diese Schutzimpfungen generell außerordentlich kritisch zu betrachten, fehlten doch zum Zeitpunkt der massenhaften Anwendung „ausreichende Erfahrungen über die Immunisierungswirkung der verschiedenartigen zur Verfügung stehenden Scharlachimpfstoffe“.[958] Trotz dieser mangelnden Erfahrungen wurden bis zum März 1943 mehr als 160 000 „vollständige Impfungen“ vorgenommen.[959] Allein die Verwendung vier verschiedener Impfstoffe[960] und die explizite Aufforderung an die Lagerärzte, in ausführlichen „Impfberichten“ die Ergebnisse der Impfungen zu dokumentieren und ihre Wirksamkeit zu bewerten, legen den Verdacht nahe, dass die systematischen Massenimpfungen in den Lagern der Vomi nicht allein der Verhütung von Seuchen, sondern auch Forschungszwecken dienten.[961] Eine erste umfangreiche wissenschaftliche Darstellung der Impfversuche erschien mit Unterstützung der Hauboldschen Dienststelle und der Tropenmedizinischen Abteilung des RKI im Jahr 1944. Es handelt sich dabei um eine medizinische Dissertation mit dem Titel: „Scharlach und aktive Scharlach-Schutzimpfung in den volksdeutschen Umsiedlungslagern (für die Zeit von Dez. 1939 bis März 1943)“. Vorgelegt wurde sie von Joachim Pumptow, der es als seine „angenehme Pflicht“ empfand, „Herrn Professor Rose für die Themenstellung und die großen Richtlinien, [...] Herrn Prof. Dr. Haubold für die in jeder Hinsicht großzügige Unterstützung seiner Dienststelle, sowie für viele Anregung und Herrn Dr. Manecke und Dr. Thonnardt-Neumann für manch guten Ratschlag in wissenschaftlicher und technischer Hinsicht gehorsamst zu danken.“[962] Die hier Erwähnten sind natürlich keine Unbekannten: Maneke übernahm nach der Einberufung Wegners das Referat „Ärztliche Lagerbetreuung“, später auch

956 Rundschreiben 2/40 des Referates Ärztliche Lagerbetreuung vom 6.12.1940 (BArch Berlin, R 57 Neu/1, unpag.).
957 Joachim Pumptow, Scharlach und aktive Scharlach-Schutzimpfung in den volksdeutschen Umsiedlungslagern, Diss. med., Berlin 1944, S. 2.
958 Ebd., S. 3.
959 Ebd.
960 Nach Pumptow kamen zwei „Streptokokken-Vollkultur-Impfstoffe“, der Scharlachimpfstoff nach Gabritschewsky von den Behring-Werken und ein Scharlachtoxoidimpfstoff der Sächsischen Serumwerke sowie zwei Aluminium-Adsorbat- bzw. Depot-Impfstoffe, der Impfstoff nach Faragò vom Staatlichen Hygiene-Institut in Budapest und der Impfstoff Scarlatox-Asid vom Anhaltinischen Serum-Institut, zum Einsatz. Vgl. ebd., S. 29 f.
961 Vgl. zum Beispiel Dienstanweisung des Referates Ärztliche Lagerbetreuung für die Lagerärzte betr. Auswertung der Ergebnisse der Scharlachschutzimpfungen in den volksdeutschen Umsiedlerlagern vom 1.6.1943 (BArch Berlin, R 57 Neu/1, unpag.). Hinz-Wessels/Hulverscheidt sprechen hier von einem „großangelegten Humanexperiment“. Vgl. Hinz-Wessels/Hulverscheidt, RKI, S. 35.
962 Pumptow, Scharlachschutzimpfung, S. 82.

das Referat „Statistik und Hygiene“, war also die Verbindungsstelle zu den Lagerärzten; Ernst Thonnard-Neumann stand seit 1941 der Malariauntersuchungsstelle für Volksdeutsche innerhalb der Tropenmedizinischen Abteilung des RKI vor.[963] Allein dieser institutionelle Rahmen, innerhalb dessen die Dissertation angesiedelt war, zeigt, dass hier mit Beginn der Impfungen ein Forschungsinteresse bestand, dass über die bloße „gesundheitliche Betreuung der volksdeutschen Umsiedler“ hinausging. Dies wird unter anderem durch die schon erwähnte experimentelle Anlage der Massenimpfungen deutlich, innerhalb derer mögliche schwere Nebenwirkungen nur schwer abgeschätzt werden konnten. Wie Pumptow ausführt, kam es 1940 tatsächlich bei einem Scharlachimpfstoff, dessen Hersteller er auf „Vorschlag von Prof. Rose“ nicht benannte, zu „sehr heftigen Impfreaktionen“.[964] Wie im Zuge der neueren historischen Forschungen zum RKI nachgewiesen werden konnte, handelte es sich bei diesem nicht genannten Hersteller um das Sächsische Serumwerk in Dresden.[965] Dessen Scharlachimpfstoff, der vor allem bei den Umsiedlern aus Wolhynien und Galizien verwendet wurde, da „der Behring Impfstoff [...] nicht ausreichte“, verursachte verschiedene „Zwischenfälle“. Es mussten schließlich „bestimmte Chargen dieses Impfstoffes aus dem Verkehr gezogen“ werden, und „die übrigen Herstellungsserien [wurden] später nur noch in geringem Umfang“ verwendet.[966] Im Lager Tuschin-Wald bei Lodz hatten die Ärzte nach der Impfung von 2 000 Kindern mit dem Impfstoff des Sächsischen Serumwerkes bei 90 Prozent der Fälle unter anderem „sehr heftige[s], lange dauernde[s] Erbrechen“ und hohes Fieber beobachtet. Bei etwa 30 Kindern kam es zudem zu „ausgesprochene[n] Kollapszustände[n] mit kaum tastbarem Puls, Leichenblässe und völliger Apathie“.[967] Todesfälle konnten nur durch sofortiges ärztliches Eingreifen und „sorgfältigste“ ärztliche Überwachung verhindert werden. In anderen Lagern gelang dies hingegen nicht. Nach Pumptow starben vier Kinder im „Alter von 1 bis 1½ Jahren in kürzester Zeit nach der Impfung“ an den „Kollapserscheinungen“. Bei zwei der vier Todesfälle bestanden keine Zweifel daran, „dass allein die Impfung den Tod herbeigeführt“ hatte.[968] Die unmittelbar eingeleiteten Untersuchungen zur Ursache dieser Todesfälle verliefen jedoch zunächst erfolglos. In Tierversuchen wurde eine „gute Verträglichkeit des Impfstoffes“ festgestellt, ein „Verschulden des Werkes oder ein Verstoß gegen geltende staatliche Bestimmungen bei der Herstellung und Prüfung der Impfstoffe konnte mit Sicherheit ausgeschlossen werden“ und auch „Fehler in der

963 Vgl. Kap. III.2.3; sowie zu Thonnard-Neumann Hinz-Wessels/Hulverscheidt, RKI, S. 34.
964 Pumptow, Scharlachschutzimpfung, S. 29.
965 Vgl. Hinz-Wessels/Hulverscheidt, RKI, S. 35.
966 Pumptow, Scharlachschutzimpfung, S. 31.
967 Ebd., S. 72 f.
968 Ebd., S. 73. Vgl. auch Hinz-Wessels/Hulverscheidt, RKI, S. 35. Dort wird von drei Todesfällen und etwa 200 „starken Allgemeinreaktionen“ unter 865 geimpften Kindern berichtet. Es handelt sich höchstwahrscheinlich um den auch von Pumptow ausführlich geschilderten Vorfall.

Dosierung oder Impftechnik“ wurden nach „genausten Ermittlungen“ durch Olzscha als Ursache ausgeschlossen.[969] Dieser Befund entschärfte die Situation natürlich keineswegs, vielmehr erhoben verschiedene „Außenstellen“ nun Vorwürfe gegen die Hauboldsche Dienststelle und den leitenden Hygieniker der Umsiedlung - Rose. Letzterer erbat schließlich Unterstützung beim staatlichen Hygiene-Institut in Budapest, von dem das RKI bzw. die Hauboldsche Dienststelle einen der vier Scharlachimpfstoffe bezogen hatte.[970] Verschiedene Proben des Scharlachimpfstoffes des Sächsischen Serumwerkes wurden dem Budapester Institut übersandt und - ohne dass man dort über die „Vorgeschichte“, das heißt die schweren Nebenwirkungen einiger Chargen, aufgeklärt worden war - einer „Prüfung an der Menschenhaut“ unterzogen.[971] Bei zwei Proben wies das Budapester Institut eine deutlich erhöhte Menge an unverändertem Scharlachtoxin nach, was die schweren Impfreaktionen und die Todesfälle erklärte. Die betreffenden Chargen wurden daraufhin zurückgezogen, die Massenimpfungen per se jedoch keineswegs in Frage gestellt. Vielmehr folgten noch weitere Testreihen mit Scharlachimpfstoffen, zum Beispiel 1942 in den sogenannten „Slowenenlagern“ der Vomi. Die Organisation und Leitung dieser Impfversuche lag nun in der Hand von Maneke, der zweifelsohne eng mit dem RKI bzw. Rose kooperierte. Es handelte sich hierbei um eine „Sonderimpfaktion“, die - wie es in der entsprechenden Dienstanweisung an die Lagerärzte unverblümt hieß - einen „Vergleich der Schutzwirkung des Scharlachschutzimpfstoffes nach Gabritschewski (Behring-Werke) mit de[r] des Scharlachtoxin-Aluminium-Depot-Impfstoffes Scarlatox-Asid (Asid-Serum Institut)“ ermöglichen sollte.[972] Maneke vergaß dabei nicht darauf hinzuweisen, dass „es sich hier um eine Vergleichsimpfung handel[e], aus deren Ergebnissen auch für die Impfaktion bei der reichsdeutschen Zivilbevölkerung wichtige Schlüsse gezogen werden“ könnten.[973] Das Versuchsdesign sah dabei zunächst eine Dick-Testung durch „besonders geschulte Impfärzte“, die die einzelnen Lager zu diesem Zweck aufsuchten, vor.[974] Anschließend sollte die Impfung der unfreiwilligen Probanden durch die Lagerärzte erfolgen. Dazu wurde eine Unterteilung der „Impflinge“ in vier Altersgruppen vorgenommen, die je zur Hälfte mit dem Impfstoff der Behring-Werke bzw. des Asid-Serum Instituts geimpft werden

969 Pumptow, Scharlachschutzimpfung, S. 74 f.

970 Vgl. Dienstanweisung des Referates Ärztliche Lagerbetreuung für die Lagerärzte, betr. Anwendung des Budapester Scharlach-Schutzimpfstoffes, o. D. (BArch Berlin, R 57 Neu/1, unpag.).

971 Vgl. Pumptow, Scharlachschutzimpfung, S. 75; sowie Hinz-Wessels/Hulverscheidt, RKI, S. 35.

972 Dienstanweisung des Referates Ärztliche Lagerbetreuung für die Lagerärzte, betr. Scharlachschutzimpfung in den Slowenenlagern der Vomi vom 3. 1. 1942 (BArch Berlin, R 57 Neu/1, unpag.).

973 Ebd.

974 Vgl. ebd.; sowie Pumptow, Scharlachschutzimpfung, S. 53 f. Die Dick-Testung diente der „Ermittlung der scharlachempfänglichen Personen“. Auf Anordnung Roses hatte eine solche Testung auch in den Lagern der Litauendeutschen stattgefunden, war jedoch „aus technischen Gründen abgebrochen“ worden.

sollten. Die Ergebnisse sollten in speziellen Impflisten dokumentiert und die Wirksamkeit der Impfstoffe durch mehrmalige Kontrollproben überprüft werden.[975] Insgesamt wurden bis 1943 etwa 7 000 Umsiedler im Alter von zwei bis 20 Jahren in diese Testreihe einbezogen. Todesfälle sind hier zwar nicht bekannt, ausgeschlossen werden können sie aber nicht.[976]

Insgesamt zogen sowohl Rose als auch Pumptow eine positive Bilanz aus den Scharlachimpfungen im Rahmen der verschiedenen Umsiedlungsaktionen, hätte sich doch die aktive Scharlachschutzimpfung durch die dadurch erreichte Senkung der Letalität als erfolgreich erwiesen.[977] Die „Zwischenfälle" seien zwar „außerordentlich bedauerlich", hätten aber letztlich vor allem gezeigt, dass „die bisher üblichen Verträglichkeitsproben des Scharlachimpfstoffes an Tieren" sich als unzulänglich erwiesen hätten.[978] Rose wie auch Pumptow kamen deshalb zu dem Ergebnis, dass in Zukunft auf die „Erprobung" am Menschen nicht verzichtet werden könne.

Die Scharlachschutzimpfungen stellten jedoch nicht das einzige gemeinsame experimentelle Aktionsfeld des RKI und der Hauboldschen Dienststelle während der Umsiedlungsaktionen dar. Einen eindeutig experimentellen Charakter hatte vor allem auch die Meningitisschutzimpfung, die Gegenstand einer weiteren medizinischen Dissertation war.[979] Wie bei den Scharlachimpfstoffen war auch hier die Wirkung der Impfstoffe nicht hinreichend untersucht und ein erprobtes, für die massenhafte Anwendung geeignetes Impfschema noch nicht entwickelt worden. So war das Vorgehen zunächst sehr unterschiedlich. In den meisten betroffenen Lagern wurden alle Insassen im Alter von sechs Monaten bis 20 Jahren geimpft, in einigen Lagern unterschiedslos alle Bewohner, in anderen wiederum nur das nähere Umfeld der Erkrankten.[980] Auch die Methoden zur Behandlung der Meningitis/epidemischen Genickstarre unterschieden sich deutlich, da die Erkrankten sofort in örtliche Krankenhäuser eingewiesen werden sollten, die „jeweils die ihnen am geeignetsten erscheinende Therapie"

975 Vgl. Dienstanweisung des Referates Ärztliche Lagerbetreuung für die Lagerärzte, betr. Scharlachschutzimpfung in den Slowenenlagern der Vomi vom 3.1.1942 (BArch Berlin, R 57 Neu/1, unpag.); sowie Dienstanweisung des Referates Ärztliche Lagerbetreuung für die Lagerärzte, betr. Scharlachschutzimpfung (Impfanweisung) vom 27.1.1942 (ebd.).

976 Vgl. Pumptow, Scharlachschutzimpfung, S. 70–72.

977 Ausgehend von dieser positiven Bilanz empfahl Rose, die Immunisierung „in bedrohlichen Lagen" auch bei der Luftwaffe vorzunehmen, innerhalb derer er als Beratender Hygieniker tätig war. Stellungnahme Roses zu den aktiven Scharlachschutzimpfungen in den Umsiedlungslagern vom 25.6.1942. In: Pumptow, Scharlachschutzimpfung, S. 76–79, hier 79.

978 Vgl. Pumptow, Scharlachschutzimpfung, S. 76 und 81; sowie Stellungnahme Roses zu den aktiven Scharlachschutzimpfungen in den Umsiedlungslagern vom 25.6.1942, ebd., S. 76–79.

979 Charlotte Zapf, Untersuchungen über die Epidemische Genickstarre bei der Umsiedlung 1939–1940 der Volksdeutschen aus Wolhynien, Galizien und dem Narewgebiet, sowie bei der Südostumsiedlung (Bessarabien, Nord- und Südbuchenland, Dobrudscha) und der Umsiedlungen 1940/41 aus Litauen, Estland und Lettland, Diss. med., Berlin 1944.

980 Vgl. ebd., S. 15.

durchführten.[981] Um „die einheitliche Bekämpfung der epidemischen Genickstarre in den volksdeutschen Umsiedlerlagern zu erleichtern“, forcierte das Referat „Ärztliche Lagerbetreuung“ in Zusammenarbeit mit dem RKI die systematische Erforschung der Erkrankungsfälle.[982] Außerdem sollten auf Anordnung Roses 1941 die „Hälfte aller im Reich befindlichen Umsiedler gegen Meningitis“ geimpft werden.[983] Diese Impfungen, die schließlich in über 200 Lagern (etwa einem Sechstel aller Lager) vorgenommen wurden, fanden demnach unabhängig vom Auftreten der Meningitis statt und dienten einem „rein experimentellen“ Zweck: Sie sollten Aussagen über den Einfluss der Impfung auf die epidemische Ausbreitung der Meningitis zulassen.[984] Da die Erkrankungszahl jedoch sowohl in den „durchgeimpften“ Lagern als auch den „nichtdurchgeimpften“ Lagern insgesamt sehr gering war, ließ sich der „Einfluss der Impfung auf die epidemische Ausbreitung der Krankheit nicht beurteilen“. Es konnte lediglich konstatiert werden, dass zumindest nichts „gegen die Impfungen“ spreche.[985]

Auch über die Immunisierung gegen andere epidemisch auftretende Erkrankungen, deren Verbreitung durch die Lagerunterbringung befördert wurde, lagen zum Teil nur wenige Erfahrungen vor. So gab es beispielsweise gegen Masern - der häufigsten aller in den Lagern vorkommenden Infektionskrankheit - keine aktive Schutzimpfung.[986] Die Dienststelle Haubolds empfahl hier den Lagerärzten, eine Impfung mit Homoseran zu „versuchen“ und anschließend über das „erzielte Resultat im Hinblick auf den Einzelfall wie auf den Ablauf der Erkrankungen unter der Gesamtzahl der Kinder“ detailliert zu berichten.[987] Auch über die Schutzimpfung gegen Keuchhusten lagen keine „allgemeingültigen Beurteilungen und Resultate vor“, sodass man auch hier auf die

981 Vgl. ebd., S. 29.
982 Verschiedene Dienstanweisungen des Referates „Ärztliche Lagerbetreuung“ forderten von den Lagerärzten Sonderberichte und „die Sicherstellung der Diagnose durch Nachweis der Erreger im Lumbalpunktat“. Die entnommene Rückenmarksflüssigkeit sollte den Medizinaluntersuchungsämtern übersandt werden, die daraus die Meningokokkenstämme isolieren und diese per Eilboten an das RKI weiterleiten sollten. Vgl. zum Beispiel Rundschreiben des Referates Ärztliche Lagerbetreuung an die Lagerärzte, betr. Meningitis epidemica, o. D. (BArch Berlin, R 57 Neu/1, unpag.) oder Dienstanweisung für die gesundheitliche Betreuung der Lager, S. 37.
983 Referat Ärztliche Lagerbetreuung an Kreisamtsleiter des Amtes für Volksgesundheit, betr. Betreuung der volksdeutschen Umsiedler, o. D. (BArch Berlin, R 57 Neu/1, unpag.).
984 Zapf, Epidemische Genickstarre, S. 100.
985 Ebd., S. 101. Die Impfreaktionen waren laut Zapf nur „leichter Natur“.
986 Vgl. Dienstanweisung für die gesundheitliche Betreuung der Lager, S. 43; sowie zur Verbreitung der Infektionskrankheiten in den Lagern Bernhard Freundt, Der Verlauf der Infektionskrankheiten bei der Umsiedlung der Volksdeutschen aus Wolhynien, Galizien, dem Narew-Gebiet, sowie aus Bessarabien, Nord- und Südbuchenland und der Dobrudscha bis Mai 1941, Diss. med., Berlin 1943, S. 25. Die Dissertation entstand ebenfalls im Umfeld der Hauboldschen Dienststelle und der Tropenmedizinischen Abteilung des RKI/Rose.
987 Dienstanweisung für die gesundheitliche Betreuung der Lager, S. 43 f.

Erfahrungen der Lagerärzte zurückgreifen musste.[988] Fleckfieber spielte in den Lagern der Vomi trotz der hohen Erkrankungszahlen in den Aussiedlungsgebieten hingegen keine Rolle. Zum einen verhinderte die von Rose präventiv angeordnete Entlausung nahezu aller Umsiedler in den Lagern in und um Lodz eine Einschleppung des Fleckfiebers, und zum anderen seien die Volksdeutschen ohnehin weniger davon betroffen gewesen als die „fremdstämmige Bevölkerung", wie „Kenner der örtlichen Verhältnisse" berichtet hätten.[989] Dies sei letztlich auch nicht überraschend, denn Fleckfiebererkrankungen seien - um einen Topos des medikalisierten Rassismus zu benutzen - „typisch für Verschmutzung, Elend, Lager und Notquartiere", wie sie bei der „fremdstämmigen" Bevölkerung zu finden seien, nicht aber in den sauberen und gepflegten deutschen Siedlungen.[990] Die Ironie der Geschichte wollte jedoch, dass sich dies im Rahmen der Umsiedlungsaktionen grundlegend änderte: Nun waren die Volksdeutschen in Lagern und Notunterkünften untergebracht, deren hygienische Zustände der Ausbreitung von Seuchen zum Teil noch Vorschub leisteten.

Diese in den Lagern auftretenden Seuchen und Infektionskrankheiten stellten die verantwortlichen Hygieniker in der Dienststelle Haubolds und dem RKI vor beträchtliche Herausforderungen - aber sie offerierten auch völlig neue Möglichkeiten zur Erforschung dieser Krankheiten, ihrer Verbreitung und Behandlung. Die Umsiedler in den Lagern wurden somit unfreiwillig zum Forschungsobjekt und zur Experimentiermasse.

Einer besonderen Beobachtung unterlagen aber nicht nur die „klassischen" Infektionskrankheiten, sondern auch die mit den Volksdeutschen ins Deutsche Reich gelangenden „exotischen" Krankheiten wie Malaria oder Trachom, denen man schon vor und während des Abtransportes aus den Herkunftsgebieten besondere Beachtung geschenkt hatte.[991] Diesen galt vor dem Hintergrund des Vorrückens der Wehrmacht in die Verbreitungsgebiete dieser Krankheiten ein besonderes Forschungsinteresse, stellten sie damit doch auch eine direkte Bedrohung für die deutsche „Wehrkraft" dar. Die Erforschung stand nun also auch im Zeichen militärischen Interesses. Die Umsiedlerlager boten dazu ideale Bedingungen. Der Aufbau einer medizinischen Infrastruktur in den Lagern ermöglichte somit nicht nur eine Versorgung und Überwachung der Umsiedler, sondern schuf auch Forschungsbedingungen, die bewusst genutzt wurden.

Bezogen auf das Trachom galt das Hauptinteresse zunächst einer genauen gesundheitlichen Überprüfung der Umsiedler und der Einleitung einer entspre-

988 Freundt, Infektionskrankheiten, S. 31.
989 Ebd., S. 15.
990 Ebd.
991 Erinnert sei nur an die Trachom-Untersuchungen Ullrichs in Bessarabien im Rahmen des Reichsberufswettkampfes und später während der Umsiedlung im Lager Semlin. Im Deutschen Reich angekommen wurden die Trachomkranken zum Teil in den Lagern behandelt, zum Teil aber auch in speziellen Trachomabteilungen der Universitätskliniken. Eine solche hatte beispielsweise der Direktor der Würzburger Universitätsaugenklinik, Passow, der Ullrich bei seinen Untersuchungen beraten hatte, eingerichtet. Vgl. Ullrich, Trachom, S. 46.

chenden Behandlung, die gegebenenfalls in den Ansiedlungsgebieten fortgesetzt werden sollte. So waren beispielsweise bei der Umsiedlung der Wolhynien- und Galiziendeutschen in und um den Umsiedlungsknotenpunkt Lodz herum spezielle Trachomlager eingerichtet worden.[992] Dorthin gelangten die Umsiedler, die man im Rahmen der obligatorischen „Trachomschau“ erfasst hatte. Diese Erfassung nahm eine spezielle „Trachomgruppe“ vor, die unter Leitung des Königsberger Augenarztes und Universitätsprofessors Wilhelm Rohrschneider stand. Im „Trachomlager“ erfolgte schließlich eine erste Behandlung der Betroffenen durch die Mitglieder der Königsberger Augenklinik und eine intensive Beobachtung, deren Ergebnisse man auch für die Zukunft nutzbar machen wollte. Gedacht war hier daran, „das Gesehene im Bilde festzuhalten und für Schulungs- und Unterrichtszwecke nutzbar zu machen, was umso gerechtfertigter erschien, als das Trachom in letzter Zeit für den deutschen Arzt mehr und mehr an Bedeutung“ gewinnen würde.[993] In der Folgezeit entstand ein Schulungsfilm, der „über den klinischen Verlauf und die Behandlung des Trachoms“ informierte und möglicherweise für die Schulung der in den späteren Trachomansiedlungsgebieten tätigen Ärzte eingesetzt wurde.[994] Daneben gingen aus den Untersuchungen, die sich auch auf andere Augenkrankheiten erstreckten, auch Fachveröffentlichungen hervor. Besonderes Augenmerk galt hier auch „erblichen Augenfehlern“, die, so das Fazit eines Artikels, jedoch sehr selten vorgekommen seien, sodass die Wolhynien- und Galiziendeutschen auch aus der Perspektive des Augenarztes „als besonders wertvolle[r] Zuwachs an erbgesundem Menschengut“ zu betrachten seien.[995]

Neben dem Trachom galt vor allem der Malaria ein besonderes Interesse, vor allem seitens der tropenmedizinischen Abteilung des RKI, die hier eng mit der Dienststelle Haubolds zusammenarbeitete. Das RKI hatte zur Malariadiagnose bei den volksdeutschen Umsiedlern, die zum Teil aus ausgewiesenen Malariagebieten stammten, im Februar 1941 eine eigene Malariauntersuchungsstelle eingerichtet.[996] Diese sollte sowohl ein einheitliches Vorgehen bei der Diagnostizierung als auch einen Gesamtüberblick über die Malariafälle ermöglichen. Die Lagerärzte hatten nun fortan die Blutpräparate der malariaverdächtigen Umsiedler an diese zentrale Untersuchungsstelle einzusenden und nicht mehr an die

992 Vgl. Tagesbefehl Nr. 76 des Einsatzstabes der EWZ vom 31.1.1940, betr. Trachomkranke (BArch Berlin, R 59/218, Bl. 50). Etwa 1942 wurden alle Trachomkranken in einem speziellen Trachomlager in Soldau/Ostpreußen („Amalienhof“) konzentriert und behandelt. Vgl. Vomi-Einsatzführung in Danzig-Westpreußen an die Umsiedlerlager, betr. trachomkranke Umsiedler vom 6.7.1942 (BArch Berlin, R 59/108, Bl. 61); sowie Vomi an Vomi-Einsatzführung in Mainfranken, betr. Trachomkranke vom 1.3.1943 (ebd., R 59/131, Bl. 16).

993 „Augenärztliche Erfahrungen bei der Trachomschau der Rückwanderer“. In: Deutsches Ärzteblatt, 71 (1941) 9, S. 103 f., hier 104.

994 Zu den Trachomansiedlungsgebieten vgl. Kap. IV.5.1.

995 „Augenärztliche Erfahrungen bei der Trachomschau der Rückwanderer“. In: Deutsches Ärzteblatt, 71 (1941) 9, S. 103 f., hier 104.

996 Vgl. Hinz-Wessels/Hulverscheidt, RKI, S. 34 f.

zuständigen Medizinaluntersuchungsämter.[997] Allein bis zum Dezember 1942 führte das RKI über 12 000 Malariauntersuchungen durch. Im Sommer 1944, unter dem Eindruck der Evakuierungen aus der Sowjetunion und dem Südostraum, wurde die Zusammenarbeit mit den Vomi-Lagern noch ausgebaut. Nun sollten alle Umsiedler, die an „Malaria, Dysenterie, Eingeweidewürmer[n], Wolhynische[m] Fieber, Rückfallfieber, Hepatitis epidemica" litten, bzw. bei denen ein entsprechender Verdacht bestand, in die klinische Abteilung des Tropenmedizinischen Instituts des RKI eingewiesen werden.[998]

Die Unterbringung zehntausender Volksdeutscher in geschlossenen Lagern weckte aber nicht nur das Interesse der ohnehin mit der gesundheitlichen Betreuung der Lager beauftragten Stellen wie dem RKI, sondern auch universitärer Forschungseinrichtungen. Zu diesen gehörte beispielsweise die medizinische Fakultät der Universität Breslau, namentlich der Rassenhygieniker und Erbpathologe Wolfgang Lehmann - ein vormaliger Schüler Verschuers.[999] Unter seiner Leitung und in Kooperation mit dem Anthropologen Egon von Eickstedt und dem Ordinarius für Psychiatrie Werner Villinger entstanden verschiedene medizinische Dissertationen, deren Untersuchungsgegenstand die volksdeutschen Umsiedler in den Lagern der Vomi waren.[1000] So promovierte Hans Grimm über „Untersuchungen über die Pubertät bei Umsiedlerinnen aus der Nordbukowina".[1001] Seine Forschungen an Volksdeutschen hatte er bereits 1934 im Rahmen von Studienfahrten in die jugoslawische Batschka aufgenommen. Er setzte sie, nun bereits als Assistent in Breslau, während des internationalen Breslauer Sportfestes 1938 fort. „Diese Untersuchungen gaben", so Grimm, bereits erste „Hinweise, dass die körperliche Entwicklung [der volksdeutschen Mädchen] von den binnendeutschen Vergleichsgruppen nicht auffäl-

997 Vgl. Dienstanweisung für die gesundheitliche Betreuung der Lager, S. 38; sowie Rundschreiben 1/41 des Referates Ärztliche Lagerbetreuung vom Februar 1941 (BArch Berlin, R 57 Neu/1, unpag.).

998 Vgl. Rundschreiben der Abteilung Lager-Gesundheitsdienst (vormals Referat Ärztliche Lagerbetreuung) an die Lagerärzte, betr. Einweisung tropenkranker volksdeutscher Umsiedler in die Tropenabteilung des RKI vom 17.8.1944 (BArch Berlin, R 59/90, Bl. 10 f.).

999 Wolfgang Lehmann (1905-1980) war von 1932 bis 1935 als Assistent am KWI für Anthropologie, menschliche Erblehre und Eugenik in der Abteilung Verschuers beschäftigt. Anschließend wurde er Assistent von Kurt Gutzeit, Ordinarius für Innere Medizin, an der Universität in Breslau. 1943 wechselte er an die Universität Straßburg, wo er ein Extraordinariat für Erbbiologie erhielt. Vgl. dazu die allerdings in Teilen tendenziöse Biographie von Harald Lehmann, Ein Leben für die Humangenetik. Prof. Dr. med. Wolfgang Lehmann (1905-1980) zum 100. Geburtstag, Berlin 2007.

1000 Fritz Schumann, Untersuchungen zur Bevölkerungsbiologie der Umsiedler aus dem Buchenland, Diss. med., Breslau 1942; Kurt Putscher, Über die soziale Lage deutscher Umsiedler aus dem Buchenland, Diss. med., Breslau 1943; sowie Günther Pohl, Bevölkerungsstatistische Untersuchung bei ländlichen Umsiedlern der Bukowina. Ein Beitrag zur Frage der unterschiedlichen Fortpflanzung, Diss. med., Breslau 1943.

1001 Hans Grimm, Untersuchungen über die Pubertät bei Umsiedlerinnen aus der Nordbukowina, Beitrag zur Frage: Menarche und Umwelt. In: Zeitschrift für menschliche Vererbungs- und Konstitutionslehre, 27 (1943) 1, S. 39-68 (zugleich Diss. med. Breslau 1943). Zu Grimm vgl. Kap. II.2.2, Anm. 316.

lig abwich“.[1002] Erst „die großen Umsiedlungsaktionen 1939/41 [hätten ihm] jedoch Gelegenheit zu Feststellungen an einer größeren Zahl“ gegeben.[1003] Er plädierte dafür, auch in Zukunft jede Möglichkeit, volksdeutsche Umsiedler zu untersuchen, zu nutzen. Die Umsiedler böten insbesondere „günstige Bedingungen für die Erforschung von Erb- und Umwelteinflüssen auf menschliche Merkmale und Eigenschaften, sobald Wanderungsforschung und Sippenkunde die Auswahl der richtigen Vergleichsgruppe aus dem engeren Herkunftsgebiet und damit eine strenge Vergleichbarkeit ermöglichen“ würden.[1004] Derartige sippenkundliche Erhebungen wurden tatsächlich bereits vom DAI durchgeführt, sodass solche Untersuchungen durchaus in greifbare Nähe rückten. Vor allem die DAI-eigene „Forschungsstelle des Rußlanddeutschtums“ hatte bereits frühzeitig die Forschungsmöglichkeiten, die sich durch die Unterbringung der volksdeutschen Umsiedler in Lagern boten, erkannt. Sie sah in der Lagerunterbringung „eine einmalige Gelegenheit [...] eine geschlossene Volksgruppe sippenkundlich zu erfassen“.[1005] Quasi mit Einrichtung der Vomi-Lager nahm die Forschungsstelle ihre Erfassungsarbeit mit Unterstützung der Vomi auf. Für jede Familie wurden sippenkundliche Fragebögen ausgefüllt und nachträglich Einwohnerlisten der umgesiedelten deutschen Siedlungen aufgestellt.[1006]

Derartige Forschungen waren letztlich erst durch die Lagerunterbringung der Volksdeutschen möglich geworden. Sie profitierten von der stagnierenden Ansiedlung und dem zunehmend längeren Lageraufenthalt der Umsiedler. Dieser war zwar aus Sicht der Umsiedlungsakteure keineswegs erwünscht, da er sich aber ohnehin nicht mehr vermeiden ließ, sollte er dem Willen des RKF nach nun auch genutzt werden. In diesem Sinne ordnete der RKF im November 1940 an, dass die „Wartezeit“ dazu benutzt werden solle, um:

„a) alle Umsiedler einer eingehenden ärztlichen Untersuchung zu unterziehen,
b) erforderlichenfalls Körperschäden zu beheben (Bruchoperationen, Augenersatz),
c) eine zahnärztliche Behandlung vorzunehmen.“[1007]

Die Grundlage für diese „Gesundheitsprüfung der Umsiedler“ war bereits gelegt. Für jeden Umsiedler musste nämlich auf Weisung der Dienststelle Haubolds vom Lagerarzt eine „Gesundheitskarte“ angelegt werden, die der in jedem

1002 Grimm, Untersuchungen über die Pubertät, S. 41.
1003 Ebd.
1004 Ebd., S. 67.
1005 Bericht über die sippenkundliche Bestandsaufnahme in den Rückwandererlagern aus Wolhynien, Galizien und dem Narew-Gebiet, durchgeführt von der Forschungsstelle des Rußlanddeutschtums vom 8.5.1940 (BArch Berlin, R 57/1075, unpag.).
1006 Vgl. ebd.; sowie Fragebogen zur sippenkundlichen Aufnahme des Rußlanddeutschtums; sowie Merkblatt zur Ausfüllung der sippenkundlichen Fragebogen und Einwohnerlisten (BArch Berlin, R 69/409, Bl. 2 f.). Vgl. auch Listen zur sippenkundlichen Erfassung der Lager im Sudetenland von 1940 (ebd., R 59/214).
1007 Anordnung Nr. 112 des Leiters der EWZ betr. Gesundheitsprüfung der Umsiedler vom 18.11.1940 (BArch Berlin, R 69/852, Bl. 25).

Lager aufzubauenden Gesundheitskartei zugeordnet werden sollte.[1008] In dieser Karteikarte waren detaillierte Angaben zu den erfolgten Impfungen und deren Erfolg, zu „Heilsera-Injektionen", zu „Homoseran-Injektionen" (bei Masern) und zum „Vigantol D_2-Stoß" (Rachitisbekämpfung) zu machen. Weiterhin gab die Gesundheitskarte Aufschluss über Überweisungen an Fachärzte, Zahnärzte, Kliniken, Krankenhäuser, Heilstätten und Heime und die erhobenen Befunde und eingeleiteten Behandlungen. Aus ihr ging außerdem hervor, ob der Umsiedler „trachomfrei" und bereits im Rahmen der obligatorischen „Röntgenreihenuntersuchung" röntgenologisch untersucht worden war.[1009] Die Röntgenreihenuntersuchung „nach dem Schirmbildverfahren Hohlfelders" wurde, wie die Bezeichnung bereits nahelegt, in großem Umfang durchgeführt.[1010] Mobile Röntgenkommissionen suchten dazu die einzelnen Lager auf.[1011] Ziel dieser Untersuchung war es, die Tbc-kranken Umsiedler zu erfassen, um sie unverzüglich aus den Lagern zu „entfernen" und auf diese Weise eine Ansteckung anderer Lagerinsassen und eine weitere Verbreitung der Tuberkulose zu verhindern. Dazu hatte man - ähnlich wie bei den anderen Infektionskrankheiten - ein spezielles Meldeverfahren entwickelt, das ausgehend von der Röntgenuntersuchung und der anschließenden zentralen Auswertung der Befunde eine Meldung an die EWZ, die Dienststelle Haubolds und die Lagerärzte vorsah.[1012] Die Lagerärzte waren im Verdachtsfall für eine Nachuntersuchung zuständig und hatten, nach Genehmigung durch die Dienststelle Haubolds, gegebenenfalls eine Heilstätteneinweisung vorzunehmen. Allerdings stieß hier das Gesundheitssystem an seine Kapazitätsgrenzen. Wie das Referat „Ärztliche Lagerbetreuung" im Herbst 1941 ernüchtert feststellen musste, hätten sich jegliche weiteren Bemühungen, Volksdeutsche in den vorhandenen Tbc-Heilstätten unterzubringen als „zwecklos" erwiesen, da auch von den „sozialversicherten Tbc-Kranken der Zivilbevölkerung" noch etwa 7 000 auf eine Einweisung in eine Tbc-Heilstätte warten würden.[1013] Wie man dem RKF „klargelegt" habe, könne nur die Einrichtung „eigener Umsiedler-Tbc-Heilstätten" hier Abhilfe schaffen.[1014] Die Dienststelle Haubolds ging mit Hilfe der Vomi nun

1008 Vgl. Dienstanweisung für die gesundheitliche Betreuung der Lager, S. 29 f.

1009 Vgl. Gesundheitskarte von Martin K. (Archiv der Gedenkstätte Pirna-Sonnenstein, Akte des Pflegeheims der Stadt Limbach in Grüna, unpag.); sowie zur Ausfüllung der Karte Dienstanweisung für die gesundheitliche Betreuung der Lager, S. 29 f.

1010 Vgl. Hans Holfelder, Das Problem der Tuberkulose-Erfassung. Erfahrungen bei der Durchführung und Auswertung von über 7 Millionen Röntgenreihenaufnahmen. In: Aus deutscher Medizin. Ausländisch-deutsches Medizinertreffen Innsbruck 1942. Hg. von der Auslandsabteilung des Reichsgesundheitsführers, Berlin 1944, S. 204–217.

1011 Vgl. Anordnung der EWZ, betr. Einsatz des Röntgen-Sturmbannes, o. D. (Anfang 1940) (BArch Berlin, R 69/62, Bl. 1); Vermerk des Leiters der Gesundheitsstellen der EWZ, betr. röntgenologische Erfassung der Umsiedler vom 17. 3. 1941 (ebd., R 69/696, Bl. 86).

1012 Vgl. Schema zur Tbc-Erfassung vom 10. 12. 1941 (BArch Berlin, R 69/62, Bl. 5).

1013 Rundschreiben des Referates Ärztliche Lagerbetreuung an die Gauamtsleiter der Ämter für Volksgesundheit vom 11. 9. 1941 (BArch Berlin, R 57 Neu/1, unpag.).

1014 Ebd.

also daran, das medizinische Versorgungssystem für die Umsiedler auszubauen und um eigene, spezielle medizinische Einrichtungen zu ergänzen. Neben der ambulanten Behandlung der Umsiedler in den Lagern durch die Lagerärzte forcierte man die Einrichtung von Hilfskrankenhäusern und speziellen Tbc-Heilstätten für die volksdeutschen Umsiedler. Auch hier waren es erneut die Heil- und Pflegeanstalten, die in den Blick der Dienststelle Haubolds gerieten. So musste im Herbst 1940 beispielsweise die Heilanstalt Leipzig-Dösen, die aufgrund der bereits erfolgten Einbeziehung ihrer Patienten in die „Aktion T4" über freie Betten verfügte, einen Teilkomplex für die Einrichtung eines „Allgemeinkrankenhaus[es] für volksdeutsche Umsiedler" abtreten.[1015] Dort verfügte man sowohl über einen eigenen Operationssaal, in dem „fast sämtliche chirurgischen Eingriffe" vorgenommen werden konnten,[1016] als auch über „diagnostische Hilfsmittel" zur Tbc-Erkennung.[1017] Alle „ansteckungsfähige[n] und ansteckungsverdächtige[n] [Tbc-]Kranken, die auf die Einweisung in Heilstätten oder Asylierungsstätten" warteten, sollten deshalb ebenso wie „ungeklärte Tuberkuloseerkrankungsfälle" dort eingewiesen und vorübergehend untergebracht werden.[1018] Ende 1941 entstand schließlich in einem Teilkomplex der Landesanstalt Zschadraß eine spezielle „Lungenheilstätte für volksdeutsche Umsiedler".[1019]

Die systematische Erfassung und Isolierung von Infektionskranken ergab sich dabei schon allein aus seuchenpolizeilichen Gründen und ist kein Spezifikum der nationalsozialistischen Vomi-Lager, sondern lässt sich auch in den Flüchtlingslagern nach 1945 beobachten.[1020] Die differentia specifica lag hier in den mit dieser Erfassung korrelierenden Maßnahmen, zum Beispiel den Impfversuchen und dem Ausmaß und der Art der gesundheitlichen Erfassung und Überwachung. Besonders die Überwachung erfolgte dabei zum Teil auch auf sehr

1015 Das Krankenhaus bestand vom 20.10.1940 bis zum 30.6.1944. In zwei Häusern der Heilanstalt, die nach dem Reichsleistungsgesetz von der Vomi in Anspruch genommen wurden, konnten etwa 200 Umsiedler medizinisch betreut werden. Vgl. Heil- und Pflegeanstalt Leipzig-Dösen an SMdI, betr. Einrichtung eines Krankenhauses für die Deutschen aus Bessarabien vom 26.9.1940 (Sächsisches Staatsarchiv Leipzig [StA-L], 20051, 77, Bl. 1); Heil- und Pflegeanstalt Leipzig-Dösen an SMdI vom 12.4.1941 (ebd., Bl. 18); SMdI an Heil- und Pflegeanstalt Leipzig-Dösen, betr. Vereinbarung des SMdI mit dem Referat Ärztliche Lagerbetreuung über das Allgemeinkrankenhaus für volksdeutsche Umsiedler vom 15.9.1941 (ebd., Bl. 27); sowie Landesanstalt Leipzig-Dösen an Referat Ärztliche Lagerbetreuung, betr. Auflösung des Krankenhauses vom 16.1. 1945 (ebd., Bl. 140).

1016 Anordnung 10/43 der Vomi-Einsatzführung in Sachsen vom 25.11.1943 (BArch Berlin, R 59/192, Bl. 62).

1017 Anordnung 6/42 der Vomi-Einsatzführung in Sachsen vom 5.3.1942 (ebd., Bl. 27 f.).

1018 Ebd.

1019 Zu Zschadraß vgl. Ariane Hölzer, Die Behandlung psychisch Kranker und geistig Behinderter in der Landes-Heil- und Pflegeanstalt Zschadraß während der nationalsozialistischen Diktatur, Diss. med., Leipzig 1999, S. 109. Vgl. auch verschiedene Mitteilungen der Lungenheilstätte für volksdeutsche Umsiedler in Zschadraß an die Gesundheitsstelle der EWZ Lodz mit Angaben zu einzelne Patienten (Archiwum Akt Nowych Warszawa [AAN], EWZ Litzmannstadt, 2901).

1020 Vgl. zum Beispiel Andrea Riecken, Migration und Gesundheitspolitik. Flüchtlinge und Vertriebene in Niedersachsen 1945–1953, Göttingen 2006.

subtile Art und Weise. Sanitätshilfskräfte waren beispielsweise angehalten, bei der „Badeaufsicht" „die Badenden einer genauen Beobachtung" zu unterziehen und ihre Beobachtungen „unverzüglich" zu melden.[1021] Gemeldet werden sollten auch die Umsiedler, die aus den verschiedensten Gründen die „Lagergemeinschaft belasteten". Dazu gehörten beispielsweise „alle pflegebedürftigen und die Lagergemeinschaft belastenden Altersschwachen, alle Geistesgestörten, Krüppel, Blinden".[1022] Sie sollten im September 1941 „noch mehr als bisher geschehen" aus den Lagern entfernt werden, da sie „auf die Dauer für die Lagergemeinschaften untragbar [seien], bzw. da sie einem nutzbringenden Einsatz entzogen werden" würden.[1023] Wie das Referat „Ärztliche Lagerbetreuung" festgestellt hatte, befanden sich in zahlreichen Lagern zum Beispiel immer noch „Blinde, die einem Heim des Reichsblindenverbandes zu positiver Arbeitsleistung seit langem hätten zugeführt werden können".[1024] Auch die EWZ vermeldete, dass „verschiedentlich beobachtet worden [sei], dass erbkranke Personen, schwer Schwachsinnige, [...] nicht aus den Lagern entfernt wurden, da sie angeblich mit der Familie durchschleust werden müssen, bzw. sich niemand um sie kümmert".[1025] Die Lagerärzte wurden deshalb angehalten, diese Umsiedler der Dienststelle Haubolds zu melden, die dann „nach Kräften bemüht sein [würde], möglichst umgehend für die Unterbringung dieser Umsiedler zu sorgen".[1026] Den Umsiedlern sei zu versichern, dass die Ansiedlung „dadurch keinesfalls hinausgeschoben" werde und die Betroffenen nach der Ansiedlung der Familie „augenblicklich" zu dieser zurückkehren könnten – „mit Ausnahme der Geistesgestörten".[1027]

Einer solch expliziten Aufforderung bedurfte es in vielen Fällen gar nicht. Allein auffälliges Verhalten bewegte einige Lagerführer und Lagerärzte zu Einweisungen in psychiatrische Anstalten. So veranlasste beispielsweise der Lagerführer des Vomi-Lagers in Bautzen die Einweisung eines 15-jährigen Jungens aus Wolhynien in die sächsische Landesanstalt Großschweidnitz, da der Junge angeblich an nicht näher benannten „Krampfanfällen" litt. Es sei zudem nicht auszuschließen, „dass er böswillig wird".[1028] Auch die Einschätzung des Lagerarztes ist in dieser Hinsicht bezeichnend. Er teilte der Landesanstalt Großschweidnitz mit: „Der Junge Gustav K [...] fiel im Lager sofort durch sein

1021 Dienstanweisung für die gesundheitliche Betreuung der Lager, S. 14.
1022 Rundschreiben 13/41 des Referates Ärztliche Lagerbetreuung vom September 1941 (BArch Berlin, R 57 Neu/1, unpag.).
1023 Ebd.
1024 Ebd.
1025 Vermerk der EWZ/Aufsichtsführung für die Gesundheitsstelle der EWZ, betr. Verbleiben schwer erbkranker Umsiedler in den Lagern vom 24.3.1941 (BArch Berlin, R 69/732, Bl. 68).
1026 Rundschreiben 13/41 des Referates Ärztliche Lagerbetreuung vom September 1941 (BArch Berlin, R 57 Neu/1, unpag.).
1027 Ebd.
1028 Lagerführer Vomi-Lager XXIX in Bautzen an Landesanstalt Großschweidnitz vom 17.2.1940 (SächsHStA, 10822, M 1039 (Patientenakte Gustav K.), Bl. 2). Für den Hinweis zu dieser Akte danke ich Dr. Dietmar Schulze.

absonderliches Wesen auf. Er zeigte sich wortkarg und menschenscheu und litt an choreatischen Zuckumgen [sic!]. Krampfanfälle sind von mir nicht beobachtet worden. In den letzten Tagen hatte sich die motorische Unruhe sehr verschlechtert und er wanderte nachts umher.“[1029]

Die Notwendigkeit einer Anstaltsbehandlung ergab sich aus Sicht der Großschweidnitzer Ärzte aus diesem Befund aber offensichtlich nicht, denn wenige Monate nach seiner Aufnahme wurde Gustav K. wieder aus der Anstalt Großschweidnitz entlassen.[1030] Dies bewahrte ihn vor einer Einbeziehung in die „Aktion T4“ und die spätere „Medikamenteneuthanasie“, die in Großschweidnitz ab 1943 tausende Opfer fanden.[1031]

Anders erging es beispielsweise Grete P., einer Umsiedlerin aus Litauen. Sie war im Juni 1941 aufgrund einer „Geistesverwirrung“ aus dem pommerschen Umsiedlerlager in Flatow in die Anstalt Meseritz-Obrawalde eingewiesen worden. Auch sie erschien für die „Lagergemeinschaft untragbar“, ja sogar als Bedrohung. Insbesondere ihre „zeitweise starken Erregungszustände [seien] eine Gefahr für das Umsiedlerlager“ gewesen. Der Lagerarzt hatte deshalb die Aufnahme in die „Nervenheilanstalt Obrawalde“ als „dringend“ notwendig angesehen.[1032] Dort eingewiesen, wurde bei Grete P. die Diagnose „Geistesstörung des Rückbildungsalters“ gestellt.[1033] Weder die Anstalt noch die Angehörigen drängten auf eine baldige Entlassung und so verblieb Grete P. bis zu ihrem Tod am 22. Januar 1944 in Meseritz-Obrawalde. Todesursache war eine „Lungenentzündung“ - eine der Todesursachen, die in Meseritz zur Verschleierung der medikamentösen Tötungen von Patienten diente.[1034]

Um die Bandbreite der möglichen Folgen einer Anstaltseinweisung zu illustrieren, sei schließlich noch auf ein drittes Beispiel - das Schicksal des Galiziendeutschen Gustav S. - eingegangen. Gustav S. gelangte im Januar 1940 in das Berliner Vomi-Lager in Köpenick. Noch im selben Monat, am 19. Januar 1940,

1029 Ebd.

1030 Vgl. Entlassungsvermerk auf dem Aktendeckel (SächsHStA, 10822, M 1039).

1031 Zu Großschweidnitz vgl. Holm Krumpolt, Die Landesanstalt Großschweidnitz als „T4“-Zwischenanstalt und Tötungsanstalt (1939-1945). In: Nationalsozialistische Euthanasieverbrechen. Beiträge zur Aufarbeitung ihrer Geschichte in Sachsen. Hg. von der Stiftung Sächsische Gedenkstätten, Dresden 2004, S. 137-147; sowie ders., Die Auswirkungen der nationalsozialistischen Psychiatriepolitik auf die sächsische Landes-Heilanstalt Großschweidnitz im Zeitraum 1939-1945, Diss. med., Leipzig 1994. Die „T4“-Verlegungen aus Großschweidnitz und die medikamentösen Tötungen vor Ort waren unter anderem Gegenstand des Dresdner „Euthanasie“-Prozesses von 1947. Vgl. weiterführend Boris Böhm/Gerald Hacke (Hg.), Fundamentale Gebote der Sittlichkeit. Der „Euthanasie“-Prozess vor dem Landgericht Dresden 1947, Dresden 2008.

1032 Ärztlicher Begleitbrief des Lagerarztes des Vomi-Lagers „Generalfeldmarschall Graf von Roon“ in Flatow vom 26.6.1941 (APG, Heilanstalt Meseritz-Obrawalde, 2787, Bl. 5).

1033 Ärztlicher Leiter der Anstalt Meseritz-Obrawalde an Referat „Heime und Heilstätten“, betr. Grete P. und Marta R. vom 30.3.1942 (APG, Heilanstalt Meseritz-Obrawalde, 2787, Bl. 12r).

1034 Vgl. Meldung der Anstalt Meseritz-Obrawalde über den Tod der Patientin Grete P. vom 22.1.1944 (APG, Heilanstalt Meseritz-Obrawalde, 2787, Bl. 20).

wurde er in das Oskar-Ziethen-Krankenhaus eingewiesen. Dort stellten die Ärzte die Diagnose „Multiple Sklerose (Hochgradiger Schwachsinn)".[1035] Am 2. Februar „ungeheilt in die Anstalt Herzberge entlassen"[1036] hatte man ihn dort bereits kurze Zeit später, im April 1940, zur „Verlegung nach Obrawalde vorgeschlagen".[1037] Vermutlich noch im April 1940 erfolgte die angekündigte Verlegung nach Meseritz-Obrawalde.[1038] Eine knappe Eintragung in der Krankenakte vom Dezember 1940 zeichnet ein deutliches Bild vom Gesundheitszustand des Patienten: „Liegt wegen körperlicher Hinfälligkeit ständig zu Bett. Dement." Dennoch versuchte er mehrfach den Kontakt zu seiner Ehefrau, die in der Zwischenzeit im Warthegau angesiedelt worden war, wieder herzustellen - ohne Erfolg.[1039] Ein halbes Jahr später, am 16. August 1941, wurde in der Krankenakte vermerkt: „Kommt heute in eine andere Anstalt." Diese „andere Anstalt" war eine der „T4"-Tötungsanstalten - möglicherweise die in Pirna-Sonnenstein - in der Gustav S. höchstwahrscheinlich als einer der letzten Patienten vor dem Stopp der „Aktion T4" ermordet wurde.[1040] Seine Patientenakte hat sich im Bestand der „T4"-Patientenakten im Bundesarchiv erhalten.[1041]

Diese Beispiele sind keine Einzelfälle. Sie stehen für eine Vielzahl von Fällen, in denen Lagerärzte Volksdeutsche aufgrund eines, wie auch immer gearteten, psychisch auffälligen Verhaltens aus den Lagern in Anstalten einwiesen. Oftmals

1035 Abschrift der Krankengeschichte des Oskar-Ziethen-Krankenhauses in der Krankheitsgeschichte Gustav S. der Anstalt Herzberge (BArch Berlin, R 179/23061, Bl. 8).

1036 Krankengeschichte Gustav S. der Anstalt Herzberge (BArch Berlin, R 179/23061, Bl. 9).

1037 Ebd., Bl. 12. Verlegungen aus Berliner Heilanstalten lassen sich bereits 1939 nachweisen. Im Januar und April 1940 erfolgten weitere Verlegungen aus den Anstalten Wuhlgarten und Herzberge nach Meseritz, später auch aus Berlin-Buch. Vgl. Verlegungslisten (APG, Heilanstalt Meseritz-Obrawalde, 10).

1038 Die Krankenakte gibt keine Auskunft über das genaue Verlegungsdatum. Wie aus einer Verlegungsliste der Anstalt Meseritz-Obrawalde hervorgeht, traf am 25.4.1940 ein Transport mit Patienten in Meseritz ein - möglicherweise handelte es sich hierbei um den Transport aus der Anstalt Herzberge. Die Liste ist jedoch unvollständig (sie umfasst nur die Namen der verlegten Frauen) und enthält keinen Hinweis auf die Herkunftsanstalt. Vgl. Liste der am 25.4.1940 nach Obrawalde verlegten Patienten (APG, Heilanstalt Meseritz-Obrawalde, 10, unpag.).

1039 Vgl. Postkarte von Gustav S. an seine Ehefrau Hermine S. vom 4.11.1940 (BArch Berlin, R 179/23061, Bl. 1); sowie Vomi, Einsatzstab Litzmannstadt, Abt. Auskunft, an Gustav S. vom 21.11.1940 (ebd., Bl. 3).

1040 Krankengeschichte Gustav S. der Anstalt Herzberge (BArch Berlin, R 179/23061, Bl. 12). Zu den „T4"-Transporten aus Meseritz-Obrawalde vgl. Beddies, Meseritz-Obrawalde, S. 247.

1041 Für den Hinweis auf diese Akte danke ich Dr. Gerrit Hohendorf. Möglicherweise befinden sich im Bestand der „T4"-Patientenakten weitere Akten Volksdeutscher. Da das Kriterium Staatsangehörigkeit bzw. Volkszugehörigkeit jedoch bei der Aufnahme der Akten in die Datenbank des BArch Berlin nicht berücksichtigt wurde, ist eine Identifizierung Volksdeutscher nahezu unmöglich und könnte nur durch eine systematische Durchsicht aller über 30 000 Patientenakten erreicht werden. Dies war im Rahmen der vorliegenden Arbeit nicht möglich. Die Opferdatenbanken der „T4"-Gedenkstätten ermöglichen ebenfalls keine gezielte Suche nach Volksdeutschen. Eine Identifizierung anhand der Geburtsorte erwies sich als nicht zuverlässig.

wurden sie als störend, als die Ordnung und Disziplin des Lagers bedrohend empfunden und wurden deshalb aus dem Lager „entfernt“. Die Psychiatrie übernahm hier also eine sozialdisziplinierende Funktion. Die Organisation der Lager, insbesondere die permanente Überwachung beförderte diese „Aussonderung“ aller, die sich nicht in die „Lagergemeinschaft“ einfügten. Dabei war es gerade auch diese Lagerunterbringung, mit ihrer fehlenden Privatsphäre, den Reglementierungen, der immer länger werdenden Wartezeit, den ungewissen Zukunftsaussichten und den mit all dem in Verbindung stehenden individuellen menschlichen Tragödien, die sich ungünstig auf die Psyche der Umsiedler auswirkte. Wie aus einigen Krankenakten hervorgeht, bestand zum Teil durchaus ein Zusammenhang zwischen der mit der Umsiedlung verbundenen Lagerunterbringung und späteren Erschöpfungszuständen, Depressionen und Suizidversuchen.[1042]

Unabhängig von der konkreten Motivation der Einweisung stellte diese vor dem Hintergrund der Krankenmorde für jeden Betroffenen eine existentielle Bedrohung dar. Dies wird deutlich, untersucht man das Schicksal einer größeren Gruppe von volksdeutschen Patienten, wie sie zum Beispiel in der Heilanstalt Arnsdorf zu finden war. Aus verschiedenen sächsischen Vomi-Lagern wurden seit Januar 1940 dort über 80 Umsiedler aus Wolhynien, Galizien, Bessarabien, der Bukowina, Jugoslawien und der Ukraine eingewiesen.[1043] Etwa ein Viertel konnte nach wenigen Monaten wieder in die Vomi-Lager entlassen werden. Der weitaus größere Teil - drei Viertel - blieb jedoch in Anstaltsbehandlung. Nachweislich fünf dieser Patienten „verlegte“ die Anstalt Arnsdorf 1940/41 „auf Anord[nun]g d[es] Reichs-Verteidig[ungs] Kommissars“ in die „T4“-Tötungsanstalt Pirna-Sonnenstein.[1044] Ihr Aufenthalt in Arnsdorf hatte

1042 Vgl. zum Beispiel den Fall von Emilie M., die aufgrund einer Depression aus dem Umsiedlerlager in Schönlanke in die Heilanstalt Meseritz-Obrawalde eingewiesen wurde. Vgl. Patientenakte von Emilie M. (APG, Heilanstalt Meseritz-Obrawalde, 2613). In die Heilanstalt Gostynin wurden nach Angaben einer dort tätigen Ärztin ebenfalls einige „psychotische Fälle“ eingeliefert, die im Zusammenhang mit den während der Umsiedlung gemachten Erfahrungen standen. Vgl. Kulikowska, Gostynin.

1043 Dies ergab die Auswertung der Patientenkarteikarten der Anstalt Arnsdorf. Insgesamt konnten so 83 Einzeleinweisungen aus Vomi-Lagern gefunden werden. Die Zahl der insgesamt eingewiesenen Volksdeutschen könnte jedoch noch höher liegen, da die hier ausgewertete Patientenkartei 1945 endet, das heißt darin nur die Patienten verzeichnet sind, die bis zu diesem Zeitpunkt verlegt wurden, verstorben sind oder sich aus anderen Gründen nicht mehr dort befanden. Alle nach 1945 verstorbenen, verlegten oder entlassenen Patienten sind darin also nicht erfasst. Ein Aufnahmebuch fehlt. Vgl. dazu und im Folgenden Patientenkarteikarten der Landesanstalt Arnsdorf (Archiv des Sächsischen Krankenhauses für Psychiatrie und Neurologie Arnsdorf).

1044 Dieser standardisierte Vermerk findet sich wie bei allen anderen aus Arnsdorf nach Pirna-Sonnenstein verlegten Patienten auf der Rückseite der Karteikarten. Die Patientenkarteikarten verweisen außerdem auf Aktennummern, sodass davon ausgegangen werden kann, dass Patientenakten angelegt wurden. Mit der Verlegung der Patienten nach Pirna-Sonnenstein wurden diese Akten mitgegeben und gingen damit in den Besitz der „T4“ über. Keine der Akten hat sich im Bestand der „T4“-Patientenakten im Bundesarchiv Berlin erhalten, sodass die Patientenkarteikarten die einzigen Indizien

nicht länger als ein halbes Jahr gedauert. Hinweise zu früheren Anstaltsaufenthalten fehlen in den ohnehin außerordentlich spärlich ausgefüllten Patientenkarteikarten. In zwei Fällen hatte man sich nicht einmal die Mühe gemacht, eine Diagnose einzutragen. Dennoch wurden diese Patienten in den Meldebögen erfasst und von den „Gutachtern" der „T4" als „lebensunwert" klassifiziert und zur Tötung ausgewählt. Die in Arnsdorf verbliebenen und neueingewiesenen Umsiedler gelangten später zum Teil in andere Heilanstalten, vornehmlich in die Anstalt Wiesengrund im Sudetenland,[1045] aber auch nach Großschweidnitz und Meseritz-Obrawalde. Insbesondere bei den beiden letztgenannten Zielen liegt der Verdacht nahe, dass die Betroffenen das Kriegsende nicht erlebten. In Arnsdorf selbst verstarben bis 1945 15 der aus Vomi-Lagern eingewiesenen Patienten. Wie viele volksdeutsche Patienten sich nach 1945 noch in Arnsdorf befanden, ist unbekannt. Ihre Zahl dürfte jedoch gering gewesen sein.

Ein ähnliches Bild ließe sich höchstwahrscheinlich für die meisten psychiatrischen Anstalten des Deutschen Reiches, in deren näheren Umgebung sich Umsiedlerlager befanden, zeichnen. Präzise Angaben über die Gesamtzahl der Anstaltseinweisungen aus Vomi-Lagern liegen jedoch nicht vor, ebenso wenig konkrete Zahlen über die in Anstalten verstorbenen oder ermordeten volksdeutschen Umsiedler. Dies ist nicht etwa auf eine nachlässige Registrierung dieser Fälle durch die Dienststelle Haubolds zurückzuführen, sondern vielmehr auf die schlechte Überlieferungssituation. Die wenigen Bruchstücke und die Parallelüberlieferung deuten darauf hin, dass insbesondere das Referat „Heime und Heilstätten" zwar zeitlich verzögert, aber insgesamt doch recht genau über Anstaltseinweisungen und Todesfälle informiert war. Zum einen durften die Lagerärzte Anstaltseinweisungen nur nach Rücksprache mit der Hauboldschen Dienststelle vornehmen und zum anderen bestand für die jeweiligen Anstalten offensichtlich eine Meldepflicht gegenüber der Auslandsabteilung der RÄK/Dienststelle Haubolds.[1046] Darüber hinaus sollte die für jeden Umsiedler obligatorische Gesundheitskarte im Falle des Todes des Umsiedlers mit Angabe der Todesursache, des Todesdatums sowie des Ortes, „versehen mit der leserlichen Unterschrift des letztbehandelnden Arztes, sofort [...] an den Referenten für die ärztliche Lagerbetreuung" eingesandt werden.[1047] Die Dienststelle Haubolds

für die Ermordung dieser fünf Umsiedler in Pirna-Sonnenstein sind. Vgl. Patientenkarteikarten von Johann L., Karl W., Philipp M., Christine A. und Brunhilde B. (Archiv des Sächsischen Krankenhauses für Psychiatrie und Neurologie Arnsdorf).

1045 Allein in die Anstalt Wiesengrund, die ab 1941 als eine Art Außenabteilung der zunehmend für Lazarettzwecke beanspruchten Anstalt Arnsdorf fungierte, wurden 30 Umsiedler verlegt. 17 von ihnen verstarben dort. Insgesamt wurden aus Arnsdorf im April 1941 476 Patienten nach Wiesengrund verlegt. Anfang 1943 waren von diesen noch 203 am Leben. Vgl. Patientenkarteikarten der Landesanstalt Arnsdorf (Archiv des Sächsischen Krankenhauses für Psychiatrie und Neurologie Arnsdorf); sowie zu den Transporten nach Wiesengrund Oeser, Arnsdorf, S. 151 f.

1046 Nachweisen lassen sich derartige Meldungen beispielsweise für Meseritz-Obrawalde. Vgl. zum Beispiel Zietz, Auslandsabteilung der RÄK, an EWZ, betr. Berta U. vom 13.3.1940 (BArch Berlin, R 69/648, Bl. 36).

1047 Dienstanweisung für die gesundheitliche Betreuung der Lager, S. 30.

verfügte damit nicht nur über die Personalien des verstorbenen Umsiedlers, sondern auch über Angaben zu Krankheiten, Impfungen und Behandlungen. Interesse an derartigen Informationen hatte nicht zuletzt auch die EWZ, die während der „Durchschleusung“ eine umfangreiche gesundheitliche Überprüfung jedes einzelnen Umsiedlers und seiner Familie vornahm. Anfang 1941 kam die Dienststelle Haubolds deshalb mit der EWZ überein, die Gesundheitskarten aller „Lagerinsassen“ den Einbürgerungskommissionen der EWZ zur Verfügung zu stellen.[1048] Dadurch konnten sich die Ärzte der EWZ einen schnellen Überblick über bereits vom Lagerarzt gemachte Beobachtungen, von Fachärzten erhobene Befunde und Behandlungsmaßnahmen verschaffen. Dies erwies sich angesichts des für die Einbürgerungsuntersuchung zur Verfügung stehenden begrenzten Zeitvolumens durchaus als vorteilhaft und erleichterte weitere „Ermittlungen“. Für die Dienststelle Haubolds ergab sich im Gegenzug damit die Möglichkeit, an den „Ermittlungen“ der EWZ zu partizipieren, denn die Ärzte der EWZ waren angehalten „ihre Befunde ebenfalls auf [der] Gesundheitskarte, und zwar am besten auf [der] Rückseite“ zu vermerken.[1049] Nach der erfolgten Einbürgerung war die Gesundheitskarte schließlich der Ansiedlungskommission zu übergeben und von dieser an die zuständigen Gesundheitsämter der zukünftigen Wohnorte weiterzureichen.[1050] Die Gesundheitsämter sollten dadurch unmittelbar mit dem Eintreffen der neuen „Siedler“ über die wichtigsten gesundheitlichen Informationen eines jeden „Siedlers“ verfügen und gegebenenfalls entsprechende Behandlungen einleiten. Dieses so idealtypische Erfassungsprinzip konnte allem Anschein nach jedoch nur in Ansätzen realisiert werden. Wie zahlreiche Dienstanweisungen belegen, füllten die Lagerärzte die Gesundheitskarten zum Teil nur „nachlässig“ oder gar nicht aus. Die Weiterleitung erfolgte ebenfalls nur „unzuverlässig“.[1051] Noch 1945 sah sich die Dienststelle Haubolds dazu veranlasst, die Lagerärzte daran zu erinnern, dass die Gesundheitskarten nicht nur „statistischen Zwecken“ dienten, sondern „für die Aufzeichnung der täglichen ärztlichen Praxis eingeführt worden“ waren.[1052] Die

1048 Vgl. Rundschreiben des Referates Ärztliche Lagerbetreuung an die Lagerärzte vom 17.2.1941 (BArch Berlin, R 57 Neu/1, unpag.); sowie Anordnung Nr. 129 des Leiters der EWZ, betr. Ergänzung der von den Lagerärzten geführten Gesundheitskarten vom 17.1.1941 (ebd., R 69/401, Bl. 264).

1049 Rundschreiben des Referates Ärztliche Lagerbetreuung an die Lagerärzte vom 17.2.1941 (BArch Berlin, R 57 Neu/1, unpag.).

1050 Vgl. zum Beispiel Dienstanweisung Maneke, Beauftragter des Reichsgesundheitsführers für die gesundheitliche Betreuung der volksdeutschen Umsiedler, betr. Verbleib der Gesundheitskarten der volksdeutschen Umsiedler vom 15.5.1942 (BArch Berlin, R 59/189, Bl. 9); sowie Dienstanweisung für die gesundheitliche Betreuung der Lager, S. 30.

1051 Vgl. Rundschreiben Nr. 37/42 der Vomi-Einsatzführung Oberschlesien an alle Kreis- und Lagerführer, betr. Gesundheitskarten der Umsiedler vom 15.5.1942 (BArch Berlin, R 59/197, Bl. 56 f.).

1052 Rundschreiben 1/45 des Lager-Gesundheitsdienstes, vormals Referat „Ärztliche Lagerbetreuung“, an die Lagerärzte vom 15.3.1945 (BArch Berlin, R 59/90, Bl. 12–14, hier 12).

Lagerärzte wurden nochmals eindringlich darauf hingewiesen, dass es ihre „Pflicht“ sei, „Untersuchungen und erhobene Befunde des kranken Umsiedlers auf dessen Gesundheitskarte zu vermerken“ - letztlich dürfte den Ärzten dazu aber einfach die Zeit gefehlt haben.[1053]

Die Gesundheitskarte stellte, trotz aller Mängel bei der Ausfüllung, den ersten, noch vor der Einbürgerung angestrengten Versuch dar, alle Umsiedler in gesundheitlicher Hinsicht systematisch zu erfassen und gegebenenfalls auch „auszusondern“. Diese „Aussonderung“ wurde durch die Lagerunterbringung erleichtert, war in den Lagern doch eine permanente und systematische Überwachung der Umsiedler möglich geworden. Zugleich waren die Umsiedler in den Lagern zur unfreiwilligen Experimentiermasse geworden, an der vor allem das RKI ein Interesse hatte. Die Lager boten, wie weiter oben gezeigt, willkommene experimentelle Bedingungen für die skrupellose Erprobung von Impfstoffen.

Was die in den Lagern wirkenden rassenhygienischen Selektionsmechanismen anbelangt, so wirkten diese in den Lagern eher indirekt, zum Beispiel in Form der „Aussonderung“ „belastender“ und kranker Umsiedler. Durch die Gesundheitskarten wurde eine Grundlage für die spätere gezielte Selektion gelegt: die „Durchschleusung“ durch die EWZ. Sie war in hohem Maße von rassenhygienischen Prämissen durchdrungen, die hier nicht nur latent und unterschwellig, sondern ganz offen wirkten.

4. Die Überprüfung der biologischen „Siedlungstauglichkeit“: die „Durchschleusung“ durch die Einwandererzentralstelle (EWZ)

Das als „Durchschleusung“ bezeichnete Einbürgerungsprozedere bildete im Kontext der Umsiedlungsaktionen das „Herzstück“ der rassenhygienischen und rassenbiologischen Selektion. Während dieses Selektionsprozesses entschieden Ärzte und Eignungsprüfer über die - wenn man so will - biologische „Siedlungstauglichkeit“ eines jeden einzelnen Umsiedlers. Ihr Urteil entschied nicht zuletzt über die Einbürgerung oder Ablehnung einer solchen und darüber, ob der jeweilige Umsiedler in Zukunft eine eigene „Scholle“ im verheißungsvollen „Osten“ bewirtschaften durfte oder nicht. Damit bestimmten sie auch die zukünftige rassenbiologische Gestalt und den „rassischen Charakter“ der „neuen Ostgebiete“, die eine grundlegende Umgestaltung erfahren sollten. Umso entscheidender war gerade aus Sicht der akademischen Rassenhygieniker, namentlich Fritz Lenz und Ernst Rüdin, eine planvolle und vor allem wissenschaftlich fundierte „Auslese“ und Ansiedlung der durch die Umsiedlung gewonnenen neuen „bäuerlichen Siedler“.[1054]

1053 Ebd.

1054 Vgl. Fritz Lenz, Bemerkungen zur Umsiedlung unter dem Gesichtspunkt der Rassenpflege (BArch Berlin [ehem. BDC], Personalakte Fritz Lenz, 9.3.1887, VBS 307, unpag.). Neben Rassenhygienikern wie Rüdin und Lenz meldeten sich auch Volks- und

4.1 Der Einfluss der Rassenhygieniker auf das Selektionsverfahren

Es nimmt kaum Wunder, dass gerade arrivierte und einflussreiche akademische Rassenhygieniker wie Fritz Lenz und Ernst Rüdin ihren Einfluss auf Fragen der „Siedlerauslese“ reklamierten. Beide hatten sich bereits im Vorfeld der Umsiedlung mit bevölkerungs- und siedlungspolitischen Fragen befasst und das Potential, welches sich nun im Rahmen der Um- und Ansiedlung hunderttausender Volksdeutscher bot, erkannt. Allerdings waren nicht sie es, die Himmler in seiner Funktion als RKF mit der Ausarbeitung entsprechender „Ausleserichtlinien“ betraute, sondern die „Rasseexperten“ des Rasse- und Siedlungshauptamtes, namentlich Günther Pancke.[1055] Das RuSHA hatte sich, abgesehen davon, dass es zum SS-Imperium Himmlers gehörte, vor allem aufgrund seiner Erfahrung bei der „Auslese“ von SS-Bewerbern und deren Ehefrauen empfohlen und konnte bereits auf einen umfangreichen Katalog verschiedener „Untersuchungsbögen“ zurückgreifen.[1056] Das konnte auch Lenz nicht leugnen, als er sich Anfang Januar 1940 mit einigen „Bemerkungen zur Umsiedlung unter dem Gesichtspunkt der Rassenpflege“ an Pancke wandte. „Die Gesichtspunkte der rassischen Siedlerauslese der SS“ seien demnach durchaus „vorbildlich für die Auslese der Neubauern im Osten“ und man dürfe, da „die Gesamtleitung der Umsiedlung in der Hand des Reichsführers SS“ liege, „wohl darauf vertrauen, dass die neuen Bauernhöfe des Ostens in die Hand hochgearteter deutscher Wehrbauern kommen“ würden.[1057] Allerdings gab Lenz zu bedenken, dass die „richtige Auslese“ und die endgültige „Ansetzung“ der „bäuerlichen Siedler“ in einem „ihrer Eigenart angemessenem Lebensraum“ nicht „in wenigen Monaten“ durchgeführt werden könne - eine doch deutliche Kritik an der Auslese- und Ansiedlungspraxis des RKF. Es sei vielmehr nötig, „den freiwerdenden

Rassenkundler wie Otto Reche in dieser Frage zu Wort. Bereits im September 1939 verfasste Reche „Leitsätze zur bevölkerungspolitischen Sicherung des deutschen Ostens“, die er Himmler zukommen ließ. Er plädierte darin in Bezug auf die okkupierten polnischen Gebiete für eine Vertreibung der „rassisch minderwertigen“ ansässigen polnischen Bevölkerung und eine Ansiedlung Volksdeutscher. Diese müsse - wie auch von Lenz gefordert - nach „rassischen und rassenhygienischen“ Prinzipien erfolgen. Vgl. Otto Reche, „Leitsätze zur bevölkerungspolitischen Sicherung des deutschen Ostens“ (BArch Berlin, R 153/288). Vgl. auch Anahid S. Rickmann, „Rassenpflege im völkischen Staat“. Vom Verhältnis der Rassenhygiene zur nationalsozialistischen Politik, Diss. phil., Bonn 2002, S. 244-246; sowie Isabel Heinemann/Patrick Wagner, Einleitung. In: Isabel Heinemann/Patrick Wagner (Hg.), Wissenschaft. Planung. Vertreibung. Neuordnungskonzepte und Umsiedlungspolitik im 20. Jahrhundert, Stuttgart 2006, S. 7-21.

1055 Zur Biographie Panckes vgl. Heinemann, Rasse, S. 628.

1056 Vgl. ebd., S. 195 f. Über „Ausleseerfahrung“ verfügte auch der Reichsnährstand, insbesondere dessen Reichsstelle für Siedlerauswahl, die bereits seit 1933/34 die Auswahl von Neubauern anhand rassischer, erbbiologischer, fachlicher und politischer Kriterien betrieb. Ihr Wirkungskreis sollte jedoch auf das „Altreich“ beschränkt bleiben. Vgl. weiterführend Mai, Rasse und Raum; sowie Pyta, Menschenökonomie.

1057 Fritz Lenz, Bemerkungen zur Umsiedlung unter dem Gesichtspunkt der Rassenpflege (BArch Berlin [ehem. BDC], Personalakte Fritz Lenz, 9.3.1887, VBS 307, unpag.).

Boden vorläufig, d. h. mindestens während der Dauer des Krieges, kommissarisch zu bewirtschaften unter Verwendung polnischer Kriegsgefangener und anderer vorhandener Arbeitskräfte".[1058] Erst nach der - natürlich - siegreichen Beendigung des Krieges sollte die dauerhafte und rassenbiologisch fundierte Ansiedlung vorgenommen werden, und dies, so liest es sich zwischen den Zeilen, nicht ohne Mitwirkung der akademischen Rassenhygieniker.[1059] Auf keinen Fall dürften, so Lenz weiter, „deutsche Rückwanderer aus dem Osten, die den deutschen Bauern aus dem Altreich rassisch zum großen Teil nicht ebenbürtig sind, [sofort] als Eigentümer eingesetzt werden".[1060] Durch eine solche Besiedlung mit „primitiven Rassenelementen deutscher Sprache" sei das „neue Land im Osten [...] für die Ausbreitung hochgearteten germanischen Bauerntums" für immer „verloren".[1061] Um diese drohende Gefahr, die im Kontext der ersten Umsiedlungsaktionen bereits sichtbar geworden sei, abzuwenden, sprach sich Lenz in seiner Denkschrift für eine rassenbiologische Ausrichtung der zukünftigen Auslese- und Ansiedlungspraxis aus. Er forderte:

„Bei der Auslese der neuen Bauern muss selbstverständlich die bisherige Leistung, insbesondere die landwirtschaftliche, sowie die Leistung der Familie wesentlich berücksichtigt werden. Darüber hinaus kommt es auch sehr wesentlich auf die rassische Qualität der Siedler an, die nicht nur innerhalb derselben Volksgruppe sondern auch zwischen den einzelnen deutschen Volksgruppen im Osten recht verschieden sind. Der durchschnittliche Unterschied ihres rassischen Niveaus, der insbesondere auch in ihrer wirt-

1058 Ebd., S. 1.

1059 Auch Rüdin hatte sich im Februar 1940 mit einem ersten groben Forschungsplan an Walther Wüst vom Ahnenerbe der SS gewandt. Darin machte er, ähnlich wie Lenz, deutlich, dass „eine richtige Siedlung im Osten [ein] Lebensgebot für die Zukunft des deutschen Volkes" sei und die Siedler daher „gut ausgewählt" sein müssten. Dabei komme es nicht allein „nur auf die Quantität sondern ganz besonders auch auf Qualität" an. Deshalb sei die „biologische Tüchtigkeit" der verschiedenen volksdeutschen Gruppen und der „aus dem Altreich stammenden oder eventuell noch zu erwartenden Deutschen" genauer in den Blick zu nehmen. Rüdin erklärte sich bereit, entweder „eine einmalige größere Stichprobenauslese auf individuelle und sippenmäßige psychiatrisch-neurologische Gesundheit, psychologische und charakterliche Struktur, auf Begabung im engeren Sinne; sowie auf familienbiologische und bevölkerungspolitische Tüchtigkeit zu untersuchen" oder „den größten Teil der deutschen Bevölkerung des in Rede stehenden Gebietes [Ostgebiete] fortlaufend nach den genannten Gesichtspunkten in Bearbeitung zu nehmen". Wüst befürwortete eine solche „Forschung an Volksdeutschen" „wärmstens" und sprach sich, wie auch Himmler, für eine Förderung des Rüdinschen Instituts aus. Rüdin erhielt 1939/40 vom Ahnenerbe einen Zuschuss von 30 000 RM. Auch in der Folgezeit wurden weitere Zuschüsse ausgereicht. In welchem Umfang sie tatsächlich für die „Forschung an Volksdeutschen" eingesetzt wurden, und in welchem Umfang der Forschungsplan realisiert wurde, geht aus den Dokumenten nicht hervor. Vgl. Schriftwechsel zwischen dem Ahnenerbe der SS, dem Chef des Persönlichen Stabes der SS und Rüdin über Zuschusszahlungen an das Rüdin-Institut (DFA) (BArch Berlin, NS 21/352, unpag.). Die Förderung wird auch erwähnt bei Sheila Faith Weiss, The Nazi Symbiosis. Human Genetics and Politics in the Third Reich, Chicago 2010, S. 165 f.

1060 Fritz Lenz, Bemerkungen zur Umsiedlung unter dem Gesichtspunkt der Rassenpflege, S. 2 (BArch Berlin [ehem. BDC], Personalakte Fritz Lenz, 9. 3. 1887, VBS 307, unpag.).

1061 Ebd., S. 1.

schaftlichen und kulturellen Leistung zum Ausdruck kommt, ist zum Teil grösser als der zwischen deutschen und slawischen Gruppen.
Gerade im Osten kann die rassische Wertigkeit mit erheblicher Sicherheit schon nach der körperlichen Erscheinung beurteilt werden. Dabei sind die Merkmale der Form wichtiger als die der Farbe, am wichtigsten ist der geistige Ausdruck.“[1062]

Die „Siedlungstauglichkeit“ eines Umsiedlers ergab sich demzufolge für Lenz aus dem „rassischen Wert“, der nicht allein durch rassenanthropologische Daten, sondern auch die geistige, soziale, wirtschaftliche und kulturelle Leistung definiert werde. Das Überprüfungsverfahren der SS betrachtete Lenz in diesem Punkt offensichtlich als durchaus praktikabel und zuverlässig, fußte es doch nicht zuletzt auch auf rassenhygienischen Prämissen. Er ging hierzu nicht weiter ins Detail. Viel wichtiger schien ihm die Frage der Ansiedlung zu sein. Dabei wies er insbesondere darauf hin, dass die Umsiedler „nicht in eine ihnen wesensfremde Umwelt gesetzt werden“ dürften.[1063] Es liege auf der Hand, dass „Gebirgsbauern“ nicht in der „Ebene“ gedeihen „und umgekehrt, Menschen, die an ein südliches Klima angepasst sind, nicht in rauhen [sic!] Nordlagen“.[1064] Die Menschen müssten aber nicht nur in klimatisch ähnlichen Regionen und „nach Möglichkeit“ im gleichen Berufsfeld untergebracht werden, sondern auch in den historisch gewachsenen Dorfgemeinschaften, sofern sie rassisch geeignet erscheinen würden. Nach Lenz seien die „Familien aus den gleichen Gemeinden möglichst beisammen anzusiedeln, ebenso Familien aus den gleichen deutschen Volksgruppen“.[1065] Dies bedeutete jedoch keineswegs, dass sie automatisch einen Bauernhof in den „neuen Ostgebieten“ erhalten sollten. Vielmehr war es Lenz' Überzeugung, dass „die deutsche Wiederbesiedlung des Gaues Danzig-Westpreußen und des Warthegaus“ in erster Linie durch die „1,3 Millionen Deutschen [...], die dort heimisch waren und die nach dem Weltkriege von den Polen verdrängt worden“ seien, erfolgen solle.[1066] „Nicht weniger geeignet“ seien Lenz zufolge „Bauernsöhne aus dem Altreich, besonders aus Norddeutschland, zu dem der Warthegau nach Klima und Bodenbeschaffenheit gehört, während von den Rückwanderern aus dem Osten nur ein Teil für die bäuerliche Siedlung im Warthegau passen dürfte“, sie entsprächen „rassisch nicht den Anforderungen, die an deutsche Neubauern zu stellen“ seien.[1067] Die „rassisch primitive[n] Elemente [...] unter den deutschen Rückwanderern“ sollten seiner Meinung nach als „Landarbeiter oder als ungelernte Arbeiter in der Industrie verwandt werden. Die, welche sich als Landarbeiter wirklich bewähren [würden], könn[t]en später für die Siedlung immer noch in [B]etracht gezogen werden.“[1068]

1062 Ebd., S. 2.
1063 Ebd., S. 3.
1064 Ebd.
1065 Ebd.
1066 Ebd.
1067 Ebd., S. 1 und 3.
1068 Ebd., S. 4.

Neben der „Siedlungstauglichkeit", die also einem Großteil der Umsiedler aus Wolhynien und Galizien abgesprochen wurde, sei für den langfristigen Erfolg des - historische Realitäten verzerrend - als „Wiederbesiedlung" bezeichneten Ansiedlungsprozesses auch die Größe der neuen Bauernhöfe ausschlaggebend. Sie sollte im „Durchschnitt um 100 Hektar betragen", denn: „Der germanische Bauer gedeiht nicht auf kleinster Scholle."[1069] Beides war nicht neu. Es gehörte bereits seit langem zu Lenz' siedlungspolitischem Forderungsrepertoire und spiegelte sich auch in der NS-Agrarpolitik wider.[1070]

Alle diese Maßnahmen hätten letztlich „für die Rasse [aber] nur dann dauernden Wert, wenn diese Bauern genügend viele Kinder bekommen" würden - ein Aspekt den Lenz auch im Kontext der „Neubildung deutschen Bauerntums" stark gemacht hatte.[1071] In diesem Punkt sollte den „neuen Ostgebieten" nun eine gewisse Vorreiterrolle zukommen. Lenz führte dazu aus: „Es wird für das ganze Reich nötig sein, eine staatliche Pflicht der Kinderaufzucht zu organisieren, derart, dass alle Volksgenossen, die diese Pflicht nicht ausreichend erfüllen, Ersatzleistungen in Hundertteilen des Einkommens aufzubringen haben. Wenngleich eine derartige, aufs Ganze gehende Bevölkerungspolitik einstweilen Zukunftsmusik ist, so muss es doch möglich sein, für die Neubauern im Osten Bedingungen zu schaffen, die den Bedenken gegen die Aufzucht mehrerer Kinder entgegenwirken."[1072]

Dabei müsse jedoch immer auch der rassische Wert der Nachkommenschaft berücksichtigt werden. Ganz in rassenhygienischer Tradition merkte Lenz an: „gerade auch im Osten h[ä]tten die rassisch hochwertigen Volksgruppen in den letzten Jahrzehnten die geringste und primitiven Gruppen die größte Kinder-

1069 Ebd.

1070 Vgl. Rissom, Lenz, S. 80. Lenz' Ansätze deckten sich in vielen Punkten mit der Agrargesetzgebung des Nationalsozialismus. Vgl. zum Beispiel das „Reichserbhofgesetz" und die damit verbundene „Neubildung deutschen Bauerntums". Vgl. dazu Mai, Rasse und Raum, S. 48-69.

1071 Vgl. Rissom, Lenz, S. 79.

1072 Fritz Lenz, Bemerkungen zur Umsiedlung unter dem Gesichtspunkt der Rassenpflege, S. 5 (BArch Berlin [ehem. BDC], Personalakte Fritz Lenz, 9.3.1887, VBS 307, unpag.). Lenz schwebte hier folgendes Verfahren vor: „Die Neubauern brauchen ein gewisses Kapital für die Beschaffung von Inventar und die Ingangsetzung des Betriebes. Da es den meisten an dem nötigen Kapital fehlen wird, wird das Reich die nötigen Summen zur Verfügung stellen müssen. Für einige Zehntausend Bauernhöfe werden mehrere Hundert Millionen Mark nötig sein, also eine Summe, die im Vergleich mit den Aufwendungen für die Rüstung klein ist. Die Deckung liegt in dem Wert des Bodens. Dieser wird also mit staatlichen Hypotheken zu belasten sein. Es ist ja auch ohnehin nicht angängig, den Neubauern den Grund und Boden einfach zu schenken. [Anders verhielt sich dies bei den Volksdeutschen, die im Sinne einer Naturalrestitution durch die neuen Höfe für ihre zurückgelassenen entschädigt werden sollten.] Nach einer anfänglichen Schonzeit werden die Bauern die staatlichen Hypotheken verzinsen müssen. Das bietet die Möglichkeit, die Zahlungen mit wachsender Kinderzahl zu erlassen. [...] Wenn aber die rassisch hochwertigen Bauern die besten Höfe bekommen, da werden ihnen automatisch mit wachsender Kinderzahl die größten Beträge erlassen. Auf diese Weise könnte bei der Neubildung deutschen Bauerntums im Osten die Kinderaufzucht als staatliche Pflicht beispielgebend organisiert werden." Ebd.

zahl. Eine Große Kinderzahl [dürfe] daher nicht etwa als ein Zeichen ‚biologischer Lebenskraft‘ angesehen werden und kein Grund einer Bevorzugung bei der Vergebung der Bauerngüter sein.“[1073]

Die Reaktion Panckes auf diese Ausführungen war durchaus wohlwollend. Bereits wenige Tage nach dem Eingang der Lenzschen „Bemerkungen zur Umsiedlung“ retournierte er: „Der Reichsführer-SS und damit wir als eines seiner Durchführungsorgane stehen auf genau demselben Standpunkt wie Sie. Es wäre daher eine enge Zusammenarbeit auch uns sehr erwünscht. Ich habe den Chef des Sippen- und Rassenamtes im Rasse- und Siedlungs-Hauptamt-SS, SS-Oberführer Hofmann, angewiesen, sich möglichst bald persönlich mit Ihnen in Verbindung zu setzen, um einige wichtige Probleme mit Ihnen zu besprechen.“[1074]

Zu den alsbald zu besprechenden Problemen gehörte zweifelsohne die Frage der Ansiedlungsgebiete der Volksdeutschen. Lenz hatte sich hier, zunächst bezogen auf die Galizien- und Wolhyniendeutschen, recht eindeutig gegen eine breite Ansiedlung der Volksdeutschen im Warthegau und Danzig-Westpreußen ausgesprochen, da diese Umsiedler seiner Meinung nach größtenteils nicht über die erwünschten rassischen Siedlereigenschaften verfügen würden. Dass RuSHA vertrat in diesem Punkt trotz aller suggerierter Übereinstimmung mit Lenz eine andere Position. Zwar war der mit einer internen Stellungnahme zu Lenz’ Ausführungen betraute Otto Hofmann[1075] ebenfalls der Ansicht, dass „der überwiegende Teil beider Rückwanderergruppen rassisch nicht den Anforderungen entspr[eche], die an deutsche Neubauern gestellt werden“ müssten, die Schlussfolgerung die er daraus zog, war jedoch eine andere. Er hielt es „für sehr gewagt und für unzweckmäßig, diese Menschen dadurch auseinanderzureißen, dass man sie auf Grund der rassischen Bewertung unterschiedlich“ ansetze.[1076] Er sprach sich vielmehr dafür aus, dass die Galizien- und Wolhyniendeutschen, „da sie im Durchschnitt nicht den Erfordernissen [entsprächen], die für einen Ansatz in den neuen Reichsgauen Voraussetzung [seien], im Altreich angesetzt werden [sollten] und zwar mindestens gemeindeweise geschlossen“.[1077] Bei einer Zahl von etwa 130 000 umgesiedelten Galizien- und Wolhyniendeutschen war ein solches Vorgehen allerdings praktisch unmöglich. Wo im „Altreich“ sollten ganze Gemeinden Volksdeutscher angesiedelt werden? Letztlich fand, auch

1073 Ebd., S. 5.

1074 Pancke, Chef des RuSHA an Lenz, betr. Umsiedlung im Osten vom 13.1.1940 (BArch Berlin [ehem. BDC], Personalakte Fritz Lenz, 9.3.1887, VBS 307, unpag.).

1075 Otto Hofmann war seit 1939 Chef des Rassen- und Sippenamtes des RuSHA und in dieser Funktion für die ersten rassischen Musterungen im besetzten Polen verantwortlich. Ende 1939 übernahm er die Führung der Geschäfte des RuSHA-Chefs. Im Juli 1940 wurde er schließlich zum Leiter des RuSHA und damit Nachfolger Panckes ernannt. 1943 übernahm er als HSSPF den SS-Oberabschnitt Südwest. Vgl. Heinemann, Rasse, S. 619 f.

1076 Stellungnahme Otto Hofmanns zu Lenz’ „Bemerkungen zur Umsiedlung“ vom 8.1.1940 (BArch Berlin [ehem. BDC], Personalakte Fritz Lenz, 9.3.1887, VBS 307, unpag.).

1077 Ebd.

aus pragmatischen Gründen, die von Lenz präferierte Variante zumindest partiell ihre Umsetzung: Die für die „Ostsiedlung“ „ungeeigneten“ Volksdeutschen wurden im „Altreich“ in Arbeit gebracht, die „geeigneten“ Volksdeutschen in den „neuen Ostgebieten“ „angesetzt“. Diese Volksdeutschen wurden schließlich zum Hauptsiedlerreservoire für diese Gebiete - nicht die von Lenz favorisierten „verdrängten Deutschen“ oder „Bauernsöhne aus dem Altreich“. Dies war weniger einem siedlungspolitischem Dissens zwischen Lenz und den Siedlungsplanern des RKF geschuldet, sondern vielmehr pragmatischen Überlegungen und Schwierigkeiten bei der Siedlerrekrutierung im „Altreich“.[1078] Im Kern bestand durchaus Einigkeit darüber, dass auch reichsdeutsche Siedler den „Osten“ bevölkern sollten.[1079] Und auch die rassenhygienische Expertise Lenz' in Siedlungsfragen, mit der er sich 1940 durch die „Bemerkungen zur Umsiedlung“ dem RKF angedient hatte, war nach wie vor gefragt, ebenso wie die seiner Kollegen Eugen Fischer und Wolfgang Abel.[1080] Alle drei werden in der Stellungnahme Erhard Wetzels zum „Generalplan Ost“ in Fragen der Siedlungsplanung für die Krim und Ukraine bemüht.[1081] Fischer hatte bereits Anfang Februar 1942 an einer Sitzung des Reichsministeriums für die besetzten Ostgebiete über „Fragen der Eindeutschung, insbesondere in den baltischen Ländern“ teilgenommen.[1082] Auch mit Lenz muss ein über seine Denkschrift von 1940 hinausgehender Austausch stattgefunden haben, in welchem Rahmen ist jedoch unbekannt.[1083] Bekannt ist hingegen, dass Lenz sich auch nach 1940

1078 Die im „Altreich“ erfassten Siedler lehnten größtenteils eine Ansiedlung im „unbekannten und kulturell völlig fremden Osten“ ab. Vgl. Pyta, Menschenökonomie, S. 51.

1079 So sollten den Planungen Konrad Meyers zum „Generalplan Ost“ nach auch Reichsdeutsche den Siedlerbedarf im „Osten“, der im Laufe der Planungen stetig stieg, decken. Dabei könnte die von Lenz betonte „rassische“ Überlegenheit der reichsdeutschen gegenüber den volksdeutschen Siedlern möglicherweise eine ideologisch fundierende Rolle gespielt haben. Der ausschlaggebende Grund für die Einbeziehung der reichsdeutschen Siedler in die Siedlungsplanungen dürfte es, wie von Rickmann suggeriert, nicht gewesen sein. Die reichsdeutschen Siedler dürften nämlich vor allem auch als Siedlerreservoire, als Rechengröße, betrachtet worden sein, deren Bedeutung erst mit den zunehmend gigantomanischeren Siedlungsplanungen zunahm. Vgl. Rickmann, Rassenpflege im völkischen Staat, S. 246 f. Vgl. weiterführend zum „Generalplan Ost“ Rössler/Schleiermacher, Generalplan Ost; Heinemann, Wissenschaft und Homogenisierungsplanungen; Wasser, Himmlers Raumplanung; sowie Madajczyk, Generalplan Ost.

1080 Vgl. dazu, vor allem zu Abel, Schmuhl, KWI, S. 453-464.

1081 Stellungnahme und Gedanken zum Generalplan Ost des Reichsführers SS von Erhard Wetzel vom 27.4.1942. In: Helmut Heiber, Der Generalplan Ost. In: VfZ, 6 (1958) 3, S. 281-325, hier 297-324. Wetzel war „Rassereferent“ im Reichsministerium für die besetzten Ostgebiete. Seine Stellungnahme gilt als ein Schlüsseldokument zum „Generalplan Ost“.

1082 Geheimer Bericht Wetzels über die Sitzung am 4.2.1941 bei Dr. Kleist über die Fragen der Eindeutschung, insbesondere in den baltischen Ländern (NO-2585) (BArch Koblenz, All. Proz. 1, Rep. 501, XXXXIV, B 8, Bl. 97-107). Der Bericht ist auch abgedruckt in Heiber, Generalplan Ost, S. 293-296.

1083 Weder in den „Bemerkungen über die Umsiedlung“ noch in einer später entstandenen Denkschrift über „Wege weiteren Vormarsches der Bevölkerungspolitik“ bezieht Lenz Position zum Siedlungsraum Krim/Ukraine. Lenz muss demnach in diesem Kontext

noch mit Umsiedlungsfragen beschäftigte[1084] und nochmals an die SS bzw. den RKF herantrat. So präzisierte er in einer weiteren Denkschrift mit dem Titel „Wege weiteren Vormarsches der Bevölkerungspolitik“ seine Vorstellungen über die „Pflicht zur Kinderaufzucht“, der durch entsprechende steuerpolitische Maßnahmen Nachdruck verliehen werden sollte.[1085] Außerdem brachte er die Schaffung einer zentralen bevölkerungspolitischen Sonderdienststelle - die eines „Reichskommissars für Bevölkerungspolitik“ - in Vorschlag. Die Reaktion Himmlers darauf war jedoch mehr als verhalten. Er hielt die „Einsetzung eines eigenen Reichskommissars für Bevölkerungspolitik“ nicht nur für nicht wünschenswert, sondern lehnte diese mit den Worten, er halte dies „auf jeden Fall“ für „falsch“, rigoros ab.[1086] Etwas gnädiger fiel sein Urteil hinsichtlich der Denkschrift aus. Er befand „eine ganze Anzahl“ der darin ausgeführten Gedanken für „gut“, fügte allerdings hinzu, dass diese sich „während des Krieges nicht durchführen“ ließen.[1087] Nichtsdestotrotz flossen einzelne Forderungen Lenz’, insbesondere die der ersten Denkschrift, möglicherweise in die Siedlungsplanungen des RKF ein. So wies Himmler seine Planer im November 1941 beispielsweise an, eine „Siedler-Satzung“ zu entwerfen, in der festgeschrieben werden sollte, dass die Höfe den neuen Siedlern erst dann übereignet werden sollten, wenn diese „vier oder sechs Kinder - darunter mindestens zwei Söhne“ vorweisen konnten.[1088] Das unverkennbare Ziel dieser Maßnahme war die Erhöhung der Geburtenrate durch - um es in den Worten Lenz’ zu sagen - die „wirtschaftliche Untermauerung der Pflicht zur Kinderaufzucht“.[1089] Ob Himmler hier direkt auf die Vorschläge Lenz’ und nicht vielleicht auf allgemeine

extra konsultiert worden sein. Vgl. Fritz Lenz, Bemerkungen zur Umsiedlung unter dem Gesichtspunkt der Rassenpflege (BArch Berlin [ehem. BDC], Personalakte Fritz Lenz, 9.3.1887, VBS 307, unpag.); sowie ders., Wege weiteren Vormarsches der Bevölkerungspolitik (ebd.).

1084 Vgl. Tätigkeitsbericht des KWI für Anthropologie, menschliche Erblehre und Eugenik 1940/41 (Archiv der Max-Planck-Gesellschaft Berlin, Hauptabt. I, Rep. 3, Nr. 18, Bl. 9-11).

1085 Fritz Lenz, Wege weiteren Vormarsches der Bevölkerungspolitik (BArch Berlin [ehem. BDC], Personalakte Fritz Lenz, 9.3.1887, VBS 307, unpag.).

1086 Himmler an August Heißmeyer vom 31.3.1941 (BArch Berlin [ehem. BDC], Personalakte Fritz Lenz, 9.3.1887, VBS 307, unpag.). Die strikte Ablehnung Himmlers überrascht letztlich kaum, musste er in der Errichtung einer solchen neuen Sonderdienststelle doch eine Beschneidung seiner allumfassenden Kompetenzen in Umsiedlungs- und Ansiedlungsfragen sehen.

1087 Ebd.

1088 Himmler an Greifelt vom 20.11.1941, zit. nach Karl Heinz Roth, „Generalplan Ost“ - „Gesamtplan Ost“. Forschungsstand, Quellenprobleme, neue Ergebnisse. In: Mechthild Rössler/Sabine Schleiermacher (Hg.), Der „Generalplan Ost“. Hauptlinien der nationalsozialistischen Planungs- und Vernichtungspolitik, Berlin 1993, S. 25-97, hier 61.

1089 Fritz Lenz, Wege weiteren Vormarsches der Bevölkerungspolitik, S. 7 (BArch Berlin [ehem. BDC], Personalakte Fritz Lenz, 9.3.1887, VBS 307, unpag.). Lenz führt hier ebenfalls aus „jeder lebenstüchtige Volksgenosse [hat] die Pflicht [...], mindestens vier Kinder aufzuziehen“.

Grundsätze der NS-Agrarpolitik und seine eigenen agrarpolitischen Vorstellungen zurückgriff, geht aus den Quellen nicht zweifelsfrei hervor.

Die Denkschriften Lenz' waren letztlich der Versuch, die Siedlungsplanungen auf ein rassenhygienisch-wissenschaftliches Fundament zu stellen. Dabei wollte Lenz auch auf rassenbiologischem Terrain verstärkt rassenhygienische Gestaltungsmittel zum Einsatz zu bringen, um eine Art „qualitativen Rassismus" zu etablieren. Damit sollten der Rassenhygiene neue Einwirkungsmöglichkeiten auf die rassistische Siedlungspolitik, auf die Gestaltung des „neuen Lebensraumes im Osten" eröffnet werden.

Die Denkschriften waren jedoch nicht der einzige Versuch Lenz' die zukünftige rassenbiologische Gestalt der „neuen Ostgebiete" mitzubestimmen. Er bemühte sich vielmehr auch im Rahmen seiner Möglichkeiten auf die bereits im Gang befindlichen Auslese- und Ansiedlungsprozesse Einfluss zu nehmen. Die Möglichkeit dazu bot sich durch eine Zusammenarbeit mit den die „Auslese" vornehmenden Institutionen: der EWZ und dem RuSHA. Letzteres, namentlich Pancke und Hofmann, hatte bereits im Nachgang zu Lenz' erster Denkschrift im Januar 1940 signalisiert, dass es an einer Zusammenarbeit mit Lenz interessiert sei.[1090] Schon kurze Zeit später muss es zu ersten Gesprächen gekommen sein, die darauf hinausliefen, Lenz in die Ausbildung der RuS-Eignungsprüfer, die die rassenbiologische Überprüfung der Umsiedler im Rahmen der „Durchschleusung" vornahmen, einzubinden. Bereits beim ersten „Eignungsprüferlehrgang" des RuSHA im April 1940 in der Reichsschule Müggelheim gehörte Lenz neben hochrangigen Angehörigen des RuSHA wie Pancke, Hofmann und Bruno Kurt Schultz[1091] zu den insgesamt sieben Ausbildern der zukünftigen RuS-Eignungsprüfer.[1092] In zwei Sitzungen unterrichtete er diese zum Thema „Erblehre und Bevölkerungspolitik", worunter auch Fragen der „Erb- und Rassenpflege" und der „Bevölkerungspolitik und Familienlastenausgleich" fielen.[1093] Auch im nachfolgenden „Eignungsprüferlehrgang" im Juli 1940 in Berlin übernahm er dieses Themenfeld.[1094] Lenz scheint demnach mindestens 1940

1090 Pancke, Chef des RuSHA, an Lenz, betr. Umsiedlung im Osten vom 13.1.1940 (BArch Berlin [ehem. BDC], Personalakte Fritz Lenz, 9.3.1887, VBS 307, unpag.).

1091 Bruno Kurt Schultz (1901–?) gehörte zu den einflussreichsten Rassenbiologen innerhalb des RuSHA. Er war 1932 sowohl der NSDAP als auch der SS beigetreten. Ebenfalls seit 1932 gehörte er dem Rasseamt der SS an. 1941 übernahm der die Leitung des Rasseamtes des RuSHA. Schultz hatte ein Studium der Anthropologie absolviert, war anschließend u. a. in Wien und München tätig. 1934 habilitierte er sich und wurde 1936 zum Professor an die „Reichsakademie für Leibesübungen" in Berlin berufen. 1942 berief man ihn auf den neu geschaffenen Lehrstuhl für Rassenkunde an der Deutschen Karls-Universität Prag. Nach dem Krieg wurde er Mitarbeiter an Verschuers Institut in Münster. Vgl. Heinemann, Rasse, S. 634 f.

1092 Vgl. Programm des Eignungsprüferlehrgangs des RuSHA vom 6.–16.4.1940 in der Reichsschule Müggelheim (BArch Berlin, NS 2/88, Bl. 39–44).

1093 Vgl. Verteilung der Themen für Lehrgang SS-Eignungsprüfer, o. D. (BArch Berlin, NS 2/88, Bl. 45 f.).

1094 Vgl. Vortragsfolge für den SS-Eignungsprüferlehrgang vom 23.7.–31.7.1940 in der Reichsakademie für Leibesübungen Berlin (IPN Warschau, Gk 672/13, Bl. 81–84).

zum festen Ausbilderkorps gehört zu haben, was ihm die Möglichkeit eröffnete, über die Vermittlung rassenhygienischer Prämissen an die „Auslesenden“ zumindest indirekt und partiell Einfluss auf die „Auslese“ der Volksdeutschen zu nehmen. Diese Möglichkeit bot sich Lenz nicht nur in Bezug auf die RuS-Eignungsprüfer, sondern auch in Bezug auf die in den Gesundheitsstellen der EWZ eingesetzten Ärzte. Den Hintergrund bildete eine Tagung der EWZ im Januar 1941 in Dresden. Diese sollte unter anderem der „Ausrichtung der Ärzte und Eignungsprüfer des Rasse- und Siedlungshauptamtes, unter denen sich eine große Anzahl Neueingestellter befand“ dienen.[1095] In diesem Sinne trat der Leiter der Gesundheitsstellen der EWZ, Hanns Meixner,[1096] an Vertreter verschiedener Universitäten und Forschungseinrichtungen heran. Unter den Angefragten befanden sich durchaus namhafte und im Kontext der Umsiedlung zum Teil bereits in Erscheinung getretene Wissenschaftler, wie der an der Breslauer Universität tätige Rassenhygieniker Wolfgang Lehmann, Lothar Löffler und Bernhard Duis[1097] vom Rassenbiologischen Institut der Universität Königsberg sowie Otmar Freiherr von Verschuer und Fritz Lenz vom KWI für Anthropologie, menschliche Erblehre und Eugenik in Berlin.[1098] Offensichtlich gehörte zunächst auch Eugen Fischer zu den anvisierten Referenten, allerdings stieß dieser Vorschlag Meixners in der Führungsriege der EWZ bzw. des RSHA auf deutliche Ablehnung. In einem Telegramm an Meixner hieß es: „Vortrag von Prof. Fischer nach Rücksprache mit Stu[rm]ba[nn]f[ührer] Dr. Sandberger und O[ber]stu[rm]ba[nn]f[ührer] Dr. Ehlich nicht erwünscht.“[1099] Offensichtlich war Fischer in diesen Kreisen aus einem nicht bekannten Grund zur persona non grata geworden.

An der Tagung der EWZ in Dresden am 11. und 12. Januar 1941, bei der nicht nur alle „Dienststellenleiter, sämtliche Ärzte und Eignungsprüfer“ sondern auch Ehlich sowie zwei Vertreter der Dienststelle des RKF anwesend waren,

1095 Bericht der EWZ über die Arbeitstagung der Einwandererzentralstelle am 11. und 12. Januar 1941 in Dresden vom 15.1.1941 (BArch Berlin, R 69/1063, Bl. 43–47, hier 43).

1096 Zu Hanns Meixner vgl. Kap. IV.4.3.

1097 Lothar Löffler (1901–1983) war von 1927–1929 am KWI für Anthropologie, menschliche Erblehre und Eugenik in Berlin tätig. 1929 wurde er Assistent am Anthropologischen Institut in Kiel und 1934 Fachreferent für Rassenforschung bei der Notgemeinschaft der Deutschen Wissenschaft. Später übernahm er die Leitung des Rassenbiologischen Institutes der Universität Königsberg, bis er 1942 den Lehrstuhl für Erb- und Rassenbiologie in Wien erhielt. Nach dem Krieg wurde Löffler interniert. Ab 1949 war er aber wieder als Sachverständiger und Mitarbeiter in verschiedenen Arbeitskreisen gefragt. Vgl. Anne Cottebrune, Blut und „Rasse“. Serologische Forschungen im Umfeld des Robert Koch-Instituts. In: Marion Hulverscheidt/Anja Laukötter (Hg.), Infektion und Institution. Zur Wissenschaftsgeschichte des Robert Koch-Instituts im Nationalsozialismus, Göttingen 2009, S. 106–127, hier 118 f., Anm. 42.

1098 Vgl. EWZ-Nordost Berlin an EWZ Litzmannstadt, betr. Referat von Prof. Lenz vom 6.1.1941 (BArch Berlin, R 69/1063, Bl. 8); sowie EWZ-Nordost Berlin an Lehmann vom 7.1.1941 (ebd., Bl. 13).

1099 EWZ-Nordost Berlin an EWZ Litzmannstadt, betr. Referat von Prof. Lenz vom 6.1.1941 (BArch Berlin, R 69/1063, Bl. 8).

nahmen schließlich Lehmann, Duis und Lenz teil.[1100] Die einzelnen Dienststellen der EWZ zogen sich dabei zu „Einzeltagungen" zurück, auf denen die speziellen Fragen der jeweiligen Dienststellen behandelt wurden. Die Sitzungen der Gesundheitsstelle, die unter der Leitung von Meixner standen, wiesen dabei thematisch eine deutliche rassenhygienische Ausrichtung auf, sowohl hinsichtlich der von Meixner dargelegten Aspekte als auch hinsichtlich der Referate. So begann Meixner die erste Sitzung mit grundlegenden Ausführungen „über Elemente der Genetik".[1101] Im Weiteren befasste er sich mit „Einzelfragen bei der Arbeit der Gesundheitsstellen an Hand der Dienstanweisungen und der Richtlinien für die erbbiologische Beurteilung". Lenz referierte „über verschiedene erbbiologische, bevölkerungspolitische und rassenhygienische Fragen". „Unter besonderer Berücksichtigung der Probleme der Umsiedlungsaktion" ging er dabei im Speziellen auf Aspekte der „Vererbung, Mutation, optimale[n] Anpassung an die Umwelt" und den „Begriff der Krankheit vom Standpunkt der Vererbung" ein.[1102] Lehmanns Vortrag konzentrierte sich auf „vererbbare Körpermissbildungen, erbliche Blindheit und Taubheit", Duis sprach über „allgemeine Erbpathologie sowie über die Beurteilung der vererbbaren Geisteskrankheiten und Psychopathien".[1103]

Die Ärzte sollten durch diese Ausführungen sowohl mit den konkreten „Ausleserichtlinien" als auch deren wissenschaftlicher Fundierung vertraut gemacht werden. Eine solche spezifische Einweisung hatte sich ausgehend von den bisherigen Erfahrungen als durchaus notwendig erwiesen, denn Meixner hatte wiederholt feststellen müssen, dass die Ärzte in den Gesundheitsstellen aufgrund fehlender erbbiologischer Fachkenntnisse zahlreiche „Fehlurteile" fällten.[1104] Ganz dem vorherrschenden Diktum der Erblichkeit, gerade psychischer Erkrankungen, folgend, diagnostizierten sie oftmals vorschnell eine „erbliche Belastung" und machten „erbbiologische Bedenken" gegen eine Ansiedlung im „Osten" geltend. Dieser selektionistische Übereifer ließ zum einen das Siedlerreservoir schrumpfen, zum anderen generierte er eine Flut von Beschwerden. Beides führte dazu, dass später Überprüfungskommissionen diese Fälle erneut begutachten mussten - ein zeit- und personalaufwendiges Verfahren, das nicht im Sinne der RKF-Politik war.[1105] Um diese sich aus der „Auslesepraxis" in den

1100 Vgl. Bericht der EWZ über die Arbeitstagung der Einwandererzentralstelle am 11. und 12. Januar 1941 in Dresden vom 15.1.1941 (BArch Berlin, R 69/1063, Bl. 43-47).

1101 Ebd., hier Bl. 44.

1102 Meixner an Lenz vom 7.1.1941 (BArch Berlin, R 69/1063, Bl. 12).

1103 Bericht der EWZ über die Arbeitstagung der Einwandererzentralstelle am 11. und 12. Januar 1941 in Dresden vom 15.1.1941 (BArch Berlin, R 69/1063, Bl. 43-47, hier 46).

1104 Vgl. Meixner, Leiter der Gesundheitsstellen an die Leiter der Gesundheitsstellen der FK vom 7.5.1940 (BArch Berlin, R 69/570, Bl. 280); sowie Anweisung des Leiters der Gesundheitsstellen/Meixner an sämtliche Gesundheitsstellen der EWZ vom 28.6.1940 (ebd., Bl. 112 f.).

1105 Zur Tätigkeit der Überprüfungskommissionen vgl. Abschlussbericht der Überprüfungskommission (Komm. XIII), o. D. (Frühjahr 1942) (BArch Berlin, R 69/971, Bl. 114-136). Vgl. weiter Kap. IV.4.2.

Gesundheitsstellen ergebenden Probleme zu beheben, versicherte sich Meixner der Unterstützung namhafter Rassenhygieniker und Erbforscher. Deren Expertise war vor allem bei der Weiterbildung der Ärzte und der einheitlichen Ausrichtung der „Auslesearbeit" unter anderem im Rahmen der EWZ-Tagungen gefragt. Noch im April 1944 wurden die Ärzte auf einer EWZ-Tagung in Lodz durch Fachvorträge über verschiedene „Gesundheitsfragen" informiert. Lenz übernahm hier sogar die Leitung der „Einzeltagung" der Gesundheitsstellen.[1106]

Diese langfristige Zusammenarbeit der EWZ mit anerkannten Wissenschaftlern wie Lenz diente jedoch nicht nur der fachlichen Qualifikation der Ärzte. Sie signalisierte vielmehr auch, dass die Arbeit der Ärzte in den Gesundheitsstellen - die „Auslese" der zukünftigen Siedler - auf rassenhygienisch-wissenschaftlichen Erkenntnissen beruhe. Die „Auslesearbeit" erfuhr durch diese (pseudo-)wissenschaftliche Fundierung zugleich auch eine Legitimation und einen ideologischen Bedeutungsgewinn, diente sie doch der Umsetzung zentraler bevölkerungspolitischer und rassenideologischer Forderungen des NS-Staates. Akademischen Rassenhygienikern wie Lenz eröffnete die Kooperation mit der EWZ und dem RuSHA die Möglichkeit, auf den bereits im Gange befindlichen Selektionsprozess korrigierend Einfluss zu nehmen. Eine direkte Mitwirkung an der Etablierung des „Ausleseverfahrens" und der Festschreibung der „Auslesekriterien" blieb ihnen hingegen verwehrt, was nicht zuletzt in der Person Himmlers begründet liegen dürfte. Das bedeutet jedoch nicht, dass nicht trotzdem die von ihnen vertretenen rassenhygienischen Prämissen Eingang in den Selektionsprozess gefunden hatten, waren diese doch bereits weit vor der Umsiedlung zum politischen Prinzip erhoben worden. Letztlich dürfte insbesondere Lenz das Selektionsverfahren der EWZ nicht als ein endgültiges, sondern, folgt man seinen „Bemerkungen zur Umsiedlung", eher als ein vorläufiges verstanden haben - als ein Pilotprojekt für ein größeres, nach siegreicher Beendigung des Krieges nach rein wissenschaftlichen Maßstäben und unter wissenschaftlicher Führung anzustrengendes Großprojekt. Die Datenbasis dafür war geschaffen. Die Planungsarbeit wurde forciert, und zwar in keinem geringeren Zusammenhang als dem „Generalplan Ost".

Die Rassenhygieniker begriffen die Umsiedlungspolitik somit als Ressource für die wissenschaftliche Forschung und sahen in ihr die Möglichkeit zur Begründung einer zukünftigen, umfassenden rassenhygienischen Ausrichtung der Bevölkerungspolitik. Gleiches galt für die Umsiedlungspolitiker, die die Rassenhygiene als Ressource für das neu etablierte Auslese- und Ansiedlungsverfahren verstanden. In diesem Sinne können auch hier Wissenschaft und Politik als wechselseitige Ressourcen verstanden werden, als ein Beispiel der „rekursiven Kopplung" zwischen Wissenschaft und Politik.[1107] Gleichzeitig zeigt sich

1106 Vgl. Programm der Arbeitstagung der EWZ in Litzmannstadt vom 17.-19.4.1944 vom 29.3.1944 (BArch Berlin, R 69/401, Bl. 77 f.).

1107 Die „rekursive Kopplung" zwischen Wissenschaft und Politik wurde besonders im Kontext der Bevölkerungsforschung/Bevölkerungspolitik eingehend untersucht. Vgl. dazu Rainer Mackensen/Jürgen Reulecke/Josef Ehmer (Hg.), Ursprünge, Arten und

hier aber auch, dass die Rassenhygiene ideologisch überformt und erweitert wurde und im Ergebnis die an sich selbst gestellten wissenschaftlichen Standards nur mit größter Mühe einbringen konnte.

4.2 Das „Durchschleusungsprozedere" und die rassenhygienische und rassenanthropologische Selektion in der Gesundheitsstelle

Unmittelbar nachdem Hitler verkündet hatte, die deutschen Minderheiten im Ausland „Heim ins Reich" zu holen, stand fest, dass die „Rückgeführten" einem umfangreichen Screening unterzogen werden sollten.[1108] Zunächst fehlte allerdings eine entsprechende zentrale Selektionsstelle, der diese Aufgabe hätte übertragen werden können. Ersten wegweisenden Planungen der SS zufolge strebte man jedoch bereits am 10. Oktober 1939 eine Bündelung verschiedener Dienststellen unter Federführung des SD an.[1109] Demnach sollten vor allem folgende Dienststellen an der Selektion der Umsiedler beteiligt sein: der SD bzw. seine „Mittelstellen" (gemeint ist hier möglicherweise die Vomi), das RuSHA, der Reichsarzt-SS und der Reichsgesundheitsführer. Die Aufgaben sollten wie folgt verteilt sein:

„1.) SD.: Bestandsaufnahme, Verkartung, Erforschung der politischen Zuverlässigkeit und Vorgeschichte, Organisation der Durchgangsstätten, Bewachung, Transport.
2.) Rasse- und Siedlungs-Hauptamt: Beurteilung der Eignung für den Ansatz und die zukünftige Verwendung, Einteilung in Wertigkeitsgruppen.
3.) Reichsgesundheitsführer und Reichsarzt-SS: In Zusammenarbeit mit dem Rasse- und Siedlungs-Hauptamt Prüfung auf Erbgesundheit, auf individuelle Gesundheit, Seuchenfreiheit, Ungezieferfreiheit, Eignungsfeststellung oder Nichteignungsfeststellung für bestimmte berufliche Tätigkeiten."[1110]

Folgen des Konstrukts „Bevölkerung" vor, im und nach dem „Dritten Reich". Zur Geschichte der deutschen Bevölkerungswissenschaft, Wiesbaden 2009. Für die Umsiedlungspolitik hat dies erstmals Andreas Strippel anhand der Kooperation zwischen EWZ und DAI untersucht: Andreas Strippel, „Umwanderer"-Selektion und Politikberatung. Die politisch-wissenschaftliche Kooperation der Einwandererzentralstelle und des Deutschen Ausland-Instituts in Stuttgart. In: Michael Fahlbusch/Ingo Haar (Hg.), Völkische Wissenschaften und Politikberatung im 20. Jahrhundert. Expertise und „Neuordnung" Europas, Paderborn 2010, S. 137–152.

1108 Vgl. Vorschläge für die Durchführung der Rückführung der Deutschen aus dem Auslande vom 10.10.1939 (BArch Berlin, NS 2/88, Bl. 93–96).

1109 Vgl. ebd. Die Herkunft des Entwurfes ist nicht zweifelsfrei zu klären, da sich keine Angaben zum Verfasser finden. Heinemann verortet ihn beim RSHA, Strippel beim RuSHA. Vgl. Heinemann, Rasse, S. 232, Anm. 143; sowie Strippel, NS-Volkstumspolitik, S. 69, Anm. 326.

1110 Vorschläge für die Durchführung der Rückführung der Deutschen aus dem Auslande vom 10.10.1939 (BArch Berlin, NS 2/88, Bl. 93–96, hier 93).

Was die Durchführung dieser Aufgaben anbelangte, so war man sich durchaus bewusst, dass es unmöglich sein würde, „in kurzer Frist weniger Stunden oder Tage die sicherheitspolizeiliche Durchsiebung, Verkartung [...] vorzunehmen" und „die Wertigkeits- und die gesundheitlichen Feststellungen zu treffen".[1111] Man strebte deshalb von Anfang an die Unterbringung der Umsiedler in „Durchgangsstätten" an - gedacht war zu diesem Zeitpunkt aber noch nicht an Lager, sondern „geräumte" Wohnungen.[1112] Erst nachdem die Umsiedler in diesen „Durchgangsstätten" untergebracht worden seien, könne eine „gründliche Untersuchung, Siebung und Wertigkeitseinteilung der Volksgenossen erfolgen".[1113] Mit der „Musterung" betraut werden sollte eine spezielle, „in zwei Hauptteile zerfallende Kommission". Ein Teil dieser Kommission war mit sicherheitspolizeilichen Aufgaben zu betrauen, der andere mit der „Wertigkeitsbeurteilung" und der „Erbgesundheits- und Gesundheitsuntersuchung".[1114] Die Ergebnisse dieser Untersuchung - kurzum: alle die „Eignung" des Umsiedlers betreffenden Informationen - sollten schließlich in „für diesen Zweck besonders herauszugebende[n] neu zu schaffende[n]" Karteikarten vermerkt werden. Diese sollten zentral verwaltet und nach der Ansiedlung des Umsiedlers in Abschrift den Polizeibehörden der Ansiedlungsgebiete zugänglich gemacht werden.[1115]

Damit waren bereits im Oktober 1939 grundlegende Prinzipien des künftigen Selektionsverfahrens recht genau umrissen. In der Folgezeit begannen die beteiligten Dienststellen mit der institutionellen und organisatorischen Ausformung des Selektionsprozesses und der inhaltlichen Ausfüllung der hier noch relativ allgemein gehaltenen Selektionskriterien.

Am 16. Oktober 1939 nahm die erste EWZ-Dienststelle, die zunächst noch als „Zentraleinwanderungsstelle" firmierte, ihre Arbeit in Gotenhafen auf. Zum Aufgabenbereich der EWZ gehörte zunächst nicht nur die „Durchschleusung" der ankommenden Baltendeutschen, die am 22. Oktober 1939 begann, sondern auch die Klärung von Transport- und Unterbringungsfragen.[1116] Zuständigkeitsabgrenzungen waren zu diesem Zeitpunkt generell nur vage vorgenommen und zudem mangelhaft kommuniziert worden, was in der Folgezeit zu Reibungen mit örtlichen Verantwortlichen führte.[1117] Auch was die Kernaufgabe der EWZ - die „Durchschleusung" betraf, so sah sich die EWZ mit einer Reihe von Anlaufschwierigkeiten konfrontiert. Zwar hatte die EWZ bereits den organisatorischen Rahmen für die „Durchschleusung" in Form der verschiedenen Arbeitsstellen, die die Umsiedler zu durchlaufen hatten, geschaffen, aber von einem koordinier-

1111 Ebd., Bl. 94.
1112 Vgl. ebd., Bl. 94 f.
1113 Ebd., Bl. 95.
1114 Ebd.
1115 Ebd.
1116 Vgl. Abschlussbericht über die Erfassung der Baltendeutschen durch die EWZ, o. D. (IfZ München, ED 72/4); sowie Bericht über die Tätigkeit der Gesundheitsstelle der Einwandererzentralstelle Gotenhafen, o. D. (BArch Berlin, R 69/728, Bl. 1-5).
1117 Vgl. Kap. IV.2.1.

ten „Durchschleusungsprozess“ konnte zunächst nicht die Rede sein. So fehlten beispielsweise konkrete und verbindliche „Ausleserichtlinien“, die ein einheitliches Vorgehen in der Frage der „Einbürgerungswürdigkeit“ erschwerten. Auch die Zahl der pro Tag zu „durchschleusenden“ Umsiedler variierte zum Teil außerordentlich stark - sie reichte von sieben bis zu 1 200 Umsiedlern.[1118] Ein geregelter Arbeitsablauf war unter diesen Umständen nahezu unmöglich, sodass die Erfassung der Umsiedler nur unzureichend, zum Teil wohl auch gar nicht, erfolgen konnte und in der Folgezeit Nachuntersuchungen notwendig wurden.[1119] Erschwerend kamen Personalprobleme hinzu, da sich zumindest das ärztliche Personal zunächst auch aus den Reihen der Umsiedler rekrutierte, die im Falle ihrer Ansiedlung abgezogen und nicht ersetzt wurden.[1120]

Ende Oktober 1939 bereitete die EWZ die Verlegung ihres Hauptsitzes von Gotenhafen nach Posen, das für die Baltendeutschen zum Ansiedlungszentrum wurde, vor. In Gotenhafen sollte nur noch eine Nebenstelle verbleiben.[1121] Damit begann zugleich die strukturelle Ausdifferenzierung der EWZ: Sie verfügte nun über einen Hauptsitz/Führungsstab, der eine koordinierende und leitende Funktion hatte, und nachgeordnete Nebenstellen. Zu diesen gehörten im November 1939 Gotenhafen ebenso wie die neu geschaffenen Dienststellen in Stettin, Schneidemühl und Lodz.[1122] Durch diese räumliche Trennung zwischen Hauptsitz und Nebenstellen ergaben sich allerdings neue Schwierigkeiten. Im Abschlussbericht der EWZ Posen heißt es dazu:

> „Die in Pommern durchgeführten Vorerfassungen und Volldurchschleusungen, die von den Nebenstellen Stettin und Schneidemühl durchgeführt wurden, haben sich nicht vollauf bewährt. Die Nichteinsatzfähigen konnten nicht, wie vorgesehen, ganz im Kreis Schneidemühl untergebracht und dort durchschleust werden; durch die Transportschwierigkeiten während des harten Winters kam ferner das Erfassungsmaterial der Vorgeschleusten nicht immer rechtzeitig nach Posen, nochmalige Erfassungen und Untersuchungen ließen sich nicht vermeiden, Schwierigkeiten mit örtlichen Fotografen verlangsamten die Fertigstellung der Ausweise in Pommern usw.“[1123]

Die Etablierung eines Führungsstabes in Posen, der schon bald nach Lodz verlegt werden sollte, hatte allerdings auch Vorteile. Es entstand damit nämlich eine

1118 Vgl. zum Beispiel Bericht über die Tätigkeit der Gesundheitsstelle der Einwandererzentralstelle Gotenhafen, o. D. (BArch Berlin, R 69/728, Bl. 1-5).

1119 Vgl. Tätigkeits- und Erfahrungsbericht der Gesundheitsstelle Posen vom 7.10.1940 (BArch Berlin, R 69/1168, Bl. 106-114, gekürzt auch in R 69/455, Bl. 18-23).

1120 Vgl. Bericht über die Tätigkeit der Gesundheitsstelle der Einwandererzentralstelle Gotenhafen, o. D. (BArch Berlin, R 69/728, Bl. 1-5).

1121 Am 1.11.1939 wurde der Hauptsitz/Führungsstab der EWZ nach Posen verlegt, am 15.1.1940 nach Lodz. Posen wurde ab Januar 1940 Nebenstelle. Vgl. Best, Chef der Sipo und des SD, an Leiter der EWZ Gotenhafen, betr. Einrichtung einer Nebenstelle in Posen vom 28.10.1939 (BArch Berlin, R 69/122, Bl. 1); sowie Abschlussbericht über die Erfassung der Baltendeutschen durch die EWZ, o. D. (IfZ München, ED 72/4).

1122 Vgl. Abschlussbericht über die Erfassung der Baltendeutschen durch die EWZ, o. D. (IfZ München, ED 72/4).

1123 Abschlussbericht der Einwanderernebenstelle Posen, o. D. (BArch Berlin, R 69/122, Bl. 3-45, hier 8).

räumlich vom RSHA getrennte Koordinierungsinstanz, die der EWZ zu mehr Eigenständigkeit verhalf und eine Vereinheitlichung des Selektionsverfahrens ermöglichte. Der Ausbau des Führungsstabes und der Nebenstellen, der mit beträchtlichem Personalaufwand vorangetrieben wurde, war schließlich der entscheidende Schritt zur Konsolidierung der EWZ.[1124] Diese verlagerte den Schwerpunkt ihrer Arbeit nach dem Abschluss der Baltenumsiedlung nun in Richtung Lodz, in dessen Umgebung bereits Ende 1939 weitere Nebenstellen für die „Durchschleusung" der Wolhynien- und Galiziendeutschen errichtet worden waren. Am 15. Januar 1940 wechselte der Führungsstab von Posen nach Lodz, wo er, abgesehen von einer kurzen Verlegung nach Berlin, bis zum Januar 1945 auch verbleiben sollte.[1125] Lodz war somit, und nicht zuletzt auch wegen der dortigen riesigen Lagerkomplexe der Vomi, zum zentralen Umsiedlungsdrehpunkt geworden.

Mit der institutionellen Konsolidierung der EWZ erfuhr auch das Selektionsverfahren eine Professionalisierung. Dabei wirkten vor allem die während der Baltenumsiedlung so zahlreich zu Tage getretenen Mängel als Motor dieses Professionalisierungsprozesses, der nun unter Leitung des Führungsstabes vorangetrieben wurde. Ergebnis war eine Vielzahl von Dienstanweisungen, die den Arbeitsgang in den verschiedenen Dienststellen minutiös regelten. Zugleich stand die EWZ seit Anfang 1940 vor neuen logistische Herausforderungen. Diese ergaben sich aus der Entscheidung des RKF, die Wolhynien- und Galiziendeutschen in der Mehrzahl nicht in Lodz einzubürgern und von dort aus direkt anzusiedeln, sondern zunächst in Lagern im „Altreich" unterzubringen. Aus Sicht der EWZ war dies keineswegs die schlechteste Variante, ermöglichte dies doch ein planvolleres Vorgehen bei der „Durchschleusung" und gewährte vor allem eines: mehr Zeit.[1126] Allerdings erforderten diese veränderten Rahmenbedingungen auch eine flexiblere Organisation. Diese wurde in Form der „Fliegenden Kommissionen" (FK) geschaffen. Dahinter verbargen sich mobile Einbürgerungskommandos der EWZ, welche die einzelnen Umsiedlerlager besuchten und an Ort und Stelle die „Durchschleusung" durchführten.[1127] In

1124 Vgl. Leniger, NS-Volkstumsarbeit, S. 156; sowie Strippel, NS-Volkstumspolitik, S. 89–94.

1125 Zur Einrichtung der Nebenstellen in Zgierz und Pabianice sowie zur Verlegung des Führungsstabes vgl. Abschlussbericht der Einwanderernebenstelle Posen, o. D. (BArch Berlin, R 69/122, Bl. 3–45). Nach der Verlegung des Führungsstabes aus Berlin nach Lodz/Litzmannstadt bestand in Berlin noch eine Verbindungsstelle. Vgl. dazu Stabsbefehl des Leiters der EWZ Nordost vom 26. 7. 1940 (BArch Berlin, R 69/467, Bl. 106).

1126 Vgl. Strippel, NS-Volkstumspolitik, S. 157 f.

1127 Zum Teil wurden die Umsiedler zum Zwecke der „Durchschleusung" aber auch aus sehr kleinen Lagern in größere Lager, die nun als „Sammellager" fungierten, gebracht. Ein solches Vorgehen lässt sich beispielsweise im Frühjahr 1940 in Sachsen beobachten. Das Lager Pirna-Sonnenstein wurde dort zu solch einem „Sammellager" umfunktioniert. Die FK III schilderte in einem Bericht das Prozedere wie folgt: „Der Einsatzführer [der Vomi] Sachsen beruft nach Maßgabe [sic!] des zur Verfügung stehenden Unterkunftsraumes und unter Berücksichtigung des Bedarfs von durchzuschleusenden Personen aus den sächsischen Beobachtungslagern und bei den übrigen Einsatzführern laufend Transporte nach dem Sonnenstein ab." Nach der „Durchschleusung" sollte

der Regel agierten die einzelnen Kommissionen in klar umrissenen Regionen.[1128] Es kam aber auch vor, dass einzelne mit der Erfassung bestimmter Personengruppen betraute Kommissionen auch überregional agierten. Zu diesen gehörte beispielsweise die „kleine Kommission Herold", die 1942 unter anderem die Erfassung aller „nichtdurchgeschleusten Restumsiedler" und aller in „Heilstätten untergebrachte[n], nicht transportfähige[n] Umsiedler" vornahm.[1129] Sie bereiste dazu, nach einem vom Führungsstab ausgearbeiteten Plan, unter anderem Sachsen, den Sudetengau, Mainfranken, Baden, Pommern und auch den Warthegau. Die dortigen Heilanstalten in Tiegenhof und Warta standen jedoch nicht auf dem Reiseplan der EWZ, eine „Durchschleusung" der dortigen volksdeutschen Patienten war offensichtlich nicht beabsichtigt.[1130] Einen erweiterten Aktionsradius hatte auch die FK XIII, die sogenannte „Überprüfungskommission". Sie hatte die Aufgabe, alle Lagerinsassen, die ursprünglich für den Einsatz im „Altreich" vorgesehen waren, sich aber „besonders bewährt" hätten und „als ostraumwürdig betrachtet werden" könnten, zu überprüfen und gegebenenfalls eine Änderung des „Ansatzentscheides" vorzunehmen.[1131] Sie wurde 1942 schließlich in 20 Gauen tätig.

Überregional tätig war auch die „Kommission Sonderzug" - das Prestigeobjekt der EWZ. Diese Kommission verfügte über einen speziell den Erfordernissen der „Durchschleusung" angepassten Sonderzug, der öffentlichkeitswirksam im gesamten Deutschen Reich und auch im Ausland, zum Beispiel in der Gottschee, zum Einsatz kam.[1132]

Im Gegensatz dazu existierten auch mehr oder weniger stationär tätige Kommissionen, beispielsweise die sogenannte „Hauskommission" in Lodz. Sie wurde zur „Durchschleusung" der Lodzer Lager eingesetzt und fungierte somit als „Schleusungsstelle des Führungsstabes Litzmannstadt", der selbst nur koordinierende und leitende Funktionen wahrnahm.[1133]

der „Abtransport" in das zugewiesene Ansiedlungsgebiet erfolgen. Vgl. FK III an Führungsstab der EWZ in Berlin, betr. Errichtung des Sammellagers Sonnenstein bei Pirna vom 6.4.1940 (BArch Berlin, R 69/288, Bl. 27). Vgl. weiterführend Fiebrandt, Auf dem Weg zur eigenen Scholle.

1128 So war im November 1940 zum Beispiel die FK III für „Sa[chsen] West", die FK VII für Schlesien, die FK G für das Generalgouvernement zuständig. Vgl. Vermerk der Organisationsstelle der EWZ Litzmannstadt, betr. Leitung und Einsatz der Kommissionen vom 29.11.1940 (BArch Berlin, R 69/696, Bl. 196).

1129 Vgl. Planung für die kleine Kommission Herold vom Januar 1942 (BArch Berlin, R 69/57, Bl. 1-3).

1130 Vgl. ebd.; sowie Planung für die kleine Kommission Herold vom Januar 1942 (weitere Gaue) (BArch Berlin, R 69/57, Bl. 4-13).

1131 Abschlussbericht der Überprüfungskommission, o. D. (1942) (BArch Berlin, R 59/971, Bl. 114-136, hier 115).

1132 Vgl. weiterführend Strippel, NS-Volkstumspolitik, S. 164-169; sowie Leniger, NS-Volkstumsarbeit, S. 169-174.

1133 Sie übernahm beispielsweise die „Durchschleusung" der Bosniendeutschen, die ausschließlich in Lodz stattfand. Vgl. Abschlussbericht der EWZ über die Erfassung der Deutschen aus Bosnien von 1943 (IfZ München, ED 72/16). Zur Bezeichnung „Hauskommission" vgl. Strippel, NS-Volkstumspolitik, S. 158.

Die Zahl der während der verschiedenen Umsiedlungsaktionen eingesetzten „Fliegenden Kommissionen" variierte dabei. So stellte die EWZ für die „Durchschleusung" der Wolhynien- und Galiziendeutschen insgesamt fünf Kommissionen auf, für die der Bessarabiendeutschen zehn.[1134] Bei kleineren Umsiedlergruppen wie den Deutschen aus Bulgarien nahm die „Durchschleusung" eine einzige Kommission vor.[1135]

Die Organisation der „Fliegenden Kommissionen" war dabei annähernd gleich. Nach dem Vorbild der (stationären) EWZ-Dienststellen verfügten die Kommissionen über folgende für den „Durchschleusungsvorgang" notwendigen Abteilungen: Organisationsstelle, Melde- und Ausweisstelle, Lichtbildstelle, Gesundheitsstelle, RuS-Stelle, Staatsangehörigkeitsstelle und Berufseinsatzstelle.[1136] Anfangs existierte noch eine Vermögensstelle, die aufgrund veränderter Zuständigkeiten im Mai 1940 jedoch in Fortfall kam.[1137] 1942 wurde zusätzlich noch eine HJ-Stelle eingerichtet.[1138] Abgesehen von diesen kleineren organisatorischen Veränderungen blieb der Aufbau der Kommissionen von ihrer Einrichtung im Frühjahr 1940 bis zum Sommer 1944 annähernd gleich. Auch der Arbeitsgang - das „Durchschleusungsprozedere" - änderte sich im Grundsatz kaum. Erst 1944 wurde kriegsbedingt eine „Arbeitsvereinfachung" notwendig. Sie äußerte sich in Form einer Zusammenlegung der einzelnen Abteilungen zu drei „Schleusungsdienststellen" und einer Aufgabenreduktion.[1139]

1134 Vgl. Tätigkeitsbericht der Staatsangehörigkeitsstelle der EWZ/Nebenstelle Pirna vom 2.9.1940 (BArch Berlin, R 69/929, Bl. 5-8); sowie Abschlussbericht der EWZ über die Erfassung der Deutschen aus Bessarabien von 1940 (IfZ München, ED 72/15).

1135 Vgl. Abschlussbericht der EWZ über die Erfassung der in Oberbayern untergebrachten Volksdeutschen aus Bulgarien von 1943 (IfZ München, ED 72/17).

1136 Vgl. zum Beispiel Stellenbesetzungsplan der Kommission Sonderzug vom 23.6.1942 (BArch Berlin, R 69/434, Bl. 35); Personalliste der FK VI vom 27.3.1940 (ebd., R 69/626, Bl. 8); sowie Personalliste der Kommission XXIX vom 5.4.1944 (ebd., R 69/838, Bl. 5 f.).

1137 Vgl. weiterführend Döring, Wolhynien, S. 203; sowie Strippel, NS-Volkstumspolitik, S. 99-101.

1138 Aufgabe der HJ-Stelle war die Erfassung aller Jugendlichen zwischen zehn und 18 Jahren in separaten Karteikarten. In diesen Karteikarten sollten auch die anderen Arbeitsstellen, zum Beispiel auch die Gesundheitsstelle, ihre Urteile eintragen. Beim Führungsstab wurde eine übergeordnete HJ-Stelle eingerichtet, die aller Wahrscheinlichkeit nach die Karteikarten von den Kommissionen erhielt und eine Gesamtkartei anlegte. Vgl. Vermerk Nr. 69 des Abteilungsleiters II des Führungsstabes der EWZ Litzmannstadt, betr. Einbau der HJ in das Durchschleusungsverfahren der EWZ vom 25.11.1942 (IPN Warschau, Gk 672/14, Bl. 101 f.).

1139 Vgl. Anordnung 20/44 des Leiters der EWZ, betr. Vereinfachung des Schleusungsverfahrens vom 26.8.1944 (IPN Warschau, Gk 672/42, Bl. 41-50).

Das „Durchschleusungsprozedere" - ein Überblick

Die „Durchschleusung" eines Lagers durch eine „Fliegende Kommission" begann in der Regel mit dem Eintreffen eines Vorkommandos. Aufgabe dieses Kommandos war die Vorbereitung der eigentlichen „Durchschleusungsarbeit". Zu diesem Zweck prüfte es die Lagerunterlagen, zum Beispiel die Lagerlisten und Gesundheitskarten, verschaffte sich einen Überblick über die Zahl der zu „durchschleusenden" Personen und deren Herkunft, und organisierte Arbeitsräume.[1140] Mit dem Eintreffen der „Fliegenden Kommission" begann schließlich die „Durchschleusung". Dazu hatten sich alle Umsiedler „herdweise" in den Diensträumen der „Fliegenden Kommission" einzufinden. Zu einem Herd gehörten dabei nicht nur die Familienangehörigen, sondern auch alle weiteren Haushaltsangehörigen, das sogenannte „Gesinde". Die erste Stelle, die die Umsiedler passieren mussten, war die sogenannte *„Melde- und Ausweisstelle"*. Dort erfolgte durch Angehörige der Ordnungspolizei[1141] die „meldepolizeiliche Erfassung" in speziellen Meldeblättern/Stammblättern der EWZ. In diesen waren unter dem Namen des „Herdvorstandes" - des Familienoberhauptes - die Namen, Geburtsdaten und Geburtsorte sämtlicher „Herdangehöriger" aufgeführt.[1142] Es kam jedoch häufiger vor, dass sich zum Zeitpunkt der „Durchschleusung" nicht alle darin verzeichneten „Herdangehörigen" im Lager befanden. Zahlreiche Familien waren während des Transportes getrennt worden, sei es, weil die Männer in Trecks ausreisten, Frauen und Kinder hingegen in Zügen, oder weil einzelne Familienangehörige das Herkunftsland in Krankentransporten verlassen hatten und sich nun in Krankenhäusern oder Heilanstalten befanden. Diese fehlenden Familienmitglieder sollten ebenfalls, obwohl sie selbst nicht anwesend waren, in den Stammblättern aufgeführt werden, und, sofern die Angehörigen dazu Angaben machen konnten, auch deren Verbleib. Außerdem wurden in den Stammblättern bereits verstorbene Ehepartner und Eltern verzeichnet. Daneben wurde auch die bisherige Staatsangehörigkeit, der Herkunftsort, zum Teil die „Rassezugehörigkeit" und der Tag der „Durchschleusung" vermerkt.[1143] Die Angabe der Vomi-Umsiedlungsnummer und einer im Zuge der „Durchschleusung" vergebenen EWZ-Nummer sollte eine spätere zweifelsfreie Identifizierung der Umsiedler und eine Zuordnung weiterer Unter-

1140 Vgl. Döring, Wolhynien, S. 211.
1141 Vgl. Strippel, NS-Volkstumspolitik, S. 97.
1142 Die EWZ-Stammblätter befinden sich heute im Bundesarchiv Berlin. Zur Ausfüllung der Stammblätter vgl. weiter zum Beispiel Anordnung Nr. 192 des Leiters der EWZ, betr. Schleusung der volksdeutschen Umsiedler aus Bosnien vom 31.10.1942 (IPN Warschau, Gk 672/28a, Bl. 277-284); Dienstanweisung für die „Durchschleusung" der Umsiedler aus Bessarabien, Buchenland, Dobrudscha von 1940 (BArch Berlin, R 69/193, Bl. 36-63); sowie zum Beispiel Stammblatt von Arthur G. (BArch Berlin [ehem. BDC], EWZ-R, B 61, Einbürgerungsvorgang Arthur G., unpag.).
1143 Vgl. Anordnung Nr. 192 des Leiters der EWZ, betr. Schleusung der volksdeutschen Umsiedler aus Bosnien vom 31.10.1942 (IPN Warschau, Gk 672/28a, Bl. 277-284, hier 278); sowie zum Beispiel Stammblatt von Christian S. (BArch Berlin [ehem. BDC], EWZ-R, F 62, Einbürgerungsvorgang Christian S., unpag.).

lagen erleichtern. Auch die ebenfalls in der Melde- und Ausweisstelle für jeden „Herd" angelegte EWZ-Karteikarte enthielt diese Nummern, ebenso wie die wichtigsten Personenstandsangaben des „Herdvorstandes". Sie wurde während des „Durchschleusungsvorgangs" in jeder Arbeitsstelle ergänzt und enthielt am Ende schließlich die wesentlichen Ergebnisse der „Durchschleusung".[1144] Nach dem Abschluss des „Durchschleusungsverfahrens" übersandten die „Fliegenden Kommissionen" die Karteikarten an die EWZ in Lodz/Litzmannstadt bzw. eine ihrer Nebenstellen, welche die Karteikarten sammelten und nach Umsiedlungsaktionen ordneten. Dabei sollte diese Gesamtkartei „in erster Linie Mittel zum Zweck werden, d. h. für jeden Umsiedler jederzeit aufschlussfertig."[1145]

Die Mitarbeiter der Melde- und Ausweisstelle versahen schließlich auch weitere „Schleusungsunterlagen" und den Ausweis mit den Personalien der Umsiedler. Zu diesen Unterlagen gehörten insbesondere der Einbürgerungsantrag, die Karteikarte der Gesundheitsstelle und die Karteikarte der RuS-Stelle.[1146]

Nachdem die Personalien der Umsiedler aufgenommen und in die Vielzahl von Formularen und Karteikarten eingetragen worden waren, wurden die Umsiedler an die nächste Abteilung der „Fliegenden Kommission" verwiesen: die *Lichtbildstelle.* Dort fertigte man von jedem Umsiedler mehrere Lichtbilder an. Zwei erhielt die Melde- und Ausweisstelle für den neu auszustellenden Ausweis und das Meldeblatt, ein weiteres die Gesundheitsstelle, die es auf der Gesundheitskarteikarte anbrachte, und das vierte war schließlich für die RuS-Stelle vorgesehen, die es für die RuS-Karte benötigte. Während der ersten Umsiedlungsaktionen erhielt auch die Berufseinsatzstelle, die die Umsiedler ebenfalls in einer separaten Karteikarte erfasste, ein Bild. Etwa 1942 sparte man dieses ein. Stattdessen wurden nun von jedem Jugendlichen zwischen 14 und 18 Jahren zwei Lichtbilder für die HJ-Stelle angefertigt.[1147] Die Bilder sollten die Person „im Halbprofil nach rechts zeigen, sodass das linke Ohr mit seinen Erkennungsmerkmalen sichtbar ist".[1148] Außerdem musste die „Durchschleusungsnummer" - gemeint ist die EWZ-Nummer - zu sehen sein. Dadurch wollte die EWZ vermutlich nur eine spätere Fehlzuordnung der Aufnahmen zu den verschiedenen Ausweisen und Karteien verhindern, dürfte aber bei den Betroffe-

1144 Vgl. Führungsstab der EWZ an die Nebenstellen und FK, betr. EWZ-Karte vom 14. 1. 1943 (IPN Warschau, Gk 672/14, Bl. 124 f.).

1145 Tätigkeitsbericht der Karteistelle der EWZ/Nebenstelle Pirna vom 20. 7. 1940–31. 8. 1940 vom 31. 8. 1940 (BArch Berlin, R 69/992, Bl. 9–12, hier 10).

1146 Vgl. Anordnung Nr. 192 des Leiters der EWZ, betr. Schleusung der volksdeutschen Umsiedler aus Bosnien vom 31. 10. 1942 (IPN Warschau, Gk 672/28a, Bl. 277–284, hier 278).

1147 Vgl. ebd., Bl. 277. Vgl. weiter Anordnung Nr. 185 des Leiters der EWZ, betr. Erfassung und Schleusung von Deutschstämmigen und Volksdeutschen im Generalgouvernement vom 20. 5. 1942 (IPN Warschau, Gk 672/28a, Bl. 45–53, hier 48); sowie Anordnung Nr. 219 des Leiters der EWZ, betr. Schleusung volksdeutscher Umsiedler aus Russland vom 27. 1. 1944 (ebd., Bl. 29–47, hier 35).

1148 Anordnung Nr. 219 des Leiters der EWZ, betr. Schleusung volksdeutscher Umsiedler aus Russland vom 27. 1. 1944 (IPN Warschau, Gk 672/28a, Bl. 29–47, hier 35).

nen aufgrund der frappierenden Ähnlichkeit zur erkennungsdienstlichen Erfassung im Rahmen polizeilicher Ermittlungen einen faden Beigeschmack hinterlassen haben und dies nicht zuletzt auch deshalb, weil auch das Personal der Lichtbildstelle aus den Reihen der Polizei stammte.[1149] Dieser Beigeschmack dürfte sich im Laufe des gesamten „Durchschleusungsverfahrens" noch verstärkt haben, wurden die Erfassungsmaßnahmen in den einzelnen Abteilungen doch schon fast mit kriminalistischem Ermittlungseifer betrieben. Ein eindringliches Beispiel dafür sind die für jeden Umsiedler angestrengten „erbbiologischen Ermittlungen" der Gesundheitsstelle, auf deren Arbeit später noch ausführlicher eingegangen werden soll. Die *Gesundheitsstelle* war in der Regel die dritte Abteilung, die jeder Umsiedler zu durchlaufen hatte. Sie fungierte als eine Art „Gesundheitsamt", das im Zuge einer ärztlichen Visitation über jeden Umsiedler umfangreiche gesundheitliche und erbbiologische Daten erhob und diese in der Gesundheitskarteikarte dokumentierte. Ausgehend davon bildeten sich die in der Gesundheitsstelle tätigen Ärzte ein Urteil über die biologische „Siedlungstauglichkeit", das sie auf der EWZ-Karte und im Einbürgerungsantrag vermerkten. Ihr Urteil war zusammen mit dem der nächsten Abteilung, der RuS-Stelle, maßgeblich für die Einbürgerung und die spätere Ansiedlung.[1150] Die *RuS-Stelle,* genauer gesagt der dort tätige Eignungsprüfer des RuSHA, erhob und bewertete die rassischen Merkmale der Umsiedler und hielt diese auf einer speziellen, an die SS-Rassenkarten angeglichene, „RuS-Karte" fest. Anhand von rassenanthropologischen, sozialen und ideologisch-politischen Kriterien vergab der Eignungsprüfer für jeden „Umsiedlerherd" schließlich eine sogenannte „Rassenote". Die rassistische Wertigkeitsskala umfasste insgesamt vier solcher „Rassenoten", die durch die römischen Ziffern I bis IV ausgedrückt wurden. Sie sollten Aufschluss über den „rassischen Wert" - die rassische „Siedlungstauglichkeit" - des „Herdes" geben. Diese „Rassenote" wurde schließlich ebenfalls auf der EWZ-Karte und im Einbürgerungsantrag eingetragen, und beides an die nächste Abteilung der „Fliegenden Kommission", die Staatsangehörigkeitsstelle, weitergeleitet. In der *Staatsangehörigkeitsstelle* fand der eigentliche Einbürgerungsvorgang seinen Abschluss. Aufgabe dieser Abteilung war es, die Einbürgerungsunterlagen soweit zu prüfen und zu ergänzen, dass „die endgültige Entscheidung über den Einbürgerungsantrag bereits bei der Entlassung des Umsiedlers aus der Dienststelle vorliegt".[1151] Die Arbeit der Staatsange-

1149 Zwei Angehörige der Lichtbildstelle der EWZ Posen, Hermann Sandt und Willy Kaune, wurden zum Beispiel vom Reichskriminalpolizeiamt abgestellt. Vgl. Listen der SS-Angehörigen in Posen (mit Angabe der jeweiligen EWZ-Dienststelle und Herkunftsdienststelle), o. D. (BArch Berlin [ehem. BDC], SS A 22, SS-Listen, unpag.). Strippel gibt an, dass die Mitarbeiter der Lichtbildstelle der FK sich aus den Reihen der Sicherheitspolizei rekrutierten. Vgl. Strippel, NS-Volkstumspolitik, S. 98.

1150 Auf die Arbeit der Gesundheits- und RuS-Stelle wird nachfolgend noch ausführlicher eingegangen.

1151 Richtlinien des Sonderbeauftragten des RMdI bei der EWZ für die Sachbearbeitung der Einbürgerungsanträge vom 7.11.1940 (IPN Warschau, Gk 672/14, Bl. 3-11, hier 10).

hörigkeitsstelle zerfiel in drei Schritte: „a) Entgegennahme des Antrags, b) Begutachtung des Antrags durch den Volkstumssachverständigen, c) Prüfung des Antrags durch den Vorprüfer“.[1152] Bei der „Entgegennahme des Antrags“ wurde zunächst die vollständige Ausfüllung des Formulars und die Richtigkeit der Personalien des Antragstellers und der Familienangehörigen, auf die sich der Einbürgerungsantrag erstrecken sollte, geprüft. Die Einbürgerung beantragte dabei in der Regel das Familienoberhaupt/„Herdvorstand“ für sich, seine Ehefrau und alle minderjährigen Kinder.[1153] Sofern das Familienoberhaupt fehlte, konnte ein „gesetzliche[r] Vertreter, Vormund oder Pflegebefohlene[r]“ für alle minderjährigen Kinder unter 14 bzw. 16 Jahren[1154] den Antrag stellen.[1155] Gleiches galt für Antragsteller, die als nicht geschäftsfähig eingestuft wurden, beispielsweise aufgrund von „Geisteskrankheit, Geistesschwäche, Taubstummheit“.[1156] War zum Zeitpunkt der „Durchschleusung“ kein Vormund bzw. Pflegebefohlener benannt, so war ein solcher beim zuständigen Amtsgericht zu beantragen. Die Staatsangehörigkeitsstelle erteilte in diesem Fall einen „Pflegerbescheid“ und nahm die Einbürgerung nicht vor. Die Betroffenen wurden stattdessen an das ordentliche Einbürgerungsverfahren verwiesen.[1157]

Besondere Aufmerksamkeit widmeten die Mitarbeiter der Staatsangehörigkeitsstelle auch den „Feststellungen über die Volkszugehörigkeit des Antragstellers und seiner Ehefrau“. „Durch eingehende Unterhaltung mit dem Antragsteller und seinen Familienangehörigen“ sollte festgestellt werden, „welche Umgangssprache in der Familie gesprochen wird, und [...] welchem Volkstum“ sie entstammten.[1158]

Die „Volkszugehörigkeit“ und die Umgangssprache wurden schließlich im Einbürgerungsantrag vermerkt, ebenso wie die Religionszugehörigkeit, die als ein Indikator für die Volkszugehörigkeit galt. Weiterhin sollten Angaben zur „Mitgliedschaft in volksdeutschen Vereinigungen“ und zum Schulbesuch einen Rückschluss auf die Volkszugehörigkeit zulassen.[1159] Diese sollte in einem zwei-

1152 Ebd.

1153 Die Ehefrau und die Kinder stellten somit keinen eigenen Einbürgerungsantrag. Als minderjährig galten Kinder bis zum vollendeten 21. Lebensjahr. Vgl. ebd., hier Bl. 9 f.

1154 Die Altersgrenze wurde im Laufe der Umsiedlungsaktionen von 14 auf 16 Jahre angehoben. Vgl. ebd., Bl. 10 f.; sowie Anordnung Nr. 219 des Leiters der EWZ, betr. Schleusung volksdeutscher Umsiedler aus Russland vom 27.1.1944 (IPN Warschau, Gk 672/28a, Bl. 29-47, hier 36).

1155 Anordnung Nr. 219 des Leiters der EWZ, betr. Schleusung volksdeutscher Umsiedler aus Russland vom 27.1.1944 (IPN Warschau, Gk 672/28a, Bl. 29-47, hier 36).

1156 Dienstanweisung für die Durchschleusung der Umsiedler aus Bessarabien, Buchenland, Dobrudscha, o. D. (BArch Berlin, R 69/896, Bl. 1-11, hier 9).

1157 Vgl. ebd.; sowie Richtlinien des Sonderbeauftragten des RMdI bei der EWZ für die Sachbearbeitung der Einbürgerungsanträge vom 7.11.1940 (IPN Warschau, Gk 672/14, Bl. 3-11, hier 5 f.).

1158 Richtlinien des Sonderbeauftragten des RMdI bei der EWZ für die Sachbearbeitung der Einbürgerungsanträge vom 7.11.1940 (IPN Warschau, Gk 672/14, Bl. 3-11, hier 9).

1159 Vgl. zum Beispiel Einbürgerungsantrag von Katharina K. vom 11.2.1941 (BArch Berlin [ehem. BDC], EWZ-R, D 13, Einbürgerungsvorgang Katharina K., unpag.).

ten Schritt auch von einem sogenannten „Volkstumssachverständigen" überprüft und der „deutsche Blutsanteil" möglichst präzise bestimmt werden.[1160] Insbesondere bei sogenannten „Mischehen" - Ehen zwischen Volksdeutschen und „Fremdvölkischen" - spielte dies eine Rolle. Anhand spezieller Feststellungsbögen sollten diese, genauso wie alle übrigen Umsiedler, ihre Abstammung bis in die Großelterngeneration nachweisen.[1161] Ausgehend davon ermittelte man den „deutschen Blutsanteil". Folgende Beispielrechnung illustriert das Vorgehen:

„Ehemann:	50 % deutsch, 50 % südslawisch
Ehefrau:	25 % deutsch, 50 % südsl., 25 % albanisch
somit Familie:	37,5 % dt., 50 % südsl., 12,5 % alb."[1162]

Der Beurteilung der Volkszugehörigkeit kam im Rahmen der „Durchschleusung" große Bedeutung zu, war doch die deutsche Volkszugehörigkeit die Zulassungsvoraussetzung für die Einbürgerung. Sie war somit das grundlegende, nicht aber das alleinige Aus- bzw. Einschlusskriterium. Die deutsche Volkszugehörigkeit allein genügte nämlich nicht für eine Einbürgerung. Auch der Nachweis, dass es sich bei dem Umsiedler um „erwünschten Bevölkerungszuwachs" handelte, musste erbracht werden. Die diesbezüglichen Urteile fällten insbesondere die Gesundheits- und die RuS-Stelle. Unter Umständen konnte auch das Urteil des „Volkstumssachverständigen" über die „politische Zuverlässigkeit" des Umsiedlers die Einbürgerungsentscheidung mitbestimmen. Bei der Überprüfung dieser wirkte sich, wie zum Beispiel bei Katharina K. aus Czernowitz, die Zugehörigkeit zu deutschen Vereinen positiv auf das Urteil der Volkstumssachverständigen aus. In ihrem Einbürgerungsantrag stand: „Antragsteller war Mitglied im Mädchenbund ‚Edelweiß' und der Nachbarschaft seit April 1940."[1163] Katharina K. konnte außerdem einen „Ahnenpass" vorweisen, der ihre deutsche Abstammung belegte. Allerdings war ihr Ehemann ukrainischer Abstammung, ihre Kinder demzufolge nur „1/2 Deutsche". Da der Ehemann jedoch in Czernowitz verblieben war und sich die Ehefrau ihr Deutschtum aus-

1160 Vgl. Anordnung Nr. 192 des Leiters der EWZ, betr. Schleusung der volksdeutschen Umsiedler aus Bosnien vom 31.10.1942 (IPN Warschau, Gk 672/28a, Bl. 277-284, hier 280); sowie Richtlinien des Sonderbeauftragten des RMdI bei der EWZ für die Sachbearbeitung der Einbürgerungsanträge vom 7.11.1940 (IPN Warschau, Gk 672/14, Bl. 3-11, hier 7).

1161 Ab wann genau das Formblatt zur „Feststellung der Deutschstämmigkeit" Verwendung fand, ist unbekannt. In den „Durchschleusungsrichtlinien" für die Umsiedler aus Bosnien werden sie explizit erwähnt. Ein solches befindet sich zum Beispiel in den Einbürgerungsunterlagen von Emma S., die 1943 eingebürgert wurde. Vgl. Formblatt für die Feststellung der Deutschstämmigkeit von Emma S. vom 16.11.1943 (BArch Berlin [ehem. BDC], EWZ-R, F 51, Einbürgerungsvorgang Emma S., unpag.).

1162 Anordnung Nr. 192 des Leiters der EWZ, betr. Schleusung der volksdeutschen Umsiedler aus Bosnien vom 31.10.1942 (IPN Warschau, Gk 672/28a, Bl. 277-284, hier 280).

1163 Einbürgerungsantrag von Katharina K. vom 11.2.1941, S. 1 (BArch Berlin [ehem. BDC], EWZ-R, D 13, Einbürgerungsvorgang Katharina K., unpag.).

weislich der Mitgliedschaften in deutschen Vereinen „bewahrt“ hatte, ergaben sich aus Sicht des Volkstumssachverständigen „keine Bedenken gegen eine Einbürgerung“.[1164]

Neben der Zugehörigkeit zu deutschen Vereinen, politischen Parteien und vor allem den deutschen „Volksgemeinschaften“ in den Herkunftsländern prüfte die EWZ auch das politische Engagement der Umsiedler. Eine im Rahmen der Bessarabienumsiedlung entworfene Bewertungsskala sollte dabei helfen. Sie reichte von der Beurteilung als „aktiver Kämpfer für das deutsche Volkstum“ (Wertungsgruppe 1) bis hin zur „aktive[n] Betätigung gegen deutsche Interessen (Renegaten)“ (Wertungsgruppe 5).[1165] Um eine Einordung in die „Wertungsgruppen“ vornehmen zu können, sollten die Volkstumssachverständigen in jedem Lager einen „Berater in Volkstumsfragen“ aus dem Kreis der dort untergebrachten Umsiedler hinzuziehen.[1166] Damit war natürlich der Austragung persönlicher Fehden und der Denunziation Tür und Tor geöffnet.[1167] Denunziert wurde in diesem Zusammenhang vermutlich sämtliches „undeutsches“ Verhalten, worunter man sicher nicht nur politische Aktivitäten, sondern beispielsweise auch ein abweichendes Sozialverhalten fasste.

Nachdem der Volkstumssachverständige nun alle diesen Informationen erfasst, bewertet und sich ein Urteil über die Volkszugehörigkeit und politische Haltung der Umsiedler gebildet hatte, kontrollierte ein sogenannter „Vorprüfer“ in Anwesenheit der Umsiedler nochmals alle Eintragungen. Mit Hilfe der Umsiedler sollten mögliche „Unstimmigkeiten und Unvollständigkeiten“ behoben werden, bevor die endgültige Einbürgerungsentscheidung getroffen werden würde. Diese traf in der Regel der Leiter der Staatsangehörigkeitsstelle „unter Berücksichtigung der gesamten Ermittlungen“.[1168]

Grundsätzlich erfolgte die Einbürgerung nur bei „einwandfrei volksdeutschen Familien“ oder Umsiedlern, „die völlig im Deutschtum aufgegangen sind“.[1169] Darunter fielen auch Familien, die nicht zu hundert Prozent „volks-

1164 Ebd., S. 3.

1165 Dazwischen lagen: Wertungsgruppe 2: „Mitläufer auf deutscher Seite“, Wertungsgruppe 3: „Indifferente“, Wertungsgruppe 4: „Mitläufer bei rumänischen Parteien“. Vgl. Richtlinien des Sonderbeauftragten des RMdI bei der EWZ für die Sachbearbeitung der Einbürgerungsanträge vom 7.11.1940 (IPN Warschau, Gk 672/14, Bl. 3-11, hier 8).

1166 Vgl. ebd., Bl. 8 f. Vgl. auch Schmidt, Bessarabien, S. 182, Anm. 19.

1167 Vgl. dazu auch Leniger, NS-Volkstumsarbeit, S. 163 f.

1168 Anordnung Nr. 185 des Leiters der EWZ, betr. Erfassung und Schleusung von Deutschstämmigen und Volksdeutschen im Generalgouvernement vom 20.5.1942 (IPN Warschau, Gk 672/28a, Bl. 45-53, hier 46). Vgl. auch Anordnung Nr. 192 des Leiters der EWZ, betr. Schleusung der volksdeutschen Umsiedler aus Bosnien vom 31.10.1942 (ebd., Bl. 277-284, hier 281); sowie Richtlinien des Sonderbeauftragten des RMdI bei der EWZ für die Sachbearbeitung der Einbürgerungsanträge vom 7.11.1940 (ebd., Gk 672/14, Bl. 3-11, hier 8).

1169 Vgl. dazu und im Weiteren Richtlinien des Sonderbeauftragten des RMdI bei der EWZ für die Sachbearbeitung der Einbürgerungsanträge vom 7.11.1940 (IPN Warschau, Gk 672/14, Bl. 3-11, hier 5-7); sowie Anordnung Nr. 219 des Leiters der EWZ, betr.

deutsch" waren, also zum Beispiel die Familie von Katharina K., deren Ehemann ukrainische Wurzeln hatte. Man sprach hier von „Mischfällen". Rein oder überwiegend „fremdvölkische" Familien erhielten, sofern sie nicht als rassisch „wertvoll" betrachtet wurden, einen Ablehnungsbescheid.[1170] Sie wurden nicht eingebürgert. Einige von ihnen verblieben nach entsprechender Meldung an das „Arbeitsamt"als „fremdstämmige Arbeitskräfte" im Deutschen Reich. Andere wurden in das Generalgouvernement, zum Teil auch zurück in die Herkunftsgebiete, abgeschoben.[1171] Nicht eingebürgert wurden ferner auch alle die Umsiedler, gegen deren Einbürgerung die Gesundheitsstelle „schwerste Bedenken" erhob.[1172] In den Fällen, in denen aus volkstumspolitischen, rassenideologischen und erbgesundheitlichen Gründen eine sofortige Einbürgerung, aber auch eine endgültige Ablehnung nicht in Frage kam, stellte die Staatsangehörigkeitsstelle „Verweisungsbescheide" aus. Die Umsiedler wurden damit an das reguläre Einbürgerungsverfahren der Länder verwiesen und im Rahmen der „Durchschleusung" vorerst nicht eingebürgert. Ein solcher Aufschub sollte der Klärung unklarer Sachverhalte und der „Bewährung" der als nicht sofort einbürgerungswürdig befundenen Umsiedler dienen. Zu diesen zählte die EWZ vorrangig (1) volksdeutsche Familien, die „ganz im fremden Volkstum aufgegangen" waren, ebenso wie „Mischfälle", „die noch nicht soweit im Deutschtum aufgegangen" waren, dass sie nach den Einbürgerungsrichtlinien des RMdI sofort eingebürgert werden konnten; (2) Volksdeutsche, die die Rassenote IV erhalten hatten und die deutsche Abstammung nicht mittels Urkunden nachwei-

Schleusung volksdeutscher Umsiedler aus Russland vom 27.1.1944 (ebd., Gk 672/28a, Bl. 29-47, hier 36-38).

1170 Erhielten „Fremdvölkische" die Rassenoten I oder II, galten also als rassisch „hochwertig", stammten aus den „Kreisen der Intelligenz" und waren im „Deutschtum aufgegangen", wurden ihre Akten dem RKF/RFSS zur Entscheidung vorgelegt. Zu diesen Unterlagen gehörten die RuS-Karten und Lichtbilder sämtlicher Familienmitglieder und ein Bericht der Staatsangehörigkeitsstelle, in dem auf den „Gesamteindruck des Umsiedlers, seine rassische Wertung sowie seine berufliche Verwendbarkeit" eingegangen werden sollte. „Fremdvölkische" mit den Rassenoten I und II, die „völlig im Deutschtum aufgegangen" waren, die aber nicht der „Intelligenz" angehörten, konnten später auf Widerruf sofort eingebürgert werden. 1944 sollten schließlich sogar die „IVf-Fälle" unter bestimmten Bedingungen, zum Beispiel wenn Nachwuchs nicht mehr zu erwarten war, eingebürgert werden. Vgl. Richtlinien des Sonderbeauftragten des RMdI bei der EWZ für die Sachbearbeitung der Einbürgerungsanträge vom 7.11.1940 (IPN Warschau, Gk 672/14, Bl. 3-11, hier 4); Anordnung Nr. 219 des Leiters der EWZ, betr. Schleusung volksdeutscher Umsiedler aus Russland vom 27.1.1944 (ebd., Gk 672/28a, Bl. 29-47, hier 37); sowie Entwurf einer Anordnung des Leiters der EWZ, betr. Behandlung von Umsiedlern der Wertungsgruppe IVf vom 17.5.1944 (ebd., Gk 672/42, Bl. 172 f.).

1171 Vgl. Anordnung Nr. 219 des Leiters der EWZ, betr. Schleusung volksdeutscher Umsiedler aus Russland vom 27.1.1944 (IPN Warschau, Gk 672/28a, Bl. 29-47, hier 38); sowie zur Abschiebung in das Generalgouvernement oder Rumänien Abschlussbericht der EWZ über die Erfassung der Deutschen aus Bessarabien von 1940 (IfZ München, ED 72/15). Vgl. auch Döring, Wolhynien, S. 232.

1172 Vgl. Anordnung Nr. 200 des Leiters der EWZ, betr. Eintragung der Gesundheitsstelle bei Bedenken vom 2.8.1943 (BArch Berlin, R 69/401, Bl. 123).

sen konnten. Das Rasseurteil wurde dann quasi als Beleg für die nichtdeutsche Volkszugehörigkeit betrachtet.[1173] (3) Volksdeutsche und „Mischfälle", die bis zur Umsiedlung jüdische Ehepartner gehabt hatten; (4) Volksdeutsche bei denen im Rahmen der erbgesundheitlichen Ermittlungen „erbbiologische Bedenken" festgestellt worden waren, oder für die aufgrund ihrer Geschäftsunfähigkeit ein Pfleger bestellt werden musste; und (5) Umsiedler, „deren Anträge wegen schwerwiegender politischer, krimineller oder polizeilicher Verdachtsmomente [...] im Schnellverfahren nicht geklärt werden" konnten.[1174] Es war demnach ein Konglomerat rassenideologischer, erbgesundheitlicher und volkstumspolitischer Gründe, das die Staatangehörigkeitsstelle zur Ausstellung eines „Verweisungsbescheides" veranlasste.

Nachdem die Staatsangehörigkeitsstelle ihr Urteil gemäß der Richtlinien gefällt hatte, wurde es in der EWZ-Karte und dem Einbürgerungsantrag vermerkt und für die als einbürgerungswürdig befundenen Umsiedler eine Einbürgerungsurkunde ausgefertigt. Damit war die Einbürgerungsentscheidung zwar getroffen, der „Durchschleusungsvorgang" allerdings noch nicht abgeschlossen. Eine wesentliche Entscheidung stand nämlich noch aus - die des Ansiedlungsgebietes. Diese Entscheidung fällte die letzte Abteilung der Fliegenden Kommission, die Berufseinsatzstelle.

Die *Berufseinsatzstelle* traf den sogenannten „Ansatzentscheid", d. h. sie entschied über das Ansiedlungsgebiet und damit darüber, ob der bessarabiendeutsche Bauer in Zukunft eine eigene „Scholle" im „Osten" bewirtschaften oder ob er als Land- oder Industriearbeiter im „Altreich" „angesetzt" werden würde. Ausschlaggebend dafür war seine „Siedlungstauglichkeit", die in erster Linie durch die (erb)gesundheitliche Bewertung der Gesundheitsstelle und die „Rassenote" der RuS-Stelle und in zweiter Linie durch die politische Beurteilung durch den Volkstumssachverständigen und die allgemeine berufliche Qualifikation definiert wurde.[1175] Sie ging aus der EWZ-Karteikarte, in die alle beteiligten Stellen ihr Urteil einzutragen hatten, hervor. Die Aufgabe der Berufseinsatzstelle bestand nunmehr in der Kompilation dieser Einzelurteile und in der Ausfertigung des entsprechenden „Ansatzentscheids". Dieser war demzufolge bereits durch die Urteile der anderen Arbeitsstellen vorbestimmt, was die Berufsein-

1173 Der Rassebegriff war zwar nicht identisch mit dem des Volkes, korrelierte aber mit diesem, wurden doch bestimmten Völkern bestimmte Rassetypen zugeordnet. Vgl. dazu auch Strippel, NS-Volkstumspolitik, S. 119 f.

1174 Anordnung Nr. 219 des Leiters der EWZ, betr. Schleusung volksdeutscher Umsiedler aus Russland vom 27.1.1944 (IPN Warschau , Gk 672/28a, Bl. 29-47, hier 37 f.). Vgl. weiter Richtlinien des Sonderbeauftragten des RMdI bei der EWZ für die Sachbearbeitung der Einbürgerungsanträge vom 7.11.1940 (ebd., Gk 672/14, Bl. 3-11, hier 4 f.).

1175 Vgl. Anordnung Nr. 192 des Leiters der EWZ, betr. Schleusung der volksdeutschen Umsiedler aus Bosnien vom 31.10.1942 (IPN Warschau, Gk 672/28a, Bl. 277-284, hier 282); sowie Anordnung Nr. 219 des Leiters der EWZ, betr. Schleusung volksdeutscher Umsiedler aus Russland vom 27.1.1944 (ebd., Bl. 29-47, hier 44 f.).

satzstelle jedoch nicht daran hinderte, die Einzelurteile in Frage zu stellen und eine Überprüfung anzumahnen.[1176]

Prinzipiell gab es drei „Ansatzentscheide“: „A“ für die Ansiedlung im „Altreich“, „O“ für die Ansiedlung im „Osten“ bzw. weiteren Siedlungsgebieten, zum Beispiel der Krain („K“) oder der Untersteiermark („USt“), und „S“ für die Abschiebung in das Generalgouvernement oder die Herkunftsgebiete.[1177] Letzterer „Ansatzentscheid“ betraf vor allem die als „fremdvölkisch“ und daher als nichteinzubürgernd klassifizierten Umsiedler, die aus Sicht des RKF rassisch keinen „erwünschten Bevölkerungszuwachs“ darstellten. Im Falle des „fremdvölkischen Gesindes“ sah man allerdings von einer Abschiebung ab, da es zur „Herdgemeinschaft“ gehörte und, einer atavistischen Gemeinschaftsvorstellung zufolge, zusammen mit dieser „angesetzt“ werden sollte.[1178] Es erhielt deshalb denselben „Ansatzentscheid“ wie der „Herd“, war damit aber auch unweigerlich an diesen gebunden. Die Eingruppierung eines „Herdes“ als „O“- oder „A“-Fall basierte maßgeblich auf dem Ergebnis der gesundheitlichen und rassischen Ermittlungen, sollten doch in den „Osten“ „nur die im Volkstumskampf gehärteten und gesundheitlich guten Teile einer Volksgruppe gelangen, weil dort die Grundlage zu einem festen Wall deutscher Bauernfamilien geschaffen werden [sollte] und das beste Blut hierfür gerade gut genug“ erschien.[1179] In diesem Sinne konnten im „Osten“ nur die Volksdeutschen angesiedelt werden, die folgende Bedingungen erfüllten:

(1) „Volksdeutsche der [RuS] Wertungen I-III, [...] soweit weder von der Staatsangehörigkeitsstelle noch von der Gesundheitsstelle Bedenken gegen den Osteinsatz geäußert werden.“[1180]

(2) „Eingedeutschte Mischfälle mit 50 Prozent und mehr deutschem Blutsanteil der [RuS] Wertung I-III.“[1181]

1176 Vgl. weiterführend Strippel, NS-Volkstumspolitik, S. 126 f.

1177 Die „S“-Fälle (Sonderfälle) wurden weiter differenziert, zum Beispiel in „Sg“/„G“ (Generalgouvernement), „R“ (Rumänien), „U“ (Ungarn), „L“ (Laibach). Vgl. Abschlussbericht der EWZ über die Erfassung der Deutschen in der Gottschee und im Gebiet der Stadt Laibach, o. D. (IfZ München, ED 72/12); Abschlussbericht der EWZ über die Erfassung der Deutschen aus Bessarabien von 1940 (ebd., ED 72/15); sowie grundsätzliche Ausführungen des RKF zur Einteilung der Umsiedler aus Ost- und südöstlichen Staaten in die Gruppen A, O und S. In: RKF, Menscheneinsatz (1940), S. 48 f.

1178 Vgl. Anordnung Nr. 123a des Leiters der EWZ, betr. Ausweisbehandlung bei fremdstämmigem Gesinde vom 24.8.1942 (IPN Warschau, Gk 672/14, Bl. 84).

1179 RKF, Menscheneinsatz (1940), S. VII.

1180 Anordnung Nr. 219 des Leiters der EWZ, betr. Schleusung volksdeutscher Umsiedler aus Russland vom 27.1.1944 (IPN Warschau, Gk 672/28a, Bl. 29-47, hier 44). Vgl. sinngemäß auch Anordnung Nr. 192 des Leiters der EWZ, betr. Schleusung der volksdeutschen Umsiedler aus Bosnien vom 31.10.1942 (ebd., Bl. 277-284, hier 282).

1181 Anordnung Nr. 192 des Leiters der EWZ, betr. Schleusung der volksdeutschen Umsiedler aus Bosnien vom 31.10.1942 (IPN Warschau, Gk 672/28a, Bl. 277-284, hier 282).

(3) „Eingedeutschte Mischfälle mit 25-50 Prozent deutschem Blutsanteil der rassischen Wertung I-II sowie solche der Wertung III bei politischer Beurteilung 1-2 bzw. bei überdurchschnittlichem Leistungsgutachten.“[1182]

Es ging hier demnach nicht primär um die berufliche Qualifikation, sondern vielmehr um die rassische und erbbiologische Eignung. Die Leistungsfähigkeit sowie charakterliche Merkmale und Eigenschaften galten der NS-Rassenideologie nach letztlich nur als ein Produkt entsprechender „Anlagen“. Im Sinne dieses politischen Biologismus konnte sich also nur derjenige Bauer im „Osten“ bewähren, der über die entsprechenden „Anlagen“ verfügte. Er würde sich aufgrund seiner rassischen „Höherwertigkeit“ und seiner „hochwertigen“ Erbanlagen gegenüber den Angehörigen „fremder Rassen“ durchsetzen. Als geeignet erschienen Himmler hierfür zunächst eigentlich nur die Wertungsgruppen I und II.[1183] Allerdings wurde bereits Anfang 1940 auf Weisung Himmlers auch die Wertungsgruppe III für eine Ansiedlung im „Osten“ zugelassen, und dies vermutlich nicht zuletzt aus pragmatischen Gründen. Im Zuge der „Durchschleusung“ der Wolhynien- und Galiziendeutschen hatte sich nämlich abgezeichnet, dass die Zahl der mit den „Rassenoten“ I und II versehenen Umsiedler nicht so hoch ausfiel wie erwartet. Dadurch dezimierte sich das Siedlerreservoir, was wiederum die Germanisierungspläne des RKF langfristig zu torpedieren drohte. Gleichzeitig stieg damit die Zahl der den Wertungsgruppen III und IV zugeordneten Umsiedler, der „Altreichsfälle“, denen ohnehin nicht genügend Wohnungen und Arbeitsplätze angeboten werden konnten. Um diese umsiedlungspolitische Fehlentwicklung zu korrigieren, wurde der Kreis der „O-Fälle“ schließlich um die Wertungsgruppe III erweitert, für die man nun allerdings strengere „Auslesemaßstäbe“ angelegte.[1184] Eine weitere Aufweichung des rassenideologischen Siedlungsdiktums vollzog sich im Kontext arbeitsmarktpolitischer Erfordernisse, die durch die Berufseinsatzstelle in das „Durchschleusungsverfahren“ einwirkten. Die Berufseinsatzstelle erteilte nämlich nicht nur den „Ansatzentscheid“, sondern fungierte auch als Mittelstelle zwischen Umsiedlungsbehörden und Reichsarbeitsministerium. Sie legte unter anderem spezielle, berufsbezogene Karteikarten an, die nicht nur die Arbeitsvermittlung der „A-Fälle“ erleichtern sollte, sondern auch der Erfassung sogenannter „Mangelberufe“ diente.[1185] So

1182 Ebd. Vgl. sinngemäß auch Anordnung Nr. 219 des Leiters der EWZ, betr. Schleusung volksdeutscher Umsiedler aus Russland vom 27.1.1944 (IPN Warschau, Gk 672/28a, Bl. 29-47, hier 44).

1183 Vgl. Anleitung des Chefs des RuSHA zur Eignungsprüfung der Rückwanderer vom 14.10.1939 (BArch Berlin, NS 2/88, Bl. 89-92).

1184 Die Angehörigen der Wertungsgruppe III waren somit zwar als „Ostraumsiedler“ anerkannt, sie waren denen der Wertungsgruppen I und II allerdings nicht völlig gleichgestellt, denn bei der Zuweisung des zukünftigen Besitzes sollte die „Rassenote“ berücksichtigt werden. Vgl. Aktennotiz über die Ausweitung des Siedlerkreises, o. D. (BArch Berlin, R 69/233, Bl. 48); sowie Döring, Wolhynien, S. 228 f.

1185 Vgl. zum Beispiel die der Gesundheitskarteikarte beigelegte Berufseinsatzkarteikarte von Hermann H. aus der Südbukowina, ausgestellt am 24.5.1941 (BArch Berlin [ehem. BDC], EWZ [57], L 72, Hermann H.).

herrschte im „Altreich" unter anderem ein Mangel an Arbeitskräften im Bergbau, in der Keramik- und Glasindustrie oder in der „chemischen- und Gummiindustrie". Diese fehlenden Arbeitskräfte wurden zum Teil aus den Reihen der Umsiedler rekrutiert. Dabei beschränkte man sich nicht auf die Umsiedler der Wertungsgruppe IV, die ohnehin im „Altreich" untergebracht werden sollten, sondern griff auch auf Umsiedler der Wertungsgruppen I bis III zurück, die eigentlich für die Ansiedlung im „Osten" in Frage kamen.[1186] Andersherum konnten auch „Mischfälle" der Wertungsgruppe III, wenn „sie leistungsmäßig über dem Durchschnitt l[a]gen und im Herkunftsland einen bäuerlichen oder gewerblichen Betrieb als Eigentümer gehabt [hatten] oder diesem enstamm-[t]en", im „Osten" angesiedelt werden, um den enormen Siedlerbedarf zu decken.[1187] Folgende Umsiedlergruppen sollten jedoch auf keinen Fall im „Osten" angesiedelt werden:

„(1) Alle Personen der rassischen Wertung IV bzw. IV F.
(2) Personen mit AR-Entscheid der Gesundheitsstelle [erbbiologische Bedenken]
(3) Personen mit Verweisungsbescheid oder ‚Einbürgerung Altreich' der Staatsangehörigkeitsstelle."[1188]

Sie alle erhielten den „Ansatzentscheid A", der auf einer Transportkarte durch den Stempelaufdruck „A" und im Ausweis durch den Stempelaufdruck „Nur für das Altreich gültig" kenntlich gemacht wurde.[1189] Von den bis zum April 1942 insgesamt 590 698 „durchschleusten" Umsiedlern betraf dies immerhin 127 566, also etwa 22 Prozent.[1190] Aus Sicht des RKF waren dies zu viele. Davon abgesehen fügten sich die betroffenen Umsiedler kaum freiwillig in ihr Schicksal, sondern unternahmen alles, um eine Änderung ihres „Ansatzentscheides" bei den „Fliegenden Kommissionen" herbeizuführen. Dabei spielten sich zum Teil dramatische Szenen ab, wie aus einem Bericht der RuS-Stelle der Fliegenden Kommission III vom Juli 1940 hervorgeht. „Ganze Familien - Großeltern, Männer, Frauen und Kinder - stehen heulend und händeringend im Zimmer und bitten darum, bei ihrer ‚Freundschaft' im Osten angesiedelt zu werden. Es kam vor, dass sie versuchten durch Bestechung in den Besitz von O-Karten zu kommen. Andere wieder drohten mit Selbstmord oder erklärten, sie

1186 Vgl. Aufstellung der Mangelberufe, o. D. (BArch Berlin, R 69/397, Bl. 16). Vgl. auch Döring, Wolhynien, S. 229 f.
1187 Anordnung Nr. 219 des Leiters der EWZ, betr. Schleusung volksdeutscher Umsiedler aus Russland vom 27.1.1944 (IPN Warschau, Gk 672/28a, Bl. 29-47, hier 44).
1188 Anordnung Nr. 192 des Leiters der EWZ, betr. Schleusung der volksdeutschen Umsiedler aus Bosnien vom 31.10.1942 (IPN Warschau, Gk 672/28a, Bl. 277-284, hier 282).
1189 Vgl. ebd., hier Bl. 278.
1190 Vgl. Bericht des Stabshauptamtes des RKF über den Stand der Um- und Ansiedlung am 1.5.1942 (BArch Berlin, NS 19/2743, Bl. 23-29, hier 28).

werden das Zimmer nicht eher verlassen, bis sie ihre Karten geändert erhielten.“[1191]

Ein solches Verhalten wird verständlich, führt man sich vor Augen, was der „A-Entscheid“ für die einzelnen Familien ganz konkret bedeutete: fortwährende Lagerexistenz, keine Aussicht auf eine Ansiedlung im „Osten“ und damit keine Naturalrestitution und vor allem eine unerwartete und den Umsiedlern völlig unverständliche menschliche Härte. Dies blieb auch den RuS-Eignungsprüfern nicht verborgen, einer von ihnen schilderte die folgenden Situationen:

„Die IV-Familien, die schließlich auch deutschstämmige Familien sein können, liegen jetzt oft noch wochenlang in den Sammellagern, leben dort mit Polen, Ukrainern und Russen zusammen, arbeiten mit der ganzen Familie auf einem hiesigen Rittergut oder bei einem Bauern. Er, der Wolhynier, der vorher selbständiger Bauer war, arbeitet hier als ‚Knecht‘. Wie seine weitere Zukunft sich gestaltet, darüber hat man ihm noch nichts gesagt. [...] Der Bauer hört - vielleicht sogar noch von fremdstämmigen Handwerkern und Fabrikarbeitern - dass diese in den nahegelegenen Fabriken arbeiten und wöchentlich einen sehr schönen Lohn heimtragen. Und er, der Bauer, verdient ein paar Pfennige als ‚Knecht‘ auf dem Rittergut.
Die Familien stehen in brieflicher Verbindung mit den bereits angesiedelten Verwandten oder Bekannten. Sie lesen die mit Freude und Glück angefüllten Berichte. Einer habe in Wolhynien 4 ha Land besessen und habe jetzt 25 ha erhalten; anstatt 2 Kühe habe er jetzt 6; die Hühner und Gänse seien schon garnicht [sic!] zu zählen. Einer habe sogar früher garnichts [sic!] besessen und habe jetzt einen großen Hof. [...]
Es darf nicht wundern, wenn diese IV-Familien unter diesen Umständen immer wieder bei der Kommission - und gerade beim Eignungsprüfer der Schlussuntersuchung - erscheinen und mit allen Mitteln zu erreichen versuchen, auch in den Osten zu kommen. [...] In nicht seltenen Fällen war es sogar erforderlich, ihnen zu drohen, dass sie von der Polizei abgeführt werden, falls sie nicht das Zimmer verlassen würden.“[1192]

Eine solche Behandlung hätten die Umsiedler, so der RuS-Eignungsprüfer, „bei aller Härte, die die Größe der Aufgabe der Besiedlung des Ostens mit rassisch einwandfreien Familien einfach verlange [...], nicht verdient“.[1193] Auch wenn sie „natürlich keine Erbhofbauern werden“ könnten, so müsse man ihnen gegenüber wenigstens „menschliches Verständnis zeigen“, würden sie sich doch - so der RuS-Eignungsprüfer - „vorkommen wie etwa ein Arzt, der aus dem Ausland in sein Vaterland zurückkehrt“ und der nun entgegen aller Versprechungen „Sanitätsgehilfe“ sei.[1194] Zudem müsse man einen längeren Lageraufenthalt nach Verkündung des „Ansatzentscheids“ vermeiden und sie sofort in Arbeit bringen. Im „Lager müssen sie ja an dem, was man ihnen bei der Rücksiedlung im Namen des Führers versprochen hat, irre werden“.[1195]

1191 RuS-Stelle der FK III an RuSHA, betr. Behandlung der IV-Familien nach ihrer Durchschleusung vom 20.7.1940 (BArch Berlin, R 69/397, Bl. 44–47, hier 44).
1192 Ebd., Bl. 45 f.
1193 Im Original ist dieser Passus durch Unterstreichung hervorgehoben. RuS-Stelle der FK III an RuSHA, betr. Behandlung der IV-Familien nach ihrer Durchschleusung vom 20.7.1940 (BArch Berlin, R 69/397, Bl. 44–47, hier 46).
1194 Ebd.
1195 Ebd., Bl. 47.

Die eingeleiteten Maßnahmen hatten allerdings nur begrenzten Erfolg. Himmler wies deshalb im Januar 1941 die Schaffung eines „Ansiedlungsstabes für das Altreich/Ostmark" an, der die Aufgabe hatte, alle in Lagern befindlichen „Altreich-Fälle" schnellstmöglich „in nützliche Arbeit" zu bringen.[1196] Dies entsprang nicht wirklich einem „menschlichen Verständnis" für die Lage der in den Lagern untergebrachten Umsiedler, sondern wehrwirtschaftlichen Interessen. Himmler machte deutlich:

„Ich werde kein Verständnis dafür haben, wenn einzelne Umsiedler sich unter Hinweis auf ihre frühere Selbstständigkeit in der Führung von bäuerlichen oder gewerblichen Betrieben weigern, vorläufig eine sonstige Arbeitsstelle anzutreten. Großdeutschland befindet sich im Krieg. Dies macht es zu einem zwingenden Gebot, dass keine Arbeitskraft brachliegt, sondern jeder Arbeitsfähige einer produktiven Leistung zugeführt wird. Ich werde daher die schwierige Frage der Vermögensentschädigung ausschließlich davon abhängig machen, ob der einzelne Umsiedler uneingeschränkt willens ist, im gegenwärtigen Entscheidungskampf seine Arbeitskraft dem deutschen Volke zur Verfügung zu stellen, gleich, ob es sich dabei um eine selbstständige oder unselbstständige Arbeit handelt. Ich erwarte infolgedessen, dass der Ansiedlungsstab bei der Unterbringung dieser Umsiedler sowohl ein menschliches Verständnis für deren Wünsche, aber auch die erforderliche Entschiedenheit gegenüber hartnäckigen Arbeitsverweigerern an den Tag legt."

Das „menschliche Verständnis" war hier nicht mehr als eine Floskel. Himmler machte unmissverständlich klar, dass eine wie auch immer geartete Verweigerungshaltung eine spätere Entschädigung unmöglich machen und unweigerlich als Arbeitsunwilligkeit, der mit der nur zu bekannten „Entschiedenheit" begegnet werden sollte, ausgelegt werden würde.

Dies hielt viele Umsiedler jedoch nicht davon ab, bei der EWZ und dem Ansiedlungsstab Anträge auf „Abänderung des Ansatzentscheides" zu stellen und eine Überprüfung der Entscheidung einzufordern.[1197] Im November 1941 kam die Dienststelle des RKF mit der Vomi, dem Ansiedlungsstab und der EWZ schließlich überein, dass alle „A-Fälle", die sich noch in den Lagern befanden und die sich „sowohl nach dem Urteil des Lagerführers wie des Gaueinsatzführers [...] besonders bewährt" hätten und „als ostraumwürdig betrachtet werden könn[t]en" nochmals systematisch überprüft werden sollten. Für alle bereits in Arbeit vermittelten Umsiedler sollte diese Regelung nicht gelten, „um jede weitere Störung in der Arbeitseinsatzplanung während des Krieges zu vermeiden"[1198] – sie waren bereits unentbehrliche Arbeitskräfte geworden. Auch die noch in Lagern befindlichen „O-Fälle", bei denen die Gaueinsatzführungen bzw. die Vomi sich für eine Abänderung des Entscheids in „A", also eine Abwertung, ausgesprochen hatte, sollten von der Neuregelung unberührt bleiben. Allein die Gaueinsatzführung in Baden sandte 15 solcher Namenslisten an die EWZ.[1199]

1196 Anordnung Nr. 26/I des RKF, betr. Bildung eines Ansiedlungsstabes für das Altreich/Ostmark vom 21.1.1941 (IPN Warschau, Gk 672/14, Bl. 14–16).

1197 Vgl. zum Beispiel Bittgesuch von Johannes G. an den Ansiedlungsstab, o. D. (BArch Berlin [ehem. BDC], EWZ-R, B 61, Einbürgerungsvorgang Johannes G., unpag.).

1198 Abschlussbericht der Überprüfungskommission/Kommission XIII, o. D. (BArch Berlin, R 69/971, Bl. 114–136, hier 115).

1199 Vgl. ebd., Bl. 117.

Die Überprüfungskommission konzentrierte sich schließlich auf ausgewählte „A-Fälle", die der EWZ von den Lagerleitungen, der Vomi und dem Ansiedlungsstab gemeldet worden waren. Deren Überprüfung hatte sich dabei infolge der Erweiterung des Kreises der „Ostraumsiedler" und der Häufung von Fehlurteilen, die für die Betroffenen eine „besondere Härte" darstellten, als notwendig erwiesen.[1200] Die „Ansatzentscheidungen" sollten hier jedoch nicht etwa „wohlwollend" aufgewertet werden, sondern vielmehr sei ein besonders strenger Bewertungsmaßstab anzulegen.[1201]

Vom März bis zum August 1942 bereiste die Überprüfungskommission 20 Gaue und überprüfte vor Ort über 10 700 „Ansatzentscheide". Bei etwa 6 800 Umsiedlern änderte sie den „Ansatzentscheid" von „A" in „O". In etwa 3 900 Fällen wurde der „Ansatzentscheid A" bestätigt. 81 Prozent der Änderungen ergaben sich infolge einer Änderung des RuS-Urteils, 13 Prozent infolge eines veränderten Urteils der Gesundheitsstelle.[1202] Allein diese Zahlen machen deutlich, dass das Urteil dieser beiden Stellen entscheidend für die Ansiedlung im „Osten" war, ihre Arbeit aber zugleich auch zahlreiche Fehlurteile generiert hatte, die für die Betroffenen mit weitreichenden Folgen verbunden waren. Es gab Fälle, in denen die rassische Bewertung eines Umsiedlers von IV auf I korrigiert wurde, obwohl sich an den Bewertungskategorien im Grundsatz nichts geändert hatte.[1203] Allerdings kam es bis 1942 zu einer Akzentverschiebung innerhalb der Ansiedlungspraxis. Der Kreis der für die Ansiedlung im „Osten" zugelassenen Umsiedler hatte sich permanent erweitert, sodass nun bei der „Durchschleusung" bzw. der Überprüfung nach Ansicht der RuS-Stelle im Prinzip „keine Auslese, sondern eine Ausmerze vorgenommen" würde.[1204] Während anfangs „nur das Beste für den Osten freigegeben" worden sei, so würde jetzt „nur verhindert, dass das wirklich Schlechte im Osten zum Ansatz" käme.[1205] Diese Kurskorrektur resultierte zum einen aus dem erhöhten Siedlerbedarf, zum anderen erwies sich eine „Auslese der Besten" angesichts des während der „Durchschleusung" zur Verfügung stehenden Zeitvolumens trotz minutiöser Planung des Arbeitsablaufs als schwierig. Der Wille zu einer solchen „Auslese der Besten" war aber zweifelsohne vorhanden. Er spiegelt sich in der Organisation der gesundheitlichen und rassischen Überprüfung der Umsiedler und den Urteilen der Ärzte und Eignungsprüfer wider, die zum Teil einen selektionistischen Übereifer an den Tag legten. Nicht zuletzt waren sie

1200 Ebd., Bl. 128 (Abschlussbericht der RuS-Dienststelle).

1201 Vgl. Vermerk 39e der EWZ Litzmannstadt/Abt. II, betr. weitere Arbeitsanweisungen für die Überprüfungskommission vom 14.5.1942 (IPN Warschau, Gk 672/14, Bl. 74 f.).

1202 Abschlussbericht der Überprüfungskommission/Kommission XIII, o.D. (BArch Berlin, R 69/971, Bl. 114–136, hier 122).

1203 Vgl. Vermerk 39d der, EWZ Litzmannstadt/Abt. II, betr. dem Abteilungsleiter vorgelegte Überprüfungsfälle vom 20.4.1942 (IPN Warschau, Gk 672/14, Bl. 71–73).

1204 Abschlussbericht der Überprüfungskommission/Kommission XIII, o. D. (BArch Berlin, R 69/971, Bl. 114–136, hier 128 [Bericht der RuS-Stelle]).

1205 Ebd.

sich bewusst, dass die RuS- und Gesundheitsstelle den rassenideologischen Kern der „Durchschleusung" bildeten. Ihre ideologische Legitimation erhielten sie von höchster Stelle, von Hitler persönlich, der bereits in seinem ideologischen Manifest „Mein Kampf" grundsätzliche Aspekte einer nationalsozialistischen Siedlungspolitik formuliert hatte. Folgende Passage wurde den Mitarbeitern der Gesundheitsstelle Posen vom Leiter des RuSHA Pancke „zur Kenntnis" gebracht:

„Wenn so die bewusste planmäßige Förderung der Fruchtbarkeit der gesündesten Träger des Volkstums verwirklicht wird, so wird das Ergebnis eine Rasse sein, die, zunächst wenigstens, die Keime unseres heutigen körperlichen und damit auch geistigen Verfalls wieder ausgeschieden haben wird.
Denn hat erst ein Volk und ein Staat diesen Weg einmal beschritten, dann wird sich von selbst das Augenmerk darauf richten, gerade den rassisch wertvollen Kern des Volkes und gerade seine Fruchtbarkeit zu steigern, um endlich das gesamte Volkstum des Segens eines hochgezüchteten Rassegutes teilhaftig werden zu lassen.
Der Weg hierzu ist vor allem der, dass ein Staat die Besiedlung gewonnener Neuländer nicht dem Zufall überlässt, sondern besonderen Normen unterwirft. Eigens gebildete Rassekommissionen haben den Einzelnen das Siedlungsattest auszustellen, dieses aber ist gebunden an eine festzulegende bestimmte rassische Reinheit. So können allmählich Randkolonnen gebildet werden, deren Bewohner ausschließlich Träger höchster Rassereinheit und damit höchster Rassentüchtigkeit sind. Sie sind damit ein kostbarer nationaler Schatz des Volksganzen, ihr Wachsen muss jeden einzelnen Volksgenossen mit Stolz und freudiger Zuversicht erfüllen, liegt doch in ihnen der Keim zu einer letzten großen Zukunftsentwicklung des eigenen Volkes, ja der Menschheit geborgen."[1206]

Die Grundsätze der Arbeit der Gesundheits- und RuS-Stelle waren damit umrissen, und es verwundert kaum, dass bereits wenige Tage nach der Reichstagsrede Hitlers zur „Festigung deutschen Volkstums" konkrete Planungen für entsprechende „Kommissionen" und deren „Ausleseearbeit" vorlagen und dem „Führer" auch hier entgegengearbeitet wurde.[1207]

Die RuS- und Gesundheitsstelle innerhalb des „Durchschleusungsverfahrens"

Bei der RuS- und Gesundheitsstelle handelte es sich anfangs um ein und dieselbe Dienststelle. Die erste ihrer Art wurde im Oktober 1939 in Gotenhafen eingerichtet und war zunächst auch mit Unterbringungs- und Transportfragen betraut. Nur eine Abteilung, die Abteilung „B" widmete sich im engeren Sinne der „gesundheitlichen Erfassung der Baltendeutschen" im Rahmen der „Durch-

1206 Chef des RuSHA an Gesundheitsstelle der EWZ Nordost Posen, betr. Auslesearbeit vom 14.12.1939 (Rossijskij Gosudarstvennyi Voennyi Archiv Moskau/Sonderarchiv des Russischen Staatlichen Militärarchivs Moskau [RGVA Moskau], Fond 1386, opis 1, delo 1, Bl. 38). Zitat aus Adolf Hitler, Mein Kampf, 6. Auflage München 1931, S. 448 f.

1207 Vgl. Vorschläge für die Durchführung der Rückführung der Deutschen aus dem Auslande vom 10.10.1939 (BArch Berlin, NS 2/88, Bl. 93–96). Mit Kriegsbeginn hatten zudem spezielle Einsatzgruppen des RuSHA mit der Erfassung des Bodens und der Bevölkerung begonnen. Vgl. weiterführend Heinemann, Rasse, S. 201–212.

schleusung“.[1208] Innerhalb dieser Abteilung sahen die ersten Planungen wiederum drei Reichsdienststellen vor, die unterschiedliche Aufgaben wahrnahmen: (1) der Reichsgesundheitsführer, der in Person eines Arztes für die „allgemeine ärztliche Untersuchung“ zuständig war; (2) das RuSHA, das vertreten durch einen Eignungsprüfer die rassische Beurteilung vornahm und (3) der Reichsarzt-SS, in dessen Zuständigkeit die Musterungen für die SS, den Selbstschutz und die Polizei fielen.[1209] An dieser Aufgabenverteilung änderte sich im Prinzip in der Folgezeit, bis auf die Integration einer vierten Untersuchungsstelle (Röntgenabteilung), wenig.[1210] Was sich änderte, war die Organisationsstruktur der Gesundheitsstelle. Im Zuge einer Aufgaben- und Kompetenzenabgrenzung entstanden im Dezember 1939 zwei separate Dienststellen: die RuS-Stelle und die Gesundheitsstelle. Aus Sicht des Leiters der Gesundheitsstelle hatte sich der „Einbau der R.u.S.-Dienststelle in die Gesundheitsstelle“ als „wenig glücklich“ erwiesen, vor allem weil die Eignungsprüfer nicht dem Leiter der Gesundheitsstelle unterstanden, sondern direkt dem RuSHA.[1211] Das wollte begreiflicherweise die Kernkompetenz in Fragen der „Siedlerauslese“ nicht an die Gesundheitsstelle abtreten. Man einigte sich also auf die Installierung einer eigenständigen RuS-Stelle innerhalb des „Durchschleusungsapparates“, die jedoch eng mit der Gesundheitsstelle kooperierte. So führte der RuS-Eignungsprüfer nach wie vor die rassenanthropologische Untersuchung der Umsiedler in den Räumen der Gesundheitsstelle durch, und dies nicht nur um „ein zweimaliges Aus- und Anziehen“ der Umsiedler zu vermeiden, sondern vor allem, um das Ziel dieser Erfassung - die rassische Beurteilung - vor den Umsiedlern geheim zu halten.[1212] Dies ging schließlich so weit, dass der Eignungsprüfer den Umsiedlern in einem Arztkittel gegenübertrat, auf den ersten Blick also nicht vom Arzt zu unterscheiden war.[1213]

Um dieser gemischten Zusammensetzung und den verschiedenen Erhebungszwecken Rechnung zu tragen und einen reibungslosen und zügigen Ablauf der

1208 Organisationsplan der Gesundheitsstelle der Zentraleinwanderungsstelle/EWZ Gotenhafen, o. D. (BArch Berlin, R 69/426, Bl. 138). Vgl. auch Kap. IV.2.1.

1209 Vgl. ebd. Zu den ersten Aufgabenabgrenzungen vgl. Vertrauliche Anleitung des Chefs des RuSHA zur Eignungsprüfung der Rückwanderer vom 14.10.1939 (BArch Berlin, R 69/426, Bl. 130-133, auch in BArch Berlin, NS 2/88, Bl. 89-92).

1210 Vgl. Organisationsplan der Gesundheitsstelle der EWZ Posen vom 12.11.1939 (BArch Berlin, R 69/850, Bl. 1). Die Röntgenabteilung gehörte mit Einrichtung der Fliegenden Kommissionen nicht mehr zum festen Bestandteil der Gesundheitsstelle. Zum Teil wurden spezielle Röntgenkommissionen unabhängig von den FK eingesetzt. Vgl. Berichte der Röntgenkommissionen (BArch Berlin, R 69/62).

1211 Vgl. Erfahrungsbericht der Gesundheitsstelle der EWZ vom 9.12.1939 (BArch Berlin, R 69/728, Bl. 44).

1212 Vgl. ebd.; Abschlussbericht der RuS-Stelle der EWZ Posen vom 26.3.1940 (BArch Berlin, NS 2/88, Bl. 30-38); sowie Dienstanweisung der Gesundheitsstellen, o. D. (ebd., R 69/455, Bl. 35-42).

1213 Vgl. Dienstanweisung der Gesundheitsstellen, o. D. (BArch Berlin, R 69/455, Bl. 35-42).

Untersuchungen zu gewährleisten, wurde die Arbeit der Gesundheitsstelle wie folgt strukturiert:[1214]

1. Aufnahme der Personalien und Anfertigung einer Karteikarte
2. Erhebung der Vorgeschichte und „erbbiologische Ermittlungen“ durch Fürsorgerinnen
3. Ärztliche Untersuchung durch einen „SS-Arzt“
4. Rassische Untersuchung durch den RuS-Eignungsprüfer
5. Tauglichkeitsuntersuchung durch Ärzte des Reichsarztes-SS
6. Schlussuntersuchung der gesamten Familie
7. Röntgenreihenuntersuchung (später durch separate Röntgenkommissionen)

Insgesamt nahm dieses Prozedere etwa ein bis eineinhalb Stunden in Anspruch, wobei sich gerade zu Beginn immer wieder Stockungen ergaben, weil die RuS-Stelle unter Personalmangel litt.[1215] Diese anfänglichen personellen Probleme konnten zwar durch die Ausbildung neuer Eignungsprüfer und die Abstellung von Hilfskräften bald einigermaßen behoben werden, allerdings erhöhte sich die „Durchlaufzeit“ nun infolge der „jetzt umfangreiche[n] Eignungsprüfung“[1216] – Himmler persönlich hatte die Erhebung weiterer Rassemerkmale angeordnet.[1217]

Die Grundlage für die ärztliche und rassische Untersuchung bildete die Anfertigung einer speziellen Gesundheitskarteikarte,[1218] in der nicht nur die Personalien, sondern alle „für die gesundheitliche Begutachtung wichtigen Daten“ aufgenommen wurden.[1219] Sie gliederte sich in einen Kopf, in den die Schreibkräfte zunächst die „Durchschleusungs“- und Umsiedlungsnummer, den Tag der „Durchschleusung“, die Personalien, ebenso wie die Kinderzahl, Staatsangehörigkeit, Religion und Beruf eintrugen und drei weitere Abschnitte. Der erste mit „I“ gekennzeichnete Abschnitt war für die ärztlichen Erhebungen vorgesehen, der Abschnitt „II“ für die Eignungsprüfung und der Abschnitt „III“ auf der Rückseite der Karte für die Tauglichkeitsuntersuchung.[1220] Diese Dreiteilung der Karteikarte erwies sich jedoch im Laufe der „Durchschleusung“ der

1214 Vgl. Arbeitsgang in der Gesundheitsstelle vom 17.11.1939 (BArch Berlin, R 69/850, Bl. 2); sowie Bericht über die Tätigkeit der Gesundheitsstelle der Einwandererzentralstelle Posen, o. D. (ebd., R 69/728, Bl. 10–12).

1215 Vgl. Halbmonatsbericht der Gesundheitsstelle der EWZ/Nebenstelle Posen vom 16.1.1940 (BArch Berlin, R 69/728, Bl. 46). Insgesamt dauerte die „Durchschleusung“ etwa drei bis vier Stunden, die Gesundheitsstelle beanspruchte demzufolge etwa ein Drittel der Zeit. Vgl. dazu Strippel, NS-Volkstumspolitik, S. 106.

1216 Halbmonatsbericht der Gesundheitsstelle der EWZ/Nebenstelle Posen vom 16.1.1940 (BArch Berlin, R 69/728, Bl. 46).

1217 Vgl. Heinemann, Rasse, S. 235.

1218 Die Gesundheitskarteikarten der EWZ befinden sich heute im Bundesarchiv Berlin im ehemaligen BDC-Bestand EWZ (57).

1219 Bericht über die Tätigkeit der Gesundheitsstelle der Einwandererzentralstelle Posen, o. D. (BArch Berlin, R 69/728, Bl. 10–12, hier 10).

1220 Vgl. zum Beispiel Gesundheitskarteikarte von Wanda R. aus Wolhynien (BArch Berlin [ehem. BDC], EWZ [57], R 62).

Galizien- und Wolhyniendeutschen als ungünstig, da der notwendige Platz für ausführliche „erbbiologische Ermittlungen" und umfangreiche Angaben zu Rassemerkmalen fehlte. Die RuS-Stelle schuf unter anderem deshalb bereits im Januar 1940 eine eigene „Rassekarteikarte".[1221] Auf dieser später mehrfach erweiterten Rassekarteikarte konnten nun wesentlich mehr Rassemerkmale nach einem festgelegten Raster, das dem der „SS-Rassenkarte" glich, dokumentiert werden. 1944 waren auf dieser Karteikarte insgesamt 21 Rassemerkmale und weitere „Auffälligkeiten" aufgeführt.[1222] Etwa im Sommer 1940 entwarf auch die Gesundheitsstelle eine weitaus umfangreichere Karteikarte. Auf dieser dokumentierten die Ärzte nun separat alle im Rahmen der ärztlichen Untersuchung zu erhebenden Befunde. Neben der Dokumentation sollte so auch eine Vereinheitlichung der Untersuchungspraxis und eine Standardisierung der ärztlichen Beurteilungen erreicht werden. So waren auf der neuen Gesundheitskarteikarte zum Beispiel unter der Rubrik „zusammenfassendes Urteil" die in Frage kommenden Einschätzungen bereits vorgegeben. Der „körperliche" Zustand eines Umsiedlers konnte demnach „gut - mittel - schlecht" sein, der „geistige" Zustand „unauffällig - auffällig", wobei hier eine weitere Spezifizierung nach „Schwachsinn, Zeichen von Psychopathie, geisteskrank" vorgenommen werden sollte.[1223] Der Arzt brauchte die in Frage kommende Beurteilung nur noch zu unterstreichen. Dies wiederum führte dazu, dass die Ärzte sich mit diesem Urteil begnügten, was sich bei genauerer Betrachtung als unzureichend erwies. Wie der unter anderem bei der Gesundheitsstelle in Posen tätige Arzt Hermann Heidenreich[1224] monierte, sei mit der Beurteilung „geistig unauffällig" allein später doch wenig anzufangen. Er führte dazu aus:

„Man muss doch z.B. bei der Bearbeitung der Volksdeutschen im [General]Gouvernement in der Lage sein, sich einen Typ vorzustellen, und nach diesem Typ müssen bei den verschiedenen Probanden Unterschiede gemacht werden können. Es sind eben viele mehr als nur ‚unauffällig'. Der eine ist lebhaft, lebendig, rege, der andere bequem, träge,

1221 Vgl. Heinemann, Rasse, S. 235.

1222 Vgl. zum Beispiel Rassekarteikarte von Theo A., ausgestellt am 22.9.1940 (BArch Berlin [ehem. BDC], EWZ [56], A 1); Rassekarteikarte von Edith A., ausgestellt am 17.9.1941 (ebd.); sowie Rassekarteikarte von Waldemar A., ausgestellt am 22.2.1944 (ebd.).

1223 Vgl. zum Beispiel Gesundheitskarteikarte von Christian K. (BArch Berlin, [ehem. BDC] EWZ [57], N 82). In einer späteren Fassung kam noch das Kriterium der „Lebensbewährung" hinzu. Vgl. zum Beispiel Gesundheitskarteikarte von Katharina K., ausgestellt am 4.10.1943 (ebd.).

1224 Hermann Heidenreich (1903-?) hatte in Marburg und Göttingen Medizin studiert. 1934 schloss er das Studium ab, erhielt 1935 seine Approbation und war anschließend als Assistent an der Frauenklinik Göttingen und der Medizinischen Klinik in Kiel beschäftigt. Seit 1938 praktizierte er als Allgemeinarzt in Gülzow. Im Oktober 1939 wurde er vom Korpsarzt der Waffen-SS zur EWZ abgeordnet. Der SS gehörte er seit April 1933, der NSDAP seit Mai 1937 an. Vgl. RÄK-Karteikarte von Hermann Heidenreich (BArch Berlin [ehem. BDC], RÄK, Hermann Heidenreich, 22.12.1903); Handschriftlicher Lebenslauf im RuS-Fragebogen vom 29.6.1937 (ebd., RS C 149, Hermann Heidenreich, unpag.); sowie SS-Karteikarte von Hermann Heidenreich (ebd., SSO 74 A, Hermann Heidenreich, unpag.).

wenig regsam, und beide sind natürlich unauffällig. Wenn man aber vor die Entscheidung gestellt wird, welcher von beiden 70 und welcher 120 Morgen guten Bodens bekommen sollen, wie soll dann der Entscheid getroffen werden, wenn beide ‚unauffällig' und gesund sind und gesunde und ‚unauffällige' Kinder haben?! Es ist klar, dass es rein subjektive Urteile sind, aber die Fehlermöglichkeiten dabei werden ausgeglichen durch die Grosszügigkeit [sic!] der Landzuweisung. Aber das Land ist zu kostbar und zu knapp, als dass es Familien zugewiesen würde, die in ein oder zwei Generationen einen Stall voll Idioten, Schwachsinnigen, Epileptikern oder Schizophrenen liefern würden."[1225]

Vor diesem Szenario erschien die Arbeit der innerhalb der Gesundheitsstellen tätigen Fürsorgerinnen umso wichtiger, waren sie doch mit der Erhebung der Vorgeschichte, also quasi dem „Aufspüren" von „Erbkranken" betraut. Dazu waren sie neben ihren eigenen Beobachtungen in erster Linie auf die Angaben der Umsiedler angewiesen. Da diese jedoch recht bald die Bedeutung des Urteils der Gesundheitsstelle erkannt hatten und wussten, dass „Erbkrankheiten" sich nachteilig auf die Einbürgerung und Ansiedlung auswirkten, verschwiegen sie diese ganz bewusst und leugneten verwandtschaftliche Beziehungen zu vermeintlich „Erbkranken". Wie aus einem Bericht der „Fliegenden Kommission" IV hervorgeht, sei es vorgekommen, dass „ein Rückwanderer seinen Bruder, der 2 ‚Hasenscharten-Kinder' hatte, verleugnete".[1226] Die „erbbiologischen Ermittlungen" führten demnach auch zu einer zusätzlichen Stigmatisierung und Ausgrenzung vermeintlich „Erbkranker" und beförderten eine Entsolidarisierung.

Um dennoch die gewünschten Informationen zu erhalten, sollten die Fürsorgerinnen in Zukunft mit mehr „Unauffälligkeit und Taktik" vorgehen.[1227] Außerdem wurden die Volkstumssachverständigen, Vertrauensmänner und „Dorfältesten" hinzugezogen. Diese waren in der Regel sehr gut über „alle in der Sippen vorkommenden Erbkrankheiten sowie über die Verwandtschaftsgrade im Bilde"[1228] und konnten zudem auch Auskunft über „das soziale Verhalten und die Lebensbewährung der einzelnen Herde" geben.[1229] Die Konsultation von Vertrauensmännern nahm dabei auch recht skurrile Formen an, etwa im Falle der „Fliegenden Kommission" IV. Dort versammelte der Arzt „jeweils nach Beendigung der täglichen Durchschleusung Bürgermeister, Lehrer und andere

1225 Heidenreich, Tätigkeits- und Erfahrungsbericht der Gesundheitsstelle Posen vom 7.10.1940 (BArch Berlin, R 69/455, Bl. 18–23, hier 21). Es handelt sich hierbei um eine gekürzte Version des Berichtes. Die ausführliche Fassung, die ebenfalls auf den 7.10.1940 datiert ist, befindet sich ebd., R 69/1168, Bl. 106–114.

1226 Zusammenfassender Abschluss- und Erfahrungsbericht der FK IV vom 1.2.1941 (BArch Berlin, R 69/537, Bl. 89 f.). Vgl. weiter zum Beispiel Abschlussbericht der EWZ über die Erfassung der Volksdeutschen im Generalgouvernement von 1940 (IfZ München, ED 72/5); sowie Informationsstelle der EWZ Litzmannstadt an Gesundheitsstelle vom 8.4.1941 (BArch Berlin, R 69/570, Bl. 9).

1227 Monatsbericht der FK III u. a. über die Durchschleusungen in den Lagern Konitz, Amalienhof, Soldau vom 31.7.1941 (BArch Berlin, R 69/537, Bl. 66 f., hier 67).

1228 Informationsstelle der EWZ Litzmannstadt an Gesundheitsstelle vom 8.4.1941 (BArch Berlin, R 69/570, Bl. 9).

1229 Rundschreiben des Leiters der Gesundheitsstellen der EWZ an die Gesundheitsstellen der EWZ vom 13.5.1941 (BArch Berlin, R 69/327, Bl. 14–17, hier 16).

angesehene Persönlichkeiten eines Dorfes um sich [...], um mit diesen an Hand der Gesundheitskarten und der Eintragungen der Fürsorgerinnen festzustellen, welche Familien erbgesundheitlich belastet“ seien.[1230] Ein solches Vorgehen erschien selbst der EWZ „nicht unbedenklich“.[1231] Neben den Vertrauensmännern wurden vor allem auch die Lagerärzte und die Lager-Gesundheitskarte für die Ermittlungen der Fürsorgerinnen herangezogen. Die Ergebnisse dieser „erbbiologischen Ermittlungen“ sollten auf der Gesundheitskarteikarte festgehalten werden. Die Angaben waren allerdings, wie Heidenreich bei einer Durchsicht der Gesundheitskarten im Herbst 1940 feststellte, zum Teil „absolut unzureichend“. So enthielten einige Karten beispielsweise lediglich den Vermerk: „häufig Erbkrankheiten in der Familie und Selbstmorde“.[1232] Nicht selten fehlten der Name des betroffenen Familienmitgliedes, Angaben zu verwandtschaftlichen Beziehungen und konkrete Diagnosen oder Symptome. Da aber gerade diesen Informationen aus Sicht der EWZ besondere Bedeutung zukam, erschien hier eine Professionalisierung der Erfassungstätigkeit dringend notwendig, um in Zukunft „Fehlurteile“ zu vermeiden. Ein erster Schritt hin zu einer Professionalisierung der Erfassungstätigkeit war die Verwendung der neuen Gesundheitskarteikarte, auf der neben der Vorgeschichte vor allem den „erbbiologischen Ermittlungen“ mehr Raum eingeräumt wurde. Die gesamte Rückseite der Karte stand dafür zur Verfügung. Sie enthielt ein vorgedrucktes „Sippenschema“, das von den Fürsorgerinnen akribisch ausgefüllt werden sollte. Darin sollten alle Familienmitglieder erfasst und die erkrankten rot markiert werden. In den dafür vorgesehen Spalten waren die Namen zu ergänzen und die Diagnosen der erkrankten Familienmitglieder zu notieren. Schließlich sollte ausführlich über den Befragten selbst und eine gegebenenfalls vorhandene „Erbkrankheit“ berichtet werden.[1233] So hatte die Fürsorgerin auf der Gesundheitskarteikarte von Lydia W. vermerkt: „wurde nach der 3. Entbindung geisteskrank, lebte noch 16 Jahre danach, zeitweise gebessert, 3 x in Anstalt Kischineff“.[1234] Die Diagnose lautete Schizophrenie. Zwei Verwandte hätten außerdem an „angebor[enem] Schwachsinn“ gelitten. Für Lydia W. ergaben sich aus diesen Befunde keine Konsequenzen mehr. Sie war bereits in Kischineff verstorben, was die Fürsorgerinnen jedoch nicht davon abhielt, auch für sie eine Gesundheitskarteikarte anzulegen. Für ihren Ehemann und ihre Kinder, die bei der Untersuchung „kei-

1230 Vermerk der Organisationsstelle der EWZ für Meixner, betr. Fliegende Kommission IV vom 6.2.1941 (BArch Berlin, R 69/696, Bl. 137).

1231 Ebd.

1232 Tätigkeits- und Erfahrungsbericht der Gesundheitsstelle Posen/Heidenreich vom 7.10.1940 (BArch Berlin, R 69/455, Bl. 18–23, hier 22).

1233 Vgl. Anordnung Nr. 124 des Leiters der EWZ/Gesundheitsstellen, betr. Arbeit der Gesundheitsstellen vom 8.1.1941 (BArch Berlin, R 69/401, Bl. 270–276). Die Anordnung ist die Grundlage für spätere Dienstanweisungen, die sich, abgesehen von der Einleitung des Sterilisationsverfahrens, nur wenig von dieser ersten unterscheiden. Vgl. Dienstanweisung der Gesundheitsstellen, o. D. (ebd., R 69/455, Bl. 35–45); sowie der Dienstanweisung der Gesundheitsstellen, o. D. (ebd., R 69/591, Bl. 15–27).

1234 Gesundheitskarteikarte von Lydia W. (BArch Berlin [ehem. BDC], EWZ [57], U 112).

nen allzu guten Eindruck" machten – sie wurden als „träge, starrköpfig und schwerfällig" bezeichnet[1235] –, hatten diese Eintragungen aber sehr wohl Folgen. Entsprechend der Kernaufgabe der Gesundheitsstelle, die „dafür Sorge zu tragen [hatte], dass alle lebensuntüchtigen- und erbkranken Familien vom Einsatz im Osten ausgeschieden werden",[1236] wurde ihnen die Ansiedlung im „Osten" verweigert.[1237] Subjektive Ersturteile wurden somit perpetuiert und festgeschrieben.

Alle vermeintlich „erbkranken" oder „belasteten" Umsiedler sollten ab Januar 1941 zudem in speziellen „E[rb]K[ranken]-Listen" verzeichnet werden, die später in eine „Erbkrankenkartei" umgewandelt wurden.[1238] Darin waren der Name, der Geburtsort und -tag, der bisherige Wohnort und die Umsiedlungs- und Durchschleusungsnummer zu vermerken, um eine zweifelsfreie Identifizierung zu gewährleisten. Des Weiteren sollten natürlich eine möglichst genaue Diagnose sowie ein Hinweis zur familiären Belastung, zum Beispiel durch namentliche Angabe kranker Geschwister oder auch bereits verstorbener Familienmitglieder, enthalten sein. Dadurch wurden die weiteren „erbbiologischen Ermittlungen" und spätere Überprüfungen erleichtert.[1239] Welcher Art die in diesen „Erbkrankenlisten" verzeichneten „Diagnosen" waren und in welcher Breite diese Erhebungen stattfanden, sei anhand einiger Beispiele illustriert: Otto G. galt als „Schizoider Sonderling"; Helene H. litt angeblich seit dem 15. Lebensjahr an „epi-ähnl[ichen] Krampfanfällen", war „ledig", hatte „ein unehel[iches] Kind", lebte zum Zeitpunkt der Umsiedlung allerdings „in Sibirien"; Alexander G. sei „geistesgestört".[1240] Andere litten an vermeintlichen „Erbkrankheiten" wie „Schwachsinn", Blindheit, Taubheit, Epilepsie, schweren

1235 Gesundheitsstelle der EWZ Litzmannstadt an Abt. II der EWZ, betr. Umsiedlerherd Anton W. vom 10.5.1943 (BArch Berlin [ehem. BDC], EWZ [57], U 112).

1236 Richtlinien des Leiters der Gesundheitsstellen/Meixner für die ärztliche und erbbiologische Beurteilung der Umsiedler vom 6.1.1941 (BArch Berlin, R 69/178, Bl. 26–29, hier 26).

1237 Vgl. Gesundheitskarteikarte von Anton W. (BArch Berlin [ehem. BDC], EWZ [57], U 112). Auch spätere Bemühungen des Vaters, eine Änderung des „Ansatzentscheides" herbeizuführen, blieben erfolgslos und wurden stets aufgrund der „erbbiologischen Bedenken" zurückgewiesen. Vgl. zum Beispiel Überprüfungskommission an Gesundheitsstelle der EWZ Litzmannstadt, betr. Anton W. vom 7.5.1942 (ebd.).

1238 Die Aufstellung der „Erbkrankenlisten" wurde mit der Dienstanweisung des Leiters der Gesundheitsstellen vom 8.1.1940 angeordnet. Diese sollten nach Volksgruppen getrennt, alphabetisch geordnet werden. 1942 wurde erstmals eine „Erbkrankenkartei" für die Russlanddeutschen angelegt. 1944 wurde die Verkartung aller EK-Listen verfügt. Vgl. Anordnung Nr. 124 des Leiters der EWZ/Gesundheitsstellen, betr. Arbeit der Gesundheitsstellen vom 8.1.1941 (BArch Berlin, R 69/401, Bl. 270–276, hier 272); Abschlussbericht der EWZ über die Durchschleusung der Russlanddeutschen von 1942 (IfZ München, ED 72/10); sowie Gesundheitsstelle der EWZ an FK, betr. Aufstellung einer „Erbkrankenkartei" vom 6.9.1944 (BArch Berlin, R 69/455, Bl. 75).

1239 Vgl. Abschlussbericht der EWZ über die Durchschleusung der Russlanddeutschen von 1942 (IfZ München, ED 72/10).

1240 Erbkranklisten der Russlanddeutschen, o. D. (BArch Berlin, R 69/1010, hier 92, 95, 109). Vgl. weiter EK-Listen der Russlanddeutschen (ebd., R 69/1011); sowie EK-Liste „Südbuchenland" (ebd., R 69/1108).

körperlichen Missbildungen oder Alkoholismus, die unter das GzVeN fielen. Vielfach findet sich hier auch der Vermerk „EK-Meldung“, d. h. die Ärzte hatten im Rahmen der „Durchschleusung“ eine Sterilisationsanzeige erstattet. War eine „EK-Meldung“, aus welchem Grund auch immer, ausgeblieben, so stellten die „Erbkrankenlisten“ ein brauchbares Instrumentarium für eine spätere Überprüfung und Meldung dar. Zusammen mit den Eintragungen auf den Gesundheitskarteikarten existierte damit für jeden vermeintlich „Erbkranken“ und dessen (gesunde) Familienmitglieder ein kompakter und im Idealfall schnell greifbarer Datensatz. Ein solches Vorgehen war ganz im Sinne der Rassenhygieniker und Genetiker, die schon lange die Erweiterung des diagnostischen Blicks auf nicht manifest erkrankte Familienmitglieder forderten, konnten doch auch diese Familienmitglieder Merkmalsträger sein.[1241] Als problematisch erwies sich dabei allerdings, dass die Erhebungen oft weder von den Fürsorgerinnen noch von den Ärzten in der gewünschten Ausführlichkeit und Präzision vorgenommen wurden, was eine spätere EWZ-interne Überprüfung des Einzelfalls anhand der Gesundheitskarteikarten in der Regel erheblich erschwerte.[1242] Dies führte nicht zuletzt zur Einsetzung der schon erwähnten „Überprüfungskommission“, die sich vor Ort nochmals ein Bild von den betroffenen Umsiedlern machte. Sie musste dabei feststellen, dass Familien, die „lt. Gesundheitskarten 4 und mehr schwachsinnige Kinder hatten, die öfters und immer negativ beurteilt“ worden waren, während der Untersuchung ein ganz anderes Bild vermittelten.[1243] So erschienen „die betreffenden Kinder wohl etwas verschreckt und anfänglich etwas dumm“, nach einiger Zeit hätten sie sich aber als „recht aufgeweckt und gesprächig“ entpuppt.[1244] Derartige Fehlurteile häuften sich besonders in der Anfangszeit, die ein selektionistischer Übereifer der Ärzte kennzeichnete. Hinzu kam, dass, vor allem während der ersten Umsiedlungsaktionen, nicht ausreichend Zeit für die Erhebungen der Fürsorgerinnen und die ärztliche Untersuchung zur Verfügung stand. Aus diesem Grunde beklagte beispielsweise der Leiter der Gesundheitsstelle der Fliegenden Kommission II im Februar 1940, dass bei einer „Durchschleusungsziffer bis ca. 500 Personen am Tage“ - bei vier Ärzten - „die Arbeit der Gesundheitsstelle in ihrer Gründlichkeit stark beeinträchtigt“ würde.[1245] Weiter führte er aus: „Die ärztliche Untersuchung konnte nur höchst oberflächlich erfolgen, und entsprach absolut nicht mehr den Grundätzen unserer Arbeit. Für eine wissenschaftliche Auswer-

1241 Vgl. Kap. II.1.1.
1242 Vgl. Heidenreich, Tätigkeits- und Erfahrungsbericht der Gesundheitsstelle Posen vom 7.10.1940 (BArch Berlin, R 69/455, Bl. 18-23); Abschlussbericht der Überprüfungskommission/Kommission XIII (Bericht der Gesundheitsstelle), o. D. (ebd., R 69/971, Bl. 114-136, hier 132); sowie Rundschreiben des Leiters der Gesundheitsstellen der EWZ an die Gesundheitsstellen der FK vom 13.5.1941 (ebd., R 69/27, Bl. 14-17).
1243 Abschlussbericht der Überprüfungskommission/Kommission XIII (Bericht der Gesundheitsstelle), o. D. (BArch Berlin, R 69/971, Bl. 114-136, hier 132).
1244 Ebd.
1245 Abschluss- und Erfahrungsbericht der Gesundheitsstelle der FK II vom 20.2.1940 (BArch Berlin, R 69/537, Bl. 11-14, hier 12).

tung des Gesundheitszustandes bildet unsere Arbeit auf diese Weise keine Grundlage, der Wert der Tätigkeit der Gesundheitsstelle bei den Durchschleusungsverfahren wurde dadurch sehr infragegestellt [sic!].“[1246]

Zudem musste der Arbeitsablauf in den Gesundheitsstellen, insbesondere die Zusammenarbeit der Ärzte mit den Fürsorgerinnen, erst noch optimiert werden. So bemerkte Heidenreich in seinem Bericht vom Oktober 1940 plakativ: „was nützt es, wenn die Fürsorgerin aufgeschrieben hat, Hüftluxation (wahrscheinlich angeboren), und der Arzt schreibt: Bein verkürzt, wobei er sich natürlich keine Gedanken gemacht hat, ob die Hüftluxation etwa angeboren sein könnte.“[1247] Derartige Fälle offenbarten, dass sowohl die fachliche Qualifikation der Ärzte wie auch die Arbeitsorganisation innerhalb der Gesundheitsstelle noch deutliche Mängel aufwiesen. Um diese zu beheben und ein einheitliches Vorgehen innerhalb der „Fliegenden Kommissionen“ zu gewährleisten, erließ der Leiter der Gesundheitsstellen, Meixner, in der Folgezeit einige grundsätzliche Dienstanweisungen, die das Aufgabenfeld der Ärzte und die Beurteilungsgrundlagen präzisierten.[1248] Der Arzt hatte demzufolge die Aufgabe, in einem ersten Schritt die Ermittlungen der Fürsorgerin zu überprüfen und sich im weiteren Verlauf der Untersuchung ein genaues Bild von der „körperliche[n] und geistige[n] Entwicklung“ sowie der „Lebenstüchtigkeit und damit de[m] Gesamterbwert [der] Sippe“ zu machen.[1249] Die körperlichen Befunde erstreckten sich zum Beispiel auf die Größe, das Gewicht, die Figur, die Herz- und Lungenfunktion, die Zähne und den Allgemeinzustand. Hier sollten auch Feststellungen wie „sauber, schmutzig, Ungeziefer, Hautausschlag“ getroffen werden.[1250] Weiterhin fanden Untersuchungen auf Tbc, Trachom, Infektionskrankheiten und Lues (Syphilis) statt. Die Lues-Untersuchung fand ebenso wie die röntgenologische Untersuchung (Tbc), die zum Teil erst später durch eine spezielle Röntgenkommission vorgenommen wurde, in der Regel als Reihenuntersuchung statt. Die Auswertung der entsprechenden Blutproben bzw. des Röntgenbildes übernahm das Hygiene-Institut der Waffen-SS in Berlin bzw. der SS-Röntgensturmbann in Frankfurt/Main.[1251] Insbesondere Himmler

1246 Ebd.

1247 Heidenreich, Tätigkeits- und Erfahrungsbericht der Gesundheitsstelle Posen vom 7.10.1940 (BArch Berlin, R 69/455, Bl. 18–23, hier 21).

1248 Vgl. dazu und im Weiteren Anordnung Nr. 124 des Leiters der EWZ/Gesundheitsstellen, betr. Arbeit der Gesundheitsstellen vom 8.1.1941 (BArch Berlin, R 69/401, Bl. 270–276, hier 272 f.). Die Anordnung behielt auch in den Folgejahren ihre Gültigkeit. Sie befindet sich beispielsweise auch in den Handakten des bei der EWN Paris eingesetzten Arztes Hans Bartak. Vgl. Dienstanweisung der Gesundheitsstellen, o. D. (ebd., R 69/591, Bl. 15–27).

1249 Anordnung Nr. 124 des Leiters der EWZ/Gesundheitsstellen, betr. Arbeit der Gesundheitsstellen vom 8.1.1941 (BArch Berlin, R 69/401, Bl. 270–276, hier 272).

1250 Ebd., Bl. 273; sowie Gesundheitskarteikarte von Katharina K. (BArch Berlin [ehem. BDC], EWZ [57], N 82).

1251 Vgl. Vermerk der Gesundheitsstelle der EWZ Nebenstelle Paris vom 13.8.1941 (BArch Berlin, R69/862, Bl. 21); sowie Schemata zur Tbc- und Lues-Erfassung vom 10.12.1941 (ebd., R 69/62, Bl. 5 f.).

schwebte aber noch eine weitere Untersuchung vor: die Blutgruppenbestimmung. Etwa im Oktober 1940 ordnete Himmler persönlich die Durchführung der Blutgruppenbestimmung bei allen Umsiedlern an.[1252] Dies stieß keineswegs auf die ungeteilte Zustimmung der Gesundheitsstellen, fehlte den „Fliegenden Kommissionen" doch das dafür notwendige Personal. Außerdem lagen Meixners Ansicht nach derartige Untersuchungen nicht im Aufgabenbereich der Gesundheitsstellen. Er lehnte sie mit dem Hinweis, dass die Blutgruppenbestimmung „im Rahmen der Umsiedlungsaktion [...] keinen nennenswerten praktischen Wert" habe, rundherum ab.[1253] „Es wäre", so Meixner, „lediglich wissenschaftlich interessant die Verteilung der Blutgruppen bei geschlossenen deutschen Volksgruppen festzustellen".[1254] Möglicherweise interessierte Himmler genau das. Vielleicht sah er in der Blutgruppe, wie zum Beispiel auch der Anthropologe Otto Reche, ein weiteres Rassemerkmal.[1255] Einen wissenschaftlichen Beweis für einen Zusammenhang zwischen Blutgruppe und „Rasse" gab es zwar bis dato nicht - deshalb gehörte die Blutgruppe höchstwahrscheinlich auch nicht zu den „Auslesekriterien" der EWZ - das im Rahmen der Umsiedlungsaktionen nun quasi en passant zu gewinnende Probenmaterial eröffnete hier allerdings völlig neue Möglichkeiten. Diese wollte Himmler offensichtlich nutzen und setzte, entgegen aller Bemühungen der EWZ, die Rücknahme der Anordnung zu erwirken, die Blutgruppenbestimmung bei allen Umsiedlern durch.[1256]

Spezielle „Blutgruppenkommissionen" der EWZ suchten dazu die einzelnen Lager gemeinsam mit den Röntgenkommissionen auf. Bei allen Umsiedlern zwischen sechs und 65 Jahren wurden die Blutgruppen bestimmt[1257] und im

1252 Die entsprechende Anordnung konnte nicht gefunden werden. Aus den Unterlagen der EWZ geht jedoch hervor, dass Himmler persönlich die Blutgruppenbestimmung angeordnet hatte. Im Oktober 1940 unternahm die EWZ konkrete Bemühungen, um die Rücknahme der Anordnung zu erreichen. Vgl. Leiter der Gesundheitsstellen an Leiter der EWZ, betr. Erstellung von Ärzten seitens der Waffen-SS für die EWZ vom 29.10.1940 (BArch Berlin, R 69/136, Bl. 48).

1253 Meixner, EWZ Dienststelle Galatz, an Führungsstab Litzmannstadt vom 9.11.1940 (BArch Berlin, R 69/1168, Bl. 104).

1254 Ebd.

1255 Zur Blutgruppenforschung vgl. weiterführend Gerhard Baader, Blutgruppenforschung im Nationalsozialismus. In: Mariacarla Gadebusch Bondio (Hg.), Blood in history and blood histories, Florenz 2005, S. 331-345; sowie Cottebrune, Blut und „Rasse". Bereits in den 1920er Jahren gab es Untersuchungen zum Zusammenhang von Blutgruppen und „Rassezugehörigkeit". Ende der 1920er Jahre wurde die „Rassenbestimmbarkeit" anhand von Blutgruppen in wissenschaftlichen Kreisen jedoch negiert. Nichtsdestoweniger wurden derartige Forschungen fortgesetzt und Anfang der 1940er Jahre, zum Beispiel von Karl G. Horneck, noch intensiviert.

1256 Der stellvertretende Leiter der Gesundheitsstellen, Krist, hatte beim Reichsarzt-SS und beim Korpsarzt der Waffen-SS, die einen Großteil des ärztlichen Personals stellten, erreicht, dass diese sich mit Verweis auf die Personalsituation bei Himmler für eine Rücknahme des Befehls einsetzen wollten. Dies blieb jedoch ohne Erfolg. Vgl. Leiter der EWZ an die Dienststelle des RKF vom 4.11.1940 (BArch Berlin, R 69/136, Bl. 50).

1257 Bei der Bestimmung der Blutgruppen bei Kindern und Jugendlichen waren offensichtlich anfangs „Fehlurtele" aufgetreten, sodass die EWZ überlegte, die Bestimmungen

Anschluss an die Blutabnahme die Blutgruppe wie bei SS-Angehörigen in die Innenseite des Oberarms tätowiert, was die Betroffenen bei Kriegsende vielfach in missliche Situationen gebracht haben dürfte.[1258] Die Verbindung zwischen der SS-Auslese und der der Umsiedler ist hier geradezu augenscheinlich.

Generell sollte die Blutgruppenbestimmung „mit peinlichster Genauigkeit" vorgenommen werden. Die Ergebnisse sollten auf den Röntgenkarten vermerkt und in die Lagerlisten übertragen und, diese schließlich täglich an die Gesundheitsstelle Litzmannstadt übersandt werden.[1259] Die Schreibekraft sei hierbei auf „die größte Genauigkeit aufmerksam zu machen, es dürf[t]en Schreibfehler bei den Nummern, Zahlen und Ergebnissen unter keinen Umständen vorkommen, da dies von größter Tragweite für die Untersuchten" sei.[1260] Welche Konsequenzen die Blutgruppenbestimmungen tatsächlich hatten, geht aus den Quellen nicht hervor. Hinweise zur weiteren Verwendung und Auswertung der Ergebnisse, ob sie beispielsweise zur Klärung von Abstammungsfragen herangezogen wurden,[1261] fehlen bislang. Sicher ist lediglich, dass die Blutgruppenbestimmungen und Tätowierungen zumindest bei einem Teil der Umsiedler durchgeführt wurden. Dazu gehörten beispielsweise die Bessarabiendeutschen und die Deutschen aus der Südbukowina, Dobrudscha und Litauen.[1262] Darüber hinaus erschien auch die Blutgruppenbestimmung im Westen aus wissenschaftlichen Gründen als „dringendst erwünscht".[1263] Sie wurde schließlich

erst ab dem 16. Lebensjahr durchzuführen. Nach Ansicht des Leiters des Hygiene-Instituts der Waffen-SS, Joachim Mgrugowsky, den die EWZ in dieser Frage konsultierte, war dies allerdings so „selten" der Fall, dass das Alter nicht angehoben wurde. Vgl. Leiter der EWZ an Dr. Sika, Leiter der Röntgenkommission, vom 11.12.1940 (BArch Berlin [ehem. BDC], SSO 137B, Hans Sika, unpag.).

1258 Vgl. Anordnung des Leiters der Gesundheitsstellen für die Blutgruppenkommission vom 24.1.1941 (BArch Berlin, R69/455, Bl. 29 f.).

1259 Die Blutgruppe wurde zum Teil auch auf die Gesundheitskarteikarten übertragen. Vgl. z. B. Gesundheitskarteikarte von Agnes H. (BArch Berlin [ehem. BDC], EWZ [57], L 72).

1260 Anordnung des Leiters der Gesundheitsstellen für die Blutgruppenkommission vom 24.1.1941 (BArch Berlin, R69/455, Bl. 29 f., hier 30).

1261 Meixner kritisierte, dass einige RuS-Prüfer im Zusammenhang mit der Blutgruppenbestimmung gegenüber den Umsiedlern „unsinnige Bemerkungen über Vaterschaftsverhältnisse" gemacht hätten. Es könnte also sein, dass die Blutgruppenbestimmung, wie auch Leniger vermutet, auch für Abstammungsgutachten verwendet wurde. In diesem Sinne hätte sie für die Umsiedlung also doch einen mehr oder weniger „praktischen Wert" gehabt, den Meixner ja vereint hatte. Es ging vermutlich daher eher um „wissenschaftliche" Zwecke, sei es, um serologische Rassemerkmale sezieren, oder um die Verteilung der Blutgruppen innerhalb der Volksgruppen nachvollziehen zu können. Vgl. Rundschreiben des Leiters der Gesundheitsstellen der EWZ an alle Ärzte der FK, betr. Geheimhaltung Blutgruppenbestimmungsergebnisse vom 24.1.1941 (BArch Berlin, R 69/455, Bl. 28); sowie Leniger, NS-Volkstumsarbeit, S. 186 f.

1262 Vgl. Abschlussbericht der EWZ über die Erfassung der Deutschen aus Bessarabien von 1940 (IfZ München, ED 72/15); Abschlussbericht der EWZ über die Erfassung deutscher Volksgruppen aus Südosteuropa von 1941 (ebd., ED 72/19); sowie Stossun, Litauen, S. 132.

1263 Meixner, EWZ Litzmannstadt, an die EWZ/Nebenstelle Paris, betr. Blutgruppenuntersuchung Paris vom 9.6.1941 (BArch Berlin, R 69/852, Bl. 28).

auch dort durchgeführt.[1264] Bei späteren Umsiedlungsaktionen, zum Beispiel aus Bosnien oder der Sowjetunion, fanden keine Blutgruppenbestimmungen mehr statt.[1265]

Neben der Erhebung der körperlichen Befunde hatte der Arzt die Umsiedler auch auf ihren „Geisteszustand" und insbesondere auf „Erbkrankheiten" hin zu untersuchen. Gerade bei dieser ideologisch so bedeutsamen Untersuchung - es sollten schließlich nur die „erbtüchtigen" Familien in den „Osten" gelangen - fällten die Ärzte oftmals ein nicht aussagekräftiges oder vermeintlich falsches Urteil. So wies Meixner in der Dienstanweisung für die Ärzte der EWZ, wie auch schon Heidenreich, expressis verbis darauf hin: „Es genügt nicht, in jedem Falle ‚unauffällig' [in den Gesundheitskarteikarten] zu unterstreichen. In Zusammenarbeit mit der Fürsorgerin soll der Arzt vielmehr auch bei einem nicht als Psychopathen oder Geisteskranken auffallenden Umsiedler seinem Urteil mehr Farbe verleihen und dieses mit Bezeichnungen: rege, lebhaft, schwerfällig, gehemmt, beschränkt, euphorisch, aufgeregt, distanzlos, burschikos und dgl. niederlegen."[1266]

Im Falle des Auftretens von wie auch immer gearteten „Erbkrankheiten" gestaltete sich die Beurteilung ungleich schwieriger, wie aus den zahlreichen Sonderanweisungen Meixners an die EWZ-Ärzte hervorgeht. Grundsätzlich war zunächst einmal auf der Basis der Ermittlungen der Fürsorgerin festzustellen, ob „überhaupt ein Erbleiden" vorlag.[1267] Bereits diese Feststellung stellte viele Ärzte offensichtlich vor ein Problem, denn Meixner musste dieselben im Mai 1940 ausdrücklich darauf hinweisen, dass sie sich „mit den notdürftigsten Tatsachen der Erbbiologie vertraut" zu machen hätten.[1268] Gleichzeitig wies er sie darauf hin, dass nur „erwiesene Erbkrankheiten als solche angesehen werden" dürften.[1269] Dazu führte er, die häufigsten Fehlerquellen illustrierend, aus: „Beispielsweise kann aus der Angabe, dass irgendein näherer oder fernerer Verwandter, der dem untersuchenden Arzt nicht vorgestellt wurde, an Krämpfen gelitten habe, noch lange nicht die Diagnose genuine Epilepsie gestellt werden. Bei sämtlichen Geisteskrankheiten muss daran gedacht werden, dass es sich um reaktive Psychosen handeln kann. Bei sämtlichen Schwerhörigkeiten und Taub-

1264 Vgl. dazu zum Beispiel Monatsbericht der Gesundheitsstelle der EWZ/Nebenstelle Paris vom 31.8.1941 (BArch Berlin, R 69/354, Bl. 1 f.).

1265 Vgl. Anordnung Nr. 192 des Leiters der EWZ, betr. Schleusung der volksdeutschen Umsiedler aus Bosnien vom 31.10.1942 (IPN Warschau, Gk 672/28a, Bl. 277-284, hier 229); sowie Anordnung Nr. 219 des Leiters der EWZ, betr. Schleusung volksdeutscher Umsiedler aus Russland vom 27.1.1944 (ebd., Bl. 29-47, hier 47).

1266 Anordnung Nr. 124 des Leiters der EWZ/Gesundheitsstellen, betr. Arbeit der Gesundheitsstellen vom 8.1.1941 (BArch Berlin, R 69/401, Bl. 270-276, hier 274).

1267 Richtlinien des Leiters der Gesundheitsstellen der EWZ für die ärztliche und erbbiologische Beurteilung der Umsiedler vom 6.1.1941 (BArch Berlin, R 69/178, Bl. 26-29, hier 27).

1268 Meixner, Leiter der Gesundheitsstellen der EWZ, an die Gesundheitsstellen der FK vom 7.5.1940 (BArch Berlin, R 69/570, Bl. 280).

1269 Ebd.

heiten ist darauf hinzuweisen, dass der Nachweis der Erblichkeit erst bei Häufung in der Sippe geliefert ist."[1270]

Meixner forderte ferner, dass neben der gründlichen Untersuchung und Abwägung der einzelnen Befunde diese auch umfassend zu dokumentieren seien. Noch 1943 wies er darauf hin, dass „bei allen Formen von Schwachsinn und Geisteskrankheiten die reine Angabe der Diagnose" nicht genügen würde. Es müsse „bei Schwachsinn auf der Gesundheitskarte das Ergebnis der Intelligenzprüfung wenigstens auszugsweise mit dem besonders maßgeblichen Punkten vermerkt werden".[1271] Tatsächlich dürfte der durchaus umfangreiche „Intelligenzprüfbogen", der im Rahmen des GzVeN Verwendung fand, hier nur oberflächlich ausgefüllt worden sein, führt man sich vor Augen, wie begrenzt das Zeitkontingent für eine Untersuchung war. Dies erschwerte eine eindeutige Diagnosestellung, wie sie von Meixner gefordert wurde. Gleiches galt für die Bestimmung des „Erbwertes", der generell für die gesamte Familie festzustellen war. Dabei sollte grundsätzlich das „positive und negative Erbgut der Familie gewissenhaft gegeneinander" abgewogen werden.[1272] Einzelfälle von „Geisteskrankheiten" wie „Schwachsinn" seien bei einer „sonst guten Familie als nicht erblich anzusehen".[1273] Meixner gab den Ärzten eine interessante Faustregel an die Hand, nach der „ein Fall von Schwachsinn um so weniger als erbbedingt anzusehen [sei], je schwerer der Schwachsinn" sei.[1274] Bei „Krampfzuständen" eines Probanden müsse nicht nur nach weiteren epileptischen Fällen innerhalb der Familie „gefahndet" werden, sondern auch nach „den übrigen Zeichen eines epileptischen Charakters". Derartige „Zeichen" seien: die „Neigung zu Gewalttätigkeiten und triebhaften Handlungen überhaupt, Jähzorn, Kriminalität, Trunksucht".[1275] Es ging demnach keineswegs ausschließlich um medizinisch definierte, diagnostizierbare Erbkrankheiten, sondern auch um „jede erbliche Abwegigkeit, die die Gesundheit des Nachwuchses vermindern" könne – also um soziale Diagnosen.[1276] Hierfür wurde das Kriterium der „Lebensbewährung" geschaffen. Eine mangelnde „Lebensbewährung" galt als Indikator für die „Erbuntüchtigkeit" des Probanden. Meixner verfügte hierzu:

„Demnach sind solche Umsiedler für den Osten unbrauchbar, die einer Sippe entstammen, deren Mitglieder zu einem mehr oder minder großen Teil laufend Konflikte mit Strafgesetzen, der Polizei oder sonstigen Behörden haben oder arbeitsscheu, hemmungslos oder unwirtschaftlich sind und den Unterhalt für sich und ihre Kinder dauernd aus fremden Mitteln zu erlangen suchen. Ebenso zu bewerten sind Umsiedler aus solchen

1270 Ebd.
1271 Leiter der Gesundheitsstellen der EWZ an FK „Sonderzug" vom 27.7.1943 (BArch Berlin, R 69/1177, Bl. 29).
1272 Anweisung des Leiters der Gesundheitsstellen der EWZ an sämtliche Gesundheitsstellen der EWZ vom 28.6.1940 (BArch Berlin, R 69/570, Bl. 112 f., hier 112).
1273 Ebd.
1274 Ebd.
1275 Ebd., hier Bl. 113.
1276 Richtlinien des Leiters der Gesundheitsstellen der EWZ für die ärztliche und erbbiologische Beurteilung der Umsiedler vom 6.1.1941 (BArch Berlin, R 69/178, Bl. 26–29, hier 27).

Sippen, die ohne fremde Hilfe, Beaufsichtigung oder Führung weder einen geordneten Haushalt zu führen noch ihre Kinder zu brauchbaren Volksgenossen zu erziehen vermögen, oder, wenn in der Sippe Trinker, Prostituierte, Landstreicher, Rauschgiftsüchtige, Spieler usw. nicht als Einzelfall vorkommen.“[1277]

Alle diese Beispiele verdichten sich zu dem zeitgenössischen und äußerst populären Schlagwort der „Asozialität“. Dieses erfreute sich innerhalb des „Durchschleusungsvorgangs“ bei vielen Stellen großer Beliebtheit. Es wurde beispielsweise für Familien verwendet, die einen „unordentlichen Eindruck“ machten oder bei denen „Haus und Hof“ den deutschen Betrachtern „etwas verwahrlost“ erschienen.[1278] Eine solche pauschale Verwendung des Begriffes „asozial“ war aber aus Sicht der EWZ und vor allem der Ärzte nicht akzeptabel. Per Verordnung blieb das Urteil „asozial“ schließlich der Gesundheitsstelle vorbehalten, mit der Begründung, dass ein solches Urteil „sich nicht allein auf die Lebensbewährung des Einzelnen oder der Familie [stütze], sondern auch auf die erbbiologischen Verhältnisse“.[1279] Eine wie auch immer geartete „Asozialität“ galt demnach als Ausdruck „minderwertigen Erbgutes“ - die Betroffenen wurden damit zwar nicht als „erbkrank“ stigmatisiert, aber doch zumindest als „erbuntüchtig“ oder „erbunwert“ deklassiert.[1280] In diesem Sinne war es auch kein Widerspruch, wenn Meixner postulierte: „Die Bewährung oder das Versagen in der Leistung oder bei der Eingliederung in die Volksgemeinschaft sind häufig bessere Maßstäbe für den Gesamterbwert einer Sippe als die Ergebnisse kurzer ärztlicher Untersuchungen; sie sind deshalb - wie überall bei erbpflegerischen Beurteilungen - auch bei der Untersuchung und Beurteilung der Umsiedler besonders zu bewerten.“[1281]

Der „Gesamterbwert“, der die biologische „Siedlungstauglichkeit“ einer Familie definierte, wurde schließlich nach einer eingehenden Schlussuntersuchung bestimmt und in einem „zusammenfassenden Urteil“ niedergelegt, in welchem sich auch die drei Untersuchungsebenen (körperlich, geistig, Lebensbewährung) widerspiegelten. Weiterhin hatte der untersuchende Arzt ein Urteil über die berufliche „Einsatzfähigkeit“ zu treffen. Die alles entscheidende Frage war aber schließlich die: Bestanden aus Sicht des Arztes bei der untersuchten Familie erbbiologische oder medizinische „Bedenken“, die gegen eine Ansiedlung im „Osten“ sprachen? Kam der Arzt auf der Basis der erhobenen Befunde zu der Einschätzung, dass der „Ansatz einer Familie im Osten nicht erwünscht“ sei, notierte er auf der EWZ- und Gesundheitskarteikarte „A. R.“ (Altreich), ein-

1277 Ebd., Bl. 28 f.

1278 Vermerk Nr. 57 des Leiters der Abt. II der EWZ Litzmannstadt, betr. Gebrauch des Begriffes „asozial“ in den Durchschleusungsunterlagen vom 8. 7. 1942 (IPN Warschau, Gk 672/14, Bl. 84).

1279 Ebd.

1280 Vgl. zum Beispiel Abschlussbericht der FK VII über die Erfassung der Südbuchenländer im Sudetengau vom 24. 7. 1941 (BArch Berlin, R 69/537, Bl. 135).

1281 Richtlinien des Leiters der Gesundheitsstellen der EWZ für die ärztliche und erbbiologische Beurteilung der Umsiedler vom 6. 1. 1941 (BArch Berlin, R 69/178, Bl. 26–29, hier 29).

schließlich einer kurzen Begründung. Auch im Einbürgerungsantrag vermerkte er in diesem Fall „erbbiologische Bedenken"/„medizinische Bedenken" oder ebenfalls „A. R." und führte hier gleichermaßen kurz die Gründe aus.[1282] „Bedenklich" konnte hier vieles sein: eine vermeintliche „Erbkrankheit", sozial deviantes oder in irgendeiner Weise „absonderliches" Verhalten, körperliche Beeinträchtigungen und schließlich eine Art „Fortpflanzungsunwilligkeit".[1283] Gemeinsam war diesen Selektionskriterien, die sich aus erbbiologischen, rassenhygienischen und bevölkerungspolitischen Quellen speisten, dass sie bewusst vage gehalten waren, den Ärzten also einen recht großen Handlungsspielraum ließen. Die Ärzte nutzten diesen. Sie gingen im Rahmen ihrer Ermessensfreiheit nämlich offenbar recht großzügig mit dem Urteil „erbbiologische Bedenken" um. So geht aus einem Bericht der Fliegenden Kommission VII über die „Durchschleusung" in Trebnitz/Schlesien hervor, dass die Ärzte bei etwa einem Viertel aller „Durchschleusten" „erbbiologische Bedenken" geltend gemacht hatten.[1284] Die Folgen eines solchen Urteils waren für die Betroffenen gravierend. Zum einen wurden sie von der Ansiedlung im „Osten" ausgeschlossen. Zum anderen wurde ihnen die sofortige Einbürgerung durch die EWZ versagt. Bei besonders „schweren" Bedenken konnte die Einbürgerung sogar komplett verweigert werden. In der Regel erhielten die Umsiedler, bei denen „erbbiologische Bedenken" geltend gemacht worden waren, einen „Verweisungsbescheid" und wurden damit an das ordentliche Einbürgerungsverfahren verwiesen. „Der Zweck dieser Verweisung war" es, so der Leiter der EWZ, „durch das Betreiben des ordentlichen Einbürgerungsverfahrens eine Überweisung des betreffenden Umsiedlers an sein zuständiges Gesundheitsamt zur entsprechenden Behandlung zu veranlassen".[1285] Was sich hinter dieser „entsprechenden Behandlung" verbarg, ist offensichtlich: ein Sterilisationsverfahren. Diesem sollte sich der Betroffene, sofern eine „Erbkrankheit" vorlag, vor der Einbürgerung unterziehen. Dieses Prozedere erwies sich jedoch als zu langwierig und wenig zielführend. Die EWZ ging Anfang 1941 deshalb dazu über, das Sterilisationsverfahren selbst in Gang zu setzen und verzichtete in der Folgezeit bei „erbbiologischen Bedenken" auf die Erteilung von „Verweisungsbescheiden", sofern mit der „Erbkrankheit" des Betroffenen keine „schwere[n] moralische[n] oder staatsbürgerliche[n] Mängel"[1286] oder eine Geschäftsunfähigkeit verbunden waren. Die

1282 Vgl. Anordnung Nr. 124 des Leiters der EWZ/Gesundheitsstellen, betr. Arbeit der Gesundheitsstellen vom 8.1.1941 (BArch Berlin, R 69/401, Bl. 270–276, hier 274); sowie Einbürgerungsantrag von Else L. (BArch Berlin [ehem. BDC], EWZ-S, E 85, Einbürgerungsvorgang Else L., unpag.) oder Einbürgerungsantrag von Artur K. (ebd., EWZ-R, D 24, Einbürgerungsvorgang Artur K, unpag.).

1283 Vgl. Richtlinien des Leiters der Gesundheitsstellen der EWZ für die ärztliche und erbbiologische Beurteilung der Umsiedler vom 6.1.1941 (BArch Berlin, R 69/178, Bl. 26–29, hier 27).

1284 Monatsbericht der FK VII über die Durchschleusung in Trebnitz vom 2.2.1941 (BArch Berlin, R 69/537, Bl. 114 f.).

1285 Anordnung Nr. 141 des Leiters der EWZ, betr. Einbürgerung bei erbbiologischen Bedenken vom 27.2.1941 (BArch Berlin, R 69/401, Bl. 246).

1286 Ebd.

Sterilisationsanzeigen sollten nun im Zuge der ärztlichen Untersuchung ausgefertigt werden. Da die Ärzte ohnehin die erbbiologischen Informationen erfassen und eine Diagnose stellen mussten, verursachte dies nur einen geringen Mehraufwand - bei einem, aus Sicht der EWZ, beträchtlichen Nutzen. So konnte das Sterilisationsverfahren nicht nur schneller eingeleitet werden, sondern nun lag auch die Entscheidung, für wen eine Anzeige erstattet werden sollte, direkt bei der EWZ. Sie hatte damit auch gesundheitspolitische Kompetenzen gewonnen und eine Vernetzung mit staatlichen gesundheitspolitischen Strukturen erreicht, die für eine nachhaltige Wirkung der „Durchschleusungstätigkeit“ von erheblicher Bedeutung war. Die EWZ konnte eben letztlich nur die Grundlage für spätere „erbpflegerische“ Maßnahmen legen, die Durchführung oblag den Gesundheitsbehörden, beispielsweise den Gesundheitsämtern. An genau diese gingen die Sterilisationsanzeigen, nachdem sie zunächst zentral in Lodz gesammelt und um die EWZ-Karten der Betroffenen ergänzt worden waren.[1287] Da sich die Umsiedler in der Regel auch nach der „Durchschleusung“ noch in den Vomi-Lagern befanden, sandte die EWZ zunächst eine Abschrift der Sterilisationsanzeige an die für den Lagerort zuständigen Gesundheitsämter. Nach der endgültigen Ansiedlung, sollte das Original an das Gesundheitsamt des Ansiedlungsortes geschickt werden. Durch dieses Verfahren und durch die Anpassung der Anzeigenformulare, die nun auch über ein Feld für die Umsiedlungs- und Durchschleusungsnummer verfügten,[1288] wollte man verhindern, dass die Anzeigen verloren gingen. Allerdings musste der neue Leiter der Gesundheitsstellen, Kurt Schnetzer, 1943 ernüchtert konstatieren: „Es hat sich herausgestellt, dass die Erbanzeigen auf diesem Wege wohl nur in den seltensten Fällen das für den Ansiedlungsort des Umsiedlers zuständige Gesundheitsamt erreichen.“[1289] Er nahm hier Bezug auf den Bericht eines in der Überprüfungskommission tätigen Arztes. Dieser berichtete über die „Frage der Unfruchtbarmachung“:

> „Fest steht jedoch, dass hier in den Lagern nichts unternommen wurde, obwohl der Antrag ordnungsgemäß bei der Untersuchung gestellt worden war. Die dafür zuständigen Stellen, wie Lagerarzt usw., haben auch keinerlei Aufforderung dazu von Litzmannstadt erhalten. Solange die Umsiedler in Lagerbetreuung waren, wäre für diesen Eingriff die beste Gelegenheit gewesen. Mittlerweile sind aber viele Erbkranke nach dem Osten zu Verwandten überstellt worden oder haben Kinder geboren. Dass die Möglichkeit zu einer Unfruchtbarmachung Erbkranker in den Lagern absolut gegeben ist, bestätigt die Tatsache, dass leider nur in einem einzigen Lager vom zuständigen Arzt aus eigener Initiative [!] diese bei allen infrage kommenden Fällen veranlasst wurde.

1287 Ebd.

1288 Vgl. ebd.; sowie Vordruck einer solchen Anzeige (BArch Berlin, R 69/591, Bl. 27). Vgl. auch die für Hermann L. ausgefüllte Anzeige (BArch Berlin [ehem. BDC], EWZ-S, E 76, Einbürgerungsvorgang Hermann L., unpag.); sowie weitere ausgefüllte Sterilisationsanzeigen der EWZ/Nebenstelle Paris (BArch Berlin, R 69/637, zum Beispiel Bl. 7-12).

1289 Leiter der Gesundheitsstelle der EWZ an Leiter der EWZ, betr. Einbürgerung bei erbbiologischen Bedenken vom 20.5.1943 (APŁ, EWZ, 20, Bl. 12 f.).

Begreiflicherweise hätte die Durchführung dieser Maßnahme so manche Diskrepanz in Ansatzentscheidungen bei der Überprüfung wegfallen lassen."[1290]

Tatsächlich hätte eine Sterilisation eine Änderung des „Ansatzentscheides" zur Folge haben können, denn das Stabshauptamte des RKF hatte im Dezember 1941 durch eine Verordnung verfügt, dass „alle A-Fälle, von denen Nachwuchs nicht mehr zu erwarten ist, in den eingegliederten Ostgebieten angesiedelt werden" könnten.[1291] Es sei nur „sicherzustellen, dass auf dem Wege des Erbganges nicht die Grundsätze für die Ansiedlung im Osten durchbrochen" würden.[1292] Die Zwangssterilisation stellte das ohne Frage sicher. Eine fatale Konstellation, wurde die Zwangssterilisation für vermeintlich „erbkranke" Umsiedler doch so indirekt zur conditio sine qua non für die Ansiedlung im Osten.[1293]

In der „Durchschleusungspraxis" schlug sich dies insofern nieder, dass beispielsweise bei der „Durchschleusung" der Bosniendeutschen 1942/43 auch bei Familien, „zu denen zwar 1 Erbkranker im Sinne des Gesetzes [zur Verhütung erbkranken Nachwuchses] gehörte, jedoch noch mehrere erscheinungsbildlich gesunde Kinder vorhanden waren [...], ein O-Entscheid" gegeben wurde.[1294] Gleichzeitig wurde jedoch „dafür Sorge getragen, dass [die] zum Herd gehörenden Erbkranken durch Einleitung eines Erbgesundheitsverfahrens von der weiteren Fortpflanzung ausgeschlossen wurden".[1295] Im Idealfall sollte das Verfahren wohl vor der Ansiedlung im „Osten" abgeschlossen sein. In der Realität blieb es aufgrund der kriegsbedingten Durchführungsbeschränkungen des GzVeN aber wahrscheinlich bei der Erstattung der Sterilisationsanzeigen. Insgesamt betrachtet war die Zahl der manifest „Erbkranken" unter den bosniendeutschen Umsiedlern relativ gering. Von insgesamt 17 367 von der EWZ erfassten Bosniendeutschen fielen 114 unter das GzVeN. Sie verteilten sich auf insgesamt 108 „Herde", wobei der Großteil dieser „Herde", 64, wie erwähnt, einen „O-Entscheid" erhielt und nur bei 44 „Herden" ein „AR"-Urteil gefällt

1290 Abschlussbericht der Überprüfungskommission/Kommission XIII, o. D. (BArch Berlin, R 69/971, Bl. 114–136, hier 132 [Bericht der Gesundheitsstelle]). Um welches Lager es sich handelt, geht aus den Quellen nicht hervor.

1291 Es ging hier ausdrücklich nicht um alte, nicht mehr einsatzfähige Umsiedler. Vermerk Nr. 11 des Leiters der Abt. II der EWZ Litzmannstadt, betr. Ansiedlung von A-Fällen, bei denen Nachwuchs nicht mehr zu erwarten ist vom 16.1.1942 (BArch Berlin, R 69/1131, Bl. 111). Vgl. auch Anordnung Nr. 172 des Leiter der EWZ, betr. Ansiedlung von A-Fällen, bei denen Nachwuchs nicht mehr zu erwarten ist vom 22.2.1942 (IPN Warschau, Gk 672/14, Bl. 53 f.).

1292 Vermerk Nr. 11 des Leiters der Abt. II der EWZ Litzmannstadt, betr. Ansiedlung von A-Fällen, bei denen Nachwuchs nicht mehr zu erwarten ist vom 16.1.1942 (BArch Berlin, R 69/1131, Bl. 111).

1293 Die Quellen geben keine Auskunft darüber, ob den betroffenen Umsiedlern von der EWZ eine Sterilisation expressis verbis als Handlungsoption offeriert wurde und ob es zum Beispiel zu Selbstanzeigen kam. Letzteres erscheint zwar unwahrscheinlich, auszuschließen ist es allerdings nicht. Möglicherweise könnte hier die systematische Auswertung von Erbgesundheitsgerichtsakten Aufschluss geben.

1294 Abschlussbericht der EWZ über die Erfassung der Bosniendeutschen von 1943 (IfZ München, ED 72/16, Bl. 21 f.).

1295 Ebd., Bl. 22.

wurde.[1296] Ein „AR"-Urteil sprach die EWZ immer nur dann aus, wenn „die Belastung so stark war, dass mit einem Wiederauftreten derselben Erkrankung in der nächsten Generation mit ziemlicher Sicherheit [!] zu rechnen war".[1297]

Das war bei den ersten Umsiedlungsaktionen noch ganz anders gewesen. „Erbbiologische Bedenken" hatten hier in der Regel immer zu einem „AR"-Urteil oder einem „Verweisungsbescheid" geführt. Diese Fälle bedurften nun einer Überprüfung und gegebenenfalls einer Änderung des „Ansatzentscheides", sofern die „Fortpflanzungsgefahr" aus entwicklungsbiologischen oder aber medizinischen Gründen, also einer vollzogenen Sterilisation, nicht mehr bestand. Was dies im Einzelfall bedeutete, soll am Beispiel von Artur G. verdeutlicht werden.

Artur G. aus Lichtenthal in Bessarabien war im Oktober 1940 zusammen mit seinen Eltern „Heim ins Reich" geholt worden, genauer gesagt in das Vomi-Lager in Kosten im Kreis Teplitz/Sudetengau.[1298] Dort wurde er im Januar 1941 gemeinsam mit seinen Eltern von der EWZ „durchschleust". Der zuständige Arzt notierte im Einbürgerungsantrag: „Sohn *Epileptiker.* Sippe [...] erblich schwer belastet mit Epilepsie. *Erbkrank im Sinne des Gesetzes.*" Sein Urteil lautete: „A. R".[1299] Der RuS-Eignungsprüfer vergab die „Rassenote" IV. Infolge der „erbbiologischen Bedenken" erhielt die Familie zunächst einen „Verweisungsbescheid". Diesen hob die EWZ aufgrund der bereits erwähnten Änderungen in der Einbürgerungspraxis für die Eltern wenig später im Zuge einer Revision auf. Die Einbürgerung wurde vollzogen, die Ansiedlung im „Osten" allerdings ausgeschlossen („Ansatzentscheid A"). Für den Sohn, Artur G., hingegen galt diese Entscheidung nicht. Er wurde auf das ordentliche Einbürgerungsverfahren verwiesen, bestanden doch bei ihm infolge der vom Arzt attestierten Epilepsie aus Sicht der EWZ „schwere erbbiologische Bedenken" gegen eine Einbürgerung.[1300]

Der Vater bemühte sich in der Folgezeit um eine Änderung des „Ansatzentscheides", konnte er doch einen Grund dafür, dass er keine „Wirtschaft im Osten" bekommen hatte, nicht erkennen, zudem alle Verwandten bereits im „Osten" angesiedelt worden waren.[1301] Schließlich hatte er in Bessarabien doch eine eigene Landwirtschaft mit über 20 Hektar bewirtschaftet und fühlte sich

1296 Ebd., Bl. 20.
1297 Ebd., Bl. 21.
1298 Vgl. Stammblatt von Johannes G. (Vater von Artur G.) (BArch Berlin [ehem. BDC], EWZ-R, B 61, Einbürgerungsvorgang Johannes G., unpag.).
1299 Einbürgerungsantrag von Johannes G., S. 3 (BArch Berlin [ehem. BDC], EWZ-R, B 61, Einbürgerungsvorgang Johannes G., unpag.). Hervorhebung im Original. Diesem entstammen auch die nachfolgenden Angaben.
1300 Berufseinsatzstelle der EWZ an Dienststelle des RKF, betr. Umsiedler Johannes G. vom 19.9.1941 (BArch Berlin [ehem. BDC], EWZ-R, B 61, Einbürgerungsvorgang Johannes G., unpag.).
1301 Vgl. Johannes G. an EWZ vom 15.4.1942 (BArch Berlin [ehem. BDC], EWZ-R, B 61, Einbürgerungsvorgang Johannes G., unpag.).

ebenso wie seine Frau und sein Sohn „recht gesund".[1302] Schon bald erkannte der Vater allerdings was die Ursache für die Verweigerung der Ansiedlung im „Osten" war: die Epilepsie seines Sohnes. Daraufhin erklärte er, dass sein Sohn mit 17 Jahren einen Unfall gehabt habe, bei dem er sich die „Nase beschädigt" habe und dass erst daraufhin die Anfälle aufgetreten seien. Der Sohn sei jedoch im Deutschen Reich behandelt worden und seitdem seien keine weiteren Anfälle aufgetreten.[1303] Die Familie holte schließlich sogar ein ärztliches Gutachten ein, um den Verdacht einer genuinen Epilepsie auszuräumen.[1304] Mittlerweile war der Fall bis zum Stabshauptamt des RKF gelangt, das die Gesundheitsstelle der EWZ zur Überprüfung des „Ansatzentscheides" aufforderte.[1305] Die EWZ gelangte anhand der Eintragungen in der Gesundheitskarteikarte allerdings zu der Einschätzung, dass, aufgrund weiterer Fälle von Epilepsie in der Familie, nach wie vor der Verdacht auf eine genuine Epilepsie bestehe.[1306] Der „Ansatzentscheid" wurde demnach nicht geändert. In der Zwischenzeit, nach etwa eineinhalbjähriger Lagerexistenz, war die Familie nach Stadtilm/Thüringen überstellt worden, wo der Vater und der Sohn in einer Porzellanfabrik arbeiteten.[1307] Dort bemühte sich der sichtlich enttäuschte und verärgerte Vater weiterhin intensiv um eine Ansiedlung im „Osten". So schrieb er an die Vomi: „Wenn Sie mir im Osten keine Wirtschaft geben wollen, wo meine anderen Geschwister auch schon angesiedelt sind, dann sollen Sie mich wieder zurück schaffen in meine Heimat, wo ich war. Ich habe [sic!] den Ruf des Führers gefolgt, und will meine Wirtschaft haben. Ich möchte nicht länger hier in der Fabrik beschäftigt sein, sondern wieder in meinem landwirtschaftlichen Betrieb tätig sein."[1308]

In einem anderen Brief fragte er: „Bin ich ein Jude oder Kriegsgefangener[,] dass man mich in die Fabrik eingesetzt hat und ich muss arbeiten wie ein Sklave. Ich verlange meine Wirtschaft[,] doch nicht mein Sohn [!]."[1309]

1302 Johannes G. an Ansiedlungsstab Altreich, o. D. (BArch Berlin [ehem. BDC], EWZ-R, B 61, Einbürgerungsvorgang Johannes G., unpag.).
1303 Vgl. Johannes G. an EWZ vom 15.4.1942 (ebd., unpag.).
1304 Gesundheitsstelle der EWZ an Gesundheitsamt Arnstadt vom 21.5.1943 (APP, EGG Posen, 2, Bl. 3).
1305 Ausgehend von den Gesuchen Johannes G.'s war von der Dienststelle des RKF bereits im September 1941 eine erste Überprüfung angeordnet worden. Daraufhin folgten weitere. Vgl. Dienststelle des RKF an EWZ Litzmannstadt vom 4.9.1941 (BArch Berlin [ehem. BDC], EWZ-R, B 61, Einbürgerungsvorgang Johannes G., unpag.).
1306 Gesundheitsstelle der EWZ an Gesundheitsamt Arnstadt vom 21.5.1943 (APP, EGG Posen, 2, Bl. 3); sowie Gesundheitsstelle der EWZ an Abt. II der EWZ Litzmannstadt, betr. Umsiedler Johannes G. vom 21.7.1942 (BArch Berlin [ehem. BDC], EWZ-R, B 61, Einbürgerungsvorgang Johannes G., unpag.).
1307 Fragebogen der Vomi, Abt. Völkische Schutzarbeit, Kreis Arnstadt, ausgefüllt für Artur G., o. D. (BArch Berlin [ehem. BDC], EWZ-R, B 61, Einbürgerungsvorgang Artur G., unpag.).
1308 Johannes G. an Vomi in Arnstadt, o. D. (BArch Berlin [ehem. BDC], EWZ-R, B 61, Einbürgerungsvorgang Johannes G., unpag.).
1309 Johannes G. an EWZ vom 22.3.1943 (BArch Berlin [ehem. BDC], EWZ-R, B 61, Einbürgerungsvorgang Johannes G., unpag.).

Doch all diese Eingaben blieben ohne Wirkung. Auch ein Schreiben ehemaliger Bewohner Lichtenthals brachte keinen Erfolg. Allerdings ist es in seiner Argumentation außerordentlich aufschlussreich, es heißt darin:

„Dass er einen Sohn mit fallender Krankheit hat, ist ihm zum Verhängnis geworden und wurde ihm zum A-Fall.
Er selbst, seine Frau sowie seine Tochter erfreuten sich stets bester Gesundheit und Ansehens. Wenn er durch seinen Sohn ins Altreich kam, so ist das für ihn als gesunden, fleißigen und ehrbaren Mann ein furchtbares Los.
Wir bitten ihn in den Osten zu bringen und einmal später mit seinem Sohne nach den bestehenden Reichsgesetzen zu handeln [!], dies um so mehr, da wir doch wissen, dass erblich belastete Menschen, die noch Kinder zeugen, in den Osten kamen."[1310]

Was hier der EWZ empfohlen wurde, ist erschreckend: die Sterilisation des Sohnes, damit die Familie im „Osten" angesiedelt werden könne. Man verstand dabei durchaus, dass der Sohn nicht in den „Osten" gelangen könne, aber warum sollte dies für die gesamte Familie zum „Verhängnis" werden, gab es doch entsprechende Möglichkeiten. Auf diese Möglichkeiten musste natürlich weder die EWZ noch die Einbürgerungsbehörde des Landkreises Arnstadt, die 1943 die Einbürgerung von Artur G. prüfte,[1311] hingewiesen werden. Den Stein ins Rollen brachte schließlich im Mai 1943 eine Anfrage der Gesundheitsstelle der EWZ an das Gesundheitsamt des Kreises Arnstadt. Darin informierte die Gesundheitsstelle der EWZ das Gesundheitsamt über die Erkrankung von Artur G. und bat um eine „erbärztliche Untersuchung".[1312] Diese sollte endgültig klären, ob es sich bei Artur G. um eine genuine Epilepsie handelte oder ob sie, wie von der Familie angegeben, exogene Ursachen hatte. Im Oktober 1943 fand schließlich die amtsärztliche Untersuchung statt. Der Amtsarzt kam, auch unter Hinzuziehung des Urteils des Kostener Lagerarztes, zu dem Ergebnis, dass eine „erbliche Fallsucht", also eine genuine Epilepsie vorlag.[1313] Infolgedessen stellte der Amtsarzt Anfang November 1943 beim Erbgesundheitsgericht Arnstadt eine Sterilisationsanzeige. Noch im selben Monat erkundigte sich die Gesundheitsstelle der EWZ beim Gesundheitsamt Arnstadt über die Untersuchungsergebnisse und den Stand des Verfahrens. Sie wies darauf hin, dass „von dem dortigen Befund die Entscheidung in einem laufenden Ansiedlungsverfahren abhängig gemacht" werde[1314] – es ging nach wie vor um die Ansiedlung der Familie im „Osten". Durch eine überraschende Wendung befand sich diese zu

1310 Gottlieb H. u. a. an EWZ vom 5.5.1943 (BArch Berlin [ehem. BDC], EWZ-R, B 61, Einbürgerungsvorgang Johannes G., unpag.).

1311 In diesem Zusammenhang wurden dem Landrat des Kreises Arnstadt/Abt. Staatsangehörigkeit die Einbürgerungsunterlagen der EWZ über Artur G. zur Verfügung gestellt. Vgl. EWZ an Landrat des Kreises Arnstadt vom 26.1.1943 (BArch Berlin [ehem. BDC], EWZ-R, B 61, Einbürgerungsvorgang Artur G., unpag.).

1312 Gesundheitsstelle der EWZ an Gesundheitsamt Arnstadt vom 21.5.1943 (APP, EGG Posen, 2, Bl. 3).

1313 Amtsärztliches Gutachten des Amtsarztes des Kreises Arnstadt vom 29.10.1943 (ebd., Bl. 4–8).

1314 Gesundheitsstelle der EWZ an Gesundheitsamt Arnstadt vom 26.11.1943 (ebd., Bl. 9).

dem Zeitpunkt aber schon dort, genauer gesagt in Falkenried, Kreis Samter/Warthegau. Dort war die Tochter mit ihrer Familie angesiedelt worden. Da diese aufgrund der Einberufung des Ehemannes zur Wehrmacht allein mit drei Kindern den Hof nur schlecht bewirtschaften konnte, sollten sie die Eltern und der Bruder dabei unterstützen.[1315] Das Erbgesundheitsverfahren gegen Artur G. wurde jedoch weiter angestrengt, nun vom Erbgesundheitsgericht in Posen. Dieses holte weitere Gutachten ein und forderte zum Beispiel beim Thüringischen Landesamt für Rassewesen Sippschaftstafeln der Familie an.[1316] Am 31. Mai 1944 verhandelte das Erbgesundheitsgericht in Posen über die Sterilisation von Artur G. Der „Unfruchtbarzumachende" selbst war aufgrund von Krankheit nicht vor Gericht erschienen.[1317] Seiner Bitte, den Termin zu verschieben, wurde nicht stattgegeben. Die Richter vertraten die Ansicht, dass, vor allem aufgrund der Sippschaftstafeln, eine Anhörung Artur G.'s für das Urteil nicht notwendig sei. Ihrer Meinung nach handelte es sich um einen „typischen Fall von erblicher genuiner Epilepsie", weshalb, so der Beschluss, eine Unfruchtbarmachung durchzuführen sei.[1318] Einspruch wurde gegen das Urteil nicht erhoben, die Durchführung allerdings bis Anfang November 1944 zurückgestellt, da die Schwester Artur G. dringend in der Landwirtschaft benötigte. Anfang Dezember 1944 waren noch einige Kostenfragen offen, sobald diese geklärt seien, solle jedoch die Einweisung Artur G.'s in ein Krankenhaus zur Unfruchtbarmachung erfolgen.[1319] Damit endet die Akte des Erbgesundheitsgerichtes in Posen, sodass zu vermuten ist, dass die Zwangssterilisation kriegsbedingt nicht mehr durchgeführt wurde. Welche Folgen hatte der Sterilisationsbeschluss nun aber hinsichtlich der Ansiedlung der Familie im „Osten" und der Zuweisung eigenen landwirtschaftlichen Besitzes? Vorerst keine nennenswerten. Die Familie erhielt zwar im August 1944, also im Nachgang zum Sterilisationsurteil, für den Warthegau eine „Aufenthaltsgenehmigung auf Widerruf", damit war aber keineswegs die Änderung des „Ansatzentscheides" von „A" in „O" verbunden. Nach „Beendigung des Krieges" sollte die Familie vielmehr wieder ins „Altreich" überstellt werden und noch immer nicht die vom Vater so vehement geforderte „Wirtschaft" im „Osten" erhalten.[1320] Dass der Vollzug der Sterilisation an die-

1315 Unbekannter Absender (eventuell Ansiedlungsstab) an Stabshauptamt des RKF, betr. Ums.Herd Johannes G. vom 11.8.1944 (BArch Berlin [ehem. BDC], EWZ-R, B 61, Einbürgerungsvorgang Johannes G., unpag.).

1316 Diese waren vermutlich im Zusammenhang mit den Ermittlungen des Erbgesundheitsgerichts in Arnstadt angefertigt worden. Vgl. Präsident des Thüringischen Landesamtes für Rassewesen an EGG Posen vom 14.3.1944, einschließlich der Sippschaftstafeln (APP, EGG Posen, 2, Bl. 19).

1317 Vgl. Sitzungsprotokoll des EGG Posen vom 31.5.1944 (ebd., Bl. 20); Beschluss des EGG Posen vom 31.5.1944 (ebd., Bl. 21); sowie Artur G. an EGG Posen vom 30.5.1944 (ebd., Bl. 22).

1318 Beschluss des EGG Posen vom 31.5.1944 (ebd., Bl. 21).

1319 Vgl. Gesundheitsamt des Kreises Samter an EGG Posen vom 8.8.1944 (ebd., Bl. 25); sowie Gesundheitsamt des Kreises Samter an EGG Posen vom 7.12.1944 (ebd., Bl. 26).

1320 Vgl. Unbekannter Absender (eventuell Ansiedlungsstab) an Stabshauptamt des RKF, betr. Ums.Herd Johannes G. vom 11.8.1944 (BArch Berlin [ehem. BDC], EWZ-R,

sem Urteil etwas geändert hätte, erscheint angesichts der immer wieder betonten vermeintlichen „Sippenbelastung" fraglich.

Dieses Beispiel zeigt, in welchem Ausmaß und vor allem wie nachhaltig die während der „Durchschleusung" geäußerten „erbbiologischen Bedenken" den „Ansatzentscheid" beeinflussten. Selbst die Sterilisation bzw. die Eröffnung eines Erbgesundheitsverfahrens führten nicht zwangsläufig zu einer Revision des „Ansatzentscheids", obwohl so der Anordnung des RKF Genüge getan war, denn die Betroffenen waren nun nicht mehr fortpflanzungsfähig, eine „biologische" Gefahr ging von ihnen also nicht mehr aus. Eine wie auch immer geartete „Sippenbelastung" konnte die Familie dennoch „unwürdig" für den „Osteinsatz" erscheinen lassen.

Das Beispiel von Artur G. zeigt aber noch etwas: Nämlich, wie langwierig und schwerfällig die Einleitung „erbpflegerischer" Maßnahmen, wie zum Beispiel die der Zwangssterilisation, war. Darin lag nicht zuletzt auch ein Grund für die von der Gesundheitsstelle der EWZ beklagte geringe Zahl der Sterilisationen. Die EWZ reagierte darauf mit der bereits erwähnten Verfahrensänderung und ließ ihre Ärzte seit Anfang 1941 nun während der „Durchschleusung" selbst die Sterilisationsanzeigen ausfüllen. Allerdings traten die Verzögerungen nun innerhalb des EWZ-Apparates auf. So wurden die Anzeigen nicht direkt den Gesundheitsämtern zugestellt, sondern passierten zuvor „*nichtärztliche* Dienststellen", zum Beispiel die Karteiverwaltungsstelle der EWZ. Dort blieben sie, wie Schnetzer hatte feststellen müssen, vielfach „unbearbeitet in irgendwelchen Akten" liegen.[1321] Um das in Zukunft zu vermeiden, sprach sich Schnetzer dafür aus, alle in Litzmannstadt gesammelten Sterilisationsanzeigen „möglichst schnell einer ärztlichen Dienststelle zuzuleiten".[1322] Dabei favorisierte er die Dienststelle des Beauftragten des RGF – kaum überraschend, hatte sich diese doch zur zentralen Koordinations- und Anlaufstelle in allen Fragen der medizinischen Betreuung der Umsiedler entwickelt.[1323] Ihr oblag im Speziellen die medizinische Betreuung der Vomi-Lager, einschließlich Krankenhaus- und Heilanstaltseinweisungen. Damit hatte sie direkten Zugriff auf alle noch in Lagern befindlichen sowie die ständig neu hinzukommenden und noch zu „durchschleusenden" Umsiedler und verfügte über die entsprechenden Kontakte zu örtlichen Gesundheitsbehörden. Genau deshalb dürfte Schnetzer sie als geeignete Stelle für die Einleitung der Sterilisationsverfahren betrachtet haben.

B 61, Einbürgerungsvorgang Johannes G., unpag.); sowie interne Mitteilung der Gesundheitsstelle der EWZ an die Abt. III der EWZ, betr. Ums.Herd G. vom 11.7.1944 (ebd., unpag.).

1321 Leiter der Gesundheitsstelle der EWZ an Leiter der EWZ, betr. Einbürgerung bei erbbiologischen Bedenken vom 20.5.1943 (APŁ, EWZ, 20, Bl. 12 f.). Hervorhebung im Original.

1322 Ebd.

1323 Vgl. dazu Kap. III.2.3. Die EWZ stand darüber hinaus mit der Hauboldschen Dienststelle auch bereits in Fragen der Ansiedlung in Verbindung. Vgl. dazu Gesundheitsstelle der EWZ an RÄK, betr. Besprechung von Meixner und Haubold vom 23.2.1942 (APŁ, EWZ, 20, Bl. 15).

In Absprache mit dem Leiter des Referates „Ärztliche Lagerbetreuung", Martin Maneke, einigte sich Schnetzer auf folgendes Prozedere, das im Juni 1943 vom Leiter der EWZ als Anordnung herausgegeben wurde: „Die *Gesundheitsstelle Litzmannstadt* leitet das Original des von der Kommission eingegangenen [Anzeigen]Formblattes in dem dafür vorgesehenen Umschlag verschlossen der Dienststelle des Beauftragten des Reichsgesundheitsführers für die ärztliche Betreuung der Umsiedler, Referat 5 - Ärztliche Lagerbetreuung, in Berlin NW 40, Beethovenstr. 3, mit der Bitte um weitere Veranlassung zu. Diese Dienststelle wird ihrerseits eine Nachuntersuchung durch das zuständige Gesundheitsamt und damit die Überweisung in das Erbgesundheitsverfahren veranlassen."[1324]

Damit war ein effizientes Tandem von gesundheitlicher und erbbiologischer Erfassung durch die Ärzte der EWZ und „erbpflegerischen" Maßnahmen, eingeleitet durch die Dienststelle Haubolds, entstanden. Diese Kooperation zweier „Sonderdienststellen" führte im Ergebnis zu einer Stabilisierung der rassenideologischen Prämissen im Rahmen der Umsiedlung. Wie „erfolgreich" die Arbeit dieses Tandems war, lässt sich aufgrund der außerordentlich schlechten Überlieferung der Dienststelle Haubolds nur schwer abschätzen. Die wenigen erhaltenen Dokumente deuten jedoch darauf hin, dass die Einschaltung der Haubold-schen Dienststelle das Verfahren beschleunigte, das heißt, die Gesundheitsämter schneller eingeschaltet wurden.[1325] Zahlen darüber, wie viele Anzeigen von der EWZ erstattet wurden, wie viele Sterilisationsverfahren angestrengt und wie viele Zwangssterilisationen tatsächlich vollzogen wurden, liegen nicht vor. Die Zahl der ab Anfang 1941 gestellten Sterilisationsanzeigen scheint allem Anschein nach insgesamt nicht unbeträchtlich gewesen zu sein, gemessen an der Gesamtzahl der Umsiedler war sie jedoch wahrscheinlich nicht überproportional hoch, sondern bei einigen Umsiedlergruppen sogar recht gering. So waren

1324 Anordnung 200 des Leiters der EWZ, betr. Verfahren bei Feststellung von erbbiologischen Bedenken bei Umsiedlern und Volksdeutschen vom 9.6.1943 (IPN Warschau, Gk 672/14, Bl. 116). Hervorhebung im Original. Die Anordnung entspricht nahezu wörtlich dem Entwurf Schnetzers. Vgl. dazu Leiter der Gesundheitsstelle der EWZ, an Leiter der EWZ, betr. Einbürgerung bei erbbiologischen Bedenken vom 20.5.1943 (APŁ, EWZ, 20, Bl. 12 f.); sowie Entwurf Schnetzers zu einer Anordnung betr. Einbürgerung bei erbbiologischen Bedenken vom 20.5.1943 (ebd., Bl. 14).

1325 Wie schnell die Dienststelle Haubolds sich mit den Gesundheitsämtern in Verbindung setzte, zeigt der Fall von Regina L. Sie wurde am 9. Juli 1943 von der EWZ „durchschleust". Bereits am 5. August 1943, also nur einen Monat später, lag beim zuständigen Gesundheitsamt bereits die Meldung vor. Das Gesundheitsamt veranlasste daraufhin die Untersuchung von Regina L. und erstattete am 22. Oktober 1943 der Dienststelle Haubolds Bericht. In diesem hieß es: „Das Mädchen ist stark triebhaft, sodass wohl erbbiologische Maßnahmen durchgeführt werden müssen. Einer weiteren Anweisung wird entgegen gesehen." Wie diese weitere Anweisung lautete, ist nicht überliefert. Vgl. Gesundheitsamt Euskirchen an Dienststelle des Beauftragten des Reichsgesundheitsführers für die gesundheitliche Betreuung der volksdeutschen Umsiedler, betr. Erfassung von erbkranken Umsiedlern vom 22.10.1943, angeheftet an die Gesundheitskarteikarte der EWZ von Regina L. (BArch Berlin [ehem. BDC], EWZ [57], O 62).

unter den 17367 „durchschleusten" Bosniendeutschen laut dem Abschlussbericht der EWZ 117 „Erbkranke".[1326] Bei den 4635 im Jahr 1942 „durchschleusten" Russlanddeutschen, die aus dem Leningrader und dem Wolgagebiet stammten, wurden für 38 Sterilisationsanzeigen erstattet,[1327] bei einer Gruppe von 3213 lettischen Nachumsiedlern waren es 25.[1328] Demnach wurde bei diesen Umsiedlergruppen nur bei etwa einem Prozent der Umsiedler ein Sterilisationsantrag gestellt. Dies überrascht, hätte man doch angesichts des unbedingten Selektionswillens der EWZ-Ärzte höhere Zahlen erwartet. Möglicherweise korrelierten diese geringen Zahlen aber mit den Umsiedlungsumständen und fielen bei anderen Umsiedlungsaktionen höher aus.[1329] Letztlich darf auch nicht vergessen werden, dass es bereits zuvor Selektionssituationen gegeben hatte und „Erbkranke" bereits „herausgefiltert" worden waren.

Vergleichszahlen, zum Beispiel von der Umsiedlung der Deutschen aus der Ukraine/Russland 1943/44, liegen nicht vor. Verschiedene „Erbkrankenverzeichnisse" vom Frühjahr und Sommer 1944 enthalten zwar zahlreiche Hinweise auf „EK-Meldungen"/"EK-Anzeigen" (Sterilisationsanzeigen), diese können aber in kein Verhältnis zur Zahl der Umsiedler gesetzt werden. Zudem ist die Vollständigkeit der Überlieferung fraglich. Was erhalten ist, sind Berichte der „Fliegenden Kommissionen", die allerdings kein klares Bild ergeben. Hielt sich die Zahl der während der „Durchschleusung" erfassten manifest „Erbkranken" in einem Bericht „in üblichen Grenzen", so wurde sie in einem anderen Bericht „als unverhältnismäßig hoch" bezeichnet.[1330] In letzterem Fall bemühten die Ärzte gern klassisch rassenhygienischer Erklärungsmuster. Es hieß dann zum Beispiel:

„Gemessen an der hohen Zahl der manifest Erbkranken handelte es sich anscheinend um einen Personenkreis, der in seinem völkisch besten Kern in selbst gewollter biologischer Isolierung der Inzucht und durch keine Gesetze gehindert, der Gegenauslese ver-

1326 Vgl. Abschlussbericht der EWZ über die Erfassung der Deutschen aus Bosnien von 1943 (IfZ München, ED 72/16, Bl. 20).

1327 Abschlussbericht der EWZ über die Durchschleusung der Russlanddeutschen von 1942 (IfZ München, ED 72/10, Bl. 17–22).

1328 Gesamtabschlussbericht der FK XIV über die Durchschleusung der Baltennachumsiedler im Lager Stahnsdorf-Mistelbach vom 9.11.1942 (BArch Berlin, R 69/1137, Bl. 3).

1329 Bei allen dieser drei Umsiedlungsaktionen handelte es sich nämlich um Teilumsiedlungen, was das Zurücklassen „unerwünschten Bevölkerungszuwachses" in den Herkunftsgebieten begünstigt haben könnte. Während der Umsiedlung aus Bosnien war ein sogenanntes Vorkommando der EWZ im Aussiedlungsgebiet eingesetzt, welches die Volksdeutschen nicht nur erfasste (wie bei den Deutschen aus Rumänien), sondern auch den Hauptbevollmächtigten bei der Zulassung der Volksdeutschen zur Umsiedlung beriet. Es wäre denkbar, dass hier erbbiologisch „unerwünschte" Umsiedler von der Umsiedlung ausgeschlossen wurden. Vgl. Vermerk Nr. 62 der Abt. II der EWZ Litzmannstadt, betr. Arbeitsrichtlinien für das EWZ-Vorerfassungskommando Bosnien vom 1.8.1942 (BArch Berlin, R 69/1003, Bl. 24–26).

1330 Bericht der FK XXVII (Sonderzug) über die Durchschleusung der Russlanddeutschen im Kreis Gnesen vom 8.8.1944 (BArch Berlin, R 69/740, Bl. 5 f., hier 6); sowie Bericht der FK XXVII über die Durchschleusung der Rußlanddeutschen in Westpreußen vom 26.2.1944 (ebd., Bl. 3 f., hier 3).

fiel. Sicherlich erklärt sich hier die gehäufte Manifestierung der Erbkrankheiten aus der enormen Zahl (allerengste Versippung, Inzucht, Gegenauslese) der Spalterbigen. Zu welch verheerend Erbprognose man bei Betrachtung des rezessiven Erbganges in diesem Zusammenhang kommt, ist allgemein bekannt. Wir haben den Eindruck, dass uns bei der Abhandlung der erbanamnestischen Familien, eben in Hinblick auf das Gesagte, äußerste Strenge leiten muss."[1331]

Letztlich dürften die meisten Sterilisationsanzeigen, vor allem die ab 1944 gestellten, kriegsbedingt nur in den wenigsten Fällen zu einem Erbgesundheitsverfahren geführt haben. Die Sterilisationsanzeigen waren aber letztlich nur die Spitze des EWZ-eigenen selektionistischen Biologismus. Langfristig wirkungsmächtiger war vor allem die Erfassung in den Gesundheitskarteikarten, hatte man damit doch die Datenbasis für eine spätere, möglicherweise auch genauere „Nachlese", wie sie ja auch Lenz, wenn auch in wissenschaftlicherer Hinsicht, vorschwebte. Eine solche erste „Nachlese" initiierte die Gesundheitsstelle in Posen bereits 1940, als sie Teile der Baltendeutschen einer nochmaligen Überprüfung unterzog. Heidenreich sichtete dazu die Gesundheitskarteikarten und stellte die bereits zitierten Mängel fest. Nicht zuletzt führte diese Kritik zu einer Professionalisierung des Erfassungs- und Selektionsvorgangs in den Gesundheitsstellen, einer Verfeinerung der Selektionskriterien und zu einer „fachlichen" Qualifizierung der Ärzte.[1332]

Zweifelsohne zielte das Selektionsverfahren der Gesundheitsstellen zunächst auf eine „Auslese", und damit auch auf einen massenhaften Ausschluss „erbbiologisch" bedenklicher Umsiedler von der Ansiedlung im „Osten". Allerdings machten siedlungspolitische Erfordernisse hier Konzessionen notwendig, die jedoch nicht auf Kosten der „biologischen Substanz" der „neuen Ostgebiete" gehen sollten. Da die Ansiedlung „erbbiologisch" bedenklicher Umsiedler ab 1941 nicht mehr kategorisch ausgeschlossen werden konnte, versuchten die Ärzte der EWZ diese Umsiedler doch „wenigstens" biologisch „unschädlich" zu machen, insbesondere durch Sterilisationen. Auch wenn die Zahl der angestrengten Erbgesundheitsverfahren und erst recht die Zahl der ausgeführten Sterilisationen gering gewesen sein dürfte, so legten die Sterilisationsanzeigen doch die Grundlage für eine spätere Umsetzung. Der Wille dazu war klar erkennbar.

Die Arbeit der Ärzte war demnach weitaus mehr als eine allgemeine medizinische Untersuchung. Sie war ein rassenhygienisches Screening, das der Bestimmung der biologischen „Siedlungstauglichkeit" eines jeden Umsiedlers diente. Hier verschmolzen Siedlungs- und Erbgesundheitspolitik zu einem Handlungsfeld. Zwangssterilisationen konnten nun quasi auch aufgrund einer vom Arzt

1331 Bericht der FK XXVII über die Durchschleusung der Rußlanddeutschen in Westpreußen vom 26.2.1944 (BArch Berlin, R 69/740, Bl. 3 f., hier 3).

1332 Auch Leniger sieht in der „Unzufriedenheit mit dieser mangelnden Gründlichkeit" bei der „Durchschleusung" der Baltendeutschen einen „wesentlichen Antrieb für die Ausformung des EWZ-Apparates". Es ging jedoch nicht nur um den Apparat und das Prozedere, sondern auch um die Verfeinerung der Erfassungs- und Selektionskriterien. Vgl. Leniger, NS-Volkstumsarbeit, S. 180.

attestierten mangelnden „Siedlungstauglichkeit" erfolgen, auch wenn das medizinische Vokabular stets gewahrt wurde.

Solch weitreichende Kompetenzen weckten unweigerlich Begehrlichkeiten, vor allem seitens der zweiten entscheidenden Selektionsinstanz innerhalb der EWZ: der RuS-Eignungsprüfer. Diese versuchten Anfang 1941 noch weiter auf medizinisches Terrain vorzustoßen. Nicht nur, dass die RuS-Eignungsprüfer durch ihren weißen Kittel optisch kaum von ihren ärztlichen Kollegen zu unterscheiden waren, sie beanspruchten nun auch ärztliche Kompetenzen. Der Leiter der RuS-Stelle der EWZ, Richard Kaaserer,[1333] hatte beispielsweise bei Himmler in Vorschlag gebracht, alle mit der „Rassenote" IV bewerteten Umsiedler mit „eindeutig fremdblütigem Einschlag" zu sterilisieren.[1334] Ein Vorschlag der, wie auch die Einbeziehung polnischer Kinder in die „Kindereuthanasie", die Tendenz verdeutlicht, einmal vorhandene rassenhygienische „Ausmerzungsmethoden" mit neuen ideologischen Inhalten zu versehen und damit auch für die rassistische Bevölkerungspolitik nutzbar zu machen.

Hier scheiterte ein solcher Vorstoß allerdings. So war, trotz aller Vagheit der im GzVeN aufgeführten Diagnosen, insbesondere der des „Schwachsinns", eine Sterilisation aus rassischen Indikationen formaljuristisch nicht möglich.[1335] Diese Frage war aber nicht nur eine Frage der Jurisprudenz, sondern auch des ärztlichen Selbstverständnisses, wurde das Sterilisationsgesetz doch als eine medizinische, „erbpflegerische" Maßnahme verstanden. Die entsprechenden Diagnosen sollte demzufolge nur ein Arzt stellen. So blieb es schließlich auch. Offiziell durften nur die Ärzte der Gesundheitsstellen Anzeigen gemäß dem GzVeN erstatten.

Reibungspunkte und Kompetenzkonflikte ergaben sich aber auch in anderen Bereichen, vor allem dann, wenn es um die Bedeutung des Urteils für den „Ansatzentscheid" ging. In dieser Frage deklarierten die RuS-Eignungsprüfer ihre Arbeit als „die wichtigste und verantwortungsvollste Tätigkeit innerhalb der ganzen Einwandererzentralstelle, weil sie *allein* für den zukünftigen Ansatz des Umsiedlers bestimmend" sei.[1336] Wer auch immer nachträglich das Wort „allein" unterstrich und diesen Satz mit einem „?" kommentierte, hatte letztlich Recht. Es war, das dürften die vorangegangenen Ausführungen gezeigt haben, bei weitem nicht allein das Urteil der RuS-Eignungsprüfer, das den „Ansatz-

1333 Zur Biographie Kaaserers vgl. Heinemann, Rasse, S. 622.

1334 Bericht über die Tagung der RuS-Dienststellen im Rahmen der Tagung der EWZ am 11./12. Januar 1941 in Dresden vom 15.1.1941 (BArch Berlin, R 69/598, Bl. 36-45, hier 39 f.).

1335 Dass juristische Grenzen in diesem Fall hätten ausgehebelt werden können, zeigt das Beispiel der sogenannten „Rheinlandbastarde", deren Sterilisation 1937 aus rassischer Indikation und ohne eine entsprechende juristische Grundlage durchgeführt wurde. Vgl. weiterführend Reiner Pommerin, „Sterilisierung der Rheinlandbastarde". Das Schicksal einer farbigen deutschen Minderheit 1918-1937, Düsseldorf 1979.

1336 Bericht über die Tagung der RuS-Dienststellen im Rahmen der Tagung der EWZ am 11./12. Januar 1941 in Dresden vom 15.1.1941 (BArch Berlin, R 69/598, Bl. 36-45, hier 38). Hervorhebung im Original.

entscheid“ bestimmte. Unbedeutend war es aber natürlich nicht. Es lieferte schließlich die Matrix für den „Ansatzentscheid“. Diese wurde gebildet durch folgende vier Wertungsstufen:

„*Wertungsstufe I*:	Rein nordische und rein fälische Personen, die zudem erbgesundheitlich und leistungsfähig erstklassig sind.
Wertungsstufe II:	Vorwiegend nordisch oder fälisch, mit geringem dinarischen oder westischen Einschlag. Ferner harmonische Mischungen zwischen nordisch und fälisch mit dinarisch und westisch. Schließlich Dinarier, die dem deutschen Artgefühl nicht zu fremd sind. Untere Grenze: 5 c A III
Wertungsstufe III:	Wenig ausgeglichene Mischlinge mit überwiegend dinarischem oder westischem Anteil; ferner Mischlinge mit ostischem oder ostbaltischem Einschlag. Untere Grenze: c-d B I
Wertungsstufe IV:	Völlig unausgeglichene Mischlinge. Rein ostisch oder ostbaltisch. Personen mit außereuropäischem Einschlag. Fremdblütige. Erbkranke. Personen, deren Erscheinungsbild untragbar ist.“[1337]

Hinter den kryptischen Formeln „5 c A III“ und „c-d B I“ verbarg sich die Rasseformel der SS, an die die „Wertungsstufen“ angelehnt waren. „5 c A III“ beispielsweise verschlüsselte die „körperliche Bewertung“ „genügend“ (5), die „rassische Bewertung“ „ausgeglichener Mischling oder dinarisch oder westisch“ (c) und das auf die SS-Eignung bezogene „Gesamtauftreten“ „für die SS im allgem[einen] geeignet“ (A III).[1338] Insbesondere für die „rassische Bewertung“ wurden verschiedene anthropologische Merkmale, die die verschiedenen Rassen definieren sollten, herangezogen. Auf Wunsch Himmlers, der der rassischen Beurteilung der Umsiedler besondere Aufmerksamkeit schenkte und auch persönlich in den Selektionsprozess eingriff,[1339] sollten vor allem der Form der Backenknochen und „Lidfalte“ sowie der Behaarung besondere Beachtung geschenkt werden.[1340] Die jeweiligen Befunde waren präzise in der Rassekarteikarte, die ähnlich wie die Gesundheitskarteikarte mit der Zeit eine zunehmende Ausdifferenzierung erfuhr, zu dokumentieren.[1341]

Die rassische Beurteilung der Umsiedler durch die RuS-Eignungsprüfer und der „Formelkram“, wie Heidenreich es nannte, wurden von den Ärzten zum

1337 Streng vertrauliche Gesichtspunkte bei der Einstufung in die vier rassischen Wertungsgruppen bei der Einwandererzentralstelle, o. D. (BArch Berlin, R 69/178, Bl. 1).

1338 Streng vertrauliches Schreiben des SS-Führers im RuS-Wesen bei der EWZ (RuS-Stelle) an die Eignungsprüfer der EWZ, betr. Rassebewertungsgruppen vom 17.6.1940 (BArch Berlin, R 69/178, Bl. 7).

1339 Himmler forderte beispielsweise bei einem Besuch der EWZ in Litzmannstadt eine Ausweitung der Selektionskriterien und behielt sich in Zweifelsfällen, den sogenannten „Vorlagefällen“, die letzte Entscheidung vor. Vgl. Heinemann, Rasse, S. 233; Longerich, Himmler, S. 462 f.; sowie Leniger, NS-Volkstumsarbeit, S. 191 f.

1340 Vgl. Hofmann, Chefs des RuSHA, an Schultz, Chef des Rassenamtes, betr. Vortrag beim Reichsführer-SS am 20./22. November 1941 vom 23.11.1941 (BArch Berlin, NS 2/88, Bl. 14–18, hier 15).

1341 Vgl. zum Beispiel Rassekarteikarte von Waldemar A., ausgestellt am 22.2.1944 (BArch Berlin [ehem. BDC], EWZ [56], A 1).

Teil kritisch betrachtet. Sie kritisierten dabei weniger die rassische Überprüfung als solche als vielmehr die Durchführung derselben. Heidenreich prangerte beispielsweise explizit den „Unsinn *dieser* rassischen Prüfung durch völlig ungeeignete Kräfte" an.[1342] Es sei durch die Tätigkeit der Eignungsprüfer ein „imaginäres Gebäude" entstanden, welches einer genaueren, wissenschaftlichen Prüfung nicht standhalten könne. Eines Tages, so war er sich sicher, würden die „vollkommen unfähigen Prüfer" abgelöst durch „rassisch geschulte Ärzte", die seiner Ansicht nach bereits jetzt „auf der Gesundheitskarte einen offenbaren Unsinn eines Eignungsprüfers sachlich kurz skizzieren" sollten.[1343] Heidenreich irrte. Zwar fielen auch anderen Dienststellen der EWZ die „mangelnde Ausbildung einiger E[ignungs]-Prüfer und vor allem die mangelnde Lebenserfahrung und wahrscheinlich auch die mangelnde Fähigkeit in der Menschenbeurteilung überhaupt"[1344] auf, allerdings wurde an der grundsätzlichen Konzeption der Rasseprüfungen durch die Eignungsprüfer nicht gerüttelt. Letztlich hätte man damit die SS-Auslese und die Arbeit des RuSHA und damit dessen Selektionskompetenz in Frage gestellt. Nicht zuletzt hatte Himmler das RuSHA genau wegen dieser Expertise, die eben keine rein medizinisch-anthropologische war, mit der rassischen „Auslese" der Volksdeutschen betraut. Was nicht heißt, dass die „Auslesepraxis" des RuSHA nicht auf „wissenschaftlichen" rassenanthropologischen Erkenntnissen beruhte. Nicht zuletzt war der Leiter des Rasseamtes, der maßgeblich an der Ausbildung der Eignungsprüfer beteiligt war, Bruno Kurt Schultz, ein ausgewiesener Rassenanthropologe.[1345]

Dass die einzelnen, vor allem später eingesetzten Eignungsprüfer und Hilfskräfte auch aus Sicht des RuSHA nicht immer die Idealbesetzung gewesen sein dürften, ist anzunehmen, allerdings wurde eine Ablösung dieser durch Ärzte wohl nie ins Auge gefasst.[1346]

Die EWZ regelte den hier offen zu Tage tretenden Kompetenzkonflikt zwischen Eignungsprüfern und Ärzten schließlich durch eine deutlichere Abgrenzung der Aufgabenfelder. Einer Anordnung des Leiters der EWZ vom Juli 1943 zufolge sollte das Urteil der Eignungsprüfer sowohl das „Erscheinungsbild" des Umsiedlers als auch „psychische und moralische Eigenschaften" berücksichtigen.[1347] Da der Eignungsprüfer nicht alle diese Befunde selbst erheben könne,

1342 Diese Kritik Heidenreichs an den Eignungsprüfern ist nur in einem der beiden überlieferten, sonst gleichen Berichte enthalten. Die Berichte waren vermutlich für verschiedene Adressaten bestimmt. Tätigkeits- und Erfahrungsbericht der Gesundheitsstelle Posen/Heidenreich vom 7.10.1940 (BArch Berlin, R 69/1168, Bl. 106–114, hier 111, gekürzt in R 69/455, Bl. 18–23). Hervorhebung im Original.

1343 Tätigkeits- und Erfahrungsbericht der Gesundheitsstelle Posen/Heidenreich vom 7.10.1940 (BArch Berlin, R 69/1168, Bl. 106–114, hier 111).

1344 Vgl. Abschlussbericht der Überprüfungskommission, o.D. (1942) (BArch Berlin, R 59/971, Bl. 114–136, hier 125 f.).

1345 Vgl. Heinemann, Rasseexperten.

1346 Zur Arbeit der Eignungsprüfer vgl. auch Leniger, NS-Volkstumsarbeit, S. 190–197; sowie Strippel, NS-Volkstumspolitik, S. 109–116.

1347 Vgl. dazu und im Folgenden Anordnung Nr. 205 des Leiters der EWZ vom 30.7.1943 (BArch Berlin, R 69/401, Bl. 124).

sollte er auf das Urteil anderer „Durchschleusungsstellen" zurückgreifen, unter anderem auf das des Arztes. Diesem war das erbbiologische und medizinische Urteil vorbehalten. Äußerte der Arzt „erbbiologische Bedenken", so konnte der Eignungsprüfer nach Rücksprache mit dem Arzt eine „Abwertung der Rassenote" vornehmen, um eine „Übereinstimmung der Urteile" zu erzielen. Entscheidend wurde dies dann, wenn der Eignungsprüfer sein Urteil von III auf IV korrigierte und damit eine Ansiedlung im „Osten", nicht nur aufgrund der „erbbiologischen Bedenken" des Arztes, sondern nun auch wegen der „Rassenote" IV nicht mehr in Frage kam.[1348] In diesem Sinne gingen also auch die „erbbiologischen Bedenken" in die Rassewertung der Eignungsprüfer ein und konnten somit in zweifacher Weise - im Urteil der Gesundheits- und der RuS-Stelle - wirken.

Die Abstimmung der Urteile erfolgte in der Regel während der „Schlussbegutachtung" der Umsiedler. Diese bildete den Abschluss der Erfassung und Beurteilung in der Gesundheitsstelle, nachdem die Dienststelle des Reichsarztes SS die Musterungsuntersuchung durchgeführt hatte.[1349]

Angesichts des Einflusses, den die Ärzte auf die Einbürgerungs- und Ansiedlungsentscheidung hatten, stellt sich unweigerlich die Frage, vor welchem Erfahrungshorizont die Ärzte handelten und wer die inhaltliche Ausrichtung ihrer Selektionstätigkeit zu verantworten hatte.

1348 Eine solche „Abwertung" von III auf IV infolge „erbbiologischer Bedenken" war offensichtlich bei Emma und Pauline S. erfolgt. Gegen beide wurde im Zuge der „Durchschleusung" ein Erbgesundheitsverfahren vor dem EGG Posen angestrengt, nachdem sie aus der Gauheilanstalt Warta entlassen worden waren. Im Einbürgerungsantrag findet sich zunächst die „Rassenote" III, die jedoch gestrichen und durch IV ersetzt wurde. Beide erhielten den „Ansatzentscheid" A. Vgl. Einbürgerungsantrag von Emma S. vom 16.11.1943, S. 3 (BArch Berlin [ehem. BDC], EWZ-R, F 51, Einbürgerungsvorgang Emma S., unpag.); Einbürgerungsantrag von Pauline S. vom 16.11.1943, S. 3 (ebd., Einbürgerungsvorgang Pauline S., unpag.); Erbgesundheitssache Emma S. (APP, EGG Posen, 20); sowie Erbgesundheitssache Pauline S. (APP, EGG Posen, 21). Vgl. auch Kap. IV.3.1.

1349 Gemustert wurde für die SS, den SD und die Wehrmacht. Für die SS sollte es dabei nur eine „Tauglichkeit" geben: „die rassische, gesundheitliche und erbgesundheitliche Eignung". Dabei war es hier erstmals möglich, „nicht nur den einzelnen Menschen, sondern auch das Erbbild meistens bei 2 in sehr vielen Fällen auch bei 3 Generationen zu sehen". Dies erwies sich aus Sicht der SS als vorteilhaft, wurde dadurch doch sichtbar, „dass der eine oder andere [der] für die Aufnahme in die SS geeignet erschien, dann jedoch bei Inaugenscheinnahme der gesamten Familie keinesfalls mehr als SS-tauglich" gelten konnte. Vgl. Bericht über die Tagung der RuS-Dienststellen im Rahmen der Tagung der Einwandererzentralstelle am 11./12. Januar 1941 in Dresden (BArch Berlin, R 69/598, Bl. 36-45, hier 41).

4.3 Akteure

Die gesundheitliche und erbbiologische Überprüfung der Umsiedler sollte den ersten Planungen gemäß dem Reichsgesundheitsführer übertragen werden.[1350] Mit der Gründung der EWZ als zentraler Selektionsbehörde musste Conti jedoch, noch bevor er seine Kompetenzen und Gestaltungsmöglichkeiten hätte ausschöpfen können, einen Teil dieser Kompetenzen an diese neue Dienststelle, die nicht in seinem Hoheitsbereich lag, abtreten. Dabei war es durchaus nicht unwahrscheinlich, dass die Mutterbehörde der EWZ, das RSHA, insbesondere das dortige Referat III ES (Einwanderung und Siedlung), diese Kompetenzen auch im ärztlichen Tätigkeitsbereich beanspruchen würde. Der Leiter dieses Referates war nämlich keineswegs fachfremd. Es war der zuvor als Leiter der Abteilung „Rasse und Volksgesundheit“ beim SD-Hauptamt fungierende SS-Arzt Hans Ehlich.[1351] Seine Ambitionen lagen allerdings vor allem im Bereich der „volkstumspolitischen Säuberungsprogramme“, die er planerisch - er wirkte federführend am „Generalplan Ost“ mit - und durch die Schaffung von Vernichtungsstrukturen maßgeblich beförderte.[1352] Die konkrete Ausgestaltung des ärztlichen Selektionsverfahrens innerhalb der EWZ überließ er allem Anschein nach dem alsbald die Leitung der Gesundheitsstellen übernehmenden Hanns Meixner[1353] und übernahm hier nur eine Aufsichtsfunktion.[1354] Dadurch eröffneten sich auf den ersten Blick für Conti Einwirkungsmöglichkeiten, war

1350 Vgl. Vorschläge für die Durchführung der Rückführung der Deutschen aus dem Auslande vom 10.10.1939 (BArch Berlin, NS 2/88, Bl. 93-96).

1351 Vgl. zur Biographie und zum Amt III des RSHA Wildt, Generation des Unbedingten, S. 176-180 und 378-391. Vgl. weiter Karl Heinz Roth, Ärzte als Vernichtungsplaner. Hans Ehlich, die Amtsgruppe III B des Reichssicherheitshauptamtes und der nationalsozialistische Genozid 1939-1945. In: Michael Hubenstorf (Hg.), Medizingeschichte und Gesellschaftskritik. Festschrift für Gerhard Baader, Husum 1997, S. 398-419.

1352 Vgl. Roth, Ehlich.

1353 Offiziell lag die Gesamtleitung der Gesundheitsstellen in den Händen des Gaugesundheitsführers von Danzig-Westpreußen, Erich Großmann. Meixner hatte jedoch spätestens am 13. Oktober 1939, also noch während des Aufbaus der Gesundheitsstelle, „die Leitung in die Hand genommen“. Dies bezog sich aller Wahrscheinlichkeit nach auf die Aufgaben, die im Rahmen der „Durchschleusung“ anfielen, weniger auf logistische oder Unterbringungsfragen. Vgl. Meixner, EWZ Gotenhafen, an RSHA, Amt III, betr. Gesundheitsstelle in der EWZ Gotenhafen vom 13.10.1939 (BArch Berlin, R 69/570, Bl. 61 f.).

1354 Es gibt keinen Hinweis darauf, dass Ehlich die Selektionskriterien festlegte. Höchstwahrscheinlich gab es lediglich grobe Vorgaben, die Meixner präzisierte und in Form konkreter Arbeitsanweisungen operationalisierte. Generelle Fragen, die sich im Rahmen der Arbeit der Gesundheitsstellen ergaben - wie die des „Irrentransportes“ aus dem Baltikum, die Unterbringung von altersschwachen Baltendeutschen und die vorangegangenen Räumungen - wurden hingegen direkt von Ehlich, unter anderem in Kooperation mit Conti und der RÄK, bearbeitet. Vgl. zum Beispiel Leiter der EWZ an RSHA, Amt III ES, betr. nicht arbeitseinsatzfähige Baltendeutsche vom 25.11.1939 (BArch Berlin, R 69/106, Bl. 17); Ehlich, RSHA, Amt III ES, an EWZ Nebenstelle Stettin, betr. Umsiedlung Lettland, Irrentransport vom 5.12.1939 (ebd., Bl. 19); sowie Anordnung Nr. 22 der EWZ Gotenhafen betr. neugegründetem Amt III ES vom 1.11.1939 (ebd., R 69/426, Bl. 146).

er es doch, der Hanns Meixner pro forma zur EWZ abgestellt hatte.[1355] Auf den zweiten Blick wird jedoch deutlich, dass die Möglichkeiten Contis begrenzt blieben. Meixner unterstand in seiner Funktion als Leiter der Gesundheitsstellen fachlich der EWZ und nicht Conti. Inwieweit und in welcher Form Conti dennoch Einfluss auf das Selektionsverfahren genommen hat, geht aus den Akten nicht hervor. Überliefert ist indes, dass Conti und sein „Stab" gemeinsam mit Himmler und Ehlich am 12. Januar 1940 die EWZ Posen besucht hatten, um das „Durchschleusungsverfahren" in Augenschein zu nehmen.[1356] Höchstwahrscheinlich wurden in diesem Zusammenhang die Selektionskriterien und der Selektionsprozess einer Prüfung unterzogen. Möglicherweise ventilierte Conti hier auch Veränderungsvorschläge, ähnlich wie dies Himmler anlässlich eines früheren Besuches bei der RuS-Stelle getan hatte.[1357] Contis Ambitionen scheinen sich aber nicht primär auf die Arbeit der Gesundheitsstelle gerichtet zu haben, sondern auf den gesamten Umsiedlungsprozess und die damit verbundene rassenbiologische Neuordnung der Ostgebiete. Er entwickelte im Nachgang zu seinem Besuch in Posen und der sich daran unmittelbar anschließenden Reise zu einem Drehpunkt der Wolhynienumsiedlung - Przemysl[1358] - ein eigenes „Neuordnungskonzept" für den „Osten".[1359] Dieses stellte er Ende Februar 1940 Himmler vor.[1360] Die Umsiedlerselektion durch die EWZ spielte darin, glaubt man der nur stichpunktartig erhaltenen Konzeption, nur eine marginale Rolle und blieb vage. Konkreter wurde Conti im Bereich der Siedlungsplanung. Er entwickelte hier ähnliche Gedanken wie Lenz, der kurz zuvor mit seiner Denkschrift ebenfalls an Himmler herangetreten war.[1361] Himmler allerdings schenkte den Vorschlägen Contis offensichtlich nur wenig Beachtung. Die Einwirkungsmöglichkeiten Contis blieben im Prinzip auf die gesundheitliche Betreuung der Umsiedler begrenzt.[1362]

Himmler selbst interessierte sich dabei durchaus für die Feinheiten des Umsiedlungsprozederes. So zog beispielsweise der „Durchschleusungsvorgang" Himmlers Aufmerksamkeit auf sich, und zwar nicht nur bezogen auf die Arbeit

1355 Aus einer Liste der bei der EWZ in Posen eingesetzten SS-Angehörigen, in der die „Heimatdienststelle" vermerkt ist, geht hervor, dass Meixner vom „Reichsgesundheitsführer" abgestellt wurde. Vgl. Liste der SS-Angehörigen in Posen (BArch Berlin [ehem. BDC], SS A 22, SS-Listen, unpag.).

1356 Vgl. Abschlussbericht der EWZ Nebenstelle Posen, o. D. (BArch Berlin, R 69/122, Bl. 3-45, hier 7).

1357 Anlässlich eines Besuches der EWZ Litzmannstadt im Dezember 1939 hatte Himmler das RuSHA dazu aufgefordert, den RuS-Stellen konkrete „Ausleserichtlinien" in die Hand zu geben und hierbei auch eine Ausweitung der zu erfassenden Rassemerkmale angeordnet. Vgl. Heinemann, Rasse, S. 233 und 235; sowie Longerich, Himmler, S. 462.

1358 Vgl. „Der große Treck aus dem Osten. Reichsgesundheitsführer Dr. Conti bei den Rückwanderern". In: Deutsches Ärzteblatt, 70 (1940) 5, S. 50 f. Vgl. auch Schmuhl, KWI, S. 348.

1359 Die Stichpunkte Contis sind abgedruckt bei Schmuhl, KWI, S. 348 f.

1360 Vgl. Schmuhl, KWI, S. 348.

1361 Ob Conti die Denkschrift von Lenz bereits kannte, geht aus den Akten nicht hervor. Es ist jedoch nicht auszuschließen.

1362 Vgl. Schmuhl, KWI, S. 349.

der RuS-Stelle, der er sui generis besondere Beachtung schenkte. Auch bezogen auf die Gesundheitsstelle lässt sich die für Himmler typische Methode, „bestimmte Entscheidungen für sich zu reklamieren bzw. in zahlreichen Einzelfällen korrigierend einzugreifen",[1363] erkennen. Ein Beispiel dafür ist der Vorstoß Himmlers, für jeden Umsiedler im Rahmen der „Durchschleusung" einen „Gesundheitspass" zu erstellen, wie er innerhalb der SS bereits Verwendung fand. Im Ergebnis einer Besprechung des Chefs des RuSHA, Hofmann, mit Himmler am 20./21. November 1941 wurde festgehalten:

> „Jedenfalls sagt der Reichsführer, dass es ein Unsinn ist, dass Menschen bei verschiedenen Gelegenheiten immer wieder von Ärzten untersucht werden, obwohl sich wesentliche Veränderungen in der Konstitution bzw. in der psychischen und physischen Verfassung dieser Menschen über kürzere oder längere Zeiträume nicht ergeben haben. Die längst notwendige Einführung des Gesundheitspasses würde diesem Übel ein für alle Mal abhelfen. Krankheiten, die den Untersuchten irgendwie belasten (Geschlechtskrankheiten usw.) müssen getarnt eingetragen werden (durch Zahlen), oder aber durch einen Hinweis, dass die Akten bei dem und dem Gesundheitsamt liegen, vermerkt werden."[1364]

Die entsprechenden Schritte zur Einführung dieses Gesundheitspasses sollten noch mit Conti besprochen werden. Ein Termin für ein erstes Treffen zwischen Conti, Hofmann und Schultz war bereits für wenige Tage später, den 25. November 1941, anberaumt worden.[1365] Ob dieses Treffen tatsächlich stattfand und zu welchem Ergebnis es führte, geht aus den Quellen nicht hervor. Die Einführung eines Gesundheitspasses, wie er Himmler vorschwebte, scheint in der Folgezeit jedenfalls nicht realisiert worden zu sein, zumindest konnten weder ein Gesundheitspass noch entsprechende Dienstanweisungen gefunden werden. Vor allem die EWZ dürfte eher ein geringes Interesse an einem solchen Gesundheitspass gehabt haben, hätte dieser doch die Gesundheitskarteikarten der EWZ zumindest partiell ersetzt. Die EWZ wäre damit nicht mehr die zentrale und alleinige Informationsinstanz in gesundheitlichen Fragen der Umsiedler gewesen – ein gravierender Kompetenzverlust, den es unbedingt zu verhindern galt, sah die EWZ in ihrer Auskunftsfunktion doch auch ihre zukünftige Existenzberechtigung. Nachkontrollen, wie sie der EWZ vorschwebten, wären mit solch einem Pass in die Hände der Gesundheitsämter gelegt worden, was den Fortbestand der EWZ gefährdet hätte.

Prinzipiell betrachtet, stellte der Gesundheitspass letztlich nur eine konsequente Weiterentwicklung der bisherigen Erfassungsbemühungen dar. In ihm wären alle gesundheitsrelevanten, sprich auch erbbiologischen Daten eines jeden Umsiedler jederzeit verfügbar gewesen – der „gläserne Mensch" also ein Stückchen nähergerückt.

Die Tätigkeit der EWZ-Ärzte beeinflussten solche einzelnen Vorschläge letztlich kaum. Es waren vielmehr die Dienstanweisungen Meixners, welche die

1363 Longerich, Himmler, S. 463.

1364 Hofmann, Chef des RuSHA, an Schultz, Chef des Rassenamtes, betr. Vortrag beim Reichsführer-SS am 20./22. November 1941 vom 23.11.1941 (BArch Berlin, NS 2/88, Bl. 14–18, hier 16 f.)

1365 Ebd., Bl. 17.

Arbeit der Ärzte prägten. Meixner sollte zu *der* zentralen Figur der Gesundheitsstelle der EWZ werden und die Arbeit der „Durchschleusungsärzte" maßgeblich bestimmen.

Der Leiter der Gesundheitsstellen der EWZ - Hanns Meixner

Hanns Georg Meixner (1906-?) gehörte zu jener „Generation des Unbedingten" (Wildt), aus der sich auch das Führerkorps des RSHA und des RuSHA rekrutierte. 1906 in Reichertshofen in Bayern geboren, erlebte er den Ersten Weltkrieg noch aus der Perspektive des Kindes. Die politischen Wirren der Nachkriegszeit prägten seine Schulzeit. 1926 nahm er, höchstwahrscheinlich in München, ein Medizinstudium auf, welches er 1932 abschloss. Politisch orientierte er sich im rechtsradikalen Lager. 1928 trat er dem paramilitärischen, antisemitischen „Stahlhelm" bei, auf dessen Agenda auch völkische Ziele wie die Eroberung von „Lebensraum im Osten" standen.[1366] 1930 vollzog sich eine weitere Radikalisierung. Meixner wechselte in die SS, in deren Dienste er sich nach Abschluss seines Studiums und erhaltener Approbation im Juli 1933 vollständig stellte. Zunächst war er kurzzeitig als Sturmbannarzt tätig, bevor er im September 1933 im Konzentrationslager Dachau als Angehöriger des SS-Totenkopfverbandes Oberbayern die Stelle des Lagerarztes übernahm. Für seine „Verdienste" erhielt er den Totenkopfring der SS.[1367] Vermutlich durch Protektion Theodor Eickes, dem Lagerkommandanten Dachaus, ging Meixner ein Jahr später, nach seiner Beförderung zum SS-Obersturmführer, nach Berlin zur Reichsführung der SS, genauer gesagt zum Sanitätsamt der SS.[1368] Dort blieb er bis zum Juli 1935. Während dieser Zeit absolvierte er einen halbjährlichen erbbiologischen Kurs am KWI für Anthropologie, menschliche Erblehre und Eugenik in Berlin-Dahlem. Im Rahmen dieses Kurses lernte er auch seine spätere Ehefrau, die KWI-Mitarbeiterin Herta Busse[1369] kennen.[1370] Die Verbindungen zum KWI

1366 Dem „Stahlhelm" gehörten 1928 etwa 400 bis 500 Münchner an. Er war damit die mitgliederstärkste rechtsradikale Organisation in München. Vgl. weiterführend Mathias Rösch, Die Münchner NSDAP 1925–1933. Eine Untersuchung zur inneren Struktur der NSDAP in der Weimarer Republik, München 2002.

1367 Vgl. handschriftlicher Lebenslauf Meixners im Fragebogen zur Erlangung der Heiratsgenehmigung vom 13.7.1935 (BArch Berlin [ehem. BDC], RS D 5453, Hanns Meixner, unpag.). Vgl. auch Harten/Neirich/Schwerendt, Rassenhygiene als Erziehungsideologie, S. 320 f. Hier fehlt allerdings ein konkreter Quellennachweis zu den biographischen Daten Meixners.

1368 Vgl. handschriftlicher Lebenslauf Meixners im Fragebogen zur Erlangung der Heiratsgenehmigung vom 13.7.1935 (BArch Berlin [ehem. BDC], RS D 5453, Hanns Meixner, 5.11.1906, unpag.); sowie Übersicht über die SS-Dienstlaufbahn Meixners (ebd., unpag.).

1369 Herta Busse (1907–?) hatte in Berlin an der Philosophischen Fakultät der Friedrich-Wilhelm-Universität Biologie, Anthropologie und menschliche Erblehre studiert. Im Sommer 1933 führte sie im Rahmen eines Studienaufenthaltes in der Türkei anthropologische Messungen und Untersuchungen durch. Anschließend wurde sie Mitarbeiterin/Doktorandin am KWI für Anthropologie, menschliche Erblehre und Eugenik

waren jedoch noch weitreichender. Es war nämlich Fritz Lenz gewesen, der Meixner zu seiner - klar rassenhygienischen Forschungsansätzen folgenden - Doktorarbeit über die „Kinderzahl und soziale Stellung der Eltern Münchener Hilfsschüler“ angeregt hatte.[1371] Für diese „Anregung“, „aber mehr noch für die vielen rassenhygienischen Gedanken und Erkenntnisse, die [er] im Laufe der Jahre von ihm gewann“, dankte er seinem Mentor Lenz in einem 1936 erschienenen Artikel ausdrücklich.[1372] Die Zusammenarbeit zwischen Lenz und Meixner reichte demzufolge bis 1932, als Meixner sein Studium abgeschlossen hatte und die ersten Erhebungen in München durchführte, zurück. Sie dauerte noch über den Abschluss der Doktorarbeit 1936/37, die Meixner am Institut für Rassenhygiene der Universität Berlin unter der Leitung von Lenz anfertigte, hinaus an.[1373] Auch während der Tätigkeit Meixners für die EWZ bestand die Verbindung zu Lenz fort. Lenz dozierte beispielsweise auf der Dresdener Tagung der EWZ 1941 vor den EWZ-Ärzten über Fragen der Vererbung.[1374] Es ist auch nicht auszuschließen, dass Lenz über Meixner direkt Einfluss auf die Selektionskriterien nehmen konnte. Indirekt tat er dies allemal, waren doch seine wissenschaftlich-rassenhygienischen Überzeugungen für Meixner und sein rassenhygienisches Selektionsverständnis prägend gewesen. Den weiteren Erfahrungshorizont Meixners bildete seine 1935 aufgenommene amtsärztliche Tätigkeit. Er arbeitete zunächst als Hilfs-, später als Amtsarzt beim Gesundheitsamt Niederbarnim, wo ihm die Leitung der Abteilung Erb- und Rassenpflege übertragen wurde. Ab 1939 war er beim Gesundheitsamt Wehlau/Ostpreußen tätig.[1375] Im Rahmen dieser amtsärztlichen Tätigkeiten wurde er mit den prak-

und war im Reichsausschuss für Volksgesundheitsdienst in Berlin tätig. 1935 schloss sie ihre von Eugen Fischer betreute Dissertation „Über normale Asymmetrien des Gesichts und im Körperbau des Menschen“ ab. Vgl. handschriftlicher Lebenslauf Busses im Fragebogen zur Erlangung der Heiratsgenehmigung vom 13.7.1935 (BArch Berlin [ehem. BDC], RS D 5453, Hanns Meixner, 5.11.1906, unpag.). Vgl. auch Annette Vogt, Wissenschaftlerinnen in Kaiser-Wilhelm-Instituten, 2. Auflage Berlin 2008, S. 43.

1370 Vgl. handschriftlicher Lebenslauf Meixners im Fragebogen zur Erlangung der Heiratsgenehmigung vom 13.7.1935 (BArch Berlin [ehem. BDC], RS D 5453, Hanns Meixner, 5.11.1906, unpag.); sowie Meldung Meixners über vollzogene Vermählung an das Rasse- und Siedlungsamt vom 24.10.1935 (ebd.).

1371 Bereits Ende der 1930er Jahre waren die Hilfsschüler zu einem nicht unbedeutenden Aktionsfeld der erbbiologischen Erfassungsmaßnahmen geworden. In den 1930er Jahren erschien eine Vielzahl von Untersuchungen, die eine ähnlich rassenhygienische Ausrichtung wie die Meixners hatten. Vgl. Roth, Erfassung, S. 64 und S. 96, Anm. 25.

1372 Hanns Meixner, Kinderzahl und soziale Stellung der Eltern Münchener Hilfsschüler. In: Archiv für Rassen- und Gesellschaftsbiologie, 30 (1936) 6, Bl. 468–477 (zugleich Diss. med. Berlin).

1373 Vgl. ebd. Zur Tätigkeit Lenz' an der Berliner Universität vgl. Sabine Schleiermacher, Rassenhygiene und Rassenanthropologie an der Universität Berlin. In: Christoph Jahr (Hg.), Die Berliner Universität in der NS-Zeit. Strukturen und Personen, Stuttgart 2005, S. 71–88 und 79–88.

1374 Vgl. dazu Kap. IV.4.1.

1375 Vgl. RÄK-Karteikarte von Hanns Meixner (BArch Berlin [ehem. BDC], RÄK, Hans Meixner, 5.11.1906).

tischen Maßnahmen der „Erbpflege" und allen damit in Verbindung stehenden ärztlichen Untersuchungen vertraut, angefangen von der Überprüfung der Ehetauglichkeit bis hin zu „Intelligenzprüfungen" im Kontext von Sterilisationsverfahren. Hier sammelte er, ergänzend zu seinen im KWI erworbenen wissenschaftlichen erbbiologischen Kenntnissen, erste praktische „Ausleseerfahrungen". Auch nebenamtlich betätigte er sich in einer der ideologischen Kerninstitutionen des Nationalsozialismus: dem RuSHA. Seit 1937 wurde er dort als „Führer beim Stab" geführt und war unter anderem innerhalb des Sippenamtes tätig.[1376] Auch nach seiner Abstellung zur EWZ behielt er diese Stellung. Erst 1943 erfolgte seine Versetzung zum RSHA.[1377]

Zu Kriegsbeginn hatte Meixner sowohl fachlich wie auch politisch eine nicht unbedeutende Karriere vorzuweisen. Er war bis zum SS-Sturmbannführer und Führer im RuSHA aufgestiegen und hatte zugleich im Rahmen seiner amtsärztlichen Tätigkeit den Titel eines Medizinalrates erworben.[1378] Er verfügte außerdem über vertiefte Kenntnisse der Erbbiologie und kann als Verfechter der rassenhygienischen Idee gelten. Dass im Oktober 1939, als es um die Besetzung der in Entstehung befindlichen Gesundheitsstelle der EWZ ging, die Wahl auf ihn fiel, ist vor diesem Hintergrund kaum überraschend. Meixner sollte seine Vorgesetzten schließlich auch nicht enttäuschen. In einem Beförderungsvorschlag des Leiters der EWZ, Martin Sandberger, – es ging Anfang 1941 nun bereits um die Beförderung zum Obersturmbannführer – hieß es:

„Der SS-Sturmbannführer Dr. Meixner ist seit dem 13.10.1939 als Leiter der Gesundheitsstelle zur Einwandererzentralstelle abgeordnet. Er gehört dem Rasse- und Siedlungs-Hauptamt an.
Sturmbannführer Meixner hat die Gesundheitsstelle der Einwandererzentralstelle in vorbildlicher Weise aufgebaut und geführt. Er hat darüber hinaus selbstständig Dienststeller der Einwandererzentralstelle geleitet und bewiesen, dass er auf organisatorischem Gebiet fähig ist und hervorragende sachliche Kenntnisse in Volkstumsfragen besitzt. Seit seiner Zugehörigkeit zur Einwandererzentralstelle hat er ohne Rücksicht auf seine Person, seine Familie und seine wirtschaftliche Stellung unermüdlich Dienst geleistet und ist allen Anforderungen gerecht geworden, die an einen SS-Führer im Einsatz zu stellen sind.
Sturmbannführer Meixner hat wiederholt seine Freistellung für die Wehrmacht beantragt und eine Anforderung der Sanitätsinspektion auf Übernahme als Stabsarzt in den Waffendienst erhalten. Die Ablehnung hat seinen Arbeitseifer und seine Pflichterfüllung

1376 Vgl. Übersicht über die SS-Dienstlaufbahn Meixners (BArch Berlin [ehem. BDC], RS D 5453, Hanns Meixner, 5.11.1906, unpag.). Vgl. auch Harten/Neirich/Schwerendt, Rassenhygiene als Erziehungsideologie, S. 320 f.

1377 Vgl. Personalverfügung des Personalhauptamtes des RFSS vom 14.5.1943 (BArch Ludwigsburg, B 162/6967, unpag.).

1378 Vgl. SS-Karteikarte von Hanns Meixner (BArch Ludwigsburg, B 162/6967, unpag.); Übersicht über die SS-Dienstlaufbahn Meixners (BArch Berlin [ehem. BDC], RS D 5453, Hanns Meixner, 5.11.1906, unpag.); sowie Vernehmung von Hanns Meixner im Zusammenhang mit den Ermittlungen gegen Karl Tschierschky (Einsatzgruppe A) am 11.8.1972 (BArch Ludwigsburg, B 162/1647, Bl. 158–161). Meixner war auch Mitglied der NSDAP. Das Eintrittsdatum geht aus den Quellen nicht hervor.

in keiner Weise beeinträchtigt, trotzdem mir bekannt ist, dass er als alter SS-Mann sehr darunter leidet, nicht mit der Waffe dienen zu können.
Ich halte den Sturmbannführer Dr. Meixner einer Beförderung zum SS-Obersturmbannführer in jeder Weise für würdig und bitte, ihn zum 20.4.1941 zur Beförderung zum SS-Obersturmbannführer vorzuschlagen.“[1379]

Dem Vorschlag des Leiters der EWZ wurde entsprochen und Meixner am 20. April 1941 zum SS-Obersturmbannführer befördert.[1380] Offiziell blieb Meixner bis zum Ende des Krieges Leiter der Gesundheitsstellen der EWZ, de facto befand er sich jedoch seit Dezember 1941 bei der Einsatzgruppe A.[1381] Nichtsdestotrotz prägte Meixner die Arbeit der Ärzte in den Gesundheitsstellen maßgeblich, war er es doch, der die grundlegenden Anordnungen herausgab und den Ärzten die medizinisch-rassenhygienische Zielvorgabe dieser Selektion immer wieder verdeutlichte.

Ausgehend von seinem Erfahrungshorizont fühlte sich Meixner in seinem ärztlichen Leitungshandeln zwei Prinzipien verpflichtet: einem rassenhygienisch-wissenschaftlichem und einem politisch-ideologischem. Meixner brachte diese Prinzipien in Einklang, indem er die wissenschaftlich-rassenhygienischen Maxime vor dem Hintergrund der siedlungsbiologischen Zukunftsvision Himmlers in Form eines diffizilen Ausleserasters operationalisierte und eine spezifische biologische „Siedlungstauglichkeit“ definierte. Er versuchte kontinuierlich die Selektionen an den „wissenschaftlichen“ Grundsätzen der Rassenhygiene und Erbbiologie auszurichten und drängte beispielsweise immer wieder auf eine gewissenhaftere Diagnosestellung. Dabei vergaß er nicht, die Ärzte auch an ihre „politische Mission“ zu erinnern, deren Erfüllung jedoch in erster Linie eine gewissenhafte „Auslesearbeit“ erforderlich mache.[1382]

1379 Sandberger, Leiter der EWZ an Chef des RuSHA, betr. SS-Sturmbannführer Dr. Meixner vom 25.2.1941 (BArch Ludwigsburg, B 162/6967, unpag.).

1380 Vgl. Übersicht über die SS-Dienstlaufbahn Meixners (BArch Berlin [ehem. BDC], RS D 5453, Hanns Meixner, 5.11.1906, unpag.).

1381 Nach eigenen Angaben wurde Meixner zunächst zum Befehlshaber der Sipo und des SD (BdS) in Riga abgeordnet. Er war dort angeblich für die Betreuung der Dienststellenangehörigen zuständig und fungierte als Verbindungsarzt zu lettischen Einheiten. Später war er vorgeblich in Minsk stationiert. Im Kontext der Ermittlungen der Staatsanwaltschaft Frankfurt a. M./Hamburg zur Einsatzgruppe A, insbesondere dem Einsatzkommando 1 unter Leitung Sandbergers/Tschierschkys (beide vormals EWZ-Leiter), wurde auch Meixner ab 1972 mehrmals vernommen und ein Personendossier angelegt. Zum Kreis der 1974 in Hamburg angeklagten Angehörigen des Einsatzkommandos 1 gehörte er jedoch nicht und wurde allem Anschein nach auch später nicht angeklagt. Vgl. Vernehmung von Hanns Meixner im Zusammenhang mit den Ermittlungen gegen Karl Tschierschky am 11.8.1972 (BArch Ludwigsburg, B 162/1647, Bl. 158–161); Ermittlungsakte/Personendossier zu Meixner der ZSt Ludwigsburg (ebd., B 162/6967). Vgl. auch Strippel, NS-Volkstumspolitik, S. 190, Anm. 937; sowie Carsten Schreiber, Elite im Verborgenen. Ideologie und regionale Herrschaftspraxis des Sicherheitsdienstes der SS und seines Netzwerks am Beispiel Sachsens, München 2008, S. 61.

1382 Vgl. Anordnung Nr. 124 des Leiters der EWZ/Gesundheitsstellen, betr. Arbeit der Gesundheitsstellen vom 8.1.1941 (BArch Berlin, R 69/401, Bl. 270–276).

Das ärztliche Personal der Gesundheitsstellen der EWZ

Neben Fürsorgerinnen, studentischen Hilfskräften und DRK-Schwestern oblag die Umsetzung der von Meixner erarbeiteten Dienstanweisungen in den Gesundheitsstellen in erster Linie den Ärzten, die die EWZ über das RSHA/ Ehlich anforderte.[1383] Insgesamt verfügten die Gesundheitsstellen der EWZ über einen Mitarbeiterstab von mindestens 70 Ärzten. 50 von ihnen stammten aus den Reihen der SS.[1384] Von diesen 50 waren zeitgleich aber wohl nie wesentlich mehr als etwa 20 bis 25 eingesetzt.[1385] Sie gehörten dem Sanitätsdienst der SS an und wurden in der Regel vom SS-Sanitätsamt, dem „Korpsarzt der Waffen-SS“ (später „Sanitäts-Inspekteur der Waffen-SS“) oder dem „Reichsarzt SS“ zur Dienstleistung bei der EWZ abkommandiert.[1386] Dies entsprach voll und ganz den Vorstellungen Himmlers, der im Zuge des Aufbaus der EWZ 1939 die Einsetzung von Ärzten der Waffen-SS gefordert hatte.[1387] Allerdings stieß die EWZ infolge der zunehmenden Expansion ihres Apparates schon bald an personelle Grenzen. Auf „Vermittlung der Reichsärztekammer“ versahen schon bald auch einige sogenannte „Zivilärzte“ in den Gesundheitsstellen ihren Dienst.[1388] Ihre Zahl blieb jedoch deutlich geringer als die der SS-Ärzte und ihre Rolle eine untergeordnete.[1389] So sollte allein den SS-Ärzten die Leitung

1383 Vgl. Gesundheitsstelle der EWZ Nordost Pabianice an Ehlich, RSHA, Amt III ES, betr. Personal für die Gesundheitsstelle vom 26.12.1939 (BArch Berlin, R 69/837, Bl. 10); Aufstellung der EWZ Nordost Posen über den Personalbedarf der Gesundheitsstelle, o. D. (ebd., R 69/620, Bl. 2-4); sowie Personalstelle der EWZ Litzmannstadt an Verbindungsstelle in Berlin, betr. Medizinstudent Harry Karklin vom 23.11.1940 (ebd., R 69/565, Bl. 34).

1384 70 Ärzte sind aufgrund noch vorhandener Personallisten im Bestand R 69 des Bundesarchivs Berlin namentlich bekannt. 50 von ihnen lassen sich unter anderem mit Hilfe der Personalakten des ehem. BDC (SSO, RÄK) zweifelsfrei der SS zuordnen, 15 waren sogenannte „Zivilärzte“, die von der RÄK zur Verfügung gestellt wurden. Bei fünf weiteren Ärzten ließ sich aufgrund fehlender Quellen eine Zuordnung nicht vornehmen. Da die Personallisten der „Fliegenden Kommissionen“ zwar zum überwiegenden Teil, aber eben nicht vollständig überliefert sind, könnte die Zahl der insgesamt bei der EWZ tätigen Ärzte noch etwas über 70 gelegen haben.

1385 Vgl. Meixner, Leiter der Gesundheitsstellen, an Leiter der EWZ vom 31.3.1941 (BArch Berlin, R 69/1168, Bl. 61).

1386 Dies ergab die Auswertung der Personalunterlagen der 50 SS-Ärzte. Die zur EWZ abgestellten Ärzte berichteten anfangs auch ihren „Heimatdienststellen“. Vgl. zum Beispiel Tätigkeitsbericht des Leiters der Gesundheitsstelle der EWZ Nebenstelle Zgierz für den Korpsarzt der bewaffneten SS (Dermitzel) vom 30.12.1939 (BArch Berlin, R 69/538, Bl. 1-3). Zum Sanitätsdienst der SS, im Besonderen den Institutionen des Reichsarztes SS, des Sanitätsamtes, des Korpsarztes (ab 1940 Sanitäts-Inspekteur der Waffen-SS) vgl. weiterführend Hahn, Grawitz, Genzken, Gebhardt, S. 117 f. und 255 f.

1387 Vgl. Vermerk der EWZ, betr. SS-Ärzte der Einwandererzentralstelle vom 1.4.1941 (BArch Berlin, R 69/1063, Bl. 82 f.).

1388 Ebd.

1389 Im April 1941 standen beispielsweise sechs Zivilärzte 21 SS-Ärzten gegenüber, was einem Verhältnis von 1 zu 3,5 entspricht. Auf die Gesamtzahl bezogen war das Verhältnis ähnlich: 15 zu 50 bzw. 1 zu 3,3. Zu den Zahlen von 1941 vgl. ebd.

der Gesundheitsstellen zukommen.[1390] Solche Personalentscheidungen lassen sich vor allem aus der speziellen Programmatik des SS-Sanitätsdienstes und einer besonderen „SS-ärztlichen Berufsauffassung" heraus erklären. Ein SS-Arzt war eben nicht nur ein Arzt, sondern auch ein „politischer Soldat", der sich von den übrigen Ärzten abheben sollte.[1391] Er sollte aufgrund seiner Zugehörigkeit zu einer „rassischen Elite" die Prinzipien dieser Elite - „Auslese" und „Ausmerze" - besonders radikal, geradezu mit verbissenem Fanatismus, vertreten.[1392] Zu seinen Aufgabenfeldern gehörten dabei, wie es der Reichsarzt SS, Ernst Robert Grawitz, 1939 formulierte, nicht nur die „Gesundheitsführung" und die „Beseitigung körperlicher und seelischer Gesundheitsschäden", sondern auch „die Auslese des Nachwuchses" und die Bevölkerungspolitik.[1393] Insbesondere die letzten beiden Aufgabenfelder fanden sich in der Arbeit der Gesundheitsstellen nahezu in Reinform wieder. Auch hier ging es um eine rassenhygienisch indizierte „Auslese", die die biologische Grundlage für die Siedlungspolitik schaffen und den Weg für weitere „erbpflegerische" respektive bevölkerungspolitische Maßnahmen bereiten sollte. Nach Meixner sei diese „Arbeit von schicksalhafter Bedeutung für die Umsiedler, und [hätte] auf den bevölkerungspolitischen Aufbau des Reichsgaues Wartheland [...] den stärksten Einfluss".[1394] Wer, wenn nicht die SS-Ärzte, konnte diese hochideologische Aufgabe mit der dafür notwendigen Konsequenz erfüllen?

Die, wie Meixner es nannte, „politische Mission"[1395] der SS-Ärzte bei der EWZ prägte das Selbstverständnis und die Arbeit der Ärzte in den Gesundheitsstellen nachhaltig. Dies wurde zum Beispiel deutlich, als im März/April 1941 das SS-Sanitätsamt versuchte, die zur EWZ abgestellten SS-Ärzte zurückzukommandieren und durch „Zivilärzte" zu ersetzen. Meixner wehrte sich hiergegen vehement. Er erklärte, dass „die vom RFSS befohlenen gesundheitlichen, erbbiologischen und sonstigen Aufgaben der Ärzte (Röntgen- und Blutgruppenkommissionen usw.)" nicht einfach von Zivilärzten übernommen werden könnten, da diesen die „SS-mäßige Einstellung" fehle.[1396] Abgesehen davon, könne die Reichsärztekammer keineswegs genügend „Zivilärzte" zur Verfügung stellen, sodass, bei Abkommandierung der SS-Ärzte, eine „Weiterführung der Gesundheitsstellen der EWZ *nicht* möglich" sein würde.[1397] „Es müsste dann",

1390 Vgl. Anordnung Nr. 124 des Leiters der EWZ/Gesundheitsstellen, betr. Arbeit der Gesundheitsstellen vom 8.1.1941 (BArch Berlin, R 69/401, Bl. 270-276).

1391 Hahn, Grawitz, Genzken, Gebhardt, S. 248 und 253.

1392 Manuskript des von Grawitz im Rahmen einer Gruppenführerbesprechung vom 23.-25. Januar 1939 in Berlin gehaltenen Vortrages über „Die Aufgabe des SS-Arztes in der Schutzstaffel", zit. nach Hahn, Grawitz, Genzken, Gebhardt, S. 251. Dort ist auch eine ausführliche Analyse des Dokuments zu finden.

1393 Grawitz, zit. nach Hahn, Grawitz, Genzken, Gebhardt, S. 244.

1394 Anordnung Nr. 124 des Leiters der EWZ/Gesundheitsstellen, betr. Arbeit der Gesundheitsstellen vom 8.1.1941 (BArch Berlin, R 69/401, Bl. 270-276, hier 276).

1395 Ebd.

1396 Vgl. Vermerk der EWZ, betr. SS-Ärzte der Einwandererzentralstelle vom 1.4.1941 (BArch Berlin, R 69/1063, Bl. 82 f., hier 83).

1397 Ebd. Hervorhebung im Original.

so Meixner mit dem Alles-oder-Nichts-Prinzip argumentierend, „entweder die Tätigkeit der EWZ überhaupt eingestellt, oder aber [...] die Gesundheitsstellen weggelassen werden. Bei der hohen Prozentzahl erbbiologisch kranker Familien in bestimmten Umsiedlergruppen (z. B. jetzt bei den Litauendeutschen) wäre dies jedoch sehr bedenklich."[1398] Die Arbeit der Gesundheitsstellen und der SS-Ärzte verstand Meixner demzufolge als Kernstück des gesamten „Durchschleusungsverfahrens". Sollten die Gesundheitsstellen wegfallen, wäre, laut Meixner, die gesamte Siedlungspolitik gefährdet. Dies wurde „über den Chef der Sicherheitspolizei und des SD dem Reichsführer SS", der unter anderem selbst die zusätzlichen Blutgruppenbestimmungen trotz Personalmangels angeordnet hatte, auseinandergesetzt. Eine Grundsatzentscheidung Himmlers wurde gefordert.[1399] Diese angemahnte Grundsatzentscheidung fiel noch im April 1941, und zwar zugunsten der Gesundheitsstellen.[1400] Zwar mussten diese den Abzug von fünf SS-Ärzten hinnehmen, anstelle derer die RÄK zwei Zivilärzte zur Verfügung stellte, aber die Grundsatzfrage - die nach der Bedeutung der Gesundheitsstellen und der SS-Ärzte innerhalb des „Durchschleusungsvorgangs" - war damit eindeutig beantwortet worden: die Gesundheitsstellen und die SS-Ärzte stellten einen unverzichtbaren Teil des Selektionsapparates der EWZ und damit der rassenbiologischen Neuordnung Europas dar. Damit wurden die SS-Ärzte in ihrer Aufgabe und ihrem Selbstverständnis bestärkt. Dieses besondere, SS-ärztliche Selbstverständnis wurde jedoch hin und wieder auch zum Problem. Meixner musste wiederholt den Selektionseifer der Ärzte zügeln und sie, wie bereits gezeigt, auf die „wissenschaftliche", erbbiologisch-rassenhygienische Basis des „Ausleseprozesses" hinweisen.[1401]

Offensichtlich machten die SS-Ärzte im Zweifelsfall lieber einmal mehr „erbbiologische Bedenken" gegen eine Ansiedlung im „Osten" geltend, als die Ansiedlung erbkranker „Sippen" im „Osten" zu „riskieren". Nicht zuletzt leistete auch Meixner selbst dieser Praxis Vorschub, wenn er postulierte, dass es „auf alle Fälle" zu vermeiden sei, „dass Familien mit erblichem Schwachsinn nach dem Osten" kämen.[1402] Schon bei wenigen Hinweisen wurden „Erbkrankheiten" - gerade solche wie „Schwachsinn" - attestiert, und dies sicher nicht nur aufgrund mangelnder Fachkenntnis, sondern eben auch aus einer, wenn man so will, siedlungsbiologischen „Verantwortung" heraus. Nicht zuletzt ent-

1398 Ebd.
1399 Ebd.
1400 Die Entscheidung Himmlers ist nicht schriftlich überliefert. Sie lässt sich aus dem Umstand, dass das SS-Sanitätsamt nicht alle bzw. den überwiegenden Teil der SS-Ärzte aus der EWZ nicht abzog, erschließen. Vgl. Führungsstab der EWZ an Meixner, EWZ Litzmannstadt, vom 12.4.1941 (BArch Berlin, R 69/1063, Bl. 84).
1401 Vgl. zum Beispiel Meixner, Leiter der Gesundheitsstellen der EWZ an die Leiter der Gesundheitsstellen der FK vom 7.5.1940 (BArch Berlin, R 69/570, Bl. 280) oder Anweisung des Leiters der Gesundheitsstellen der EWZ an sämtliche Gesundheitsstellen vom 28.6.1940 (ebd., Bl. 112).
1402 Rundschreiben des Leiters der Gesundheitsstellen der EWZ an alle FK, betr. A.R.-Fälle vom 15.4.1940 (BArch Berlin, R 69/636, Bl. 4).

sprach dies durchaus der erbgesundheitspolitischen Praxis. Bei „Diagnosen" wie „Schwachsinn" oder „Alkoholismus" handelte es sich letztlich um Sammelbegriffe, die einer klaren diagnostischen Bestimmung entbehrten. Die Erblichkeit vermeintlicher „Erbkrankheiten" war vielfach keineswegs wissenschaftlich gesichert. Dennoch wurde qua Gesetz die Sterilisation dieser Kranken angeordnet - aus einer vermeintlichen Verantwortung dem imaginären „Volkskörper" gegenüber, den es zu „gesunden" galt. In besonders radikaler Weise spiegelte sich dies in den „Euthanasie"-Morden und den „T4"-Tötungsärzten wider. Auch die „T4"-Tötungsärzte wurden allem Anschein nach aufgrund ihrer politischen „Zuverlässigkeit" und ideologischen Unbedingtheit verpflichtet, und nicht wegen ihres psychiatrischen Fachwissens. Nicht zuletzt gehörten einige auch dem SS-Sanitätsdienst an.[1403]

Das durch die Zugehörigkeit zur „Weltanschauungselite" der SS generierte SS-ärztliche Selbstbewusstsein bildete allerdings nicht den alleinigen Handlungs- und Erfahrungshintergrund der EWZ-Ärzte.[1404] Hier spielten auch generationelle und curriculare Aspekte eine Rolle. Die Analyse eines Samples von 50 SS-Ärzten der EWZ, das sowohl leitende Ärzte im Führungsstab und in den Nebenstellen als auch die Ärzte in den Kommissionen umfasst, ergab, dass die Mehrzahl der Ärzte verhältnismäßig jung war (nach 1900 geboren), und ihre Approbation erst Mitte/Ende der 1930er Jahre erlangt hatte. Einige hatten ihr Studium kriegsbedingt auch noch nicht abgeschlossen oder nur eine Notapprobation erhalten.[1405] Im Detail lässt sich folgendes Bild zeichnen: Lediglich sechs Ärzte entstammten den Geburtsjahrgängen vor 1900, 43 den Jahrgängen nach 1900. Davon gehörten 25 den Jahrgängen 1900 bis 1910 und 17 den Jahrgängen 1911 bis 1917 an.[1406] Aus der sogenannten „jungen Frontgeneration", die aktiv am Ersten Weltkrieg teilgenommen hatte, zum Teil bereits als Arzt, und die zum Zeitpunkt der Umsiedlung bereits über eine mehrjährige Berufspraxis verfügte und in der Regel finanziell abgesichert war, rekrutierten sich somit die wenigsten EWZ-Ärzte. Die Mehrzahl entstammte, wie auch die „Trägerschicht" des

1403 Es ist beispielsweise bekannt, dass Kurt Borm, Tötungsarzt in der „T4"-Tötungsanstalt Pirna-Sonnenstein und späterer „Adjutant Nitsches", sich bei Kriegsausbruch zur SS-Leibstandarte Adolf Hitler meldete und als Truppenarzt eingesetzt wurde. Zum Zeitpunkt des Eintritts in die „T4" war er SS-Obersturmführer. Friedrich Berner, ärztlicher Leiter der „T4"-Tötungsanstalt Hadamar gehörte dem SS-Sanitäts-Sturm Rhein, SS-OA Rhein, als SS-Oberscharführer an. Zu Borm vgl. Schilter, Unmenschliches Ermessen, S. 187-192. Zu Berner vgl. Georg Lilienthal, Personal einer Tötungsanstalt. Acht biografische Skizzen. In: Uta George/Georg Lilienthal/Volker Roelcke/Peter Sandner (Hg.), Hadamar. Heilstätte - Tötungsanstalt - Therapiezentrum, Marburg 2006, S. 267-292, hier 275-277.

1404 Die nachfolgende Analyse bezieht sich ausschließlich auf die SS-Ärzte, nicht auf die Zivilärzte.

1405 Die RÄK-Karteikarten, in denen die Bestallung vermerkt ist, sind nicht von allen der 50 Ärzte überliefert, sodass hier keine genauen quantitativen Aussagen getroffen, sondern nur eine Tendenz abgebildet werden kann.

1406 In einem Fall ging das Geburtsdatum aus den Quellen nicht hervor. Eine eindeutige Identifizierung war aufgrund der Häufigkeit des Namens (Hans Müller) nicht möglich.

RuSHA, des RSHA und der EWZ,[1407] der sogenannten „Kriegsjugendgeneration“ (1900-1910), der es „versagt“ gewesen war, sich im Ersten Weltkrieg zu „bewähren“ und die dennoch maßgeblich von diesem geprägt wurde.[1408] Diese Ärzte hatten die Nachkriegszeit mit ihrer politischen Instabilität, der Radikalisierung und den wirtschaftlichen Krisen als Jugendliche und junge Erwachsene erlebt und erfuhren vor dem Hintergrund des Aufstiegs der Rassenhygiene ihre berufliche Ausbildung und Sozialisation. Sie erhielten in der Regel Mitte der 1930er Jahre ihre Approbation und arbeiteten als Krankenhausärzte, praktische Ärzte, aber auch als ärztliche Sachbearbeiter, einer sogar als Abteilungsleiter, im RuSHA. Einige wenige waren zudem in Gesundheitsämtern tätig und damit mit der Einleitung „erbpflegerischer“ Maßnahmen und den dazugehörigen Untersuchungen betraut - eine keineswegs unbedeutende Tätigkeit, wurde doch die Arbeit in den Gesundheitsstellen der EWZ mit der eines Gesundheitsamtes verglichen.[1409] Mit ihrem Eintritt in die SS hatte sich die Mehrzahl dieser Ärzte bereits 1933, viele noch zuvor, eindeutig positioniert. Bis zum Kriegsbeginn stiegen sie in der SS-Hierarchie zumeist bis zum SS-Untersturmführer, zum Teil auch höher, auf. Ähnliches gilt für die Ärzte der Geburtsjahrgänge 1911 bis 1917, die zu Kriegsbeginn zwischen 22 und 28 Jahre alt waren. Sie hatten ihr Medizinstudium in den 1930er Jahren, also zu einem Zeitpunkt, als die Rassenhygiene zum festen Bestandteil der curricularen Ausbildung geworden war, absolviert. Rassenhygienische Maßnahmen waren zum Zeitpunkt ihrer beruflichen Sozialisation nicht mehr auf die Theorie beschränkt, sondern staatlich verordnete Praxis. Auch das ärztliche Berufsbild hatte sich deutlich verändert. Der Arzt wurde zum „Gesundheitsführer“, ärztliches Handeln zielte auf die „Gesundung des Volkskörpers“, nicht des Individuums. „Ausmerzende“ Maßnahmen gehörten dabei genauso wie „fördernde“ zum ärztlichen Handlungsrepertoire. Nicht zuletzt durch den frühen und vor allem bewussten Eintritt in die SS - nicht in die NSDAP oder eine ihrer Gliederungen - signalisierten sie die kompromisslose Übereinstimmung mit den Zielen nationalsozialistischer Erbgesundheits- und Bevölkerungspolitik. Als es um deren Umsetzung im Zuge der Umsiedlungsaktion ging, dürften alle der 50 Ärzte mit der dafür notwendigen ideologischen Überzeugung und einem besonderen Selbstbewusstsein ans Werk gegangen sein. Heidenreich beispielsweise bekundete: „Ich bin sehr froh, gerade zu dieser Arbeit herangezogen zu sein, denn es ist mir dadurch der Wert unserer Tätigkeit innerhalb der EWZ vollkommen klar geworden und die ungeheure große Verantwortung, die wir mit unserem Urteil nicht allein für die augenblick-

1407 Vgl. Wildt, Generation des Unbedingten, S. 848 f.; Heinemann, Rasseexperten, S. 76; sowie Strippel, NS-Volkstumspolitik, S. 189.

1408 Vgl. dazu zum Beispiel Wildt, Generation des Unbedingten, S. 848 f.

1409 Vgl. Vernehmung des Leiters der EWZ Lambert Malsen-Ponickau am 28.11.1947, S. 18 (IfZ München, ZS 1129, unpag.). Vgl. auch vertrauliches Dossier über die EWZ (dem Duktus nach ebenfalls von Malsen verfasst) vom 22.11.1944 (BArch Berlin, R 69/3, Bl. 47-53, hier 52).

lichen Umsiedler und deren Kinder, sondern bei normalem Ablauf für Generationen tragen.“[1410]

Ein ideologisch „verantwortungsvolles“ Handeln war, das stand auch für Heidenreich außer Frage, hier entscheidend. Das allein genügte jedoch nicht, um der „Verantwortung“ für Generationen gerecht zu werden. Es bedurfte auch entsprechender medizinischer Kenntnisse, vor allem der Erbbiologie. Die Ärzte bräuchten, so Heidenreich, keineswegs Psychiater sein, um „durch Fragen einigermaßen herauszubekommen, um welche Art einer angegebenen Geisteskrankheit es sich“ handeln würde[1411] - über solide Grundkenntnisse der Erbbiologie müssten sie allerdings schon verfügen. Dies scheint nicht immer der Fall gewesen zu sein, denn Meixner sah sich dazu veranlasst, die Ärzte explizit aufzufordern, sich „mit den notdürftigsten Tatsachen der Erbbiologie vertraut“ zu machen.[1412] Wiederholt beklagte er „Fehlurteile“ bei der Diagnosestellung und der ärztlichen Beurteilung der Umsiedler. Letztlich war dies nicht überraschend, fehlte insbesondere vielen der jüngeren Ärzte jegliche medizinische Praxis im Allgemeinen und „Auslesepraxis“ im Speziellen. Spezielle Lehrgänge, wie beispielsweise für die Eignungsprüfer, fanden nicht statt. Die Schulung der Ärzte blieb auf die Dienstanweisungen Meixners, Vorträge während der EWZ-Tagungen und nicht zuletzt auch auf das Literaturstudium beschränkt. In der Bibliothek der Gesundheitsstellen befanden sich neben der Kommentierung des GzVeN von Gütt, Rüdin und Ruttke[1413] auch Verschuers „Erbpathologie“, ein „Kurzgefasstes Lehrbuch der Psychiatrie“ von Lange, ein Buch über „Erbliche Taubheit“ von Schwarz und das „Taschenbuch der medizinisch-klinischen Diagnostik“ von Müller-Seifert.[1414] Angesichts des geringen Zeitvolumens, das für die Untersuchung eines Umsiedlers und seiner Familie zur Verfügung stand, dürften diese Bücher jedoch nur in seltenen Fällen zu Rate gezogen worden sein. Viel wichtiger dürften für die knappen, an den konkreten Dienstablauf in den Gesundheitsstellen der EWZ angepassten Dienstanweisungen und „Faustregeln“ Meixners gewesen sein. Diese bestimmten somit mehr oder weniger die Selektionspraxis in den Gesundheitsstellen. Gerade zu Beginn der Selektionen bedrohten allerdings die ideologische Selbstgewissheit der Ärzte und die wohl zum Teil mangelhaften Fachkenntnisse die Bemühungen Meixners, wissenschaftliche Standards zu wahren. Die breite Umsetzung „erbpflegerischer“ Maßnahmen seit 1933 hatte zu einem Prozess der Entprofessionalisierung und Kannibalisierung der Rassenhygiene geführt. Überführt in ein relativ allgemeines Handlungswissen wurden Abweichungen, egal ob körperlich, geistig oder

1410 Tätigkeits- und Erfahrungsbericht der Gesundheitsstelle Posen/Heidenreich vom 7.10.1940 (BArch Berlin, R 69/455, Bl. 18–23, hier 18 f.).

1411 Ebd., Bl. 22.

1412 Meixner, Leiter der Gesundheitsstellen der EWZ, an die Gesundheitsstellen der FK vom 7.5.1940 (BArch Berlin, R 69/570, Bl. 280).

1413 Vgl. Meixner, Leiter der Gesundheitsstellen der EWZ, an sämtliche Ärzte der EWZ vom 31.10.1940 (ebd., Bl. 111).

1414 Meixner, Leiter der Gesundheitsstellen der EWZ, an die Fliegenden Kommissionen, betr. Fachbücher vom 31.5.1941 (ebd., Bl. 29).

sozial reflexhaft mit Erblichkeitskategorien versehen, ohne dabei noch den selbstgestellten wissenschaftlichen Ansprüchen zu genügen. Folge dieser Vulgarisierung war eine Ausdehnung der Anwendung, mithin eine Radikalisierung.

Um innerhalb der Arbeit der Gesundheitsstellen eine gewisse Kontinuität zu schaffen, bemühte sich Meixner, die Personalfluktuation so gering wie möglich zu halten. In den ersten Jahren gelang dies offensichtlich auch einigermaßen. Das ärztliche Personal der immer wieder neu aufgestellten „Fliegenden Kommissionen" und der Nebenstellen rekrutierte sich anfangs aus einem relativ gleichbleibenden Pool von ärztlichen Mitarbeitern, der jedoch mit zunehmender Kriegsdauer dezimiert wurde.[1415] Diesen Kernbestand bildeten vor allem die bereits seit Oktober/November 1939, also von Beginn an bei der EWZ tätigen Ärzte, und einige im August 1940 hinzugekommene. Die Quellenlage lässt hier nur ungenaue Angaben über die Zahl der zu diesem Kern gehörenden Ärzte zu. Sie dürfte allem Anschein nach bei mindestens zehn Ärzten gelegen haben.[1416] Die übrigen SS-Ärzte sowie zwei Ärztinnen und studentische Hilfskräfte arbeiteten meist nur eine begrenzte Zeit bei der EWZ. Im Anschluss an ihre Tätigkeit bei der EWZ wurden sie zumeist SS-Divisionen zugewiesen. Einige blieben aber auch im Umsiedlungsapparat beschäftigt, jedoch an anderer Stelle. Josef Krist beispielsweise, von November 1939 bis etwa Februar 1941 unter anderem Arzt in der Gesundheitsstelle in Lodz, wurde beratender Arzt beim Beauftragten des RKF in Posen HSSPF Koppe.[1417] Ein anderer, Rüdiger Machan, verließ die EWZ nach zweijähriger Tätigkeit im Herbst 1942, um Mitarbeiter der Lehr- und Forschungsstätte für Innerasien und Expeditionen beim Ahnenerbe der SS zu werden.[1418] Mindestens vier Ärzte der EWZ waren später in Konzentrations- und Vernichtungslagern eingesetzt, Gerhard Schiedlausky beispielsweise in Dachau, Mauthausen, Ravensbrück und schließlich in

1415 Manche Ärzte gehörten bis zu sieben verschiedenen Fliegenden Kommissionen an. So hatte zum Beispiel Heinrich Schneider, der vom Oktober 1939 bis zum April 1942 für die EWZ tätig war, als ärztlicher Leiter bzw. stellvertretender Leiter der Fliegenden Kommissionen, I, III, VI, VIIIa, VIIIb, G (Generalgouvernement) und der Kommission Sonderzug fungiert. Vgl. Personalkarteikarte der EWZ (BArch Berlin [ehem. BDC], SSO 92 B, Heinrich Schneider, 15.12.1887); sowie Reisekostenabrechnung von Heinrich Schneider aus seiner Tätigkeit bei der Kommission Sonderzug, o. D. (ebd., SS A 6, SS-Listen, unpag.). Bezogen auf den gesamten EWZ-Apparat bot sich ein ähnliches Bild. Zwar war die Fluktuation des Personals insgesamt recht hoch, in den Leitungsebenen bildete sich jedoch ein fester Personalkern heraus. Vgl. Strippel, NS-Volkstumspolitik, S. 189.

1416 Die Dauer der Tätigkeit für die EWZ geht aus den Akten nicht immer hervor, so dass bei einigen Ärzten nur der Beginn oder das Ende der Tätigkeit genau terminiert werden kann, zum Teil auch weder das eine noch das andere. Zum Kernbestand wurden alle die Ärzte gezählt, die von 1939/40 bis mindestens 1942 für die EWZ tätig waren. So ergibt sich eine Zahl von zehn Ärzten.

1417 Vgl. Verwaltungsstelle der EWZ Litzmannstadt an Führungsstab in Berlin vom 4.3.1941 (BArch Berlin [ehem. BDC], SSO 215 A, Josef Krist, 23.2.1895, unpag.).

1418 Vgl. Bescheinigung des Chefs des Ahnenerbes über die Tätigkeit Machans vom 21.10.1942 (BArch Berlin [ehem. BDC], SSO 287 A, Rüdiger Machan, 26.2.1914, unpag.).

Buchenwald,[1419] und Siegfried Schwela im Vernichtungslager Auschwitz, wo er 1941 erst Lager-, dann Standortarzt wurde.[1420] Nur wenige Ärzte verblieben bis 1944/45 dauerhaft in den Gesundheitsstellen der EWZ, die, wie die übrigen Dienststellen der EWZ auch, ab etwa 1942 Personal abgeben mussten. Dieser Personalschwund konnte auch durch Zivilärzte nicht kompensiert werden, war doch auch das Reservoir der RÄK zunehmend erschöpft. Das Reservoir der RÄK speiste sich auch aus volksdeutschen Ärzten. Einer von ihnen, Herbert Kehrer, wurde zum Dienst bei der EWZ abgestellt.

Kehrer, 1913 in Teplitz in Bessarabien geboren, hatte dort die Schule besucht und war nach dem Abitur 1932 nach Wien gegangen. In Tübingen und München absolvierte er ein Medizinstudium, welches er im Frühjahr 1940 abschloss. Anschließend arbeitete er kurze Zeit als Assistenzarzt am Kreiskrankenhaus in Göppingen. Im Herbst 1940 beteiligte er sich als zweiter Gebietsarzt des Vomi-Kommandos an der Umsiedlung der Bessarabiendeutschen. Während der sich anschließenden Umsiedlung aus der Südbukowina fungierte er als Transportarzt. 1941 sollte ihn die Auslandsabteilung der RÄK schließlich etwa ein halbes Jahr, bis zum August 1941, der EWZ zur Verfügung stellen, wo er unter anderem in der Kommission Sonderzug arbeitete. Anschließend wurde er, ebenfalls von der Dienststelle Haubolds, als Kreisansiedlungsarzt, ab Oktober 1941 als Leitender Arzt beim SS-Ansiedlungsstab Gotenhafen eingesetzt. Seine dortige Tätigkeit beendete er im Juni 1942 und meldete sich freiwillig zum Dienst in der Waffen-SS. Im Oktober 1943 kam er in Gotenhafen bei einem Bombenangriff ums Leben.[1421]

Kehrer hatte demzufolge fast alle ärztlichen Wirkungsfelder, die die Umsiedlung eröffnete, betreten. Dafür prädestinierte ihn, ähnlich wie den in der Hauboldschen Dienststelle tätigen Walter Julius Loew, zum einen seine bessarabische Herkunft, noch viel mehr aber seine ärztliche Ausbildung und Tätigkeit in Deutschland sowie ein hohes politisches Engagement.[1422] Auch wenn er also

1419 Vgl. SS-Akte Gerhard Schiedlausky (BArch Berlin [ehem. BDC], SSO 76 B, Gerhard Schiedlausky, 14.1.1906). Zur Biographie vgl. auch Ernst Klee, Das Personenlexikon zum Dritten Reich. Wer war was vor und nach 1945, 3. Auflage Frankfurt a. M. 2011, S. 535.

1420 Vgl. SS-Akte Siegfried Schwela (BArch Berlin [ehem. BDC], SSO 125 B, Siegfried Schwela, 3.5.1905). Zur Biographie vgl. Klee, Personenlexikon, S. 574.

1421 Vgl. SS-Akte Herbert Kehrer (BArch Berlin [ehem. BDC], SSO 159 A, Herbert Kehrer, 20.12.1913); sowie Sippenakte Herbert Kehrer (ebd., RS C 5344, Herbert Kehrer, 20.12.1913). In dieser Akte ist auch ein ausführlicher handschriftlicher Lebenslauf enthalten.

1422 Kehrer war nach eigenen Angaben 1932 Mitbegründer der nationalsozialistisch ausgerichteten Erneuerungsbewegung der Deutschen in Rumänien und erster Ortsjugendführer in Teplitz. Nach seiner Übersiedlung nach Wien trat er 1932 in die SA ein, wechselte später in die HJ und die Studentenführung. 1937 wurde er, trotz rumänischer Staatsbürgerschaft in die NSDAP aufgenommen. Mit Wirkung vom 15.5.1942 wurde er als Untersturmführer in die SS aufgenommen. Vgl. handschriftlicher Lebenslauf im RuS-Fragebogen vom 15.7.1942 (BArch Berlin [ehem. BDC], RS C 5344, Herbert Kehrer, 20.12.1913, unpag.). Zu Loew vgl. Kap. III.2.3.

nicht zur Gruppe der SS-Ärzte gehörte, war er deshalb doch vermutlich nicht weniger von der großen Bedeutung der ärztlichen Tätigkeit im Rahmen der Umsiedlung, ihrer Bedeutung für zukünftige Generationen von „Ostraumsiedlern", überzeugt.

Diese rassenhygienische Zukunftsorientierung war der Motor der ärztlichen Selektionstätigkeit und zugleich die Indikation des gesamten „Durchschleusungsprozesses".

4.4 Die Bedeutung der „Durchschleusung" für die rassenbiologische „Neugestaltung" der Ostgebiete

Das „Durchschleusungsverfahren" war ein hochkomplexer Selektionsvorgang, der rassenbiologisch-rassenhygienischen Prämissen folgte und auf eine langfristige rassenbiologische Umgestaltung der Bevölkerungsstruktur in den „neuen Ostgebieten" abzielte. Eine neue, rassenideologisch fundierte Siedlergesellschaft sollte entstehen, ein neuer „Siedlertypus" geschaffen werden. Diese neue Siedlergesellschaft kann letztlich als eine besondere, von volkstums- und siedlungspolitischen Einflüssen geprägte Form der nationalsozialistischen Volksgemeinschaft verstanden werden. Auch sie wies die der Volksgemeinschaft eigene organisch-biologistische Prägung auf. So wie das Volk, im „organisch-biologistischen Sinn" als „Volkskörper" das „Zentrum der Volksgemeinschaft" bildete,[1423] so bildeten die „Ostraumsiedler" als biologisches Siedlerreservoir das Zentrum der neuen Siedlergesellschaft. Diese galt es, angelehnt an die biologistische Volksgemeinschaftsidee, zu schaffen und zu „stählen". Die EWZ projizierte somit den biologistischen Kern der Volksgemeinschaftsidee - die Rassenhygiene - auf die neu zu schaffende Siedlergesellschaft, die, ethnisch-biologistisch definiert, „rasserein" und „erbgesund" sein sollte. Sie bediente sich dazu folgerichtig rassenhygienischer Methoden und machte sich das rassenhygienische Fernziel zur siedlungsbiologischen Verpflichtung. Die Rassenhygiene, die sich selbst immer als angewandte „Sozialwissenschaft auf naturwissenschaftlicher Basis" im Sinne eines social engineerings verstanden hatte,[1424] offerierte der EWZ demzufolge eine Zielvorstellung („rassereiner, erbgesunder Volkskörper"), gab Handlungsanleitungen (Erfassung, Selektion, „Aussonderung") und entsprechende Erfassungs- und Selektionskriterien zur Erreichung dieses Zieles. Dabei sollte der rassenhygienisch-rassenanthropologischen Selektion durch die EWZ eine grundlegende Bedeutung zukommen, bildete eine

1423 Vgl. dazu die Einleitung von Frank Bajohr und Michael Wildt. In: Frank Bajohr/ Michael Wildt (Hg.), Volksgemeinschaft. Neue Forschungen zur Gesellschaft des Nationalsozialismus, Frankfurt a. M. 2009, S. 7-23; sowie Schmuhl, biopolitische Entwicklungsdiktatur. Zum „Volkskörper"-Begriff vgl. auch Ute Planert, Der dreifache Körper. Sexualität, Biopolitik und die Wissenschaften vom Leben. In: Geschichte und Gesellschaft, 26 (2000), S 539-576.

1424 Vgl. Schmuhl, biopolitische Entwicklungsdiktatur, S. 102.

„gründliche“ „Siedlerauslese“ doch die Grundvoraussetzung für die Schaffung der neuen Siedlergesellschaft. Es ging hier primär um die Inklusion „erwünschten Bevölkerungszuwachses“ in und die präventive Exklusion „unerwünschten Bevölkerungszuwachses“ aus der Siedlergesellschaft. Diesem In- bzw. Exklusionsprozess, der eng mit der Einbürgerungsfrage verknüpft war, sollten konkrete erbgesundheitspolitische Maßnahmen folgen, die der „Stählung“ dieser neuen Gesellschaft von „Ostraumsiedlern“ dienen sollten.

Die akademischen, arrivierten Rassenhygieniker wie Lenz übten hierbei vor allem indirekt Einfluss auf den Selektionsprozess aus, sei es durch die Schulung der RuS-Eignungsprüfer oder die Weiterbildung der EWZ-Ärzte im Rahmen von Tagungen. Nicht zuletzt gelang es beispielsweise Lenz über persönliche Verbindungen zu Meixner einen weiteren Zugang zum Umsiedlungsnetzwerk zu erhalten. Die Verbindung zwischen Umsiedlungsapparat, namentlich der Gesundheitsstelle der EWZ, und der akademischen Rassenhygiene war symbiotischer Natur, denn die Gesundheitsstellen erfuhren nicht zuletzt durch diese (pseudo)-wissenschaftliche Flankierung ihre Legitimation, Bedeutung, aber auch Korrektur innerhalb des „Durchschleusungsvorgangs“. Ihr Urteil hatte, neben dem der RuS-Stelle, das größte Gewicht, wenn es darum ging, welcher Umsiedler eingebürgert werden sollte. Es bestimmte wesentlich den „Ansatzentscheid“ und damit das weitere Schicksal der Betroffenen. Die systematisch erhobenen Daten dienten nicht allein dem Zwecke der Einbürgerung, sondern bildeten einen zentralverwalteten Datenpool, der in Zukunft einen schnellen „erbpflegerischen“ Zugriff auf jeden einzelnen Umsiedler ermöglichen sollte - ein erbbiologisches Gesamtkataster aller Umsiedler, ganz genau so, wie es den Rassenhygieniker auch für das Deutsche Reich vorschwebte. Ein Pionierprojekt, das mit einem Aktivismus, der alle bisherigen Grenzen überschritt, vorangetrieben wurde, und dies nicht zuletzt deshalb, weil sich im Rahmen der Umsiedlung die „einmalige Gelegenheit“ dazu bot. Die Totalität der Erfassung spiegelt sich dabei sowohl in der Zahl der Erfassten als auch in der Zahl der Erfassungskriterien wider. Bis zum November 1944 hatte die EWZ nach eigenen Angaben nicht weniger als 1021515 Umsiedler - also im Prinzip alle - erfasst.[1425] Die Erfassungs- und Selektionskriterien erfuhren dabei eine stetige Ausdifferenzierung und der Selektionsprozess eine Professionalisierung, die maßgeblich von Meixner bestimmt wurden. Er, der schon früh der SS beigetreten war und sich intensiv mit Fragen der Rassenhygiene beschäftigt hatte, symbolisierte quasi in seiner Person die Verschmelzung politischer und „wissenschaftlicher“ „Ausleseprinzipien“. Dabei ging es immer um die Frage, ob ein Umsiedler als „erwünschter“ Bevölkerungszuwachs und damit für die besonderen siedlungsbiologischen Aufgaben des „Ostens“ als brauchbar erschien oder nicht. Als Entscheidungsmatrix diente hier die SS-eigene rassenbiologisch-rassenanthropologische Bewertungsskala, in die das Urteil des Arztes der Gesundheitsstelle eingebettet

1425 Vertrauliches Dossier über die die Tätigkeit der EWZ vom 22.11.1944 (BArch Berlin, R 69/3, Bl. 47-53, hier 52).

wurde. Die Diagnostik des Arztes, der nicht irgendein Arzt war, sondern in der Regel eine SS-Karriere und damit eine entsprechende rassenideologische Prägung vorweisen konnte, war dabei keineswegs rein medizinisch-erbbiologisch. Ganz nach rassenhygienischer Manier wurde auch das Sozialverhalten - die „Lebensbewährung" - des Probanden in den Blick genommen, galt diese doch als Zeichen „hoch-" bzw. „minderwertigen" Erbgutes. Im Falle „minderwertigen" Erbgutes reagierte die Gesundheitsstelle sofort. Sie erteilte entweder einen „Verweisungsbescheid", um die Überprüfung des Falls in die Hand örtlicher Behörden respektive der Gesundheitsämter zu legen, oder unternahm später selbst den ersten Schritt zur Einleitung „erbpflegerischer" Maßnahmen. In diesem Sinne fungierte die EWZ nicht nur als Erfassungs- und Einbürgerungsapparat, sondern war Teil der NS-Erbgesundheitspolitik, die hier stärker und nachhaltiger als in anderen Bereichen mit der Bevölkerungspolitik verschmolz und auf diese Weise eine scheinbar zukunftsträchtige Liaison einging. Rassenhygienische Prämissen waren nun endgültig zum festen Bestandteil siedlungspolitischer Planung und Praxis geworden. Das rassenhygienische und rassenbiologische Fernziel einer „erbtüchtigen" und „rassereinen" Gesellschaft schien im Kontext der Umsiedlungspolitik erreichbar geworden.

5. Die Ansiedlung - ein Blick in die rassenhygienische Zukunft?

Die Selektion der Umsiedler durch die EWZ hatte eine wesentliche Grundlage für eine rassenhygienisch-rassenbiologische Siedlungspolitik im „Osten" gelegt, die mit der Ansiedlung der neuen „Siedler" in den Ostgebieten ihre Weiterführung finden sollte - nicht aber ihren Abschluss. Die „Ostraumsiedler" mussten vielmehr ihre „Ostraumwürdigkeit" ganz im Sinne der NS-Ideologie stetig unter Beweis stellen, sich permanent „bewähren". Sowohl während des Ansiedlungsprozesses als auch nach der „Domestizierung" wirkten somit Selektionsmechanismen fort. Als Selektionsinstanz fungierten nun neben dem Umsiedlungsapparat mit seinen Ansiedlungsstäben die „klassischen" erbgesundheitspolitischen Institutionen, wie Gesundheitsämter und Erbgesundheitsgerichte, quasi die gesamte medizinische Infrastruktur, die sich in den „neuen Ostgebieten" jedoch noch im Aufbau befand. Sie musste zudem den besonderen bevölkerungsbiologischen Erfordernissen des „Ostens" angepasst werden, was zu einer besonders radikalen Ausprägung der NS-Erbgesundheitspolitik in den „neuen Ostgebieten" führte. Die Gesundheitspolitik war hier eng verwoben mit der Umsiedlungs- und Vertreibungspolitik, sie kann gar als ein Teil dieser verstanden werden.[1426] Insbesondere im Warthegau lässt sich dies beobachten. Er gilt als Exerzierfeld nationalsozialistischer Bio- und Rassenpolitik.[1427]

1426 Vgl. dazu auch Vossen, Gesundheitsdienst im Reichsgau Wartheland.

1427 Vossen spricht, bezogen auf den öffentlichen Gesundheitsdienst, von einem „Extrembeispiel staatlicher Biopolitik", die in einem „Laboratorium einer rassistischen Volkstumspolitik'" ihre radikale Wirkung entfaltet habe. Alberti definiert den Warthegau

5.1 Die Ansiedlung im Warthegau - ein Exerzierfeld nationalsozialistischer Bio- und Rassenpolitik

Bis April 1942 waren von den etwa 293 000 bis dahin angesiedelten Volksdeutschen über 228 000, etwa 78 Prozent, im Warthegau „angesetzt" worden. Die übrigen Umsiedler verteilten sich auf die Gaue Danzig-Westpreußen, Oberschlesien und Ostpreußen. Im Protektorat Böhmen/Mähren und in Südkärnten beziehungsweise der Untersteiermark wurden nur sehr wenige Volksdeutsche angesiedelt.[1428] Der Warthegau kann demnach als Hauptansiedlungsgebiet der Volksdeutschen und damit zugleich als ein Hauptvertreibungsgebiet der jüdischen und polnischen Bevölkerung verstanden werden.[1429] Im Rahmen verschiedener Nah- und Fernpläne wurde die Deportation der einheimischen Bevölkerung, sofern sie nicht als „wiedereindeutschungsfähig" galt, ins Generalgouvernement mit äußerster Brutalität vorangetrieben.[1430] Das Vorgehen war dabei in der Regel ähnlich.[1431] Nachdem UWZ, SS-Ansiedlungsstäbe, Landräte

ganz ähnlich als „Experimentierfeld nationalsozialistischer Rassenpolitik". Vgl. Vossen, Gesundheitsdienst im Reichsgau Wartheland, S. 237; sowie Alberti, Wartheland, Kap. 2.

1428 Vgl. Bericht des Stabshauptamtes des RKF über den Stand der Um- und Ansiedlung am 1.4.1942 (BArch Berlin, NS 19/2743, Bl. 32-59, hier 36). Dort ist auch ein weiterer Bericht vom 1.7.1942 zu finden, in dem eine Gesamtzahl von 329 251 Angesiedelten angegeben wird. 232 367 (71 %) von ihnen gelangten in den Warthegau, 50 204 nach Danzig-Westpreußen, 25 961 nach Oberschlesien, 7460 nach Ostpreußen, 13 259 in „übrige Ansiedlungsgebiete", vornehmlich nach Südkärnten und in die Untersteiermark. Die Erhöhung der Zahlen ergibt sich infolge der Ansiedlung der Deutschen aus der Gottschee, die zum Zeitpunkt des ersten Berichtes noch nicht abgeschlossen war, weswegen noch keine Zahlen in Bezug auf diese Ansiedlung vorhanden waren. Vgl. ebd., Bl. 60-84. Eine Karte der „neuen Ostgebiete" ist im Anhang zu finden.

1429 Der Warthegau spielte somit innerhalb der Umsiedlungs- und Vertreibungspolitik eine besondere Rolle. Die hier entwickelte Ansiedlungs- und Vertreibungspraxis, die „Rasseauslese", kurzum die „Germanisierungspraxis", wurde zum Modell und später in andere Regionen übertragen. Vgl. Heinemann, Rasse, Kap. 3; Alberti, Wartheland, Kap. 2; sowie Epstein, Model Nazi.

1430 Seit dem Dezember 1939 waren im Rahmen des 1. Nahplanes fast 88 000 Polen und Juden aus dem Warthegau vertrieben worden, während des Zwischenplanes über 40 000, während des 2. Nahplanes über 133 000, während des 3. Nahplanes nochmals über 130 000. Die Vertreibungen standen dabei immer in direktem Zusammenhang mit der Ansiedlung Volksdeutscher, zunächst der Balten- und Wolhynien-/Galiziendeutschen (1./2. Nah- und Zwischenplan), dann der Bessarabiendeutschen (3. Nahplan). Vgl. Abschlussbericht der UWZ über die Aussiedlungen im Rahmen der Ansetzung der Bessarabiendeutschen (3. Nahplan) vom 21.1.1941-20.1.1942 im Reichsgau Wartheland, o. D. (IfZ München, MA 708/2, unpag.). Vgl. weiterführend Alberti, Wartheland, Kap. 2.5; sowie Aly, Endlösung und jetzt auch Wolf, Ideologie und Herrschaftsrationalität.

1431 Vgl. zum Beispiel Bericht über den ersten Ansiedlungstag im Kreise Litzmannstadt-Land am 20.3.1940, o. D. (BArch Berlin, R 69/86, Bl. 3-8). Vgl. auch Döring, Wolhynien, Kap. 12.6.2; Maria Rutowska, Die Aussiedlung von Polen und Juden aus den in das Dritte Reich eingegliederten Gebieten ins Generalgouvernement in den Jahren 1939-1941. In: Eckhart Neander/Andrzej Sakson (Hg.), Umgesiedelt - Vertrieben. Deutschbalten und Polen 1939-1945 im Warthegau, Marburg 2010, S. 43-51.

und Arbeitsämter die entsprechenden Vorbereitungen für eine „ordnungsmäßige Evakuierung" der anvisierten Dörfer oder Stadtteile getroffen hatten, wurden sogenannte „Evakuierungskommandos" in die jeweiligen Ortschaften entsandt.[1432] Diese bestanden aus Schutz- und Hilfspolizisten, aber auch ortskundigen Volksdeutschen. Sie trafen in der Regel in den frühen Morgenstunden in den zu räumenden Ortschaften ein. Die Bewohner wurden, nicht selten im Schlaf überrascht, gezwungen, sofort ihren Hof oder ihre Wohnung zu verlassen. Wie Sträflinge führte die Polizei die „Evakuierten" zu Sammelstellen ab. Dort wurden sie entweder direkt von einem „Fliegenden Kommando" der UWZ auf ihre „Wiedereindeutschungsfähigkeit" hin überprüft oder zunächst in die Lager der UWZ verbracht.[1433] Hier wie dort nahmen, ähnlich wie bei der „Durchschleusung" der Volksdeutschen, RuS-Eignungsprüfer eine „Grobauslese" vor und bestimmten, wer als „wiedereindeutschungsfähig" galt und wer nicht.[1434] In Abhängigkeit vom Urteil der RuS-Prüfer wurde die polnische Bevölkerung entweder in das Generalgouvernement abgeschoben, in andere Gebiete des Warthegaus „verdrängt" oder zum „Arbeitseinsatz" ins „Altreich" überstellt. Die vertriebene jüdische Bevölkerung wurde in Ghettos zusammengepfercht oder ebenfalls in das Generalgouvernement verbracht.

Parallel zur Deportation der polnischen und jüdischen Bevölkerung erfolgte die Ansiedlung der Volksdeutschen. Kaum hatten die Evakuierungskommandos die Höfe „geräumt", begannen örtliche NSDAP-Stellen, die Häuser „zu säubern, die Heiligenbilder zu entfernen, die Zimmer nach Möglichkeit zu schmücken".[1435] Ein Hilfspolizist blieb zur „Bewachung" der geräumten Häuser zurück und bereitete alles Weitere für die Ankunft der Volksdeutschen vor, entfachte beispielsweise das Feuer im Ofen. Nur wenige Stunden, nachdem die polnischen Bewohner von ihren Höfen vertrieben worden waren, nahmen die neuen, volksdeutschen Bauern diese in Besitz. Sie waren aus den Beobachtungslagern des „Altreiches" erst in sogenannte „Bereitstellungslager", die sich unter anderem in und um Lodz herum befanden, verlegt worden, bevor sie mit den selben Bussen, die zuvor die vertriebenen Polen in die Lager der UWZ abtransportiert hatten, in die jeweiligen Ansiedlungsdörfer gebracht wurden.[1436] Dort empfing man sie - so machte ein Bericht über die Ansiedlung im Kreis Litzmannstadt-Land glauben - mit „Kaffee, Brot und Marmelade", stattete sie mit Verpflegung für die nächsten Tage aus und brachte sie schließlich auf die ein-

1432 Abschlussbericht der UWZ über die Aussiedlungen im Rahmen der Ansetzung der Bessarabiendeutschen (3. Nahplan) vom 21.1.1941-20.1.1942 im Reichsgau Wartheland, o. D. (IfZ München, MA 708/2, unpag.).

1433 Das Verfahren änderte sich mit dem 3. Nahplan, als die Abschiebung ins Generalgouvernement ins Stocken geriet. Die UWZ ging dazu über, die polnische Bevölkerung innerhalb des Warthegaus zu „verdrängen". Vgl. ebd.

1434 Vgl. weiterführend Heinemann, Rasse, S. 282-301.

1435 Bericht über den ersten Ansiedlungstag im Kreise Litzmannstadt-Land am 20.3.1940, o. D. (BArch Berlin, R 69/86, Bl. 3-8, hier 6).

1436 Zum „Abruf" der Umsiedler aus den Lager des „Altreiches" vgl. Aktenvermerk, betr. technisches Verfahren beim Abruf der Umsiedler vom 3.12.1940 (BArch Berlin, R 69/681, Bl. 148 f.).

zelnen Höfe.[1437] Dort angekommen wurde den „Ansiedlern" das „Haus, die Stallungen und der Hof gezeigt und mit einigen Worten feierlich übergeben".[1438] Auch das obligatorische „Führerbild" fehlte nicht.

Dieser schöne Schein trügte jedoch. Die Inbesitznahme der Höfe und Wohnungen erfolgte keineswegs so harmonisch, sondern vor dem Hintergrund der gewaltsamen Vertreibung der früheren Bewohner. Dies wurde den Volksdeutschen bei ihrer Ankunft in der Regel sofort bewusst. Sie kamen in noch „wohnwarme" Wohnungen und Häuser, in denen das Geschirr und das Essen der Vorbesitzer noch auf dem Tisch stand, die Betten noch warm waren und das Licht noch brannte.[1439] Mehr als ein ungutes Gefühl hinterließ dieser Umstand jedoch meist nicht, die meisten Umsiedler dürften, wie es ein Zeitzeuge formulierte, „froh" gewesen sein, „erstmal irgendwo bleiben zu können",[1440] erst recht, wenn sie zuvor Monate in Vomi-Lagern zugebracht und nun endlich die versprochenen Höfe erhalten hatten. In der Folgezeit waren viele Umsiedler allzu sehr damit beschäftigt, sich in „der fremden Umgebung einzurichten" und die Möglichkeiten, die sich ihnen diesbezüglich, sozusagen als „Herrenvolk", boten, zu nutzen, als dass sie sich für das Schicksal der Deportierten interessiert hätten.[1441] In vielen Fällen entsprachen die neuen Wohnungen und Höfe nämlich so gar nicht den Vorstellungen der volksdeutschen Umsiedler, die eine adäquate Entschädigung für ihren zurückgelassenen Besitz erwartet hatten. Insbesondere die städtischen Baltendeutschen, die überwiegend aus privilegierten Schichten stammten und in der Regel einen hohen Lebensstandard gewohnt waren, beschwerten sich en masse über die zu kleinen und „menschenunwürdigen" Wohnungen.[1442] Aber auch die Wolhynien- und Galiziendeutschen, die aufgrund ihrer überwiegend bäuerlichen Herkunft für die Ansiedlung in den ländlich geprägten Regionen des Warthegaus eher in Frage kamen, stellten die Ansiedlungsstäbe vor größere Probleme. Diese lagen vor allem in der Agrarstruktur des Warthegaus begründet, der über eine Vielzahl von bäuerlichen Klein- und Kleinstbetrieben („Zwergwirtschaften") verfügte, kaum jedoch über Höfe der mittleren Größe (etwa zehn bis 25 Hektar).[1443] Genau diese wurden jedoch für die Umsiedler der Wertungsgruppen I und II benötigt. Lediglich die Angehörigen der Wertungsgruppe III sollten mit etwa fünf Hektar Land abgefunden werden.[1444] Im November 1940 veranschlagte Himmler persönlich

1437 Bericht über den ersten Ansiedlungstag im Kreise Litzmannstadt-Land am 20.3.1940, o. D. (BArch Berlin, R 69/86, Bl. 3-8, hier 6).

1438 Ebd., Bl. 7.

1439 Vgl. Jana Elena Bosse, Siebzig Jahre nach der Umsiedlung - deutschbaltische Zeitzeugen erinnern sich. In: Neander/Sakson (Hg.), Umgesiedelt - Vertrieben, S. 30-42. Vgl. auch Bosse, Vom Baltikum in den Reichsgau Wartheland, S. 312-318.

1440 Zit. nach Bosse, Zeitzeugen, S. 33.

1441 Vgl. Matthias Schröder, „Rettung vor dem Bolschewismus"? Die Ansiedlung der Deutschbalten im Warthegau. In: Neander/Sakson (Hg.), Umgesiedelt - Vertrieben, S. 52-65.

1442 Bosse, Vom Baltikum in den Reichsgau Wartheland, S. 316 f.

1443 Vgl. dazu Schmidt, Bessarabien, S. 214 f.

1444 Vgl. Döring, Wolhynien, S. 268 f.

schließlich eine Größe von 25 Hektar für eine „lebens- und leistungsfähige Hofstelle".[1445] Die Ansiedlungsstäbe reagierten darauf mit der Zusammenlegung kleinerer Betriebe zu größeren Wirtschaften, was das Problem allerdings nur teilweise löste, waren dadurch doch keine räumlich geschlossenen Bauernhöfe, sondern eher ein Archipel ausgelagerter Teilgehöfte entstanden. Hinzu kam, dass die Höfe sich zum Teil in einem schlechten baulichen Zustand befanden und auf die Ankommenden wenig einladend wirkten. Diese psychologische Dimension der Ansiedlung war den Ansiedlungsdienststellen durchaus bewusst. Im Rahmen einer Besprechung in Lodz Anfang April 1940 wurde offen ausgesprochen, was in der euphorischen Umsiedlungsberichterstattung verschwiegen wurde: „Sie [die Umsiedler] kommen in andere Gegenden als sie gedacht haben. Sie haben vom schönen Deutschland geträumt und kommen nun in Verhältnisse, die teilweise viel schlechter sind als ihre früheren Lebensbedingungen. Sie haben schlechteres Vieh und schlechtere Pferde."[1446]

Hinzu kam, dass die Wolhynien- und Galiziendeutschen nicht etwa in ihrem alten Gemeindeverband angesiedelt wurden, sondern getrennt voneinander, in einer ihnen feindlich gegenüberstehenden Umgebung.[1447] Wie die Ansiedlungsdienststellen festhielten, sei es nicht möglich, „alle Dörfer von den Polen zu säubern."[1448] Es war vielmehr beabsichtigt, dass „in jedes Dorf zu den Polen Deutsche hinzukommen". Jedes zukünftige neue „deutsche Dorf" wäre zu etwa einem Viertel mit Wolhyniendeutschen zu besiedeln - die übrigen drei Viertel würden „nach dem Kriege mit Reichsdeutschen aufgefüllt" werden.[1449] Vorgegangen werden sollte dabei etwa nach folgendem Prinzip:

„Die Brigidauer werden also z. B. nicht in einem Dorf angesiedelt werden, sondern sie werden auf etwa 10 Dörfer verteilt werden. Im selben Ort mit ihnen wohnen Polen. Die Aufteilung der Brigidauer geht allerdings nicht so weit, dass sie mit anderen deutschen Dörfern gemischt werden. [...]
Für jeden Kreis ist eine bestimmte Anzahl von Dörfern festgesetzt. Danach erfolgt der Abruf [der Umsiedler]. Diese Dörfer bilden dann das Gerippe für den Kreis. So sind z. B. für den Kreis Kutno rund 50 Dörfer vorgesehen.

1445 Vgl. Allgemeine Anordnung Nr. 7/II des RKF, betr. Grundsätze und Richtlinien für den ländlichen Aufbau in den neuen Ostgebieten vom 26.11.1940. In: Planung und Aufbau im Osten. Hg. vom Stabshauptamt des RKF, Berlin 1941, S. 67-69, hier 67.

1446 Aktenvermerk der EWZ/Information, betr. Ansetzung der Rückwanderer im Warthegau vom 3.4.1940 (BArch Berlin, R 69/233, Bl. 94 f., hier 94).

1447 Angesichts der Vertreibungspraxis ist es kaum überraschend, dass es zu Übergriffen polnischer Bewohner auf die neuen volksdeutschen Siedler kam. Himmler kündigte daraufhin anlässlich einer Rede vor wolhyniendeutschen und galiziendeutschen Umsiedlern im Mai 1940 drakonische Maßnahmen an. Gendarmeriestreifen, ein Ortsschutz und SS-Einheiten sollten für die Sicherheit der Siedler sorgen. Sollte es dennoch zu weiteren Übergriffen kommen, so sollten alle polnischen Männer des benachbarten Dorfes erschossen werden. Vgl. Aktennotiz über die Ansprache Himmlers an die Umsiedler im Lager Kirschberg (bei Lodz) am 4.5.1940, o.D. (BArch Berlin, R 69/233, Bl. 47).

1448 Aktenvermerk der EWZ/Information, betr. Ansetzung der Rückwanderer im Warthegau vom 3.4.1940 (BArch Berlin, R 69/233, Bl. 94 f., hier 94).

1449 Vermerk der Dienststelle des RKF, betr. der Ansiedlung der Wolhyniendeutschen vom 7.5.1940. In: RKF, Menscheneinsatz (1940), S. 29.

Ein Vertreter des Ansiedlungsstabes reist mit Vertrauensleuten des betreffenden Dorfes in dem für die Ansetzung vorgesehen Gebiet herum und gibt den Vertrauensleuten selbst die Möglichkeit, alles zu sehen und selbst zu beurteilen. Anhand von Dorfskizzen und eine[r] Hofkartei erfolgt dann die Ansetzung, wobei verschiedene Gesichtspunkte (z. B. rassische Beurteilung usw.) berücksichtigt werden."[1450]

Skizziert wurde hier in knappen Sätzen nichts Geringeres als die komplette rassenideologisch motivierte Umgestaltung der vorhandenen Sozial- und Agrarstrukturen, die den Grundstein für weitere gigantomanische Siedlungsplanungen - den „Generalplan Ost" - markierte. Das hier beschriebene Prinzip der „Streusiedlung", das eine flächendeckende „Germanisierung" des Warthegaus ermöglichen sollte, wurde so rigoros allerdings schon bald nicht mehr praktiziert. Die Zersplitterung der traditionellen Dorfgemeinschaften - die Destruktion der Volksgruppenverbände zum Zwecke der Konstruktion einer neuen homogenen Siedlergesellschaft - hatte nämlich zu einem deutlich erhöhten Frustrationspotential unter den Umsiedlern geführt. Dieses begann nun die gesamte Ansiedlung zu bedrohen.[1451] Berichte wie folgender wirkten auf die Ansiedlungstechnokraten hoch alarmierend und zwangen sie zumindest partiell zu einem Kurswechsel:

„Die Reaktion [der Umsiedler] war bei der Übernahme des Hofes immer sehr stark. Das schwere Lagerleben, die sehr schlechte Behandlung in den Lagern hatte einen jeden Bauern irgendwie angegriffen. Solange er noch als Herdentier im Lager lebte, gingen alle diese Erscheinungen an ihm irgendwie vorüber. Sobald er aber aus dieser Gemeinschaft herausgenommen wurde, auf seinen Hof kam, der ganz anders war, als der von verschiedenen Stellen versprochene und wie er ihn sich selber vorgestellt hatte, kam der Schock. Er kam noch darüber hinweg, sobald seine Bekannten und Verwandten in der Nähe waren, mit denen er sich aussprechen konnte, und die ihm mit Rat und Tat beistehen konnten. War das nicht der Fall, so verließ er lieber den Hof, wollte lieber unter diesen Umständen auf einen Hof verzichten, als allein unter den Polen leben. In vielen Fällen musste aus diesen Gründen eine Umsiedlung vorgenommen werden, da es sich oftmals um Menschen handelte, die nicht in der Lage waren, sich in der Fremde ohne jeglichen Beistand durchzusetzen."[1452]

Noch während der Ansiedlung der Wolhynien- und Galiziendeutschen veränderte sich die Ansiedlungspraxis. Die Ansiedlungsstäbe gingen dazu über, die Umsiedler in sogenannten „Siedlerblocks" anzusiedeln. Mehrere Familien, die in den Herkunftsgebieten derselben Dorfgemeinschaft angehört hatten, aber nicht miteinander verwandt oder „versippt" sein sollten, wurden nun zusammen angesiedelt.[1453] So sollte den „stammlichen Besonderheiten" der Umsiedler, das heißt ihren „geschichtlich gewordenen Eigenheiten, ihr[em] Verhältnis zum Boden, ihrer Wirtschaftsweise" Rechnung getragen werden.[1454] Jeder

1450 Aktenvermerk der EWZ/Information, betr. Ansetzung der Rückwanderer im Warthegau vom 3.4.1940 (BArch Berlin, R 69/233, Bl. 94 f.).
1451 Vgl. Schmidt, Bessarabien, S. 214 f.; sowie Döring, Wolhynien, S. 258 f.
1452 R. Rupp, Die Hofzuweisung, zit. nach Schmidt, Bessarabien, S. 215.
1453 Vgl. Döring, Wolhynien, S. 258 f.; sowie Schmidt, Bessarabien, S. 214.
1454 Ausarbeitung unbekannter Herkunft (EWZ) über die „Schleiertheorie", o. D. (BArch Berlin, R 69/233, Bl. 46).

Umsiedler sollte nun seinen Wunsch, mit welchem „Nachbar[n] er in einem Block zusammen wohnen" möchte, äußern können, um zu vermeiden, dass die neuen Dorfgemeinschaften „rein schematisch oder willkürlich zusammengestellt" würden.[1455] Allerdings galten auch hier Einschränkungen. Einer Sonderregelung unterlag beispielsweise die Ansiedlung der Trachomkranken, die unter den Umsiedlern eine nicht unbeträchtliche Zahl ausmachten. Sie hatten, wie am Beispiel der Trachomuntersuchungen im Lager Semlin gezeigt wurde, bereits während des Abtransportes aus den Herkunftsgebieten und anschließend in den Lagern der Vomi unter besonderer Beobachtung gestanden. Im Kontext der Ansiedlung wurde ihnen nun erneut besondere Aufmerksamkeit gewidmet. Zum einen galt es, eine weitere Verbreitung des Trachoms im Ansiedlungsgebiet zu verhindern. Zum anderen sollte das Trachom eine „intensive Bekämpfung auf umgrenztem Raum" erfahren.[1456] Zu diesem Zweck wurden die Trachomkranken in speziellen „Trachomansiedlungsgebieten" „angesetzt". Derartige Quarantänebezirke befanden sich im Warthegau in den Kreisen Lask und Schieratz/Sieradz.[1457] Dort waren vom Leitenden Arzt des Ansiedlungsstabes in Kooperation mit der Dienststelle Haubolds entsprechende Versorgungsstrukturen, wie Trachomambulanzen und Trachomberatungsstellen, geschaffen worden. In „Schnellkursen" geschulte Ärzte und Medizinstudenten übernahmen dort die Betreuung der Erkrankten.[1458] In der Folgezeit entstand auch ein „Gauheim für Trachomkranke" in Glas, einer Dependance der Heilanstalt Warta.[1459]

Ganz anders gingen die Ansiedlungsakteure hingegen in Bezug auf die sogenannten „Inzuchtdörfer" vor, also der ehemaligen volksdeutschen Dörfer, in denen unter anderem durch ihre territoriale Abgeschiedenheit die Zahl der Verwandtenehen überproportional hoch gewesen war. In diesem Fall vermied man eine geschlossene Ansiedlung und setzte das Prinzip der „Streusiedlung" vehement um, stellten diese Dorfgemeinschaften aus Sicht der Ansiedlungsplaner doch einen „erbbiologischen" Gefahrenherd dar.[1460] Die EWZ hatte, bezogen auf die Wolhyniendeutschen, insgesamt 13, bezogen auf die Galizien-

1455 Aktenvermerk der EWZ/Information, betr. Besprechung am 18.9.1940 beim HSSPF Warthe, Wilhelm Koppe, vom 19.9.1940 (ebd., Bl. 111-114, hier 112). Vgl. auch Ausarbeitung unbekannter Herkunft (EWZ) über die „Schleiertheorie", o. D. (ebd., Bl. 46).

1456 „Augenärztliche Erfahrungen bei der Trachomschau der Rückwanderer". In: Deutsches Ärzteblatt, 71 (1941) 9, S. 103 f., hier 104.

1457 Vgl. Organisationsplan für die Durchführung der Trachombehandlung in den Trachomsiedlungskreisen Lask und Sieradsch (Schieratz)/Sieradz vom 24.6.1940 (BArch Berlin, R 69/149, Bl. 58 f.).

1458 Vgl. ebd.; sowie Reisebericht des Regierungsmedizinalrates Dr. Lokay über die Dienstreise am 17.10.1940 nach Warthbrücken, Turek und Sieradsch/Sieradz vom 18.10.1940 (APP, RStH, 1862, Bl. 75-77).

1459 Vgl. Geschäftsverteilungsplan der Abt. II (Gesundheitswesen) beim RStH des Warthegaus vom 29.5.1942 (NdsHStA Hannover, Nds. 721, Hildesheim, Acc. 48/88, Nr. 20/18, Bl. 324-328).

1460 Höchstwahrscheinlich zielte auch die Order, dass die Siedler innerhalb eines „Siedlerblocks" nicht verwandt oder „versippt" sein sollten, auf eine Verhinderung der Entstehung neuer „Inzuchtdörfer".

deutschen, 17 solcher „Inzuchtdörfer" ausfindig gemacht, bei denen sie eine „Zerschlagung der Dorfgemeinschaften" als „wünschenswert" erachtete.[1461] Auch bei späteren Umsiedlungsaktionen stießen insbesondere die Ärzte in den Gesundheitsstellen der EWZ immer wieder auf derartige „Inzuchtdörfer". Im Abschlussbericht der EWZ über die „Durchschleusung" der Bessarabiendeutschen hieß es beispielsweise: „Erbkrankheiten treten besonders in den Dörfern auf, wo eine deutliche Inzucht zu beobachten ist."[1462] In den Fällen, in denen sich eine vermeintliche „Erbkrankheit" manifest zeigte, erstatteten die EWZ-Ärzte Sterilisationsanzeigen oder machten „erbbiologische Bedenken" geltend, die eine Ansiedlung im „Osten" in der Regel verhindern sollten. Den „gesunden" Mitgliedern einer vermeintlich „erbkranken Sippe" konnte jedoch nicht pauschal die Ansiedlung im „Osten" verweigert werden, auch wenn der Arzt davon ausging, dass es sich um einen „Merkmalsträger" handelte und das Dorf als „Inzuchtdorf" bekannt war. Durch die verstreute Ansiedlung der Angehörigen der „Inzuchtdörfer" konnte aus Sicht der Ärzte und Ansiedlungsstrategen aber wenigstens die Wahrscheinlichkeit des Auftretens von „Erbkrankheiten" in den nächsten Generationen verringert werden. Gemessen am selektionistischen Anspruch der Gesundheitsstellen war dies für die Ärzte auf den ersten Blick unbefriedigend, gelangten so doch offensichtlich einige „erbbiologisch bedenkliche" Umsiedler in die Ostgebiete. So beklagte ein Arzt der Fliegenden Kommission VII: „Trotzdem bei zahlreichen Herden Belastungen nachgewiesen wurden, konnte nur ein kleiner Prozentsatz dieser Familien aus ‚erbbiologischen Bedenken' ins Altreich verwiesen werden. In den meisten Fällen lag die Belastung in einer fernen Verwandtschaftsstufe oder es handelte sich um Erkrankungen verschiedenen Charakters."[1463]

Auf den zweiten Blick löste sich das Dilemma für den Arzt jedoch auf, da die Umsiedler ja auch weiterhin einer erbärztlichen Kontrolle unterlagen, nämlich der der Gesundheitsämter der Ansiedlungsorte. An diese wurden „bekanntlich" die von der EWZ erstellten Gesundheitskarteikarten weitergeleitet. So war, nach Ansicht des zitierten Arztes, für den jeweiligen Amtsarzt, „eine wichtige Vorarbeit geleistet, [...] der sich auf Grund [der] Gesundheitskarten rasch ein Bild von der erbbiologischen Struktur der betreffenden Familie machen" konnte.[1464] Gegebenenfalls konnten dann also vor Ort „erbpflegerische Maßnahmen" eingeleitet werden.

1461 EWZ/Information an Führungsstab der EWZ, betr. Dörfer in Ostpolen, in denen Inzucht oder Sektenwesen herrschte vom 21.2.1940 (BArch Berlin, R 69/1042, Bl. 131 f.). Vgl. auch Döring, Wolhynien, S. 259.

1462 Abschlussbericht der EWZ über die Erfassung der Deutschen aus Bessarabien von 1940 (IfZ München, ED 72/15, Bl. 12). Vgl. zur Südbukowina Abschlussbericht der EWZ über die Erfassung der deutschen Volksgruppen aus Südosteuropa von 1941 (ebd., ED72/19, Bl. 21); sowie zur Nordbukowina Abschlussbericht der EWZ über die Erfassung der Deutschen aus dem Nordbuchenland, o. D. (ebd., ED 72/20, Bl. 10).

1463 Erfahrungsbericht der FK VII über die Dobrudscha-Aktion im Gau Mainfranken vom 1.11.1941 (BArch Berlin, R 69/537, Bl. 150–152, hier 151).

1464 Ebd.

Bevor die Umsiedler jedoch endgültig in den Hoheitsbereich der Gesundheitsämter gelangten, unterlagen sie vorerst noch der Aufsicht der Ansiedlungsdienststellen, genauer dem Gesundheitsdienst des Ansiedlungsstabes.

5.2 Der Gesundheitsdienst des Ansiedlungsstabes im Warthegau

Im Warthegau existierten, aufgrund seiner besonderen siedlungspolitischen Bedeutung, zwei SS-Ansiedlungsstäbe: einer in Posen, dem Umsiedlungsdrehpunkt der Baltenansiedlung, und einer in Lodz, dem Umsiedlungsdrehpunkt der nachfolgenden Umsiedlungsaktionen. Insgesamt verfügten die Ansiedlungsstäbe außerdem über nicht weniger als 30 Außenstellen auf Kreisebene.[1465] Sie unterstanden dem Höheren SS- und Polizeiführer Wilhelm Koppe,[1466] der als Beauftragter des RKF fungierte und seine Weisungen von der Planungsabteilung des RKF erhielt. In der Dienststelle des Beauftragten des RKF waren somit sämtliche Vertreibungs- und Ansiedlungskompetenzen gebündelt. Die praktische Umsetzung der in verschiedenen „Generalsiedlungsplänen" skizzierten Ansiedlungsrichtlinien oblag schließlich den schon erwähnten Ansiedlungsstäben. Diese waren jedoch nicht ausschließlich ausführend tätig, sondern hatten auch einen nicht unwesentlichen Anteil an der Siedlungsplanung, verfügten sie doch über eine eigene Planungsabteilung und erhielten über die ihnen nachgeordneten „Kreisarbeitsstäbe" siedlungsrelevante Informationen (Dorfskizzen, Hofkarten) aus erster Hand.[1467] Daneben befassten sich andere Abteilungen der Ansiedlungsstäbe mit Fragen der beruflichen Wiedereingliederung, der Verteilung des Gepäcks oder auch der Behebung baulicher Mängel der neuen Höfe.[1468] Auch eine Gesundheitsabteilung - die Dienststelle des Leitenden Ansiedlungsarztes - gehörte zum Ansiedlungsapparat. Sie hatte sämtliche „gesundheitlichen Fragen", die sich im Kontext der Ansiedlung ergaben, zu klären: angefangen bei der „Kontrolle der Ansiedlungsdörfer" über die „gesundheitliche Hilfeleistung bei der Gründung neuer Gemeinden" bis hin zur „ärzt-

1465 Eine Übersicht über die Ansiedlungsstäbe und deren Arbeitsstäbe ist zu finden bei Heinemann, Rasse, S. 219 und 687. Vgl. auch Döring, Umsiedlung der Wolhyniendeutschen, S. 270–274. Vgl. auch Kap. III.2.2.

1466 Wilhelm Koppe (1896–1975), von Beruf Kaufmann, trat 1932 in die SS ein und stieg dort recht schnell auf (1934 Brigadeführer, 1936 Gruppenführer). 1939–1943 fungierte er gleichzeitig als HSSPF im Warthegau und als Beauftragter des RKF. Er war in die frühen Krankenmorde involviert und zeichnete auch für die Errichtung des Vernichtungslagers Chelmno verantwortlich. Nach 1943 wurde er zunächst HSSPF im SS-Abschnitt Ost, später im Abschnitt Süd. Mittlerweile hatte er es bis zum General der Waffen-SS gebracht. Nach dem Krieg tauchte er unter. 1961 wurde seine Identität bekannt. Ein gegen ihn eingeleitetes Strafverfahren wurde aufgrund von Verhandlungsunfähigkeit 1966 eingestellt. Vgl. Birn, HSSPF, S. 339.

1467 Vgl. Döring, Wolhynien, S. 270–274; sowie Heinemann, Rasse, S. 217 f.

1468 Vgl. Döring, Wolhynien, S. 270–274.

liche[n] Hilfe beim Einrichten der Höfe".[1469] Außerdem hatte der Ansiedlungsarzt dafür zu sorgen, dass die Umsiedler während ihres Aufenthaltes in den Ansiedlungslagern, in denen sie für die Ansiedlung vorbereitet und nochmals einer Schlussüberprüfung unterzogen wurden, und während der „ersten Zeit [nach] der Ansiedlung" keine „gesundheitlichen Schädigungen" erlitten.[1470] Besonderes Augenmerk galt der Betreuung der Trachomkranken, vor allem als im Kontext der Ansiedlung der Bessarabiendeutschen beschlossen wurde, dass diese nicht mehr geschlossen in separaten Kreisen untergebracht werden konnten. Aufgabe der Ansiedlungsärzte und ihrer Mitarbeiter war es nun, alle angesiedelten Trachomkranken zu erfassen und den örtlichen Gesundheitsämtern zu melden, damit umgehend „Sanierungsmaßnahmen" eingeleitet werden konnten. Diese sollten nicht zuletzt auch zum „Schutz der später einrückenden Siedler aus dem Reiche" - die ja bekanntlich nur in sehr geringer Zahl „einrückten" - ergriffen werden.[1471] Fachlich unterstand der Ansiedlungsarzt der Dienststelle Haubolds und stimmte seine Tätigkeit mit dem dortigen Referat 7 „Ansiedlung" ab. Vor Ort, das heißt im Warthegau, stand er unter der Leitung von Emil Bernauer,[1472] dem die „ärztliche Gesamtleitung des Gesundheitsdienstes der Rückwanderer im Warthegau" übertragen worden war.[1473]

Dem Leitenden Ansiedlungsarzt nachgeordnet, wurden jedem „Kreisansiedlungsstab" „Kreisansiedlungsärzte" zugewiesen. Sie rekrutierten sich unter anderem aus den Reihen der Umsiedler und sollten, wenn möglich, in den Kreisen eingesetzt werden, in denen die „Ortsbezirke eingesiedelt wurden, die sie in der früheren Heimat betreut" hatten.[1474] Zum Stab der Kreisansiedlungsärzte gehörten in der Regel eine Hebamme, Schwestern, darunter auch eine Säuglingsschwester, und Sanitäter. Darüber hinaus standen ihnen von Beginn an Medizinstudenten zur Verfügung, die im Rahmen des studentischen

1469 Richtlinien für die gesundheitliche Betreuung der volksdeutschen Rückwanderer aus Wolhynien/Galizien und Westweissrussland während der Ansiedlung im Warthegau, o. D. (BArch Berlin, R 69/149, Bl. 88-90, hier 89).

1470 Ebd., Bl. 88.

1471 Der Einsatz der Reichsgesundheitsführung bei den großen deutschen Umsiedlungen 1939-1941. In: Deutsches Ärzteblatt, 71 (1941) 22, unpag.

1472 Über Emil Bernauer (1891-?) ist relativ wenig bekannt. Er war von 1927 bis zum Frühjahr 1939 in Südchina als Professor tätig gewesen und wurde ein halbes Jahr nach seiner Rückkehr, im November 1939, von der RÄK mit der gesundheitlichen Betreuung der Umsiedler in Lodz betraut. In Lodz wurde er später Chefarzt im Siegfried-Staemmler-Krankenhaus. 1943 erhielt er die Zulassung als Facharzt für Innere Medizin. Vgl. Bericht über den Aufbau des Gesundheitswesens für die Rückführung der Deutschen Volksgruppen aus Wolhynien und Galizien vom 21.11.1939 (BArch Berlin, R 69/149, Bl. 17-20); RÄK-Karteikarte von Emil Bernauer (BArch Berlin [ehem. BDC], RÄK, Emil Bernauer, 8.9.1891); sowie SS-Karteikarte von Emil Bernauer (ebd., SSO 62, Emil Bernauer).

1473 Richtlinien für die gesundheitliche Betreuung der volksdeutschen Rückwanderer aus Wolhynien/Galizien und Westweissrussland während der Ansiedlung im Warthegau, o. D. (BArch Berlin, R 69/149, Bl. 88-90).

1474 Der Einsatz der Reichsgesundheitsführung bei den großen deutschen Umsiedlungen 1939-1941. In: Deutsches Ärzteblatt, 71 (1941) 22, unpag.

„Siedlungs- und Osteinsatzes" in den Warthegau kamen.[1475] Ihr Aufgabenkreis wurde dabei wie folgt umrissen: „Die Studentinnen und Studenten sollen organisatorische Mithilfe bei allen Aufgaben der Siedlerbetreuung und bei allen fachlichen Aufgaben zum Aufbau des Landes leisten, ebenso bei der Lösung brennender Forschungsaufgaben, die die Aufbauplanung des Landes unterstützen sollen. Alle hier vorläufig während des Studiums Eingesetzten werden dadurch zugleich für einen späteren Berufseinsatz im Osten erzogen und vorbereitet."[1476]

Es ging beim Osteinsatz der Studenten demnach nicht allein um eine „Art Nothilfe", sondern auch um die Ausbildung zukünftigen ärztlichen Führungspersonals für den „Osten" und um „Forschungsarbeit". Für diese Aufgaben sah sich die „Studentenschaft" gut gewappnet, hatten sich viele Studenten doch bereits im Rahmen der Reichsberufswettkämpfe den Volksdeutschen zugewandt. Nach Angaben der Reichsstudentenführung waren seit 1936 über 50 000 „Studentinnen und Studenten in den Grenzdeutschen Landdienst im Osten oder in kleinen Gruppen zu den außerdeutschen Volksinseln gegangen, um dem Bauern bei der Arbeit und in seinem volkspolitischen Kampf zu helfen".[1477] Und nicht nur das: Medizinstudenten hatten auch volksbiologische Erhebungen in den deutschen Siedlungen des Auslandes durchgeführt – erinnert sei nur an die Bessarabienfahrt der Würzburger Studenten um Aquilin Ullrich.[1478] Sie waren es, die mit Beginn der Umsiedlungen ihr Wissen dem DAI oder der Vomi in Form von Exposés zur Verfügung stellten und sich zum Teil in den Umsiedlungskommandos wiederfanden. Studenten anderer Fachrichtungen bereiteten seit dem Winter 1939/40 die Ansiedlung vor Ort vor, indem sie beispielsweise die für die volksdeutschen Siedler vorgesehenen polnischen Höfe vermaßen.[1479] Die

1475 Es kamen nicht nur Medizinstudenten in den Warthegau, um am „Siedlungswerk" mitzuarbeiten, sondern auch Studenten anderer Fachrichtungen. Der Kontakt zwischen den Ansiedlungsstäben und der Reichsstudentenführung wurde dabei über Alexander Dolezalek, in Personalunion Leiter der Planungsabteilung beim Ansiedlungsstab und Leiter der studentischen Arbeitsgruppe „Osteinsatz", hergestellt. Referentin für den Osteinsatz der Studentinnen war Ilse Behrens. In der Regel dauerte der „Siedlungs- und Osteinsatz" der Studenten sechs bis acht Wochen. Im Sommer 1940 kamen bereits 600 Studenten in den Warthegau, 1941 etwa 1 500, 1942 etwa 1 200 und 1943 sogar 2 500. Vgl. Der Osteinsatz der Deutschen Studentenschaft und seine Bedeutung für die Gesundheitsführung. In: Deutsches Ärzteblatt, 72 (1942) 10, S. 120 f. Zum „Osteinsatz" der Studenten vgl. weiter Grüttner, Studenten im Dritten Reich, S. 377; Schmidt, Bessarabien, S. 230 f.; Heinemann, Rasse, S. 218; sowie weiterführend Elizabeth Harvey, „Der Osten braucht dich!". Frauen und nationalsozialistische Germanisierungspolitik, Hamburg 2009.

1476 Der Osteinsatz der Deutschen Studentenschaft und seine Bedeutung für die Gesundheitsführung. In: Deutsches Ärzteblatt, 72 (1942) 10, S. 120 f., hier 121.

1477 Ebd.

1478 Vgl. Kap. II.2.2.

1479 Im Oktober 1939 hatte die Reichstudentenführung einen Arbeitskreis gegründet, der bald mehrere hundert Studenten umfasst haben soll, die die „entscheidenden volkspolitischen Unterlagen für die Rücksiedlung der Volksgruppen" beschaffte. Vgl. Der Osteinsatz der Deutschen Studentenschaft und seine Bedeutung für die Gesundheitsführung. In: Deutsches Ärzteblatt, 72 (1942) 10, S. 120 f., hier 121. Vgl. auch Harvey, Der Osten braucht dich, S. 127–129.

Zusammenarbeit der Umsiedlungsdienststellen mit der Reichsstudentenführung im Kontext der Ansiedlung baute also auf eine bereits bestehende Kooperation auf. Mit der Heranziehung von Medizinstudenten, vor allem von Studentinnen, konnten die Umsiedlungs- und Ansiedlungsdienststellen zugleich dem sich kriegsbedingt verschärfenden Personalmangel entgegenwirken. Die Studenten wiederum bekamen ihren „Osteinsatz" als Famulatur angerechnet, und zwar auch dann, wenn sie eine (hilfs-)ärztliche Tätigkeit außerhalb der Krankenhäuser ausübten.[1480] So wie Inge M., die sich gleich zweimal am „Osteinsatz" im Warthegau, das zweite Mal auf explizite Anforderung des Landrates, beteiligte.[1481] Über ihre Tätigkeit wurde im Deutschen Ärzteblatt Folgendes berichtet:

> „Sie hat in der Säuglingsfürsorge gearbeitet und die in den Kindergärten erfassten Kinder untersucht. Sie hat während der wenigen Wochen vom 12. August bis 28. Oktober [1941] sämtliche deutschen Kinder des Kreises bis zu zwei Jahren besucht und zum Teil erst neu erfasst. Der Kreis erhielt dadurch die Unterlage über den Gesundheitszustand der Säuglinge und Kleinkinder, die grundlegend für die gesamte Säuglingsfürsorge ist. [...]
> Der Rechenschaftsbericht der Kandidatin weist auf wichtige Tatsachen hin und gibt wertvolle Anregungen. Die Durchfallstörungen der Säuglinge waren infolge mancher Fehler, die die Pflegepersonen machten, noch erheblich. Überhitzung der Kinder, schlechtes Waschen der Milchflaschen, Verabreichen angesäuerter Milch, Erkältung bei schlechter Wetterlage, ‚Verpimpelung' der Kinder, die man im Sommer zu wenig an die Luft bringt, auch ungenügende Versorgung des Nabels durch die Hebammen, tägliches (also unangebrachtes) Baden der Kinder - solche Fehler müssen auch die Ärzte zu ihrer Bekämpfung auf den Plan rufen. Das Wiegen der Kinder erfolgte zu selten. Die Kinder sind meist auch zu viel eingepackt. Man nimmt Kissen als Unterlage, wodurch die Kinder krumm zu liegen kommen, dann legt man möglichst viele Kissen obendrauf und überheizt das ungelüftete Zimmer, zieht den Kindern Gummihöschen an und vertraut sie den Großmüttern an, die noch mehr veraltete Anschauungen haben."[1482]

Diese abwertenden Einschätzungen der jungen Medizinstudentin, die die Volksdeutschen als rückständig erscheinen ließen, lassen sich in eine Vielzahl ähnlicher Äußerungen unter anderem von Ansiedlerbetreuerinnen oder in den Lagern eingesetzten Schwestern einreihen.[1483] Nicht selten traten sie den Ankommenden mit reichsdeutscher Überheblichkeit gegenüber, waren sie doch der Ansicht, dass die Volksdeutschen aus unzivilisierten Gegenden stammen würden und zunächst einmal mit den reichsdeutschen Grundätzen vertraut gemacht werden müssten. „Erziehungsarbeit" schien nicht nur in politischen und kulturellen Bereichen dringend notwendig, sondern ebenso im Bereich der Gesundheitspflege, insbesondere der Säuglingspflege. Die Gesundheit der Kin-

1480 Vgl. Der Osteinsatz der Deutschen Studentenschaft uns seine Bedeutung für die Gesundheitsführung. In: Deutsches Ärzteblatt, 72 (1942) 10, S. 120 f.

1481 Ebd. Auch in anderen Fällen ist bekannt, dass Studenten bei der Reichsstudentenführung konkret angefordert wurden. Vgl. Wasser, Himmlers Raumplanung, S. 79 f.

1482 Der Osteinsatz der Deutschen Studentenschaft und seine Bedeutung für die Gesundheitsführung. In: Deutsches Ärzteblatt, 72 (1942) 10, S. 120 f., hier 121.

1483 Vgl. Harvey, Der Osten braucht dich, S. 222 f.; sowie Schlechter, Nachlass NS-Schwester, S. 38.

der lag dem Staat schließlich am Herzen, und zwar aus bevölkerungspolitischer Perspektive. Gerade im „Osten", der ein siedlungsbiologisches Bollwerk werden sollte, war die Gesundheit der Kinder umso wichtiger. Dementsprechend umfangreich wurde hier auch „Erziehungsarbeit" geleistet und deren Erfolg respektive Misserfolg insbesondere von den Ansiedlerbetreuerinnen vor Ort permanent evaluiert und gegebenenfalls mit der „nötigen Strenge" korrigierend eingegriffen.[1484] Diese „Erziehungsarbeit" setzte bereits in den Lagern der Vomi ein. Dort hielt man „Mütterschulungskurse" bzw. „Säuglingspflegekurse", wie sie auch im Deutschen Reich durchgeführt wurden, ab.[1485] In diesen wurden die Umsiedlerinnen mit den Maßnahmen der nationalsozialistischen Gesundheitspolitik vertraut gemacht und ihnen zugleich praktische Hinweise zur Säuglings- und Gesundheitspflege vermittelt. Der Aufbau der Schulungen dürfte dabei ähnlich wie in einem an die Einsatzführung im Gau Franken gerichteten „Vorschlag über einen Mütterschulungskurs" gewesen sein.[1486] Die „Säuglingspflege" sollte demnach in drei Vertiefungsebenen beleuchtet werden: einer gesundheitspolitischen, dezidiert rassenhygienischen Ebene, einer medizinischen und einer praktischen Ebene. Konkret sah dies so aus, dass unter dem Rahmenthema „körperliche Entwicklung" des Säuglings zunächst die „Maßnahmen des Staates zur Förderung der erbgesunden, kinderreichen Familien" beleuchtet werden sollten. Ausgehend davon sei auf die „normale" Gewichts- und Längenentwicklung und die „Erziehung zur Sauberkeit" einzugehen, bevor schließlich die praktische Unterweisung im richtigen Baden, Waschen, Pudern, Ölen und Windeln des Säuglings folgen würde. Ein anderes Thema bildeten die „häufigsten Erkrankungen des Säuglings". Innerhalb dieses Themas sollte auf die typischen Kinderkrankheiten und deren Behandlung eingegangen und zugleich auf die Arbeit der Gesundheitsämter, die Impfpflicht und auch das Sterilisationsgesetz hingewiesen werden.[1487] Die Umsiedlerinnen würden so mit den wichtigsten Grundätzen der NS-Gesundheitspolitik, der „Erbpflege" und der Arbeit der erbgesundheitspolitischen Institutionen vertraut. Für einige der Umsiedlerinnen mögen die rassenhygienischen Inhalte zum Teil nicht neu gewesen sein, hatte es doch auch in den deutschen Siedlungsgebieten des Auslandes – namentlich denen in Rumänien – eine rassenhygienische Bewegung gegeben,

1484 Zur Arbeit der Ansiedlerbetreuerinnen und der Studentinnen in den Ostgebieten vgl. Harvey, Der Osten braucht dich.

1485 Nachweisen lassen sich solche oder zumindest ähnliche Schulungen erst mit der Umsiedlung der Bessarabiendeutschen. Es ist jedoch zu vermuten, dass bereits mit dem Ausbau der allgemeinen Schulungstätigkeit in den Lagern Anfang 1940 auch Mütterschulungen eingeführt wurden. Zu Bessarabien vgl. Schmidt, Bessarabien, S. 192.

1486 Vorschlag über einen Mütterschulungskurs für den Gau Mainfranken mit beiliegenden Richtlinien des Reichsmütterdienstes für die Schulungen, o. D. (BArch Berlin, R 59/111, Bl. 4–41). Geschult werden sollten die Umsiedlerinnen demnach in der Säuglingspflege, der Gesundheits- und Krankenpflege, Kochen, Nähen und Flicken, Erziehungslehre und Heimgestaltung.

1487 Vgl. Vorschlag über einen Mütterschulungskurs für den Gau Mainfranken mit beiliegenden Richtlinien des Reichsmütterdienstes für die Schulungen, hierin Rahmenlehrplan für Säuglingspflegekurse, o. D. (BArch Berlin, R 59/111, Bl. 4–41, hier 15–21).

deren Ideen zum Beispiel durch Lehrer und Pastoren popularisiert worden waren und damit breite Bevölkerungsschichten erreicht hatten.[1488] Neu war für die Umsiedlerinnen jedoch die deutsche Gesundheitsbürokratie, mit der sie nach ihrer Ansiedlung auf vielfache Art und Weise immer wieder in Berührung kommen sollten. Dabei standen vor allem die „fördernden erbpflegerischen" Maßnahmen im Fordergrund, die zur Stärkung der neuen Siedlergesellschaft beitragen sollten.

Mit der Ansiedlung der Volksdeutschen gingen die medizinischen Betreuungskompetenzen jedoch keineswegs vollständig von den Umsiedlungsdienststellen auf örtliche Gesundheitsbehörden über. Vielmehr behielten sich die Ansiedlungsstäbe, die EWZ und auch die Dienststelle des Beauftragten des RKF weitere „Nachprüfungen" der Umsiedler vor.

Im Visier einer solchen „Nachprüfung" standen nicht nur die Baltendeutschen, sondern 1941 auch die Wolhynien- und Galiziendeutschen.[1489] Dies überrascht letztlich nicht, konnten die bei der Baltenum- und -ansiedlung aufgetretenen Mängel, die von der EWZ auf eine zu oberflächliche Überprüfung der Umsiedler zurückgeführt wurden, doch auch während der Ansiedlung der Wolhynien- und Galiziendeutschen noch nicht vollständig beseitigt werden. So war ein Teil der Wolhynien- und Galiziendeutschen direkt im Warthegau angesiedelt worden, ohne vorher die Vomi-Lager des „Altreiches" passiert zu haben und damit einer eingehenden Überprüfung unterzogen worden zu sein. Einige Umsiedler aus Galizien und Wolhynien hatten sogar, ohne dass sie vorher „durchschleust" worden waren, Höfe zugewiesen bekommen.[1490] Ihre Überprüfung sollten im Frühjahr/Sommer 1941 vier spezielle Kommissionen übernehmen. Hierbei handelte sich offensichtlich nicht um EWZ-Kommissionen, denn die Aufstellung der Kommissionen oblag der Dienststelle des Beauftragten des RKF, namentlich Hans Döring. Döring fungierte als Stellvertreter des HSSPF bzw. Beauftragten des RKF, Koppe und zugleich als „Verbindungsoffizier" zu den Ansiedlungsstäben.[1491] Die EWZ spielte bei dieser Nachprüfung dennoch eine wichtige Rolle. Sie entsandte nicht nur vier ihrer Medizinstudenten zu diesen Kommissionen, sondern sie wertete das zusammengetragene Material

1488 Vgl. dazu ausführlicher Kap. II.2.1.

1489 Vgl. Aktenvermerk des Leiters der Gesundheitsstellen der EWZ, betr. Nachprüfung der Wolhynier und Galizier vom 22.3.1941 (BArch Berlin, R 69/732, Bl. 65).

1490 Vgl. Organisationsstelle der EWZ an Leiter der EWZ, betr. A-Fälle im Warthegau vom 14.8.1941 (BArch Berlin, R 69/86, Bl. 29-31, hier 29); sowie kurzes Exposé über den „Fall Brauer" (ebd., R 69/394, Bl. 20).

1491 Im August 1940 war Koppe in seiner Funktion als Beauftragter des RKF offiziell von Gauleiter Greiser abgelöst worden, er fungierte jedoch nun als sein ständiger Vertreter und behielt damit im Wesentlichen seine diesbezüglichen Kompetenzen. Vgl. Alberti, Wartheland, S. 79. Zu Dörings Tätigkeit beim Beauftragten des RKF ist so gut wie nichts bekannt, außer dass er als Verbindungsoffizier zwischen Koppe und Ansiedlungsstab fungierte. Vgl. Döring, Wolhynien, S. 270. Vgl. auch Peter Klein, Die „Ghettoverwaltung Litzmannstadt" 1940-1944. Eine Dienststelle im Spannungsfeld von Kommunalbürokratie und staatlicher Verfolgungspolitik, Hamburg 2009, S. 139.

anschließend auch aus.[1492] Die Einzelheiten der Zusammenarbeit zwischen der EWZ und der Dienststelle des Beauftragten des RKF sollten zwischen den beteiligten Ärzten geregelt werden. Auf der Seite des Beauftragten des RKF war dies dessen beratender Arzt, Josef Krist, auf der Seite der EWZ der Psychiater Wilhelm Weber. Weder Weber noch Krist waren unbeschriebene Blätter. Krist hatte vor seiner Kommandierung zum Beauftragten des RKF selbst der Gesundheitsstelle der EWZ angehört.[1493] Weber hatte zusammen mit Hermann Heidenreich und Josef Mengele 1940 die Nachprüfungen der Baltendeutschen, damals noch anhand der Gesundheitskarteikarten, vorgenommen.[1494] Die Überprüfung wurde also in die Hände „erbbiologisch" geschulter Ärzte der EWZ gelegt, und zum Beispiel nicht in die der Ansiedlungsärzte, in deren Zuständigkeitsbereich die Angesiedelten pro forma fielen. Mit der Einbindung Krists in den Apparat des Beauftragten des RKF, die sicher nicht zufällig mit der Vorbereitung der „Nachprüfung" zusammenfiel, und den nachfolgend angestrengten „erbbiologischen Ermittlungen" hatte die EWZ ihre Kompetenzen um den Kreis der bereits angesiedelten Volksdeutschen erweitert. Ihre Tätigkeit erhielt damit eine langfristigere Ausrichtung und sicherte ihren Fortbestand auch nach dem Abschluss der „Durchschleusungen" und empfahl sie quasi als Selektionsinstanz für zukünftige Siedlungsprojekte - man denke nur an die Siedlerbewerber aus dem „Altreich", die nach erfolgreichem Abschluss des Krieges ebenfalls im „Osten" angesiedelt werden sollten.

„Nachprüfungen" wie diese waren ein wesentliches Element der RKF-Siedlungspolitik und beschränkten sich keineswegs auf „erbbiologische Ermittlungen". Sie erstreckten sich vielmehr auf das gesamte Feld der „Siedlungstauglichkeit" der angesiedelten Volksdeutschen. Diese hatten ihre Eignung permanent unter Beweis zu stellen, kurzum: sie mussten sich als „Ostraumsiedler" erst bewähren, wie aus folgendem Ausschnitt aus dem „Menscheneinsatz", einer von der Dienststelle des RKF herausgegebenen Sammlung zentraler Dienstanweisungen, hervorgeht:

> „Die vollzogene Ansiedlung der heimgekehrten Reichs- und Volksdeutschen ist nur der erste Schritt zu ihrer eigentlichen Sesshaftmachung. Ganz abgesehen davon, dass die Bewirtschaftung des zugewiesenen Hofes oder des Grundstücks von Zeit zu Zeit von

1492 Vgl. Aktenvermerk des Leiters der Gesundheitsstellen der EWZ, betr. Nachprüfung der Wolhynier und Galizier vom 22.3.1941 (BArch Berlin, R 69/732, Bl. 65).

1493 Josef Krist (1895-?) arbeitete seit November 1939 für die EWZ, gehörte demnach zum Kern der Ärzte der Gesundheitsstellen. Mit Wirkung vom 22.3.1941 wurde er zum Beauftragten des RKF kommandiert, also genau zu dem Zeitpunkt, als die Nachprüfungen eingeleitet wurden. Vgl. SS-Führerakte von Josef Krist (BArch Berlin [ehem. BDC], SSO 215 A).

1494 Vgl. Tätigkeits- und Erfahrungsbericht der Gesundheitsstelle Posen/Heidenreich vom 7.10.1940 (BArch Berlin, R 69/455, Bl. 18-23, hier 18). Wilhelm Weber (1911-?) hatte 1936 seine Approbation erhalten und war anschließend als Assistenzarzt in der Heil- und Pflegeanstalt „Philippshospital" in Goddelau tätig. Im Juli 1939 übernahm er eine Praxisvertretung. Vom Oktober 1939 bis zum Januar 1942 war er für die EWZ tätig. Vgl. RÄK-Karteikarte von Wilhelm Weber (BArch Berlin [ehem. BDC], RÄK, Wilhelm Weber, 27.3.1911).

sachkundiger Seite überprüft werden muss, dass zum Teil Umsetzungen erforderlich sind oder dass Arrondierungen zweckmäßig erscheinen, wird die Hauptaufgabe der Sesshaftmachung in der politischen Erziehung des einzelnen Umsiedlers zum nationalsozialistisch denkenden Menschen liegen. [...] Sie lebten bisher in fremden Staaten und hatten kaum eine Möglichkeit, das Ideengut der nationalsozialistischen Revolution in seinem inneren Gehalt kennenzulernen. Nichtsdestoweniger sind es deutsche Menschen. Sie tragen daher von selbst die notwendigen Anlagen in sich, die es nur zu wecken und zu fördern gilt."[1495]

Die Förderung der „arteigenen", vermeintlich rassespezifischen (Erb-)„Anlagen" - ein zentraler Topos der NS-Erziehungsideologie - war demnach der zweite, der rassenhygienisch-rassenanthropologischen Selektion nachfolgende Schritt auf dem Weg zur Schaffung einer homogenen, rassisch „wertvollen" und politisch zuverlässigen Siedlergesellschaft im „Osten". Auch hier wirkten nun offen Exklusionsmechanismen, denn der Siedler hatte die ihm quasi nur unter Vorbehalt attestierte „Siedlungstauglichkeit" permanent unter Beweis zu stellen. Er musste sich erst als „würdiges" Mitglied der Volksgemeinschaft bewähren. Die Umsiedler, die den „besonderen Anforderungen des Ostens" nicht entsprachen, sollten „ausgesondert" werden. „Ausgesondert" wie der wolhyniendeutsche Bauer Julius K., der zunächst auf einem Hof in Eichenbrück im Kreis Welungen angesiedelt worden war. Der Hof wurde Julius K. jedoch nach kurzer Zeit bereits wieder genommen, da er ihn wegen „‚geistlicher' Schwäche", gemeint ist wohl „geistige Schwäche", nicht allein hätte bewirtschaften können.[1496] Er wurde daraufhin in der benachbarten Gemeinde Kurfeld angesiedelt und sollte dort unter der Aufsicht seines Bruders „wirtschaften".[1497]

Die Umsiedlungsdienststellen schufen hierfür den Begriff „abmeiern" oder „ausmeiern". Dahinter verbarg sich nicht nur die Entfernung der bereits angesiedelten Volksdeutschen von den ihn zugewiesenen Höfen, sondern in einigen besonders „schweren Fällen" auch deren Überstellung ins „Altreich".[1498] Es ging hier also nicht nur um einen Hofwechsel innerhalb des Warthegaus, wie er auch verschiedentlich vorgenommen wurde, sondern um einen generellen Entzug des Hofes und damit des Bauernstatus. Im Sommer 1941 hatte der Ansiedlungsstab Litzmannstadt beispielsweise zwölf Familien wegen „Untauglichkeit, asozialer Haltung, schlechter Wirtschaftsführung etc. abgemeiert" und in ein Lodzer Vomi-Lager eingewiesen.[1499] Dort harrten die Betroffenen ihres

1495 RKF, Mencheneinsatz (1940), S. VII f.

1496 Abschrift des Beschlusses über die Entmündigung des Landwirtes Julius K. vom 23.11.1942 (APŁ, Akt Rejencji Lodzkiej, 625, Bl. 90-92, hier 91).

1497 Allerdings erwies sich Julius K. aus Sicht der Ansiedlungsbehörden auch dafür als „untauglich", und machte angeblich „in der Wirtschaftsführung oft Fehler" und sei „Ratschlegen [sic!] seiner Angehörigen [...] unzugänglich". 1942 wurde Julius K. „wegen Geisteskrankheit" entmündigt, nachdem er zuvor aus dem gleichen Grund von seiner Frau geschieden worden war. Sein weiteres Schicksal ist unbekannt. Ebd.

1498 Vgl. Vermerk des Leiters der EWZ, betr. Überprüfung der vom Ansiedlungsstab Litzmannstadt abgemeierten O-Fälle vom 14.8.1941 (IPN Warschau, Gk 672/28a, Bl. 195).

1499 Ebd.

weiteren Schicksals, welches nun erneut in der Hand der EWZ lag. Sie sollte anhand der vorhandenen Unterlagen eine nochmalige Überprüfung der Fälle durchführen. Stellte sie bei dieser neuerlichen Begutachtung der Umsiedler fest, dass eine Änderung des „Ansatzentscheides" nach den geltenden Richtlinien geboten erschien, sollte eine Abschiebung ins „Altreich" erfolgen. Allerdings hatte die Vomi, in deren Lagern sich diese Fälle nun befanden, im Sommer 1941 „keine Zwangsmittel zur Verfügung, diese Leute [...] ins Altreich zu überführen".[1500] Eine Grundsatzentscheidung des RKF stand in dieser Frage noch aus, ebenso wie in der Frage, wie mit den „abgemeierten" Fällen, in denen die EWZ formal keine Änderung des „Ansatzentscheides" vornehmen konnte, verfahren werden sollte.[1501] Im März 1942 traf das Stabshauptamt des RKF schließlich eine generelle Entscheidung. Aus seiner Sicht hatte es sich als „notwendig erwiesen, in einigen Fällen Umsiedler aus den Ostgebieten zu entfernen, da ihr weiteres Verbleiben in den völkisch gemischten Gebieten eine Gefahr für das Ansehen des Deutschtums" bedeutet hätte.[1502] Der Chef des Stabshauptamtes des RKF, Greifelt, dekretierte schließlich unter dem bezeichnenden Betreff „Änderung des Ansatzentscheides von O in A bei böswilligen Umsiedlern", folgendes Vorgehen:

„1. Bei Umsiedlern, die in den neu eingegliederten Ostgebieten angesiedelt sind, kann eine Absiedlung und Änderung des Ansatzentscheides erfolgen, wenn der Umsiedler infolge schwerer charakterlicher Fehler nach mehrfacher Belehrung und Verwarnung ein Betragen zeigt, durch das das Ansehen des Deutschtums in den neu eingegliederten Ostgebieten gefährdet wird. [...]
2. Als charakterlicher Fehler in diesem Sinne darf nicht die mangelnde Eignung für eine bestimmte Aufgabe angesehen werden. Ist in einer Umsiedlerfamilie nur eine Person minderwertig, so ist zu prüfen, ob diese Person nicht unter Belassung der übrigen Familie herausgenommen werden kann. Bei Nichtbesitzenden kann ausnahmsweise auch dann eine Überführung in das Altreich erfolgen, wenn charakterliche Fehler an sich allein nicht ausreichen würden, um eine Überführung in das Altreich zu rechtfertigen, aber der Umsiedler infolge charakterlicher Fehler und Untauglichkeit im Berufsleben auf eine dem deutschen Ansehen abträgliche soziale Stufe herabgekommen ist. [...]

1500 Organisationsstelle der EWZ an Leiter der EWZ, betr. A-Fälle im Warthegau vom 14.8.1941 (BArch Berlin, R 69/86, Bl. 29-31, hier 29).

1501 Die EWZ legte dem RKF verschiedene A-Fälle, die sich im Warthegau befanden, zur Entscheidung vor. Darunter befand sich auch ein „Fall Schuster". Schuster war vom Ansiedlungsstab Litzmannstadt „ausgemeiert" worden. Die Überprüfung durch die EWZ führte zu keiner Änderung des „Ansatzentscheides" von „O" in „A", woraufhin der Ansiedlungsstab die Angelegenheit dem RKF zur Entscheidung übergab. Wie diese Entscheidung ausfiel, geht aus den Unterlagen nicht hervor. Eine Identifizierung Schusters war aufgrund des Fehlens weiterer personenbezogener Daten, einer EWZ-Nummer oder Ähnlichem nicht möglich. Vgl. Vermerk zum „Fall Schuster", o. D. (BArch Berlin, R 69/394, Bl. 29).

1502 Vermerk Nr. 40 der EWZ Litzmannstadt, betr. Änderung des Ansatzentscheides von O in A bei böswilligen Umsiedlern vom 25.3.1942 (IPN Warschau, Gk 672/14, Bl. 58 f.). Vgl auch Anordnung Nr. 177, betr. Änderung des Ansatzentscheides von O in A bei böswilligen Umsiedlern vom 25.3.1942 (ebd., Bl. 64 f.).

3. Liegen die genannten Voraussetzungen vor, so kann die Dienststelle meines Beauftragten [des RKF] bei der Einwandererzentralstelle den Antrag auf Änderung des Ansatzentscheides von O auf A stellen."[1503]

Alle im weitesten Sinne „minderwertigen" Ansiedler, deren Sozialverhalten das „Deutsche Ansehen" gefährdeten und die aus verschiedensten Gründen als Fremdkörper innerhalb der im „Osten" neu zu erschaffenden Siedlergesellschaft betrachtet wurden, konnten somit von ihren Höfen entfernt werden. Es ging hierbei nicht primär um die berufliche „Eignung", sondern vielmehr um die „Anlagen", die biologische „Siedlungstauglichkeit". Ein „charakterliches" oder soziales Fehlverhalten wurde, ganz im Zeichen der Biologisierung des Sozialen, letztlich als Ausdruck „minderwertiger" Erbanlagen betrachtet.

Ein solcher Fall war der des Baltendeutschen August A., wenn zugleich auch ein besonderer. August A. kam im Januar 1940 im Zuge der Umsiedlungsaktion wie tausende andere Baltendeutsche aus Riga nach Posen. Dort erfolgte die „Durchschleusung" durch die EWZ. Allerdings wurde er nicht wie die tausenden anderen Baltendeutschen eingebürgert, sondern erhielt einen „Verweisungsbescheid". Der Grund dafür war folgende Stellungnahme des Volksgruppenvertreters in seinem Einbürgerungsantrag: „In der Liste der Asozialen steht vermerkt: ‚A[.], August, 58 J[ahre], Trinker, macht *einen verkommenen* und *geistig minderwertigen* Eindruck.' Da Antragsteller russischer Abstammung ist u. einen verkommenen Eindruck macht, worauf auch in der Liste der Asozialen hingewiesen wird, z[um] ordentl[ichen] E[inbürgerungs] Verf[ahren]" verwiesen.[1504]

Eine Ansiedlung August A.'s im Warthegau war damit im Prinzip ausgeschlossen. Allerdings befand sich August A. bereits dort, denn anders als bei den nachfolgenden Umsiedlungsaktionen wurden die Baltendeutschen direkt ins Ansiedlungsgebiet gebracht, dort „durchschleust" und mussten nicht die Vomi-Lager des „Altreiches" passieren, die eben auch eine Rückhaltefunktion hatten. August A. befand sich also im Warthegau, genauer gesagt in Lodz, und das unerwünschter Weise. Möglichkeiten, ihn aus dem Warthegau zu „entfernen", hatten indes weder die EWZ noch die örtlichen Behörden, an die August A. im Mai 1940 einen Einbürgerungsantrag richtete.[1505] Die daraufhin angestrengten Nachforschungen des Polizeipräsidenten von Lodz fielen allerdings auch zuungunsten von August A. aus. Der Polizeipräsident erklärte gegenüber der Behörde des Regierungspräsidenten, dem die Einbürgerungsentscheidung oblag, in sehr deutlicher Weise, dass er eine Einbürgerung als nicht erwünscht betrachtete. Er führte Folgendes aus:

1503 Anordnung Nr. 177, betr. Änderung des Ansatzentscheides von O in A bei böswilligen Umsiedlern vom 25.3.1942 (IPN Warschau, Gk 672/14, Bl. 64 f.).

1504 Einbürgerungsantrag August A. vom 18.1.1940, S. 3 (BArch Berlin [ehem. BDC], EWZ-B, A 5, Einbürgerungsvorgang August A., unpag.). Hervorhebung im Original.

1505 Vgl. Einbürgerungsantrag von August A. vom 20.5.1940, eingereicht beim Polizeipräsidenten Litzmannstadt, einschließlich Auszügen aus Strafregister etc. (BArch Berlin [ehem. BDC], EWZ-B, A 5, Einbürgerungsvorgang August A., Bl. 12–14).

„Antragsteller ist ein verkommener, geistig minderwertiger Mensch und ist deshalb im Schnellverfahren [durch die EWZ] nicht eingebürgert worden. Er wird hier vom Städt[ischen] Fürsorgeamt unterstützt. Dieses macht jetzt nach Angabe des Antragstellers die Fortzahlung der Unterstützung vom Besitz der Einbürgerungsurkunde abhängig. A[.] wird auch weiterhin der öffentlichen Fürsorge zur Last fallen, da er wegen seines Alters (59 Jahre) und wegen seines herabgekommenen Gesundheitszustandes für den Arbeitseinsatz ausscheidet.
Wenn die Einbürgerung des Antragstellers auch nicht erwünscht ist, so wird sie sich doch nicht umgehen lassen, zumal A. aus der lettischen Staatsangehörigkeit entlassen ist und mit den deutschen Rückwanderertransporten nach hier verpflanzt worden ist. Die Entscheidung über den Antrag stelle ich dem dortigen Ermessen anheim."[1506]

Dem Ermessen des Regierungspräsidenten nach kam eine sofortige Einbürgerung unter diesen Umständen nicht in Frage. Sie sollte vielmehr „von einer längeren Bewährungsfrist anhängig gemacht" und August A. anheimgestellt werden, „nach Ablauf eines halben Jahres noch einmal auf die Angelegenheit zurückzukommen".[1507] Mit Ablauf der Frist wandte sich August A. im Februar 1941 erneut an die Behörde des Polizeipräsidenten in Lodz/Litzmannstadt, um seine Einbürgerung zu erwirken. Die Rahmenbedingungen hatten sich nun aber geändert. Einem Erlass des RMdI zufolge sollte jetzt in jedem Einbürgerungsfall, der Umsiedler betraf, der Beauftragte des RKF hinzugezogen werden. Äußerte dieser Bedenken „gegen das Verbleiben des Einbürgerungsbewerbers in den eingegliederten Ostgebieten" sollte die Einbürgerung abgelehnt und alle für den „Abschub aus dem Osten notwendigen Maßnahmen" eingeleitet werden.[1508] Genau dies sollte auch bei August A. erfolgen, dessen Einbürgerungsantrag im Dezember 1941 aufgrund der Stellungnahme des Beauftragten des RKF in Posen vorerst erneut abgelehnt wurde. Seine Umsiedlerrechte und damit seinen Anspruch auf Unterstützungszahlung aus der Umsiedlerkreisfürsorge behielt August A. aber weiterhin.[1509] Die avisierte Abschiebung ins „Altreich" erfolgte nicht. Allerdings wurden entsprechende Schritte eingeleitet. August A. war nämlich geradezu ein Paradebeispiel für den in der Anordnung Greifelts vom März 1942 erwähnten abzuschiebenden Umsiedlerkreis. Er galt als „Trunkenbold" und „verkommener", „minderwertiger" Mensch, der permanent auf Unterstützung angewiesen sei, und entsprach so gar nicht dem Bild des „deutschen Menschen".[1510] So verwundert es nicht, dass die Dienststelle des Beauftragten des RKF parallel zur Ablehnung der Einbürgerung auch die Änderung des

1506 Polizeipräsident in Litzmannstadt an Regierungspräsident in Posen, betr. Einbürgerung des August A. vom 2.8.1940 (ebd., Bl. 20).
1507 Regierungspräsident in Posen, an Polizeipräsident in Litzmannstadt vom 5.11.1940 (ebd., Bl. 22).
1508 Vermerk des Regierungspräsidenten vom 18.12.1941 (ebd., Bl. 29).
1509 Vgl. Beauftragter des RKF in Posen, an Regierungspräsidenten in Posen, betr. Einbürgerung von Umsiedlern vom 10.12.1941 (ebd., Bl. 20); sowie Polizeipräsident von Litzmannstadt, an August A. betr. Einbürgerung vom 29.12.1941 (ebd., Bl. 29r.).
1510 Vgl. Polizeipräsident in Litzmannstadt an Dienststelle der DVL Litzmannstadt vom 18.6.1940 (ebd., Bl. 14).

„Ansatzentscheides" von „O" in „A" beim RKF beantragte.[1511] Einen solchen „Ansatzentscheid" hatte die EWZ zwar nie getroffen - eine Einbürgerung war ja nie erfolgt - allerdings wurde August A. aufgrund seines Wohnsitzes im Warthegau wie ein „O-Fall" behandelt. Dies zeigt zugleich, welche Auslegungsbreite die Anordnung hatte: Sie galt im Prinzip für alle im Warthegau wohnhaften Umsiedler, die sich nach Ansicht der Um- und Ansiedlungsdienststellen dort zu Unrecht befanden, sei es, weil sie sich als „Ostraumsiedler" nicht bewährt hatten oder sei es weil sie sich, wie im Fall von August A., nur aus umsiedlungsorganisatorischen Gründen dort befanden und nie für den „Osteinsatz" bestimmt worden waren.[1512] August A. wurde schließlich mit direktem Bezug auf die Anordnung Greifelts im September 1942 zum „A-Fall" deklariert.[1513] Konkrete Auswirkungen hatte diese Entscheidung jedoch vorerst nicht. Bis 1944 versuchte August A. noch mehrfach seine Einbürgerung zu erreichen - schließlich mit Erfolg. Im Juli 1944 wurde er, nachdem der Beauftragte des RKF den Fall erneut der EWZ übergeben hatte, von dieser eingebürgert, allerdings auf Widerruf.[1514] Nach wie vor kam die EWZ zu der Einschätzung, dass es sich bei August A. „um einen alten, total heruntergekommenen Mann, welcher bereits im Herkunftsland der deutschen Volksgemeinschaft zur Laste gefallen" sei, handele.[1515] Da er sich aber während seines nun bereits vierjährigen Aufenthaltes im „Osten" „ziemlich anständig geführt" habe, in deutschen Familien verkehre und Mitglied der NSV sei, befürwortete man schließlich die Einbürgerung auf Widerruf, nicht zuletzt auch deshalb, weil ein amtsärztliches Gutachten August A. zwar als „arbeitsunfähig, jedoch als erbgesund" auswies.[1516] Diesen amtsärztlichen Untersuchungen hatten sich im Prinzip alle Umsiedler, die von der EWZ einen „Verweisungsbescheid" erhalten und damit an das ordentlichen Einbür-

1511 Beauftragter des RKF im Reichsgau Wartheland, an Stabshauptamt des RKF, betr. Abänderung des O- auf A-Entscheid für den Balten A., August vom 12.6.1942 (BArch Berlin [ehem. BDC], EWZ-B, A 5, Einbürgerungsvorgang August A., unpag.).

1512 Es befanden sich einer Aufstellung der EWZ zufolge im Warthegau unter anderem folgende „A-Fälle": „O-Fälle", die von der EWZ im Zuge einer Überprüfung zu „A-Fällen" geändert wurden (hierunter fielen beispielsweise die „abgemeierten" Umsiedler"), „Umsiedler, die erst nach erfolgter Ansiedlung durchschleust und für das Altreich bestimmt bzw. fälschlich angesiedelt wurden" und „Umsiedler, die illegal in den Osten zurückkehrten". Alle diese Gruppen fielen unter die Anordnung Greifelts. Vgl. Organisationsstelle der EWZ an Leiter der EWZ, betr. A-Fälle im Warthegau vom 14.8.1941 (BArch Berlin, R 69/86, Bl. 29-31).

1513 Stabshauptamt des RKF an Beauftragten des RKF im Reichsgau Wartheland, betr. Abänderung des O- auf A-Entscheid für den Balten A., August vom 8.9.1942 (BArch Berlin [ehem. BDC], EWZ-B, A 5, Einbürgerungsvorgang August A., unpag.).

1514 Vgl. Beauftragter des RKF im Reichsgau Wartheland, an Regierungspräsident in Posen, betr. Einbürgerungsantrag des August A vom 23.5.1944 (ebd., unpag.); Verfügung der EWZ betr. Einbürgerungsverfahren für den Umsiedler aus Lettland August A. vom 26.7.1944 (ebd., unpag.); sowie Einbürgerungsurkunde der EWZ, ausgestellt für August A. am 26.7.1944 (ebd., unpag).

1515 Verfügung der EWZ, betr. Einbürgerungsverfahren für den Umsiedler aus Lettland August A. vom 26.7.1944 (ebd., unpag.).

1516 Vgl. ebd.; sowie Polizeipräsident in Litzmannstadt, an Regierungspräsident in Posen, betr. Einbürgerung August A. vom 25.2.1944 (ebd., unpag.).

gerungsverfahren verwiesen worden waren, zu unterziehen.[1517] Bei August A. führte diese Untersuchung das Städtische Gesundheitsamt in Lodz/Litzmannstadt durch, das wiederum eine Beurteilung der zuständigen Fürsorgerin einholte. Deren Urteil, im Duktus doch sehr bezeichnend, gibt zugleich einen Einblick in das (erzieherische) Selbstverständnis der im Warthegau tätigen Fürsorgerinnen. Sie schrieb: „Der Umsiedler A. A. ist ein minderwertiges Menschenexemplar. In Lettland ist er nie einer geregelten Arbeit nachgegangen. [...] Als ich ihm sagte, dass er, falls er seinen bisherigen Lebenswandel nicht aufgibt, die Einbürgerungsurkunde nicht erhalten würde, zitierte er mir den Bibelspruch: ‚Sehet die Vögel unter dem Himmel ...‘ In der letzten Zeit hat sich A. A. ein wenig gebessert. Meines Erachtens sollte ihm die Einbürgerung auf Widerruf ausgestellt werden.“[1518]

Das Urteil der Fürsorgerinnen und Amtsärzte sollte aber nicht nur in Einbürgerungsvorgängen von Bedeutung sein, sondern auch bei der gesundheitlichen Betreuung der bereits eingebürgerten und angesiedelten Volksdeutschen. Gerade wenn es um die konkrete Einleitung gesundheitlicher und „erbpflegerischer“ Maßnahmen ging, waren die Umsiedlungsdienststellen in hohem Maße auf die Zusammenarbeit mit den örtlichen Gesundheitsbehörden angewiesen. Dabei gelang es der EWZ, sich auch hier durchaus Einwirkungsmöglichkeiten zu erschließen. Mit den „Nachprüfungen“ hatte sie ein wirksames Instrument zur Fortsetzung der rassenhygienischen Selektion, aber auch der Sozialdisziplinierung geschaffen. Der Status der neuen Siedler blieb letztlich prekär, er bedurfte der Bestätigung durch „Bewährung“.

5.3 Die Zusammenarbeit der Umsiedlungsdienststellen mit den örtlichen Gesundheitsbehörden

Die Etablierung eines „planmäßig aufgebauten Gesundheitsdienst[es] in den neuen Siedlungsgebieten“, die im Sommer 1940 forciert wurde, erfolgte mit Unterstützung und in Zusammenarbeit mit verschiedenen Umsiedlungsdienststellen.[1519] Der Ansiedlungsstab fungierte dabei als Mittlerinstanz. Er erhielt beispielsweise die von der Vomi bzw. deren Lagerärzten ausgestellten Gesundheitskarten und leitete diese an die Gesundheitsämter weiter.[1520] Auch die EWZ-Gesundheitskarteikarten sollten nach den Vorstellungen des Ansiedlungsstabes

1517 Vgl. weitere derartige Einbürgerungsfälle, einschließlich der amtsärztlichen Zeugnisse (RGVA Moskau, Fond 1386, opis 1, delo 6 und 15).

1518 Bericht der Hauptfürsorgerin über August A. vom 31.1.1944 (BArch Berlin [ehem. BDC], EWZ-B, A 5, Einbürgerungsvorgang August A., unpag.).

1519 Leiter des Ansiedlungsstabes an Führungsstab der EWZ, betr. Gesundheitskarten der Umsiedler vom 13.6.1940 (BArch Berlin, R 69/149, Bl. 57).

1520 Vgl. zum Beispiel Rundschreiben des Beauftragten des Reichsgesundheitsführers für die gesundheitliche Betreuung der volksdeutschen Umsiedler, betr. Verbleib der Gesundheitskarten der volksdeutschen Umsiedler vom 13.5.1942 (BArch Berlin, R 59/189, Bl. 9).

den Gesundheitsämtern zur Verfügung gestellt werden[1521] - ein Vorstoß, der die zentrale Auskunftskompetenz der EWZ in allen gesundheitlichen, erbbiologischen Fragen der Umsiedler unterminierte und deshalb so nicht in die Praxis umgesetzt wurde. Die beteiligten Dienststellen fanden allerdings auch in dieser Frage einen entsprechenden modus vivendi: Ab 1941 sollten die EWZ-Ärzte während der „Durchschleusung" nun auch ihre „Ermittlungen, die sich auf den Gesundheitszustand des betreffenden Umsiedlers beziehen" auf der Gesundheitskarte der Vomi/Lagerärzte vermerken.[1522] Mit der Gesundheitskarte der Lagerärzte hielten die Gesundheitsämter damit einen kompakten Überblick über den Gesundheitszustand des Umsiedlers, seine Krankengeschichte und Behandlungen in den Händen. Für weitere „erbbiologische Auskünfte", wie sie für die Erteilung von Ehetauglichkeitsbescheinigungen, Ehestandsdarlehen und Kinderbeihilfen benötigt wurden, stand ihnen die EWZ, die ihre zentrale Auskunftsrolle behauptete, zur Verfügung.[1523] Im Idealfall verfügten die Gesundheitsämter auf diese Weise über eine Gesundheitskartei aller in ihrem Kreis angesiedelten Umsiedler und einen kompetenten Auskunftspartner. Dabei war die Beziehung zwischen der EWZ und den Gesundheitsämtern durchaus symbiotischer Natur und die Interaktion eine wechselseitige. Auch die EWZ holte sich nämlich für noch laufende Einbürgerungsverfahren, beispielsweise wenn Familien getrennt „durchschleust" worden waren, bei den Gesundheitsämtern Informationen ein und forderte fachärztliche Gutachten an. Dies geschah insbesondere immer dann, wenn die Ärzte der Gesundheitsstelle keine eindeutige Diagnose stellen konnten, aber der „Verdacht auf eine Erbkrankheit" bestand. Die EWZ meldete diese Umsiedler den Gesundheitsämtern, die daraufhin die fachärztliche Untersuchung in die Wege leiten sollten.[1524] Für die EWZ sei es - so die Gesundheitsabteilung beim Reichsstatthalter des Warthegaus gegenüber den Gesundheitsämtern - hier von „sekunderer [sic!] Bedeutung, ob ein Erbgesundheitsverfahren mit dem Ziel der Sterilisation durchgeführt" werde.[1525] Die EWZ sei vorrangig an einem „Urteil, ob der betreffende Umsiedler als erbkrank i[m] S[inne] d[es] G[esetzes] betrachtet werden [müsse]

1521 Vgl. Leiter des Ansiedlungsstabes an Führungsstab der EWZ, betr. Gesundheitskarten der Umsiedler vom 13.6.1940 (BArch Berlin, R 69/149, Bl. 57).

1522 Anordnung Nr. 129 des Leiters der EWZ, betr. Ergänzung der von den Lagerärzten geführten Gesundheitskarten vom 17.1.1941 (BArch Berlin, R 69/401, Bl. 264).

1523 Vgl. Runderlass des RMdI vom 2.1.1945, betr. Zusammenarbeit der Gesundheitsämter mit der Einwandererzentralstelle in Litzmannstadt (MeckLHA Schwerin 5.12-7/1, 11128, Bl. 332); sowie Vertrauliches Dossier über die die Tätigkeit der EWZ vom 22.11.1944 (BArch Berlin, R 69/3, Bl. 47-53, hier 52).

1524 Vgl. Runderlass des RMdI vom 2.1.1945, betr. Zusammenarbeit der Gesundheitsämter mit der Einwandererzentralstelle in Litzmannstadt (MeckLHA Schwerin 5.12-7/1, 11128, Bl. 332); sowie Gesundheitsabteilung des RStH im Reichsgau Wartheland an die Gesundheitsämter, betr. Arbeitsverbindung des öffentlichen Gesundheitsdienstes mit der EWZ vom 22.6.1944 (APŁ, Akt Rejencji Lodzkiej, 675, Bl. 41 f.).

1525 Gesundheitsabteilung des RStH im Reichsgau Wartheland an die Gesundheitsämter, betr. Arbeitsverbindung des öffentlichen Gesundheitsdienstes mit der EWZ vom 22.6.1944 (APŁ, Akt Rejencji Lodzkiej, 675, Bl. 41 f., hier 41).

oder nicht", interessiert.[1526] Dies mag zum Teil zutreffend gewesen sein, benötigte die EWZ die Diagnose doch zeitnah und war nicht bereit, auf den Ausgang eines Erbgesundheitsverfahrens zu warten. Deshalb aber auf ein geringes Interesse an der Einleitung eines Sterilisationsverfahrens zu schließen, wäre falsch, widerspräche dies doch der rassenhygienischen Zielvorstellung der Gesundheitsstellen der EWZ. Auch die intensiven Optimierungsbemühungen der EWZ bei der Anzeigenerstattung und -weiterleitung sprechen doch eher für ein gesteigertes Interesse an der Einleitung von Sterilisationsverfahren als für ein rein diagnostisches. Lediglich bei Anfragen der EWZ an die Heilanstalten mag dieses diagnostische Interesse überwogen haben und die Einleitung von Sterilisationsverfahren kaum eine Rolle gespielt haben, nicht zuletzt, weil sich die Patienten ja ohnehin bereits im Räderwerk der NS-Erbgesundheitspolitik befanden. Die Anfragen der EWZ an die Heilanstalten standen in der Regel in direkter Verbindung mit laufenden Einbürgerungsverfahren, zum Teil erfolgten sie auch „zwecks Vervollständigung" der EWZ-Unterlagen.[1527] Neben Einzelanfragen richtete die EWZ auch Sammelanfragen an bestimmte Heilanstalten, und zwar an jene, in denen sich die Mehrzahl der volksdeutschen Patienten befanden: Tiegenhof und Warta. Im März 1941 trat die Gesundheitsstelle der EWZ in Lodz an die Heilanstalt Tiegenhof heran, mit der Bitte, eine Liste aller bisher dort aufgenommenen Umsiedler, einschließlich der Diagnosen zu übersenden. Auch bereits entlassene oder verstorbene Umsiedler sollten darin aufgeführt werden, „da die Gesundheitsstelle die Angaben zu erbbiologischen Ermittelungen [sic!] bei der Beurteilung der Sippen benötig[e]".[1528] Eine ähnliche Anfrage erging zeitgleich auch an die Heilanstalt Warta.[1529] Diese Nachforschungen der EWZ im Frühjahr 1941 standen allem Anschein nach im Zusammenhang mit den bereits erwähnten „erbbiologischen Ermittlungen" der EWZ und des Beauftragten des RKF bei den Wolhynien- und Galiziendeutschen.

Die Zusammenarbeit der Umsiedlungsdienststellen mit den örtlichen Gesundheitsämtern ging jedoch weit über die Auskunftsebene hinaus, da die Gesundheitsämter quasi zu Ausführungsorganen der Umsiedlungsdienststellen wurden. Sie sollten, ausgehend von den Untersuchungsergebnissen der EWZ-Ärzte, die „nachgehende Fürsorge und ärztliche Überwachung der Umsiedler" in den Ansiedlungsgebieten übernehmen.[1530] Dazu brachte die EWZ den Amtsärzten regelmäßig Personen mit „ansteckenden und erblichen Krankheiten zur

1526 Ebd.

1527 Vgl. zum Beispiel Leiter der Gesundheitsstellen der EWZ an Heilanstalt Meseritz-Obrawalde, betr. Umsiedlerin P., Grete vom 6.8.1942 (APG, Heilanstalt Meseritz-Obrawalde, 2787, Bl. 16); sowie Leiter der Gesundheitsstellen der EWZ an Heilanstalt Meseritz-Obrawalde, betr. Patientin Marta M. vom 20.10.1944 (ebd., 2451, Bl. 15).

1528 Gesundheitsstelle der EWZ Lodz an Gauheilanstalt Tiegenhof, betr. Verzeichnis der geisteskranken Umsiedler vom 12.3.1941 (BArch Berlin, R 69/732, Bl. 52).

1529 Vgl. Gesundheitsstelle der EWZ Lodz an Heilanstalt Warta, betr. geisteskranke Umsiedler vom 1.3.1941 (BArch Berlin, R 69/732, Bl. 20).

1530 Vertrauliches Dossier über die Tätigkeit der EWZ vom 22.11.1944 (BArch Berlin, R 69/3, Bl. 47–53, hier 52).

Kenntnis".[1531] Darunter fielen beispielsweise Tbc-kranke oder luesverdächtige Umsiedler, deren Nachuntersuchung die Gesundheitsämter der neuen Wohnorte vornehmen sollten.[1532] Auch die Vorbereitung und Einleitung von Sterilisationsverfahren lag in der Hand der Gesundheitsämter. Ausgehend von den Sterilisationsanzeigen bzw. „Erbkranken-Meldungen" der „Fliegenden Kommissionen", später der Dienststelle Haubolds, sollten die Gesundheitsämter gemäß dem Gesetz zur Verhütung „erbkranken" Nachwuchses das Sterilisationsverfahren anstrengen. Waren die Gesundheitsämter aber überhaupt dazu in der Lage? Das heißt: Welche erbgesundheitspolitischen Strukturen existierten im Warthegau überhaupt und ab wann waren sie wirklich handlungsfähig? Konnten sie die im Rahmen der „Durchschleusung" angestoßenen „erbpflegerischen Maßnahmen" überhaupt konsequent umsetzen?

5.4 Gesundheitspolitik im Warthegau

Der im Oktober 1939 geschaffene Reichsgau Posen/Warthegau sah sich schon wenige Monate nach seiner Gründung besonderen gesundheitspolitischen Herausforderungen gegenüber. Diese ergaben sich aus der bevölkerungspolitischen Struktur des Warthegaus. In diesem lebten im September 1939 etwa 4,2 Millionen Polen und nur etwa 325 000 „Deutschstämmige", und dennoch sollte er nach dem Willen des Gauleiters, Arthur Greiser,[1533] zu einer „blonden Provinz" werden.[1534] Dieses Ziel schien durch eine besonders radikale Politik der Vertreibung, „Eindeutschung" und Umsiedlung erreichbar. In den Dienst dieser Politik stellten sich auch die Gesundheitsverwaltung und ihre Institutionen, allen voran die Gesundheitsabteilung des Reichstatthalters (Abteilung II), die Gesundheitsabteilung der Gauselbstverwaltung (Abteilung II) sowie die unter der Aufsicht der Regierungspräsidenten stehenden Gesundheitsämter.[1535] Unter maßgeblichem Einfluss des leitenden Medizinalbeamten, Oskar Gunder-

1531 Vgl. zum Beispiel Abschlussbericht der FK VI über die Durchschleusung im Regierungsbezirk Zichenau vom 16.6.-4.7.1940 (BArch Berlin, R 69/1047, Bl. 2-8, hier 6).

1532 Im August 1944 wurden die Ärzte der EWZ aufgefordert, alle Krankheitsbefunde, die noch einer Klärung bzw. Nachuntersuchung bedürfen würden, zum Beispiel Diabetes, den Gesundheitsämtern weiterzuleiten. Die Gesundheitsämter sollten die Befunde der EWZ später mitteilen, damit diese sie in den EWZ-Gesundheitskarteikarten ergänzen konnte. Vgl. Gesundheitsstelle Litzmannstadt an Gesundheitsstelle der FK XXIX, betr. Meldung von Krankheitsbefunden bei Umsiedlern im Warthegau vom 25.8.1944 (BArch Berlin, R 69/455, Bl. 74).

1533 Zu Greiser vgl. weiterführend Epstein, Model Nazi.

1534 Die Zahlen sind entnommen aus Alberti, Wartheland, S. 91.

1535 Zu den Aufgabenabgrenzungen zwischen den drei gesundheitspolitischen Dienststellen vgl. Zuständigkeitsverteilung zwischen dem Reichsstatthalter und dem Regierungspräsidenten vom 29.2.1940 (APP, RStH, 1859, Bl. 1); Ausführungen über „die Aufgaben des leitenden Medizinalbeamten beim Reichsstatthalter im Warthegau (ebd., Bl. 2-25); sowie Organisationsplan der Gauselbstverwaltung des Reichsgaues Wartheland vom 1.2.1940 (StA Hamburg, 213-12, Staatsanwaltschaft Landgericht/Nationalsozialistische Gewaltverbrechen, Nr. 13, Band 73, Bl. 11-13). Vgl. auch Anhang.

mann,[1536] wurde ein rassistisches Versorgungssystem etabliert, das, einer rassischen Wertigkeitshierarchie folgend, den Zugang zu medizinischen Ressourcen drastisch beschränkte. Polen und Juden sollte demnach nur eine mangelhafte medizinische Versorgung gewährt werden. Den Volksdeutschen, die als „Blutsquell" der neuen Siedlergesellschaft verstanden wurden, widmete man hingegen besondere Aufmerksamkeit. Sie sollten eine bevorzugte ärztliche Behandlung erfahren.[1537] Der Regierungspräsident von Lodz, Friedrich Uebelhoer,[1538] erklärte im April 1940 gegenüber dem RMdI: „Es kann keinem Zweifel unterliegen, dass gerade hier eine besonders intensive Betreuung auf den Fürsorgegebieten der Mütterberatung, Schulkinderbetreuung Tuberkulose-, Krüppel-, Trachom-, Geschlechtskranken- usw. -betreuung wie -bekämpfung einsetzen muss, wenn hier wirklich der gesunde, lebendige Schutzwall des Deutschtums nach dem Osten entstehen soll."[1539]

Die „großartigste", aber zugleich auch „schwerste [...], arbeitsreichste [...] und verantwortungsvollste [...] Aufgabe des öffentlichen Gesundheitsdienstes" sei, so Uebelhoer weiter, jedoch die Erb- und Rassenpflege: „Dieses Arbeitsgebiet erst wird dem lebendigen Schutzwall so formen helfen, dass er als erbmäßig wertvolle Grenzmauer zu dem wird, was der Führer mit seinem gewaltigen Umsiedlungswerk endgültig bezweckt."[1540]

1536 Gundermann war als leitender Medizinalbeamter in Personalunion Leiter der Abt. II des Reichsstatthalter sowie der Abt. II der Gauselbstverwaltung. Seine Aufgabe bestand in der „einheitlichen Ausrichtung der Träger des öffentlichen Gesundheitswesens", das heißt der Medizinaldezernenten, der Gesundheitsämter und Medizinalinstitute. Er übte hierbei keineswegs nur eine Aufsichtsfunktion aus, sondern ihm wurde vielmehr die „Führung" übertragen. Die Regierungspräsidenten wurden somit de facto entmachtet. 1943 übernahm der leitende Medizinalbeamte im Zuge einer „Verwaltungsvereinfachung" ganz offiziell die wichtigsten Aufgaben der Medizinaldezernate bei den Regierungspräsidenten. Vgl. Ausführungen über „die Aufgaben des leitenden Medizinalbeamten beim RStH im Warthegau, o. D. (1940) (APP, RStH, 1859, Bl. 2-25); sowie RStH an die Regierungspräsidenten der Regierungsbezirke Posen, Hohensalza, Litzmannstadt, betr. Verwaltungsvereinfachung vom Februar 1943 (ebd., RStH, 1861, Bl. 233-243). Zu Gundermann vgl. Kap. IV.2.4, Anm. 580; sowie ausführlicher Vossen, Gesundheitspolitik und Volkstumspolitik, S. 7-9.

1537 Vgl. zum Beispiel Abt. II des Reichsstatthalters in Posen an Gauselbstverwaltung in Posen, die Regierungspräsidenten, den Beauftragten des RKF und den Ansiedlungsarzt in Posen, betr. Umsiedlerkreisfürsorge, hier Krankenhilfe für Schwangere und Wöchnerinnen für deutsche Umsiedlerfamilien vom 22.12.1940 (APŁ, Akta miasta Łodz, 31759, unpag.). Vgl. auch Vossen, Gesundheitsdienst im Reichsgau Wartheland.

1538 Uebelhoer war nach Alberti ein glühender Antisemit und „Polenhasser" und einer der „Hauptverantwortlichen für die Ghettoisierung, Ausbeutung, Aushungerung und Vernichtung der Juden" im Regierungsbezirk Lodz. Vgl. Alberti, Wartheland, S. 62 f.

1539 Uebelhoer, Regierungspräsident von Lodz, an RMdI, betr. Führung des öffentlichen Gesundheitsdienstes in meinem Regierungsbezirk vom 9.4.1940 (APP, RStH, 1864, Bl. 51-55, hier 51 f.)

1540 Ebd., Bl. 52.

Nach Ansicht Uebelhoers, der hier auf seine Erfahrung als Gauamtsleiter der NSV rekurrierte[1541] und den uneinheitlichen Aufbau und die Arbeitsweise der Gesundheitsämter im Deutschen Reich beklagte, müsste die Erb- und Rassenpflege, ebenso wie die Gesundheitsämter selbst, endlich nach einer „einheitlichen Richtschnur" ausgebaut werden. Die Planungen dazu habe er, so Uebelhoer im April 1940 selbstbewusst, „längst" abgeschlossen und auch der „räumliche Ausbau" der Gesundheitsämter sei bereits weit fortgeschritten.[1542] Was Uebelhoer nicht erwähnte, war, dass sich auch die Behörde des Reichsstatthalters, namentlich der leitende Medizinalbeamte, „ganz energisch bei der baulichen Gestaltung der Gesundheitsämter und Medizinalinstitute eingeschaltet" hatte.[1543] Der leitende Medizinalbeamte des Reichsstatthalters hatte sich hier nicht nur „eingeschaltet", sondern er beanspruchte auch eine „führende Ausführungsüberwachung", was de facto einer Entmachtung der Medizinalbeamten des Regierungspräsidenten gleichkam.[1544] Diese Konkurrenzsituation, der vielzitierte Ämterdarwinismus, hemmte den Aufbau der Gesundheitsämter allem Anschein nach nicht. Im September 1941 hatten unter anderem die Gesundheitsämter in Pabianice, Schieratz/Sieradz, Kempen, Ostrowo und Kalisch ihre Arbeit in „räumlich- und einrichtungsmäßig großzügig ausgestatteten Gebäuden" aufgenommen.[1545] Die Unterbringung der übrigen Gesundheitsämter wurde als wenigstens „zureichend" angesehen. In einigen Fällen sollten auch Neubauten entstehen. Dies galt wohlgemerkt für den Regierungsbezirk Lodz (vormals Kalisch), der nur einer von insgesamt drei Regierungsbezirken des Warthegaus war. Im Regierungsbezirk Hohensalza stellte sich die Situation ganz anders dar. In einem Bericht des leitenden Medizinalbeamten dieses Regierungsbezirks vom September 1941 hieß es unverblümt:

1541 Uebelhoer war kurz nach der Machtübernahme in Naumburg/Saale unter anderem zum Gauamtsleiter der NSV avanciert. Er übte außerdem das Amt des Oberbürgermeisters aus und war Mitglied des Reichstages. Vgl. Alberti, Wartheland, S. 62.

1542 Uebelhoer, Regierungspräsident von Lodz, an RMdI, betr. Führung des öffentlichen Gesundheitsdienstes in meinem Regierungsbezirk vom 9.4.1940 (APP, RStH, 1864, Bl. 51-55, hier 52).

1543 Ausführungen über „die Aufgaben des leitenden Medizinalbeamten beim RStH im Warthegau, o.D. (1940) (APP, RStH, 1859, Bl. 2-25, hier 4). Vgl. auch Abt. II des RStH an die Regierungspräsidenten, Landräte und Oberbürgermeister, betr. Gestaltung der zukünftigen Gesundheitsämter vom 26.6.1940 (ebd., RStH, 1861, Bl. 284-289); sowie internes Planungspapier der Abt. II des Reichsstatthalters, betr. Planungsfragen der Abt. II vom 17.2.1941 (ebd., RStH, 1861, Bl. 287-289).

1544 Ausführungen über „die Aufgaben des leitenden Medizinalbeamten beim RStH im Warthegau, o.D. (1940) (APP, RStH, 1859, Bl. 2-25, hier 4). Vgl. auch Niederschrift der Ergebnisse der Abteilungsleiterbesprechung bei der Behörde des Reichsstatthalters am 22.4.1940 vom selben Tag (ebd., RStH, 1861, Bl. 277). Hierin heißt es: „Auch die Regierungen sollen die ausführenden Organe der Medizinalabteilung sein, die die Führung in der Hand behalten muss."

1545 Uebelhoer, Regierungspräsident von Lodz, an RStH in Posen, betr. Organisation des Gesundheitswesens vom 30.9.1941 (APP, RStH, 1864, Bl. 42-44, hier 42).

„Die räumliche Unterbringung der Gesundheitsämter ist mit großen Schwierigkeiten verknüpft, da im ganzen Bezirk Baulichkeiten, die den Anforderungen eines neuzeitlichen Gesundheitsamtes entsprechen, nicht zur Verfügung standen. Lediglich das Gesundheitsamt in Leslau verfügt bereits über ausreichende angemietete Räume. Das Gesundheitsamt in Alexandrow/Weichsel ist in einem ehemals polnischen Gesundheitshause ausreichend untergebracht. Für das Gesundheitsamt in Kutno ist die Herrichtung und Instandsetzung, die neuzeitlichen Anforderungen genügen wird, im Gange. Die übrigen Gesundheitsämter sind nur behelfsmäßig und sehr beengt untergebracht. Wiederholte Versuche zur räumlichen Erweiterung scheiterten bisher an der vorhandenen Raumnot und an den Schwierigkeiten zur Beschaffung von Baumaterial.
Die Personalfrage ist nicht gelöst. Abgesehen von der schwachen Besetzung durch leitende Medizinalbeamte fehlt es überall an technischem- und Büropersonal. Von den laut Stellenplan vorgesehenen Stellen für 78 Gesundheitspflegerinnen sind nur 12 mit Altreichsgesundheitspflegerinnen und 12 mit sog. Hilfsgesundheitspflegerinnen besetzt. An med[izinischen] Assistentinnen sind im ganzen Bezirk nur 2 beschäftigt. 11 Gesundheitsaufseher sind an Stelle von 24 im Stellenplan vorgesehenen tätig. Bürobeamte sind trotz dringender Vorstellung überhaupt nicht zugeteilt. Mit Büroangestellten sind die Gesundheitsämter sehr schwach besetzt. [...]
Trotz der sehr beengten Unterbringung der Gesundheitsämter und des äußerst unzureichenden Personals sind die Aufgaben des öffentlichen Gesundheitsdienstes in Angriff genommen und nach Möglichkeit durchgeführt worden, mit Ausnahme der Erb- und Rassenpflege (Durchführung Gesetz zur Verhütung erbkranken Nachwuchses).“[1546]

Zwar vermeldeten andere Gesundheitsämter, wie zum Beispiel das in Kalisch, dass die „erbbiologische Erfassung der deutschen Bevölkerung [...] durch die Untersuchung sämtlicher Eheschließenden vorwärts“ schreite, aber abgesehen von diesen „Ehetauglichkeitsuntersuchungen“ geschah auf dem Gebiet der „Erb- und Rassenpflege“ 1940/41 in der Tat wenig.[1547] Die von Uebelhoer als wichtigstes Aktionsfeld der Gesundheitspolitik betrachtete „Erb-und Rassenpflege“ musste zunächst hinter vordringlicheren Aufgaben des Gesundheitsdienstes zurückgestellt werden. Als „vordringliche Aufgaben des öffentlichen Gesundheitsdienstes“ - als „Sofortaufgaben“ - galten: die „volkstumsmäßige“ Erfassung der Bevölkerung, das heißt die Ermittlung der für die Betreuung durch die Gesundheitsämter in Frage kommenden Deutschen und Polen sowie die Seuchenbekämpfung und -prävention. Auf den seuchenpolizeilichen Aufgaben sollte schließlich das Schwergewicht der gesundheitspolitischen Maßnahmen liegen. Darunter fielen im Detail die „Bekämpfung der ansteckenden Krankheiten“, die „Trinkwasserhygiene“, die „Abfallhygiene“, die „Sauberkeit in Lebensmittelgeschäften“ und die „Betriebshygiene“. Von einer regelrechten Seuchenparanoia getrieben, in der sich der medikalisierte Rassismus und Antisemitismus widerspiegelte, sollte der Aufbau einer eigenen Desinfektorengilde erfolgen, Baumaßnahmen eingeleitet und die Bevölkerung „zur Sauberkeit“ erzogen wer-

1546 Regierungspräsident von Hohensalza an RStH in Posen, betr. Organisation des Gesundheitswesens vom 26.9.1941 (APP, RStH, 1864, Bl. 37-41, hier 39 f.).

1547 Vierteljahresbericht des Gesundheitsamtes Kalisch vom 11.4.1941 (APP, RStH, 1865, Bl. 136-138, hier 137). Vgl. weitere Berichte der Gesundheitsämter des Warthegaus des Zeitraumes 1940/41 in dieser Akte.

den.[1548] Diesen „Sofortaufgaben" sollten „vorbereitende Aufgaben" nachfolgen. Darunter fielen unter anderem die Krankenhausplanung, der „Arzneimittelverkehr", die „Gestaltung der zukünftigen Gesundheitsämter" und die damit verbundenen Personalfragen.[1549] Gerade letztere waren jedoch für die Handlungsfähigkeit der Gesundheitsämter von großer Bedeutung. Der Aufschub dieser Fragen führte vielfach zu ähnlichen Situationen wie in Kempen, wo der Medizinaldezernent 1941 feststellen musste: „Das Gesundheitsamt befindet sich demnach in einem Zustand, in dem volle Arbeit möglich wäre, wenn das Gesundheitsamt genügend Personal hätte."[1550] An dem chronischen Personalmangel, der sich sowohl auf die Amtsärzte als auch die Gesundheitspflegerinnen und das Büropersonal erstreckte, sollte sich in der Folgezeit wenig ändern. Die Funktionsfähigkeit der Gesundheitsämter war demnach deutlich eingeschränkt.[1551]

Zu den „vorbereitenden Aufgaben" der Gesundheitsämter zählten schließlich auch die Anlegung einer „Zentralkartei", also die erbbiologische Erfassung nach reichsdeutschem Vorbild, und die „Erb- und Rassenpflege". Auf diesen Gebieten sollten lediglich erste Maßnahmen eingeleitet werden. Nach Ansicht der Gesundheitsabteilung des Reichsstatthalters böte sich beispielsweise „jedem Amtsarzt die Gelegenheit, auf erbkranke Zustände und Anlagen wie auf verbrecherische und asoziale Elemente zu achten".[1552] Entsprechende Aufzeichnungen seien „sofort" anzulegen, damit sie „jederzeit griffbereit" wären. Eine erste systematische Erfassungsmaßnahme wurde im August 1940 eingeleitet. Sie zielte auf die „Erfassung der gesundheitsgefährdenden und erbkranken Bevölkerung des Reichsgaues Wartheland"[1553] - und zwar der deutschen und polnischen. Dabei ging es hier nicht um eine rein erbbiologische Erfassung. Hinter dieser Erhebung stand vielmehr eine bevölkerungspolitische Absicht, die in einem Kausalzusammenhang mit der rassistischen Vertreibungspraxis stand. Aus einem Leistungsbericht des Rassenpolitischen Amtes im Warthegau, das auf Initiative des RSHA respektive der UWZ in diese Maßnahme eingeschaltet worden war, geht dies zweifelsfrei hervor: „Bei weiteren Evakuierungen müssen in

1548 Vgl. Erlass des RStH, Abt. II, betr. Vordringliche Aufgaben des öffentlichen Gesundheitsdienstes vom 26.6.1940 (APP, RStH, 1861, Bl. 92-110).

1549 Vgl. ebd.

1550 Abschließender Bericht des Medizinaldezernenten des Regierungspräsidenten in Lodz über die Besichtigung des Gesundheitsamtes für den Landkreis Kempen vom 5.5.1941 (APP, RStH, 1865, Bl. 250 f., hier 250).

1551 Zur Personalsituation in den Gesundheitsämtern vgl. weiter Vossen, Gesundheitspolitik und Volkstumspolitik, S. 11-13.

1552 Vgl. Erlass des RStH, Abt. II betr. Vordringliche Aufgaben des öffentlichen Gesundheitsdienstes vom 26.6.1940 (APP, RStH, 1861, Bl. 92-110, hier 106).

1553 Der entsprechende Erlass des RStH erging am 19.8.1940. Vgl. Zusammenstellung der im Reichsgau Wartheland bis zum 30.4.1943 erschienenen, noch gültigen Erlasse, Verordnungen, Vorschriften etc. auf dem Gebiete des öffentlichen Gesundheitsdienstes vom 30.4.1943 (APP, GSV, 1923, Bl. 386-400, hier 389). Vgl. auch Vossen, Gesundheitspolitik und Volkstumspolitik, S. 21-24.

Zukunft unter allen Umständen zunächst diejenigen Polen evakuiert werden, die in gesundheitlicher und sozialer Hinsicht unerwünscht sind, sei es, dass sie durch Krankheit oder Gebrechen unterstützungsbedürftig werden und somit die offene Hand belasten, sei es, dass sie durch kriminelles Verhalten stören. Aus diesem Grunde hat das Rassenpolitische Amt im Benehmen mit den zuständigen Stellen, der Behörde des Reichsstatthalters und der SD.-Leitstelle eine getarnte Erfassung der oben bezeichneten Personenkreise in die Wege geleitet.“[1554]

Bis zum September 1941 waren von den Gesundheitsämtern, Ärzten und Hebammen in speziellen Karteikarten nahezu 18 000 polnische „gesundheitlich unerwünschte Elemente“ registriert worden.[1555] Viele von diesen Registrierten dürften sich wenig später unter den von der UWZ ins Generalgouvernement Deportierten befunden haben. Nach Angaben der UWZ waren unter den 19 000 im Jahr 1941 ins Generalgouvernement deportierten, „nicht arbeitseinsatzfähigen Polen“ - die „Evakuierung“ arbeitsfähiger Polen hatte Greiser strikt untersagt - allein 6 468 Personen, die als „asozial“ bezeichnet wurden.[1556]

Das Gesundheitswesen des Warthegaus mit seinen Gesundheitsämtern hatte auf diese Weise Anteil an der Vertreibungs- und Vernichtungspolitik. Seine Rolle war jedoch keineswegs nur eine ausführende. Leitende Gesundheitsfunktionäre wie Oskar Gundermann oder Herbert Grohmann offerierten vielmehr gesundheitspolitische, „biologische“ Lösungsmodelle zur Erreichung volkstumspolitischer Zielvorstellungen. Nach Grohmann könne nur eine „biologische Volkstumspolitik“, deren Grundlage die „Erb- und Rassenpflege“ sei, ermöglichen, dass der Warthegau langfristig zu „eine[m] natürlichen Grenzwall gegen eine rassisch und völkisch unerwünschte Ein- oder Unterwanderung“ werde.[1557] In diesem Sinne stellte die bereits praktizierte „Eindeutschung“ der „rassisch wertvollen“ Polen, aber vor allem die „restlose Aussiedlung“ der „Millionenmasse der rassisch und erbbiologisch unerwünschten Fremdschichten“ für ihn eine „selbstverständliche Forderung und Notwendigkeit“ dar.[1558] Da eine „restlose Aussiedlung“ unter anderem aus wirtschaftlichen Gründen jedoch vorerst nicht realisiert werden könne, müsste durch eine entsprechende „Erb- und Rassenpflege“ wenigstens die „biologische Kraft des polnischen Volkes [...] gebrochen werden“.[1559] Grohmann entwickelte in seiner Denkschrift vom Oktober 1941

1554 Leistungsbericht des Rassenpolitischen Amtes Gau Wartheland, Hauptstelle Praktische Bevölkerungspolitik für das Jahr 1940/41 (APP, RStH, 1878, Bl. 24-26, hier 24).
1555 Vgl. ebd.; sowie Leistungsbericht der Abt. II beim RStH für den Zeitraum vom 1.10.1940-30.9.1941 vom 6.9.1941 (APP, RStH, 1878, Bl. 1-11, hier 4).
1556 Abschlussbericht über die Aussiedlungen im Rahmen der Ansetzung der Bessarabiendeutschen (3. Nahplan) vom 21.1.1941-20.1.1942 im Reichsgau Wartheland (IfZ München, MA 708/2, Bl. 663-678, hier 665).
1557 Denkschrift „Erb- und Rassenpflege als Grundlagen biologischer Volkstumspolitik“ von Herbert Grohmann vom 7.10.1941 (APP, RStH, 1137, Bl. 24-36, hier 24).
1558 Ebd., Bl. 32.
1559 Ebd., Bl. 33.

hier ganz konkrete, außerordentlich perfide und radikale Vorstellungen, die zum Teil bereits Umsetzung fanden:[1560]

„1. Festsetzung einer unteren Altersgrenze sowie eines Mindesteinkommens für polnische Eheleute, [...]
2. Besteuerung der unehelichen Vaterschaft [...]
3. Bevorzugung unverheirateter und kinderloser polnischer Arbeitskräfte beim Arbeitseinsatz am Heimatort [...]
4. Planmäßiger Arbeitseinsatz verheirateter Polen im Altreich [...]
5. Großzügige Sterilisation der polnischen Primitivschichten [...]
6. Schaffung eines Fremdenrechts für die in den Ostgebieten lebenden fremdvölkischen Gruppen."[1561]

Die Sterilisation wurde hier nicht als eine „erbpflegerische", und damit den „Volkskörper" gesundende Maßnahme begriffen, sondern explizit als „eine Maßnahme völkischer Ausmerze".[1562] Dahinter stand die Überzeugung, dass „Primitivschichten" sich durch „wirtschaftlichen Druck", wie er durch die übrigen erwähnten Maßnahmen erzeugt werden sollte, „nicht an der Zeugung einer zahlreichen Nachkommenschaft hindern" lassen würden.[1563] Nach Ansicht Grohmanns könne dieser „unerwünschte Nachwuchs [...] nur durch Ausmerzemaßnahmen verhindert werden".[1564] Die Auslegung der Begriffe „erbkrank" und „sozial unbrauchbar" solle dabei selbstverständlicher Weise „großzügig" geschehen.

Mit diesem Sterilisationsvorschlag bewegte sich Grohmann keineswegs auf abwegigem Terrain, interessierte sich doch Himmler persönlich schon seit 1940 für Methoden einer Massensterilisation der „Ostvölker".[1565] Ab dem Frühjahr 1941 kursierten schließlich verschiedene diesbezügliche Pläne im Umkreis des

1560 So wurde das Heiratsalter für die polnische Bevölkerung angehoben. Die Ärzte sollten polnischen Frauen Medikamente zur Verhinderung von Fehlgeburten vorenthalten und polnische Hebammen wurden vorrangig deutschen Schwangeren zugewiesen. Vgl. dazu Haar, Konstruktion des Grenz- und Auslandsdeutschtums, hier 17 f. Vgl. auch Ingo Haar, Biopolitische Differenzkonstruktionen als bevölkerungspolitisches Ordnungsinstrument in den Ostgauen: Raum- und Bevölkerungsplanung im Spannungsfeld zwischen regionaler Verankerung und zentralstaatlichem Planungsanspruch. In: Jürgen John/Horst Möller/Thomas Schaarschmidt (Hg.), Die NS-Gaue. Regionale Mittelinstanzen im zentralistischen „Führerstaat", München 2007, S. 105–122.

1561 Denkschrift „Erb- und Rassenpflege als Grundlagen biologischer Volkstumspolitik" von Herbert Grohmann vom 7.10.1941 (APP, RStH, 1137, Bl. 24–36, hier 34 f.).

1562 Ebd., Bl. 35.

1563 Ebd.

1564 Ebd.

1565 Im März 1940 hatte eine diesbezügliche Unterredung zwischen Himmler und Carl Clauberg, der später in Auschwitz die berüchtigten Sterilisationsexperimente durchführen sollte, stattgefunden. Vgl. Hahn, Grawitz, Genzken, Gebhardt, S. 276 f.; sowie Gerhard Baader, Auf dem Weg zum Menschenversuch im Nationalsozialismus. Historische Vorbedingungen und der Beitrag der Kaiser-Wilhelm-Institute. In: Carola Sachse (Hg.), Die Verbindung nach Auschwitz. Biowissenschaften und Menschenversuche an Kaiser-Wilhelm-Instituten, Göttingen 2003, S. 105–157, hier 138.

RKF. Massensterilisationen wurden darin als probates Mittel der zukünftigen Bevölkerungspolitik offeriert.[1566]

Neben der Schwächung der „biologischen Kraft" der polnischen, „fremdstämmigen" Bevölkerung, die einer langfristigen Ausrottung gleichkam, zielte die „Erb- und Rassenpflege" im Warthegau aber natürlich auf die Förderung des „deutschen Volkstums". Diese Aufgabe wurde 1941, nachdem die ersten „vordringlichen" „Sofortaufgaben" eingeleitet worden waren, in Angriff genommen. Dabei traten ein gegenüber dem „Altreich" abweichendes Prioritätenmuster und eine spezielle volkstumspolitische Stoßrichtung zu Tage. „Erb- und Rassenpflege" zielte im Warthegau in erster Linie auf eine „Stärkung des deutschen Volkstums", also eine quantitative Erhöhung der deutschen Bevölkerung. Erst in zweiter Linie ging es um eine auch qualitative Verbesserung der Siedlergesellschaft.[1567] Das bedeutete, dass zunächst „fördernde" Maßnahmen, wie Ehestandsdarlehn, die Kinder- und Ausbildungsbeihilfe, aber auch die Mütterberatung und Säuglingsfürsorge im Mittelpunkt standen.[1568] „Ausmerzende" Maßnahmen wurden zunächst zurückgestellt, um die zahlenmäßig recht geringe deutsche Bevölkerung des Warthegaus nicht noch zusätzlich zu schwächen. Dabei nahmen die gesundheitspolitischen Akteure durchaus in Kauf, dass „minder lebenstüchtige deutsche Familien an der Vermehrung ihrer unerwünschten Anlagen nicht gehindert, sondern eher gefördert" wurden.[1569] Nach Ansicht Grohmanns sei es vom „volkstumspolitischen Standpunkt aus eher zu verantworten, die gestellten Aufgaben zu einem Teil von einer weniger leistungsfähigen, aber dafür arteigenen Bevölkerungsschicht durchführen zu lassen, als auf lange Sicht hinaus mit den fremdvölkischen Arbeitskräften als einem notwendigen Übel rechnen zu müssen".[1570] Die Volkstumspolitik hatte innerhalb der „Erb- und Rassenpflege" demzufolge oberste Priorität, an ihr wurden die „erbpflegerischen" Maßnahmen ausgerichtet. Vossen spricht hier zu Recht von einem „Vorrang der Volkstumspolitik" gegenüber der „Erbpflege" nach reichsdeutschem Modell.[1571]

1566 Vgl. zum Beispiel Adolf Pokorny an Himmler vom Oktober 1941. In: Alexander Mitscherlich/Fred Mielke (Hg.), Medizin ohne Menschlichkeit. Dokumente des Nürnberger Ärzteprozesses, 16. Auflage Frankfurt a. M. 2004, S. 307 f.

1567 Vgl. Leistungsbericht der Abt. II beim RStH für den Zeitraum vom 1.10.1940–30.9.1941 vom 6.9.1941 (APP, RStH, 1878, Bl. 1–11, hier 4); sowie Denkschrift „Erb- und Rassenpflege als Grundlagen biologischer Volkstumspolitik" von Herbert Grohmann vom 7.10.1941 (APP, RStH, 1137, Bl. 24–36).

1568 Vgl. RStH an die Regierungspräsidenten, Landräte, Gesundheitsämter, betr. Tagung über die Einführung des Rechts der Ehestandsdarlehn, Kinderbeihilfen usw. in Kalisch vom 4.4.1941 (APP, GSV, 1923, Bl. 15–17); sowie Bericht über die Arbeitstagung in Kalisch vom 22.–24.4.1941, o. D. (ebd., Bl. 25–28).

1569 Denkschrift „Erb- und Rassenpflege als Grundlagen biologischer Volkstumspolitik" von Herbert Grohmann vom 7.10.1941 (APP, RStH, 1137, Bl. 24–36, hier 28).

1570 Ebd.

1571 Vgl. Vossen, Gesundheitspolitik und Volkstumspolitik; sowie ders., Gesundheitsdienst im Reichsgau Wartheland.

Diese Priorität „fördernder“ Maßnahmen schloss jedoch die Vorbereitung „ausmerzender Maßnahmen“ nicht aus. Unter diese vorbereitenden Aktivitäten fiel beispielsweise „die propagandistische Unterbauung der Notwendigkeit dieser gesetzlichen Maßnahmen bei der eingesessenen und rückgeführten deutschen Bevölkerung“, also die Herstellung einer breiten Akzeptanz „erbpflegerischer“ Maßnahmen.[1572] Noch viel wichtiger war aber die Erfassung der „Erbkranken“. Dies geschah zum einen durch den bereits erwähnten Erlass des Reichsstatthalters über die „Erfassung der gesundheitsgefährdenden und erbkranken Bevölkerung des Reichsgaues Wartheland“ vom August 1940. Zum anderen begannen die Gesundheitsämter mit der Anlage von Erbkarteien und Sippenunterlagen, die die Basis für spätere „erbpflegerische“ Maßnahmen bildeten. Im Rahmen der anfallenden Untersuchungen, beispielsweise der „Ehetauglichkeitsuntersuchungen“, wurden die entsprechenden Daten erhoben und außerdem die „bei der Rücksiedlung angefallenen Untersuchungsergebnisse der Rückwanderer“ wohl zumindest teilweise in die Karteien integriert.[1573] „Auf Anforderung“ stand den Gesundheitsämtern, wie Meixner anlässlich einer Tagung leitender Medizinalbeamter und Amtsärzte erklärte, sämtliches Material der Umsiedlungsdienststellen zur Verfügung.[1574] Die von den Gesundheitsämtern im Rahmen der verschiedenen Untersuchungen angestrengten „erbbiologischen Ermittlungen“ waren jedoch nicht die einzigen. Auch die Gesundheitspflegerinnen spielten bei der Erhebung „erbpflegerisch“ relevanter Informationen eine nicht unbedeutende Rolle. Sie hatten die „Verantwortung für die gewissenhafte Führung der Erbkartei, der Sippentafeln und [für die] erb- und rassenpflegerische Sippenforschung“ in den Gesundheitsämtern.[1575] Sie waren es aber auch, die „jeden Hausbesuch, jede Tätigkeit in der Mütterberatung, bei den Kleinkindermusterungen, im jugendärztlichen Dienst und allen anderen Fürsorgezweigen nutzen [sollten], um dem Amtsarzt die Unterlagen für den Einblick in das Erbgefüge der einzelnen Familien und Sippen“ geben zu können.[1576] Mit den Gesundheitspflegerinnen war damit, parallel zu den Ansiedlerbetreuerinnen, eine weitere Kontrollinstanz für die Angesiedelten installiert worden. Die Kontrolle und Überwachung erfolgte nun sowohl in politisch-erzieherischer wie auch gesundheitlich-fürsorgerischer Hinsicht.

1572 Leistungsbericht der Abt. II beim RStH für den Zeitraum vom 1.10.1941 bis 30.9.1942, o. D. (APP, RStH, 1878, Bl. 49 f., hier 50).

1573 Vgl. Pressebericht über den Aufbau der Erbgesundheitspflege im Reichsgau Wartheland anlässlich der Arbeitstagung der Gesundheitspflegerinnen der Gesundheitsämter in Posen, o. D. (Dezember 1941) (APP, GSV, 1923, Bl. 246 f.). Vgl. auch Arbeitsübersichten der verschiedenen Gesundheitsämter (APP, RStH, 1865).

1574 Vgl. Bericht über die Arbeitstagung für den Gesundheitsdienst in Kalisch vom 22.-24.4.1941, o. D. (APP, GSV, 1923, Bl. 25-28).

1575 Pressebericht über den Aufbau der Erbgesundheitspflege im Reichsgau Wartheland anlässlich der Arbeitstagung der Gesundheitspflegerinnen der Gesundheitsämter in Posen, o. D. (Dezember 1941) (APP, GSV, 1923, Bl. 246-248, hier 247).

1576 Ebd., Bl. 248. Vgl. auch Niederschrift über die Arbeitstagung der Gesundheitspflegerinnen in Hermannsbad am 20./21.5.1941 (APP, GSV, 1923, Bl. 50-102).

Die Grundlage für die Einleitung „erbpflegerischer" Maßnahmen wurde mit der Einrichtung der Gesundheitsämter somit sukzessive, wenn auch in unterschiedlichem Ausmaß, gelegt. Was noch fehlte, war die gesetzliche Grundlage für die Durchführung des GzVeN und des Ehegesundheitsgesetzes, denn beide Gesetze fanden in den eingegliederten Ostgebieten vorerst noch keine Anwendung. Das hinderte die Gesundheitsbehörden nach eigenen Angaben nicht daran, die Gesetze dennoch bereits „inhaltlich" anzuwenden. Im Wesentlichen bezog sich dies auf das Ehegesundheitsgesetz, dessen Paragraph 2 Ehetauglichkeitsuntersuchungen vorsah, wie sie die Gesundheitsämter des Warthegaus seit 1940 vornahmen.[1577] In „vereinzelten Fällen" sei auch das GzVeN „inhaltlich" angewandt worden. Hinter dieser „inhaltlichen" Anwendung verbarg sich nicht nur die Verweigerung der Entlassung aus psychiatrischen Anstalten, mit Hinweis auf die besonders große „Fortpflanzungsgefahr" eines Patienten. Es kam vielmehr auch bereits vor der Einführung des GzVeN zu einzelnen Zwangssterilisationen. So im Falle von Berta H., die im November 1941 wegen „angeborenem Schwachsinn" unfruchtbar gemacht worden war.[1578] Das Gesundheitsamt in Kalisch berichtete dem Gesundheitsamt in Posen, das auch die Unfruchtbarmachung der Tochter von Berta H. anstrengte, Folgendes: „Bei der Familie H[.] handelt es sich um eine typisch asoziale Familie. [...] Die Mutter Berta geb. G[.] ist eine haltlose Frau; sie trieb sich viel herum, ergab sich dem Trinken und kümmerte sich nicht um die Erziehung der Kinder. 1940 wurden ihr sämtliche Kinder abgenommen und durch die NSV in Heimen und Pflegestellen untergebracht. Sie selbst wurde am 5.11.41 wegen Schwachsinn unfruchtbar gemacht."[1579]

Die Tochter, Erna H., wurde im städtischen Kinderheim in Posen untergebracht. Auch bei ihr hatten die Ärzte die „Diagnose" Schwachsinn gestellt. Das Gesundheitsamt in Posen forcierte daraufhin ihre Sterilisation. Allerdings wurde in ihrem Fall das Sterilisationsverfahren erst nach dem Inkrafttreten des GzVeN in Gang gesetzt. Am 1. September 1944 stellte sie selbst, sicher aber unfreiwillig und nicht in Kenntnis der Tragweite, einen Antrag auf Unfruchtbarmachung, dem sich der Amtsarzt in Posen anschloss.[1580] Nur zwei Monate später fiel der

1577 Vgl. Leistungsbericht der Abt. II beim RStH für den Zeitraum vom 1.10.1940–30.9.1941 vom 6.9.1941 (APP, RStH, 1878, Bl. 1–11, hier 4); Denkschrift „Erb- und Rassenpflege als Grundlagen biologischer Volkstumspolitik" von Herbert Grohmann vom 7.10.1941 (ebd., RStH, 1137, Bl. 24–36, hier 29); sowie Lagebericht des kommunalen Gesundheitsamtes Litzmannstadt für den Monat Juli 1940, o. D. (ebd., RStH 1932, Bl. 3–15, hier 5 f.).

1578 Vgl. Ärztliches Gutachten über Erna H. (Tochter von Berta H.) vom 10.7.1944 (APP, EGG Posen, 5, Bl. 3); sowie Gesundheitsamt Kalisch an Gesundheitsamt Posen vom 9.8.1944 (ebd., Bl. 22).

1579 Gesundheitsamt in Kalisch an Gesundheitsamt in Posen vom 9.8.1944 (APP, EGG Posen, 5, Bl. 22).

1580 Antrag auf Unfruchtbarmachung von Erna H. vom 1.9.1944 (ebd., Bl. 2).

Sterilisationsbeschluss, der am 6. Januar 1945 in Kraft trat, aber vermutlich nicht mehr umgesetzt wurde.[1581]

Wie das Beispiel von Berta H. zeigt, wurden von den Gesundheitsämtern des Warthegaus in Einzelfällen präjudizierend Sterilisationsverfahren angestrengt. De jure waren diese allerdings erst ab 1942, also nach Einführung des GzVeN in den eingegliederten Ostgebieten, möglich.

Die Einführung und Umsetzung des GzVeN im Warthegau

Die Einführung des GzVeN in den eingegliederten Ostgebieten wurde erstmals im Sommer 1940 erörtert. Das RMdI, namentlich Conti und Linden, wandten sich zu diesem Zeitpunkt eindeutig gegen das Inkrafttreten des GzVeN in den „neuen Reichsgauen", mit der Begründung, dass der „zur Verfügung stehende Apparat für die Durchführung entsprechender Maßnahmen" nicht ausreichen würde.[1582] Dieser Einwand war nicht unbegründet, befanden sich Mitte 1940 die Gesundheitsämter doch noch im Aufbau und verfügten weder über genaue Unterlagen noch über ausreichend Personal, um Sterilisationsverfahren einzuleiten. Auch die „inhaltliche" Anwendung hielten weder Linden noch Conti für „zweckmäßig". Linden stellte klar, dass das von Gundermann praktizierte Prinzip, Patienten in „Anwendung des Artikels 1 der Dritten Verordnung zur Ausführung des Gesetzes zur Verhütung erbkranken Nachwuchses vom 25. Februar 1935 in Anstalten" zurückzuhalten, jeglicher juristischer Grundlage entbehre. Zudem würde ein solches Vorgehen nur „unnötige Kosten" verursachen.[1583] Er gab schließlich noch zu bedenken, dass kriegsbedingt auch im Reichsgebiet in der Frage der Sterilisation „Zurückhaltung" dekretiert worden war und nur noch in Fällen besonders großer Fortpflanzungsgefahr eine Unfruchtbarmachung erfolgen sollte.[1584] Nichtsdestotrotz signalisierte Linden, dass er durchaus bereit sei, „die Sache" mit Gundermann einmal mündlich in Posen zu erörtern. Bei dieser Gelegenheit wollte er „auch das Ghetto in Litzmannstadt gern einmal" besichtigen.[1585] Aus diesem Besuch wurde allerdings nichts. Stattdessen reiste im Oktober 1940 ein Mitarbeiter Gundermanns nach Berlin, um dort an einer Besprechung des RMdI teilzunehmen. Gegenstand der Besprechung war die Einführung des GzVeN und des Ehegesundheitsgesetzes in den „neuen Ost-

1581 Vgl. Beschluss des EGG Posen über die Unfruchtbarmachung von Erna H. vom 1.11.1944 (ebd., Bl. 19); sowie Register des EGG Posen (APP, EGG Posen, 31).

1582 Linden, RMdI, an Gundermann, RStH in Posen, vom 31.7.1940 (APP, RStH, 2151, Bl. 4).

1583 Ebd. Vgl. weiter Dritte Verordnung zur Ausführung des GzVeN vom 25.2.1935, Reichsgesetzblatt I, Nr. 22 vom 28.2.1935, S. 289.

1584 Linden, RMdI, an Gundermann, RStH in Posen, vom 31.7.1940 (APP, RStH, 2151, Bl. 4). Vgl. weiter Verordnung zur Durchführung des GzVeN und des Ehegesundheitsgesetzes vom 31.8.1939, Reichsgesetzblatt I, Nr. 157 vom 1.9.1939, S. 1560 f.

1585 Linden, RMdI, an Gundermann, RStH in Posen, vom 31.7.1940 (APP, RStH, 2151, Bl. 4).

gebieten", die nun auch das RMdI nicht mehr kategorisch ablehnte.[1586] Den Ausschlag dafür gab - interessanterweise - ein Vorstoß des RSHA, das sich für die Einführung des GzVeN in den „neuen Ostgebieten" ausgesprochen hatte.[1587] Dieser Vorschlag kam höchstwahrscheinlich aus dem Umfeld Ehlichs, also der EWZ/UWZ, und stand damit in Verbindung mit der Umsiedlungspolitik. Gerade die EWZ hatte ein gesteigertes Interesse an der Nachverfolgung bestimmter während der „Durchschleusung" erhobener Befunde und weiteren, sich daraus ergebenden, „erbpflegerischen" Maßnahmen. Eine solche „Nachprüfung" war gerade in den Fällen, in denen zwar ein Verdacht auf eine „Erbkrankheit" bestand, ein „A"-Entscheid von der EWZ aber nicht ausgesprochen hatte werden können, von Bedeutung. Erhärtete sich während der „Nachprüfung", egal ob von den Gesundheitsämtern oder der EWZ selbst angestrengt, der Verdacht auf eine „Erbkrankheit", so musste man aus Sicht der EWZ vor Ort auch in der Lage sein, entsprechende „erbpflegerische" Maßnahmen einzuleiten.

Im Mittelpunkt der Sitzung im RMdI im Oktober 1940, an der auch Vertreter des Reichsjustizministeriums, des RSHA und weitere Medizinalbeamte teilnahmen, standen schließlich vor allem zwei Fragen:

„1. Können die Gesundheitsämter, die mit der Einführung vorgenannter Gesetze verbundene Arbeit jetzt schon leisten?
2. Sollen die Gesetze auch auf Polen ausgedehnt werden?"[1588]

Die erste Frage konnte der Vertreter des Warthegaus bejahen. Zwar seien die Gesundheitsämter zum Teil personell noch nicht ausreichend besetzt, eine „ordnungsgemäße Durchführung" des GzVeN sei dennoch möglich und notwendig. Insbesondere im Hinblick auf die „Volks- und Rückwandererdeutschen" wurde die Einführung des GzVeN und des Ehegesundheitsgesetzes - ganz im Sinne der EWZ - als „vordringlich" angesehen.[1589]

Der zweiten Frage begegnete der Vertreter des Warthegaus mit entschiedener Ablehnung. Beide Gesetze hätten einen „ausgesprochen nationaldeutschen Charakter", weshalb eine „Anwendung auf die polnische Bevölkerung" aus ideologischen Gründen als „untragbar" erschien.[1590]

Am Ende der Besprechung einigten sich die Beteiligten schließlich auf die Einführung der Gesetze. Deren Anwendung sollte allerdings ausschließlich auf die deutsche Bevölkerung beschränkt bleiben.[1591] Die Einführung des GzVeN und des Ehegesundheitsgesetzes wurde in der Folgezeit allerdings als „nicht

1586 Vgl. Reisebericht des Dezernats II/1 des RStH im Warthegau/Geßner über die Dienstreise nach Berlin am 14.10.1940 vom 21.10.1940 (ebd., Bl. 5-7).
1587 Conti, RMdI, an RStH im Warthegau, betr. Einführung GzVeN vom 26.9.1940 (ebd., Bl. 10).
1588 Reisebericht des Dezernats II/1 des RStH im Warthegau/Geßner über die Dienstreise nach Berlin am 14.10.1940 vom 21.10.1940 (ebd., Bl. 5-7, hier 5 f.).
1589 Ebd.
1590 Ebd., Bl. 6.
1591 Vgl. ebd., Bl. 7.

besonders dringlich" eingestuft.[1592] Im Frühjahr 1941 erklärte Conti zwar, das seine bisher bestehenden Bedenken „hinfällig" geworden wären und er beabsichtige, beide Gesetze nun auch in den Ostgebieten einzuführen, und auch weitere Besprechungen fanden statt, aber bis zur Einführung der Gesetze sollten noch Monate vergehen.[1593] Am 24. Dezember 1941 war es schließlich soweit. Mit Wirkung vom 1. Februar 1942 fand das GzVeN und das Ehegesundheitsgesetz nun auch in den eingegliederten Ostgebieten Anwendung.[1594]

Schon vor der Einführung traten jedoch verschiedene Probleme zutage. Grohmann beispielsweise wies darauf hin, dass die bei der Untersuchung von Fällen „angeborenen Schwachsinns" im „Altreich" verwendeten Intelligenzprüfbögen im Warthegau „überhaupt nicht anwendbar" seien. Er führte dazu weiter aus:

„Das Bildungsniveau der breiten Masse ist im Allgemeinen im Gegensatz zu dem der Altreichsbevölkerung äußerst dürftig. Die allgemeine Schulpflicht bestand auch in den letzten Jahren anscheinend nur auf dem Papier, denn selbst unter den jungen Leuten gibt es heute noch welche, die keine Schule besucht haben, und die weder lesen noch schreiben können, ohne schwachsinnig zu sein. [...] Abgesehen von diesen Schwierigkeiten wurde ferner festgestellt, dass der deutsche Wortschatz der einheimischen deutschen Bevölkerung, bei der Deutsch Umgangssprache ist, viel geringer als der unsrige ist. So sind manche für uns landläufige Begriffe, wie z.B. ‚Bach' hier vielen völlig unbekannt. Unter diesen Umständen waren Intelligenzprüfungen nicht nur äußerst schwierig durchzuführen, sondern in ihrem Ergebnis auch mit größter Vorsicht zu verwerten. Aufgrund der bisherigen Erfahrungen kann ohne Übertreibung behauptet werden, dass man bei Anlegung des Altreichsmaßstabes für Intelligenzprüfungen 20-25 v[on] H[undert] der Unterschicht der hiesigen Bevölkerung als schwachsinnig und damit als sterilisationsreif bezeichnen müsste. Besonders groß scheint mir hierbei der Anteil der hiesigen Hilfspolizeibeamten zu sein."[1595]

Die nicht unbeabsichtigte Auslegungsbreite der „Diagnose" Schwachsinn, nicht umsonst der häufigste Sterilisationsgrund, wurde hier zu einem volkstumspolitischen Problem. Derart großflächige Sterilisationen waren nicht nur nicht durchführbar, sondern aus Sicht Grohmanns zudem volkstumspolitisch absolut unerwünscht, würde so der notwendige quantitative Anstieg der deutschen Bevölkerung doch gehemmt. Deshalb sei es notwendig, so Grohmann weiter,

1592 Cropp, RMdI, an Chef der Reichskanzlei, betr. Einführung des GzVeN und des Ehgesundheitsgesetzes in den eingegliederten Ostgebieten vom 26.3.1941 (BArch Berlin, R 43 II/721a, Bl. 4r.).

1593 Vgl. Conti, RMdI, an Chef der Reichskanzlei u. a., betr. Einführung des GzVeN und des Ehegesundheitsgesetzes vom 7.3.1931 (BArch Berlin, R 43 II/721a, Bl. 2); sowie RMdI an RMdJ, RSHA, RKF, RStH im Warthegau und Danzig-Westpreußen u. a., betr. Heiraten polnischer Volkszugehöriger früherer polnischer Staatsangehörigkeit vom 14.5.1941 (ebd., Bl. 5).

1594 Vgl. Verordnung über die Einführung des Gesetzes zur Verhütung erbkranken Nachwuchses und des Gesetzes zum Schutze der Erbgesundheit des deutschen Volkes in den eingegliederten Ostgebieten vom 24.12.1941, Reichsgesetzblatt I, Nr. 2 vom 9.1.1942, S. 15 f.

1595 Denkschrift „Erb- und Rassenpflege als Grundlagen biologischer Volkstumspolitik" von Herbert Grohmann vom 7.10.1941 (APP, RStH, 1137, Bl. 24-36, hier 29 f.).

„sich bei der künftigen Einführung des Gesetzes zur Verhütung erbkranken Nachwuchses in erster Linie auf die klaren Fälle von erblichen Geisteskranken und anderen Erbleiden zu beschränken und aus der Gruppe der Schwachsinnsgrade zunächst nur die wirklich eindeutigen Fälle zu sterilisieren".[1596] Dies entsprach keineswegs dem rassenhygienischen Konsens und wurde von Vertretern des „Altreiches" durchaus anders gesehen. Im Ärzteblatt für den Reichsgau Wartheland erklärte beispielsweise Hansjoachim Lemme, Leiter der Hauptstelle „Praktische Bevölkerungspolitik" im Rassenpolitischen Amt und Verfasser verschiedener Bücher zur „Erbpflege" und zum GzVeN: „Die wichtigste der [im GzVeN] genannten Erbkrankheiten ist der angeborene Schwachsinn. Erheblich über die Hälfte aller Unfruchtbarmachungen erfolgt aus diesem Grunde. Er ist auch die größte erbbiologische Gefahr, da die Fortpflanzungsziffern der Schwachsinnigen weit über dem Durchschnitt liegen. [...] Gerade der Schwachsinn ist das dankbarste Objekt erbpflegerischer Betätigung, weil hier eine radikale Ausschaltung dieser Menschen von der Fortpflanzung mit Rücksicht auf die bei ihnen sonst hohen Kinderzahlen schon in der nächsten Geschlechterfolge einen spürbaren Erfolg erwarten lässt."[1597]

Im Prinzip dürfte Grohmann dies genau so gesehen haben. Die besondere bevölkerungspolitische Situation im Warthegau erforderte seiner Ansicht nach aber eine besondere Ausrichtung der „Erbpflege" und damit auch ein stückweites Abweichen von den im „Altreich" vertretenen und praktizierten Grundsätzen. Er forderte eine volkstumspolitische Stoßrichtung der Erbgesundheitspolitik im Warthegau, die folgenden Grundsätzen verpflichtet sein sollte:

„1. Der deutsche Bevölkerungsanteil ist mit allen zur Verfügung stehenden Mitteln zahlenmäßig gegenüber den fremden Volksgruppen zu stärken.
2. Den rassisch wertvollen und erbtüchtigen Schichten der deutschen Bevölkrung sind durch großzügige wirtschaftliche Maßnahmen, Kinder- und Ausbildungsbeihilfen, Ehrenpatenschaften [...] die Aufzucht zahlreicher Kinder weitgehend zu erleichtern. Durch intensive Schulung und Propaganda seitens der Partei als Organ der Menschenführung ist der Wille zum Kinderreichtum in diesen leistungsfähigen Familien und Sippen zu wecken und zu stärken.
3. Die rassisch primitiven und lebensuntüchtigen Schichten der deutschen Bevölkerung sind von ausgesprochen fördernden Maßnahmen auf jeden Fall auszunehmen. Unter der Voraussetzung, dass die fremdvölkischen Blutslinien aus dieser Schicht und damit aus der deutschen Bevölkerung eliminiert werden, ist aber deren zahlenmäßiger Zuwachs in gewissen Grenzen für die künftige völkische Reinigung des Warthelandes erforderlich. Bei der notwendigen Durchführung künftiger Ausmerzemaßnahmen ist stets unser volkstumspolitisches Ziel ‚Wartheland' – ‚deutsches Land' zu berücksichtigen."[1598]

1596 Ebd., Bl. 30.

1597 Hansjoachim Lemme, Zur Einführung der deutschen Erbpflegegesetze in den eingegliederten Ostgebieten. In: Ärzteblatt für den Reichsgau Wartheland, 3 (1942) 3, S. 45–47.

1598 Abschrift der Denkschrift „Erb- und Rassenpflege als Grundlagen biologischer Volkstumspolitik" von Herbert Grohmann vom 7.10.1941 (APP, RStH, 1137, Bl. 24–36, hier 30).

Diese Maximen - die nicht den ideologischen Zielvorstellungen der Umsiedlungsdienststellen entsprachen - sollten die erbgesundheitspolitische Praxis im Warthegau bestimmen. Die Zahl der von den Gesundheitsämtern eingeleiteten Erbgesundheitsverfahren fiel entsprechend niedrig aus. Bezeichnend dafür ist die Einschätzung zum Stand des Gesundheitswesens im Kreis Grätz vom Dezember 1943: „Noch keine U[nfruchtbar]M[achungs]-Fälle erledigt."[1599] Die eingegangenen „UM-Meldungen" waren zudem zum großen Teil noch nicht einmal in der dafür vorgesehenen Liste erfasst worden. Die Bearbeitung der Sterilisationsanzeigen hatte demnach keine Priorität und lief nur zögerlich an. So rechnete letztlich auch die Medizinalverwaltung nicht mit einer großen Zahl von Sterilisationsverfahren. Im Voranschlag der Medizinalverwaltung für den Reichshaushaltsplan für das Jahr 1943 war für die Durchführung des GzVeN ein Betrag von 10 000 Reichsmark vorgesehen. Zum Vergleich: Zur Durchführung des „Gesetzes zur Bekämpfung der Papageienkrankheit" und anderer übertragbarer Krankheiten wurden über 76 000 Reichsmark veranschlagt.[1600] Damit wird zugleich sichtbar, dass sich die Prioritäten innerhalb der Gesundheitspolitik des Warthegaus erneut verschoben hatten. Ging es 1939/40 um „vordringliche" Aufgaben wie Seuchenbekämpfung, ab 1941 dann um den Aufbau der „Erb- und Rassenpflege", so lag der Tätigkeitsschwerpunkt des Gesundheitswesens ab Mitte des Jahres 1942 verstärkt auf „kriegs- und lebenswichtigen" Aufgaben, der Tbc-Fürsorge und der „fördernden" Erbpflege.[1601] Angesichts dieser neuerlichen Akzentverschiebung innerhalb der Gesundheitspolitik und der ohnehin geringeren Bedeutung „ausmerzender" Maßnahmen innerhalb der „Erb- und Rassenpflege" im Warthegau, überrascht schließlich auch die Zahl der vom Erbgesundheitsgericht in Posen zwischen 1942 und 1945 bearbeiteten Fälle nicht. Im Register des EGG Posen sind nicht mehr als genau 44 „Erbgesundheitssachen" aufgeführt.[1602] 1942 eröffnete das EGG Posen lediglich acht Erbgesundheitsverfahren, 17 im Jahr 1943 und 19 im Jahr 1944. Nicht alle wurden schließlich auch vor dem EGG Posen verhandelt. So wurde der Fall von Wilhelm E., das Urteil hatte hier bereits das EGG in Wien gesprochen, direkt an das Erbgesundheitsobergericht in Posen weitergeleitet. Drei Erbgesundheitsverfahren fielen in den Zuständigkeitsbereich anderer EGG und wurden abgegeben.[1603] In drei weiteren Fällen erfolge offenbar die Einstellung

1599 Bericht zum Stand des Gesundheitswesens im Kreis Grätz vom 11.12.1943 (APP, RStH, 1862, Bl. 439-455, hier 445). Vgl. einen ähnlichen Eintrag im Bericht über den Stand des Gesundheitswesens im Kreis Schieratz vom 27.11.1943 (ebd., RStH, 1862, Bl. 412-429, hier 419).

1600 Voranschlag der Medizinalverwaltung zum Entwurf des Reichshaushaltsplanes für 1943 (APP, RStH, 243, Bl. 9-27, hier 24 f.).

1601 Zu diesen Phasen vgl. Vossen, Gesundheitspolitik und Volkstumspolitik, S. 14-16.

1602 Vgl. Register des EGG Posen (APP, EGG Posen, 31). Überliefert sind 30 Einzelakten. Wie aus dem Register hervorgeht, wurden die übrigen Akten an andere EGG übergeben oder nach Abschluss des Verfahrens an die Gesundheitsämter abgegeben.

1603 Das Verfahren von Herbert K., der nach Leipzig-Schönau verzogen war, ging an das EGG Dresden. Das Verfahren von Waltraud W., das vom Gesundheitsamt in Litzmannstadt angestoßen worden war, wurde dem EGG Litzmannstadt übergeben. Der Fall

des Verfahrens, zumindest finden sich keine Hinweise auf eine Verhandlung. In sechs Verfahren, die erst im Herbst 1944 aufgenommen worden waren, stand 1945 das Urteil noch aus.[1604] In insgesamt 31 Verfahren sprach das EGG Posen schließlich ein Urteil. In 24 Fällen sprachen sich die Richter für eine Unfruchtbarmachung aus, in lediglich sieben Fällen lehnten sie diese ab. Nur in einem Fall, dem von Otto K., wurde das Verfahren noch einmal vor der höheren Instanz, dem EOG Posen, verhandelt, und dies nur, weil sein Bruder sich vehement gegen die Unfruchtbarmachung einsetzte und das Urteil anfocht. Allerdings ohne Erfolg. Das EOG Posen bestätigte den Sterilisationsbeschluss des EGG Posen und ordnete die Unfruchtbarmachung an. Allem Anschein nach konnte diese kriegsbedingt jedoch nicht mehr durchgeführt werden.[1605]

Bezogen auf die 31 abgeschlossenen Verfahren waren die meisten Anträge auf Unfruchtbarmachung (7) vom Gesundheitsamt in Posen eingereicht worden. Immerhin vier Erbgesundheitsverfahren fanden auf Veranlassung der Gauheilanstalt Tiegenhof statt, zwei auf Betreiben des Leiters der Gauheilanstalt Warta. Die übrigen Verfahren hatten andere Gesundheitsämter eingeleitet.[1606] Hinweise darauf, dass die Initiative zur Sterilisation von der EWZ ausging, fanden sich in den noch erhaltenen 30 Einzelfallakten nur spärlich.[1607] Letztlich sollten Umsiedler, die unter das GzVeN fielen, ja auch nicht in den „Osten" gelangen.

Was die Diagnosen anbelangt, so fällt hier, wie auch im „Altreich", eine deutliche Häufung der Diagnose Schwachsinn auf, also genau der Diagnose, bei der nach Grohmann eher Zurückhaltung geübt werden sollte. Wie aus den Akten hervorgeht, fand auch der Intelligenzprüfbogen unverändert Anwendung.

Die Zahl der Sterilisationsverfahren vor dem EGG Posen, das zugegebenermaßen natürlich nur eines von mehreren EGG im Warthegau war, bestätigt letztlich, dass das GzVeN im Warthegau nur zögerlich und in recht geringem Umfang Anwendung fand. Dafür dürfte ein Bündel von Gründen verantwortlich gewesen sein: die verhältnismäßig späte Einführung des GzVeN, die besondere bevölkerungspolitische Situation und die damit verbundene volkstumspolitische Ausrichtung der Gesundheitspolitik, die Priorität „fördernder" und „erbpflegerischer" Maßnahmen gegenüber „ausmerzenden" und nicht zuletzt die personelle Unterbesetzung der Gesundheitsämter. Die Verfahren, die durchgeführt wurden, fanden schließlich nach „altreichsdeutschem" Modell statt. Hier lässt sich keine „Warthegau"-spezifische Anpassung erkennen.

von Helmut N. wurde vor dem EGG Naumburg weiterverhandelt. Vgl. Register des EGG Posen (APP, EGG Posen, 31).

1604 Vgl. ebd.

1605 Vgl. Erbgesundheitssache Otto K. (APP, EGG Posen, 7).

1606 In Erscheinung traten beispielsweise die Gesundheitsämter in Kolmar, Lissa, Grätz, Jarotschin, Kosten, Birnbaum, Schrimm, Wollstein und Obornik. Vgl. Register des EGG Posen (APP, EGG Posen, 31).

1607 Vgl. zum Beispiel Erbgesundheitssache Waldemar M. (APP, EGG Posen, 11) oder Erbgesundheitssache Artur G. (ebd., EGG Posen, 2). Zu letzterem vgl. auch Kap. IV.4.2.

Fortgesetzter Selektionswille vs. volkstumspolitische Gesundheitspolitik - Grenzen und Möglichkeiten einer rassenhygienisch motivierten Ansiedlungspolitik

Auf den ersten Blick scheint ein Blick in die rassenhygienische Zukunft des Warthegaus aus der Perspektive der Umsiedlungsdienststellen düster. Ein funktionierendes Gesundheitswesen musste 1939/40 erst geschaffen werden, zentrale Überwachungsinstanzen wie die Gesundheitsämter waren anfangs kaum handlungsfähig. Die „Erb- und Rassenpflege" wurde nur zögerlich etabliert und musste sich schließlich dem Primat der Volkstumspolitik unterordnen. Man nahm sogar in Kauf, dass sich „minder lebenstüchtige deutsche Familien" ungehindert fortpflanzten, nur um einen zahlenmäßigen Anstieg der Bevölkerung zu erreichen.

Auf den zweiten Blick erhellte sich das Bild jedoch. Schließlich sollte die EWZ ja dafür sorgen, dass derart „lebensuntüchtige" deutsche Familien gar nicht erst in den Warthegau kamen, sodass die Zahl derer, die einer „ausmerzenden" Maßnahme zu unterziehen waren, nicht übermäßig hoch sein sollte. Die EWZ hatte, ihrem selektionistischen Selbstverständnis nach, schließlich im Rahmen der „Durchschleusung" eine grundlegende Siedlerauswahl vorgenommen und damit die Grundlage für eine „rassereine" und „erbgesunde" Siedlergesellschaft geschaffen. In besonderen Fällen behielten sich die Umsiedlungsdienststellen, allen voran die EWZ und die Beauftragten des RKF, auch nach der Ansiedlung noch vor, „untaugliche" Siedler aus den Ansiedlungsgebieten zu entfernen und so eventuelle Fehlentscheidungen zu korrigieren. Hier fand eine Vernetzung der Umsiedlungsakteure mit örtlichen Ansiedlerbetreuerinnen, Gesundheitsämtern und Gesundheitspflegerinnen statt. Auf diese Weise entstand ein spezifisches Betreuungsnetzwerk, das eine nahezu lückenlose Überwachung der Angesiedelten ermöglichte. Die örtlichen Gesundheitsdienststellen übernahmen im Einklang mit der generellen Linie der Gesundheitspolitik im Warthegau eine „fördernde", aber auch eine erfassende Rolle. Sie unterstützten die von der EWZ als „tauglich" klassifizierten Siedler durch Beihilfen, bauten die Säuglingsfürsorge aus, richteten Mütterberatungsstellen ein, kurzum: Sie sollten die biologische Kraft des deutschen Volkes mit den ihnen zur Verfügung stehenden Mitteln stärken und auf diese Weise im Sinne der Volkstumspolitik agieren, sodass die deutschen Siedler in Zukunft einen „natürlichen Grenzwall gegen eine rassisch und völkisch unerwünschte Ein- und Unterwanderung" bilden könnten.[1608]

1608 Abschrift der Denkschrift „Erb- und Rassenpflege als Grundlagen biologischer Volkstumspolitik" von Herbert Grohmann vom 7.10.1941 (APP, RStH, 1137, Bl. 24-36, hier 24).

V. Der Sonderfall Südtirol

Die Umsiedlung der Südtiroler unterschied sich in vielerlei Hinsicht von den Umsiedlungen aus dem Baltikum, Ost- und Südosteuropa. Dies betraf sowohl den Zeitrahmen, innerhalb dessen sich die Umsiedlung aus Südtirol vollzog, als auch die Organisationsstrukturen. Hier traten andere Selektionsinstanzen in Erscheinung, die vor einem anderen Hintergrund agierten. Und dennoch kann man hinsichtlich zentraler Selektionsmechanismen Parallelen zu den übrigen Umsiedlungsaktionen erkennen, die den Schluss zulassen, dass einige für alle Umsiedlungen gleichermaßen geltende Grundprinzipien die „Siedlerauslese" leiteten. Dies soll anhand der während der Südtiroler-Umsiedlung wirkenden Erfassungs- und Selektionsmechanismen und -strukturen und der Behandlung der „unerwünschten" Siedler, namentlich der psychisch kranken und/oder geistig behinderten Südtiroler, aufgezeigt werden.

1. Erfassungsstrukturen und Selektionsmechanismen

Anders als bei den Umsiedlungen aus dem Baltikum, Ost- und Südosteuropa wurden in Südtirol weder die Vomi noch die EWZ eingesetzt. Stattdessen wurden für die Erfassung und Einbürgerung der Südtiroler zwei eigenständige Umsiedlungsdienststellen installiert: die „Amtliche Deutsche Ein- und Rückwandererstelle" (ADERSt) und die „Dienststelle Umsiedlung Südtirol" (DUS).

Die Aufgabe der ADERSt, die bereits Ende Juni 1939 gegründet worden war und später unmittelbar dem RKF unterstand, war mit der der Vomi zu vergleichen: sie war für die Erfassung der umsiedlungsberechtigten Südtiroler - den sogenannten „Optanten" - und der Organisation der Umsiedlung in Südtirol zuständig.[1] Mit der Vomi verband sie dabei nicht nur das Aufgabenfeld. Es gab vielmehr auch personelle Verbindungslinien zwischen der neu gegründeten ADERSt und der bereits existierenden Vomi. So handelte es sich zum Beispiel bei dem mit der Leitung der ADERSt betrauten Wilhelm Luig um einen ranghohen Vomi-Mitarbeiter.[2]

Die DUS war wie die EWZ für die Einbürgerung und darüber hinaus auch für die Arbeitsvermittlung und Ansiedlung der Südtiroler zuständig. Sie, bzw. eine Vorgängereinrichtung, wurde ebenfalls bereits im Sommer 1939 gegründet. Organisatorisch war sie in den Apparat des Gauleiters von Tirol-Vorarlberg eingebunden, grundlegende Weisungen erhielt sie direkt von der Dienststelle des RKF.[3] Der RKF war schließlich auch das Bindeglied zwischen den beiden Ein-

1 Zur Entstehung der ADERSt vgl. Stuhlpfarrer, Umsiedlung Südtirol, S. 280-287.

2 Vgl. ebd., S. 281. Zu Wilhelm Luig (1900-1949) vgl. Hans Adolf Jacobsen, Nationalsozialistische Außenpolitik 1933-1938, Frankfurt a. M. 1968, S. 238.

3 Vgl. Angaben zur Organisation der Umsiedlung aus Südtirol in RKF, Menscheneinsatz (1940), S. 5. Vgl. weiter Stuhlpfarrer, Umsiedlung Südtirol, S. 257 f.; sowie Alexander, Umsiedlung der Südtiroler, S. 47 f.

bürgerungsbehörden DUS und EWZ, die weder in organisatorischer noch in personeller Hinsicht miteinander korrespondierten. Beide etablierten quasi parallel ein spezielles Einbürgerungsverfahren, welches letztlich aber dem gleichen Ziel diente: einer Siedlerselektion. Diese wurde von der DUS in Innsbruck, die als „Schleuse“ für nahezu alle Umsiedler fungierte, regional verankert und stationär vorgenommen. Die EWZ agierte hingegen überregional, machten doch immer neue Umsiedlergruppen aus verschiedensten Umsiedlungsgebieten und ein knapper Zeitrahmen eine flexiblere Organisationsform, eine Behörde neuen Typs, notwendig.

Die dritte Organisation, die bei der Umsiedlung der Südtiroler eine wichtige Rolle einnahm, war die „Arbeitsgemeinschaft der Optanten für Deutschland“ (AdO). Sie war aus dem illegalen „Völkischen Kampfring Südtirols“ (VKS) hervorgegangen, der sich selbst als nationalsozialistische „Kampfgemeinschaft der deutschen Volksgruppe in Italien“ verstand.[4] Der VKS als deutsche Volksgruppenorganisation, wie sie in vielen deutschen Siedlungsgebieten zu finden war, verfügte über eine hohe Organisationsdichte und damit über einen direkten Zugriff auf die Südtiroler. So nimmt es kaum Wunder, dass die ADERSt bzw. der RKF den VKS nach seiner Überführung in die nunmehr legale AdO in seinen Dienst stellte, benötigten die Umsiedlungsakteure doch deren regionale Organisationsstrukturen und Expertise. Diese stellte der VKS/AdO der ADERSt bereitwillig, allerdings nicht ohne Spannungen, und mit einem hohem Maß an Eigeninitiative zur Verfügung. Letztlich geschah dies auch mit dem Ziel, so Einfluss auf die Zukunft der südtiroler Volksgruppe nehmen zu können.[5] Ein Ziel, dass bekanntlich auch die baltendeutsche oder die bessarabiendeutsche Volksgruppenvertretung mit der Andienung an die Umsiedlungsdienststellen verband. Ähnlich wie bei diesen war es dabei nicht nur die volksgruppenspezifische Expertise, die die Volksgruppenvertretung den Umsiedlungsakteuren offerierte, sondern sie stellte sich auch als Erfassungsinstrument in deren Dienst.

1.1 Die Erfassung der Südtiroler durch die Arbeitsgemeinschaft der Optanten für Deutschland (AdO) und die Amtliche Deutsche Ein- und Rückwandererstelle (ADERSt)

Die Erfassung und Umsiedlung der etwa 200 000 Südtiroler, die für das Deutsche Reich „optiert“ und sich damit für eine Umsiedlung entschieden hatten, stellte die erst neu geschaffenen Umsiedlungsdienststellen vor eine enorme organisatorische Herausforderung. Jeder dieser etwa 200 000 Südtiroler sollte den

4 Vgl. Rolf Steininger, Südtirol im 20. Jahrhundert, 3. Auflage Innsbruck 2004, S. 144–151; sowie weiterführend zum VKS Michael Wedekind, Die nationalsozialistische Volksgruppenorganisation in Südtirol (1933–1945). In: Giuseppe Ferrandi/Günther Pallaver (Hg.), Die Region Trentino-Südtirol im 20. Jahrhundert. Politik und Institutionen, Trento 2007, S. 401–433.

5 Vgl. Wedekind, Planung und Gewalt.

zwischen Italien und dem Deutsche Reich getroffenen Vereinbarungen nach einen Abwanderungsantrag bei der ADERSt stellen.[6] Diese sollte den Antrag prüfen und schließlich eine geregelte, den Aufnahmekapazitäten der zukünftigen Ansiedlungsgebiete entsprechende Abwanderung in die Wege leiten. Innerhalb kürzester Zeit schuf die ADERSt zu diesem Zweck einen Umsiedlungsapparat, der über sieben Zweigstellen im Abwanderungsgebiet verfügte und dessen Personalbestand sich auf Weisung Himmlers im Oktober 1939 vervierfachte.[7] Die „Hauptstelle" der ADERSt befand sich in Bozen und war organisatorisch in sieben Hauptabteilungen untergliedert, die auch in den Zweigstellen ihre Entsprechung fanden. Jede Abteilung bearbeitete spezielle Einzelfragen der Umsiedlung. Die Abteilung I (Zentralabteilung) unter der Leitung Luigs war mit grundsätzlichen Fragen der Umsiedlung und Umsiedlungsplanung befasst und stand in direkter Verbindung zum RKF. Die Abteilung II (Wirtschaft) war mit wirtschaftlichen Fragen, in erster Linie der Wertfestsetzung des zurückgelassenen Vermögens, betraut worden. Die Abteilung III (Kultur) war unter anderem für die Organisation von Sprachkursen zuständig. Der Abteilung IV (Soziales) oblagen sämtliche ärztliche Fragen. Die Abteilung V bearbeitete Verwaltungsaufgaben, die Abteilung VI (Organisation) Fragen der inneren Organisation der ADERSt und die Abteilung VII (Transport und Verkehr) schließlich logistische Aufgaben.[8]

Von besonderem Interesse ist hier die Arbeit der Abteilung „Soziales", die eine wesentliche Rolle bei der rassenhygienisch motivierten Selektion der Umsiedler aus Südtirol spielte. Dabei war sie, entsprechend ihrem Aufgabenfeld, auf verschiedene Art und Weise an dieser Selektion beteiligt. Ihr Wirkungsradius wird sichtbar, betrachtet man die ihr in einem Organisationsplan der ADERSt von 1941 zugewiesenen Aufgaben. Dazu gehörten neben der „allgemeinen Betreuung" der Optanten, der Regelung von Pensionsansprüchen und Versicherungsfragen vor allem „Gesundheitsfragen".[9] Im Detail verbargen sich hinter diesen „Gesundheitsfragen" vor allem zwei Hauptaufgaben:

1. Die „gesundheitliche Überwachung und Betreuung" der Optanten, insbesondere von Müttern und Kindern, die auch mit speziellen Erhebungen, genannt sei hier nur die später noch ausführlicher darzustellende „Kretinenforschung", verbunden war;
2. Die Organisation von Krankentransporten und die Einweisung der Betroffenen in die entsprechenden Heime und Anstalten.[10]

6 Vgl. ADERSt, Richtlinien für die Rückwanderung.
7 Die Zahl der Mitarbeiter stieg schließlich auf über 560 an. Vgl. Stuhlpfarrer, Umsiedlung Südtirol, S. 287.
8 Vgl. Organisationsplan der ADERSt, Hauptstelle Bozen, o. D. (BArch Berlin, R 49/2230, unpag.).
9 Vgl. Organisationsplan der ADERSt vom 23. 12. 1941 (BArch Berlin, R 49/1233, unpag.). Zur Hauptabteilung IV „Soziales" vgl. S. 7 f. des Organisationsplanes.
10 Vgl. ebd.

Die Erfüllung dieser Aufgaben setzte notwendigerweise zunächst eine Erfassung der betreffenden Personenkreise voraus. Diese Erfassung geschah zum einen im Kontext der Antragstellung und zum anderen durch gezielte Erfassungsmaßnahmen, die mit Hilfe der AdO und unter Rückgriff auf bestehende volksgruppeneigene gesundheitspolitische Strukturen durchgeführt wurden. Innerhalb der AdO war nicht zuletzt zu diesem Zweck das „Amt für Gesundheitsführung" eingerichtet worden, welches in gesundheitlichen Fragen als Mittelstelle zwischen ADERSt und Südtirolern fungierte.[11]

Die Erfassung kranker und behinderter Südtiroler im Kontext der Stellung des Abwanderungsantrages

Jeder optionsberechtigte Südtiroler war aufgefordert, bei der zuständigen ADERSt-Zweigstelle seine Optionserklärung abzugeben und gegebenenfalls einen Abwanderungsantrag für sich und seine Familie zu stellen. Dazu sollte er persönlich erscheinen und die notwendigen Dokumente vorlegen. Der aufnehmende ADERSt-Mitarbeiter sollte den Abwanderungsantrag mit Hilfe des Optanten „in allen Einzelheiten sorgfältig" ausfüllen.[12] Der Antragsteller hatte schließlich durch seine Unterschrift verbindlich zu erklären, „sämtliche Angaben über [sich] und [seine] Familienangehörigen der Wahrheit entsprechend gemacht zu haben".[13] Dies bezog sich nicht nur auf die „arische Abstammung", sondern auch auf die ebenfalls im Abwanderungsantrag zu machenden Angaben über „dauernde körperliche Leiden und ansteckende Krankheiten". Unter diesem Punkt notierten die ADERSt-Mitarbeiter nicht nur die von den Antragstellern selbst gemachten Angaben, sondern auch die Ergebnisse eigener Beobachtungen, die teilweise sehr einschlägig sind.[14] Darüber hinaus leitete die

11 Das „Amt Gesundheitsführung", später „Hauptabteilung Gesundheitsführung", stand zunächst unter der Leitung des Arztes Hermann Pedoth. Er firmiert auch als Abteilungsleiter im Bereich „Gesundheitsfragen" innerhalb der Hauptabteilung IV „Soziales" der ADERSt in Bozen. Offensichtlich übte er beide Ämter in Personalunion aus. 1943 erscheint Walther Simek, gleichzeitig Südtirol-Beauftragter der RÄK, als stellvertretender Leiter. Vgl. Organisationsplan der ADERSt Hauptstelle Bozen, o. D. (BArch Berlin, R 49/2230, unpag.); Pedoth, Leiter des Amtes für Gesundheitsführung, an ADERSt, betr. Südtiroler Taubstumme vom 24.5.1940 (ebd., R 49/2264, unpag.); sowie AdO, Hauptabteilung Gesundheitsführung, an DUS, betr. Überführung der Insassen des Jesuheimes in Girlan vom 8.6.1943 (Tiroler Landesarchiv Innsbruck [TLA], Der Gauleiter und Reichsstatthalter in Tirol und Vorarlberg [RStH], Abt. III a 1, M-XI, 1 [1941], unpag.).

12 Vgl. RMdI an den Landeshauptmann von Tirol, betr. Einbürgerung von Volksdeutschen aus Italien vom 3.8.1939 (BArch Berlin, R 49/1173, unpag.).

13 Abwanderungsantrag von Rosa Z. vom 11.4.1940 (ADERSt Meran) (TLA, RStH, Dienststelle Umsiedlung Südtirol [DUS], Optionsakte Rosa Z., Kennziffer (Kz.) 230 302).

14 In den Abwanderungsanträgen finden sich beispielsweise Begriffe wie „geistesminderwertig" oder „schwer geistesgestört". Vgl. Abwanderungsantrag von Anna T. vom 20.2.1940 (TLA, RStH, DUS, Optionsakte Anna T., Kz. 274 254); sowie Abwanderungsantrag von Zäzilia P. vom 2.9.1940 (ebd., Optionsakte Zäzilia P., Kz. 316 971).

ADERSt in „Verdachtsfällen" auch weitere Ermittlungen in die Wege. Diese wurden zum Teil durch die für die ADERSt tätigen Ärzte angestrengt, zum Teil wurden aber auch bei den zuständigen Gemeindeärzten ärztliche Gutachten angefordert.[15] Diese Gutachten entschieden später nicht zuletzt auch über die Einbürgerung, selbst wenn offiziell „von der Beibringung besonderer ärztlicher Bescheinigungen über die gesundheitliche und erbbiologische Eignung der Antragsteller und ihrer Familienangehörigen abgesehen werden" sollte.[16] Zunächst dienten die Einschätzungen und Gutachten aber vor allem als Entscheidungsgrundlage in Transport- und Unterbringungsfragen. Ausgehend von den ärztlichen Einschätzungen entschied die ADERSt darüber, ob der Betroffene einem Krankentransport zugewiesen werden musste und ob in Zukunft eine Unterbringung in einer Heilanstalt oder einem Heim notwendig sei. Kam die ADERSt zu der Einschätzung, dass eine Anstaltsunterbringung geboten erschien, veranlasste sie diese in Abstimmung mit der DUS und tat somit oftmals den entscheidenden Schritt für eine dauerhafte Psychiatrisierung des Betroffenen. So geschehen zum Beispiel bei Bartholomäus D. aus Bruneck. Er hatte Mitte Dezember 1940 seinen Abwanderungsantrag bei der ADERSt-Zweigstelle in Bruneck eingereicht. Der aufnehmende Mitarbeiter notierte darin: „geistesschwach". Im dazugehörigen Stammbogen wurde vermerkt: „um eine Einweisung in eine Nervenheilanstalt wird gebeten".[17] Ausgehend davon setzte sich die ADERSt mit der DUS in Innsbruck in Verbindung, mit der Bitte, die Unterbringung in einer Heilanstalt zu veranlassen. Ende Dezember 1940 wurde Bartholomäus D. mit einem Krankentransport nach Innsbruck gebracht und von dort direkt in die nahegelegene Heilanstalt Hall eingewiesen. Dort sollte er bis zu seiner Verlegung in die württembergische Anstalt Schussenried im März 1942 bleiben. Der letzte Hinweis zum weiteren Schicksal von Bartholomäus D. stammt vom Juli 1946, als im Aufnahmebuch der Anstalt Schussenried „entwichen" vermerkt wurde.[18] Bartholomäus D. war kein Einzelfall. Es lassen sich vielmehr eine Reihe solcher Fälle nachweisen, in denen die ADERSt sich für die Anstaltsunterbringung aussprach und die DUS die entsprechenden Schritte einleitete und schließlich die Einweisung in die Heilanstalt

15 Vgl. ärztliches Zeugnis über Johann K., ausgestellt von Dr. Dorfmann, ADERSt Brixen, vom 10.3.1941 (TLA, RStH, DUS, Optionsakte Johann K., Kz. 332 755); sowie ärztliches Zeugnis über Barbara L., ausgestellt von Dr. Steger, Gemeindearzt St. Lorenzo, vom 25.11.1939 (ebd., Optionsakte Barbara L., Kz. 412 475).

16 RMdI an Landeshauptmann in Tirol, betr. Einbürgerung von Volksdeutschen aus Italien vom 3.8.1939 (BArch Berlin, R 49/1173, unpag.).

17 Vgl. Abwanderungsantrag von Bartholomäus D. vom 10.12.1940 (TLA, RStH, DUS, Optionsakte Bartholomäus D., Kz. 431 173); sowie Stammbogen zum Abwanderungsantrag von Bartholomäus D. vom 10.12.1940 (ebd.). Im Stammbogen wurden u. a. Angaben zum Beruf, dem Besitz und der erwünschten zukünftigen Unterbringung und Tätigkeit niedergelegt.

18 Vgl. ADERSt-Zweigstelle Bruneck an DUS, betr. Bartholomäus D. vom 9.1.1941 (TLA, RStH, DUS, Optionsakte Bartholomäus D., Kz. 431 173); sowie Aufnahmebuch der Heilanstalt Schussenried 1918–1949 (Männer) (Archiv des Zentrums für Psychiatrie Südwürttemberg, Standort Bad Schussenried [ZfP Bad Schussenried]).

Hall vornahm, die schon bald zur zentralen Aufnahmeeinrichtung für die psychisch kranken Südtiroler wurde. Allein über die DUS wurden in Hall in den Jahren 1940 bis 1943 über 250 Südtiroler eingewiesen, wobei die Mehrzahl der Einweisungen auf Veranlassung der ADERSt erfolgt sein dürfte.[19]

Die ADERSt nahm somit eine erste Selektion vor, der sich kein Optant entziehen konnte, da die Stellung eines Abwanderungsantrages bei der ADERSt eine zwingende Voraussetzung für die Umsiedlung war. Zugleich bereitete sie durch ihre Ermittlungen einen zweiten Selektionsschritt vor, denn ihr Urteil determinierte auch die Einbürgerungsentscheidung der DUS. Dieser arbeitete sie auch über die Abwanderungsanträge hinaus zu. Die ADERSt forcierte spätestens 1940 die systematische Erfassung ausgewählter Personenkreise. Es handelte sich dabei in erster Linie um die Personen, die aus Sicht der Umsiedlungsdienststellen „wegen ihres geistigen oder körperlichen Gesundheitszustandes keinen erwünschten Bevölkerungszuwachs" darstellten, die aber „ebenso wie die Vorbestraften oder die in Haft befindlichen Verbrecher auf Grund der Zusagen des Reichsführers-SS vom Oktober 1939 deutscherseits übernommen werden" mussten.[20] Dazu zählten die südtiroler Psychiatriepatienten, die „taubstummen" Südtiroler, die „Kretine" und auch Personenkreise, die im Duktus des Nationalsozialismus im weitesten Sinne als „asozial" betrachtet wurden.

Sondererfassungen

Die gezielte Erfassung bestimmter Personenkreise durch die Umsiedlungsdienststellen, namentlich die ADERSt, setzte etwa im Frühjahr 1940 ein. Zu diesem Zeitpunkt wurde bereits deutlich, dass die Abwanderungszahl von täglich 200 Personen, die das Deutsche Reich Italien zugesichert hatte, immer schwerer zu erfüllen war. Der Grund dafür lag nicht in einer insgesamt geringen Optantenzahl begründet – es hatten sich schließlich etwa 200 000 Südtiroler für eine Umsiedlung ins Deutsche Reich entschieden –, sondern in der Abwanderungs- und Ansiedlungsplanung. Diese sah eine geschlossene Ansiedlung der südtiroler Bauern vor. Da ein entsprechendes geschlossenes Ansiedlungsgebiet schlichtweg fehlte, versuchte der RKF die Umsiedlung der bäuerlichen, „bodengebundenen" Bevölkerung zunächst hinauszuzögern. Um die zugesicherten Abwanderungszahlen dennoch einhalten zu können, waren die Umsiedlungsdienststellen seit dem Frühjahr 1940 auf der Suche nach geeignetem „Zähl-

19 Vgl. Aufnahmebuch der Heilanstalt Hall 1938–1945 (Historisches Archiv des Psychiatrischen Krankenhauses Hall in Tirol [PKH]). Für die unkomplizierte Einsichtnahme in das Aufnahmebuch, Patientenakten und die Patientendatenbank danke ich dem Psychiatrischen Krankenhaus in Hall, namentlich Oliver Seifert, M. A.

20 Dienststelle des RKF an DUS, betr. Einbürgerung auf Grund des Erlasses des RMdI vom 3. 8. 1939 (BArch Berlin, R 49/1173, unpag.).

material".[21] Als solches erwiesen sich in erster Linie sämtliche Insassen totaler Institutionen wie psychiatrische Anstalten oder Gefängnisse, aber auch Bewohner von Armenhäusern, Altersheimen, Taubstummeninstituten und interessanterweise Prostituierte. An deren Verbleib in Südtirol war auch Italien aus politischen wie auch wirtschaftlichen Gründen nicht unbedingt interessiert - im Gegensatz beispielsweise zu Fachkräften, auf die man ungern verzichten wollte. Im April 1940 plädierte der Bozener Präfekt Agostino Podestá in einer Besprechung mit dem RKF/Greifelt und der ADERSt/Luig unter anderem dafür, vorrangig die „vermögenslosen" und unterstützungsbedürftigen Südtiroler zur Abwanderung zu bringen. Gerade die sogenannten „Pfründner" seien eine große wirtschaftliche Belastung für die Gemeinden, „denn die Armenhäuser seien überfüllt, die Einnahmen der Gemeinden aber verringert".[22] Er rechnete mit etwa 500 solcher Pfründner, die schnellstmöglich ins Deutsche Reich überstellt werden sollten. Hinzu kämen etwa 600 „Irre", die bislang in den „ebenfalls überfüllten Irrenhäusern" untergebracht seien. Podestá erklärte, er habe „alles für die sofortige Abwanderung der Pfründner" eingeleitet und „vorläufig" auch einen ersten „Wagen für 40 Geisteskranke mit Ärzten und Pflegern vorbereitet, sodass sie gleich abgehen können, sobald die Abnahme auf dem Brenner gesichert sei".[23] Dieser doch schon sehr konkrete Vorschlag deutet darauf hin, dass die entsprechenden Erfassungsarbeiten bereits vorgenommen worden waren und sich italienische Stellen daran maßgeblich beteiligt hatten. Die Erfassung dürfte dabei recht unkompliziert gewesen sein, da die erwähnten Personen sich in geschlossenen Einrichtungen befanden, was auch deren spätere Umsiedlung wesentlich vereinfachte.

Zu der von Podestá forcierten Umsiedlung der Pfründner und „Irren" erteilte Greifelt schließlich noch während der Besprechung in Bozen sein Plazet. Dabei betonte er, „dass ihm Gott sei Dank weder Irrenhäuser noch Armenhäuser unterstehen" würden.[24] Er würde sich „deshalb mit dem zuständigen Herrn Dr. Conti und mit den zuständigen Stellen in Berlin ins Einvernehmen setzen und Nachricht geben, sobald diese alles zur Aufnahme zunächst des ersten Schubes der Geisteskranken und zur allmählichen Abnahme der Pfründner vorbereitet" hätten.[25] Etwa ein Jahr später - ein großer „Geisteskrankentransport" und kleinere Transporte von Pfründnern waren bereits erfolgt[26] - trat Podestá

21 Vgl. Stuhlpfarrer, Umsiedlung Südtirol, S. 518-520. Zu den Abwanderungsquoten und deren immer schwieriger werdenden Erfüllung vgl. auch Alexander, Umsiedlung der Südtiroler, S. 79-107.

22 Protokoll der Besprechung im Greifen (Bozen) am 16.4.1940, o. D., S. 3 (BArch Berlin, R 49/2114, unpag.).

23 Ebd.

24 Ebd.

25 Ebd.

26 Die Pfründner wurden in der Regel mit Sammeltransporten in verschiedene Heime des Deutschen Reiches gebracht. Einige der Pfründner gelangten zum Beispiel im August 1940 nach Damme/Oldenburg. Vgl. DUS an Dienststelle des RKF, betr. Optionsberechtigung und Einbürgerungsanspruch vom 14.9.1940 (BArch Berlin, R 49/1173,

erneut an Greifelt heran. Es ging nun um die „endgültige Lösung des Problems der Geisteskranken".[27] Diese befanden sich zum einen noch in Heimen, zum Beispiel dem Jesuheim in Girlan, und zum anderen bei ihren noch nicht abgewanderten Familien, wo sie aus Sicht Podestás zum Teil eine „Gefahr für die Allgemeinheit" darstellen würden.[28] Auch in diesem Fall sicherte das Deutsche Reich, hier vertreten durch Luig, zu, die entsprechenden Schritte zu unternehmen. Konkret hieß das, dass Luig die AdO beauftragte, die „Geisteskranken feststellen zu lassen und für ihre Abwanderung [zu sorgen], insoweit sie gefährlich oder sonst bedenklich" seien.[29] Allerdings wurde dies wohl mit der Zeit immer schwieriger. So verweigerten auf der einen Seite beispielsweise die Angehörigen der in Girlan untergebrachten Patienten 1943 die Überführung dieser Patienten ins Deutsche Reich. Auf der anderen Seite konnten kaum noch freie Plätze für diese Patienten in den Anstalten des Deutschen Reiches, vornehmlich in Hall, gefunden werden.[30]

Parallel zu den im Frühjahr 1940 beginnenden Erfassungen der „Geisteskranken" forcierte die ADERSt und die AdO die Registrierung weiterer, ebenfalls vordringlich zur Abwanderung zu bringenden Personenkreise. In ihren Erfassungsradius fielen dabei unter anderem auch die taubstummen Südtiroler. Nach Rücksprache mit der Dienststelle des RKF wies Luig im März 1940 die AdO an, festzustellen, „wieviel Taubstumme es in Südtirol [gebe] und welches Verständigungssystem sie erlernt" hätten.[31] Der Arzt Hermann Pedoth, Leiter des Amtes Gesundheitsführung der AdO, setzte daraufhin ein Rundschreiben an alle südtiroler Ärzte auf. In diesem forderte er sie auf, alle taubstummen Südtiroler namentlich, unter Angabe des Alters, der Anschrift und den Verständigungsmöglichkeiten, zu melden. Im Mai 1940 lagen die entsprechenden Namenslisten vor. Sie enthielten, nach den ADERSt-Zweigstellen geordnet, die Namen von 89 taubstummen Südtirolern.[32] Nahezu alle darin aufgeführten Südtiroler, die

unpag.). Vgl. weiter Namensliste der 52 aus Innsbruck nach Damme/Oldenburg verlegten Pfründner (TLA, RStH, DUS, 57, unpag.). Vgl. zur Unterbringung der Südtiroler in Damme Peter Sieve, Südtiroler im Oldenburger Land. In: Der Schlern, 80 (2006) 2, S. 40–49. Für diesen Hinweis und die Kopie der Akte eines von Damme/Oldenburg in die Heilanstalt Wehnen verlegten Südtirolers danke ich Dr. Ingo Harms.

27 Präfekt Podestá an Generalkonsul Müller und Greifelt, RKF, vom 7. 1. 1941 (BArch Berlin, R 49/2206, unpag.).

28 Ebd.

29 Niederschrift über die Besprechung in der Präfektur Bozen am 12. 2. 1941, o. D. (BArch Berlin, R 49/2206, unpag.).

30 Vgl. AdO, Hauptabteilung Gesundheitsführung, an DUS, betr. Überführung der Insassen des Jesuheimes in Girlan vom 8. 6. 1943, einschließlich Namensliste (TLA, RStH, Abt. III a 1, M-XI, 1 (1941), unpag.); sowie DUS an AdO, betr. Überführung der Insassen des Jesuheims Girlan vom 12. 5. 1943 (ebd., unpag.).

31 Vermerk Luigs, Leiter der ADERSt, für Pedoth, Leiter des Amtes für Gesundheitsführung, betr. Südtiroler Taubstumme, mit der Bitte um Erledigung, vom 30. 3. 1940 (BArch Berlin, R 49/2100, unpag.).

32 Vgl. Pedoth, Leiter des Amtes für Gesundheitsführung, an Luig, Leiter der ADERSt, betr. Südtiroler Taubstumme vom 24. 5. 1940 (BArch Berlin, R 49/2264, unpag.); sowie Liste der Taubstummen (ebd., unpag.).

zwischen 3 und 80 Jahre alt waren, wurden als „bildungsfähig" eingestuft. Einige von ihnen befanden sich im Taubstummeninstitut in Trento/Trient. Sie, wie auch viele weitere sukzessive von der ADERSt erfassten, taubstummen Südtiroler gelangten, sofern sie als „bildungsfähig" eingestuft wurden, in Sammeltransporten, aber auch durch Einzeleinweisungen in Taubstummeninstitute oder Gehörlosen-Anstalten im Deutschen Reich.[33] Die Vorbereitung und die Umstände dieser Transporte ließen aus Sicht des mit der Betreuung und Unterbringung der taubstummen Umsiedler beauftragten Reichsverbandes der Gehörlosenwohlfahrt (RfG) jedoch zu wünschen übrig.[34] Im Zusammenhang mit einem der Sammeltransporte im Oktober 1940 in die Gehörlosenschulen Dillingen und München wurde die mangelhafte Vorbereitung und Durchführung des Transportes beklagt:

„Eine Durchsicht der Papiere ergab, dass 7 Taubstumme keine Einbürgerungsurkunde hatten, 1 keinen Rückwanderer-Ausweis sowie 7 weder Einbürgerungsurkunde, noch Rückwanderer-Ausweis. 3 Taubstumme waren ohne jegliches Gepäck angekommen. Die Zusammenstellung und Organisation des Transportes kann nicht gerade als glücklich bezeichnet werden. Abgesehen von den vorerwähnten Mängeln wurde jede Aufgliederung nach Geschlechtern, nach Berufs- und Altersgruppen vermisst. Dadurch ergeben sich bei der Betreuung Schwierigkeiten, die einen unnötigen Aufwand an Zeit und Arbeitskraft verlangen und vermieden werden können. Es zeigt sich, dass der Transport von Taubstummen durch Fachkräfte, d. h. Taubstummenfürsorger organisiert werden [muss], wenn anders der Erfolg der Umsiedlungsaktion von Taubstummen nicht überhaupt stark in Frage gestellt werden soll."[35]

An diesem „Erfolg", der aus Sicht des RfG in einer möglichst bruchlosen Betreuung der taubstummen Südtiroler bestehen sollte, hatten die Umsiedlungsdienststellen allerdings kein gesteigertes Interesse. Für sie stellten die Taubstummen, wie auch die Anstaltspatienten und Altersschwachen nur eine willkommene Verschiebemasse zur Erfüllung der Abwanderungszahlen dar. Ein Entgegenkommen der Umsiedlungsdienststellen gegenüber dem RfG war nur dann zu erwarten, wenn dadurch ein reibungsloser und schneller Abtransport der taubstummen Südtiroler zu erreichen war. Genau dies schien ein erstmals im Oktober 1940 vom RfG ventilierter Vorschlag zu ermöglichen. Der RfG hatte der DUS und dem RKF vorgeschlagen, dass RfG-Mitarbeiter die „taubstummen

33 Vgl. Reichsverband der Gehörlosen an RKF, betr. Betreuung der taubstummen Rückwanderer aus den Umsiedlungsgebieten vom 8.3.1941 (BArch Berlin, R 49/878, unpag.).

34 Die DUS war im Frühjahr 1940 an den RfG in München „mit dem Ersuchen, die Betreuung der taubstummen südtiroler Rückwanderer zu übernehmen" herangetreten. Offiziell wurde der RfG erst im Oktober 1941 vom RKF mit der Betreuung der „gehörlosen und taubstummen Umsiedler", also nicht nur der aus Südtirol stammenden Umsiedler, betraut. Vgl. RfG an Dienststelle des RKF, betr. Betreuung der taubstummen Rückwanderer aus den Umsiedlungsgebieten vom 8.3.1941 (BArch Berlin, R 49/878, unpag.); sowie Dienststelle des RKF an RfG, betr. Betreuung der umgesiedelten Taubstummen vom 4.10.1941 (ebd., unpag.).

35 Reichsverband der Gehörlosenwohlfahrt an DUS vom 28.10.1940 (BArch Berlin, R 49/878, unpag.).

südtiroler Rückwanderer an Ort und Stelle" vormustern würden, um geeignete Abwanderungsgruppen zusammenstellen zu können. Dabei sollten zunächst die jüngeren, bildungsfähigen Taubstummen bevorzugt werden, da diese möglichst bald zur „Umschulung" gelangen sollten.[36] Die so zusammengestellten „Taubstummentransporte" sollten schließlich in Südtirol von Mitarbeitern des RfG übernommen werden, die bei einem Zwischenstopp in Innsbruck für die Erledigung der Einbürgerungsformalitäten Sorge tragen sollten. Im Gau München-Oberbayern sollten die Taubstummen dann in bereits vorbereitete Quartiere gebracht werden. Der RfG vergaß nicht abschließend darauf hinzuweisen, dass eine solche „Planung auf weite Sicht" nicht nur „die ohnehin nicht leichte Arbeit der Fürsorge" erleichtern würde, sondern sie würde vielmehr auch der „Umsiedlungsstelle und den Familien der Taubstummen sowie diesen selbst die Gewähr für deren richtigen Einsatz" geben.[37]

Der Vorschlag stieß auf die Zustimmung der Umsiedlungsdienststellen. Im Juni und Juli 1941 wurden die entsprechenden Erhebungen durch den RfG mit Hilfe der ADERSt und AdO in Südtirol durchgeführt. Anfangs wurden die Taubstummen in die verschiedenen Zweigstellen der ADERSt einbestellt. Da die Südtiroler aber „lieber in die ihnen schon bekannten und näher gelegenen A. D. O. Stellen" kamen, änderte man dieses Vorgehen schon bald und untersuchte die Betroffenen nun in den AdO-Zweigstellen oder zu Hause.[38] Dabei erwies sich aus Sicht des RfG die Erfassung der Taubstummen im Rahmen von Hausbesuchen als am geeignetsten. In einem Bericht heißt es dazu: „Der Gesamteindruck ist hier am zuverlässigsten. In seiner Familie gibt sich der Taubstumme am natürlichsten, weil er sich hier geborgen fühlt und am wenigsten gehemmt ist. Gleichfalls lassen sich in der Familie weitere wichtige Einblicke, wie allenfallsige andere Gebrechen, erbliche Belastungen am sichersten feststellen."[39]

Viele der Taubstummen hätten sich diesen Erfassungen jedoch entzogen und seien „unentdeckt" geblieben, wofür unter anderem auch die „Gegenpropaganda" verantwortlich gemacht wurde. Diese habe bei der „Umsiedlung von Taubstummen besonders ein[ge]setzt".[40] Es sei von dieser vor allem die „drohende Sterilisation", „andere Gefahren für das taubstumme Individuum", wie die „zwangsweise Asylierung" und nicht zuletzt die „Aufgabe des ihn verstehenden Familienverbandes" beschworen worden.[41] Diese Ängste waren durchaus real und nicht unbegründet. Es ging schließlich schon während der Erfassung auch darum, die „Erblichkeit" der Taubstummheit zu überprüfen und dies sicher im Hinblick auf das GzVeN, gemäß dem „erbliche Taubheit" ein Sterilisationsgrund war. Doch nicht nur die Kooperationsbereitschaft der Angehörigen

36 Vgl. ebd.
37 Ebd.
38 Vgl. Übersicht über die taubstummen Südtiroler-Umsiedler, wahrscheinlich erstellt vom RfG, o. D. (BArch Berlin, R 49/878, unpag.).
39 Ebd.
40 Ebd.
41 Ebd.

war vor diesem Hintergrund zum Teil gering, sondern auch die Zusammenarbeit mit örtlichen südtiroler Ärzten und Fürsorgestellen gestaltete sich hin und wieder schwierig, da teilweise „erhebliche Meinungsverschiedenheiten" über die „Notwendigkeit" und den Umfang der „Erfassung und Befürsorgung" vorherrschten.[42] Dies bezog sich unter anderem auf die Schulerziehung. In diesem Punkt müsste, so der RfG, den „Verantwortlichen der Fürsorge in den Vertragsgebieten" deutlich gemacht werden, dass hier jedes „versäumte Jahr" nicht wieder „gutzumachen" sei und sie deshalb alles daran setzen müssten, dass die taubstummen Kinder und Jugendlichen zur „Beschulung ins Reich" gebracht würden. Der RfG vertrat hier folgende Ansicht: „Die Bereitwilligkeit des Reiches, das an den südtiroler Taubstummen Versäumte nachzuholen, dürfte eine besondere Verpflichtung sein, sämtliche erfasste bildungsfähige Jugendliche unter Umständen auch mit einem gewissen Druck gegenüber der Unvernunft vieler Eltern zur Einschulung in das Reich zu bringen."[43]

Trotz der geschilderten Probleme betrachtete der RfG die Erfassungen in Südtirol als erfolgreich, und bedankte sich im August 1941 bei der Dienststelle des RKF ausdrücklich für deren „Mithilfe".[44] Nach Ansicht des RfG könne die Erfassung der südtiroler Taubstummen nun im Großen und Ganzen als „abgeschlossen" betrachtet werden. Der Abtransport der taubstummen Südtiroler sei in die Wege geleitet, und einer „planmäßigen Fürsorgearbeit" stehe nun nichts mehr im Wege.

Die Dienststelle des RKF betrachtete die Erfassungen offensichtlich ebenfalls als Erfolg, denn im Oktober 1941 wurde der RfG offiziell die Betreuung aller „gehörlosen und taubstummen Umsiedler" übertragen.[45] Im November 1941 sollten „nunmehr auch die taubstummen Umsiedler in den Lagern des Warthegaues analog der Erhebung in Südtirol erfasst und entsprechender Fürsorge zugeführt werden".[46] Welche Konsequenzen sich für die Betroffenen aus dieser Erfassung ergaben, ist schwer abzuschätzen. Im Falle der Südtiroler kam es offensichtlich zu systematischen Einweisungen in Taubstummenanstalten und

42 Ebd.

43 RfG an Dienststelle des RKF, betr. Betreuung der taubstummen Optanten im Vertragsgebiet Südtirol und Canaltal vom 25.8.1941 (BArch Berlin, R 49/878, unpag.).

44 Vgl. dazu und im Folgenden RfG an Dienststelle des RKF, betr. Betreuung der taubstummen Optanten im Vertragsgebiet Südtirol und Canaltal vom 25.8.1941 (BArch Berlin, R 49/878, unpag.).

45 Bereits im März 1941 betreute der RfG nahezu 80 taubstumme Umsiedler aus anderen Umsiedlungsgebieten, wobei von einer Zahl von etwa 550 weiteren zu betreuenden Umsiedlern ausgegangen wurde. Diese, die sich größtenteils in den Vomi-Lagern befanden, mussten jedoch noch erfasst werden. Vgl. Reichsverband der Gehörlosen an den RKF, betr. Betreuung der taubstummen Rückwanderer aus den Umsiedlungsgebieten vom 8.3.1941 (BArch Berlin, R 49/878, unpag.). Zur Beauftragung des RfG durch den RKF vgl. Dienststelle des RKF an RfG, betr. Betreuung der umgesiedelten Taubstummen vom 4.10.1941 (ebd., unpag.).

46 RfG an Dienststelle des RKF, betr. Betreuung der taubstummen Umsiedler vom 5.11.1941 (BArch Berlin, R 49/878, unpag.).

speziellen Altersheimen des RfG.[47] Die Zahl der so „umgesiedelten" taubstummen Südtiroler lässt sich jedoch nicht annähernd bestimmen.

Die von der ADERSt und der AdO forcierten Erfassungsmaßnahmen konzentrierten sich aber nicht nur auf die als „bildungsfähig" eingestuften taubstummen Südtiroler. Vielmehr gerieten auch „nicht bildungsfähige", „geistesschwache", „idiotische oder anderweitig missgebildete Kinder" in das Visier der Umsiedlungsdienststellen, und zwar nicht nur durch Erhebungen der AdO, sondern durch die sogenannte „Kretinforschung" von Rudolf Jungwirth.

Die „Kretinforschung" von Rudolf Jungwirth

Rudolf Jungwirth (1876-1946) war bereits seit den 1920er Jahren in Meran als Kinderarzt tätig gewesen. Ehrenamtlich hatte er dort die ärztliche Leitung des Säuglingsfürsorgevereins übernommen und arbeitete in der dortigen Mütterberatungsstelle. Mit dem Ausbau der Mütterberatungsstellen erweiterte sich sein Wirkungskreis. 1933 wurde ihm die Leitung der neu gegründeten Mütterberatungsstellen im Vinschgau übertragen. Im Rahmen seiner Fürsorgetätigkeit fiel ihm nach eigenen Angaben das „gehäufte Auftreten" des „endemischen Kropfes und Kretinismus"[48] in diesem Gebiet auf.[49] Dessen Bekämpfung sollte er sich in der Folgezeit intensiv widmen. In Zusammenarbeit mit den ortsansässigen Ärzten baute er ein Netz von speziellen Beratungsstellen für „kropfbehaftete und kretinöse Kinder, sowie körperlich und geistig zurückgebliebene Kinder" auf. Vor dem Hintergrund der Umsiedlung der Südtiroler sollte diese Arbeit Jungwirths eine enorme Aufwertung erfahren. Verschiedene Umsiedlungsdienststellen, darunter auch die Dienststelle Haubolds, interessierten sich nun im Zusammenhang mit der zukünftigen Ansiedlung der Südtiroler für den „Kretinismus". Es stand schließlich die Frage im Raum, ob es sich um eine Erbkrankheit handeln würde, deren Ausbreitung durch die Umsiedlung noch befördert werden würde. Haubold holte in dieser Frage bereits Ende 1939 die Meinung verschiedener Experten ein. Einer dieser Experten war Jungwirth. Er erklärte, dass der „Kretinismus", trotz familiärer Häufung, „keine wirkliche Erbkrank-

47 Vgl. RfG an Dienststelle des RKF, betr. Betreuung der taubstummen Optanten im Vertragsgebiet Südtirol und Canaltal vom 25.8.1941 (BArch Berlin, R 49/878, unpag.). Verschiedene Einzelfälle sind in den Optionsakten überliefert, zum Beispiel der Fall von Josef K., der nach Dillingen, später Ursberg kam (TLA, RStH, DUS, Optionsakte Klara K., Kz. 264 992-95).

48 Der Begriff „Kretinismus" (abgeleitet vom französischen Begriff crétin: Idiot) umschreibt das Vollbild der unbehandelten Hypothyreose, einer Schilddrüsenerkrankung. Es handelt sich hierbei um eine Entwicklungsstörung, die sich u. a. in Sprachstörungen, Schwerhörigkeit, Taubheit, Wuchsstörungen, einer Verzögerung in der geistigen und körperlichen Entwicklung zeigt.

49 Vgl. dazu und im Folgenden Lebenslauf von Rudolf Jungwirth vom 15.9.1942 (Universitätsarchiv Innsbruck [UA Innsbruck], Sammlung [Slg.] Scharfetter, Mappe „Dokumente, Persönliches", unpag.).

heit" sei und deshalb von den „Kretinen" auch keine „Gefahr" für die Ansiedlungsgebiete ausgehen würde.[50] Die gleiche Position vertrat der ebenfalls befragte Theodor Pakheiser - vormaliger Honorarprofessor in Freiburg und seit 1936 im Dienst der RÄK.[51] Pakheiser antwortete Haubold wie folgt:

„Soweit wir heute wissen, ist der Kretinismus eine Erkrankung, deren Ursache in der Umwelt zu suchen ist und trotz des familiären Auftretens keine Erbkrankheit. Infolgedessen wären bei einer Umsiedlung der im Tale Vintschgau vorhandenen Kretinen überhaupt keinerlei Rücksichten zu nehmen, da Hineintragen kranken Erbgutes in andere Sippen nicht befürchtet zu werden braucht. Lediglich als eine Art Rückversicherung von der immer noch bestehenden Unsicherheit der Ätiologie wäre einer geschlossenen Umsiedlung das Wort zu reden."[52]

Pakheiser machte Haubold an gleicher Stelle darauf aufmerksam, dass sich im Zuge der Umsiedlung besondere Möglichkeiten für eine weitere Erforschung des „Kretinismus" böten, und regte eine systematische Erfassung der „Kretine" an. Er führte dazu aus:

„Es könnte jedoch der Fall sein, dass diese Umsiedlung in eine Gegend erfolgt, in der gewisse Noxen weiterbestehen, welche bei den Kretinen auch im Nachwuchs das Weiterauftreten von Kretinismus bewirken könnten. Ich möchte daher einer Umsiedlung in 2-3 geschlossene Gruppen an verschiedene Stellen das Wort reden, zumal dabei auch gleichzeitig ein wissenschaftlicher Versuch gestartet wird, wie wir ihn sonst nicht kennen.

Wichtig wäre, vor der Übersiedlung eine genaue Aufstellung der Familien und der einzelnen umgesiedelten Kretine nach Name, Alter, einschließlich genauem gesundheitlichem Status, sowie dem neuen Siedlungsort, welcher eine spätere Überprüfung der Nachkommenschaft unschwer erlaubt. Durch diese Form der Umsiedlung vermeiden wir einmal eine an sich schon nicht erfreuliche Zusammenballung der Kretine an einem Ort, und bringen sie damit unter die verschiedenartigsten Umweltverhältnisse. Eine spätere Nachprüfung dürfte dann das Fehlen von Erbmomenten bei der Entstehung des Kretinismus beweisen.

Sollte jedoch das Leiden sich trotz der Milieuänderung als offenbar (teilweise) erbbedingtes feststellen lassen, so gäbe es vorhandene Aufzeichnungen über die Umgesiedelten und ihren neuen Aufenthaltsort [und somit] ohne weiter[e]s die Möglichkeit, die dann als erbkrank Festgestellten sofort zu erfassen."[53]

Die skizzierte gruppenweise Ansiedlung von „Kretinen" in verschiedenen Siedlungsräumen wurde allem Anschein nach nicht umgesetzt. Eine gezielte Erfassung im Abwanderungsgebiet, zu der auch erbbiologische Erhebungen zählten, und eine systematische Untersuchung während der Umsiedlung erfolgten aber sehr wohl. Beides lag, und dies ist keineswegs überraschend, in der Hand von Jungwirth.

50 Vgl. Ausführungen Jungwirths zum Kretinismus in Südtirol, o. D. (ebd., Mappe „Amt für Gesundheitsführung", unpag.).

51 Zu Pakheiser vgl. Süß, Volkskörper im Krieg, S. 472.

52 Pakheiser an Haubold, Beauftragter des Reichsgesundheitsführers für die gesundheitliche Betreuung der volksdeutschen Umsiedler, betr. Auftreten des Kretinismus im Südtiroler Abwanderungsgebiet vom 9. 2. 1940 (UA Innsbruck, Slg. Scharfetter, Mappe „Amt für Gesundheitsführung", unpag.).

53 Ebd.

Als er im März 1940 von der ADERSt in Bozen im Auftrag des RKF offiziell mit der „Erforschung, Behandlung und statistischen Erfassung des Kretinismus" in Südtirol beauftragt wurde, stand ihm in Form der Beratungsstellen bereits ein recht gut ausgebauter Erfassungsapparat zur Verfügung.[54] Jungwirth selbst verfügte zudem über gute Beziehungen zu den ortsansässigen Ärzten und galt auch außerhalb Südtirols als „erfahrender Fachmann auf dem Gebiete des Kretinismus" in Südtirol.[55]

Jungwirth forcierte unmittelbar nach seiner Beauftragung die Erfassung der „Kretine". In einem ersten Schritt wurden die Gemeindeärzte und alle frei praktizierenden Ärzte Südtirols über die Erfassung informiert und mit der Ausfüllung spezieller Familienmerkblätter beauftragt.[56] Sie sollten, ebenso wie die „Sozialbeauftragten" der AdO, Volkspflegerinnen, Hebammen und Lehrer, die ihnen bekannten „Kretine" melden.[57] Ausgehend von diesen Meldungen begann Jungwirth umfangreiche Namenslisten der in einzelnen Gemeinden bekannten „Kretine" anzulegen. Diese glich er mit den Optantenlisten der ADERSt ab und meldete der ADERSt die „darin gefundenen kretinösen Personen".[58] In einem zweiten Schritt wurden alle so ermittelten „Kretinismus Verdächtigen" vorgeladen. Darunter fielen „Taubstumme, Schwachsinnige, Zwergwüchsige, Menschen, die schlecht hören und sprechen [...], ferner alle Kinder, die spät gehen und sprechen lernten, kretinös aussehen, geschwollene Lippen und dicke Zunge haben, um die Augen geschwollen sind, solche, die in der Schule sehr schwer auffassen, alle, die körperlich und geistig zurückgeblieben sind".[59] Die meisten der Vorgeladenen untersuchte Jungwirth selbst, der dazu ausgedehnte „Ordinationsfahrten" ins Abwanderungsgebiet unternahm. Während dieser Ortstermine untersuchte er, wann immer es möglich war, auch die Säuglinge und Schulkinder. Dabei war er einmal mehr auf die Zusammenarbeit mit den Gemeindeärzten, Hebammen und Lehrern angewiesen, die, seinen Berichten nach, allerdings überwiegend gut funktionierte. In Latsch hielt der zuständige Gemeindearzt beispielsweise genau an den Tagen, an denen Jungwirth seine „Kretinismusuntersuchungen" durchführte, die Mütterberatungsstunden ab, sodass Jungwirth die Möglichkeit hatte, „auch Kinder im Säuglingsalter" zu

54 Lebenslauf von Rudolf Jungwirth vom 15.9.1942 (ebd., Mappe „Dokumente, Persönliches", unpag.).

55 Vgl. ADERSt Bozen an das Amt für Volkswohlfahrt der Gauleitung Tirol-Vorarlberg vom 11.1.1940 (ebd., Mappe „Korrespondenz", unpag.).

56 Vgl. Schreiben an die Gemeindeärzte, o. D. (ebd., lose Blattsammlung, unpag.).

57 Vgl. Jungwirth an alle Berufskameraden der Zweigstellengebiete, betr. Kretinismusforschung vom 13.6.1941 (ebd., unpag.). Vgl. auch Leiter des Sozialdienstes der AdO an alle Gebiete vom 31.5.1940 (ebd., Mappe „Korrespondenz", unpag.).

58 Tätigkeitsbericht Jungwirths für die Zeit vom 1.3.1940–1.11.1940, o. D. (ebd., Mappe „Tätigkeitsberichte", unpag.). Aus diesen Listen gingen die späteren „K[retin]-Listen" hervor, in denen auch das Alter, die Kennnummer, das Krankheitsbild und der Stand der Abwanderung vermerkt wurden.

59 Hinweise betr. Erforschung und Bekämpfung des Kretinismus, o. D. (ebd., lose Blattsammlung, unpag.).

begutachten, die er „sonst nicht zu Gesicht bekommen" hätte.[60] Schulkinder ließ sich Jungwirth zum Teil gruppenweise von den Lehrern „vorführen". Die Lehrer, Ärzte, Hebammen, aber auch andere als geeignet erscheinende Personen unterstützten Jungwirths Erhebungen nicht nur durch dieses „Vorführen" der Probanden, sondern auch durch Auskünfte. Gerade die Hebammen und Volkspflegerinnen waren hier „sehr wertvoll", da sie in der Regel sehr genau über die örtlichen Familienverhältnisse Auskunft geben konnten.[61] Diese Informationen und die Untersuchungsbefunde, die durch regelmäßige Nachuntersuchungen ergänzt wurden, dokumentierte Jungwirth in sogenannten „Familienmerkblättern". In diesen wurden alle Familienangehörigen, angefangen bei der Großelterngeneration bis hin zu den Kindern, aufgeführt.[62] Zu jedem Familienmitglied wurden auffällige Befunde, die die Schilddrüse betrafen („normal oder kretinös"), „körperliche oder geistige Defekte" und „Missbildungen" vermerkt. Detailliert wurde nach dem Vorkommen von „Kretinismus oder psychischen Störungen" in den Familien der Eltern gefragt, um Aussagen zur Herkunft der „Krankheitsanlage" machen zu können. Weiterhin wurden Angaben zur Lage des Hauses und zum Zustand desselben, zur Trinkwasserversorgung, zur Ernährung, zu Kinderkrankheiten und zum Zustand der Kinder erhoben. Hier sollten, den Hinweisen zur Ausfüllung der Familienmerkblätter nach, auch folgende Fragen beantwortet werden: „Waren die Kinder sehr vernachlässigt? Sind Ungeziefer, Läuse oder Wanzen in der Wohnung? Trinken die Kinder Alkohol?"[63]

Es ging hier also nicht ausschließlich um die Erhebung medizinischer Befunde, sondern auch soziale Kriterien prägten den diagnostischen Blick Jungwirths. Dies spiegelte sich in den von ihm angelegten, zum Teil recht umfangreichen Krankengeschichten einzelner Probanden wieder. Einige Kinder wurden zum Teil über Jahre von Jungwirth untersucht, um den Erfolg der Behandlung - sowohl die erkrankten Kinder als auch Schwangere erhielten kostenfrei Jodtabletten[64] - dokumentieren zu können.[65] Die Dokumentation erfolgte dabei

60 Tätigkeitsbericht Jungwirths für die Zeit vom 1.3.1940-1.11.1940, o. D. (ebd., Mappe „Tätigkeitsberichte", unpag.).

61 Vgl. ebd.; sowie Bericht über die Tätigkeit zur Bekämpfung des endemischen Kropfes und des Kretinismus im S. T. Abwanderungsgebiete für das Jahr 1941 vom 12.1.1942 (ebd., unpag.).

62 In der Sammlung Scharfetter befinden sich zahlreiche ausgefüllte Familienmerkblätter, zum Teil nach Gemeinden sortiert, zum Teil ungeordnet. Deren Zahl dürfte, vorsichtigen Schätzungen nach, in die tausende gehen. Erhalten sind auch Hinweise zur Ausfüllung der Familienmerkblätter. Vgl. Hinweise zur Ausfüllung des Familienmerkblattes zur Erforschung des Kretinismus, o. D. (ebd., lose Blattsammlung, unpag.).

63 Ebd.

64 Die Abgabe der „Schilddrüsentabletten" (jodhaltige Tabletten) an Schwangere erfolgte präventiv, wenn in der Familie oder bei der Frau selbst Schilddrüsenerkrankungen bekannt waren. Auch hier war man in besonderem Maße auf die Mitarbeit der Hebammen und Gemeindeärzte angewiesen, die ausdrücklich aufgefordert wurden, die Behandlung zu unterstützen. Vgl. Leiterin der Fachschaft Hebammen im Amt für Gesundheitsführung der AdO an alle Optantenhebammen vom 28.7.1943 (ebd., Mappe „Referat für gesundheitliche Volksaufklärung", unpag.); sowie Rundschreiben des Amtes für Gesundheitsführung der AdO an alle Berufskameraden der Kreise Meran und

auch mit photographischen Mitteln. Die ersten Aufnahmen von „kretinösen" Kindern stammen zum Teil schon aus den 1930er Jahren und wurden im Rahmen der Nachuntersuchungen um neuere ergänzt. Der Blick auf die Kinder ist nicht der klinisch-kühle, zum Teil abschätzige der Anstaltsärzte und Wissenschaftler, und dennoch wirken die Kinder zum Teil ausgeliefert und bloßgestellt.

Die Dokumentation erstreckte sich aber nicht nur auf die untersuchten und behandelten Kinder, sondern auch auf die Wohnsituation, die Lebensbedingungen und die Geographie der Landschaft. Das Abwanderungsgebiet wurde nach „Kropfgegenden" kartiert.[66] Das so zusammengetragene Material, das allem Anschein nach nahezu vollständig erhalten ist und sich heute im Universitätsarchiv Innsbruck befindet, bildete die Grundlage für umfangreiche thematische Photo- und Diaserien.[67] Jungwirth stellte außerdem eine spezielle Sammlung von 260 ausgewählten Bildern und Begleittexten „über den endemischen Kretinismus im Hochetsch, Südtirol" zusammen, die er im März 1941 an Haubold einsandte, der diese wiederum Conti vorlegte.[68] Die Sammlung gliedert sich in fünf thematische Serien:

Serie I: „Verschiedene Formen des Kretinismus in den verschiedenen Lebensaltern."

Serie II: „Verschiedene Formen der Thyreopathia endemica in den ersten 3 Lebensjahren und die Erfolge, die sich bei Beginn der Behandlung in diesem Lebensalter erzielen lassen.
Die Bilder vor und nach der Behandlung sind neben einander gestellt. Heilbar ist das Myxödema congenitum, das infantile Myxödem, die sogenannten Hypothyreosen und die meisten Fälle von Kretinismus in diesem Alter."

Vinschgau, betr. Kropf und Kretinismus vom 1.10.1942 (ebd., lose Blattsammlung, unpag.).

65 Einige Krankengeschichten wurden von Jungwirth für einen umfangreichen Bericht an Haubold aufbereitet (ebd., Mappe „Krankengeschichten, Endemische Thyreopathie in Meran" sowie Mappe „fertige Krankengeschichten").

66 In der Slg. Scharfetter befinden sich auch verschiedene Karten, aus denen das Vorkommen des „Kretinismus" hervorgeht. Es existiert zum Beispiel auch ein Stadtplan von Meran, in dem „Kretinhäuser" markiert wurden (ebd., Mappe „Ernährungs-, Wohnungs- und Lebensverhältnisse in einem Endemiegebiete" sowie Mappe „Landschaftsbilder von Kropfgegenden").

67 Die Photoserien – beschriftete Photos auf Karton – waren untergliedert in die Serien A bis D. Zu den Photoserien gehörten entsprechende Begleittexte. Serie A umfasste „Krankheitsfälle nach Altersstufen geordnet", Serie B „Krankheitsfälle vor und nach der Schilddrüsenbehandlung", Serie C „Symptomatologie", Serie D „Ernährungs- und Lebensverhältnisse in einem Endemiegebiete". Neben den Photoserien sind zwei Kisten mit zum Teil bunten Glasdias vorhanden (UA Innsbruck, Slg. Scharfetter).

68 Vgl. Bilderzusammenstellung, eingeschickt an Dr. Haubold, Reichsgesundheitsamt; sowie Verzeichnis der beigelegten Bilder über Kropf und Kretinismus, aufgenommen von Dr. Jungwirth, Meran (ebd., lose Blattsammlung, unpag.). Vgl. auch Monatsbericht über die Tätigkeit zur Kretinismusforschung und Kretinismusbekämpfung im Monat März 1941 vom 1.4.1941 (ebd., Mappe „Tätigkeitsberichte 1940/41, Monatsberichte und allgemeine", unpag.).

Serie III: „Myxödem und Kretinismus nach den 3 ersten Lebensjahren, im Spielalter, im Schulalter und vor Abschluss der Entwicklung."
Serie IV: „Tätigkeit zur Bekämpfung des Kretinismus."
Serie V: „Der endemische Kropf, der angeborene und der erworbene Kropf."[69]

Zur Serie V gehörte beispielsweise der „Fall Nr. 36". Dahinter verbarg sich Albert D. aus Untermais/Meran. Wie die für Haubold/Conti aufbereitete Krankengeschichte verrät, wurde er im Alter von drei Monaten erstmals von Jungwirth untersucht, der die Diagnose „Myxödema congenitum" stellte. Zu diesem Zeitpunkt wurde das erste Bild aufgenommen.[70] Das zweite Bild zeigt ihn mit neun Monaten, nachdem er bereits fünf Monate mit einem Schilddrüsenpräparat behandelt worden war. Zum Krankheitsverlauf gibt Jungwirth an: „Die Mutter kümmert sich wenig um das Kind; es wurde in der Tagheimstätte im ‚Hause für Mutter und Kind' in Meran aufgezogen. 10 Monate alt, [...], Hals: normal, noch keine Zähne, ‚plaudert' schon lange etwas, ist ein hübsches, lebhaftes Kind geworden; [...] Die Behandlung wurde ziemlich regelmäßig, mit kleinen Unterbrechungen, durchgeführt".[71]

Das nächste Bild zeigt Albert im Alter von drei Jahren und neun Monaten. Das Photo ist mit „geheilt" unterschrieben. Jungwirth kommentiert zum Verlauf unter anderem: „ist ein hübsches Kind geworden, macht einen intelligenten Eindruck, vollständiges normales Milchgebiss; noch breiter Nasenrücken, kurzer Hals, Schilddrüse nicht vergrößert. [...] Das Kind ist mit 1¾ J[ahr] noch ziemlich schlecht gegangen und viel gefallen. Es hatte krumme Beine, die sich von selbst gebessert haben. [...] Das Kind besucht den Kindergarten."[72]

Neben diesen Angaben ergänzte Jungwirth auch die im Familienmerkblatt erhobenen Informationen zur Familie und den Wohnungs-, Lebens- sowie Ernährungsverhältnissen und fügte entsprechende Bilder bei. Darunter war ein Bild des Bruders der Mutter, betitelt mit „taubstummer Kretin", und zwei Bilder, die das Geburtshaus von Albert zum Motiv hatten.

Das Interesse Haubolds an dieser Sammlung und generell an den Forschungen Jungwirths, der Haubold seinerseits regelmäßig Tätigkeitsberichte zukommen ließ, war groß. Haubold selbst hatte bereits im Januar 1941 zusammen mit Jungwirth eine Inspektionsreise durch Teile des Abwanderungsgebietes unternommen. Nach Aussagen Jungwirths sei er „tief beeindruckt" von der „Menge der vorgestellten kretinisch entarteten Talbewohner" gewesen und habe

69 Nach einer Aufstellung Jungwirths zur Bilderserie „Der endemische Kretinismus im Hochetsch, Südtirol, in den Seitentälern von Meran, im Vintschgautal, im Passeiertal und im Ultental" (UA Innsbruck, Slg. Scharfetter, Mappe „Bilderzusammenstellung. Eingeschickt an Dr. Haubold, Reichsgesundheitsamt", unpag.).

70 Photos auf Karton, überschrieben mit „Fall Nr. 36" (UA Innsbruck, Slg. Scharfetter, Mappe „V. Krankengeschichten, endemische Thyreopathie in Meran", unpag.).

71 Fall Nr. 36 (Krankengeschichte) (UA Innsbruck, Slg. Scharfetter, Mappe „V. Krankengeschichten, endemische Thyreopathie in Meran", unpag.).

72 Ebd.

„sogleich die Wichtigkeit des Problems und dessen Tragweite für die Volksgesundheit der Alpenbevölkerung" erkannt und versprochen, „die Arbeiten zur Bekämpfung dieser schweren Volkskrankheit mit allen Kräften zu unterstützen".[73] Dies blieb keine leere Versprechung. Auf Vermittlung Haubolds traf noch im Frühjahr 1941 der Arzt Eckart Schuster-Woldan[74] in Südtirol ein, der die Arbeit Jungwirths durch erbbiologische Erhebungen unterstützte.[75] Diese gehörten von Anfang an zu Jungwirths Forschungsprogramm, in dem es eben nicht nur darum ging, ein genaues Bild von der Verbreitung und den Erscheinungsformen des „Kretinismus" in Südtirol zu zeichnen, sondern auch Fragen der Vererbung und des Einflusses exogener Faktoren zu klären.[76] Schuster-Woldan, der vom Erbwissenschaftlichen Forschungsinstitut des Reichsgesundheitsamtes für diese Forschungen abgeordnet worden war, begann 1941 mit diesen „erbbiologischen Forschungsarbeiten".[77] Er erstellte zunächst umfangreiche Sippentafeln und Stammbäume der Bevölkerung des Vintschgaus, wobei er sich nicht auf kranke Familien beschränkte, sondern auch gesunde Familien erfasste. Dazu besuchte er in den einzelnen Orten jeden einzelnen Bewohner und trug „umfangreiches" und nach Meinung Jungwirths „ungemein interessantes Material" zusammen.[78] Dieses Material sollte schließlich auch Rückschlüsse auf die Rolle der Inzucht bei der Verbreitung des „Kretinismus" zulassen.

73 Lebenslauf von Rudolf Jungwirth vom 15.9.1942 (UA Innsbruck, Slg. Scharfetter, Mappe „Dokumente, Persönliches", unpag.).

74 Eckart Schuster-Woldan (1904-1966) absolvierte von 1927-1930 in Jena und München ein Landwirtschafts- und Jurastudium. Er promovierte 1931 zum Dr. phil. nat. und war bis 1933 als Assistent und Stipendiat der DFG an der Hauptlandwirtschaftskammer in Weimar beschäftigt. Anschließend arbeitete er am Bakteriologisch-Hygienischen Institut der Universität Erlangen. 1935 wurde er wissenschaftlicher Mitarbeiter im Reichsgesundheitsamt. 1938 nahm er in Berlin ein Medizinstudium auf, das er 1942 abschloss. Ab 1941 war er in Südtirol im Rahmen der Jungwirthschen „Kretinforschung" tätig. 1944 promovierte er an der Nervenklinik der Charité Berlin bei Max de Crinis mit einer „Kurzen Zusammenfassung von Untersuchungsergebnissen über Thyreopathien im Endemiegebiet Südtirol". Er forschte auch nach 1945 zum Kretinismus. Vgl. Eckart Schuster-Woldan, Kurze Zusammenfassung von Untersuchungsergebnissen über Thyreopathien im Endemiegebiet Südtirol, Diss. med., Berlin 1944 (dort auch der Lebenslauf); sowie ders., Einiges über die verschiedenen Ansichten bezüglich der Entstehung der „Kropfleiden" in den Alpengebieten. In: Der Schlern, 21 (1947), S. 81-83.

75 Vgl. Monatsbericht über die Tätigkeit zur Kretinismusforschung und Kretinismusbekämpfung im Monat März 1941 vom 1.4.1941 (UA Innsbruck, Slg. Scharfetter, Mappe „Tätigkeitsberichte 1940/41, Monatsberichte und allgemeine", unpag.).

76 Zweck des Familienmerkblattes zur Erforschung des Kretinismus, o. D. (UA Innsbruck, Slg. Scharfetter, lose Blattsammlung, unpag.).

77 Vgl. Schuster-Woldan an Prof. Just, Reichsgesundheitsamt, Abt. L, vom 14.9.1941 (ebd., Mappe „Korrespondenz", unpag.). Die Abteilung L. des Reichsgesundheitsamtes war die „Abteilung Erbmedizin". Günther Just leitete innerhalb dieser die Abteilung L 4, das „erbwissenschaftliche Forschungsinstitut" in Berlin-Dahlem. Zu Just vgl. Harten/Neirich/Schwerendt, Rassenhygiene als Erziehungsideologie, S. 290-292.

78 Vgl. Berichte über die Tätigkeit zur Bekämpfung des endemischen Kropfes und des Kretinismus im S.T. Abwanderungsgebiete vom 12.1.1942 (UA Innsbruck, Slg. Scharfetter, Mappe „Tätigkeitsberichte", unpag.); sowie vom 31.12.1942 (ebd., unpag.).

Das ursprüngliche Ziel, einen „Gesamtstammbaum“ des oberen Vintschgau zu erstellen, erreichte Schuster-Woldan infolge der bereits begonnenen Abwanderung jedoch nicht. Allerdings wurde die erbbiologische Forschungsarbeit in andere Richtungen hin noch erweitert. So wurden beispielsweise die Zwillingsuntersuchungen noch intensiviert. Bereits 1941 hatte Jungwirth eine „Zwillings-Kartothek“ angelegt, 1943 waren bereits etwa 100 Zwillingspaare „genau untersucht und photographisch aufgenommen“ worden. Bei über 20 von ihnen hatte Jungwirth ein „Myxödem, Kretinismus oder Taubstummheit“ festgestellt.[79]

Es hatte sich aber nicht nur der untersuchte Personenkreis stetig erweitert - besonders durch die seit 1941 systematisch durchgeführten Schuluntersuchungen war die Zahl der untersuchten Kinder sprunghaft angestiegen -, sondern auch die Erfassungskriterien wurden noch ausgeweitet. 1943 wurden im Rahmen der Schuluntersuchungen zum Beispiel nun auch die Haar- und Augenfarbe erfasst, mit dem Ziel, einen „Beitrag zur Rassenforschung“ zu leisten.[80] Gleichzeitig richtete Jungwirth seinen Blick auf andere Disziplinen. So sollte die Rolle von Umwelteinflüssen auf die Entstehung des „Kretinismus“ durch Messungen der Radioaktivität und mineralogische Untersuchungen noch weiter erforscht werden.[81] Jungwirth baute die „Kretinismusforschung“, die seit 1941 auch institutionell als Sachreferat „Kretinenforschung“ innerhalb der Hauptabteilung IV der ADERSt verankert worden war, auf diese Weise stetig aus.[82] Die wissenschaftlichen Ergebnisse dieser Forschung stellte er auf verschiedenen Tagungen und bei Ärzteschulungen vor. Darüber hinaus hatte Haubold eine Veröffentlichung in der Schriftenreihe der Forschungsstelle für Siedlungsbiologie in Aussicht gestellt.[83] Jungwirth pflegte außerdem vielfältige Kontakte zu anderen Wissenschaftlern, unter ihnen sein „alter Freund“ Valeriu Bologa in Hermann-

79 Vgl. Bericht über die Tätigkeit zur Bekämpfung des endemischen Kropfes und des Kretinismus im S. T. Abwanderungsgebiete vom 12. 1. 1942 (UA Innsbruck, Slg. Scharfetter, Mappe „Tätigkeitsberichte“, unpag.); sowie Bericht über die Tätigkeit zur Bekämpfung des endemischen Kropfes und des Kretinismus im S. T. Abwanderungsgebiete für 1943 vom 31. 12. 1943 (ebd., unpag.). Vgl. auch Namenslisten und weitere Unterlagen zu Zwillingen (ebd., Mappe „Zwillinge“).

80 Bericht über die Tätigkeit zur Bekämpfung des endemischen Kropfes und des Kretinismus im S. T. Abwanderungsgebiete für 1943 vom 31. 12. 1943 (ebd., Mappe „Tätigkeitsberichte“, unpag.).

81 Die Messungen zur Radioaktivität der Luft wurden 1942 von Schuster-Woldan durchgeführt. Die mineralogischen Untersuchungen nahm der Innsbrucker Geologe Raimund von Klebelsberg vor. Vgl. Bericht über die Tätigkeit zur Bekämpfung des endemischen Kropfes und des Kretinismus im S. T. Abwanderungsgebiete vom 31. 12. 1942 (ebd., unpag.); sowie Bericht über die Tätigkeit zur Bekämpfung des endemischen Kropfes und des Kretinismus im S. T. Abwanderungsgebiete für 1943 vom 31. 12. 1943 (ebd., unpag.).

82 Vgl. Organisationsplan der ADERSt vom 23. 12. 1941, S. 7 (BArch Berlin, R 49/1233, unpag.).

83 Vgl. Jahresbericht über die Tätigkeit zur Bekämpfung des endemischen Kropfes und des Kretinismus im S. T. Abwanderungsgebiete für 1943 vom 31. 12. 1943 (UA Innsbruck, Slg. Scharfetter, Mappe „Tätigkeitsberichte“, unpag.); sowie Jahresbericht über die Tätigkeit zur Bekämpfung des endemischen Kropfes und des Kretinismus im S. T. Abwanderungsgebiete für 1944 vom 31. 12. 1944 (ebd., unpag.). Eine solche Veröffentlichung ist offenbar nie erschienen.

stadt/Sibiu,[84] Theobald Lang von der DFA München[85] und Helmut Scharfetter in Innsbruck. Die außerordentlich aufschlussreiche Zusammenarbeit mit Scharfetter, die besonders eng war und zudem in direktem Zusammenhang mit der Umsiedlung stand, kann im Rahmen dieser Arbeit keineswegs in all ihren Facetten beleuchtet werden. Angesichts der umfangreichen und nicht systematisch erschlossenen Überlieferung in Form der „Sammlung Scharfetter" war nicht mehr als eine grobe Sichtung möglich. Hier soll lediglich auf einige Beispiele, die die Zusammenarbeit zwischen Jungwirth und Scharfetter eindringlich illustrieren, eingegangen werden.

Die Zusammenarbeit zwischen Jungwirth und Scharfetter, seit 1938 Leiter der Psychiatrisch-Neurologischen Klinik in Innsbruck,[86] entsprang einem gemeinsamen Forschungsinteresse am „Kretinismus". Die Umsiedlung der Südtiroler bot dabei die Möglichkeit dieses zu vertiefen und bestimmte die Rahmenbedingungen. Konkret bedeutete dies, dass alle von Jungwirth in Südtirol erfassten und zur Absiedlung kommenden „Kretine", Scharfetter nicht nur gemeldet wurden, sondern darüber hinaus „durch seine Hand" gingen.[87] Dies setzte ein entsprechendes Meldeverfahren voraus. Jungwirth hatte ein solches bereits 1940 entwickelt und baute dieses sukzessive aus. Die Grundlage dieses Meldeverfahrens waren die Namenslisten, die Jungwirth ausgehend von den Meldungen der Ärzte und Hebammen gemeindeweise erstellte. Diese wurden auf Anregung Haubolds 1942 noch erweitert. Sie sollten nun zu jedem erkrankten Familienmitglied weiterführende Informationen enthalten. Dazu zählte das Alter/Geburtsdatum, Angaben zu Verwandtschaftsverhältnissen und

84 Valeriu Bologo (1892–1971) studierte in Jena und Innsbruck Medizin. In den 1930er/40er Jahren war er als Medizinhistoriker in Klausenburg tätig. 1949–1971 war er Präsident des Weltverbandes der Medizingeschichte. Vgl. Joachim Sterly, Valeriu Lucian Bologa 1892–1971. In: Ethnomedizin, 1 (1971/72) 3/4, S. 327 f.

85 Theobald Lang (1898–1957) war von 1926 bis Anfang 1941 Mitarbeiter der DFA München. Er hatte sich dort u. a. mit dem „endemischen Kropf" beschäftigt. 1941 wurde er von Haubold mit der Kropfuntersuchung an den südtiroler Umsiedlern betraut und sollte sich deshalb nach Südtirol begeben. Er tat dies jedoch nicht, stand aber mit Jungwirth in Kontakt. 1941 verließ er die DFA im Streit und nahm die meisten Forschungsunterlagen mit, sodass sich heute nach Auskunft des zuständigen Archivars keine Unterlagen Langs zu Südtirol oder ein Schriftwechsel mit Jungwirth in den Beständen des Archivs des Max-Plank-Instituts für Psychiatrie in München befinden. Für diese Auskunft und weitere Hinweise danke ich Dr. Wolfgang Burgmair. Zu Lang vgl. Florian Mildenberger, Theobald Lang (1898–1957). Portrait eines medizinischen Karrieristen. In: Mensch-Wissenschaft-Magie. Mitteilungen der Österreichischen Gesellschaft für Wissenschaftsgeschichte, 21 (2001), S. 109–124.

86 Zu Scharfetter vgl. Franz Huter (Hg.), Hundert Jahre Medizinische Fakultät Innsbruck 1869 bis 1969. Geschichte der Lehrkanzeln, Institute und Kliniken, Innsbruck 1969, S. 421–423; sowie Oberkofler/Goller, Medizinische Fakultät Innsbruck, S. 144–151. In beiden Werken fehlen jegliche Hinweise zur Tätigkeit Scharfetters im Kontext der Umsiedlung.

87 Bericht über die Tätigkeit zur Bekämpfung des endemischen Kropfes und des Kretinismus im S. T. Abwanderungsgebiete für das Jahr 1941 vom 12.1.1942 (UA Innsbruck, Slg. Scharfetter, Mappe „Tätigkeitsbericht", unpag.).

zum Krankheitsbild ebenso wie die von der ADERSt vergebene Kennziffer.[88] Diese „K[retin]-Listen" - im Januar 1943 waren darin 1 233 Namen verzeichnet[89] - wurden der Psychiatrisch-Neurologischen Klinik in Innsbruck übersandt. Scharfetter untersuchte die darin aufgeführten Familien, sobald sie in Innsbruck eintrafen und entschied, wer „behandlungsbedürftig" sei. Alle „schwachsinnigen, idiotischen oder anderweitig missgebildeten Kinder", die auf diesem Wege von der ADERSt „zur Abwanderung gebracht wurden", wies Scharfetter nach Abschluss der Untersuchungen in der Regel in das St. Josefs-Institut in Mils ein.[90] Andere, als „bildungsfähig" eingestufte Kinder, gelangten unter anderem in das NSV-Kinderheim „Lansersee" bei Innsbruck. Von dort aus vermittelte man sie später an Hilfsschulen im Deutschen Reich.[91] Sofern die Familien geschlossen abwanderten und die Kinder nicht in Heimen oder Anstalten untergebracht wurden, sollten die Familien nach ihrer Ansiedlung einer besonderen Beobachtung unterliegen. Um diese Art Nachkontrolle durchführen zu können, entwickelte Jungwirth 1943 einen speziellen Fragebogen und stellte Listen der abgewanderten „Kretine", „über welche Nachforschungen anzustellen wären", auf.[92] In einer dieser Listen erschien auch Albert D., der „Fall Nr. 36", der kurz nach der letzten Untersuchung durch Jungwirth mit seiner Großmutter umgesiedelt worden war.[93]

Die Fragebögen enthielten neben den Personalien auch knappe Angaben Jungwirths zur Diagnose, zur Therapie und den letzten Befund. Sie sollten den zuständigen Amtsärzten zugestellt werden, die darin den aktuellen Befund eintragen sollten. Auch die weitere Behandlung und der Einfluss der Umsiedlung auf den Gesundheitszustand des Kindes wurden erfragt. Außerdem waren weitere Angaben zu Kindern, die nach der Umsiedlung geboren wurden, zu machen. Auch ein aktuelles Lichtbild sollte beigefügt werden.[94] Die Nachforschungen nach den neuen Wohnorten und damit den zuständigen Amtsärzten, die von der Psychiatrisch-Neurologischen Klinik in Innsbruck angestrengt wurden, gingen 1943 allem Anschein nach aber nur schleppend voran. 1944 lagen

88 Vgl. Bericht über die Tätigkeit zur Bekämpfung des endemischen Kropfes und des Kretinismus im S. T. Abwanderungsgebiete vom 31. 12. 1942 (ebd., unpag.); sowie die verschiedenen nach Gemeinden und Dörfern geordneten K-Listen (ebd., lose Blattsammlungen).

89 Übersicht über „K-Listen" (ebd., lose Blattsammlung, unpag.).

90 Schreiben der DUS an die Simek, RÄK, betr. Überstellung minderwertiger Kinder vom 1. 10. 1940 (TLA, RStH, DUS, 56, unpag.).

91 Vgl. DUS an Nervenklinik in Innsbruck vom 3. 4. 1942 (TLA, RStH, DUS, 56, unpag.); sowie Aktenvermerk der Heimleiterin des Kinderheimes Lansersee, betr. Albert P. vom 26. 3. 1942 (ebd., unpag.).

92 Vgl. Verzeichnis der abgewanderten Myxödeme und kretinösen Kinder, über welche Nachforschungen anzustellen wären, o. D. (UA Innsbruck, Slg. Scharfetter, lose Blattsammlung, unpag.).

93 Vgl. ebd.; sowie Krankengeschichte Fall Nr. 36 (ebd., Mappe „V. Krankengeschichten, endemische Thyreopathie in Meran", unpag.).

94 Vgl. Fragebogen für Richard F. (ebd., lose Blattsammlung, unpag.).

schließlich die Namen der Amtsärzte vor und die Fragebögen konnten übersandt werden.[95]

Wesentlich zielstrebiger war Scharfetter hingegen in Bezug auf besonders „interessante Fälle". Diese wurden ihm in der Regel nach Vorankündigung durch Jungwirth bzw. die ADERSt in die Klinik überstellt, damit sie „allen wissenschaftlichen Untersuchungen unterzogen" werden konnten: Röntgen-Durchleuchtung, Grundumsatzbestimmung, etc.[96] Es kam aber auch vor, dass sich Scharfetter an Jungwirth wandte und „interessante Fälle" quasi anforderte. Im November 1941 schrieb er beispielweise an Jungwirth: „Darf ich Sie bitten den Kollegen Haller an den Alois F [.] aus Lüsen zu erinnern. Dieser F[.] soll dem Vernehmen nach aus Girlan nach Innsbruck gebracht werden. Wenn das so ist, würde ich bitten, ihn der Nervenklinik zuzuweisen, denn er ist ein Zwilling mit Hakenhohlfüßen. In Girlan ist auch ein ganz schwerer Kretinismus, der einer klinischen Untersuchung wert wäre. Es ist der 1914 in Schlanders geborene Anton P[.]. Wenn der etwa auch zum Herausbringen bestimmt ist, würde ich um dasselbe bitten wie bei F[.]"[97]

Schon ein Dreivierteljahr zuvor, im Januar 1941, hatte Scharfetter gegenüber Jungwirth eine ganz ähnliche Bitte geäußert, die er wie folgt vorbrachte: „Nun ist mir gestern das Gerücht zugetragen worden, dass das Jesuheim in Girlan entleert werden soll. Ich habe keine Ahnung, ob etwas dran ist, möchte aber die Möglichkeit, die Amalia H. gründlich untersuchen und behandeln zu können, nicht gefährdet sehen und frage sie deswegen, ob sie es durch Dr. Christanell [den Gemeindearzt] erreichen können, dass die Amalia mit dem nächsten Krankentransport nach Innsbruck gebracht wird."[98]

Scharfetter befürchtete demnach, dass durch die Verlegung der Patienten aus Girlan, diese nicht mehr für seine Forschung zur Verfügung stehen würden. Offensichtlich brachte er die Verlegung mit den Krankenmorden in Verbindung, denn es dürfte kein Zufall gewesen sein, dass sich Scharfetter wenige Tage nach diesem Brief erneut an Jungwirth wandte. Er schrieb: „Nun noch etwas: Es wurde mir neulich erzählt, dass in Südtirol etwas Gedrucktes umgehe, in dem

95 Jahresberichte über die Tätigkeit zur Bekämpfung des endemischen Kropfes und des Kretinismus im S. T. Abwanderungsgebiete für 1943 vom 31. 12. 1943 (ebd., Mappe „Tätigkeitsberichte", unpag.); sowie für 1944 vom 31. 12. 1944 (ebd., unpag.).

96 Vgl. ADERSt, Zweigstelle Meran an DUS, betr. Transport kretinöser Kinder vom 18. 9. 1940 (TLA, RStH, DUS, Optionsakte Alois H., Kz. 232 950, unpag.); sowie Bericht über die Tätigkeit zur Bekämpfung des endemischen Kropfes und des Kretinismus im S. T. Abwanderungsgebiete vom 31. 12. 1942 (UA Innsbruck, Slg. Scharfetter, Mappe „Tätigkeitsberichte", unpag.).

97 Scharfetter an Jungwirth vom 17. 11. 1941 (UA Innsbruck, Slg. Scharfetter, Mappe „Referat für gesundheitliche Volksaufklärung", unpag.). Nach Jungwirth war Haller „Beauftragter für das Gesundheitswesen" in Bozen, vermutlich bei der AdO. Mit ihm arbeitete Jungwirth das „Durchführungsprogramm" für die „Kretinismusforschung" aus. Vgl. Tätigkeitsbericht Jungwirths für die Zeit vom 1. 3. 1940–1. 11. 1940, o. D. (ebd., Mappe „Tätigkeitsberichte", unpag.).

98 Scharfetter an Jungwirth vom 17. 1. 1941 (ebd., Mappe „Referat für gesundheitliche Volksaufklärung", unpag.).

davon die Rede ist, was der Hl. Vater dazu sage, dass in einem Staat in Europa die nicht mehr Arbeitsfähigen getötet würden. Diese Schrift, von der auch etwas in die Tageszeitungen übergegangen sei, habe Aufsehen erregt. Es handelt sich offenbar um eine feindselige Propagandaschrift. Haben Sie sie gesehen? Wäre es Ihnen möglich, mir ein Stück davon zu verschaffen?“[99]

Scharfetter, der nicht ganz so ahnungslos war, wie er suggerieren wollte, spielte auf eine Meldung des „Osservatore Romano“ vom Dezember 1940 an. In dieser hatte das Heilige Offizium auf „Anfrage“ die willentliche Tötung von Kranken, die „nicht mehr fähig“ seien, der Nation zu nützen, sondern eher als eine Last für dieselbe sowie als ein „Hindernis für die Kraft und Stärke derselben erachtet“ würden, als unerlaubt, als dem positiven und dem göttlichen Recht widersprechende Handlung bezeichnet.[100] Südtiroler Tageszeitungen wie der „Volksbote“ oder die „Dolomiten“ hatten diese Meldung aufgegriffen und unter dem Titel „Ein furchtbarer Verdacht“ noch um einige Informationen und Andeutungen ergänzt, die für einige Unruhe in Südtirol sorgten.[101] Im Volksboten hieß es beispielsweise: „Die Anfrage an das Heilige Offizium erweckt den Verdacht, dass in einem Lande Angestellte oder Untergebene von den Behörden Auftrag erhalten, harmlose Unglückliche aus dem Leben zu schaffen Es ist sicher nicht ein mehr oder minder katholisches Land, sicher nicht Italien, Spanien, Belgien oder Ungarn, wohl auch nicht das heutige Frankreich. Der Verdacht weißt nach einer anderen Richtung. Ein furchtbarer Verdacht!“[102]

Dieser eindeutig in Richtung des Deutschen Reiches - dem Ziel der südtiroler Umsiedler - weisende „Verdacht“, war in Innsbruck bereits kein bloßer Verdacht mehr. Der erste „T4“-Transport aus der Heilanstalt Hall hatte bereits stattgefunden, und zwar unter Beteiligung der Gesundheitsbehörde des Reichsstatthalters, namentlich Hans Czermak. Scharfetter selbst hatte davon zuvor Kenntnis erlangt. Nach eigenen Angaben, die er nach dem Krieg vor dem Hintergrund der Strafverfolgung machte, habe er sogar bei Czermak gegen diesen „T4“-Transport und die Tötung der Patienten interveniert.[103] Scharfetter war demnach sehr wohl darüber informiert, welches Schicksal die ihn interessierenden Patienten aus Girlan im Falle einer Verlegung ins Deutsche Reich ereilen würde.

99 Scharfetter an Jungwirth vom 20. 1. 1941 (ebd.).

100 Der Inhalt wurde am 19. 12. 1940 unter dem Titel „Ein furchtbarer Verdacht“ im südtiroler Volksboten wiedergegeben (BArch Berlin, R 49/2258, unpag.).

101 Vgl. Luig, ADERSt, an RKF, betr. neuerliche Hetze des deutschsprachigen katholischen Blattes „Dolomiten/Volksbote“ vom 24. 1. 1941 (ebd., R 49/2102, unpag.).

102 „Ein furchtbarer Verdacht“. In: Volksbote vom 19. 12. 1940 (ebd., R 49/2258, unpag.).

103 Vgl. Vernehmung von Helmut Scharfetter am 12. 8. 1948 (TLA, Landesgericht [LG] Innsbruck, 10 Vr 4740/47, Band I, Bl. 226); Abschrift der Einvernahme von Helmut Scharfetter vom 22. 5. 1945 (ebd., Bl. 15); sowie Ermittlungsbericht der Bundespolizeidirektion Innsbruck an die Staatsanwaltschaft Innsbruck, betr. Dr. Czermak vom 17. 7. 1946 (ebd., Bl. 5-10). Czermak wurde 1947 wegen seiner Beteiligung an den Krankenmorden verurteilt. Vgl. Urteil des Volksgerichtes beim Landesgericht Innsbruck gegen Hans Czermak vom Dezember 1949 (ebd., Band II, unpag.).

Ob die drei „angeforderten“ Südtiroler aus Girlan Scharfetter tatsächlich überstellt wurden, ist unbekannt.[104] Jungwirth unternahm zumindest vorbereitende Schritte, indem er sich an den erwähnten Dr. Christanell wandte.[105]

Wieviele „interessante Fälle“ Scharfetter so in der Psychiatrisch-Neurologischen Klinik in Innsbruck untersuchte, lässt sich nur erahnen. Es dürften allem Anschein nach nicht wenige gewesen sein, denn allein im Zeitraum zwischen April 1941 und Mai 1945 wurden dort insgesamt über 450 Südtiroler aufgenommen, worunter viele „Kretine“ gewesen sein dürften.[106]

Doch welche Konsequenzen hatte die Untersuchung Scharfetters für die Betroffenen? Wurden „kretinöse“ Kinder dem „Reichsausschuss zur wissenschaftlichen Erfassung erb- und anlagebedingter schwerer Leiden“ gemeldet? Fielen „Kretine“ unter das GzVeN?

Entsprechende Entscheidungen waren offenbar gefallen, bat doch Scharfetter Jungwirth in Vorbereitung eines Vortrages vor Amtsärzten um Folgendes: „Da, wieder wegen der Amtsärzte, auch von der Stellung des Kretinismus im Gesetz zur Verhütung erbkranken Nachwuchses und im Ehegesundheitsgesetz die Rede sein soll, möchte ich Sie auch um dieses gewisse Schreiben aus Berlin bitten. Ich würde das natürlich ohne irgendeine Namensnennung und ohne das etwa besonders zu betonen, behandeln.“[107]

Was sich genau hinter diesen kryptischen Bemerkungen verbarg, wird sich erst durch weitere Forschungen in seiner Gesamtheit erhellen lassen. Hier sei lediglich auf ein Beispiel eingegangen, das die Bandbreite der Erfassungen im Kontext der Umsiedlung und deren Folgen eindringlich demonstriert: Es ist der Fall der Familie von Alois H. aus Moos.

Alois H. stellte im Mai 1940 für sich, seine Frau und die zwölf Kinder bei der ADERSt-Zweigstelle in Meran einen Abwanderungsantrag. Aus diesem ging hervor, dass zwei seiner Söhne gelähmt seien.[108] Weitere Nachforschungen der ADERSt ergaben, dass es sich um „kretinöse Kinder“ handelte. Für die Familie war von Jungwirth bereits ein entsprechendes Familienmerkblatt ausgefüllt worden. In diesem war vermerkt „sind seit Geburt gelähmt, müssen gefüttert werden, können nicht reden, wohl aber etwas hören“. Der ältere, Alois, wurde als

104 Da in dem Schriftwechsel keine Kennziffern der Betroffenen angegeben sind, ist es nicht möglich, die entsprechenden Optionsakten zu ermitteln, die Aufschluss über eine Verlegung geben könnten. In der Literatur werden drei Verlegungen aus Girlan in die Psychiatrisch-Neurologische Klinik in Innsbruck erwähnt, ob es sich um die hier erwähnten drei Südtiroler handelte, ist unbekannt. Vgl. dazu Selma Karlegger, Südtiroler Kinder und Jugendliche als Opfer der „NS-Euthanasie“, Diplomarbeit, Innsbruck 2006, S. 31.

105 Vgl. Vermerk Jungwirths auf Schreiben Scharfetters an Jungwirth vom 17. 1. 1941 (UA Innsbruck, Slg. Scharfetter, Mappe „Referat für gesundheitliche Volksaufklärung“, unpag.).

106 Für die Jahre 1939/40 liegen keine Zahlen vor, da entsprechende Aufnahmebücher nicht erhalten sind. Zu den Zahlen vgl. Karlegger, Südtiroler Kinder, S. 55.

107 Scharfetter an Jungwirth vom 17. 1. 1941 (UA Innsbruck, Slg. Scharfetter, Mappe „Referat für gesundheitliche Volksaufklärung“, unpag.).

108 Vgl. Abwanderungsantrag von Alois H. vom 10. 5. 1940 (TLA, RStH, DUS, Optionsakte Alois H., Kz. 232 950, unpag.).

„idiotisch" bezeichnet. Der jüngere, Fidelius, könne „seit 2 Jahren mit gekreuzten Beinen hocken" aber „nicht allein stehen", er spräche „kein Wort", könne aber hören und sei „nicht ganz dumm".[109] Die ADERSt forderte noch weitere ärztliche Zeugnisse für die beiden Jungen an. Diese glichen ihrem Duktus nach dem Familienmerkblatt, sodass von ein und demselben begutachtenden Arzt, also aller Wahrscheinlichkeit nach Jungwirth, ausgegangen werden kann. Dafür spricht nicht zuletzt auch die Tatsache, dass beide Jungen in Jungwirths K-Liste aufgeführt werden.[110] Die Gutachten kamen schließlich zu dem Urteil, dass beide Jungen an „schweren Degenerationszuständen" litten, die Folge „einer Verwandschaftsehe" seien. Da die beiden Fälle „von besonderer Seltenheit und medizinisch interessant" seien, sollten die „2 kretinösen Kinder in Begleitung des Herrn Dr. Haller mit [einem Krankentransport] in die Neurologisch-Psychiatrische Universitätsklinik Innsbruck eingewiesen" werden.[111] Am 18. September 1940 wurden beide Kinder in die Klinik aufgenommen.[112] Etwa einen Monat später wurden sie wieder entlassen.[113] Alois wurde in die tiroler Heilanstalt Hall und von dort nur wenig später, am 1. November 1940, in die württembergische Anstalt Schussenried verlegt. Am 30. Juni 1941 verstarb er dort an Lungentuberkulose.[114] Sein jüngerer Bruder Fidelius wurde zunächst in das St. Josefs-Institut in Mils gebracht. Im August 1942 wurde er zusammen mit neun weiteren südtiroler Kindern, vier von ihnen waren wie auch Fidelius zuvor von Scharfetter untersucht worden, in die Anstalt Kaufbeuren verlegt.[115] Die Verlegung erfolgte „auf Anordnung des Reichsausschusses zur wissenschaft-

109 Familienmerkblatt der Familie Alois H., o. D. (ebd., unpag.).

110 Das Gutachten ist auszugsweise zitiert im Schreiben der ADERSt-Zweigstelle Meran an die DUS. Vgl. ADERSt-Zweigstelle Meran an DUS, betr. Mj. Alois und Fidelis H. vom 24. 8. 1940 (ebd., unpag.). Vgl. auch K-Liste der Gemeinde St. Leonhard (UA Innsbruck, Slg. Scharfetter, lose Blattsammlung, unpag.).

111 ADERSt-Zweigstelle Meran an DUS, betr. Mj. Alois und Fidelis H. vom 24. 8. 1940 (TLA, RStH, DUS, Optionsakte Alois H., Kz. 232 950, unpag.).

112 Weder in der Optionsakte noch in der Krankenakte von Fidelius H. der Heil- und Pflegeanstalt Kaufbeuren finden sich Angaben zu den in Innsbruck durchgeführten Untersuchungen.

113 Vgl. Aktenvermerke der DUS über die Krankenhauseinweisung von Fidelius bzw. Alois H. vom 5. 11. 1940 (TLA, RStH, DUS, Optionsakte Alois H., Kz. 232 950, unpag.).

114 Vgl. Aktenvermerk der DUS, betr. Einweisung in die Heilanstalt Schussenried vom 23. 5. 1941 (ebd., unpag.); Heilanstalt Schussenried an die DUS über den Tod von Alois H. vom 30. 6. 1941 (ebd., unpag.); sowie Aufnahmebuch der Heilanstalt Schussenried, getrennt nach Männern und Frauen, 1918–1949 (ZfP Bad Schussenried).

115 Vgl. Veränderungsanzeige des St. Josef-Instituts in Mils vom 27. 8. 1942 (TLA, RStH, DUS, Optionsakte Alois H., Kz. 232 950, unpag.); Zietz an DUS, betr. Unterbringung der acht geistesschwachen, nicht bildungsfähigen Minderjährigen aus Südtirol vom 20. 7. 1942 (ebd., DUS, 56, unpag.); Heil- und Pflegeanstalt Kaufbeuren an DUS, betr. Überstellung von 10 Kranken aus dem St. Josefs Institut Mils vom 28. 8. 1942 (Archiv des Bezirkskrankenhauses Kaufbeuren [BKH Kaufbeuren], Unterlagen Südtiroler Kinder, unpag.). Im BKH Kaufbeuren befinden sich auch die Kopien der zehn Krankenakten. Für die unkomplizierte Überlassung von Kopien dieser Akten danke ich Erich Resch.

l[ichen] Erfassung".[116] In der dortigen „Kinderfachabteilung" starb er am 9. Juni 1943 an einer Lungenentzündung.[117]

Parallel zur Umsiedlung der beiden Jungen bereitete die ADERSt auch die Umsiedlung der Eltern, Alois und Luise H., vor. Im November 1940, beide Jungen waren bereits von Scharfetter untersucht und den verschiedenen Anstalten zugewiesen worden, trat die ADERSt an die DUS mit der Bitte heran, dass „bei beiden Ehegatten, nach erfolgter Abwanderung die Notwendigkeit der Unfruchtbarmachung geprüft werden möge".[118] Die Eltern sollten zu diesem Zweck direkt bei der ärztlichen Betreuungsstelle der DUS in Innsbruck vorstellig werden. Diese stand in direktem Kontakt zur Abteilung IV „Soziales" der ADERSt und war quasi deren Pendant innerhalb der DUS. Ihr oblag die ärztliche Untersuchung aller in Innsbruck eintreffenden Südtiroler. Ob sie die Sterilisation des Ehepaares tatsächlich prüfte und entsprechende Schritte einleitete, geht aus der Optionsakte allerdings nicht hervor. Es ist nicht einmal ersichtlich, ob das Ehepaar H. überhaupt jemals in Innsbruck eintraf.[119]

Wie das Beispiel der Familie H. zeigt, schärfte die „Kretinforschung" Jungwirths den selektiven Blick. Sie schuf Erfassungs- und Selektionsmuster und etablierte Melde- und Überwachungsverfahren. Regionale Forschungsinitiativen vernetzten sich hier mit umsiedlungsspezifischen Gesundheitsdienststellen und erfuhren durch diese zugleich eine Förderung. Erfassung und Selektion waren hier direkt mit medizinischer Forschung verknüpft, deren Rahmen die Umsiedlungspolitik bildete.

1.2 Die Einbürgerung durch die Dienststelle Umsiedlung Südtirol (DUS)

Anders als bei den übrigen Umsiedlungsaktionen wurde die Einbürgerung der Südtiroler nicht durch die EWZ vorgenommen.[120] Das Einbürgerungsverfahren lag stattdessen in den Händen der DUS in Innsbruck, einer Sonderdienststelle des Reichsstatthalters in Tirol-Vorarlberg.[121] In kürzester Zeit wurde diese unter der Leitung von Hans Georg Bilgeri[122] stehende Dienststelle zu einer Einbürge-

116 Vgl. Aufnahmeanzeige der Heil- und Pflegeanstalt für Fidelius H. vom 28.8.1942 (BKH Kaufbeuren, Krankenakte Nr. 12787 (Fidelius H.), unpag.). Vgl. weiterführend Kap. V.2.3.

117 Krankengeschichte von Fidelius H. (BKH Kaufbeuren, Krankenakte Nr. 12787 (Fidelius H.), unpag.).

118 ADERSt-Zweigstelle Meran an DUS, betr. Ehepaar H. vom 26.11.1940 (TLA, RStH, DUS, Optionsakte Alois H., Kz. 232 950, unpag.).

119 Vgl. Optionsakte Alois H. (ebd.).

120 Dies lag nicht zuletzt darin begründet, dass zu dem Zeitpunkt, als die Umsiedlung der Südtiroler organisatorisch und logistisch vorbereitet wurde, die EWZ noch nicht existierte.

121 Neben der DUS in Innsbruck bestand auch eine Umsiedlungsdienststelle in Klagenfurt, die für die Einbürgerung der Canaltaler zuständig war. Vgl. Stuhlpfarrer, Umsiedlung Südtirol, S. 258.

122 Zu Bilgeri vgl. Michael Gehler, Versteckter „Grenzlandkampf" um Südtirol? Die Umsiedlung aus Sicht des Gaus Tirol-Vorarlberg. In: Klaus Eisterer/Rolf Steininger,

rungsbehörde mit zehn Abteilungen ausgebaut, oblag ihr doch nicht nur die Einbürgerung der Südtiroler, sondern auch die „gesamte Planung der Ansiedlung“ und die „Lenkung“ der Südtiroler in die Ansiedlungsgebiete.[123] Damit waren im Einzelnen die Abteilungen Verwaltung (I), Zentralkartei (II), Transport und Verkehr (III), Einbürgerung (IV), Arbeitseinsatz (V), Landwirtschaft (VI), Gewerbliche Wirtschaft (VII), Freie Berufe und öffentlicher Dienst (VIII), Betreuung (IX) und Unterbringung (X) befasst.[124] Diese Abteilungen unterhielten, ähnlich wie die EWZ, spezielle Dienststellen: die Röntgenstation, die Erfassungsstelle, die Wehrerfassungsstelle, die Einbürgerungsstelle, den Musterungsstab, die Beratungsstelle, die Arbeits- und Berufsvermittlungsstelle, die Betreuungsstelle, die Unterbringungsstelle und die Zahlstelle. Diese Stellen mussten alle eintreffenden Umsiedler passieren und in einer Kontrollkarte den Besuch quittieren lassen. Anders als bei der EWZ war die Reihenfolge hier nicht festgelegt.[125] Auch insgesamt war der Erfassungs- und Einbürgerungsvorgang hier weniger kompakt organisiert. Die Stellen befanden sich in verschiedenen Gebäuden und der Einbürgerungsvorgang erstreckte sich auf etwa drei bis fünf Tage.[126]

Während dieses Erfassungs- und Einbürgerungsvorgangs waren für die Umsiedler vor allem zwei Abteilungen und deren Dienststellen von besonderer Bedeutung: die Abteilung IV „Einbürgerung“ und die Abteilung IX „Betreuung“.

Die Abteilung „Einbürgerung“ registrierte alle Optanten, beriet sie in Einbürgerungsfragen, bearbeitete die Einbürgerungsanträge und fertigte schließlich die Urkunden und die neuen Ausweise der Südtiroler aus. Hier wurde also entschieden, wer eingebürgert werden sollte und wer nicht. Diese Frage war anfangs keineswegs eindeutig geregelt und sollte bis zum Herbst 1940 Gegenstand von Auseinandersetzungen zwischen der DUS und der Dienststelle des RKF bleiben. Insbesondere die Frage, wie mit „unerwünschtem Bevölkerungszuwachs“ zu verfahren sei, wurde von beiden Stellen durchaus unterschiedlich beantwortet. Den Ausgangspunkt der Diskussion bildete die im Rahmen der Vertragsverhandlungen in Tremezzo gemachte Zusage Himmlers, „auch die geistig und körperlich minderwertigen Volksdeutschen, sowie die volksdeut-

Die Option. Südtirol zwischen Faschismus und Nationalsozialismus, Innsbruck 1989, S. 322–329.

123 Einleitende Bemerkungen im Organisationsplan der DUS, o. D. (BArch Berlin, R 49/2109, unpag.).

124 Vgl. dazu und im Weiteren Organisationsplan der DUS, o. D. (ebd.).

125 Den Umsiedlern wurde zu diesem Zweck bei ihrem Eintreffen in Innsbruck ein spezielles Heft, das die DUS für die Umsiedler entwickelt hatte, ausgehändigt. In diesem waren ein Merkblatt und die Kontrollkarte enthalten. Außerdem wurden darin die persönlichen Angaben des Inhabers vermerkt, ebenso wie die Unterbringung. Ein solches Heft ist enthalten in den Optionsakten von Albert P. (TLA, RStH, DUS, Optionsakte Marianna P., Kz. 226 816/17, unpag.).

126 Vgl. Kontrollkarte von Albert P. (ebd., unpag.); sowie Bilgeri, DUS, an Dienststelle des RKF, betr. Abfertigung der Südtiroler Umsiedler in Innsbruck vom 2.4.1940 (BArch Berlin, R 49/2109, unpag.).

schen Vorbestraften und Verbrecher" übernehmen zu wollen.[127] Diese Personengruppen waren demnach genauso optionsberechtigt, wie die übrigen Südtiroler. Da die DUS nach dem Grundsatz „Wer optionsberechtigt ist, muss eingebürgert werden, wer nicht optionsberechtigt ist, kann eingebürgert werden" verfuhr, wurden „Verbrecher, Geisteskranke und asoziale Antragsteller" auch eingebürgert.[128] Dieses Vorgehen entsprach durchaus auch den Einbürgerungsrichtlinien des RMdI vom August 1939, die eine Verweigerung der Einbürgerung aus gesundheitlichen Gründen nicht vorsahen. Folgerichtig sollte auch „von der Beibringung besonderer ärztlicher Bescheinigungen über die gesundheitliche und erbbiologische Eignung der Antragssteller und ihrer Familienangehörigen abgesehen werden".[129] Allerdings wurde in den Fällen, in denen „die eigenen Angaben der Antragsteller über die in der Familie bestehenden Gebrechen oder vorgekommenen Erkrankungen zu besonders erheblichen Zweifeln Anlass" geben würden, eine „amtsärztliche Nachprüfung" angeraten, um „die zuständige Gesundheitsbehörde des künftigen Niederlassungsortes entsprechend unterrichten zu können".[130]

Die Dienststelle des RKF besann sich 1940 allerdings eines anderen und erklärte im Einvernehmen mit dem RMdI der DUS im Juni 1940:

> „Ein Anspruch des einzelnen Antragstellers auf Einbürgerung besteht grundsätzlich nicht. Volksdeutsche, die wegen ihres geistigen oder körperlichen Gesundheitszustandes keinen erwünschten Bevölkerungszuwachs darstellen, müssen, soweit sie unter die deutsch-italienischen Vereinbarungen fallen, zwar ebenso wie die Vorbestraften oder die in Haft befindlichen Verbrecher auf Grund der Zusagen des Reichsführers-SS vom Oktober 1939 deutscherseits übernommen werden bzw. können nicht nach Italien abgeschoben werden. Es besteht aber keine Veranlassung, diese durch Einbürgerung auch förmlich in den Verband des Reiches aufzunehmen. Das gleiche gilt für Antragsteller, die Reichsverweisung haben. Die Anträge solcher Personen sind bis auf weiteres unbearbeitet zu lassen. In welcher Form die Antragsteller zu bescheiden sind, wird noch geregelt werden."[131]

Die Abteilung „Einbürgerung" der DUS brachte in einer Entgegnung daraufhin sehr deutlich zum Ausdruck, dass „der Wechsel der Staatsangehörigkeit bei allen zur Option berechtigten Südtirolern nicht in das Ermessen des deutschen Staates gestellt" werden könne.[132] Vielmehr hätte der „Optionsberechtigte durch Abgabe seiner Stimme für Deutschland selbst und endgültig die letzte Entscheidung zur Verleihung der deutschen Staatsangehörigkeit" zu treffen.

127 Bene, Deutsches Generalkonsulat Mailand, an den Präfekten von Bozen vom 27. 10. 1939 (BArch Berlin, R 49/1173, unpag.). In dem Schreiben bestätigt Bene die in Tremezzo gemachten Zusagen des RKF.
128 DUS an Dienststelle des RKF, betr. Optionsberechtigung und Einbürgerungsanspruch vom 26. 7. 1940 (ebd., unpag.).
129 RMdI an Landeshauptmann von Tirol, betr. Einbürgerung von Volksdeutschen aus Italien vom 3. 8. 1939 (ebd., unpag.).
130 Ebd.
131 Dienststelle des RKF an DUS, betr. Einbürgerung auf Grund des Erlasses des RMdI vom 3. 8. 1939 vom 10. 6. 1940, S. 4 (ebd., unpag.).
132 DUS, Abt. Einbürgerung, an Dienststelle des RKF vom 26. 7. 1940 (ebd., unpag.).

Jedes andere Vorgehen würde den Umsiedlungsvereinbarungen widersprechen und sei aus „rechtlichen und aus politischen Gründen" nicht tragbar.[133]

Die Dienststelle des RKF sah sich nun veranlasst, einige grundsätzliche Bemerkungen zu ihrem Verständnis der Optionsvereinbarungen abzugeben. Sie tat dies in einem Schreiben an die DUS vom 7. August 1940, in dem es in doch sehr bezeichnender Weise heißt:

> „Die Zusagen, die der Reichsführer-SS im Oktober 1939 in Tremezzo hinsichtlich der ethnisch-radikalen Lösung der südtiroler Frage gemacht hat, sprechen ebenfalls lediglich von einer ‚Übernahme' der geistig und körperlich Minderwertigen, Vorbestraften und aus kriminellen Gründen inhaftierten Volksdeutschen. Die zwischenstaatlichen Vereinbarungen begründen also lediglich einen Anspruch der italienischen Seite auf ‚Übernahme' d. h. Aufnahme aller volksdeutschen Optanten durch das Reich. Das bedeutet praktisch, dass das Reich nicht berechtigt ist, einen Südtiroler, der für das Reich ‚optiert' hat, später zwangsweise nach Italien abzuschieben. Eine Verpflichtung des Reiches, jeden Optanten durch Einbürgerung auch zum Reichsangehörigen zu machen, ist aber weder in den zwischenstaatlichen Vereinbarungen enthalten, noch wäre eine solche Verpflichtung im Hinblick auf die mit der Reichsangehörigkeit verbundenen innerstaatlichen Rechte des Reichsangehörigen [...] erwünscht.
> Es kann daher tatsächlich von einem Optionsverfahren nicht gesprochen werden. Es ist vielmehr durchaus in das Ermessen des Reiches gestellt, wen es durch Einbürgerung in den Verband des Reiches staatsrechtlich aufnehmen will und wem es auf Grund seiner abgegebenen Erklärung lediglich eine tatsächliche Aufnahme gewähren will. Dadurch wird der in Südtirol vollzogenen Volksabstimmung in keiner Weise eine ihrer Grundlagen entzogen."[134]

Die DUS stellte daraufhin die Einbürgerung „unerwünschten Bevölkerungszuwachses" zurück, auch wenn es dem Leiter der DUS, Bilgeri, nach wie vor „unvertretbar" erschien. Offene Fälle wurden der Dienststelle des RKF zur weiteren Entscheidung vorgelegt. Es handelte sich dabei um „kranke Antragsteller", „Antragsteller, die zwar selbst gesund sind, aber kranke Verwandte haben", „Antragsteller mit Strafen" und „Personen, die Strafen und körperliche Leiden haben". Die Pfründner seien nach wie vor eingebürgert worden, auch wenn von „erwünschtem Bevölkerungszuwachs" nicht gesprochen werden könne.[135] Bilgeri vergaß auch nicht, den RKF darauf hinzuweisen, dass auch im Falle der aus Pergine umgesiedelten „Irren" noch keine Entscheidung getroffen worden sei. Bilgeri bat schließlich darum, möglichst bald eine grundsätzliche Entscheidung des RKF, wie in diesen Fällen zu verfahren sei, herbeizuführen. Es sei ein „unmöglicher Zustand, die Antragsteller ins Inland zu bringen und sie hier ohne jeden endgiltigen [sic!] Bescheid über ihre Staatsangehörigkeit zu lassen".[136]

Im Oktober 1940 traf der RKF die angemahnte Grundsatzentscheidung. Darin hieß es, dass „Personen, die auf Grund ihres geistigen oder körperlichen

133 Ebd.

134 Dienststelle des RKF an DUS, betr. Optionsberechtigung und Einbürgerungsanspruch vom 7. 8. 1940 (ebd., unpag.).

135 Bilgeri, DUS, an Dienststelle des RKF, betr. Optionsberechtigung und Einbürgerungsanspruch vom 14. 9. 1940 (ebd., unpag.).

136 Ebd.

Gesundheitszustandes als Träger von Erbkrankheiten anzusehen" seien, „bis auf weiteres" nicht eingebürgert werden sollten.[137] Ein mit der Option erworbener Anspruch auf Einbürgerung wurde damit ausdrücklich negiert und die Einbürgerungspraxis auf diese Weise an die der EWZ angeglichen. Diese Angleichung wird auch dadurch sichtbar, dass der „gesundheitlichen und erbbiologischen Eignung des Antragstellers" nun erhöhte Aufmerksamkeit gewidmet werden sollte.[138] Zwar kam es im Rahmen des Einbürgerungsverfahrens der DUS auch in der Folgezeit nie zu einer solch systematischen Überprüfung der biologischen „Siedlungstauglichkeit", wie sie von den Gesundheitsstellen der EWZ durchgeführt wurde, aber auch hier wirkten nun rassenhygienische Selektionsmechanismen ganz offen. Dies zeigte sich vor allem darin, dass in Verdachtsfällen nun ein amtsärztliches Zeugnis eingeholt werden sollte. Ging aus diesem hervor, dass eine wie auch immer geartete „Erbkrankheit" vorlag, sollte die Einbürgerung nicht im Rahmen des „Sondereinbürgerungsverfahrens" der DUS erfolgen. Stattdessen sollten die Betroffenen an die zuständigen Behörden vor Ort verwiesen werden. Auch hier setzte sich also, wenn auch nicht im Wortlaut, die Erteilung von „Verweisungsbescheiden" bei erbbiologischen Bedenken durch, wie sie von der EWZ praktiziert wurde.

Dabei sollte die „vorläufige Nichtdurchführung des Einbürgerungsverfahrens [...] in keinem Falle die Ablehnung der Einbürgerung überhaupt" bedeuten.[139] Sie sollte „dem einzelnen, soweit es sich nicht um die Behebung" bzw. „Unschädlichmachung gesundheitlicher Fehler" handeln würde, vielmehr „lediglich Gelegenheit geben, unter Beweis zu stellen, dass er in der Lage [sei], sich als ein nützliches und vollwertiges Glied in die deutsche Volksgemeinschaft einzuordnen".[140] Was sich hinter der „Unschädlichmachung gesundheitlicher Fehler" verbarg, ist unschwer zu erraten und wurde von der Dienststelle des RKF auch ganz offen benannt. Einer Einbürgerung sollte nämlich dann nichts mehr im Wege stehen, wenn, auch hier sind die Parallelen zur EWZ-Praxis unverkennbar, „durch das Lebensalter oder durch ärztlichen Eingriff [!] sichergestellt [sei], dass die Einzubürgernden die ihnen anhaftenden Erbkrankheiten nicht mehr auf eine weitere Geschlechterfolge übertragen" könnten.[141] Damit war für vermeintlich „Erbkranke" die Sterilisation quasi zu einer Einbürgerungsbedingung geworden – und dies offensichtlich nicht nur auf dem Papier. Wie der bereits geschilderte Fall der Familie H. zeigt, wurden seitens der ADERSt und der DUS in einigen Fällen tatsächlich Sterilisationen angeregt, deren Durchführung zwar nicht nachweisbar, aber grundsätzlich nicht auszuschließen ist. Sicher ist, dass auch Südtiroler Opfer der Zwangssterilisation wurden. Ob diese jedoch in direk-

137 Dienststelle des RKF an DUS, betr. Einbürgerung auf Grund des RMdI-Erlasses vom 3.8.1939 vom 10.10.1940 (ebd., unpag.).
138 Vgl. dazu und im Weiteren ebd.
139 Ebd.
140 Ebd.
141 Ebd.

tem Zusammenhang mit der Einbürgerung standen, wäre im Einzelfall noch zu prüfen.[142]

In vielen Fällen wurde die Einbürgerung bei „erbbiologischen Bedenken“ schließlich nicht vollzogen. Besonders die in den Heilanstalten eingewiesenen Südtiroler blieben oftmals staatenlos. Unter diesen waren dabei keineswegs nur die Südtiroler, die sich bereits in Südtirol in Anstaltspflege befunden hatten oder von der ADERSt im Zuge der Umsiedlung in tiroler Heilanstalten eingewiesen worden waren. Es befanden sich darunter auch solche, die erst in Innsbruck, nämlich im Rahmen der ärztlichen Untersuchung durch die ärztliche Betreuungsstelle der DUS, psychiatrisiert worden waren.

Die ärztliche Betreuungsstelle, die von Robert Helm[143] geleitet wurde, war Teil der Abteilung IX „Betreuung“ der DUS. Letztere koordinierte und organisierte neben der ärztlichen Versorgung auch die Betreuung der Umsiedler durch die NSV und übernahm darüber hinaus die „Berufslenkung“ der Jugendlichen, einschließlich der Erfassung in den NS-Organisationen (HJ, BdM). Die NSV hatte im Auftrag der DUS für das Wohlbefinden der Schwangeren, Mütter, Säuglinge und Kleinkinder zu sorgen und unterhielt aus diesem Grund eine entsprechende Hilfsstelle und Heime. Sie war außerdem für Adoptions- und Vormundschaftsfragen zuständig und nahm in Abstimmung mit der ADERSt und dem Leiter der Abteilung IX der DUS die Einweisung allein abwandernder Kinder in Kinderheime und Pflegefamilien vor.[144] So geschehen beispielsweise bei Albert P. aus Hafling. Seine Mutter hatte für ihn und seinen Bruder, beide befanden sich allerdings in Pflegefamilien, im März 1940 den Abwanderungsantrag bei der ADERSt-Zweigstelle in Meran gestellt. Im Januar 1942 erfolgte schließlich die Ausreise, allerdings nur für Albert.[145] Seine Mutter, und allem Anschein nach auch der Bruder, blieben vorerst in Südtirol. Nach Angaben der ADERSt wollte die Mutter, die als Dienstmädchen tätig war, erst zusammen mit ihren Arbeitgebern ausreisen.[146] Mit der Ankunft Alberts in Innsbruck veranlasste die NSV-Stelle der DUS, wie von der ADERSt erbeten, die Unterbringung Alberts

142 Vgl. Stefan Lechner, Zwangssterilisation von „Erbkranken“ im Reichsgau Tirol-Vorarlberg 1940–1945. In: Geschichte und Region/Storia e regione 6 (1997), S. 117–161.

143 Robert Helm (1912–?) besaß die italienische Staatsbürgerschaft. Er hatte 1938 seine Approbation in Bari erhalten und war danach zunächst in Leipzig, später in Adorf als Volontär- bzw. Assistenzarzt beschäftigt gewesen. Am 27. 9. 1939 erhielt er die deutsche Staatsbürgerschaft. Im Juni 1940 kam er nach Innsbruck und übernahm dort die Leitung der ärztlichen Betreuungsstelle. Vgl. RÄK-Karteikarte von Robert Helm (BArch Berlin (ehem. BDC), RÄK, Robert Helm, 30. 9. 1912).

144 Vgl. Organisationsplan der DUS, o. D. (BArch Berlin, R 49/2109, unpag.); sowie Aktenvermerk des Leiters der Abt. IX, betr. Arbeitsgebiet vom 12. 2. 1940 (TLA, RStH, DUS, 56, unpag.).

145 Vgl. Abschlussmeldung der ADERSt-Zweigstelle Meran über Albert P. vom 26. 1. 1942 (TLA, RStH, DUS, Optionsakte Marianna P., Kz. 226 816/17, unpag.); sowie ADERSt-Zweigstelle Meran, Abt. IV, an DUS, betr. Mj. Albert P. vom 19. 1. 1942 (ebd., unpag.).

146 Vgl. ADERSt-Zweigstelle Meran, Abt. IV, an DUS, betr. Mj. Albert P. vom 19. 1. 1942 (ebd., unpag.); sowie Erhebungsbogen (Jugendamt), ausgefüllt für Albert P. vom 10. 1. 1942 (ebd., unpag.).

im NSV Kinderheim „Lansersee“. Zu diesem Zeitpunkt ging man noch davon aus, dass der Junge später zu seiner Mutter entlassen werden würde.[147] Ein halbes Jahr später sah dies ganz anders aus. Für Albert P. wurde nun ein Heimplatz gesucht - und gefunden. Am 25. August 1942 wurde er in die Hilfsschule nach Neuendettelsau/Franken „überstellt“, wo er die Möglichkeit haben sollte, „etwas Anständiges zu lernen“.[148]

Die NSV-Stelle der DUS war aber nicht nur für die Heimunterbringung von Kindern zuständig, sondern auch für die der altersschwachen und kranken Südtiroler. Für sie waren in Innsbruck zwei Hotels zu Altersheimen umfunktioniert worden, nachdem schon bald absehbar war, dass die Zahl der abwandernden Altersschwachen nicht unbeträchtlich sein würde.[149] Die Lage verschärfte sich noch zusätzlich, als man im Herbst 1940 daran ging, den Fond der Sozialämter der AdO zu kürzen. Die DUS erwartete infolgedessen eine deutliche „Zunahme von Kranken- und Siechentransporten“, da die ADERSt nun quasi gezwungen war, „zahlreiche Kranke, die den Sozialämtern zur Last“ fielen - zum Beispiel Bewohner von Armen- und „Verpfleghäusern“ -, „herauszuschicken“.[150] Die Betreuungsstelle der DUS musste diesen Südtirolern nun möglichst bald eine neue Unterkunft vermitteln. Sie wurden schließlich mit Hilfe der Dienststelle Haubolds verschiedenen Altersheimen und Heilanstalten im Deutschen Reich zugewiesen. Das wohl bekannteste Beispiel hierfür ist das der „Neuendettelsauer Anstalten“. Nachdem die Neuendettelsauer Patienten größtenteils verlegt worden waren, trafen dort südtiroler Kinder, die eine Hilfsschulausbildung absolvieren sollten, ein. Wenig später fanden dort auch zahlreiche altersschwache Südtiroler Aufnahme.[151]

Die Betreuungsstelle der DUS sah sich aber noch mit anderen Problemen konfrontiert, zum Beispiel mit dem der Prostituierten. Diese trafen, trotz entsprechender Vereinbarungen mit der ADERSt, oftmals unangekündigt in Innsbruck ein, und unterlagen, wie die Gauleitung beklagte, keiner besonderen Überwachung.[152] Von ihnen ginge deshalb nach Ansicht der Gauleitung für die tiroler Bevölkerung eine „schwerste sittliche und gesundheitliche“ Gefährdung

147 Vgl. Heimeinweisung Albert P. durch die DUS, Abt. IX, NSV, vom 30.1.1942 (ebd., unpag.).
148 DUS, Abt. IX, NSV, an ADERSt-Zweigstelle Meran, betr. Albert P. vom 26.8.1942 (ebd., unpag.).
149 Vgl. DUS, Abt. IX, an RÄK, betr. Unterbringung Kranker aus Südtirol vom 26.9.1940 (TLA, RStH, DUS, 56, unpag.).
150 Aktenvermerk Helm, Abt. Ärztliche Betreuung, für Degischer, Leiter Abt. IX, betr. bevorstehende Abschiebung Unterstützungsbedürftiger aus Südtirol vom 30.9.1940 (ebd., unpag.).
151 Eine detaillierte Darstellung der Räumung und der Zusammenhänge zwischen Räumung und der späteren Unterbringung der Südtiroler kann an dieser Stelle nicht erfolgen. Es liegt hierzu außerdem bereits eine Veröffentlichung vor. Vgl. Müller/Siemen, Warum sie sterben mußten.
152 Vgl. DUS an ADERSt, betr. Abwanderung von Prostituierten vom 6.3.1941 (TLA, RStH, DUS, 50, unpag.); sowie Kanzlei des Gauleiters von Tirol und Vorarlberg an Gauwirtschaftsberater Bilgeri, betr. Umsiedlung asozialer Elemente vom 10.1.1941 (ebd., unpag.).

aus.[153] Zwar wurden einige ortsbekannte Prostituierte direkt beim Grenzübertritt von der Sicherheitspolizei übernommen, dann allerdings wie alle übrigen Umsiedler dem untersuchenden Arzt der DUS „vorgeführt". Von diesem wurden sie entweder in die Hautklinik überstellt oder als „gesund" entlassen.[154] Die entlassenen Prostituierten wurden zusammen mit den übrigen Südtirolern bis zur „Eingliederung in den Arbeitsprozess" vorerst im Hotel „Victoria" untergebracht. Aus Sicht der Dienststelle des RKF ein „untragbarer" Zustand: „Ganz abgesehen davon, dass diese Prostituierten wahrscheinlich den Aufenthalt im Hotel für ihren ‚Beruf' stärkstens ausnutzen werden, halte ich es aus psychologischen Gründen für untragbar, dass die Prostituierten mit den anderen Südtirolern in einem Hotel untergebracht werden. Wie mir berichtet wird, ist es wiederholt vorgekommen, dass nicht nur Zivilpersonen, sondern vor allem Fronturlauber von den Betreuungsschwestern aus den Zimmern der Prostituierten verwiesen werden mussten."[155]

Um „Abänderungsvorschläge" wurde gebeten. Diese wurden prompt geliefert. Die DUS schlug vor, die Prostituierten in ein separates Gasthaus einzuweisen, sodass sie „während der Erledigung ihrer Formalitäten in Innsbruck gewissermaßen unter Aufsicht" stünden.[156] Außerdem wurde ein spezielles Überwachungsverfahren vorgeschlagen, dass eine Ankündigung der abwandernden Prostituierten seitens der ADERSt, eine ärztliche Untersuchung und gegebenenfalls Klinikunterbringung in Innsbruck sowie eine entsprechende Meldung an das Arbeitsamt und die Gestapo umfasste.

Neben diesen „besonderen" Betreuungsfällen hatte die Abteilung IX der DUS aber in erster Linie auch eine ärztliche Aufgabe. So wurden in der „Röntgenstation" alle Umsiedler „durchleuchtet". Bei positivem Befund erfolgte sofort eine Einweisung in eine entsprechende Heilstätte. Zugleich konnten „bei dieser Gelegenheit [...] auch andere Krankheiten festgestellt und einer entsprechenden Behandlung an Ort und Stelle unterzogen" werden. Nach Meinung des Leiters der DUS, Bilgeri, hatte der „Aufenthalt in Innsbruck [...] daher die Wirkung der unbedingt notwendigen Quarantäne".[157] Ein Argument, welches auch im Zusammenhang mit der Errichtung der Vomi-Lager vorgebracht wurde.

153 Kanzlei des Gauleiters von Tirol und Vorarlberg an Gauwirtschaftsberater Bilgeri, betr. Umsiedlung asozialer Elemente vom 10.1.1941 (ebd., unpag.).

154 Vgl. Dienststelle des RKF an DUS, betr. Umsiedlung asozialer südtiroler Elemente vom 19.2.1941 (ebd., unpag.); sowie Bericht Helms, Ärztliche Betreuungsstelle der DUS, über Erfahrungen mit Südtiroler Prostituierten im Hotel Viktoria an Bilgeri, Leiter der DUS, vom 10.1.1941 (ebd., DUS, 56, unpag.).

155 Dienststelle des RKF an DUS, betr. Umsiedlung asozialer südtiroler Elemente vom 19.2.1941 (TLA, RStH, DUS, 50, unpag.).

156 Vgl. dazu und im Folgenden Anweisung der DUS an die Abt. IX und V, betr. Prostituierte vom 7.3.1941 (TLA, RStH, DUS, 50, unpag.); DUS an RKF, betr. Umsiedlung asozialer südtiroler Elemente vom 7.3.1941 (ebd., unpag.); sowie DUS an die ADERSt, betr. Abwanderung von Prostituierten vom 6.3.1941 (ebd., unpag.). Über die konkreten Folgen dieses Überwachungsverfahrens, insbesondere der Meldung an die Gestapo, geben die verfügbaren Quellen keine Auskunft.

157 Bilgeri, DUS, an Dienststelle des RKF, betr. Abfertigung der Südtiroler Umsiedler in Innsbruck vom 2.4.1940 (BArch Berlin, R 49/2109, unpag.).

Neben der Röntgenuntersuchung erfolgte aber auch eine allgemeinärztliche Untersuchung, die in der ärztlichen Betreuungsstelle vorgenommen wurde. Das Ergebnis dieser Untersuchung, über deren Ablauf und die zugrundliegenden Arbeitsrichtlinien die Akten keine Auskunft geben, war für das weitere Schicksal der Südtiroler von großer Bedeutung, ähnlich wie das Urteil der Gesundheitsstelle der EWZ für die übrigen Umsiedlergruppen. Es entschied nicht zuletzt darüber, ob die NSV-Stelle eine Heimweisung vornahm, die Einbürgerungsabteilung die Einbürgerung aufgrund des „geistigen oder körperlichen Gesundheitszustandes" ablehnte oder mit Unterstützung der Dienststelle Haubolds eine Anstaltseinweisung vorgenommen wurde. Erbrachte die Untersuchung in der ärztlichen Betreuungsstelle einen psychiatrisch auffälligen Befund, so wurden die Betroffenen zumeist in die Psychiatrisch-Neurologische Klinik in Innsbruck zur Beobachtung eingewiesen. Über 100 der dort allein in den Jahren 1940 bis 1942 aufgenommenen Südtiroler wurden nach dieser Beobachtung in die Heilanstalt Hall überstellt und damit größtenteils dauerhaft psychiatrisiert.[158]

Ähnlich wie bei der Umsiedlung der Volksdeutschen aus dem Baltikum, Ost- und Südosteuropa kam es also auch während der Umsiedlung der Südtiroler zu einer systematischen Erfassung kranker, behinderter, alter, sozial auffälliger Personen, kurzum: „unerwünschten Bevölkerungszuwachses". Dieser musste im Rahmen aller Umsiedlungsaktionen „übernommen" werden, wobei daraus kein Anspruch auf Einbürgerung abgeleitet werden konnte. Die Einbürgerung wurde vielmehr ausdrücklich abgelehnt. Der Einbürgerungsprozess folgte damit durchaus der gleichen Zielsetzung, auch wenn er in seiner Ausgestaltung durchaus unterschiedlich war. Der aufgezeigte Selektionseifer der EWZ mit ihren verschiedenen Karteikarten und Meldesystemen wurde von der DUS allem Anschein nach nie erreicht und möglicherweise auch nicht angestrebt, scheint doch die DUS der RKF-Politik nicht vorbehaltlos gefolgt zu sein, wie die Auseinandersetzung in der Einbürgerungsfrage gezeigt hatte. Auch die Selektionsraster waren weniger ausgefeilt, eine rassische Musterung wurde durch die DUS zum Beispiel nicht vorgenommen. Allerdings entwickelte sich im Hinblick auf einzelne Umsiedlergruppen ein effektives Erfassungs- und Beobachtungssystem. Wie das Beispiel der „Kretinismusforschung" zeigt, konnte hier auf besonders umfangreiche regionale Vorarbeiten und ein Erfassungsnetzwerk zurückgegriffen werden. Dieses wurde im Zuge der Umsiedlung ausgebaut und in deren Dienst gestellt. Gleichzeitig fand eine Vernetzung zwischen regionalen Initiativen, neu installierten Umsiedlungsdienststellen und deren Akteuren statt. Für Jungwirth und Scharfetter boten sich nun, auch aufgrund des besonderen Interesses Haubolds,[159] völlig neue Forschungsmöglichkeiten, die sie zum Teil

158 Vgl. Aufnahmebuch der Heilanstalt Hall 1938–45 (PKH). Die Zahl bezieht sich auf die südtiroler Patienten, deren letzter Wohnort vor der Einweisung in die Psychiatrisch-Neurologische Klinik in Südtirol lag, deren Einweisung also in unmittelbarem Zusammenhang mit der Umsiedlung stand.

159 Neben Haubold interessierte sich aber beispielsweise auch Verschuer für die Forschungen Jungwirths und Scharfetters. Vgl. Scharfetter an Jungwirth vom 20.1.1941 (UA

bedenkenlos und ohne Berücksichtigung der möglichen Folgen für die Betroffenen nutzten. Die Kranken gerieten durch die Erfassung und Stigmatisierung in den Sog der NS-Erbgesundheitspolitik. Sie waren der Gefahr der Zwangssterilisation ausgesetzt, sie wurden hospitalisiert und psychiatrisiert. Ihnen drohte dadurch nicht zuletzt die Einbeziehung in die NS-Krankenmorde, mindestens aber die Eingliederung in das NS-Psychiatriesystem, in dem ein Menschenleben wenig zählte.

2. Das Schicksal südtiroler Psychiatriepatienten

Die Psychiatriepatienten bildeten auf den ersten Blick eine recht kleine Teilgruppe innerhalb der Gesamtgruppe der südtiroler Umsiedler. Bei genauerer Betrachtung relativiert sich dieses Bild allerdings. Die Zahl der Psychiatriepatienten war nämlich keineswegs gering. Durch die Psychiatrisierung im Zuge der Erfassung der Umsiedler durch die ADERSt und DUS waren allein in die Heilanstalt Hall über 700 Südtiroler eingewiesen worden.[160] Südtiroler, die vor ihrer Umsiedlung nur in den wenigsten Fällen schon einmal in Anstaltsbehandlung gewesen waren. Auch die Zahl der südtiroler Anstaltspatienten, also der Südtiroler, die sich zum Zeitpunkt der Umsiedlung bereits in Anstaltspflege befanden, war nicht gering. Es waren immerhin fast 300 Menschen. Insgesamt waren es also nicht weniger als etwa 1 000 Südtiroler, die mit ihrer Umsiedlung in den deutschen Machtbereich und damit den Aktionsradius der NS-Erbgesundheitspolitik gerieten. Ihr weiteres Schicksal ist in vielerlei Hinsicht aufschlussreich, zeigt es doch besonders deutlich, wie das Deutsche Reich mit „unerwünschtem Bevölkerungszuwachs“ verfuhr.

2.1 Die Unterbringung psychisch kranker Südtiroler in Hall und ihre Verlegung nach Württemberg

Die Heilanstalt Hall in der Nähe von Innsbruck fungierte im Rahmen der Umsiedlung der Südtiroler als zentrale Aufnahmeanstalt für alle psychisch kranken Umsiedler, die den Umsiedlungsknotenpunkt Innsbruck passierten. Die Abteilung IX der DUS hatte verfügt, dass alle „Geisteskranken die einer Heilanstaltspflege bedürfen, [...] ausnahmslos nach Hall“ eingewiesen werden sollten.[161] Allerdings wurde der Aufenthalt der südtiroler Patienten dort nur als ein vorübergehender betrachtet. Die Anstalt in Hall sollte „ausdrücklich eine

Innsbruck, Slg. Scharfetter, Mappe „Referat für gesundheitliche Volksaufklärung“, unpag.).

160 Vgl. Hinterhuber, Ermordet und vergessen, S. 81.

161 Aktenvermerk Degischers, Leiter der Abt. IX der DUS, für Helm, ärztliche Betreuungsstelle, betr. Gau- Heil- und Pflegeanstalt Hall vom 13.8.1940 (TLA, RStH, DUS, 56, unpag.).

Durchgangsstation für diese Kranken" sein, bevor sie „Zug um Zug in den Gau Württemberg, Heilanstalt Zwiefalten" eingewiesen werden würden, wo sich bereits südtiroler Patienten befanden.[162] Zu diesem Zweck sollte die Anstalt Hall 25 bis 30 Plätze für Südtiroler zur Verfügung stellen. Allerdings wurden bereits im August 1940 dreimal so viele Plätze von Südtirolern in Anspruch genommen.[163] Der Gaufürsorgeverband des Gaues Tirol-Vorarlberg forderte deshalb, möglichst schnell eine „Abstoßung dieser hilfsbedürftigen Umsiedler".[164] Die DUS wandte sich daraufhin an die Reichsärztekammer und dort an den Südtirol-Referenten Walter Simek. Dieser versicherte Mitte September 1940 „fernmündlich", dass er die entsprechenden Schritte für eine Verlegung der Patienten von Hall nach Zwiefalten einleiten werde. Die DUS ging dabei, nach Rücksprache mit Ernst Klebelsberg, dem Direktor der Heilanstalt Hall, von etwa 60 bis 70 südtiroler Kranken aus.[165] Ende September 1940 hatte sich in der Causa allerdings immer noch nichts getan, sodass sich die DUS veranlasst sah, erneut bei der RÄK vorstellig zu werden. Der Ton war nun bereits etwas schärfer geworden. Die DUS monierte, dass trotzdem man mit „Herrn Simek telefonisch und schriftlich Verbindung aufgenommen" habe „das einzige in diesem Gebiet Geleistete" nach wie vor „die Unterbringung von anstaltsbedürftigen Geistesschwachen in Zwiefalten" gewesen sei.[166] Die DUS forderte von der RÄK, da die Unterbringung der Kranken in deren Aufgabengebiet falle, „dringendst alles daranzusetzen, um [...] Plätze bereitzustellen".[167]

Simek war in der Zwischenzeit allerdings nicht untätig gewesen. Noch am selben Tag, an dem er der DUS „fernmündlich" zugesichert hatte, den Abtransport der Südtiroler aus Hall zu organisieren, hatte er sich mit dem Direktor der Anstalt Zwiefalten in Verbindung gesetzt.[168] Dieser hatte die Anfrage Simeks, wann und in welcher Anstalt Württembergs Südtiroler untergebracht werden könnten, wiederum an das Württembergische Innenministerium, den Ministerialrat Eugen Stähle, weitergeleitet.[169] Stähle, der auch maßgeblich an der Durchführung der „Aktion T4" in Württemberg mitwirkte,[170] bestimmte schließ-

162 Aktenvermerk Degischers, Leiter der Abt. IX der DUS, für Herrn Dr. Schweiger, Gaufürsorgeverband, betr. Heil- und Pflegeanstalt Hall in Tirol vom 13.8.1940 (ebd., unpag.). Zum Transport aus Pergine nach Zwiefalten vgl. Kap. V.2.2.

163 Abt. III des RStH in Tirol-Vorarlberg an DUS, betr. Gau-Heilanstalten, Belag durch Umsiedler vom 22.8.1940 (TLA, RStH, DUS, 56, unpag.).

164 Ebd.

165 Vgl. Vermerk Helms über die fernmündliche Vereinbarung mit Simek vom 12.9.1940 auf dem Aktenvermerk Degischer für Helm, betr. Gau-Heil- und Pflegeanstalt Hall vom 13.8.1940 (TLA, RStH, DUS, 56, unpag.); sowie Abt. IX der DUS an Simek, RÄK, betr. Überstellung von Geisteskranken von Hall nach Zwiefalten vom 17.9.1940 (ebd., unpag.).

166 Degischer, Abt. IX der DUS, an RÄK, betr. Unterbringung Kranker aus Südtirol vom 26.9.1940 (TLA, RStH, DUS, 56, unpag.).

167 Ebd.

168 Vgl. Simek, RÄK, an Stegmann, Direktor der Anstalt Zwiefalten, betr. Südtiroler Geisteskranke vom 12.9.1940 (Hauptstaatsarchiv [HStA] Stuttgart, E 151/53, Bü 423, Bl. 14).

169 Vgl. den entsprechenden Vermerk ebd.

170 Vgl. Stöckle, Grafeneck.

lich die Anstalt Schussenried als Aufnahmeeinrichtung für die Südtiroler. Am 1. November 1940, einen Tag nachdem der letzte „T4"-Transport mit 44 Patienten Schussenried verlassen hatte,[171] trafen dort 195 Südtiroler ein. Darunter waren zehn Patienten der Psychiatrisch-Neurologischen Klinik Innsbruck, 73 altersschwache Südtiroler aus den Altersheimen der DUS und schließlich 112 südtiroler Patienten aus Hall.[172] Fünf der Patienten aus Hall hatte die Verlegung nach Schussenried im November 1940 wahrscheinlich das Leben gerettet. Sie standen nämlich auf den Transportlisten der „T4", die in Hall allerdings erst nach dem Abtransport der Südtiroler, nämlich im Dezember 1940, eintrafen.[173] Die Südtiroler waren also allem Anschein nach genauso wie die übrigen Haller Patienten von der „T4" erfasst worden.

Die „Ostmark", also das 1938 an das Deutsche Reich „angeschlossene" Österreich, war im Frühjahr 1940 in die Krankenmorde einbezogen worden. Die zentrale Tötungseinrichtung installierte die „T4" in Hartheim/Linz.[174] Sie sollte auch das Ziel der insgesamt drei Transporte aus Hall sein, wobei der erste Hall am 10. Dezember 1940 verließ.[175] Im Vorfeld dieses ersten Transportes hatte eine Gutachterkommission der „T4" die Anstalt im August/September 1940 besucht, um die Patienten in den Meldebögen zu erfassen. Anhand der Patientenakten, ohne auch nur einen Patienten untersucht zu haben, füllte die Ärztekommission die Bögen für die Patienten, darunter nachweislich auch die

171 Vgl. Aufstellung über die seiner Zeit erfolgte Verlegung von Anstaltsinsassen aus Schussenried in eine unbekannte Anstalt vom 5.9.1945 (HessHStA, Abt. 631a/347, Bl. 33). Weder in den Ermittlungsunterlagen zu Schussenried (HessHStA, Abt. 631a/347), den Unterlagen der Anstalt Schussenried (ZfP Bad Schussenried), oder den Unterlagen des Württembergischen Innenministeriums (HStA Stuttgart, E 151/53), noch in der Literatur finden sich Hinweise auf einen Zusammenhang zwischen dem „T4"-Transport und der Einweisung der Südtiroler. Die zeitliche Nähe beider Transporte ist jedoch auffallend. Die Zahl der abtransportierten Kranken entsprach aber bei weitem nicht der Zahl der neu aufgenommenen Südtiroler.

172 Vgl. Aufnahmebuch der Heilanstalt Hall 1938–1945 (PKH); Aufnahmebücher, der Heilanstalt Schussenried, getrennt nach Männern und Frauen, 1927–1945 (ZfP Bad Schussenried); sowie Verzeichnis der in die württembergische Heil- und Pflegeanstalt in Schussenried eingewiesenen Südtiroler Umsiedler vom 12.4.1941 (TLA, RStH, DUS, 57, unpag.).

173 Die zurückgestellten Patienten sind darin durch Haken kenntlich gemacht. In dieser Akte sind außerdem „Listen der vom beauftragten Arzt vom Transport zurückgestellten Pfleglinge" enthalten. In diesen findet sich der Vermerk „überstellt and. Anst" als Begründung für die Rückstellung. Der Abgleich der Namen mit den Aufnahmebüchern der Heilanstalten Hall und Schussenried ergab, dass es sich in fünf Fällen um südtiroler Umsiedler handelte, die vor dem Eintreffen der Liste nach Schussenried verlegt worden waren. Vgl. Transportliste der „T4" (TLA, RStH, Abt. III a 1, M-XI, 1 (1941), unpag.).

174 Vgl. Kepplinger/Marckhgott/Reese, Tötungsanstalt Hartheim.

175 Transporte von Hall nach Hartheim erfolgten am 10.12.1940, 20.3.1941 und 29.5.1941. Vgl. Oliver Seifert, „Sterben hätten sie auch hier können." Die „Euthanasie"-Transporte aus der Heil- und Pflegeanstalt Hall in Tirol nach Hartheim und Niedernhart. In: Brigitte Kepplinger, Gerhart Marckhgott, Hartmut Reese (Hg.), Tötungsanstalt Hartheim, 2. Auflage Linz 2008, S. 359–410.

Südtiroler, aus.[176] Im Zuge der „Begutachtung“ der Meldebögen wurden schließlich 290 Patienten als „lebensunwert“ und damit als zu töten befunden. In der im Dezember 1940 in Hall eingetroffenen Liste waren diese 290 Patienten aufgeführt. Fünf von ihnen waren südtiroler Umsiedler, zwei waren „Rückwanderer“, mindestens elf waren italienische Staatsbürger.[177] Letztere stammten zwar ursprünglich auch aus Südtirol, hatten aber ihren Wohnsitz bereits längere Zeit in Tirol und waren nicht im Zuge der Umsiedlung in die Anstalt Hall eingewiesen worden. Von den fünf südtiroler Umsiedlern, es waren ausnahmslos Frauen, war eine bereits im September 1939 durch die Psychiatrisch-Neurologische Klinik in Innsbruck eingewiesen worden. In den übrigen vier Fällen hatte die DUS die Einweisung veranlasst. Sie waren erst im Juni, Juli und August 1940, also erst kurze Zeit vor dem Eintreffen der Gutachterkommission, dort aufgenommen worden und hatten sich zuvor nicht dauerhaft in Anstaltsbehandlung befunden. Sie waren trotz bekannter psychischer Erkrankung eingebürgert worden und dies vor allem deshalb, weil die DUS zu diesem Zeitpunkt noch alle optionsberechtigten Südtiroler unterschiedslos einbürgerte.[178] Die „Rückwanderer“ waren, auch wenn man dies annehmen könnte, keine typischen Umsiedler. Einer war zwar Südtiroler und hatte für das Deutsche Reich „optiert“, allerdings befand er sich bereits seit längerer Zeit in Hall und war nicht erst im Zuge der Umsiedlung dort eingewiesen worden. Er wurde offensichtlich auch nie eingebürgert.[179] Der zweite „Rückwanderer“ war weder in Südtirol geboren, noch hatte er dort gelebt.[180] Dennoch rettete ihm diese Statuszuweisung das Leben. Er war nämlich zunächst nicht wie 111 andere Patienten, darunter auch der andere „Rückwanderer“, auf Intervention Klebelsbergs von der Transportliste

176 Vgl. Aussage Ernst v. Klebelsberg vor dem Landesgericht Innsbruck am 5.8.1948 (TLA, LG Innsbruck, 10 Vr 4740/47, Band 1, Bl. 213–220). Dass die Bögen auch für die Südtiroler ausgefüllt werden, ergibt sich aus der Tatsache, dass die fünf Südtiroler auf der späteren Transportliste standen.

177 In der Rückstellungsliste sind die italienischen Staatsbürger entsprechend gekennzeichnet. Der darin ebenfalls aufgeführte „Rückwanderer“ Hermann F. war zwar Südtiroler, aber kein Umsiedler, er befand sich vielmehr bereits seit 1921 in Hall. Ein weiterer „Rückwanderer“ erscheint in der später angelegten Liste Klebelsbergs. Die „wirklichen“ Umsiedler konnten durch einen Abgleich der Rückstellungsliste mit dem Aufnahmebuch ermittelt werden. Weitere italienische Staatsbürger, die nicht von dem Transport nach Hartheim zurückgestellt wurden, also „T4“-Opfer wurden, sind in der Datenbank der „T4“-Opfer des PKH verzeichnet. Vgl. Liste der am 10.12.1940 aus Hall verlegten Patienten (TLA, RStH, Abt. III a 1, M-XI, 1 (1941), unpag.); sowie Liste der vom beauftragten Arzt vom Transport Arzt zurückgestellten Pfleglinge Liste 46, 50, o.D. (ebd., unpag.).

178 Vgl. Optionsakte Rosa R. (TLA, RStH, DUS, Kz. 123 795); Optionsakte Rosa Z. (ebd., Kz. 230 302); Optionsakte Anna T. (ebd. Kz. 223 624); Optionsakte Barbara L. (ebd., Kz. 412 475). Lediglich Barbara L. soll „vor 20 Jahren für 1 ¾ Jahr in Hall“ gewesen sein, kehrte dann aber wieder nach Südtirol zurück. Im PKH ist zu einer der Patientinnen eine Akte erhalten. Vgl. Patientenakte von Rosa R. (PKH).

179 Die Patientenakte von Hermann F. befindet sich im PKH. Für die Informationen danke ich Oliver Seifert, M.A.

180 Er wurde am 17.4.1940 aufgenommen. Vgl. Eintragung im Aufnahmebuch der Heilanstalt Hall 1938–1945 (PKH).

gestrichen und damit zurückgestellt worden.[181] Er stand vielmehr auf der Liste, der nun noch 180 nach Hartheim zu verlegenden Patienten, die Klebelsberg erstellte.[182] Er wäre also beinah, so wie acht der elf italienischen Staatsbürger oder wie einige andere (osteuropäische) Umsiedler, in einer Tötungsanstalt der „T4" ermordet worden.[183] Er wurde aber nie nach Hartheim überstellt, sondern offensichtlich in letzter Minute zurückgestellt, und zwar mit folgender Bemerkung: „erregt, schlechte Vorhersage, da Rückwanderer gestoppt".[184] Auch wenn die Bezeichnung „Rückwanderer" in seinem Fall gar nicht zutreffend war, so zeigt es doch, dass hier, quasi schon auf dem Weg in den Tod, eine grundsätzliche Entscheidung getroffen worden war. Die Selektierenden, Klebelsberg, der „T4"-Arzt Georg Renno und der Leiter der Abteilung „Gesundheitswesen" des Reichsstatthalters, Hans Czermak, müssen sich im Zusammenhang mit dem „T4"-Transport auf die generelle Zurückstellung der südtiroler Umsiedler von der „Aktion T4" geeinigt haben. Darauf weist auch ein Schreiben von Klebelsberg an Czermak vom Januar 1941 hin, in dem es heißt: „Die Besprechung, welche im Dezember v[origen] J[ahres] stattfand ergab, dass die Südtiroler Rückwanderer für eine Überstellung nicht in Betracht kommen."[185]

Die Frage der Einbeziehung der südtiroler Umsiedler in die „Aktion T4" war damit klar geregelt worden und dies aller Wahrscheinlichkeit nach nicht eigenmächtig durch Klebelsberg, Czermak und Renno, sondern unter Mitwirkung der „T4", womöglich auch des RKF. Dabei dürften die Gerüchte um die Tötung Kranker - der „furchtbare Verdacht" - eine nicht unwesentliche Rolle gespielt haben. Gerade im Dezember 1940 sorgten diese Gerüchte für einige Aufregung und veranlassten übrigens auch die DUS Nachforschungen über das „Ergehen" der „abgewanderten Arbeitsunfähigen" anzustellen, um diesen Gerüchten entgegenwirken zu können.[186] Angehörige erkundigten sich fortwährend bei der DUS nach dem Befinden der Kranken. Todesfälle blieben nicht unbekannt und veranlassten die DUS, unter dem Druck der Angehörigen, zu gründlichen Nach-

181 Vgl. Rückstellungslisten, hier besonders die mit dem Titel „Für die Überstellung kommen nicht in Betracht", o. D. (TLA, RStH, III a 1, M-XI, 1 (1941), unpag.); sowie „Originalliste von Berlin", o. D. (ebd.). In der „Originalliste" sind die zurückgestellten Patienten durch ein Häkchen markiert worden.

182 Vgl. die von Klebelsberg erstellte Liste der am 10. 12. 1940 aus Hall verlegten Patienten (ebd., unpag.).

183 Drei italienische Staatsbürger wurden mit dem Verweis auf ihre Staatsbürgerschaft zurückgestellt. Acht wurden hingegen trotz ihrer italienischen Staatsbürgerschaft nach Hartheim verlegt. Die Staatsbürgerschaft war demnach kein Ausschlusskriterium. Vgl. die von Klebelsberg erstellte Liste der am 10. 12. 1940 aus Hall verlegten Patienten (ebd., unpag.); sowie Liste der vom beauftragten Arzt vom Transport zurückgestellten Pfleglinge Liste 46, 50, o. D. (ebd., unpag.). Zu den Pirnaer Opfern vgl. Kap. IV.2.4.

184 Liste der am 10. 12. 1940 aus Hall verlegten Patienten (ebd., unpag.).

185 Klebelsberg, Direktor der Heilanstalt Hall, an Sanitätsdirektor Czermak vom 7. 1. 1941 (ebd., unpag.).

186 Aktenvermerk Helms, Ärztliche Betreuungsstelle der DUS, für Degischer, Leiter der Abt. IX der DUS, betr. im Zweigstellenbereich Bruneck kreisende Gerüchte vom 6. 1. 1941 (TLA, RStH, DUS, 56, unpag.).

forschungen.[187] Höchstwahrscheinlich befürchtete man Proteste der Angehörigen, die weder der „Aktion T4" noch der Umsiedlung zuträglich sein konnten. Insbesondere ein weiterer Rückgang der ohnehin schon geringen Abwanderungsbereitschaft konnte die gesamte Umsiedlung der Südtiroler gefährden und damit auch die Bündnisbeziehungen zu Italien dramatisch verschlechtern.[188] In diesem Sinne war bei den Südtirolern besondere Vorsicht geboten.

Alle noch in Hall verbliebenen und neu aufgenommenen Südtiroler sollten schließlich der „T4" zwar gemeldet werden - möglicherweise hielt man sich eine spätere Einbeziehung der Südtiroler in die „Aktion T4" offen -, ihre „Staatsangehörigkeit bzw. ihre Eigenschaft als Rückwanderer" sei nach Meinung Czermaks aber „besonders deutlich anzugeben".[189]

Die Zahl der in Hall eingewiesenen südtiroler Kranken stieg nach dem ersten Transport nach Schussenried wieder stetig an. Bereits im Januar 1941 wies die Gesundheitsbehörde des Reichsstatthalters die DUS darauf hin, dass ein weiterer Abtransport von Südtirolern aus Hall notwendig sei.[190] Anstelle des geforderten Abtransportes der Südtiroler aus Hall kam es in der Folgezeit jedoch immer wieder zu Transporten nach Hall. So trafen einige noch in Pergine untergebrachte Südtiroler in Hall ein, sowie weitere anstaltsbedürftige Südtiroler, deren Aufnahme die italienischen Heilanstalten verweigert hatten.[191] Hinzu kamen die auch weiterhin von der ADERSt und DUS eingewiesenen Kranken. Im November 1941, nicht zuletzt auf Drängen der DUS und der ADERSt, wurde die Verlegung der südtiroler Patienten schließlich von der Dienststelle Haubolds forciert. Diese setzte sich mit dem Württembergischen Innenministerium in Verbindung und erreichte schließlich, dass in Schussenried erneut Südtiroler aufgenommen werden sollten. Anvisiert war eine Zahl von etwa 130 südtiroler

187 Die DUS verfügte über genaue Namenslisten der in die Anstalten des Reiches verlegten Kranken und Alten. Sie ordnete an, dass alle Angehörigen dieser Kranken von der ADERSt über den Aufenthaltsort der Patienten informiert werden sollten. Bei der DUS waren nämlich zahlreiche Nachfragen von Angehörigen eingegangen. In der Folgezeit war die DUS bemüht, den Kontakt zwischen den Angehörigen und den Anstalten herzustellen bzw. aufrechtzuerhalten. Vgl. Dienstanweisung der NSV-Dienststelle an Dr. Springer vom 2. 7. 1941 (TLA, RStH, DUS, 56, unpag.); DUS an die Heilanstalt Schussenried, betr. Privatbriefe nach Südtirol vom 19. 1. 1943 (ebd., unpag.); sowie Heilanstalt Schussenried an DUS, betr. Privatbriefe nach Südtirol vom 25. 1. 1943 (ebd., unpag.).

188 Vgl. dazu auch May, Südtiroler Kranke, S. 72; sowie Karlegger, Südtiroler Kinder, S. 46-50.

189 Vgl. Klebelsberg, Direktor der Heilanstalt Hall, an Sanitätsdirektor Czermak vom 7. 1. 1941 (TLA, RStH, Abt. III a 1, M-XI, 1 (1941), unpag.); sowie Czermak an Klebelsberg vom 9. 1. 1941 (ebd., unpag.).

190 Helm, Ärztliche Betreuungsstelle der DUS, an Degischer, Leiter der Abt. IX, betr. Unterbringung von siechen, geisteskranken und körperbehinderten Umsiedlern vom 9. 1. 1941 (TLA, RStH, DUS, 56, unpag.).

191 Vgl. Pedoth, ADERSt, an Zietz, Dienststelle Haubold, betr. Freiplätze für Geisteskranke in der Heilanstalt Schussenried vom 15. 9. 1941 (BArch Berlin, R 49/922, unpag.); sowie Pedoth, ADERSt, an Gauleiter in Tirol und Vorarlberg, betr. Irrentransport am 20. 12. 1941 vom 12. 12. 1941 (ebd., unpag.). Vgl. Aufnahmebuch der Heilanstalt Hall 1938-1945 (PKH).

Patienten.[192] Für die Überstellung sollten zunächst die Umsiedler in Betracht kommen, die „keinerlei Besuche" empfangen würden oder „deren Verbleiben in der Anstalt Hall aus sonstigen Gründen nicht tragbar" sei.[193] Am 10. und 11. März 1942 verließen schließlich 67 Südtiroler die Anstalt Hall in Richtung Schussenried.[194] Dies sollten zugleich auch die letzten Transporte nach Schussenried sein. Im August 1942 verweigerte das Württembergische Innenministerium jede weitere Aufnahme von Südtirolern, mit der Begründung, die Anstalten Württembergs seien überfüllt. Zudem seien „württembergische Gebiete luftgefährdet, während dies in Tirol sicherlich nicht der Fall" sei.[195]

In Schussenried sah man sich unterdes auch mit einem anderen Problem konfrontiert. Unter den im November 1940 nach Schussenried Verlegten befanden sich nämlich nicht ausschließlich Patienten, deren Krankheitsbild die Aufnahme in einer psychiatrischen Einrichtung notwendig machte, sondern auch über 70 altersschwache und pflegebedürftige Südtiroler.[196] Diese waren infolge des zum Teil chaotischen Transportes, während dem die Psychiatriepatienten und die Altersschwachen „durcheinander gerieten", auf den gleichen Stationen wie die Psychiatriepatienten untergebracht worden.[197] Diese Situation führte in der Folgezeit zu zahlreichen Beschwerden der Angehörigen. Nach Ansicht der DUS sei es ein „Unding, vorübergehend normale Menschen mit blödsinnigen zu mischen, weil dadurch ihr Zustand unnötig noch qualvoller gestaltet" werde, und es sei doch schließlich nicht „nötig, minderwertige Menschen zu quälen".[198] Darüber bestand im Deutschen Reich allerdings kein Konsens. Die DUS bemühte sich, auch unter dem Druck der Beschwerden der Angehörigen, eine Verbesserung der Situation zu erwirken. Sie forderte eine angemessene ärztliche Betreuung der altersschwachen Südtiroler, eine entsprechende Unterbrin-

192 Vgl. Zietz, RÄK, an Stähle, Württembergisches Ministerium des Innern, betr. Unterbringung von geisteskranken südtiroler Umsiedlern vom 10. 11. 1941 (TLA, RStH, DUS, 58, unpag.); sowie Zietz an DUS, betr. Überstellung von 130 südtiroler Geisteskranken nach Schussenried vom 19. 11. 1941 (ebd., unpag.).

193 Degischer, Abt. IX der DUS, an Heilanstalt Hall, betr. Südtiroler Umsiedler vom 3. 12. 1941 (ebd., unpag.).

194 Vgl. Namensverzeichnisse der am 10. und 11. 3. 1942 nach Schussenried verlegten Südtiroler (ebd., unpag.); sowie Aufnahmebuch der Heilanstalt Hall 1938–1945 (PKH); sowie Aufnahmebuch der Heilanstalt Schussenried, getrennt nach Männern und Frauen, 1918–1949 (ZfP Bad Schussenried).

195 Stähle, Württembergisches Ministerium des Innern, an Zietz, RÄK, vom 17. 8. 1942 (HStA Stuttgart, E 151/53, Bü 423, Bl. 142).

196 Vgl. Verzeichnis der in die württembergische Heil- und Pflegeanstalt in Schussenried eingewiesenen südtiroler Umsiedler vom 12. 4. 1941 (TLA, RStH, DUS, 57, unpag.).

197 Vgl. Tatsachenbericht des DRK zum Transport von 190 geisteskranken und siechen Südtiroler Umsiedlern nach Schussenried am 1. 11. 1940 (TLA, RStH, DUS, 58, unpag.); sowie Reisebericht über den Krankentransport von Innsbruck nach Schussenried am 1. 11. 1940 von Dr. Helm, o. D. (ebd., unpag.); sowie Bericht der Heilanstalt Schussenried über die Aufnahme der Südtiroler Siechen und Irren für das Württembergische Innenministerium vom 5. 11. 1940 (HStA Stuttgart, E 151/53, Bü 423, Bl. 28).

198 Helm, Ärztliche Betreuungsstelle der DUS, an Degischer, Leiter der Abt. IX, betr. Heilanstalt Schussenried vom 29. 11. 1940 (TLA, RStH, DUS, 56, unpag.).

gung und erklärte, falls der dortige Arzt nicht dazu in der Lage sei, solle der „örtliche Gemeindearzt" die Betreuung der Südtiroler übernehmen.[199] Das Württembergische Innenministerium empfand diese Einmischung in innere Angelegenheiten als Affront und verbat sich diese ausdrücklich. Stähle beschwichtigte:

„Selbstverständlich werde ich beim Vorliegen berechtigter Wünsche oder berechtigter Klagen für Abhilfe sorgen. Ich muss aber zurückweisen, dass mir auf Grund der Ihnen wohl von den Pfleglingen zugegangenen Berichte ohne nähere Untersuchung meinerseits Vorwürfe über mangelnde ärztliche Betreuung der südtiroler Siechen und der Unterbringung der Geisteskranken in meiner Heilanstalt Schussenried gemacht werden. Es dürfte allgemein bekannt sein, dass Beschwerden von Geisteskranken nicht ohne weiteres ernst zu nehmen sind und auch alte sieche Personen allzuleicht zum Querulieren neigen."[200]

Stähle kündigte schließlich an, die altersschwachen Südtiroler „anderweitig" unterzubringen und setzte sich diesbezüglich mit der RÄK/Simek in Verbindung. Simek konnte ihm im Juli 1941 mitteilen, dass es Zietz nach „langwierigen Verhandlungen" nun gelungen sei, „in Neuendettelsau mehrere Gebäude für die südtiroler Siechen sicherzustellen".[201] Die „Geisteskranken" könne er ihm „leider" noch nicht „abnehmen". Er versicherte Stähle jedoch, dass er, sobald er „diesbezüglich etwas gefunden" habe, ihn „gerne auch von diesen befreien" werde.[202] Dazu sollte es nicht kommen. Die „geisteskranken" Südtiroler blieben, anders als die altersschwachen, die im Oktober 1941 in die zuvor geräumte Anstalt Neuendettelsau verlegt wurden, in Schussenried.[203]

199 Degischer, DUS, an Stähle, Württembergisches Ministerium des Innern, vom 2.12.1940 (ebd., unpag.).

200 Stähle, Württembergisches Ministerium des Innern, an DUS, betr. Heilanstalt Schussenried vom 11.12.1940 (TLA, RStH, DUS, 58, unpag.).

201 Simek, RÄK, an Stähle, Württembergisches Ministerium des Innern, vom 25.7.1941 (HStA Stuttgart, E 151/53, Bü 423, Bl. 92).

202 Ebd.

203 Die Räumung der Heilanstalt Neuendettelsau zum Zwecke der Unterbringung der Südtiroler wurde auf höchster Ebene organisiert. Es waren neben der die Räumung maßgeblich forcierenden RÄK/Zietz auch die KdF (Hefelmann, Brack), der RKF (Lammermann), das RMdI (Muthesius) und die Gauleitung Nürnberg an den entsprechenden Verhandlungen beteiligt. Bei einer vorbereitenden Besichtigung waren neben der RÄK (Simek) auch Vertreter der DUS (Degischer) und der ADERSt (Wetjen, Pedoth) zugegen. Die Verhandlungen wurden im März 1941 aufgenommen. Die Räumung der Anstalt erfolgte ab April 1941. Vgl. RMdI an Bayerisches Staatsministerium des Innern, betr. Südtiroler Umsiedlung vom 27.3.1941 (BayHStA, MInn, 79998, unpag.); Aktenvermerk des Bayerischen Staatsministerium des Innern, betr. Südtiroler Umsiedlung, Neuendettelsauer Anstalten (Ergebnisse der Verhandlungen) vom 7.4.1941 (ebd., unpag.); RÄK, Zietz, an Dienststelle Lammermann, RKF, betr. Besichtigung Neuendettelsau vom 12.5.1941 (ebd., unpag.); sowie Greifelt, Dienststelle des RKF, an RMdI, betr. Unterbringung von nicht mehr einsatzfähigen alten Umsiedlern aus Südtirol in Neuendettelsau vom 3.7.1941 (ebd., unpag.); sowie Aufnahmebuch der Heilanstalt Schussenried, getrennt nach Männern und Frauen, 1918–1949 (ZfP Bad Schussenried). Zu den Neuendettelsauer Anstalten vgl. auch Müller/Siemen, Warum sie sterben mußten.

Dort teilten sie schließlich das Schicksal ihrer Mitpatienten, das zunehmend von Mangelernährung, Krankheiten, Überbelegung und einer sich verschlechternden medizinischen Versorgung gekennzeichnet war.[204]

Von den im November 1940 in Schussenried eingetroffenen 112 südtiroler Patienten aus Hall verstarben bis zum Kriegsende 41, einige davon bereits wenige Wochen nach ihrem Eintreffen. Von den im März 1942 eingetroffenen 67 Patienten erlebten 17 das Kriegsende nicht. Neben den Transportumständen, der Entwurzelung der Patienten und der offensichtlich unzureichenden ärztlichen Betreuung, waren es vor allem die schlechten Lebens- und Ernährungsbedingungen, die diese Menschenleben forderten. Zu systematischen Krankentötungen ist es in Schussenried, dem derzeitigen Forschungsstand nach, nicht gekommen. Viele der in Schussenried untergebrachten Südtiroler verstarben auch erst weit nach Kriegsende, einige wurden auch gebessert entlassen. Auch einige Rückführungen nach Südtirol sind erfolgt. Hierbei spielte wiederum die Option eine bedeutende Rolle. So ist bekannt, dass aus Schussenried immerhin etwa 30 Südtiroler bis 1945 nach Südtirol entlassen wurden, weil ihre Angehörigen nicht optiert und sich für ihre Rückführung eingesetzt hatten. Nach dem Kriegsende waren es erneut einige Angehörigen, die sich für die Repatriierung ihrer in Schussenried untergebrachten Familienmitglieder einsetzten. Fünf Südtiroler konnten auf Initiative der Angehörigen hin schließlich nach Südtirol zurückkehren.[205] Ähnlich verhielt sich dies bei den in einer weiteren württembergischen Anstalt, Zwiefalten, untergebrachten südtiroler Psychiatriepatienten. Sie waren, anders als die Südtiroler in Schussenried, nicht über verschiedene Zwischenstationen nach Württemberg gelangt, sondern direkt aus der italienischen Heilanstalt Pergine.

2.2 Der „Irrentransport" aus Pergine nach Zwiefalten

Der sogenannte „Irrentransport" aus Pergine nach Hall gehört zu den recht gut erforschten Teilen der Geschichte der südtiroler Psychiatriepatienten.[206] Er soll hier nicht im Detail nachgezeichnet, sondern lediglich auf für die vorliegende Arbeit wichtige Entscheidungssituationen und Rahmenbedingungen beleuchtet werden.

204 Vgl. May, Südtiroler Kranke.

205 Aufnahmebuch der Heilanstalt Schussenried, getrennt nach Männern und Frauen, 1918-1949, ZfP Bad Schussenried. Dank gilt an dieser Stelle Herrn Dr. Rudolf Metzger, der mir Einsicht in die Aufnahmebücher gewährte. Zu den Repatriierungsbemühungen und später durchgeführten Besuchsfahrten nach Südtirol („Aktion Altherr") vgl. Johannes May, Südtiroler Patienten in Baden-Württemberg. Versuche ihrer Repatriierung. In: Wahnsinn und ethnische Säuberung. Deportation und Vernichtung psychisch Kranker aus Südtirol 1939-1945. Hg. vom Verband Angehöriger und Freunde psychisch Kranker, Bozen 1995, S. 55-64.

206 Vgl. Hinterhuber, Ermordet und vergessen, S. 56-64; Pantozzi, Die brennende Frage, S. 200-210 und May, Südtiroler Kranke, S. 69-71.

Die entscheidenden Weichenstellungen für den „Irrentransport" aus Pergine wurden im April 1940 vorgenommen. Die Initiative ging dabei von der italienischen Seite, namentlich dem Bozener Präfekten Podestá, aus. Dieser brachte im Rahmen der schon erwähnten Besprechung am 16. April 1940 in Bozen gegenüber Greifelt (RKF), Luig (ADERSt), Helm (DUS) und weiteren Teilnehmern zum Ausdruck, dass er an einer baldigen Abschiebung von etwa 600 südtiroler „Irren", interessiert sei. Entsprechende Schritte hatte Podestá bereits in die Wege geleitet. Der Abtransport von zunächst etwa 40 „Irren" könne, so versicherte Podestá den Teilnehmern, „gleich abgehen, sobald die Abnahme auf dem Brenner gesichert sei".[207] Grundsätzlich hatte Greifelt dagegen nichts einzuwenden, obwohl die Aufnahme der Patienten zu diesem Zeitpunkt in keiner Weise geregelt war. Er bemerkte dazu lediglich, dass ein solcher Transport „nicht bloß bis zum Brenner, sondern weiter bis zum Bestimmungsort fahren [sollte], damit die Ärzte dort den deutschen Ärzte gleich die nötigen Aufklärungen geben könnten."[208] Dagegen hatte die italienische Seite nichts einzuwenden, hatte man doch in der grundsätzlichen Frage, nämlich der Abschiebung der „Irren" ins Deutsche Reich, Einigkeit erzielt.

Podestá konnte es nun offensichtlich nicht schnell genug gehen. Bereits wenige Tage später erkundigte sich der Präfekt „in freundschaftlichem Tone" bei der ADERSt, ob nicht bereits entschieden worden sei, wohin der erste „Irrentransport" gehen solle. Er bekräftigte nochmals, dass von seiner Seite alles dafür Notwendige bereits vorbereitet worden sei.[209] Dem Vorpreschen der italienischen Seite standen allerdings organisatorische Unklarheiten auf der deutschen Seite gegenüber. Diese betrafen nicht etwa die Unterbringung. Diese war vom Württembergischen Innenministerium in entgegenkommendster Weise und sofort ermöglicht worden. Die Dienststelle des RKF bedankte sich im Nachgang zu dem Transport sogar nochmals ausdrücklich für die „weitgehende Unterstützung".[210] Nein, die Unklarheiten hatten sich in einem anderen Zusammenhang ergeben. Offensichtlich bestanden innerhalb der Dienststelle des RKF konträre Vorstellungen über die Organisation des Abtransportes. Der RKF hatte wohl ursprünglich den Abtransport der „Irren" in „höchstens 2 Transporten" ange-

207 Protokoll der Besprechung im Greifen (Bozen) am 16.4.1940, o. D., S. 3 (BArch Berlin, R 49/2114, unpag.). Podestá hatte den Abtransport bereits vorbereitet. Ein Wagen für 40 Patienten, Ärzte und Pfleger stand bereit. Die Anstalt Pergine war bereits gebeten worden, eine Liste der optionsberechtigten Patienten aufzustellen und den Patienten gegebenenfalls bei der Optionserklärung „behilflich" zu sein. Vgl. dazu Ermanno Arreghini, Option: eine freie Entscheidung oder Abschiebung von „Unzurechnungsfähigen"? In: Wahnsinn und ethnische Säuberung. Deportation und Vernichtung psychisch Kranker aus Südtirol 1939–1945. Hg. vom Verband Angehöriger und Freunde psychisch Kranker, Bozen 1995, S. 37–41.

208 Protokoll der Besprechung im Greifen (Bozen) am 16.4.1940, o. D., S. 3 (BArch Berlin, R 49/2114, unpag.).

209 Aktenvermerk Luig, ADERSt, betr. Herausnahme der Irren vom 25.4.1940 (BArch Berlin, R 49/2146, unpag.).

210 Dienststelle des RKF an Württembergisches Innenministerium vom 25.7.1940 (HStA Stuttgart, E 151/53, Bü 423, Bl. 11).

wiesen, Greifelt sprach sich hingegen noch Mitte Mai 1940 dafür aus, die „Irren partienweise herauszunehmen“, so wie es auch Podestá vorschlug. Letztlich setzte sich der RKF durch. In einer Besprechung zwischen der ADERSt und Simek, dem Südtirol-Beauftragten der RÄK, am 20. Mai 1940 in Bozen wurde beschlossen, nach der ursprünglichen Weisung des RKF zu verfahren und die südtiroler Patienten „auf einmal“ umzusiedeln.[211] Dieses Vorgehen hatte sich letztlich auch in anderem Zusammenhang, nämlich bei der Umsiedlung der baltendeutschen Psychiatriepatienten, als praktikabel erwiesen. Wieso sollte hier also anders verfahren werden?

Nachdem diese grundsätzliche Entscheidung getroffen war, begann man nun in aller Eile die für den Transport ins Deutsche Reich in Frage kommenden Südtiroler in die größte psychiatrische Heilanstalt Südtirols, Pergine, zu bringen. Passformalitäten wurden geklärt - für sämtliche Kranken sollte ein „Sammelpass“ ausgestellt werden - und die Vormundschaftsfrage pauschal entschieden.[212] Das ärztliche Personal stimmte sich unter der Leitung von Simek noch am 20. Mai 1940 über medizinische Details des Transportes ab. Nur einen Tag später, am 21. Mai 1940, besuchten die Ärzte die Anstalt Pergine, um mit dem dortigen Direktor, Alberto Rezza, die letzten Transportvorbereitungen zu treffen. Es wurde vereinbart, dass sofort eine vollständige Namensliste der Patienten erstellt und Auszüge aus den Krankengeschichten angefertigt werden sollten. Dafür blieb jedoch kaum noch Zeit, denn der Abtransport der Patienten aus Pergine sollte bereits am 26. Mai 1940 erfolgen.[213]

Am 24. Mai 1940 trafen die Patienten aus anderen psychiatrischen Einrichtungen des Abwanderungsgebietes in Pergine ein. Sie stammten aus den Anstalten in Udine, Gemona, Stadlhof und Nomi.[214] Insgesamt waren es schließlich 299 Patienten.[215] Sie standen unter der ärztlichen Aufsicht des Direktors Rezza, Simeks und des Anstaltsarztes Wilhelm Schneider. Letzterer hatte bereits Erfahrung mit derartigen Transporten, hatte er doch im Dezember 1939 den Transport der baltendeutschen Psychiatriepatienten begleitet.[216] Nun sollte er als Experte auch diesen Transport begleiten. Am 26. Mai 1940 um „1.15 Uhr früh“ war es schließlich soweit, die Pfleger und Schwestern der Anstalt Pergine began-

211 Aktenvermerk Luig, ADERSt, betr. Herausnahme der Irren vom 20. 5. 1940 (BArch Berlin, R 49/2146, unpag.). Zur Besprechung in Bozen am 20. 5. 1940 vgl. Bericht Simeks über den Transport der geisteskranken volksdeutschen Optanten aus der Anstalt Pergine bei Bozen nach Zwiefalten (Württemberg) vom 18. 6. 1940 (ebd., R 49/2265, unpag.).

212 Bericht Simeks über den Transport der geisteskranken volksdeutschen Optanten aus der Anstalt Pergine bei Bozen nach Zwiefalten (Württemberg) vom 18. 6. 1940 (ebd., R 49/2265, unpag.). Die Vormundschaft für die südtiroler Kranken sollte vorerst der Direktor der Heilanstalt Zwiefalten übernehmen.

213 Vgl. ebd.

214 Vgl. Hinterhuber, Ermordet und vergessen, S. 56; sowie Pantozzi, Die brennende Frage, S. 200.

215 Vgl. Liste der am 26. Mai 1940 von der Heil- und Pflegeanstalt St. Pietro in Pergine/Italien zugegangenen Kranken, o. D. (TLA, RStH, DUS, 57, unpag.).

216 Vgl. Kap. IV.2.1.

nen mit der „Einwaggonierung" der Kranken in den dafür bereitstehenden Zug.[217] Diese „Einwaggonierung" ging, glaubt man Simeks Bericht, „schnell und reibungslos vonstatten". Auch während der „ganzen Reise" habe sich „kein wesentlicher Zwischenfall" ereignet, nicht zuletzt weil die von der italienischen Seite getroffenen Vorbereitungen „geradezu vorbildlich" gewesen seien.[218] Schließlich sei auch die „Auswaggonierung" der Kranken am Bahnhof von Zwiefaltendorf, wo der Zug um „8.45 abends" eingetroffen sei, „schnell und reibungslos" erfolgt.[219] „Schnell und reibungslos", das charakterisiert zutreffend das mit diesem Transport verbundene Anliegen. Schnell wollten die italienischen Stellen die Psychiatriepatienten abgeschoben sehen, reibungslos sollte der Abtransport und die Unterbringung dieses aus deutscher Sicht willkommenen „Zählmaterials" erfolgen. Allerdings verlief nicht alles so reibungslos, wie Simek glauben machen wollte. Aus dem Bericht des Direktors der Anstalt Zwiefalten, Alfons Stegmann, geht vielmehr hervor, dass sich zahlreiche Schwierigkeiten ergaben. So mussten die Patienten am Bahnhof von Zwiefaltendorf nach der ohnehin schon strapaziösen und langen Fahrt in Busse verladen werden, da sich die Anstalt Zwiefalten nicht in unmittelbarer Nähe des Bahnhofes befand. Dies gestaltete sich schwierig, da nach Angaben Stegmanns die Mehrzahl der Kranken „hinfällig" und zum Teil „überaus erregt" war.[220] Auch die Unterbringung der Kranken war keineswegs zufriedenstellend gelöst. Für 110 Männer standen keine Betten, sondern nur Matratzen zur Verfügung. Die Betreuung der Patienten wurde schließlich auch dadurch erschwert, dass die Auszüge aus den Patientenakten, die in Pergine angefertigt worden waren, in italienischer Sprache abgefasst waren, also zunächst übersetzt werden mussten.[221] Man kann sich also nicht des Eindruckes erwehren, dass es sich um eine übereilte und ohne Rücksicht auf den Gesundheitszustand und die Behandlungsbedürfnisse der Patienten erfolgte Abschiebung „unerwünschten Bevölkerungszuwachses" handelte. Dass die Patienten als ein solcher „unerwünschter Bevölkerungszuwachs" verstanden wurden, wird auch dadurch deutlich, dass ihnen die deutsche Staatsbürgerschaft verweigert wurde – nicht offen, aber doch offensichtlich. So war die DUS, namentlich Helm, an den Vorbereitungen des Transportes zwar betei-

217 Neben diesen waren während des Transportes noch der Provinzialarzt Lino Agrifoglio und ein weiterer Arzt namens Pontaltri mit der Betreuung der Patienten befasst. Das Pflegepersonal umfasste 48 Schwestern, Pflegerinnen und Pfleger. Vgl. Bericht Simeks über den Transport der geisteskranken volksdeutschen Optanten aus der Anstalt Pergine bei Bozen nach Zwiefalten (Württemberg) vom 18. 6. 1940 (BArch Berlin, R 49/2265, unpag.).

218 Vgl. ebd.

219 Vgl. ebd.

220 Bericht des Direktors der Anstalt Zwiefalten/Stegmann über die Übernahme von deutschstämmigen Geisteskranken aus oberitalienischen Heilanstalten, adressiert an das Württembergische Ministerium des Innern, vom 29. 5. 1940 (ZfP Zwiefalten, Ordner „Südtiroler", unpag.). An dieser Stelle möchte ich Dr. Thomas Müller, Daniela Croissant und Bodo Rüdenburg für die Unterstützung meiner Recherchen in Zwiefalten und der Weissenau/Ravensburg danken.

221 Vgl. ebd.

ligt, hatte aber keine Schritte zur Einbürgerung der Patienten unternommen.[222] Die Patienten verfügten lediglich über eine Erkennungskarte und einen Ausbürgerungsschein - das heißt, sie hatten die italienische Staatsbürgerschaft verloren.[223] 1941 bemühte sich die Anstalt Zwiefalten offenbar um eine Klärung der Einbürgerungsfrage. Die ADERSt teilte auf eine entsprechende Anfrage hin mit, dass die „Einbürgerung der Pfleglinge aus den oberitalienischen Heilanstalten demnächst in Angriff genommen" werden solle.[224] Allerdings ergaben sich hier gleich mehrere Probleme. Wie Simek bereits in seinem Bericht bemerkt hatte, waren die Kranken „natürlich nicht dazu in der Lage [gewesen], ihre Stimme selbst für Deutschland abzugeben." In einigen Fällen, so Simek, hätten dies die Angehörigen übernommen, in anderen hätte sich die „deutsche Volkszugehörigkeit aus dem Geburtsort und dem Namen nachweisen" lassen.[225] Dieses Vorgehen entsprach nicht den Umsiedlungsvereinbarungen, denn optionsberechtigt konnten nur Personen sein, die auch geschäftsfähig waren. Angehörige hätten lediglich stellvertretend optieren können, wenn sie offiziell zum Vormund bestellt worden wären. Eine durch die Umsiedlungsdienststellen vorgenommene Option aufgrund des Geburtsortes und Namens entbehrte jeglicher rechtlicher Grundlage.[226] Die ADERSt begründete dieses Vorgehen schließlich damit, dass eine offizielle Bestellung eines Vormundes für jeden einzelnen verlegten südtiroler Patienten „die ganze Angelegenheit zu lange verzögert hätte"[227] - und es sollte ja schließlich alles „schnell" und „reibungslos" abgewickelt werden.

Die 1941 angekündigten Bemühungen, eine Einbürgerung der südtiroler Patienten alsbald in die Wege leiten zu wollen, blieben halbherzig. 1943 wurde lediglich für jeden südtiroler Patienten ein „Rückwandererausweis" ausgestellt,

222 Helm war bei der Besprechung mit Greifelt im April 1940 in Bozen zugegen. Über die ADERSt dürfte er auch in der Folgezeit über den Stand der Dinge informiert worden sein. Vgl. Protokoll der Besprechung im Greifen (Bozen) am 16.4.1940, o.D. (BArch Berlin, R 49/2114, unpag.).

223 Für einige Patienten lagen wohl auch Abwanderungsanträge und Stammbögen vor. Es ist allerdings kein Fall bekannt, in dem in direktem Zusammenhang mit der Umsiedlung die Einbürgerung vorgenommen wurde. Vgl. Anstalt Zwiefalten an DUS, betr. Staatsangehörigkeit von südtiroler Umsiedlern vom 22.3.1941 (ZfP Zwiefalten, Ordner „Südtiroler", unpag.); sowie Bericht Stegmann, Direktor der Anstalt Zwiefalten, über die Übernahme von deutschstämmigen Geisteskranken aus oberitalienischen Heilanstalten vom 29.5.1940 (ebd., unpag.).

224 ADERSt Bozen an Heilanstalt Zwiefalten, betr. Staatsangehörigkeit von südtiroler Umsiedlern vom 2.4.1941 (ebd., unpag.).

225 Vgl. Bericht Simeks über den Transport der geisteskranken volksdeutschen Optanten aus der Anstalt Pergine bei Bozen nach Zwiefalten (Württemberg) vom 18.6.1940 (BArch Berlin, R 49/2265, unpag.).

226 Arreghini, der 124 noch in Pergine vorhandene Optionsunterlagen auswertete, ermittelte, dass lediglich in zwei Fällen ein offiziell bestellter Vormund für die Patienten optierte. Die übrigen Optionsanträge wurden von der Verwaltung in Bozen, die ADERSt oder Gemeinden, in vielen Fällen schließlich von Angehörigen, unterzeichnet. Vgl. Arreghini, Option.

227 ADERSt Bozen an Heilanstalt Zwiefalten, betr. Staatsangehörigkeit von südtiroler Umsiedlern vom 2.4.1941 (ZfP Zwiefalten, Ordner „Südtiroler", unpag.).

der aber nur die frühere Erkennungs- bzw. Identitätskarte ersetzte.[228] 1945 dürften bis auf wenige Einzelfälle alle in Zwiefalten untergebrachten Südtiroler die deutsche Staatsangehörigkeit nicht erworben haben, sie waren damit de jure staatenlos.[229]

Diese ungeklärte Staatsbürgerschaft war es wahrscheinlich auch, die die Zwiefaltener Ärztin Marta Fauser veranlasste, beim Württembergischen Innenministerium nachzufragen, ob „unsere Südtiroler" schon unter das Sterilisationsgesetz fallen würden oder nicht.[230] Die Antwort war folgende: „Soweit die Südtiroler bereits eingebürgert [seien] [unterstünden] sie den deutschen Erb- und Rasse-Gesetzen."[231] Die Südtiroler wären damit vom Sterilisationsgesetz ausgenommen gewesen. In der Praxis waren sie dies aber nicht. Die Südtirolerin Katharine G., nach Fauser ein „Grenzfall von leichtem angebornen [sic!] und vor allem moralischen Schwachsinn", wurde beispielsweise, obwohl sie noch nicht eingebürgert worden war, dem Erbgesundheitsgericht in Ulm gemeldet.[232] Fauser begründete dies damit, dass eine Einbürgerung quasi direkt bevorstehe und die Schwester der Patientin vehement auf eine Entlassung dränge. Das Erbgesundheitsgericht in Ulm verhandelte den Fall von Katharine G. und kam zu dem Urteil, dass das Verfahren ausgesetzt werden solle.[233] Für Fauser stand einer Entlassung der Patientin nun nichts mehr im Wege. Das Württembergische Innenministerium hingegen sprach sich aufgrund der angeblich bestehenden „Fortpflanzungsgefahr" gegen eine Entlassung vor Abschluss des Verfahrens aus. Dennoch wurde Katharine G. am 7. Januar 1942 gebessert entlassen.[234]

Angesichts der rechtlich nicht zulässigen Einbeziehung von staatenlosen Südtirolern in die Zwangssterilisationspraxis stellt sich natürlich die Frage, ob die Südtiroler in Zwiefalten auch in die „Aktion T4" einbezogen wurden. Diese Frage kann klar verneint werden. Keiner der 299 nach Zwiefalten gelangten Südtiroler ist in Grafeneck oder Hadamar ermordet worden. Drei im November 1940 nach Grafeneck überstellte Südtiroler wurden sogar, nachdem sie auf ihre Herkunft hingewiesen hatten, wieder nach Zwiefalten zurückgebracht, also explizit von der Vernichtung ausgenommen.[235] In die Meldebogenerfassung

228 Vgl. DUS an die Heilanstalt Zwiefalten, betr. Rückwandererausweise vom 27.9.1942 (ebd., unpag.).

229 Es ist nur ein Fall einer Einbürgerung bekannt. Vgl. Heilanstalt Zwiefalten an ADERSt, betr. Staatsangehörigkeit von südtiroler Umsiedlern vom 22.3.1941 (ebd., unpag.).

230 Fauser, Heilanstalt Zwiefalten, an Württembergisches Ministerium des Innern vom 16.11.1940 (HStA Stuttgart, E 151/54, Bü 6, Bl. 252).

231 Ebd.

232 Fauser, Heilanstalt Zwiefalten, an Württembergisches Ministerium des Innern, betr. Entlassung Katharine G. vom 3.11.1941 (HStA Stuttgart, E 151/53, Bü 423, Bl. 252).

233 Ebd.

234 Vgl. Notiz auf dem Schreiben Fausers, Heilanstalt Zwiefalten, an das Württembergische Ministerium des Innern, betr. Entlassung Katharine G. vom 3.11.1941 (HStA Stuttgart, E 151/53, Bü 423, Bl. 252); sowie Krankenliste der Heilanstalt Zwiefalten, Frauen-Abteilung 1939–1949 (ZfP Zwiefalten).

235 Vgl. Liste der am 8.11.1940 nach Grafeneck verlegten Männer (ZfP Zwiefalten, Ordner „Durchgänge", unpag.). Hinter vier Namen wurde „zurückgekommen" vermerkt. Ein

waren die Südtiroler demnach aber sehr wohl einbezogen gewesen. Ein Ausschluss von der „Aktion T4" kann also nicht von vornherein beschlossen gewesen sein, ähnlich wie dies auch in Hall der Fall gewesen war. Die Verwaltung der Anstalt Zwiefalten ging sogar davon aus, dass die vermutlich aus Platzgründen am 6. Juli 1940 in die Anstalt Weissenau/Ravensburg weiterverlegten Südtiroler „voraussichtlich bald wieder hierher [nach Zwiefalten] zurückverlegt" würden.[236] Da Zwiefalten als Zwischenanstalt für die Tötungsanstalt Grafeneck fungierte und die Schließung der Anstalt Weissenau 1940 noch nicht absehbar war, können die Ärzte hier eigentlich nur eine Verlegung im Rahmen der „Aktion T4" gemeint haben. Sie erwarteten also offenbar eine Einbeziehung der Südtiroler in die „Aktion T4". Erst in letzter Minute nahm die „T4" die Südtiroler von der Ermordung aus, aber wohl nur unter Vorbehalt, denn die Meldebögen wurden in Zwiefalten wie in Hall weiter ausgefüllt.[237] Allem Anschein nach war hier im November eine reichseinheitliche Lösung getroffen worden, die zunächst in Zwiefalten und nur einen Monat später in Hall in Form der Rückstellungen umgesetzt wurde.

Auch wenn die Südtiroler in Zwiefalten nicht Opfer der „Aktion T4" wurden, so war die Sterblichkeit doch hoch. Bereits wenige Tage nach dem Eintreffen des Transportes aus Pergine starben die ersten südtiroler Patienten. Bis Ende Juli 1940 waren bereits 14 Todesfälle zu verzeichnen. Bis zum Kriegsende war fast die Hälfte der 299 Patienten verstorben.[238]

Abgleich mit dem Aufnahmebuch ergab, dass drei der Männer aus Südtirol stammten. Nach Aussagen eines anderen südtiroler Patienten, Pepi D., seien sie mit dem Hinweis auf ihre Herkunft zurückgestellt worden. In den noch erhaltenen Krankenakten von zwei der drei Südtirolern findet sich kein Hinweis zur Überstellung nach Grafeneck. Vgl. Krankenliste der Heilanstalt Zwiefalten. Männer-Abteilung 1940–1948 (ZfP Zwiefalten); sowie Krankenliste der Heilanstalt Zwiefalten, Frauen-Abteilung 1939–1949 (ebd.); Krankenakte von Walter D. (ebd., Karton 68); Krankenakte von Georg G. (ebd., Karton 119). Die Krankenakte des dritten Südtirolers ist nicht erhalten. Ich danke Josef Pretsch, der mir von Pepi D. und seinen Erinnerungen berichtete. Zu den drei Rückstellungen vgl. May, Südtiroler Kranke, S. 71.

236 Ökonomieverwaltung Zwiefalten an Ökonomieverwaltung Weissenau, betr. Südtiroler Pfleglinge vom 20. 7. 1940 (ZfP Zwiefalten, Ordner „Südtiroler", unpag.). Am 6. Juli 1940 wurden insgesamt 75 südtiroler Patienten in die Heilanstalt Weissenau verlegt. Ein Teil kam 1943, im Zuge der Zweckentfremdung der Weissenau, wieder nach Zwiefalten zurück, der andere Teil wurde nach Schussenried verlegt. Nach Schussenried waren bereits am 19. Oktober 1940 25 Patienten des Pergine-Transportes gelangt. Vgl. Aufnahmebuch der Heilanstalt Schussenried, getrennt nach Männern und Frauen, 1918–1949 (ZfP Bad Schussenried); sowie Aufnahmeliste der Heilanstalt Weissenau (ZfP Weissenau/Ravensburg).

237 In den Krankenakten der Südtiroler befinden sich zum Teil Meldebogendurchschriften, auf denen sehr deutlich der Stempel „Südtiroler" zu sehen ist. Offenbar verfuhr man hier wie in Hall nach dem Prinzip, dass die Südtiroler gemeldet, aber auch als Südtiroler kenntlich gemacht werden sollten. Vgl. Durchschrift des ausgefüllten Meldebogens für Georg G., datiert auf den 10. 11. 1941 (ZfP Zwiefalten, Karton 119, Krankenakte Georg G., unpag.); Durchschrift des ausgefüllten Meldebogens für Franziska O., datiert auf den 14. 11. 1941 (ebd., Karton 299, Krankenakte Franziska O., unpag.).

238 Vgl. Krankenliste der Heilanstalt Zwiefalten, Männer-Abteilung 1940–1948 sowie Krankenliste der Heilanstalt Zwiefalten, Frauen-Abteilung 1939–1949 (ZfP Zwiefalten).

Die hohe Sterblichkeit war jedoch kein Einzelphänomen der Südtiroler, sondern sie betraf alle Patienten gleichermaßen. Sie lag nicht nur in der unzureichenden Ernährung, der mangelhaften medizinischen Versorgung und in Krankheiten begründet, sondern auch im systematischen Nahrungsentzug und der Verabreichung überdosierter Beruhigungsmittel. Zwiefalten war zu einem Ort der dezentralen „Euthanasie" geworden. Es ist nicht auszuschließen, dass einige Südtiroler dieser Form des Krankenmordes zum Opfer gefallen sind. Klare Belege fehlen jedoch.

Eine offene Einbeziehung der Südtiroler in die NS-Krankenmorde kann demnach, zumindest für die erwachsenen Patienten, die sich vor allem in Hall, Zwiefalten und Schussenried befanden, nicht nachgewiesen werden. Vielmehr lässt sich eine explizite Ausnahme davon erkennen. Ganz anders sah dies bei behinderten südtiroler Kindern aus. In mindestens zehn Fällen wurden südtiroler Kinder im Rahmen der „Kindereuthanasie" ermordet.

2.3 Südtiroler „Reichsausschuss"-Kinder

Infolge der verschiedenen Erfassungsmaßnahmen der ADERSt, der AdO und Jungwirths waren im Laufe des Jahres 1940 auch eine Reihe von geistig und körperlich behinderten Kindern „umgesiedelt" worden. In der Regel hatte die ADERSt noch vor der Abreise der Kinder die Heimunterbringung mit der DUS abgestimmt und gegebenenfalls die Einweisung in die Psychiatrisch-Neurologische Klinik veranlasst.[239] Dort wurden die Kinder von Scharfetter beobachtet, Diagnosen und Prognosen gestellt und damit über die weitere Unterbringung der Kinder entschieden.[240] Anfangs stand für diese Kinder, unabhängig davon, ob sie „geistesschwach", aber „bildungsfähig", oder „nicht bildungsfähig" waren, eigentlich nur einen Aufnahmeeinrichtung in Nordtirol zur Verfügung: das St. Josefs-Institut in Mils in der Nähe von Hall.[241] Es handelte sich hierbei um eine konfessionelle Einrichtung, die sich der Pflege „Geistesschwacher" aller Altersgruppen widmete. Die Zahl der betreuten Patienten lag im Durchschnitt bei etwa 200 bis 250. 1940 stieg sie, bedingt durch die Einweisungen von Südtirolern, auf etwa 280 an.[242] Spätestens im Herbst 1940 war das St. Josefs-Institut nicht mehr aufnahmefähig. Wie die DUS feststellte, lag dies vor allem daran, dass es im Falle von Mils kein „System zur Weiterverschickung von dort untergebrachten Südtirolern, wie es z. B. von der Landesheil- und

239 Vgl. ADERSt Meran an DUS, betr. Mj. Alois und Fidelis H. vom 24. 8. 1940 (TLA, RStH, DUS, Optionsakte Alois H., Kz. 232 950, unpag.).

240 Zur Psychiatrisch-Neurologischen Klinik in Innsbruck vgl. Karlegger, Südtiroler Kinder, S. 55–59.

241 Vgl. DUS an Simek, RÄK, betr. Überstellung minderwertiger Kinder vom St. Josefsinstitut in Mils bei Hall in entsprechende Heime in der Ostmark oder Altreich vom 1. 10. 1940 (TLA, RStH, 56, unpag.).

242 Vgl. Karlegger, Südtiroler Kinder, S. 62 sowie Hinterhuber, ermordet und vergessen, S. 98 f.

Pflegeanstalt Hall gehandhabt" wurde, gab.[243] Ein solches System galt es aus Sicht der DUS nun schnellstmöglich zu etablieren, eine Ausweicheinrichtung zu schaffen[244] und vorerst die Umsiedlung weiterer „schwachsinniger oder sonst minderwertiger Kinder" zu stoppen. In der Folgezeit war man vor allem bemüht, die bereits in Mils „angesammelten Kinder in andere Anstalten weiterzuschieben, um Mils weiterhin als Auffangstation zur Verfügung zu haben".[245] Auf der Suche nach geeigneten Unterbringungsmöglichkeiten für die „abzuschiebenden" Kinder wandte sich die DUS, wie auch bei den in Hall untergebrachten südtiroler Patienten, im Oktober 1940 an Simek bzw. die Reichsärztekammer/Dienststelle Haubolds. Helm machte Simek deutlich:

> „Nun sind sämtliche Plätze des Instituts belegt. Es besteht auch keine Möglichkeit, in einem anderen Institut des Gaues die unaufhörlich weiter anfallenden Patienten unterzubringen. Es wird daher angeregt, schnellstens von Berlin aus in den entsprechenden Anstalten des Reiches die nötige Anzahl von Plätzen bereitzustellen, um einerseits sofort alle in Mils befindlichen südtiroler Kinder abtransportieren zu lassen und andrerseits die laufend eintreffenden, die weiterhin im Milser Institut gesammelt werden, ebenso in Krankentransporten in die Heime der anderen Gau abzuschieben.
> Diese Regelung ist *dringend* nötig, weil sich hier in den Heimen von Innsbruck und Umgebung jetzt fast sämtliche pflegebedürftigen Südtiroler sammeln und für die ununterbrochen nachrückenden kein Platz da ist."[246]

Die Suche nach geeigneten Einrichtungen, insbesondere für die „nicht bildungsfähigen" Kinder, gestaltete sich jedoch schwierig. Zunächst versuchte die Dienststelle Haubolds/Zietz eine Unterbringung in Schussenried zu erreichen. Das Württembergische Innenministerium war hierbei allerdings weniger kooperativ als noch bei der Unterbringung der südtiroler Patienten aus Hall. Es lehnte im Mai 1942 die Aufnahme der Kinder schlichtweg ab, da sich die Heilanstalt Schussenried zum einen „nicht zur Unterbringung schwachsinniger Kinder" eigne und zum anderen über keine freien Betten verfüge.[247] Daraufhin wandte sich Zietz am 2. Juli 1942 an das RMdI, namentlich Linden, und erbat Mitteilung, „welche Heilanstalt, möglichst in Süddeutschland, für die Unterbringung

243 Aktenvermerk Helm, Ärztliche Betreuungsstelle, für Degischer, Leiter der Abt. IX der DUS, betr. St. Josefsinstitut in Mils bei Hall vom 17.9.1940 (TLA, RStH, DUS, 56, unpag.).

244 Spätestens 1942 stand für die Aufnahme von „geistesschwachen" Kindern das NSV-Kinderheim Lansersee zur Verfügung. Zusätzlich nahmen die Hilfsschulen in Scharnitz und Andelsbuch südtiroler Kinder auf.

245 Aktenvermerk Helm, Ärztliche Betreuungsstelle, für Degischer, Leiter der Abt. IX der DUS, betr. St. Josefsinstitut in Mils bei Hall vom 17.9.1940 (TLA, RStH, DUS, 56, unpag.).

246 DUS an Simek, RÄK, betr. Überstellung minderwertiger Kinder vom St. Josefsinstitut in Mils bei Hall in entsprechende Heime in der Ostmark oder Altreich vom 1.10.1940 (ebd., unpag.).

247 Stähle, Württembergisches Ministerium des Innern, an Dienststelle Haubolds, betr. Unterbringung von geistesschwachen, nicht bildungsfähigen Minderjährigen aus Südtirol vom 22.5.1942 (ebd., unpag.).

derartiger Kranker in Frage" komme.[248] Bereits wenige Tage später teilte das RMdI Zietz eine geeignete Anstalt mit: Kaufbeuren. Zietz setzte sich umgehend, am 11. Juli 1942, mit dem dortigen Direktor, Valentin Faltlhauser, in Verbindung und übersandte ihm die ärztlichen Zeugnisse von acht bisher in Mils untergebrachten „geistesschwachen, nicht bildungsfähigen" südtiroler Kindern.[249] Am 20. Juli 1942 teilte die Anstalt Kaufbeuren der Dienststelle Haubolds mit, dass die Aufnahme der acht Kinder „jederzeit" erfolgen könne.[250] Am 27. August 1942 wurden die Kinder, es waren nun insgesamt zehn, aus Mils nach Kaufbeuren verlegt, und zwar auf Veranlassung des „Reichsausschusses".[251] Infolgedessen wird klar, dass es sich hier um keine reguläre Verlegung handelte, sondern um eine Überstellung in eine „Kinderfachabteilung". Die Entscheidung, die südtiroler Kinder in die „Kindereuthanasie" einzubeziehen, fiel also allem Anschein nach im RMdI, an das sich Zietz nach dem gescheiterten Versuch, die Kinder in Schussenried unterzubringen, wandte.[252] Zietz Bemühungen zielten demnach nicht von Anfang an auf eine Unterbringung in einer „Kinderfachabteilung". Diese Option wurde erst von Linden eingebracht, der die Kinder vermutlich dem „Reichsausschuss" meldete und deren Überstellung im Namen des „Reichsausschusses" veranlasste. Aller Wahrscheinlichkeit nach, waren die Kinder in Mils zuvor noch nicht vom „Reichsausschuss" erfasst worden, wäre dieser doch sonst direkt mit dem St. Josefs-Institut in Verbindung getreten. Eine, in einer Krankenakte der südtiroler Kinder genannte „Südtiroler Reichsausschussstelle" existierte nach bisherigem Kenntnisstand nicht.[253] Von einer solch

248 Zietz, Dienststelle Haubolds, an Linden, RMdI, betr. Unterbringung von geistesschwachen, nicht bildungsfähigen Minderjährigen aus Südtirol vom 2. 7. 1942 (ebd., unpag.).

249 Zietz, Dienststelle Haubolds, an Anstalt Kaufbeuren-Irsee, betr. Unterbringung von geistesschwachen, nicht bildungsfähigen Minderjährigen aus Südtirol vom 11. 7. 1942 (ebd., unpag.).

250 Dienststelle Haubolds an DUS, betr. Unterbringung von geistesschwachen, nicht bildungsfähigen Minderjährigen aus Südtirol vom 20. 7. 1942 (ebd., unpag.).

251 Vgl. Anstalt Kaufbeuren an DUS, betr. Überstellung von 10 Kranken aus dem St. Josefs Institut Mils vom 28. 8. 1942 (BKH Kaufbeuren, Unterlagen Südtiroler Kinder, unpag.). In einigen Krankenakten der südtiroler Kinder wurde wie im Falle von Josef S. als Grund der Einlieferung: „Auf Anordnung des Reichsausschusses für wissenschaftliche Erfassung etc." vermerkt. Vgl. Krankengeschichte von Josef S. (BKH Kaufbeuren, Krankenakte Nr. 12792, unpag.). Vgl. Karlegger, Südtiroler Kinder, S. 75; sowie Petra Schweizer-Martinschek, Tbc-Versuche an behinderten Kindern in der Heil- und Pflegeanstalt Kaufbeuren-Irsee 1942–1944. In: Andreas Wirsching (Hg.), Nationalsozialismus in Bayerisch-Schwaben. Herrschaft. Verwaltung. Kultur, Ostfildern 2004, S. 231–259.

252 Vgl. Karlegger, Südtiroler Kinder, S. 72 f.

253 Vgl. Eintragung in der Krankengeschichte von Max P. (BKH Kaufbeuren, Krankenakte Nr. 12793, unpag.). In den Akten ließ sich kein weiterer Hinweis auf die Existenz einer solchen Stelle finden. Es ist auch eher unwahrscheinlich, dass der Reichsausschuss schon in Südtirol tätig wurde. Verbindungen zwischen Jungwirth und dem Reichsausschuss konnten beispielsweise nicht gefunden werden. Wahrscheinlicher ist, dass der Reichsausschuss in Tirol, also nach der Umsiedlung, aktiv wurde und südtiroler Kinder hier ebenso wie alle übrigen erfasst wurden. Inwieweit Scharfetter oder das St. Josefs-Institut in Mils in die Erfassung „missgebildeter" Kinder einbezogen waren, lässt sich nach derzeitigem Forschungsstand nicht sagen.

gezielten und systematischen Einbeziehung von südtiroler Kindern in die „Kindereuthanasie" ist nicht auszugehen, auch wenn weitere Fälle in anderen „Kinderfachabteilungen" nicht auszuschließen sind.

Obwohl es sich bei diesen zehn Fällen um Einzelfälle zu handeln scheint, so sind sie doch außerordentlich aufschlussreich, zeigen sie doch welche indirekten Folgen die Umsiedlung für den Einzelnen haben konnte.

Für die zehn südtiroler Kinder bedeutete die Verlegung nach Kaufbeuren den Tod. Sie gehörten nämlich zu der Gruppe von Kindern, die Faltlhauser als „unheilbar" einstufte. Die Eintragungen in den Krankenakten machen dies deutlich. So heißt es in der Krankengeschichte von Rosa U., dass sich „keinerlei Fortschreiten einer geistigen Entwicklung" beobachten lasse, bei Elisabeth S. könne „man nur von einem Vegetieren sprechen".[254]

Die Kinder wurden über mehrere Monate beobachtet und aller Wahrscheinlichkeit nach wurde dem „Reichsausschuss" über den Zustand der Kinder und die durchgeführten Untersuchungen berichtet. Die Krankenakten der zehn Kinder weisen auf verschiedenste Untersuchungen während dieser Beobachtungsphase hin: angefangen bei Intelligenztests über Liquoruntersuchungen bis hin zu Enzephalographien.[255] Diese Untersuchungen gestalteten sich für die Kinder zum Teil als Tortur. So wurde Ida S. zum Beispiel für eine Liquorentnahme dreimal punktiert. Die erste Entnahme musste abgebrochen werden, da „das Kind unruhig" geworden war. Die zweite Punktation misslang. Ida S. zeigte nun deutliche Nebenwirkungen, die sich vor allem in Erbrechen äußerten. Dennoch wurde nach einer Stunde erneut punktiert, mit dem Resultat, dass ein „kollapsartiger Zustand" eintrat.[256] Dabei sollte es jedoch nicht bleiben. Ida S. gehörte zu den insgesamt fünf südtiroler Kindern, an denen ein Tbc-Impfstoff getestet wurde.[257] Für alle fünf Kinder endeten diese Impfexperimente, die mit hohem Fieber und Abszessbildungen einhergingen, tödlich. Zwei starben nach der ersten Testreihe, nachdem sie mit abgeschwächten Tuberkelbazillen infiziert worden waren.[258] Die anderen drei starben im Rahmen einer zweiten

254 Krankengeschichte von Rosa U. (BKH Kaufbeuren, Krankenakte Nr. 12788, unpag.); sowie Krankengeschichte von Elisabeth S. (ebd., Krankenakte Nr. 12791, unpag.).

255 Vgl. die Krankenakten Nr. 12786 (Josef G.), 12790 (Agnes G.), 12787 (Fidelius H.), 12789 (Ida S.), 12788 (Rosa U.), 12785 (Konrad V.), 12791 (Elisabeth S.), 12792 (Josef S.), 12793 (Max P.), 12794 (Walter P.) (BKH Kaufbeuren). Vgl. auch Karlegger, Südtiroler Kinder, S. 79 f.

256 Vgl. Krankengeschichte von Ida S. (BKH Kaufbeuren, Krankenakte Nr. 12789, unpag.).

257 In den Krankengeschichten der fünf südtiroler Kinder sind die Impfungen vermerkt. Insgesamt wurden 13 Kaufbeurer Kinder für die Impfexperimente ausgewählt. Durchgeführt wurden sie von Georg Hensel, Leiter der etwa 30 Kilometer von Kaufbeuren entfernten Kinderheilstätte Mittelberg bei Oy. Zu den Experimenten vgl. weiterführend Schweizer-Martinschek, Tbc-Impfexperimente. Zu den südtiroler Kindern vgl. die Krankenakten Nr. 12789 (Ida S.), Nr. 12790 (Agnes G.), Nr. 12788 (Rosa U.), Nr. 12792 (Josef S.), Nr. 12793 (Max P.) (BKH Kaufbeuren).

258 Vgl. Krankengeschichte von Agnes G. (BKH Kaufbeuren, Krankenakte Nr. 12790, unpag.); sowie Krankengeschichte von Josef S. (ebd., Krankenakte Nr. 12792, unpag.). Vgl. auch die ausführlichen Lebensläufe bei Karlegger, Südtiroler Kinder. Zum Ablauf der Versuche vgl. weiterführend Schweizer-Martinschek, Tbc-Impfexperimente.

Versuchsreihe, während der die Kinder bewusst mit virulenten Tuberkelbazillen infiziert wurden. Eines dieser Kinder war im Rahmen des ersten Experiments bereits geimpft worden, die beiden anderen wurden als Kontrollgruppe erstmalig mit den Tuberkelbazillen infiziert. Ein Vergleich der Reaktionen sollte Rückschlüsse auf die Wirksamkeit der Impfung zulassen. Im Falle der in dieses Experiment einbezogenen drei südtiroler Kinder führten die Impfungen zum Tod.[259] Von den anderen Kindern überlebte nur eines diese zweite Versuchsreihe.[260]

Die Einweisung in die „Kinderfachabteilung" der Anstalt Kaufbeuren bedeutete damit für alle Kinder den Tod. Fünf von ihnen fielen mit an Sicherheit grenzender Wahrscheinlichkeit überdosierten Medikamenten zum Opfer, nachdem sie von Faltlhauser als „unheilbar" und daher als „lebensunwert" befunden worden waren. Die fünf anderen wurden Opfer der von Hensel durchgeführten menschenverachtenden medizinischen Experimente, nachdem auch sie als „lebensunwert" eingestuft worden waren.

3. Südtirol - ein Sonderfall?

Die Umsiedlung der Südtiroler vollzog sich in vielen Punkten anders als die der „Volksdeutschen" aus dem Baltikum, Ost- und Südosteuropa. Sie erstreckte sich zum Beispiel über einen viel längeren Zeitraum und generierte einen eigenen, von den übrigen Umsiedlungsaktionen abweichenden Umsiedlungsapparat. Im Grundsatz folgte sie jedoch den gleichen Prämissen wie die übrigen Umsiedlungen und dies nicht zuletzt deshalb, weil der RKF hier wie dort eine zentrale Position einnahm. Der RKF war das Bindeglied zwischen den Umsiedlungsaktionen und zugleich die höchste Umsiedlungsinstanz. Grundsätzliche Fragen wie die der Einbürgerung „unerwünschten Bevölkerungszuwachses" wurden dort und nicht von der DUS oder der EWZ geklärt. Sie fungierten als ausführende Stellen einer übergeordneten RKF-Politik, die auf eine totale „ethnische Neuordnung" Europas zielte und innerhalb derer die einzelnen umgesiedelten Volksgruppen zu einer neuen Siedlergesellschaft verschmelzen sollten. Zur Erreichung dieses Zieles bediente sich der RKF-Apparat der neu geschaffenen, bzw. bereits vorhandenen, den neuen Erfordernissen angepassten Umsiedlungsdienststellen. Grundsätzlich gliederte sich der Umsiedlungsapparat dabei bei jeder Umsiedlung in Erfassungs-, Einbürgerungs- und Ansiedlungsdienststellen. Deren Aufgabengebiet war, trotz unterschiedlicher Dienststellenbezeichnungen, im Prinzip ähnlich. So übernahm die ADERSt in Südtirol Erfassungs- und

259 Vgl. Krankengeschichte von Rosa U. (BKH Kaufbeuren, Krankenakte Nr. 12788, unpag.); Krankengeschichte Ida S. (ebd., Krankenakte Nr. 12789); sowie Krankengeschichte von Max P. (ebd., Krankenakte Nr. 12793). Vgl. auch die ausführlichen Lebensläufe bei Karlegger, Südtiroler Kinder.

260 Vgl. Schweizer-Martinschek, Tbc-Impfexperimente, S. 244-247.

Registrierungsarbeiten und bereitete den Abtransport der Umsiedler in das Deutsche Reich vor, ähnlich wie dies die Vomi zum Beispiel in Rumänien, Polen oder Bosnien tat. Dabei bedurfte sowohl die ADERSt als auch die Vomi der Unterstützung regionaler Experten und Volkstumsorganisationen. Abhängig von deren Organisationsgrad und vom Grad der Konsolidierung der Umsiedlungsdienststellen konnten diese zum Teil deutlichen Einfluss auf die Erfassung vor Ort nehmen. Mit durchaus beträchtlicher Eigeninitiative unterstützten unter anderem die Baltendeutschen, die Bessarabiendeutschen und auch die Südtiroler die Umsiedlungsdienststellen. Diese sicherten sich dabei nicht nur organisatorisch-logistische Unterstützung zu, sondern hatten auch, unter dem Blickwinkel der zukünftigen Ansiedlung, ein besonderes Interesse an „volksbiologischen", erbbiologischen und rassenanthropologischen Informationen. Die Zusammenarbeit zwischen Jungwirth, der ADERSt und der Dienststelle Haubolds zeigt besonders deutlich die Vernetzung regionaler, medizinischer Akteure mit Umsiedlungsdienststellen und auch der medizinischen Wissenschaft. Diese war in Ansätzen auch bei der Umsiedlung der Baltendeutschen oder der Bessarabiendeutschen zu beobachten - erinnert sei nur an die von den Volksgruppen aufgestellte „Asozialenliste" oder die Liste der „Geisteskranken". Die Erhebungen und Forschungen Jungwirths im Rahmen der Umsiedlung der Südtiroler dürften in dieser Form aber einmalig gewesen sein. Möglich waren sie vor allem deshalb geworden, weil die Abwanderung der Südtiroler sich über einen viel längeren Zeitraum erstreckte, was intensive Forschungen vor Ort erst sinnvoll und möglich machte.

Die Erfassungen der ADERSt und Vomi lieferten hier wie dort letztlich die Grundlage für die Einbürgerung der „Volksdeutschen", die auf der einen Seite von der EWZ und auf der anderen Seite von der DUS vorgenommen wurde. Beide Dienststellen unterschieden sich spätestens seit dem Sommer/Herbst 1940 hinsichtlich ihrer Einbürgerungsgrundsätze nicht mehr. Die Dienststelle des RKF hatte eine Vereinheitlichung der Einbürgerungspraxis durchgesetzt. Eine Einbürgerung „unerwünschten Bevölkerungszuwachses" sollte demnach nicht erfolgen, hier sollten vielmehr „Verweisungsbescheide" erteilt werden und /oder geeignete Maßnahmen zur „Behebung" eventueller gesundheitlicher Mängel eingeleitet werden. Dahinter verbarg sich die Sterilisationsanzeige, die für vermeintlich „erbkranke" Umsiedler erstattet werden sollte. Ob diese Anzeigenerstattung von der DUS, deren Selektionstätigkeit nie die Intensität und die rassenhygienisch-medizinische Ausrichtung der EWZ erreichte, genauso stringent wie von der EWZ verfolgt wurde, ist schwer zu sagen. Sicher ist, dass die Umsiedlungen einer Psychiatrisierung und Hospitalisierung alter, kranker und behinderter Menschen Vorschub leistete. Alle diese Menschen gerieten dadurch in den Aktionsradius der NS-Erbgesundheitspolitik. Gleiches galt für die umgesiedelten Psychiatriepatienten, die trotz des eigentlich geringen Interesses des Deutschen Reiches an diesem „unerwünschten Bevölkerungszuwachs" aus politischen und taktischen Gründen umgesiedelt werden mussten. Die Krankentransporte verliefen dabei ähnlich und standen immer unter Leitung der

RÄK/Dienststelle Haubolds, die besonders augenscheinlich bei den großen „Geisteskrankentransporten" aus dem Baltikum und aus Pergine in Erscheinung trat. Mit der Ankunft in den jeweiligen Zielanstalten unterlagen die verschiedenen Umsiedlergruppen jedoch einer unterschiedlichen Behandlung. Dies zeigt sich besonders deutlich im Kontext der „Aktion T4". Die Südtiroler wurden zwar systematisch in den Meldebögen der „T4" erfasst - alles deutete also zunächst auf eine Einbeziehung in die „Aktion T4" hin - aber in letzter Minute wurden die Südtiroler im November/Dezember 1940 explizit von den Verlegungen in die Tötungsanstalten ausgenommen - sowohl in Hall als auch in den Anstalten Württembergs. Ganz anders sah dies bei den im Warthegau untergebrachten „Volksdeutschen" aus dem Baltikum, Ost- und Südosteuropa aus. Diese wurden ebenfalls systematisch in die Meldebogenerfassung einbezogen, wobei auch hier aus den Meldebögen durchaus deren Status („Baltendeutscher") hervorging. Anders als die Südtiroler befanden sich diese Patienten nicht nur auf den Transportlisten der „T4", sondern sie wurden schließlich auch „verlegt". Über 500 volksdeutsche Patienten wurden im Sommer 1941 - also zu einem Zeitpunkt, als die Zurückstellung der Südtiroler bereits lange verfügt worden war - von der „T4" in die Zwischenanstalt Uchtspringe verlegt. Sie wurden nur deshalb nicht in der „T4"-Tötungsanstalt Bernburg ermordet, weil zwischenzeitlich die „Aktion T4" gestoppt worden war. In der Folgezeit wurden viele der Verlegten entweder in Uchtspringe, Hadamar, Meseritz oder Pfafferode im Rahmen der „Medikamenteneuthanasie" oder durch Nahrungsentzug ermordet. Das gleiche Schicksal erlitten die in den Anstalten des Warthegaus Zurückgebliebenen.

Worin liegt diese unterschiedliche Behandlung der volksdeutschen Psychiatriepatienten begründet? Der vermutlich ausschlaggebende Grund für die Zurückstellung der Südtiroler von der „Aktion T4" war wahrscheinlich der Kontakt zu den Angehörigen. Diese wussten nämlich zum einen, in welche Anstalten die Patienten verlegt worden waren - dies war bei den anderen Umsiedlergruppen größtenteils nicht der Fall -, und standen in Kontakt zu ihnen. Nicht zuletzt durch die in der Presse kursierenden Gerüchte über die NS-„Euthanasie" und die dadurch entstandene Beunruhigung in Südtirol wandten sich die Angehörigen immer wieder mit Nachfragen an die DUS. Diese sah sich nun durch dieses Drängen der Angehörigen und durch die Gerüchte veranlasst, sich bei den entsprechenden Anstalten nach dem Befinden der Südtiroler zu erkundigen und gegebenenfalls eine Verbesserung der Situation zu erreichen. Dies ging schließlich soweit, dass die DUS sich vor Ort einen Überblick verschaffte und als eine Art Interessensvertretung der Südtiroler auftrat. Vor diesem Hintergrund hätte die Ermordung von Südtirolern nicht geheim bleiben können. Sie hätte sicher eine Vielzahl von Protesten ausgelöst, die sich weder auf die ohnehin stockende Umsiedlungsaktion noch auf die Krankenmorde und deren Geheimhaltung positiv ausgewirkt hätten. Auch die Bündnisbeziehungen zu Italien wären ernstlich bedroht gewesen. Dies alles war bei den Baltendeutschen oder Bessarabiendeutschen nicht zu erwarten gewesen.

Letztlich waren die Südtiroler jedoch auch nur unter Vorbehalt von den Krankenmorden ausgenommen worden, denn die Meldebogenerfassung lief auch hier weiter, sodass die „T4" zu einem späteren Zeitpunkt mühelos die Ermordung der südtiroler Patienten hätte verfügen können. Zu einer Wiederaufnahme der „Aktion T4" kam es aber bekanntlich nicht.

So unterschiedlich wie das Schicksal der Umsiedlergruppen im Hinblick auf die „Aktion T4" auch war, so ähnlich war es 1945. Sie alle waren größtenteils nicht eingebürgert worden, sie waren staatenlos. Eine Rückkehr in ihre Herkunftsländer war ihnen, bis auf einige Ausnahmen unter den Südtirolern, verwehrt.[261] Bei den Volksdeutschen aus dem Baltikum, Ost- und Südosteuropa kam allerdings hinzu, dass sie sich, sofern sie die Mangelernährung und die medikamentösen Tötungen überlebt hatten, nun in polnischen Anstalten mit polnischem Personal befanden. Eine Situation, die für die Patienten, die durch die Umsiedlung und Vertreibung nach 1945 nun auch noch den letzten Kontakt zu den Angehörigen verloren, außerordentlich schwierig gewesen sein muss. Erst 1948, zum Teil erst 1950, begann sich Deutschland, genauer gesagt die SBZ/DDR, für ihr Schicksal zu interessieren und sie sukzessive zu „repatriieren", das heißt in psychiatrische Heilanstalten der DDR zu überführen.[262] Sie hatten letztlich keine Lobby. Ihre Angehörigen waren über das geteilte Deutschland hinweg verteilt, die Kranken vielfach in Vergessenheit geraten.

261 Es gab nach 1945 verschiedene Repatriierungsversuche. So versuchte der Psychiater der französischen Besatzungsarmee, Robert Poitrot, der in Schussenried seinen Dienstsitz hatte und Ermittlungen zu den Krankenmorden anstrengte, die Anerkennung der südtiroler Patienten als Displaced Persons zu erreichen. Dies misslang jedoch, ebenso wie eine Rückoption, die 1947 allen Südtirolern ermöglicht wurde. Das Problem war, dass die Patienten die deutsche Staatsbürgerschaft nicht besaßen und damit auch nicht für Italien „rückoptieren" konnten. Vgl. May, Repatriierung.

262 Am 22. März 1950 wurden beispielsweise über 200 volksdeutsche Patienten aus den Anstalten Tiegenhof und Warta nach Wittstock an der Dosse gebracht. Diese diente als zentrale Aufnahmeeinrichtung für die nach 1945 noch jenseits der Oder-Neiße-Grenze lebenden deutschen Psychiatriepatienten. Vgl. Liste der Akten, der am 22.3.1950 in Wittstock aufgenommenen Patienten, erstellt anhand der überlieferten Bewohnerakten (Archiv der AWO Betreuungsdienste GmbH Wittstock).

VI. Schlussbetrachtung

„Die Heimkehr nicht haltbarer deutscher Volkssplitter und die Schaffung eines geschlossenen deutschen Volkskörpers im Osten“ der den „mit dem Schwert wiedereroberten Boden auch mit dem Pflug für alle Zeiten“ halten sollte - das war es, was leitende Umsiedlungsakteure wie Wilhelm Gradmann mit der Umsiedlung der Volksdeutschen verbanden.[1] Von rassenideologischen Ordnungsprinzipien geleitet, sollte der „neue Lebensraum“ im Osten bevölkert und eine diesem adäquate, den besonderen Anforderungen des Ostens gewachsene Siedlergesellschaft geformt werden. Das geeignete „Menschenmaterial“ stand in Form der Umsiedler, die, so Gradmann weiter, „durchweg einen wertvollen blutsmäßigen Zuwachs an deutschen Menschen“ darstellten, bereit.[2] Sie bildeten *das* zentrale Siedlerreservoir, ein Reservoir, das den Umsiedlungsakteuren und Sozialingenieuren des RKF im Kontext des Krieges besondere Zugriffsmöglichkeiten eröffnete. Dieser Zugriff war jedoch ein selektiver, erschienen doch nicht alle Volksdeutschen gleichermaßen für die Ansiedlung im Osten geeignet. So sollten in den „deutschen Osten“ nur die „im Volkstumskampf gehärteten und gesundheitlich guten Teile einer Volksgruppe gelangen, weil dort die Grundlage zu einem festen Wall deutscher Bauernfamilien geschaffen werden“ sollte und „das beste Blut hierfür gerade gut genug“ erschien.[3] Mit dieser siedlungspolitischen Prämisse wurde ein Selektionsprozess in Gang gesetzt, der in seiner Permanenz und Unbedingtheit und vor allem seiner Zielsetzung - der Schaffung einer rassereinen, erbgesunden, homogenisierten Siedlergesellschaft - die biopolitische Ausrichtung der Umsiedlungspolitik offenbar werden lässt. Dabei war es eben nicht allein die Rassenpolitik, die den Referenzrahmen der Umsiedlungsaktionen bildete, sondern auch die Erbgesundheitspolitik. Sie zielte, anders als die Rassenpolitik, nach innen. Sie betraf die, wenn man so will, „eigene Rasse“, den imaginären deutschen Volkskörper, zu dem mit ihrer Umsiedlung nun auch die Volksdeutschen gehörten und der durch rassenhygienische Maßnahmen gesundet und „gestählt“ werden sollte. Grundvoraussetzung dafür war zunächst eine Trennung des „erwünschten“ vom „unerwünschten Bevölkerungszuwachs“, kurzum: eine rassenhygienisch-rassenanthropologische Selektion, die auf eine Exklusion der biologisch „unerwünschten“, vermeintlich minderwertigen Umsiedler aus und eine Inklusion der „erwünschten“ Umsiedler in die neu zu schaffende Siedlergesellschaft zielte. Selektion wurde somit zu einem konstituierenden Element dieser neuen Siedlergesellschaft und prägte die Umsiedlungspolitik maßgeblich. Die Selektion erfolgte permanent, angefangen bei der Erfassung der Umsiedler in ihren Herkunftsgebieten, über ihren Transport ins „Reich“, ihre Unterbringung in den Vomi-Lagern, die „Durchschleu-

1 Wilhelm Gradmann, Die umgesiedelten deutschen Volksgruppen. Ergebnisse ihrer Erfassung. In: Zeitschrift für Politik, 31 (1941), S. 277 f.

2 Ebd., S. 293.

3 RKF, Menscheneinsatz (1940), S. VII.

sung“ bis hin zur Ansiedlung und noch darüber hinaus. Dabei variierten die während dieser einzelnen Umsiedlungsetappen wirkenden Selektionsmechanismen, und wiesen eine mal mehr eine mal weniger starke rassenhygienische Ausrichtung auf. So wirkten rassenhygienische Selektionsmechanismen während des Abtransportes der Umsiedler aus den Herkunftsgebieten eher latent und wurden von allgemeinen gesundheitspolitischen und logistischen Erwägungen überlagert. Während der „Durchschleusung“ hingegen traten rassenhygienisch-rassenanthropologische Selektionskriterien ganz offen zu Tage, der unbedingte Selektionsanspruch und -wille wurde hier besonders deutlich. Der selektionistische Weg wurde dabei nicht unwesentlich auch von den Umzusiedelnden selbst geebnet, deren Rolle sich eben nicht in der einer willfährigen Verschiebemasse, eines Objektes der NS-Siedlungsplaner des „Altreiches“ erschöpfte. Im Gegenteil: die Umsiedler bzw. deren Repräsentanten offerierten den Umsiedlungsdienststellen bereitwillig ihre volksbiologische Expertise, ihre volksgruppeneigenen Strukturen und Institutionen und erstellten, wie im Falle der Bessarabiendeutschen, spezielle „Geisteskranken-Listen“ oder, wie im Falle der deutschen Volksgruppe in Lettland, eine in ihrem Duktus und ihrer Zielsetzung noch eindeutigere „Asozialen-Liste“. Sie arbeiteten dem „Führer“ quasi entgegen. Diese Initiative entsprang dabei keineswegs nur einer diffusen politischen Euphorie, sondern war Ausdruck eines besonderen rassenhygienischen Selbstverständnisses der deutschen Volksgruppen. Vornehmlich in den deutschen Siedlungsgebieten Rumäniens und des Baltikums hatten sich seit Beginn des 20. Jahrhunderts relativ eigenständige, spezifisch volksdeutsche rassenhygienische Bewegungen etabliert. Diese entwickelten sich parallel, aber zugleich auch in Interaktion mit den eugenischen Bewegungen der jeweiligen Heimatländer. Zugleich waren sie in hohem Maße von der deutschen Rassenhygiene beeinflusst, bedienten sich deren rassenhygienischer Partitur, stellten jedoch keineswegs nur eine Kopie dieser dar, sondern wiesen eigenständige, den Bedürfnissen der jeweiligen Volksgruppe und deren besonderer volksbiologischer Lage angepasste Inhalte, Zielsetzungen und Organisationsstrukturen auf. Rumäniendeutsche Rassenhygieniker forcierten beispielsweise in den 1930er Jahren die Aufklärung der deutschen Minderheit über rassenhygienische Zusammenhänge, wobei hier nicht nur Ärzte, sondern auch Lehrer und Pfarrer als Multiplikatoren fungierten. Dadurch konnten rassenhygienische Ideen eine nicht unbeträchtliche Breitenwirkung entfalten. Allerdings waren der Umsetzung konkreter rassenhygienischer Maßnahmen, wie man sie neidvoll im „Dritten Reich“ beobachtete, Grenzen gesetzt - Grenzen die hier der rumänische Staat definierte. So entstanden zwar in bewusster Anlehnung an die erbgesundheitspolitischen Entwicklungen im Deutschen Reich auch in den deutschen Siedlungsgebieten Rumäniens Gesundheitsämter und Eheberatungsstellen, ihre Tätigkeit blieb aber immer von der Zustimmung und freiwilligen Mitwirkung der volksdeutschen Bevölkerung abhängig. Gerade weil die volksdeutschen Rassenhygieniker über keine direkten Zwangsmittel verfügten, wurde der rassenhygienischen Erziehung der volksdeutschen Bevölkerung besonders viel Aufmerksamkeit gewidmet, eine

Internalisierung rassenhygienischer Prämissen forciert. Der Erfolg dieser „Erziehungsarbeit", die seit den 1930er Jahren auch verstärkt vom Deutschen Reich unterstützt wurde, spiegelte sich nicht zuletzt in der vorauseilenden Zuarbeit der deutschen Volksgruppen und deren Vertretern während der Umsiedlungsaktionen wider, die vermutlich erst ein solch zügige und gezielte Erfassung der Volksdeutschen durch die Umsiedlungskommandos ermöglichte. Die Umsiedlungsakteure verfügten zwar zum Teil auch über recht genaue Informationen über die „volksbiologische" Lage in den einzelnen deutschen Siedlungsgebieten, vor allem weil deutsche Volkstumsverbände und Forschungseinrichtungen seit den 1930er Jahren die deutschen Minderheiten als Forschungsobjekt entdeckt hatten und ein neues Forschungsfeld - das der rassenhygienisch-rassenanthropologische Volkstumsforschung - eröffnet worden war.[4] Eine frühzeitige Identifizierung „unerwünschten Bevölkerungszuwachses" war aber letztlich nur mit Hilfe der Volksgruppen möglich.

Diese Identifizierung kam letztlich einer Stigmatisierung gleich. Sie führte aber nicht, wie man hätte vermuten können, zu einem Ausschluss der Betroffenen von der Umsiedlung. Zwar lassen sich derartige Bemühungen seitens der deutschen Umsiedlungsbevollmächtigten in Bezug auf Anstaltsinsassen nachweisen, die Umsiedlungsverträge sahen jedoch ein derartiges Vorgehen nicht vor. Stattdessen sollten alle Kranken gleichermaßen separaten Krankentransporten zugewiesen werden. Auch wenn diese Separierung der Kranken primär umsiedlungslogistischen Zwecken diente, so tat sich doch hier zugleich indirekt auch eine rassenhygienische Selektionsmöglichkeit auf: die zunächst recht allgemeine Trennung der Kranken von den Gesunden ließ die Kranken in den diagnostischen Blick der NS-Erbgesundheitspolitik geraten. Und nicht nur das, sie ließ sie zum Teil direkt in deren psychiatrische Einrichtungen gelangen. Nicht selten war damit der erste Schritt zu einer dauerhaften Psychiatrisierung der Betroffenen getan.

Dieser ersten „Grobauslese" folgte in den Lagern der Vomi, wo sich die „Aussonderung" Kranker fortsetzte, eine erste systematische gesundheitliche Erfassung jedes einzelnen Umsiedlers. Dazu wurden von den Lagerärzten spezielle Gesundheitskarteikarten angelegt, in denen detaillierte Angaben zu den erfolgten Impfungen, Trachomerkrankungen, Krankenhausaufenthalten einschließlich der Befunde und Behandlungsmaßnahmen vermerkt wurden. Diese Karteikarten wurden später den EWZ-Ärzten für die „Durchschleusung" zur Verfügung gestellt. Nach erfolgter Einbürgerung und Ansiedlung sollten die Karteikarten schließlich den Ansiedlungsärzten übergeben werden.

Hinter der auf den ersten Blick wie ein spezielles Einbürgerungsverfahren wirkenden „Durchschleusung" verbarg sich ein hochkomplexer Selektionsvorgang, der - in der Sprache der Selekteure - der „Siedlerauslese" diente. Hier wurde entschieden, wer als Teil der neuen Siedlergesellschaft eingebürgert und

4 Ein eigenständiger Forschungszweig entstand allerdings nicht. Es bildeten sich vielmehr verschiedene brainpools heraus, die dieses besondere Untersuchungsfeld für sich entdeckten.

im „verheißungsvollen Osten" angesiedelt werden sollte, und wer nicht. Da die neue Siedlergesellschaft in ihrem Kern ethnisch-biologistisch definiert war, legte man dieser „Siedlerauslese" folgerichtig auch rassenanthropologisch-rassenhygienische Auslesekriterien wie Erbgesundheit und „Rassereinheit" zugrunde, die zusammen mit kulturellen, politisch-ideologischen aber auch wirtschaftlich-pragmatischen Kriterien, ein diffiziles Ausleseraster entstehen ließen und eine biologistisch-rassistische Selektionsmatrix bildeten.

Operationalisiert und institutionalisiert wurde dieses umfassende Screening von der Einwandererzentralstelle, einer Sonderbehörde, die eigens zum Zwecke der Siedlerselektion im Kontext der Umsiedlungsaktionen vom RSHA neu geschaffen worden war. Sie stellte dazu sogenannte Fliegende Kommissionen auf, die die „Durchschleusung" in den verschiedenen Vomi-Lagern vornahmen. Der eigentliche „Durchschleusungsvorgang" zerfiel dabei in einzelne Erfassungs- und Selektionsschritte: die erste Erfassung jedes Umsiedlers erfolgte in der Melde- und Ausweisstelle der Kommission, es folgte die Lichtbildstelle, die Gesundheits- und RuS-Stelle, die Staatsangehörigkeitsstelle und schließlich die Berufseinsatzstelle, wo auf der Basis der bisherigen Befunde darüber entschieden wurde, ob der jeweilige Umsiedler den versprochenen Bauernhof im „verheißungsvollen Osten" und erhalten, oder in Zukunft als Industriearbeiter im Altreich eingesetzt werden sollte.

Sowohl die Entscheidung der Staatsangehörigkeitsstelle über die Einbürgerung als auch die der Berufseinsatzstelle über die Ansiedlung des Betroffenen waren in erster Linie vom Urteil der Gesundheitsstelle und der RuS-Stelle abhängig. Die berufliche Qualifikation und Eignung sollte erst in zweiter Linie eine Rolle spielen. Die Leistungsfähigkeit sowie charakterliche Merkmale und Eigenschaften galten gemäß der NS-Ideologie letztlich nur als ein Produkt entsprechender „Anlagen". Im Sinne des politischen Biologismus konnte sich also nur derjenige Bauer im „Osten" bewähren, der über die entsprechenden „Anlagen" verfügte. Er würde sich aufgrund seiner rassischen „Höherwertigkeit" und seiner „hochwertigen" Erbanlagen gegenüber den Angehörigen „fremder Rassen" durchsetzen.

Umso wichtiger war aus Sicht der EWZ eine möglichst genaue erbgesundheitliche und rassische Überprüfung der Umsiedler, wie sie von den Ärzten und Eignungsprüfern der Gesundheits- und RuS-Stelle vorgenommen wurde. Nicht zuletzt sah auch die Gesundheitsstelle selbst eine ihrer wichtigsten Aufgaben darin, „dafür Sorge zu tragen, dass alle lebensuntüchtigen und erbkranken Familien vom Einsatz im Osten ausgeschieden werden".[5]

Mit anfangs nahezu selektionistischem Übereifer – der sich jedoch nicht in ungezügeltem Aktionismus verlor – erfassten und begutachteten die SS-Ärzte der EWZ die Umsiedler. Unterstützt wurden sie dabei von Fürsorgerinnen, die erste „erbbiologische Ermittlungen" anstrengten. Der Arzt verschaffte sich

5 Richtlinien des Leiters der Gesundheitsstellen/Meixner für die ärztliche und erbbiologische Beurteilung der Umsiedler vom 6. 1. 1941 (BA Berlin, R 69/178, Bl. 26–29, hier 26).

anschließend einen genauen Überblick über den Gesundheitszustand jedes einzelnen Umsiedlers und dokumentierte die Befunde, ebenso wie Einschätzungen zur „Lebenstüchtigkeit“ und zum „Gesamterbwert“ einer „Sippe“, in einer speziellen Gesundheitskarteikarte. Auf dieser Basis fällte er schließlich sein Urteil, das neben dem des RuS-Eignungsprüfers maßgeblich für die Einbürgerungs- und Ansiedlungsentscheidung war. Gerade hierbei kam es jedoch wiederholt zu Schwierigkeiten, weil die Ärzte in ihrem SS-ärztlichen Selbstverständnis und aus einer „siedlungsbiologischen Verantwortung“ heraus, lieber einmal mehr „erbbiologische Bedenken“ geltend machten, als die Ansiedlung „erbkranker Sippen“ im Osten zu „riskieren“, wie sie angesichts des immer größer werdenden Siedlerbedarfs des RKF zu drohen schien. Vermeintliche Erbkrankheiten wie Schwachsinn wurden, und dies entsprach durchaus auch der erbgesundheitspolitischen Praxis im Reich, überproportional häufig attestiert. Letztlich ging es hier wie dort doch keineswegs ausschließlich um die Erfassung medizinisch definierter Erbkrankheiten - bzw. das was man dafür hielt - sondern auch um die Erfassung jeder „erblichen Abwegigkeit“ - also auch um soziale Diagnosen wie „asozial“. Hinzu kam, dass insbesondere während der ersten „Durchschleusungen“ die Ärzte zum Teil nur über mangelhaftes erbbiologisches Fachwissen verfügten, insbesondere was die Diagnosestellung anbelangte, und ihre Entscheidungen auf einem recht allgemeinen rassenhygienischen Handlungswissen basierten, welches sich vor dem Hintergrund der NS-Erbgesundheitspolitik verfestigt hatte. Die Bereitstellung von entsprechender Fachliteratur, die Schulung der Ärzte im Rahmen von Tagungen u. a. durch Rassenhygieniker wie Fritz Lenz, und vor allem die Dienstanweisungen des Leiters der Gesundheitsstellen, Hanns Meixner, führten in der Folgezeit jedoch zu einer Professionalisierung der Selektionstätigkeit. Meixner war es, der, von einem rassenhygienisch-wissenschaftlichen und SS-ärztlichen Ethos geleitet, die Ärzte auf das rassenhygienische Ziel der ärztlichen Selektion einschwor, sie zu „Gewissenhaftigkeit“ mahnte und dabei nicht vergaß sie an ihre „politische Mission“, an ihre „Verantwortung“ für zukünftige Generationen zu erinnern. Er entwarf ein entsprechendes an rassenhygienischen Prämissen ausgerichtetes Ausleseraster und definierte eine spezifische biologische Siedlungstauglichkeit, die dem Selektionsprozess auch nach außen hin Legitimität verleihen sollte. Letztlich unterstreicht gerade die Wahl Meixners, aber auch die zielgerichtete Verpflichtung von SS-Ärzten und der Stellenwert der dem ärztlichen Urteil innerhalb des „Durchschleusungsverfahrens“ beigemessen wurde, die hinter der Umsiedlung im Allgemeinen, und der „Durchschleusung“ im Speziellen stehende Zielsetzung, eine neue möglichst erbgesunde, rassereine Siedlergesellschaft zu schaffen. Nolens volens kamen die Umsiedlungsakteure in dieser Frage jedoch nicht um Kompromisse umhin, beispielsweise als 1941/42 die Einbürgerungs- und Ansiedlungspraxis eine grundlegende Veränderung und Beschleunigung erfuhr. In Folge des erhöhten Siedlerbedarfs wurden nun auch Umsiedler, bei denen die Gesundheitsstelle erbbiologische Bedenken geltend machte, eingebürgert. Sogar die Ansiedlung im Osten wurde nun nicht mehr kategorisch ausgeschlossen. Auf diese herrschaftsfunktionalen Kompromisse reagierte die EWZ, deren selektionistischer Anspruch ungebrochen war, mit einer Verfahrensänderung: die Ärzte der EWZ stellten nun noch während der Durchschleusung selbst die Sterilisationsanzeigen, um die Einleitung eines Sterilisationsverfahrens zu beschleunigen, um so die aus ihrer Sicht drohende „biologische Gefährdung“ der neuen Siedlergesellschaft zu minimieren, hatte sich doch die bisherige Praxis, die Antragstellung den örtlichen Gesundheitsbehörden zu übertragen, als wenig zielführend erwiesen. Die Gesundheitsstelle der EWZ versuchte damit erbgesundheitspolitische Kompetenzen an sich zu ziehen und die Einleitung erbgesundheitspolitischer Maßnahmen im Rahmen ihrer Möglichkeiten zu forcieren. Dabei kooperierte sie eng mit der Dienststelle des Beauftragten des Reichsgesundheitsführers, die aufgrund ihrer zentralen Kompetenzen im Bereich des Umsiedlergesundheitsdienstes zu einer gesundheitspolitischen Schaltstelle im Kontext der Umsiedlungen geworden war. Es entstand ein effektives Tandem: Die Ärzte der EWZ erfassten die zu sterilisierenden Umsiedler, die Dienststelle des Beauftragten des RGF forcierte bei den Gesundheitsämtern die Einleitung von Erbgesundheitsverfahren. Auch wenn die Zahl der daraufhin tatsächlich eingeleiteten Sterilisationsverfahren kriegsbedingt verhältnismäßig gering war, zeigt sich doch auch hier der Wille, rassenhygienische Prinzipien umzusetzen, um langfristig eine „Gesundung“ und „Stählung“ des imaginären „Volkskörpers“ zu erreichen. Wie unbedingt dieser Wille war zeigt sich nicht zuletzt auch in dem alle bisherigen Grenzen überschreitenden Erfassungsaktivismus der Gesundheitsstellen. Diese schufen mit den Gesundheitskarteikarten und den Erbkrankenlisten einen gigantischen Datenpool - ein, wenn man so will, erbbiologisches Gesamtkataster der Umsiedler. Dieses gewährte einen direkten und vor allem dauerhaften gesundheitsspezifischen Zugriff auf jeden einzelnen Umsiedler, auf insgesamt nicht weniger als eine Million Menschen, und ermöglichte die unmittelbare und systematische Einleitung weiterer erbpflegerischer Maßnahmen. Das von der Erbgesundheitspolitik zur Verfügung gestellte rassenhygienische Grundinstrumentarium, welches „ausmerzende“ wie auch „fördernde“ Maßnahmen bereithielt, erfuhr im Kontext der Umsiedlungen dabei eine deutliche, den Neuordnungsplänen adäquate, Erweiterung. Zu dem im weitesten Sinne erbpflegerischen Maßnahmenkatalog gehörten nun auch die Verweigerung der Einbürgerung bei „erbbiologischen Bedenken“, also eine Einschränkung des Rechtsstatus, ebenso wie der Ausschluss „Erbkranker“ von der Ansiedlung im „Osten“ und damit eine Beschneidung der sozioökonomischen Möglichkeiten. Es waren aber nicht allein diese unmittelbar im Zusammenhang mit der „Durchschleusung“ eingeleiteten erbpflegerischen Maßnahmen, die die besondere Bedeutung des erbbiologischen Gesamtkatasters ausmachten. Mit diesem Kataster war auch der Grundstein für spätere, vielleicht genauere Überprüfungen der bereits angesiedelten Volksdeutschen gelegt und die Möglichkeit zu einem sozialplanerisch-korrektiven Eingreifen eröffnet. Die Notwendigkeit eines solchen Eingreifens ergab sich aus Sicht der EWZ aus dem anfänglich noch improvisierten Selektionshandeln während der ersten Umsiedlungsaktionen. So waren es schließlich auch die Baltendeutschen, deren Durchschleusung 1939/40 aus Sicht der EWZ nicht mit der gewünschten Gründlichkeit vonstatten gegangen war, die als erste in den Überprüfungsradius der EWZ gelangten. Auch die Galizien- und Wolhyniendeutschen gerieten erneut in das Visier der EWZ, da auch deren erste, kurze Zeit nach den Baltendeutschen erfolgte Durchschleusung Anfang 1940 im Rückblick als zu oberflächlich angesehen wurde.

Letztlich hatte jeder in den Ostgebieten angesiedelte Volksdeutsche seine Siedlungstauglichkeit erst unter Beweis zu stellen, sich quasi als „Ostraumsiedler" zu „bewähren". Erwies er sich aufgrund „charakterlicher Fehler und Untauglichkeit im Berufsleben" oder aufgrund „asozialen Verhaltens" als nicht „ostwürdig" konnte er von den Ansiedlungsstäben „abgemeiert", das heißt von dem ihm zugewiesen Hof entfernt werden. In diesen Fällen konnte die EWZ den Ansatzentscheid von „O" in „A" ändern und den Betroffenen ins Altreich abschieben lassen. Der „Ostraumsiedler", dem bereits Haus und Hof gehört hatte, konnte so zum Industriearbeiter im „Altreich" herabgestuft werden. Er wurde aus der neuen Siedlergesellschaft als Fremdkörper ausgestoßen, die Zugehörigkeit zur Volksgemeinschaft war ihm versagt, sein Status mithin prekär.

Diese permanenten Nachprüfungen sollten sicherstellen, dass die Selektion durch die EWZ die erwünschte langfristige siedlungsbiologische und (besatzungs-)herrschaftsstabilisierende Wirkung erzielte, das heißt die „Ostraumsiedler" auch wirklich die ihnen zugedachte kolonisatorisch-germanisierende Aufgabe erfüllten und sich als der Siedlergesellschaft würdig erwiesen. Gleichzeitig ist darin auch der Versuch der EWZ zu erkennen, die eigene Existenz dauerhaft zu sichern und ihre Selektionskompetenz, die sie nicht zuletzt durch die permanente Weiterentwicklung und Ausdifferenzierung der Selektionskriterien und die Professionalisierung und Optimierung der Erfassungs- und Selektionstätigkeit zu erweitern wusste, zu betonen. Dabei war die EWZ keineswegs die einzige Instanz, die ihren Einfluss in Fragen der Siedlerselektion und damit der zukünftigen rassenbiologischen Gestalt der „neuen Ostgebiete" geltend machte.[6] Auch die akademische Rassenhygiene, hier allen voran Fritz Lenz, hatte das Potential, das die Um- und Ansiedlungspolitik und damit die vollkommene gesellschaftliche Neuordnung der Ostgebiete bot, erkannt. In Denkschriften und Zuarbeiten zu den Planungsunterlagen des „Generalplan Ost" offerierte man rassenhygienische Gestaltungsmittel und skizzierte biopolitische, an die rassistische RKF-Siedlungspolitik angepasste Zukunftsszenarien.[7] Letztlich betrachteten Rassenhygieniker wie Lenz die bereits im Gange befindliche Siedlungspolitik und die in Entstehung befindliche Siedlergesellschaft ähnlich wie die

6 Zur Rolle des RuSHA oder der UWZ vgl. Heinemann, Rasse; Wolf, Rassistische Utopien; sowie ders., Ideologie und Herrschaftsrationalität.

7 Die Rolle der Rassenhygieniker und die Bedeutung rassenhygienischer Ideen im Kontext der Siedlungsplanungen des „Generalplan Ost" ist von der Forschung bislang nur gestreift worden. Vgl. z. B. Heinemann, Wissenschaft und Homogenisierungsplanungen; sowie Rickmann, Rassenpflege im völkischen Staat.

EWZ lediglich als eine Art Rohbau, eine vorläufige Konstruktion, die durchaus das Grundgerüst für eine zukünftige neue rassistisch-biologistisch begründete Gesellschaftsordnung darstellen könnte, jedoch zu gegebener Zeit einer nochmaligen, wissenschaftlich begründeten Überprüfung unterzogen werden müsste. Im Zuge dieser sollte auch die reichsdeutsche Bevölkerung in den Neuordnungsprozess einbezogen werden. Innerhalb dieser wissenschaftlichen Nachjustierung erhoffte sich Lenz schließlich konkrete Mitwirkungsmöglichkeiten, die ihm im Rahmen der RKF-Ansiedlungspolitik zunächst verwehrt wurden.

Weitaus wirkungsmächtiger als einzelne Vertreter der akademischen Rassenhygiene waren schließlich die rassenhygienischen Netzwerke und die rassenhygienische Idee als solche. Diese war in den 1930er Jahren nicht nur zum politischen Prinzip erhoben worden, sondern auch zur Leitdisziplin und Legitimationswissenschaft avanciert.[8] Es war selbstverständlich, dass die Rassenhygiene und ihre Nachbardisziplinen den Referenzrahmen für die Umsiedlung bildeten und dass sie die Umsiedlerselektion (pseudo-)wissenschaftlich leiteten und legitimierten. Die Rassenhygiene wurde zu einer zentralen Wissensressource der Umsiedlungspolitik, bestimmte letztlich sogar deren Ziel: die Schaffung einer „rassereinen", „erbgesunden" Siedlergesellschaft im „Osten". Gleichzeitig wirkte die Umsiedlungspolitik im Sinne einer rekursiven Kopplung[9] wiederum auch auf die Rassenhygiene als Wissenschaft zurück und überformte und erweiterte diese ideologisch. Ein in der Umsiedlungspolitik bereits praktizierter „qualitativer Rassismus" prägte auch rassenhygienische Siedlungskonzepte und spiegelte sich in entsprechenden Siedlungsleitsätzen wider. Dabei war das rassenhygienische Fernziel von vornherein essentieller Teil der Umsiedlungspolitik und der Neuordnungskonzepte des RKF, ohne dass es hier eines elaborierten, erbgesundheitlichen Generalplans bedurft hätte. Rassenhygienische Prämissen waren innerhalb der (Um-)Siedlungspolitik von Beginn an handlungsleitend und hatten auch ohne akademische Fürsprecher ihre Wirkung voll entfaltet und eine eigene Dynamik entwickelt. Rassenhygienische Prinzipien waren bei den Akteuren und innerhalb der Umsiedlungsdienststellen derart internalisiert, dass sie ein quasi schon intrinsisch motiviertes Selektionshandeln in Gang setzten, das auf die Inklusion von „erwünschtem" und die Exklusion von „unerwünschtem Bevölkerungszuwachs", kurzum: auf Homogenisierung zielte. Dieser beinah autotelische Selektionismus war im Sinne des Aufbaus einer neuen Siedlergesellschaft, die aus der Selektion heraus entstand und sich über diese definierte, aus ideologischer Sicht erwünscht, herrschaftspolitisch aber nicht immer funktional und bedurfte folglich Kompromissen, die in sich wiederum ein Dynamisierungs- und Radikalisierungspotential trugen,

8 Vgl. Schleiermacher, Berliner Universität in der NS-Zeit.

9 Zur rekursiven Kopplung vgl. weiterführend Mackensen/Reulecke/Ehmer, Ursprünge, Arten und Folgen des Konstrukts „Bevölkerung"; sowie Michael Fahlbusch/Ingo Haar (Hg.), Völkische Wissenschaften und Politikberatung im 20. Jahrhundert. Expertise und „Neuordnung" Europas, Paderborn 2010.

wie das Beispiel der Sterilisationsanzeigen verdeutlicht.[10] Zudem stieß der unbedingte Selektionswille der EWZ an praktische gesundheitspolitische Grenzen. So befand sich im Warthegau - dem zentralen Ansiedlungsgebiet - das Gesundheitswesen auch 1941 noch im Aufbau und erschwerte eine stringente Umsetzung der von den EWZ-Ärzten geforderten erbgesundheitspolitischen Maßnahmen beträchtlich, abgesehen davon, dass medizinische Ressourcen kriegsbedingt ohnehin limitiert waren. Zu diesen strukturellen Problemen kamen programmatische hinzu. Es offenbarten sich disparate Zielvorstellungen, was die Umsetzung „erbpflegerischer Maßnahmen" anging. Für die Gesundheitsverwaltung des Warthegaus hatte zunächst die rassistische Bevölkerungspolitik, die auf eine Erhöhung der deutschen Bevölkerungszahl im Warthegau zielte, oberste Priorität. Die rassenhygienische Bevölkerungspolitik, die „Erbpflege", sollte nur in den Fällen in Angriff genommen werden, in denen sie der Förderung der deutschen Bevölkerung diente. „Ausmerzende" Maßnahmen sollten zunächst zurückgestellt werden, würden sie doch zu einer quantitativen Schwächung des deutschen „Volkskörpers" führen. Leitende Gesundheitsfunktionäre des Warthegaus vertraten die Ansicht, dass es vom „volkstumspolitischen Standpunkt aus eher zu verantworten [sei], die gestellten Aufgaben zu einem Teil von einer weniger leistungsfähigen, aber dafür arteigenen Bevölkerungsschicht durchführen zu lassen, als auf lange Sicht hinaus mit den fremdvölkischen Arbeitskräften als einem notwendigen Übel rechnen zu müssen."[11] Die Stoßrichtung der Erbgesundheitspolitik war damit mehr als deutlich umrissen. Nichtsdestotrotz hielt auch im Warthegau die Rassenhygiene Einzug. Der Warthegau wurde im Kontext der Umsiedlungspolitik schließlich sogar zu einem besonderen erbgesundheitspolitischen Exerzierfeld. Erbgesundheitspolitik, und dies unterschied sie von der des „Altreiches", stand hier unter den Vorzeichen einer „volkstumsbiologischen", rassistischen Vernichtungspolitik, deren vielleicht bedeutendster Schauplatz die psychiatrischen Anstalten waren. Hinter den Anstaltsmauern entfaltete sie eine besonders radikale eliminatorische Wirkung, die sich bereits 1939/40 in der systematischen Ermordung des größten Teils der polnischen Patienten niederschlug. Die mehr oder weniger leergemordeten Anstalten in Tiegenhof, Warta und Gostynin sollten später von volksdeutschen Kranken wiederbevölkert werden. Ein kausaler Zusammenhang zwischen der Ermordung der polnischen und der späteren Unterbringung der volksdeutschen Patienten bestand hier jedoch nicht. Hier wurde nicht „Platz für Volksdeutsche"

10 Herrschaftsfunktionale Kompromisse lassen sich innerhalb der Siedlungs- und Germanisierungspolitik des RKF vielfach nachweisen. So hatte auch Himmler/RKF angesichts des immensen Siedlerbedarfs einer Ansiedlung der Umsiedler, die der rassischen Wertungsgruppe III zugeordnet worden waren und damit ursprünglich nicht für den „Osteinsatz" in Frage kommen sollten, zustimmen müssen. Ähnliche Kompromisse lassen sich auch im Rahmen des DVL-Verfahrens erkennen, wie Wolf in seiner Studie nachweisen kann. Vgl. Wolf, Ideologie und Herrschaftsrationalität.

11 Abschrift der Denkschrift „Erb- und Rassenpflege als Grundlagen biologischer Volkstumspolitik" von Herbert Grohmann vom 7. 10. 1941 (APP, RStH, 1137, Bl. 24-36, hier 28).

geschaffen, der Platz stand vielmehr schon bereit, als die Umsiedlungsakteure über die Unterbringung der volksdeutschen Patienten mit der lokalen Gesundheitsverwaltung zu verhandeln begannen. In der Folgezeit wurden die Anstalten des Warthegaus zu den zentralen Aufnahmeeinrichtungen für psychisch kranke Volksdeutsche. Sie waren das Ziel von großen Krankentransporten, die bis Anfang 1942 über 800 Volksdeutsche aus den verschiedensten Umsiedlungsgebieten in den Warthegau brachten. Auch die Zahl der Einzeleinweisungen Volksdeutscher war hoch, war doch der Warthegau Umsiedlungsdrehscheibe und Hauptansiedlungsgebiet zugleich. Das Schicksal dieser wohl insgesamt annähernd 1 000 volksdeutschen Patienten kann als Gradmesser für die Radikalität erbgesundheitspolitischer Maßnahmen im Kontext der Umsiedlung gelten. Die Spannbreite der im Anstaltsraum möglichen, im weitesten Sinne, erbgesundheitspolitischen Maßnahmen war dabei außerordentlich breit. Sie reichte von der gezielten erbbiologischen Erfassung über die Zwangssterilisation bis hin zur „Euthanasie". In alle diese Maßnahmen wurden die volksdeutschen Patienten einbezogen. Sie wurden in keiner Weise „vorsichtiger" als ihre reichsdeutschen Leidensgenossen behandelt. Als die Meldebögen der „T4" 1940 in den Anstalten des Warthegaus eintrafen, wurden sie für nahezu alle Patienten ausgefüllt und an die Berliner Zentralstelle gesandt. Die Ärzte der „T4" begutachteten die Bögen, aus denen zweifelsfrei hervorging, dass es sich bei den Patienten um Bessarabiendeutsche, Baltendeutsche oder einfach nur Volksdeutsche handelte. Diese Angaben sollten das Urteil der Gutachter jedoch nicht beeinflussen. Auf den „T4"-Transportlisten standen schließlich über 500 zur Tötung vorgesehene volksdeutsche Patienten, die sich in Warta, Tiegenhof und Gostynin befanden. Sie wurden im Juli 1941 in einem großen Sammeltransport nach Uchtspringe, einer Zwischenanstalt der „T4"-Tötungsanstalt Bernburg, verlegt. Nur der Stopp der „Aktion T4" im August 1941 verhinderte deren Ermordung in Bernburg. Dennoch überlebten nur sehr wenige von ihnen. Sie wurden später Opfer der medikamentösen Tötungen und systematischer Unterernährung in Uchtspringe, Hadamar, Pfafferode und Meseritz-Obrawalde. Die in den Anstalten des Warthegaus zurückgebliebenen Patienten ereilte nicht selten das gleiche Schicksal, denn auch in Tiegenhof und Warta wurden die Patienten durch überdosierte Beruhigungsmittel oder eine systematische Vernachlässigung, Hunger und Krankheiten zu Tode gebracht. Sie wurden Opfer einer rassenhygienisch begründeten Hierarchisierung medizinischer Ressourcen. Auch die Zwangssterilisation drohte ihnen, begannen die Anstaltsärzte doch spätestens 1943 mit der systematischen Anzeigenerstattung und drängten in einigen Fällen regelrecht auf die Einleitung von Erbgesundheitsverfahren. In Tiegenhof wurde zudem eine „Kinderfachabteilung" des „Reichsausschusses zur wissenschaftlichen Erfassung schwerer erb- und anlagebedingter Leiden" eingerichtet, in der volks- und reichsdeutsche, aber auch polnische Kinder gezielt ermordet wurden. Die NS-Erbgesundheitspolitik und ihr Tötungsapparat erfassten die volksdeutschen Patienten demnach in ihrer ganzen Totalität. Hier wurde sichtbar, welcher Mittel man bereit war sich zur Schaffung der neuen Siedlergesellschaft zu bedienen. Der Status „volksdeutsch" hatte in den Anstalten des Warthegaus keinerlei Schutzfunktion, abgesehen davon, dass der Status „volksdeutsch" ohnehin ein prekärer war. Die Patienten, die in der Regel vor ihrer Anstaltsaufnahme nicht eingebürgert worden waren, erhielten nämlich keineswegs automatisch die deutsche Staatsangehörigkeit, hatten ihre vorherige Staatsangehörigkeit mit der Umsiedlung jedoch zwangsläufig verloren. Sie waren mithin staatenlos in einer ihnen feindlich gegenüberstehenden Umgebung, getrennt von ihren Familien und damit bar jeglichen Beistandes, also doppelt schutzlos - ein Zustand, der sich übrigens auch nach 1945 nicht sofort ändern und tragische Nachwirkungen zeitigen sollte: die volksdeutschen Patienten verblieben zum Teil bis 1950 in den nunmehr wieder polnischen Einrichtungen. Offensichtlich hatte sich die Trennung von den Angehörigen, sicher auch unter dem Einfluss der 1945 einsetzenden Flucht- und Vertreibungsbewegung, derart verfestigt, dass jegliche Kontakte abgerissen waren und damit auch Verlegungsbemühungen wesentlich erschwert, wenn nicht gar unmöglich gemacht wurden. Auch scheinen diese immerhin mehrere hundert Patienten nicht das öffentliche Interesse berührt zu haben, sie gerieten offensichtlich in Vergessenheit, letztlich auch weil ihnen jegliche Lobby fehlte. Die Umstände, Motive und Interessen, die 1950 zu ihrer „Repatriierung" in die DDR führten, liegen bislang im Dunklen. Eine weitere Erforschung des Schicksals dieser Patientengruppe auch über das Jahr 1945 hinaus könnte sowohl einen Beitrag zur Psychiatriegeschichte der Nachkriegszeit als auch zur Vertriebenen- bzw. Umsiedlerpolitik der Besatzungszonen, leisten. Gerade im Vergleich zu den südtiroler Patienten zeichnen sich bereits erste Unterschiede ab. Im Falle der südtiroler Patienten, die mehrheitlich in die württembergischen Anstalten Zwiefalten und Schussenried umgesiedelt worden waren, gab es nämlich durchaus Repatriierungsbemühungen, die sowohl von der französischen Besatzungsmacht als auch von den Angehörigen der Patienten ausgingen.[12] Anders als bei den in den Anstalten des Warthegaus untergebrachten südost- und osteuropäischen Volksdeutschen, bestand hier ein Kontakt zu den Angehörigen und zumindest teilweise wohl auch ein öffentliches Interesse - ein Umstand der auch vor 1945 nicht unbedeutsam gewesen war, dürfte darin doch auch ein Grund für die Zurückstellung der Südtiroler von der „Aktion T4" gelegen haben.

Die explizite Ausnahme der Südtiroler von der „Aktion T4" war allerdings keineswegs von vornherein beschlossen, vielmehr zeichnete sich auch hier zunächst eine Einbeziehung ab. Südtiroler wurden 1940 in Meldebögen erfasst und standen schließlich auf der in Hall eintreffenden Transportliste der Gekrat. Drei Südtiroler, die in der Anstalt Zwiefalten untergebracht worden waren, standen sogar direkt an der Pforte zum Tod. Sie waren in die Tötungsanstalt Grafeneck verlegt worden. Erst in letzter Minute wurden diese Patienten mit dem Verweis auf ihre Herkunft und ihren Umsiedlerstatus von der Transportliste gestrichen beziehungsweise von der Tötung in Grafeneck ausgenommen. In

12 Vgl. May, Repatriierung.

Meldebögen erfasst wurden die Südtiroler schließlich auch weiterhin, so dass eine spätere Einbeziehung in die Krankenmorde wohl keineswegs kategorisch ausgeschlossen worden war, sondern im Gegenteil bereits konkrete Vorbereitungen zu einer solchen getroffen wurden. Denn trotz des Abbruches der „Aktion T4" hielt man deren organisatorischen Apparat für eine spätere Wiederaufnahme weiterhin vor. Die Einbeziehung der südtiroler Umsiedler in die NS-Erbgesundheitspolitik war demnach zwar (vorerst) weniger radikal als die der anderen volksdeutschen Umsiedler, auch war die Erfassung weniger umfassend, aber dennoch lässt sich auch bei der südtiroler Umsiedlung eine rassenhygienische Leitlinie erkennen. Im Vergleich wird sichtbar, dass die Umsiedlungspolitik, welche partiellen Sonderentwicklungen sie auch nahm, immer auch ein erbgesundheitspolitisches Aktionsfeld war, und zwar ein besonderes. Zum einen verschmolzen in der Umsiedlungspolitik, stärker als dies innerhalb der „altreichsdeutschen" Erbgesundheitspolitik der Fall war, rassenhygienische Elemente mit bevölkerungspolitischen, volkstumspolitischen und nicht zuletzt rassenideologischen. Zum anderen war das Maßnahmenrepertoire größer, die Bandbreite der im weitesten Sinne „erbpflegerischen" Handlungsoptionen breiter und der Zugriff auf die Menschen direkter. Dies galt sowohl in Bezug auf „erwünschten" Bevölkerungszuwachs, der Haus und Hof bekam und den es durch „Erziehungsarbeit" zu fördern galt, als auch in Bezug auf „unerwünschten" Bevölkerungszuwachs, der kontrolliert, reglementiert, zwangssterilisiert und ermordet werden sollte. Den Ausgangspunkt dieser permanenten und die Umsiedlungspolitik ab ovo kennzeichnenden Selektions- und Aussonderungsprozesse markierte der Hitler-Stalin-Pakt beziehungsweise der Kriegsbeginn, der zum einen den „Lebensraum im Osten" konkrete territoriale Formen annehmen ließ und zum anderen den Zugriff auf das benötigte Siedlerreservoir in Form der umzusiedelnden Volksdeutschen ermöglichte, kurzum: die Utopie von der „Germanisation am Boden"[13] war damit dem Utopischen entrückt und schien realisierbar, genauso wie die mit dieser in verhängnisvoller Liaison verbundene rassenhygienische Utopie. Es ging um nichts Geringeres als die von Hitler in seiner Reichstagsrede so unmissverständlich geforderte radikale Neugestaltung des Raumes und der Gesellschaft, die in aller Härte, mit aller Vehemenz vorangetrieben werden sollte, war man sich doch gerade angesichts der Kriegssituation der Bedeutung dieser Aufgabe - der „Verantwortung für Generationen" - bewusst. Der Krieg ließ den stilisierten Lebenskampf des deutschen Volkes ja geradezu greifbar und die vermeintliche „Dringlichkeit" radikaler Maßnahmen offenbar werden.[14] Die Grundlage für eine derartige Neugestaltung der „neuen Ostgebiete" und deren zukünftiger Siedlergesellschaft bildete ein rassistisch-biologistisches Ordnungskonzept, innerhalb dessen der Raum

13 Vgl. dazu weiterführend Jureit, Lebensraum.

14 Wie neuere Forschungen zum social engineering gezeigt haben, waren es vor allem Krisensituationen, die sozialen Interventionsprogrammen eine besondere Dringlichkeit verliehen und radikale Lösungsansätze generierten und legitimierten. Vgl. Raphael, Imperiale Gewalt, S. 19.

durch eine rassenideologisch begründete „Auslese" zu „leeren" bzw. neu zu bevölkern und damit bevölkerungspolitisch radikal umgestaltet und homogenisiert werden sollte.[15] Die „neuen Ostgebiete" erwiesen sich hierfür als ideale Experimentierfelder sowohl in siedlungsplanerischer als auch in rassen- und gesundheitspolitischer Hinsicht, musste doch auf vorhandene Strukturen keinerlei Rücksicht genommen werden, eine rigorose Neuordnung war vielmehr erklärtes Programm.[16] Das „Ordnen von Räumen" durch „Auslese" wurde hier gleichsam zur Herrschaftsstrategie und charakterisierte das Herrschaftshandeln, welches im Kontext der Kriegssituation in Form von Deportationen und Mord eine besonders radikale Ausprägung erfuhr.[17] Der Siedlerauslese kam innerhalb dieser Neuordnungspläne demnach eine grundlegende Bedeutung zu. Sie sollte das Fundament für eine rassereine, erbgesunde, homogenisierte Siedlergesellschaft im Osten des Reiches legen. Mit Hilfe zweier Selektionsraster wollte man diese Idealvorstellung einer neuen, nationalsozialistischen Gesellschaft Wirklichkeit werden lassen. (1) Ein rassistisches Raster sollte eine erste „Grobauslese" und eine horizontale Differenzierung der Bevölkerung ermöglichen. Dies kulminierte bekanntlich in der Vertreibung und Ermordung nicht zu germanisierender Menschen. (2) Ein rassenhygienisches Raster sollte schließlich einer Art „Feinauslese" unter den rassisch geeigneten Siedlern dienen und über eine vertikale Differenzierung zu der neuen Siedlergesellschaft führen.[18] Diese durch Selektion geschaffene neue Siedlergesellschaft trug damit den biologistischen Kern der Volksgemeinschaftsidee quasi in Reinform in sich. Dieser Kern wurde nicht angetastet, auch wenn einzelne Selektionskriterien durchaus eine Aufweichung erfuhren, war der RKF-Apparat doch auch im Kontext der Siedlerselektion zu herrschaftsfunktionalen Kompromissen gezwungen. Welche Kohäsionskräfte und welches Mobilisierungspotential diese neue Siedlergesellschaft, die künstlich aus kulturell-ethnisch unterschiedlichstem „Menschenmaterial" geformt wurde, hätte entwickeln können, das heißt ob sie dauerhaft zur Herrschaftsstabilisierung und -sicherung hätte beitragen können, lässt sich schwer sagen und bedarf weiterer zielgerichteter Forschungen. Eine ausgeprägte Zukunftsorientierung der Akteure, die sich beispielsweise in den „Nachprüfungen" und der permanenten Weiterentwicklung und Ausdifferenzierung der Selektionskriterien sowie der Professionalisierung und Optimierung der Erfassungs- und Selektionstätigkeit niederschlug, machen jedoch deutlich, dass mit der Um- und Ansiedlung der Volksdeutschen – der Schaffung einer neuen Siedlergesellschaft im Osten – langfristige Ziele verbunden waren, die zugleich auf

15 Vgl. Jureit, Lebensraum, S. 38 und 49; sowie Haar, bevölkerungspolitische Szenarien.
16 Vgl. Jureit, Ordnen von Räumen, S. 348; Vossen, Gesundheitsdienst im Reichsgau Wartheland oder Alberti, Wartheland.
17 Vgl. Jureit, Lebensraum, S. 49.
18 Zu den Begriffen der vertikalen und horizontalen Differenzierung im Kontext der Umsiedlungspolitik vgl. Haar, biopolitische Differenzkonstruktionen; sowie ders., bevölkerungspolitische Szenarien. Wie Wolf für die DVL zeigen konnte traten rein rassistische Selektionskriterien zunehmend in den Hintergrund. Vgl. Wolf, Ideologie und Herrschaftsrationalität.

das „Altreich“ zurückstrahlten. Die Umsiedlung der Volksdeutschen hatte schließlich gezeigt, dass eine rassenhygienisch-rassenbiologisch begründete Neuordnung Europas möglich war, und nicht nur das, sie hatte auch gezeigt, wie sie möglich war. In diesem Sinne kam der Umsiedlung eine Modellfunktion zu. Sie gewährte einen Blick in die rassenhygienische Zukunft und war zugleich ein entscheidender Schritt zur Realisierung der rassenhygienischen Utopie, die hier mit der Lebensraumutopie verschmolz. Die weitere Umsetzung dieser in ihrer Wirkung in hohem Maße destruktiven Sozialutopie, so macht die Umsiedlung der Volksdeutschen deutlich, hätte einen gigantischen Selektions- und Aussonderungsprozess in Gang gesetzt, der aber aller Wahrscheinlichkeit nach aufgrund der dem Nationalsozialismus innewohnenden „unaufhörlichen Dynamik“[19] immer neue, noch radikalere Zukunftsvisionen generiert hätte. „Ausgesondert“, das heißt entrechtet, ausgegrenzt, am selbstbestimmten Leben gehindert, zwangssterilisiert oder getötet worden wären letztlich alle, die im Sinne der NS-Ideologie als „unerwünscht“, biologisch „untauglich“, „untragbar“ oder unangepasst betrachtet wurden. Der Wille zur „Aussonderung“ und zur „Selbstreinigung“ war dabei ein unbedingter, die Maßnahmen radikal und eliminierend. Die Gigantomanie der Zukunftsplanungen, die auch Ausdruck einer Radikalisierung ordnungspolitischen Denkens waren, und die der Realisierung dieser Zukunftsvisionen zugeschriebene schicksalhafte Bedeutung für das deutsche Volk, verstärkten den Handlungswillen, provozierten und beschleunigten sozialinterventionistisches Handeln und forderte von den Akteuren ein zügiges, kompromissloses Vorgehen bei der Erreichung der langfristigen biopolitischen Ziele, innerhalb derer der Einzelne nur Teil des „Menschenmaterials“, des „Volkskörpers“, war, das es zu formen galt.[20]

19 Vgl. Ian Kershaw, Hitlers Macht. Das Profil der NS-Herrschaft, 3. Auflage München 2001.

20 Dies spricht letztlich auch für das von Raphael entwickelte Konzept der Beschleunigungsdiktatur. Vgl. Raphael, Imperiale Gewalt.

VII. Anhang

1. Organigramme und Karten

Übersicht über die Umsiedlungsaktionen 1939–1945

Herkunfts-land	Herkunftsgebiet	Jurist. Grundlage	Umsiedlungs-zeitraum	Umsiedler
Estland		Protokoll vom 15.10.1939	Okt.-Dez. 1939	ca. 13 700
Italien	Südtirol	Vertrag vom 21.10.1939	Sept. 1939-Sept. 1940	ca. 75 000
Lettland		Vertrag vom 30.10.1939	Nov./Dez. 1939	ca. 52 500
Polen, sowjet. besetzte Gebiete	Galizien	Vertrag vom 3.11.1939	Dez. 1939-Febr./Apr. 1940	ca. 57 000
	Wolhynien			66 408
	Narewgebiet			ca. 11 000
	Cholmer und Lubliner Land		Mai-Okt. 1940	ca. 30 000
Rumänien	Bessarabien	Vertrag vom 5.9.1940	Sept.-Okt. 1940	93 318
	Nordbukowina			43 500
	Südbukowina	Vertrag vom 22.10.1940	Okt./Nov. 1940	52 400
	Dobrudscha			13 968
	„Verwandten-nachumsied-lung“	Erweiterung des Vertrages vom 22.10.1940	Mai-Juni 1941, (-1944)	10 115
Bulgarien	u. a. Süddobrudscha		1939/40	ca. 100
		Notenwechsel vom 21.11.1941	Nov./Dez. 1941/März 1942	ca. 800
		Notenwechsel vom 22.1.1943	März-Juli 1943	ca. 1 200
Slowenien/ Italien	Laibach, Gottschee, Krain	Vertrag vom 31.8.1941 (geschlossen mit Italien)	1941/42	ca. 15 000
baltische Staaten	Litauen	Vertrag vom 10.1.1941	Jan.-Mrz. 1941	50 285
	Estland, Lettland	Vereinbarung vom 10.1.1941	Jan.-Mrz. 1941	17 500
Griechenland			Frühjahr 1942	144
Slowakei		keine	Sommer 1942	ca. 600

Herkunftsland	Herkunftsgebiet	Jurist. Grundlage	Umsiedlungszeitraum	Umsiedler
Jugoslawien	Serbien	Vertrag vom 6.10.1942	Sept.-Dez. 1941	2 000
	Kroatien/ Bosnien	(Sondervereinbarungen mit Kroatien am 30.9.1942)	Okt.-Nov. 1942	ca. 18 000
Frankreich	Lothringen		1942/1943	ca. 10 000
	Elsass			ca. 17 000
	Nordfrankreich			ca. 5 000
Luxemburg, Belgien			1942/1943	Luxemburg: ca. 4 000
Sowjetunion	Ukraine, Krim, Transnistrien, Schwarzmeergebiet		1943/44	ca. 250 000
	Kaukasus			ca. 10 000

Umsiedlungsapparat Ende 1941

nach: Anordnung des RFSS über den Aufbau der Volkstumsarbeit der NSDAP und eine Abgrenzung der Zuständigkeiten der Hauptämter der SS vom 28.11.1941 (NO-4237), BArch Koblenz, All. Proz. 1, Rep. 501, XXXXIV-B 6, 2-B, Bl. 18–21

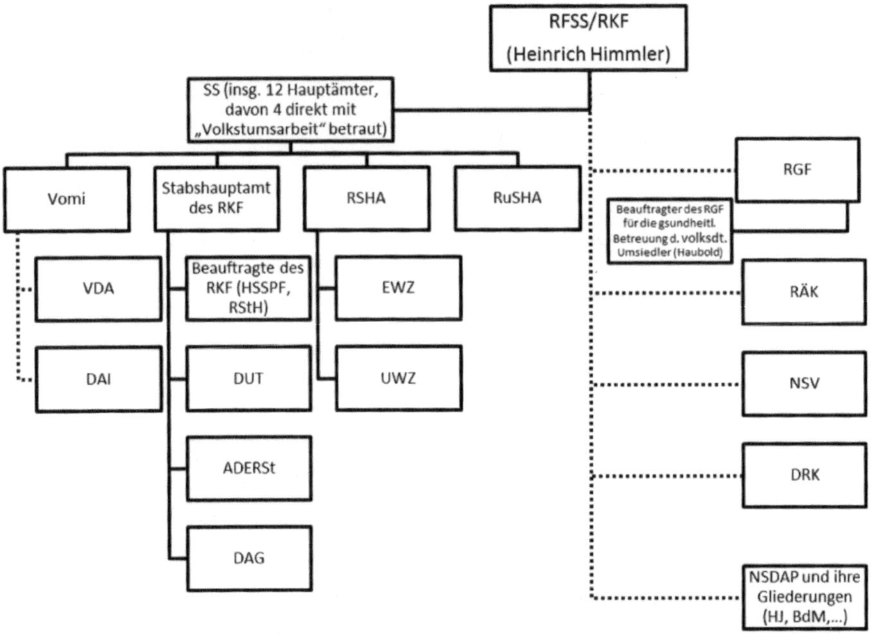

Organisation des RKF-Stabshauptamtes 1942

nach: Organisation und Geschäftsverteilungsplan Stabshauptamt RKF vom 1.8.1942 (NO-4060), BArch Koblenz, All. Proz. 1, Rep. 501, XXXXIV-B 5, 2-A, Bl. 1–53

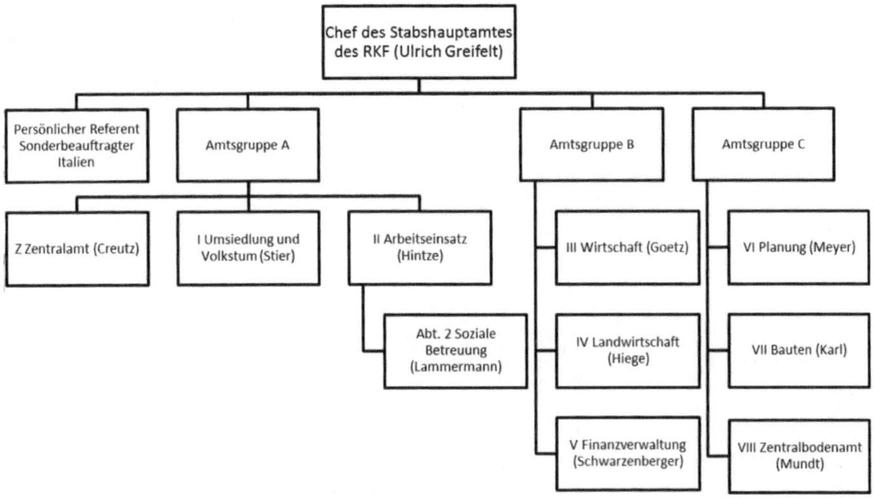

Organisation des Vomi-Hauptamtes 1944

nach: Geschäftsverteilungsplan Hauptamt Vomi vom 15.6.1944 (NO-3981), BArch Koblenz, All. Proz. 1, Rep. 501, XXXXIV-B 6, 2-B, Bl. 113–143

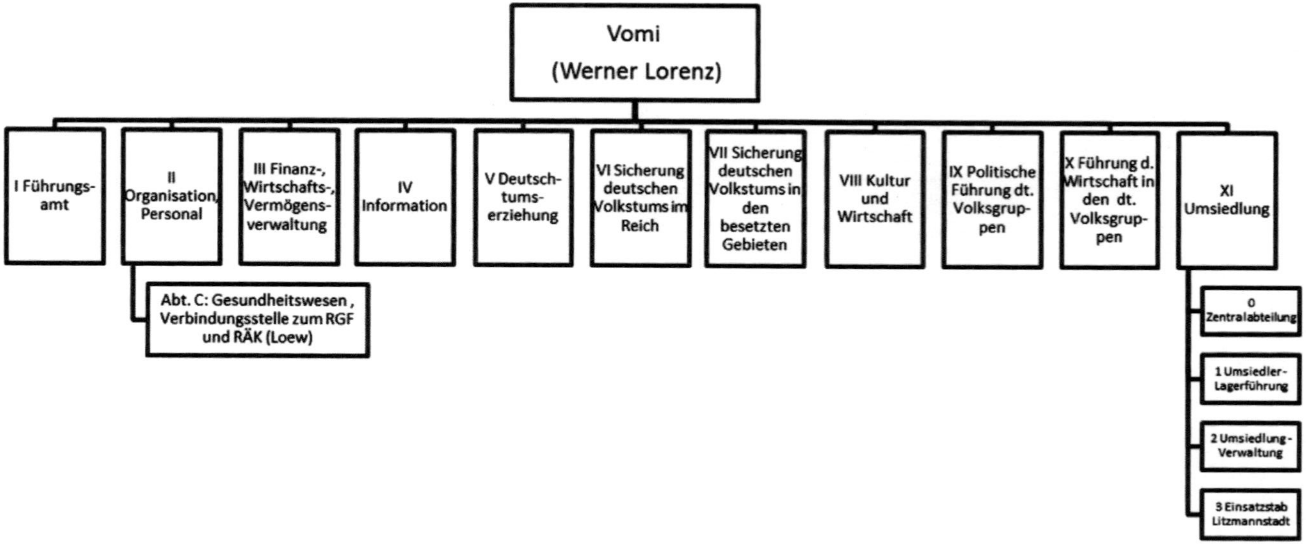

Übersichtskarte Umsiedlungsaktionen
aus: Konrad Meyer, Landvolk im Werden, Berlin 1941

Umsiedler aus:

Estland	13 000
Lettland	51 000
Narewgebiet	8 000
Generalgouvernement	30 300
Wolhynien	64 600
Galizien	55 600
Buchenland	97 000
Bessarabien	92 700
Dobrudscha	14 500

Umsiedlungsweg Bessarabien / Dobrudscha

aus: Friedrich Weishaupt, Der Umsiedlungsvertrag. In: Andreas Pampuch, Die Heimkehr der Bessarabiendeutschen, Breslau 1941, S. 72-76

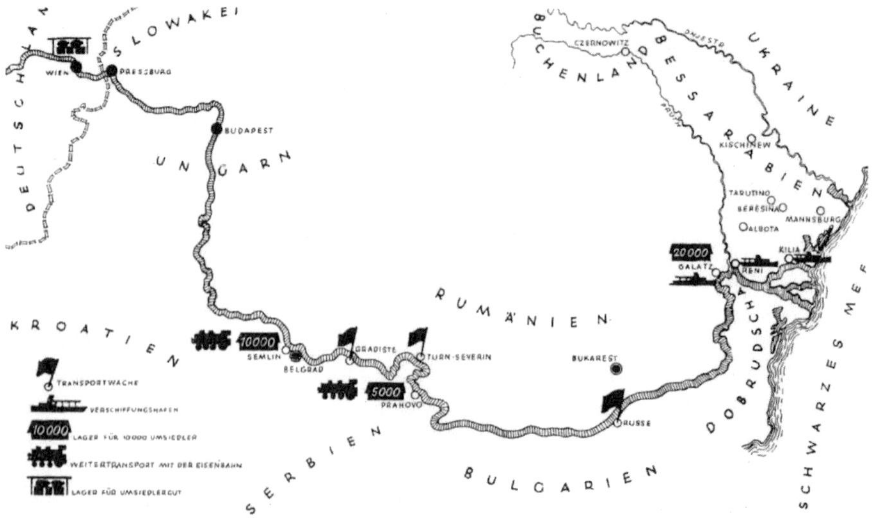

DER HEIMKEHRWEG DER BESSARABIENDEUTSCHEN

Verwaltungseinteilung der „neuen Ostgebiete"

aus: Czesław Madajczyk, Die Okkupationspolitik Nazideutschlands in Polen 1939–1945, Berlin 1987, Beilage, Original von Dr. Franz Doubek/RKF

Organisation der Gauselbstverwaltung (GSV) des Warthegaus 1941

nach: Organisationsplan der Gauselbstverwaltung des Reichsgaues Wartheland vom 1.2.1941, StA Hamburg, 213-12, Nr. 13, Bd. 73, Bl. 11–13

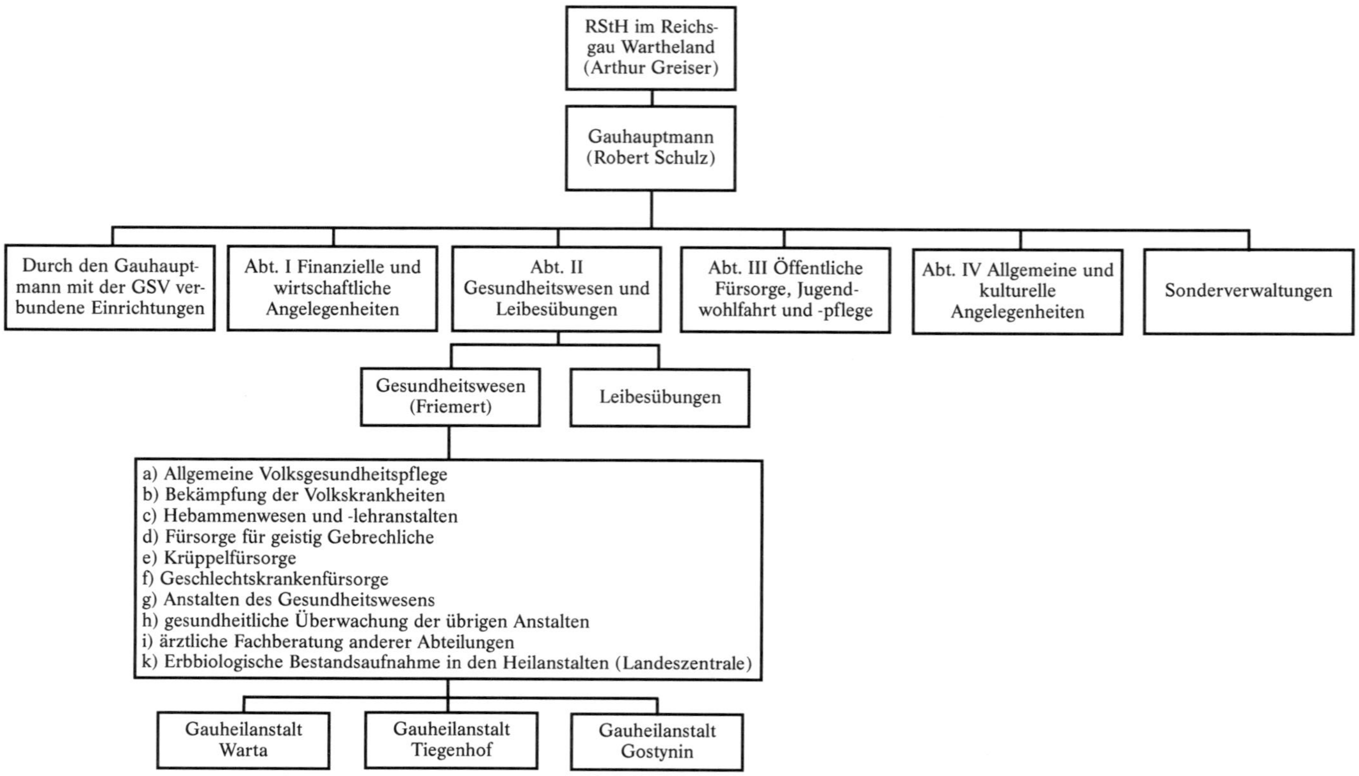

2. Quellenverzeichnis

Ungedruckte Quellen

Bundesrepublik Deutschland

Bundesarchiv Berlin (BArch Berlin)

NS 2	Rasse- und Siedlungshauptamt der SS
NS 19	Persönlicher Stab RFSS
NS 51	Kanzlei des Führers, Dienststelle Bouhler
R 2	Reichsfinanzministerium
R 5	Reichsverkehrsministerium
R 43 II	(Neue) Reichskanzlei
R 49	Reichskommissar für die Festigung deutschen Volkstums
R 57	Deutsches Auslandsinstitut Stuttgart
R 59	Volksdeutsche Mittelstelle
R 69	Einwandererzentralstelle
R 73	Notgemeinschaft der Deutschen Wissenschaft/DFG
R 96 I	Reichsarbeitsgemeinschaft Heil- und Pflegeanstalten
R 179	Kanzlei des Führers, Hauptamt IIb
R 1501	Reichsministerium des Innern
R 1702	Deutsche Umsiedlungs-Treuhandgesellschaft mbH
RAR	Reichsarztregister
Rollfilme	41149–41152, 41154 Nitsche-Papers, s. auch NARA II)

Bundesarchiv Ludwigsburg (BArch Ludwigsburg)

B 162	Ermittlungsunterlagen der Zentralen Stelle der Landesjustizverwaltungen zur Aufklärung von nationalsozialistischen Verbrechen in Ludwigsburg (darin auch ehemalige Sammlung „Euthanasie“)
AR-Z19/99	Vorermittlungen gegen Lange und Unbekannt

Bundesarchiv Koblenz (BArch Koblenz)

All. Proz. 1, Rep. 501, LXIV	Nürnberger Ärzteprozess
All. Proz. 1, Rep. 501, XXXXIV	Nürnberger RuSHA-Prozess

Bayerisches Hauptstaatsarchiv München (BayHStA)

MInn	Innenministerium
NSDAP	NSDAP
Stk	Staatskanzlei

Hessisches Hauptstaatsarchiv Wiesbaden (HessHStA)

Abt. 631a	Staatsanwaltschaft beim Oberlandesgericht Frankfurt am Main

Landesarchiv Baden-Württemberg/Hauptstaatsarchiv Stuttgart (HStA Stuttgart)

E 151 Innenministerium

Mecklenburgisches Landeshauptarchiv Schwerin (MeckLHA Schwerin)

5.12-7/1 Innenministerium

Niedersächsisches Hauptstaatsarchiv Hannover (NdsHStA Hannover)

Nds. 721, Hildesheim, Acc 48/88, Nr. 20 Ermittlungsverfahren gegen Friemert

Sächsisches Hauptstaatsarchiv Dresden (SächsHStA)

10736	Innenministerium
11120	Staatsanwaltschaft beim Landgericht Dresden
10822	Landesanstalt Großschweidnitz

Sächsisches Staatsarchiv Leipzig (StA-L)

20051 Heil- und Pflegeanstalt Leipzig-Dösen

Staatsarchiv Hamburg (StA Hamburg)

213-12 Staatsanwaltschaft Landgericht, NS-Gewaltverbrechen, Nr. 13 (Verfahren gegen Lensch und Struve)

Thüringisches Hauptstaatsarchiv Weimar (ThHStA Weimar)

NS-Archiv MfS (Altakten) Krankenhäuser
Personalakten aus dem Bereich Inneres
Thüringisches Ministerium des Innern (ThMdI), Abt. E

Thüringisches Staatsarchiv Gotha (ThSt Gotha)

Landesheilanstalt Mühlhausen (Patientenakten Pfafferode)

Universitätsarchiv der TU Dresden (UA TUD)

Studentenakten vor 1945

Institut für Zeitgeschichte München (IfZ München)

ED 72	RSHA, Amt III (EWZ)
Gh 05.19	Strafverfahren gegen Lensch und Struve (Kopie)
MA 708/2	Mikrofilmsammlung, UWZ
ZS 1129	Zeugenschrifttum, Aussage Malsen-Ponikau

Gedenkstätte Pirna-Sonnenstein

Opferdatenbank
Ordner Leipzig-Dösen
Patientenkarteikarten der „T4"-Zwischenanstalten (Kopien)

Gedenkstätte Hadamar

Opferdatenbank
Patientenakten

Archiv des Zentrums für Psychiatrie Südwürttemberg, Standort Münsterklinik Zwiefalten (ZfP Zwiefalten)

Aufnahmebuch Männer 1940-1948
Aufnahmebuch Frauen 1939-1949
Patientenakten
Ordner „Südtiroler"
Ordner „Durchgänge"

Archiv des Zentrums für Psychiatrie Südwürttemberg, Standort Bad Schussenried (ZfP Bad Schussenried)

Aufnahmebuch Männer 1918-1949
Aufnahmebuch Frauen 1927-1945

Archiv des Zentrums für Psychiatrie (ZfP) Südwürttemberg, Standort Weissenau/Ravensburg (ZfP Weissenau/Ravensburg)

Ergänzungsheft zum Aufnahmebuch

Archiv des Salus gGmbH Fachklinikums Uchtspringe

Aufnahmeliste der Heilanstalt Uchtspringe 1937-1947
Patientenakten

Archiv des Sächsischen Krankenhauses für Psychiatrie und Neurologie Arnsdorf

Patientenkarteikarten (bis 1945)

Archiv des Bezirkskrankenhauses Kaufbeuren (BKH Kaufbeuren)

Patientenakten

Archiv der AWO Betreuungsdienste GmbH Wittstock

Patientenakten

Archiv des Ökumenischen Hainich Klinikums Mühlhausen/Pfafferode

Aufnahmebuch der Heilanstalt Pfafferode 1937-1945

Institut für Geschichte der Medizin an der Charité Berlin

Ordner „Warta, Lublinitz"

Archiv der Max-Planck-Gesellschaft Berlin

Hauptabteilung I, Rep. 3 (Tätigkeitsberichte)

Archiv des Bessarabiendeutschen Vereins Stuttgart

Umsiedlungslisten (Kopien)

Österreich

Tiroler Landesarchiv Innsbruck (TLA)

Bundespolizeidirektion Innsbruck, NSDAP, Tötung von Geisteskranken zwischen 1940–1942
10 Vr 4740/47 Landesgericht Innsbruck, Strafsache gegen Hans Czermak
Der Gauleiter und Reichsstatthalter in Tirol und Vorarlberg, Dienststelle Umsiedlung Südtirol (DUS)
Der Gauleiter und Reichsstatthalter in Tirol und Vorarlberg, Abt. III a 1, M–XI

Universitätsarchiv Innsbruck (UA Innsbruck)

Sammlung Scharfetter (Slg. Scharfetter)

Historisches Archiv des Psychiatrischen Krankenhauses Hall in Tirol (PKH)

Aufnahmebuch 1938–1945
Patientenakten

Landesgericht Wels

10 Vr 971/66 Ermittlungsunterlagen der Strafsache gegen Walter Kipper

Polen

Archiwum Państwowe w Gorzowie Wlkp./Staatsarchiv Gorzow Wlkp. (APG)

Szpital dla Nerwowo Chorych w Miedzyrzeczu/Heilanstalt Meseritz-Obrawalde

Archiwum Akt Nowych Warszawa/Archiv der Neuen Akten Warschau (AAN)

999	Centrala Imigracyjna, Komisja XVI we Lwowie/EWZ Litzmannstadt, Kommission XVI in Lemberg (EWZ)

Archiwum Państwowe w Łodzi/Staatsarchiv Łodz (APŁ)

176/II	Akt Rejencji Łodzkiej/Bezirksregierung Łodz/Litzmannstadt
221	Akta miasta Łodzi/Stadtverwaltung Łodz/Litzmannstadt
204/II	Centrala Imigracyjna w Lodzi/EWZ Łodz/Litzmannstadt

Archiwum Państwowe w Łodzi, Oddział w Sieradzu/Staatsarchiv Łodz, Außenstelle Sieradz (APŁ, Sieradz)

Szpital Psychiatryczny w Warcie/Heilanstalt Warta

Archiwum Państwowe w Poznaniu/Staatsarchiv Poznan

87	Erbgesundheitsgericht Posen (EGG Posen)
299	Reichsstatthalter im Reichsgau Wartheland (RStH)
301	Gauselbstverwaltung (GSV)
800	Vomi, Zweigstelle Posen (Vomi)

Instytut Pamięci Narodowej/Institut für Nationales Gedenken (ehemals Główna Komisja Badania Zbrodni przeciwko Narodowi Polskiemu/Hauptkommission zur Erforschung von Verbrechen gegen das Polnische Volk) (IPN Warschau)

Gk 672	EWZ, RuS-Außenstelle Litzmannstadt

Archiwum Państwowe w Wrocławiu/Staatsarchiv Wrocław (APW)

172	Rejencja Wroclawska/Regierung Breslau

Wojewódzki Szpital dla Nerwowo i Psychicznie Chorych im. Aleksandra Piotrowskiego w Gnieznie/Aleksander-Piotrowski-Wojewodschaftkrankenhaus für psychisch und Nerven-kranke in Gnesen/ehem. Dziekanka/Tiegenhof (Krankenhausarchiv Tiegenhof)

Księga Główna/Aufnahmebücher der Heilanstalt Dziekanka/Tiegenhof 1940-1942, 1934-1939, 1934-1940, 1940-1942, 1942-1948
Evakuierungsbuch
Gräberverzeichnis
Personalakten
Patientenakten (Rückgabe aus Hadamar)

Wojewódzki Samodzielny Zespół Publicznych Zakładów Opieki Zdrowotnej im. Profesora Eugeniusza Wilczkowskiego w Gostyninie/Wojewodschafts-Krankenhaus für Geistes- und Nervenkranke Gostynin (Krankenhausarchiv Gostynin)

Aufnahmebücher der Heilanstalt Gostynin/Gasten 1938-1942

Russische Förderation

Rossijskij Gosudarstvennyi Voennyi Archiv Moskau/Sonderarchiv des Russischen Staatlichen Militärarchivs Moskau

1386	Sammlung Volksdeutsche

USA

National Archives II at College Park/Maryland (NARA II)

M 1078, RG 549	Hadamar-Prozess
T 1021, RG 549/338	Nitsche-Papers, Hartheim-Statistik

United States Holocaust Memorial Museum Washington (USHMM)

RG-15.086 M	Gesundheitskammer im Generalgouvernement
1995.A.1086	Selected records from Lviv Oblast Archive
RG-15.042M	Regional Commission for the Investigation of Nazi Crimes in Poznań

Ukraine

Filial Gosudarstvenovo Archiva Odesskoi Oblasti w g. Ismail/Staatliches Gebietsarchiv Odessa, Außenstelle Ismail

1184	Gesundheitskammer im Generalgouvernement

Gedruckte Quellen

Literatur vor 1945

Amtliches Material zum Massenmord von Katyn. Hg. von Deutsche Informationsstelle, Berlin 1943.

Bresler, Johannes (Hg.): Deutsche Heil- und Pflegeanstalten für Psychischkranke in Wort und Bild, Band I, Halle (Saale) 1910.

Brost, Kurt: Anthropologische Untersuchung der Rhönbevölkerung. In: Harmsen, Hans/Lohse, Franz (Hg.): Bevölkerungsfragen. Bericht des Internationalen Kongresses für Bevölkerungswissenschaft, München 1936, S. 846–848.

Burchard, Werner: Volkheitskundliche Untersuchungen im deutschen Siedlungsgebiet in der südslawischen Batschka, Berlin 1938.

Collmer, Paul: Fürsorge als völkische Selbstbehauptung. Dargestellt am Beispiel des Fürsorgewesens der Siebenbürger Sachsen, Berlin 1936.

Csallner, Alfred: Zur Frage der Mischehen, Hermannstadt 1937.

–: Schul- und Lebensleistung der siebenbürgisch-deutschen Bauern, Hermannstadt 1939.

–: Die volksbiologische Forschung unter den Siebenbürger Sachsen und ihre Auswirkung auf das Leben dieser Volksgruppe, Leipzig 1940.

Dienstanweisung für die gesundheitliche Betreuung volksdeutscher Umsiedler während ihres Aufenthaltes in Lagern. Hg. vom Beauftragten des Reichsgesundheitsführers für die gesundheitliche Betreuung der volksdeutschen Umsiedler, Berlin 1940.

Drechsler, Karl Otto: Über die Bedeutung der Tuberkulose für das deutsche Siedlungsdorf Teplitz-Bessarabien, Diss. med., Würzburg 1943.

Endruweit, Klaus: Teplitz. Gesundheitliche Untersuchungen in einem deutschen Dorfe Bessarabiens im Rahmen einer Reichsberufswettkampfarbeit, Diss. med., Würzburg 1941.

Freundt, Bernhard: Der Verlauf der Infektionskrankheiten bei der Umsiedlung der Volksdeutschen aus Wolhynien, Galizien, dem Narew-Gebiet, sowie aus Bessarabien, Nord- und Südbuchenland und der Dobrudscha bis Mai 1941, Diss. med., Berlin 1943.

Gesetz zur Verhütung erbkranken Nachwuchses vom 14. Juli 1933 mit Auszug aus dem Gesetz gegen gefährliche Gewohnheitsverbrecher und über Maßregeln der Sicherung und Besserung vom 24. Nov. 1933. Bearbeitet und erläutert von Arthur Gütt, Ernst Rüdin und Falk Ruttke, München 1934.

Geyer, Eberhard: Vorläufige Mitteilung über die familienanthropologische Untersuchung des ostschwäbischen Dorfes Marienfeld. In: Verhandlungen der Gesellschaft für Physische Anthropologie, 7 (1935), S. 5-11.

Göllner, Herbert: Volks- und Rassenkunde der Bevölkerung von Friedersdorf, Kreis Lauban/Schlesien, Jena 1932.

Gradmann, Wilhelm: Die umgesiedelten deutschen Volksgruppen. Ergebnisse ihrer Erfassung. In: Zeitschrift für Politik, 31 (1941), S. 277-293.

-: Die Erfassung der Umsiedler. Vorbereitungen zur Ansiedlung. In: Zeitschrift für Politik, 32 (1942), S. 346-351.

Grimm, Hans: Ein Ehe-Reife-Diagramm und seine Anwendung auf südostdeutsche Volksgruppen. In: Südost-Forschungen, 4 (1939), S. 810-818.

-: Untersuchungen über die Pubertät bei Umsiedlerinnen aus der Nordbukowina. Beitrag zur Frage: Menarche und Umwelt. In: Zeitschrift für menschliche Vererbungs- und Konstitutionslehre, 27 (1943) 1, S. 39-68 (zugleich Diss. med. Breslau 1943).

Gruber, Max von/ Rüdin, Ernst (Hg.): Fortpflanzung. Vererbung. Rassenhygiene. Illustrierter Führer durch die Gruppe Rassenhygiene der Internationalen Hygiene-Ausstellung 1911 in Dresden, München 1911.

Grumbach, Karl/Frank, Ladislaus: Ein Jahr Kreis „Prinz Eugen“. Ein Arbeitsbericht, Belgrad 1942.

Handausgabe der Umsiedlungs-Bestimmungen für die deutschen Optanten. Hg. vom Leiter der Amtlichen Deutschen Ein- und Rückwanderererstellen, Bozen 1940.

Harmsen, Hans: Praktische Bevölkerungspolitik. Ein Abriss ihrer Grundlagen, Ziel und Aufgaben, Berlin 1931.

-: Bestandsfragen der deutschen Volksgruppen im osteuropäischen Raum, Berlin 1935.

-: Volksbiologische Fragen im südlichen Ostmitteleuropa. Eine Übersicht. In: Auslandsdeutsche Volksforschung, 4 (1940), S. 70-77.

-/Lohse, Franz (Hg.): Bevölkerungsfragen. Bericht des Internationalen Kongresses für Bevölkerungswissenschaft, München 1936.

Hellmann, Ernst: Die Heil- und Pflegeanstalten im Generalgouvernement. In: Walbaum, Jost (Hg.): Kampf den Seuchen! Deutscher Ärzte-Einsatz im Osten. Die Aufbauarbeit im Gesundheitswesen des Generalgouvernements, Krakau 1941, S. 107-167.

Hermann, Albert: Die Deutschen Bauern des Burzenlandes, Jena 1937.

Holfelder, Hans: Das Problem der Tuberkulose-Erfassung. Erfahrungen bei der Durchführung und Auswertung von über 7 Millionen Röntgenreihenaufnahmen. In: Aus deutscher Medizin. Ausländisch-deutsches Medizinertreffen Innsbruck 1942. Hg. von der Auslandsabteilung des Reichsgesundheitsführers, Berlin 1944, S. 204-217.

Ihlenfeldt, Günter: Ärztlich-hygienische Beobachtungen in deutschen Siedlungen Slavoniens. In: Auslandsdeutsche Volksforschung, 2 (1938), S. 113-129.

Keiter, Friedrich: Rußlanddeutsche Bauern und ihre Stammesgenossen in Deutschland. Untersuchungen zur speziellen und allgemeinen Rassenkunde, Jena 1934.

Kilian, Rolf: Die Erfassung der Erbstruktur der Rhönbevölkerung. In: Harmsen, Hans/Lohse, Franz (Hg.): Bevölkerungsfragen. Bericht des Internationalen Kongresses für Bevölkerungswissenschaft, München 1936, S. 848-851.

Klingler, Fritz: Die Bevölkerungsbewegung des deutschen Volkes im Banat von der Ansiedlung bis heute: Der Geburtenrückgang, dessen Ursachen und dessen Abhilfe, Hermannstadt 1934.

Lebzelter, Viktor/Wastl, Josef/Sittenberger, Anna: Ein Beitrag zur Rassenkunde der Siebenbürger Sachsen. In: Verhandlungen und Mitteilungen des Siebenbürgischen Vereins für Naturwissenschaften zu Hermannstadt, 83/84 (1936), S. 1-24.

Lieske, Reinhard: Erbliche Psychosen und Inzucht, untersucht an einem donauschwäbischen Dorf. In: Südost-Forschungen, 4 (1939), S. 972-996.

Meixner, Hanns: Kinderzahl und soziale Stellung der Eltern Münchener Hilfsschüler. In: Archiv für Rassen- und Gesellschaftsbiologie, 30 (1936) 6, Bl. 468-477 (zugleich Diss. med. Berlin).

Der Menscheneinsatz. Grundsätze, Anordnungen, Richtlinien. Hg. vom Reichskommissar für die Festigung deutschen Volkstums, Berlin 1940.

Der Menscheneinsatz. Grundsätze, Anordnungen, Richtlinien. 1. Nachtrag. Hg. vom Reichskommissar für die Festigung deutschen Volkstums, Berlin 1941.

Moek, Hans-Günther: Rassekundliche Erhebungen im Dorfe Teplitz (Bessarabien), Diss. med., Würzburg 1941.

Nikolajev, Vladimir: Mūsu pirmie rezultāti schizofreniķu ārstēšanā ar insulina šokiem [Unsere ersten Ergebnisse bei der Behandlung der Schizophrenie mit Insulin-Schocks]. In: Latvijas Ārstu žurnāls, 11/12 (1937), S. 324-329.

Pampuch, Andreas: Aus der Arbeit des Umsiedlungskommandos in Bessarabien. In: Pampuch, Andreas (Hg.): Heimkehr der Bessarabiendeutschen, Breslau 1941, S. 112-117.

-: Donaufahrt. In: Pampuch, Andreas (Hg.): Heimkehr der Bessarabiendeutschen, Breslau 1941, S. 77-96.

-: Im Lager Semlin, In: Pampuch, Andreas (Hg.): Heimkehr der Bessarabiendeutschen, Breslau 1941, S. 214-217.

-: Mit dem Personentreck nach dem Hafen Reni. In: Pampuch, Andreas (Hg.): Heimkehr der Bessarabiendeutschen, Breslau 1941, S. 158-169.

Pohl, Günther: Bevölkerungsstatistische Untersuchung bei ländlichen Umsiedlern der Bukowina. Ein Beitrag zur Frage der unterschiedlichen Fortpflanzung, Diss. med., Breslau 1943.

Pumptow, Joachim: Scharlach und aktive Scharlach-Schutzimpfung in den volksdeutschen Umsiedlungslagern (für die Zeit von Dez. 1939 bis März 1943), Diss. med., Berlin 1944.

Putscher, Kurt: Über die soziale Lage deutscher Umsiedler aus dem Buchenland, Diss. med., Breslau 1943.

Ritter, Helmut: Meine Arbeit als Gebietsarzt. In: Pampuch, Andreas (Hg.): Heimkehr der Bessarabiendeutschen, Breslau 1941, S. 128-135.

Rose, Gerhard: Fleckfieberfragen bei der Umsiedlung der Volksdeutschen aus dem Ostraum 1939/40. In: Deutsche Medizinische Wochenschrift, 67 (1941), S. 1262-1265.

Routil, Robert: Familienanthropologische Untersuchungen indem ostschwäbischen Dorfe Marienfeld im rumänischen Banat. Biometrische Studien, Wien 1942.
Rüdin, Ernst: Die Beziehungen zwischen Erbvorhersage und Bevölkerungspolitik. In: Harmsen, Hans/Lohse, Franz (Hg.): Bevölkerungsfragen. Bericht des Internationalen Kongresses für Bevölkerungswissenschaft, München 1936, S. 655-659.
Schaeuble, Johann: Eine rassenbiologische Vergleichsuntersuchung an Schwarzwäldern aus Hotzenwald und rumänischem Banat, Freiburg i. Brsg. 1941.
Schmidt-Kehl, Ludwig: Praktische Bevölkerungspolitik in der Rhön. In: Archiv für Bevölkerungswissenschaft und Bevölkerungspolitik, VI (1936) 6, S. 392-400.
Schumann, Fritz: Untersuchungen zur Bevölkerungsbiologie der Umsiedler aus dem Buchenland, Diss. med., Breslau 1942.
Schuster-Woldan, Eckart: Kurze Zusammenfassung von Untersuchungsergebnissen über Thyreopathien im Endemiegebiet Südtirol, Diss. med., Berlin 1944.
Sommer, Hellmut: 135 000 gewannen das Vaterland. Die Heimkehr der Deutschen aus Wolhynien, Galizien und dem Narewgebiet, Berlin 1940.
Steiner, Friedrich/Töpfer, August: Zahnärztliche Untersuchungen in der Gemeinde Undingen auf der Schwäbischen Alb und in der Gemeinde Teplitz in Bessarabien (Rumänien), Diss. med. dent., Würzburg 1939.
Streit, B.: Im Auffanglager Galatz. In: Pampuch, Andreas (Hg.): Heimkehr der Bessarabiendeutschen, Breslau 1941, S. 204-209.
Ullrich, Aquilin: Das Trachom bei der ehemaligen deutschen Volksgruppe in Bessarabien, Diss. med., Würzburg 1941.
Verschuer, Otmar Freiherr von: Rassenhygiene als Wissenschaft und Staatsaufgabe, Frankfurt a. M. 1936.
-: Leitfaden der Rassenhygiene, 2. Auflage Leipzig 1944.
Wertheimer, Fritz: Von deutschen Parteien und Parteiführern im Ausland, Berlin 1927.
Woltereck, Heinz (Hg.): Erbkunde, Rassenpflege, Bevölkerungspolitik. Schicksalsfragen des deutschen Volkes, 6. Auflage Leipzig 1943.
Zapf, Charlotte: Untersuchungen über die Epidemische Genickstarre bei der Umsiedlung 1939-1940 der Volksdeutschen aus Wolhynien, Galizien und dem Narewgebiet, sowie bei der Südostumsiedlung (Bessarabien, Nord- und Südbuchenland, Dobrudscha) und der Umsiedlungen 1940/41 aus Litauen, Estland und Lettland, Diss. med., Berlin 1944.

Zeitschriften

Auslandsdeutsche Volksforschung (1937-1944, ab 1939 unter dem Titel: Volksforschung).
Deutsches Ärzteblatt. Amtsblatt der Reichsärztekammer und der Kassenärztlichen Vereinigung Deutschlands (1939-1945).
Die Gesundheitsführung: Ziel und Weg. Monatsschrift des Hauptamtes für Volksgesundheit der NSDAP/Sachverständigenbeirates/Nationalsozialistischen Deutschen Ärztebundes (1939-1945).

Medizinische Zeitschrift. Fachblatt der deutschen Ärzte in Rumänien (1933-1941, 1942-1944 unter dem Titel: Der Arzt im Osten. Zeitschrift der deutschen Ärzteschaft in Rumänien).
Neues Volk. Blätter des Rassenpolitischen Amtes der NSDAP (1939-1944).
Woge-Blatt. Zeitschrift für ländliche Wohlfahrtspflege. Organ der Zentralgenossenschaft der Ländlichen Wohlfahrtsgenossenschaften in Novisad (1932-1936).

Quelleneditionen

Chroust, Peter (Bearb.): Friedrich Mennecke. Innenansichten eines medizinischen Täters im Nationalsozialismus. Eine Edition seiner Briefe 1935-1947, 2. Auflage Hamburg 1988.
Hecker, Hellmuth: Die Umsiedlungsverträge des Deutschen Reiches während des Zweiten Weltkrieges, Hamburg 1971.
Loeber, Dietrich A.: Diktierte Option. Die Umsiedlung der Deutsch-Balten aus Estland und Lettland 1939-1941, Neumünster 1974.
Madajczyk, Czesław (Hg.): Vom Generalplan Ost zum Generalsiedlungsplan. Dokumente, München 1994.

3. Literaturverzeichnis

Alberti, Michael: Die Verfolgung und Vernichtung der Juden im Reichsgau Wartheland 1939-1945, Wiesbaden 2006.
Albrich, Gerhard/Christ, Hans/Hockl, Hans Wolfram: Deutsche Jugendbewegung im Südosten, Bielefeld 1969.
Alexander, Helmut: Die Umsiedlung der Südtiroler 1939-1945. In: Alexander, Helmut/Lechner, Stefan/Leidlmair, Adolf (Hg.): Heimatlos. Die Umsiedlung der Südtiroler, Wien 1993, S. 43-179.
Aly, Götz: Der saubere und schmutzige Fortschritt. In: Aly, Götz (Bearb.): Reform und Gewissen. „Euthanasie" im Dienst des Fortschritts, Berlin (West) 1985, S. 9-78.
-: „Endlösung". Völkerverschiebung und der Mord an den europäischen Juden, Frankfurt a. M. 1998.
-: Die restlose Erfassung. Volkszählen, Identifizieren, Aussondern im Nationalsozialismus, 2. Auflage Frankfurt a. M. 2005.
-/Heim, Susanne: Vordenker der Vernichtung. Auschwitz und die deutschen Pläne für eine neue europäische Ordnung, 5. Auflage Hamburg 2004.
Arreghini, Ermanno: Option: eine freie Entscheidung oder Abschiebung von „Unzurechnungsfähigen"? In: Wahnsinn und ethnische Säuberung. Deportation und Vernichtung psychisch Kranker aus Südtirol 1939-1945. Hg. vom Verband Angehöriger und Freunde psychisch Kranker, Bozen 1995, S. 37-41.
Baader, Gerhard: Auf dem Weg zum Menschenversuch im Nationalsozialismus. Historische Vorbedingungen und der Beitrag der Kaiser-Wilhelm-Institute. In: Sachse, Carola (Hg.): Die Verbindung nach Auschwitz. Biowissenschaften und Menschenversuche an Kaiser-Wilhelm-Instituten, Göttingen 2003, S. 105-157.

-: Blutgruppenforschung im Nationalsozialismus. In: Gadebusch Bondio, Mariacarla (Hg.): Blood in history and blood histories, Florenz 2005, S. 331-345.

Beddies, Thomas: Der „Ost-Einsatz" von Mitarbeitern der „Aktion T4" im Winter 1941/42. In: Psychiatrie im Dritten Reich. Schwerpunkt Hessen. Hg. vom Arbeitskreis zur Erforschung der nationalsozialistischen „Euthanasie" und Zwangssterilisation, Ulm 2002, S. 25-35.

-: Die Heil- und Pflegeanstalt Meseritz-Obrawalde im Dritten Reich. In: Hübener, Kristina (Hg.): Brandenburgische Heil- und Pflegeanstalten in der NS-Zeit, Berlin 2002, S. 231-258.

-: Kinder und Jugendliche in der Heil- und Pflegeanstalt Görden 1938-1945. In: Hübener, Kristina (Hg.): Brandenburgische Heil- und Pflegeanstalten in der NS-Zeit, Berlin 2002, S. 129-154.

-: Kinder in der Nervenklinik der Berliner Charité. In: Beddies, Thomas/Hübener, Kristina (Hg.): Kinder in der NS-Psychiatrie, Berlin 2004, S. 109-124.

-: „Du hast die Pflicht, gesund zu sein." Der Gesundheitsdienst der Hitler-Jugend 1933-1945, Berlin 2010.

-/Schmiedebach, Heinz-Peter: Der Pädiater Dr. Ernst Wentzler und die Kinderklinik Berlin-Frohnau (1923-1964). In: Jürgen Wetzel (Hg.): Berlin in Geschichte und Gegenwart, Berlin 2002, S. 137-158.

Beiträge zur NS-„Euthanasie"-Forschung 2002. Hg. vom Arbeitskreis zur Erforschung der nationalsozialistischen „Euthanasie" und Zwangssterilisation, Ulm 2003.

Benzenhöfer, Udo: Hans Heinze. Kinder- und Jugendpsychiatrie und „Euthanasie". In: Beiträge zur NS-„Euthanasie"-Forschung 2002. Hg. vom Arbeitskreis zur Erforschung der nationalsozialistischen „Euthanasie" und Zwangssterilisation, Ulm 2003, S. 15-46.

-: Der Fall Leipzig (alias Fall „Kind Knauer") und die Planung der NS-Kindereuthanasie", Münster 2008.

Berner, Margit: Die „rassenkundlichen" Untersuchungen der Wiener Anthropologen an Kriegsgefangenenlagern 1915-1918. In: Zeitgeschichte, 30 (2003) 3, S. 124-136.

Bernhardt, Heike: Anstaltspsychiatrie und „Euthanasie" in Pommern 1933 bis 1945. Die Krankenmorde an Kindern und Erwachsenen am Beispiel der Landesheilanstalt Ueckermünde, Frankfurt a. M. 1994.

Bernsdorff, Herbert: Gesundheitsdienst und Fürsorge während der deutschbaltischen Umsiedlung. In: Baltische Hefte, 16 (1970), S. 210-259.

Bethke, Carl: Aspekte der Nazifizierung der „Volksdeutschen" in Slawonien. In: Hausleitner, Mariana/Roth, Harald (Hg.): Der Einfluss von Faschismus und Nationalsozialismus auf Minderheiten in Ostmittel- und Südosteuropa, München 2006, S. 183-217.

-: Deutsche und ungarische Minderheiten in Kroatien und der Vojvodina 1918-1941. Identitätsentwürfe und ethnopolitische Mobilisierung, Wiesbaden 2009.

Bierschenk, Theodor: Die deutsche Volksgruppe in Polen 1934-1939, Kitzingen a. M. 1954.

Birn, Ruth Bettina: Die Höheren SS- und Polizeiführer. Himmlers Vertreter im Reich und in den besetzten Gebieten, Düsseldorf 1986.

Bischof, Hans Ludwig: Heil- und Pflegeanstalt Gabersee. In: Cranach, Michael von/ Siemen, Hans-Ludwig (Hg.): Psychiatrie im Nationalsozialismus. Die bayerischen Heil- und Pflegeanstalten zwischen 1933 und 1945, München 1999, S. 363-378.

Bock, Gisela: Zwangssterilisation im Nationalsozialismus. Studien zur Rassenpolitik und Frauenpolitik, Opladen 1986.

Böhler, Jochen: Auftakt zum Vernichtungskrieg. Die Wehrmacht in Polen 1939, Frankfurt a. M. 2006.

Böhm, Boris: Funktion und Verantwortung des Sächsischen Innenministeriums während der „Aktion T4". In: Der sächsische Sonderweg bei der NS-„Euthanasie". Hg. vom Arbeitskreis zur Erforschung der nationalsozialistischen „Euthanasie" und Zwangssterilisation, Fachtagung vom 15. bis 17. Mai 2001 in Pirna-Sonnenstein, Ulm 2001, S. 63-90.

-: „Im Sammeltransport verlegt". Die Einbeziehung der sächsischen Kranken- und Behinderteneinrichtungen in die „Aktion T4". In: „Im Sammeltransport verlegt" Die Einbeziehung der sächsischen Kranken- und Behinderteneinrichtungen in die „Aktion T4". Hg. vom Kuratorium Gedenkstätte Sonnenstein e. V., Pirna 2002, S. 23-80.

-: Die Tötungsanstalt Pirna-Sonnenstein 1940/41. In: Henke, Klaus-Dietmar (Hg.): Tödliche Medizin im Nationalsozialismus. Von der Rassenhygiene zum Massenmord, Köln 2008, S. 149-170.

-/Hacke, Gerald (Hg.): Fundamentale Gebote der Sittlichkeit. Der „Euthanasie"-Prozess vor dem Landgericht Dresden 1947, Dresden 2008.

-/Markwardt, Hagen: Hermann Paul Nitsche (1876-1948). Zur Biografie eines Reformpsychiaters und Hauptakteurs der NS-„Euthanasie". In: Nationalsozialistische Euthanasieverbrechen. Beiträge zur Aufarbeitung ihrer Geschichte in Sachsen. Hg. von der Stiftung Sächsische Gedenkstätten, Dresden 2004, S. 71-104.

Böhm, Johann: Die Deutschen in Rumänien und die Weimarer Republik 1919-1933, Ippesheim 1993.

-: Die Deutschen in Rumänien und das Dritte Reich 1933-1940, Frankfurt a. M. 1999.

-: Die Gleichschaltung der Deutschen Volksgruppe in Rumänien und das „Dritte Reich" 1941-1944, Frankfurt a. M. 2003.

-: Nationalsozialistische Indoktrination der Deutschen in Rumänien 1932-1944, Frankfurt a. M. 2008.

-: Die Deutsche Volksgruppe in Jugoslawien 1918-1941, Frankfurt a. M. 2009.

Bosse, Jana Elena: Siebzig Jahre nach der Umsiedlung - deutschbaltische Zeitzeugen erinnern sich. In: Neander, Eckhart/Sakson, Andrzej (Hg.): Umgesiedelt - Vertrieben. Deutschbalten und Polen 1939-1945 im Warthegau, Marburg 2010, S. 30-42.

Bosse, Lars: Volksdeutsche Umsiedler im „Reichsgau Wartheland" am Beispiel der Deutschen aus dem Baltikum, Mag. phil., Kiel 1992.

-: Vom Baltikum in den Reichsgau Wartheland. In: Garleff, Michael (Hg.): Deutschbalten, Weimarer Republik und Drittes Reich, 2. Auflage Köln 2008, S. 297-386.

Breuer, Stefan/Schmidt, Ina: Die Kommenden. Eine Zeitschrift der Bündischen Jugend (1926-1933), Schwalbach 2010.

Buchheim, Hans: Rechtsstellung und Organisation des Reichskommissars für die Festigung deutschen Volkstums. In: Gutachten des Instituts für Zeitgeschichte, Band 1, München 1958, S. 239-279.

-: Anatomie des SS-Staates. Die SS - Das Herrschaftsinstrument. Befehl und Gehorsam, Freiburg 1965.

Butaru, Lucian: Eugenik und Rassismus im Siebenbürgen der Zwischenkriegszeit. In: Zeitschrift für Siebenbürgische Landeskunde, 30 (2007), S. 54-64.

Cottebrune, Anne: Blut und „Rasse“. Serologische Forschungen im Umfeld des Robert Koch-Instituts. In: Hulverscheidt, Marion/Laukötter, Anja (Hg.): Infektion und Institution. Zur Wissenschaftsgeschichte des Robert Koch-Instituts im Nationalsozialismus, Göttingen 2009, S. 106-127.

Cranach, Michael von/Siemen, Hans-Ludwig (Hg.): Psychiatrie im Nationalsozialismus. Die bayerischen Heil- und Pflegeanstalten zwischen 1933 und 1945, München 1999.

Csallner, Alfred: Meine wissenschaftlichen Arbeiten, o. O. (Traunreut) 1975.

Deadly Medicine. Creating the Master Race. Hg. von United States Holocaust Memorial Museum, Washington 2004.

Döring, Stephan: Die Umsiedlung der Wolhyniendeutschen in den Jahren 1939 bis 1940, Frankfurt a. M. 2001.

Dörner, Klaus: Der Krieg gegen die psychisch Kranken. Nach ‚Holocaust‘: Erkennen, Trauern, Begegnen, Frankfurt a. M. 1989.

Durchgangsstation Sonnenstein. Die ehemalige Landesanstalt als Militärobjekt, Auffanglager und Ausbildungsstätte in den Jahren 1939 bis 1954. Hg. vom Kuratorium Gedenkstätte Sonnenstein e. V., Pirna 2007.

Ebbinghaus, Angelika/Preissler, Gerd: Die Ermordung psychisch kranker Menschen in der Sowjetunion. Dokumentation. In: Aly, Götz (Red.): Aussonderung und Tod. Die klinische Hinrichtung der Unbrauchbaren, Berlin (West) 1985, S. 75-107.

Eckart, Wolfgang U.: „Ein Feld der rationalen Vernichtungspolitik“. Biopolitische Ideen und Praktiken vom Malthusianismus bis zum nationalsozialistischen Sterilisationsgesetz. In: Die nationalsozialistische „Euthanasie“-Aktion „T4“ und ihre Opfer, S. 25-41.

Egger, Günther und Elke: Der Landkreis Mühldorf am Inn im Nationalsozialismus, Berlin 2001.

Eisfeld, Alfred: Die Russland-Deutschen, 2. Auflage München 1999.

Eisterer, Klaus: „Hinaus oder hinunter“. Die sizilianische Legende. Eine taktische Meisterleistung der Deutschen. In: Eisterer, Klaus/Steininger Rolf (Hg.): Die Option. Südtirol zwischen Faschismus und Nationalsozialismus, Innsbruck 1989, S. 179-207.

Ellger-Rüttgardt, Sieglind: Außerhalb der Norm. Behinderte Menschen in Deutschland und Frankreich während des Faschismus. In: Berg, Christa (Hg.): „Du bist nichts, dein Volk ist alles.“ Forschungen zum Verhältnis von Pädagogik und Nationalsozialismus, Weinheim 1991, S. 88-104.

Epstein, Catherine: Model Nazi. Arthur Greiser and the Occupation of Western Poland, Oxford 2010.

Die Ermordung der Geisteskranken in Polen 1939-1945. Hg. von der Polnischen Gesellschaft für Psychiatrie, Warschau 1993.

Esch, Michael G.: „Gesunde Verhältnisse“. Deutsche und polnische Bevölkerungspolitik in Ostmitteleuropa 1939-1950, Marburg 1998.

Etzemüller, Thomas: Social engineering als Verhaltenslehre des kühlen Kopfes. Eine einleitende Skizze. In: Etzemüller, Thomas (Hg.): Die Ordnung der Moderne. Social Engineering im 20. Jahrhundert, Bielefeld 2009, S. 11-39.

Fahlbusch, Michael: Wissenschaft im Dienst der nationalsozialistischen Politik? Die „volksdeutschen Forschungsgemeinschaften“ von 1931-1945, Baden-Baden 1999.

-/Haar, Ingo (Hg.): Völkische Wissenschaften und Politikberatung im 20. Jahrhundert. Expertise und „Neuordnung“ Europas, Paderborn 2010.

Falk, Beatrice/Hauer, Friedrich: Die Gasmordanstalt Brandenburg an der Havel. Stand und Aufgaben der Forschung. In: Morsch, Günther/Pasquale, Sylvia de (Hg.): Perspektiven für die Dokumentationsstelle Brandenburg, Münster 2004.

Fangerau, Heiner: Das Standartwerk zur menschlichen Erblichkeitslehre und Rassenhygiene von Erwin Bauer, Eugen Fischer und Fritz Lenz im Spiegel der zeitgenössischen Rezensionsliteratur 1942-1941, Diss. med., Bochum 2000.

Fässler, Peter E.: Eine symbiotische Beziehung? Zur Kooperation zwischen Deutschem Hygiene-Museum und NS-Regime. In: Hüntelmann, Axel C./Vossen, Johannes/Czech, Herwig (Hg.): Gesundheit und Staat. Studien zur Geschichte der Gesundheitsämter in Deutschland 1870-1950, Husum 2006, S. 63-75.

Faulstich, Heinz: Hungersterben in der Psychiatrie 1914-1949, Freiburg i. Brsg. 1998.

-: Der sächsische Sonderweg bei der NS-„Euthanasie“. In: Der sächsische Sonderweg bei der NS-„Euthanasie“. Hg. vom Arbeitskreis zur Erforschung der nationalsozialistischen „Euthanasie“ und Zwangssterilisation. Fachtagung vom 15. bis 17. Mai 2001 in Pirna-Sonnenstein, Ulm 2001, S. 55-62.

Felbor, Ute: Rassenbiologie und Vererbungswissenschaft in der Medizinischen Fakultät der Universität Würzburg 1937-1945, Würzburg 1995.

Ferenc, Tone: Quellen zur „rassischen“ Untersuchung von Slowenen unter der deutschen Okkupation. In: Jochem, Gerhard/Seiderer, Georg (Hg.): Entrechtung, Vertreibung, Mord. NS-Unrecht in Slowenien und seine Spuren in Bayern 1941-1945, Berlin 2005, S. 131-151.

Fiebrandt, Maria: „Auf dem Weg zur eigenen Scholle.“ Der nationalsozialistische Bevölkerungstransfer der Volksdeutschen und die Rolle Pirna-Sonnensteins. In: Durchgangsstation Sonnenstein. Die ehemalige Landesanstalt als Militärobjekt, Auffanglager und Ausbildungsstätte in den Jahren 1939 bis 1954. Hg. vom Kuratorium Gedenkstätte Sonnenstein e. V., Pirna 2007, S. 33-62.

-: „... mit Krankentransporten und Krankenwagen ins Reich abgewandert“. Das Schicksal der Südtiroler Psychiatriepatienten im Rahmen der Umsiedlung 1939-1943. In: Dietrich-Daum, Elisabeth/Kuprian, Hermann J. W./Clementi, Siglinde/Heidegger, Maria/Ralser, Michaela (Hg.): Psychiatrische Landschaften. Die Psychiatrie und ihre Patientinnen und Patienten im historischen Raum Tirol seit 1830, Innsbruck 2011, S. 165-171.

-: NS-Bevölkerungspolitik und Psychiatrie. Die Umfunktionierung der Heilanstalt Tiegenhof/Dziekanka zu einer „vorbildlichen Heilanstalt für Deutsche“ während der deutschen Besatzungszeit 1939-1945. In: Medycyna na usługach systemu eksterminacji ludności w Trzeciej Rzeszy i na terenach okupowanej Polski. Hg. von Poznanskie towarzystwo przyjaciół Nauk, Poznan 2011, S. 205-216.

-/Markwardt, Hagen: Die Angeklagten im Dresdner „Euthanasie"-Prozess. In: Fundamentale Gebote der Sittlichkeit. Der „Euthanasie"-Prozess vor dem Landgericht Dresden 1947. Hg. von der Stiftung Sächsische Gedenkstätten, Dresden 2008, S. 95-129.

Fielitz, Wilhelm: Das Stereotyp des wolhyniendeutschen Umsiedlers. Popularisierungen zwischen Sprachinselforschung und nationalsozialistischer Propaganda, Marburg 2000.

Fiess, Christian: Die Barmherzigenanstalt „Alexander-Asyl". In: Fiess, Christian (Hg.): Heimatbuch Sarata 1822-1940, o. O. 1979, S. 127-137.

-: Gesundheitswesen. In: Fiess, Christian (Hg.): Heimatbuch Sarata 1822-1940, o. O. 1979, S. 138-158.

Filaretow, Bastian: Die Baltische Brüderschaft. Wider den Zeitgeist?. In: Garleff, Michael (Hg.): Deutschbalten, Weimarer Republik und Drittes Reich, 2. Auflage Köln 2008, S.11-50.

Flamm, Heinz: Die Geschichte der Tropenmedizin und Medizinischen Parasitologie in Österreich. In: Wiener Klinische Wochenschrift, 119 (2007), Suppl. 3, S. 1-7.

Fleischhauer, Ingeborg: Das Dritte Reich und die Deutschen in der Sowjetunion, München 1983.

Förster, Frank: Die „Wendenfrage" in der deutschen Ostforschung 1933-1945. Die Publikationsstelle Berlin-Dahlem und die Lausitzer Sorben, Bautzen 2007.

Frei, Norbert (Hg.): Medizin und Gesundheitspolitik in der NS-Zeit, München 1991.

Frensing, Hans Hermann: Die Umsiedlung der Gottscheer Deutschen. Das Ende einer südostdeutschen Volksgruppe, München 1970.

Friedlander, Henry: Der Weg zum NS-Genozid. Von der Euthanasie zur Endlösung, Berlin 1997.

Fuchs, Brigitte: „Rasse", „Volk", Geschlecht. Anthropologische Diskurse in Österreich 1850-1960, Frankfurt a. M. 2003.

Fuchs, Petra/Rotzoll, Maike/Richter, Paul/Hinz-Wessels, Annette/Hohendorf, Gerrit: Die Opfer der „Aktion T4". Versuch einer kollektiven Biographie auf Grundlage von Krankengeschichten. In: Tögel, Christfried/Lischka, Volkmar (Hg.): „Euthanasie" und Psychiatrie, Uchtspringe 2005, S. 37-78.

Garleff, Michael: Die deutschbaltischen politischen und gesellschaftlichen Organisationen in Lettland 1918-1939. In: Meissner, Boris/Loeber Dietrich A./Henning, Detlef (Hg.): Die deutsche Volksgruppe in Lettland während der Zwischenkriegszeit und aktuelle Fragen des deutsch-lettischen Verhältnisses, Hamburg 2000, S. 70-77.

- (Hg.): Deutschbalten, Weimarer Republik und Drittes Reich, 2. Auflage Köln 2008.

Gehler, Michael: Versteckter „Grenzlandkampf" um Südtirol? Die Umsiedlung aus Sicht des Gaus Tirol-Vorarlberg. In: Eisterer, Klaus/Steininger, Rolf: Die Option. Südtirol zwischen Faschismus und Nationalsozialismus, Innsbruck 1989.

George, Uta/Lilienthal, Georg/Roelcke, Volker/Sandner, Peter (Hg.): Hadamar. Heilstätte - Tötungsanstalt - Therapiezentrum, Marburg 2006.

Georgescu, Tudor: Ethnic minorities and the eugenic promise: the Transylvanian Saxon experiment with national renewal in inter-war Romania. In: European Review of History, 17 (2010) 6, S. 861-880.

Gosewinkel, Dieter: Einbürgern und Ausschließen. Die Nationalisierung der Staatsangehörigkeit vom Deutschen Bund bis zur Bundesrepublik Deutschland, Göttingen 2001, S. 369–420.

Haar, Ingo: Bevölkerungspolitische Szenarien und bevölkerungswissenschaftliche Expertise im Nationalsozialismus. Die rassische Konstruktion des Fremden und das „Grenz- und Auslandsdeutschtum". In: Mackensen, Rainer/Reulecke, Jürgen (Hg.): Das Konstrukt „Bevölkerung" vor, im und nach dem „Dritten Reich", Wiesbaden 2005, S. 340–370.

–: Die Konstruktion des Grenz- und Auslandsdeutschtums und die nationalsozialistische Umsiedlungs- und Vernichtungspolitik. Raum- und Sozialstrukturplanung im besetzten Polen (1933–1944). In: Historische Sozialkunde, 35 (2005) 2, S. 14–19.

–: Vom „Volksgruppen-Paradigma" bis zum „Recht auf Heimat". Exklusion und Inklusion als Deutungsmuster in den Diskursen über Zwangsmigrationen vor und nach 1945. In: Kochanowski, Jerzy/Sach, Maike (Hg.): Die „Volksdeutschen" in Polen, Frankreich, Ungarn und der Tschechoslowakei. Mythos und Realität, Osnabrück 2006, S. 17–39.

–: Biopolitische Differenzkonstruktionen als bevölkerungspolitisches Ordnungsinstrument in den Ostgauen: Raum- und Bevölkerungsplanung im Spannungsfeld zwischen regionaler Verankerung und zentralstaatlichem Planungsanspruch. In: John, Jürgen/Möller, Horst/Schaarschmidt, Thomas (Hg.): Die NS-Gaue. Regionale Mittelinstanzen im zentralistischen „Führerstaat", München 2007, S. 105–122.

–/Fahlbusch, Michael (Hg.): Handbuch der völkischen Wissenschaft. Personen. Institutionen. Forschungsprogramme. Stiftungen, München 2008.

Hahn, Judith: Grawitz, Genzken, Gebhardt. Drei Karrieren im Sanitätsdienst der SS, Münster 2008.

Hamann, David: Gunther Ipsen und die völkische Realsoziologie. In: Fahlbusch, Michael/Haar, Ingo (Hg.): Völkische Wissenschaften und Politikberatung im 20. Jahrhundert. Expertise und „Neuordnung" Europas, Paderborn 2010, S. 177–198.

Hansen, Eckhard: Wohlfahrtspolitik im NS-Staat. Motivationen, Konflikte und Machtstrukturen im „Sozialismus der Tat" des Dritten Reiches, Augsburg 1991.

Harms, Ingo: Die Gutachter der Meldebogen. Kurzbiografien. In: Die nationalsozialistische „Euthanasie"-Aktion „T4" und ihre Opfer, S. 405–420.

–: Die Meldebogen und ihre Gutachter. In: Die nationalsozialistische „Euthanasie"-Aktion „T4" und ihre Opfer, S. 259–271.

Harten, Hans-Christian/Neirich, Uwe/Schwerendt, Matthias (Hg.): Rassenhygiene als Erziehungsideologie. Bio-bibliographisches Handbuch, Berlin 2006.

Hartenstein, Michael: Neue Dorflandschaften. Nationalsozialistische Siedlungsplanung in den „eingegliederten Ostgebieten" 1939 bis 1944, Berlin 1998.

Harvey, Elizabeth: „Der Osten braucht dich!". Frauen und nationalsozialistische Germanisierungspolitik, Hamburg 2009.

Hehn, Jürgen von: Die Umsiedlung der baltischen Deutschen. Das letzte Kapitel baltischdeutscher Geschichte, Marburg 1984.

Heiber, Helmut: Der Generalplan Ost. In: VfZ, 6 (1958) 3, S. 281–325.

Heimatlos. Die Umsiedlung der Südtiroler. Hg. von Helmut Alexander, Stefan Lechner, Adolf Leidlmair, Wien 1993.

Heinemann, Isabel: „Rasse, Siedlung, deutsches Blut". Das Rasse- & Siedlungshauptamt der SS und die rassenpolitische Neuordnung Europas, Göttingen 2003.
-: „Deutsches Blut." Die Rasseexperten der SS und die Volksdeutschen. In: Kochanowski, Jerzy/Sach, Maike (Hg.): Die „Volksdeutschen" in Polen, Frankreich, Ungarn und der Tschechoslowakei. Mythos und Realität, Osnabrück 2006, S. 163-182.
-: Wissenschaft und Homogenisierungsplanungen für Osteuropa. Konrad Meyer, der „Generalplan Ost" und die Deutsche Forschungsgemeinschaft. In: Heinemann, Isabel/Wagner, Patrick (Hg.): Wissenschaft - Planung - Vertreibung. Neuordnungskonzepte und Umsiedlungspolitik im 20. Jahrhundert, Stuttgart 2006, S. 45-72.
-/Wagner, Patrick (Hg.): Wissenschaft, Planung, Vertreibung. Neuordnungskonzepte und Umsiedlungspolitik im 20. Jahrhundert, Stuttgart 2006.
Henke, Klaus-Dietmar (Hg.): Tödliche Medizin im Nationalsozialismus. Von der Rassenhygiene zum Massenmord, Köln 2008.
Hinterhuber, Hartmut: Ermordet und vergessen. Nationalsozialistische Verbrechen an psychisch Kranken und Behinderten in Nord- und Südtirol, Innsbruck 1995.
Hinz-Wessels, Annette: Die Haltung der Kirchen zur „Euthanasie" im NS-Staat. In: Hamm, Magret (Hg.): Lebensunwert zerstörte Leben. Zwangssterilisation und „Euthanasie", Frankfurt a. M. 2005, S. 168-182.
-: Neue Dokumentenfunde zur Organisation und Geheimhaltung der „Aktion T4". In: Die nationalsozialistische „Euthanasie"-Aktion „T4" und ihre Opfer, S. 77-82.
-/Fuchs, Petra/Hohendorf, Gerrit/Rotzoll, Maike: Zur bürokratischen Abwicklung eines Massenmords. Die „Euthanasie"-Aktion im Spiegel neuer Dokumente. In: VfZ, 53 (2005), S. 79-107.
-/Hulverscheidt, Marion A.: Die Tropenmedizinische Abteilung des Robert-Koch-Instituts im „Dritten Reich". Forschungsfelder, Personen und Beiträge zur nationalsozialistischen Eroberungspolitik. In: Medizinhistorisches Journal, 44 (2009), S. 6-41.
Hoffmann, Ute (Hg.): Psychiatrie des Todes. NS-Zwangssterilisation und „Euthanasie" im Freistaat Anhalt und der Provinz Sachsen, Teil 1, Magdeburg 2001.
- (Hg.): Psychiatrie des Todes. NS-Zwangssterilisation und „Euthanasie" im Freistaat Anhalt und der Provinz Sachsen, Teil 2, Magdeburg 2006.
Hohmann, Joachim S.: Landvolk unterm Hakenkreuz. Agrar- und Rassenpolitik in der Rhön, Frankfurt a. M. 1992.
-/Wieland, Günther: MfS-Operativvorgang „Teufel". „Euthanasie"-Arzt Otto Hebold vor Gericht, Berlin 1996.
Hopfer, Ines: Geraubte Identität. Die gewaltsame „Eindeutschung" von polnischen Kindern in der NS-Zeit, Köln 2010.
Hübener, Kristina (Hg.): Brandenburgische Heil- und Pflegeanstalten in der NS-Zeit, Berlin 2002.
Huter, Franz (Hg.): Hundert Jahre Medizinische Fakultät Innsbruck 1869 bis 1969. Geschichte der Lehrkanzeln, Institute und Kliniken, Innsbruck 1969.
Intelmann, Alfred: Aufzeichnungen über das letzte Arbeitsjahr der deutschbaltischen Volksgruppe in Lettland und ihre Umsiedlung, Essen 1984.

Jachomowski, Dirk: Die Umsiedlung der Bessarabien-, Bukowina- und Dobrudschadeutschen . Von der Volksgruppe in Rumänien zur „Siedlungsbrücke“ an der Reichsgrenze, München 1984.
Jacobsen, Hans Adolf: Nationalsozialistische Außenpolitik 1933-1938, Frankfurt a.M. 1968.
Jochem, Gerhard/Seiderer, Georg (Hg.): Entrechtung, Vertreibung, Mord. NS-Unrecht in Slowenien und seine Spuren in Bayern 1941-1945, Berlin 2005.
Jureit, Ulrike: Eine Art Phantomschmerz. Entwürfe vom Lebensraum in der Zwischenkriegszeit. In: Mittelweg 36, 6 (2012), S. 37-50.
-: Das Ordnen von Räumen. Territorium und Lebensraum im 19. und 20. Jahrhundert, Hamburg 2012.
Jütte, Robert (Hg.): Medizin und Nationalsozialismus. Bilanz und Perspektiven der Forschung, Göttingen 2011.
Kaminsky, Uwe: Die NS-„Euthanasie“. Ein Forschungsüberblick. In: Tödliches Mitleid. NS-„Euthanasie“ und Gegenwart. Hg. vom Arbeitskreis zur Erforschung der nationalsozialistischen „Euthanasie“ und Zwangssterilisation, Münster 2007, S. 15-46.
Kangeris, Kārlis: Die Rückkehr und der Einsatz von Deutschbalten im Generalbezirk Lettland 1941-1945. In: Garleff, Michael (Hg.): Deutschbalten, Weimarer Republik und Drittes Reich, Köln 2008, S. 385-428.
Karlegger, Selma: Südtiroler Kinder und Jugendliche als Opfer der „NS-Euthanasie“, Innsbruck 2006.
Kaufmann, Doris: Eugenik, Rassenhygiene, Humangenetik. Zur lebenswissenschaftlichen Neuordnung der Wirklichkeit in der ersten Hälfte des 20. Jahrhunderts. In: Dülmen, Richard van (Hg.): Erfindung des Menschen. Schöpfungsträume und Körperbilder 1500-2000, Wien 1998, S. 347-365.
Keintzel, Brigitta/Korotin, Ilse Erika (Hg.): Wissenschafterinnen in und aus Österreich. Leben - Werk - Wirken, Wien 2002.
Kepplinger, Brigitte: NS-Euthanasie in Österreich. Die „Aktion T4“ - Struktur und Ablauf. In: Kepplinger, Brigitte/Marckhgott, Gerhart/Reese, Hartmut (Hg.): Tötungsanstalt Hartheim, 2. Auflage Linz 2008, S. 35-62.
-/Marckhgott, Gerhart/Reese, Hartmut (Hg.): Tötungsanstalt Hartheim, 2. Auflage Linz 2008.
-/Reese, Hartmut: Das Funktionieren einer Tötungsanstalt. Das Beispiel Hartheim/Linz. In: Die nationalsozialistische „Euthanasie“-Aktion „T4“ und ihre Opfer, S. 91-99.
Kershaw, Ian: Hitlers Macht. Das Profil der NS-Herrschaft, 3. Auflage München 2001.
-: „Volksgemeinschaft“. Potenzial und Grenzen eines neuen Forschungskonzepts. In: VfZ, 59 (2011) 1, S. 1-17.
Kettenacker, Lothar: Nationalsozialistische Volkstumspolitik im Elsaß, Stuttgart 1973.
Killyen, Hansgeorg von: Zur Geschichte des Siebenbürgisch-Deutschen Ärztewesens. In: Naturwissenschaftliche Forschungen über Siebenbürgen, 4 (1991), S. 27-65.
„Kindereuthanasie“ und „Jugendlicheneuthanasie“ im Reichsgau Sudetenland und im Protektorat Böhmen und Mähren. Hg. von Udo Benzenhöfer, Thomas Oelschläger, Dietmar Schulze, Michal Šimůnek, Wetzlar 2006.

Klanska, Maria: Theodor Zöckler und die Galiziendeutschen. In: Studia Germanica Posnaniensia, 24 (1999), S. 103-120.

Klee, Ernst: Auschwitz, die NS-Medizin und ihre Opfer, 4. Auflage Frankfurt a. M. 1997.

-: „Euthanasie“ im Dritten Reich. Die „Vernichtung lebensunwerten Lebens“, Frankfurt a. M. 2010.

-: Das Personenlexikon zum Dritten Reich. Wer war was vor und nach 1945, 3. Auflage Frankfurt a. M. 2011.

Klein, Peter: Die „Ghettoverwaltung Litzmannstadt“ 1940-1944. Eine Dienststelle im Spannungsfeld von Kommunalbürokratie und staatlicher Verfolgungspolitik, Hamburg 2009.

Kochanowski, Jerzy/Sach, Maike (Hg.): Die „Volksdeutschen“ in Polen, Frankreich, Ungarn und der Tschechoslowakei. Mythos und Realität, Osnabrück 2006.

Koehl, Robert L.: RKfDV. German Resettlement and Population Policy 1939-1945. A history of the Reich Commission for the Strengthening of Germandom, Cambridge 1957.

Kotzian, Ortfried: Die Umsiedler. Die Deutschen aus West-Wolhynien, Galizien, der Bukowina., Bessarabien, der Dobrudscha und in der Karpatenukraine, München 2005.

Kranz, Alexander: Reichsstatthalter Arthur Greiser und die ‚Zivilverwaltung‘ im Wartheland 1939/40. Die Bevölkerungspolitik in der ersten Phase der deutschen Besatzungsherrschaft in Polen, Potsdam 2010.

Kroeger, Erhard: Der Auszug aus der alten Heimat. Die Umsiedlung der Baltendeutschen, Tübingen 1967.

Krumpolt, Holm: Die Auswirkungen der nationalsozialistischen Psychiatriepolitik auf die sächsische Landes-Heilanstalt Großschweidnitz im Zeitraum 1939-1945, Diss. med., Leipzig 1994.

-: Die Landesanstalt Großschweidnitz als „T4“-Zwischenanstalt und Tötungsanstalt (1939-1945). In: Nationalsozialistische Euthanasieverbrechen. Beiträge zur Aufarbeitung ihrer Geschichte in Sachsen. Hg. von der Stiftung Sächsische Gedenkstätten, Dresden 2004, S. 137-147.

Kulikowska, Anna: Okupacyjne wspomnienia ze Szpitala Psychiatrycznego w Gostyninie. In: Przeglad Lekarski, 34 (1977) 1, S. 211-215.

Kundrus, Birthe: Regime der Differenz. Volkstumspolitische Inklusionen und Exklusionen im Warthegau und im Generalgouvernement 1939-1944. In: Bajohr, Frank/Wildt, Michael (Hg.): Volksgemeinschaft. Neue Forschungen zur Gesellschaft des Nationalsozialismus, Frankfurt a. M. 2009, S. 105-123.

Kursell, Otto von: Begegnungen mit Esten und Russen. In: Wistinghausen, Henning von (Hg.): Zwischen Reval und St. Petersburg. Erinnerungen von Estländern aus zwei Jahrhunderten, Weissenhorn 1993, S. 302-342.

Labisch, Alfons/Tennstedt, Florian: Gesundheitsamt oder Amt für Volksgesundheit? Zur Entwicklung des öffentlichen Gesundheitsdienstes seit 1933. In: Frei, Norbert (Hg.): Medizin und Gesundheitspolitik in der NS-Zeit, München 1991, S. 35-66.

Latour, Conrad F.: Südtirol und die Achse Berlin-Rom 1938-1945, Stuttgart 1962.

Laurits, Kaido: Die deutschbaltische Minderheit in der Republik Estland von 1918 bis 1940. In: Nordost-Archiv, 19 (2010), S. 71-115.

Lechner, Stefan: Zwangssterilisation von „Erbkranken“ im Reichsgau Tirol-Vorarlberg 1940-1945. In: Geschichte und Region/Storia e regione, 6 (1997), S. 117-161.
Lehmann, Harald: Ein Leben für die Humangenetik. Prof. Dr. med. Wolfgang Lehmann (1905-1980) zum 100. Geburtstag, Berlin 2007.
Leidlmair, Adolf: Die Durchführung der Option und ihr Ergebnis. In: Lill, Rudolf (Hg.): Die Option der Südtiroler 1939, Bozen 1991, S. 177-197.
Leniger, Markus: „Heim im Reich?“. Das Amt XI und die Umsiedlerlager der Volksdeutschen Mittelstelle 1939-1945. In: Gruner, Wolf (Hg.): „Bürokratien“. Initiative und Effizienz, Berlin 2001, S. 81-109.
-: Nationalsozialistische „Volkstumsarbeit“ und Umsiedlungspolitik 1933-1945. Von der Minderheitenbetreuung zur Siedlerauslese, Berlin 2006.
Lerner, Paul Frederick: Hysterical men. War, psychiatry, and the politics of trauma in Germany 1890-1930, Ithaka 2003.
Ley, Astrid: Zwangssterilisation und Ärzteschaft. Hintergründe und Ziele ärztlichen Handelns 1934-1945, Frankfurt a. M. 2004.
-: Der Beginn der NS-Krankenmorde in Bandenburg an der Havel. Zur Bedeutung der „Brandenburger Probetötung“ für die „Aktion T4“. In: Zeitschrift für Geschichtswissenschaft, 58 (2010) 4, S. 321-331.
-/Hinz-Wessels, Annette (Hg.): Die Euthanasie-Anstalt Brandenburg an der Havel. Morde an Kranken und Behinderten im Nationalsozialismus, Berlin 2012.
Lilienthal, Georg: Wie die T4-Aktion organisiert wurde. Zur Bürokratie eines Massenmordes. In: Hamm, Magret (Hg.): Lebensunwert zerstörte Leben. Zwangssterilisation und Euthanasie, Frankfurt a. M. 2005, S. 143-157.
-: Gaskammer und Überdosis. Die Landesheilanstalt Hadamar als Mordzentrum (1941-1945). In: George, Uta/Lilienthal, Georg/Roelcke, Volker/Sandner, Peter (Hg.): Hadamar. Heilstätte - Tötungsanstalt - Therapiezentrum, Marburg 2006, S. 156-175.
-: Personal einer Tötungsanstalt. Acht biografische Skizzen. In: George, Uta/Lilienthal, Georg/Roelcke, Volker/Sandner, Peter (Hg.): Hadamar. Heilstätte - Tötungsanstalt - Therapiezentrum, Marburg 2006, S. 267-292.
Longerich, Peter: Politik der Vernichtung. Eine Gesamtdarstellung der nationalsozialistischen Judenverfolgung, München 1998.
-: Heinrich Himmler. Biographie, München 2008.
Lumans, Valdis O.: Werner Lorenz. Chef der „Volksdeutschen Mittelstelle“. In: Smelser, Ronald/Syring, Enrico (Hg.): Die SS. Elite. Elite unter dem Totenkopf. 30 Lebensläufe, Paderborn 2000, S. 333-345.
Luther, Rudolf: Blau oder Braun? Der Volksbund für das Deutschtum im Ausland (VDA) im NS-Staat 1933-1937, Neumünster 1999.
Luther, Tammo: Volkstumspolitik des Deutschen Reiches 1933-1938. Die Auslandsdeutschen im Spannungsfeld zwischen Traditionalisten und Nationalsozialisten, Wiesbaden 2004.
Madajczyk, Czesław: Die Okkupationspolitik Nazideutschlands in Polen 1939-1945, Berlin (Ost) 1987.
-: Das Drama von Katyn, Berlin 1991.
Mai, Uwe: Rasse und Raum. Agrarpolitik, Sozial- und Raumplanung im NS-Staat, Paderborn 2002.

Maibaum, Thomas: Die Führerschule der deutschen Ärzteschaft Alt-Rehse, Diss. med., Hamburg 2007.

May, Johannes: Südtiroler Patienten in Baden-Württemberg. Versuche ihrer Repatriierung. In: Wahnsinn und ethnische Säuberung. Deportation und Vernichtung psychisch Kranker aus Südtirol 1939-1945. Hg. vom Verband Angehöriger und Freunde psychisch Kranker, Bozen 1995, S. 55-64.

-: Südtiroler psychisch Kranke in den Krankenanstalten Zwiefalten und Schussenried in Württemberg. In: Hinterhuber, Hartmut: Ermordet und vergessen. Nationalsozialistische Verbrechen an psychisch Kranken und Behinderten in Nord- und Südtirol, Innsbruck 1995, S. 87-91.

-: Südtiroler Kranke in Zwiefalten und Schussenried. In: Pretsch, Hermann J. (Hg.): „Euthanasie". Krankenmorde in Südwestdeutschland, Zwiefalten 1996, S. 69-74.

Mayer, Thomas: Eugenische Forschung als „eine politische nationalsozialistische Tätigkeit". Die akademische Verbindung von Eugenik, Anthropologie, Kriminalbiologie und Psychiatrie am Beispiel des Karriereverlaufs von Friedrich Stumpfl (1902-1997). In: Schriftenreihe der Deutschen Gesellschaft für Geschichte der Nervenheilkunde, 15 (2009), S. 239-265.

Mertens, Annette: Himmlers Klostersturm. Der Angriff auf katholische Einrichtungen im Zweiten Weltkrieg und die Wiedergutmachung nach 1945, Paderborn 2006.

Mildenberger, Florian: Theobald Lang (1898-1957). Portrait eines medizinischen Karrieristen. In: Mensch-Wissenschaft-Magie. Mitteilungen der Österreichischen Gesellschaft für Wissenschaftsgeschichte, 21 (2001), S. 109-124.

Mitscherlich, Alexander/Mielke, Fred (Hg.): Medizin ohne Menschlichkeit. Dokumente des Nürnberger Ärzteprozesses, 16. Auflage Frankfurt a. M. 2004.

Möckel, Susanne: Die Geschichte der Landesanstalt Chemnitz-Altendorf und deren Beitrag zur Betreuung psychisch Kranker und geistig Behinderter, Diss. med., Leipzig 1996.

Modelle für ein deutsches Europa. Ökonomie und Herrschaft im Großwirtschaftsraum. Hg. von Götz Aly, Horst Kahrs, Ahlrich Meyer, Michael G. Esch, Ulrich Kimpel, Christoph Dieckmann, Berlin 1992.

Morgenbrod, Birgitt/Merkenich, Stephanie: Das Deutsche Rote Kreuz unter der NS-Diktatur 1933-1945, Paderborn 2008.

Müller, Christine-Ruth/Siemen, Hans-Ludwig: Warum sie sterben mußten. Leidensweg und Vernichtung von Behinderten aus den Neuendettelsauer Pflegeanstalten im „Dritten Reich", Neustadt a. d. Aisch 1991.

Müller, Klaus-Dieter: Justitielle Aufarbeitung von „Euthanasie"-Verbrechen nach dem Zweiten Weltkrieg und heute. Das Beispiel Hans Heinze (1895-1983). In: Böhm, Boris/Haase, Norbert (Hg.): Täterschaft - Strafverfolgung - Schuldentlastung. Ärztebiografien zwischen nationalsozialistischer Gewaltherrschaft und deutscher Nachkriegsgeschichte, Leipzig 2007, S. 63-92.

Müller, Roland (Hg.): Krankenmord im Nationalsozialismus. Grafeneck und die „Euthanasie" in Südwestdeutschland, Stuttgart 2001.

Müller, Sepp: Das deutsche Genossenschaftswesen in Galizien, Wolhynien und im Cholm-Lubliner Land, Karlsruhe 1954.

-: Von der Ansiedlung bis zur Umsiedlung. Das Deutschtum Galiziens, insbesondere Lembergs 1772-1940, Marburg 1961.

Nasierowski, Tadeusz: Zagłada osób z zaburzeniami psychicznymi w okupowanej Polsce, Warschau 2008.

Die nationalsozialistische „Euthanasie"-Aktion „T4" und ihre Opfer. Geschichte und ethische Konsequenzen für die Gegenwart. Hg. von Maike Rotzoll, Gerrit Hohendorf, Petra Fuchs, Paul Richter, Christoph Mundt, Wolfgang U. Eckart, Paderborn 2010.

Nationalsozialistische Euthanasieverbrechen. Beiträge zur Aufarbeitung ihrer Geschichte in Sachsen. Hg. von der Stiftung Sächsische Gedenkstätten, Dresden 2004.

Neue Studien zu nationalsozialistischen Massentötungen durch Giftgas. Historische Bedeutung, technische Entwicklung, revisionistische Leugnung. Hg. von Günter Morsch, Bertrand Perz, unter Mitarbeit von Astrid Ley, Berlin 2011.

Nottbeck, Eduard von: Organisation und Verlauf der Umsiedlung der Deutschen aus Estland. In: Baltische Hefte, 17 (1971), S. 177-205.

Oberkofler, Gerhard/Goller, Peter (Hg.): Die Medizinische Fakultät Innsbruck. Faschistische Realität (1938) und Kontinuität unter postfaschistischen Bedingungen (1945). Eine Dokumentation, Innsbruck 1999.

Oelschläger, Thomas: Zur Geschichte der „Kinderfachabteilung" des „Reichsgau Steiermark". In: Freidl, Wolfgang (Hg.): Medizin und Nationalsozialismus in der Steiermark, Innsbruck 2001.

Oeser, Steffen: Die sächsische Landesanstalt Arnsdorf von 1912 bis 1945. Von der Irrenpflege zur nationalsozialistischen Musteranstalt, Diss. med., Dresden 2005.

Oltmer, Jochen (Hg.): Nationalsozialistisches Migrationsregime und „Volksgemeinschaft", Paderborn 2012.

Pantozzi, Giuseppe: Die brennende Frage. Geschichte der Psychiatrie in den Gebieten von Bozen und Trient (1830-1942), Bozen 1989.

Pergher, Roberta: A tale of two borders. Settlement and national transformation in Lybia und South Tyrol under fascism, Diss. phil., Michigan 2007.

Peter, Antonio: Das Thüringische Landesamt für Rassewesen. In: Heiden, Detlev (Hg.): Nationalsozialismus in Thüringen, Köln 1995, S. 313-332.

Petermann, Heike: Die Vorstellungen der Rassenhygieniker und das Bevölkerungsprogramm im „Dritten Reich". In: Mackensen, Rainer (Hg.): Bevölkerungslehre und Bevölkerungspolitik im „Dritten Reich", Opladen 2004, S. 126-140.

-: „Diese Bezeichnung kann nicht als glücklich bezeichnet werden." Ein Beitrag zum Verständnis von „Eugenik" und „Rassenhygiene" bei Biologen und Medizinern Anfang des 20. Jahrhunderts. In: Mackensen, Rainer/Reulecke, Jürgen (Hg.): Das Konstrukt „Bevölkerung" vor, im und nach dem „Dritten Reich", Wiesbaden 2005, S. 433-475.

Petersen, Hans-Christian/Zankel, Sönke: Werner Catel. Ein Protagonist der NS-„Kindereuthanasie" und seine Nachkriegskarriere. In: Medizinhistorisches Journal, 28 (2003), S. 139-173.

Petersen, Jens: Deutschland, Italien und Südtirol 1938-1940. In: Lill, Rudolf (Hg.): Die Option der Südtiroler 1939, Bozen 1991, S. 127-150.

Pfletschinger, Gerd: Krebsstatistik, Medizinhistorik, „Umsiedlung" und medizinische Auslandskontakte in der nationalsozialistischen Gesundheitspolitik am Beispiel von Hellmut Haubold (2.10.1905-19.9.1968), Diss. med., Berlin 2000.

Pinkus, Benjamin/Fleischhauer, Ingeborg: Die Deutschen in der Sowjetunion, Baden-Baden 1987.

Pinwinkler, Alexander: Walter Kuhn (1903-1983) und der Bielitzer „Wandervogel e. V.". Historisch-volkskundliche „Sprachinselforschung" zwischen völkischem Pathos und politischer Indienstnahme. In: Zeitschrift für Volkskunde, 105 (2009) 1, S. 29-51.
Pommerin, Reiner: „Sterilisierung der Rheinlandbastarde". Das Schicksal einer farbigen deutschen Minderheit 1918-1937, Düsseldorf 1979.
Postinghel-Rabensteiner, Elisabeth: Die Amtliche Deutsche Ein- und Rückwanderer-stelle in Bozen (ADERSt), Innsbruck 2000.
Pretsch, Hermann J. (Hg.): „Euthanasie". Krankenmorde in Südwestdeutschland, Zwiefalten 1996.
Preuß, Dirk: „Anthropologe und Forschungsreisender". Biographie und Anthropologie Egon Freiherr von Eickstedts (1892-1965), München 2009.
Promitzer, Christian: Vermessene Körper. „Rassenkundliche" Grenzziehungen im südöstlichen Europa. In: Kaser, Karl/Gramshammer-Hohl, Dagmar/Pichler, Robert (Hg.): Europa und die Grenzen im Kopf, Klagenfurt 2003, S. 365-393.
Psychiatrie im Dritten Reich. Schwerpunkt Hessen. Hg. vom Arbeitskreis zur Erforschung der nationalsozialistischen „Euthanasie" und Zwangssterilisation, Ulm 2002.
Pyta, Wolfram: „Menschenökonomie". Das Ineinandergreifen von ländlicher Sozialraumgestaltung und rassenbiologischer Bevölkerungspolitik im NS-Staat. In: Historische Zeitschrift, 273 (2001), S. 31-94.
Raphael, Lutz: Sozialexperten zwischen konservativem Ordnungsdenken und rassistischer Utopie (1918-1945). In: Hardtwig, Wolfgang (Hg.): Utopie und politische Herrschaft im Europa der Zwischenkriegszeit, München 2003, S. 327-346.
Rauh, Philipp: Medizinische Selektionskriterien versus ökonomische Verwaltungsinteressen. Ergebnisse der Meldebogenauswertung. In: Die nationalsozialistische „Euthanasie"-Aktion „T4" und ihre Opfer, S. 297-309.
Redecker, Niels von: Victor von zur Mühlen und die nationalsozialistische Bewegung im estländischen Deutschtum. Eine biographische Annäherung. In: Garleff, Michael (Hg.): Deutschbalten, Weimarer Republik und Drittes Reich, 2. Auflage Köln 2008, S. 77-117.
Reichling, Gerhard: Die deutschen Vertriebenen in Zahlen, Teil 1: Umsiedler, Verschleppte, Vertriebene, Aussiedler 1940-1985, Bonn 1995.
Retterath, Hans-Werner: Hans Steinacher: Die Stilisierung zum ersten Soldaten des „Volkstumskampfes" und nach 1945 zum NS-Opfer. In: Fahlbusch, Michael/Haar, Ingo (Hg.): Völkische Wissenschaften und Politikberatung im 20. Jahrhundert. Expertise und „Neuordnung" Europas, Paderborn 2010, S. 153-176.
Rickmann, Anahid S.: „Rassenpflege im völkischen Staat". Vom Verhältnis der Rassenhygiene zur nationalsozialistischen Politik, Diss. phil, Bonn 2002.
Riecken, Andrea: Migration und Gesundheitspolitik. Flüchtlinge und Vertriebene in Niedersachsen 1945-1953, Göttingen 2006.
Rieß, Volker: Die Anfänge der Vernichtung „lebensunwerten Lebens" in den Reichsgauen Danzig-Westpreußen und Wartheland 1939/40, Frankfurt a. M. 1995.
Ritter, Ernst: Das Deutsche Auslands-Institut in Stuttgart 1917-1945. Ein Beispiel deutscher Volkstumsarbeit zwischen den Weltkriegen, Wiesbaden 1976.
Roelcke, Volker: Programm und Praxis der psychiatrischen Genetik an der Deutschen Forschungsanstalt für Psychiatrie unter Ernst Rüdin: Zum Verhältnis von

Wissenschaft, Politik und Rasse-Begriff vor und nach 1933. In: Medizinhistorisches Journal, 37 (2002), S. 21–55.

–: Wissenschaft im Dienst des Reiches. Ernst Rüdin und die Deutsche Forschungsanstalt für Psychiatrie. In: Hajak, Stefanie/Zarusky, Jürgen (Hg.): München und der Nationalsozialismus: Menschen, Orte, Strukturen, Berlin 2008, S. 313–331.

–: Deutscher Sonderweg? Die eugenische Bewegung in europäischer Perspektive bis in die 1930er Jahre. In: Die nationalsozialistische „Euthanasie"-Aktion „T4" und ihre Opfer, S. 47–55.

Röhr, Werner: „Reichsgau Wartheland" 1939–1945. Vom „Exerzierplatz des praktischen Nationalsozialismus" zum „Mustergau". In: Bulletin für Faschismus- und Weltkriegsforschung, 18 (2002), S. 28–57.

Roick, Christiane: Heilen, verwahren, vernichten. Die Geschichte der sächsischen Landesanstalt Leipzig-Dösen im Dritten Reich, Diss. med., Leipzig 1997.

Rösch, Mathias: Die Münchner NSDAP 1925–1933. Eine Untersuchung zur inneren Struktur der NSDAP in der Weimarer Republik, München 2002.

Rössler, Mechthild/Schleiermacher, Sabine (Hg.): Der „Generalplan Ost". Hauptlinien der nationalsozialistischen Planungs- und Vernichtungspolitik, Berlin 1993.

Roth, Karl Heinz: „Erbbiologische Bestandsaufnahme". Ein Aspekt „ausmerzender" Erfassung vor der Entfesselung des Zweiten Weltkrieges. In: Roth, Karl Heinz (Hg.): Erfassung zur Vernichtung. Von der Sozialhygiene zum „Gesetz über Sterbehilfe", Berlin (West) 1984, S. 57–100.

–: „Generalplan Ost" – „Gesamtplan Ost". Forschungsstand, Quellenprobleme, neue Ergebnisse. In: Rössler, Mechthild/Schleiermacher, Sabine (Hg.): Der „Generalplan Ost". Hauptlinien der nationalsozialistischen Planungs- und Vernichtungspolitik, Berlin 1993, S. 25–97.

–: Ärzte als Vernichtungsplaner. Hans Ehlich, die Amtsgruppe III B des Reichssicherheitshauptamtes und der nationalsozialistische Genozid 1939–1945. In: Hubenstorf, Michael (Hg.): Medizingeschichte und Gesellschaftskritik. Festschrift für Gerhard Baader, Husum 1997, S. 398–419.

–: Schöner neuer Mensch. Der Paradigmenwechsel der klassischen Genetik und seine Auswirkungen auf die Bevölkerungsbiologie des „Dritten Reiches". In: Kaupen-Haas, Heidrun/Saller, Christian (Hg.): Wissenschaftlicher Rassismus. Analysen einer Kontinuität in den Human- und Naturwissenschaften, Frankfurt a. M. 1999, S. 346–424.

Rüdenburg, Bodo: Die „Rückkehrer" aus Grafeneck in der Heil- und Pflegeanstalt Zwiefalten. In: Die nationalsozialistische „Euthanasie"-Aktion „T4" und ihre Opfer, S. 152–155.

Rutowska, Maria: Die Aussiedlung von Polen und Juden aus den in das Dritte Reich eingegliederten Gebieten ins Generalgouvernement in den Jahren 1939–1941. In: Neander, Eckhart/Sakson, Andrzej (Hg.): Umgesiedelt – Vertrieben. Deutschbalten und Polen 1939–1945 im Warthegau, Marburg 2010, S. 43–51.

Sakson, Andrzej: Polnische Zeitzeugen berichten. In: Neander, Eckhart/Sakson, Andrzej (Hg.): Umgesiedelt – Vertrieben. Deutschbalten und Polen 1939–1945 im Warthegau, Marburg 2010.

Sandner, Peter: Schlüsseldokumente zur Überlieferungsgeschichte der NS-„Euthanasie" – Akten gefunden. In: VfZ, 51 (2003), S. 285–290.

Schenk, Dieter: Hitlers Mann in Danzig. Gauleiter Forster und die NS-Verbrechen in Danzig-Westpreußen, Bonn 2000.

Schilter, Thomas: Unmenschliches Ermessen. Die nationalsozialistische „Euthanasie"-Tötungsanstalt Pirna-Sonnenstein 1940/41, Leipzig 1999.

Schlechter, Susanne: „Verschwundene Umsiedler". 45 Geschichten erzählt von Angehörigen und den letzten Zeitzeugen der Umsiedlung der Bessarabiendeutschen 1940, mit Anmerkungen des Historikers Dr. Dietmar Schulze, unveröffentlichtes Manuskript.

–: Die Behandlung sogenannten ‚lebensunwerten Lebens' bei der Umsiedlung der Bessarabiendeutschen im September bis November 1940. Spurensuche im Nachlass einer NS-Schwester, unveröffentlichtes Manuskript.

–: Verschwundene Umsiedler. Spurensuche-Projekt zum Schicksal sogenannten „lebensunwerten Lebens" bei der Umsiedlung der Bessarabiendeutschen im Herbst 1940. In: NS-Euthanasie in der „Ostmark". Hg. vom Arbeitskreis zur Erforschung der nationalsozialistischen „Euthanasie" und Zwangssterilisation, Münster 2012, S. 193–218.

Schleiermacher, Sabine: „Um die Sicherung des Lebensraums der Familie". Bevölkerungspolitische Konzepte Hans Harmsens in der Weimarer Republik und Nationalsozialismus. In: Mackensen, Rainer (Hg.): Bevölkerungslehre und Bevölkerungspolitik im „Dritten Reich", Opladen 2004, S. 141–149.

–: Der Hygieniker Heinz Zeiss und sein Konzept der „Geomedizin des Ostraums". In: Bruch, Rüdiger vom (Hg.): Die Berliner Universität in der NS-Zeit. Fachbereiche und Fakultäten, Stuttgart 2005, S. 17–34.

–: Rassenhygiene und Rassenanthropologie an der Universität Berlin. In: Jahr, Christoph (Hg.): Die Berliner Universität in der NS-Zeit. Strukturen und Personen, Stuttgart 2005, S. 71–88.

Schmelter, Thomas: Nationalsozialistische Psychiatrie in Bayern. Die Räumung der Heil- und Pflegeanstalten, Bergtheim 1999.

Schmidt, Ute: Der ‚Reichskommissar für die Festigung deutschen Volkstums'. Fallbeispiel Transfer der Bessarabiendeutschen. In: Otto, Gerhard/Houwink ten Cate, Johannes (Hg.): Das organisierte Chaos. ‚Ämterdarwinismus' und ‚Gesinnungsethik'. Determinanten nationalsozialistischer Besatzungsherrschaft, Berlin 1999, S. 199–230.

–: Die Deutschen aus Bessarabien. Eine Minderheit aus Südosteuropa (1814 bis heute), Köln 2004.

Schmidt-Rösler, Andrea: Dobrudscha. In: Weithmann, Michael W.: Der ruhelose Balkan, München 1993, S. 94–106.

Schmitz-Berning, Cornelia: Vokabular des Nationalsozialismus, Berlin 1998.

Schmuhl, Hans-Walter: Rassenhygiene, Nationalsozialismus, Euthanasie. Von der Verhütung zur Vernichtung „lebensunwerten Lebens" 1890–1945, 2. Auflage Göttingen 1992.

–: Hirnforschung und Krankenmord, Das Kaiser-Wilhelm-Institut für Hirnforschung 1937–1945, Berlin 2000.

–: Rassenhygiene in Deutschland – Eugenik in der Sowjetunion: Ein Vergleich. In: Beyrau, Dietrich (Hg.): Im Dschungel der Macht, Göttingen 2000, S. 360–377.

–: Zwischen vorauseilendem Gehorsam und halbherziger Verweigerung. Werner Villinger und die nationalsozialistischen Medizinverbrechen. In: Der Nervenarzt, 11 (2002), S. 1058–1063.

–: Grenzüberschreitungen. Das Kaiser-Wilhelm-Institut für Anthropologie, menschliche Erblehre und Eugenik 1927–1945, Göttingen 2005.

-: Die biopolitische Entwicklungsdiktatur des Nationalsozialismus und der „Reichsgesundheitsführer“ Leonardo Conti. In: Henke, Klaus-Dietmar (Hg.): Tödliche Medizin im Nationalsozialismus. Von der Rassenhygiene zum Massenmord, Köln 2008, S. 101-117.
-: Die Genesis der „Euthanasie“. Interpretationsansätze. In: Die nationalsozialistische „Euthanasie“-Aktion „T4“ und ihre Opfer, S. 66-73.
-: Eugenik und Rassenanthropologie. In: Jütte, Robert (Hg.): Medizin und Nationalsozialismus. Bilanz und Perspektiven der Forschung, Göttingen 2011, S. 24-38.
Schreiber, Carsten: Elite im Verborgenen. Ideologie und regionale Herrschaftspraxis des Sicherheitsdienstes der SS und seines Netzwerks am Beispiel Sachsens, München 2008.
Schröder, Matthias: Deutschbaltische SS-Führer und Andrej Vlasov 1942-1945, Paderborn 2001.
-: Die Umsiedlung der Deutschbalten in den ‚Warthegau‘ 1939/40 im Kontext nationalsozialistischer Bevölkerungspolitik. In: Mecking, Sabine/Schröder, Stefan (Hg.): Kontrapunkt. Vergangenheitsdiskurse und Gegenwartsverständnis, Essen 2005.
-: Die deutschbaltische nationalsozialistische „Bewegung“ in Lettland unter Erhard Kroeger. In: Garleff, Michael (Hg.): Deutschbalten, Weimarer Republik und Drittes Reich, Köln 2008, S. 121-149.
-: „Rettung vor dem Bolschewismus“? Die Ansiedlung der Deutschbalten im Warthegau. In: Neander, Eckhart/Sakson Andrzej (Hg.): Umgesiedelt - Vertrieben. Deutschbalten und Polen 1939-1945 im Warthegau, Marburg 2010, S. 52-65.
Schüller, Stephan Olaf: Für Glaube, Führer, Volk, Vater-oder Mutterland? Die Kämpfe um die deutsche Jugend im rumänischen Banat (1918-1944), Berlin 2009.
Schulze, Dietmar: „Euthanasie“ in Bernburg. Die Landes-Heil- und Pflegeanstalt Bernburg/Anhaltische Nervenklinik in der Zeit des Nationalsozialismus, Essen 1999.
-: Die Landesanstalt Teupitz als Zwischenanstalt der „Euthanasie“-Anstalt Bernburg 1940-1941. In: Hübener, Kristina (Hg.): Brandenburgische Heil- und Pflegeanstalten in der NS-Zeit, Berlin 2002, S. 195-206.
-: „Euthanasie“ im Reichsgau Sudetenland und im Protektorat Böhmen und Mähren. Ein Forschungsbericht. In: Beiträge zur NS-„Euthanasie“-Forschung 2002. Hg. vom Arbeitskreis zur Erforschung der nationalsozialistischen „Euthanasie“ und Zwangssterilisation, Ulm 2003, S. 147-168.
-: Die Einbeziehung bessarabiendeutscher Umsiedler in die NS-„Euthanasie“. In: Medycyna na usługach systemu eksterminacji ludno ci w Trzeciej Rzeszy i na terenach okupowanej Polski. Hg. von Poznanskie towarzystwo przyjaciół Nauk, Poznan 2011, S. 93-103.
-: Die Odyssee der Emilie B. Umsiedlung und „Euthanasie“ am Beispiel der Bessarabiendeutschen. In: NS-Euthanasie in der „Ostmark“. Hg. vom Arbeitskreis zur Erforschung der nationalsozialistischen „Euthanasie“ und Zwangssterilisation, Münster 2012, 175-191.
Schuster-Woldan, Eckart: Einiges über die verschiedenen Ansichten bezüglich der Entstehung der „Kropfleiden“ in den Alpengebieten. In: Der Schlern, 21 (1947), S. 81-83.

Schwartz, Michael: Sozialistische Eugenik. Eugenische Sozialtechnologien in Debatten und Politik der deutschen Sozialdemokratie 1890-1933, Bonn 1995.

Schweizer-Martinschek, Petra: Tbc-Versuche an behinderten Kindern in der Heil- und Pflegeanstalt Kaufbeuren-Irsee 1942-1944. In: Wirsching, Andreas (Hg.): Nationalsozialismus in Bayerisch-Schwaben. Herrschaft. Verwaltung. Kultur, Ostfildern 2004, S. 231-259.

Seckendorf, Martin: Deutsches Auslands-Institut. In: Haar, Ingo/Fahlbusch, Michael (Hg.): Handbuch der völkischen Wissenschaft. Personen. Institutionen. Forschungsprogramme. Stiftungen, München 2008; S. 140-149.

Seidel, Jens: Die Praxis der erbbiologischen Erfassung an den sächsischen Landesheil- und Pflegeanstalten in der Zeit des Nationalsozialismus von 1933 bis 1945, Diss. med., Leipzig 1998.

Seidler, Eduard: Die Medizinische Fakultät der Albert-Ludwigs-Universität Freiburg im Breisgau. Grundlagen und Entwicklungen, Berlin 1993.

Seifert, Oliver: „Sterben hätten sie auch hier können." Die „Euthanasie"-Transporte aus der Heil- und Pflegeanstalt Hall in Tirol nach Hartheim und Niedernhart. In: Kepplinger, Brigitte/Marckhgott, Gerhart/Reese, Hartmut (Hg.): Tötungsanstalt Hartheim, 2. Auflage Linz 2008, S. 359-410.

Shimizu, Akiko: Die deutsche Okkupation des serbischen Banats 1941-1944 unter besonderer Berücksichtigung der deutschen Volksgruppe in Jugoslawien, Münster 2003.

Siemen, Hans-Ludwig: Die bayerische Heil- und Pflegeanstalten während des Nationalsozialismus. In: Cranach, Michael von/Siemen, Hans-Ludwig (Hg.): Psychiatrie im Nationalsozialismus. Die bayerischen Heil- und Pflegeanstalten zwischen 1933 und 1945, München 1999, S. 417-474.

Sieve, Peter: Südtiroler im Oldenburger Land. In: Der Schlern, 80 (2006) 2, S. 40-49.

Šimůnek, Michal: Planung der nationalsozialistischen „Euthanasie" im Protektorat Böhmen und Mähren im Kontext der Gesundheits- und Bevölkerungspolitik der deutschen Besatzungsbehörden (1939-1942). In: Šimůnek, Michal/Schulze, Dietmar (Hg.): Die nationalsozialistische „Euthanasie" im Reichsgau Sudetenland und Protektorat Böhmen und Mähren 1939-1945, Prag 2008, S. 117-198.

-: Die NS-„Euthanasie" in Böhmen und Mähren 1939-1942: Stand der Forschung. In: Die nationalsozialistische „Euthanasie"-Aktion „T4" und ihre Opfer, S. 156-168.

Spring, Claudia: Vermessen, deklassiert und deportiert. Dokumentation zur anthropologischen Untersuchung an 440 Juden im Wiener Stadion im September 1939 unter der Leitung von Josef Wastl vom Naturhistorischen Museum Wien. In: Zeitgeschichte, 32 (2005) 2, S. 91-110.

Steinbach, Susanne: Die Betreuung Geisteskranker und Schwachsinniger im Lande Sachsen in den Jahren 1933-1945, Diss. med., Leipzig 1997.

Steinbacher, Sybille: „Musterstadt" Auschwitz. Germanisierungspolitik und Judenmord in Oberschlesien, München 2000.

Steininger, Rolf: Südtirol im 20. Jahrhundert, 3. Auflage Innsbruck 2004.

Steppe, Hilde (Hg.): „Ich war von jeher mit Leib und Seele gerne Pflegerin". Über die Beteiligung von Krankenschwestern an den „Euthanasie"-Aktionen in Meseritz-Obrawalde, 2. Auflage Frankfurt a. M. 2001.

Sterly, Joachim: Valeriu Lucian Bologa 1892–1971. In: Ethnomedizin, 1 (1971/72) 3/4, S. 327 f.

Steurer, Leopold: Ein vergessenes Kapitel Südtiroler Geschichte. Die Umsiedlung und Vernichtung der Südtiroler Geisteskranken im Rahmen des nationalsozialistischen Euthanasieprogramms, Bozen 1982.

Stiller, Alexa: Die frühe Strafverfolgung der nationalsozialistischen Vertreibungs- und Germanisierungsverbrechen. Der „RuSHA-Prozess" in Nürnberg 1947–1948. In: Richter, Timm C. (Hg.): Krieg und Verbrechen. Situation und Intention. Fallbeispiele, München 2006, S. 231–242.

–: Reichskommissar für die Festigung deutschen Volkstums. In: Haar, Ingo/Fahlbusch, Michael (Hg.): Handbuch der völkischen Wissenschaften, München 2008, S. 531–540.

Stockdreher, Petra: Heil- und Pflegeanstalt Eglfing-Haar. In: Cranach, Michael von/Siemen, Hans-Ludwig (Hg.): Psychiatrie im Nationalsozialismus. Die bayerischen Heil- und Pflegeanstalten zwischen 1933 und 1945, München 1999, S. 327–362.

Stöckle, Thomas: Grafeneck 1940. Die Euthanasie-Verbrechen in Südwestdeutschland, 2. Auflage Tübingen 2005.

Stossun, Harry: Die Umsiedlung der Deutschen aus Litauen während des Zweiten Weltkrieges. Untersuchungen zum Schicksal einer deutschen Volksgruppe im Osten, Marburg 1993.

Strippel, Andreas: „Umwanderer"-Selektion und Politikberatung. Die politisch-wissenschaftliche Kooperation der Einwandererzentralstelle und des Deutschen Ausland-Instituts in Stuttgart. In: Fahlbusch, Michael/Haar, Ingo (Hg.): Völkische Wissenschaften und Politikberatung im 20. Jahrhundert. Expertise und „Neuordnung" Europas, Paderborn 2010, S. 137–152.

–: NS-Volkstumspolitik und die Neuordnung Europas. Rassenpolitische Selektion der Einwandererzentralstelle des Chefs der Sicherheitspolizei und des SD 1939–1945, Paderborn 2011.

Stuhlpfarrer, Karl: Umsiedlung Südtirol 1939–1940, Wien 1985.

Suppan, Arnold: Jugoslawien und Österreich 1918–1938. Bilaterale Außenpolitik im europäischen Umfeld, Wien 1996.

Süß, Winfried: Der „Volkskörper" im Krieg. Gesundheitspolitik, Gesundheitsverhältnisse und Krankenmord im nationalsozialistischen Deutschland 1939–1945, München 2003.

Synder, Kriemhild: Die Landesheilanstalt Uchtspringe und ihre Verstrickung in nationalsozialistische Verbrechen. In: Hoffmann, Ute (Hg.): Psychiatrie des Todes. NS-Zwangssterilisation und „Euthanasie" im Freistaat Anhalt und der Provinz Sachsen, Magdeburg 2001, S. 73–95.

Szwentnerowa, Krystyna: Zbrodnia na Via Mercatorum, Gdynia 1968.

Tascher, Gisela: Staat, Macht und ärztliche Berufsausübung 1920–1956. Gesundheitswesen und Politik. Das Beispiel Saarland, Paderborn 2010.

Teschler-Nicola, Maria: Volksdeutsche and Racial Anthropology in Interwar Vienna: The „Marienfeld Project". In: Turda, Marius/Weindling, Paul (Hg.): Blood and Homeland. Eugenics and Racial Nationalism in Central and Southeast Europe 1900–1940, Budapest 2007, S. 55–82.

Theis, August: Professor Dr. med. Martin Maneke. Ein Leben im Dienst der Sozialpädiatrie. In: Immenkorf. Jahresschrift für Heimatpflege und -forschung, (1999), S. 19 f.

Thom, Achim: Kriegsopfer der Psychiatrie. Das Beispiel der Heil- und Pflegeanstalten Sachsens. In: Frei, Norbert (Hg.): Medizin und Gesundheitspolitik in der NS-Zeit, München 1991, S. 201-216.

Topp, Sascha: Der „Reichsausschuss zur wissenschaftlichen Erfassung erb- und anlagebedingter schwerer Leiden". Zur Organisation der Ermordung minderjähriger Kranker im Nationalsozialismus 1939-1945. In: Beddies, Thomas/Hübener, Kristina (Hg.): Kinder in der NS-Psychiatrie, S. 17-54.

Trus, Armin: Der „Heilige Krieg" der Eugeniker. In: Freiling, Gerhard (Hg.): Geschichte und Kritik. Beiträge zu Gesellschaft, Politik und Ideologie in Deutschland, Gießen 2002, S. 245-286.

Turda, Marius: „To End the Degeneration of a Nation". Debates on Eugenic Sterilisation in Inter-war Romania. In: Medical History, 53 (2009), S. 77-104.

-/Weindling, Paul (Hg.): Blood and Homeland. Eugenics and Racial Nationalism in Central and Southeast Europe 1900-1940, Budapest 2007.

Ursprünge, Arten und Folgen des Konstrukts „Bevölkerung" vor, im und nach dem „Dritten Reich". Zur Geschichte der deutschen Bevölkerungswissenschaft. Hg. von Rainer Mackensen, Jürgen Ehmer, Josef Reulecke, Wiesbaden 2009.

„Das Vergessen der Vernichtung ist Teil der Vernichtung selbst." Lebensgeschichten von Opfern der nationalsozialistischen „Euthanasie". Hg. von Petra Fuchs, Maike Rotzoll, Ulrich Müller, Paul Richter, Gerrit Hohendorf, Göttingen 2007.

Verschuer, Otmar Freiherr von: Das ehemalige Kaiser-Wilhelm-Institut für Anthropologie, menschliche Erblehre und Eugenik. Bericht über die wissenschaftliche Forschung 1927-1945. In: Zeitschrift für Morphologie und Anthropologie, 55 (1964), S. 127-174.

Vogt, Annette: Wissenschaftlerinnen in Kaiser-Wilhelm-Instituten, 2. Auflage Berlin 2008.

Vormbaum, Thomas (Hg.): „Euthanasie" vor Gericht. Die Anklageschrift des Generalstaatsanwalts beim OLG Frankfurt/M. gegen Dr. Werner Heyde u. a. vom 22. Mai 1962, Berlin 2005.

Vossen, Johannes: Erfassen, Ermitteln, Untersuchen, Beurteilen. Die Rolle der Gesundheitsämter und ihrer Amtsärzte bei der Durchführung von Zwangssterilisationen im Nationalsozialismus. In: Hamm, Magret (Hg.): Lebensunwert zerstörte Leben. Zwangssterilisation und „Euthanasie", Frankfurt a. M. 2005, S. 86-97.

-: Gesundheitspolitik als Teil der „Volkstumspolitik". Der öffentliche Gesundheitsdienst im „Reichsgau Wartheland" 1939-1945, unveröffentlichter Bericht für die Fritz Thyssen-Stiftung vom November 2005.

-: Der öffentliche Gesundheitsdienst im „Reichsgau Wartheland" und die Durchführung der nationalsozialistischen „Volkstumspolitik" 1939-1945. In: Hüntelmann, Axel S./Vossen, Johannes/Czech, Herwig (Hg.): Gesundheit und Staat. Studien zur Geschichte der Gesundheitsämter in Deutschland 1870-1950, Husum 2006, S. 237-254.

Wahnsinn und ethnische Säuberung. Deportation und Vernichtung psychisch Kranker aus Südtirol 1939-1945. Hg. vom Verband Angehöriger und Freunde psychisch Kranker, Bozen 1995.

Wasser, Bruno: Himmlers Raumplanung im Osten. Der Generalplan Ost in Polen 1940-1944, Basel 1993.

Weber, Richard: Herausragende Persönlichkeiten der Gemeinde Gertianosch im rumänischen Banat, Karlsruhe 2003.
Wedekind, Michael: NS-Raumpolitik und ethnisch-soziales Ordnungsdenken am Beispiel von Slowenien und Norditalien (1939–1945). In: Historische Sozialkunde, 35 (2005), S. 4–13.
–: Die Mathematisierung des Menschen: Humanwissenschaften und Volkstumspolitik im Rumänien der 1930/40er Jahre, Teil 1. In: Halbjahresschrift für südosteuropäische Geschichte, Literatur und Politik, 19 (2007) 1, S. 60–80.
–: Die nationalsozialistische Volksgruppenorganisation in Südtirol (1933–1945). In: Ferrandi, Giuseppe/Pallaver, Günther (Hg.): Die Region Trentino-Südtirol im 20. Jahrhundert. Politik und Institutionen, Trento 2007, S. 401–433.
–: Planung und Gewalt: Raumordnung und Bevölkerungsplanung im Kontext der Umsiedlung Südtirol. In: Geschichte und Region/Storia e regione, 18 (2009) 2, S. 71–108.
Weindling, Paul: „Mustergau" Thüringen. Rassenhygiene zwischen Ideologie und Machtpolitik. In: Frei, Norbert (Hg.): Medizin und Gesundheitspolitik in der NS-Zeit, München 1991, S. 81–97.
Weingart, Peter: Die Stunde der Wahrheit? Zum Verhältnis der Wissenschaften zu Politik, Wirtschaft und Medien in der Wissensgesellschaft, 2. Auflage Weilerswist 2005.
–/Kroll, Jürgen/Bayertz, Kurt: Rasse, Blut und Gene. Geschichte der Eugenik und Rassenhygiene in Deutschland, Frankfurt a. M. 1992.
Weiss, Sheila Faith: The Nazi Symbiosis. Human Genetics and Politics in the Third Reich, Chicago 2010.
Wetzell, Richard F.: Kriminalbiologische Forschung an der Deutschen Forschungsanstalt für Psychiatrie in der Weimarer Republik und im Nationalsozialismus. In: Schmuhl, Hans-Walter (Hg.): Rassenforschung an Kaiser-Wilhelm-Instituten vor und nach 1933, Göttingen 2003, S. 68–98.
Wildt, Michael: Generation des Unbedingten. Das Führungskorps des Reichssicherheitshauptamtes, Hamburg 2003.
–: Biopolitik, ethnische Säuberungen und Volkssouveränität. In: Mittelweg 36, 15 (2006) 6, S. 87–106.
Wolf, Gerhard: Rassistische Utopien und ökonomische Zwänge. Die rassischen Selektionen polnischer Arbeitskräfte durch die SS in den Lagern der Umwandererzentralstelle. In: Jah, Akim (Hg.): Nationalsozialistische Lager. Neue Beiträge zur NS-Verfolgungs- und Vernichtungspolitik und zur Gedenkstättenpädagogik, Münster 2006, S. 125–148.
–: Ideologie und Herrschaftsrationalität. Nationalsozialistische Germanisierungspolitik in Polen, Hamburg 2012.
Zöckler, Lillie: Gott hört Gebet. Das Leben Theodor Zöcklers, Stuttgart 1951.

4. Abkürzungsverzeichnis

AAN	Archiwum Akt Nowych Warszawa/Archiv der Neuen Akten Warschau
ADERSt	Amtliche Deutsche Ein- und Rückwandererstelle
AdO	Arbeitsgemeinschaft der Optanten für Deutschland
AO	Auslandsorganisation der NSDAP
APG	Archiwum Państwowe w Gorzowie Wlkp./Staatsarchiv Gorzow Wlkp.
APŁ	Archiwum Państwowe w Łodzi/Staatsarchiv Łodz
APŁ, Sieradz	Archiwum Państwowe w Łodzi, Oddział w Sieradzu/ Staatsarchiv Łodz, Außenstelle Sieradz
APP	Archiwum Państwowe w Poznaniu/Staatsarchiv Poznan
APW	Archiwum Państwowe w Wrocławiu/Staatsarchiv Wrocław
BArch Berlin	Bundesarchiv Berlin
BArch Koblenz	Bundesarchiv Koblenz
BArch Ludwigsburg	Bundesarchiv Ludwigsburg
BayHStA	Bayerisches Hauptstaatsarchiv München
BdM	Bund deutscher Mädel
BdO	Bund deutscher Osten
BdS	Befehlshaber der Sicherheitspolizei
BKH Kaufbeuren	Archiv des Bezirkskrankenhauses Kaufbeuren
CSSD	Chef der Sicherheitspolizei und des SD
DAF	Deutsche Arbeitsfront
DAG	Deutsche Ansiedlungsgesellschaft
DAI	Deutsches Auslandsinstitut Stuttgart
DDR	Deutsche Demokratische Republik
DFA	Deutsche Forschungsanstalt für Psychiatrie
DFG	Deutsche Forschungsgemeinschaft
DFZ	Deutsche Fürsorgezentrale
DRK	Deutsches Rotes Kreuz
DUS	Dienststelle Umsiedlung Südtirol
DUT	Deutschen Umsiedlungs-Treuhand-GmbH
DVL	Deutsche Volksliste
EGG	Erbgesundheitsgericht
EOG	Erbgesundheitsobergericht
EWN	Einwanderernebenstelle, Nebenstelle der EWZ
EWZ	Einwandererzentralstelle
FK	Fliegende Kommission (der EWZ)
Gekrat	Gemeinnützige Kranken-Transport GmbH
GSV	Gauselbstverwaltung
GzVeN	Gesetz zur Verhütung erbkranken Nachwuchses
HessHStA	Hessisches Hauptstaatsarchiv Wiesbaden
HJ	Hitlerjugend
HSSPF	Höherer SS- und Polizeiführer
HStA Stuttgart	Landesarchiv Baden-Württemberg/Hauptstaatsarchiv Stuttgart
IfZ München	Institut für Zeitgeschichte München

IPN Warschau	Instytut Pamięci Narodowej/Institut für Nationales Gedenken (ehemals Główna Komisja Badania Zbrodni przeciwko Narodowi Polskiemu/Hauptkommission zur Erforschung von Verbrechen gegen das Polnische Volk)
KdF	Kanzlei des Führers
KFA	Kinderfachabteilung
KTI	Kriminaltechnisches Institut
KVD	Kassenärztliche Vereinigung Deutschlands
KWI	Kaiser-Wilhelm-Institut
LA	Landesanstalt
MdI	Ministerium des Innern
MeckLHA Schwerin	Mecklenburgisches Landeshauptarchiv Schwerin
MPG	Max-Planck-Gesellschaft
NARA II	National Archives II at College Park/Maryland
NdsHStA Hannover	Niedersächsisches Hauptstaatsarchiv Hannover
NSDÄB	Nationalsozialistischer Deutscher Ärztebund
NSDAP	Nationalsozialistische Deutsche Arbeiterpartei
NSDR	Nationalsozialistische Selbsthilfebewegung der Deutschen in Rumänien
NSDStB	Nationalsozialistischer Deutscher Studentenbund
NSKK	Nationalsozialistisches Kraftfahrkorps
NSV	Nationalsozialistische Volkswohlfahrt
PKH	Historisches Archiv des Psychiatrischen Krankenhauses Hall in Tirol
RAG	Reichsarbeitsgemeinschaft Heil- und Pflegeanstalten
RÄK	Reichsärztekammer
RAR	Reichsarztregister
RfG	Reichsverbandes der Gehörlosenwohlfahrt
RFSS	Reichsführer SS
RGF	Reichsgesundheitsführer
RGVA Moskau	Rossijskij Gosudarstvennyj Voennyj Archiv Moskau/ Russisches Staatliches Militärarchiv Moskau (Sonderarchiv)
RKF	Reichskommissar für die Festigung deutschen Volkstums
RKI	Robert Koch-Institut
RKPA	Reichskriminalpolizeiamt
RMdI	Reichsministerium des Innern
RMdJ	Reichsministerium der Justiz
RMO	Reichsministerium für die besetzten Ostgebiete
RSHA	Reichssicherheitshauptamt
RStH	Reichsstatthalter
RuSHA	Rasse- und Siedlungshauptamt der SS
SA	Sturmabteilung
SächsHStA	Sächsisches Hauptstaatsarchiv Dresden
SBZ	Sowjetische Besatzungszone
SD	Sicherheitsdienst des Reichsführers SS
Sipo	Sicherheitspolizei
SODFG	Südostdeutsche Forschungsgemeinschaft
SS	Schutzstaffel

StA Hamburg	Staatsarchiv Hamburg
StA-L	Sächsisches Staatsarchiv Leipzig
ThHStA	Thüringisches Hauptstaatsarchiv Weimar
ThSt Gotha	Thüringisches Staatsarchiv Gotha
TLA	Tiroler Landesarchiv Innsbruck
T4	Zentraldienststelle der NS-„Euthanasie“
UA Innsbruck	Universitätsarchiv Innsbruck
UA TUD	Universitätsarchiv der TU Dresden
USHMM	United States Holocaust Memorial Museum Washington
UWZ	Umwandererzentralstelle
VDA	Verein/Volksbund für das Deutschtum im Ausland
VfZ	Vierteljahrshefte für Zeitgeschichte
VKS	Völkischer Kampfring Südtirol
Vomi	Volksdeutsche Mittelstelle
Zewoge	Zentralgenossenschaft der ländlichen Wohlfahrtsgenossenschaften
ZfP	Zentrum für Psychiatrie Südwürttemberg
ZVST	Zentralverrechnungsstelle Heil- und Pflegeanstalten

5. Danksagung

Die vorliegende Studie wurde von der Philosophischen Fakultät der Technischen Universität Dresden im Jahr 2012 als Dissertation angenommen. Für den Druck wurde sie teilweise überarbeitet und leicht gekürzt.

Ihre Entstehung verdankt diese Arbeit zahlreichen Menschen, die mich auf unterschiedlichste Art und Weise dazu angeregt, zum Durchhalten animiert und zur Fertigstellung bewegt haben. Ihnen allen gebührt besonderer Dank, und ich möchte es nicht versäumen, einigen von Ihnen an dieser Stelle namentlich zu danken. An erster Stelle danke ich meinem Doktorvater Prof. Dr. Klaus-Dietmar Henke, der meinem Thema großes Interesse entgegenbrachte und mir ermöglichte, dieses im Rahmen eines Projektes zu bearbeiten. Ohne die damit verbundene finanzielle Förderung, für die der Deutschen Forschungsgemeinschaft gedankt sei, wäre eine solche Vielzahl von Archivbesuchen nicht möglich gewesen, hätte die Arbeit nie eine solche breite Quellenbasis haben können.

Dank gilt außerdem Prof. Dr. Isabel Heinemann, die sich bereit erklärte, das Zweitgutachten zu übernehmen, mich für Begrifflichkeiten sensibilisierte und mir wertvolle Überarbeitungshinweise gab.

Dem Hannah-Arendt-Institut Dresden danke ich für die Aufnahme der Arbeit in die Schriftenreihe. Dr. Clemens Vollnhals betreute sie redaktionell und stand mir für Fragen jederzeit zur Verfügung, auch dafür herzlichen Dank.

Zu besonderem Dank fühle ich mich außerdem Dr. Boris Böhm von der Gedenkstätte Pirna-Sonnenstein verpflichtet. Er gab mir die Möglichkeit, zur „T4"-Tötungsanstalt auf dem Sonnenstein und dem dort zeitgleich existierenden Vomi-Lager zu forschen und regte damit die vorliegende Studie wesentlich mit an und begleitete sie mit großem Interesse.

Auch Dr. Dietmar Schulze gilt ein herzlicher Dank. Er gab mir über die gesamte Zeit viele wichtige Anregungen, half mir immer unkompliziert weiter und diskutierte mit besonderem Fachverstand mit mir bereitwillig meine Thesen. Nicht zuletzt war er mir bei gemeinsamen Archivreisen ein außerordentlich unterhaltsamer Begleiter.

Nicht zu vergessen sind die vielen Archivmitarbeiter, die meine Arbeit durch kompetente Auskünfte, hilfreiche Hinweise und großes Entgegenkommen bei der Akteneinsicht unterstützten. Auch ihnen sei gedankt, insbesondere Matthias Meissner und den immer freundlichen und hilfsbereiten Lesesaalmitarbeitern vom Bundesarchiv Berlin, Dr. Peter Goller vom Universitätsarchiv Innsbruck, der mir unbürokratisch und schnell Zugang zur Sammlung Scharfetter gewährte und den vielen Mitarbeitern und Leitern der Archive psychiatrischer Einrichtungen, die mir Einsicht in die medizinischen Akten gestatteten und meine Recherchen vor Ort hilfreich unterstützten, stellvertretend seien hier nur genannt: Oliver Seifert M.A. (Hall i.T.), Dr. Thomas Müller (ZfP Südwürttemberg), Dr. Hubert Heilemann (Arnsdorf), Sven Leist und Walter Trost (Wittstock) sowie Erich Resch und Petra Schweizer-Martinschek M.A. (BKH Kaufbeuren).

Viele Gedanken entwickelten sich auch erst im wissenschaftlichen Austausch, zu dem mir vor allem der Arbeitskreises zur Erforschung der Geschichte der NS-„Euthanasie" und Zwangssterilisation mit seiner angenehm offenen Diskussionskultur die Möglichkeit bot und dessen Mitglieder mir wertvolle Anregungen gaben und weiterhalfen, es seien hier nur Dr. Thomas Beddies (Berlin), Dr. Annette Hinz-Wessels (Berlin), Dr. Gerrit Hohendorf, Dr. Ingo Harms, Dr. Uta George und die Leiter und Mitarbeiter der „T4"-Gedenkstätten Dr. Georg Lilienthal (Hadamar), Dr. Ute Hoffmann (Bernburg), Dr. Brigitte Kepplinger/Florian Schwanninger, M.A. (Hartheim), Thomas Stöckle M.A. (Grafeneck) und Dr. Boris Böhm (Pirna-Sonnenstein) genannt. Dank gilt auch Dr. Paul Weindling, Dr. Marius Turda, Dr. Tudor Georgescu, Dr. Björn Felder und Dr. Stephan Lehnstaedt, die mir im Rahmen eines Workshops in Oxford neue Blickwinkel eröffneten.

Meinen lieben Kollegen vom Lehrstuhl für Zeitgeschichte, Jana Wolf, Thomas Wolf, Sebastian Richter M.A. und Hagen Markwardt M.A. danke ich für die schöne gemeinsame Zeit. Vor allem Hagen Markwardt, meinem treuen Mitstreiter und lieben Freund, gilt herzlicher Dank für sein nicht versiegendes Interesse an meiner Arbeit, für die unzähligen Denkanstöße und Diskussionen, das kritische Lesen des gesamten Manuskriptes und auch dafür, dass er mich von Zeit zu Zeit daran erinnert hat, dass es auch ein Leben jenseits der Akten gibt.

Den größten und eigentlich nicht in Worte zu fassenden Dank schulde ich meinen Eltern, die immer für mich da waren, und meinem Sohn wunderbare Großeltern sind. Nur durch ihre stetige Unterstützung, ihre unablässigen Ermutigungen und ihr liebevolles Drängen konnte ich diese Arbeit überhaupt zum Abschluss bringen. Ihnen ist diese Arbeit gewidmet.